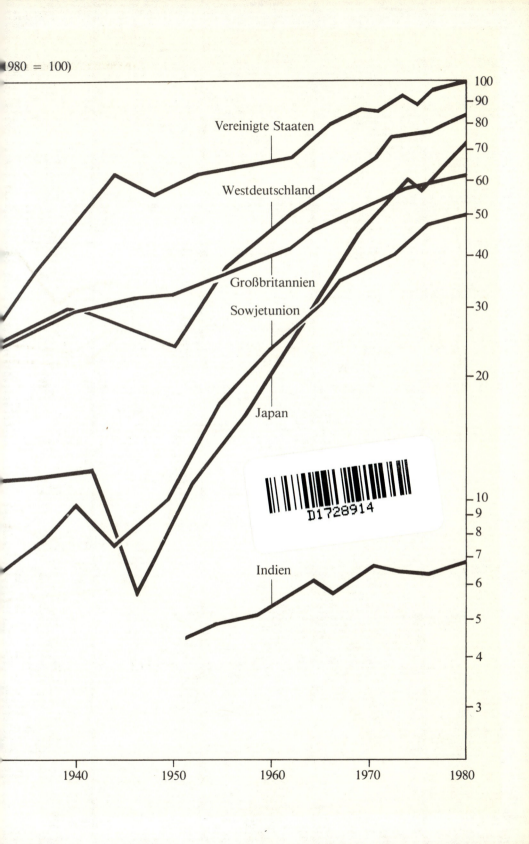

Paul A. Samuelson / William D. Nordhaus
Volkswirtschaftslehre

Paul A. Samuelson / William D. Nordhaus

Volkswirtschaftslehre
Grundlagen der Makro- und Mikroökonomie

Achte, grundlegend überarbeitete deutsche Neuauflage

Band 2

Aus dem Amerikanischen übertragen von Johanna Frenzel
unter Mitwirkung von Dr. Gottfried Frenzel

Bund-Verlag

Titel der amerikanischen Originalausgabe
ECONOMICS
Erschienen bei McGraw-Hill Company, Inc., New York 1985
Übersetzt nach der zwölften amerikanischen Auflage

CIP-Kurztitelaufnahme der Deutschen Bibliothek

Samuelson, Paul A.:
Volkswirtschaftslehre : Grundlagen d. Makro- u. Mikroökonomie / Paul A. Samuelson ; William D. Nordhaus. — Köln : Bund-Verlag
  Einheitssacht.: Economics ⟨dt.⟩
  Teilw. verf. von Paul A. Samuelson

NE: Nordhaus, William D.:

Bd. 2. Aus d. Amerikan. übertr. von Johanna Frenzel unter Mitw. von Gottfried Frenzel. – 8., grundlegend überarb. dt. Neuaufl. – 1987
  ISBN 3-7663-0986-2

© der deutschen Ausgabe by Bund-Verlag GmbH, Köln
Lektorat: Paul H. Brand und Dr. Heribert Kohl
Herstellung: Heinz Biermann
Umschlagentwurf: Roberto Patelli, Köln
Fotosatz: Typobauer Filmsatz GmbH, Ostfildern 3
Druck: May + Co., Darmstadt
Printed in Germany 1987
ISBN 3-7663-0986-2

Alle Rechte vorbehalten, insbesondere das des öffentlichen Vortrags,
der Rundfunksendung und der Fernsehausstrahlung,
der fotomechanischen Wiedergabe, auch einzelner Teile.

Inhalt

Teil V
Probleme der Mikroökonomie: Unternehmen, Kosten, Wettbewerb

20 Unternehmensformen und Gewinn 15

A Groß-, Klein- und Kleinstunternehmen 15

Die Kleinstunternehmen – Die Einzelunternehmung – Unternehmenswachstum und der Bedarf an kurzfristigem Kapital – Die Personengesellschaft – »Wachsen – so wird's gemacht!« – Neuer Kapitalbedarf und neue Kapitalquellen – Die Schattenseiten der Personengesellschaft

B Die Kapitalgesellschaft 23

Die Gesellschaftsgründung – Die Struktur der Kapitalgesellschaft – Vor- und Nachteile der Kapitalgesellschaft – Möglichkeiten der Kapitalbeschaffung einer Kapitalgesellschaft – Festverzinsliche Schuldverschreibungen – Bankdarlehen – Stammaktien – Mischformen – Die Vorteile der einzelnen Wertpapiere – Das Mammutunternehmen – Die Trennung von Eigentum und Kontrolle bei Großunternehmen – Die Revolution der Manager – Das Pendel schwingt nach rechts

Zusammenfassung 35

A. Groß-, Klein- und Kleinstunternehmen
B. Die Kapitalgesellschaft

Begriffe zur Wiederholung 36

Fragen zur Diskussion 36

Anhang: Grundzüge des Rechnungswesens 38

Die Bilanz – Regeln des Rechnungswesens – Lagerbestände und Wertminderung – Die Erfolgs- bzw. Gewinn- und Verlustrechnung eines Unternehmens – Abschreibungen – Die Beziehung zwischen Erfolgsrechnung und Bilanz – Einbehaltene Gewinne – Zusammenfassung der Beziehungen zwischen den Einzelelementen der Rechnungslegung – Die neue Bilanz – Immaterielle Vermögenswerte – Firmenwert – Mißbräuche im Rechnungswesen – Wirtschaftswissenschaft und Rechnungswesen – Inflationsbezogenes Rechnungswesen – Zusammenfassung des Anhangs – Begriffe zur Wiederholung – Fragen zur Diskussion

21 Die Kostenanalyse 57

Gesamtkosten: Fixe und variable Kosten – Fixe Kosten – Variable Kosten – Die Definition der Grenzkosten – Abnehmende Erträge und die

U-förmigen Kostenkurven – Durchschnitts-bzw. Stückkosten – Durchschnittliche fixe Kosten – Durchschnittliche variable Kosten – Die Punkte minimaler Durchschnittskosten – Die langfristige Hüllkurve – Alternativkosten – Die Bedeutung der Alternativkosten für den Entscheidungsprozeß – Vorschau

Zusammenfassung 75

Begriffe zur Wiederholung 77

Fragen zur Diskussion 77

22 Das Wettbewerbsangebot 79

Angebotsverhalten eines Wirtschaftszweiges unter Wettbewerbsbedingungen – Das Marktangebot als Summe der Angebotskurven aller Unternehmen – Die Gleichheit von Preis und Grenzkosten zur Bestimmung des Wettbewerbsangebots – Vollkommener Wettbewerb – Wettbewerbsangebot und Grenzkosten – Die Ableitung der Angebotskurve eines Unternehmens aus seiner GK-Kurve – Gesamtkosten und die Bedingungen des kurzfristigen Betriebsminimums – Die Gesamtkosten und die Bedingungen der langfristigen Gewinnschwelle – Sinkende Kosten und der Zusammenbruch des vollkommenen Wettbewerbs – Effizienz und Wettbewerbsmärkte – Der Begriff der Effizienz – Die Synthese von Grenzkosten und Grenznutzen – Das Gleichgewicht angesichts einer Vielfalt von Märkten – Eine alternative Betrachtungsweise der Effizienz – Die zentrale Rolle der Grenzkosten für die Preisbildung – Ein zweifaches Hoch auf den Markt, aber kein dreifaches

Zusammenfassung 103

Begriffe zur Wiederholung 105

Fragen zur Diskussion 105

Anhang: Theoretische Aspekte der Unsicherheit 108

Spekulation, Risiko und Versicherung – Die Rolle der Spekulation – Regionale Preisstrukturen – Spekulation und Preisverhalten im Zeitablauf – Die Stabilisierung saisoneller Schwankungen – Die Stabilisierung vorhersehbarer Schwankungen – Die Streuung des Risikos – Glücksspiel und abnehmender Grenznutzen – Der Zufall und das Gesetz vom abnehmenden Grenznutzen – Weshalb die ideale Stabilisierung durch Spekulanten optimal ist – Die theoretischen Grundlagen der Versicherung – Was kann versichert werden? – Die Sozialversicherung – Zusammenfassung des Anhangs – Begriffe zur Wiederholung – Fragen zur Diskussion

23 Der unvollkommene Wettbewerb: Monopol und Monopolkontrolle 121

A Ursachen und Strukturen des unvollkommenen Wettbewerbs 122

Vollkommener und unvollkommener Wettbewerb im Vergleich – Definition des unvollkommenen Wettbewerbs – Strukturen unvollkommener Märkte – Ursachen für die Unvollkommenheit von Märkten – Kostenstrukturen und die Struktur unvollkommener Märkte – Wettbewerbshemmende Faktoren – Unvollkommener Wettbewerb: Monopol, Oligopol und Produktdifferenzierung

B Das gewinnmaximale Gleichgewicht des Monopols 134

Preis, Menge und Gesamterlös – Grenzerlös und Preis anhand einer Graphik – Das Gewinnmaximum – Graphische Darstellung des Monopols – Der vollkommene Wettbewerb als extremer Sonderfall des unvollkommenen Wettbewerbs – Was geschehen ist, ist geschehen

C Das Monopol: Gesamtwirtschaftliche Kosten und Kontrolle 144

Die Kosten des Monopols – Die Beschränkung der Produktion durch das Monopol – Der monopolbedingte Effizienzverlust und seine Messung – Übergewinne des Monopols – Interventionsstrategien – Das Wesen der staatlichen Aufsicht – Staatliche Aufsicht bei unvollkommenem Wettbewerb – Warum überhaupt staatliche Aufsicht? – Kontrolle natürlicher Monopole im Bereich der öffentlichen Versorgung – Kontrolle öffentlicher Versorgungsbereiche – Der Trend zum Abbau von Kontrollen

Zusammenfassung 162

A. Ursachen und Strukturen des unvollkommenen Wettbewerbs
B. Das gewinnmaximale Gleichgewicht des Monopols
C. Das Monopol: Gesamtwirtschaftliche Kosten und Kontrolle

Begriffe zur Wiederholung 164

Fragen zur Diskussion 164

24 Unvollkommener Wettbewerb und Antitrust-Gesetzgebung 167

A Strukturen des unvollkommenen Wettbewerbs 168

Das Oligopol: Wettbewerb zwischen wenigen Anbietern – Das auf Absprache beruhende Oligopol – Oligopol mit einem dominierenden Marktführer – Monopolistischer Wettbewerb: Viele Anbieter und freier Zugang

B Das Leben im Vorstandszimmmer 181

Maximieren Unternehmen ihre Gewinne? – Preisbildung durch Gewinnaufschlag – Die Schumpetersche Hypothese – Eine Bilanz des Für und Wider des unvollkommenen Wettbewerbs – Abschließende Beurteilung

C Die Antitrust-Gesetzgebung: Theorie und Praxis 189

Der gesetzliche Rahmen – Grundprobleme der Antitrust-Gesetzgebung: Verhalten, Strukturen, Fusionen – Gesetzwidriges Verhalten – Unternehmensstrukturen: Ist Größe verwerflich? – Private Initiativen zur Bekämpfung von Trusts – Fusionen: Gesetz und Praxis – Die neue Marschrichtung: Effizienz über alles?

Zusammenfassung 201

A. Strukturen des unvollkommenen Wettbewerbs
B. Das Leben im Vorstandszimmer
C. Die Antitrust-Gesetzgebung: Theorie und Praxis

Begriffe zur Wiederholung 203

Fragen zur Diskussion 204

Anhang: Wirtschaftlicher Machtkampf und Spieltheorie 207

Grundbegriffe – Das Dilemma des Inhaftierten – Hat Uneigennützigkeit eine Chance? – Begriffe zur Wiederholung – Fragen zur Diskussion

Teil VI
Löhne, Renten und Gewinne:
Die Einkommensverteilung

25 Einkommen und Lebensstandard 217

A Die Ungleichheit von Einkommen und Reichtum 218

Von schlechten zu weniger schlechten Zeiten – Zwei Welten? – Die Messung der Ungleichheit – Einkommen und Vermögen – Die Einkommensverteilung in den Vereinigten Staaten – Die Messung der Ungleichheit zwischen den Einkommensklassen – Trends in der Entwicklung der Ungleichheit – Die Vermögensverteilung

B Ursachen der Ungleichheit 231

Einkommensunterschiede – Unterschiede in den Fähigkeiten und im Einkommen – Einkommensunterschiede zwischen einzelnen Berufen – Lohnt sich ein Studium? – Sonstige die Lohnhöhe bestimmende Faktoren – Ungleichheit der Vermögenseinkommen – Wirtschaftliche Schichtung und ererbter Reichtum – Märkte und Ungleichheit

Zusammenfassung 239

A. Die Ungleichheit der Einkommen und des Vermögens
B. Die Ursachen der Ungleichheit

Begriffe zur Wiederholung 241

Fragen zur Diskussion 241

26 Theorie der Produktion und der Grenzprodukte 245

Die Produktionstheorie – Die Interdependenz der Nachfrage nach den einzelnen Faktoren – Verknüpfung von Output und Input durch die Technik: die »Produktionsfunktion« – Definition der Grenzprodukte – Grenzprodukte und abnehmende Erträge – Die Lösung des Verteilungsproblems durch die Grenzprodukte – Viele Inputs – Die aggregierte Produktionsfunktion der Vereinigten Staaten – Die Effizienz der Faktorpreisbildung auf Wettbewerbsmärkten – Werden Arbeitnehmer von den Unternehmen ausgebeutet? – Grenzproduktstheorie des einzelnen Unternehmens – Grenzerlösprodukt und Maximierung des Gewinnes – Grenzprodukte und Minimalkosten – Schlußbetrachtung

Zusammenfassung 261

Begriffe zur Wiederholung 263

Fragen zur Diskussion 264

Anhang: Produktionstheorie und Entscheidungen der Unternehmen 266

Die numerische Darstellung der Produktionsfunktion – Das Gesetz des abnehmenden Grenzprodukts – Die Minimalkostenkombination für ein gegebenes Produktionsniveau – Kurven gleicher Ausbringung – Linien gleicher Kosten – Die Tangentialposition der Minimalkosten – Minimalkostenbedingungen – Die Grenzerlös-Produktion und Gewinnmaximum – Die Nachfragekurve nach Inputs – Volle Ausschöpfung des Produkts – Zusammenfassung des Anhangs – Begriffe zur Wiederholung – Fragen zur Diskussion

27 Preisbildung der Produktionsfaktoren: Bodenrenten und andere Ressourcen 279

Die Faktornachfrage als abgeleitete Nachfrage – Die Faktorpreisbestimmung durch Angebot und Nachfrage – Die Bodenrente – Renten und Kosten – Die Ein-Steuerbewegung von Henry George: Die Besteuerung des Bodengewinns – Die moderne Steuertheorie – Angebot und Nachfrage nach einem beliebigen Faktor – Faktorpreisbildung und Effizienz: Rente und Faktorpreis als Instrumente zur Rationierung knapper Ressourcen – Die Tragödie der Gemeingüter – Abschließende Betrachtungen

Zusammenfassung 293

Begriffe zur Wiederholung 295

Fragen zur Diskussion 295

28 Löhne, Gehälter und Arbeitsmarkt 297

A Die Bestimmung der Löhne unter Wettbewerbsbedingungen 297

Die Bestimmung des Reallohnes für gleiche Arbeit – Bestimmungsfaktoren der Nachfrage: Ressourcen, Kapital, Technologie – Das Arbeitsangebot – Die allgemeine Arbeitsangebotskurve – Ergebnisse empirischer Untersuchungen – Einkommensunterschiede zwischen einzelnen Beschäftigtengruppen – Kompensatorische Lohnunterschiede – Unterschiede in der Qualität der Arbeit – Rentenelemente in den Einkommen von Menschen mit herausragenden Begabungen – Nichtkonkurrierende Gruppen auf dem Arbeitsmarkt – Das allgemeine Gleichgewicht auf dem Arbeitsmarkt – Zwei klassische Auffassungen – Das eherne Lohngesetz: Malthus und Marx – Der Trugschluß der begrenzten Arbeitsmenge

B Diskriminierung aufgrund von Rasse und Geschlecht 314

Der Schmelztiegel – Die Wurzeln der Diskriminierung – Darstellung der Diskriminierung im Diagramm – Wirkungen der Chancengleichheit – Die wirtschaftliche Benachteiligung der Frauen – Wandel des Beschäftigungs- und Erwerbsverhaltens der Frauen – Diskriminierung aufgrund des Geschlechts – Empirische Resultate – Die Zeiten ändern sich

Zusammenfassung 323

    A. Die Bestimmung der Löhne unter Wettbewerbsbedingungen
    B. Diskriminierung aufgrund von Rasse und Geschlecht

Begriffe zur Wiederholung 325

Fragen zur Diskussion 325

29 Gewerkschaften und Tarifverhandlungen 327

    A Die amerikanische Gewerkschaftsbewegung 328

    Aufstieg und Niedergang – Die Gewerkschaften auf lokaler und nationaler Ebene und die Dachorganisation AFL-CIO – Kurze Geschichte der amerikanischen Arbeiterbewegung – Die Ritter der Arbeit – Die American Federation of Labor – Der Ablauf von Tarifverhandlungen – Worum geht es in Tarifverhandlungen? – Die Rolle des Staates bei Tarifverhandlungen – Gewerkschaftsfreundliche Gesetze – Die Nachkriegsgesetzgebung – Gegenwartsprobleme der Arbeiterbewegung – Streiks – Deregulierung und die Konkurrenz des Auslands – Produktivitätsbeschränkungen

    B Unvollkommenheiten des Arbeitsmarktes und Tarifverhandlungen . 341

    Unvollkommenheiten des Arbeitsmarktes – Die vier Möglichkeiten der Gewerkschaften zur Durchsetzung höherer Löhne – Die Beschränkung des Angebots an Arbeitskräften – Die Erhöhung der Tariflöhne – Die Aufwärtsverlagerung der abgeleiteten Nachfragekurve – Der Kampf gegen die Macht des Monopols – Der prinzipiell ungewisse Ausgang von Tarifverhandlungen – Die Bedeutung der Kontrolle über den Marktzugang – Der Einfluß der Gewerkschaften auf Löhne und Beschäftigung – Hat die Existenz von Gewerkschaften zu höheren Löhnen geführt? – Die Auswirkungen auf die Beschäftigung – Die Folgen des Niedergangs

    Zusammenfassung 352

    A. Die amerikanische Arbeiterbewegung
    B. Unvollkommenheiten des Arbeitsmarktes und Tarifverhandlungen

    Begriffe zur Wiederholung 354

    Fragen zur Diskussion 354

30 Zins, Gewinn und Kapital 357

    Begriffe der Kapitaltheorie – Boden, Arbeit und Kapital – Die Kapitalertragsrate – Geldvermögen und Zinssatz – Der Gegenwartswert von Gütern des Anlagevermögens – Die genaue Definition der Kapitalertragsrate – Wiederholung – Die Kapitaltheorie – Der Produktionsumweg – Abnehmende Erträge und die Nachfrage nach Kapital – Die Bestimmung des Zinssatzes und der Kapitalertragsrate – Grafische Bestimmung des Kapitalertrags – Zusammenfassung – Einige wesentliche Einschränkungen – Realer und nominaler Zinssatz – Makroökonomische Erschütterungen und Maßnahmen – Gewinne – Der ausgewiesene Gewinn – Die Bestimmungsfaktoren des Gewinns – Schwimmen die Unternehmen im Geld? – Die nächsten Schritte

Zusammenfassung 379
Begriffe zur Wiederholung 380
Fragen zur Diskussion 380
Anhang: Theoretische Aspekte des Zinses und des Kapitalertrages . . 382

Produktivität oder Ungeduld? – Die Bestimmung des Zinssatzes – Erweiterte Darstellung des Gegenwartswertes – Die Maximierung des Gegenwartswertes – Zins im Sozialismus? – Zusammenfassung des Anhangs – Begriffe zur Wiederholung – Fragen zur Diskussion

Teil VII
Gerechtigkeit, Effizienz und die Rolle des Staates

31 Das allgemeine Gleichgewicht der Märkte 393

Das allgemeine Gleichgewicht und die Theorie der Unsichtbaren Hand – Das simultane allgemeine Gleichgewicht – Die Effizienz des allgemeinen Gleichgewichts in einer Wettbewerbswirtschaft – Darstellung der Effizienz anhand der Grenze der Nutzenmöglichkeiten – Einschränkungen der Theorie der Unsichtbaren Hand – Marktversagen – Willkürliche Verteilung der Dollarstimmen – Moderne Neuformulierung der Theorie der Unsichtbaren Hand – Wohlfahrtsökonomie

Zusammenfassung 406
Begriffe zur Wiederholung 406
Fragen zur Diskussion 407
Anhang: Wiederholung der Güter- und Faktorpreisbildung:
Das allgemeine Gleichgewicht und die ideale Preisbildung 408

Die Parabel von der idealen Preisbildung – Durchführbarkeit der Zentralplanung – Dezentralisierung – Preisbildung in einem utopischen Staat: Konsumgüterpreise – Die Einkommensverteilung – Die Sozialdividende – Preisbildung für nichtmenschliche Produktionsfaktoren – Das Beispiel der Bodenrente – Die Preisbildung für produktive Ressourcen im allgemeinen – Die Rolle des Zinssatzes in einer idealen Volkswirtschaft – Lohnsätze und Anreiz-Preisbildung – Die Grenzkosten-Preisbildung für Endprodukte – Zusammenfassung der Preisbildung in Utopia – Kurze Geschichte der Wohlfahrtspreisbildung – Die Wohlfahrtsökonomie im ökonomischen Mischsystem – Zusammenfassung des Anhangs – Begriffe zur Wiederholung – Fragen zur Diskussion

32 Rolle des Staates in der Wirtschaft: Politische Entscheidungen und externe Effekte 425

A Der Bedeutungszuwachs des Staates und seine Funktionen 426

Der Bedeutungszuwachs des Staates – Ausgaben und Steuern – Die Entwicklung staatlicher Kontrollen und Verordnungen – Die Funktionen des

Staates – Der rechtliche Ordnungsrahmen – Die makroökonomische Stabilisierung – Die Ressourcenallokation – Das Problem der Umverteilung

B Zur Theorie der Kollektiventscheidungen 435

Die Entscheidungsfindung der Regierungen – Das Spiel der Politik – Öffentliche Entscheidungen und die Grenze der Nutzenmöglichkeiten – Die verschiedenen Abstimmungsverfahren – Einstimmigkeit – Der Mehrheitsentscheid – Das Abstimmungskarussell: das Wahlparadox – Die Bedeutung von Kollektiventscheidungen – Die politischen Rahmenbedingungen – Das Versagen des Staates

C Kollektiventscheidungen: Das Beispiel externer Effekte 451

Öffentliche und private Güter – Kollektive oder marktabhängige Güter – Die Ineffizienz des Marktes bei externen Effekten – Die Analyse der Ineffizienz – Maßnahmen zur Korrektur externer Effekte – Privatwirtschaftliche Methoden – Kollektive Maßnahmen – Abschließende Betrachtungen

Zusammenfassung 466

A. Der Bedeutungszuwachs des Staates und seine Funktionen
B. Zur Theorie der Kollektiventscheidungen
C. Kollektiventscheidungen: Das Beispiel externer Effekte

Begriffe zur Wiederholung 468

Fragen zur Diskussion 468

33 Rolle des Staates in der Wirtschaft: Ausgaben und Steuern 471

A Die Ausgaben des Staates 471

Die Aufgaben des Bundes, der Bundesstaaten und der Kommunen – Die Ausgaben des Bundes – Ausgaben der Bundesstaaten und der Kommunen

B Wirtschaftliche Aspekte der Besteuerung 476

Prinzipien der Besteuerung – Nutzen- gegenüber Leistungsprinzip – Pragmatische Kompromisse in der Besteuerung – Bundessteuern – Die Hauptsteuerarten – Die progressive persönliche Einkommensteuer – Die Pauschalsteuer – Effizienz und Progressivität – Die Laffer-Kurve – Steuern der Bundesstaaten und der Kommunen – Finanzausgleich zwischen den Bundesstaaten – Schlußbemerkung: Das dornenreiche Problem der Steuerinzidenz – Die Inzidenz der Steuern und Transferleistungen des Bundes

Zusammenfassung 497

A. Die Ausgaben des Staates
B. Wirtschaftliche Aspekte der Besteuerung

Begriffe zur Wiederholung 499

Fragen zur Diskussion 499

34 Armut, Gleichheit und Ineffizienz 501

Messung und Trends der Armut – Die Definition der Armut – Wer sind die Armen? – Ursachen der Armut – Trends der Ungleichheit und der Armut –

Die Kosten der Gleichheit – Gerechtigkeit oder Effizienz – Wie groß ist das Leck? – Die Addition aller Leckverluste – Programme zur Bekämpfung der Armut – Die Entstehung des Wohlfahrtsstaates – Einkommenssicherungs- und Wohlfahrtsprogramme – Anreizprobleme für die Armen – Die negative Einkommensteuer

Zusammenfassung 520

Begriffe zur Wiederholung 521

Fragen zur Diskussion 521

35 Theorien im Wandel: Wirtschaftspolitische Alternativen 523

A Die Entwicklung der Wirtschaftslehre 523

Die Entwicklung der herrschenden Lehrmeinung – Die klassische Nationalökonomie: Smith als Prophet des Laissez-faire – Die klassische Nationalökonomie: Malthus und Ricardo – Die neoklassische Wirtschaftslehre – Die Keynessche Revolution – Die herrschende Wirtschaftslehre – Die moderne Kritik – Die Chikagoer Schule – Die Kritik am modernen Kapitalismus – Radikale Wirtschaftslehren

B Der Marxismus und alternative Wirtschaftssysteme 535

Der Marxismus – Karl Marx: biographische Daten – Sozialismus – Sowjetischer Kommunismus – Die Geschichte der Sowjetunion – Die sowjetische Wirtschaft heute – Wirtschaftswachstum im Vergleich – Reformen und alternative sozialistische Modelle – Schlußbetrachtung: Wirtschaftliche und politische Freiheiten

Zusammenfassung 557
   A. Die Entwicklung der Wirtschaftslehre
   B. Der Marxismus und alternative Wirtschaftssysteme

Begriffe zur Wiederholung 558

Fragen zur Diskussion 558

Teil VIII
Wirtschaftswachstum und internationaler Handel

36 Wirtschaftliches Wachstum: Theorie und Praxis . . . 563

A Theorie des Wirtschaftswachstums 564

Phasen der Geschichte – Fakten und Fiktionen – Wirtschaftstheorien – Die »großartige Dynamik« bei Smith und Malthus – Modell der Kapitalakkumulation – Geometrische Analyse der Kapitalakkumulation – Technischer Fortschritt und fortgesetztes Wachstum

B Trends und Quellen des Wirtschaftswachstums 576

Fakten der modernen Entwicklung: ein ungefähres Bild – Sieben Grundtendenzen der wirtschaftlichen Entwicklung – Analyse der Entwicklungsgesetze des ökonomischen Mischsystems – Ursachen des Wirtschaftswachstums – Die Methode der Wachstumsrechnung – Detaillierte Untersuchungen – Nachlassende Produktivität und deren Ankurbelung – Schlußbetrachtung

Zusammenfassung 587

A. Theorie des Wirtschaftswachstums
B. Trends und Quellen des Wirtschaftswachstums

Begriffe zur Wiederholung 589

Fragen zur Diskussion 589

Anhang: Moderne Wachstumstheorien 592

Innovationen im Sinne Schumpeters – Das Wachstumsmodell von Harrod-Domar – Die natürliche Wachstumsrate – Erklärung der Trends – Die fehlende Synthese – Das expandierende Universum – Die goldene Regel – Leontiefs Analyse der produktionswirtschaftlichen Verflechtungsstrukturen – Zusammenfassung des Anhangs – Begriffe zur Wiederholung – Fragen zur Diskussion

37 Ökonomie der Entwicklungsländer 603

A Bevölkerung und wirtschaftliche Bedingungen 606

Das Malthussche Erbe – Die Neo-Malthusianer – Moderne Bevölkerungslehren – Geburten- und Sterbeziffern – Der demographische Übergang – Die Bevölkerungsexplosion

B Der Prozeß der wirtschaftlichen Entwicklung 613

Das Leben in Ländern mit niedrigen Einkommen – Die vier Elemente der Entwicklung – Menschliche Ressourcen – Natürliche Ressourcen – Kapitalbildung – Schulden und die Verschuldungskrise – Technologischer Wandel und Innovationen – Der Teufelskreis – Theorien der wirtschaftlichen Entwicklung – Neuere Ansätze in der Entwicklungstheorie – Wachstumsstrategien

Zusammenfassung 629

A. Bevölkerung und wirtschaftliche Bedingungen
B. Der Prozeß der wirtschaftlichen Entwicklung

Begriffe zur Wiederholung 631

Fragen zur Diskussion 631

38 Der internationale Handel und die Theorie der komparativen Kosten 633

A Das Prinzip der komparativen Kostenvorteile 634

Trends des amerikanischen Außenhandels – Die Vorteile des Handels und das Gesetz der komparativen Kosten – Handelsbeziehungen aufgrund der Verschiedenartigkeit von Regionen – Komparative Kostenvorteile – Ein einfaches Beispiel: Europa und Amerika – Ricardos Überlegungen – Die Vorteile des Handels – Die Wirkungen von Zöllen und Mengenbeschränkungen – Ein Dialog – Graphische Darstellung des komparativen Kostenvorteils – Sonstige Gründe für den internationalen Handel – Einschränkungen und Schlußbemerkungen

B Die Zahlungsbilanz 648

Soll und Haben – Einzelaspekte der Zahlungsbilanz – Entwicklung der Zahlungsbilanzstrukturen

Zusammenfassung 654

A. Das Prinzip der komparativen Kostenvorteile
B. Die Zahlungsbilanz

Begriffe zur Wiederholung 655

Fragen zur Diskussion 655

Anhang: Erweiterung und Einschränkung der Theorie der komparativen Kosten 657

Amerika ohne Handelsbeziehungen – Technischer Fortschritt – Europa ohne Handelsbeziehungen – Die Aufnahme von Handelsbeziehungen – Die Grenzen der Import-Export-Preisrelation – Die genaue Bestimmung der endgültigen Preisrelation – Vorteile des Handels für kleine Länder – Ausweitung auf viele Güter und Länder – Viele Waren – Viele Länder – Dreieckshandel und multilateraler Handel – Zusammenfassung des Anhangs – Begriffe zur Wiederholung – Fragen zur Diskussion

39 Schutzzölle, Importkontingente und Freihandel 671

Die Angebots- und Nachfrageanalyse in ihrer Anwendung auf Handel und Zölle – Angebots- und Nachfrageanalyse beim Handel mit einem einzigen Gut – Auswirkungen von Zöllen und Importkontingenten – Wirtschaftliche Kosten von Zöllen – Die Analyse im Diagramm – Ein Beispiel: Zoll auf Textilien – Wirtschaftliche Hintergründe des Protektionismus – Außerökonomische Argumente – Zölle, für die es keine fundierten ökonomischen Gründe gibt – Argumente zugunsten von Schutzzöllen unter dynamischen Bedingungen – Sonstige Handelshemmnisse – Die Geschichte der Zölle und das GATT

Zusammenfassung 689

Begriffe zur Wiederholung 689

Fragen zur Diskussion 690

40 Wechselkurse und internationaler Zahlungsverkehr . 691

A Wechselkurs- und Handelsmechanismen 691

Die Wechselkurse – Drei bedeutende Wechselkurssysteme – Feste Wechselkurse im Rahmen des klassischen Goldstandards – Humes Goldstrom-Ausgleichsmechanismus – Flexible oder frei schwankende Wechselkurse – Frei schwankende Wechselkurse – Gelenkte Wechselkurse – Die Terminologie der Wechselkursänderungen – Die Theorie der Kaufkraftparität

B Makroökonomische Analyse offener Volkswirtschaften 701

Der Außenhandelsmultiplikator – Wirtschaftspolitik, Wechselkurse und Arbeitslosigkeit – Die Überbewertung einer Währung – Die Auswirkungen einer Überbewertung – Die Korrektur der Überbewertung – Protektionismus und Devisenkontrolle – Die Achillesferse der Klassiker

C Zusammenbruch und Wiederaufbau des internationalen Zahlungssystems 707

Die Schaffung internationaler Institutionen nach dem Zweiten Weltkrieg – Der Marshallplan – Die Konferenz von Bretton Woods – Das Wechselkurssystem von Bretton Woods – Der Internationale Währungsfonds (IWF) – Die Internationale Bank für Wiederaufbau und Entwicklung (Weltbank) – Der Zusammenbruch des Bretton-Woods-Systems – Das gegenwärtige System des gelenkten Floating – Aktuelle Probleme der Weltwirtschaft – Welche Rolle für das Gold? – Der Höhenflug des Dollars (1979–1984) – Haben frei schwankende Wechselkurse sich bewährt? – Wirtschaftslehre und Nationalismus

Zusammenfassung 721

A. Wechselkurs- und Handelsmechanismen
B. Makroökonomische Analyse offener Volkswirtschaften
C. Zusammenbruch und Wiederaufbau des internationalen Zahlungssystems

Begriffe zur Wiederholung 723

Fragen zur Diskussion 723

Nachwort 726

Glossar der Fachbegriffe 729

Namens- und Sachregister 771

Teil V

Probleme der Mikroökonomie: Unternehmen, Kosten, Wettbewerb

Unternehmensformen und Gewinn   20

Das Geschäft der Amerikaner ist das Geschäft.
Calvin Coolidge

In diesem und den vier anschließenden Kapiteln wenden wir uns der Analyse der Funktionsweise der Marktwirtschaft zu. Um jedoch unsere vom Wirtschaftsdenken geprägte Gesellschaft verstehen zu können, müssen wir zunächst einen Einblick in die Organisationsformen und die Funktionsweise der Unternehmen gewinnen.

Im ersten Teil dieses Kapitels beschäftigen wir uns mit einer Analyse heutiger Unternehmensformen, wobei wir uns in erster Linie auf gründliche Fallstudien stützen. Im zweiten Teil untersuchen wir die Finanzstruktur der großen Kapitalgesellschaften – vor allen Dingen der riesigen, oft multinationalen Großunternehmen und Konzerne.

Der Anhang zu diesem Kapitel liefert eine knappe Einführung in die Grundprinzipien des Rechnungswesens. Ohne die Beherrschung ihrer Grundregeln lassen sich die Prinzipien der Unternehmensführung nicht verstehen.*

A. Groß-, Klein- und Kleinstunternehmen

Heute gibt es in den Vereinigten Staaten mehr als 16 Millionen Unternehmen. In der überwiegenden Mehrheit sind es sehr kleine Firmen – *Einzelunternehmen*, die einer Einzelperson gehören. Bei einigen handelt es sich um *Personengesell-*

---

* Anmerkung für die deutsche Ausgabe:
  Wir weisen den Leser darauf hin, daß die deutsche Ausgabe wie bisher im Unterschied zur amerikanischen in zwei Bänden erscheint. Band 2 baut infolgedessen systematisch auf Band 1 und den darin dargestellten Zusammenhängen, Deutungsmustern und Begriffserklärungen auf. Von Bedeutung für den Leser sind dabei insbesondere auch die umfangreichen einführenden methodischen Hinweise und Anregungen der Autoren für den Umgang mit diesem Lehrwerk, die wir aus Platzgründen an dieser Stelle nicht wiederholen.

Unternehmensformen

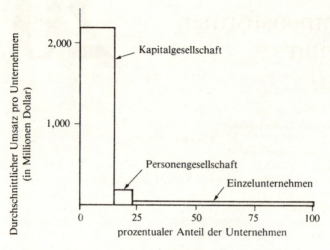

Abbildung 20.1. Die drei Unternehmensformen.
Diese Abbildung zeigt die wesentlichen Organisationsformen der amerikanischen Wirtschaft. Auf der x-Achse ist der prozentuale Anteil der Kapitalgesellschaften, Personengesellschaften sowie der Einzelgesellschaften an der Gesamtheit der Unternehmen ablesbar. Die y-Achse stellt ihre durchschnittliche Größe dar (gemessen am Jahresumsatz in Dollar). Die jeweiligen Flächen (Zahl x Umsatz) lassen den Anteil jeder Gruppe am Gesamtwirtschaftsleben erkennen. Beachten Sie, daß die Kapitalgesellschaften zahlenmäßig zwar nur eine kleine Gruppe darstellen, aber die größte Rolle in der Wirtschaft spielen.

schaften. Die größeren Unternehmen sind in der Regel in der Form von *Kapitalgesellschaften* organisiert.

Die meisten kleinen Unternehmen werden heute gegründet und sind morgen schon wieder von der Bildfläche verschwunden – die durchschnittliche Lebenserwartung eines Unternehmens beträgt nur ein halbes Dutzend Jahre. Einige beenden ihr Dasein mit einem Bankrott. Eine sehr viel größere Zahl wird freiwillig aufgelöst, und die zerschlagenen Hoffnungen und das teure Lehrgeld, das sie gekostet haben, hinterlassen herbe Enttäuschungen. Bei einigen wenigen läßt sich der Untergang noch zu einem guten Ende führen, wenn es gelingt, das Unternehmen für einige Millionen Dollar an eine große Kapitalgesellschaft zu verkaufen.

Neue Unternehmen werden rascher geboren, als alte dahinscheiden. Der gegenwärtige Bestand an Unternehmen ist das Ergebnis eines Geburtenüberschusses der Neugründungen gegenüber den Firmenauflösungen. Im Falle einer wachsenden Wirtschaft kann man von einem stetigen Überhang neu entstandener gegenüber erlöschenden Unternehmen ausgehen.

Rein zahlenmäßig ist das winzige, vom Eigner selbst geführte Unternehmen die am weitesten verbreitete Form. Was den Kapitalwert, die politische und wirtschaftliche Macht, die Höhe der Lohnsumme oder die Zahl der Beschäftigten angeht, werden die strategisch wichtigen Positionen jedoch von einigen hundert »Unternehmensriesen« beherrscht. Abbildung 20.1. zeigt den Anteil der Unternehmen, der auf die einzelnen Kategorien sowohl zahlenmäßig als auch nach ihrem Umsatzvolumen entfällt.

Die Kleinstunternehmen

Wir wollen einen kurzen Blick auf die Rolle der Kleinstunternehmen in der amerikanischen Wirtschaft werfen. Es gibt in den Vereinigten Staaten annähernd 200 000 Lebensmittel-Einzelhändler, die alle versuchen, über die Runden zu kommen. Die Zahl der Tankstellen beträgt eine Fünftelmillion, es gibt 50 000 Drogerien und so fort. Insgesamt zählen wir etwa 10 Millionen Kleinstbetriebe, die jährlich weniger als 50 000 Dollar verdienen.

Einige sind zwar sehr erfolgreich, aber für die Mehrheit läßt sich sagen, daß ihre Eigentümer mit weniger Arbeit und einem geringeren Risiko sehr viel mehr verdienen könnten, wenn sie ihre Selbständigkeit aufgäben. Tatsächlich haben im Bereich des Lebensmittel-Einzelhandels die Filialketten einen Anteil von 65 Prozent am Gesamtumsatz, während sich die unabhängigen Läden den Rest teilen müssen. Die meisten dieser Selbständigen betreiben sogenannte »Tante-Emma-Läden«, die weniger als 500 Dollar pro Tag umsetzen. Gegründet werden sie meist von Leuten, die über ein nur geringes Anfangskapital von einigen tausend Dollar verfügen – weniger als die Hälfte des Kapitals, das für die Einrichtung eines Lebensmittelladens notwendig ist, der seinem Eigentümer einen Mindestumsatz und damit ein seinem Arbeitseinsatz angemessenes Mindesteinkommen sichert.

Die meisten kleinen Geschäfte sind von Anfang an zum Scheitern verurteilt. Sobald das Anfangskapital aufgezehrt ist, sind sie am Ende. Sie sind Beispiele dafür, warum ein Drittel bis die Hälfte aller Einzelhandelsgeschäfte innerhalb der ersten 3 Jahre wieder aufgegeben werden.

Natürlich ist die Höhe des notwendigen Anfangskapitals von Geschäftszweig zu Geschäftszweig verschieden. Der Aufbau einer modernen Tankstelle erfordert mehr als 300 000 Dollar. Pachtet man jedoch eine Tankstelle von einer großen Ölgesellschaft, kommt man mit einem Startkapital von etwa 20 000 Dollar aus. Geschäfte mit einer hohen Lagerumschlagshäufigkeit – wie etwa Gemüseläden – benötigen weniger Kapital als Drogerien, Haushaltswaren- oder Juweliergeschäfte, bei denen viele Artikel bis zu 1 oder gar 5 Jahren in den Regalen liegen.

Abgesehen von dem für den Aufbau eines Geschäftes notwendigen Kapital ist auch ein ungeheurer persönlicher Arbeitseinsatz erforderlich. Selbständige Bauern arbeiten im Sommer in den Spitzenmonaten wöchentlich zwischen 55 und 60 Stunden. Ähnlich geht es anderen, die ihr eigener Chef sind und für die man die Zahl der wöchentlich oder jährlich geleisteten Arbeitsstunden sehr viel höher schätzt als für einen Nichtselbständigen.

Dennoch werden viele immer den Wunsch hegen, sich selbständig zu machen. *Ihr* Unternehmen könnte sich als die erfolgreiche Ausnahme erweisen. Selbst wenn sie es nie schaffen, mehr als 20 000 Dollar im Jahr zu verdienen, hat es einen besonderen Reiz, seine eigenen Pläne machen und die vielen Aufgaben in Angriff nehmen zu können, die auf ein kleines Unternehmen zukommen.

Die Einzelunternehmung

Den besten Einblick in die wichtigsten Unternehmensformen – *(a)* die Einzelunternehmung, *(b)* die Personengesellschaft und *(c)* die Kapitalgesellschaft – gewinnen wir, wenn wir die hypothetische Geschichte eines Unternehmens verfolgen, das sich aus kleinen Anfängen zu einer mittleren Kapitalgesellschaft hocharbeitet.

Angenommen, Sie entscheiden sich, ein Unternehmen für die Herstellung von Computer-Software zu gründen. Vielleicht haben Sie schon in jungen Jahren das Programmieren gelernt und nun irgendein spannendes Videospiel oder ein Programm entwickelt, das anderen Unternehmen die Buchhaltungsarbeit erleichtert. Vielleicht imitieren Sie auch nur ein gewinnbringendes Diskettenprogramm eines anderen Herstellers. Um eine Einzelunternehmung zu gründen, brauchen Sie sich nirgends eine Genehmigung zu besorgen. Sie wachen lediglich eines schönen Morgens auf und sagen: »Ab heute bin ich Unternehmer«, und damit ist die Sache gelaufen.

Sie können so wenige oder so viele Arbeitskräfte einstellen, wie Sie Lust haben, und so viel Kapital aufnehmen, wie man Ihnen gibt. Am Monatsende ist alles, was Ihnen nach Abzug der Kosten verbleibt, Ihr eigener Gewinn, mit dem Sie tun und lassen können, was Sie wollen. Und nichts kann Sie daran hindern, an Ihre Kasse zu gehen und ihr 10 000 Dollar zu entnehmen – vorausgesetzt, es sind so viel drin – und sich ein neues Auto zu kaufen. (Vergessen Sie jedoch nicht, daß Sie als Einzelperson für alle Einnahmen zur Einkommensteuer herangezogen werden.) Ihnen ganz allein gehören natürlich auch die Verluste. Wenn Ihre Einnahmen die Kosten nicht decken, können Ihre Gläubiger verlangen, daß Sie Ihr persönliches Vermögen antasten: Ihr Auto, Ihr Haus und was Ihnen sonst gehört.

Juristisch gesehen ist der Einzelunternehmer »unbeschränkt haftbar« für alle Schulden seines Unternehmens. Sein gesamtes Vermögen kann nach dem Gesetz bis auf einen kleinen Rest zur Begleichung dieser Schulden herangezogen werden.

Unternehmenswachstum und der Bedarf an kurzfristigem Kapital

Zu Ihrer angenehmen Überraschung stellen Sie fest, daß Ihr Software-Unternehmen ein großer Erfolg ist. Ihre erste Programmdiskette (der »Snack-Man«) ist bei Teenagern ein echter Renner. Sie verdienen jetzt mehr, als Sie erwartet hatten, aber gleichzeitig fehlt es Ihnen mehr als zuvor an Bargeld.

Warum? Weil niemand Sie im voraus für das bezahlt, was Sie später umsetzen. Sie müssen dagegen Ihre Programmierer und Lieferanten sofort nach Empfang ihrer Leistungen bezahlen. Die Entwicklung einer neuen Software kostet jedoch Zeit. Im Augenblick geben Sie deshalb Geld aus, ohne etwas dafür zu bekommen – abgesehen natürlich von der Wahrscheinlichkeit zukünftiger Einnahmen, sobald Ihr neues Computerspiel auf den Markt kommt.

Bis zu einem gewissen Grade können Sie dadurch, daß Sie Ihre Lieferanten erst am Monatsende oder gar noch später bezahlen, erreichen, daß Ihre Geldknappheit Sie weniger drückt. Aber es gibt natürlich eine Grenze, bis zu der Sie Ihre Schulden gegenüber Ihren Lieferanten auflaufen lassen können. Außerdem ist das Hinausschieben von Zahlungsterminen eine teure Art der Kapitalbeschaffung, denn oft wird bei Zahlung von Rechnungen innerhalb von 30 Tagen ein Skonto von 2 Prozent gewährt. Nutzen Sie diese Möglichkeit des Skontos nicht, zahlen Sie für den Kredit in der Tat einen sehr hohen Zins – bis zu 24 Prozent im Jahr.

Kreditbedarf

Warum kann man sich nicht an die ortsansässige Bank wenden und ein Darlehen zu 10, 13 oder 16 Prozent aufnehmen? Normalerweise erhält man bei einer Bank kein sogenanntes »Risikokapital« (Investitionsmittel für Projekte, die einen stark spekulativen Charakter haben oder mit hohen Risiken verbunden sind). Der Bankchef schaut sich das Guthaben auf Ihrem Kontokorrentkonto an und stellt fest, daß es sich an der Grenze der roten Zahlen bewegt, was nur verständlich ist, weil Sie alle Zahlungseingänge sofort dazu verwenden mußten, die ständig überfälligen Forderungen Ihrer Gläubiger zu befriedigen.

Selbst eine für Innovationen durchaus aufgeschlossene Bank würde zögern, einem Unternehmen wie dem Ihren Kapital zur Verfügung zu stellen. In den Augen der Bank sind Sie lediglich einer von vielen aufstrebenden Unternehmern. Sie weiß, daß die meisten selbst in günstigen Zeiten zum Scheitern verurteilt sind. Mit Sicherheit würden viele von der Bildfläche verschwinden, sobald sich eine schwerere Rezession einstellt. Wenn die Bank die Gelder ihrer Einleger schützen will, muß sie ihnen, abgesehen von dem Zins von beispielsweise 13 Prozent, eine zusätzliche Risikoprämie von 5 oder 10 Prozent pro Jahr oder mehr abverlangen. Andernfalls würden die Gewinne der Bank aus den erfolgreichen Anlagen deren Verluste aus den erfolglosen nicht ausgleichen.[1]

Eine Möglichkeit haben Sie allerdings, doch an ein Bankdarlehen heranzukommen, insbesondere wenn Sie einer Minorität angehören. Die Small Business Administration (SBA) zur Förderung kleiner und mittelständischer Betriebe kann sich mit einer Bank zusammentun und diese veranlassen, Ihnen das gewünschte Darlehen zu gewähren. Vielleicht hilft Ihnen auch eine zur Ausnutzung von Steuervorteilen gegründete Investitionsgesellschaft für kleine Unternehmen, die Ihnen gegen eine spätere Beteiligung Risikokapital zur Verfügung stellt. In einigen Bundesstaaten gibt es zudem Wirtschaftsentwicklungsbehörden, die in begrenztem Umfang über Kapital verfügen und deren Aufgabe es ist, dafür zu sorgen, daß sich neue Unternehmen in einer bestimmten Stadt ansiedeln oder dort bleiben.

Trotz all dieser provisorischen Lösungen bei der Beschaffung des nötigen Kapitals sieht sich Ihr Unternehmen noch immer Wachstumsschwierigkeiten gegenüber. Sie haben alle Möglichkeiten ausgeschöpft, weiteres Kapital zu mobilisieren.

Vielleicht ist es deshalb an der Zeit, sich nach einem Partner umzusehen.

---

1 In Deutschland wird in erheblichem Umfang ein anderes Verfahren praktiziert: Deutsche Banken erwerben Teile von Unternehmen und werden damit an ihren Gewinnen beteiligt. Ein solches Miteigentum zieht zwangsläufig Mitverantwortung in der Unternehmensführung nach sich und führt gelegentlich zu monopolistischen Kontrolle von Unternehmen durch die Banken. In den Vereinigten Staaten wurde den Geschäftsbanken aus diesem Grunde vom Gesetzgeber im Rahmen des Glass-Steagall Act aus dem Jahre 1933 derartige Formen des Engagements untersagt.

Die Personengesellschaft

Zwei oder mehr Personen können sich zusammentun und gemeinsam eine Personengesellschaft gründen. Jeder erklärt sich bereit, einen Teil der Arbeit und des Kapitals einzubringen. Jeder erhält einen bestimmten Prozentsatz des Gewinnes, aber alle Partner teilen natürlich auch die Verluste und Schulden. Eine ausschließlich mündliche Vereinbarung reicht dazu aus, obgleich der Geschäftscharakter natürlich deutlicher herausgestrichen wird und man möglichen Mißverständnissen besser vorbeugt, wenn man von einem Notar einen offiziellen Gesellschaftsvertrag aufsetzen läßt. Von den bedeutenderen Gesellschaftsformen sind die Personengesellschaften die am wenigsten beliebten. Es gibt mehr als 1 Million Personengesellschaften, aber sie machen lediglich 8 Prozent des gesamten Umsatzvolumens in der Wirtschaft aus. (Vgl. Abbildung 20.1.)

Was Ihr Software-Unternehmen angeht, so erfahren Sie, daß ein alter Studienkollege an Computern interessiert ist und 80 000 Dollar geerbt hat. Nachdem er sich Ihre Disketten angeschaut hat, erklärt er sich bereit, mit Ihnen gemeinsame Sache zu machen. Er wird, ebenso wie Sie, für das Unternehmen arbeiten und dafür ein Einkommen von 20 000 Dollar im Jahr erhalten gegenüber 24 000 Dollar, die Sie selbst beziehen. Von den Gewinnen oder Verlusten übernehmen Sie zwei Drittel und er ein Drittel.

Ihr Partner hat 80 000 Dollar Kapital in das Unternehmen eingezahlt. Was haben Sie eingebracht? Lediglich ein paar leere Disketten und einen PC. Das scheint ein vergleichsweise bescheidener Beitrag zu sein.

Tatsächlich bringen Sie in das Unternehmen einen immateriellen, aber wertvollen Anlagewert ein: das Know-how, Ihr Können, ein Markenzeichen und den Ruf des Unternehmens – das, was man auch als »goodwill« oder *Firmenwert* bezeichnet. Kurz gesagt, bringen Sie, nach Berücksichtigung aller Kosten, ein Gewinnpotential von vielleicht 30 000 Dollar pro Jahr ein. Das ist das kapitalisierte Ertragspotential Ihrer bisherigen Investitionen.[2] Sie bieten Ihrem Partner einen Vertrag über ein Jahreseinkommen von 20 000 Dollar – die er, wie wir unterstellen wollen, auch woanders verdienen könnte – und darüber hinaus als Gegenleistung für seine 80 000 Dollar eine Beteiligung in Höhe von einem Drittel am möglichen Gewinn.

Um den gleichen Ertrag aus einer Anlage in Stammaktien irgendeines Unternehmens zu erzielen, müßte er erheblich viel mehr als 80 000 Dollar einsetzen. Und er müßte für 100 000 Dollar mit 10 Prozent ausgestattete Staatsanleihen erwerben, um auf einen solchen Ertrag zu kommen. Abgesehen von dem Risiko, das er eingeht, ist der Vertrag für Ihren Partner mit seinen 80 000 Dollar ein faires Geschäft, da ihm seine Investition eine jährliche Rendite von etwa 12½ Prozent bringt. Folglich ist Ihr Anteil von zwei Dritteln am Gewinn aufgrund des von Ihnen eingebrachten Firmenwerts durchaus gerechtfertigt.

---

[2] Der Firmenwert und die kapitalisierte Ertragskraft von Unternehmen werden im Anhang zu diesem Kapitel im Zusammenhang mit dem Rechnungswesen behandelt.

»Wachsen – so wird's gemacht!«

Ihr Geschäft wächst und gedeiht. Beide Partner einigen sich, jedes Jahr nur das vereinbarte feste Einkommen (die praktisch einem Lohn gleichen) und ein Fünftel ihrer Gewinnanteile zu entnehmen, während der Rest ins Unternehmen reinvestiert wird.

Warum entnehmen Sie überhaupt einen Teil des Gewinns? Weil Sie das Geld brauchen, um Einkommensteuern zu bezahlen, die nicht nur für Ihre Gehälter, sondern auch für die jeweiligen Gewinnanteile aus der Gesellschaft zu entrichten sind.

Warum wachsen Unternehmen wie das Ihrige? Hier einige mögliche Gründe:

- Ihre Umsätze sind gestiegen, weil Ihre Firma durch Werbung besser bekannt geworden ist und Sie mehr Mitarbeiter im Außendienst beschäftigen.
- In dem Maße, in dem die produzierte Menge steigt, machen sich Einsparungen aus der Massenproduktion bemerkbar. Sie können Ihren Preis senken und den Umsatz steigern.
- Ein neuer Wachstumsfaktor ergibt sich aus der »vertikalen Integration«, zu der Sie sich entschließen; d.h. sie eröffnen Filialen und betreiben sozusagen zwei Stufen im Produktionsprozeß.
- Die Gesellschaft wächst ebenfalls durch »horizontale Integration«: Sie nutzen eine günstige Gelegenheit und kaufen einige Konkurrenzfirmen auf, die beliebte Software-Pakete vertreiben, die mit Ihren konkurrieren.
- Sie erweitern Ihr Programm durch komplementäre Produkte wie Videofilme und Drucker und bieten einen Datenverarbeitungsservice an. Sie sind der Auffassung, daß sich durch Einbeziehung der neuen Bereiche die Gemeinkosten besser verteilen lassen, und Ihre Außendienstmitarbeiter gehen davon aus, daß sie pro Kundenbesuch mehr Aufträge erhalten.
- Vielleicht entwickelt sich Ihr Unternehmen sogar zu einem kleinen »Mischkonzern«, der auch völlig andersartige Bereiche integriert (z.B. Werkzeugmaschinen, Autoreparaturwerkstätten, astrologische Broschüren oder die Herstellung von Golfbällen).
- Sie könnten auch deshalb wachsen, weil Sie mit niedrigeren Kosten arbeiten. In vielen Unternehmen Ihrer Konkurrenz sind die Arbeitnehmer gewerkschaftlich organisiert, und diese Unternehmen sitzen auf hohen Lohnkosten. Sie unterbieten sie mit Löhnen, die nur zwei Drittel der gewerkschaftlichen Lohnsätze ausmachen.
- Aber höchstwahrscheinlich wächst Ihr Unternehmen einfach deshalb, weil Sie eine gute Idee hatten, diese in ein überzeugendes Produkt umgesetzt haben, an den meisten Wochenenden in Ihrem Betrieb gearbeitet, Ihr Unternehmen gut geführt und Ihr Produkt geschickt vertrieben haben.

Neuer Kapitalbedarf und neue Kapitalquellen

Wieder gerät das Unternehmen in eine paradoxe Lage: Je erfolgreicher es ist und je rascher es wächst, desto größer wird sein Kapitalbedarf. Die in das Unternehmen eingebrachten 80000 Dollar an neuem »Eigenkapital« blieben nicht lange in der Form von Barmitteln erhalten. Sie wurden rasch umgewandelt in Umlaufvermögen wie Halbfabrikate und Bürobedarf. Ein Teil wurde darauf verwandt, die dringendsten Schulden zu begleichen.

Mit dem Rest wurde eine Anzahlung auf eine neue Fabrik, einen großen neuen Computer und sonstige Ausrüstungen geleistet. Die Differenz zwischen der Anzahlung und dem Kaufpreis der Kapitalgüter wurde durch eine Hypothek auf das vorhandene Vermögen finanziert.

Trotz der ständigen Kapitalaufstockung durch einbehaltene Gewinne benötigt Ihr wachsendes Unternehmen immer mehr Kapital. Sie brauchen mehr Kapital, als Sie mit Hilfe von Bankdarlehen aufbringen können, und müssen sich neue »Eigenkapital«-Quellen erschließen, d.h. von den Eigentümern des Unternehmens bereitgestelltes Kapital. Sie müssen mehr Partner in das Unternehmen aufnehmen, Partner, die neues Kapital einbringen und sich an den Gewinnen und Verlusten des Unternehmens beteiligen.

Die Schattenseiten der Personengesellschaft

Die Aufnahme weiterer Partner stellt eine Möglichkeit zur Erhöhung des Eigenkapitals dar. Der Zahl von Partnern ist keine Grenze gesetzt. Im Bereich des Bankwesens und bei Maklerfirmen hat es schon Personengesellschaften gegeben, an denen mehr als 100 Partner beteiligt waren. Aber Personengesellschaften haben eine Reihe von Nachteilen, die diese Gesellschaftsform für große Gesellschaften nicht zweckmäßig erscheinen lassen. Zunächst gilt für die meisten Personengesellschaften das Prinzip der *unbeschränkten Haftung*. Jeder Partner haftet unbegrenzt mit seinem gesamten persönlichen Vermögen für alle Schulden des Unternehmens. Wenn Sie mit 1 Prozent an einer Personengesellschaft beteiligt sind und das Unternehmen in Konkurs geht, müssen Sie für 1 Prozent der Schulden aufkommen, während alle übrigen Partner für die verbleibenden 99 Prozent haftbar gemacht werden. Aber angenommen, diese können den auf sie entfallenden Teil der Schulden nicht bezahlen. In dem Fall werden Sie, der Partner mit nur einem 1prozentigen Anteil am Unternehmen, für alle Schulden haftbar gemacht, selbst wenn das bedeutet, daß Sie Ihre kostbaren Kupferstiche verkaufen und Ihr Urlaubsdomizil versteigern lassen müssen.

Dieser Aspekt der unbeschränkten Haftung erklärt, warum Personengesellschaften in der Regel auf kleine, vom Eigentümer selbst geführte Unternehmen wie landwirtschaftliche Betriebe und Einzelhandelsgeschäfte beschränkt sind. In den meisten Fällen ist das Risiko einfach zu groß.

Darüber hinaus ist bei einer Personengesellschaft die rechtliche Situation im Falle eines Kaufes oder Verkaufes von Unternehmensanteilen sehr kompliziert. Auch kann eine Personengesellschaft aufgelöst werden, wann immer einer der Partner die bestehenden Vereinbarungen als unbefriedigend empfindet und ausscheiden möchte. Das Gesetz verbietet zudem, daß seit langem am Unternehmen beteiligte Partner Ihre Anteile an neue Interessenten ohne Zustimmung aller übrigen Beteiligten verkaufen. Läßt sich eine Einigung nicht herbeiführen, muß die Gesellschaft aufgelöst werden. Schließlich sind Personengesellschaften aufgrund der bürokratischen Erschwernisse und der unbeschränkten Haftung ungünstige Formen für Gesellschaften, die Kapital von einer großen Zahl von Geldgebern mobilisieren wollen. Dazu bedarf es einer Kapitalgesellschaft. Warum?

- **Wesentliche Nachteile der Personengesellschaft sind die unbeschränkte Haftung, die Schwierigkeit der Mobilisierung größerer Mengen an Kapital, die komplizierte rechtliche Struktur sowie die bürokratischen Erschwernisse, die mit der Sicherung ihres Fortbestandes verknüpft sind.**

B. Die Kapitalgesellschaft

Dies ist deshalb wahrscheinlich der Zeitpunkt, an dem Sie sich entscheiden werden, Ihr Unternehmen in der Form einer Kapitalgesellschaft weiterzuführen. In der Regel werden Sie Ihre Gesellschaft in dem Bundesstaat eintragen lassen, in dem Sie ansässig und tätig sind. Sie können aber auch den Sitz der Gesellschaft rein formal in irgendeinen anderen Staat, beispielsweise nach Delaware oder New Jersey, verlegen, wenn die gesetzlichen Bestimmungen für Unternehmensgründungen dort besonders problemlos sind.

Noch vor wenigen Jahrhunderten wurden Urkunden, die zur Gründung einer Kapitalgesellschaft berechtigten, von Regierungen und nur in seltenen Fällen verliehen; sie bedurften darüber hinaus eines besonderen Erlasses von seiten des Königs oder des Parlaments. Damals genehmigten die Nationalversammlung oder der Kongreß die Errichtung einer öffentlichen Versorgungsgesellschaft oder einer Eisenbahngesellschaft in Form einer Aktiengesellschaft zur Wahrnehmung spezieller Aufgaben und Funktionen.

Die Ostindienkompanie ist ein Beispiel für eine solche privilegierte Kapitalgesellschaft. Im 19. Jahrhundert mußten Eisenbahngesellschaften sowohl in Amerika als auch in anderen Ländern fast ebensoviel Geld dafür aufwenden, um die Genehmigung für die Gründung einer Gesellschaft durch das Parlament zu erhalten, wie für den Bau ihrer Schienenstränge. Im Verlaufe des letzten Jahrhunderts setzte sich allmählich die Auffassung durch, daß dieses Verfahren unfair sei; es wurden allgemeine Gesetze zur Regelung des Gesellschaftsrechts erlassen, die praktisch jedem die Möglichkeit gaben, für jeden beliebigen Zweck eine Kapitalgesellschaft zu gründen ohne vorherige besondere Genehmigung durch die Legislative des jeweiligen Bundesstaates oder des Kongresses.

Die Gesellschaftsgründung

Gegen eine geringe Gebühr setzt ein Notar die notwendigen Schriftstücke auf und nimmt in die Gründungsurkunde alle Vollmachten auf, die nach Ihrer Vorstellung darin verankert sein sollten. Der Staat genehmigt die Gründung automatisch.

Schauen wir uns einmal an, wie das Gründungsverfahren im Falle ihres Computer-Unternehmens abläuft. Von entscheidender Bedeutung ist die Frage, wem das Unternehmen gehören soll. Das Eigentumn an dem Unternehmen hängt davon ab, in wessen Besitz sich die Anteile beziehungsweise Stammaktien der Gesellschaft befinden (Einzelheiten über Aktien und andere Wertpapiere siehe weiter unten in diesem Kapitel). Sie und Ihr Partner wollen die Kontrolle über die Gesellschaft nicht aus der Hand geben. Deshalb behalten Sie von den ausgegebenen Aktien 10 100 selbst, während Sie weitere 10 000 an andere Interessenten zum Verkauf anbieten.

Nach sorgfältiger Prüfung des Wertes Ihres Unternehmens gelangen Sie zu der Auffassung, daß 300 000 Dollar ein angemessener Marktwert für Ihre Aktien ist – weshalb Sie die einzelne Aktie etwas zurückhaltend zunächst einmal mit 25 Dollar bewerten. Sie gehen davon aus, daß Sie auf jede Aktie jährlich eine Dividende in Höhe von 2 Dollar zahlen können (die mit der Inflation steigt), so daß Ihre Miteigentümer mit einem angemessenen Ertrag aus ihrer Investition rechnen können.

Wer kauft nun die 10 000 Aktien? Sie selbst kennen nicht genügend Käufer und beschließen deshalb, die Aktien durch eine ortsansässige Investmentbank vertreiben zu lassen. Diese Banken sind nichts anderes als Wertpapierhändler; wie bei jedem Händler besteht ihr Gewinn aus der Differenz zwischen ihrem Einkaufs- und dem Verkaufspreis. Da Ihr Unternehmen noch recht klein ist, wird die Bank sehr hart mit Ihnen handeln, insbesondere da sie das Argument ins Feld führen kann, daß der Verkauf Ihrer Aktien für sie mit hohen Unkosten verbunden ist. Deshalb wird sie Ihnen vielleicht pro Aktie 20 Dollar bieten in der Annahme, daß sie sie für 25 Dollar weiterverkaufen kann. Besäßen Sie ein großes Unternehmen, könnten Sie sich vielleicht auf 24 Dollar versteifen – oder selbst auf 24,50 Dollar – bei einem Verkaufspreis von 25 Dollar, weil sich vielleicht mehrere Investmentbankensyndikate darum reißen, Ihre Aktien auf den Markt zu bringen.

Ginge es um ein großes Unternehmen, hätte die Investmentbank sich wahrscheinlich sogar bereit erklärt, die Neu-Emission selbst zu zeichnen, das heißt sie würde den Kauf der gesamten 10 000 Aktien zu dem vereinbarten Preis garantieren. Würde der Markt der Investmentbank dann nicht alle Aktien zu dem angekündigten Preis abnehmen, müßte die Bank, nicht Sie, den Verlust auffangen.

Wahrscheinlich wird man Ihr Unternehmen jedoch als zu klein und zu wenig bewährt betrachten, als daß die Bank das Risiko der Zeichnung Ihrer Aktien übernimmt. Deshalb betreibt sie die Emission »nach bestem Vermögen«, und wenn sie die Aktien nicht alle los wird, ist das Kapital, das es Ihnen zu mobilisieren gelingt, im Endeffekt geringer.

Die Struktur der Kapitalgesellschaft

Glücklicherweise geht alles gut, und Sie erhalten 200 000 Dollar in bar für die verkauften Wertpapiere. Im Gegensatz zur Personengesellschaft brauchen Sie sich keine Gedanken zu machen über die Leute, die Ihre Aktien gekauft haben, oder über die Tatsache, daß sie sie vielleicht weiterverkaufen. Die Namen der Aktienbesitzer werden bei der neuen Gesellschaft oder ihrer Hausbank geführt, damit Sie wissen, wem Sie die Dividende überweisen oder die Einladung zur Aktionärsversammlung zustellen müssen.

Normalerweise ist jede Aktie mit einer Stimme ausgestattet. Auch der Anteil am Unternehmensgewinn steht in direktem Verhältnis zu der Anzahl der Aktien, die jemand besitzt. Wer 1000 Aktien besitzt, hat 1000 Stimmen und erhält das Tausendfache an Dividenden gegenüber Teilhabern mit nur 1 Aktie.

Die nicht im Unternehmen tätigen Anteilseigner, die die 10 000 Aktien gekauft haben, haben 200000 Dollar in die Gesellschaft eingezahlt. Was haben Sie und Ihr Partner eingebracht? Mit Sicherheit kein Bargeld, dafür aber produktive Anlagen in beträchtlichem Umfang: Fabrikgebäude, Computer, Software, Ausrüstung, Halbfabrikate und den Firmenwert (das heißt, wie schon dargestellt, den kapitalisierten Wert des immateriellen Vermögens des Unternehmens, der sich aus seinen Warenzeichen, Patenten, seinem Know-how und dergleichen ergibt).

Wird im Interesse des Schutzes potentieller Geldgeber dieser ganze Vorgang von irgendeiner Stelle überwacht? In der guten alten Zeit vor 1929 hätten Sie und Ihre Investmentbank die Möglichkeit gehabt, den Wert der Aktien aufzublähen durch völlig aus der Luft gegriffene Aussagen über Ihr Unternehmen und durch frei erfundene Zahlen. Sie hätten den Firmenwert so hoch ansetzen können, wie es Ihnen in den Sinn gekommen wäre, und sich selbst vielleicht 20100 Aktien zugeteilt anstatt 10100. Dies bezeichnete man als »Verwässerung des Aktienkapitals«.

Solchen Praktiken wurde inzwischen ein Riegel vorgeschoben. Heute muß jede bedeutende Neu-Emission der Börsenkommission, einer 1934 während der Weltwirtschaftskrise eingerichteten Überwachungsstelle, zur Genehmigung vorgelegt werden. Diese SEC (Securities and Exchange Commission) muß prüfen, ob die von Ihnen im Aktienprospekt gemachten Angaben keine irreführenden Behauptungen enthalten, ehe sie Ihnen gestattet, die neuen Aktien zu verkaufen. Sie nimmt jedoch keineswegs für sich in Anspruch, damit ein Urteil über beziehungsweise eine Bestätigung des Wertes der betreffenden Aktien gegeben zu haben. Was die Beurteilung des Wertes einer Aktie angeht, gilt weiterhin der Satz – *caveat emptor* – der Käufer nehme sich in acht.

Vor- und Nachteile der Kapitalgesellschaft

Private Vorteile

Die Kapitalgesellschaft hat fast all jene Probleme gelöst, die Ihnen im Zusammenhang mit der Personengesellschaft das größte Kopfzerbrechen bereitet hatten. Sie ist eine nahezu perfekte Konstruktion für die Mobilisierung großer Mengen an Kapital.

Von überragender Bedeutung ist die Tatsache, daß für jeden Aktionär nur noch die *beschränkte Haftung* gilt. Nachdem der Anteilseigner seine 25 Dollar pro Aktie gezahlt hat, braucht er sich keine Gedanken mehr über eine etwaige Gefährdung seines Privatvermögens zu machen. Wenn wirklich das Schlimmste einträfe und das Unternehmen in Konkurs ginge, kann jeder Aktionär höchstens seine eingezahlten 25 Dollar pro Aktie verlieren. Darüber hinaus haftet er nicht.

Der nächstwichtige Aspekt ist die Tatsache, daß die Kapitalgesellschaft eine bequeme Unternehmensform ist. Sie besitzt eine eigene Rechtspersönlichkeit. Die Gesellschaft kann in eigenem Namen (nicht im Namen ihrer Eigner) verklagt werden oder selbst klagen. Die Kapitalgesellschaft hat darüber hinaus eine »unbegrenzte Lebensdauer«, unabhängig davon, wie häufig ihre Aktien durch Verkauf oder Vermächtnis den Besitzer wechseln und ob sie 10 oder 10000 Aktionäre hat.

Keine Gruppe von Aktionären kann eine andere Gruppe zwingen, ihre Aktien zu verkaufen oder zu behalten, und es bedarf zur Herbeiführung normaler Unternehmensentscheidungen lediglich der Mehrheit der Stimmen (keiner Einstimmigkeit). In der Regel ist die Zahl der Aktionäre zu groß, als daß ihre Zusammenkunft wegen jeder Entscheidung zweckmäßig wäre. Sie werden sich deshalb für die Wahl eines Aufsichtsrates entscheiden, der sich aus etwa einem Dutzend Mitglieder zusammensetzt und sie in der Zeit zwischen den jährlichen Hauptversammlungen vertritt – ähnlich wie in Demokratien die Wähler Parlamentsabgeordnete wählen, die sie vertreten. Wie wir jedoch sehen werden, stellt die Erhaltung des demokratischen Prinzips im echten Sinne in großen Kapitalgesellschaften ein schwieriges Problem dar.

Einem großen Nachteil sehen Sie sich jedoch gegenüber, wenn Sie eine Kapitalgesellschaft gründen: *Der Staat belastet Sie mit einer zusätzlichen Steuer auf die Unternehmensgewinne.*

Erinnern Sie sich, daß bei einem Unternehmen ohne eigene Rechtspersönlichkeit alle die Kosten übersteigenden Einnahmen dem Eigentümer zugeschlagen und der normalen Einkommensteuer unterworfen werden. Die Kapitalgesellschaft dagegen wird anders behandelt – ihr Einkommen wird zweimal besteuert. Angenommen, die steuerpflichtigen Gewinne Ihres Computer-Unternehmens betrugen im Jahre 1984 1 Million Dollar. Sie werden mit einer Körperschaftsteuer von 46 Prozent für alle den Betrag von 100000 Dollar übersteigenden Einkommen belegt. Von der reichlichen halben Million, die Ihnen verbleibt, soll das Unternehmen nun wiederum die Hälfte in Form von Dividenden ausschütten. Diese Dividenden werden dann beim Empfänger nochmals zur Einkommensteuer herangezogen. Aber: die »einbehaltenen« etwa 250000 Dollar, die im Unternehmen verbleiben, werden nicht zweimal besteuert – darauf ist lediglich die Körperschaftsteuer zu entrichten.

Diese Doppelbesteuerung der Körperschaftsgewinne ist in den letzten Jahren auf heftige Kritik gestoßen. Sie ist ein hoher (aber zweifellos kein zu hoher) Preis für das Privileg der beschränkten Haftung und der Leichtigkeit, mit der eine Kapitalgesellschaft sich neues Kapital beschaffen kann. Ein immer wieder vorgebrachter Vorschlag zielte darauf ab, die Körperschaft- und die persönliche Einkommensteuer zu »integrieren«, d.h. die Unternehmensgewinne so zu behandeln, als seien es Gewinne von Unternehmen ohne eigene Rechtspersönlichkeit, die den Eignern als Einkommen zugerechnet und nur einmal versteuert werden. Das würde zu einer gerechteren Besteuerung der verschiedenen Wirtschaftssubjekte sowie der Kapitaleinkommen in unterschiedlichen Bereichen der Wirtschaft führen.

Vorteile der Kapitalgesellschaft für die Gesellschaft

Als Premierminister Gladstone bei einem Besuch im Labor von Michael Faraday demonstriert wurde, was Elektrizität ist, fragte er: »Und was kann man mit der Elektrizität anfangen?«, worauf Faraday ironisch antwortete: »Ich nehme an, Sir, Sie können eines Tages eine Steuer darauf erheben.« Zweifellos liegt für die Gesellschaft der Vorteil der Kapitalgesellschaft nicht allein darin, daß der Staat sie besteuern kann. Vielmehr läßt sich feststellen:

> ■ **Massenproduktion bedeutet technische Effizienz, und eine große Kapitalgesellschaft bietet Investoren eine vorteilhafte Möglichkeit zur Streuung der unvermeidlichen Risiken des Geschäftslebens. Ohne die beschränkte Haftung und ohne die Kapitalgesellschaft könnte eine Marktwirtschaft nicht all jene Vorteile**

nutzen, die sich ergeben, wenn große Mengen an Kapital in Gesellschaften von leistungsfähiger Größenordnung eingebracht werden können, die eine Vielfalt einander ergänzender Produkte erstellen, die Risiken streuen und Einsparungsmöglichkeiten ausschöpfen, die großangelegte Forschungseinrichtungen und unternehmerisches Know-how mit sich bringen.

Dies ist die wirtschaftliche Begründung für die Rechtspersönlichkeit, die den Namen Kapitalgesellschaft trägt.

Möglichkeiten der Kapitalbeschaffung einer Kapitalgesellschaft

Wir hatten festgestellt, daß der größte Vorteil einer Kapitalgesellschaft darin besteht, daß sie die Möglichkeit zur Beschaffung großer Mengen Kapital zum Zwecke der Einrichtung einer effizienten Massenproduktion bietet. Welche Finanzierungsmöglichkeiten stehen zur Wahl? Tabelle 20.1 zeigt die Quellen, aus denen im Inland tätige amerikanische Unternehmen im Jahre 1983 ihr Kapital bezogen haben. Beachten Sie, daß es sich dabei um Finanzierungsmittel für ihre Gesamtinvestitionen, einschließlich der Ersatzinvestitionen handelt. Erstaunlich ist dabei die Tatsache, daß es sich bei dem größten Teil um *unternehmensinterne* Mittel handelt, das heißt, daß sie aus Abschreibungen und einbehaltenen Gewinnen finanziert wurden. Diese Form der Kapitalbeschaffung funktioniert einfach in der Weise, daß das Unternehmen beschließt, nicht alle Gewinne auszuschütten.

Bei einigen Mitteln handelt es sich um unternehmensexterne oder Fremdmittel. Ihre Quellen sind festverzinsliche Schuldverschreibungen oder Hypotheken, Bankdarlehen und Aktien. Es sind verschiedene Arten von *Wertpapieren*, die gesetzliche Formen der Schuldenaufnahme darstellen.

Festverzinsliche Schuldverschreibungen

Zunächst einmal können Kapitalgesellschaften Schuldverschreibungen oder Obligationen ausgeben. Solche Papiere sind nichts anderes als eine besondere Art von Schuldscheinen, gedruckt auf goldgerändertem Papier und ausgestattet mit einem Nennwert von 1000 Dollar oder einem anderen Betrag, der einen leichten Wiederverkauf ermöglicht. Eine Obligation stellt ein Versprechen dar, etwa alle sechs Monate über eine Reihe von Jahren hinweg, das heißt bis zur Fälligkeit des Papieres, Zinsen in bestimmter Höhe zu zahlen. Die Gesellschaft, die in dieser Form eine Anleihe aufnimmt, verspricht, das Kapital bei Fälligkeit in der Höhe des Nennwerts zurückzuzahlen.

In der Regel müssen Zins- und Tilgungsleistungen zum vereinbarten Termin erfolgen, unabhängig davon, ob die Gesellschaft Gewinne gemacht hat oder nicht. Andernfalls befindet sich das Unternehmen in Zahlungsverzug, und man kann, wie gegen jeden anderen Schuldner auch, ein Konkursverfahren gegen das Unternehmen einleiten.

Kapital zur Finanzierung des Unternehmenswachstums

Quelle	Betrag (in Mrd. Dollar)	Prozentsatz am Gesamtkapital
Eigenmittel:		
Abschreibungen	215	69
einbehaltene Gewinne	23	7
		76
Fremdmittel		
Schuldverschreibungen und Hypotheken	27	19
Aktien	28	9
Bankdarlehen und sonstige kurzfristige Kredite	18	6
		24
Investitionsmittel insgesamt	**311**	**100**

Tabelle 20.1. **Kapitalquellen der Kapitalgesellschaften der USA 1983.**
Aus dieser Tabelle wird ersichtlich, woher sich die amerikanischen Kapitalgesellschaften im Jahre 1983 die für ihre Expansion erforderlichen Mittel beschafft haben. Die beschafften Mittel wurden für »Bruttoinvestitionen« ausgegeben, d.h. sowohl für Neuinvestitionen wie für Ersatzinvestitionen.
Beachten Sie, daß der größte Teil der Gelder aus unternehmensinternen Quellen stammt, d.h. aus Abschreibungen und einbehaltenen Gewinnen. Die Fremdfinanzierungsmittel entstammen zu etwa gleichen Teilen aus Verkäufen von Stammaktien, langfristigen Wertpapieren (Hypotheken und Obligationen) und kurzfristigen Darlehen von Banken und anderen Kreditgebern. (Quelle: Data Resources, Inc.)

Bankdarlehen

Bankdarlehen und andere kurzfristige Kredite haben im Verlaufe des letzten Jahrzehnts als eine wesentliche Kapitalbeschaffungsquelle für Unternehmen fast die gleiche Bedeutung erlangt wie Aktien und Obligationen (vgl. Tabelle 20.1). Im Gegensatz zu Aktien und Obligationen werden solche Bankschulden nicht an Finanzmärkten gehandelt. Es handelt sich vielmehr um Darlehen von seiten einer Bank, die direkt zwischen dem Unternehmen und den Banken, im allgemeinen den Geschäftsbanken, ausgehandelt werden.

Bei einem Bankdarlehen verschuldet sich das Unternehmen gegenüber der Bank in Höhe eines bestimmten Betrages. Bankdarlehen unterscheiden sich von anderen Formen der Kapitalbeschaffung im wesentlichen in zweierlei Hinsicht. Zum einen handelt es sich um kurzfristige Darlehen mit einer Laufzeit von wenigen Monaten beziehungsweise bis zu 3 Jahren. Zum anderen sind sie mit einem variablen Zinssatz augestattet, der mit dem kurzfristigen Marktzins steigt oder fällt. Der große Vorteil eines Bankdarlehens für ein Unternehmen liegt darin, daß ihm die mühseligen und kostspieligen Formalitäten der Antragstellung bei der SEC (vgl. S. 25) erspart bleiben. Sie brauchen nichts anderes zu tun, als Ihre Bank davon zu überzeugen, daß Sie ein kreditwürdiger Kunde sind, und den geforderten Preis zu zahlen.

Stammaktien

Die Emission von Obligationen oder Aktien stellt die andere Finanzierungsmethode dar. Die Aktionäre stellen das »Eigenkapital« bereit. Sie werden an den Gewinnen beteiligt und haben ein Mitspracherecht bei den Entscheidungen des Unternehmens – allerdings müssen sie auch die Verluste mittragen. Aktien sind mit einem größeren Risiko verbunden als Obligationen, weil Dividenden erst gezahlt werden, nachdem die Zinsansprüche der Inhaber von Obligationen befriedigt worden sind.

Der Besitzer einer Obligation erhält demgegenüber ein begrenztes, aber regelmäßigeres Einkommen. Solange das Unternehmen nicht in Konkurs geht oder vom Konkurs bedroht ist, hat der Inhaber einer Obligation in der Regel kein Recht der Einflußnahme auf die Unternehmensentscheidungen. Ein kluger Unternehmer wird jedoch darauf bedacht sein, ein gutes Verhältnis zu allen potentiellen zukünftigen Geldgebern zu unterhalten.

An dieser Stelle ist eine Warnung hinsichtlich der Fiktion der »Kontrolle« mit Bezug auf große Unternehmen angebracht. Nach dem Gesetz trifft es zwar durchaus zu, daß die Aktionäre die Eigner von General Motors, IBM, AT&T sowie anderer Großunternehmen sind, daß sie die Aufsichtsräte wählen und die Möglichkeiten der Kontrolle haben. In der Realität übersteigt jedoch die Größe des Aktienpaketes, das jemand besitzen müßte, um eine Kontrolle über diese Giganten ausüben zu können, die finanziellen Möglichkeiten von Einzelpersonen. Man mag beispielsweise zwar einen Anteil von 20 Prozent an einer Kapitalgesellschaft haben; das entspräche jedoch einem Aktienwert von 5 oder 10 Milliarden Dollar – keine Kleinigkeit selbst für die Superreichen. Deshalb ist, wie wir weiter unten sehen werden, das Maß an effektiver Kontrolle, das Aktionäre über große Kapitalgesellschaften ausüben können, in der Praxis sehr gering.

Mischformen

Darüber hinaus gibt es eine Reihe von Wertpapieren, die Mischformen darstellen und die die Eigenschaften von Obligationen mit denen von Aktien kombinieren. So werfen beispielsweise »Vorzugsaktien« eine feste Dividende ab und ähneln damit einer Obligation; aber wenn die Dividendenzahlung ausbleibt, hat das nicht den Konkurs des Unternehmens zur Folge.

Daneben liest man auch, daß der Markt »Optionen« handelt. Eine Option ist ein Anrecht auf den Erwerb von beispielsweise 100 IBM-Aktien zu 120 Dollar das Stück zu irgendeinem Zeitpunkt innerhalb einer Frist von 3 Monaten. Angenommen, IBM bietet gegenwärtig eine solche Option für 110 Dollar pro Stück an. Hätte diese dann einen Wert? Mit Sicherheit hätte sie das, denn IBM-Aktien könnten durchaus auf 130 Dollar das Stück ansteigen. Für denjenigen, der von seiner Option Gebrauch machte, wäre sie in diesem Fall 1000 Dollar wert (= 100 × [130 Dollar – 120 Dollar]). Optionen können Sie im Zusammenhang mit zahlreichen Aktien, Investmentfonds, Schatzwechseln oder Industrieobligationen erwerben – und damit ein wenig von dem Kitzel von Las Vegas von Ihrem eigenen Wohnzimmer aus genießen.

Die Vorteile der einzelnen Wertpapiere

Vom Standpunkt des Geldanlegers sind Obligationen, Vorzugsaktien, Stammaktien und Optionen in der Regel vier Anlagearten, die in dieser Reihenfolge mit wachsenden Risiken verknüpft sind – denen allerdings auch die entsprechend größere Chance gegenübersteht, beträchtliche Gewinne einzustreichen (oder zu erleben, wie das Papier im Kurs steigt).

Heute wirft eine »erstklassige« Schuldverschreibung oder ein Rentenpapier eine Rendite von 12 bis 15 Prozent ab, eine gute Vorzugsaktie etwa den gleichen Ertrag. Da Stammaktien im Wert steigen können und ihren Besitzern einen Kapitalgewinn erbringen, muß bei der Berechnung ihrer Effektivrendite (jährliche Dividendenerträge dividiert durch den Aktienkurs) ein größerer Zeitraum zugrunde gelegt werden: Ihr Ertrag ist zunächst *geringer* als der von Obligationen: Einige »Wachstumsaktien«, wie die von IBM, werfen anfänglich sehr viel geringere Dividenden ab als etwa gute Staatsanleihen.

Es wäre jedoch ein Fehler, davon auszugehen, daß Obligationen hundertprozentig sichere Anlagen seien. Erst 1983 erwiesen sich vom Bundesstaat Washington herausgegebene Obligationen im Wert von 2 Milliarden Dollar als Verlustgeschäft, weil sich der Bau der geplanten Kernkraftwerke als zu kostspielig herausstellte und die Anlagen abgerissen wurden. Bei allen Unternehmensbeteiligungen bleibt grundsätzlich immer das Risiko, daß man seine Ertragsquelle wie auch den Kapitalwert als solchen verliert.

Abgesehen von dem Risiko, daß ein Unternehmen seinen Zins- und Tilgungsverpflichtungen nicht nachkommt, bewegen sich die Kurse von festverzinslichen Papieren in Abhängigkeit von den Schwankungen des allgemeinen Marktzinses ständig auf und ab. In den vergangenen 15 Jahren der Inflation sowie hochschnellender Zinsen haben Anleger die Erfahrung gemacht, daß man mit festverzinslichen Papieren Geld verlieren und *reale* Kaufkrafteinbußen erleben kann. Tatsächlich unterlagen seit 1979 festverzinsliche Papiere den gleichen heftigen Kursschwankungen wie Stammaktien.

In den letzten Jahren ist die sogenannte *leverage ratio* vieler Unternehmen erheblich gewachsen, d.h. der Anteil des festverzinslichen Kapitals am Aktienkapital (bzw. der Fremdmittel am Eigenkapital) ist viel größer als früher. Wie ist das zu erklären? Ein wichtiger Faktor, der die Unternehmen zur Fremdfinanzierung drängt, ist der Umstand, daß Schuldzinsen, im Gegensatz zu Dividendenzahlungen, steuerlich absetzbar sind. (Somit sind die mit Hilfe einer Erhöhung der Verschuldung erzielten Einnahmen von der Doppelbesteuerung der Unternehmensgewinne *ausgenommen* – was von den strammen Lobbyisten für eine Abschaffung der Körperschaftsteuer häufig übersehen wird.) Diesem Vorteil der Fremdfinanzierung steht natürlich das große Risiko gegenüber, das eine solche Position mit sich bringt: Im Falle einer Rezession können die Gewinne des Unternehmens so weit schrumpfen, daß es seinen Zinsverpflichtungen nicht mehr nachkommen kann. Dieses Risiko war Anfang der 80er Jahre die Ursache für den Bankrott vieler Unternehmen.

Das Mammutunternehmen

Selbstverständlich durchlaufen nicht alle Unternehmen die oben dargestellten Phasen. Unser erfolgreiches Computer-Software-Unternehmen ist jedenfalls auf diesem Wege inzwischen die Erfolgsleiter weit genug hinaufgeklettert, und wir wollen es verlassen, um uns auf den verbleibenden Seiten dieses Kapitels mit der wirtschaftlichen Position und Macht der wirklich großen modernen Kapitalgesellschaften zu beschäftigen sowie mit den Problemen, die durch diese Unternehmen für die amerikanische Wirtschaft entstehen. Die Großen sind es – die führenden 500 des *Fortune Magazine* –, die die entscheidende Rolle in der heutigen Wirtschaft spielen.

Die Liste der 500 größten Kapitalgesellschaften liest sich wie eine Art Gotha der amerikanischen Wirtschaftswelt: Fast jeder Name ist ein vertrauter Begriff. Angeführt wird die Liste von Ölgesellschaften wie Exxon, Mobil, Texaco, Standard Oil of California und Gulf; von Automobilgesellschaften wie General Motors und Ford; von großen Computer- und Elektronikfirmen wie IBM, General Electric, AT&T; von Chemiekonzernen wie Du Pont und Dow Chemical und vielen anderen.

Heute entwickeln sich die USA jedoch mehr und mehr zu einer Dienstleistungsgesellschaft – Banken, Versicherungs- und Finanzierungsgesellschaften, Einzelhandelsunternehmen, der Transportsektor und die öffentlichen Versorgungsbetriebe wachsen in ihrer Bedeutung. In Anerkennung dieses Trends hat das *Fortune Magazine* kürzlich eine Liste der 500 größten Dienstleistungsunternehmen zusammengestellt. Darin sind Geschäftsbanken wie die Citicorp und die BankAmerica zu finden; Lebensversicherungsgesellschaften wie die Prudential und die Metropolitan; Versandhäuser wie Sears und Phibro-Salomon; und Versorgungsgesellschaften wie AT&T, GTE und Pacific Gas & Electric.

Insgesamt gab es 1983 295 Wirtschaftsunternehmen, deren Umsätze die Milliardengrenze überschritten. Ergänzt wird die Liste durch die Namen von multinationalen Gesellschaften wie der Royal-Dutch Shell, British Petroleum, Fiat, Unilever und vielen anderen. Tatsächlich finden sich in der Liste der 50 größten Gesellschaften der Welt 27 ausländische Namen – alle übrigen sind amerikanische Unternehmen.

Größe ist die Quelle des Erfolges, und Erfolg ist der Grundstock weiteren Erfolgs. Andererseits sind der Größe wirtschaftliche und politische Grenzen gesetzt. Gewinnstatistiken lassen erkennen, daß die Gewinne zwar mit der Unternehmensgröße steigen, bei den größten Vertretern einer Branche jedoch vergleichsweise leicht hinter den nächstgrößeren Vertretern derselben Branche zurückbleiben.

Außerdem bedeutet die Tatsache, daß Großunternehmen nur selten bankrott machen, durchaus nicht, daß damit die Hackordnung ein für allemal feststeht. So wie z.B. ein Hotel immer belegt sein mag – wenn auch mit immer anderen Gästen –, so ändern sich auch auf der Liste der großen Gesellschaften die großen Namen. Sehen wir uns beispielsweise die Liste der 10 größten Unternehmen des Jahres 1909 an, stellen wir fest, *daß nicht ein einziges seine Spitzenposition bis in das Jahr 1984 hinein erhalten konnte.*

Die Trennung von Eigentum und Kontrolle bei Großunternehmen

Schauen wir uns das Innenleben eines solchen Mammutunternehmens einmal an. Zunächst fällt die Tatsache auf, daß das Eigentum an den Großunternehmen breit gestreut ist. Die Aktien können von der breiten Öffentlichkeit erworben werden. Sie sind nicht »in privaten Händen« oder im Besitz einer Familie. *Das auffallendste Merkmal ist die Streuung des Eigentums unter Tausende und aber Tausende von kleinen Aktienbesitzern.*

1983 besaßen mehr als 3 Millionen Menschen Aktien der AT&T. Aber 94 Prozent dieser Aktionäre besaßen weniger als 500 Aktien, und kein einziger besaß auch nur 1 Prozent des Gesamtaktienkapitals.

Ziel der New Yorker Börse ist es, so etwas wie einen Volkskapitalismus herbeizuführen, bei dem die breite Masse einen erheblichen Anteil am Gesamtkapital der Gesellschaft besitzt. Obgleich tatsächlich 42 Millionen Amerikaner direkt in Form von Stammaktien an Unternehmen beteiligt sind, erzielt nicht einmal jeder zehnte eine nennenswerte Rendite aus seiner Beteiligung. Die Streuung des Aktienbesitzes wird noch gefördert durch die Tatsache, daß 1981 von den Aktien im Werte von 1,5 Billionen Dollars fast 400 Milliarden von Rentenfonds, Versicherungsgesellschaften sowie von Gesellschaften auf Gegenseitigkeit gehalten wurden.

Berle und Means haben in ihrer klassischen Untersuchung[3] nachgewiesen, daß diese breite Streuung des Aktienbesitzes zu einer Trennung von Eigentum und Kontrolle über ein Unternehmen geführt hat.

Jüngeren Untersuchungen zufolge befinden sich in dem typischen Großunternehmen nur etwa 3 Prozent des eingezahlten Aktienkapitals in den Händen des gesamten Managements – das heißt der Aufsichtsräte und Vorstandsmitglieder zusammengenommen.

Betriebsübernahme (»Takeover«)

In den letzten Jahrzehnten haben die alten Manager einen Teil ihrer Macht und Autonomie bei der Führung großer Gesellschaften eingebüßt – denn wir leben im Zeitalter der Übernahmen von Gesellschaften und der Fusionskämpfe.

Wie läuft dies typischerweise ab? Angenommen, die Ölgesellschaft Lazy-T sitzt auf einer Reihe ergiebiger Öl- und Erdgasquellen. Zu heutigen Preisen sind sie Millionen wert. Aber das Management ruht sich satt und selbstzufrieden auf seinen Lorbeeren aus der Zeit der mühelos erzielten Gewinne während der Zeit hoher Ölpreise aus.

Ein anderes Unternehmen, beispielsweise ein Tabak- oder Stahlunternehmen, gelangt zu der Überzeugung, daß das Zigaretten- und Stahlgeschäft keine große Zukunft mehr hat. Es ist auf der Suche nach einem ergiebigeren Betätigungs-

---

3 A.A.Berle jr. und Gardner C.Means, *The Modern Corporation and Private Property*, Commerce Cleaning House, New York 1932. R.J.Larner vertritt in einer 1966 veröffentlichten Studie der *American Economic Review* die Auffassung, daß die These von Berle/Means hinsichtlich der Trennung von Eigentum und Kontrolle heute in noch höherem Maße zutrifft als im Jahre 1929: Während 1929 noch 6 der 200 größten Gesellschaften sich in Privatbesitz befanden (mit einem Anteil am Aktienkapital von 80 Prozent und mehr), gab es 1963 keine einzige Gesellschaft dieser Art mehr; bei 84,5 Prozent der größten Unternehmen hielt keine Aktionärsgruppe auch nur 10 Prozent des Aktienkapitals in Händen.

feld. Es erkennt die großartigen Zukunftsaussichten der Lazy-T, deren Aktien gegenwärtig für 30 Dollar das Stück zu haben sind, obgleich jede sorgfältige Analyse erkennen läßt, daß sich die Lazy-T-Anteile unter dem Hammer für 60 Dollar das Stück verkaufen ließen. Unsere Stahl- oder Tabakfirma unterbreitet deshalb ein »Gebot« (ein offizielles Kaufangebot), bei dem es 45 Dollar für die Lazy-T-Aktie bietet. Die Aktionäre akzeptieren das Angebot. Nach der Übernahme pumpen die neuen Eigner ihr erfolgshungriges Kapital in ein intensives Bohrprogramm, und Öl und Gas beginnen bald zu strömen.

Dieses Beispiel legt die Vermutung nahe, daß die Möglichkeit einer Übernahme Manager davon abhält, Ineffizienz in der Unternehmensführung zu dulden. Untersuchungen über Übernahmen von Gesellschaften bestätigen jedoch keineswegs immer die optimistische Ansicht, daß die Gefahr der Fusion amerikanische Manager zu erhöhter Leistung angeregt hat. Oft haben sich Übernahmen eher als eine Erlösung aus unternehmerischem Tiefschlaf erwiesen denn als Ansporn zur Überwindung der Trägheit der Manager. Es besteht jedoch kein Zweifel, daß die Möglichkeit einer Übernahme tatsächlich zu einer Minderung zumindest einiger Auswüchse schlechter Unternehmensführung beiträgt. Die wahren Herren der Unternehmen sind heute die *Märkte*, nicht die Aktionäre.

Die Revolution der Manager

Wer trifft in einer Kapitalgesellschaft die Entscheidungen? Vornehmlich die immer wichtiger werdende Klasse *professioneller Manager* – John Kenneth Galbraith bezeichnete sie als die »Technokraten«[4]. Dem Industriekapitän früherer Zeiten haftete bei aller schöpferischen Kraft und bei aller Fähigkeit, die beim Aufbau eines großen Unternehmens unumgänglichen Risiken richtig abzuschätzen, in seinem Wesen immer ein gewisses Abenteurertum und ein gewisser hemdsärmeliger Erfolgswille an. Diese ursprünglichen Gründer sind jedoch in einem Unternehmen nach dem anderen durch eine neue Generation leitender Angestellter ersetzt worden. Sie repräsentieren in der Regel nicht mehr den selfmade man und sind eher Absolventen von Harvard, Stanford oder anderer namhafter Universitäten. Höchstwahrscheinlich haben sie eine Spezialausbildung für ihre Aufgabe erhalten und bringen besondere Fähigkeiten zur Unternehmensführung mit. Der neue professionelle Unternehmensleiter versteht sich besser auf Dinge wie Public Relations und Personalführung – er ist zwangsläufig eher der »Bürokrat«, der mehr an der Erhaltung des Status quo als am unternehmerischen Risiko interessiert ist.

Der erste Mann einer Kapitalgesellschaft ist in der Regel der Vorstandsvorsitzende. Rein rechtlich wird die Gesellschaft jedoch vom Gesamtvorstand geführt, dem »board of directors«. (Anmerkung: Letzterer ist wegen der unterschiedlichen unternehmensrechtlichen Konstruktion nicht vergleichbar mit dem deutschen »Vorstand« oder »Aufsichtsrat«.) Er besteht aus einer Gruppe von dem Unternehmen angehörenden Führungskräften wie auch externer Sachverständiger mit prestigeträchtigen Namen. Im allgemeinen würde man zu weit gehen, wollte man behaupten, daß die meisten Unternehmensvorstände nur Marionet-

---

[4] Eine eingehendere Behandlung der Kritik Galbraith' am amerikanischen Kapitalismus findet sich in Kapitel 35.

ten seien, die den vom Management getroffenen Entscheidungen nur noch ihren Segen zu geben haben. Dennoch läßt sich sagen, daß der Vorstand, solange das Management sein Vertrauen genießt, im Regelfall nicht aktiv in das Tagesgeschäft eingreift.

Dieses Verfahren ähnelt der Verwaltungspraxis, wie sie auch in Kuratorien privater Colleges oder Universitäten üblich ist, und ist dem parlamentarischen System ministerieller Verantwortung, wie es sich in Großbritannien und anderen Staaten beobachten läßt, nicht ganz unähnlich.

Interessenkonflikte

Im allgemeinen werden die Interessen des Managements und der Aktionäre einander nicht zuwiderlaufen. Beide sind an der Maximierung des Unternehmensgewinns interessiert, an wachsenden Einnahmen und an einem Ansteigen des Kurses ihrer Aktien. In zwei entscheidenden Situationen kann es jedoch zu einem Interessenkonflikt kommen, der häufig zugunsten des Managements entschieden wird.

Erstens können die Manager sich selbst sowie ihren Freunden oder Verwandten auf Kosten der Aktionäre hohe Gehälter, Aufwandsentschädigungen und feudale Pensionen zusprechen.

Ein zweiter Interessenkonflikt kann sich aus der Einbehaltung der Gewinne ergeben. Ähnlich wie Kaiser und Könige neigen die Manager großer Unternehmen dazu, die Expansion und den Fortbestand ihres Imperiums anzustreben. Die psychologischen Gründe für dieses Verhalten sind komplex, und es steckt keinesfalls immer Egoismus dahinter. Dennoch besteht gelegentlich, wenn die Gewinne in das Unternehmen reinvestiert werden, der begründete Verdacht, daß das gleiche Kapital von den Aktionären anderswo besser hätte angelegt werden können oder daß man es auch für Konsumzwecke hätte ausschütten können. Manchmal ergibt sich sogar eine Situation, in der eine Gesellschaft gut daran täte, ihre eigene Auflösung zu betreiben, das Kapital zurückzuzahlen oder der Fusion mit einem anderen Unternehmen zuzustimmen. Aber man erlebt nur selten, daß Manager eines Unternehmens sich freiwillig um ihre eigenen Posten bringen und das Unternehmen aus dem Geschäft aussteigen lassen werden.

Das Pendel schwingt nach rechts

Vor 50 Jahren pflegten viele Politiker die Praktiken der Unternehmen anzuprangern, und vielen Unternehmern lief bei der Erwähnung »jenes entsetzlichen Mannes«, nämlich Franklin Delano Roosevelt, ein kalter Schauer über den Rücken. Zum Teil blieb dies Mißtrauen bis in die Regierungszeit von John F. Kennedy erhalten. Dieser soll zu der Zeit, als die Stahlgesellschaften ihre Preise erhöhten, gesagt haben: »Mein Vater hat mir immer erklärt, daß alle Unternehmer Ganoven seien, aber bis heute habe ich nie daran geglaubt.«

Die Zeiten haben sich geändert. In den Wirtschaftshochschulen herrscht ein Gedränge von Aspiranten für zukünftige Führungspositionen in der Wirtschaft. Demokratische wie republikanische Präsidenten lassen sich von Wall Street-Bankiers beraten, von den großen Repräsentanten der Wirtschaft oder von der Handelskammer. Das Pendel der öffentlichen Meinung schlägt wieder in Richtung auf ein größeres Vertrauen in die Unternehmen aus. Aufgrund dieser veränderten Einstellung sowie der größeren Skepsis gegenüber dem Erfolg staatlicher Eingriffe in die Wirtschaft konnte man in den letzten Jahren einen allgemeinen Abbau von wirtschaftlichen Kontrollmaßnahmen sowie eine weniger strenge Durchsetzung von Anti-Trust-Gesetzen erleben. Viele schließen sich heute wieder der Auffassung von Calvin Coolidge an, »daß das Geschäft der Amerikaner das Geschäft ist«.

Für wie lange? Niemand kann es wissen. Vielleicht bis zum nächsten Finanzskandal, nach dem das Pendel wieder nach links ausschlägt.

In diesem Kapitel sind wir im Eiltempo durch die Welt der kleinen und mittleren Unternehmen sowie der Industriegiganten gezogen. Wir haben gesehen, wie ein einzelner ein kleines Unternehmen gründen, finanzieren und führen kann. In unserer Zeit wird die Welt der Wirtschaft jedoch zunehmend von Kapitalgesellschaften bevölkert, an denen die breite Öffentlichkeit beteiligt ist und deren Mittel von Tausenden von Geldgebern aufgebracht werden. Denjenigen, die daran interessiert sind, sich das Rechnungswesen von Unternehmen genauer anzusehen, gibt der Anhang einen ersten Einblick in diesen Bereich.

Nach diesem Überblick über die Organisation der Unternehmen ist es an der Zeit, zur wirtschaftlichen Analyse der Unternehmen zurückzukehren. Im anschließenden Kapitel befassen wir uns mit der Messung der Kosten – soweit diese auf die Darstellung der Prinzipien hinführt, die den Angebotskurven der Unternehmen zugrunde liegen.

Zusammenfassung

A. Groß-, Klein- und Kleinstunternehmen

1. Der heutige Bestand an Unternehmen in den Vereinigten Staaten ist das Ergebnis eines kumulativen Wachstumsprozesses im Sinne eines ständigen Überschusses der Zahl der Neugründungen gegenüber der Zahl der erloschenen Unternehmen. Die überwiegende Mehrzahl der Unternehmen bilden die winzigen Einzelunternehmen, die zumeist im Bereich des Einzelhandels und der Dienstleistungsbetriebe zu finden sind. Solche kleinen Unternehmen werden Jahr für Jahr in großer Zahl ins Leben gerufen – aber sie haben eine ebenso große Sterblichkeitsziffer.

2. Die verschiedenen Unternehmensformen haben verschiedene Vor- und Nachteile. Kleine Unternehmen sind flexibel, können neue Produkte auf den Markt bringen, andere Firmen aufkaufen, aber auch rasch wieder verschwinden. Ihr grundlegender Nachteil besteht darin, daß ihnen die Möglichkeit der Akkumulation größerer Mengen von Kapital durch die Mobilisierung der Mittel einer Vielzahl von Investoren verwehrt ist. Die großen Kapitalgesellschaften unserer Zeit, denen der Staat das Recht der Haftungsbeschränkung gewährt hat, können Summen von -zig Milliarden anhäufen durch Inanspruchnahme von Bankdarlehen oder durch die Ausgabe von festverzinslichen Wertpapieren oder Stammaktien.

B. Die Kapitalgesellschaft

3. Moderne Kapitalgesellschaften verfügen über eine Vielzahl von Quellen, die ihnen zur Kapitalbeschaffung dienen. Am wichtigsten ist die Finanzierung aus eigenen Mitteln – d.h. durch Reinvestition von Gewinnen und Abschreibung. Fremdfinanzierungsmittel werden in erster Linie durch die Ausgabe von Stammaktien (die einen Eigentumsanspruch gegen das Unternehmen darstellen) aufgebracht sowie durch festverzinsliche Obligationen (ein Versprechen zur Zahlung von Zinsen und Rückzahlung des Kapitals über einen vereinbarten Zeitraum hinweg) und Bankdarlehen (eine neuere Form der Kapitalbeschaffung durch Kreditinstitute).

4. Mit zunehmender Größe der Kapitalgesellschaften und wachsender Zahl und Streuung ihrer Anteilseigner tritt das Phänomen der Trennung zwischen Eigentum und Kontrolle über ein Unternehmen auf. Dieser Trend kann zu Interessenkonflikten zwischen den Aktionären und dem Management führen – etwa wenn Manager jegliches Risiko zu scheuen beginnen oder sich übermäßig großzügige Aufwandsentschädigungen zusprechen. Übernahmen können heute dazu beitragen, die schlimmsten Auswüchse der Ineffizienz in Grenzen zu halten.

Begriffe zur Wiederholung

Einzelunternehmen

Personengesellschaft

Aktiengesellschaft

beschränkte, unbeschränkte Haftung

Obligationen

Stammaktien

Ertragskraft des Firmenwerts

Trennung von Eigentum und Kontrolle

Übernahmen als Faktoren zur Beschränkung des freien Ermessens des Managements

Fragen zur Diskussion

1. Stellen Sie sich vor, daß Sie ein eigenes Unternehmen gründen. Beschreiben Sie den Hergang unter besonderer Berücksichtigung der Frage der Kapitalbeschaffung und der Erzielung eines raschen Wachstums.

2. Vergleichen Sie die Vor- und Nachteile *(a)* des Einzelunternehmens, *(b)* der Personengesellschaft und *(c)* der Aktiengesellschaft.

3. Nennen Sie Wege zur Kapitalbeschaffung für kleine und große Unternehmen.

4. Wenn man berücksichtigt, daß Obligationszinsen steuerlich absetzbar sind

(und damit der »Doppelbesteuerung« entgehen), stellt sich die Frage: »Warum sind Aktiengesellschaften überhaupt so ›töricht‹, sich Kapital durch Emission von Stammaktien zu beschaffen?«

5. Vor kurzem haben Robert Reich, Lester Thurow und andere behauptet, daß die Stagnation der amerikanischen Wirtschaft zum Teil auf die schwachen Leistungen ihrer Manager zurückzuführen sei, die von japanischen innovationsfreudigeren Managern überflügelt werden. Gibt es abgesehen von der ausländischen Konkurrenz noch andere Kräfte, die die amerikanischen Manager zwingen könnten, ein höheres Maß an Effizienz zu entwickeln? Als Beispiele wären denkbar: Rezessionen, Konkurrenten auf einzelnen Produktmärkten, Übernahmen, Abbau staatlicher Kontrollen, Gefahr, sich durch Mißmanagement der Lächerlichkeit preiszugeben. Versuchen Sie, jeweils eine Begründung zu geben!

6. Was soll mit der Bezeichnung unseres Zeitalters als einem der »Revolution der Manager oder der Bürokratie« zum Ausdruck gebracht werden?

7. Geben Sie Beispiele für Interessenkonflikte zwischen Aktionären und Management und für ihre Interessengleichheit.

8. Die »Genossenschaft«, eine Unternehmensform, bei der die Kunden die »Eigner« sind, stellt eine interessante Mischform dar. Sie spielt besonders in Jugoslawien eine große Rolle, wo die Produktionsgenossenschaften der Arbeiter ein hohes Maß an Autonomie besitzen. In den Vereinigten Staaten sind 7 Millionen Bürger Mitglieder landwirtschaftlicher Genossenschaften, 1,8 Millionen gehören Konsumgenossenschaften sowie genossenschaftlich organisierten studentischen Organisationen an; 0,5 Millionen sind an Wohnungsbaugenossenschaften beteiligt, und 0,25 Millionen sind Mitglieder von Einrichtungen auf Gegenseitigkeit im Bereich der Gesundheitsvorsorge. Inwiefern unterscheiden sich der Entscheidungsprozeß sowie die Risiken einer Genossenschaft von denen einer Kapitalgesellschaft? Können Sie sich vorstellen, welche wesentlichen Nachteile dieser Unternehmensform einem Eindringen in die amerikanische Automobil-, Stahl-, Textilindustrie oder in andere Bereiche des produzierenden Gewerbes im Wege gestanden haben?

Anhang zu Kapitel 20

Grundzüge des Rechnungswesens

In unserem Zeitalter von »Soll und Haben« ist das Verständnis der Schlüsselbegriffe des Rechnungswesens unerläßlich. Tatsächlich gehören sie zu den praktischsten Werkzeugen, die Ihnen die Wirtschaftswissenschaft vermittelt, gleichgültig ob Sie sich als Manager, Freiberufler oder Investor betätigen. Als Unternehmensleiter hängen Sie von den Entwicklungen auf Ihren Konten ab, die Ihnen Auskunft darüber geben, ob Sie Gewinne oder Verluste machen und welche Zweige des Unternehmens florieren. Auch wenn Sie daran denken, ein Unternehmen aufzukaufen oder Aktien eines Unternehmens zu erwerben, werden Sie und Ihre Finanzberater sich in die Bilanzen des betreffenden Unternehmens vertiefen, um dessen Finanzkraft beziehungsweise seine finanziellen Schwächen auszumachen.

Wir beginnen mit zwei grundlegenden Komponenten des Rechnungswesens: der Bilanz und der Gewinn- und Verlustrechnung (bzw. der Erfolgsrechnung eines Unternehmens).

Die Bilanz ist eine Art Momentaufnahme der finanziellen Situation eines Unternehmens zu einem bestimmten Zeitpunkt, in der Regel am letzten Tag eines Jahres.

Die daran anschließend behandelte Gewinn- und Verlustrechnung erfaßt Ressourcenströme, die ein Unternehmen während eines Zeitraumes, beispielsweise eines Jahres, verlassen oder ihm zufließen. Wir werden sehen, daß die Bilanz, ähnlich einer mit Wasser gefüllten Badewanne, einen in Dollar ausgewiesenen Bestand widerspiegelt, während die Gewinn- und Verlustrechnung zu- und abfließende Dollarströme ausweist, die aus unserer Badewanne ablaufen beziehungsweise in sie hineinfließen.

Die Bilanz

Kehren wir also zur Bilanz zurück. Sie erfaßt einerseits die Vermögensteile, d.h. die Aktiva (wertvolle, im Besitz des Unternehmens befindliche Ressourcen), und andererseits die Verbindlichkeiten, d.h. die Passiva (finanzielle oder andere Verpflichtungen des Unternehmens gegenüber Dritten) sowie das Eigenkapital (den Wert der Vermögensteile abzüglich der Verbindlichkeiten). Dem Dollarwert sämtlicher Aktiva – materieller wie immaterieller – muß zwangsläufig ein genau gleich großer Betrag an Forderungen gegenüber dem Unternehmen entsprechen; so wie dem Wert eines Hauses in Höhe von 90000 Dollar irgend jemandes Eigentumsanspruch gegenübersteht – beispielsweise eine Bankforderung in Höhe von 70000 Dollar sowie 20000 Dollar Eigenkapital des Hauseigentümers.

Ehe wir uns im einzelnen mit der Bilanz auseinandersetzen, halten wir zunächst die *grundsätzliche Bilanzidentität* (den Ausgleich zwischen den beiden Seiten) fest. Das heißt, daß der Gesamtheit der Vermögensteile die Gesamtheit der Verbindlichkeiten zuzüglich des Wertes des Unternehmens für seine Eigner gegenüberstehen; also:

- **Gesamtvermögen = Gesamtverbindlichkeiten + Eigenkapital**

Damit wird gesagt, daß den Vermögensteilen eines Unternehmens seine Verbindlichkeiten (seine Schulden gegenüber Dritten) plus dem Grund- bzw. Eigenkapital entsprechen müssen. Manchmal trägt es zur Verdeutlichung bei, wenn man die einzelnen Posten dieser grundlegenden Identität umstellt und folgendermaßen formuliert:

- **Eigenkapital (bzw. Grundkapital) = Vermögenswerte − Verbindlichkeiten**

Wir wollen das Gesagte anhand einer einfachen Bilanz, wie sie in Tabelle 20A.1 dargestellt ist, verdeutlichen. In ihr sind auf der linken Seite die Vermögenswerte und auf der rechten Seite die Verbindlichkeiten und das Eigenkapital eines neu gegründeten Unternehmens aufgeführt – beispielsweise unserer Snack-Man Computer Company –, die ihre Tätigkeit gerade aufgenommen hat.

Bewußt wurde der Posten für das Stammkapital offengelassen (bzw. durch Punkte ersetzt); die einzig richtige, der Bilanzidentität gemäße Zahl, die an dieser Stelle eingesetzt werden muß, ist 200 000 Dollar. *Eine Bilanz muß immer ausgeglichen sein* – weil das Eigenkapital die Restgröße darstellt, die definiert wird als die Vermögenswerte abzüglich der Verbindlichkeiten.

Um zu verdeutlichen, daß das Eigenkapital immer den Ausgleich herstellt, sollten Sie sich die Situation vorstellen, in der durch ein Feuer die Hälfte der Lagerbestände Ihres Unternehmens zerstört wird. Ihr Buchhalter teilt Ihnen mit: »Die Aktiva sind um 40 000 Dollar vermindert worden, die Verbindlichkeiten sind unverändert geblieben; das bedeutet, daß das Eigenkapital um 40 000 Dollar geschrumpft ist, weshalb ich keine andere Wahl habe, als die Höhe des Eigenkapitals von 200 000 Dollar auf 160 000 Dollar herabzusetzen.« So weisen die Konten immer den aktuellen Stand aus.

Festzuhalten ist ein weiterer allgemeiner Aspekt bezüglich einer Bilanz:

- **Obgleich beide Seiten einer Bilanz letztlich gleich sein müssen, steht keinem einzigen Posten der einen Seite ein gleichlautender Posten auf der anderen Seite gegenüber.**

So entspricht beispielsweise der Wert der Schuldverschreibungen nicht dem Wert der Ausrüstungen oder Gebäude, und auch Kapital und Bargeld sind unterschiedliche Posten. Die einzige richtige Aussage, die sich über eine Bilanz machen läßt, lautet, daß die Gläubiger eines Unternehmens (die Inhaber von Obligationen, die Banken usw.) einen generellen Anspruch gegenüber dem Unternehmen auf einen bestimmten Wert und die Eigner einen Residualanspruch auf die Restgröße haben.

Regeln des Rechnungswesens

Die Erstellung von Konten erfolgt nach bestimmten Grundprinzipien des Rechnungswesens; dabei handelt es sich um Konventionen, auf die man sich in der Buchführung hinsichtlich der Bewertung sowie der Einbeziehung oder Nichteinbeziehung bestimmter Posten geeinigt hat. Das Rechnungswesen hat eine wesentliche Gemeinsamkeit mit der Sprache: Wenn es seinen Zweck erfüllen will, muß es klar und allgemein verständlich sein.

Die erste Grundregel lautet, daß alle Posten in der gleichen Einheit ausgedrückt werden müssen – in US-Dollar.

Die wichtigste Konvention aber besteht darin, daß alle Vermögensteile zu ihren *historischen Kosten* bewertet werden. (Wie unten ausgeführt wird, deckt sich dies nicht mit der Vorstellung des Wirtschaftswissenschaftlers vom »Wert«; es gibt jedoch Ausnahmen.) So geht der Boden in die Bilanz mit seinem Kaufpreis ein; Ausrüstungen und Gebäude werden zu ihrem Kaufpreis abzüglich der Abschreibung aufgenommen. Obgleich es Ausnahmen von dieser generellen Regel der Rechnungslegung gibt, liegt den meisten Bewertungsmethoden das Prinzip der historischen Kosten zugrunde.

Warum arbeitet man mit historischen Kosten, wenn sie gar nicht angemessen sind? Im wesentlichen deshalb, weil bei jedem anderen Verfahren willkürliche und manipulierbare Bewertungen denkbar wären, die es einem Außenstehenden sehr viel schwerer machen würden, sich ein Urteil über die Bilanz oder die finanzielle Solidität eines Unternehmens zu bilden.

Die einfache Bilanz der Tabelle 20 A.1 läßt einige interessante Aspekte erkennen. Zunächst einmal ist es üblich, die Aktiva unter dem Gesichtspunkt aufzugliedern, ob sie sich unter normalen Umständen innerhalb eines Jahres liquide machen lassen oder ob dazu mehr als ein Jahr erforderlich ist; demzufolge wird die erste Kategorie als Umlaufvermögen, die zweite als Anlagevermögen bezeichnet. Auch die Verbindlichkeiten werden in laufende und langfristige Verbindlichkeiten aufgegliedert, je nachdem, ob sie innerhalb von weniger oder mehr als einem Jahr fällig werden.

Die meisten der aufgeführten Posten verstehen sich mehr oder weniger von selbst. Zu den Barmitteln gehören Münzen, Banknoten und Bankeinlagen. Der Kassenbestand ist der einzige Vermögensposten, dessen Wert nicht auf einer Schätzung beruht, sondern genau angegeben werden kann.

Lagerbestände und Wertminderung

Zwei Elemente der Bilanz werfen ihrer Natur nach schwierige Bewertungsprobleme auf: die Lagerbestände und das Anlagevermögen. In beiden Fällen ergibt sich die Schwierigkeit aus der Tatsache, daß sich nicht eindeutig ermitteln läßt, wie hoch der Teil der Lagerbestände (Kohle oder Stahl) oder des Anlagevermögens (der Lastwagen oder Gebäude) ist, der in einer gegebenen Periode aufgebraucht wurde.

Lagerbestände – die im Fall unserer Computerfirma aus Disketten, Computerpapier und Bleistiften bestehen – können auf vielerlei Weise bewertet werden. Besonders schwierig wird die Situation, wenn die Materialkosten im Laufe der Zeit Veränderungen unterliegen. Sollen wir die Kosten der Disketten zu ihrem

Bilanz der Snack-Man Computers, Inc. (31. Dezember 1989) (in US-Dollar)

Aktiva		Passiva	
		Verbindlichkeiten	
Umlaufvermögen		*Laufende Verbindlichkeiten:*	
Kassenbestand	20000	fällige Verbindlichkeiten	20000
Lagerbestände	80000	fällige Wechsel	50000
Anlagevermögen:		*Langfristige Verbindlichkeiten:*	
Ausrüstung	150000	Aufbaudarlehen	50000
Gebäude	100000	Obligationen	50000
		Eigenkapital	
		Aktienkapital:	
		Stammaktien	....
Insgesamt	**350000**	**Insgesamt**	**350000**

Tabelle 20A.1.
Eine Bilanz erfaßt die Gesamtheit der Vermögenswerte und der Verbindlichkeiten zuzüglich des Eigenkapitals eines Unternehmens zu einem gegebenen Zeitpunkt.

ursprünglichen Preis veranschlagen, der von dem heutigen Preis abweicht? Oder sollen wir die gegenwärtigen Kosten zugrunde legen, den Preis, den wir heute für die verbrauchten Disketten zahlen müssen? (In Lehrbüchern über das Rechnungswesen werden diese beiden alternativen Bewertungsmethoden für Lagerbestandsänderungen als FIFO-(»first-in, first-out«) und LIFO-(»last-in, first-out«) Methoden bezeichnet und im einzelnen analysiert.)

Es liegt auf der Hand, daß sich in bezug auf die Höhe der ausgewiesenen Gewinne in Inflations- oder Deflationszeiten erhebliche Unterschiede ergeben können, je nachdem welche der beiden Methoden verwandt wird. Unterschiede ergeben sich auch bezüglich der Höhe der Einkommensteuer, und die Entscheidung zugunsten der FIFO-Methode hat für manche Unternehmen schon zur Folge gehabt, daß sie viele Milliarden mehr an Steuern zahlen mußten, als das nach der LIFO-Methode der Fall gewesen wäre. Die Regierung sieht es nicht gern, wenn Unternehmen im Interesse der Senkung ihrer Steuerschuld ständig ihre Bewertungsmethoden ändern, so daß das Gesetz verfügt: »Die Wahl der Bewertungsmethode ist in das Belieben des Unternehmers gestellt, er hat jedoch nur ein einziges Mal die Möglichkeit, sich umzuentscheiden.« So viel zur Lagerhaltung.

Der zweite heikle Posten in der Bilanz ist das Anlagevermögen – die Gebäude und die Ausrüstung. Wenn wir unterstellen, daß die einzelnen Posten der Rubrik Ausrüstung und Gebäude genau am Jahresende erworben wurden, dem Stichtag für die Bilanz, können ihr Bilanzwert und ihr Kaufpreis gleichgesetzt werden. Damit verfährt man nach einer grundlegenden Buchungsregel oder Bewertungspraxis. Zum Zeitpunkt des Erwerbs eines Gegenstandes wird davon ausgegangen, daß sein Wert dem von dem Unternehmen gezahlten Preis entspricht. Wie wir jedoch im Zusammenhang mit der Gewinn- und Verlustrechnung und der Bilanz des darauffolgenden Jahres sehen werden, ergeben sich schwierige Fragen bei der Entscheidung darüber, wie Ausrüstungsgegenstände und Gebäude genau zu bewerten sind, die durch Verschleiß aufgezehrt wurden (d.h. eine »Wertminderung« erfahren haben).

Auf der Passivseite der Bilanz sind fällige Verbindlichkeiten genau das, was das Wort ausdrückt, nämlich Forderungen anderer für gekaufte und in Rechnung gestellte Güter. Bei fälligen Wechseln handelt es sich um Eigenwechsel, durch die Zahlungsverpflichtungen gegenüber Banken oder Finanzierungsgesellschaften begründet wurden. Das unter den langfristigen Verbindlichkeiten aufgeführte Aufbaudarlehen ist ein Fünfjahreskredit, der von der amerikanischen Small Business Administration gewährt bzw. garantiert wurde. Bei den Verbindlichkeiten aus ausgegebenen Obligationen handelt es sich um eine langfristige 12prozentige Anleihe mit einer Laufzeit von 15 Jahren. (Beachten Sie: Was sich für unsere Gesellschaft als Verbindlichkeit darstellt, muß bei irgend jemandem anders als Aktivposten auftauchen; die Gläubiger, die die Obligationen besitzen, weisen sie deshalb in ihrer Bilanz auf der linken Seite unter den Vermögenswerten als »Einkommen aus festverzinslichen Papieren« aus.)

Der letzte Posten in der Bilanz ist das Eigenkapital oder Aktienkapital. Hier finden sich die 20000 Stammaktien, die das Unternehmen zu einem Nennwert von 10 Dollar pro Aktie ausgegeben hat.

Damit beenden wir unseren kurzen Überblick über eine einfache Bilanz.

Die Erfolgs- bzw. Gewinn- und Verlustrechnung eines Unternehmens

Inzwischen ist nun einige Zeit ins Land gegangen. In den Monaten, die seit der Erstellung der Tabelle 20A.1 verstrichen sind, produziert und verkauft unser Unternehmen mit Erfolg Computer Software. Um den Strom seiner Erträge im Verlaufe eines Jahres feststellen zu können, müssen wir uns die Erfolgsrechnung ansehen bzw. die – wie manche Unternehmen lieber sagen – Gewinn- und Verlustrechnung, die in Tabelle 20A.2 dargestellt wird.

Die Erfolgsrechnung gibt Auskunft über folgende Punkte: (1) über Snack-Man's Umsätze im Jahre 1990, (2) über die Unkosten, die gegen die Verkaufserlöse aufgerechnet werden müssen, und (3) über das Nettoeinkommen (bzw. die nach Abzug der Unkosten verbleibenden Gewinne). Also:

- **Nettogewinn = Gesamterlös minus Gesamtkosten,**

womit wir die grundsätzliche Identität der Erfolgsrechnung festgestellt haben.

Sie wird Ihnen eher verständlich, wenn Sie zunächst die Zahlen der Spalte, die die Kosten der abgesetzten Güter ausweist (die eingerückten Zahlen), außer acht lassen und sich lediglich diejenigen der rechten Spalte anschauen. Die Verkaufserlöse betrugen 242000 Dollar; die gesamten Herstellungskosten für die abgesetzten Güter beliefen sich auf 170000 Dollar. Nach Abzug weiterer 14000 Dollar für Vertriebs- und Verwaltungskosten verbleiben als betrieblicher Nettogewinn 58000 Dollar. Von diesem Gewinn abgezogen werden müssen noch insgesamt 8500 Dollar plus 15000 Dollar für Zinsen und verschiedene Steuern, so daß ein Nettoertrag nach Steuerabzug (bzw. ein Gewinn) von 34500 Dollar verbleibt. Auf die Stammaktien entfielen Dividende in Höhe von 14500 Dollar, weshalb

Gewinn- und Verlustrechnung von Snack-Man Computers, Inc. (1. Januar bis 31. Dezember 1990) (in Dollar)

Nettoerlöse (nach Abzug aller Skonti und Rabatte)		242 000
abzüglich:		
Rohstoffkosten	50 000	
Lohnkosten	90 000	
Abschreibung	20 000	
sonstige Betriebsunkosten	10 000	
= Herstellungskosten	170 000	170 000
Bruttogewinn (Bruttoüberschuß)		72 000
abzüglich: Vertriebs- und Verwaltungskosten		14 000
Nettobetriebsgewinn		58 000
abzüglich: Schuldzinsen und Bundes- und Kommunalsteuern		8 500
Nettogewinn vor Steuerabzug		49 500
abzüglich: Körperschaftsteuern		15 000
Nettogewinn nach Steuerabzug		34 500
abzüglich: Dividende auf Stammaktien		14 500
Zuwachs der nicht ausgeschütteten Gewinne		20 000

Tabelle 20A.2.
Die Gewinn- und Verlustrechnung erfaßt alle während einer bestimmten Periode von beispielsweise einem Jahr erzielten Umsätze und entstandenen Kosten.

20 000 Dollar in Form von einbehaltenen Gewinnen zum Zwecke der Reinvestition in das Unternehmen übrigbleiben.

Nunmehr kehren wir zu den Herstellungskosten der verkauften Güter zurück. Die meisten bedürfen keiner Erklärung: Rohstoffe, Löhne und sonstige Betriebskosten. Aber ebenso wie im Falle der Bilanz tauchen auch in der Erfolgsrechnung zwei heikle Posten auf – die Lagerbestände und die Abschreibungen. In unserem einfachen Beispiel der Tabelle 20A.1 besaß das Unternehmen Snack-Man keine Lagerbestände, weshalb es auch keine Bewertungsprobleme gab. Wären Veränderungen in den Beständen an fertigen Softwaredisketten aufgetreten, hätten wir uns die Frage vorlegen müssen: »Welche Lagerposten wurden verkauft, die 1989 oder die 1990 hergestellten Disketten? Handelte es sich bei den verkauften Posten um die zuletzt produzierten (LIFO-Methode) oder die zuerst produzierten (FIFO-Methode)?«

Abschreibungen

Wenden wir uns als nächstes dem mit 20 000 Dollar ausgewiesenen Abschreibungsbetrag der Tabelle 20A.2 zu. Erinnern Sie sich daran, daß die meisten Unternehmen Kapitalgüter brauchen – Gebäude, Ausrüstungen, Lastwagen und so fort –, um ihre Produkte erstellen zu können. Solche Vermögenswerte haben natürlich keine unbegrenzte Lebensdauer. Der Betrag für Abschreibungen soll der Tatsache Rechnung tragen, daß das Anlagekapital eine begrenzte Lebenserwartung hat und daß die Kosten des Anlagevermögens den Rechnungsperioden zugewiesen werden müssen, die von ihrem Einsatz profitieren. *Die Inrechnungstellung der Kosten des Anlagevermögens, wie etwa der Gebäude und Ausrüstungsgegenstände, bezeichnet man als Abschreibung.*

Zunächst könnte man sich fragen, warum für das Jahr 1990 überhaupt Abschreibungen berücksichtigt werden. Gebäude und Ausrüstung sind am Jahresanfang neu erworben worden und können noch nicht verschlissen sein. (Zwar muß man Mittel dafür aufwenden, um Arbeitskräfte zu bezahlen, die die Anlagen schmieren und für den Anstrich der Gebäude sorgen, aber ihre Löhne finden bereits in den Lohnkosten und den sonstigen Betriebskosten Berücksichtigung und gehören nicht zu den Abschreibungen.) Nehmen wir einmal an, daß die Maschinen 10 Jahre lang einwandfrei laufen, dann jedoch nichts mehr taugen. Sie könnten sich nun die Frage vorlegen, in welchem Jahr man die Kosten der Maschinen in Ansatz bringen soll – im Jahr des Erwerbs? Oder in dem Jahr, in dem sie auseinanderfallen?

Hier kommt nun die weise Voraussicht des Buchhalters zum Tragen. Es wäre ein großes Versäumnis, 9 Jahre lang keinerlei Beträge für Abschreibungen in Ansatz zu bringen, sich vorzumachen, daß das Unternehmen einen prächtigen Gewinn abwirft, und dann plötzlich im zehnten Jahr, wenn die Maschinen auseinanderfallen, die gesamten Kosten auf einmal zu belasten und festzustellen, daß man in dem Jahr einen immensen Verlust erlitten hat.

Realistischer ist es, der Tatsache Rechnung zu tragen, daß die Anlagen zwar für Erträge sorgen, dabei aber auch einem Verschleiß unterliegen. Der Wert der Anlagen sinkt, je älter sie werden, je länger sie im Einsatz sind und weil sie technologisch veralten, bis sie schließlich nur noch Schrottwert haben. Um diesem Wertverzehr der einzelnen Gegenstände des Anlagevermögens Rechnung zu tragen, schreibt der Buchhalter sie nach einer bestimmten Abschreibungsformel ab.

Abschreibungen für steuerliche Zwecke vs. buchhaltungstechnischer Abschreibung

Ehe wir die verschiedenen Möglichkeiten der Abschreibung erläutern, ist ein Wort der Warnung angebracht: Die Abschreibung für steuerliche Zwecke kann sich von der rein buchhaltungstechnischen Abschreibung unterscheiden. Es gibt kein Gesetz, demzufolge ein Unternehmen verpflichtet ist, der Steuerbehörde die gleichen Zahlen mitzuteilen wie seinen Aktionären. Wir stellen zunächst die gängigen buchhaltungstechnischen Verfahren dar und anschließend die steuerliche Behandlung von Abschreibungen.

Lineare und degressive Abschreibung

Die erste Methode bezeichnet man als »lineare Abschreibung«. Wir wollen sie anhand des Beispiels der Anlagen von Snack-Man demonstrieren. Angenommen, die Ausrüstungsgegenstände im Werte von 150000 Dollar halten 10 Jahre (bzw. haben eine 10jährige Lebensdauer) und ihr Wert nach Ablauf dieser Zeit ist gleich Null (sie haben keinen »Schrottwert«). Nach der linearen Abschreibungsmethode gehen Sie davon aus, daß in jedem Jahr ein Zehntel der Lebensdauer der jeweiligen Maschine aufgebraucht wird, und Sie veranschlagen als Abschreibungsbetrag pro Jahr ein Zehntel des Wertverlustes vom Gesamtwert – d.h. ein Zehntel von 150000 (dem Anschaffungspreis abzüglich eines Schrottwertes von Null). Auf diese Weise berücksichtigen Sie in Ihrer Bilanz für Abschreibungen von Anlagen jährlich 15000 Dollar. Und wenn die Gebäude im Werte von 100000 Dollar eine Lebensdauer von 20 Jahren und keinen anschließenden Schrottwert mehr hätten, würde der Abschreibungsbetrag jährlich 5000 Dollar betragen. Beide zusammengenommen ergeben für die Gewinn- und Verlustrechnung von Snack-Man einen Abschreibungsbetrag von 20000 Dollar.

Eine zweite, häufig verwandte Methode ist die sogenannte »Methode der Abschreibung mit doppeltem AfA-(= Abschreibung für Abnutzung)Satz, nach der die Anlagegegenstände in den ersten Nutzungsjahren rascher abgeschrieben werden, so daß es sich um eine »beschleunigte Abschreibung« handelt; bei diesem Verfahren nehmen die Abschreibungssätze im Laufe der Zeit ab; sie sind nicht konstant, wie bei der linearen Methode. Nach dieser Methode der Abschreibung mit doppeltem AfA-Satz können Sie im ersten Jahr das Doppelte der linearen Abschreibung in Ansatz bringen, d.h. Sie schreiben 2 × 10 Prozent = 20 Prozent im ersten Jahr ab.

Natürlich können Sie nicht auf die gleiche Weise in jedem Jahr weiter verfahren, denn dann hätte Ihr Anlagevermögen schon nach der Hälfte seiner Lebensdauer, nämlich nach 5 Jahren, den Wert von Null erreicht. Vielmehr erlaubt Ihnen die Methode der erhöhten Abschreibung nur, jährlich jeweils 20 Prozent des *Restwertes* oder Buchwertes abzusetzen. Nehmen Sie als Beispiel einen Lastwagen im Wert von 10000 Dollar. Im ersten Jahr schreiben Sie 20 Prozent von 10000 Dollar ab, d.h. 2000 Dollar. Im zweiten Jahr beträgt der Restwert nur noch 8000 Dollar, und der Abschreibungsbetrag beläuft sich auf 0,20 × (8000 Dollar) = 1600 Dollar. Und so geht es weiter. Es läßt sich errechnen, daß Sie auf diese Weise bis zum Ablauf der Hälfte der Nutzungsdauer des Vermögensgegenstandes mehr als zwei Drittel – und nicht nur die Hälfte, wie im Falle der linearen Methode – seines Anschaffungswertes abschreiben konnten. (Es gibt auch andere Formen degressiver Abschreibung mit degressiven Sätzen von beispielsweise 150 Prozent.)

Obgleich die Höhe der Abschreibungen normalerweise nach scheinbar exakten Formeln berechnet wird, weiß jeder Buchhalter, daß es sich im Grunde um grobe Schätzungen handelt, die mit beträchtlichen und unvorhersehbaren Fehlern behaftet sind und willkürlichen Berichtigungen und Annahmen unterliegen. Buchhalter trösten sich mit zwei Überlegungen: (1) eine ungenaue Abschreibungsmethode ist, ebenso wie eine ungenau gehende Uhr, oft besser als gar keine. (2) Fehler bei den geschätzten Abschreibungsbeträgen »heben sich letztlich irgendwie gegenseitig auf«.

Wie kommt letztlich diese automatische Korrektur solcher Abschreibungsfehler mit Bezug auf ein gegebenes Anlagegut zustande? Angenommen, der Lastwagen hält 15 Jahre, anstatt der vorausgesagten 10 Jahre. Dann waren unsere Abschreibungsbeträge in den ersten 10 Jahren überhöht. Im elften und allen weiteren Jahren können wir nun aber keine Abschreibungsbeträge für den Lastwagen mehr in Rechnung stellen, weil er ja schon nach Ablauf des zehnten Jahres bis auf seinen Schrottwert abgeschrieben wurde. Deshalb ist in diesen späteren Jahren nunmehr unser ausgewiesener Gewinn um so viel zu hoch veranschlagt, wie er zuvor gemindert worden war. Nach 15 Jahren heben sich die Plus- und Minusbeträge gegenseitig auf.

Abschreibungen und Steuern

An dieser Stelle kommen die Steuern ins Spiel. Unterschiedliche Abschreibungsmethoden schlagen sich im Laufe der Zeit auch in unterschiedlicher Weise in den Gewinnen und Steuern nieder. Im allgemeinen entscheiden sich die Unternehmen für eine Abschreibungsmethode, bei der *aus steuerlichen Gründen* rasch abgeschrieben werden kann. Warum? Weil ein Unternehmen durch einen Steueraufschub Mittel, die es andernfalls in Form von Steuern abführen müßte, in das Unternehmen im Interesse einer Ertragssteigerung zurückfließen lassen kann. Wirtschaftlich gesehen verringert die beschleunigte Abschreibung für ein Unternehmen die Kosten für die Anschaffung von Kapitalgütern, weil es die aus der beschleunigten Abschreibung resultierende Steuerersparnis gegen den Preis für den Lastwagen oder die Gebäude aufrechnen kann.[5]

Um die Investitionstätigkeit anzuregen, sind in den Vereinigten Staaten während der vergangenen 20 Jahre eine Reihe von Maßnahmen ergriffen worden, die eine beschleunigte steuerliche Abschreibung ermöglicht haben. Den Höhepunkt stellte das von der Reagan-Regierung im Rahmen der »angebotsorientierten« Steuersenkungspolitik verabschiedete System zur beschleunigten Abschreibung dar, das sogenannte ACRS (= Accelerated Cost Recovery System). Im Rahmen des ACRS werden die meisten Kapitalgüter steuerlich in Abhängigkeit von ihrer Lebensdauer in drei Kategorien eingeteilt (Anlagegüter mit einer Lebensdauer von 3, 5 und 10 Jahren). Die steuerliche Lebensdauer ist im allgemeinen sehr viel kürzer als die wirtschaftliche Lebensdauer dieser Güter. So fallen beispielsweise Lastwagen in die Kategorie der Anlagegüter mit 3jähriger Lebensdauer, während sie im Durchschnitt eher 10 Jahre lang halten. Einige dieser Anreize wurden 1982 und erneut 1984 eingeschränkt. Berechnungen zeigen jedoch, daß die staatlichen Investitionsanreize im Bereich der Kapitalausrüstung eine solche Wirkung entfalteten, daß sie die investitionshemmenden Auswirkungen der Körperschaft-, Vermögen- und persönlichen Einkommensteuern mehr als ausglichen. Tatsächlich subventioniert die Regierung heute Investitionen in Anlagegüter.

Die Beziehung zwischen Erfolgsrechnung und Bilanz

Wir müssen nunmehr die Darstellung der Gewinn- und Verlustrechnung hinsichtlich der Geschäftsentwicklung zu den Bilanzen zum Jahresbeginn und am Jahresende in Beziehung setzen. Tabelle 20A.3 zeigt die Bilanz unseres Computerunternehmens am Ende seines ersten Geschäftsjahres. Es hat sich gut entwickelt.

Das Eigenkapital, die Differenz zwischen dem gesamten Anlagevermögen und den gesamten Verbindlichkeiten, ist zwischen dem Beginn und dem Ende der Rechnungsperiode um 20000 Dollar gewachsen: von 200000 Dollar auf 220000 Dollar. Dieser Betrag ist, wie wir am Ende der Gewinn- und Verlustrechnung der Tabelle 20A.2 gesehen haben, genau gleich 34500 abzüglich 14500 bzw. gleich den 20000 Dollar nicht ausgeschütteter Gewinne.

---

[5] Frage 7 am Ende dieses Anhangs behandelt ein Beispiel, das im einzelnen zeigt, wie die beschleunigte Abschreibung zu einer Erhöhung der Unternehmensgewinne nach Steuerabzug führt.

Bilanz der Snack-Man Computers, Inc. (31. Dezember 1990) (in US-Dollar)

Aktiva			Passiva und Eigenkapital	
			Verbindlichkeiten	
Umlaufvermögen:			**Laufende Verbindlichkeiten:**	
Kassenbestand		27 000	fällige Verbindlichkeiten	10 000
Lagerbestände		80 000	fällige Wechsel	17 000
			Steuerschuld	21 000
Anlagevermögen:			**Langfristige Verbindlichkeiten:**	
Ausrüstung	150 000		Aufbaudarlehen	50 000
abzügl. Abschreibungen	15 000		Obligationen	50 000
		135 000		
Gebäude	100 000			
abzügl. Abschreibungen	5 000			
		95 000		
			Eigenkapital	
Immaterielle Aktiva:			**Aktienkapital:**	
Patente		10 000	Stammaktien	200 000
Firmenwert		21 000	einbehaltene Gewinne	20 000
Insgesmat		**368 000**	**Insgesamt**	**368 000**

Tabelle 20A.3.
Bilanz am Ende des ersten Geschäftsjahres.

Ein bestimmter Posten des Eigenkapitals ist offenkundig um 20 000 Dollar gestiegen. Denkbar wäre es, diese 20 000 Dollar dem Stammaktienkonto zuzuschlagen. Das wird jedoch in der Praxis nicht gemacht.

Einbehaltene Gewinne

Statt dessen eröffnen die Buchhalter ein neues Konto mit der Bezeichnung »einbehaltene Gewinne« – um kenntlich zu machen, welcher Teil des Zuwachses des Eigenkapitals auf angesammelte, nicht ausgeschüttete und im Laufe der Jahre in das Unternehmen reinvestierte Gewinne zurückzuführen ist.

Erneut müssen wir davor warnen, bestimmte Posten in der Bilanz untereinander zu verknüpfen. Einander entsprechen tun sich lediglich die Endsalden. Es ist auch gar nicht möglich, ganz genau zu sagen, wie die aus einbehaltenen Gewinnen in das Unternehmen reinvestierten Mittel eingesetzt wurden. Ein Zuwachs der einbehaltenen Gewinne hängt mit einem Zuwachs der Vermögenswerte oder einer Verringerung der Verbindlichkeiten oder mit beidem zusammen – mehr läßt sich nicht sagen.

Zusammenfassung der Beziehungen zwischen den Einzelelementen der Rechnungslegung

Bevor wir uns abschließend mit den neu hinzugekommen Elementen der Bilanz von 1990 gegenüber derjenigen des Jahres 1989 auseinandersetzen, sollten wir vielleicht das Verhältnis von Bilanz zu Erfolgsrechnung knapp zusammenfassen:

● Die Bilanz erfaßt die Situation eines Unternehmens zu einem bestimmten Zeitpunkt; sie ist eine Momentaufnahme – vergleichbar mit einer Messung des Wasserstandes in einem See.

● Die Gewinn- und Verlustrechnung zeigt den Strom von Verkaufserlösen, Kosten und Erträgen im Verlaufe eines Jahres oder einer Rechnungsperiode. Sie mißt den Wasserzufluß oder -abfluß aus dem See – die Entwicklung des Unternehmens während eines Jahres.

● Die zwischen dem Beginn und dem Ende der Rechnungsperiode eingetretenen Veränderungen in bezug auf das Eigenkapital – die der Vergleich der neuen mit der alten Bilanz erkennen läßt – lassen sich aus den Änderungen ablesen, die bei den einbehaltenen Gewinnen aufgetreten sind, die als letzter Posten in der Gewinn- und Verlustrechnung der Tabelle 20A.2 erscheinen: Der veränderte Wasserstand des Sees nach Ablauf des Jahres ist gleich dem Zustrom an Wasser abzüglich des Wasserverlustes während des Jahres.

Dennoch sind einige ungeklärte Veränderungen in der Höhe einzelner Posten der Bilanz gegenüber ihrem Eröffnungsstand festzustellen, für die die zwischenzeitliche Gewinn- und Verlustrechnung keine Erklärung bietet. Es lohnt sich deshalb, einen genaueren Blick auf die Bilanz vom 31. Dezember 1990 zu werfen.

Die neue Bilanz

Die neue Bilanz ist der alten sehr ähnlich. Einige Posten tauchen jedoch zum ersten Mal auf. Den letzten dieser Posten, die einbehaltenen Gewinne, haben wir bereits erklärt. Bei den Verbindlichkeiten erscheint jedoch ein weiterer neuer Posten, die sogenannte »Steuerschuld« in Höhe von 21000 Dollar. Er ist ohne Mühe zu erklären. Die Steuern, die das Unternehmen an den Staat abführen muß, stellen ebenso eine kurzfristige Verbindlichkeit dar wie die fälligen Forderungen oder die Zinsen aus Obligationen und Darlehen. Wie sieht die Situation auf der Seite der Aktiva aus?

Wenn wir uns die Aktivposten ansehen, stellen wir fest, daß hier eine größere Aufgliederung stattgefunden hat. Aus der Gewinn- und Verlustrechnung wissen wir, daß Abschreibungen in Höhe von 20000 Dollar gewinnmindernd geltend gemacht wurden; in der Bilanz sollten deshalb die ursprünglichen Anschaffungskosten in Höhe von 250000 auf 230000 Dollar reduziert werden.

Das geschieht statt dessen in einem Zweistufenverfahren: Zunächst führt die Bilanz die ursprünglichen Kosten des Anlagevermögens auf. Dann wird der Abschreibungsbetrag abgezogen. Danach gehen die Anlagegüter in die Bücher mit ihren ursprünglichen Anschaffungskosten abzüglich der Abschreibungen bis zu diesem Zeitpunkt ein.

Warum drücken Buchhalter sich so sonderbar aus und sprechen von »5 minus 3«, wo jeder andere einfach »2« sagen würde? Sie haben gute Gründe dafür. Buchhalter wissen, daß es sich bei ihren Abschreibungsbeträgen um die denkbar gröbsten Schätzungen handelt. Würden sie lediglich einen geschätzten Endbetrag von 135000 Dollar in ihre Bilanz einsetzen, wüßte die Öffentlichkeit nicht, inwieweit sie diesen Zahlen trauen kann. Deshalb setzen sie die Anschaffungskosten in ihrer ursprünglichen Höhe ein, die sich klar anhand der anfänglichen Kosten belegen lassen; getrennt davon weisen sie dann die von ihnen errechnete Wertminderung aus. Die Öffentlichkeit ist nun eher in der Lage, sich ein Bild von der Verläßlichkeit der Endsumme von 135000 Dollar zu machen. Dieses umwegige Verfahren schadet niemandem und nützt vielleicht dem einen oder anderen.

Jetzt haben wir eine genauere Vorstellung von den Abschreibungen im Sinne von Wertberichtigungen. Es handelt sich dabei nicht um Summen, die auf der Bank liegen. Vielmehr handelt es sich um einen Abzug von bewußt mit überhöhtem Wert veranschlagten Aktivposten. Der Wertberichtigungsbetrag für die Gebäude in Höhe von 5000 Dollar stellt deshalb eine ausdrückliche Korrektur der ursprünglichen Anschaffungskosten der Gebäude dar.

Immaterielle Vermögenswerte

In der Bilanz vom 31. Dezember 1990 findet sich noch ein letzter neuer Posten. Neben den materiellen Anlagewerten wie Lastwagen und Computern besitzen Unternehmen auch *immaterielle*, aber nichtsdestoweniger wertvolle Aktiva, wie Patente, Warenzeichen und den Firmenwert. Um zu veranschaulichen, daß ein Vermögenswert nicht unbedingt ein materieller Gegenstand sein muß, wurde als Beispiel ein Patent gewählt. Es könnte sich um eine sehr lukrative Kopierlizenz für irgendeine Software handeln, für die Snack-Man für eine Periode von 17 Jahren das exklusive Herstellungsrecht erhalten hat.

Ein solches Patent ist zweifellos Geld wert. Natürlich geht nach Ablauf von 5, 10 oder 16 Jahren das Patent dem Ende seiner Lebensdauer entgegen und sein Wert nimmt daher ab. Deshalb wird (analog zu allen anderen Abschreibungen) ebenso wie für einen Lastwagen auch auf immaterielle Vermögenswerte eine Amortisationsformel angewandt.

Firmenwert

So viel zu Patenten als einem Beispiel für ein immaterielles Anlagegut. Angenommen, Snack-Man hat gleichzeitig mit dem Patent auch eine Konkurrenzfirma aufgekauft. Dieser horizontale Zusammenschluß wird voraussichtlich seine Marktposition stärken und seine Erträge erhöhen. Das war der Grund, weshalb Snack-Man bereit war, das Unternehmen zu einem höheren Preis zu kaufen, als dessen geringem Eigenkapital entsprach. Den kapitalisierten Wert der Ertragskraft bezeichnet man in diesem Fall als *Firmenwert* oder *goodwill*.

Ein dramatisches Beispiel dafür, wie aus Ertragskraft Kapital werden kann, bietet das Beispiel der Bildung des amerikanischen Stahlgiganten, der United States Steel Corporation, durch J.P. Morgan zu Beginn des Jahrhunderts. Er kaufte die Stahlwerke von Andrew Carnegie auf und schloß sie mit einem halben Dutzend anderer Werke zusammen.

Nachdem er all seine industriellen Besitztümer zu einem Ganzen zusammengeschmolzen hatte, stellte er fest, daß er auf diese Weise zu einem zusätzlichen

Kapitalwert von 130 Millionen Dollar gekommen war! In der Wirtschaftswissenschaft ist, ebenso wie in der Kernphysik, das Ganze oft mehr wert als die Summe seiner Teile. Klagen wurden nun allerdings laut, daß durch diesen monopolistischen Konzern die Stahlpreise in die Höhe getrieben würden, und die U.S. Steel fand sich in einen riesigen Wettbewerbsprozeß verwickelt.

Das Rechnungswesen kümmert sich jedoch nicht um derartige wirtschaftspolitische Fragen, die sich damit auseinandersetzen, ob eine Fusion für den Konsumenten eine gute oder eine schlechte Nachricht sei und welchen Quellen der erhöhte Kapitalwert entstammt. Der vorsichtige Buchhalter wird Ihrem Computerunternehmen dasselbe wie J.P. Morgan sagen: »Wenn Sie eine bestimmte Summe für ein Unternehmen ausgeben, dann ist es Ihnen vermutlich den Preis wert. Wenn seine Bilanz diesen Preis nicht erkennen läßt, müssen wir die Differenz zwischen dem gezahlten Preis und dem Eigenkapital des Unternehmens als Firmenwert ansetzen. Und dieser Firmenwert geht dann in Ihre Bilanz als Vermögenswert ein.«

Der immaterielle Vermögensposten »Firmenwert« ist also die Differenz zwischen dem Preis, den ein Unternehmen zahlt, wenn es ein anderes aufkauft, und dem Buchwert des Eigenkapitals dieses Unternehmens, den es in Form der nachweisbaren Aktiva abzüglich der Verbindlichkeiten erhält.

Mißbräuche im Rechnungswesen

In der Wirtschaftswissenschaft und im Finanzwesen läßt sich nichts mit der gleichen Genauigkeit messen, wie in den Naturwissenschaften. Aber Näherungswerte reichen oft aus, solange man im Zeitablauf mit mehr oder weniger den gleichen Methoden arbeitet.

Bestätigt ein Wirtschaftsprüfer, daß ein Unternehmen seine Bilanzen ordnungsgemäß erstellt hat, kann er im Grunde genommen nicht beschwören, daß alle eingesetzten Werte hundertprozentig richtig sind. Für jemanden, der daran denkt, die Aktien eines Unternehmens zu kaufen, ist es dennoch wertvoll zu wissen, daß die üblichen Bilanzierungsmethoden zugrunde gelegt wurden. Wenn ein Unternehmen beispielsweise einen Anstieg der gezahlten Dividenden gegenüber dem Vorjahr um 10 Prozent ausweist, dann läßt sich daraus trotz einer gewissen verbleibenden Unsicherheit hinsichtlich der genauen Zahlen für jedes einzelne Jahr zumindest die Richtung der Ertragsentwicklung zweifelsfrei ablesen.

Da die Öffentlichkeit jedoch nicht das Recht hat, Einsicht in die Bücher eines Unternehmens zu nehmen, besteht für dieses die Möglichkeit, das Bild seiner Vermögenslage nach außen zu verfälschen. Hin und wieder gibt es einen Finanzskandal, weil irgendwelche Bilanzen frisiert oder schlicht und einfach falsche Angaben gemacht wurden. In jüngster Zeit hat es einen Betrugsfall gegeben, bei dem eine Gesellschaft angegeben hatte, über Goldbarren von mehreren Millionen Gramm in einem Lager tief in den Rocky Mountains zu verfügen. Als die Wirtschaftsprüfer sich die Sache ansehen gingen, waren die Regale leer.

Sowohl der Stand der Wirtschaftsprüfer als auch staatliche Behörden arbeiten an Reformen, durch die solche Mißbräuche ausgeschaltet werden sollen. Aber wiederum gilt der Satz, *caveat emptor* – der Käufer nehme sich in acht.

Wirtschaftswissenschaft und Rechnungswesen

Bisher haben wir in unserer Darstellung das Schwergewicht auf die Logik der Sprache und auf die Regeln und Praktiken des Buchhalters gelegt. Jetzt wollen wir überlegen, ob diese Regeln einen überzeugenden wirtschaftlichen Sinn haben.

Der wesentliche Unterschied zwischen der Betrachtungsweise des Wirtschaftswissenschaftlers und des Buchhalters liegt in folgender Tatsache begründet: Der Buchhalter geht bei der Methode zur Bemessung des Wertes von Gütern vorzugsweise von den tatsächlichen, historischen Kosten aus; der Wirtschaftswissenschaftler legt lieber den *Marktwert* bzw. die Wiederbeschaffungskosten zugrunde, wenn er den Wert eines Gutes ermittelt. Der Marktwert bemißt den Wert eines Gutes zum Zeitpunkt seiner intensivsten und besten Nutzung.

Drei wichtige Beispiele für die dabei auftretenden Abweichungen zwischen beiden Methoden zeigt der einfache Fall unseres Unternehmens. Erstens ist der Eigner von Snack-Man gleichzeitig sein eigener Manager – beziehungsweise in unserem Fall eine Managerin; sie zahlt sich selbst kein Gehalt, aber sie entnimmt dem Unternehmen am Jahresende ihren Anteil am Gewinn. Würde sie in dem örtlichen Chemiewerk arbeiten, könnte sie ein Jahreseinkommen von 30000 Dollar erzielen – das entspricht ihrem Marktwert als Managerin. In der Erfolgsrechnung des Unternehmens werden deshalb die »echten« Managementkosten mit 30000 Dollar zu gering veranschlagt.

Unser zweites Beispiel ergibt sich aus dem ursprünglich für die Unternehmensgründung bereitgestellten Kapital sowie den einbehaltenen Gewinnen. Würden diese Mittel in Aktien mit gleich hohem Risikofaktor investiert, würden sie vielleicht eine jährliche Rendite von 10 Prozent abwerfen. Der Buchhalter stellt dem Unternehmen jedoch für die Nutzung dieser Anfangsinvestition keinen Betrag in Rechnung. Folglich werden auch in diesem Fall die echten Gewinne des Unternehmens zu hoch veranschlagt: Ein Unternehmen kann deshalb zwar buchhaltungstechnisch einen Gewinn ausweisen, ohne daß sein Eigenkapital einen Ertrag abwirft, der der Ertragsrate für Investitionen mit vergleichbarem Risiko auf dem Kapitalmarkt entspricht.

Inflationsbezogenes Rechnungswesen

Ein dritter Bereich, in dem sich die wirtschaftswissenschaftliche Betrachtungsweise von der des Rechnungswesens unterscheidet, betrifft die Auswirkungen der Inflation. In den Konten der Unternehmen wird mit Dollargrößen gearbeitet; die Wirtschaftswissenschaft versucht, weiter in die Tiefe zu gehen und den zugrundeliegenden realen Größen beziehungsweise den physischen Getreidemengen, Autos und Arbeitsstunden nachzuspüren. Da in Perioden starker Inflationen oder Deflationen die Dollargrößen und die realen Größen divergieren, können die üblicherweise im Rechnungswesen zur Anwendung gelangenden Standardverfahren zu eigenartigen Ergebnissen führen.

Wichtige inflationsbedingte Verzerrungen beziehen sich auf den Bereich der Abschreibungen. Angenommen, die Preise steigen. Wenn ich nun meine Güter zu dem Preis verkaufe, bei dem die Lohn- und sonstigen Kosten gerade gedeckt sind, ebenso wie die von meinem Buchhalter als Abschreibungen bezeichneten Posten, könnte man glauben, daß ich weder einen Gewinn noch einen Verlust mache. Tatsächlich muß man jedoch sagen, daß ich meine Güter real mit Verlust verkauft habe – denn nachdem meine Maschinen und Gebäude sich abgenutzt haben, reicht mein Geld nicht, um sie angesichts des neuen, höheren Preisniveaus zu ersetzen. Das gleiche gilt für einen Kaufmann, der seine Lagerbestände zu Preisen verkauft, die unter den Wiederbeschaffungskosten liegen.

Deshalb ist zu beachten, daß die in Inflationsphasen in den Unternehmenskonten ausgewiesenen Gewinne überhöht sind. In den Volkseinkommensstatistiken des Kapitels 6 haben wir gesehen, daß bei der Volkseinkommensberechnung die Werte bereinigt werden, um den tatsächlichen Wiederbeschaffungskosten bei Lagerinvestitionen und verschlissenen Anlagegütern Rechnung zu tragen. Für die Volkswirtschaft der Vereinigten Staaten insgesamt wurde die Höhe dieser Inflationsbereinigung für das Jahr 1974 auf 42 Milliarden Dollar geschätzt, d.h. auf volle 40 Prozent der Buchgewinne. Gleichzeitig fand jedoch auch eine *zu geringe Veranschlagung* der Gewinne von fast gleicher Höhe statt, weil einige Zinsleistungen der Unternehmen an ihre Gläubiger nichts anderes mehr darstellten als einen Inflationsaufschlag und keinen realen Ertrag aus festverzinslichen Schuldverschreibungen.

Warum arbeiten Buchhalter nicht mit den gleichen Größen wie Wirtschaftswissenschaftler? Sie halten an ihrer Praxis fest, weil der Begriff des Marktwertes oder der Wiederbeschaffungskosten besondere Schwierigkeiten und Aspekte der Willkür in sich birgt. Nehmen Sie die drei dargestellten Beispiele: Wie hoch sollte ich den Wert des Managers veranschlagen? Für welche Investitionsform sollte ich mich bei den alternativen Möglichkeiten der Zusammensetzung des Eigenkapitals entscheiden – Aktien, Obligationen oder Hypotheken? Und welcher Preisindex ist im Inflationsfall der richtige für die Wertberichtigung der Lagerbestände? Jeder Maßstab außer dem der tatsächlichen, historischen Kosten führt zu willkürlichen Entscheidungen, macht die Konten weniger durchsichtig und öffnet Mißbräuchen Tür und Tor.

Da jedem Übergang zu befriedigenderen Verfahren des Rechnungswesens in der Sache begründete Schwierigkeiten innewohnen, sind Buchhalter verständlicherweise abgeneigt, von ihren historischen Kosten abzurücken. In jüngster Zeit sind jedoch im Sinne erster Ansätze zusätzliche Verfahrensregeln eingeführt worden, wonach die Unternehmen verpflichtet sind, alternative Berechnungen vorzulegen, die die Wirkungen von Preissteigerungen berücksichtigen. Tatsächlich erstellen sie inflationsbereinigte Konten. Werden diese neuen Schätzungen vorgenommen, dann bieten sie bei einer sorgfältigen Analyse von Bilanzen eher die Möglichkeit, sich ein klareres Bild von der echten Rentabilität amerikanischer Kapitalgesellschaften zu machen.

Die Wirtschaftswissenschaft und ihre Abhängigkeit vom Rechnungswesen

Abschließend sollen einige interessante Beziehungen zwischen der Wirtschaftswissenschaft und dem Rechnungswesen kurz angesprochen werden.

- Alle Bilanzen hängen von der Bewertung des Anlagevermögens ab, einem der grundlegenden Probleme der Kapital- und Zinstheorie, die in Teil V behandelt werden.

- Volkseinkommensstatistiken hängen von den Daten der Unternehmenskonten über Umsätze, Kosten usw. ab, wie in Kapitel 6 dargestellt wurde.

● Für das Verständnis der Zahlungsbilanz eines Landes – dem Thema des Kapitels 38 – wird es sich als hilfreich erweisen, wenn man eine Bilanz zu lesen versteht.

● Schließlich ist man auch bei der Beschäftigung mit dem Bankwesen und dem Federal Reserve System in entscheidendem Maße auf das Verständnis des Bilanzwesens angewiesen.

Gute Kenntnisse im Rechnungswesen werden sich für Sie sowohl im Studium der Wirtschaftswissenschaft als auch in Ihrem späteren Leben als Wirtschaftssubjekt in reichem Maße auszahlen.

Zusammenfassung des Anhangs

Anstelle einer längeren Wiederholung folgt hier eine Checkliste derjenigen Begriffe aus dem Bereich des Rechnungswesens, mit denen Sie vertraut sein sollten; kennen sollten Sie

1. die grundlegende Beziehung in der Bilanz zwischen Aktiva, Passiva und Eigenkapital; ihre Aufgliederung in Umlaufvermögen und Anlagevermögen, laufende und langfristige Verbindlichkeiten, Kapital und einbehaltene Gewinne des Unternehmens.

2. das Wesen der Erfolgsrechnung (bzw. der Gewinn- und Verlustrechnung) und die Beziehung zwischen den einbehaltenen Gewinnen und den Veränderungen in der neuen Bilanz.

3. den gesamten Problemkreis der Abschreibung, und zwar sowohl unter dem Aspekt der Erfolgsrechnung als einem unerläßlichen Kostenposten (der nicht unbedingt eine Ausgabe zu sein braucht) als auch aus der Sicht der Bilanz im Sinne eines Abzugs von den bewußt zu hoch veranschlagten Vermögenswerten. Obgleich sich im allgemeinen Fehler bei der Berechnung der Abschreibungen gegenseitig aufheben, haben Änderungen der Steuergesetze der jüngsten Vergangenheit die Möglichkeit rascher Abschreibungen geschaffen, um die *cash flow*-Position der Unternehmen, d.h. ihren Nettozugang an liquiden Mitteln, zu verbessern.

4. die Beziehung zwischen der Wirtschaftswissenschaft und dem Rechnungswesen.

Begriffe zur Wiederholung

Grundlegende Bilanzidentität

Erfolgsrechnung bzw. Gewinn- und Verlustrechnung

Aktiva, Passiva und Eigenkapital

Umlaufvermögen und Anlagevermögen

Marktwert und historische Kosten

Dividende, einbehaltene Gewinne

Abschreibungen (als Kosten und Steuerabzug), lineare und degressive Abschreibung
immaterielle Vermögenswerte – Patente, Firmenwert
Gepflogenheiten des Rechnungswesens
Umsätze, Kosten, Nettogewinn

Fragen zur Diskussion

1. Geben Sie eine Beschreibung der rechten Seite der Bilanz; und ihrer linken Seite. Welche Posten müssen sich aufgrund ihrer fundamentalen Identität entsprechen?

2. Versetzen Sie sich in die Rolle eines Bankiers, der entscheiden muß, ob er dem im Anhang beschriebenen Computer-Unternehmen ein Darlehen gewähren soll oder nicht. Setzen Sie sich gründlich mit der Bilanz und der Erfolgsrechnung für das Jahr 1990 auseinander. Treffen Sie eine Entscheidung hinsichtlich der Höhe des Darlehens, das dem Unternehmen zu einem jährlichen Zinssatz von 10 Prozent unbedenklich gewährt werden kann.

3. Erstellen Sie eine Liste der verschiedensten Vermögenswerte eines Unternehmens. Beschreiben Sie mit wenigen Worten das Wesen dieser Werte; tun Sie das gleiche für die Verbindlichkeiten.

4. Ein Unternehmen hat einen Nettoumsatz von 10 Millionen Dollar, denen Kosten aller Art (einschließlich Steuern usw.) in Höhe von 9 Millionen Dollar gegenüberstehen, und hat seine Ausrüstung und seine Produktionsanlagen gepachtet. In den Lagerbeständen treten während des Rechnungsjahres keine Veränderungen auf. Es zahlt keine Dividende. Erstellen Sie eine vereinfachte Erfolgsrechnung für das Jahr 1989.

5. Das gleiche unter Punkt 4 genannte Unternehmen hat keine Geldverbindlichkeiten; finanziert wurde es ausschließlich durch Stammaktien. Erstellen Sie die Schlußbilanz nach Ablauf des Jahres 1988 unter Verwendung der Daten der nachstehenden Tabelle. Ergänzen Sie dann mit Hilfe der Daten sowie der Erfolgsrechnung der Frage 4 die Bilanz für das Jahr 1989.

	Aktiva		Passiva und Eigenkapital (in Millionen Dollar)		
	1988	1989		1988	1989
			Verbindlichkeiten	0	0
			Eigenkapital		
Insgesamt	50	...	Insgesamt	...	...

6. Bearbeiten Sie die Fragen 4 und 5 ein zweites Mal unter Berücksichtigung folgender Veränderungen: Zusätzlich zu den anderen Ausgaben erwarb das Unternehmen 1989 Gebäude im Werte von 20 Millionen Dollar, für die es Abschreibungen in Höhe von 2 Millionen Dollar geltend machen konnte. Erstellen Sie eine Erfolgsrechnung, die den Verlust erkennen läßt. Korrigieren Sie die Bilanz für 1989 unter der Annahme, daß das Gebäude mit Hilfe einer langfristigen Schuldverschreibung erworben wurde.

7. *Preisfrage zum Thema Abschreibung*: Vielen ist völlig unverständlich, warum sich eine beschleunigte Abschreibung für ein Unternehmen als wertvoll erweisen kann, obgleich letztlich der Gesamtbetrag der Abschreibung der gleiche bleibt.

Um die Auswirkungen der beschleunigten Abschreibung verstehen zu können, soll folgende Annahme gemacht werden: Ein Unternehmen plant den Kauf eines Lastwagens im Wert von 10000 Dollar. Der steuerlich absetzbare Zins beträgt 10 Prozent im Jahr. Der Geschäftsgewinn des Unternehmens vor Steuerabzug beträgt jährlich 50000 Dollar. Die Körperschaftsteuer liegt bei 50 Prozent.

Es wird von einer Lebensdauer des Lastwagens von 10 Jahren ausgegangen. Im Falle der linearen Abschreibung würde das Unternehmen jährlich 1000 Dollar von den Gewinnen abziehen und dadurch seine Steuern um wieviel reduzieren? Angenommen das Unternehmen legt seine Steuerersparnis jedes Jahr auf ein steuerfreies Sparkonto, das jährlich 10 Prozent Zins bringt. Wie hoch wären unter Zugrundelegung der linearen Abschreibung nach Ablauf der 10-Jahres-Periode die Steuerersparnisse einschließlich der Zinsen?

Betrachten Sie als nächstes die Methode der beschleunigten Abschreibung, die unter der Bezeichnung »Vollabschreibung« bekannt ist und bei der der Gesamtaufwand für den Lastwagen im ersten Jahr abgeschrieben werden kann. Wie hoch ist die Steuerersparnis im ersten Jahr? Wie stellt sie sich im Vergleich mit der Gesamtsteuerersparnis (ausschließlich Zinsen) im Falle der linearen Abschreibung dar? (Sie ist gleich hoch.)

Zahlen Sie schließlich die durch die Vollabschreibung erzielte Steuerersparnis auf das erwähnte steuerfreie Sparkonto und legen Sie den Betrag dort für 10 Jahre fest. Wie hoch ist der Wert der Steuerersparnis aufgrund der Vollabschreibungs-Methode (bzw. dem beschleunigten Abschreibungsverfahren) nach Ablauf der 10 Jahre? Zeigen Sie, daß der Betrag erheblich viel höher ist als das Sparkapital, das sich auf der Basis der linearen Abschreibung angesammelt hat. Erklären Sie anhand dieses Beispiels, warum Unternehmen der beschleunigten Abschreibung den Vorzug geben.

Die Kostenanalyse 21

Eine wirtschaftswissenschaftliche Vorlesung könnte als echter Erfolg bezeichnet werden, wenn es gelänge, den Studenten ein echtes Verständnis der Kosten und ihrer unterschiedlichen Aspekte zu vermitteln.
J.M. Clark

Im vorangehenden Kapitel haben wir uns mit der Struktur der amerikanischen Unternehmenswelt beschäftigt – ihren Organisationsformen, den Wegen, die zu Wachstum führen, und den Quellen, aus denen die großen Kapitalgesellschaften ihre Mittel zur Finanzierung ihrer Wirtschaftstätigkeit beziehen. Im Anhang haben wir schließlich einen Blick auf die Erfolgsrechnungen und Bilanzen geworfen – die Maßstäbe, mit deren Hilfe man allgemein die finanzielle Leistung eines Unternehmens beurteilt.

Damit können wir nun den Unternehmer und seine Buchhaltung verlassen, um in den Bereich der wirtschaftlichen Analyse von Unternehmen und Wirtschaftszweigen vorzudringen. In Kapitel 18 hatten wir bereits den Verdacht geäußert, daß die Kosten als kritisches Element hinter den Angebotskurven unter Wettbewerbsbedingungen stehen. In Kapitel 22 wird sich zeigen, daß unsere Vermutung richtig war. Im vorliegenden Kapitel müssen wir uns jedoch zunächst einmal mit den Methoden der Wirtschaftswissenschaft zur Messung der Kosten vertraut machen.

Warum machen Unternehmen sich überhaupt Gedanken über ihre Kosten? Natürlich deshalb, weil sie die Kosten sehr genau im Auge behalten müssen, da jeder Dollar an Kosten den Gewinn des Unternehmens schmälert. Aber es gibt noch einen weiteren wichtigen Grund für die Bedeutung der Kosten: Die Unternehmen machen ihre Entscheidungen über die von ihnen produzierte Gütermenge vom Preis und von den Kosten abhängig. Genauer gesagt hängt das Angebot, wie wir in diesem und dem folgenden Kapitel sehen werden, von den zusätzlichen oder »Grenz«-Kosten ab. Und diese Kostenabhängigkeit der Entscheidungen über das Angebot gilt nicht nur für die Bedingungen des vollkommenen Wettbewerbs, sondern auch für Unternehmen des ungeheuer weiten Bereiches des Monopols, des Oligopols und des unvollkommenen Wettbewerbs. Deshalb müssen wir uns in diesem Kapitel einer gründlichen Analyse der verschiedenen Kostenbegriffe zuwenden.

Gestützt auf diese Begriffe sind wir in Kapitel 22 dann in der Lage, das Wettbewerbsangebot eines Unternehmens oder eines Wirtschaftszweiges zu analysieren.

Gesamtkosten und variable Kosten

(1) Menge	(2) fixe Kosten	(3) variable Kosten	(4) Gesamtkosten
0	55	0	55
1	55	30	85
2	55	55	110
3	55	75	130
4	55	105	160
5	55	155	210
6	55	225	280

Tabelle 21.1. Fixe Kosten, variable Kosten und Gesamtkosten.
Die wesentlichen Komponenten der Kosten eines Unternehmens sind die fixen Kosten (die sich unabhängig von der Produktionsmenge nicht ändern) und die variablen Kosten (die mit wachsender Produktion ansteigen). Die Gesamtkosten sind gleich den fixen Kosten zuzüglich der variablen Kosten: $TK = FK + VK$.

In dem daran anschließenden Kapitel werden wir schließlich sehen, daß der Begriff der Grenzkosten von zentraler Bedeutung für das Verständnis des Verhaltens aller in das breite Spektrum des unvollkommenen Wettbewerbs fallenden Wirtschaftsbranchen ist.

Gesamtkosten: Fixe und variable Kosten

Betrachten wir ein typisches Unternehmen, das eine Produktionsmenge q erstellt. Dabei ist es uns im Augenblick gleichgültig, ob es unter Bedingungen des vollkommenen oder des unvollkommenen Wettbewerbs tätig ist. Zu jedem gegebenen Zeitpunkt verfügt es über ein gewisses technologisches Know-how und sieht sich bestimmten Preisen für den Faktor Arbeit und andere Inputs gegenüber, die es kaufen muß. Seine Rechnungsabteilung hat der Unternehmensleitung die gesamten Dollarkosten errechnen können, die für jedes beliebige Niveau von q anfallen werden.

Tabelle 21.1 zeigt in vereinfachter Form die Gesamtkosten *(TK)*, die bei den unterschiedlichen Produktionsmengen q entstehen. Entscheidend sind die Spalten (1) und (4), die erkennen lassen, daß *TK* mit wachsendem q steigt. Das ist nur natürlich, weil eine steigende Produktion mehr Arbeitskräfte und andere Inputs erfordert; diese zusätzlichen Produktionsfaktoren verursachen höhere Kosten. Für 2 Einheiten belaufen sich die Kosten auf 110 Dollar, für 3 Einheiten auf 130 Dollar und so fort.

Nebenbei sei bemerkt, daß wir bei der Erstellung einer Kostenfunktion wie der in Tabelle 21.1 oder bei der Zeichnung einer Kostenkurve im weiteren Verlauf dieses Kapitels die Aufgabe des Unternehmens allzu einfach erscheinen lassen. Inwiefern? Weil sich hinter den Zahlen der Tabelle 20.1 sehr viel harte Arbeit verbirgt. Um das Kostenminimum zu erreichen, müssen die Manager eines Unternehmens dafür sorgen, daß sie die für den jeweiligen Auftrag kostengünstigsten Inputs einkaufen, daß sie moderne Produktionsverfahren einsetzen, daß

Warenbestände nicht in den Lagerhäusern liegenbleiben und daß Millionen anderer Kleinigkeiten bedacht werden, die einem modernen, vielbeschäftigten Manager manches Kopfzerbrechen bereiten.

Dank entsprechender Leistungen des Managements stellen die in Tabelle 21.1 aufgeführten fixen und variablen Kosten das *Kostenminimum* des Unternehmens dar, mit dessen Hilfe es die jeweilige Produktionsmenge erstellen kann. Ein schlechter Manager könnte natürlich zu schlechteren Werten kommen; aber ein tüchtiger Manager kann auch ein noch günstigeres Ergebnis erreichen, als es die in der Tabelle ausgewiesenen Zahlen widerspiegeln.

Fixe Kosten

Die Spalten (2) und (3) gliedern die Gesamtkosten in zwei Komponenten: in die gesamten fixen Kosten, *FK*, und die gesamten variablen Kosten, *VK*. In Abbildung 21.2 (a) im weiteren Verlauf dieses Kapitels werden diese Komponenten graphisch dargestellt. Die fixen Kosten (manchmal auch als »Gemeinkosten« oder »spezifische Kosten der Anlagegüter« bezeichnet) stellen die Kosten dar, die ohne Rücksicht darauf entstehen, ob überhaupt etwas produziert wird oder nicht.

Beispielsweise muß ein Unternehmen, selbst wenn es überhaupt nichts produziert, seinen kurzfristigen Verpflichtungen nachkommen (vertraglichen Pachtzahlungen, der Zahlung von Löhnen für den Werkschutz, Wartungskosten, der Zahlung der Gehälter seiner Manager, usw.) und seine gesamten fixen Kosten von 55 Dollar tragen. Da *FK* definitionsgemäß die Kosten darstellt, die unabhängig vom Produktionsniveau anfallen, bleibt diese Größe in Spalte (2) konstant.

Variable Kosten

Spalte (3) der Tabelle 21.1 weist die gesamten variablen Kosten *(VK)* aus. *VK* beginnt definitionsgemäß bei Null, wenn $q = 0$. Es ist der Teil der Gesamtkosten *TK*, der mit der Produktion wächst; tatsächlich ist von Produktionsmenge zu Produktionsmenge der Anstieg zwischen den Gesamtkosten *TK* und den variablen Kosten *VK* gleich hoch. Warum? Weil die fixen Kosten *FK* über den ganzen Bereich bei 55 Dollar konstant bleiben und sich bei solchen Kostenvergleichen aufheben.

Zusammenfassend läßt sich über die bisher dargestellten Kostenbegriffe folgendes sagen;

- **Die »Gesamtkosten« stellen den Gesamt-Dollaraufwand dar, der für die Produktion einer bestimmten Produktionsmenge q mindestens erforderlich ist. *TK* steigt mit q.**

   Die »fixen Kosten« entsprechen dem Gesamt-Dollaraufwand, der auch dann anfällt, wenn überhaupt nichts produziert wird. Es sind die in der Existenz der Produktionsanlagen begründeten Kosten, die völlig unabhängig von Veränderungen von q sind.

Grenzkosten (in Dollar)

(1) Outputmenge q	(2) Gesamtkosten TK	(3) Grenzkosten GK
0	55	
1	85	30
2	110	25
3	130	20
4	160	30
5	210	50

Tabelle 21.2. Berechnung der Grenzkosten
Sobald wir die Gesamtkosten kennen, lassen sich die Grenzkosten ohne Schwierigkeiten errechnen. Um beispielsweise die GK der fünften Einheit zu berechnen, ziehen wir die Gesamtkosten der vierten Einheit von den Gesamtkosten der fünften Einheit ab, d.h.
GK = 210 Dollar − 160 Dollar = 50 Dollar.

Die »variablen Kosten« enthalten sämtliche Posten der TK mit Ausnahme von FK – unter anderem die Kosten für Rohstoffe, Löhne, Brennstoffe usw. Stets gilt definitionsgemäß:

$$TK = FK + VK.$$

Die Definition der Grenzkosten

Der Schlüssel zum Verständnis der Frage, wieviel ein Unternehmen zu produzieren und zu verkaufen bereit ist – d.h. zu der Angebotskurve eines Unternehmens oder eines Wirtschaftszweiges – ist der Begriff der Grenzkosten. *Als Grenzkosten werden die zusätzlichen Kosten bezeichnet, die die Erstellung einer zusätzlichen Outputeinheit verursacht.*

Tabelle 21.2 zeigt, wie die Grenzkosten berechnet werden. (Erinnern Sie sich daran, daß der Begriff »Grenz«- ein alter Vertrauter ist – gleichgültig ob er sich auf den Nutzen, auf Kosten, auf den Konsum oder auf irgend etwas anderes bezieht – in der Wirtschaftswissenschaft immer eine »zusätzliche« oder »weitere« Einheit bedeutet.) Die GK-Werte in der Spalte (3) der Tabelle 21.2 ergeben sich aus der Differenz zwischen den Gesamtkosten von jeweils zwei aufeinanderfolgenden zusätzlichen Outputeinheiten. So belaufen sich die GK der ersten Einheit auf 30 Dollar = 85 Dollar − 55 Dollar. Die Grenzkosten der zweiten Einheit betragen 25 Dollar = 110 Dollar − 85 Dollar. Und so fort. Verifizieren Sie, daß die Grenzkosten der fünften Outputeinheit 50 Dollar betragen.

Anstatt die GK aus der TK-Spalte herzuleiten, könnten wir sie ebenso mühelos durch Subtraktion jedes VK-Wertes der Spalte (3) der Tabelle 21.1 von dem nachfolgenden Wert ermitteln. Warum? Weil die variablen Kosten stets um genausoviel steigen wie die Gesamtkosten, mit dem einzigen Unterschied, daß VK – definitionsgemäß – mit 0 beginnen muß und nicht von dem konstanten Niveau der FK ausgeht. (Überzeugen Sie sich, daß 30 − 0 = 85 − 55, daß 55 − 30 = 110 − 85...)

■ **Die Grenzkosten bei jedem beliebigen Produktionsniveau q stellen die aus einer zusätzlichen (oder verminderten) Outputeinheit resultierenden Kosten dar. Sie ergeben sich aus der Differenz der Gesamtkosten zweier aufeinanderfolgender Outputmengen.**

Abbildung 21.1 veranschaulicht das Verhältnis zwischen den Gesamtkosten und den Grenzkosten. Sie zeigt, daß die GK in der gleichen Beziehung zu den TK stehen wie der Grenznutzen zum Gesamtnutzen in Abbildung 19.3. in Band 1.

Welchen Verlauf der GK-Kurve würden wir erwarten? Tatsächlich können sich die Formen der Kurven in Abhängigkeit von dem betrachteten Wirtschaftszweig und den betrachteten Perioden sehr stark unterscheiden. Typisch ist jedoch die U-förmige Kurve, wie sie in Abbildung 21.1(b) dargestellt ist. Diese U-förmige Kurve zeigt anfänglich einen fallenden Verlauf, erreicht dann ihr Minimum und beginnt danach wieder anzusteigen.

Kurzfristig – d.h. für den Zeitraum, innerhalb dessen die Produktionsanlagen und Ausrüstung eines Unternehmens unverändert bleiben – ist eine solche U-förmige Kostenkurve typisch für viele Unternehmen. Die Gründe für diesen Kurvenverlauf führen uns zum Gesetz des abnehmenden Ertragszuwachses von Kapitel 2 zurück.

Abnehmende Erträge und die U-förmigen Kostenkurven

Hinter den Dollarkosten eines Unternehmens steht die die Produktion bestimmende Beziehung zwischen seiner Ausbringungsmenge einerseits und der Arbeit sowie den anderen Inputs, die es einsetzt, andererseits. Im einzelnen wird dieser Aspekt in Kapitel 26 behandelt; an dieser Stelle können wir jedoch bereits auf die der Situation zugrunde liegende Logik hinweisen.

Angenommen, ein Faktor wird in der von uns betrachteten kurzfristigen Situation konstant gehalten: Im warenproduzierenden Bereich wird es sich im allgemeinen um die gegebene Kapazität der Produktionsanlagen handeln. Angenommen, wir erzielen unsere unterschiedlichen q-Mengen durch den Einsatz veränderlicher Mengen irgendeines Inputs wie etwa dem Faktor Arbeit. Können wir diesen Faktor Arbeit immer zu dem gleichen Lohn pro Einheit erwerben, könnte der einzige Grund für einen Anstieg unserer Grenzkosten in einem Rückgang des von jeder zusätzlich eingesetzten Einheit an Arbeit erstellten Outputs liegen. Anders ausgedrückt: Führt der variable Faktor kurzfristig zu einem abnehmenden Ertragszuwachs, werden die kurzfristigen Grenzkosten mit wachsender Produktion steigen.

Warum gehen die GK oft zunächst zurück, wie in der Abbildung 21.1(b)? Erinnern Sie sich, daß das Gesetz des abnehmenden Ertragszuwachses zum Tragen kommt, wenn die Produktion bei konstant bleibender Kapazität wächst. Allerdings kann sich anfänglich eine starke Tendenz zu *steigenden* Erträgen zeigen, und zwar bedingt durch Einsparungen aus der Massenproduktion aufgrund der Unteilbarkeit von Produktionsverfahren. Sie brauchen nur ein Mini-Team, um Fußball zu spielen oder ein Auto mit vier Rädern auszustatten. Wenn wir anfäng-

(a) Gesamtkosten

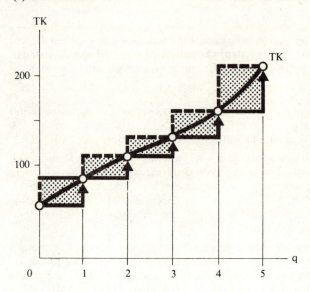

(b) Grenzkosten

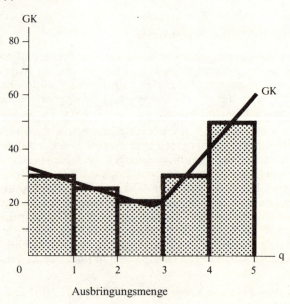

Ausbringungsmenge

Abbildung 21.1. Die Grenzkosten verhalten sich zu den Gesamtkosten ebenso wie der Grenznutzen zum Gesamtnutzen (vgl. Abb. 19.3 in Band 1).
Um die *GK* für die Produktion der fünften Einheit zu ermitteln, ziehen wir 160 Dollar von 210 Dollar ab und erhalten 50 Dollar. (Als Quelle wurde Tabelle 21.2. verwandt.) Unter (a) haben wir eine glatte Kurve durch die *TK*-Punkte, in (b) wurde eine glatte *GK*-Kurve durch die einzelnen Stufen der Grenzkosten gezogen. Kurzfristig ist die *GK*-Kurve oft U-förmig. Während einer Anfangsphase, in der ein kleines Team von Arbeitskräften aufgebaut wird, wird *GK* stark zurückgehen. Von einem bestimmten Punkt an steigt *GK* jedoch aufgrund von abnehmenden Erträgen, wodurch die Kurve ihren U-förmigen Verlauf erhält.

lich zunehmenden Erträgen gegenüberstehen, müssen die Grenzkosten zunächst abnehmen, nicht steigen.[1]

Wir können die Beziehung, die zwischen den Ertragsgesetzen und den Grenzkostengesetzen gilt, wie folgt zusammenfassen:

> ■ Die Tendenz variabler Faktoren, zu abnehmenden Erträgen zu führen, wenn sie kurzfristig auf fixe Faktoren treffen, impliziert eine Tendenz zu steigenden *GK*. Stellen sich zunächst steigende Erträge ein, fällt anfänglich auch *GK* – letztlich werden aber allgemein steigende Grenzkosten zu beobachten sein.

Die Grenzkosten spielen in vielen Bereichen eine Rolle. Im anschließenden Kapitel werden wir sehen, daß wir mit ihrer Hilfe die Angebotskurven eines Unternehmens und eines Industriezweiges ermitteln können.

Kapitel 23 wird dann zeigen, daß jedes Unternehmen – gleichgültig ob es unter Monopol- oder unter Wettbewerbsbedingungen tätig ist – sein gewinnmaximales Gleichgewicht dadurch ermittelt, daß es sorgfältig seine zusätzlichen Kosten gegen seine zusätzlichen Erträge abwägt (das heißt den Schnittpunkt seiner Grenzkostenkurve mit der sogenannten »Grenzertrags«-Kurve ermittelt.)

Durchschnitts- bzw. Stückkosten

Kehren wir jedoch zurück zur Analyse der verschiedenen Kostenarten. In Tabelle 21.3 finden wir die uns bereits bekannten Gesamtkosten, die variablen und fixen Kosten sowie die Grenzkosten. Nützlich ist es auch zu wissen, was man unter den Durchschnitts- beziehungsweise Stückkosten versteht.

Beginnen wir mit den in Spalte (6) der Tabelle 21.3 dargestellten *Durchschnittskosten* pro erstellter Einheit. Sie ergeben sich aus der Division der Gesamtkosten durch die Zahl der produzierten Einheiten.

■ $\text{Durchschnittskosten} = \dfrac{\text{Gesamtkosten}}{\text{produzierte Menge}} = \dfrac{TK}{q} = DK$

---

[1] Später werden wir das langfristige Verhalten der Grenzkosten untersuchen. Angenommen, wir betrachten einen so großen Zeitraum, daß *nichts* mehr als fixer Faktor gelten kann. Alte Produktionsanlagen verschleißen und werden ersetzt, neue Anlagen werden geplant und errichtet. Alte Bodennutzungsverträge laufen aus; neue werden abgeschlossen; und so fort. Langfristig sind wir, als kleines Unternehmen, vielleicht in der Lage, *alle* Produktionsfaktoren gleichermaßen zu unveränderten Inputpreisen zu erwerben. Wie werden sich nun die langfristigen Kosten verhalten, insbesondere die langfristigen *GK*, wenn sich das Unternehmen keinen fixen Faktoren gegenübersieht und von »konstanten Skalenerträgen« profitieren kann? (Letztere werden definiert als eine Situation, in der es keinen Grund für das Wirksamwerden abnehmender Grenzerträge gibt, weil alle Faktoren gleichgewichtig wachsen und in der alle Einsparungen aus der Massenproduktion bereits ausgeschöpft wurden.)
Antwort: Wenn das Gesetz langfristig konstanter Skalenerträge gültig ist, wird die Verdoppelung aller Inputs deren Gesamt-Dollarkosten genau verdoppeln und zugleich zu einer Verdoppelung des Gesamtoutput führen. Folglich werden auch konstante Grenzkosten auftreten, und *GK* wird einen horizontalen, nicht einen steigenden oder fallenden Verlauf haben. (Vgl. auch weiter unten in diesem Kapitel die Diskussion der Hüllkurven der langfristigen Kosten.)

Die verschiedenen Kostenbegriffe

(1) Menge	(2) fixe Kosten	(3) variable Kosten	(4) Gesamtkosten	(5) Grenzkosten pro Einheit	(6) Durchschnittskosten pro Einheit	(7) Durchschnittliche fixe Kosten pro Einheit	(8) Durchschnittliche variable Kosten pro Einheit
q	*FK*	*VK*	*TK* = *FK* + *VK*	*GK*	$DK = \frac{TK}{q}$	$DFK = \frac{FK}{q}$	$DVK = \frac{VK}{q}$
(1)	(2)	(3)	(4)	(5)	(6)	(7)	(8)
0	55	0	55	*33*	unendlich	unendlich	unendlich
				30			
1	55	30	85	*27*	85	55	30
				25			
2	55	55	110	*22*	55	27 1/2	27 1/2
				20			
3	55	75	130	*21*	43 1/3	18 1/3	25
				30			
4*	55	105	160	*40**	40*	13 3/4	26 1/4
				50			
5	55	155	210	*60*	42	11	–
				–			
6	55	225	280	*80*	46 4/6	9 1/6	37 3/6
				90			
7	55	–	370	*100*	52 6/7	7 6/7	45
				110			
8	55	–	480	*120*	60	6 7/8	53 1/8
				130			
9	55	555	610	*140*	67 7/9	6 1/9	61 6/9
				150			
10	55	705	760		76	5 5/10	70 5/10

* Minimale Durchschnittskosten

Tabelle 21.3. Aus den Gesamtkosten eines Unternehmens lassen sich alle anderen Kosten errechnen. Alle Kosten lassen sich aus den steigenden *TK* der Spalte (4) herleiten. Wichtig sind die Spalten (5) und (6). Sie verdienen besondere Beachtung: Die zusätzlichen oder Grenzkosten werden durch Subtraktion der aufeinanderfolgenden *TK*-Reihen ermittelt und durch die fetten Zahlen ausgewiesen. Die kursiv gesetzten Werte der geglätteten *GK* entstammen der Abbildung 21.2.(b). Beachten Sie in Spalte (6) den Punkt des Kostenminimums bei 40 Dollar auf der U-förmigen *DK*-Kurve der Abbildung 21.2.(b). (Überlegen Sie, warum die mit einem Sternchen versehenen *GK* im Minimum gleich den mit einem Sternchen versehenen *DK* sind. Berechnen Sie und setzen Sie darüber hinaus alle fehlenden Werte ein.)

Wird nur 1 Einheit produziert, müssen die Durchschnittskosten in Spalte (6) gleich den Gesamtkosten sein, das heißt 85/1 Dollar = 85 Dollar. Aber bei $q = 2$ sind die $DK = TK/2 = 110$ Dollar/2 = 55 Dollar, wie die Tabelle zeigt. Beachten Sie, daß die Durchschnittskosten zunächst immer weiter fallen. (Den Grund dafür werden wir gleich sehen.) Bei $q = 4$ erreicht *DK* jedoch ein Minimum von 40 Dollar und beginnt danach allmählich anzusteigen.

Als nächstes tragen wir die verschiedenen Kostenarten der Tabelle 21.3 in ein Koordinatensystem ein. Das obere Feld der Abbildung 21.2 zeigt die Gesamtkosten sowie die fixen und variablen Kosten bei unterschiedlichen Outputmengen.

Das untere Feld zeigt die verschiedenen Durchschnittskosten sowie eine geglättete Grenzkostenkurve.

Das obere Feld der Abbildung 21.2 versteht sich von selbst. Sie erkennen, wie sich die Gesamtkosten in Abhängigkeit von den variablen Kosten verändern, während die fixen Kosten das bleiben, was ihr Name sagt, nämlich ein fixer, unveränderlicher Posten.

Wenden wir uns nun dem unteren Feld zu, das nicht so ohne weiteres verständlich ist. Hier erkennen wir die sorgfältig abgetragenen, U-förmig verlaufenden *DK*, die sich völlig richtig unterhalb der *TK* bewegen, aus denen sie sich herleiten. Als nächstes können wir die Durchschnittskosten in ihre beiden Komponenten zerlegen, in die fixen und die variablen *DK* – genauso wie wir zuvor die *TK* in ihre beiden Bestandteile *FK* und *VK* zerlegt hatten. Durch Division der beiden letztgenannten durch q erhalten wir die durchschnittlichen fixen Kosten, $DFK = FK/q$ der Spalte (7) und die durchschnittlichen variablen Kosten, $DVK = VK/q$ der Spalte (8).

Durchschnittliche fixe Kosten

Da die gesamten fixen Kosten konstant sind, führt ihre Division durch q in Spalte (7) der Tabelle 21.3 zu einer stetig fallenden Kurve der durchschnittlichen fixen Kosten. Die gestrichelte *DFK*-Kurve der Abbildung 21.2(b) erinnert an eine Hyperbel, die sich beiden Achsen nähert: Sie sinkt immer weiter ab und nähert sich in dem Maße der Abszisse, in dem die *FK* auf immer mehr produzierte Einheiten umgelegt werden. Und wenn wir die Möglichkeit von minimalen q-Mengen oder einem q von Null zulassen, setzt *DK* unendlich hoch ein, da die endlichen *FK* auf immer winzigere Mengen umgelegt werden.

Durchschnittliche variable Kosten

Die *DVK* der Spalte (8) in Tabelle 21.3 sowie der Abbildung 21.2(b) gehen zunächst zurück, steigen letztlich jedoch an. Diesen U-förmigen Verlauf von *DVK* hätten wir aufgrund des U-förmigen Verlaufs von *GK* voraussagen können. Wenn *GK* zunächst fällt, drückt jedes zusätzliche q die durchschnittlichen variablen Kosten, die sich auf alle jeweils produzierten Einheiten beziehen, nach unten.

Die Punkte minimaler Durchschnittskosten

Abbildung 21.2(b) ist ein wichtiges Diagramm in der Wirtschaftswissenschaft. Prägen Sie es sich in Ihr Gedächtnis ein. Beachten Sie insbesondere die Beziehung zwischen der *GK*-Kurve und dem Minimum der *DK*-Kurve:

- **Die steigende *GK*-Kurve schneidet die *DK*-Kurve stets in deren Minimum.**

Das ist kein Zufall, und wir können inzwischen auch erklären, warum das der Fall sein muß. Jede Kurve der Durchschnittskosten wird nach unten gedrückt, wenn *GK* unter *DK* liegt: Wenn die letzte Zuwachseinheit der Kosten unter dem Durchschnitt aller voraufgegangenen Zuwachseinheiten liegt, muß sie zu einer Senkung des Durchschnitts führen. Sobald *GK* jedoch die gleiche Höhe erreicht

(a) Gesamt-, fixe und variable Kosten

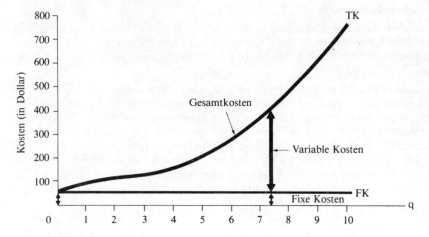

(b) Durchschnittskosten

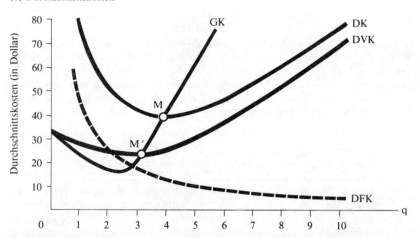

Abbildung 21. 2. Die Gesamtkostenkurve ist die Quelle aller anderen Kurven.
(a) Die Kurve der gesamten fixen Kosten hat definitionsgemäß einen horizontalen Verlauf. Werden auf diese Kurve die steigenden gesamten variablen Kosten aufaddiert, ergibt sich die Kurve der steigenden Gesamtkosten. (b) Die Kurve der Grenzkosten GK hat zunächst einen fallenden Verlauf, steigt aber letztlich an, wie Abbildung 21.1. zeigt. Die GK *sind nach Glättung der stufenförmigen Kostenzuwächse als glatte Kurve dargestellt. Die Werte für die glatte GK*-Kurve entsprechen den Zahlen in Kursivschrift der Spalte (5) der Tabelle 21.3. Sie entsprechen zugleich der Steigung der *TK*-Kurve im oberen Feld.
Durch Division von *TK* durch *q* erhalten wir die Plotpunkte für die Durchschnittskosten: $DK = TK/q$. Ebenso ergibt sich *DFK* aus FK/q und *DVK* durch VK/q. Wir können diese beiden Kurven in jedem Punkt addieren und auf diese Weise die *DK*-Kurve im jeweiligen Punkt ermitteln.
Beachten Sie, daß die *GK*-Kurve die *DK*-Kurve in deren Minimum schneidet, was kein Zufall ist. Links von *M* liegt *GK* unter *DK* und drückt deshalb die Durchschnittskosten; rechts von *M* ist $GK > DK$, weshalb die Durchschnittskosten steigen. Im Minimum *M* ist $GK = DK$ und deshalb *DK* in diesem Punkt horizontal – in diesem Punkt können die gleichhohen Grenzkosten *GK* die Durchschnittskosten *DK* weder herabdrücken noch anheben. Zudem schneiden die *GK* die U-förmige *DVK*-Kurve genau in ihrem Minimum, *M'*.

> **Ergänzender Hinweis:**
> Die Beziehung zwischen GK und DK läßt sich auch anhand von Zensurendurchschnitten erläutern. Angenommen, DZ ist Ihr Zensurendurchschnitt (d.h. Ihr kumulierter Zensurendurchschnitt bis zum gegenwärtigen Zeitpunkt) und GZ ist Ihre Grenz- bzw. verbesserte Zensur für das gesamte Jahr. Liegt GZ unter DZ, drückt sie die neue DZ nach unten. Wenn beispielsweise die DZ Ihrer ersten beiden Studienjahre bei 3 liegt, während Ihre GZ im dritten Jahr 2 ist, dann liegt die neue DZ am Jahresende bei 2⅔. Ebenso wird Ihre DZ sich verbessern, wenn im dritten Jahr Ihre GZ über Ihrer DZ bis zu diesem Zeitpunkt liegt. Wenn GZ = DZ, nimmt DZ im Zeitablauf einen flachen Verlauf an beziehungsweise bleibt unverändert. Genauso verhalten sich die Durchschnitts- und die Grenzkosten zueinander.

wie DK, wird DK nicht mehr nach unten gedrückt; die Kurve bewegt sich seitwärts oder wird flach. Wird GK schließlich größer als DK, zieht es DK nach oben. Deshalb liegt das Minimum von DK in dem Punkt – und nur in dem Punkt –, in dem die steigenden GK = DK. (Siehe ergänzender Hinweis oben.)

Um sich davon zu überzeugen, daß die Beziehung zwischen GK und DK tatsächlich der in Abbildung 21.2(b) dargestellten Situation entspricht, sollten Sie sich nochmals die Tabelle 21.3 anschauen. Beachten Sie, daß GK für die ersten 3 Einheiten unter DK liegt – DK sinkt also. Bei genau 4 Einheiten sind DK und GK gleich hoch. Bei mehr als 4 Einheiten liegt GK über DK und zieht DK immer weiter nach oben.

Zusammenfassend läßt sich sagen:

> ■ Solange die Grenzkosten unter den Durchschnittskosten liegen, drücken sie diese nach unten. Sobald GK gleich DK ist, hat DK weder eine steigende noch eine fallende Tendenz, sondern befindet sich im Minimum. Nachdem GK über DK angestiegen ist, hebt es DK an. Daher gilt:
> Im unteren Wendepunkt der U-förmigen DK-Kurve ist GK = DK = dem Minimum von DK.

Beachten Sie schließlich auch, daß eine steigende GK-Kurve die DVK-Kurve in deren unterem Wendepunkt beziehungsweise in deren Minimum schneidet. Davon können Sie sich wiederum anhand der Tabelle 21.3 überzeugen. Daß sie DVK in deren Minimum schneidet, geschieht aus dem gleichen Grund, aus dem sie DK in deren Minimum schneidet. (Siehe ergänzender Hinweis S. 68.)

Die langfristige Hüllkurve[2]

Wir verfügen nunmehr über das gesamte technische Rüstzeug in Form der verschiedenen Kostenarten, das wir zur Lösung des Problems brauchen, wie ein Unternehmen sein gewinnmaximales Gleichgewicht findet. Ein letztes techni-

---

[2] Dieser Abschnitt kann bei einem Kurzlehrgang übergangen werden.

Ergänzender Hinweis:

Die Beschäftigung mit dem Diagramm der Gesamtkostenkurve läßt eine weitere wichtige Beziehung erkennen. Bisher haben wir in unserem Beispiel festgestellt, daß sich *GK* bei einem Anwachsen der Produktion von einem Niveau auf das nächste in größeren Schüben verändert. Richten Sie nun ein Mikroskop auf die Gesamtkostenkurve. Das kann man dann tun, wenn die *q*-Einheiten in Tausenden angegeben werden, so daß man den Anstieg der Kosten zwischen 3999 Einheiten *q* und 4000 Einheiten *q* beobachten kann. Eine solche geglättete Gesamtkostenkurve wurde bei der Erstellung der Tabelle 21.3 verwandt, um die kursiven *GK*-Werte zu ermitteln.

Erinnern Sie sich, daß die Grenzkosten das Steigungsmaß der Gesamtkostenkurve bestimmen. Wie sich die Steigung einer Kurve messen läßt, haben wir in Anhang 1 gesehen; anhand von *GK* läßt sich die Methode ausgezeichnet verdeutlichen. Abbildung 21.3 trägt zur Hervorhebung des Unterschieds zwischen (1) *GK* als Kostenzuwachs aus einem endlichen Schritt zwischen zwei *q*-Punkten bei und (2) als geglättete Relation, die das Steigungsmaß der Tangente an der *TK*-Kurve für ein gegebenes *q* ausdrückt. Die Entfernung von *a* nach *b* stellt eine zusätzliche Outputeinheit dar; die Entfernung von *b* nach *a'* stellt den sich daraus ergebenden Anstieg der Gesamtkosten dar und ist zugleich die erste und einfachste Definition der steigenden Grenzkosten. Die zweite Definition wird durch die Steigung der Gesamtkostenkurve im Punkt *a* ausgedrückt – beziehungsweise durch den mathematischen Ausdruck $d(TK)/dq$ oder, was numerisch das gleiche ist, durch die Entfernung zwischen *b* und *c* dividiert durch die Entfernung zwischen *a* und *b*. Im Grenzfall, wenn die Größe der zusätzlichen Einheiten sehr klein wird, stellen wir bei der Betrachtung der Verhältnisse im neuen, kleineren Dreieck fest, daß der Unterschied zwischen den beiden Definitionen minimal wird. (Das heißt $\frac{ba'}{bc} \to 1$, wenn $a' \to a$.)

Steigung der Gesamtkostenkurve und Grenzkosten

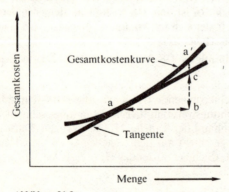

Abbildung 21.3.

sches Werkzeug benötigen wir jedoch noch, um zu erklären, wie ein Unternehmen sehr langfristig durch Anpassung und Veränderung der Größe seiner Produktionsanlagen sicherstellen kann, daß es im Kostenminimum arbeitet.

Denken Sie daran, daß ein Unternehmen, sobald es einen festen Produktionsapparat eingerichtet hat, einer kurzfristigen U-förmigen *DK*-Kurve gegenübersteht (nennen wir sie *KDK*, um ihren kurzfristigen Charakter zu unterstreichen). Errichtet das Unternehmen nun größere Produktionsanlagen, muß die neue *KDK*-Kurve weiter rechts liegen. Angenommen, das Unternehmen befindet sich noch im Planungsstadium, es hat noch keine festen Verpflichtungen, weil es sich hinsichtlich der genauen Größe der Produktionsanlagen noch nicht endgültig entschieden hat. Es kann die verschiedensten möglichen, U-förmigen *KDK*-Kurven zeichnen und sich dann für jedes gegebene Produktionsniveau die *KDK*-Kurve mit den niedrigsten Kosten heraussuchen.

Abbildung 21.4(a) zeigt, wie ein Unternehmen bei sehr langfristiger Planung, wenn es sich für ein geringes q entscheidet, eine links gelegene KDK'-Kurve wählt. Für ein q mittlerer Größenordnung steht es sich besser, wenn es sich für *KDK''* entscheidet. Im Falle eines noch größeren q gewährleistet *KDK'''* die niedrigsten Kosten. Die Kurve der langfristigen Durchschnittskosten *(LDK)* wird durch die drei untersten Äste der drei *KDK*-Kurven gebildet.

Abbildung 21.4(b) zeigt die gleiche Untergrenze für den Fall, in dem ein Unternehmen zwischen unendlich vielen stetigen kurzfristigen *DK*-Kurven wählen kann (zwischen *KDK* nicht *KVK*): Jetzt wird *LDK* durch die U-förmige stetige untere Grenze der vielen *KDK*-Kurven dargestellt. Diese untere Grenze bezeichnet man als Hüllkurve, weil sie alle anderen Kurven von unten her gesehen einhüllt. Diese sehr langfristige *LGK*-Kurve stellt die langfristige Grenzkostenkurve des Unternehmens dar, die aus dem *LGK*-Minimum hervorgeht, jedoch eine flachere Steigung hat als die kurzfristige *KGK* in dem jeweiligen Punkt.

Alternativkosten

In diesem Kapitel haben wir in erster Linie die vielen Varianten der Kosten eines Unternehmens behandelt. Welcher Art sind diese Kosten? Wir haben zu Beginn des Kapitels (wie auch im Anhang zu Kapitel 20) darauf hingewiesen, daß die Welt des Buchhalters eine andere als die des Wirtschaftswissenschaftlers ist. Der wesentliche Unterschied zwischen beiden Welten zeigt sich insbesondere beim Kostenbegriff.

Worin besteht dieser Unterschied? Im wesentlichen darin, daß für den Wirtschaftswissenschaftler die Kosten eine größere Anzahl von Posten darstellen als für den Betriebswirt oder den Unternehmer. Wirtschaftswissenschaftler beziehen sämtliche Kosten ein – gleichgültig, ob ihnen eine monetäre Transaktion zugrunde liegt oder nicht; Buchhalter berücksichtigen nichtmonetäre Transaktionen im allgemeinen überhaupt nicht.

In Kapitel 20 sind uns Beispiele für echte Kosten begegnet, die sich in den Konten eines Unternehmens nirgends niederschlagen. Der Lohn für die Leistung des Eigentümers eines Unternehmens, der normale Ertrag des in das Unternehmen eingebrachten Kapitals, die Risikoprämie für ein sehr weitgehend fremdfinanziertes Eigenkapital eines Unternehmens – das alles sind Elemente, die bei einer

(a) Langfristige Kostenkurve

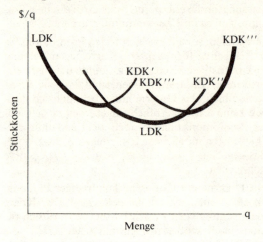

(b) Stetige Auffangkurve

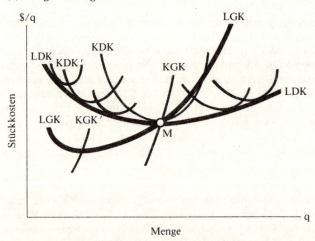

Abbildung 21.4. Langfristig kann ein Unternehmen sich seine optimale Größe und seine günstigste Hüllkurve aussuchen.
(a) *LDK* bildet die »Hülle« bzw. Untergrenze von drei möglichen Entscheidungen bezüglich der Unternehmensgröße. (b) Hier wird von einer unbegrenzt großen Zahl möglicher Entscheidungen ausgegangen, und wir erhalten die *LDK*-Kurve in Form einer stetigen Hüllkurve. Aus der *LGK*-Kurve leiten wir dann in der üblichen Weise deren Grenzkostenkurve *LDK* her.

weitergefaßten Definition wirtschaftlicher Kosten in die Unternehmenskonten eingehen sollten. Nach Auffassung des Wirtschaftswissenschaftlers müßten der Lohn für die unternehmerische Leistung oder der Ertrag des in das Unternehmen eingebrachten Kapitals als echte Kosten im wirtschaftlichen Sinne aufgefaßt werden: Schließlich werden lebendige, aktive Manager und konkretes Kapital eingesetzt.

Erleichtert wird uns das Verständnis für den Unterschied zwischen monetären Kosten und echten Kosten im wirtschaftlichen Sinne durch den Begriff der *Alternativ- bzw. Opportunitätskosten*. Die Alternativkosten einer Entscheidung bestehen in den Dingen, auf die man dadurch verzichtet, daß man sich für eine bestimmte Sache entscheidet und nicht für deren Alternative.

Wir wollen den Begriff der Alternativkosten veranschaulichen, indem wir zu dem Eigentümer eines kleinen Unternehmens, wie beispielsweise dem Inhaber unseres Computer-Unternehmens aus Kapitel 20 zurückkehren. Er arbeitet 60 Stunden in der Woche, ohne dafür einen »Lohn« zu beziehen. Am Jahresende hat das Unternehmen einen Gewinn von 20000 Dollar erwirtschaftet – eine stolze Leistung für einen Neuling.

Oder vielleicht doch nicht? Der Wirtschaftswissenschaftler würde hier ein Wort der Skepsis äußern: Der Ertrag eines Produktionsfaktors ist aus wirtschaftlicher Sicht wichtig, und zwar ohne Rücksicht darauf, wer zufällig im Besitz dieses Faktors ist. Die Arbeitsleistung des Unternehmenseigners sollte als Kostenfaktor veranschlagt werden, selbst wenn er dafür nicht entlohnt wird.[3] Wir sollten berücksichtigen, daß dem Eigentümer eines Unternehmens alternative Betätigungsmöglichkeiten offenstehen, und davon ausgehen, daß die eingebüßten alternativen Möglichkeiten Kosten darstellen.

Wenn wir uns in der Stadt umsehen, stellen wir beispielsweise fest, daß unser Unternehmer eine vergleichbare Beschäftigung finden könnte, die ihm 40000 Dollar einbrächte. Diese 40000 Dollar stellen deshalb die Alternativkosten oder das eingebüßte Einkommen des Unternehmers dar, weil dieser sich dafür entschieden hat, auf eigenen Füßen zu stehen, anstatt für ein anderes Unternehmen zu arbeiten.

Aber der Wirtschaftswissenschaftler geht noch einen Schritt weiter und fragt nach dem echten Gewinn des neuen Unternehmens: Wenn Sie den ausgewiesenen Gewinn von 20000 Dollar betrachten und davon die Alternativkosten in Höhe von 40000 Dollar für die Arbeitsleistung des Unternehmens abziehen, kommen Sie auf einen Netto*verlust* von 20000 Dollar. Während also der Buchhalter zu dem Schluß gelangt, daß solch ein typischer kleiner Betrieb ein wirtschaftlich lebensfähiges Unternehmen ist, würde der Wirtschaftswissenschaftler es als Verlustgeschäft bezeichnen.

Ähnliche Alternativkostenaspekte lassen sich mit Bezug auf das von dem Eigentümer in sein Unternehmen eingebrachte Kapital nachweisen. Angenommen, der Eigentümer unseres Computer-Unternehmens hat in sein Unternehmen 30000 Dollar in Form von Ausrüstungen und Gebäuden investiert, die er aus Eigenmitteln oder einbehaltenen Gewinnen finanziert hat. In den Büchern des Unternehmens werden keine Alternativkosten für diese Mittel berücksichtigt. Wenn Investitionen mit gleich hohem Risikofaktor normalerweise einen Ertrag von 14 Prozent abwerfen, sollten weitere 4200 Dollar von den Gewinnen abgezogen werden, um den Alternativkosten dieser Mittel Rechnung zu tragen.

Auch wenn Sie im Besitz eines besonderen Produktionsfaktors sind – beispielsweise von Boden, der reich an Erzen ist, oder einem außergewöhnlichen Know-

---

[3] Oft spricht man im Zusammenhang mit diesen nicht entlohnten Produktionsfaktoren von *kalkulatorischen Kosten*, einem etwas enger gefaßten Begriff als dem der Alternativ- oder Opportunitätskosten.

how oder von fruchtbarem Ackerland –, werden Ihre Konten vielleicht hohe Erträge ausweisen, obgleich der Wirtschaftswissenschaftler weiß, daß es sich hierbei weniger um Gewinne, als um einen Rentenertrag für diesen besonderen Produktionsfaktor handelt, den Sie zufällig das Glück haben zu besitzen.[4]

Die Bedeutung der Alternativkosten für den Entscheidungsprozeß

Der Begriff der Alternativkosten hat tatsächlich einen noch breiteren Anwendungsbereich und ist noch nützlicher, als es die Beispiele der von einem Unternehmen eingesetzten, nicht entlohnten Faktoren zeigen. Er kann in der Wirtschaftswissenschaft auf die realen Kosten oder Folgen von Entscheidungen in einer Welt angewandt werden, in der Güter knapp sind.

Man muß im Leben ständig wählen. Entscheidet man sich für eine bestimmte Sache, muß man irgend etwas anderes dafür aufgeben. Entscheiden wir uns für einen Kinobesuch, können wir kein Buch lesen. Entscheiden wir uns für ein Studium, verzichten wir eine Zeitlang auf die Möglichkeit, einer Vollzeitbeschäftigung nachzugehen. Zieht ein Land seine männlichen Einwohner zum Wehrdienst heran, geht die Zeit verloren, die diese unter anderen Umständen darauf verwenden würden, Gedichte zu lesen oder Computer-Programme zu schreiben. Wann immer eine Einzelperson oder eine Nation eine Entscheidung trifft, nimmt sie damit Kosten auf sich, weil sie alternative Möglichkeiten verwirft.

■ **Alternativkosten entstehen, sobald wir gezwungen sind, zwischen knappen Gütern zu wählen. Die Alternativkosten einer Entscheidung bestehen in dem Wert der besten, möglichen Alternative zu dieser Entscheidung.**

Am besten läßt sich der Begriff der Alternativkosten veranschaulichen, wenn wir nochmals auf die Grenze der Produktionsmöglichkeiten aus Kapitel 2 zurückgreifen. Angenommen, eine Nation beschließt, ihre Wehrbereitschaft zu erhöhen und ihre Armee auszubauen. Sie will deshalb 1 Million junger Männer zum Militärdienst einziehen, um die Armee von 2 Millionen auf 3 Millionen Soldaten zu vergrößern. Die Kritiker sind außer sich vor Zorn und behaupten, daß damit die wirtschaftliche Leistungskraft der Nation untergraben wird. Das Pentagon schlägt zurück und verweist auf die geringe Belastung des Haushalts durch eine größere Armee. Wer ist im Recht?

Aus wirtschaftlicher Sicht läßt sich die richtige Antwort nur unter Berücksichtigung der Alternativkosten finden. Abbildung 21.5 zeigt eine etwas übertriebene PM-Grenze für die Wahl zwischen Gütern des zivilen Bedarfs und einer größeren Armee. In dem Maße, in dem die Zahl der Kasernen auf der x-Achse steigt, schrumpfen die für die Produktion ziviler Güter und Dienstleistungen verfügba-

---

[4] Falls Sie das Glück haben, im Besitz von fruchtbarem Ackerland zu sein, aber an unwirtschaftlichen Bebauungsmethoden festhalten, dann zahlen Sie für Ihre Dummheit oder Ihren Starrsinn in der Weise, daß Sie auf den hohen Ertrag verzichten, den solches Land abwerfen könnte. In Dollar ausgedrückt ist der Boden für andere mehr wert als für Sie selbst. Wenn Sie es ablehnen, den Boden zu verpachten oder zu verkaufen, dann vergeuden Sie Ihren Reichtum, um Ihrem persönlichen Plaisir zu frönen genauso als wenn Sie den Boden verkauften und den Erlös für Wein, Weib und Gesang oder für Ski-Urlaube ausgäben.

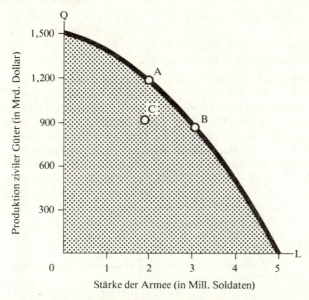

Abbildung 21.5. In einer Welt, in der Knappheit herrscht, bedeutet eine große Armee den Verzicht auf Nahrungsmittel, Bekleidung und andere Güter des zivilen Bedarfs.
Die Ausgangssituation des Landes wird durch den Punkt A dargestellt, in dem es in Friedenszeiten eine Armee von 2 Millionen Soldaten unterhält. Sie beschließt, sich durch die Einberufung von 1 Million Männern zum Militärdienst gegen etwaige schlechte Absichten ausländischer Mächte zu wappnen und bewegt sich zum Punkt B. Worin bestehen die echten beziehungsweise die Alternativkosten? Nicht in ein paar zusätzlichen Dollars im Verteidigungshaushalt. Vielmehr bestehen die Alternativkosten in der Menge der Güter für den zivilen Bedarf, auf die das Land verzichten muß und die in unserem Beispiel 300 Milliarden Dollar betragen.

ren Ressourcen. In unserem in Abbildung 21.5 dargestellten hypothetischen Beispiel betragen die Kosten für die Einberufung zum Wehrdienst von zusätzlich 1 Million Männern 300 Milliarden Dollar.

Beachten Sie, daß die Definition der Alternativkosten unterstellt, daß die alternative Entscheidung effizient gewesen wäre; verglichen wird die Auswirkung einer Entscheidung mit der *bestmöglichen* Alternative. Hinsichtlich Abbildung 21.5 ist es unzulässig, wenn das Pentagon wie folgt argumentiert: »Die Kosten liegen im Grunde gar nicht bei 300 Milliarden Dollar, denn wir gehen von einer Situation hoher Arbeitslosigkeit aus und bewegen uns deshalb vom Punkt C zum Punkt B; die Kosten sind eigentlich minimal.« Die Opportunitätskosten vergleichen Punkte *auf* einer realistischen PM-Grenze, die als beste, mögliche Entscheidungen gelten können, nicht Punkte innerhalb dieser Grenze.

Alternativkosten auf Wettbewerbsmärkten

An dieser Stelle könnten Sie natürlich einwenden: »Jetzt ist die Verwirrung vollständig. Zuerst bringt man mir bei, daß der Marktpreis das Maß für den gesellschaftlichen Wert eines Gutes sei. Jetzt heißt es, daß die Alternativkosten der richtige anzulegende Maßstab seien. Darin liegt doch ein Widerspruch.«

Tatsächlich liegt hier kein Widerspruch vor, denn bei der Betrachtung eines Konkurrenzmarktes erkennen wir ohne Mühe, daß der Preis den Alternativkosten entspricht. Angenommen, ein Gut wie beispielsweise Kohle wird auf einem Konkurrenzmarkt ge- und verkauft. Wenn ich meine Tonne Kohle auf den Markt bringe, werden interessierte Käufer mir eine Reihe von Preisen bieten: 25,02 Dollar, 24,98 Dollar, 25,01 Dollar. Das ist der Wert meiner Kohle in den Augen von, angenommen, drei öffentlichen Versorgungsbetrieben. Ich entscheide mich für den höchsten – 25,02 Dollar. Die Alternativkosten dieses Verkaufes werden durch das nächsthöhere Gebot dargestellt, 25,01 Dollar. Je mehr sich der Markt der Situation des vollkommenen Wettbewerbs nähert, desto mehr werden sich auch die Gebote aufeinander zubewegen, bis schließlich im Grenzfall das zweithöchste Gebot (nach unserer Definition die Alternativkosten) genau dem Höchstgebot (d.h. dem Preis) gleicht. Dieses Beispiel zeigt, daß der auf Konkurrenzmärkten gebildete Preis gleich der besten, andernfalls realisierbaren Alternative ist und damit gleich den Alternativkosten.

Alternativkosten bei nicht vorhandenem Markt

Während die Alternativkosten als Maßstab mit Bezug auf Konkurrenzmärkte wenig neue Aspekte eröffnen, erweisen sie sich als außerordentlich nützlich im Zusammenhang mit Kostenanalysen für Güter, die nicht auf Märkten ge- und verkauft werden. Wie messen wir die Kosten einer Universitätsausbildung? Den Wert eines Staudammes oder eines Parks? Die Kosten eines stehenden Heeres? Die Kosten von Vorschriften im Gesundheitswesen oder im Bereich der Sicherheit in Betrieben oder im Straßenverkehr? Um diese ermitteln zu können, müssen wir uns bei einer guten ökonomischen Analyse auf die Alternativkosten stützen.

- Wie hoch sind die Alternativkosten einer Collegeausbildung? 1984 beliefen sich die Kosten für Studiengebühren, Wohnen, Verpflegung, Bücher und sonstige Auslagen auf etwa 5000 Dollar. Also liegen auch die Alternativkosten bei 5000 Dollar – oder? Falsch! Sie müssen auch die Alternativkosten der *Zeit* berücksichtigen, die Sie für das Studium und den Besuch von Vorlesungen aufgewandt haben. Ein 20jähriger Absolvent eines Gymnasiums mit einer Vollzeitbeschäftigung hätte 1984 durchschnittlich etwa 11 000 Dollar verdient. Die Alternativkosten eines Universitätsstudiums beliefen sich deshalb pro Jahr auf 16 000 Dollar, nicht auf 5000 Dollar.

- Der Begriff der Alternativkosten könnte auch erklären, warum Studenten in der Woche nach einem Examen mehr fernsehen als in der Woche davor. Vor einem Examen sind die Alternativkosten des Fernsehens sehr hoch, denn die alternative Verwendung der Zeit (auf das Studium) hätte einen hohen Wert, weil sie das Examensergebnis verbessern könnte. Nach dem Examen sind die Alternativkosten der Zeit geringer.

- Angenommen, die amerikanische Regierung erwägt die Möglichkeit, im Yosemite-Nationalpark nach Öl zu bohren. Ein Sturm der Entrüstung geht los. Der

Innenminister fragt: »Was soll der ganze Wirbel? In der Erde steckt wertvolles Öl, und der Morgen Land als solcher ist kaum einen Cent wert.«

Tatsächlich können die Alternativkosten außerordentlich hoch sein. Wenn die Ölbohrungen viel Lärm und viele neue Straßen mit sich brächten, würden sie den Park für Naturfreunde, die dort Bären beobachten, wertlos machen. Die Alternativkosten ließen sich vielleicht nicht ohne weiteres messen, aber der Erholungswert ist eine genauso reale ökonomische Größe wie ein Barrel Öl.

Der einsamere Pfad

Die Alternativkosten sind also das Maß dessen, worauf wir verzichten, wenn wir uns für irgend etwas entscheiden. Denken Sie einmal über die Bedeutung der Worte von Robert Frost nach, als er schrieb:

Zwei Pfade trennten sich in einem Wald und ich –
Ich wählte den, der einsam war,
Und alles wurde dadurch anders.

Wohin hätte der andere Pfad geführt – vielleicht zu einem Leben in der Stadt, in der er nicht über das weite Land mit seinen von Mauern umsäumten Feldern hätte schreiben können. Überlegen Sie, wie hoch die Alternativkosten für uns alle gewesen wären, wenn er sich für den frequentierteren Weg entschieden hätte.

Wir wollen von diesen hehren Gedanken zu den profaneren Kostenbegriffen des ersten Teils dieses Kapitels zurückkehren. Festzuhalten ist folgender entscheidender Aspekt:

■ **Zu den Kosten gehören, abgesehen von den eindeutigen monetären Ausgaben, jene Alternativkosten, die sich aus der Tatsache ergeben, daß Faktoren unterschiedlichen Verwendungen zugeführt werden können. Wenn meine im Computerbereich eingesetzte Arbeitskraft oder mein Kapital in der Kohleproduktion oder der Weizenerzeugung oder selbst in dem Computerunternehmen eines anderen Herstellers hätte genutzt werden können, dann müssen meine echten Kosten die Alternativkosten jener bestmöglichen, alternativen Verwendung berücksichtigen.**

Vorschau

Damit haben wir die Behandlung der ökonomischen Bedeutung des Kostenbegriffes, einschließlich der Bedeutung der Gesamtkosten, der Durchschnitts- und der Grenzkosten abgeschlossen. Im folgenden Kapitel zeigen wir, wie sich die Angebotskurve eines Unternehmens und eines Industriezweiges direkt aus seiner Grenzkostenkurve herleiten läßt.

Zusammenfassung

1. Die Gesamtkosten lassen sich zweckmäßigerweise in zwei Komponenten aufteilen: die fixen und die variablen Kosten.
2. Unter den Grenzkosten versteht man den Zuwachs der Gesamtkosten, der

sich aus der Erstellung einer zusätzlichen Produktionseinheit q ergibt. (Sind unsere Einheiten teilbar, läßt sich *GK* als die Steigung der glatten *TK*-Kurve in jedem beliebigen Punkt von q definieren, und aus dieser Steigung läßt sich ein guter Näherungswert für die zusätzlichen Kosten einer geringfügigen weiteren Erhöhung von q ablesen.)

3. Die durchschnittlichen (Gesamt-)Kosten, *DK*, ergeben sich aus der Summe der ständig abnehmenden durchschnittlichen fixen Kosten und der durchschnittlichen variablen Kosten. Kurzfristig hat die *DK*-Kurve einen U-förmigen Verlauf und wird in ihrem unteren Wendepunkt von der steigenden *GK*-Kurve geschnitten. In ähnlicher Weise schneiden sich die *GK*-Kurve und die *DVK*-Kurve in deren unterem Wendepunkt.

4. Die Kostentrends einerseits und die Produktivitätserträge andererseits sind die zwei Seiten der gleichen Medaille. Wenn das Gesetz des abnehmenden Ertragszuwachses gültig ist, muß *GK* letztlich ansteigen. Sind in der Anfangsphase steigende Erträge zu beobachten, sinkt anfänglich auch *GK*. Könnten alle Produktionsfaktoren zu konstanten Preisen eingekauft werden und würde die Produktion konstante Skalenerträge aufweisen, hätten die langfristigen Grenzkosten ein für allemal einen horizontalen Verlauf.

5. Langfristig, wenn alle festen Verträge auslaufen und ein Unternehmen die Freiheit hat, jede beliebige Anzahl von Betriebsanlagen zu planen und zu betreiben, muß die langfristige Kostenkurve *LAK* (ebenso wie *LTK*) durch die untere Hüllkurve dargestellt werden, die bei jeder Outputhöhe die günstigste Entscheidung hinsichtlich der Unternehmensgröße repräsentiert. Sind die potentiellen Betriebsgrößen unendlich teilbar, enthält diese stetige Hüllkurve in jedem Punkt eine tangentiale kurzfristige Kostenkurve.

6. Die Definition der Kosten im wirtschaftswissenschaftlichen Sinne ist weiter gefaßt, als die im buchhaltungstechnischen Sinne. Der wirtschaftswissenschaftliche Kostenbegriff berücksichtigt nicht nur die offenkundigen, sich in monetären Größen niederschlagenden Käufe von Brennstoffen oder Arbeitskraft, sondern ebenfalls die weniger greifbaren kalkulatorischen oder Alternativkosten: den Ertrag, den die begabte Eigentümerin eines Unternehmens sowie das von ihr in das Unternehmen eingebrachte Kapital erzielt; die kalkulatorische Rente käuflich erworbener Kapitalgüter; den Wert des Eckgrundstücks an der Wall Street, auf dem jetzt ein kleiner Lebensmittelladen steht, dessen Alternativkosten als Sitz einer großen Bank jedoch hundertmal höher sind. Diese weniger offenkundigen Alternativkosten bewegen sich auf Konkurrenzmärkten in den engen durch die Preisgebote und die Güterangebote gesetzten Grenzen, so daß im Falle von Gütern und Dienstleistungen, die auf Märkten gehandelt werden, die Preise in der Regel den Alternativkosten weitgehend entsprechen. Der wichtigste Anwendungsbereich des Begriffes der Alternativkosten ist der, in dem es sich um nicht marktfähige Güter handelt – etwa um frische Luft, Gesundheit oder Erholung –, und wo die Leistungen als solche einen außerordentlich hohen Wert haben können, obgleich sie nicht auf Märkten ge- oder verkauft werden.

Begriffe zur Wiederholung

Gesamtkosten: fixe und variable Kosten
$TK = FK + VK$
$DK = TK/1 = DFK + DVK$
Grenzkosten (steigende und geglättete)
Kostenbegriffe des Wirtschaftswissenschaftlers und des Buchhalters
Alternativkosten (= Opportunitätskosten)
abnehmende Erträge, steigende GK
langfristige Hüllkurve

Fragen zur Diskussion

1. Stellen Sie eine Liste von Kostenelementen zusammen: Löhne, Gehälter, Brennstoffe, Pachtzahlungen usw. Ordnen Sie diese nach fixen und variablen Kosten.

2. Erläutern Sie den Unterschied zwischen Grenzkosten und Durchschnittskosten. Warum besteht stets eine starke Ähnlichkeit zwischen DVK und GK? Warum ergeben sich aus VK und TK die gleichen GK?

3. Addieren Sie zu den 55 Dollar fixer Kosten in Tabelle 21.3 90 Dollar zusätzlicher FK. Erstellen Sie dann eine völlig neue Tabelle mit den gleichen VK wie zuvor, aber mit den neuen $FK = 145$ Dollar. Was geschieht mit GK, was mit DVK? Und was mit TK, DK und DFK? Können Sie feststellen, daß das Minimum nunmehr bei $q^* = 5$ mit $DK = 60$ Dollar $= GK$ liegt? (Sie können die GK und die TK Ihrer Tabelle anhand der Tabelle 23.4 des Kapitels 23 überprüfen.

4. Erklären Sie, weshalb GK die DK- und die DVK-Kurven im Wendepunkt ihres U-förmigen Verlaufs schneidet.

5. Erklären Sie, weshalb sich die langfristige Hüllkurve der Kosten als die untere Grenze aller kurzfristigen Kostenkurven definieren läßt. Veranschaulichen Sie dies anhand von *(a)* dem Fall einiger weniger Betriebsgrößen und anhand von *(b)* dem Fall unendlich teilbarer Betriebsgrößen.

6. Setzen Sie die steigende GK-Kurve in Beziehung zum Gesetz des abnehmenden Ertragszuwachses. Stellen Sie den fallenden Zweig der Kurve dem genannten Gesetz gegenüber.

7. Zeigen Sie, daß es sich bei den Unterschieden zwischen spontanen, kurzfristigen und langfristigen Perioden um graduelle nicht um sachliche Unterschiede handelt. Für die Realität lassen sich Beispiele für das Auslaufen von Verträgen und Verpflichtungen zu verschiedenen Zeiten anführen, so daß wir tatsächlich vor einem Kontinuum von zeitlichen Perioden stehen, in dem immer weniger Faktoren als fixe Faktoren gelten können.

8. Angenommen, Sie überlegen sich, ob Sie von Atlanta nach New Orleans fliegen oder den Bus nehmen sollen. Das Flugticket kostet 100 Dollar und der Flug dauert 1 Stunde. Die Fahrt mit dem Bus kostet 50 Dollar und dauert

6 Stunden. Welche Art des Reisens ist die wirtschaftlichste für: *(a)* einen Mann der Wirtschaft, dessen Zeit 40 Dollar die Stunde kostet, *(b)* einen Studenten, dessen Zeit einen Wert von 4 Dollar pro Stunde hat, *(c)* Sie selbst? Zeigen Sie, daß in diesem Zusammenhang der Begriff der Alternativkosten von entscheidender Bedeutung ist.

9. *Preisfrage*: Erklären Sie anhand der nachstehenden Diagramme die Bedeutung folgender Regeln. *Regel Nr. 1*: Wenn eine *GK*-Kurve unterhalb der zugehörigen *DK*-Kurve verläuft, wird *DK* nach unten gedrückt; wenn *GK* oberhalb von *DK* verläuft, wird *DK* nach oben gedrückt; ist *GK* = *DK*, muß *DK* horizontal verlaufen. *Regel Nr. 2*: Ist *DK* eine Gerade wie in *(a)*, *(b)* und *(c)*, ist auch *GK* eine Gerade, die im gleichen Ordinatenschnittpunkt beginnt, aber gegenüber *DK* das doppelte Steigungsmaß aufweist. (Beachten Sie: Hier erfahren wir, wie wir den *GK*-Punkt über oder unter einem entsprechenden *DK*-Punkt auf jeder nicht geraden *DK*-Kurve finden können. Legen Sie lediglich in einem beliebig gewählten *q* in *(d)* die Tangente an *DK* an; anschließend zeichnen Sie vom Ordinatenschnittpunkt dieser Tangente aus eine *GK*-Gerade mit doppelter Steigung; der *GK*-Wert ergibt sich im Schnittpunkt zwischen dieser Geraden und der Senkrechten über dem gewählten *q*. Natürlich müssen Sie für jedes neue *q* zwei neue Geraden zeichnen.)

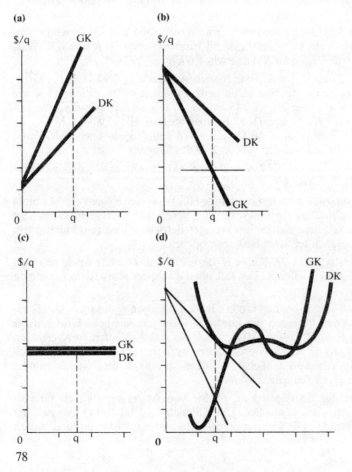

Das Wettbewerbsangebot 22

Die Produktionskosten hätten keinen Einfluß auf den Wettbewerbspreis, wenn sie nicht das Angebot beeinflußten.

John Stuart Mill

Im vorangegangenen Kapitel haben wir die unterschiedlichen Kostenbegriffe analysiert. Jetzt sind wir in der Lage zu untersuchen, wie diese direkt zu den Produktionsmengen führen, die unter Konkurrenzbedingungen tätige Unternehmen zu den verschiedenen Preisen auf den Markt zu bringen bereit sind. Die Verknüpfung zwischen den Kosten und dem Wettbewerbsangebot beruht auf der grundlegenden Annahme, daß *Unternehmen nach einer Maximierung ihrer Gewinne streben*. Sobald wir das Verhalten von unter Wettbewerbsbedingungen tätigen und nach Gewinnmaximierung strebenden Unternehmen durchschaut haben, werden wir erkennen, daß die Kurve des Wettbewerbsangebots der Grenzkostenkurve des Unternehmens wie auch der des gesamten Wirtschaftszweiges entspricht.

Das Wettbewerbsangebot interessiert uns nicht nur als deskriptives Werkzeug. Vielmehr sind wir in diesem Kapitel ebenfalls daran interessiert, nachzuweisen, daß der Grenzkostenbegriff in jeder Gesellschaft eine wichtige Rolle zur Gewährleistung der effizientesten Allokation ihrer Ressourcen spielt.

Angebotsverhalten eines Wirtschaftszweiges unter Wettbewerbsbedingungen

Das Schwergewicht dieses Kapitels liegt auf dem unter Bedingungen des vollkommenen Wettbewerbs tätigen Unternehmen: auf der Bedeutung der Grenzkosten und der ausschlaggebenden Rolle der Gewinne. Zunächst wollen wir uns jedoch ansehen, auf welche Weise aus einer Vielzahl von Einzelunternehmen ein Wirtschaftszweig entsteht.

Das Marktangebot als Summe der Angebotskurven aller Unternehmen

In Abbildung 19.1 haben wir gezeigt, wie wir durch horizontale Addition aller individuellen Nachfragekurven die Gesamtnachfragekurve erhalten. Die gleiche Methode kann auch für das Angebot angewandt werden.

Angenommen, wir haben es mit einem Wettbewerbsmarkt für Fisch zu tun. Wie groß ist die Menge, die von dieser Ware zu jedem jeweiligen Preisniveau auf den Markt gebracht wird? Das Unternehmen A wird zu einem bestimmten Preis eine bestimmte Menge anliefern; das Unternehmen B zum gleichen Preis eine andere Menge. Das Unternehmen C liefert die Menge an, die sich aus seiner Angebotskurve ergibt, und so fort. Die Gesamtmenge Q, die bei einem gegebenen Marktpreis P auf den Markt gelangt, ist dann gleich der Summe aller qs, die die Unternehmen zu dem jeweiligen Preis anzuliefern bereit sind. Das gleiche gilt auch für jeden anderen Preis.

■ **Um die Gesamtangebotskurve AA für ein Gut zu ermitteln, müssen wir die Angebotskurven aa der unabhängigen Produzenten dieses Gutes horizontal aufaddieren.**

In Abbildung 22.1 wird dies für zwei Unternehmen dargestellt, und zwar sowohl im Hinblick auf das kurzfristige Angebot als auch das spontane Angebot. Erinnern Sie sich, daß die spontane Angebotskurve definiert ist als das unelastische Angebot innerhalb eines so kurzen Zeitraumes, daß Veränderungen der Produktionsmenge nicht möglich sind. Um also die spontane Angebotskurve A_sA_s zu erhalten, müssen wir zum gleichen P sämtliche spontanen Angebotskurven a_sa_s horizontal addieren. Haben die Angebotskurven der Unternehmen alle einen vertikalen Verlauf, ist auch die A_sA_s des gesamten Wirtschaftszweiges vertikal.

Erinnern Sie sich nun weiterhin aufgrund der Ausführungen in Kapitel 18 (S. 594, Bd. 1), daß die Bezeichnung »kurzfristig« sich auf einen Zeitraum bezog, in dem ein Unternehmen zwar an gewisse feste Verpflichtungen gebunden ist, in dem einige variable Produktionsfaktoren jedoch verändert werden können, so daß die einzelnen Unternehmen entsprechend ihrer verschiedenen Angebotskurven mehr produzieren können. Wiederum gilt: Zur Ermittlung der *kurzfristigen* Angebotskurve A_kA_k werden bei gleichem P die *kurzfristigen* Angebotskurven a_ka_k der in diesem kurzfristigen Zeitraum bestehenden gegebenen Anzahl von Unternehmen addiert.

Die folgenden vier Abschnitte zeigen, wie sich die Angebotskurve eines Unternehmens durch seine Kosten bestimmen läßt.

Die Gleichheit von Preis und Grenzkosten zur Bestimmung des Wettbewerbsangebots

Nachdem wir gesehen haben, wie sich die Angebotskurven eines Wirtschaftszweiges aus denen der einzelnen Unternehmen ergeben, wenden wir uns der Herleitung der Angebotskurve des Unternehmens zu. Den Ausführungen wird eine Wiederholung der Grenzkosten vorangestellt sowie eine nochmalige Darstellung der Bedeutung des vollkommenen Wettbewerbs, woran sich eine Ableitung der Angebotskurve im einzelnen anschließt.

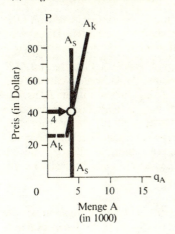
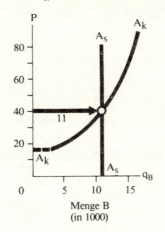

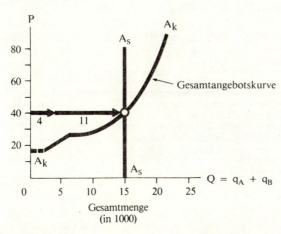

Abbildung 22. 1. Zur Ermittlung der Marktangebotskurve werden die Angebotskurven aller Unternehmen addiert.
Auf jedem Preisniveau, wie beispielsweise 40 Dollar, addieren wir horizontal die von jedem einzelnen Unternehmen angebotenen Mengen und erhalten dadurch die auf dem Markt angebotene Gesamtmenge. Dies gilt für jede beliebige Anzahl von Unternehmen. Gäbe es beispielsweise 1000 völlig gleichartige Unternehmen, läßt sich durch eine entsprechende tausendfache Veränderung des Abszissenmaßstabes im dritten Diagramm die Marktangebotskurve so darstellen, daß sie wie die Angebotskurve eines einzelnen Unternehmens aussieht; wird der Abszissenmaßstab bei der Addition nicht verändert, muß die Gesamtangebotskurve flacher verlaufen als die der einzelnen Unternehmen.

Die Grenzkosten – eine Wiederholung

Der wichtige Begriff der Grenzkosten ist uns erstmals in Kapitel 21 begegnet. Erinnern Sie sich, daß die Grenzkosten als der Gesamtkostenzuwachs definiert sind, der aus der Erstellung einer zusätzlichen Produkteinheit resultiert.

Um unsere Erinnerung aufzufrischen, beginnen wir in Tabelle 22.1 mit der

Wiederholung der Kostenbegriffe

(1) Menge	(2) fixe Kosten	(3) variable Kosten	(4) Gesamt-kosten	(5) Grenz-kosten pro Einheit	(6) Durch-schnitts-kosten pro Einheit	(7) Durch-schnitt-liche fixe Kosten pro Einheit	(8) Durch-schnittliche variable Kosten pro Einheit
q	TK	VK	TK = FK + VK	GK	$DK = \frac{TK}{q}$	$DFK = \frac{FK}{q}$	$DVK = \frac{VK}{q}$
0	55000						
1000	55000	30000	85000	27	85	55	30
2000	55000	55000	110000	22	55	27,5	27,5
3000	55000	75000	130000	21	43,33	18,33	25
3999	55000	104960,01	159960,01	**39,98** / *39,99*	40000+	13,75	26,25
4000	55000	105000	150000	**40** / *40,01*	40	13,75	26,25
4001	55000	105040,01	150040,01	**40,02**	40000+	13,75	26,25
5000	55000	155000	210000	**60**	42	11	31

Tabelle 22.1. **Produktionskosten eines unter Wettbewerbsbedingungen tätigen Unternehmens.**
Diese Tabelle bringt eine Wiederholung der wichtigen im vorangegangenen Kapitel (vgl. Tabelle 21.3.) analysierten Kostenbegriffe. Verändert wurden die Einheiten, die jetzt in Größen von jeweils 1000 Stück angegeben sind. Außerdem haben wir die unterschiedliche Höhe der Kosten um den Punkt der Mindestdurchschnittskosten bei 4000 Einheiten mit der Lupe betrachtet. Die Werte der Grenzkosten in Kursivschrift in Spalte (5) wurden von der geglätteten *GK*-Kurve abgelesen. Die übrigen im Bereich der gezackten Klammer liegenden *GK*-Werte der Spalte (5) stellen die genauen *GK* dar. Beachten Sie, daß *DK* bei 4000 Einheiten das Minimum erreicht hat und daß hier *GK* = *DK*.

grundlegenden Kostenübersicht, wie sie auch im voraufgegangenen Kapitel verwandt wurde. Die einzige Veränderung, die wir vorgenommen haben, besteht darin, daß wir q in Einheiten von jeweils tausend Stück messen. Verwenden Sie ein Weilchen auf die Wiederholung folgender wichtiger Begriffe: Gesamtkosten; fixe und variable Kosten; Grenzkosten; und die verschiedenen Arten von Durchschnittskosten.

Vollkommener Wettbewerb

Wir werden in diesem Kapitel das Angebotsverhalten und die Effizienz von Unternehmen und Märkten unter den Bedingungen des vollkommenen Wettbewerbs analysieren. Erinnern wir uns an die wichtige Definition des vollkommenen Wettbewerbs:

Nachfragekurve des Wirtschaftszweiges und des Unternehmens

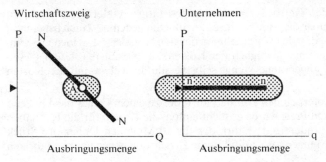

Abbildung 22.2. In den Augen eines vollkommenen Konkurrenten erscheint die Nachfragekurve sehr flach. Das linke Feld zeigt die Nachfragekurve eines Wirtschaftszweiges mit einer Preiselastizität, die in Punkt *A* etwas geringer ist als eins. Der unter Bedingungen des vollkommenen Wettbewerb tätige Unternehmer repräsentiert jedoch einen so winzigen Teil des Marktes, daß die Nachfragekurve bezogen auf sein Produktionsniveau vollständig flach erscheint. Der Konkurrent kann zu dem herrschenden Marktpreis alles absetzen, was er auf den Markt bringt.

■ **Vollkommener Wettbewerb herrscht dann, wenn kein Produzent den Marktpreis beeinflussen kann. Jeder ist ein »Preisnehmer« in dem Sinne, daß er zum herrschenden Marktpreis verkaufen muß.**

Die Situation des vollkommenen Wettbewerbs ist gegeben, wenn eine große Zahl von kleinen Unternehmen am Markt auftreten, die identische Produkte herstellen und von denen jedes einzelne zu klein ist, um einen Einfluß auf den Marktpreis ausüben zu können. Unter den Bedingungen des vollkommenen Wettbewerbs sieht sich jeder Produzent einer vollkommen horizontalen Nachfrage- oder *nn*-Kurve gegenüber.

Unter Bezug auf diese Definition eines vollkommenen Konkurrenten wollen wir uns ansehen, wie sich der Markt aus der Sicht des Unternehmens darstellt. Abbildung 22.2 zeigt den Unterschied zwischen der Nachfragekurve *NN* für den gesamten Wirtschaftszweig und der *nn*-Kurve, der sich jedes beliebige kleine, unter Wettbewerbsbedingungen tätige Unternehmen gegenübersieht. Da sich in einem vom Wettbewerb geprägten Wirtschaftszweig Tausende von kleinen Unternehmen tummeln, stellt sich für jedes einzelne Unternehmen die Nachfragekurve so dar, als sei ein Mikroskop auf den Punkt *A* der Nachfragekurve des gesamten Wirtschaftszweiges gerichtet. Aus der Liliputanerperspektive des Konkurrenzunternehmens ist die Kurve daher völlig flach.

Anders ausgedrückt: Das gleiche Diagramm zeigt, daß sich die Nachfrageelastizität für das einzelne Konkurrenzunternehmen viel größer darstellt als für den gesamten Industriezweig.

Wettbewerbsangebot und Grenzkosten

Wie gelangt ein unter Wettbewerbsbedingungen tätiges Unternehmen nun zu einer Entscheidung über die Menge, die es anzubieten gedenkt? Zunächst einmal gehen wir davon aus, daß das Unternehmen daran interessiert ist, seinen Gewinn, das heißt seine Einnahmen abzüglich der Kosten, zu maximieren. Unter diesen Umständen muß die angebotene Menge selbstverständlich etwas mit den Kosten zu tun haben.

Kein vernünftiges Unternehmen könnte Fahrräder zu einem Dollar das Dutzend anbieten, denn zu dem Preis würde es nicht einmal die Kosten für die Radnaben decken. Ließen sich andererseits Fahrräder für 10 Millionen Dollar pro Stück verkaufen, würden Mengen an Kapital in die Errichtung neuer Fahrradfabriken fließen.

Unter normalen Bedingungen ist die Entscheidung hinsichtlich der Produktionshöhe weniger offensichtlich und bedarf der Berücksichtigung der Grenzkosten.

Selbst wenn wir einmal davon ausgehen, daß ein vollkommener Konkurrent sich einer völlig horizontalen Nachfragekurve gegenübersieht, so daß er zum herrschenden Preis *jedes beliebige q* absetzen kann, stellt sich die Frage: Was wird das Unternehmen tun? Ein gewinnorientierter vollkommener Konkurrent wird sich bei der Entscheidung über die Menge, die er anzubieten bereit ist, an dem Produktionsvolumen orientieren, bei dem seine Grenzkosten gleich dem Preis sind.

Warum? Weil er daran interessiert ist, den Gesamtgewinn, den er erzielen kann, zu maximieren. Das Unternehmen kann seinen Gesamtgewinn so lange steigern, wie der zusätzliche, aus der letzten abgesetzten Einheit erzielte Erlös die aus der Produktion dieser letzten Einheit entstehenden zusätzlichen oder Grenzkosten übersteigt. Der Gesamtgewinn ist dann am größten – beziehungsweise erreicht sein Maximum –, wenn der Verkauf einer zusätzlichen Einheit keinen zusätzlichen Gewinn mehr abwirft; bei der letzten Einheit, die der vollkommene Konkurrent produziert und verkauft, gleichen sich der zusätzliche Erlös und die zusätzlichen Kosten genau aus. Was versteht man unter diesem zusätzlichen Erlös? Den Preis pro Einheit. Was versteht man unter den zusätzlichen Kosten? Die Grenzkosten.

Dies läßt sich mit Hilfe des Zahlenbeispiels der Tabelle 22.1 veranschaulichen. Sehen Sie sich die Kosten des Unternehmens in Tabelle 22.1 an und stellen Sie sich die Frage, warum es nicht daran interessiert ist, die Produktionsmenge von 4000 Einheiten auch nur um eine Einheit zu erhöhen. Nähme es diese Erhöhung vor, würde diese Einheit einen Preis von 40 Dollar erzielen. Die Grenzkosten der Einheit liegen jedoch bei 40,1 Dollar. Die 4001. Einheit wäre deshalb ein Verlustgeschäft; die Sache lohnt sich also nicht.

Gehen wir einmal in die umgekehrte Richtung und stellen die Frage, ob es sinnvoll wäre, wenn das Unternehmen um eine Einheit unter der 4000-Stück-Grenze zurückbliebe. Es würde die *GK* der letzten Einheit einsparen (das heißt 39,99 Dollar), würde aber 40 Dollar Erlös einbüßen. *P* ist also höher als *GK*, weshalb es sich nicht lohnt, die Produktion zu reduzieren. Das gewinnmaximale Produktionsniveau liegt deshalb bei genau $q^* = 4000$, bei dem $P = GK$.

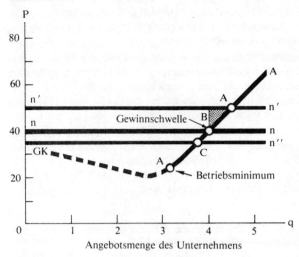

Abbildung 22.3. Die Angebotskurve des gewinnmaximierenden Unternehmens entspricht seiner Grenzkostenkurve.
Wenn Sie zu dem durch die horizontele $n'n'$-Kurve gegebenen P so viel verkaufen können, wie Sie zu verkaufen gewillt sind, liegt Ihr gewinnmaximales Gleichgewicht im Schnittpunkt A von $n'n'$ mit GK: Ihr Gewinnmaximum ist positiv, und das graue Dreieck zeigt, daß Sie einen gewissen Gewinn einbüßen würden, wenn Ihre Ausbringungsmenge in B läge, weil ihr durch $Ü$ zu erzielender Erlös Ihre zusätzlichen Kosten, GK, übersteigen würde.
Fiele P auf das Niveau von $n''n''$, maximieren Sie Ihren Gewinn in C, denn in diesem Punkt minimiert $P = GK$ Ihren unvermeidlichen kurzfristigen Verlust.

Die Ableitung der Angebotskurve eines Unternehmens aus seiner GK-Kurve

Wir haben nunmehr gezeigt, daß ein unter Wettbewerbsbedingungen tätiges Unternehmen sich im Gewinnmaximum befindet, wenn es all diejenigen Einheiten produziert, bei denen GK unter P liegt, jedoch keine weiteren Einheiten, bei denen GK P übersteigt. Sein gewinnmaximierendes Gleichgewicht ergibt sich eindeutig, wenn es sich an folgende Regel hält:

■ **Preis = Grenzkosten beziehungsweise $P = GK$**

Das bedeutet, daß sich die Angebotskurve eines Unternehmens aus seiner steigenden GK-Kurve ergibt, wie dies Abbildung 22.3 darstellt. Daher wird das Unternehmen bei dem eingezeichneten $n'n'$-Niveau von 50 Dollar feststellen, daß sein Gewinnmaximum im Schnittpunkt A liegt. (Verifizieren Sie dies, indem Sie sich vor Augen führen, daß der eingebüßte Gewinn bei einer im Punkt B

liegenden Produktion durch das graue Dreieck dargestellt wird. Es stellt das gegenüber *GK* höhere *P* dar, das sich durch die letzte Einheit erzielen läßt. Zeichnen Sie ein ähnliches Dreieck über *A*, um den Verlust zu verdeutlichen, den eine zu hohe Produktionsmenge verursachen würde.)

Stünde das Unternehmen andererseits einer horizontalen *nn*-Kurve auf der Höhe von 40 Dollar gegenüber, würde es die Maximierung seines Gewinnes im Punkt *B* erreichen. In dieser Situation zeigt sich nun, wie unsere ursprüngliche Kostentabelle 22.1 belegt, daß das Unternehmen sich genau im Punkt seiner Gewinnschwelle befindet, in dem es nur seine langfristigen Kosten deckt.

Wie sähe die Situation im Falle der Nachfragekurve *n″n″* aus? Bei diesem, unter 40 Dollar liegenden Preis erreicht das Unternehmen nicht einmal die Gewinnschwelle. Wohl aber minimiert es in *C*, dem Schnittpunkt zwischen seiner Angebots- und seiner *GK*-Kurve, seine kurzfristigen Verluste, beziehungsweise es maximiert seinen algebraischen Gewinn (weil, wie wir sagen, -40 algebraisch kleiner ist als -20).

■ **Wir stellen deshalb fest, daß die steigende *GK*-Kurve eines Unternehmens tatsächlich seine Angebotskurve unter Wettbewerbsbedingungen darstellt.**

Gesamtkosten und die Bedingungen des kurzfristigen Betriebsminimums

Erinnern Sie sich zunächst, daß diejenige Zeitspanne als »kurzfristig« definiert wurde, in der ein Unternehmen bestimmten unveränderlichen Gegebenheiten in bezug auf Ausrüstung, Ressourcen und Verpflichtungen gegenübersteht. Aufgrund dieser unveränderlichen Gegebenheiten hat das Unternehmen kurzfristig bestimmte fixe Kosten. Diese Kosten muß es ohne Rücksicht auf die Produktionshöhe tragen.

Beispiele solcher »fixer Kosten« sind unter anderem Zinsleistungen für Schuldverschreibungen, Pachten und Gehälter der Unternehmensleiter.

Die Differenz zu seinen Gesamtkosten stellen die variablen Kosten dar – jene Kosten, die sich in Abhängigkeit von der Produktionshöhe verändern. Beispiele für diese Kosten sind die Rohstoffkosten, die Löhne für die im Produktionsprozeß tätigen Arbeiter und so fort. In Kapitel 21 wurden diese im einzelnen behandelt.

Überlegen Sie sich nun mit Bezug auf unser Unternehmen, was geschieht, wenn es sich einem ständig sinkenden *P* gegenübersieht. Es hat die Möglichkeit, die Produktion ganz einzustellen. Wie hoch ist dann sein Verlust? Ist der Erlös gleich Null, während alle fixen Kosten weiterlaufen, entspricht der Verlust genau den fixen Kosten. Daraus ergibt sich das *Betriebsminimum* unseres Unternehmens: Sinkt *P* so weit ab, daß *der Erlös unter den variablen Kosten liegt*, die bei der Erstellung einer positiven Ausbringungsmenge *q* anfallen, wird ein Unternehmen es vorziehen, den Betrieb völlig stillzulegen. Anders ausgedrückt: Liegt der Gesamtgewinn (algebraisch) unter den fixen Kosten, sollte das auf Gewinnmaximierung bedachte Unternehmen schließen.

■ **Bei dem kritischen Marktpreis *P*, zu dem das Unternehmen gerade noch die aus der Produktion resultierenden variablen Kosten deckt, befindet es sich an der**

Preise an der Gewinnschwelle und im Betriebsminimum

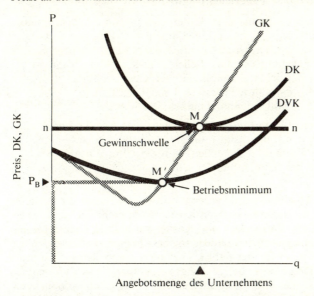

Abbildung 22.4. Die Angebotskurve eines Unternehmens bewegt sich auf der GK-Kurve abwärts zum Betriebsminimum.
Die Angebotskurve eines Unternehmens entspricht seiner *GK*-Kurve, solange es seine variablen Kosten deckt. Sobald der Preis unter P_B, das »Betriebsminimum«, absinkt, decken die Erlöse die variablen Kosten nicht mehr, und das Lebenslicht des Unternehmens wird ausgelöscht sein. Die durchgezogene schraffierte Kurve stellt deshalb die Angebotskurve des Unternehmens dar.

Grenze seines Betriebsminimums. Unterhalb dieses Betriebsminimums, beziehungsweise der Stillegungsschwelle, wird die Produktion eingestellt.

Liegt *P* über der Schwelle, bewegt sich die Produktion des Unternehmens entlang seiner Grenzkostenkurve. Denn bei allen Punkten, für die *GK* = *P* erfüllt ist, erwirtschaftet das Unternehmen noch einen gewissen Ertrag zur Deckung seiner fixen Kosten: Es wird entweder seinen positiven Gewinn maximieren oder zumindest seinen Verlust minimieren (und in diesem Sinne seinen algebraischen Gewinn maximieren).

Abbildung 22.4 zeigt die beiden für ein Unternehmen wichtigen Punkte, das *Betriebsminimum* und die *Gewinnschwelle*. Die Gewinnschwelle befindet sich in dem Punkt, in dem der Preis gleich *DK* ist, während das Betriebsminimum sich in dem Punkt einstellt, in dem der Preis gleich *DVK* ist. Die Angebotskurve eines Unternehmens wird deshalb durch die durchgezogene schraffierte Linie der Abbildung 22.4 dargestellt. Sie steigt, vom Koordinatenursprung ausgehend, entlang der vertikalen Achse bis zu dem Punkt, in dem der Preis dem Betriebsminimum entspricht, springt dann zum Betriebsminimum in *M'*, in dem *P* gleich der Höhe der *DVK* ist, und bewegt sich weiter entlang der *GK*-Kurve in Preisbereiche, die über dem Betriebsminimum liegen.

Die Gesamtkosten und die Bedingungen der langfristigen Gewinnschwelle

Diese Analyse des Betriebsminimums eines Unternehmens führt zu dem erstaunlichen Schluß, daß Unternehmen unter Umständen ihre Tätigkeit fortsetzen, obgleich sie mit hohen Verlusten arbeiten – nämlich dann, wenn ihre fixen Kosten sehr hoch sind. Diese Erkenntnis erklärt vielleicht auch, warum während der letzten zehn Jahre viele der größten amerikanischen Gesellschaften – Chrysler, U.S. Steel, General Motors – ihre Produktion nicht einstellten, obgleich sie überwältigende Verluste in Milliardenhöhe hinnehmen mußten.

Dieser Schluß kann zu recht beunruhigenden Überlegungen Anlaß geben. Deutet er darauf hin, daß sich der Kapitalismus auf einen Zustand zubewegt, in dem chronische Verluste die Normalität darstellen? Um diese Frage beantworten zu können, müssen wir uns der Betrachtung der sehr langfristigen Situation zuwenden.

Im voraufgegangenen Abschnitt wurde gezeigt, daß Unternehmen ihr Betriebsminimum erreichen, wenn sie ihre variablen Kosten nicht mehr decken können. Sehr langfristig betrachtet, sind jedoch *alle* Kosten variable Kosten. Ich kann meine Schuldverschreibungen zurückzahlen, meine Manager entlassen, meine Lizenzen oder Pachtverträge für die Fabrik auslaufen lassen. Deshalb werden Unternehmen bei sehr langfristiger Betrachtungsweise, wenn sie sich hinsichtlich ihrer Verpflichtungen wieder völlig frei entscheiden können, nur produzieren, wenn der Preis an oder über der langfristigen Gewinnschwelle liegt. Mit Blick auf unsere Abbildung 22.4 heißt das: Wenn die dort dargestellte Kostenkurve die langfristige Kostenkurve darstellt, muß der Preis sich auf der Höhe von oder über der *nn*-Kurve bewegen – der Schnittpunkt muß in M oder darüber liegen – damit das Unternehmen langfristig weiterarbeitet.

Es gibt also eine kritische »Gewinnschwelle«, unterhalb derer P langfristig nicht verharren darf, wenn ich im Geschäft bleiben will. Und wenn alle Unternehmen unter genau den gleichen Bedingungen arbeiteten wie ich, würde das langfristige Angebot bei einem unter der kritischen Gewinnschwelle liegenden P, bei der alle Betriebskosten gedeckt sind, völlig eingestellt werden.

Nun wollen wir weiter davon ausgehen, daß der Zugang zu dem Wirtschaftszweig langfristig völlig frei ist, so daß jede beliebige Anzahl von Unternehmen in diesem Zweig tätig werden kann und daß es allen gelingt, mit Hilfe genau der gleichen Verfahren und zu genau den gleichen Kosten zu produzieren wie die Unternehmen, die in dem fraglichen Wirtschaftszweig bereits vertreten sind. Wenn sich die Zahl gleichartiger Unternehmen beliebig vervielfachen läßt, kann der Preis langfristig nicht oberhalb dieser kritischen Gewinnschwelle liegen, bei der alle ihre langfristigen Gesamtkosten decken. Das heißt, langfristig müssen gedeckt sein: (1) alle Kosten für Löhne, Rohstoffe, Ausrüstungen, Steuern und sonstige Aufwendungen; (2) alle Managergehälter in der Höhe, die sich aufgrund der konkurrierenden Gehaltsangebote sämtlicher Unternehmen für Manager mit entsprechenden Fähigkeiten und entsprechender Einsatzbereitschaft herausgebildet haben; (3) der Zinsertrag, den jeder für das Kapital erzielen könnte, das er in dem Unternehmen unseres Wirtschaftszweiges festlegt, anstatt es anderweitig zu investieren.

■ **Die langfristige Gewinnschwelle wird bei dem kritischen P erreicht, bei dem identische Unternehmen gerade ihre vollen, unter Wettbewerbsbedingungen an-**

fallenden Kosten decken. **Unterhalb dieses kritischen langfristigen P würden Unternehmen den Industriezweig verlassen, bis P wieder auf das kritische Gleichgewichtsniveau zurückgekehrt wäre. Bei einem über diesem langfristigen P liegenden Preis würden sich neue Unternehmen in dem Industriezweig etablieren, sich in der gleichen Weise verhalten wie die bereits bestehenden Unternehmen und auf diese Weise den Marktpreis wieder auf das langfristige Gleichgewichts-P herabdrücken, bei dem alle Wettbewerbskosten gerade gedeckt sind.**

Wie Abbildung 22.4 zeigt, läßt sich deshalb die langfristige Gleichgewichtsbedingung auf einem Konkurrenzmarkt mit völlig freien Zugangs- wie Austrittsbedingungen wie folgt formulieren:

■ **Wird in einem Wirtschaftszweig das Angebot von Konkurrenzunternehmen mit identischen Kostenkurven erstellt und können in diesen Industriezweig neue Unternehmen ungehindert eintreten beziehungsweise diesen wieder verlassen, wird die langfristige Gleichgewichtsbedingung wie folgt bestimmt: Für alle identischen Unternehmen ist der Preis gleich den Grenzkosten, die gleich den Durchschnittskosten im Minimum sind. Deshalb gilt:**

$P = GK = DK$ **im Minimum** = **Gewinnschwelle**

Abbildung 22.5 zeigt die denkbar langfristigste Angebotskurve eines Wirtschaftszweiges. Setzt dieser Wirtschaftszweig allgemein übliche Faktoren ein, wie beispielsweise Arbeitskräfte, die sich aus dem unendlich großen Bereich anderer Verwendungen abziehen lassen, ohne die Höhe der Löhne zu beeinflussen, erhalten wir den Fall der konstanten Kosten, der durch die Horizontale $A_L A_L$ dargestellt wird.

Stellen wir uns andererseits einmal vor, daß der ohne Mühe aus einem anderen Sektor abgezogene Faktor Arbeit auf einen für den betrachteten Industriezweig spezifischen fixen Faktor trifft – z. B. auf seltenen, für den Weinanbau geeigneten Boden in Winzerbetrieben. Dann muß ein höher gelegenes NN eine steigende $A_L A_{L'}$ der gezeigten Art schneiden. Warum eine steigende?

Erinnern Sie sich an das Gesetz des abnehmenden Ertragszuwachses: Auf unveränderlichen Bodenmengen eingesetzte variable Mengen des Faktors Arbeit führen zu immer geringer werdenden Zuwachsraten in der Weinproduktion; aber für jede zusätzliche Menge des Faktors Arbeit muß der gleiche Lohn gezahlt werden – folglich steigen die GK für den Wein. Diese sehr langfristig steigenden GK bedeuten, daß auch die sehr langfristige Angebotskurve steigen muß.

Ein interessantes Phänomen läßt sich in Wirtschaftszweigen mit steigender langfristiger GK-Kurve beobachten. In diesen Fällen erzielen die Eigentümer von Produktionsfaktoren, die für diesen Industriezweig eine besondere Bedeutung haben – Bergwerke, besonders ausgestatteter Boden, Know-how – aus diesen Faktoren ein höheres Einkommen, wenn der betreffende Industriezweig expandiert. (Kapitel 27 wird sich mit den ökonomischen Aspekten solcher speziellen Einkommen beschäftigen, die dort als »Rente« bezeichnet werden.)

Können wir zu irgendwelchen Schlußfolgerungen hinsichtlich der langfristigen Rentabilität des Konkurrenzkapitalismus gelangen? Genaue Aussagen lassen sich nicht machen, aber wir können dennoch die im System aufgrund der Wirkungen der Kräfte des Wettbewerbs herrschende *Tendenz* feststellen. Einzelne Unternehmen wie auch ganze Wirtschaftszweige bewegen sich *langfristig* auf eine

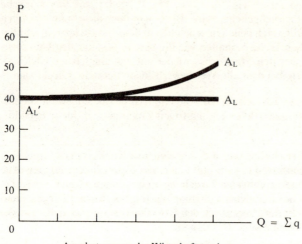

Abbildung 22.5. Das langfristige Angebot eines Wirtschaftszweiges hängt von den Kosten ab.
Unter den Bedinungen des freien Zugangs und Ausscheidens aus einem Wirtschaftszweig, in dem eine beliebige Anzahl von Unternehmen mit identischen und konstanten Kostenkurven tätig werden kann, verläuft die langfristige $A_L A_L$-Kurve horizontal auf der Gewinnschwelle jedes einzelnen Unternehmens. Kann der Industriezweig nicht alle von ihm eingesetzten Faktoren zu konstanten Faktorpreisen beziehen, muß die A_L-$A_{L'}$ infolge einer Aufwärtsbewegung aller Kostenkurven der Unternehmen aus der Horizontalen heraus ansteigen.

Situation der Null-Gewinne zu. Die Attraktivität eines Industriezweiges oder das Desinteresse an ihm hängt davon ab, ob die reinen ökonomischen Gewinne positiv oder negativ sind.

Vergessen Sie jedoch nicht: Wir sprechen von ökonomischen Gewinnen, d.h. von Gewinnen nach Berücksichtigung aller kalkulatorischen Kostenelemente und aller Alternativkostenmomente. Dieser Vorbehalt ist von besonderer Bedeutung bei der Behandlung der Gewinne der großen Kapitalgesellschaften unserer Zeit. Erinnern Sie sich an die Hinweise in den Kapiteln 20 und 21 darauf, daß ein beträchtlicher Teil der Mittel eines Unternehmens von den Aktionären (im wesentlichen in Form von nicht ausgeschütteten Gewinnen) aufgebracht wird. Die Situation des Null-Gewinns darf natürlich nur gelten, nachdem ein die Alternativkosten berücksichtigender Ertrag für das von den Aktionären investierte Geld berücksichtigt worden ist. Erst nachdem wir in Rechnung gestellt haben, daß die Aktionäre eines Unternehmens einen 6- oder 8- oder 10prozentigen Realertrag für das von ihnen eingesetzte Risikokapital erwarten, dürfte eine moderne Gesellschaft langfristig den Zustand erreichen, in dem der Gewinn unter Konkurrenzbedingungen gleich Null wird. Und wie wir in Kapitel 30 sehen werden, haben amerikanische Kapitalgesellschaften im Durchschnitt während der letzten zwei Jahrzehnte tatsächlich nicht mehr als ihre Kapitalkosten erwirtschaftet.

Sinkende Kosten und der Zusammenbruch des vollkommenen Wettbewerbs

Zu Beginn dieses Jahrhunderts wurden in den Lehrbüchern die beiden Fälle der horizontalen und der steigenden Angebotskurven noch durch einen dritten Fall ergänzt, bei dem die Grenzkosten der Unternehmen fielen und nicht stiegen. Daraus leitete man eine langfristige Angebotskurve für den Wirtschaftszweig her, die leicht abwärts geneigt war.

Heute wissen wir, daß diese Vorstellung falsch ist. Wenn wir uns noch einmal unser obiges Argument vergegenwärtigen, das erklärte, warum ein nach Gewinnmaximierung strebendes Unternehmen daran interessiert ist, unter der Bedingung von $GK = P$ zu produzieren, stellen wir fest, daß das Wettbewerbsargument völlig seine Gültigkeit verliert, wenn die GK-Kurve eine Abwärtsneigung erhält. Denn wenn Sie sich von einem Punkt einer fallenden GK-Kurve nach rechts bewegen, stellen Sie fest, daß Ihr zusätzlicher Stückpreis über den nunmehr niedrigeren GK liegt. Deshalb wird im Falle der abnehmenden Grenzkosten das unter Bedingungen des vollkommenen Wettbewerbs tätige Unternehmen seine Ausbringungsmenge mehr und mehr über die GK-Kurve hinaus steigern, um zusätzliche Gewinne zu erzielen.

Bei sinkenden Grenzkosten wird das erste Unternehmen, das einen Startvorsprung hat, feststellen, daß sein Vorteil mit zunehmender Größe des Unternehmens steigt! Und in dem Maße, in dem es andere Unternehmen zur Verringerung ihrer Angebotsmengen zwingt, wird deren Nachteil immer größer, da sie gezwungen sind, sich auf ihren fallenden GK-Kurven rückwärts-aufwärts zu bewegen.

Das Ergebnis ist offensichtlich:

■ **Bei ständig sinkenden Kosten für die einzelnen Unternehmen werden ein oder mehrere Unternehmen ihren Output so stark vergrößern, daß sie sich beträchtliche Marktanteile an dem Gesamt-Q des ganzen Wirtschaftszweiges sichern. Im Endeffekt stehen wir dann vor einer der drei folgenden Situationen:**

(1) Es existiert nur noch ein einziger Monopolist, der den Wirtschaftszweig beherrscht.

(2) Es existieren noch einige wenige Großanbieter, die zusammen den Markt beherrschen und die wir als »Oligopolisten« bezeichnen werden.

(3) Es kommt zu einer Form des unvollkommenen Wettbewerbs, der – gleichgültig ob er stabil ist oder zu einer Serie von Preiskriegen führt – eine wesentliche Abweichung von dem wirtschaftstheoretischen Modell des »vollkommenen« Wettbewerbs darstellt.

Der Fall der sinkenden Kosten ist kein isoliertes und abwegiges Phänomen. Zahlreiche detaillierte ökonometrische und betriebstechnische Untersuchungen bestätigen, daß in weiten Bereichen des warenproduzierenden Gewerbes abnehmende Durchschnittskosten zu beobachten sind – die DK-Kurven ähneln eher elastischen Nachfragekurven als U-förmigen Kostenkurven. Der Fall der U-förmigen Kostenkurven, bei denen der untere Wendepunkt des U sich bei einem minimalen prozentualen Anteil am Output des Wirtschaftszweiges einstellt, scheint vorwiegend für die Landwirtschaft zu gelten. Angesichts der Tendenz zu abnehmenden DK in vielen industriellen Bereichen, würde es uns nicht überraschen, wenn wir auf die Beobachtung stießen, daß außerhalb der Landwirtschaft der vollkommene Wettbewerb eher die Ausnahme als die Regel darstellt.

Der Fall der sinkenden Kosten ist in der Wirtschaftswissenschaft von großer Bedeutung. Sobald einem bewußt ist, daß Kostenkurven in der Regel einen fallenden Verlauf haben, versteht man auch die Rolle, die der unvollkommene Wettbewerb spielt. Die Analyse des unvollkommenen Wettbewerbs wird Gegenstand des anschließenden Kapitels über Monopole und Monopolkontrolle sein sowie des darauffolgenden Kapitels, in dem die Analyse auf das Oligopol ausgeweitet wird.

Effizienz und Wettbewerbsmärkte

Damit haben wir unsere Analyse der Frage, wie auf Wettbewerbsmärkten die drei zentralen Probleme des WIE, WAS und FÜR WEN gelöst werden, zum Abschluß gebracht. In dem folgenden, abschließenden Abschnitt wollen wir von den technischen Einzelheiten Abstand gewinnen, um uns der Frage zuzuwenden, wie gut ein solches System funktioniert. Ist das System der Konkurrenzmärkte, was die Befriedigung der wirtschaftlichen Bedürfnisse und Wünsche der Menschen angeht, ein enttäuschender Mechanismus? Oder verdient es höchstes Lob als Koordinator des wirtschaftlichen Geschehens?

Um diese Fragen beantworten zu können, werden wir wie folgt verfahren. Zunächst erläutern wir nochmals die Bedeutung des Begriffes der Effizienz, der sich als Schlüsselgröße für die Analyse der Leistungsfähigkeit von Wettbewerbsmärkten erweisen wird. Sodann untersuchen wir das Verhalten von Wettbewerbsmärkten in einer vereinfachten Volkswirtschaft mit identischen Wirtschaftssubjekten. Schließlich wenden wir uns dem realistischen Fall einer Volkswirtschaft mit einer Vielzahl von Gütern, Konsumenten und Unternehmen zu. Beschließen werden wir den Abschnitt mit wichtigen Vorbehalten hinsichtlich der Realität der Wettbewerbsmärkte, um uns daran zu erinnern, daß die Marktwirtschaft der 80er Jahre – so elegant und ideal das Wettbewerbsmodell sein mag – kein Spiegelbild solcher idealisierten Theorien ist.

Der Begriff der Effizienz

Wir haben gesehen, wie Wettbewerbsmärkte in Abhängigkeit von den Schnittpunkten zwischen Angebots- und Nachfragekurven Tausende von Preisen und Mengen hervorbringen. Wir haben in diesem und in voraufgegangenen Kapiteln einen Blick hinter diese Kurven geworfen, um den Kräften auf die Spur zu kommen, die das Angebot und die Nachfrage bestimmen. Aufgrund der Ausführungen in Kapitel 19 wissen wir, daß die Höhe des Preises, den die Konsumenten für unterschiedliche Mengen eines Gutes zu zahlen bereit sind, vom Grenznutzen abhängt.

Auf den ersten Seiten dieses Kapitels haben wir schließlich gesehen, daß sich die Angebotskurve für ein Gut aus den horizontal aufsummierten Grenzkostenkurven der als Anbieter auftretenden Unternehmen ergibt.

Die entscheidende Frage für die Beurteilung einer auf dem Wettbewerbsprinzip basierenden Volkswirtschaft – und für die Überlegung, ob das gesamte Produktionssystem besser in die Hände der Regierung oder einer Genossenschaftsbewegung gelegt werden sollte – lautet: Als wie effizient ist das Ergebnis zu bezeichnen? Erhält die Gesellschaft für die gegebene eingesetzte Menge an Inputs viele Kanonen und viel Butter? Oder schmilzt die Butter auf dem Weg in die Lagerhäuser, während die Laufrohre der Kanonen krumm und schief sind?

Um diese Frage beantworten zu können, müssen wir den Begriff der *Effizienz im Allokationsprozeß* (kurz der *Effizienz*) einführen. Eine Volkswirtschaft kann dann als effizient bezeichnet werden, wenn aufgrund ihrer Organisation sichergestellt ist, daß die Konsumenten unter Berücksichtigung der gegebenen Ressourcen und der gegebenen Technologie die größtmögliche Kombination an Gütern erhalten. Genauer formuliert:

- **Wir sprechen von Effizienz im Allokationsprozeß, wenn keine Umstrukturierung der Produktion denkbar ist, bei der sich alle Mitglieder einer Gesellschaft besserstünden – die Armen, die Reichen, die Weizen- und die Schuhhersteller usw. Unter den Bedingungen der Effizienz läßt sich deshalb der Nutzen eines einzelnen lediglich durch Verminderung des Nutzens eines anderen steigern.**[1]

Der Begriff der Effizienz läßt sich sehr sinnfällig erfassen. Ein offenkundiges Beispiel für mangelnde Effizienz bietet die Situation, in der eine Gesellschaft sich innerhalb der Grenze ihrer Produktionsmöglichkeiten bewegt. Würde sie sich in Richtung auf ihre *PM*-Grenze bewegen, müßte niemand Einbußen seines Nutzens hinnehmen.

Verdeutlichen kann man sich den Begriff der Effizienz auch in den Kategorien des Handels. Angenommen, Händler kommen mit den von ihnen erstellten Produkten auf den Markt: Sie möchten ihre Güter gegen die Produkte anderer Erzeuger eintauschen. Bei jedem Geschäft taucht die Frage des Nutzens für beide Seiten auf. Sobald alle lohnenden Möglichkeiten des Handels erschöpft sind, bietet sich für niemanden mehr irgendein anderes Geschäft, bei dem er seinen Nutzen steigern könnte. Der Punkt größter Effizienz ist erreicht.

Die Synthese von Grenzkosten und Grenznutzen

Wenden wir uns nun also der Frage zu, wie gut eine auf dem Wettbewerbsprinzip basierende Wirtschaft abschneidet, wenn wir den Maßstab der Effizienz im Allokationsprozeß an sie anlegen. Wir beginnen mit einem sehr stark vereinfachten Beispiel.

Identische Wirtschaftssubjekte

Wir betrachten zunächst die einfachste Form einer Volkswirtschaft – die durch eine große Zahl identischer Wirtschaftssubjekte gekennzeichnet ist. Als weitere vereinfachende Annahmen sollen gelten: (*a*) Jeder einzelne verwendet eine gewisse Anzahl von Stunden auf den Anbau von Nahrungsmitteln. Darüber hinaus ist jede zusätzliche Stunde harter Arbeit mit einem wachsenden marginalen Nutz-

---

[1] Im weiteren Verlauf dieses Kapitels werden wir sehen, daß man im Zusammenhang mit diesem Begriff vom »Pareto-Optimum« spricht.

entgang verknüpft. (*b*) Mit jeder zusätzlich konsumierten Einheit von Nahrungsmitteln geht der Grenznutzen zurück. (*c*) Da die Nahrungsmittelerzeugung auf nur in begrenzten Mengen vorhandenen Bodenparzellen erfolgt, wissen wir, daß aufgrund des Gesetzes des abnehmenden Grenznutzens jede zusätzlich eingesetzte Minute an Arbeit zu einem immer geringer werdenden Zuwachs der zusätzlichen Nahrungsmittelmenge führt.[2]

Abbildung 22.6 zeigt, zu welchem Ergebnis solch ein vereinfachter Wettbewerbsmarkt führt. Addieren wir die identischen Angebotskurven unserer identischen Bauern, erhalten wir die stufenförmig ansteigende *GK*-Kurve. Wir haben in diesem Kapitel gelernt, daß sie zugleich der Angebotskurve des gesamten Wirtschaftszweiges entspricht (folglich ist in Abbildung 22.6 $GK = AA$).

Ebenfalls sehen wir in der gleichen Abbildung die stufenförmig abfallende $GN = NN$-Kurve für Nahrungsmittel. Diese *NN*-Kurve stellt die horizontal aufsummierten identischen Grenznutzenkurven und Nahrungsmittel-Nachfragekurven der Wirtschaftssubjekte dar.

Das Konkurrenzgleichgewicht für Nahrungsmittel liegt im Schnittpunkt zwischen den *AA*- und den *NN*-Kurven. Im Punkt *E* liefern die Bauern genausoviel an, wie die Konsumenten zu kaufen bereit sind. In *E* hat der Arbeitseinsatz jedes einzelnen den kritischen Punkt erreicht, in dem sich die »fallende Grenznutzenkurve des Nahrungsmittelkonsums« mit der steigenden »Grenz-Nutzentgangskurve des Nahrungsmittelanbaus« schneidet.

Der entscheidende Aspekt dieses Gleichgewichts besteht darin, daß *das Ergebnis des Konkurrenzmechanismus im Punkt E effizient ist*. Im Punkt *E* erreicht der Nutzen des repräsentativen Konsumenten sein Maximum. Das ist deshalb der Fall, weil in diesem Punkt $GN = P = GK$. Wir wollen diesen Aspekt in drei aufeinanderfolgenden Schritten beleuchten.

1. $P = GN$. Die Konsumenten entscheiden sich für Nahrungsmittelkäufe bis zur Menge von $P = GN$. Folglich bezieht jeder Konsument aus der letzten konsumierten Nahrungsmitteleinheit Nutzeneinheiten genau in Höhe von *P*.

2. $P = GK$. In seiner Rolle als Produzent nimmt jeder einzelne die Mühsal der Arbeit bis zu dem Punkt auf sich, in dem der Nahrungsmittelpreis genau den *GK* der letzten bereitgestellten Nahrungsmitteleinheit entspricht (wobei unter *GK* hier die Kosten im Sinne des Nutzens der entgangenen Muße und der negativen Nutzeneinheiten schwerer Arbeit verstanden wird, die zur Erstellung der letzten Nahrungsmitteleinheit erforderlich ist). Um es zu wiederholen: Der Preis ist gleich den Nutzeneinheiten des aufgegebenen Wohlbefindens, das der Einsatz der letzten für die Erstellung der letzten Nahrungsmitteleinheit notwendigen Minute verursacht hat.

3. Vereinigen wir die beiden Gleichungen, erkennen wir, daß $GN = GK$. Das heißt, daß die aus dem Konsum der letzten Nahrungsmitteleinheit gewonnenen

---

[2] Im Interesse der Vereinfachung unseres Beispiels gehen wir davon aus, daß jeder, der nicht arbeitet, seine Freizeit genießt. Darüber hinaus richten wir unseren Maßstab des Nutzens so ein, daß der Grenznutzen der Freizeit immer konstant bleibt (für jede Stunde zusätzlicher Freizeit berechnen wir 10 Nutzeneinheiten). Unter diesen Umständen können wir alle Nutzeneinheiten und Kosten als Freizeit-Nutzen-Einheiten ermitteln. Gehen wir noch einen Schritt weiter und setzen für den Wert einer Freizeiteinheit 1 Dollar ein, lassen sich alle Preise in diesen Dollareinheiten berechnen.

Effizienz des Gleichgewichts unter Wettbewerbsbedingungen

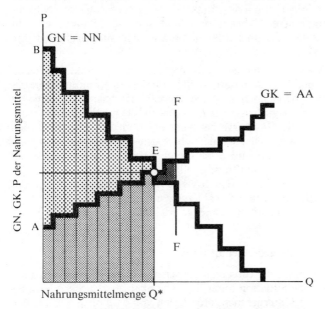

Abbildung 22.6. Im Punkt E des Wettbewerbsgleichgewichts gleichen sich die Grenzkosten und die Nutzeneinheiten der Nahrungsmittel aus.
Viele identische Bauern-Konsumenten bringen ihre Nahrungsmittel auf den markt. Die stufenförmig ansteigende GK- = AA-Kurve addiert alle Grenzkostenkurven, während die stufenförmig fallende GN- = NN-Kurve die Bewertung der Nahrungsmittel durch die Konsumenten widerspiegelt. In dem durch den Punkt E dargestellten Marktgleichgewicht unter Wettbewerbsbedingungen hat der Preis eine Höhe, bei der $GN = P^* = GK$. In E ist der marginale Nutzen, den die letzte Nahrungsmitteleinheit erbringt, genau gleich den Grenzkosten, ausgedrückt in der zu ihrer Erzeugung erforderlichen Mühsal der Arbeit. Die Kosten der Nahrungsmittelproduktion werden durch die *mittelgrauen* Streifen dargestellt; es sind die eingebüßten Nutzeneinheiten, die durch die Mühsal der für die Nahrungsmittelerzeugung notwendigen Arbeit bedingt sind. Die vertikalen *hellgrauen* Streifen unter den GN-Kurve stellen den Überschuß an Nahrungsmittel-Nutzeneinheiten gegenüber ihren Kosten dar. Die *hellgraue* Fläche entspricht deshalb der Konsumentenrente, die in E ihr Maximum erreicht; die dunkelgraue Fläche rechts von E läßt den Verlust erkennen, der bei einer Erzeugung von zu vielen Nahrungsmitteleinheiten entsteht.

Nutzeneinheiten genau gleich den durch die Mühsal der Erzeugung der letzten Einheit eingebüßten Nutzeneinheiten ist. Eben diese Bedingung – daß der der Gesellschaft aus der letzten verbrauchten Einheit entstehende marginale Gewinn gleich den marginalen Kosten der Gesellschaft für die Erstellung dieser letzten Einheit ist – gewährleistet, daß das Konkurrenzgleichgewicht Ausdruck der Effizienz ist.

Die Konsumentenrente

Ein anderer Weg, der uns zu der Erkenntnis führt, daß der Punkt E tatsächlich den Zustand der Effizienz als Ergebnis des Wettbewerbsprinzips darstellt, führt über die Rückbesinnung auf unseren Begriff der Konsumentenrente (vgl. dazu Näheres in Band 1, Kap. 19). In Abbildung 22.6 wird die Konsumentenrente in E durch die hellgraue Fläche zwischen der GN-Kurve und der GK-Kurve dargestellt. Jeder vertikale Streifen stellt die Differenz zwischen dem GN dieser Einheit und den GK (gemessen in den durch die Mühsal der Arbeit eingebüßten Nutzeneinheiten) der Erzeugung dieser Nahrungsmitteleinheit dar. Im Punkt E erreicht die Konsumentenrente ihr Maximum (das heißt, die hellgraue Fläche hat ihre maximale Ausdehnung).

Tatsächlich können wir auch erkennen, warum jeder andere Punkt abgesehen von dem durch E in Abbildung 22.6 dargestellten Punkt des Konkurrenzgleichgewichts als ineffizient zu bezeichnen ist. Angenommen, die Ausbringungsmenge stiege aufgrund irgendeines Versehens über E hinaus auf die durch die dünne, mit F bezeichnete Höhe. Da die GK-Kurve bei einer den Punkt E übersteigenden Menge oberhalb der GN-Kurve liegt, unterziehen sich die Wirtschaftssubjekte einer größeren Arbeitsmühe und büßen bei dieser Arbeit mehr ein, als sie an Nutzen aus dem zusätzlichen Nahrungsmittelkonsum gewinnen. Die dunkelgraue Fläche zwischen den GK- und den GN-Kurven und zwischen E und der Linie FF gibt die Höhe des Verlustes an Wohlergehen wieder, den die Konsumenten aufgrund der zu hohen Ausbringungsmenge erleiden.

Das Gleichgewicht angesichts einer Vielfalt von Märkten

Lassen wir jetzt diese Beispielfälle von den identischen Bauern-Konsumenten auf sich beruhen. Wie sieht die Situation unter den scheinbar anarchischen Verhältnissen von Millionen von Unternehmen, Hunderten von Millionen von Konsumenten und einer endlosen Zahl von Gütern aus?

Kann eine unter den Bedingungen des vollkommenen Wettbewerbs arbeitende Volkswirtschaft die gleiche Effizienz des Allokationsprozesses erreichen?

Einschränkungen

Die Antwort lautet: »Ja«; oder besser: »Ja, vorausgesetzt daß«. Zunächst einmal muß die Existenz von Monopolen ausgeschlossen werden. Niemand erwartet, daß ein hemmungsloser Monopolist dem gesellschaftlichen Optimum dient.

Abgesehen davon dürfen Sie keine Fälle einbeziehen, bei denen die Nachfragekurven der Wirtschaftssubjekte von echten Nutzenkategorien abweichen. Mit anderen Worten: Versuchen Sie nicht, die Theorie auf den Heroinkonsum anzuwenden. Oder: Wenn Sie der Auffassung sind, daß die Führer der Werbebranche der Madison Avenue die Konsumenten dahingehend manipuliert haben, daß diese wertlose Dinge nachfragen, auf die sich das Wort »Nutzen« überhaupt nicht anwenden läßt, versuchen Sie auch nicht, die Theorie auf diesen Bereich anzuwenden.

Schließlich müssen auch die Spillovers (Externalisierungen) ausgeschlossen werden. Wenn irgendein Unternehmen Dioxin oder Arsen in die örtliche Mülldeponie kippt und für die der Gesellschaft dadurch entstehenden Kosten nicht aufkommt, besteht ein Überangebot an solchen Gütern. In einem solchen Fall gleicht der Preis den Grenzkosten des Unternehmens, aber nicht den Grenzkosten der Gesellschaft. Gehen Sie deshalb nicht davon aus, daß – wie wir in Kapitel 32 sehen werden – das Prinzip des vollkommenen Wettbewerbs auf solche unkontrollierten externen Effekte anwendbar ist. Wenn solche nicht beseitigten Spillovers auftreten, funktioniert der vollkommene Wettbewerb nicht in effizienter Weise.

Wenn allerdings eine Gruppe von Gütern und Wirtschaftszweigen verbleibt – etwa in der Schuhherstellung, der Rindfleischerzeugung, des Wohnungsbaus usw. –, bei denen man von vielen angemessen informierten Konsumenten, vielen miteinander konkurrierenden Produzenten und vergleichsweise geringen externen Effekten ausgehen kann, können Sie hoffen, auf dem Wege über die Marktpreisbildung entlang der *GK*-Kurven Effizienz zu erreichen.

Die Synthese durch den Markt

Wenden wir uns nun der Abbildung 22.7 zu, um zu sehen, auf welche Weise das Wettbewerbssystem den Ausgleich zwischen Nutzen und Kosten bei nichtidentischen Unternehmen und Konsumenten herstellt.

Links im Bild(a) ist die horizontale Addition der Nachfragekurven aller Konsumenten dargestellt, die dann in Grafik(b) zu der Marktnachfragekurve *NN* führt. In Übersicht(c) ist die Addition der *GK*-Kurven der verschiedenen Unternehmen dargestellt, die zu der *AA*-Kurve des gesamten Wirtschaftszweiges in Grafik (b) führt.

Sehen Sie sich an, was der Gleichgewichtspreis in *E*, im Schnittpunkt der beiden Kurven, leistet: Er bietet den Konsumenten das, was diese zu dem die gesellschaftlich effizienten Grenzkosten widerspiegelnden Preis *P* zu kaufen und zu bezahlen bereit sind. dIn Grafik(c) sehen wir, daß der Markt-Gleichgewichtspreis tatsächlich zu der effizientesten Allokation in der Produktion führt. (Das heißt, daß die graue Fläche unter der *AA*-Kurve in (b) die minimierte Summe der grauen Kostenflächen in (c) darstellt.)

■ **Der unter den Bedingungen des vollkommenen Wettbewerbs arbeitende Markt bietet die Möglichkeit zur Herbeiführung einer Synthese zwischen (*a*) der Bereitschaft der mit Dollarstimmen ausgestatteten Konsumenten zum Kauf von Gütern und (*b*) den Grenzkosten dieser Güter. Unter idealen Bedingungen gewährleistet das Ergebnis die Effizienz des Allokationsprozesses, bei der sich der Nutzen keines Konsumenten steigern läßt, ohne daß der eines anderen Konsumenten gemindert würde.**

Gütervielfalt

Eine letzte Komplikation bleibt zu erwähnen. Die wirtschaftliche Realität ist durch eine Vielfalt von Gütern gekennzeichnet: Nahrungsmittel, Bekleidung, Fernseh- und Stereogeräte, Haarschnitte usw. Angenommen, der Faktor Arbeit läßt sich ungehindert zwischen den verschiedenen Tätigkeitsbereichen transferieren; und angenommen, es würden – im Interesse einer einfachen Analyse – *veränderliche* Mengen des Faktors Arbeit auf unterschiedliche Kategorien *konstanter* natürlicher Ressourcen treffen wie beispielsweise Boden – wobei alle jeweiligen natürlichen Ressourcen ausschließlich und speziell in dem jeweiligen Industriezweig einsetzbar wären. Unter diesen Umständen hätte selbstverständlich jedes Gut – in Arbeitseinheiten gemessen (und damit auch in Nutzeneinheiten der Muße) – eine steigende *GK*-Kurve.

Wie ist es nun um den Grenznutzen der Nahrungsmittel, Bekleidung, Stereoanlagen usw. der Konsumenten bestellt? Der Einfachheit halber wollen wir davon ausgehen, daß jedes Gut *unabhängig von allen anderen* seine eigene Gesamtnutzen- und Grenznutzenfunktion hat (vgl. dazu Abb. 19.3 in Band 1).

(a) Konsumentennachfrage (b) Ausbringungsmenge des Wirtschaftszweiges (in 1000)

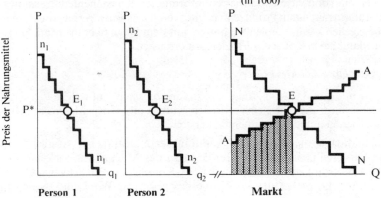

(c) Angebot der Unternehmen

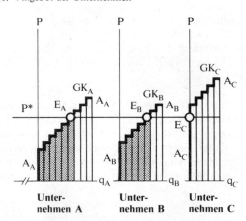

Abbildung 22.7. Auf einem unter Wettbewerbsbdingungen arbeitenden Markt werden die Nachfragekurven der einzelnen Konsumenten und die Mindestkostenkurven der Produzenten integriert.
(a) Auf der linken Seite sind die individuellen Nachfragekurven dargestellt (abgeleitet aus den Grenznutzenüberlegungen des Kapitels 19). Gäbe es 1000 Konsumenten nach der Art der Person 1 und 1000 Konsumenten nach der Art der Person 2, würden wir alle ihre nn-Kurven (horizontal) aufaddieren, um die rechts dargestellte NN-Kurve des gesamten Wirtschaftszweiges zu ermitteln.
(b) Der Markt vereint alle Nachfragekurven der Konsumenten und alle Angebotskurven der Unternehmen zu deren gemeinsamen Gleichgewicht in E. Die horizontale Preis-Nahrungsmittel-Linie zeigt, wo jeder der links aufgeführte Konsumenten und der unten aufgeführten Produzenten ihr Gleichgewicht erreichen. Beachten Sie, wie sich bei P^* der GN aller Konsumenten und die GK aller Produzenten ausgleichen und zur Effizienz im Alloktionsprozeß führen.
(c) Jedes unter Wettbewerbsbedingungen arbeitende Unternehmen maximiert seinenn Gewinn, wenn die Angebotskurve durch die steigende GK-Kruve gegeben ist. Die graue Fläche stellt die Produktionskosten des Unternehmens dar. Bei $GK_A = P = GK_B$ erreichen wir den Punkt der effizientesten Allokation für den gesamten Industriezweig, in dem die Kosten im Minimum liegen.

An dieser Stelle stellt sich die entscheidende Frage: Ist die auf dem Wettbewerbsprinzip beruhende Wirtschaft auch noch leistungsfähig angesichts einer großen Vielfalt von Gütern und Inputs? Solange unseren oben dargestellten Einschränkungen Rechnung getragen wird, lautet die Antwort: »Ja«.

- **Um eine Maximierung der Wohlfahrt der Gesellschaft zu gewährleisten und um Effizienz im Allokationsprozeß zu erreichen, muß in jedem Industriezweig die Gleichheit von *GK* und *GN* erreicht sein. Wenn die *GK* für Kinofilme doppelt so hoch sind wie für Hamburger, muß auch der *P* für Kinofilme doppelt so hoch sein; denn nur dann sind die *GN*-Einheiten (die proportional zu *P* sind) gleich den *GK*.**

Dabei sollte unterstrichen werden, daß diese Schlußfolgerung nicht von irgendeiner unserer vereinfachenden Annahmen abhängig ist. Diese Schlußfolgerung hinsichtlich der Allokationseffizienz auf Wettbewerbsmärkten gilt allgemein – solange wesentliche Vorbehalte nach der Art der drei oben behandelten bedacht werden.

Eine alternative Betrachtungsweise der Effizienz[3]

Zu Beginn dieses Abschnittes haben wir die Effizienz im Allokationsprozeß als den Zustand definiert, bei dem jeder seine bestmögliche Situation erreicht hat. Und wir haben gesehen, warum ein idealer, durch die Bedingungen des vollkommenen Wettbewerbs gekennzeichneter Markt zur Effizienz in der Ressourcenallokation führt. In diesem Abschnitt soll eine alternative Betrachtungsweise der Effizienz vorgestellt werden. Sie dient weniger dem Verständnis der Effizienz als solcher, aber sie wird sich bei der Behandlung der Entscheidungstheorie in Kapitel 32 als hilfreich erweisen.

Die Grenze des größtmöglichen Nutzens

Wir haben den Punkt der Effizienz als denjenigen definiert, bei dem niemand seinen Nutzen erhöhen kann, ohne daß jemand anders schlechter gestellt würde. Das klingt so, als bewege sich die Wirtschaft entlang einer Grenze. Dies ist tatsächlich auch der Fall – entlang der Grenze ihrer Nutzenmöglichkeiten (oder NM-Grenze). Diese Kurve zeigt die äußere Grenze der Nutzeneinheiten beziehungsweise des Wohlergehens, die eine Volkswirtschaft erreichen kann. Eine solche Vorstellung erinnert in der Grundkonzeption sehr stark an die Grenze der Produktionsmöglichkeiten (PM-Grenze). Der wesentliche Unterschied zu letzterer besteht darin, daß bei der NM-Grenze, wie Abbildung 22.8 zeigt, auf beiden Achsen Nutzeneinheiten beziehungsweise der jeweilige Grad der Bedarfsdeckung abgetragen wird.

Beachten Sie auch, daß wir die NM-Grenze leicht wellenförmig gezeichnet haben. Diese Unebenheit deutet darauf hin, daß wir den Nutzen verschiedener Menschen nicht zweifelsfrei messen oder vergleichen können. Es muß jedoch mit

---

[3] Der eher einem Fortgeschrittenen-Niveau entsprechende Stoff dieses Abschnittes kann übergangen werden, ohne daß dadurch das Verständnis des Textes beeinträchtigt wird.

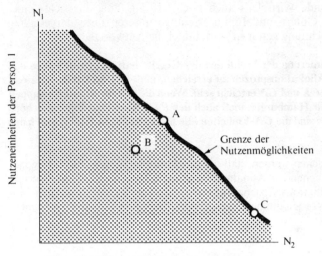

Abbildung 22.8. Die Werte auf der Grenze der Nutzenmöglichkeiten zeigen die Allikationseffizienz (bzw. das Pareto-Optimum).
Ein wirtschaftliches Ergebnis gilt dann als *effizient*, wenn niemand seine Situation verbessern kann, ohne daß dadurch jemand anders schlechter gestellt wird. Punkte auf der NM-Grenze sind Punkte der Effizienz: Eine Verlagerung vom Punkt *A* zum Punkt *C* erhöht zwar den Nutzen der Person 2, jedoch auf Kosten der Person 1.
Punkt *B* ist als ineffizient zu bezeichnen, denn durch eine Bewegung nach rechts oben in Richtung auf Punkt *A* könnte das Wohlergehen beider Personen gesteigert werden. Eine der grundlegenden Regeln der Mikroökonomie lautet, daß sich unter Bedingungen des idealen, vollkommenen Wettbewerbs (ohne Monopole oder externe Effekte) alle Märkte auf der NM-Grenze befinden – sie arbeiten effizient. Allerdings kann das Ergebnis vergleichsweise ausgewogen sein (wie im Punkt *A*), aber auch zu erheblicher Ungleichheit bei der Verteilung der Nutzeneinheiten führen (wie im Punkt *C*).

allem Nachdruck unterstrichen werden, daß das Fehlen eines eindeutigen Maßstabes völlig unerheblich ist: Worauf es einzig und allein ankommt, ist der Umstand, daß das Niveau des Wohlergehens des einzelnen mit steigendem Nutzenindex wächst. Aufgrund dieser positiven Beziehung zwischen Nutzen und angestrebtem Konsumniveau ist gewährleistet, daß jeder einzelne daran interessiert ist, sich auf seiner oder ihrer Nutzenachse so weit wie möglich nach außen zu bewegen.

Kehren wir zur Effizienz des Allokationsprozesses zurück. Dieser zentrale Begriff wurde im Jahre 1906 von Vilfredo Pareto eingeführt und stellt das Kernstück der modernen Wohlfahrtstheorie, der Theorie der gesellschaftlichen Entscheidungsmöglichkeiten und der noch in den Anfängen steckenden Disziplin der Politiktheorie dar. Im Zusammenhang mit einem Wirtschaftsergebnis wird dann von Effizienz in der Allokation gesprochen (oder von dem sogenannten Pareto-Optimum), wenn sichergestellt ist, daß es auf der Grenze des größtmöglichen Nutzens liegt. Ein solches Optimum im Sinne Paretos zeigt die Abbildung 22.8 im Punkt *A*.

Warum stellt der Punkt *A* ein Pareto-Optimum dar? Weil es keinen gangbaren

Weg gibt, das Ergebnis in der Weise umzugestalten, daß es irgend jemanden besserstellt, ohne gleichzeitig jemanden anders zu benachteiligen. Wir können uns natürlich zum Punkt C bewegen. Das würde ohne Zweifel die Situation der Person 2 verbessern, aber nur auf Kosten der Person 1. Sich auf der NM-Grenze zu bewegen heißt, daß keine Möglichkeit der Bewegung nach rechts außen gegeben ist – in allen auf der Grenze liegenden Punkten herrscht deshalb allokative Effizienz.

Unsere Schlußfolgerung bezüglich der idealen, unter Wettbewerbsbedingungen arbeitenden Märkte beinhaltet, daß *alle unter Wettbewerbsbedingungen erzielten Ergebnisse auf der Grenze des größtmöglichen Nutzens* liegen. Deshalb sind sowohl der Punkt A wie auch der Punkt C in Abbildung 22.8 – Punkte, bei denen es sich um Konkurrenzgleichgewichtspunkte handeln könnte – Ausdruck einer allokativen Effizienz.

Beachten Sie jedoch auch, daß das Ergebnis des Wettbewerbs aus ethischen Gründen inakzeptabel sein kann. Würden die Nutzenwerte der Abbildung 22.8 ein Maß für gesellschaftlich vertretbare Nutzenrelationen darstellen, dann wäre der Punkt A vielleicht akzeptabel, während das wettbewerbsbedingte Ergebnis C alle nach sozialer Gleichheit und wirtschaftlicher Gerechtigkeit strebenden Vertreter im Kongreß auf die Barrikaden treiben würde. Die Tatsache, daß der ideale Wettbewerb lediglich sicherstellt, daß die Wirtschaft sich auf ihrer NM-Grenze bewegt, ohne daß sie deshalb ein gesellschaftlich akzeptables Wohlfahrtsoptimum erreicht, erinnert uns daran, daß der Wettbewerb zwar in idealer Weise effizient sein mag, daß er aber auch blind ist gegenüber Fragen der Gerechtigkeit.

Die zentrale Rolle der Grenzkosten für die Preisbildung

Ein nüchtern denkender Wirtschaftswissenschaftler, der an nichts anderem interessiert ist als an einer Beschreibung und Analyse des Angebotsverhaltens von Unternehmen unter Wettbewerbsbedingungen und dem der Aspekt der Wohlfahrt der Gesellschaft völlig gleichgültig ist, würde die Grenzkosten als zentralen Begriff betrachten. Aber wie stellen sich die Dinge aus der Sicht desjenigen dar, dem zwar am größtmöglichen Nutzen gelegen ist, aber auch am Glück der Menschen und an der gesellschaftlichen Effizienz des Preisbildungssystems?

Für diesen Betrachter wäre die Gleichsetzung von Preis und Grenzkosten sogar von noch größerem Interesse; denn unsere Analyse hat uns zu folgender Erkenntnis geführt:

> ■ **Nur in dem Fall, in dem die Güterpreise gleich den Grenzkosten sind, bringt die Wirtschaft mit Hilfe ihrer knappen Ressourcen und ihrem begrenzten technologischen Wissen ein Outputmaximum hervor. Erst wenn die steigenden GK jeder Quelle industrieller Produktion gleich den steigenden GK jeder anderen Quelle industrieller Produktion sind – was dann gegeben ist, wenn in jedem Einzelfall GK gleich dem allgemeinen Niveau von P ist –, kann der jeweilige Wirtschaftszweig bei der Erstellung seines Gesamt-Q seine Gesamtkosten minimieren. Und nur dann bewegt sich die Gesellschaft entlang der Grenze ihrer Produktionsmöglichkeiten sowie der Grenze ihres größtmöglichen erzielbaren Nutzens – und nicht in ineffizienter Weise innerhalb dieser beiden Grenzen.**

Dieser Satz von der notwendigen Gleichheit der Grenzkosten gilt ebenso für eine kommunistische oder sozialistische wie für eine faschistische oder eine kapitalistische Gesellschaft. Ehe in den verschiedenen Gebieten der Sowjetunion der Weizenanbau nicht auf das Niveau gebracht worden ist, auf dem die Grenzkosten (einschließlich der Transportkosten) überall gleich sind, wird es den Planern nicht gelingen, für jenes reiche Angebot an Weizen und sonstigen Gütern zu sorgen, mit dem eine effiziente Ressourcenallokation sie belohnen würde. Angesichts dieser nicht zu erschütternden Grundregel ist es nicht verwunderlich, daß aus sowjetischen Diskussionsbeiträgen in Fachzeitschriften der jüngsten Zeit zu entnehmen ist, daß man sich Gedanken über Möglichkeiten macht, die Grenzkosten bei wirtschaftlichen Entscheidungen zu berücksichtigen.[4]

Da die Grenzkosten diese Optimalitätseigenschaft haben, können sie bei sorgfältiger Anwendung als Maßstab eingesetzt werden, mit dessen Hilfe sich Unwirtschaftlichkeiten in einem System aufspüren lassen. Selbst wenn es überhaupt keine unter Wettbewerbsbedingungen tätigen Wirtschaftszweige gäbe, könnte man dennoch ganz erheblich von der Definition und der Analyse des Grenzkostenbegriffs profitieren.

Ein zweifaches Hoch auf den Markt, aber kein dreifaches

Wir dürfen das Thema der effizienten Preisbildung jedoch nicht ohne eine Warnung beschließen. Wir haben nicht den Beweis erbracht, daß das Laissez-faire mit vollkommenem Wettbewerb zum größten Glück der größten Zahl führt. Wir haben nicht den Beweis erbracht, daß es zu dem höchsten erreichbaren Grad gesellschaftlicher Wohlfahrt führt.

Warum nicht? Weil die Menschen nicht mit gleichen Mengen an Kaufkraft ausgestattet sind. Viele sind ohne eigenes Verschulden sehr arm. Einige sind extrem reich und verdanken ihren Reichtum eher bestimmten Glücksumständen oder ihrer Herkunft als ihren Fähigkeiten oder ihrer Intelligenz.

Deshalb ist die Wertung von Dollarstimmen allein, die hinter den individuellen Nachfragekurven auf der linken Seite der Abbildung 22.7 stehen, aus der Sicht verschiedener ethischer Systeme (ob es sich nun um das Christentum, das Judentum, den Islam oder einen säkularen Humanismus handelt) nicht notwendigerweise gerecht oder auch nur tragbar.

Für ein Maximum an Brot allein?

Wie reagiert eine moderne Gesellschaft auf diesen Konflikt zwischen der Effizienz und der Gerechtigkeit? Gibt sich die Gesellschaft mit einem Ergebnis zufrieden, bei dem ein Maximum an Brot produziert wird? Oder werden moderne Demokratien darauf bestehen, daß den Reichen einige Laib Brot abgenommen und diese den Armen gegeben werden? Und wenn das der Fall ist, welche Rolle bleibt dann noch für den Marktmechanismus übrig? Wird der Gesellschaft daran

---

4 Im Jahre 1975 wurde der Nobelpreis für Wirtschaftswissenschaft zu einem Teil dem sowjetischen Mathematiker L.V. Kantorowitsch für seine Untersuchungen über den Einsatz optimaler Preisbildungsmechanismen auch in einer sozialistischen Volkswirtschaft verliehen. Kap. 35 wird tiefer in diese Fragestellungen eindringen.

gelegen sein, das Maximum an Brot zu produzieren, um dann einen kleinen Teil davon den Armen zu geben? Oder wird die Gesellschaft eine erhebliche Senkung der Gesamt-Brotproduktion hinnehmen, um eine gerechtere Verteilung des Brotkonsums sicherzustellen? Mit diesen Fragen – bezüglich der Bedeutung der Verteilung der Einkommen und des Konsums sowie des Zielkonflikts zwischen Gerechtigkeit und Effizienz – werden wir uns in aller Ausführlichkeit in den Teilen VI und VII beschäftigen.

Damit ist unsere Behandlung der Beziehung zwischen den Grenzkosten und dem Angebot eines Industriezweiges einerseits und der Beziehung zwischen der durch die Grenzkosten bestimmten Preisbildung und der effizienten Ressourcenallokation andererseits abgeschlossen. Im anschließenden Kapitel weiten wir unsere Analyse auf die Untersuchung des Verhaltens von Monopolisten aus, auf die durch sie verursachte Ineffizienz sowie die Abhilfen, die der Staat in Monopolsituationen schaffen kann.

Zusammenfassung

1. Auf einem Wettbewerbsmarkt ergibt sich das Gesamtangebot einer Gruppe unabhängiger Unternehmen eines Wirtschaftszweiges durch die horizontale Addition seiner individuellen Angebotskurven.

2. Ein unter den Bedingungen des vollkommenen Wettbewerbs tätiges Unternehmen wird als ein Anbieter definiert, der zu dem herrschenden Marktpreis jede gewünschte Ausbringungsmenge absetzen kann. Um seinen Gewinn zu maximieren, wird es sich entlang seiner (horizontalen) Nachfragekurve bis zu dem Punkt bewegen, an dem es auf seine steigende Grenzkostenkurve stößt. In diesem Schnittpunkt, bei dem $GK = P$, maximiert das Unternehmen seinen Gewinn (beziehungsweise es minimiert seine kurzfristigen Verluste). Die Angebotskurve des gesamten Wirtschaftszweiges läßt sich aus der horizontalen Addition der Grenzkostenkurven aller Unternehmen des Wirtschaftszweiges herleiten.

3. Bei der Bestimmung des kurzfristigen »Betriebsminimums« eines Unternehmens müssen die variablen (bzw. vermeidbaren) Kosten in Betracht gezogen werden. Unterhalb eines kritischen P kann das Unternehmen aus seinen Verkaufserlösen nicht einmal mehr die variablen Kosten decken, die sich völlig einsparen ließen, wenn der Betrieb stillgelegt würde; fällt deshalb der Preis unter das Betriebsminimum, wird sich das Unternehmen eher für eine Schließung und Einstellung der Produktion entscheiden als Verluste hinzunehmen, die die Höhe seiner fixen Kosten noch übersteigen.

4. Bei der langfristigen Angebotskurve $A_L A_L$ eines unter Wettbewerbsbedingungen tätigen Wirtschaftszweiges muß der Zugang neuer bzw. das Ausscheiden alter Unternehmen aus diesem Wirtschaftszweig berücksichtigt werden. Langfristig laufen alle Verpflichtungen eines Unternehmens aus. Es wird sich nur dann für eine Fortsetzung seiner Tätigkeit entscheiden, wenn der Preis zumindest seine langfristigen Kosten deckt. Bei diesen Kosten kann es sich um »explizite«, sofort zu leistende Zahlungen an Arbeitnehmer, Kreditgeber, Rohstofflieferanten oder Verpächter handeln, aber auch um Alternativkosten, wie etwa kalkulatorische Erträge der Vermögenswerte des Unternehmens (deren Alternativkosten durch

die Erträge gemessen werden, die sie in Verwendungen mit gleich hohem Risikofaktor erzielen würden).

5. Unter den Bedingungen des freien Zugangs zu einem Wirtschaftszweig und wenn kein Unternehmen besondere Standortvorteile genießt oder über herausragendes Know-how bzw. über für das Unternehmen spezifische Ressourcen verfügt, kann man langfristig davon ausgehen, daß der Eintritt potentieller Konkurrenten in den Wirtschaftszweig und der Konkurrenzmechanismus dafür sorgen, daß überhöhte, von bereits bestehenden Unternehmen erzielte Gewinne abgebaut werden. So wie das freiwillige Ausscheiden bedeutet, daß P nicht unter die Gewinnschwelle absinken kann, bedeutet der freie Zugang, daß P mit Bezug auf das langfristige Gleichgewicht nicht oberhalb dieses Punktes verharren kann. Kann ein Wirtschaftszweig durch den Neuzugang gleichartiger Unternehmen expandieren, ohne die Preise eines für diese Unternehmen spezifischen bzw. in großen Mengen eingesetzten Faktors zu erhöhen, ist die sich aus dieser Situation ergebende langfristige Angebotskurve horizontal. Wahrscheinlicher ist jedoch, daß abgesehen von äußerst kleinen Wirtschaftszweigen jeder normale Wirtschaftszweig irgendeinen Produktionsfaktor in so großen Mengen einsetzen wird, daß er dadurch die Preise geringfügig in die Höhe treibt. Folglich wird die langfristige Angebotskurve eines unter Wettbewerbsbedingungen tätigen Unternehmens einen – zumindest leicht – steigenden Verlauf haben.

6. Die Behauptung, daß fallende Grenzkostenkurven von unter Wettbewerbsbedingungen tätigen Unternehmen als deren Angebotskurven dienen können, ist unzutreffend – aus dem einfachen Grunde, weil sich ihre Gewinne bei einer Bewegung entlang dieser Kurven im Minimum befänden und sie sich von solchen Punkten rasch nach oben oder unten bewegen würden. Folglich werden ein oder mehrere Unternehmen expandieren und die übrigen schrumpfen. Unablässig fallende Kostenkurven führen zum Zusammenbruch des vollkommenen Wettbewerbs. Deshalb ist es in diesem Fall unzulässig, von fallenden Angebotskurven oder überhaupt von einem Konkurrenzangebot zu sprechen.

7. Die Analyse von Wettbewerbsmärkten wirft ein Licht auf die effiziente Organisation einer Gesellschaft. Von allokativer Effizienz sprechen wir dann, wenn keine Möglichkeit besteht, die Produktion oder die Distribution so zu reorganisieren, daß das Wohlergehen jedes Mitglieds der Gesellschaft steigt. Anders ausgedrückt bedeutet Effizienz im Allokationsprozeß, daß niemand bessergestellt werden kann, ohne daß ein anderer benachteiligt wird.

8. Unter idealen Bedingungen wird in einer auf dem Wettbewerb beruhenden Volkswirtschaft die allokative Effizienz erreicht, und zwar weil drei Bedingungen erfüllt sind: (a) Zunächst einmal kaufen Konsumenten, wenn sie Güter erwerben, diese in der Menge, bei der der Grenznutzen gleich dem Preis ist. (b) Andererseits zeigt dies Kapitel, daß unter Wettbewerbsbedingungen tätige Produzenten sich bei ihrem Angebot für die Ausbringungsmenge entscheiden, bei der die Grenzkosten gleich dem Preis sind. (c) Da $GN = P$ und $GK = P$, ergibt sich, daß $GN = GK$. Deshalb sind die gesellschaftlichen Kosten der Produktion eines Gutes unter Wettbewerbsbedingungen gleich der Bewertung ihres Grenznutzens.

9. Dem Ideal des vollkommenen Wettbewerbs entsprechende Märkte müssen drei Proben bestehen, ehe sie als gesellschaftlich optimal bezeichnet werden können. Erstens darf in keinem Bereich unvollkommener Wettbewerb herrschen – kein Produzent sollte in der Lage sein, auf den Preis der Produktion Einfluß zu nehmen. Zweitens darf es keine externen Effekte oder Spillovers geben – Verfah-

ren, bei denen irgendein Unternehmen die Gesellschaft mit Kosten belastet (oder ihr zu Vorteilen verhilft), ohne daß die betroffene Partei entschädigt wird (oder dafür zahlen muß). Schließlich kann das Ergebnis des Wettbewerbsprozesses erst dann als optimal bezeichnet werden, wenn die Verteilung der Dollarstimmen den Vorstellungen der Gesellschaft von Gerechtigkeit entspricht. Die Wettbewerbspreisbildung als solche kann nicht sicherstellen, daß die Verteilung des Einkommens und der Konsummöglichkeiten aus ethischer Sicht angemessen ist; um das zu gewährleisten, bedarf es möglicherweise steuerlicher Maßnahmen sowie Transferleistungen; danach könnte dann die Preisbildung unter Wettbewerbsbedingungen ihre Funktion der gerechten und effizienten Verteilung der Einkommen erfüllen.

Begriffe zur Wiederholung

Addition von aa zur Ermittlung von AA

Grenzkosten

$P = GK$ als Bedingung der Gewinnmaximierung

die Identität der Angebotskurve aa eines Unternehmens mit seiner steigenden GK-Kurve

abnehmende Kosten und der Zusammenbruch des Wettbewerbs

horizontaler und steigender Verlauf von $A_L A_L$

Gewinnschwelle bei $P = GK = DK$

Betriebsminimum bei $P = GK = DVK$

Grenze der Nutzen-Möglichkeiten

Effizienz und Gerechtigkeit

Effizienz der Allokation bei $GN = P = GK$

Fragen zur Diskussion

1. Warum würden Sie unter Umständen überhaupt entlang einer kurzfristigen GK-Kurve Güter mit Verlust anbieten?

2. Eine der wichtigsten Regeln in der Wirtschaftswissenschaft, im Wirtschaftsleben und im Leben allgemein lautet: »Was geschehen ist, ist geschehen.« Das bedeutet, daß man die fixen Kosten (die man in der Vergangenheit eingegangen ist und an denen nichts mehr zu ändern ist) bei seinen Entscheidungen ignorieren sollte. Lediglich die zusätzlichen oder Grenzkosten sollten in die Rechnung eingehen.

Um das einzusehen, legen Sie sich folgende Frage vor: Bei welchem Wert liegt die gewinnmaximierende Produktionshöhe des Unternehmens der Tabelle 22.1, wenn der Preis 40 Dollar beträgt, während die fixen Kosten gleich Null sind? Bei 55 000? Bei 100 000? Bei 1 000 000 000? Bei minus 30 000?

Inwiefern ist die Regel: »Was geschehen ist, ist geschehen« auch auf den Preis anwendbar, den Sie für Ihr Haus verlangen sollten, verglichen mit dem Preis, den Sie dafür gezahlt haben?

3. Stellen Sie sich eine Welt vor, in der Güter mit Hilfe eines idealen Planungsmechanismus verteilt werden anstatt auf dem Weg über Märkte. Nehmen Sie an, daß die Planer die Konsumentenrente insgesamt (die hellgrauen Streifen der Abbildung 22.6) maximieren wollen; darüber hinaus wollen sie den Konsumenten jedoch auch die Möglichkeit der freien Wahl lassen, weshalb sie Planpreise ansetzen und den Konsumenten dann Gelegenheit geben, ihre Konsumgüterkombination nach Belieben auszuwählen. Zeigen Sie, warum die Regel $P = GN = GK$ in einer solchen idealen Planwirtschaft ihre Gültigkeit behält.

4. Was ist von folgendem Dialog zu halten? A: »Was ist die ganze Effizienz schon wert, wenn die falschen Leute alles Geld in Händen haben?« B: »Warum sollten wir das Risiko eingehen, die Situation für alle insgesamt zu verschlechtern? Außerdem: Setzen Sie doch lieber die Möglichkeiten der Umverteilung durch das Steuersystem ein, als daß Sie vom Prinzip der Wettbewerbspreisbildung abrücken, denn dadurch erreichen Sie keine effiziente Umverteilung.« A: »Aber woher soll ich wissen, ob das Steuersystem in der Weise eingesetzt wird, daß es zu einer optimalen Umverteilung führt?«

5. Interpretieren Sie folgenden Dialog: A: »Wieso können die Gewinne unter Wettbewerbsbedingungen langfristig gleich Null sein? Wer arbeitet schon für umsonst?« B: »Der Wettbewerb sorgt lediglich dafür, daß *überhöhte* Gewinne ausgeschaltet werden. Manager werden für ihre Leistung bezahlt; die Eigentümer eines Unternehmens erzielen im langfristigen Gleichgewicht unter Wettbewerbsbedingungen einen normalen Kapitalertrag – nicht mehr und nicht weniger.«

6. *Preisfrage*: Ein Unternehmen kann mit Hilfe von zwei Generatoren Strom erzeugen; der modernere hat zunächst geringere GK. Zeigen Sie, daß es sich für das Unternehmen nur in Spitzenbelastungszeiten lohnt, den älteren Generator einzusetzen und nur nachdem die GK des modernen Generators über den Punkt ansteigen, in dem die GK des älteren Generators einsetzen. Bei Spitzenbelastungen sollte sein P hoch sein und den gemeinsamen GK beider Generatoren entsprechen.

7. *Preisfrage*: Interpretieren Sie die nachstehenden Diagramme. (*a*) Die ersten drei stellen die Arbeitswerttheorie von Adam Smith dar; jede eingesetzte Arbeitseinheit von 1 Stunde führt zum Fang von 1 Biber; jeweils 2 Stunden sind erforderlich, um 1 Reh zu erlegen; die langfristigen Angebotskurven unter diesen Bedingungen sind konstant oder horizontal, und die Grenze der Produktionsmöglichkeiten ist eine Gerade, für die sich die relativen Preise oder Tauschwerte aus dem eingesetzten Arbeitsaufwand im Verhältnis von 2:1 ergeben. (*b*) Die drei anschließenden Diagramme stellen einen Fall dar, in dem knapper Getreideboden und der abnehmende Ertragszuwachs (des Getreide produzierenden Faktors Arbeit) die Arbeitswerttheorie außer Kraft setzt und zu einer Bodenrente führt. In dem Maße, in dem die Nachfrage nach Getreide steigt, bewegt sich der Getreideproduzent auf seiner steigenden GK- bzw. $A_G A_G$ nach oben. Die steigenden Einnahmen werden aufgeteilt auf die variablen Arbeitskosten (die graue Fläche unter der GK-Kurve), und die unter Wettbewerbsbedingungen steigende Bodenrente (die weiße Fläche, die von Ökonomen häufig als »Rente« oder »Produzentenrente« bezeichnet wird.) Im Gegensatz dazu ist die $A_H A_H$ für Haar-

schnitte horizontal, weil für einen Haarschnitt lediglich Arbeit eingesetzt werden muß.

Stellen Sie dar, warum die Arbeitswertlehre von Adam Smith mit Bezug auf eine Biber-Reh-Wirtschaft richtig ist. Erklären Sie, warum das Hinzutreten eines fixen Faktors, Boden, die Smithsche (oder Marxsche) Arbeitswertlehre widerlegt.

Beschreiben Sie darüber hinaus eine effiziente Verteilung der Einkommen auf Löhne und Renten für die beiden Volkswirtschaften.

Erklären Sie abschließend, warum die PM-Grenze in Adam Smith' Volkswirtschaft eine Gerade ist, bei Ricardo jedoch kuppelförmig verläuft.

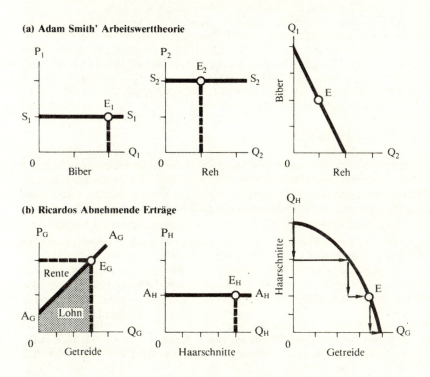

Anhang zu Kapitel 22
Theoretische Aspekte der Unsicherheit: Spekulation, Risiko und Versicherung

Wir haben gesehen, daß Angebot und Nachfrage vielseitig verwendbare Werkzeuge sind. Sie lassen uns erkennen, wie mit Hilfe des Preises der Ausgleich zwischen dem Verhalten von Käufern und Verkäufern auf einem gegebenen Markt zu einem bestimmten Zeitpunkt herbeigeführt wird. Der Einsatz dieser Werkzeuge kann jedoch noch ausgedehnt werden auf die Analyse von Preisbeziehungen in einem weitergefaßten Sinne. In diesem Anhang untersuchen wir, auf welche Weise Spekulanten verschiedene Märkte miteinander verknüpfen – entweder Märkte verschiedener Regionen oder im Zeitablauf betrachtete Märkte oder sogar verschiedene Risiken. Und dabei werden wir sehen, daß der vielgeschmähte Spekulant tatsächlich eine nützliche ökonomische Funktion erfüllt.

Die Rolle der Spekulation

Wir beginnen unsere Darstellung dieser erweiterten Anwendung von Angebot und Nachfrage mit einer Betrachtung über die Rolle der Spekulation in der Wirtschaft. Spekulanten verknüpfen, wie wir sehen werden, Märkte oder Güter in einem Bereich, der drei Dimensionen hat: den Raum, die Zeit und das Risiko.

Wer sind die Spekulanten? Es sind Leute, die Güter (wie etwa Getreide oder Kakao oder Wertpapiere) auf eine andere Weise kaufen oder verkaufen als Produzenten oder Konsumenten. Es sind lediglich Zwischenhändler, die daran interessiert sind, billig einzukaufen und teuer zu verkaufen. Das Schlimmste, was ihnen passieren könnte, wäre, daß eines Tages eine Ladung mit Weizen oder Schweinen vor ihrer Haustür anrollte.

■ **Dennoch können Spekulanten, obgleich sie nicht das geringste Interesse daran haben, die von ihnen gekauften und verkauften Güter tatsächlich in die Hände zu bekommen, einen Beitrag zu einem Ausgleich der Preise zwischen einzelnen Regionen sowie im Zeitablauf oder selbst zwischen guten und schlechten Ernteergebnissen leisten.**

Regionale Preisstrukturen

Auf einem gut organisierten Wettbewerbsmarkt herrscht zu jeder Zeit und an jedem Ort ein einziger Preis. Dies ist eine Folge der Aktivitäten professioneller Spekulanten oder »Arbitrageure«. Sie legen ihren Finger an den Puls des Marktes, und sobald sie von irgendwelchen Preisdifferenzen erfahren, kaufen sie zum niedrigeren Preis und verkaufen zum höheren, wobei sie selbst einen Gewinn erzielen und gleichzeitig zum Preisausgleich beitragen.

Zwei räumlich weit voneinander entfernte Märkte können unterschiedliche Preise aufweisen. Infolge der mit dem Transport verknüpften Fracht-, Versicherungs- und Zinskosten kann Weizen in Chicago um ein paar Cent pro Bushel teurer sein

Idealer Verlauf der saisonalen Preise

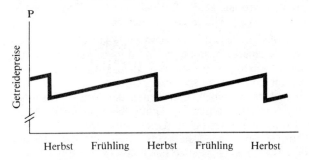

Abbildung 22A.1. Spekulanten gleichen die Preise eines Gutes im Zeitablauf aus.
Wenn ein Gut gelagert werden soll, muß der erwartete Preis steigen, um die Lagerkosten auszugleichen. Im Idealfall ist P zum Zeitpunkt der Ernte am niedrigsten, steigt dann mit wachsenden Lager-, Versicherungs- und Zinskosten bis zum nächsten Erntetermin an. Im Vergleich mit einer Marktschwemme im Herbst mit sehr niedrigen Preisen und einer Knappheit im Sommer mit haushohen Knappheitspreisen gleicht diese Flexibilität der Preisstruktur den Konsum über die Jahreszeiten hinweg aus.

als der gleiche Weizen in Kansas City. Wenn nun der Preis in Chicago den Preis von Kansas City um mehr als die wenigen für den Transport auffallenden Cents übersteigt, kaufen Spekulanten in Kansas City und liefern Weizen nach Chicago, wodurch sie den Preis in Kansas City anheben und den in Chicago drücken, bis sich die normale maximale Differenz wieder eingespielt hat.

Diese Handelsströme werden nicht durch Gesetz geregelt; sie ergeben sich aus der Beziehung zwischen Angebot und Nachfrage.

Spekulation und Preisverhalten im Zeitablauf

Auf einem idealen Wettbewerbsmarkt besteht die Tendenz zu einer definitiven Preisstruktur nicht nur über den Raum hinweg, sondern auch im Zeitablauf. Doch führen bei der Vorhersage der Zukunft auftretende Schwierigkeiten dazu, daß diese Preisstruktur weniger vollkommen ist: Wir stehen vor einem Gleichgewicht, das ständig aufgewühlt wird und sich wieder glättet – wie die Oberfläche des Meeres im Spiel der Winde.

Die Stabilisierung saisoneller Schwankungen

Wir wollen uns den einfachsten Fall einer Getreideart, wie zum Beispiel Mais, vorstellen, der in einer bestimmten Periode des Jahres geerntet wird. Damit zu keinem Zeitpunkt eine Phase der Entbehrungen eintritt, muß sichergestellt werden, daß die Ernteerträge das ganze Jahr über reichen. Da aber niemand ein Gesetz zur Regelung der Getreidebevorratung erläßt, erhebt sich die Frage, wie dies erstrebenswerte Ziel zu erreichen ist. Die Antwort lautet: durch das Bestreben der Spekulanten, Gewinne zu machen.

Ein gut informierter Spekulant, der sich auf diese Getreideart spezialisiert hat, weiß, daß sie, wenn die ganze Ernte im Herbst auf den Markt geworfen würde, infolge der auftretenden Marktschwemme nur einen sehr niedrigen Preis erzielen würde; und wenn dann ein paar Monate später fast gar kein Getreide mehr auf den Markt käme, würden die Preise ins Unermeßliche steigen.

Diese Ausführungen zeigen, was geschehen könnte, wenn es keine Spekulanten gäbe, die genau wissen, daß sie einen Gewinn erzielen können, wenn sie (1) im Herbst einen Teil der Ernte zu niedrigen Preisen aufkaufen, (2) ihn lagern und vom Markt fernhalten und ihn (3) zu einem späteren Zeitpunkt, wenn der Preis gestiegen ist, wieder an den Markt abgeben. Und genau das tun sie. Dadurch lassen sie den Preis im Herbst steigen, während sie später das Frühjahrsangebot steigern und dadurch den Frühjahrspreis drücken. Und ebenso wie sie den Preis, über das Jahr gesehen, ausgleichen, tragen sie auch zu einem Ausgleich des monatlichen Marktangebots bei – wie das ja auch der Fall sein sollte.

Wenn zudem unter den Spekulanten lebhafter Wettbewerb herrscht, erzielt keiner, gemessen an seinen Kosten, einen überhöhten Gewinn (natürlich einschließlich eines Unternehmerlohnes, der hoch genug sein muß, um ihn seine Tätigkeit fortsetzen zu lassen). Der Spekulant braucht niemals auch nur ein Körnchen Getreide oder einen Sack Kakao anzurühren; er braucht auch nichts von der Lagerung, von Lagerhäusern und von der Auslieferung zu verstehen. Er kauft und verkauft lediglich einige Stückchen Papier. Aber die Auswirkungen entsprechen genau denen, die wir dargestellt haben.

Nun gibt es aber nur eine einzige monatliche Preisstruktur, die weder zu Gewinnen noch zu Verlusten führt. Eine kurze Überlegung läßt uns erkennen, daß es sich dabei nicht um eine Struktur konstanter Preise handelt. Bei der idealen Preisstruktur werden vielmehr die Preise im Herbst am niedrigsten sein, um dann allmählich anzusteigen, bis kurz vor der nächsten Ernte der Höchststand erreicht ist. Der Preis muß von Monat zu Monat steigen, um die aus der Einlagerung entstehenden Zins- und Lagerkosten zu decken – in der gleichen Weise, wie der Preis über den Raum von Kilometer zu Kilometer steigen muß, um die Transportkosten zu decken. Abbildung 22A.1 zeigt das Verhalten der Preise für einen idealen Jahreszyklus.

Die Stabilisierung vorhersehbarer Schwankungen

Nicht alle Schwankungen der Wirtschaftstätigkeit lassen sich so genau prognostizieren wie die durch das saisonbedingte Einbringen der Ernte verursachten Schwankungen. Niemand kann mit Sicherheit das Wetter des nächsten Jahres oder die Wahrscheinlichkeit einer Rezession in absehbarer Zeit vorhersagen. Aber in dem Maße, in dem die Spekulanten in der Gegenwart korrekte Prognosen über die zukünftige Knappheit eines Gutes aufstellen können, werden sie dieses Gut aufkaufen, um es zu einem späteren Termin wieder abzugeben, wobei sie folgendes bewirken werden: (1) eine Verminderung des gegenwärtigen Angebots, (2) eine Erhöhung des gegenwärtigen Preises, (3) eine Vermehrung der eingelagerten Menge, (4) eine Erhöhung des zukünftigen Angebots, (5) eine Senkung des zukünftigen Preises – das heißt, alles in allem eine relative Stabilisierung des Preises und des Konsums im Zeitablauf.

Die Streuung des Risikos

Abgesehen von ihrem Einfluß auf die Stabilisierung der Preise haben die Spekulanten noch eine weitere wichtige Funktion: Durch ihre Bereitschaft, Risiken zu übernehmen, helfen sie anderen, Risiken zu vermeiden.

So muß beispielsweise ein Getreidehändler im Interesse seines Geschäftes große Vorräte in seinen Silos halten. Wenn der Preis steigt, erzielt er einen Zufallsgewinn; sinkt der Preis, muß er einen unerwarteten Verlust hinnehmen. Gehen wir aber einmal davon aus, daß er zufrieden ist, wenn er seinen Lebensunterhalt durch das Einlagern von Getreide verdient und daß er jedem Risiko aus dem Wege gehen will. Dies kann er durch ein Verfahren erreichen, das man als »Sicherungs«- oder »Warentermingeschäft« bezeichnet. Dieses komplizierte Verfahren sieht etwa so aus, daß man bei einem Wettkampf zwischen den Staaten Michigan und Ohio auf Michigan setzt und dann diese Transaktion kompensiert oder absichert, indem man die gleiche Menge Dollars auf den Sieg des Staates Ohio setzt. Das Ergebnis gleicht sich dann aus, gleichgültig wer gewinnt: Was die rechte Hand verliert, gewinnt die linke.

Um eine Vorstellung von dem komplizierten Verfahren der Sicherungs- oder Termingeschäfte zu bekommen, wollen wir ein stark vereinfachtes Beispiel behandeln. Angenommen, ich kaufe und lagere im Spätherbst Getreide. Ich bin Spezialist auf diesem Gebiet, und mir liegt zu viel an meinem Betrieb, als daß ich mich auf irgendwelche riskanten Geschäfte einlassen möchte, bei denen ich eine spekulative Wette darüber eingehe, daß sich der Getreidepreis zwischen dem gegenwärtigen Zeitpunkt und dem Frühjahr ändert – dem Zeitpunkt, zu dem ich meine Vorräte abgeben und mit dem Verkauf beginnen möchte. Tatsächlich würde ich gern bereits jetzt zu einem vereinbarten Preis verkaufen, der mir die Lagerkosten (von angenommen 15 Cent pro Bushel) bis zum späteren Liefertermin einbringt. Wenn ein Spekulationsmarkt existiert, kann ich genau dies durch ein Termingeschäft erreichen.

An dieser Stelle tritt nämlich die Spekulantin in Aktion: Sie erklärt sich bereit, das Getreide zwecks späterer Lieferung zu kaufen. (Technisch gesehen, könnte die Spekulantin mir im Rahmen eines Getreide-Terminvertrages mit Lieferung im Mai 5000 Bushel Getreide zu, angenommen, 4 Dollar pro Bushel abkaufen). Jetzt bin ich abgesichert. Wie immer sich der Getreidepreis in den nächsten Monaten entwickelt, ich erhalte jedenfalls den gleichen Nettobetrag und trage kein aus der Getreidepreisentwicklung resultierendes Risiko. Das Termingeschäft sichert mich gegen alle Getreidepreisschwankungen ab, denn die Spekulantin, die mein später lieferbares Getreide gekauft hat, hat mir das Preisrisiko abgenommen.

Glücksspiel und abnehmender Grenznutzen[5]

Die Anhänger der Spekulation weisen den Vorwurf zurück, daß es sich dabei lediglich um eine andere Form des Glücksspiels handele – um dasselbe, was beim Wetten bei Pferderennen oder beim Lotteriespiel geschieht. Sie betonen, daß in

---

5 Diese Diskussion stützt sich auf unsere Behandlung des Grenznutzens in Kapitel 19 (Band 1) und konkretisiert sie.

einer von Ungewißheit geprägten Welt zwangsläufig Risiken auftreten und daß irgend jemand diese Risiken übernehmen muß. Sie behaupten, daß das Wissen und die Risikofreudigkeit des Spekulanten einem gesellschaftlich nützlichen Zweck dienen und Marktschwankungen sowie die Risiken anderer verringern.

Der Zufall und das Gesetz vom abnehmenden Grenznutzen

Um zu verstehen, auf welche Weise Spekulanten (oder, wie später im Anhang dargestellt, Versicherungen) zu einer Streuung von Risiken und zu einer Erhöhung der ökonomischen Wohlfahrt beitragen können, müssen wir zu unserem Begriff des Nutzens und des Grenznutzens zurückkehren. Warum gelange ich als Getreidehändler, Bauer oder Arbeiter zu der Auffassung, daß große Unsicherheiten hinsichtlich der Preise oder meines Konsums wirtschaftlich nachteilig sind?

Eine Antwort darauf liegt in der weit verbreiteten Ansicht, daß der Nutzengewinn aus einem zusätzlichen Einkommen in Höhe von 1000 Dollar nicht so groß ist wie der Nutzentgang bei einem Rückgang des Einkommens um 1000 Dollar. Wo dies der Fall ist, führt auch eine Wette mit gleichen Chancen zu einem wirtschaftlichen Verlust: Zwar gleicht das gewonnene Geld das verlorene aus; aber das Maß an Wohlbefinden, das man erlangen kann, ist geringer als das, das man verlieren kann.

So bin ich als Bauer nicht nur den Risiken des Wetters in meinem Betrieb ausgesetzt; ich habe auch ein Preisrisiko. Angenommen, ich erwarte, daß der Preis bei 4 Dollar pro Bushel liegen wird, aber dieser Preis ergibt sich aus zwei gleichermaßen möglichen Entwicklungen, bei denen Preise von 3 Dollar pro Bushel und 5 Dollar pro Bushel erwirtschaftet werden können. Im Grunde genommen bin ich deshalb, wenn ich mich von meinem Preisrisiko nicht befreien kann, zu einem Lotteriespiel gezwungen, bei dem ich meine 10000 Bushel entweder für 30000 Dollar oder für 50000 Dollar verkaufen kann.

Aber aufgrund des Prinzips des abnehmenden Grenznutzens würde ich einer sicheren Sache mit Abstand den Vorzug geben – indem ich mich gegen das Preisrisiko durch den Verkauf meines Getreides zu dem, dem erwarteten Wert entsprechenden, Preis von 4 Dollar absichere, der mir 40000 Dollar brächte. Warum? Weil das Unglück, das ich bei einem Verlust von 10000 Dollar empfinde, aus meiner Sicht größer ist, als das Glück, das für mich ein Gewinn von 10000 Dollar bedeutet. Geht mein Einkommen auf 30000 Dollar zurück, muß ich meinen Konsum einschränken; ich kann meiner Tochter nicht mehr das College finanzieren, das sie am liebsten besuchen möchte, oder das Familienbudget muß gekürzt werden. Andererseits würden die zusätzlichen 10000 Dollar lediglich der Anschaffung einiger neuer Möbelstücke und eines zweiten Traktors dienen.

■ **Tätigkeiten, die zu einer Verringerung der Ungewißheit oder des Risikos hinsichtlich der Konsummöglichkeiten des einzelnen führen, erhöhen die ökonomische Wohlfahrt.**

Weshalb die ideale Stabilisierung durch Spekulanten optimal ist

Nunmehr können wir die Instrumente der Grenznutzenlehre einsetzen, um zu zeigen, wie die ideale Spekulation den Grenznutzen im Zeitablauf maximiert. Angenommen, es gibt für jeden Konsumenten eine Nutzenfunktion, die für das jeweilige Jahr gilt und von jedem anderen Jahr unabhängig ist. Nun gehen wir davon aus, daß im ersten von zwei Jahren eine gute Ernte eingebracht wurde – beispielsweise 3 Einheiten pro Person – und im zweiten eine geringe Ernte von nur 1 Einheit pro Person. Wie hätte der Konsum dieser insgesamt 4 Einheiten, wenn man diese Mißernte vorhergesehen hätte, über die zwei Jahre verteilt werden müssen? Wenn wir der Einfachheit halber alle Lager-, Zins- und Versicherungskosten sowie alle Probleme der interpersonellen und intertemporalen Nutzenmessung vernachlässigen, können wir folgendes beweisen:

- **Der Gesamtnutzen für die zwei Jahre wird nur dann maximiert, wenn der Konsum in beiden Jahren gleich hoch ist.**

Warum aber ist der gleichmäßige Konsum besser als jede andere Aufteilung der verfügbaren Menge? Infolge des Gesetzes vom abnehmenden Grenznutzen. Hier ist die Beweisführung: Angenommen, ich verbrauche im ersten Jahr mehr als im zweiten; dann wird der Grenznutzen meiner letzten Einheit im ersten Jahr gering, im zweiten jedoch hoch sein. Wenn ich aber einen Teil des Erneteertrages vom ersten in das zweite Jahr übertrage, gehe ich von einem geringen zu einem hohen Grenznutzen über – wodurch sich mein Gesamtnutzen maximiert.

Aber ist das nicht genau das Ergebnis, das die nachfolgend beschriebene ideale Spekulationsstruktur herbeiführen würde? Die Antwort lautet: »ja«.

Wenn Spekulanten von Zins-, Lagerungs- und Versicherungskosten absehen und die geringe Ernte des nächsten Jahres genau vorhersagen können, was werden sie dann tun? Sie werden sich überlegen, daß es sich lohnt, Güter aus der Periode der infolge der Superernte niedrigen Preise in die nächste Periode zu übertragen – in der Hoffnung, dann zu Knappheitspreisen verkaufen zu können. Wenn aber jeder Spekulant das diesjährige Angebot verringert und das des nächsten Jahres erhöht, wozu wird das dann schließlich führen? Das Gleichgewicht kann nur zustande kommen, wenn beide Preise gleich hoch sind! Dann besteht kein Anreiz mehr, weitere Teile des Ernteertrages aus dem ersten in das zweite Jahr zu übertragen. (Natürlich wird man dabei ein gewisses Entgelt für die Bemühungen des Spekulanten einrechnen müssen; aber um das Beispiel einfach zu gestalten, können wir alle Kosten außer acht lassen.)

Mit Hilfe eines Diagramms läßt sich dies Argument veranschaulichen. Ließe sich der Nutzen in Dollars messen, und würde jeder Dollar immer auf den gleichen Grenznutzen hinweisen, sähen die Nachfragekurven genau so aus, wie die Grenznutzenkurven (vgl. Kap. 19, Band 1). Die beiden Kurven der Abbildung 22A.2(a) zeigen, was geschähe, wenn keine Übertragung stattfände – d.h. wenn der Preis zuerst in A_1 läge, dem Schnittpunkt zwischen A_1A_1 und NN, und dann in A_2, in dem das niedrigere A_2A_2 NN schneidet. Der Gesamtnutzen der *dunkelschattierten* Flächen würde sich lediglich auf $(4 + 3 + 2) + 4$ bzw. auf 13 Dollar pro Kopf belaufen.

(a) Ohne Übertragung

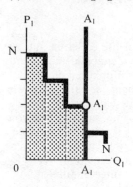
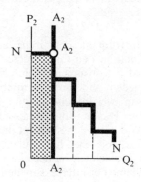

(b) Mit Übertragung

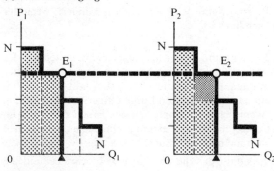

Abbildung 22A.2.
Die schattierten Flächen messen den Gesamtnutzen der einzelnen Jahre. Die Übertragung von 1 Einheit in das zweite Jahr gleicht Q und P aus und erhöht den Grenznutzen um den dunklen Block. Wie der anschließende Abschnitt zeigt, läßt sich dieses Diagramm auch auf eine Reihe anderer Situationen anwenden. Es könnte dann unter der Bezeichnung laufen »(a) ohne Versicherung« und »(b) mit Versicherung«. Oder auch »(a) ohne Arbitrage zwischen regionalen Märkten« und »(b) mit Arbitrage zwischen regionalen Märkten«. Einige würden vielleicht sogar so weit gehen und unter der Annahme der Vergleichbarkeit aller Individuen eine Ausweitung auf einen Bereich zulassen, bei dem die Bezeichnungen lauten könnten »(a) ohne redistributive Steuern« und »(b) mit redistributiven Steuern«.

Im Falle einer optimalen Übertragung von 1 Einheit durch den Spekulanten auf das zweite Jahr sind, wie Abbildung 22A.2 (b) zeigt, die Ps und Qs in E_1 und E_2 gleich, und jetzt beläuft sich der Gesamtnutzen der schattierten Flächen auf (4 + 3) + (4 + 3) bzw. auf 14 Dollar pro Kopf. Es bedarf keiner großen Analyse, um nachzuweisen, daß der Nutzengewinn in Höhe von 1 Dollar durch den dunklen Block unter E_2 gemessen wird, der den Grenznutzenüberschuß der zweiten Einheit gegenüber dem Grenznutzen der dritten Einheit darstellt: Folglich kann man nachweisen, daß die Gleichheit des Grenznutzens optimal ist.

■ **Wir erkennen deshalb, daß die ideale Spekulation eine wichtige Funktion erfüllt, nämlich die der Verringerung von Konsumschwankungen, und daß sie (in** einer Welt, in der sich jeder einzelne einem abnehmenden Grenznutzen gegenübersieht) den Gesamtnutzen steigert.

Das Beispiel der Abbildung 22 A.2 ging von einer uneingeschränkten Möglichkeit der Prognose zukünftiger Ereignisse aus. Darüber hinaus zeigte es, daß gewiefte Spekulanten, die Entwicklungen genau vorhersehen, eine stabilisierende Rolle spielen. Das gleiche gilt übrigens auch für Regierungsstellen, die Daten sammeln und veröffentlichen, auf deren Basis vernünftige private Prognosen erstellt werden. Und wenn einige Prognostiker bei ihren Millionen-Wetten ihr Heil mit unverbesserlicher Hartnäckigkeit aus den Zeichen der Sterne ablesen, nützt ihnen das nichts; sie werden so schnell vom Markt eliminiert, wie ihnen das Geld ausgeht.

Nachdem wir gezeigt haben, wie die ideale Spekulation zur Erhöhung der ökonomischen Wohlfahrt beitragen kann, sollten wir allerdings auch nicht die Möglichkeit weniger glücklicher Ergebnisse übersehen. Wir dürfen nicht die Tatsache aus den Augen verlieren, daß Händler systematischen Fehleinschätzungen aufsitzen können. Ebenso wie jeder andere werden sie das Opfer falscher Gerüchte, Hoffnungen und Ängste. Und manchmal packt die Spekulanten das gleiche Fieber, das ganze Bevölkerungsmassen erfaßt, wie bei jenen unerklärlichen Tanzekstasen in mittelalterlichen Dörfern, beim Tulpenzwiebelrausch in Holland, bei dem der Preis für eine einzige Zwiebel den Preis eines Hauses überstieg, oder auch beim Südsee-Schwindel, bei dem Kapitalgesellschaften Aktien zu Phantasiepreisen im Auftrag von Unternehmen verkauften, die »sich erst später zu erkennen geben wollten«.

Im Falle einer solchen destabilisierenden Spekulation wird der Wirtschaft schlecht gedient. Sie spiegelt die Situation wider, in der die Spekulanten die Konsumenten in unserer Abbildung 22 A.2 aus den Phasen »mit Übertragung« in die Phasen »ohne Übertragung« hineinzögen. Die destabilisierende Spekulation führt zu einer Beeinträchtigung der ökonomischen Wohlfahrt.

Die theoretischen Grundlagen der Versicherung

Nunmehr können wir auch verstehen, warum die Versicherung, die nur eine andere Form des Glücksspiels zu sein scheint, tatsächlich genau die gegenteilige Wirkung hat. Aus den gleichen Gründen, aus denen sinnlose Risiken oder eine destabilisierende Spekulation ein Übel ist, hat die Versicherung wirtschaftlich vorteilhafte Wirkungen. Während das Wetter Risiken mit sich bringt, trägt die Versicherung zur Minderung und Streuung von Risiken bei.

Wenn ein Hausbesitzer eine Feuerversicherung abschließt, scheint er mit der Versicherung eine Wette darauf einzugehen, daß sein Haus abbrennt. Brennt es nicht ab – und dafür stehen die Chancen gut –, verliert der Hausbesitzer die geringe gezahlte Prämie. Brennt das Haus aber nieder, muß die Versicherung ihm den Verlust bis zur vertraglich vereinbarten Höhe ersetzen. (Aus naheliegenden Gründen, d.h. um Hausbesitzer, die sich in finanziellen Schwierigkeiten befinden und eine Vorliebe für Feuerwehren und Aufregungen haben, nicht in Versuchung zu führen, wird der Versicherungswert etwas niedriger angesetzt sein, als es dem Geldwert der versicherten Immobilie entspricht.)

Was für die Feuerversicherung gilt, trifft auch für die Lebens-, Unfall- und

Autoversicherung zu sowie für jede andere Versicherungsart. Tatsächlich kann man bei Lloyd's in London, dem berühmten Treffpunkt von Versicherungsmaklern, alles mögliche versichern: Fußballmannschaften oder Urlauber gegen Regen, Tänzer gegen Kinderlähmung, ja selbst einen Hotelbesitzer gegen die Schadensersatzklage der Witwe eines Mannes, der im Streit mit einem anderen Gast, der zuvor an der Hotelbar dem Alkohol zugesprochen hat, getötet wurde.

Die Funktion der Versicherungsgesellschaft besteht in der *Streuung von Risiken*. Das erreicht sie durch eine Zusammenfassung vieler verschiedener Risiken (Millionen von Häusern, Leben oder Autos, Tausenden von Fabriken oder Hotels). Bedenken Sie, daß etwas, was sich im Einzelfall nicht vorhersagen läßt und dem Zufall unterliegt, als Massenerscheinung sehr wohl vorhersehbar ist. Ob Joan Brown, 50 Jahre alt und bei bester Gesundheit, noch 30 Jahre leben wird, ist Sache des Zufalls; aber das berühmte, uns aus Kapitel 1 bekannte Gesetz der großen Zahl, garantiert uns, daß von 100000 und mehr gesunden Frauen im Alter von 50 Jahren nach 30 Jahren ein ganz bestimmter Prozentsatz noch am Leben sein wird. Die Lebensversicherung kann daher ohne Mühe eine Prämie errechnen, bei der sie kein Geld verliert.

Die Vorstellung von der Risikostreuung ist mühelos zu durchschauen, wenn wir davon ausgehen, daß jeder Hausbesitzer einen Anteil von einem Millionstel an dem Versicherungsunternehmen besitzt, bei dem er eine Versicherung abschließt. Bricht ein Feuer mehr aus, als vorhergesagt, würde das Feuer, das einen Wert von 100000 Dollar zerstört, jeden der einen Million an Eigentümern 10 Cent kosten. Ohne Versicherungsschutz wäre der bedauernswerte Hausbesitzer wahrscheinlich zu einer drastischen Einschränkung seines Lebensstandards gezwungen. So können also auf dem Wege über die Versicherung hohe individuelle Risiken dadurch gemindert werden, daß sie über einen breiteren Bevölkerungskreis gestreut werden.

Wie ist der Vorteil zu erklären? Aus dem Gesetz des abnehmenden Grenznutzens – der die durch einen Gewinn verursachte Befriedigung geringer bewertet als den durch Entbehrungen verursachten Verlust. Das Gesetz des abnehmenden Grenznutzens lehrt uns, daß ein stetiges Einkommen, das gerecht unter allen Menschen aufgeteilt ist, anstatt willkürlich den vom Glück Begünstigten oder vom Unglück Verfolgten zuzufallen, deren Häuser abbrennen oder nicht abbrennen, wirtschaftlich vorteilhaft ist.[6]

Was kann versichert werden?

Ohne Zweifel stellt die Versicherung eine außerordentlich wichtige Form der Risikostreuung dar. Warum können wir uns dann nicht gegen sämtliche Risiken versichern? Die Antwort darauf ergibt sich aus der unbestreitbaren Tatsache, daß

---

6 Daß die Risikostreuung ökonomisch vorteilhaft ist, kann Abbildung 22A.2 verdeutlichen. Wählen Sie für die beiden linken Diagramme die Überschrift »ohne Versicherung« und für die beiden rechten die Überschrift »mit Versicherung«. Ohne Versicherungen ist die Situation der Menschen in bezug auf Wohnungen (Autos oder Gesundheit) sehr viel ungünstiger. Aufgrund des abnehmenden Grenznutzens verringert sich ihr gesamter erwarteter Nutzen im Vergleich zu jener Situation, in der sie eine angemessene Versicherungsprämie zahlen, um ihre Wohnungen (oder Autos oder Gesundheit) auf vergleichbarem Niveau gegen die Wechselfälle des Lebens abzusichern.

gewisse Bedingungen erfüllt sein müssen, ehe sich bestimmte mathematische Wahrscheinlichkeiten genau bestimmen lassen.

Zunächst kommt es auf eine *große Anzahl von Ereignissen* an. Nur unter solchen Umständen lassen sich Risiken zusammenfassen, und nur dann kann erreicht werden, daß sich »Extremfälle« »gegenseitig aufheben« und daß eine »Durchschnittssituation« zustande kommt. Die Bank von Monte Carlo weiß genau, daß ihre Sicherheit in der großen Zahl liegt. Die Glückssträhne irgendeines Spielers in der einen Nacht wird sich durch seine Verluste in der nächsten Nacht oder durch die Verluste eines anderen Spielers ausgleichen. Alle Jubeljahre einmal wird vielleicht jemand die »Bank sprengen«; aber in den vielen anderen Jubeljahren wird die Bank wieder mehr als auf ihre Kosten kommen.

Jedoch reicht die große Zahl allein nicht aus. Keine kluge Hurrikan-Versicherungsgesellschaft würde sich allein auf Miami Beach beschränken, obwohl es dort Tausende von Gebäuden gibt. *Die ungewissen Ereignisse müssen relativ unabhängig voneinander sein.* Jeder Wurf eines Würfels, jede Verlustchance durch einen Hurrikan sollte relativ isoliert auftreten. Ein Großfeuer, wie das, welches 1871 in Chikago ausbrach, oder jenes, das San Franzisko nach dem Erdbeben heimsuchte, setzt offensichtlich alle Gebäude in diesen Gebieten dem gleichen Risiko aus. In solchen Fällen würde die Gesellschaft eine Wette auf ein einziges und nicht auf viele Tausend unabhängiger Ereignisse abschließen.

Sie muß aber statt dessen die Risiken streuen. Private Versicherungsgesellschaften könnten deshalb ohne staatliche Garantien nicht das Risiko einer Versicherung gegen Atombomben übernehmen. Auch kann man sich bei einer privaten Versicherung nicht gegen Arbeitslosigkeit versichern. Wirtschaftskrisen sind ein großes Unglück, das alle Schichten und Klassen der Gesellschaft gleichermaßen trifft, und zwar mit einer Wahrscheinlichkeit, die sich nicht mit irgendeiner Genauigkeit vorausberechnen läßt. Aus diesem Grunde kann nur der Staat, dessen Aufgabe es ist, Verluste abzudecken, die Verantwortung für die Zahlung von Arbeitslosenunterstützung übernehmen.

Eine letzte Bedingung besteht darin, daß *eine Versicherung nicht mit »subjektiven Risiken« behaftet sein darf.* Dies ist dann der Fall, wenn die versicherte Person die Wahrscheinlichkeit des Eintritts des versicherten Falles beeinflussen kann. Im Grunde haftet fast jeder Versicherung dieses subjektive Risiko an; jemand, der eine Vollkaskoversicherung für sein Auto abgeschlossen hat, wird wahrscheinlich weniger vorsichtig fahren, als jemand, der nicht alle Risiken abgedeckt hat.

In einigen Fällen ist das subjektive Risiko jedoch so hoch, daß ein Ereignis nicht versicherungsfähig ist. Das klassische Beispiel stellt jener Fall dar, bei dem Lloyd's in London sich weigerten, einem sizilianischen Vater eine Versicherung auf die Ehre seiner Tochter auszustellen. Welches Prinzip hat hier wahrscheinlich eine Rolle gespielt?

Die Sozialversicherung

Diese Darstellung von Bedingungen, unter denen Versicherungen gegen bestimmte Ereignisse nicht abgeschlossen werden können, deutet auf eine mögliche Rolle der Sozialversicherung hin. Es gibt viele wichtige Eventualfälle, für die Versicherungen entweder überhaupt nicht angeboten werden oder außerordentlich teuer sind aufgrund der damit verbundenen subjektiven Risiken oder aufgrund von Auswahlproblemen (letztere treten beispielsweise dann auf, wenn Krankenversicherungen vorwiegend von nicht mehr gesunden Menschen abgeschlossen werden, wodurch die Prämie für die Gesunden weit über den erwarteten Preis steigt). Diese Art des Versagens des Marktes zeigt sich im Zusammenhang mit der Arbeitslosenversicherung, der Krankenversicherung und bis zu einem gewissen Grade im Zusammenhang mit den Altersrenten.

Unter solchen Umständen kann möglicherweise die Regierung eintreten und für eine breitere Versicherungsbasis sorgen. Die großen finanziellen Reserven des Staates im Verein mit seiner Möglichkeit, durch ein universelles System Benachteiligungen durch Auswahlprobleme auszuschließen, kann die staatliche Versicherung zu einer wohlfahrtsfördernden Maßnahme machen.

Zusammenfassung des Anhangs

1. Die kompetente, vom Gewinnstreben bestimmte Tätigkeit von Spekulanten und Arbitrageuren führt tendenziell zu eindeutigen *Gleichgewichtsstrukturen der Preise über Zeit und Raum*. In dem Maß, in dem Spekulanten die Instabilität der Preise und des Konsums ausgleichen, dienen sie einem gesellschaftlich nützlichen Zweck. Und in dem Maße, in dem sie die Möglichkeit zur Absicherung gegen Risiken bieten, erfüllen sie eine weitere nützliche Funktion.

Aber in dem Maße, in dem Spekulanten Preisausschläge vergrößern und starke Schwankungen der Aktien- und Warenpreise (oder der Wechselkurve) intensivieren, schaden sie der Gesellschaft.

2. Mit Hilfe des ökonomischen Prinzips des abnehmenden Grenznutzens läßt sich zeigen, warum die Konsum- und Preisstabilität wirtschaftlich begrüßenswert ist und warum die Versicherung als wirtschaftlich solide Tätigkeit gelten kann: Durch die Herbeiführung eines Ausgleichs unterschiedlicher Konsumniveaus über verschiedene instabile Situationen hinweg, steigt der Durchschnitt des erwarteten Nutzens. Nicht alle Ereignisse sind jedoch versicherungsfähig, und viele Risiken bleiben nach wie vor bestehen.

Begriffe zur Wiederholung

Gleichheit von *P* über den Raum (abgesehen von den Transportkosten)

ideale saisonelle Preisstruktur

Gesetz des abnehmenden Grenznutzens

Spekulation

Stabilität und Instabilität des Konsums

Glücksspiel oder Versicherung

versicherungsfähige und nicht versicherungsfähige Risiken:
    große Zahl
      Unabhängigkeit der Ereignisse
      subjektives Risiko

Sozialversicherung und Privatversicherung

Fragen zur Diskussion

1. Auf welche Weise trägt die ideale Spekulation zur Stabilisierung der Saisonpreise bei?
2. Zeigen Sie, daß Investoren an einer Diversifizierung gelegen ist, wenn ein Gewinn von 1 Dollar weniger wert ist als ein Verlust von 1 Dollar.
3. Führen Sie einige wesentliche Unterschiede zwischen der Privatversicherung und der Sozialversicherung auf.
4. Zu Beginn des 19. Jahrhunderts wurde auf den Märkten nur ein kleiner Teil der Agrarproduktion des Landes angeboten. Die Transportkosten waren sehr hoch. Wie stark werden Ihrer Meinung nach von Region zu Region sowie im Zeitablauf die Schwankungen der Preise gewesen sein?
5. Angenommen, ein Unternehmen führt eine einzige riskante Investition durch (beispielsweise die Einführung eines *PC* im Wert von 1 Million Dollar). Können Sie sagen, warum das breit gestreute Eigentum an dem Unternehmen eine fast perfekte Risikostreuung im Zusammenhang mit der Computer-Investition möglich macht?
6. *Preisfrage* (für Studenten der Statistik): Angenommen, jedes von vier Taxiunternehmen hat »normalverteilte« Unfälle mit einer Standardabweichung σ_i = 3000 Dollar um einen mittleren Verlustwert von 50000 Dollar. Nun sollen sie durch wechselseitige Rückversicherung einen Risikopool einrichten. Zeigen Sie, daß dies im Mittel einen Gesamtverlust von 200000 Dollar ergibt (oder für jeden immer noch seinen gerechten Anteil von 50000 Dollar; doch beträgt nunmehr die Gesamtvarianz nur $4 \times (3000 \text{ Dollar})^2 = 4 \sigma^2 = 4 \sigma_i^2 = 36$ Millionen Dollar = $(6000)^2$. So hat schließlich jeder eine Standardabweichung von nur 1500 Dollar = 6000/4 – also das Risiko durch Vervierfachung des Volumens halbiert! Können Sie mit Hilfe der gleichen Überlegungen folgendes nachvollziehen: (a) Die Teilung Ihres Vermögens in vier unabhängige Teile mit gleichen mittleren Erträgen und gleicher (unabhängiger!) Variabilität halbiert die erwartete Variabilität Ihres Portfolios. (b) Die Aggregation der Nachfragespitzen zweier Versorgungsbetriebe reduziert die für Spitzenbelastungen erforderliche Gesamtkapazität. (c) Der notwendige Lagerbestand eines Unternehmens wächst tendenziell nur mit der Quadratwurzel seiner unabhängigen Kunden. (So hat ein viermal so großes Unternehmen nur die halben Lagerhaltungskosten pro umgesetzter Einheit.)

Der unvollkommene Wettbewerb: Monopol und Monopolkontrolle 23

Durch fortwährende Unterversorgung des Marktes gelingt es den Monopolisten, den Preis für ihre Güter über dem natürlichen Preis zu halten und dadurch ihre Einkommen, seien es Löhne oder Gewinne, zu erhöhen.

Adam Smith
The Wealth of Nations

In einer Reihe von Kapiteln haben wir bereits das Wirken von Angebot und Nachfrage unter Wettbewerbsbedingungen eingehend dargestellt. Dabei haben wir vorrangig den Fall des »vollkommenen Wettbewerbs« behandelt.

Für den Wirtschaftswissenschaftler hat der vollkommene Wettbewerb eine ganz bestimmte Bedeutung. Er verbindet, wie wir feststellen konnten, sehr viel mehr mit diesem Begriff als der Bankangestellte oder der Unternehmensleiter, wenn diese von »scharfer Konkurrenz« und von »lebhaftem Wettbewerb« zwischen verschiedenen Unternehmen oder Wirtschaftszweigen sprechen.

Dem Sonderfall des vollkommenen Wettbewerbs kommt zwar eine große Bedeutung zu. Gleichwohl ist er nur ein Fall unter vielen. Warum widmen ihm die Wirtschaftswissenschaftler dennoch einen so großen Teil ihrer Aufmerksamkeit? Sie tun dies zum einen deshalb, weil, wie wir gesehen haben, Märkte, die unter den Bedingungen des vollkommenen Wettbewerbs arbeiten, bemerkenswerte Effizienz aufweisen. Unter bestimmten, eng eingegrenzten Bedingungen führt der vollkommene Wettbewerb zu effizienter Allokation und bringt mit Hilfe der nur in beschränkten Mengen vorhandenen Ressourcen ein Maximum an Wohlfahrt für die Gesellschaft.

Zum anderen lassen sich unter Wettbewerbsbedingungen funktionierende Volkswirtschaften verhältnismäßig leicht analysieren und verstehen. Große Erkenntnisfortschritte der Wirtschaftswissenschaft beruhen auf der Analyse des Verhaltens solcher Systeme unter der Einwirkung von Steuern, schlechten Ernten, sich wandelnder Präferenzen und der ganzen sonstigen Vielfalt von Störungen, wie sie in der Realität auftreten.

Wir können mit unserer Analyse jedoch nicht bei den Wettbewerbsmärkten stehenbleiben und uns wie vom Pech verfolgte Menschen verhalten, die nach ihrer verlorengegangenen Brieftasche unter Straßenlaternen suchen, weil dort das Licht besser ist. Tatsache ist, daß das Wettbewerbsmodell kein getreues Abbild vieler Situationen ist, die das moderne Wirtschaftsleben kennzeichnen. In der Realität – wie wir sie aus den Vereinigten Staaten, Europa oder Asien kennen –

begegnen uns beträchtliche Überschneidungen zwischen monopolistischen Unvollkommenheiten und Wettbewerbselementen.

Die reale Welt muß deshalb zum überwiegenden Teil im Reich des »unvollkommenen Wettbewerbs« angesiedelt werden: in ihr herrscht weder der vollkommene Wettbewerb noch das vollkommene Monopol.

In den verbleibenden Kapiteln von Teil V werden wir uns deshalb die Instrumente erarbeiten, mit denen wir sowohl den vollkommenen als auch den unvollkommenen Wettbewerb analysieren können. Wir werden zeigen, welche Einschränkungen die auf die Analyse des vollkommenen Wettbewerbs gegründeten Schlußfolgerungen erfahren müssen. Und wir werden feststellen, daß die Art und Weise, in der das Preissystem die Grundprobleme des *Was, Wie* und *Für wen* löst, in hohem Maße von sämtlichen herrschenden Elementen des monopolistischen Wettbewerbs beeinflußt wird, die in zahlreichen modernen Wirtschaftszweigen eine Rolle spielen.

In diesem Kapitel wollen wir mit der Analyse des unvollkommenen Wettbewerbs beginnen. Teil A gibt einen Überblick über die Ursachen für die Unvollkommenheiten von Märkten. Er deutet darauf hin, daß Unterschiede in den Marktstrukturen ebenso auf unterschiedliche Kostenstrukturen wie auf die Existenz von Wettbewerbshemmnissen zurückzuführen sind.

Unter Verwendung eines neu einzuführenden Werkzeuges – des Begriffes des Grenzerlöses – vermittelt Teil B sodann ein Bild vom Verhalten eines Monopolunternehmens. Wir zeigen, wie ein solches Unternehmen durch den Ausgleich seiner Grenzkosten und seines Grenzerlöses sein Gewinnmaximum erreicht.

Nachdem wir erfahren haben, wie sich ein Monopolist verhält, können wir uns schließlich Abschnitt C zuwenden – der Analyse der Kosten von Monopolsituationen wie auch dem Einsatz staatlicher Kontrollen als einem Hilfsmittel, um die mit Monopolen verknüpften sozialen und wirtschaftlichen Probleme in den Griff zu bekommen.

A. Ursachen und Strukturen des unvollkommenen Wettbewerbs

Vollkommener und unvollkommener Wettbewerb im Vergleich

Abbildung 23.1(a) erinnert uns daran, daß für einen Wirtschaftswissenschaftler ein Anbieter unter Bedingungen des vollkommenen Wettbewerbs als ein Unternehmen definiert ist, das keinerlei Kontrolle über den Preis hat – und zwar in dem Sinne, daß es einer horizontalen *nn*-Kurve gegenübersteht, entlang der es jede beliebig große oder kleine Ausbringungsmenge verkaufen kann.

Vergegenwärtigen Sie sich nochmals, wie streng diese Definition des vollkommenen Wettbewerbs ist. Denken Sie an irgendwelche beliebigen Dinge, die Ihnen gerade in den Sinn kommen: Rasierklingen, Zahnpasta, Stahl, Aluminium, Kartoffeln, Weizen, Zigaretten, Tabak, Computer oder Baumwolle. Welches dieser Güter genügt unserer strengen Definition? Mit Sicherheit nicht die Computer, die Zahnpasta oder die Zigaretten. Wer hat je davon gehört, daß Tausende von

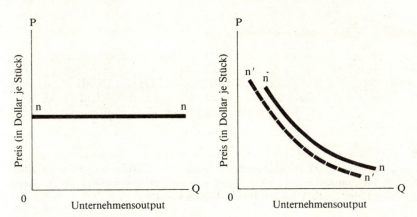

Abbildung 23.1. Der Prüfstein des unvollkommenen Wettbewerbs ist die Abwärtsneigung der Nachfragekurve eines Unternehmens.
Das unter den Bedingungen des vollkommen Wettbewerbs tätige Unternehmen kann entlang seiner horizontalen nn-Kurve jede beliebige Ausbringungsmenge absetzen, ohne den Marktpreis zu drücken. Das unter Bedingungen des unvollkommenen Wettbewerbs tätige Unternehmen stellt dagegen fest, daß sich seine Nachfragekurve nach unten neigt, sobald sein erhöhtes q das zu erzielende P drückt; und wenn es sich bei ihm nicht um einen abgeschirmten Monopolisten handelt, wird eine Senkung des P seiner Konkurrenten zu einer merklichen Verlagerung seiner eigenen nn-Kurve nach links, d.h. nach $n'n'$ führen.

Computer- oder Zahnpastaherstellern ihre Produkte an der nach dem Auktionsprinzip arbeitenden Chikagoer Warenbörse anbieten?

Auch Aluminium und Stahl genügen der Definition des vollkommenen Wettbewerbs nicht. Bis zum Zweiten Weltkrieg gab es nur eine einzige Aluminiumgesellschaft, die Alcoa (Aluminium Company of America). Selbst heute teilen sich die vier größten Unternehmen drei Viertel der Gesamtproduktion des gesamten Industriezweiges.

Und wie sieht es beim Stahl aus? United States Steel und Bethlehem sind die Giganten des Industriezweiges. Zusammen mit den Unternehmen Inland Steel, Republic Steel und einigen wenigen weiteren, die als Little Steel bekannt sind, decken sie einen großen Teil der Gesamtproduktion ab. Warum genügen sie nicht den Bedingungen des vollkommenen Wettbewerbs, wenn ihre kaltgewalzten Stähle einander letztlich doch ziemlich gleichen? Sie gelten als monopolistische Konkurrenten, weil U.S. Steel oder Republic auf irgendeinem regionalen Markt den Stahlpreis drücken würden, wenn sie die angebotene Menge nennenswert erhöhten.

Wenn Sie nun die obige Liste durchgehen, werden Sie feststellen, daß nur Kartoffeln, Tabak, Weizen und Baumwolle unserer strengen Definition des vollkommenen Wettbewerbs genügen. Alle übrigen Güter, von Autos bis zu Rasierklingen, bestehen den Test aus einem sehr einfachen Grunde nicht: in jedem dieser Industriezweige gibt es Unternehmen (von General Motors bis zu Gillette), die den

Marktpreis dadurch beeinflussen können, daß sie entweder große Mengen ihrer Produkte auf den Markt werfen oder vom Markt fernhalten.

Definition des unvollkommenen Wettbewerbs

Nehmen wir jedoch einmal an, daß ein Unternehmen einer Nachfragekurve gegenübersteht, die – wie in Abbildung 23.1(b) – merklich nach rechts abfällt, was bedeutet, daß es notwendigerweise den Preis entlang seiner *nn*-Kurve drückt, wenn es zusätzliche Mengen auf den Markt wirft; unter diesen Umständen wird das Unternehmen vom Wirtschaftswissenschaftler als »unvollkommener Konkurrent« bezeichnet.

- **»Unvollkommener Wettbewerb« herrscht in einem Wirtschaftszweig oder in einer Gruppe von Wirtschaftszweigen, wenn die individuellen Anbieter einer eigenen nichthorizontalen *nn*-Kurve gegenüberstehen und dadurch bis zu einem gewissen Grad Einfluß auf den Preis ausüben können.**

Das bedeutet nicht, daß ein Unternehmen den Preis, den es erzielen will, mit absoluter Monopolmacht festsetzen kann. Wie wir noch sehen werden, gibt es verschiedene Grade monopolistischer Unvollkommenheit auf Märkten, die in unterschiedlich hohem Maße unvollkommen sind.

Ehe wir fortfahren, wollen wir jedoch unterstreichen, daß wir damit nicht behaupten, daß der unter den Bedingungen des unvollkommenen Wettbewerbs tätige Unternehmer persönlich unvollkommen ist – das heißt ein Mensch, der seinen Hund schlägt und sich nachts in Kneipen herumtreibt. Auch implizieren unsere Ausführungen nicht, daß das Unternehmen nicht darauf bedacht ist, seine Konkurrenten zu unterbieten, neue Produkte zu entwickeln oder Scharen von Außendienstmitarbeitern auf potentielle Kunden anzusetzen. Harte Konkurrenz und vollkommener Wettbewerb sind zwei völlig verschiedene Dinge. Konkurrenzkampf impliziert eine Fülle von Maßnahmen – angefangen bei der Werbung, durch die man seine Nachfragekurve nach außen zu verlagern versucht, bis hin zur Senkung der Preise im Interesse einer Steigerung des Absatzes. Vollkommener Wettbewerb bedeutet, daß Unternehmen zu dem herrschenden Marktpreis so viel absetzen können, wie sie abzusetzen gewillt sind.

Strukturen unvollkommener Märkte

Von unvollkommenem Wettbewerb sprechen wir, wenn nur wenige Unternehmen ein bestimmtes Produkt zum herrschenden Preis absetzen können. Wie hoch ist heutzutage der Konzentrationsgrad in der Wirtschaft? Abbildung 23.2 zeigt die »Konzentrationsrate« für eine Handvoll amerikanischer Industriezweige. Die *Konzentrationsrate der ersten Vier* ist definiert als der Prozentsatz der Gesamtproduktion des gesamten Industriezweiges (bzw. der ausgelieferten Gütermenge), der auf die vier größten Vertreter dieser Branche entfällt. Die »Konzentrationsrate der ersten Acht« bezieht sich dementsprechend auf jeweils acht Spitzenreiter eines Wirtschaftszweiges.

Wie hoch ist der Konzentrationsgrad im warenproduzierenden Gewerbe insgesamt? Für das Jahr 1977 lassen die Statistiken erkennen, daß etwa ein Fünftel

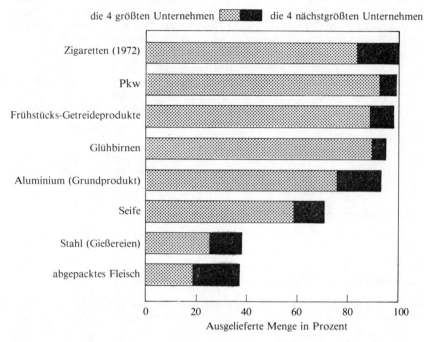

Abbildung 23.2. Zahlreiche Industriezweige werden von einigen wenigen Unternehmen beherrscht: der Fall des Oligopols.
Im Bereich der Produktion von Aluminium, Autos, Zigaretten wie auch in vielen anderen Industriezweigen vereinigen einige wenige Unternehmen den größten Teil des Geschäftes auf sich. Vergleichen Sie diese Situation mit dem Ideal des vollkommenen Wettbewerbs, bei dem jedes Unternehmen zu klein ist, um den Marktpreis beeinflussen zu können. (Quelle: Statistisches Amt der Vereinigten Staaten; Daten der Jahre 1972 und 1977)

ihrer Gesamtproduktion in Bereichen mit einem hohen Konzentrationsgrad erstellt wurde (mit einem Konzentrationsgrad der ersten Vier von über 60 Prozent), während ein weiteres Fünftel auf nichtkonzentrierte Bereiche entfällt (mit einem Konzentrationsgrad der ersten Vier von weniger als 20 Prozent).

Auf diesen Trend zur Konzentration richtet sich auch das besondere Augenmerk der Politiker. Für die Periode von 1947 bis 1972 weisen die Statistiken nur einen geringfügigen Anstieg der Konzentrationsrate der ersten Vier im Bereich der Inlandsproduzenten aus: von 37 Prozent im Jahre 1947 auf 39 Prozent im Jahre 1972. Diese Zahlen unterbewerten jedoch wahrscheinlich den tatsächlichen Grad der Konkurrenz, weil sie die wachsende lebhafte Konkurrenz von seiten ausländischer Firmen nicht berücksichtigen. Stellt man die ausländische Konkurrenz in Rechnung, würde der durchschnittliche Konzentrationsgrad Mitte der 80er Jahre eine abnehmende Tendenz aufweisen.

Ursachen für die Unvollkommenheit von Märkten

Warum herrscht in einigen Wirtschaftszweigen fast vollkommener Wettbewerb, während andere von einigen wenigen großen Unternehmen beherrscht werden? Grundsätzlich ist die Situation des unvollkommenen Wettbewerbs dann gegeben, wenn die Produktion eines Industriezweiges von einer beschränkten Anzahl von Unternehmen erstellt wird. Die beiden Ursachen für die Unvollkommenheit von Märkten sind einerseits die Kostenbedingungen und andererseits Wettbewerbshemmnisse. Lassen sich erhebliche Einsparungen aus der Massenproduktion erzielen, können große Unternehmen einfach billiger produzieren und kleine Unternehmen unterbieten, so daß letztere keine Überlebenschance haben. Wenn sich also im gesamten Bereich Skalenerträge erzielen lassen, treffen wir auf nur wenige Anbieter.

Auch in Situationen, in denen ein Produkt durch Patent geschützt ist, in denen ein Unternehmen über ein gut eingeführtes Warenzeichen verfügt oder in denen vom Gesetzgeber errichtete Barrieren den Wettbewerb unmöglich machen, werden nur einige wenige Unternehmen einen großen Teil des Marktes in Händen haben. Unvollkommener Wettbewerb ist dann die Folge.

Wir wollen die Ursachen der Unvollkommenheit im einzelnen untersuchen.

Kostenstrukturen und die Struktur unvollkommener Märkte

Wenn jedes Produkt von jedermann zu gleichen und konstanten Kosten hergestellt werden könnte, wären wir alle in der Lage, einen ganzen Warenkorb voll Konsumgütern bereitzustellen, und es bedürfte keiner riesigen multinationalen Unternehmen, die unsere Märkte beherrschen. Aber so ist die Welt nun einmal nicht beschaffen. Wenn Sie sich vorstellen, wieviel Zeit es Sie kosten würde, auch nur das einfachste Auto oder den einfachsten Fernseher selbst anzufertigen – mit nichts anderem in den Händen als ein wenig Stahl, einigen Drähten und etwas Glas –, erkennen Sie rasch die Bedeutung der Massenproduktion, der Großunternehmen und des unvollkommenen Wettbewerbs.

Unser erster Hinweis auf die Gründe für den unvollkommenen Wettbewerb bezieht sich also auf Skalenerträge, bei denen die Kurve der Durchschnittskosten einen kontinuierlich fallenden Verlauf hat. Die Wechselwirkung zwischen Kosten und Märkten wird durch die Abbildung 23.3 veranschaulicht. Bild 23.3(a) zeigt ein Unternehmen, das sich ständig fallenden Durchschnitts- und Grenzkosten gegenübersieht. Es erzielt permanente Skalenerträge bzw. wachsende Erträge aus der Massenproduktion.

Mit wachsendem q findet es immer wirkungsvollere Methoden der Spezialisierung seiner Ausrüstung; es faßt seine Belegschaft zu größeren und leistungsfähigeren Einheiten zusammen; es kann sich immer größere Kesselanlagen und Maschinen leisten, die eine immer höhere Nettoleistung erbringen; all diese Dinge lassen sich endlos fortsetzen.

Gleichgültig, wie groß die Nachfrage nach dem Produkt des Unternehmens ist und wie weit rechts die NN-Kurve des Wirtschaftszweiges liegt, die leistungsfähigste Betriebsgröße dieses Unternehmens ist stets noch größer als die jeweils gegebene. Deshalb erweist sich die friedliche Koexistenz von Tausenden von Preisnehmern als völlig unmöglich. In diesem Fall sehen wir uns einem *natür-*

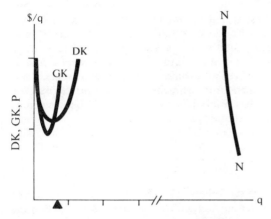

Abbildung 23.3. Zur Vermeidung von Monopol- oder Oligopolbildungen müssen die Kosten früh genug wieder steigen.
Fallen die Kosten endlos, wie im Falle des natürlichen Monopols in (a), kann ein Unternehmen so lange expandieren, bis es den Industriezweig beherrscht. In (b) beginnen die Kosten schließlich wieder zu steigen, jedoch im Verhältnis zu der Gesamtnachfrage NN des gesamten Industriezweiges nicht früh genug. Das Nebeneinander von zahlreichen vollkommenen Konkurrenten ist deshalb unmöglich; wahrscheinlich ist ein Oligopol mit wenigen Anbietern. In (c) ist die Gesamtnachfrage NN in dem Wirtschaftszweig bezogen auf die leistungsfähige Größenordnung des einzelnen anbietenden Unternehmens so groß, daß zahlreiche vollkommene Konkurrenten nebeneinander bestehen können. Hier handelt es sich also um den Fall des vollkommenen Wettbewerbs. (Was geschieht, wenn es einzelnen Unternehmen in (c) gelingt, ihr Produkt zu differenzieren, damit den Markt aufzuspalten und NN weit nach links zu verlagern? Das Ergebnis kann letztlich eine Form des unvollkommenen Wettbewerbs nach der Art von (b) oder (a) sein.

lichen Monopol gegenüber (das im einzelnen auf den Seiten 153 ff. dieses Kapitels analysiert wird).

Vielleicht ist diese Struktur unbegrenzt sinkender Kosten unrealistisch. Vielleicht werden sich die Einsparungen aus der Massenproduktion letztlich doch einmal erschöpfen, und die Kostenkurven werden flach auslaufen oder sogar ansteigen. Ein solcher Fall ist in Abbildung 23.3(b) dargestellt: Die langfristigen *GK*- und *DK*-Kurven steigen schließlich wieder an. Leider steigen sie jedoch nicht rasch genug wieder an, um den Zusammenbruch des vollkommenen Wettbewerbs abzuwenden; denn sehen Sie sich an, wo die Gesamtnachfragekurve *NN* für diesen Industriezweig jetzt liegt: Sie liegt nicht weit genug rechts, um einen hinlänglich großen Markt zu bieten, der eine Koexistenz zahlreicher Unternehmen auf dem durch die Lage der Kostenkurven angedeuteten leistungsfähigen Produktionsniveau gestattet. Wir werden uns letztlich immer noch in einer Situation befinden, in der nur wenige Käufer miteinander konkurrieren, in einer Situation, die wir als *Oligopol* bezeichnen (von griechisch *oligos* = »wenige«).

In Abbildung 23.3(c) sind die Aussichten günstiger. Warum? Weil die Gesamtnachfragekurve *NN* (selbst auf jedem lokalen Markt) so groß ist, daß in diesem Wirtschaftszweig eine große Anzahl leistungsfähig arbeitender Unternehmen tätig werden können, die die Voraussetzung für den vollkommenen Wettbewerb bilden.[1]

Die Beziehung zwischen Skalenerträgen und den Unvollkommenheiten des Wettbewerbs ist in den vergangenen drei Jahrzehnten von Ökonomen, die sich auf Unternehmensstrukturen spezialisiert haben, intensiv erforscht worden. Tabelle 23.1 zeigt das Ergebnis einer besonders sorgfältigen Studie über sechs amerikanische Wirtschaftszweige. Sie deutet zwar darauf hin, daß Skalenerträge heute in einigen Fällen der ausschlaggebende Faktor für die Konzentration sind; aber Skalenerträge können nur zum Teil als Grund für den gegenwärtigen Konzentrationsgrad in der amerikanischen Unternehmenswelt angeführt werden; für einen großen Teil der Wettbewerbsbeschränkungen können solche Untersuchungen nach wie vor keine Erklärung bieten.

Wettbewerbshemmende Faktoren

Betrachten wir für einen Augenblick die Tabelle 23.1 Diesen Schätzungen zufolge müßten die drei Spitzenvertreter der Zigarettenbranche jeder jeweils über 6 bis 12 Prozent des Marktes verfügen, um die für eine leistungsfähige Tätigkeit erforderliche Mindestgröße zu erreichen (bei diesen Zahlen handelt es sich natürlich um grobe, wenn auch sorgfältig erarbeitete Schätzwerte). Tatsächlich lag der Konzentrationsgrad für die drei führenden Branchenvertreter pro Unternehmen jedoch bei 23 Prozent des nationalen Marktes. Eine so große Differenz gegenüber den Schätzwerten (die auch in anderen Industriezweigen anzutreffen ist) läßt vermuten, daß abgesehen von Kostenfaktoren und den Erfordernissen hinsichtlich der Mindestbetriebsgröße andere Kräfte wirksam sind, die die Struktur der Unternehmenskonzentration in den Vereinigten Staaten bedingen.

Marktanalytiker haben in Erfahrung gebracht, daß es tatsächlich neben kosten-

---

[1] Lehrbücher für Fortgeschrittene weisen nach, daß in den Fällen, in denen eine sehr große Anzahl von Unternehmen mit identischen U-förmigen Kostenkurven in einem Bereich tätig sind, die *DK*- und *GK*-Kurven des *Wirtschaftszweiges* praktisch horizontal verlaufen.

Technologie als Ursache der Konzentration

Industriezweig	(1) Anteil an der U.S.-Produktion, den ein einzelner Hersteller zur Ausnutzung von Skalenerträgen braucht (in Prozent)	(2) tatsächlicher durchschnittlicher Marktanteil der führenden Unternehmen (in Prozent)	(3) Hauptgrund für die zu Skalenerträgen führende Betriebsgröße
Brauereien	10–14	13	Notwendigkeit der Schaffung eines nationalen Markenzeichens und der Koordination der Investitionen
Zigaretten	6–12	23	Werbung und Produktdifferenzierung
Glasflaschen	4–6	22	Notwendigkeit des Einsatzes eines zentralen Konstruktions- und Design-Stabes
Zement	2	7	Notwendigkeit der Risikostreuung und der Kapitalbeschaffung
Kühlschränke	14–20	21	Absatzerfordernisse und Laufzeit von Produktionsserien
Raffinerien	4–6	8	Notwendigkeit der Risikostreuung im Rohölbereich und der Koordination von Investitionen

Tabelle 23.1. In vielen Industriezweigen sind Skalenerträge die Ursache für die Konzentration.
In einer bahnbrechenden Studie wurden eine Reihe von Produkten untersucht, um herauszufinden, ob die besondere Art der eingesetzten Technologie als Verursachungsfaktor für bestehende Konzentrationsstrukturen angesehen werden kann. Spalte (1) zeigt den geschätzten Punkt, an dem die langfristige Kurve der Durchschnittskosten gemessen an der produzierten Menge anzusteigen beginnt. Vergleichen Sie diese Werte mit dem durchschnittlichen Marktanteil der drei ersten Hersteller in Spalte (2). (Quelle: F. M. Scherer, Alan Beckensein, Erich Kaufer und R. D. Murphy, *The Economics of Multi-Plant Operation: An International Comparison Study*, Harvard University Press, Cambridge, Mass. 1975.)

bedingten Unvollkommenheiten des Marktes auch andere Hemmnisse gibt, die zur Beeinträchtigung des Wettbewerbs führen[2]:

---

[2] Häufig stößt man in diesem Zusammenhang auf den Begriff »Zugangshemmnisse«. Wir haben uns für Wettbewerbshemmnisse entschieden, weil die nachfolgend dargestellten Beschränkungen der Intensität des Wettbewerbs sich nicht in allen Fällen auf das Problem des Zugangs zu einem Wirtschaftszweig bezieht. Gelegentlich wird auch auf die Höhe des erforderlichen Kapitalbedarfs als Zugangshemmnis abgehoben. Wir geben der Unterscheidung zwischen kostenabhängigen (sinkenden Durchschnittskosten) und nichtökonomischen (gesetzlichen oder psychologischen) Kräften als Faktoren zur Förderung des Konzentrationsprozesses in der Industrie den Vorzug.

- **Wettbewerbshemmnisse sind dann gegeben, wenn gesetzliche Vorschriften oder psychologische Faktoren die Zahl der konkurrierenden Unternehmen oder die Intensität des Konkurrenzkampfes unter das Niveau herabdrücken, das unter normalen Bedingungen die Regel wäre. Die wichtigsten Hemmnisse stellen gesetzliche Beschränkungen oder die Produktdifferenzierung dar.**

Gesetzliche Beschränkungen

In vielen Fällen wird der Wettbewerb in bestimmten Wirtschaftszweigen vom Gesetzgeber eingeschränkt. Wichtige Beispiele bieten der Patentschutz, die Beschränkung des Zugangs zu einem Wirtschaftszweig sowie Beschränkungen im Außenhandel.

Patente stellen eine besondere Form der gesetzlichen Beschränkung dar. Ein Patent wird einem Erfinder gewährt, um ihm oder ihr die ausschließliche (monopolistische!) Nutzung des patentrechtlich geschützten Produktes oder Verfahrens zu gestatten. So besaß Polaroid beispielsweise aufgrund eines Patents während vieler Jahre ein absolutes Monopol auf dem Markt für Sofortbildkameras. Warum gestattet der Staat auf Patenten begründete Monopole? Sie werden zugelassen, um den Erfindergeist insbesondere auch vieler kleiner Tüftler zu fördern. Ohne Aussicht auf einen derartigen Monopolschutz würde der kleine Erfinder aufstecken und die Hoffnung verlieren, daß sich die vielen Jahre der Bastelei auf der Suche nach besseren Produkten oder Produktionsverfahren jemals auszahlen werden.

Darüber hinaus erläßt der Staat auch für viele Bereiche *Zugangsbeschränkungen*. Wie wir in Abschnitt C sehen werden, gibt es im Bereich der öffentlichen Versorgungsbetriebe – Wasser, Strom, Erdgas und Telefon – sogenannte Franchise-Monopole. Der Staat als Franchise-Geber ist der Auffassung, daß solche Franchise-Monopole in Wirtschaftszweigen zweckmäßig sind, die sich stark fallenden Durchschnittskosten gegenübersehen; als Gegenleistung für ein solches staatlich konzessioniertes Monopol gewähren die betreffenden Unternehmen den Regierungen eine Kontrolle über die Preise und die Betriebsführung des Franchise-Unternehmens. Ebenso wie im Fall der Patente können sich solche Beschränkungen für die Volkswirtschaft insgesamt per saldo als ein Gewinn erweisen, obgleich sie zweifellos sehr wirkungsvolle Wettbewerbshemmnisse darstellen und für einen hohen Konzentrationsgrad in der Wirtschaft sorgen. So stützte sich beispielsweise viele Jahre lang die AT & T auf staatlich genehmigte Zugangsbeschränkungen, um Konkurrenten den Zugang zum Telefonfernverkehr zu verwehren – ein Fall, auf den wir im anschließenden Kapitel bei der Behandlung der Antitrust-Gesetzgebung noch einmal zurückkommen werden.

Weniger segensreich ist unser abschließendes Beispiel für gesetzliche Beschränkungen. Angenommen, in einem Wirtschaftszweig wären alle Voraussetzungen für einen vollkommenen Wettbewerb gegeben, wie in dem in Abbildung 23.3(c) dargestellten Fall, aber die Regierungen aller Länder erlassen hohe *Zölle* oder Mengenbeschränkungen. Werden jedoch viele ausländische Anbieter und Käufer vom Markt ausgesperrt, hat der vollkommene Wettbewerb keine Chance mehr. Die neue *NN*-Kurve des Wirtschaftszweiges jedes Landes spiegelt lediglich die Inlandsnachfrage, nicht die Weltmarktnachfrage wider, weshalb sich die *NN*-Kurven weit nach links verlagern. Eine protektionistische Regierung verschiebt unsere Position von Abbildung 23.3(c) nach 23.3(b) oder sogar nach 23.3(a).

Dieser Fall tritt ein, sobald restriktive Zölle erhoben werden, was zur Aufsplitterung der Märkte und zur Schaffung von Monopolsituationen führt. Wirtschaftshistoriker sind sich dieser Tatsache sehr wohl bewußt, was in ihrer sprichwörtlichen Formulierung zum Ausdruck kommt: »Zölle sind die Mutter des Trusts.« Deshalb war es eines der Ziele des Europäischen Gemeinsamen Marktes, eine Ausweitung des Gesamtmarktes herbeizuführen, so daß die *NN*-Kurven im Verhältnis zu einem leistungsfähigen Produktionsniveau groß genug wurden, um den Wettbewerb zu beleben und wirksamer zu gestalten.

Auch viele amerikanische Wirtschaftszweige haben sich während der vergangenen zehn Jahre einer lebhaften ausländischen Konkurrenz gegenübergesehen, wodurch der effektive Konzentrationsgrad in so wichtigen Industriezweigen wie der Automobilindustrie, der Stahlindustrie sowie im Bereich der Elektronik zurückgegangen ist.

Mit dieser kurzen Darstellung wird eines der zentralen Themen der Politik angesprochen; tatsächlich findet nämlich der Begriff der Wettbewerbsbeschränkung auch außerhalb der Wirtschaftswissenschaft breite Anwendung, insbesondere im Bereich der modernen Antitrust-Gesetzgebung.

Die Produktdifferenzierung

Abgesehen von wettbewerbshemmenden Maßnahmen von seiten des Gesetzgebers, gibt es auch ökonomische Wettbewerbshemmnisse. Das am häufigsten anzutreffende Beispiel ist die Produktdifferenzierung – die Tatsache, daß fast jedes Gut ein unvollkommenes Substitut für sein Konkurrenzprodukt ist. Pepsi-Cola unterscheidet sich von Coca-Cola, Levis' Jeans von Wrangler Jeans. Ein Ford ist etwas anderes als ein Buick. Aufgrund dieser Produktdifferenzierung sieht sich fast jedes Unternehmen zumindest einer geringfügigen Neigung seiner Nachfragekurve gegenüber – und ist deshalb zumindest ein ganz klein wenig ein unvollkommener Konkurrent.

Was verstehen wir genau unter dem Begriff der Produktdifferenzierung? Sie liegt dann vor, wenn ein spezielles Produkt eines Unternehmens von einem anderen innerhalb der gleichen Branche so *differenziert* ist, daß die Käufer bei gleichen Preisen eine Präferenz (oder umgekehrt eine Ablehnung) gegenüber dem Gut dieses Herstellers bekunden. So werden einige Kunden lieber Pepsi, andere lieber Coca trinken, obgleich beide zu genau dem gleichen Preis angeboten werden. Darüber hinaus kann der Differenzierungsgrad eine starke oder eine schwache Wirkung auf den Kunden haben: Wenig beeindruckt ist der Konsument bei der Produktdifferenzierung zwischen verschiedenen Arten von Benzin: Ein Unterschied von wenigen Pennies pro Gallone läßt ihn zu einer anderen Marke überwechseln oder sogar zu einer Tankstelle, die gar kein Markenbenzin vertreibt. In anderen Bereichen übt die Produktdifferenzierung eine starke Wirkung aus. Vor Jahren hieß es: »Für eine Camel geh' ich meilenweit«, das heißt, daß man mit einer Camel gegenüber einer anderen Marke etwas ganz Besonderes verband.

Oder nehmen Sie das Beispiel von Autos. Es gibt etwa ein Dutzend großer Autohersteller in den Vereinigten Staaten, und die Transportkosten sind gemessen an den Absatzkosten gering. Deshalb könnten wir einen lebhaften Konkurrenzkampf erwarten. Tatsächlich ist der Markt aufgrund von Produktdifferenzierungen aufgeteilt. Einige Formen der Differenzierung haben natürliche Gründe: Britische Autos, bei denen das Lenkrad auf der rechten Seite sitzt, finden nur schwer amerikanische Fahrer. Das gleiche gilt für japanische Miniautos, in die kaum mehr als ein Hund und ein paar kleine Kinder hineinpassen.

Abgesehen davon machen einige Produktdifferenzierungen einen sehr gekünstelten und gewollten Eindruck. In den 50er Jahren waren Autos mit voluminösen Hecks die absoluten Lieblinge der Konsumenten, und in der Werbung wurden sie so hochgespielt, daß der Betrachter Pferdestärke mit Männlichkeit gleichsetzte. Heute stehen deutsche Luxusschlitten hoch im Kurs und solche, die an sie erinnern.

Welche Wirkung hat die Produktdifferenzierung, gleichgültig ob es sich um eine natürliche oder um eine unnatürliche handelt? Sie führt zu einer Verlagerung der *NN*-Kurve unserer Abbildung 23.3(c) vom Modell des vollkommenen Wettbewerbs in Positionen, die eher den Modellen des Monopols oder des Oligopols der Abbildungen 23.3(a) und (b) entsprechen. Das bedeutet, daß die Gesamtnachfrage nach Autos oder Soft Drinks in viele, kleinere Märkte differenzierter Produkte zerlegt wird. Die jeweilige Nachfrage nach diesen differenzierten Produkten wird so gering, daß sich angesichts dieser reduzierten Nachfrage keine große Anzahl von im Minimum ihrer U-förmigen Kostenkurven operierenden Unternehmen halten kann. Somit führt die Differenzierung, ebenso wie die Zölle, zu größerer Konzentration und zu unvollkommenerem Wettbewerb.

Zusammenfassend läßt sich sagen, daß der vollkommene Wettbewerb immer dann in Gefahr ist, wenn in einem Wirtschaftszweig Einsparungen aus Massenproduktion eine große Rolle spielen, so daß sich der als leistungsfähig einzustufende Betriebsumfang erst einstellt, wenn ein Unternehmen einen beträchtlichen Anteil des Marktes für sich gewinnen kann. In einer solchen Situation werden einige wenige Unternehmen den größten Teil der Produktion dieses Wirtschaftszweiges erstellen. Durch sinkende Kosten verursachte Unvollkommenheiten werden durch Wettbewerbshemmnisse etwa in Form von gesetzlichen Wettbewerbsbeschränkungen oder durch Produktdifferenzierung noch verschärft.

Unvollkommener Wettbewerb: Monopol, Oligopol und Produktdifferenzierung

Nachdem wir wissen, was man im einzelnen unter unvollkommenem Wettbewerb zu verstehen hat und welche Ursachen er hat, wollen wir kurz die Hauptformen des unvollkommenen Wettbewerbs betrachten.

Das Monopol

Wie unvollkommen kann der unvollkommene Wettbewerb werden? Der Extremfall wäre der eines einzigen Anbieters mit praktisch unbeschränkter Monopolmacht. (Er wird als »Monopolist« bezeichnet – aus dem Griechischen *Mono* = eins und *polist* = »Verkäufer«). Er ist der einzige Anbieter in seinem Wirtschaftszweig, und es gibt keinen anderen Wirtschaftszweig, der ein seinem Produkt weitgehend entsprechendes Substitutionsgut herstellt.

Ausschließliche Monopole sind heute eine Seltenheit. Lediglich in dem Fall der auf Franchise-Verträgen mit dem Staat beruhenden Versorgungsbetriebe – Telefon, Gas-, Wasser- und Stromversorgung sind die herausragenden Beispiele – kann man im echten Sinne von einem einzigen Anbieter sprechen, für dessen Produkt es kein vergleichbares Substitut gibt. Aber selbst diese vereinzelten Vertreter müssen mit Konkurrenz aus anderen Bereichen rechnen – mit Entwicklungen in der Glasfasertechnik, mit neuen Brennstoffen für die Strom- oder Gaserzeugung. Kein Unternehmen ist langfristig völlig sicher vor Angriffen von seiten der Konkurrenz.

Obgleich Monopole seltene Fälle darstellen, sind sie wirtschaftlich von großer Bedeutung. Deshalb unterstehen sie, wie wir gleich sehen werden, als »natürliche Monopole« der staatlichen Kontrolle.

Das Oligopol

Wie wir gesehen haben, bedeutet das Wort »wenige Anbieter«. Oligopole treten in zwei verschiedenen Formen auf.

Erstens kann ein Oligopolist einer von *wenigen* Anbietern sein, die ein *identisches* (oder fast identisches) Produkt herstellen. Wenn beispielsweise der von A in New York gelieferte Stahl fast der gleiche ist wie der Stahl von B, läßt schon die geringste Preisdifferenz die Konsumenten von A zu B abwandern. Weder A noch B können als Monopolisten bezeichnet werden. Dennoch haben beide, sofern es nur wenige Anbieter gibt, großen Einfluß auf den Marktpreis.

Diese erste Form des Oligopols gilt als kennzeichnend für eine Reihe unserer Grundstoffindustrien, in denen die Produkte vergleichsweise homogen und die Unternehmensgröße beträchtlich ist, wie in der Aluminium- und der Ölindustrie. Ein anderes Beispiel wären Flüge zwischen New York und Chikago, wie sie von etwa einem halben Dutzend Fluggesellschaften angeboten werden. Heute, das heißt nach Abschaffung der gesetzlich geregelten Flugpreise, finden periodisch Preiskriege zwischen den Gesellschaften statt, in denen eine die andere unterbietet, um einen größeren Anteil am Markt für dieses relativ homogene Produkt zu erlangen.

Für die zweite Form des Oligopols ist der Fall typisch, in dem *wenige* Anbieter *differenzierte* Produkte verkaufen. Die amerikanische Automobilindustrie bietet ein Beispiel dafür: drei oder vier Unternehmen beherrschen den Industriezweig. Aber die Fords, Chevrolets, Toyotas und Hondas stellen *geringfügig differenzierte* Produkte dar, und sie müssen sich gegenüber kleineren Herstellern, wie etwa Fiat, Chrysler und Volvo behaupten.

In der Schwerindustrie sind Gesellschaften wie General Electric, Westinghouse, Allis-Chalmers und andere Beispiele für Oligopole, bei denen wenige Anbieter mit geringfügig differenzierten Produkten am Markt auftreten.

Viele differenzierte Anbieter

Sie sind die letzten auf unserer Liste von Beispielen für den unvollkommenen Wettbewerb. Wie im Falle des vollkommenen Wettbewerbs treten hier viele Anbieter auf. Aber in ihrem Fall stellen sie *keine identischen* Produkte her, sondern differenzierte, das heißt Produkte, die sich tatsächlich geringfügig in der Qualität unterscheiden oder von denen die Käufer zumindest glauben, daß sie Qualitätsunterschiede aufweisen. So gehe ich beispielsweise zur Exxon-Tankstelle in meinem Ort, weil sie etwas günstiger gelegen und sauber ist und weil ich davon ausgehe, daß der Tankstellenbesitzer dafür sorgt, daß seine Tanks sauber sind und kein Wasser eindringt. Deshalb verliere ich jedoch den Benzinpreis von Exxon im Vergleich zu benachbarten Tankstellen nicht aus den Augen – beträgt der Preisunterschied mehr als ein paar Cent pro Gallone, wechsele ich sogar zu einer einige Meilen entfernt gelegenen freien Tankstelle über.

Wie ist diese Produktdifferenzierung unter vielen verschiedenen Anbietern zu erklären? Gelegentlich spielen einfach Standortgründe eine Rolle, Aspekte der Bequemlichkeit des Einkaufs in der Nähe der Wohnung, des Arbeitsplatzes oder der Schule. Manchmal sind geringe Unterschiede ausschlaggebend, die mit dem Warenzeichen oder der Schutzmarke zusammenhängen (etwa im Fall von Aspirin) oder mit dem Styling (etwa bei Schuhen oder bei Bekleidung). Manchmal begründen auch Einkaufsgewohnheiten eine Präferenz für einen Anbieter gegenüber einem anderen.

Dennoch werden die Konsumenten auf den Preis des differenzierten Produktes achten. Geht der Preis für ein bevorzugtes Produkt A zu weit hoch, wird der Absatz des Produktes A zugunsten eines Produktes eines entfernteren Konkurrenten B oder C zurückgehen und so fort. (In diesem Fall, das heißt wenn Ihre Konkurrenten ihr P senken, verlagert sich Ihre nn-Kurve in Abbildung 23.1(b) weit nach links unten.)

All diese zahlreichen Kategorien von Marktstrukturen überschneiden sich. Sie erstrecken sich graduell vom vollkommenen Wettbewerb über eine große Anzahl differenzierter Anbieter zu den beiden Oligopolarten bis hin zum Grenzfall des Monopols.

Tabelle 23.3 vermittelt einen Überblick über die verschiedenen möglichen Kategorien des unvollkommenen und des vollkommenen Wettbewerbs. Sie lohnt die Mühe einer eingehenderen Beschäftigung, denn wir werden jeden der verschiedenen Fälle des unvollkommenen Wettbewerbs in diesem und dem anschließenden Kapitel untersuchen.

B. Das gewinnmaximale Gleichgewicht des Monopols

Im Teil B dieses Kapitels wollen wir uns nunmehr den Grundlagen der Gewinnmaximierung zuwenden, wobei wir uns vorwiegend auf den Grenzfall des vollkommenen Monopols konzentrieren werden. Die für das Verständnis des gewinnmaximalen Gleichgewichts im Falle des vollkommenen Monopols erforderlichen Werkzeuge – nämlich die Grenzkosten und der Grenzerlös – lassen sich dabei auch auf weitergehende Bereiche anwenden; wir werden sie ebenso für die Analyse des Oligopols im anschließenden Kapitel brauchen wie als Ausgangsbasis für das Verständnis der staatlichen Monopolkontrolle und der Antitrust-Gesetzgebung.

Preis, Menge und Gesamterlös

Wie groß ist die gewinnmaximale Ausbringungsmenge q, die ein Monopolist in jeder gegebenen Situation zu produzieren versucht? Und wie hoch ist der dazugehörige gewinnmaximale Preis, den er verlangen sollte?

Es zeigt sich, daß uns alte und neue *Grenz*-Begriffe den Schlüssel zum Verständnis des Verfahrens der Gewinnmaximierung liefern.

Wettbewerbsformen

Wettbewerbsform	Zahl der Produzenten und Grad der Produktdifferenzierung	Geltungsbereich in der Volkswirtschaft	Grad der Preiskontrolle	Verkaufsmethoden
Vollkommener Wettbewerb	Viele Produzenten; identische Produkte	Einige Branchen der Landwirtschaft (Weizen, Mais...)	Keine Kontrolle	Markttausch oder Versteigerung
Unvollkommener Wettbewerb: Viele differenzierte Anbieter	Viele Produzenten; viele echte oder eingebildete Unterschiede im Produkt	Einzelhandel (Nahrungsmittel, Benzin)	Geringe Kontrolle	Werbung und Qualitätswettbewerb; regulierte Preise
Oligopol	Wenige Produzenten; wenige oder keine Unterschiede im Produkt	Stahl, Aluminium		
	Wenige Produzenten; geringe Produktdifferenzierung	Autos, Maschinen		
Vollkommenes Monopol	Ein einziger Produzent; ein einziges Produkt ohne echtes Substitut	Lokale Telefongesellschaften, Strom-, Gasversorgung (»natürliche Monopole«)	Beträchtliche Kontrolle	Werbung durch eigene und »institutionelle« Öffentlichkeitsarbeit

Tabelle 23.2. In den meisten Wirtschaftszweigen herrscht unvollkommener Wettbewerb – eine Mischung aus Monopol und Wettbewerb.

Was die Kosten betrifft, wurden alle notwendigen Werkzeuge bereits in Kapitel 21 entwickelt (*GK, DK, TK* usw.).

Deshalb können wir uns hier den Fragen des Umsatzes beziehungsweise der Verkaufserlöse zuwenden. Aus der Nachfragekurve nn des Unternehmens kennen wir die Beziehung zwischen seinem P und dem dazugehörigen q, das es absetzen kann. Diese Beziehung ist in der Spalte (2) der Tabelle 23.3 für ein hypothetisches Unternehmen dargestellt. Und die Abbildung 23.4(a) zeigt die Nachfragekurve nn dieses Monopolisten (für den der Einfachheit halber eine geradlinige Nachfragekurve angenommen wurde). Die Spalte (3) der Tabelle 23.3 zeigt, wie man durch Multiplikation von $P \times q$ den *Gesamterlös TE* des Unternehmens erhält: So erbringen 0 Einheiten einen Gesamterlös $TE = 0$; 1 Einheit erbringt $TE = 180 \times 1$ Dollar; 2 Einheiten $TE = 160 \times 2 = 320$ Dollar. Stets gilt: $TE = P \times q$.

Zunächst steigt der Gesamterlös mit q, da im anfänglichen elastischen Bereich der Nachfragekurve die für den Absatz einer zusätzlichen Einheit von q erforder-

Gesamt- und Grenzerlöse

(1) Menge q	(2) Preis $P = DE = E/q$ (in Dollar)	(3) Gesamterlös $E = P \times q$ (in Dollar)	(4) Grenzerlös GE
0	200	0	
			+ *200*
			+ **180**
1	180	180	
			+ *160*
			+ **140**
2	160	320	
			+ *120*
			+ **100**
3	140	420	
			+ 80
			....
4	120	480	
			+ 40
			+ 20
5	100	500	
			0
			− 20
6	80	480	
			− 40
			− 60
7	60	—	
			− 80
			− 100
8	40	320	
			....
			− 140
9	—	180	
			− *160*
			− **180**
10	0	0	

Tabelle 23.3. **Die Werte für den Grenzerlös ergeben sich aus den *P*- und *q*-Größen der Nachfragetabelle.** Der Gesamterlös läßt sich aus der Multiplikation von $P \times q$ errechnen. Um die Werte des Grenzerlöses zu ermitteln, erhöhen wir q um eine Einheit und berechnen die sich ergebende Differenz im Gesamterlös. Beachten Sie, daß *GE* zunächst positiv ist, später jedoch, wenn die Nachfrage unelastisch wird, negative Werte aufweist, obgleich der Preis niemals negativ wird. *GE* liegt unter *P* infolge des Verlustes, der sich aus der Notwendigkeit ergibt, für voraufgehende Einheiten den Preis zu senken, um die neue q-Einheit verkaufen zu können. (Die *GE*-Werte sind der geglätteten *GE*-Kurve der Abbildung 23.4.(a) auf Seite 137 entnommen.)

liche Preissenkung nicht besonders groß ist. Sobald wir jedoch an einen Punkt im mittleren Bereich von *nn* gelangen, erreicht *TE* sein Maximum. In unserem Fall liegt es bei $q = 5$ und $P = 100$ Dollar, weshalb $TE = 500$ Dollar. Eine weitere Steigerung von q über diesen Punkt hinaus führt uns dann in unelastische Nachfragebereiche, und nunmehr wird die für eine Steigerung des Absatzes um 1 Prozent erforderliche prozentuale *P*-Senkung um so viel größer als 1, daß sie *TE* nach unten drückt. Abbildung 23.4(b) zeigt die kuppelförmige Gestalt der *TE*-Kurve; sie steigt von 0 bis zum Maximum bei 500 Dollar, um danach auf 0 zurückzufallen, wenn *P* verschwindend klein wird.

Bereits Tabelle 23.3 veranschaulicht einen bedeutsamen Trugschluß: »Ein nach Gewinnmaximierung strebendes Unternehmen wird stets den Preis verlangen, den der Markt hergibt; das heißt, es wird den höchstmöglichen Preis verlangen.«

Diese Aussage ist falsch. Als ein nach dem Gewinnmaximum strebender Unternehmer mögen Sie vielleicht kein Altruist sein; das heißt aber nicht, daß Sie ein

(a) Grenzerlös

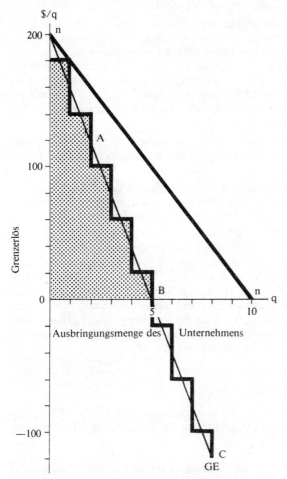

(b) Gesamterlös

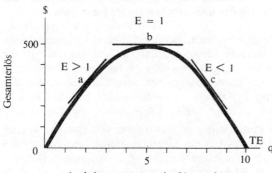

Abbildung 23.4. Der Grenzerlös ergibt sich aus der Nachfragekurve.
(a) Die Stufen zeigen den sich aus jeder neuen Outputeinheit ergebenden Zuwachs des Gesamterlöses, berechnet auf der Basis der Tabelle 23.3 (oder aus dem *TE* der Abbildung 23.4(b). *GE* fällt von Anfang an unter *P*, und zwar doppelt so schnell wie die geradlinige *nn*-Kurve. *GE* wird negativ, sobald *nn* unelastisch wird. Die Glättung der Zuwachsstufen von *TE* führt zur *dünnen GE-Linie*, die im Falle einer geradlinigen *nn*-Kurve stets ein doppelt so großes Steigungsmaß hat wie *nn*. (Beachten Sie: Diese Werte für den geglätteten *GE* entsprechen den Werten der Spalte (4) in Tabelle 23.3.)
(b) Die Gesamterlöskurve ist kuppelförmig – sie steigt von 0 (bei $q = 0$) auf ein Maximum (bei einer Elastizität von *nn* gleich 1), um dann wieder auf Null zurückzufallen (bei $P = 0$). Das Steigungsmaß von *TE* gibt die geglätteten *GE*-Werte wieder, so wie seine Stufen den jeweiligen *GE*-Zuwachs wiedergeben.

Narr sind. Denn den Höchstpreis verlangen, würde bedeuten, daß Sie überhaupt kein q absetzen und deshalb auch keinen Erlös erzielen.

Selbst wenn wir die obige Behauptung dahingehend auslegen, daß sie sich auf den höchstmöglichen Preis bezieht, zu dem überhaupt etwas abgesetzt werden kann, zeigt sich, daß der Verkauf nur einer einzigen Einheit zu einem hohen Preis nicht der richtige Weg zur Maximierung des Gewinns ist. Und selbst wenn wir (für einen Augenblick) alle Kosten vernachlässigen, bedeutet die korrekte Interpretation der Formulierung ›verlangen, was der Markt hergibt‹ die Ermittlung des im Hinblick auf das Gewinnmaximum günstigsten Kompromisses zwischen einem hohen P und einem hohen q.

In Tabelle 23.3 liegt das Maximum von $P \times q = TE$ bei $q = 5$. In diesem Punkt wechselt die Nachfragekurve aus ihrem elastischen in ihren unelastischen Bereich über.

Deshalb würde ein Monopolist, selbst wenn er überhaupt keine Produktionskosten hätte, sein Produkt nicht zum Höchstpreis verkaufen, sondern zu dem Preis, bei dem TE sein Maximum erreicht beziehungsweise bei dem die Nachfrageelastizität von > 1 zu genau 1 zurückkehrt.

Ehe wir nun den wichtigen Begriff des Grenzerlöses einführen, können wir die Tatsache festhalten, daß der Preis, zu dem das jeweilige q verkauft wird, zum Unterschied vom Grenzerlös als Durchschnittserlös (DE) bezeichnet werden könnte. Somit erhalten wir $P \equiv DE$ aus der Division von TE durch q (genauso wie wir zuvor DK aus der Division von TK durch q erhalten hatten). Überzeugen Sie sich davon, daß wir die Spalte (2) – wenn Spalte (3) *vor* Spalte (2) ausgefüllt worden wäre – durch Division ermitteln könnten. Füllen Sie die Leerstellen in den Spalten (2) und (3) aus, um Ihr Verständnis zu prüfen.

Grenzerlös und Preis anhand einer Graphik

Wir brauchen ein Testverfahren, um bestimmen zu können, um wieviel der Gesamterlös steigt oder fällt, wenn wir q erhöhen. Als zweckmäßiger Begriff bietet sich der Grenzerlös an.

■ **Der »Grenzerlös« wird als der Zuwachs des Gesamterlöses (positiv oder negativ) definiert, der sich ergibt, wenn wir q um eine zusätzliche Einheit erhöhen. GE ist positiv, solange die Nachfrage noch elastisch ist, und negativ, wenn die Nachfrage unelastisch ist. Er überschreitet die Schwelle von 0, wenn die Nachfrage aus dem elastischen in den unelastischen Bereich übergeht.**

Die Werte für den Grenzerlös sind in Spalte (4) der Tabelle 23.3 in halbfetter Schrift aufgeführt. Sie werden wie folgt berechnet: Subtrahieren Sie den TE, der sich aus dem Absatz von q-Einheiten ergibt, von dem TE bei einem Verkauf von $q + 1$ Einheit. Die Differenz ist unser zusätzlicher oder Grenzerlös, GE. So erzielen wir beim Übergang von $q = 0$ zu $q = 1$ einen $GE = 180 - 0$ Dollar, beim Übergang von $q = 1$ zu $q = 2$ einen $GE = 320 - 180 = 140$ Dollar.

GE ist positiv, bis wir an den Punkt von $q = 5$ gelangen; von dort an wird er negativ. Das bedeutet jedoch nicht, daß Sie Güter zu einem negativen Preis verkaufen. Tatsächlich bleibt der Durchschnittserlös – der eine andere Bezeichnung für P ist – positiv. Es bedeutet lediglich, daß Sie, um die sechste q-Einheit verkaufen zu können, den Preis für die ersten 5 Einheiten so stark senken müssen, daß Sie einen geringeren *TE* erzielen – was Ihnen der negative *GE* deutlich macht.

Das mag uns als Warnung dienen: Verwechseln Sie nie den Grenzerlös mit dem Durchschnittserlös oder dem Preis. Die Tabelle läßt uns den Unterschied erkennen. Sehen Sie sich Abbildung 23.4(a) genau an, um festzustellen, daß die eingezeichneten *GE*-Stufen definitiv unter der *nn*-Kurve des *DE* liegen. Tatsächlich hat *GE* bereits einen negativen Wert erreicht, wenn *nn* sich noch auf halbem Weg gegen Null befindet.

Warum ist *GE* für einen unvollkommenen Konkurrenten eigentlich definitiv kleiner als *P* (oder *DE*). Zwar habe ich meine letzte Produktionseinheit zu *P* verkauft; aber was mußte ich tun, um diese letzte Absatzeinheit an den Mann zu bringen? Ich mußte eindeutig meinen Preis senken, da ich nicht der horizontalen Nachfragekurve des vollkommenen Konkurrenten gegenüberstehe. Aber die Senkung meines Preises für den letzten neuen Käufer bedeutete, daß ich auch meinen Preis für alle vorherigen Käufer senken mußte. Deshalb ist mein zusätzlicher Erlös, mein *GE*, offensichtlich geringer als der Preis, und zwar um den aus den vorangegangenen Einheiten erzielten Erlös, den diese Preissenkung verursacht hat.

Zusammenfassend läßt sich festhalten:

■ **Bei fallender Nachfragekurve *nn* ist**
$P > GE\ (= P - $ **Verlust aus vorhergehenden *q*-Einheiten)**

In Spalte (4) der Tabelle 23.3 ist zu erkennen, daß die geglätteten *GE*-Werte (in Kursivschrift) ebenfalls kleiner sind als die Preise *P* der Spalte (2).

Nur unter den Bedingungen des vollkommenen Wettbewerbs, unter denen der Verkauf einer zusätzlichen Einheit den Preis niemals drücken wird, ist der Ausdruck »Verlust aus allen vorherigen *q*-Einheiten« gleich Null. Nur in diesem Fall sind Preis und Grenzerlös identisch. Graphisch hat eine geradlinige *GE*-Kurve stets das doppelte Steigungsmaß der *nn*-Kurve.

Hat *nn* einen horizontalen Verlauf, wie im Falle des vollkommenen Wettbewerbs, muß auch die Steigung von *nn* gleich Null sein. Dagegen hat die *GE*-Kurve das doppelte Steigungsmaß der *nn*-Kurve, das heißt die Steigung beträgt $2 \times 0 = 0$. Daher fallen *nn* und *GE* eines Anbieters unter den Bedingungen des vollkommenen Wettbewerbs zusammen und bilden ein und dieselbe Horizontale.

Damit ist unsere Analyse des Grenzerlöses abgeschlossen, und wir sind für die Aufgabe gerüstet, das gewinnmaximale Gleichgewicht des Unternehmens zu bestimmen.

Das Gewinnmaximum

Nehmen wir einmal an, daß das Unternehmen seinen Gesamtgewinn maximieren will. Um dies zu erreichen, muß es abgesehen von den Informationen über den Gesamterlös, die es von der Nachfrageseite erhält, auch die Informationen über die Gesamtkosten berücksichtigen, die wir in Kapitel 21 dargestellt haben.

Zusammenfassung des Gewinnmaximums des Unternehmens

Menge q (1)	Preis P (2)	Gesamt-erlös TE (3)	Gesamt-kosten TK (4)	Gesamt-gewinn TG (5)	Grenz-erlös GE (6)	Grenz-kosten GK (7)	
0	200	0	145	− 145	+ 200	34	
					+ 180	30	GE > GK
1	180	180	175	+ 5	+ 160	27	
					+ 140	25	
2	160	320	200	+ 120	+ 120	22	
					+ 100	20	
3	140	420	220	+ 200	+ 80	21	
					+ 60	30	
4*	120	480	250	+ 230	+ 40	40	GE = GK
					+ 20	50	
5	100	500	300	+ 200	0	60	
					− 20	70	
6	80	480	370	+ 110	− 40	80	
					− 60	90	
7	60	420	460	− 40	− 80	100	
					− 100	110	GE < GK
8	40	320	570	− 250			

*Gewinnmaximales Gleichgewicht.

Tabelle 23.4. Das gewinnmaximale q und P eines Unternehmens ergeben sich in dem Punkt, in dem die Grenzkosten gleich dem Grenzerlös sind.
Die Gesamtkosten und die Grenzkosten der Produktion werden nunmehr mit dem Gesamterlös und dem Grenzerlös verknüpft. Für das Gewinnmaximum entscheidet sich ein Unternehmen in dem Punkt, in dem $GE = GK$, $q^* = 4$ und $P^* = 120$ Dollar und der maximale Gesamtgewinn $TG = 230 = 120 \times 4 − 250$ Dollar. (Beachten Sie: Aus Gründen der Anschaulichkeit wurden die kursiven GE- und GK-Werte eingefügt, um die geglätteten Werte in jedem einzelnen q-Punkt wiederzugeben; aber auch ohne sie würden wir zum gleichen Resultat gelangen.)

- **Der Gesamtgewinn (TG) ist gleich dem Gesamterlös abzüglich der Gesamtkosten:**

$$TG = TE - TK = P \times q - TK$$

Um seinen Gewinn zu maximieren, muß das Unternehmen den Gleichgewichtspreis P^* und die Gleichgewichtsmenge q^* ermitteln, bei der sich die größte Differenz zwischen $TE - TK$ ergibt.

Der gesunde Menschenverstand sagt uns, daß dieses Gewinnmaximum nur in dem Punkt liegen kann, in dem der Grenz- (oder zusätzliche) Erlös die Grenz- (oder zusätzlichen) Kosten gerade ausgleicht.

Wir können nunmehr alle relevanten Fakten in einer Art Supertabelle, der Tabelle 23.4, zusammenfassen. Dabei interessiert uns natürlich die Spalte der Gesamtgewinne am meisten.

Welche Menge q^* maximiert den Gesamtgewinn? Und zu welchem Preis? Am einfachsten läßt sich die Antwort auf diese Fragen durch Berechnung der Spalte (5), des Gesamtgewinnes, finden − der sich aus der Differenz zwischen dem Gesamterlös und den Gesamtkosten ergibt. Dieser Tabelle entnehmen wir:

Die optimale Menge beträgt 4 Einheiten zu einem Preis von 120 Dollar pro Einheit. Nach Berücksichtigung der Gesamtkosten können wir uns davon überzeugen, daß es keine andere Situation gibt, in der wir den gleichen Gesamtgewinn von 230 Dollar bei $q^* = 4$ und $P^* = 120$ Dollar erzielen können.

Einen anderen Weg, der zum gleichen Ergebnis führt, bietet der Vergleich zwischen dem Grenzerlös der Spalte (6) und den Grenzkosten der Spalte (7). (*GE* wird aus der *TE*-Spalte berechnet, wie in Tabelle 23.3. Erinnern Sie sich an die Ausführungen in früheren Kapiteln, wonach auch *GK* in ähnlicher Weise aus *TK* berechnet wird.)

Solange eine zusätzliche Ausbringungseinheit uns einen Grenzerlös erbringt, der die Grenzkosten übersteigt, steigt unser Gewinn. Deshalb setzen wir die Steigerung der Produktion fort. Doch sobald die Grenzkosten den Grenzerlös übersteigen, schränken wir die Produktion ein. Wo liegt nun das Gleichgewicht?

- **Das gewinnmaximale Gleichgewicht liegt genau in dem Punkt, in dem Grenzerlös und Grenzkosten gleich sind:**
  Im gewinnmaximalen q und P ist $GE = GK$.

Diese zweite Methode zur Ermittlung des Optimums durch den Vergleich zwischen Grenzkosten und Grenzerlös ist weder besser noch schlechter als die erste, die sich einfach auf die Gesamtgewinne stützte. Beide laufen auf das gleiche hinaus.

Die angeführten Beispiele lassen die logische Richtigkeit der $GK = GE$-Regel als einen Weg erkennen, der zur Gewinnmaximierung führt. Was sagt uns der gesunde Menschenverstand? Wenden Sie sich für einen Augenblick der Tabelle 23.4 zu, und nehmen Sie einmal an, daß das q des Monopolisten bei 2 liegt. In dem Punkt beträgt sein *GE* im Falle der Erstellung von 1 zusätzlichen Einheit + 100, während seine *GK* 20 betragen. Würde das Unternehmen deshalb eine weitere Einheit produzieren, betrüge der Gewinnzuwachs $GE - GK = 100 - 20 = 80$. Und wenn wir uns die Spalte (5) der Tabelle 23.4 ansehen, entdecken wir dort in der Tat genau diesen Wert für den zusätzlichen Gewinn, den der Übergang von 2 zu 3 Einheiten abwirft.

Wenn also der *GE* die *GK* übersteigt, kann durch die Ausweitung der Produktion ein zusätzlicher Gewinn erzielt werden; übersteigt *GK GE*, lassen sich zusätzliche Gewinne durch eine Verringerung von q erreichen. Erst in dem Augenblick, in dem $GE = GK$, führt eine Veränderung der Produktionsmenge nicht mehr zu potentiellen Gewinnen, weshalb das Unternehmen sein gewinnmaximales Produktionsniveau erreicht hat.

Graphische Darstellung des Monopols

Wir haben zuerst die wesentlichen, für die Analyse des Verhaltens eines Monopolisten notwendigen Werkzeuge entwickelt. Dann haben wir die Bedingungen für die Erreichung des Gewinnmaximums untersucht. Nunmehr wollen wir die Monopolsituation graphisch darstellen.

Abbildung 23.5 zeigt das Gleichgewicht im Monopol. In Abbildung 23.5(a) schneidet die *GK*-Kurve die *GE*-Kurve in *E*, dem Punkt des Gewinnmaximums, in dem $q^* = 4$. Wir bewegen uns nun senkrecht von *E* bis zur *nn*-Kurve in *G*, wo

(a) Gewinnmaximierung

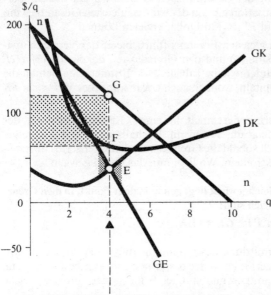

(b) Gesamtkosten, Gesamterlös und Gesamtgewinn

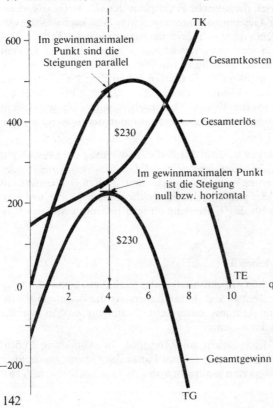

Abbildung 23.5. Das gewinnmaximale Gleichgewicht läßt sich entweder mit Hilfe der Grenzwertkurven oder der Gesamtwertkurven darstellen.

(a) In E, dem Schnittpunkt von GK und GE, liegt die gewinnmaximale Gleichgewichtsposition. Jede Bewegung weg von E verringert den Gewinn. In G liegt der Preis über E; und da P über DK liegt, ist der maximierte Gewinn positiv. (Ist Ihnen klar, warum das schattierte, graue Rechteck den Gesamtgewinn mißt? Und warum die schattierten Dreiecke beiderseits von E den Rückgang des Gesamtgewinns zeigen, der sich aus einer Abweichung von der Position $GE = DK$ ergibt – d.h. die größere Einbuße an zusätzlichem Erlös gemessen an den zusätzlichen Kosten?)

(b) Auch hier wird die Gewinnmaximierung dargestellt, allerdings mit Hilfe von *Gesamtgrößen*, nicht von *Grenzgrößen*. Der Gesamtgewinn erscheint als vertikale Entfernung zwischen TK und TE; er befindet sich dort im Maximum, wo die beiden *oberen* Gesamtwertkurven die gleiche, parallelverlaufende Steigung haben und $GE = GK$. Dies ist notwendig, wenn die *untere* Kurve des Gesamtgewinns ihr Maximum erreichen und eine horizontale Steigung in dem Punkt haben soll, in dem GE GK ausgleicht.

$P = 120$ Dollar. Die Tatsache, daß G oberhalb von F liegt, jenem Punkt auf der DK-Kurve, bei dem $q^* = 4$, garantiert einen positiven Gewinn. (Den Gesamtgewinn können wir nicht direkt ablesen, es sei denn, wir berechnen die graue schattierte Fläche der Abbildung 23.5.(a).)

Die gleiche Aussage läßt sich auch anhand der Abbildung 23.5(b) machen, die nicht mit Grenz-, sondern mit Gesamtgrößen arbeitet. Der Gesamterlös verläuft kuppelförmig. Die Gesamtkosten steigen unentwegt. Der vertikale Abstand zwischen beiden stellt den Gesamtgewinn dar, der mit einem negativen Wert einsetzt und negativ endet. Dazwischen ist der Gesamtprofit TP positiv und erreicht sein Maximum bei $q^* = 4$ mit 230 Dollar, dem Punkt, in dem TE und TK die gleiche Steigung haben und die Kurven deshalb parallel verlaufen: Verliefen diese GE- und GK-Steigungen nicht parallel, sondern würde sich der Winkel der Steigungstangenten nach rechts öffnen (wie bei $q = 2$), könnten wir durch eine Ausweitung von q unseren Gewinn geringfügig steigern. Bei q^* ist die ideale Situation erreicht. Dies wird durch die den Gesamtgewinn ausweisende untere Kurve bestätigt, deren Steigung im Scheitel horizontal ist: Die Steigung von TP entspricht eindeutig der Differenz zwischen $GE - GK$; und diese Steigung sollte in ihrem Maximum definitiv gleich Null sein.

■ **Zusammenfassend stellen wir fest: Ein Monopolist erreicht sein Gewinnmaximum bei einem Produktionsniveau, bei dem $GK = GE$. Da ein Monopolist sich einer fallenden Nachfragekurve gegenübersieht, bedeutet dies, daß $P = DE > GE$, worin die Tatsache zum Ausdruck kommt, daß der Monopolist, um die letzte Einheit verkaufen zu können, den Preis vorhergehender Einheiten senken muß. Durch die Maximierung seines Gewinns erzeugt der Monopolist deshalb eine Verknappung, die zu einem über den Grenzkosten liegenden Preis führt.**

Der vollkommene Wettbewerb als extremer Sonderfall des unvollkommenen Wettbewerbs

Damit haben wir unsere Analyse des Begriffes des Grenzertrages abgeschlossen; wir haben gesehen, daß für einen nach Gewinnmaximierung strebenden Monopolisten der Schlüssel zum Erfolg darin liegt, daß GK gleich GE sein muß.

Tatsächlich geht der Anwendungsbereich dieser Regel weit über den Fall eines Monopolisten hinaus. Es bedarf keiner großen Überlegung, um zu erkennen, daß die Regel $GK = GE$ die gleiche Gültigkeit auch für den nach Gewinnmaximierung strebenden vollkommenen Konkurrenten hat, und zwar aus folgendem Grund:

Für einen unter den Bedingungen des vollkommenen Wettbewerbs tätigen Anbieter ist der Grenzerlös letztlich genau das gleiche wie der Preis. Muß P im Interesse des Absatzes einer zusätzlichen Einheit von q nicht gesenkt werden, dann entspricht der zusätzliche Grenzerlös, den dieses letzte q Ihnen bringt, genau gleich dem P, den Sie dafür erzielen, ohne daß von diesem Verluste aus vorhergehenden Einheiten abgezogen werden müßten. Folglich führen $GE = GK$ und $P = GE$ tatsächlich zu folgender Sonderregel für die Gewinnmaximierung des Anbieters unter Bedingungen des vollkommenen Wettbewerbs:

■ $P = GE = GK$
im Gewinnmaximum des vollkommenen Konkurrenten.

Sie können sich dieses Ergebnis auch optisch verdeutlichen, wenn Sie die Abbildung 23.5 entsprechend korrigieren. Gilt sie auch für den Anbieter unter den Bedingungen des vollkommenen Wettbewerbs, verliefe die *nn*-Kurve horizontal und würde sich mit der *GE*-Kurve decken. Stellen Sie fest, wo der gewinnmaximierende Schnittpunkt $GE = GK$ liegt, der sich auch bei $P = GK$ einstellen muß.[3] Wir erkennen deshalb, daß die allgemeine Regel für die Gewinnmaximierung genauso für den Anbieter unter Bedingungen des vollkommenen wie des unvollkommenen Wettbewerbs gilt.

Was geschehen ist, ist geschehen

Obgleich es nicht unbedingt das Ziel der Wirtschaftswissenschaft ist, einen erfolgreichen Unternehmensleiter aus Ihnen zu machen, vermittelt sie Ihnen dennoch mancherlei neue Denkweisen. Hier ist ein Beispiel:

Wirtschaftswissenschaftler betonen stets die »zusätzlichen« oder »Grenz«-Kosten und Vorteile einer Entscheidung und sagen:

Was geschehen ist, ist geschehen. Niemals zurückblicken. Kein Wehgeschrei über entstandene Kosten für bestimmte Anlagen anstimmen. Immer die Zukunft im Auge behalten. Scharf kalkulieren, welche zusätzlichen Kosten alle weiteren Entscheidungen nach sich ziehen, und diesen Kosten dann die zusätzlichen Vorteile gegenüberstellen. Alle positiven und negativen Dinge, die ohnehin weiterlaufen, aus dem Blickfeld streichen und Entscheidungen treffen, die sich ausschließlich auf zukünftige Kosten und auf zukünftige Vorteile richten.

Diese Haltung, das heißt Vergangenes auf sich beruhen zu lassen, ist von großer Bedeutung. Die meisten erfolgreichen Entscheidungsträger verfahren gefühlsmäßig nach dieser Regel, selbst wenn sie keine systematische wirtschaftswissenschaftliche Schulung erhalten haben. (Siehe ergänzender Hinweis S. 145)

C. Das Monopol: Gesamtwirtschaftliche Kosten und Kontrolle

In Teil B dieses Kapitels haben wir die Prinzipien untersucht, auf denen die Bestimmung des Preises und der Ausbringungsmengen unter Monopolbedingungen beruht. Nunmehr wenden wir uns der Beurteilung der praktischen Bedeutung des Monopols in der modernen Wirtschaft zu – ihren Kosten im Hinblick auf die Ressourcenallokation sowie den modernen Möglichkeiten der Monopolkontrolle. Im späteren Verlauf dieses Teiles beschäftigen wir uns außerdem mit der Frage, in welcher Weise der Staat auf die Preis- und Mengenentscheidungen

---

[3] Wenn Sie Abbildung 23.5(a) in eine Darstellung der Situation des vollkommenen Konkurrenten überführen wollen, bringen Sie eine horizontal verlaufende nn-Kurve zur Deckung mit *GE*. Ermitteln Sie dann in der üblichen Weise den Schnittpunkt zwischen *GE* und *GK* (wobei Sie das alte *GK*-Bild des Kapitels 22 erhalten). Bei dieser neuen Version wird *TE* zu einer aus dem Koordinatenursprung aufsteigenden Geraden. Doch müssen auch in diesem Fall die Steigungsmaße von *TE* und *TK* im gewinnmaximalen Gleichgewichtspunkt gleich sein.

> **Ergänzender Hinweis:**
>
> Ein bedeutsames Beispiel für die Anwendung dieses Prinzips in jüngster Vergangenheit bezog sich auf den Bereich der Kernenergie. 1984 waren etwa zwei Dutzend teilweise fertiggestellte Kernreaktoren über die Landschaft verstreut. Einige hatten bereits Milliarden verschlungen, aber sie waren nach wie vor nicht betriebsbereit.
>
> Einen besonders schwierigen Fall stellte die Shoreham-Anlage auf Long Island Sound, New York, dar. Bis zur Mitte des Jahres 1984 hatte ihr Eigner bereits 4 Milliarden Dollar für Ziegel, Mörtel, Brennstäbe und Zinsen aufgewandt, ohne jedoch eine Betriebserlaubnis erhalten zu haben. Man könnte sich die Frage stellen, ob die Anlage nun nicht aus Gründen der wirtschaftlichen Vernunft hätte ans Netz angeschlossen werden sollen? Und insbesondere, welches Gewicht der bereits getätigten Investition in Höhe von 4 Milliarden Dollar beizumessen sei?
>
> Dem *Prinzip »was geschehen ist, ist geschehen«* zufolge, müßte die Antwort lauten: *Die in der Vergangenheit getätigte Investition von 4 Milliarden ist irrelevant.* Aus ökonomischer Sicht ist allein die Frage der *zukünftigen* Kosten und Vorteile ausschlaggebend. Das heißt, welche wirtschaftlichen Vorteile ergeben sich aus der potentiellen Stromproduktion von Shoreham? Und wie hoch sind die Alternativkosten der Erzeugung der gleichen Strommenge? (Um den Sicherheitsaspekt aus dem Spiel zu lassen, gehen wir davon aus, daß alle alternativen Energiequellen mit dem gleichen Risiko behaftet sind.)
>
> Der entscheidende bei dieser Rechnung zu beachtende Aspekt besteht darin, daß die bereits entstandenen Kosten für diese spezifische Investition in Höhe von 4 Milliarden Dollar irrelevant sind für die zukünftigen Kosten und Vorteile. Untersuchungen ließen nun erkennen, daß – bei Vernachlässigung der 4 Milliarden Dollar – die *zukünftigen* Kosten des Kernkraftwerkes etwas unter denen der zweitbesten Alternative lägen, obgleich die *Gesamtkosten* (mit 4 Milliarden Dollar) weit über denen der alternativen Energieversorgungsquelle lägen. Eine rein ökonomische Analyse (wiederum unter Vernachlässigung der Sicherheitsfragen) würde deshalb zu dem Schluß gelangen, daß unter dem Gesichtspunkt der größten Leistungsfähigkeit die Shoreham-Anlage in Betrieb zu nehmen sei.

natürlicher Monopole Einfluß nehmen kann. Als Vorbereitung darauf wollen wir zunächst untersuchen, inwiefern ein Monopol der Gesellschaft Kosten verursacht. Diese Analyse läßt dann erkennen, warum Regierungen Monopole kontrollieren und Wettbewerbsschutzgesetze erlassen. Erinnern wir uns daran, auf welche Weise Abweichungen vom vollkommenen Wettbewerb die Leistungsfähigkeit beeinträchtigen, mit der ein System der freien Preisbildung die wichtigen Fragen des *Was, Wie* und *Für wen* löst.

Unter den Bedingungen der Monopolpreisbildung und wenn Unternehmen einer fallenden Nachfragekurve gegenüberstehen, liegt ihr Grenzerlös (und damit ihre Grenzkosten) unter ihrem Preis. Deshalb werden Anbieter unter solchen Bedingungen des unvollkommenen Wettbewerbs, wenn sie ihr Eigeninteresse geschickt verfolgen, sich nicht von der *Unsichtbaren Hand* von Adam Smith leiten lassen, um die Ausbringungsmenge zu erstellen, bei der das allgemeine Wohl am stärksten gefördert wird.

Die Kosten des Monopols

Wir wollen nochmals wiederholen, auf welche Weise das Auseinanderklaffen zwischen Preis und Grenzkosten die Effizienz beeinflußt, mit der die Volkswirtschaft ihre Produktion und Distribution organisiert. Dieser komplexen Frage sind wir bereits begegnet, und wir werden ihr auch weiterhin wiederholt begegnen.

Die Beschränkung der Produktion durch das Monopol

Um zu erkennen, auf welche Weise und warum ein Monopolist für ein zu geringes q sorgt, wollen wir uns vorstellen, daß alle Geldstimmen angemessen verteilt sind und daß das Unternehmen A der einzige unvollkommene Konkurrent im System ist. Alle übrigen Unternehmen sind unter den Bedingungen des vollkommenen Wettbewerbs tätig, bei denen $GK = P$ ist. Der Preis ist das Signal, mit Hilfe dessen die Konsumenten zum Ausdruck bringen, welchen Wert sie den verschiedenen Gütern beimessen. Die Kosten, und zwar insbesondere die Grenzkosten, sind die Indikatoren für die Menge an wertvollen Ressourcen der Gesellschaft, die diese für die Produktion jedes einzelnen Gutes einsetzt; wieviel knappen Boden, mühevolle Arbeit und sonstige Ressourcen, die auch in die Produktion anderer Güter fließen könnten. In sämtlichen anderen Bereichen produzieren die unter Wettbewerbsbedingungen arbeitenden Unternehmen die Dinge, die die Konsumenten am stärksten nachfragen, und zwar bis zu dem Punkt, bei dem $P = GK$ und bei dem die Güter ihre Kosten wert sind. (Falls Ihnen dieses Argument nicht ganz durchsichtig ist, sehen Sie sich nochmals die Abbildung 22.7 an, um Ihre Erinnerung aufzufrischen.)

Betrachten Sie jetzt den nicht unter Bedingungen des vollkommenen Wettbewerbs tätigen Unternehmer A – den einen Abweichler. Wie verhält er sich? A zwingt niemanden, bei ihm zu kaufen. Aber die Tatsache, daß A sich einer fallenden Nachfragekurve gegenübersieht, zeigt, daß er einen gewissen Einfluß auf P hat. Auf welche Weise macht er von seiner Machtposition Gebrauch? Produziert er Güter bis zu dem Punkt, an dem die gesellschaftlichen Kosten – ausgedrückt durch GK – gleich dem Wert der letzten Einheit dieses Gutes für die Gesellschaft sind – ausgedrückt durch den Marktpreis, der sich aus den Geldstimmen der Konsumenten ergibt? Nein. Der unvollkommene Konkurrent ist darum bemüht, die Menge etwas zu verknappen. Er versucht P etwas über GK zu halten, weil er dadurch die Situation $GE = GK$, das heißt die Gewinnmaximierung, herbeiführen kann. Deshalb erhält die Gesellschaft nicht ganz so viel von dem von A erstellten Produkt, wie sie im Grunde genommen – gemessen an den der Gesellschaft durch die Produktion dieses Gutes entstehenden echten Kosten – wünscht.

Nachdem wir gesehen haben, welche qualitativen Kosten Monopole verursachen, wollen wir uns der quantitativen Messung dieser Kosten zuwenden.

Monopolbedingte Verluste für die Gesellschaft

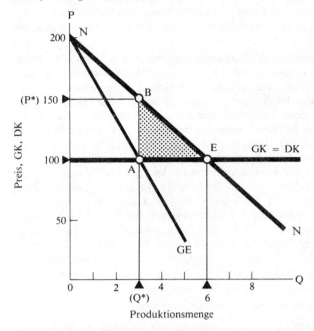

Abbildung 23.6. Die Folge der Beschränkung der Produktion durch Monopolisten sind wirtschaftliche Verluste.
Diese Abbildung stellt die wirtschaftlichen Verluste dar, die aus der Monopolpreisbildung resultieren. Wenn wir unterstellen, daß alle anderen Industriezweige und Faktormärkte unter Bedingungen des vollkommenen Wettbewerbs arbeiten, stellt die *GK*-Kurve die Kosten für die Gesellschaft (den in anderen Bereichen eingebüßten Output) für verschiedene Outputniveaus dar. Unterstellen wir eine Identität sämtlicher Konsumenten – so daß die *NN*-Kurve dem gesellschaftlichen Grenznutzen bei jeder Höhe von *Q* entspricht –, dann sind in dem unter Wettbewerbsbedingungen erreichten Punkt *E* der Produktion die gesellschaftlichen *GK* gleich dem gesellschaftlichen *GN*, so daß die gesellschaftliche Wohlfahrt ihr Maximum erreicht. Im Outputpunkt *B* des Monopolisten (bei $Q^* = 3$ und $P^* = 150$) liegt der gesellschaftliche *GN* über den gesellschaftlichen *GK*, und ein Teil der Konsumentenrente geht verloren. Die Addition aller zwischen $Q = 3$ und $Q = 6$ eingebüßten Einheiten der Konsumentenrente ergeben den aus der Existenz eines Monopols resultierenden Gesamtverlust, der durch die schattierte Fläche *ABE* dargestellt wird.

Der monopolbedingte Effizienzverlust und seine Messung

Mit Hilfe der Werkzeuge dieses und früherer Kapitel können wir den aus Monopolsituationen resultierenden Verlust an Effizienz graphisch erfassen. Abbildung 23.6 ist nichts anderes als die von einigem Rankwerk befreite Abbildung 23.5. Wäre unser Wirtschaftszweig unter den Bedingungen des vollkommenen Wettbewerbs tätig, würde sich das Gleichgewicht in *E* einstellen, wo $GK = P$. Unter den strengen Bedingungen eines allgemeinen vollkommenen Wettbewerbs mit identischen Konsumenten, läge die von diesem Wirtschaftszweig produzierte Menge bei 6, und zwar bei einem Preis von 100.

Nun lassen wir einen Monopolisten die Bühne betreten – einen, der vielleicht durch Zölle, gesetzliche Vorschriften oder ein von ihm allein genutztes Patent begünstigt wird. Bei ihm wäre *GK* nicht gleich *P*, sondern gleich *GE*, weshalb er das Gleichgewicht zum Punkt $Q = 3$ und $P = 150$ der Abbildung 23.6 verschieben würde. Verglichen mit einem unter Wettbewerbsbedingungen tätigen Unternehmen läge bei ihm der Preis also höher, während die Ausbringungsmenge geringer wäre.

Mit Hilfe unseres Instrumentes der Konsumentenrente (vgl. Kapitel 19) können wir nunmehr den Verlust messen, den der von seiner Machtposition Gebrauch machende Monopolist verursacht. Erinnern Sie sich, daß der gesellschaftliche Verlust, den jede Senkung der Ausbringungsmenge unter den Punkt E um eine Einheit mit sich bringt, gleich dem vertikalen Abstand zwischen der Nachfragekurve und der GK-Kurve ist. Die Minderung der Konsumentenrente insgesamt ist in diesem Fall gleich der Summe aller derartiger Verluste, die in Abbildung 23.6 durch das Dreieck ABE dargestellt werden. Warum? Weil die NN-Kurve den Grenznutzen der Konsumenten bei jeder jeweiligen Ausbringungsmenge darstellt, während die GK-Kurve den Nutzentgang darstellt, der durch die Tatsache bedingt wird, daß der Monopolist die Güter, die von anderen Wirtschaftszweigen erstellt werden könnten, nicht anbietet. Bei $Q = 3$ stellt deshalb der vertikale Abstand zwischen B und A den Nutzen dar, den eine geringfügige Erhöhung des Outputs Q bringen würde. Addieren wir sämtliche, der Gesellschaft entgangenen Nutzeneinheiten zwischen $Q = 3$ und $Q = 6$, dann erhalten wir die schattierte Fläche ABE.[4]

Empirische Untersuchungen über die Kosten von Monopolen

Die Wirtschaftswissenschaftler haben es nicht bei der qualitativen Analyse der Auswirkungen von Monopolen bewenden lassen. In den letzten Jahren ist im Rahmen zahlreicher empirischer Untersuchungen der Versuch unternommen worden, die Kosten des unvollkommenen Wettbewerbs für die Wirtschaft der Vereinigten Staaten insgesamt zu messen. Im wesentlichen wird in diesen Untersuchungen versucht, die Größe der Fläche ABE der Abbildung 23.6 zu schätzen, die ja den absoluten beziehungsweise den Nettoverlust darstellt, der der Gesellschaft aus der Existenz von Monopolen erwächst.

In der einflußreichsten Untersuchung von Arnold Harberger wurden die Kosten des Monopols im warenproduzierenden Gewerbe ermittelt durch Schätzung der Differenz zwischen GK und P einerseits und der Beschränkung der Produktionsmenge andererseits. Die durch das Dreieck ABE dargestellte Minderung der gesellschaftlichen Wohlfahrt ist etwa gleich $½ \times (P - GK) \times$ (monopolbedingte Veränderung des Q). Den durch die Existenz von Monopolen verursachten Ge-

---

[4] Bei einer Beurteilung von Monopolverlusten sollte man jedoch eine gewisse Zurückhaltung üben. Zum einen muß man sich – wenn nicht alle Konsumenten gleich sind und wenn sie unterschiedliche Einkommen beziehen – Gedanken darüber machen, wer tatsächlich Konsum betreibt und wer die Monopoleinkommen bezieht. Zum anderen bilden sich in fast allen Fällen Monopole immer dann, wenn der vollkommene Wettbewerb keine Überlebenschance hat, wenn die Kostenkurven einen fallenden Verlauf aufweisen und die für eine effiziente Betriebsführung erforderliche Unternehmensgröße zur Erstellung eines beträchtlichen Anteils der Gesamtproduktion des Industriezweiges führt (vgl. oben S. 126ff.). Vollkommener Wettbewerb ließe sich deshalb nicht realisieren. Sieht sich ein Unternehmenszweig abnehmenden Kosten gegenüber, sollte man einen Vergleich nicht zwischen diesem und einem vollkommenen Konkurrenten anstellen, sondern zwischen diesem und einem staatlich beaufsichtigten Monopol, das im weiteren Verlauf des Kapitels behandelt wird.

samtverlust an Wohlfahrt errechnete Harberger dann, indem er die einzelnen Nutzentgangs-Dreiecke über sämtliche Wirtschaftszweige aufsummierte.[5]

Harbergers Ergebnisse waren für die Wirtschaftswissenschaft ein Schock. Er stellte nämlich fest, daß die durch Monopole bedingte Minderung der ökonomischen Wohlfahrt nur geringfügig unter 0,1 Prozent des BSP läge, was, bezogen auf heutige wirtschaftliche Verhältnisse, einem Betrag von 4 Milliarden Dollar entspräche – ein Ergebnis, das einen Beobachter zu der launigen Bemerkung veranlaßte, daß Ökonomen, wenn sie sich dieser Auffassung anschlössen, besser daran täten, sich mit der Bekämpfung von Bränden und Termiten zu beschäftigen als mit der Bekämpfung von Monopolen.

Es hat zahlreiche von Harbergers Ergebnissen abweichende Berechnungen, Kritiken und breiter angelegte Untersuchungen gegeben. Bei diesen Kritiken geht es um Fragen der Art, ob Monopolisten möglicherweise mit höheren Kosten arbeiten als Wirtschaftszweige, die unter Wettbewerbsbedingungen tätig sind, oder ob die zugrunde gelegte Schätzung der Nachfrageelastizität im Einzelfall richtig sei. Eine kürzlich veröffentlichte zusammenfassende Darstellung, die alle diese Korrekturen beleuchtet, kommt zu dem abschließendem Urteil:

Es hat den Anschein, daß der Nettoverlust an ökonomischer Wohlfahrt, der auf eine monopolbedingte Fehlallokation von Ressourcen in den Vereinigten Staaten zurückzuführen ist, etwa in der Größenordnung zwischen 0,5 und 2 Prozent des Bruttosozialprodukts liegt, wobei die näher am unteren Ende der Skala gelegenen Schätzungen vertrauenerweckender sind als die am oberen Ende gelegenen.[6]

Abgesehen von diesen Kritiken bezieht sich ein sehr viel schwerwiegenderes Problem auf die Frage der »dynamischen Effizienz«. Wie die Untersuchung über die Ursachen des wirtschaftlichen Wachstums in Kapitel 36 zeigen wird, ist der größte Teil der Steigerung unseres Lebensstandards auf dynamische Erfindungen und auf den technologischen Wandel zurückzuführen. Sind gegen den Wind der Konkurrenz abgeschirmte Monopolisten die Gänse, die die goldenen Eier der Erfindung legen? Oder ersticken sie den Erfindergeist potentieller Neuerer? Zu dieser zentralen Frage kehren wir im anschließenden Kapitel im Zusammenhang mit der Behandlung der Schumpeterschen Hypothese zurück. An dieser Stelle wollen wir diese Diskussion lediglich vorankündigen mit dem Hinweis darauf, daß die Auswirkungen des Monopols auf dynamische Innovationen und den technologischen Wandel wahrscheinlich weit größer sind als ihre Auswirkungen auf statische, irreversible Verluste der Art, wie sie in Abbildung 23.6 dargestellt und von Harberger und anderen analysiert worden sind.

Übergewinne des Monopols

Ein zweiter Aspekt im Zusammenhang mit dem unvollkommenen Wettbewerb ergibt sich aus der Tatsache, daß ein Monopolist möglicherweise höhere Gewinne erzielt, als dies der Fall wäre, wenn der Staat ihn zwingen würde, sich wie ein

---

5 Arnold C. Harberger, »Monopoly and Resource Allocation«, *American Economic Review*, Mai 1954, S. 771–787.
6 F. M. Scherer, *Industrial Market Structure and Economic Performance*, Rand McNally, Chicago 1980, S. 464.

Anbieter bei vollkommenem Wettbewerb zu verhalten. Wenn das tatsächlich der Fall ist, stellt sich die Frage, ob dieser Übergewinn zu begrüßen oder abzulehnen ist. Ist der Monopolist ein verdienstvollerer Mensch als die meisten anderen? Ist er ärmer als andere, und braucht er das Geld dringender?

Wenn der Mann auf der Straße an das Monopolproblem denkt, mißt er dem Aspekt des Monopolgewinns die größte Bedeutung bei – der angenommenen Bereicherung des Monopolisten auf Kosten des armen Konsumenten. Deshalb stellen abgesehen von Verzerrungen der Preisstruktur sowie des Angebots Verzerrungen in der Einkommensverteilung das zweite größere wirtschaftliche Problem des unvollkommenen Wettbewerbs dar.

Interventionsstrategien

Welche Möglichkeiten hat nun der Staat, zu intervenieren und die von Monopolen verursachten Kosten zu dämpfen? Er hat tatsächlich zahlreiche Möglichkeiten, von denen einige wirksam sind, andere nicht. Folgende wichtige Waffen sind im Verlaufe der Jahre im Kampf gegen das Monopol eingesetzt worden:

1. *Steuern* sind gelegentlich als ein Mittel eingesetzt worden, um Abhilfe im Zusammenhang mit Einkommensverteilungsproblemen zu schaffen. Durch hohe Besteuerung der Monopole werden die Monopolgewinne verringert, wodurch einige der gesellschaftlich nicht vertretbaren Auswirkungen von Monopolen abgeschwächt wurden. Aber wenn Steuern vielleicht auch den aus Gerechtigkeitserwägungen erwachsenden Einwänden gegen Monopole Rechnung tragen, helfen sie wenig im Hinblick auf das Problem der Produktionsbeschränkung. Erinnern Sie sich, daß Monopole in der Regel die Preise zu stark anheben und zu wenig produzieren. Eine gut konzipierte Pauschalsteuer läßt zwar die Gewinne schrumpfen, hat jedoch keinerlei Auswirkung auf das Angebot. Eine schlecht konzipierte Steuer wird den Monopolisten jedoch eher noch weiter von einem effizienten Ausbringungsniveau entfernen und zu einer noch weiteren Steigerung der Preise und einer Verringerung des Outputs führen.

2. *Preiskontrollen* sind in Kriegszeiten eingesetzt worden (wie auch von der Nixon-Regierung Anfang der 70er Jahre), und zwar zum Teil im Interesse der Eindämmung der Inflation, zum Teil im Interesse der Senkung der Preise in Wirtschaftszweigen mit hohem Konzentrationsgrad. Untersuchungen deuten darauf hin, daß es sich bei diesen Kontrollen um ein sehr stumpfes Instrument handelt. Zwar gingen während der 70er Jahre die Gewinnspannen der großen Kapitalgesellschaften während der Laufzeit der Preiskontrollen zurück; aber die meisten Ökonomen haben den Eindruck, daß zahlreiche Verzerrungen und Schlupflöcher die Wirksamkeit dieser Maßnahmen insgesamt untergraben haben: Während der Phase der Preiskontrollen in den 70er Jahren tauchten Engpässe in der Benzinversorgung, bei Erdgas und selbst bei dem unentbehrlichen Toilettenpapier auf. Eine ganze Volkswirtschaft Preiskontrollen zu unterwerfen, nur um einige wenige Monopolisten an die Kandare zu nehmen, läuft auf dasselbe hinaus, als wenn man einen ganzen Garten ruiniert, lediglich um einige Holzkäfer zu vernichten.

Eine etwas zurückhaltendere Form der Politik besteht in der sogenannten »Seelenmassage«, deren man sich gelegentlich bedient, um Unternehmen in einem

Wirtschaftszweig mit hohem Konzentrationsgrad davon abzuhalten, die Preise zu erhöhen. Untersuchungen deuten darauf hin, daß diese Methode allenfalls zu einer Entfremdung zwischen der Unternehmerschaft und der jeweils im Amt befindlichen Regierung führt.

3. *Die Überführung von Monopolen in staatliches Eigentum* ist eine in erheblichem Umfang außerhalb der Vereinigten Staaten praktizierte Methode gewesen, von der bei uns jedoch nur selten Gebrauch gemacht wird. In vielen Bereichen (Telefon, Wasser, Gas, Elektrizität, Eisenbahnen) wird die Auffassung vertreten, daß eine effiziente Produktion nur zu erreichen sei, wenn die Unternehmen in Form von Monopolen oder Quasi-Monopolen organisiert sind. In diesen Fällen besteht das eigentliche Dilemma in dem Problem, ob man sich für das staatliche Eigentum an diesen Betrieben oder (als die zweitbeste Möglichkeit) die staatliche Kontrolle dieser Unternehmen entscheiden soll. Untersuchungen über solche Wirtschaftszweige lassen erkennen, daß in den Ländern des Westens beide Methoden gut funktionieren – die Qualität des verstaatlichten schwedischen oder japanischen Telefonverkehrs entsprach fast der in den Vereinigten Staaten vor der Auflösung des (natürlichen?) Monopols des Bell System; und staatliche Eisenbahnen in Westeuropa sind Vorbilder an Leistungsfähigkeit verglichen mit den privat betriebenen Eisenbahngesellschaften in den USA, deren Züge sich mühsam von Station zu Station schleppen. Die Entscheidung zugunsten staatlicher Kontrolle oder staatlichem Eigentum hängt deshalb möglicherweise mehr von der Geschichte und den Institutionen eines Landes ab als von eindeutigen ökonomischen Vorteilen.

Diese drei erstgenannten Methoden zur Lösung des Monopolproblems gelangen in den Vereinigten Staaten nur selten zur Anwendung. Statt dessen wurden hier zwei besondere Formen staatlicher Interventionsmaßnahmen entwickelt, die staatliche Monopolaufsicht und die Antitrust-Gesetzgebung.

4. Im Verlaufe der vergangenen hundert Jahre haben amerikanische Regierungen ein neues Instrument zur Überwachung der Industrie in Form der *staatlichen Aufsicht* entwickelt. Im Rahmen der wirtschaftlichen Aufsicht sind besondere staatliche Organe befugt, Kontrollen über Preise, über Produktionsmengen sowie über den Zugang zu beziehungsweise das Ausscheiden aus dem betreffenden staatlich beaufsichtigten Wirtschaftszweig auszuüben; diese Kontrollen spielen überall im Bereich der öffentlichen Versorgungsbetriebe, des Verkehrswesens sowie der Finanzmärkte eine Rolle. Praktisch handelt es sich dabei um staatliche Kontrolle ohne staatliches Eigentum, um Sozialismus ohne Überführung der Produktionsmittel in öffentlichen Besitz. Dieses wichtige Werkzeug – zur Eindämmung der Monopolmacht und zur Errichtung staatlich sanktionierter Kartelle – wird im weiteren Verlauf dieses Kapitels behandelt.

5. Schließlich hat die Regierung noch die Möglichkeit, monopolistischen Mißbräuchen im Rahmen der *Antitrust-Gesetze* zu begegnen. Die Antitrust-Gesetzgebung gilt in der Regel als zweckmäßig zur Verhinderung von Mißbräuchen in Wirtschaftszweigen, die durch einen hohen Konzentrationsgrad, jedoch nicht unbedingt durch Monopole gekennzeichnet sind – das heißt bei den Oligopolen, die das Bild der amerikanischen Wirtschaft beherrschen. Antitrust-Gesetze stellen eher eine passive als eine aktive Kontrolle über Machtpositionen auf dem Markt dar. Sie setzen dem Verhalten eines Unternehmens gewisse Grenzen, indem sie bestimmte wettbewerbsbeschränkende Praktiken verbieten (Preisabsprachen, Aufteilung von Märkten, wettbewerbsschädigende Preisbildung,

Marktverdrängungspraktiken). Dieses zweite, entscheidende Kontrollinstrument wird in Abschnitt C des anschließenden Kapitels behandelt.

Das Wesen der staatlichen Aufsicht

Im voraufgegangenen Abschnitt wurden die wesentlichen Instrumente aufgezeigt, deren sich ein ökonomisches Mischsystem zur Beschränkung der Kosten des unvollkommenen Wettbewerbs bedienen kann. Nunmehr konzentrieren wir uns auf ein einziges dieser Instrumente – die staatliche Aufsicht. Bei dieser Darstellung umreißen wir zunächst den Umfang und das Wesen der Aufsichtsmaßnahmen und wenden uns dann einer Analyse des Zweckes und der Wirksamkeit der »ökonomischen« Kontrolle zu.

Bei ihrer Kontrolle oder Beeinflussung wirtschaftlicher Aktivitäten können Regierungen sowohl mit Anreizen als auch mit Anordnungen arbeiten. Marktanreize, etwa durch Steuern oder Ausgabenprogramme veranlassen den einzelnen wie auch die Unternehmen, sich dem Willen des Staates zu beugen. Andererseits können Regierungen auch einfach Anordnungen erlassen, die zu bestimmten Tätigkeiten auffordern oder deren Unterlassung bewirken.

■ **Die staatliche Aufsicht erfolgt auf dem Wege über staatliche Bestimmungen oder Gesetze, die einer Änderung des Verhaltens oder der Kontrolle über die Tätigkeit von Wirtschaftsunternehmen dienen.**

Üblicherweise wird heute zwischen zwei Formen der staatlichen Aufsicht unterschieden. *Wirtschaftliche Aufsichtsmaßnahmen* beziehen sich auf die Kontrolle der Preise, der Art der Produkte, der Bedingungen des Zugangs und des Ausscheidens aus einer Branche oder des Leistungsstandards einer bestimmten Branche. Herausragende Beispiele dafür sind die staatlichen Kontrollen über die öffentlichen Versorgungsbetriebe (Telefon, Strom, Erdgas oder Wasserversorgung) wie auch eine ganze Fülle von Eingriffsmaßnahmen in, den öffentlichen Versorgungsbetrieben ähnliche, Bereiche (Verkehrswesen, Kredit-, Rundfunk- und Fernsehanstalten). Diese Form der Intervention ist Gegenstand des vorliegenden Kapitels.

Darüber hinaus gibt es heute eine neuere Form staatlicher Aufsichtsmaßnahmen *zum Schutz der Gesellschaft*, die ihre Wurzel in der Sorge um die Gesundheit und die Sicherheit der Arbeitnehmer und Konsumenten haben; hierbei handelt es sich um Bestimmungen, die darauf abzielen, einen Schutz gegen die verschiedensten Nebenwirkungen beziehungsweise externen Effekte zu bieten, die mit der Wirtschaftstätigkeit einhergehen. Programme zur Reinhaltung der Luft und des Wassers, zur Gewährleistung der Sicherheit der Kernenergie oder auch von Medikamenten, Autos oder Spielzeug gehören zu den herausragenden Beispielen staatlicher Aufsichtsmaßnahmen zum Schutz der Gesellschaft. Diesen werden wir uns in Kapitel 32 zuwenden.

Staatliche Aufsicht bei unvollkommenem Wettbewerb

Die Überwachung der amerikanischen Industrie durch den Staat begann vor genau hundert Jahren mit der Gründung der Interstate Commerce Commission im Jahre 1887. Die Aufgabe der ICC bestand nicht nur darin, Preiskriege zu verhindern und die Versorgung von Kleinstädten sicherzustellen, sondern auch darin, die Monopole zu überwachen. Seit jener Zeit ist die staatliche Aufsicht ständig ausgeweitet worden, und zwar auf die Banken im Jahre 1913, auf die Stromversorgung im Jahre 1920, auf das Nachrichtenwesen, die Wertpapiermärkte, den Arbeitsmarkt, auf den Gütertransport und während der Zeit des New Deal auch auf den Flugverkehr. Seit dem Zweiten Weltkrieg hat es kaum noch ergänzende Gesetze zur Ausweitung der staatlichen Aufsicht gegeben.

Wie groß ist der Sektor der Privatwirtschaft, der der staatlichen Aufsicht unterliegt? 1978, als die Kontrollen ihren Höhepunkt erreichten, erstellten die in irgendeiner Weise wirtschaftlichen Kontrollen unterliegenden Wirtschaftszweige etwas mehr als 15 Prozent des Volkseinkommens. Seit 1978 ist dieser Prozentsatz aufgrund des neueren Trends zum Abbau von Kontrollen, den wir auf S. 166 behandeln werden, zurückgegangen.

Warum überhaupt staatliche Aufsicht?

Staatliche Aufsichtsmaßnahmen zügeln die Marktmacht unkontrollierter Unternehmen. Welche Gründe hat Amerika als Land der freien Unternehmerwirtschaft, der *Unsichtbaren Hand* Fesseln anzulegen? Hierfür sind insbesondere zwei Gründe zu nennen. Erstens haben Ökonomen traditionell die Notwendigkeit *der Beschränkung von marktbeherrschenden Positionen* betont. Zweitens läßt sich ein aus der *Entscheidungstheorie* hergeleiteter Grund anführen, wonach die Kontroll*eure* sich in der Hand der Kontroll*ierten* befinden. Betrachten wir beide der Reihe nach.

Die Beschränkung marktbeherrschender Positionen

Das traditionelle ökonomische Argument zugunsten staatlicher Aufsichtsmaßnahmen ist normativer Natur: die staatliche Aufsicht sei notwendig, um ausgeprägtere Fälle eines Versagens des Marktes zu korrigieren. Genauer gesagt, bezog sich das Versagen auf einen Zusammenbruch des Wettbewerbs oder, in extremen Fällen, auf die Existenz natürlicher Monopole.

Natürliche Monopole entstehen, wenn sich ein ganzer Bereich Einsparungen bei Massenproduktion oder bei Diversifikation gegenübersieht, so daß sich die Vereinigung der Produktion in einem einzigen Unternehmen als effizienteste Organisationsform erweist. Einsparungen aus der Massenproduktion haben wir bereits behandelt – jenen Fall, bei dem die Kurve der Durchschnittskosten ständig fällt. Analog dazu beziehen sich *Einsparungen aus Diversifikation* auf Kostenvorteile, die sich aus der Produktion verschiedener Güter durch ein und dasselbe Unternehmen ergeben.

So können beispielsweise Unternehmen, die Transportfahrzeuge herstellen, von Einsparungen durch Diversifikation profitieren: ein Unternehmen, das Personen- sowie Lastkraftwagen herstellt, hat Kostenvorteile bei der Herstellung von Bussen und Panzern. Warum? Weil das Spezialwissen und die Maschinen allen verschiedenen Erzeugnissen zugute kommen. Die entsprechenden Unternehmen sehen sich also Einsparungen bei einer Verbreiterung ihrer Produktpalette im Bereich von landgebundenen Transportsystemen gegenüber.

Wir wissen aufgrund unserer Behandlung der abnehmenden Kosten in Kapitel 22, daß generelle Einsparungen aus der Massenproduktion sich nicht mit dem vollkommenen Wettbewerb vereinbaren lassen; in solchen Fällen werden wir statt dessen auf Oligopole oder Monopole stoßen. *Stellen sich so umfassende Einsparungen aus Massenproduktion oder Diversifikation ein, daß nur ein Unternehmen überleben kann oder sollte, sprechen wir von einem natürlichen Monopol.*

In einer solchen Situation zeigt der Abschnitt B dieses Kapitels, wie ein Monopolist seine Preise so hochmanipulieren kann, daß er dabei enorme Monopolgewinne einstreicht und einen wirtschaftlichen Effizienzverlust verursacht. Genau dieser Situation sollen wirtschaftliche Aufsichtsmaßnahmen zur Kontrolle der Monopolpreise wie des Monopolangebots entgegenwirken.

Die Kontrolle über natürliche Monopole stellt nicht den einzigen Fall dar, in dem sich die staatliche Aufsicht über die Wirtschaft als vernünftig erweisen kann. Ein großer Teil der Aufsichtsmaßnahmen hat das Ziel, für eine *Bereitstellung von Leistungen für die Allgemeinheit* zu einem angemessenen Preis zu sorgen. Vor der Auflösung des Bell System (die im anschließenden Kapitel dargestellt wird) wurden die Preise für Ortsgespräche, insbesondere in entlegeneren Gegenden, subventioniert, damit jeder von dem System profitieren konnte. Auch in bezug auf den Flug-, Bus- und Eisenbahnverkehr entsprangen die Motive für eine staatliche Beaufsichtigung der Gesellschaften dem Wunsch, möglichst vielen den Zugang zu diesen Transportmöglichkeiten zu verschaffen. Die Aufsichtsbehörden können natürlich auch auf die Struktur der Tarife der Gesellschaften Einfluß nehmen, um gesellschaftliche und politische Ziele zu erreichen. Ein wichtiges Beispiel dieser Art sind die als »Lebensfaden« bezeichneten Sondertarife der öffentlichen Versorgungsbetriebe, die armen Familien zu einer Mindeststromversorgung und einem Minimum an Telefongesprächen zu Tarifen verhelfen, die unter den Durchschnittskosten liegen. Diese subventionierten Tarife werden dadurch finanziert, daß die Preise für andere Abnehmer über den Durchschnittskosten gehalten werden. Da sich die Subventionen nur aufrechterhalten lassen, wenn die Tarife für andere Gruppen deutlich über den Durchschnittskosten liegen, würde das System »Lebensfaden« zusammenbrechen, wenn andere Konkurrenten die Möglichkeit hätten, in den der staatlichen Aufsicht unterliegenden Markt einzudringen.

Es werden häufig noch weitere Gründe für die staatliche Aufsicht über einzelne Wirtschaftsbranchen ins Feld geführt, aber sie sind aus wirtschaftlicher Sicht weniger leicht zu rechtfertigen. Ein traditionelles Argument lautet, daß man durch Kontrollmaßnahmen eine halsabschneiderische Konkurrenz unterbindet. Dies war eines der Argumente, mit dem die anhaltende Kontrolle über die Eisenbahnen, den Fernlastverkehr, die Luftfahrtgesellschaften und die Busgesellschaften begründet wurde ebenso wie die Agrarmarktverordnungen. Ökonomen sind allgemein der Auffassung, daß es sich hierbei lediglich um Vernebelungstaktiken handelt, die von etablierten Interessengruppen angewandt werden, die als Lobby alte Marktpositionen zu verteidigen suchen.

Kollektive Entscheidungen und staatliche Aufsicht

Wenn jemand feierlich erklärt, daß staatliche Aufsichtsmaßnahmen für die wirtschaftliche Zukunft des Landes unerläßlich seien, wird er sich wahrscheinlich die Rüge eines Ökonomen zuziehen, der entgegnet: »Höchst unwahrscheinlich. Bei staatlichen Kontrollen handelt es sich vielmehr um politische Aktivitäten, die geeignet sind, durch Zugangsbeschränkungen und damit durch Wettbewerbsbeschränkungen zur Steigerung der Gewinne der Produzenten in den der staatlichen Aufsicht unterliegenden Branchen beizutragen.«

Diese Auffassung, die erstmals von Ökonomen der Universität von Chikago vorgetragen wurde, basiert auf folgenden Überlegungen. Staatliche Kontrollen sollten wie jede andere auf dem Markt gehandelte Ware betrachtet werden, wobei allerdings in diesem Fall nicht die Warenbörse von Chikago der zuständige Markt ist, sondern die Legislative. Der Ursprung und der Fortbestand von staatlichen Aufsichtsmaßnahmen läßt sich mit Hilfe der Analogie (und es ist tatsächlich nicht mehr als eine Analogie) von Angebot und Nachfrage erklären.[7]

Dieser Auffassung zufolge sind Wählerstimmen das Geld auf dem Markt der Politik. Die Nachfrage nach staatlicher Aufsicht kommt von seiten der Unternehmen. Sie wollen eine gesetzlich verankerte starke Marktposition. Mit Bezug auf unsere Darstellung in Abschnitt A sind etablierte Unternehmen an der Errichtung von Barrieren in Form von Kontrollen interessiert, um sich die Konkurrenz vom Hals zu halten und um höhere Preise und Gewinne einzustreichen. Das Angebot an Kontrollmaßnahmen kommt von seiten der gewählten Volksvertreter, die politische Ämter bekleiden. Solange durch Kontrollmaßnahmen geschützte Unternehmen andere Gruppen überbieten und ein entsprechendes Stimmengewicht in die Waagschale werfen, werden die Politiker die beaufsichtigten Kartelle am Leben erhalten.

Diese Darstellung mag zwar weit hergeholt klingen, sie wird jedoch durch zahlreiche Untersuchungen über wirtschaftliche Kontrollen des Staates belegt. So konnte nachgewiesen werden, daß Kontrollen oft zur Aufrechterhaltung *höherer* Preise beigetragen haben (im Fernlastverkehr, im Flugverkehr, bei Maklerfirmen, im Versicherungswesen), während die wirtschaftliche Begründung für die Aufsichtsmaßnahmen lautete, daß mißbräuchliche Monopolpreisbildung verhindert und *niedrigere* Preise gewährleistet werden sollten. Tatsächlich decken sich solche Ergebnisse mit der in Kapitel 32 näher untersuchten, erst allmählich stärker hervortretenden Literatur über öffentliche Entscheidungsprozesse.

Andererseits müßte man es als einen zu weitgehenden Zynismus bezeichnen, wenn man leugnen wollte, daß trotz des schlechten Dienstes, den ein großer Teil der wirtschaftlichen Kontrollmaßnahmen den Konsumenten geleistet haben, viele Parlamente derartige Maßnahmen in der aufrichtigen Überzeugung verabschiedet haben, daß sie damit dem öffentlichen Wohl dienen. Parlamentsvertre-

---

7 Die bahnbrechende Arbeit auf diesem Gebiet leistete der Nobelpreisträger der Universität Chikago, George Stigler,»The Theory of Economic Regulation«, *The Bell Journal of Economics and Management Science*, Frühjahr 1971, S. 3–21. Formalisiert und weiter ausgefeilt wurde die Theorie von dem Rechtswissenschaftler (und heutigen Richter) Richard Posner, »Theories of Economic Regulation«, *Bell Journal of Economics*, Herbst 1974, S. 356–358 sowie von Sam Peltzman von der Universität Chikago, »Towards a More General Theory of Regulation«, *Journal of Law and Economics*, August 1976, S. 211–240.

ter, deren Stärke eher innere Eingebungen als wirtschaftlicher Sachverstand sind, haben oft Kontrollmaßnahmen begünstigt, weil sie fest überzeugt waren, damit eine Preisdiskriminierung der Konsumenten zu verhindern, für die Bereitstellung von der Allgemeinheit dienenden oder regelmäßigen Leistungen zu sorgen oder eine wechselseitige Subventionierung bestimmter Gruppen zu fördern, die unter Wettbewerbsbedingungen nicht aufrechtzuerhalten wäre. Der Weg zur Ineffizienz ist mit guten Vorsätzen gepflastert.

Kontrolle natürlicher Monopole im Bereich der öffentlichen Versorgung

Betrachtet man die Gründe für staatliche Kontrollmaßnahmen nochmals im einzelnen, so gewinnt man den Eindruck, daß das wesentliche *gültige* wirtschaftliche Argument zugunsten solcher Kontrollen die Verhütung von Monopolpreisen im Zusammenhang mit natürlichen Monopolen ist. Wir wollen noch für einen Augenblick bei der Theorie und der Durchführung solcher Kontrollen verweilen.

Erinnern Sie sich, daß die Bezeichnung »natürliches Monopol« sich auf ein Unternehmen bezieht, das auf breiter Basis Einsparungen aus der Massenproduktion und aus einer Verbreiterung seiner Produktpalette gegenübersteht, so daß die Produktion am effizientesten im Rahmen eines einzigen, integrierten Unternehmens zu organisieren ist. Abbildung 23.7 zeigt, wie die DK-, GK- sowie die Nachfragekurve eines typischen natürlichen Monopols aussehen könnten. Beachten Sie, daß sich die Nachfragekurve NN des Industriezweiges mit der GK-Kurve des Unternehmens in einem Punkt schneidet, in dem DK fällt. Würden zwei gleichartige Unternehmen die Produktion des Industriezweiges erstellen, wären die Kosten erheblich viel höher, als das bei einem einzigen Unternehmen der Fall ist.

Inwieweit können die natürlichen Monopole in der amerikanischen Wirtschaft als echte, natürliche Monopole bezeichnet werden? Abbildung 23.8 zeigt einige repräsentative Beispiele für staatlich beaufsichtigte und nicht beaufsichtigte Wirtschaftszweige. Beachten Sie, daß viele der nach wie vor beaufsichtigten oder erst kürzlich aus der staatlichen Kontrolle entlassenen Wirtschaftszweige (Luftfahrtgesellschaften, Gütertransport, Banken) in der Skala der natürlichen Monopole nicht sehr weit oben rangieren. Dieser Platz am unteren Ende der Skala natürlicher Monopole, den einige staatlich kontrollierte Unternehmen belegen, untermauert die Theorie von der politisch motivierten Entscheidung zugunsten der ökonomischen Kontrolle – das heißt, daß die Kontrolle den Konsumenten schon lange nicht mehr dient und lediglich fortbesteht, weil die durch staatliche Kontrollen geschützten Wirtschaftszweige bei den Wahlen wissen, wem sie Wahlhilfe schulden.

Kontrolle öffentlicher Versorgungsbereiche

Angenommen, das Parlament gelangt zu der Auffassung, daß es sich lohnt, einen Wirtschaftszweig in einen staatlich zu beaufsichtigenden »öffentlichen Versorgungsbetrieb« umzuwandeln. Wie sieht das entsprechende Verfahren aus? Zunächst würde eine Aufsichtskommission eingerichtet, die die Preise, die Leistungen sowie den Zugang zu bzw. das Ausscheiden von Unternehmen aus diesem

Kostenkurven eines natürlichen Monopols

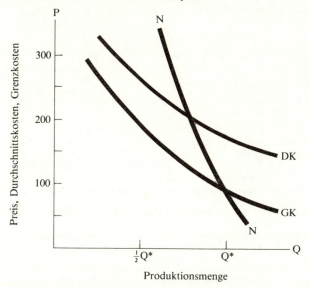

Produktionsmenge

Abbildung 23.7. Das Monopol in der graphischen Darstellung.
Bei einem natürlichen Monopol sinkt die *DK*-Kurve auch in dem Punkt noch, in dem sie die *NN*-Kurve des gesamten Wirtschaftszweiges schneidet. Deshalb macht eine effiziente Produktion bei diesem Produktionsniveau ihre Konzentration in einem einzigen integrierten Unternehmen notwendig. (Können Sie anhand des Diagramms abschätzen, wieviel teurer es wäre, wenn Q^* von zwei Unternehmen erstellt würde, von denen jedes ½ Q^* produzieren würde?)

Wirtschaftszweig überwacht. Die wichtigste Entscheidung beträfe die *Preisüberwachung* des Monopolunternehmens.

Traditionell sind die der staatlichen Aufsicht unterstellten Unternehmen aufgefordert zu einer *Preisbildung auf der Basis ihrer Durchschnittskosten*. So würde beispielsweise ein Unternehmen im Bereich der Stromversorgung seine gesamten Kosten (fixe wie variable) errechnen und sie auf die jeweiligen abgesetzten Produkte verteilen (etwa Strom und Dampfkraft). Für jeden Kunden würde sich der Preis dann nach den *voll umgelegten Durchschnittskosten* der jeweiligen Leistung richten.

Abbildung 23.9 stellt diese Lösung dar. Der Punkt *M* (mit dem ein Output von Q_M einhergeht) entspricht dem keiner Kontrolle unterworfenen, gewinnmaximierenden Output des Monopolisten – ein haushoher Preis, eine geringe Menge und beträchtliche Monopolgewinne, die durch die Differenz zwischen dem Preis und den Durchschnittskosten ausgewiesen werden.

Üblicherweise darf ein staatlich beaufsichtigter Monopolist lediglich den Preis verlangen, der seine Durchschnittskosten deckt. Unter diesen Umständen wird das Unternehmen seinen Preis in dem Punkt ansetzen, in dem die Nachfragekurve *NN* die *DK*-Kurve schneidet; das heißt, daß der Gleichgewichtspunkt sich im Punkt *R* der Abbildung 23.9 bei einem Output in Höhe von Q_R befindet.

Was ist diese Lösung wert? Wirtschaftlich gesehen stellt sie wahrscheinlich eine

Spektrum des Wettbewerbs

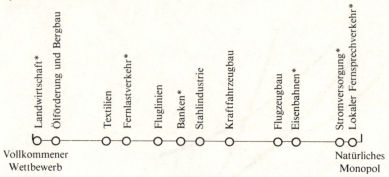

* Wirtschaftsbranchen, in denen der Staat in erheblichem Umfang auf Preise und Mengen Einfluß nimmt.

Abbildung 23.8. Rangordnung verschiedener Wirtschaftsbranchen und ihre Nähe zum natürlichen Monopol.
Diese Abbildung zeigt eine Auswahl verschiedener staatlich beaufsichtigter und nicht beaufsichtigter Wirtschaftsbranchen in Abhängigkeit von ihrer inhärenten Tendenz zum natürlichen Monopol oder zum vollkommenen Wettbewerb. Den Bedingungen des vollkommenen Wettbewerbs genügen solche Unternehmen, deren Mindestgröße bei effizienter Betriebsführung gemessen an der Größe des Marktes winzig ist, während vollkommene natürliche Monopole dort auftreten, wo die DK eines Unternehmens noch immer stark fallen, das bereits die Gesamtproduktion des Wirtschaftszweiges erstellt. Die Landwirtschaft und der Bergbau tendieren ihrer Natur nach zum vollkommenen Wettbewerb, während lokale Fernsprech- und Stromversorgungsbetriebe eher dem anderen Extrem des natürlichen Monopols entsprechen.

Verbesserung gegenüber der voraufgegangenen Situation dar; denn zum einen sind die Eigner des Monopolunternehmens weder verdienstvollere, noch ärmere Leute als die Konsumenten; deshalb ist nicht einzusehen, warum sie den Konsumenten Monopolgewinne abknöpfen sollten. Durch die Beseitigung des Monopolgewinns gelangen wir vielleicht zu einer Lösung, die den Bürgern das Gefühl einer »gerechteren Einkommensverteilung« vermitteln wird. (Wobei jedoch zu bedenken ist, daß die in einem solchen Eindruck implizierten Werturteile nicht mehr in den Bereich der Wirtschaftswissenschaft im technischen Sinne gehören.)

Zum anderen haben die Aufsichtsbehörden durch Senkung des Monopolpreises von M auf R die Diskrepanz zwischen dem Preis und den Grenzkosten verringert. Warum ist das als ein Gewinn zu betrachten? Weil – wenn man einmal von Gerechtigkeitserwägungen absieht und von der Annahme ausgeht, daß die Dollars wirklich gesellschaftlichen Nutzen und gesellschaftliche Kosten widerspiegeln – der erhöhte Output von den Konsumenten, wenn man den Grenznutzen mit den zusätzlichen oder Grenzkosten vergleicht, höher bewertet wird. Der Beweis für diese Feststellung wurde in Abbildung 23.6 erbracht: Dort wurde gezeigt, daß im Monopolgleichgewicht der dem Q des Monopolisten durch die Gesellschaft beigemessene Wert den Wert der eingebüßten Muße oder des Outputs anderer Industriezweige überstieg.

Monopolkontrolle — im Idealfall und in der Praxis

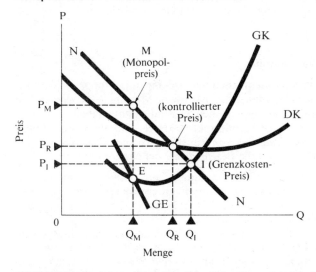

Abbildung 23.9. Einfluß staatlicher Kontrollen auf das Monopolgleichgewicht.
Für den keiner staatlichen Kontrolle unterliegenden Monopolisten liegt das gewinnmaximale Gleichgewicht in *M*, unmittelbar oberhalb des Schnittpunktes zwischen der *GE*- und der langfristigen *GK*-Kurve, wobei *P* über *GK* liegt.
Staatliche Aufsichtsbehörden schreiben in der Regel einen Preis vor, der in *R* liegt – dem Schnittpunkt zwischen der Nachfragekurve und der Kurve der langfristigen Durchschnittskosten. Dadurch wird die Erzielung von Übergewinnen verhindert. Wichtiger ist jedoch, daß in dieser Situation der Preis näher bei den Grenzkosten liegt.
Im Idealfall sollte *P* ganz bis auf den Punkt *I* herabgedrückt werden, in dem $P = GK$ und in dem folglich die gesellschaftlichen Grenzkosten und Vorteile sich in angemessener Weise entsprechen. In *I* kommt es nicht mehr zu Effizienzverlusten aufgrund der Tatsache, daß der Preis über den Grenzkosten liegt.
Können Sie die den gesellschaftlichen Verlust darstellenden Flächen für die Punkte *M* und *R* berechnen?)

Die ideale Form der Preisbildungskontrolle

Wenn die Regel $P = GK$ so gut ist, warum sind die Aufsichtsbehörden dann nicht konsequent und zwingen den Monopolisten, sein *P* so weit zu senken, daß es im Schnittpunkt der *NN*- mit der *GK*-Kurve liegt (in *I*)?

Tatsächlich ist die Bedingung $P = GK$ beziehungsweise die *Preisbildung auf der Basis der Grenzkosten* das Idealziel im Hinblick auf die wirtschaftliche Effizienz. Aber in einer Situation degressiver Kosten, wie der eines Monopolisten, würde $P = GK$, wenn *DK* nach wie vor sinkt, *zu chronischen Verlusten des Unternehmens führen*. (Erinnern Sie sich, daß sinkende *DK* bedeuten, daß $GK < DK$; folglich bedeutet $P = GK < DK$.)

Wie kann die Gesellschaft das Ideal $P = GK$ erreichen, bei dem der Grenznutzen der Produktion genau den Grenzkosten der Gleichgewichtsausbringung entspricht? Die Antwort lautet – nur durch permanente Subventionierung des mit degressiven Kosten arbeitenden Produzenten? Aber woher kommen die Subventionen? Aus dem allgemeinen Staatshaushalt. Und um einen höheren Grad an Effizienz als den an den Durchschnittskosten orientierten, durch Punkt *R* der

Abbildung 23.9 dargestellten Preis zu erzielen, sollten die Subventionsmittel durch nicht zu Verzerrungen führende Steuern aufgebracht werden.

Der Trend zum Abbau von Kontrollen

Die Analyse der Kontrolle von öffentlichen Versorgungseinrichtungen scheint für den Gedanken zu sprechen, daß man echte, natürliche Monopole Preiskontrollen unterwerfen sollte. Während der vergangenen zwei Jahrzehnte haben viele Ökonomen jedoch sehr engagiert den Standpunkt vertreten, daß alle Kontrollmaßnahmen im Grunde auf die *Schaffung* von künstlich errichteten starken Marktpositionen abzielten und nicht auf die *Beschneidung* der Monopolmacht.

Was hat die Ökonomen zu dieser Überzeugung gelangen lassen? Zum Teil beruhte das Argument auf Analysen von Entscheidungen zugunsten von staatlichen Kontrollen aus politischen Motiven, wie sie oben (S. 155) dargestellt wurden. Darüber hinaus stellten manche Beobachter fest, daß die wirtschaftlichen Kontrollen weit über den Bereich lokaler natürlicher Monopole hinausgingen. Mitte der 70er Jahre unterstanden die Eisenbahnen, der Fernlastverkehr, die Luftfahrts- und Busgesellschaften, die Rundfunk- und Fernsehanstalten, Öl und Erdgas, praktisch sämtliche Finanzmärkte, die Produktion von Pecan-Nüssen und die Milchwirtschaft dem *Diktat* von staatlichen Aufsichtsbehörden. Die meisten dieser Wirtschaftszweige standen auf der Wettbewerbsskala weiter auf der Seite des vollkommenen Wettbewerbs als auf der natürlicher Monopole, wie Abbildung 23.8 erkennen läßt.

Ökonomen wie auch andere Beobachter begannen deshalb für einen Abbau dieses unnötigen Kontrollapparates zu plädieren. Und in diesem Fall hat man auf die Theoretiker gehört. Beginnend mit dem Jahr 1975 hat die Regierung unablässig die Kontrollen in vielen Wirtschaftsbereichen gelockert. Eines der dramatischsten Beispiele ist der Abbau der Kontrollen im Flugverkehr.

Seit ihrer Gründung zur Zeit des New Deal während der 30er Jahre hat das Civil Aeronautics Board (CAB) seine Aufgabe darin gesehen, jegliche Konkurrenz zu unterbinden. Zwischen 1938 und 1978 wurden im zwischenstaatlichen Verkehr der USA keine neuen Luftfrachtgesellschaften geduldet. Als der innovative Vorschlag der Einrichtung von Billigflügen ohne Service-Extras gemacht wurde, wurde er vom Tisch gefegt. Das ganze Streben des CAB war (wie es die Vertreter der politisch motivierten Kontrollen vorhergesagt hatten) auf das Ziel gerichtet, für hohe und nicht für niedrige Preise zu sorgen.

1977 ernannte Präsident Carter Alfred Kahn zum Vorstandsvorsitzenden des CAB. Als prominenter Ökonom und Kritiker staatlicher Kontrollen machte Kahn sich an die Aufgabe, durch freien Zugang und größere Flugpreisflexibilität für mehr Wettbewerb zu sorgen. (Siehe ergänzender Hinweis S. 161.) 1978 wurde ein Gesetz verabschiedet, das für sämtliche Strecken im Flugverkehr die Möglichkeit des freien Zugangs und Ausscheidens eröffnete. Den Fluggesellschaften wurde gestattet, die Preise zu nehmen, die sie angesichts der herrschenden Marktlage erzielen konnten. Viele Ökonomen wiesen erbost darauf hin, daß diese Entscheidung zum Abbau von Personal führen würde und daß kleinere Städte vom Verkehrsnetz abgeschnitten würden. Einige Ökonomen warnten, daß ein halsabschneiderischer Konkurrenzkampf zwischen den Fluggesellschaften aus-

> **Ergänzender Hinweis:**
> Kahn ist auch bekannt für seinen Witz. Einmal hat er einer Gruppe von Unternehmensleitern gestanden, daß er von dem ganzen Geschäft überhaupt nichts verstünde und daß ein Flugzeug für ihn Grenzkosten mit Flügeln seien. 1978 schied Kahn aus dem CAB aus, um Präsident Carters führender Mann im Kampf gegen die Inflation zu werden. In dieser Rolle trieb er die Aufhebung der Kontrollen im Fernlastverkehr voran. Kahn sagte auch voraus, daß sich die Wirtschaft ohne eine wirksame Politik zur Bekämpfung der Inflation sehr bald in einer schweren Rezession befinden würde. Da man im Weißen Haus gegen das Wort Rezession jedoch allergisch war, erfand er ein anderes Wort dafür – »Bananenschale«.

brechen und diese mit allen Tricks und Schlichen arbeiten würden, um leere Sitze zu füllen (mit *GK* praktisch gleich Null).

Nach einigen Jahren praktischer Erfahrung besteht kein Zweifel, daß der Wettbewerb die gesamte Struktur der Luftfahrtwirtschaft verändert hat. Untersuchungen lassen erkennen, daß die durchschnittlichen Flugpreise (nach Berücksichtigung der Kosten) seit Beginn des Abbaus der Kontrollmaßnahmen stark zurückgegangen sind; daß die Möglichkeiten des Fluges stärker genutzt werden; daß die Verluste für kleinere Städte minimal waren und daß einige sogar in den Genuß eines verbesserten Service von seiten kleinerer Fluggesellschaften gekommen sind. Erfüllt hat sich ohne Zweifel – angesichts von vier Konkursen größerer Fluggesellschaften während der ersten 5 Jahre des Abbaus der Kontrollen – die Prophezeiung eines rigorosen Wettbewerbs. Wenn sich nur alle Vorhersagen von Ökonomen in der Weise erfüllen würden!

Ähnlich verlief die Entwicklung auch in der Ölwirtschaft nach der vollständigen Abschaffung aller Kontrollen im Februar 1981. Die Ölgesellschaften begannen mit Hilfe neuer Absatzmethoden um den schrumpfenden Benzinmarkt zu kämpfen. Viele Gesellschaften weiteten den Self-Service aus, schafften die Möglichkeit der Verwendung von Kreditkarten ab und setzten elektronische Hochgeschwindigkeitspumpen ein. Diese Neuerungen ließen die Preisspanne zwischen Benzin und Rohöl Anfang 1981 immer enger werden. Anstatt den Konsumenten zu schröpfen, gingen die Ölgesellschaften sich gegenseitig an die Kehle.

Viele Fachleute sind der Auffassung, daß die Erfolge, zu denen die Abschaffung der Kontrollen im Flugverkehr und in der Ölwirtschaft geführt haben, sich auch auf die Handelsschiffahrt, die Landwirtschaft, die Erdgasproduktion, die Stromerzeugung, die Eisenbahnen und das Nachrichtenwesen übertragen lassen. Oft stehen jedoch politische Hindernisse dem Abbau der Kontrollen im Weg; die staatlich beaufsichtigten Branchen haben sich häufig eine Position aufgebaut, in der sie gegen jede Konkurrenz abgeschirmt sind und ihnen ist natürlich daran gelegen, ihr ruhiges geregeltes Leben fortzusetzen.

Zusammenfassung

A. Ursachen und Strukturen des unvollkommenen Wettbewerbs

1. Bei den meisten in der Realität des Wirtschaftslebens anzutreffenden Marktsituationen kann man davon ausgehen, daß sie irgendwo zwischen den Grenzfällen des vollkommenen Wettbewerbs und des vollkommenen Monopols liegen. Im Falle des unvollkommenen Wettbewerbs hat jedes Unternehmen einen gewissen Einfluß auf den Preis aufgrund der Tatsache, daß *die Zahl der Konkurrenten*, die *ein identisches Produkt* anbieten, *nicht sehr groß ist*. (Beachten Sie die kursiv gesetzen Wörter.) Wichtige Beispiele sind (*a*) das *Oligopol* – wenige Anbieter ähnlicher oder differenzierter Produkte – und (*b*) *viele Anbieter differenzierter Produkte*.

2. Dem vollkommenen Wettbewerb abträglich sind Tendenzen zu sinkenden Kosten, da in diesem Fall ein einziges oder einige wenige Gesellschaften die Vielfalt von Anbietern vom Markt verdrängen, die das Wettbewerbsmodell voraussetzt. Wenn gemessen am nationalen oder regionalen Markt die den Geboten der Effizienz genügende Mindestgröße eines Unternehmens beträchtlich ist, drängen die Kostenbedingungen die Marktstrukturen in Richtung auf einen unvollkommenen Wettbewerb.

3. Abgesehen von dem Hindernis sinkender Kosten gibt es auch andere Wettbewerbshemmnisse in Form von gesetzlichen Beschränkungen (Beispiele sind Patente und staatliche Kontrollen) wie auch in Form von natürlichen oder künstlichen Produktdifferenzierungen (Beispiele sind Autos mit Lenkrädern auf der linken oder der rechten Seite oder durch die Werbung suggerierte Unterschiede zwischen verwandten Produkten).

B. Das gewinnmaximale Gleichgewicht des Monopols

4. Aus der Nachfragekurve eines Unternehmens können wir ohne Mühe die Kurve seines Gesamterlöses herleiten. Von der Gesamterlösfunktion oder -kurve gelangen wir wiederum ohne Mühe zu seinem Grenzerlös – dem zusätzlichen Erlös aus dem Verkauf einer zusätzlichen Ausbringungseinheit. Im Normalfall liegt der Grenzerlös infolge des Verlustes aus allen früheren Einheiten, den eine Preissenkung im Interesse des Verkaufes einer zusätzlichen Ausbringungseinheit mit sich bringt, unter dem Preis.

5. Die gewinnmaximale Position eines Unternehmens liegt in dem Punkt, in dem der zusätzliche Erlös aus der letzten abgesetzen Einheit genau deren Kosten entspricht. Dieses Ergebnis, bei dem *GE* = *GK*, läßt sich graphisch durch den Schnittpunkt zwischen der *GE*- und der *GK*-Kurve darstellen; oder durch die Gleichheit der Steigungsmaße der Gesamterlös- und der Gesamtkostenkurve. In

jedem Fall muß in der gewinnmaximalen Gleichgewichtsposition die Bedingung *Grenzerlös = Grenzkosten* stets erfüllt sein.

6. In der ökonomischen Denkweise liegt das Schwergewicht auf den *marginalen* Vorteilen oder Nachteilen – auf der Ignorierung von Dingen, für die man sich in der Vergangenheit entschieden hat, und von Dingen, die unabhängig von einer neuen Entscheidung weiterlaufen.

C. Das Monopol: Gesamtwirtschaftliche Kosten und Kontrolle

7. Da der unvollkommene Wettbewerb den Preis für einige Güter über die Grenzkosten anhebt ($P > GK$), ist er dem Wirken der *Unsichtbaren Hand* von Adam Smith abträglich, die versuchte, das Eigeninteresse des Menschen zu einer Kraft zu machen, welche für die beste Lösung der Probleme des *Was* und *Wie* der Gesellschaft sorgte (wenn auch nicht unbedingt für die beste Lösung des *Für-wen*-Problems).

8. Was die Zuordnung einzelner Wirtschaftsbranchen zum Bereich der natürlichen Monopole oder der unter Bedingungen des vollkommenen Wettbewerbs tätigen Branchen anlangt, so bewegen sich diese auf einem sehr breiten Spektrum. Natürliche Monopole bilden sich in solchen Bereichen, in denen die Durchschnittskosten auch in dem Punkt noch stark rückläufig sind, in dem das betreffende Unternehmen die Gesamtproduktion des Wirtschaftszweiges erstellt. Nur in wenigen Wirtschaftsbereichen sind solche Bedingungen heute noch annähernd gegeben – möglicherweise können die örtlichen Wasser- und Stromversorgungsbetriebe als die einzigen noch existierenden Vertreter solcher Unternehmen angesehen werden.

9. Kommt es zur Bildung natürlicher Monopole, kann der Staat verschiedene Strategien gegen sie einsetzen: weniger gebräuchlich sind heute steuerliche Maßnahmen, Preiskontrollen und Verstaatlichungen. In den Vereinigten Staaten sind die beiden wichtigsten Waffen die Aufsicht durch den Staat sowie die Antitrust-Gesetze.

10. Die staatliche Aufsicht erfolgt auf dem Wege über Verordnungen, die die Unternehmen zu einer Änderung ihres Verhaltens zwingen. Obgleich häufig die erklärten Ziele wirtschaftlicher Aufsichtsmaßnahmen die Kontrolle über natürliche Monopole und die Sicherstellung von bestimmten Leistungen für die Allgemeinheit sind, glauben Skeptiker, daß der Kampf um Wählerstimmen eine größere Rolle spielt. Tatsächlich untermauern die Erfahrungen, die man seit dem Abbau der staatlichen Kontrollen während der vergangenen zehn Jahre gemacht hat, die Auffassungen der Vertreter, denen zufolge Kontrollen politischen Entscheidungen entspringen.

Begriffe zur Wiederholung

vollkommener und unvollkommener Wettbewerb

Monopol, Oligopol, Produktdifferenzierung (natürliche und künstliche)

Grenz- (bzw. zusätzlicher) Erlös, GE

$GE = GK$ als Bedingung für die gewinnmaximale Ausbringung

$P > GE = (P -$ Verlust aus vorausgehenden Einheiten) unter den Bedingungen des unvollkommenen Wettbewerbs

$GE = P$, $P = GK$ als Bedingung für den vollkommenen Wettbewerb

Ineffizienz von $P > GK$

natürliches Monopol

Wettbewerbshemmnisse (Kosten, gesetzliche Beschränkungen, Produktdifferenzierung)

Kontrollen unter wirtschaftlichen und gesellschaftlichen Gesichtspunkten

die drei Preisergebnisse unter den Bedingungen des Monopols (des unkontrollierten, kontrollierten und idealen Monopols)

Wirtschaftstheorie und Theorie der politischen Entscheidung im Zusammenhang mit Monopolkontrollen

Fragen zur Diskussion

1. Nennen Sie Unterscheidungsmerkmale zwischen vollkommenem und unvollkommenem Wettbewerb. Wie würden Sie U.S. Steel und Bethlehem Steel einstufen? Oder das Fernmeldeunternehmen Ihrer Region? Oder Sears? Oder den Farmer Jones?

2. »Ein Unternehmen nimmt, was der Markt hergibt.« Erklären Sie den darin enthaltenen Irrtum, und formulieren Sie den Satz richtig unter Bezug auf den Grenzerlös und die Grenzkosten.

3. Wie groß ist der numerische Wert von GE, wenn nn eine Elastizität gleich 1 hat und TE konstant ist?

4. Die Abbildungen 23.5(a) und (b) stellen die gewinnmaximale Gleichgewichtslage dar. Erklären Sie im einzelnen, daß es sich dabei tatsächlich um zwei verschiedene Methoden zur Beschreibung des gleichen Tatbestandes handelt, nämlich darum, daß ein Unternehmen aufhört zu expandieren, wenn die zusätzlichen Kosten einer weiteren Einheit genau gleich dem dabei erzielten zusätzlichen Erlös sind.

5. Betrachten Sie nochmals die drei Preisbildungsergebnisse der Abbildung 23.9. Können Sie sich vorstellen, wo die Schwierigkeiten bei der Realisierung des idealen kontrollierten Preises liegen? (Tip: Woher bezieht ein Land seine Einnahmen? Läßt sich GK ohne weiteres messen?) Analog dazu: Welche Gründe könnten Ihrer Meinung nach Ökonomen veranlassen, dem unkontrollierten Ergebnis den Vorzug vor dem kontrollierten zu geben? (Tip: Was ist zu bedenken, wenn P_M

nicht nennenswert über P_R liegt? Wie sieht es aus, wenn Sie berücksichtigen, daß im Zusammenhang mit Kontrollen die Theorie der politischen Entscheidung eine Rolle spielt?)

6. Warum ist die Analogie zwischen Stimmen und Dollars, deren sich die Theorie der politischen Entscheidung bei staatlichen Kontrollen bedient, nur ungenau?

7. Fertigen Sie eine Liste der Wirtschaftszweige an, die Ihrer Meinung nach Kandidaten für den Titel »natürliches Monopol« sind. Gehen Sie dann nochmals die verschiedenen Interventionsstrategien durch. Was würden *Sie* mit Bezug auf jede einzelne Branche auf Ihrer Liste unternehmen?

8. *Preisfrage*: Die Nachfragefunktion *nn* des Unternehmens A ist $P = 15 - 0{,}05q$, weshalb $TE = qP = 15q - 0{,}05$. $TK = q + 0{,}02q^2$. Verifizieren Sie: $GE = d(TK)/dq = 1 + 0{,}04q$. Deshalb ist $d(\text{Gewinn})/dq = 0$ bei $GE = GK$ oder bei $15 - 0{,}1q = 1 + 0{,}04q$ oder bei $q^* = 100$. Dann ist $P^* = 15 - 5 = 10$ Dollar $> GK^*$. Sie können zeigen, daß das Gewinnmaximum $= 100$ Dollar $- (100 + 200) = 700$ Dollar ist. Können Sie auch zeigen, daß eine Steuer von 1 Dollar je Einheit TK um 1q erhöht, wobei q^* um $100/14$ gesenkt und P um $5/14$ Einheiten erhöht wird? Wäre A ein unter den Bedingungen des vollkommen Wettbewerbs tätiges Unternehmen mit einer horizontalen *nn*-Kurve auf der Höhe von 5 Dollar, wäre sein Gewinnmaximum für $q^* = 100$ gleich 500 Dollar $- 300$ Dollar $= 200$ Dollar; in diesem Fall würde eine Steuer von 1 Dollar je Einheit das q^* des vollkommenen Konkurrenten um mehr als das des Monopolisten senken – nämlich um $100/4 = 25$ Einheiten. Führen Sie in jedem einzelnen Fall den Beweis an.

Unvollkommener Wettbewerb und Antitrust-Gesetzgebung 24

Bei der Bestimmung der meisten Preise wirken sowohl Wettbewerbs- als auch Monopolkräfte zusammen.

Edward H. Chamberlin

Die vorangegangenen Kapitel haben uns die Hilfsmittel für die Analyse der beiden Extreme, des Monopols und des vollkommenen Wettbewerbs, an die Hand gegeben. Nunmehr konzentrieren wir unsere Aufmerksamkeit auf die zwischen diesen beiden Extremen liegende Realität des Wirtschaftslebens. Dabei suchen wir nach Antworten auf folgende Fragen:

Wie sieht die zwischen den Extremen des reinen Monopols und des vollkommenen Wettbewerbs liegende Welt der Wirtschaft aus? Führen die verschiedenen Marktstrukturen zu eindeutigen Unterschieden im wirtschaftlichen Verhalten? Läßt sich eine Erklärung dafür finden, daß so viele unter den Bedingungen des unvollkommenen Wettbewerbs tätige Unternehmen unrentabel arbeiten?

Nach der Darstellung der Theorie des unvollkommenen Wettbewerbs (Abschnitt A) wendet sich Abschnitt B einigen Problemen der modernen Kapitalgesellschaft zu. Unser Interesse gilt sehr viel weitreichenderen Aspekten als nur den Grenzerlösen und den Grenzkosten, wenn wir uns mit der Frage beschäftigen, welchen Einfluß die Unternehmensriesen auf unsere Volkswirtschaft haben. Wir möchten genau wissen, von welchen Motiven sich die Großunternehmen bei ihren Entscheidungen leiten lassen. Gelangen bei ihrer Preisbildung tatsächlich Feinsteuerungsmaßnahmen zur Anwendung, die für die Gleichsetzung von Grenzkosten und Grenzerlösen sorgen, oder legen die Unternehmen ihren Entscheidungen eher bestimmte Faustregeln zugrunde? Und besteht ein Verhältnis zwischen der Größe eines Unternehmens und seiner Bereitschaft, Innovationen vorzunehmen? Schließlich analysieren wir in Abschnitt C die wesentlichen Schranken, die den Großunternehmen in Form der Antitrust-Gesetze gesetzt sind.

A. Strukturen des unvollkommenen Wettbewerbs

Die amerikanische Wirtschaft ist durch eine große Vielfalt unterschiedlicher Organisationsstrukturen gekennzeichnet. Sehen Sie sich zur Erinnerung die zusammenfassende Tabelle 23.2 (Seite 135) an. Rufen Sie sich folgende am häufigsten vertretene Strukturen nochmals ins Bewußtsein zurück:

- *Vollkommener Wettbewerb* herrscht dann, wenn eine große Anzahl von Unternehmen ein identisches Produkt erstellt – das heißt eine so große Anzahl, daß kein einzelnes Unternehmen den Marktpreis beeinflussen kann. Diese Struktur ist im wesentlichen im Bereich der Landwirtschaft anzutreffen.

- Das *Monopol* wurde eingehend im voraufgegangenen Kapitel analysiert – es stellt den Fall eines Wirtschaftszweiges dar, der von einem einzigen Unternehmen beherrscht wird. Derartige Fälle sind in der kapitalistischen Wirtschaft der Vereinigten Staaten unserer Zeit eine Seltenheit.

- Zwischen diesen beiden Extremen liegen die Zwischenstufen des unvollkommenen Wettbewerbs. In diesem Kapitel werden wir zunächst das *Oligopol* untersuchen, bei dem ein Wirtschaftszweig von einigen wenigen Unternehmen beherrscht wird, und uns dann dem *monopolistischen Wettbewerb* zuwenden, das heißt jener Situation, in der eine große Anzahl von Unternehmen sich geringfügig voneinander unterscheidende Produkte anbietet.

Herausragende Merkmale

Die Tabelle 24.1 zeigt wichtige Merkmale der verschiedenen Strukturformen der Wirtschaft. Dabei ergibt sich folgendes Bild:

Die Skala der Wirtschaftsbranchen bewegt sich von solchen mit einem hohen Konzentrationsgrad bis zu jenen, die unter den Bedingungen des vollkommenen Wettbewerbs tätig sind.

Bei den durch eine vergleichsweise hohe Konzentration gekennzeichneten Branchen besteht eine leichte Tendenz zu größerer Rentabilität, obgleich weit über dem Durchschnitt liegende Gewinne bei weitem keine so große Rolle spielen, wie die Kritiker des Kapitalismus häufig behaupten.

Kennzeichnend für die Bereiche mit hohem Konzentrationsgrad ist, daß in der Regel ihre Ausgaben für Werbung sowie Forschung und Entwicklung pro umgesetzter Produktionseinheit erheblich viel höher sind als in anderen Bereichen. Dagegen fehlen die Posten Werbung und Forschung völlig in Unternehmen, die unter den Bedingungen des vollkommenen Wettbewerbs tätig sind.

In der Regel erweisen sich durch einen hohen Konzentrationsgrad gekennzeichnete Oligopole als preisstabil. Ihre jeweils gültigen Preise befinden sich auf den Preisschildern ihrer Güter und werden oft wochen- oder monatelang nicht geändert. Der vollkommenen Konkurrenz unterliegende Güter werden häufig auf »Auktionsmärkten« verkauft und weisen eine erheblich viel größere Preisflexibilität auf.

Merkmale verschiedener Unternehmensstrukturen

Unternehmens-struktur (mit Beispielen)	Vier-Firmen-Konzentrationsrate 1972 oder 1977 (in Prozent)	Profitrate 1960–79 (in Prozent des Aktienkapitals)	Forschung und Entwicklung 1970–79 (in Prozent des Umsatzes)	Ausgaben für Werbung 1972 (in Prozent des Umsatzes)	Grad der Preisflexibilität 1960–83 (100 = Flexibilität bei vollkommenem Wettbewerb)
Hoher Konzentrationsgrad (Automobile, Tabak, NE-Metalle)	79	13	1,8	1,7	38
Gemäßigter Konzentrationsgrad (Papier, Steine, Erden, Glas, Chemikalien)	33	12	2,0	1,6	25
Geringer Konzentrationsgrad (Bekleidung, Druckerzeugnisse, Möbel)	18	11	0,6	0,9	14
Vollkommener Wettbewerb (Mais-, Weizenanbau)	0,01	(nicht verfügbar)	0	0	100

Tabelle 24.1. **Unterschiedliche Strukturen bieten ein Bild unterschiedlicher Aktivitäten im Blick auf Forschung und Werbung sowie Preisflexibilität.**
Vier große Gruppen lassen sich unterscheiden: Wirtschaftszweige mit einem hohen, gemäßigten und niedrigen Konzentrationsgrad sowie Wirtschaftszweige, in denen vollkommener Wettbewerb herrscht. Für jede Gruppe wurde eine beschränkte Anzahl wichtiger repräsentativer Branchen angeführt.
Die Tabelle läßt einige Merkmale von zentraler Bedeutung erkennen: (1) Wirtschaftszweige mit hohem Konzentrationsgrad weisen nur geringfügig höhere Profitraten aus; (2) Forschung und Entwicklung sowie Werbung finden sich in Wirtschaftszweigen mit unterschiedlicher Konzentration, obgleich sie in Branchen mit niedrigem Konzentrationsgrad einen geringeren Anteil haben und in Branchen, die unter Bedingungen des vollkommenen Wettbewerbs arbeiten, völlig fehlen; (3) in den durch einen hohen Konzentrationsgrad gekennzeichneten Wirtschaftszweigen sind die Preise sehr viel weniger flexibel als in Wettbewerbsbranchen, die ihre Produkte auf Auktionsmärkten anbieten. (Quellen: Statistisches Bundesamt, *Census of Manufacturing*; National Science Foundation; Federal Trade Commission, *Quarterly Financial Report*; *Economic Report of the President*; Internal Revenue Service, *Statistics of Income*.)

Das Oligopol: Wettbewerb zwischen wenigen Anbietern

Aufgabe der Oligopoltheorie ist es, die verschiedenen, in Tabelle 24.1 dargestellten Verhaltensstrukturen zu erklären. Bei der Erklärung der Art des Wettbewerbs, der unter wenigen Anbietern herrscht, heben Ökonomen zwei entscheidende Faktoren hervor: (1) die Rolle, die sinkende Durchschnittskosten in den betreffenden Unternehmen spielen, sowie die Frage, inwieweit der Gesetzgeber den Wettbewerb beschränkt; (2) das Ausmaß, das Absprachen zwischen den Unternehmen mit dem Ziel der Mengenbeschränkung und der Aufrechterhaltung hoher Preise annimmt. Wir werden zunächst untersuchen, welche Bedeutung diesen beiden Faktoren im Zusammenhang mit dem Oligopol zukommt.

Kosten und Wettbewerbshemmnisse

Viele Wirtschaftszweige werden von drei oder vier Unternehmen beherrscht. Wir haben bereits festgestellt, daß solche Branchen durch eine Kostenstruktur gekennzeichnet sind, bei der die *für eine effiziente Betriebsführung optimale Größe –* im unteren Wendepunkt der U-förmigen langfristigen *DK*-Kurve (erinnern Sie sich an die Ausführungen auf Seite 127 und insbesondere an die Tabelle 23.1 auf Seite 129 – *gemessen an der Gesamtmarktnachfrage ganz beträchtlich ist*. Anders ausgedrückt erreichen Unternehmen in diesen Bereichen den höchsten Grad an Effizienz, wenn sie 20 oder 30 oder 40 Prozent der Gesamtproduktion des Industriezweiges erstellen. Befindet sich der untere Wendepunkt der U-förmigen Kostenkurven an einem Punkt, bei dem der erstellte Prozentsatz an der Gesamtausbringung hoch ist, kann man davon ausgehen, daß der entsprechende Wirtschaftszweig durch eine oligopolistische Struktur gekennzeichnet ist. Daher werden aus den drei oder vier Unternehmen keine 30 oder 40 oder gar 300 oder 4000 Unternehmen.

Erinnern Sie sich, daß im letzten Kapitel darauf hingewiesen wurde, daß die wesentlichen Wettbewerbshemmnisse in gesetzlichen Beschränkungen in Form von Patentschutz, Zöllen oder staatlichen Kontrollen sowie in natürlichen oder künstlichen Produktdifferenzierungen bestehen. Sind diese Wettbewerbsschranken hoch – weil der Zugang zu einem Industriezweig durch den Gesetzgeber beschränkt ist oder weil beträchtliche Unterschiede zwischen den Produkten bestehen –, werden in einem Wirtschaftszweig nur wenige Unternehmen anzutreffen sein, zwischen denen nur ein begrenzter Konkurrenzkampf herrscht.

Skalenerträge und Wettbewerbshemmnisse sind der Grund dafür, daß im warenproduzierenden Gewerbe das Oligopol die Norm ist. Die Kosten für ein neues integriertes Stahlwerk belaufen sich auf mehr als 1 Milliarde Dollar, während ein Automobilhersteller, der sämtliche Fahrzeugklassen anbietet, ein Vielfaches dieser Summe für seine Produktionsanlagen und Ausrüstungen aufbringen muß. Tatsächlich begegnen wir überall auf der Welt dem gleichen Bild: Die Industriezweige mit dem höchsten Konzentrationsgrad sind in Deutschland und Japan die gleichen wie in den Vereinigten Staaten.

Stillschweigende oder ausdrückliche Absprachen

Selbst wenn nur zwei oder einige wenige Anbieter am Markt auftreten, erkennen sie rasch die *wechselseitige Abhängigkeit* ihrer Preise. Jeder ahnt oder lernt aus Erfahrung, daß seine eigene Preissenkung von seinem Konkurrenten mitgemacht oder sogar noch übertroffen wird. Es kann zu einem Preiskrieg kommen, bis die wenigen Anbieter zu der Erkenntnis gelangen, daß sie alle im selben Boot sitzen.

In den Gründerjahren des amerikanischen Kapitalismus konnten sich solche Oligopolisten zu einer Fusion entschließen oder ein festgefügtes Kartell oder einen Trust bilden. Im Rahmen jener berühmten Dinners, wie Judge Gary von der United States Steel Corporation sie um 1910 organisierte, wurden zwischen den Anbietern *Absprachen getroffen*, die zur Festsetzung von Monopolpreisen führten oder zu Preisen, die vielleicht geringfügig darunter lagen, um potentielle Konkurrenten vom Zugang zu dem betreffenden Wirtschaftszweig abzuhalten.

Heute ist es in den Vereinigten Staaten und in einigen anderen Ländern gesetzlich verboten, Preisabsprachen im Interesse der Maximierung der wechselseitigen Gewinne zu treffen. Andererseits kann es geschehen, daß einige große Unternehmen derselben Branche, die vor den gleichen Problemen stehen, *stillschweigend zu wettbewerbshemmenden Preisabsprachen gelangen* – ohne sich zuvor zusammenzusetzen, miteinander zu telefonieren, sich irgendwelche Zeichen zu geben oder zu korrespondieren. Mit oder ohne Preisführer können die Anbieter etwa die gleichen Preise festsetzen – Preise, bei denen auch nicht annähernd die Wettbewerbsbedingung von $P = GK$ erfüllt ist.

Es gibt unzählige Kombinationen von Kostenunterschieden, Wettbewerbshemmnissen und unterschiedlichen Graden der stillschweigenden oder ausdrücklichen Kooperation zwischen Unternehmen. Wollte man sie alle beschreiben, könnte man ein eigenes Buch zu diesem Thema damit füllen, bei dem der Leser aus dem Staunen nicht herauskäme. Wir wollen uns auf drei wichtige Beispiele oligopolistischen Verhaltens beschränken – auf das Preiskartell, das Oligopol mit einem marktbeherrschenden Unternehmen und auf den monopolistischen Wettbewerb. Dies vermittelt einen ersten Einblick in dieses außerordentlich facettenreiche Thema.

Das auf Absprache beruhende Oligopol

Der einfachste Fall eines Oligopols ist gegeben, wenn alle Konkurrenten ähnliche Produkte anbieten und uneingeschränkt anerkennen, daß sie alle im gleichen Boot sitzen. Im Extremfall produzieren verschiedene Firmen praktisch *identische* oder *homogene* Produkte. Liegt der Preis der Schwefelsäure des Unternehmens A um nur 1 Dollar unter dem des Unternehmens B, wird A praktisch das ganze Geschäft auf sich ziehen. In dem Fall werden die Oligopolisten ihre »wechselseitige Abhängigkeit« mit Sicherheit erkennen – d.h. sie werden begreifen, daß letztlich alle etwa den gleichen Preis verlangen müssen, da jeder anfängliche Vorteil, den ein Unterbieten des Preises eines Konkurrenten bringt, wieder eingebüßt wird, wenn dieser sich seinerseits dadurch zu einer Preissenkung veranlaßt sieht. (Siehe ergänzender Hinweis S. 173.)

Ist die Zahl der Unternehmen, die ein sehr ähnliches Produkt erstellen, sehr klein, begreifen die Rivalen sehr bald, daß sie (insbesondere in bezug auf die Preise) *nicht von »sonst gleichen Bedingungen«* ausgehen können. Unter diesen Umständen streben die Unternehmen die Lösung der kartellierten Zusammenarbeit oder die sogenannte *Kollusions(Absprache)-Lösung* an. Abbildung 24.1 veranschaulicht das Ergebnis. Die darin abgebildete Nachfragekurve *NN* geht von der Annahme aus, daß alle Unternehmen sich den gleichen Kostenkurven gegenübersehen und daß die Preise aller Unternehmen die Aufwärts- und Abwärtsbewegung des Preises des Unternehmens A mitmachen. Deshalb ist die *NN*-Kurve des Unternehmens etwa genauso unelastisch wie die *NN*-Kurve des gesamten Industriezweiges, denn das Unternehmen wird immer seinen vorausberechneten

Gleichgewicht des Oligopolisten

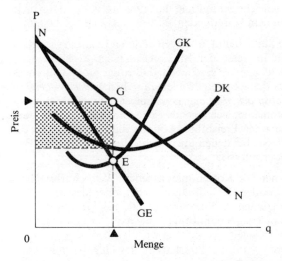

Abbildung 24.1. Im Falle der Absprache zwischen Oligopolisten oder der Anerkennung ihrer wechselseitigen Abhängigkeit gleicht das Bild weitgehend dem des Monopols.
Aufgrund seiner geringen Erfahrungen mit verheerenden Preiskriegen wird jeder der Rivalen, die einen gegebenen Markt beherrschen, begreifen, daß Preissenkungen zu kompensierenden Preissenkungen der Konkurrenten führen. Deshalb berechnet der typische Oligopolist wahrscheinlich die Nachfragekurve *NN* unter der Annahme, daß andere Oligopolisten einen vergleichbaren Preis verlangen werden (auch unter Berücksichtigung der Möglichkeit des Zugangs neuer Oligopolisten zu dem Wirtschaftszweig). Im Extremfall kann es zwischen den Unternehmen zur illegalen Kollusion kommen, wobei sie gemeinsam einen gewinnmaximierenden Preis festsetzen. In beiden Fällen wird der Preis weitgehend die Höhe erreichen, die auch der alleinige Monopolist wählen würde.

Anteil von einem Drittel oder einem Viertel des aufgeteilten Marktes erhalten, solange alle Unternehmen den gleichen Preis verlangen.[1]

Die Folgen, die sich aus dieser »anerkannten wechselseitigen Interdependenz« ergeben, sind von großer Bedeutung. Wenn alle Oligopolisten sich auf einen gemeinsamen Preis einigen, stehen alle Unternehmen zusammen einer gemeinsamen Nachfragekurve gegenüber und nicht jedes einzelne Unternehmen seiner eigenen individuellen Nachfragekurve.

Wo liegt das gewinnmaximale Gleichgewicht eines unter diesen Bedingungen tätigen Oligopolisten? Es liegt in Abbildung 24.1 im Punkt *E*, dem Schnittpunkt zwischen der *GK*-Kurve und der *GE*-Kurve des Unternehmens. Beachten Sie in

---

1 Warum ist für den einzelnen Oligopolisten im Falle der Abstimmung aller Konkurrenten die Nachfragekurve etwa genauso unelastisch wie die Nachfragekurve des Wirtschaftszweiges als Ganzem? Erinnern Sie sich daran, daß gemäß Abbildung 22.2 auf S. 83, wenn A die Preise anderer Unternehmen als gegeben betrachtet, die Nachfrage nach *A*'s Produkten sehr stark auf *A*'s Preise reagiert. Liegt der Preis des Unternehmens *A* geringfügig über den Preisen anderer Unternehmen, ist sein Marktanteil gleich *Null*; unterbietet *A* andere Unternehmen, fällt ihm der *gesamte* Markt zu. Aus der Sicht des Unternehmens stellt sich deshalb die Nachfrage bei nicht vorhandener Kollusion sehr viel elastischer dar als im Falle der Kollusion. (Ist Ihnen grundsätzlich klar, warum, wenn es n-Konkurrenzunternehmen gleicher Größe gibt, aus der Perspektive des einzelnen Unternehmens die Nachfrage n-mal so elastisch erscheint wie aus der Perspektive des gesamten Wirtschaftszweiges?)

> **Ergänzender Hinweis:**
> Hundert Jahre wirtschaftswissenschaftlichen Theoretisierens über die Frage, was A denkt, was B tut, wenn B denkt, daß A sich so und so verhalten wird, führten schließlich zu dem bahnbrechenden Werk von J. von Neumann und O. Morgenstern, *The Theory of Games and Economic Behavior* (Princeton University Press, Princeton, N.J., 3. Aufl., 1953). Obgleich diese mathematische Theorie nicht alle philosophischen Probleme des wechselseitigen Verhaltens zweier allwissender Figuren in einer interdependenten Welt erklären kann, vermittelt sie doch viele treffende Einsichten in das Wesen politischer Strategien wie auch des Wirtschaftsablaufs. Als Beispiele für die Spieltheorie ließen sich etwa anführen: Ein Lehrer wählt aus einem Buch nach dem Zufallsprinzip Quizfragen aus. Ein Wachtposten macht seine Runden nach zufallsbedingten Gesichtspunkten und ohne erkennbare Systematik. Ich selbst versuche Ihnen gegenüber als meinem härtesten Rivalen meine schwächsten Stellen maximal abzusichern, weil ich weiß, daß Sie das schwächste Glied in meiner Kette finden werden. Ich bluffe beim Pokern, und zwar nicht nur, um mit einem schlechten Blatt den ganzen Einsatz zu gewinnen, sondern um sicherzustellen, daß nicht alle Spieler passen, wenn ich einmal mit einem guten Blatt hoch reize.
> Die Spieltheorie spielt auch eine entscheidende Rolle für das Verständnis der Dynamik des Wettrüstens. Sie trägt zur Erklärung dafür bei, warum sich die Vereinigten Staaten durch die Entwicklung neuer Waffensysteme (die Atombombe, die H-Bombe, MIRV, Cruise-Missile-Raketen) nur kurzfristig einen militärischen Vorteil verschaffen. Der Grund? Die Sowjetunion *reagiert* durch Minimierung des potentiellen, von jedem Waffensystem ausgehenden Schadens oder baut das gleiche System nach.
> Eine knappe Darstellung der Grundlagen der Spieltheorie und ihrer Bedeutung für das ökonomische Verhalten findet sich im Anhang zu diesem Kapitel.

diesem Zusammenhang, daß die *GE*-Kurve in hohem Maße unelastisch ist, weil sie sich aus dem vorausberechneten Anteil an der Gesamtnachfragekurve des Wirtschaftszweiges herleitet. Der Preis liegt in *G*, etwas oberhalb von *E* auf der *NN*-Kurve.

■ **Gelangen Oligopolisten zu einem vollständig abgestimmten Verhalten oder berücksichtigen sie ihre wechselseitige Abhängigkeit, kann dies zu einer Festsetzung von Preisen und Mengen führen, wie sie in ähnlicher Form unter den Bedingungen eines reinen Monopols zu beobachten ist.**

Während das auf Absprache beruhende Oligopol normalerweise zu der gleichen wirtschaftlichen Ineffizienz führt, wie sie auch beim reinen Monopol auftritt, zeigt sich in der Praxis, daß der Realisierung einer wirksamen Verhaltensabstimmung zahlreiche Hindernisse im Wege stehen. Zunächst einmal ist jegliche Absprache gesetzwidrig, wie wir in Abschnitt C dieses Kapitels darstellen werden. Darüber hinaus können einzelne Unternehmen die anderen an den stillschweigenden Abmachungen beteiligten Unternehmen »hintergehen«, indem sie ausgewählten Kunden einen Preisnachlaß gewähren und dadurch ihren Marktanteil vergrößern. Dies kommt besonders häufig auf Märkten vor, auf denen die Preise nicht offiziell bekanntgemacht werden und eine starke Differenzierung der Produkte zu beobachten oder mehr als nur eine kleine Gruppe von Unternehmen tätig ist, oder auf solchen Märkten, auf denen rascher technologischer Wandel eine Rolle spielt. Sobald darüber hinaus das Vertrauen unter den Rivalen einmal zu Bruch gegangen ist, läßt es sich nur schwer wieder kitten: Der Traum von der Gemeinsamkeit ist ausgeträumt, und es herrschen wieder freiere Bedingungen.

Wie weit verbreitet ist in der Praxis ein solches kartellartiges Oligopolverhalten? Adam Smith vertrat 1776 die Auffassung:

Nur selten kommen Vertreter des gleichen Gewerbes zusammen, und sei es nur zu einem Beisammensein in fröhlicher Runde, ohne daß sie sich nicht zu einer Verschwörung gegen die Öffentlichkeit zusammenschließen oder irgendeinen Weg ersinnen, die Preise anzuheben.

Zweifellos hat Adam Smith übertrieben – aber nicht sehr stark. Einer vor einigen Jahren durchgeführten Untersuchung zufolge haben von 1043 größeren Gesellschaften 94 zugegeben beziehungsweise sind überführt worden, sich einer illegalen Preisfestsetzung schuldig gemacht zu haben (vgl. *Fortune*, Dezember 1980).

Andererseits sollte die Verteufelung der Unternehmer als einer Gruppe von Verschwörern auch nicht zu weit getrieben werden. Der Versuch, die Preise in die Höhe zu treiben, ist nicht immer von Erfolg gekrönt. Und die niedrigen Gewinne, die Tabelle 24.1 für Wirtschaftszweige mit einem hohen Konzentrationsgrad ausweist, deutet darauf hin, daß *trotz des großen Interesses* rivalisierender Unternehmen an einer kartellartigen Zusammenarbeit Erfolge eher die Ausnahme als die Regel sind.

Zwei Beispiele für das Scheitern einer solchen kartellartigen Zusammenarbeit lassen sich anführen. So machte die Organisation der Erdöl exportierenden Länder (OPEC) den Versuch, Monopolpreise für Öl durchzusetzen. Das erforderte von den Mitgliedsländern die Drosselung ihrer Produktion im Interesse der Aufrechterhaltung hoher Preise. Mehrfach weigerten sich jedoch kleinere Länder (Nigeria, Iran, Ekuador), ihre Produktion einzuschränken. Deshalb war die OPEC 1982 gezwungen, ihren Preis zu senken, um Angebot und Nachfrage wieder zum Ausgleich zu bringen.

Ein noch dramatischeres Beispiel bietet das folgende, auf Band aufgezeichnete Gespräch zwischen den Unternehmensleitern von Braniff und American Airlines (wobei Unwichtiges weggelassen wurde):

Putman (Braniff): Können Sie mir einen Vorschlag machen?

Crandall (American): Ja, das kann ich. Erhöhen Sie... Ihre Preise um 20 Prozent. Ich erhöhe meine am Tage darauf... Dann steigt Ihr Gewinn und der meine auch.

Putman: Preisfestsetzungen sollten wir ausklammern.

Niemand kann sagen, wie oft solche erfolglosen Versuche gemacht werden, die Preise zu manipulieren.

Oligopol mit einem dominierenden Marktführer

In vielen Wirtschaftszweigen besitzt ein Unternehmen, das von zahlreichen kleineren Rivalen umgeben ist, eine beherrschende Position. Als Beispiele aus der Zeit zu Beginn des 20. Jahrhunderts können U.S. Steel, American Can oder die Alcoa angeführt werden. In unserer Zeit haben IBM, XEROX, General Motors und Western Electric marktbeherrschende Positionen innegehabt, obgleich während der letzten zehn Jahre die Macht dieser Marktführer durch die ausländische Konkurrenz untergraben worden ist.

Ein Marktführer, der 60 bis 80 Prozent eines Marktes kontrolliert, kann verschiedene Strategien zum Einsatz bringen. Am wahrscheinlichsten ist, daß er den am Markt tätigen Randunternehmen einen Teil des Marktes überläßt und sich dann für die verbleibenden, von ihm beherrschten 60 bis 80 Prozent wie ein Monopolist verhält. In diesem Fall spricht man von einem *Oligopol mit einem dominierenden Marktführer*.

Einen solchen Fall stellt Abbildung 24.2 dar. Die *NN*-Kurve repräsentiert die Nachfragekurve der Automobil- oder der Computerindustrie insgesamt.

Als nächstes müssen die auf dem Restmarkt tätigen Automobil- oder Computerhersteller in die Betrachtung einbezogen werden. Ihre Angebotskurve ist nicht direkt eingezeichnet worden; vielmehr wird ihr Angebot als horizontaler Abstand zwischen der *NN*-Kurve des Marktes und der *nn*-Kurve des Marktführers dargestellt. So befriedigen die auf dem Restmarkt tätigen Unternehmen am oberen Ende der Preisachse, in P', die *gesamte* Nachfrage, während sie im Punkt P^D die durch den Abstand zwischen L und C gekennzeichnete Menge (bzw. Q^C auf der Abszisse) bereitstellen.

Sehen Sie sich nunmehr die *nn*-Kurve genauer an. Hierbei handelt es sich um die Nachfragekurve des marktbeherrschenden Oligopolisten nach Berücksichtigung der auf dem Restmarkt tätigen Konkurrenzunternehmen. Beachten Sie, daß sich die *nn*-Kurve gedreht und im Verhältnis zur *NN*-Kurve verlagert hat – diese Verlagerung ist eine Folge der Tatsache, daß das marktbeherrschende Unternehmen in Rechnung stellen muß, daß es mehr und mehr Kunden an die kleineren Konkurrenten verlieren wird, wenn es seinen Preis erhöht.

Anhand der weiteren Kurven der Abbildung 24.2 können wir ohne Mühe mit Hilfe unserer Monopolanalyse sowohl den Gleichgewichtspreis wie die Gleichgewichtsmenge bestimmen. Sie liegt im Schnittpunkt der Grenzkosten- und der Grenzerlöskurven des Marktführers im Punkt A. Zum Gleichgewichtspreis P^D stellt der Marktführer die Menge Q^D bereit (die Menge zwischen N und L), während die im Randbereich tätigen Konkurrenten die Menge Q^C (zwischen L und C) bereitstellen.

Das Bild, das sich im Falle eines Oligopols mit einem einzigen Marktführer ergibt, unterscheidet sich erheblich sowohl von dem, das eine Monopolsituation bietet, wie auch von dem, das aus der Situation des vollkommenen Wettbewerbs resultiert. Verhielte sich der Marktführer wie ein unter Wettbewerbsbedingungen tätiges Unternehmen, läge seine Ausbringungsmenge in dem Punkt, in dem seine Grenzkosten seinem Preis entsprächen, was für den gesamten Industriezweig zu einer durch den Punkt E auf der Nachfragekurve gekennzeichneten Ausbringungsmenge führen würden. Dann würde der gesamte Wirtschaftszweig einen höheren Output zu einem niedrigeren Preis anbieten, als wenn es keine Randgruppe rivalisierender Unternehmen gäbe: Die Ausschaltung der kleineren Riva-

Oligopol mit einem marktbeherrschenden Unternehmen

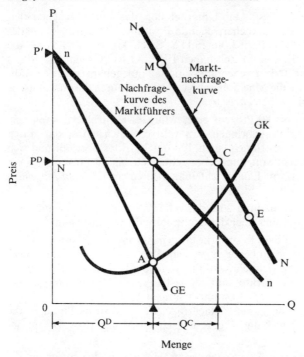

Abbildung 24.2. Eine unter Wettbewerbsbedingungen tätige Randgruppe von Unternehmen führt zur Senkung des Preises und zur Erhöhung der Produktionsmenge.
In vielen Wirtschaftszweigen sieht sich ein marktbeherrschendes Unternehmen vielen kleinen Konkurrenten gegenüber. Die Abbildung verdeutlicht, auf welche Weise diese Randgruppe einen gewissen Druck auf das marktbeherrschende Unternehmen ausübt. NN stellt die Nachfragekurve des Wirtschaftszweiges dar. Die unter Wettbewerbsbedingungen tätige Randgruppe von kleinen Unternehmen sieht sich einer aufwärtsgeneigten Angebotskurve gegenüber. In der Graphik wird die Angebotsreaktion der im Randbereich tätigen Unternehmen als horizontaler Abstand zwischen NN und nn zu jedem jeweiligen Preis dargestellt. (So bringt die Randgruppe zum Preis P^D die Menge zwischen Punkt C und Punkt L auf den Markt.) Ziehen wir das Angebot der kleinen Wettbewerber von der NN-Kurve des Wirtschaftszweiges ab, gelangen wir zu der nn-Kurve des marktbeherrschenden Unternehmens und zu der Nachfragekurve des Wirtschaftszweiges abzüglich der Produktionsmenge der im Restbereich des Marktes tätigen Konkurrenten.
Nun setzt das marktbeherrschende Unternehmen $GK = GE$, was zum Gleichgewichtspreis im Punkt L führt. In diesem Punkt wird ein größeres Maß an Effizienz erreicht als im Punkt M, wenn auch ein geringeres als in dem idealen Punkt E.

len würde dem Marktführer die Möglichkeit geben, sich auf der NN-Kurve weit nach oben zu bewegen, und zwar bis zum Punkt M der Abbildung 24.2, in dem der Preis höher und die Menge niedriger wären als in der Gleichgewichtssituation des Oligopols mit einem einzigen Marktführer.

Das Bild des Oligopols mit einem beherrschenden Marktführer eignet sich recht gut zur Beschreibung der derzeitigen Strategie der OPEC. Saudi-Arabien und seine unmittelbaren Nachbarn (Kuwait und die kleineren Golf-Staaten) verfügen über etwa 60 Prozent der Produktionskapazität der OPEC. Die Gruppe um Saudi-Arabien konnte jedoch einige kleinere, widerspenstige Mitglieder der OPEC nicht dazu bewegen, ihre Produktion im Interesse der Erhaltung der Kontrolle über den internationalen Ölmarkt zu drosseln. 1982 beschloß daraufhin die OPEC offiziell, Saudi-Arabien zum »Swing«-Land zu erklären, das heißt, daß Saudi-Arabien den anderen Ländern einen bestimmten Produktions-Spielraum zugestand, während es seine eigene Fördermenge in der Weise festlegte, daß die Aufrechterhaltung des offiziellen Preises des Ölkartells in Höhe von 29 Dollar pro Barrel gewährleistet wurde.

Bezogen auf Abbildung 24.2 heißt das, daß die OPEC sich auf den Preis P^D einigte und daß Verlagerungen der Marktnachfrage *(NN)* sowie das Angebot der auf dem Restmarkt tätigen Konkurrenten (*NN* abzüglich *nn*) in vollem Umfang durch Veränderungen der Produktionsmenge des marktbeherrschenden Produzenten (Saudi-Arabien) aufgefangen werden.

Zu diesem Modell des von einem Marktführer beherrschten Oligopols gibt es verschiedene Varianten. Ein wichtiges Phänomen ist die *Preisführerschaft* des marktbeherrschenden Unternehmens. In diesem Fall hat das führende Unternehmen eine Signalfunktion: Es signalisiert anderen Unternehmen, wie hoch seiner Meinung nach der von allen Mitgliedern des gemeinsam agierenden Oligopols zu fordernde Preis sein sollte. Im Bereich der Stahlproduktion, der Automobilindustrie und der Hersteller von Getreideprodukten war in den vergangenen zehn Jahren gelegentlich zu beobachten, daß der Marktführer sich wie ein Schäfer verhielt, der seine Herde drängte, die Preise etwas weiter über die Gewinnschwelle anzuheben.

Aufgrund einer solchen Preisführerschaft kann es durchaus geschehen, daß sich in einem Oligopol hohe Preise einspielen, und zwar ohne vorherige telefonische Absprachen, wie Crandall von der American Airlines sie zu erreichen versuchte. Das Preiskartell kann auf einer stillschweigenden Übereinkunft beruhen. Allerdings hat sich seit etwa zehn Jahren infolge der erhöhten ausländischen Konkurrenz sowie des Abbaus staatlicher Kontrollen diese stillschweigende Kollusion weniger leicht in die Praxis umsetzen lassen. Deshalb ist möglicherweise die Macht marktbeherrschender Unternehmen, als Preisführer zu fungieren, erheblich zurückgegangen, und die seit den 60er Jahren geschrumpften Gewinne der amerikanischen Wirtschaft sind wohl ein quantitatives Indiz für den Umfang, in dem solche Positionen ausgehöhlt worden sind.[2]

Monopolistischer Wettbewerb: Viele Anbieter und freier Zugang

Wir wollen nunmehr einen Schritt weitergehen und die Möglichkeit vieler Anbieter sehr ähnlicher, wenn auch nicht identischer Produkte zulassen. Angesichts einer solchen Marktstruktur, die erstmals von Edward Chamberlin analysiert wurde, sprechen wir von *monopolistischem Wettbewerb*.

Diese Situation hat große Ähnlichkeit mit dem vollkommenen Wettbewerb: Es

---

2 Eine andere Art der Darstellung dieses Aspekts bietet das »Modell des Preislimits«, das in der Frage 7 am Ende dieses Kapitels behandelt wird.

Monopolistische Konkurrenz

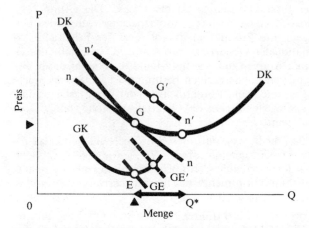

Abbildung 24.3. Der freie Zugang zahlreicher monopolistischer Konkurrenten führt zu einer Bewegung der Gewinne gegen Null.
Die typische, einen Gewinn abwerfende Kurve *n'n'* eines Anbieters verlagert sich aufgrund des Zugangs neuer Konkurrenten nach links unten. Neuzugänge hören erst dann auf, wenn alle Anbieter auf eine langfristige, gewinnlose Tangentialposition herabgedrückt worden sind, wie sie durch *G* dargestellt wird. Konkurrenten, die sich in dieser Situation befinden, teilen die Märkte untereinander auf, ohne den Preis auf das Grenzkostenniveau herabzudrücken, wie im Falle des vollkommenen Wettbewerbs. Bei allen Konkurrenten liegt *P* letztlich über *GK*; und jeder Anbieter befindet sich auf dem linken, fallenden Ast seiner langfristigen *DK*-Kurve.

treten viele Anbieter und Käufer auf, es herrschen die Bedingungen des ungehinderten Zugangs zu beziehungsweise des Ausscheidens aus einem Wirtschaftszweig, und jedes Unternehmen nimmt die Preise des anderen als gegeben hin. Worin besteht der Unterschied zum vollkommenen Wettbewerb? Der monopolistische Wettbewerb ist durch eine starke Differenzierung der Produkte gekennzeichnet: Wir werden wahrscheinlich lauter geringfügig voneinander abweichenden Marken für Benzin, Orangensaft, Kleinwagen, Brot beziehungsweise unterschiedlichen Modellen der College-Ausbildung begegnen. Es kann sich um echte Unterschiede handeln (wie im Falle einer Fußballmannschaft) oder um weitgehend eingebildete Unterschiede (wie im Falle von Aspirin) – darauf kommt es nicht an. Entscheidend ist, daß die Differenzierung der Produkte zu einem *fallenden Verlauf der Nachfragekurve* führt, der sich jeder einzelne Anbieter gegenübersieht.

In Abbildung 24.3 sehen wir eine Tankstelle, die sich kurzfristig in *G'* im Gleichgewicht befindet. Ihre *n'n'*-Kurve ist geneigt, weil ihr Produkt sich geringfügig von denen aller anderen Konkurrenten unterscheidet. Der Preis liegt in *G'*, und das Unternehmen erwirtschaftet einen sehr befriedigenden Gewinn (weil der Preis in *G'* über *DK* liegt).

Aber unsere Tankstelle besitzt weder ein Bodenmonopol noch hat sie ein Zapfstellenmonopol. Da auch keinerlei Zugangsbeschränkungen zu dem Wirtschaftszweig bestehen, können neue Unternehmen ihre eigenen differenzierten Produkte anbieten. Aus Gründen der Vereinfachung unterstellen wir, daß alle neuen und bereits bestehenden Unternehmen die gleichen Kosten haben (und damit die gleichen *DK*-Kurven). Da sich in dem Wirtschaftszweig gute Gewinne erzielen lassen, drängen neue Unternehmen in den Markt. Diese neuen Konkurrenten reduzieren die Nachfrage nach den Produkten der alten Unternehmen und die $n'n'$-Kurve unseres Unternehmens verlagert sich nach links in die neue Position *nn*. Wohin führt die Entwicklung? Es werden immer neue Unternehmen in den Wirtschaftszweig hineingehen, bis schließlich der Gewinn unseres Unternehmens (einschließlich aller Alternativkostenelemente) auf Null geschrumpft ist. So spielt sich das endgültige langfristige Gleichgewicht des typischen Anbieters schließlich im Tangentialpunkt *G* ein, in dem die *nn*-Kurve die *DK*-Kurve des Unternehmens gerade berührt (ohne jedoch über sie hinauszugehen). Der Punkt *G* stellt das langfristige Gleichgewicht des Wirtschaftszweiges dar, weil niemand versucht ist, sich in ihm neu niederzulassen oder ihn zu verlassen.

Das Modell des monopolistischen Wettbewerbs bietet einen Schlüssel zum Verständnis entscheidender Aspekte des amerikanischen Kapitalismus. Der erste, zu Beginn dieses Kapitels in Tabelle 24.1 festgehaltene Aspekt bezieht sich auf die Tatsache, daß die Profitrate vieler Unternehmen in Wirtschaftszweigen mit hohem Konzentrationsgrad niedrig erscheint, gemessen an dem, was ein Monopolist oder selbst ein geschickter Oligopolist an Gewinn zu erwirtschaften in der Lage sein sollte. Abbildung 24.3 legt die Vermutung nahe, daß Monopolgewinne völlig abgebaut werden, wenn neue Konkurrenten mit neuen differenzierten Produkten am Markt auftreten – Pepsi-Cola konkurriert mit Coca-Cola, Newport mit Kools und die Hondas und Toyotas drücken die Preise der Fords und Chevrolets.

Einige Beobachter verweisen darüber hinaus auf verschiedene Formen der Ineffizienz, zu denen der monopolistische Wettbewerb führt. Sehen Sie sich nochmals den langfristigen Gleichgewichtspunkt G (den Tangentialpunkt zwischen *nn* und *DK*) der Abbildung 24.3 an. (Siehe ergänzender Hinweis S. 180.) In diesem Punkt liegt der Preis über den Grenzkosten; folglich liegt die Produktionsmenge unter dem idealen Niveau unter Wettbewerbsbedingungen.

Dieser zweite Punkt erklärt auch die Tatsache, daß selbst monopolistische Konkurrenten, deren Gewinne bei Null liegen, ein ungeschmälertes Absatzinteresse haben. Unter den Bedingungen des vollkommenen Wettbewerbs tätigen Unternehmern ist es völlig gleichgültig, ob sie eine Einheit mehr oder weniger verkaufen, weil bei ihnen die Bedingung $P = GK$ erfüllt ist. Dagegen verhalten sich monopolistische, mit Null-Gewinnen konfrontierte Anbieter wie Autohändler – sie sind stets darauf versessen, noch eine weitere Einheit zu verkaufen. Warum? Weil bei ihnen $P > GE = GK$.

Kritiker des monopolistischen Wettbewerbs sagen: »Diese Industrien sind die Quintessenz dessen, was die kapitalistische Wirtschaft nicht braucht. Wir haben Hunderttausende von Einzelhandelsmärkten, Hundert von praktisch identischen Seifen und Zigaretten – deren Preise alle deutlich über den Grenzkosten liegen. Wäre es nicht ein ungeheurer Gewinn für die Volkswirtschaft, wenn wir dafür sorgen könnten, daß auf irgendeine Weise ein Viertel oder die Hälfte dieser Produkte verschwinden würden und wenn wir uns auf einige wenige standardisierte Typen und Modelle beschränkten?«

Moderne Wirtschaftsanalytiker glauben, daß es auf diese Frage keine eindeutige Antwort gibt. Sie entgegnen: »Sicherlich würde es zu einer Senkung der Preise führen, wenn sich die unübersehbare Schar monopolistischer Konkurrenten ein

> **Ergänzender Hinweis:**
>
> Die Tangentialsituation von *nn* und *DK* der Abbildung 24.3 sollte nicht mit der Tangentialsituation von *nn* und *DK* unter den Bedingungen des *vollkommenen Wettbewerbs* verwechselt werden, wie sie in Abbildung 24.4. dargestellt wird. Wie zuvor festgestellt wurde, ist der vollkommene Konkurrent einer von so vielen Produzenten eines identischen Gutes, daß er einer horizontalen (unbegrenzt elastischen) *nn*-Kurve gegenübersteht, obgleich die sehr viel größere Gesamtnachfrage *NN* des Wirtschaftszweiges sehr viel unelastischer sein kann. Herrschen freie Zugangs- und Austrittsbedingungen für Unternehmen mit identischen Kostenkurven, führt das langfristige Gleichgewicht in E zu keinerlei Gewinnüberschuß gegenüber den Wettbewerbskosten (nach Berücksichtigung angemessener Erträge im Sinne von Alternativkosten). Darüber hinaus wird bei der Erstellung der Produktionsmenge, die die Gesellschaft erhält, ein Höchstmaß an Effizienz erreicht unter Zugrundelegung von $P = GK$, und zwar sowohl langfristig als kurzfristig. Es gibt keine Möglichkeit einer Reorganisation von Konkurrenzunternehmen in einer Weise, die eine billigere Methode zur Erstellung der Gesamtproduktion bietet (wie auf S. 98 dargestellt).

Vollkommener Wettbewerb

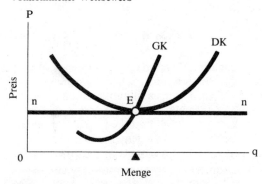

Abbildung 24.4

wenig lichtete. Möglicherweise ginge damit jedoch auch eine Minderung des Wohlergehens der Konsumenten einher, die nun nicht mehr der gewünschten Vielfalt an Waren gegenüberstünden. Die Minderung der Konsumentenrente aufgrund von überhöhten Preisen ist gering und die Konsumenten scheinen eher bereit zu sein, einen höheren Preis für ein vielfältigeres Warenangebot zu zahlen, als alle in den gleichen grauen Röcken herumzulaufen und sich in die gleichen kleinen Standardautos zu zwängen.«

Wo findet sich in der Praxis ein Beispiel für den monopolistischen Wettbewerb? Am bekanntesten ist wahrscheinlich die Situation auf dem Einzelhandelsmarkt für Treibstoff. In den Vereinigten Staaten gibt es 300000 Tankstellen, von denen jede einen winzigen Bruchteil des Gesamtumsatzes verkauft. Dennoch kann jede für sich in Anspruch nehmen, über einen kleinen Bruchteil an Marktmacht zu verfügen und eine geringfügig geneigte Nachfragekurve zu besitzen. Ihre Produktdifferenzierung ergibt sich aus ihrer Lage (sie liegt an einer viel befahrenen Strecke), aus der Treibstoffmarke, die sie vertreibt, aus ihrem gepflegten oder ungepflegten Zustand, aus ihrem weitreichenderen Service-Angebot (Reinigung der Windschutzscheiben oder Handel mit Gütern für den Reisebedarf).

Sie könnten nun vielleicht zu der Auffassung gelangen, daß Tankstellen angesichts der Neigung ihrer Nachfragekurve einen Gewinn erzielen, der über der normalen Kapitalertragsrate und dem normalen Unternehmerlohn liegt. Das ist jedoch nicht der Fall. Durch den Zugang neuer Unternehmen und das Ausscheiden alter spielt sich der Gewinn auf einem Niveau ein, bei dem die Tankstellen langfristig nicht mehr als einen normalen Ertrag erzielen.

Und das gleiche Bild bietet sich überall und immer wieder im Einzelhandel wie auch im Handel allgemein oder in der Industrie, wenn der Zugang vergleichsweise frei ist und der Wirtschaftszweig sich durch eine weitreichende Produktdifferenzierung auszeichnet.

B. Das Leben im Vorstandszimmer

Im ersten Teil dieses Kapitels haben wir das unterschiedliche Verhalten unvollkommener Konkurrenten betrachtet sowie dessen Abhängigkeit von der Zahl der konkurrierenden Unternehmen und von dem Umfang, in dem es zu erfolgreichen Preisabsprachen zwischen Konkurrenzunternehmen kommt. Nunmehr wenden wir uns einigen strittigen Fragen von zentraler Bedeutung hinsichtlich des Verhaltens der einzelnen Unternehmen zu. Wir stellen uns zunächst die Frage, ob Unternehmen tatsächlich nach dem Gewinnmaximum streben. Eine eingehende Auseinandersetzung mit den Prinzipien der Preisbildung durch Aufschlag einer Gewinnspanne auf die Kosten wird darauf hindeuten, daß man nicht ohne Einschränkung von ausschließlichen Gewinnerwägungen ausgehen kann. Im Anschluß an diese Betrachtungen setzen wir uns mit Schumpeters Verteidigung des Monopols als einer wesentlichen Quelle der Innovation und der Entwicklung neuer Produkte und Produktionsverfahren auseinander. Abschließend fassen wir dann das Für und Wider des unvollkommenen Wettbewerbs zusammen.

Maximieren Unternehmen ihre Gewinne?

Inwieweit versuchen Unternehmen tatsächlich, ihre Gewinne zu maximieren? Und in welchem Maße sind sie erfolgreich, wenn sie den Versuch unternehmen?

Es ist nicht leicht, auf diese Fragen präzise Antworten zu geben. Auf jeden Fall kann man jedoch folgendes sagen: Ein Unternehmen, das überhaupt keinen Gewinn an die Kalkulation seiner Kosten und Erlöse verschwendet, wird bald ein Opfer des Darwinschen Gesetzes vom Überleben des Tüchtigsten werden und von der Bildfläche der Wirtschaft verschwinden. Und diesem Selektionsmechanismus sind insbesondere Unternehmen ausgesetzt, die auf Wettbewerbsmärkten tätig sind. Deshalb können denjenigen Unternehmen, die tatsächlich überleben, die Auswirkungen ihres Verhaltens auf ihre Gewinne nicht gleichgültig sein.

Das bedeutet jedoch nicht notwendigerweise, daß jeder Oligopolist oder jeder Monopolist verzweifelt bemüht ist, das letzte Gewinnquentchen aus jedem Geschäft herauszuholen. Sobald ein Unternehmen eine gewisse Stellung am Markt hat, kann es sich auch der Verfolgung anderer Ziele als der ausschließlichen

Gewinnmaximierung zuwenden. Wenn beispielsweise ein Unternehmen, das sich in einer marktbeherrschenden Position befindet, beschließt, seinen Preis etwas unter dem Gewinnmaximum anzusetzen, wird es eine Steigerung seines Absatzes beobachten, ohne daß es bankrott macht. Andererseits wird es immer noch eine beträchtliche Menge absetzen, selbst wenn sein Preis geringfügig über dem Gewinnmaximum liegt.

Was veranlaßt ein Unternehmen, von dem ausschließlichen Ziel der Gewinnmaximierung abzurücken? Dafür gibt es zwei Gründe allgemeiner Art – begrenzt rationales Verhalten zum einen und alternative Zielsetzungen zum anderen.

Der Terminus *begrenzt rationales Verhalten* deutet darauf hin, daß Konsumenten wie Unternehmen nicht unablässig damit beschäftigt sein können, dies oder jenes zu maximieren oder zu optimieren. Jeder verfügt nur über begrenzte Mengen an Zeit, Ressourcen sowie an Informationen; deshalb treffen wir oft unvollkommene Entscheidungen. Konsumenten können nicht nach dem absolut billigsten Kopf Salat oder Liter Benzin suchen, weil sie das ihre gesamte Zeit kosten würde. Die Suche nach den niedrigsten Preisen und nach dem absoluten Optimum erfordert den Einsatz knapper Zeit und knapper Mittel. Für den Entscheidungsprozeß, wie für alle anderen wertvollen Güter, unterliegt die aufgewendete Zeit einem Rationierungsprinzip.

Da ein vollkommen rationales Verhalten zu kostspielig ist, müssen Konsumenten wie Unternehmen sich mit hinlänglich guten Entscheidungen zufriedengeben. Darüber hinaus kann man bei regelmäßig wiederkehrenden Situationen selbst nach »Faustregeln« verfahren beziehungsweise vereinfachte Entscheidungsregeln zugrunde legen. Die Festsetzung von Preisen auf der Basis eines Gewinnaufschlages auf die Kosten, dem wir uns gleich zuwenden werden, ist ein Beispiel für die Anwendung einer Faustregel, die ihre Wurzel in einem solchen begrenzt rationalen Verhalten hat.

Eine zweite Erklärung dafür, daß Unternehmen sich nicht ständig in ihrem absoluten Gewinnmaximum befinden, ist in der Tatsache zu suchen, daß sie auch von *alternativen Motiven* geleitet werden. Erinnern Sie sich, daß heute bei großen Kapitalgesellschaften, wie in Kapitel 20 dargestellt wurde, eine Trennung zwischen Eigentum und Kontrolle besteht (vgl. S. 32). Verfolgen unter solchen Umständen Manager nicht gelegentlich andere Ziele als Aktionäre? Aktionäre sind primär an hohen Dividenden und an einer Steigerung der Aktienkurse interessiert. Manager sind vielleicht eher von dem Wunsch beseelt, ein großes Unternehmen leiten zu wollen – ähnlich wie Könige gern über ein großes Imperium herrschen. Auch eine Scheu vor riskanten Investitionen kann ihr Verhalten bestimmen: Sie fürchten, daß sie ihre Posten verlieren, wenn das Unternehmen Schiffbruch erleidet. Unternehmensleiter können auch daran interessiert sein, von den Gewinnen der Aktionäre für sich selbst hohe Gehälter und Gratifikationen abzuzweigen.

Während gelegentlich gegensätzliche Ziele keinerlei Weiterungen haben, führt ein besonderer Konflikt zwischen dem Management und den Eignern eines Unternehmens zu einem schwerwiegenden wirtschaftlichen Problem. Scheuen Unternehmen lohnende, wenn auch risikoreiche Investitionen, weil ihre Manager die Möglichkeit hoher Verluste fürchten, kann das zu einer Verlangsamung des Entwicklungs- und Innovationstempos führen. Herrscht in der Wirtschaft eine solche mangelnde Risikobereitschaft auf breiter Basis, könnte die Folge eine Verlangsamung der Produktivitätszuwachsrate sein, was nachteilige Auswirkungen auf den Lebensstandard des ganzen Landes hat. Um die Entstehung einer solchen Situation zu verhindern, sollte die Politik der Regierung dafür sorgen, daß die verschiedensten Unternehmen – kleine Unternehmen, ausländische Unternehmen, private Unternehmen – ständig in den Startlöchern stehen und nur darauf warten, sich auf einen Markt stürzen zu können, dessen führende Unternehmen übermäßige Behäbigkeit und technisches Desinteresse erkennen lassen.

Preisbildung durch Gewinnaufschlag

Eines der klassischen Beispiele dafür, daß Unternehmen sich nicht streng an der reinen Gewinnmaximierung orientieren, ist die Methode ihrer Preisbildung. Die Erfahrung zeigt, daß sich nur wenige Unternehmensleiter hinsetzen und ihre Grenzerlöse und Grenzkosten berechnen, um auf dieser Basis ihre Preise zu bestimmen. Die meisten Unternehmen haben nur eine vage Vorstellung von ihrer Nachfragekurve oder von der Preiselastizität ihrer Produkte. Sie können ihren optimalen Preis und ihre optimale Ausbringungsmenge gar nicht ganz genau berechnen. Dennoch müssen sie ihr Preisbildungsproblem lösen.

Hier spielen nun die Durchschnitts- oder Stückkosten eine wichtige Rolle. Würden Sie das Preisbildungsproblem mit einer Unternehmensberaterin diskutieren, könnte sie Ihnen etwa folgendes sagen:

Versetzen Sie sich einmal in die Lage des Generaldirektors eines Unternehmens, das Hunderte von verschiedenen Produkten herstellt. Sie können ungefähr abschätzen, wie hoch die Umsätze und Kosten des laufenden Jahres sein werden, aber Sie haben nur eine sehr vage Vorstellung von der Nachfrageelastizität für Ihre verschiedenen Produkte.

Sie sehen sich zuerst einmal Ihre Umsatzprognosen an. Dann wenden Sie sich an Ihre Kostenexperten und lassen diese die Durchschnittskosten für die Produktion jedes Ihrer Güter unter Zugrundelegung einer normalen vorgegebenen Produktionshöhe berechnen. Es wird ihnen manches Kopfzerbrechen bereiten, ehe sie zu irgendwelchen Werten gelangen – sie müssen beispielsweise unter anderem die Umlegung von Gemeinkosten auf die einzelnen Produkte berücksichtigen, angemessene Abschreibungsbeträge und die Aufteilung der Energiekosten auf die jeweiligen Produkte. Wieviel Kopfzerbrechen dies auch immer verursachen mag, Ihre Kalkulatoren werden Ihnen eine Schätzung der Durchschnittskosten vorlegen.

Und nun kommt die große Überraschung:

Ausgerüstet mit diesen Informationen über Umsätze und Kosten werden Sie Ihre Preise mit größter Sicherheit nicht auf der Basis eines Vergleiches von GE und GK ermitteln. Vielmehr werden Sie die errechneten Durchschnittskosten eines Produktes hernehmen und zu diesen Kosten einen bestimmten, festen Prozentsatz – einen Gewinnaufschlag – hinzuaddieren – etwa 5 oder 10 oder 20 oder 40 Prozent der Durchschnittskosten. Dieser aus Kosten-plus-Gewinnaufschlag zusammengesetzte Betrag bildet dann den Verkaufspreis. Beachten Sie, daß dieser Preis, wenn alles nach Plan verläuft, die direkten und indirekten Kosten deckt und dem Unternehmen noch einen handfesten Gewinn einbringt.

Untersuchungen über die tatsächliche Preisbildungspraxis haben bestätigt, daß Unternehmungen oft in der oben beschriebenen Weise verfahren und ihre Preise auf der »Kosten-plus-Gewinnspannen«-Basis festsetzen. Die analysierten Fälle belegen, daß die Gewinnaufschlagsmethode auf Märkten, die unter Bedingungen des unvollkommenen Wettbewerbs arbeiten, die Regel ist.

Aber so realistisch die obige Analyse auch sein mag, so unvollständig ist sie zugleich. Denn zu unserem großen Kummer sagt sie uns nicht, *warum* der Gewinnaufschlag in einem Wirtschaftszweig bei 40 Prozent liegt und in einem anderen bei 5 Prozent. Sie kann uns auch nichts darüber sagen, warum 1979, dem letzten durch hohe Arbeitslosigkeit gekennzeichneten Jahr, die Aktionäre der Eisen- und Stahlindustrie auf ihr investiertes Kapital eine Rendite in Höhe von 9 Prozent erzielten, während in der Ölindustrie 20 Prozent erzielt wurden. Um diese Unterschiede zu erklären, müssen grundsätzlichere, allen Preisbildungsprozessen zugrundeliegende Aspekte der Nachfrage und Kosten – wie sie zu Beginn dieses Kapitels nochmals aufgegriffen wurden – herangezogen werden.

Deutet die allgemein herrschende Praxis der Preisfestsetzung auf der Basis eines Gewinnaufschlags auf die Kosten darauf hin, daß die Unternehmen ihren Gewinn nicht maximieren? Oder schlimmer noch, daß Manager einfach träge und gleichgültig sind und deshalb mit den gleichen Methoden arbeiten, die schon ihre Vorgänger angewandt haben? In einigen Fällen ist eine solche Schlußfolgerung wahrscheinlich gerechtfertigt. In der Mehrzahl der Fälle sollte dieses Verfahren der Preisfestsetzung jedoch als gängige Faustregel betrachtet werden – als ein Werkzeug der Unternehmen, das seine Wurzel in den Geboten eines eingeschränkt rationalen Verhaltens hat. In einem großen Unternehmen, das Zehntausende verschiedener Produkte erstellt, ist eine tägliche Festsetzung jedes Preises einfach nicht durchführbar. Mit Hilfe der Methode der Preisfestsetzung auf Gewinnaufschlagsbasis, wobei die Aufschlagsspanne von Zeit zu Zeit angepaßt wird, kann das Unternehmen sich schrittweise an die gewünschte Gewinnmaximierung herantasten. So wie ein Baseballspieler nicht für jeden Wurf eine Gleichung für jeden einzelnen Bewegungsablauf aufstellt, so wenig haben begabte Manager heute ständig die *GK*- und *GE*-Werte vor Augen, wenn sie in ihrem Bemühen um eine Steigerung der Gewinne den Gewinnaufschlag nach oben oder unten korrigieren.

Die Preisbildung auf der Basis des Gewinnaufschlags auf die Kosten ist nur ein Beispiel, das zeigt, wie man scheinbar irrationales ökonomisches Verhalten leichter erklären kann, wenn man sich an das Prinzip des begrenzt rationalen Verhaltens erinnert – an die Tatsache, daß die Zeit derjenigen, die die Entscheidungen fällen, knapp ist und die Information, über die sie verfügen, unvollständig.

Die Schumpetersche Hypothese

In den beiden vorangegangenen Kapiteln ist eine ganze Litanei von Klagen über die Unternehmen zu hören gewesen, die unter Bedingungen des unvollkommenen Wettbewerbs tätig sind: Ihre Preise seien zu hoch, ihre angebotenen Mengen zu gering, sie erzielten über das normale Maß hinausgehende Gewinne und so fort. Nunmehr wenden wir uns einem Argument zu ihrer Verteidigung zu – und zwar einem sehr überzeugenden. Eine ganze Reihe von Verteidigern, angefangen von Joseph Schumpeter, haben argumentiert, daß die Unternehmensriesen und die unter Bedingungen des unvollkommenen Wettbewerbs tätigen Wirtschaftszweige die Quelle der Innovation und des technischen Fortschritts seien. Obgleich der unvollkommene Wettbewerb zweifellos für verschiedene Formen der Ineffizienz verantwortlich ist, weil die Preise in diesem Fall über den Grenzkosten liegen, sind Monopole nach Auffassung Schumpeters dennoch die Motoren der dynamischen Erfindungen und des technischen Fortschritts in einer kapitalistischen Wirtschaft.

Tabelle 24.1 hat bereits erkennen lassen, daß Forschung und Entwicklung (F + E) in größerem Umfang von Industriezweigen mit einem hohen Konzentrationsgrad betrieben werden als von solchen, die unter Wettbewerbsbedingungen tätig sind. Das klassische Beispiel dafür sind die Bell Telephone Laboratories. Diese riesige Forschungseinrichtung arbeitete mit der Unterstützung des größten Monopolunternehmens der Welt – der AT & T. Während der vier Jahrzehnte, ehe das Bell System aufgelöst wurde, erfanden oder trugen die Bell Labs wesentlich zur Entwicklung bei in den Bereichen von Transistoren und Halbleitern, Mikrowellentechnik, Glasfaser-Optik, Blasenspeichern, Programmiersprachen, Satelliten und elektronischen Schaltelementen. Während der 70er Jahre wurden volle 10 Prozent der Grundlagenforschung der gesamten amerikanischen Industrie von den Bell Labs getragen.

Umfangreiche Forschungs- und Entwicklungsprogramme von Du Pont, RCA, IBM, GE, GM und vielen anderen großen Unternehmen haben zu ähnlichen Ergebnissen geführt.

Auf welche Weise kommt nun die Unvollkommenheit des Wettbewerbs ins Spiel? Die Bereiche F + E sowie Erfindungen unterscheiden sich grundlegend von anderen ökonomischen Tätigkeiten. Sie bieten herausragende Beispiele *externer Einsparungen*. Nachdem die Bell Labs den Transistor erfunden hatten, machte sich die ganze Welt deren Vorteile (in Form von neuen, verbesserten oder billigeren Produkten) zunutze. Japanische Fernsehgeräte, deutsche Autos, amerikanische Mikrocomputer, die auf der ganzen Welt verbreiteten Digitaluhren – all diese Güter profitierten in ganz erheblichem Maße von dem Transistor und den Halbleitern. Für die Bell Labs selbst, die sie erfunden hatten, war der monetäre Gewinn, den sie aus ihren Erfindungen in Form von Lizenzgebühren bezogen, minimal.

Und der Transistor ist durchaus kein Einzelfall. Eingehende Untersuchungen von Edwin Mansfield und anderen lassen erkennen, daß der Gewinn, den neue Erfindungen einer Nation bringen (gemessen am Wert der neuen Produkte), etwa dreimal so hoch ist, wie der Profit, den die Erfinder erzielen. Im Zusammenhang mit dieser Tatsache, daß es dem Erfinder nicht möglich ist, in den vollen Genuß der Früchte seiner erfinderischen Leistung zu kommen, spricht man von der mangelnden Aneignungsfähigkeit als dem Unvermögen des Erfinders, den vollen Erfinderlohn zu realisieren.

Dies und die Ergebnisse empirischer Untersuchungen, die den hohen Gewinn von Erfindungen für die Gesellschaft erkennen lassen, legen den Schluß nahe, daß die private Forschung und Entwicklung an einem Mangel an Forschungsgeldern leiden muß und daß zu wenig Mittel in F + E fließen. Am stärksten betroffen von der Knappheit der Mittel ist die private Grundlagenforschung. Aus diesem Grunde subventionieren viele Regierungen einen großen Teil der Grundlagenforschung z.B. im Gesundheitswesen oder auf dem Sektor der Naturwissenschaften und der Technologie.

Die Schwierigkeit der Zuweisbarkeit des Erfinderlohns erklärt auch, warum große Unternehmen eher F + E betreiben als kleine Unternehmen. Wenn IBM 65 Prozent der Computer des Landes verkauft, wird das Unternehmen wahrscheinlich von jeder Erfindung im Computerbereich erheblich profitieren. IBM hat deshalb ein besonders starkes Interesse an Investitionen in die Forschung. Für kleinere Erfinder ist der Anreiz geringer: Wenn ich ein neues Computerlaufwerk erfinde, werde ich sehr viel größere Schwierigkeiten haben, daraus einen Nutzen zu ziehen, weil mein Anteil am Computermarkt minimal ist. Darüber hinaus nützt mir als einzelnem oder einem kleinen Unternehmen eine Erfindung nur dann etwas, wenn ich ein gesetzlich geschütztes Patent erwirken kann.[3] Außerdem können nur große Unternehmen die erheblichen, mit der Entwicklung und dem Absatz neuer Produkte verbundenen Kosten tragen, durch die sie beim Kampf um einen größeren Marktanteil wieder einen Wettbewerbsvorsprung erlangen.

Diese Überlegungen waren es, die Joseph Schumpeter veranlaßten, folgende mutige Hypothese aufzustellen[4]:

Der moderne Lebensstandard der Masse der Bevölkerung begann sich in der Zeit eines von Zwängen vergleichsweise freien »Großunternehmertums« zu entwickeln. Sehen wir uns die Liste der Dinge an, die heute die Ausgaben eines Arbeiters ausmachen, und verfolgen wir die Entwicklung der Preise dieser Güter seit 1899 – und zwar nicht ausgedrückt in monetären Größen, sondern in Arbeitsstunden, die erforderlich sind, um diese Güter kaufen zu können, also nach Division der Preise jedes Jahres durch die Stundenlöhne jedes Jahres – so kommen wir nicht umhin, von der Fortschrittsrate beeindruckt zu sein, die angesichts der ungeheuren Qualitätssteigerung aller Güter größer und nicht geringer gewesen zu sein scheint als je zuvor...

Und damit ist doch nicht alles gesagt. Sobald wir weiterforschen und uns die Frage vorlegen, in bezug auf welche einzelnen Güter der Fortschritt am augenfälligsten war, führt uns die Spur nicht etwa zu den Unternehmen, die unter Bedingungen eines vergleichsweise freien Wettbewerbs arbeiten, sondern eben zu den Großunternehmen – die, wie im Falle des Landmaschinenbaus, auch verantwortlich zeichnen für einen Großteil des Fortschritts in Wettbewerbsbereichen. Und plötzlich beschleicht uns der ketzerische Verdacht, daß die Großunternehmen möglicherweise mehr mit der Schaffung dieses hohen Lebensstandards zu tun gehabt, als daß sie ihn gebremst hätten.

Noch rückhaltloser war die Begeisterung von J.K. Galbraith[5]:

Eine wohlwollende Vorsehung... hat die moderne, aus wenigen Großunternehmen bestehende Industrie zu einem fast perfekten Instrument zur Initiierung des technologischen Wandels gemacht... Es gibt keine sympathischere Fiktion, als daß der technische Fortschritt das Produkt des unvergleichlichen Erfindergeistes des kleinen

---

3 Alle Länder sind sich seit langem der Notwendigkeit des staatlichen Schutzes für Erfindungen bewußt. In den Vereinigten Staaten wird heute jedem Erfinder eines neuen Produktes oder Verfahrens ein Patent gewährt. Der Inhaber eines solchen Patentes besitzt 17 Jahre lang das ausschließliche Recht, die patentierte Erfindung zu nutzen und Gewinn daraus zu ziehen. Durch die Gewährung eines solchen Monopols unter klar definierten Umständen verbessert die Regierung die Zuweisbarkeit des Erfinderlohns und bietet auch kleinen Erfindern einen Anreiz, sich um neue Erfindungen zu bemühen. Zu den Beispielen für solche Patente gehören die für die Erfindung des Telefons, der Xerox-Kopierer und der Polaroid-Kamera.
4 J.A. Schumpeter, *Capitalism, Socialism and Democracy*, Harper, New York, 1942, S. 81. (Deutsche Übersetzung: *Kapitalismus, Sozialismus und Demokratie*, Stuttgart 1980.)
5 *American Capitalism*, Houghton Mifflin, Boston 1952, S. 91.

Mannes ist, den der Wettbewerb treibt, es besser zu machen als sein Nachbar. Bedauerlicherweise ist es aber eben nur eine Fiktion. Die technologische Entwicklung ist seit langem die Domäne des Wissenschaftlers und des Ingenieurs. Die meisten der billigen und einfachen Erfindungen sind – darüber sollte man sich keine Illusionen mehr machen – alle bereits gemacht.

Diese beiden kühnen Prognosen lösten in der ökonomischen Fachwelt Bestürzung aus. Jahre der Forschung wurden auf dieses Thema verwandt. Inwieweit haben diese Auffassungen einer sorgfältigen Prüfung standgehalten? Zunächst einmal sind alle Ökonomen bereit, zuzugeben, daß in der Schumpeterschen Hypothese ein Körnchen Wahrheit steckt. Niemand hat je beobachtet, daß der Krämer im Ort, der Tankstellenbesitzer oder der Gemüsebauer große Forschungseinrichtungen unterhält. So gingen beispielsweise 1972 87 Prozent der privat finanzierten Forschung und Entwicklung von Unternehmen mit mehr als 5000 Beschäftigten aus. Von den etwa 250000 Unternehmen mit weniger als 1000 Beschäftigten dagegen unterhielten nur 4 Prozent ein offizielles Forschungsprogramm.

Während die meisten Ökonomen zwar einräumen, daß die ganz kleinen Unternehmen nur wenig Forschung betreiben, lehnen sie weitergehende Aussagen jedoch ab. Und diejenigen, die der Schumpeterschen Hypothese mit Skepsis begegnen, weisen darauf hin, daß viele Unternehmen, die nur über geringe Marktanteile verfügen, dennoch in erheblichem Umfang und mit Erfolg Forschungsprogramme unterhalten. Als darüber hinaus John Jewkes und seine Kollegen die Geschichte der wichtigsten Erfindungen dieses Jahrhunderts zurückverfolgten, fanden sie heraus, daß weniger als die Hälfte dieser Erfindungen aus den Forschungseinrichtungen von Großunternehmen hervorgegangen waren. Die Bedeutung des kleinen Erfinders wurde auch in jüngster Vergangenheit bestätigt, als wichtige neue Produkte über Nacht auf dem Markt erschienen – so beispielsweise, als Apple Computers Anfang der 80er Jahre die Revolution im Bereich der Mikrocomputer einleitete.

■ **Die Beziehungen zwischen Innovation und Marktposition sind außerordentlich komplex. Der große Beitrag, den viele Großunternehmen zur Forschung und Entwicklung leisten, sollte denen zu denken geben, die diese Unternehmen am liebsten atomisieren möchten oder behaupten, daß Größe in jedem Fall verwerflich sei. Daneben ist jedoch auch kleinen Unternehmen und einzelnen Forschern und Erfindern in einigen Fällen ein Durchbruch von wahrhaft revolutionärem Charakter gelungen. Im Interesse eines raschen Innovationstempos muß ein Land die verschiedensten Wege beschreiten und seine Forschung auf die unterschiedlichste Weise organisieren. Laßt Ideen blühen – Ideen der unterschiedlichsten Provenienz!**

Eine Bilanz des Für und Wider des unvollkommenen Wettbewerbs

Ehe wir uns den rechtlichen, historischen und institutionellen Aspekten der Antitrust-Gesetzgebung zuwenden, wollen wir die positiven und negativen Aspekte des unvollkommenen Wettbewerbs zusammenfassen:

● *Produktionsbeschränkungen.* Eine wesentliche Form der Ineffizienz des unvollkommenen Wettbewerbs ergibt sich, wenn die Preise im Verhältnis zu den Grenzkosten zu hoch angesetzt werden. Ein Monopolist oder Oligopolist beschränkt die Outputmenge bis zu dem Punkt, bei dem Grenzkosten und Grenzerlös gleich sind. In diesem Fall liegt der Preis über den Grenzkosten. Daher zahlen Konsumenten in monopolbeherrschten Wirtschaftszweigen mehr, als das jeweilige Gut – ausgedrückt in eingebüßten Gütern anderer Industriezweige – kostet.

- *Einsparungen aus Massenproduktion.* In vielen Industriezweigen lassen sich weitreichende Einsparungen aus der Massenproduktion erzielen. Bedingungen einer atomistischen Konkurrenz in der Automobil-, der Stahlindustrie oder dem Flugzeugbau herstellen zu wollen, hieße, die Unternehmen auf der Kurve ihrer Durchschnittskosten weit nach oben zu drängen. Sind Skalenerträge die Ursache der Konzentration in einer Wirtschaftsbranche, zahlt der Konsument zwar möglicherweise Preise, die über den Grenzkosten liegen. Dennoch liegen die Preise wahrscheinlich weit unter dem Niveau, auf dem sie sich befänden, wenn in einer Volkswirtschaft jede Stadt ihr eigenes Stahlwerk besäße und jeder Bundesstaat seinen eigenen Flugzeughersteller.

- *Dynamische Forschung und Entwicklung.* In ähnlichem Sinne verweist Schumpeter in seiner kühnen Hypothese auf die großen und erfolgreichen Forschungseinrichtungen der Monopole und Oligopole. Eine Atomisierung unserer Großunternehmen bedeutete gleichzeitig auch die Auflösung der großen privaten Forschungslaboratorien.

Abschließende Beurteilung

Nach sorgfältiger Abwägung obiger Argumente gelangt man zu den drei folgenden Schlußfolgerung:

1. Wettbewerbsschranken sollten auf ein Minimum reduziert werden. Nichts lähmt den Innovationsdrang so sehr, als wenn Unternehmen oder Märkte durch hohe Schutzmauern gegenüber der Tatsache oder der Gefahr der Konkurrenz abgeschirmt werden. Immer vor Augen halten soll man sich den Satz: »Der Zoll ist die Mutter der Trusts.« Die Existenz von Konkurrenten oder potentiellen Konkurrenten wird für einen Abwärtstrend der Preise, eine Verbesserung der Qualität und eine Beschleunigung des Tempos sorgen, mit dem bessere Produkte entwickelt werden.

2. Ist die Existenz von Großunternehmen auf das Diktat der Technologie zurückzuführen, sollte man ihnen mit Toleranz begegnen. Ergeben sich aus der Massenproduktion oder der Diversifikation erhebliche Einsparungen – und vorausgesetzt daß potentiellen Konkurrenten der Zugang zu einem Wirtschaftszweig nicht durch gesetzliche Kontrollen oder protektionistische Maßnahmen verwehrt wird – werden selbst die größten Unternehmen aufpassen müssen, daß das Heer der Rivalen ihnen nicht zu nahe auf den Fersen sitzt. Es gibt heute nur wenige Unternehmen, die es sich leisten können, ihre Konkurrenten zu ignorieren.

3. Schließlich darf die Neigung von Großunternehmen zu wettbewerbshemmenden Praktiken nicht übersehen werden. Oft kommt es zur Kollusion mit dem Ziel der Erhöhung der Preise. Große Unternehmen versuchen darüber hinaus, kleinere zu schlucken und völlig auszuschalten. Versuchen Unternehmen sich dadurch eine Monopolstellung zu schaffen, daß sie alle Rivalen aufkaufen oder potentielle Konkurrenten unter Druck setzen, gibt es über sie nichts Positives mehr zu sagen. Diese letzte Schlußfolgerung – der sich allgemein sowohl die Öko-

nomen wie auch der Gesetzgeber anschließen – führt uns zu den Zielsetzungen der Antitrust-Gesetzgebung.

C. Die Antitrust-Gesetzgebung: Theorie und Praxis

Wir haben gesehen, daß unvollkommener Wettbewerb häufig zu Ineffizienz bei Ausstoß und Preishöhe führt. Seit nunmehr hundert Jahren wird von seiten des Gesetzgebers der Versuch unternommen, durch Antitrust-Gesetze und deren Durchsetzung die Macht der Monopole in Schranken zu halten. Dabei sind die Antitrust-Gesetze zur Bekämpfung des Mißbrauchs von Marktmacht auf zweierlei Ziele gerichtet: auf das Verbot gewisser unternehmerischer *Verhaltensweisen* und auf die Verhinderung von Markt*strukturen*, von denen man annimmt, daß sie wettbewerbsbeschränkenden Mißbräuchen Vorschub leisten. Diesem wichtigen Bereich der staatlichen Politik wollen wir uns nunmehr zuwenden – einem Bereich, in dem seit Jahrzehnten Gesetzgeber und Ökonomen erfolgreich zusammenarbeiten.

Eine Darstellung der amerikanischen Antitrust-Gesetzgebung muß sich mit folgenden Punkten befassen:

- mit der Geschichte der *gesetzgeberischen Maßnahmen* – z.B. dem Sherman Act (1890), dem Clayton Act (1914), dem Federal Trade Commission Act (1914) sowie späteren Gesetzesnovellen;

- mit der Geschichte der *Rechtsprechung* sowohl bei den vom Justizministerium eingeleiteten Verfahren – große Aktivitäten entfalteten die beiden Roosevelt-Regierungen, wogegen in den 80er Jahren eher eine skeptische Zurückhaltung zu beobachten war – als auch bei der wachsenden Zahl der Privatklagen;

- mit der Geschichte der *Entscheidungen des Bundesgerichts* – angefangen mit der »Billigkeits«-Doktrin des Jahres 1911, die nur unbillige Wettbewerbsbeschränkungen untersagte, bis hin zu der modernen, durch Angriffe von seiten der Wirtschaftstheoretiker wie der Rechtswissenschaftler ausgelösten Abkehr von früheren Doktrinen;

- mit der *neuen Einstellung zur Antitrust-Gesetzgebung der 80er Jahre*, die die dem Oligopol innewohnende Rivalität unter ihren Mitgliedern hervorhebt und der Fähigkeit der Regierung, mit Hilfe von Antitrust-Gesetzen eine Leistungssteigerung der großen multinationalen Unternehmen zu erwirken, mit Skepsis begegnet.

Der gesetzliche Rahmen

Die Antitrust-Gesetzgebung ist einem Dschungel vergleichbar, der sich aus einer Handvoll Samenkörner entwickelt hat. Die Rechtsquellen, auf denen das Gesetz basiert, sind so knapp und klar, daß sie in Tabelle 24.2 zusammengefaßt worden sind. Es ist erstaunlich, zu welcher Flut von Einzelgesetzen diese wenigen Worte Anlaß gaben.

> **Die Antitrust-Gesetze**
>
> **Sherman Antitrust Act (1890, novellierte Fassung)**
> § 1. Jeder Vertrag, jeder Zusammenschluß in Form eines Trusts oder einer anderen Form sowie jedes wettbewerbsschädigende Verhalten, das die Beschränkung eines Gewerbes oder des wirtschaftlichen Verkehrs zwischen den einzelnen Bundesstaaten oder mit dem Ausland zum Gegenstand haben, werden hiermit für ungesetzlich erklärt.
>
> § 2. Jede Person, die irgendein Gewerbe oder irgendeinen Bereich des wirtschaftlichen Verkehrs zwischen den einzelnen Bundesstaaten oder mit dem Ausland monopolisiert, zu monopolisieren versucht oder sich zu diesem Zweck mit einer anderen Person zusammenschließt oder mit ihr zusammenwirkt, macht sich eines strafbaren Vergehens schuldig ...
>
> **Clayton Antitrust Act (1914, novellierte Fassung)**
> § 2. Jede Diskriminierung in bezug auf den Preis zwischen Käufern von Waren gleicher Art und Qualität ist ..., soweit diese Diskriminierung zu einer erheblichen Beeinträchtigung des Wettbewerbs führt oder geeignet ist, zur Schaffung einer Monopolstellung in irgendeinem Bereich der Wirtschaft zu führen ... rechtswidrig ... *Ausgenommen* von den in diesem Gesetz enthaltenen Bestimmungen sind jedoch Preisdifferenzierungen, die ausschließlich in der Tatsache unterschiedlicher Kosten begründet sind ...
>
> § 3. Der Abschluß irgendeines ... Pacht-, Kauf- oder sonstigen Vertrages ..., der eine Bedingung, Vereinbarung oder Absprache dahingehend enthält, daß der Vertragsnehmer oder Käufer Güter eines Konkurrenten weder nutzen, noch mit diesen handeln darf ist ... sofern dies zu einer erheblichen Beschränkung des Wettbewerbs führt oder geeignet ist, zur Errichtung eines Monopols in irgendeinem Wirtschaftszweig zu führen, rechtswidrig.
>
> § 7. Kein (Unternehmen) ... darf ein anderes (Unternehmen) ganz oder teilweise erwerben ... sofern ... dieser Erwerb zu einer erheblichen Beschränkung des Wettbewerbs führt oder geeignet ist, zur Errichtung eines Monopols beizutragen.
>
> **Federal Trade Commission Act (1914, novellierte Fassung)**
> § 5. Methoden des unlauteren Wettbewerbs ... sowie jegliche unlauteren oder zur Täuschung führenden Maßnahmen oder Praktiken ... sind rechtswidrig.
>
> **Tabelle 24.2. Diese Bestimmungen bilden das Fundament der amerikanischen Antitrust-Gesetzgebung.**

Der Sherman Act (1890)

Nach allgemeinem Landesrecht galten Monopole seit langem als gesetzwidrig. Aber das alte geltende Recht erwies sich als unwirksam angesichts der Fusionen und Trusts, die sich in den 80er Jahren des 19. Jahrhunderts herausbildeten. Populistische Tendenzen in der Politik gaben den Anlaß zur Verabschiedung des Sherman Act.

Der Sherman Act erklärte jede »Monopolbildung im gewerblichen Bereich« für ungesetzlich und verbot jegliche »wettbewerbsbeschränkenden Vereinbarungen«

oder geheimen Abmachungen. Aber abgesehen von dieser Ablehnung »monopolistischer Praktiken« spricht nichts dafür, daß irgend jemand eine klare Vorstellung davon hatte, welche Verhaltensweisen nun als legal oder illegal einzustufen waren.

Der Clayton Act (1914)

Zur Verdeutlichung der vagen Absichten des Sherman Act und um ihm mehr Nachdruck zu verleihen, wurde der Clayton Act verabschiedet. Er verbot »*Koppelungsverträge*« (bei denen ein Kunde das Produkt B abzunehmen verpflichtet war, wenn er das Produkt A erwerben wollte); für ungesetzlich erklärt wurde auch die *Preisdiskriminierung* sowie Ausschließlichkeitsbindungen; untersagt war darüber hinaus die *personelle Verflechtung der Aufsichtsgremien großer Unternehmen* sowie *Fusionen*, die durch Übernahme der Aktien von Konkurrenten zustande kamen. In jedem dieser Fälle wurden entsprechende Vorgänge für gesetzwidrig erklärt, wenn sie zu einer erheblichen Beeinträchtigung des Wettbewerbs führten.

Der Clayton Act beabsichtigte zweierlei: sowohl die Verhinderung der im Gesetz genannten Tatbestände als auch deren Bestrafung, wenn diese erfüllt waren. Im Gegensatz zu dem alten herrschenden Landesrecht, das sich insbesondere gegen den gewerkschaftlichen Zusammenschluß von Arbeitskräften gerichtet hatte, gewährte der Clayton Act den Gewerkschaften ausdrückliche Immunität im Rahmen dieses Antitrust-Gesetzes.

Ebenfalls im Jahre 1914 wurde die Federal Trade Commission (FTC) gegründet. Ihre Hauptaufgabe besteht darin, »Methoden des unlauteren Wettbewerbs« zu unterbinden und vor wettbewerbsbeschränkenden Fusionen zu warnen. Sie kann Untersuchungen durchführen, Hearings veranstalten und Unterlassungs-Anordnungen ergehen lassen. Aber erst durch eine Gesetzesnovelle des Jahres 1938 (das Wheeler-Lea-Gesetz) wurde sie mit der wesentlichen Funktion ausgestattet, die sie nach wie vor wahrnimmt – nämlich auf Unwahrheiten beruhende und irreführende Werbung zu untersagen.

Eines der größten Schlupflöcher im Clayton Act wurde durch den Celler-Kefauver Antimerger Act von 1950 geschlossen. Da der Clayton Act lediglich Fusionen verboten hatte, die aus dem Erwerb von Aktien resultierten, ließ das Gesetz noch eine Hintertür offen, nämlich die Fusion auf dem Wege über den Erwerb des Anlagevermögens einer Gesellschaft. Dieser Möglichkeit wurde 1950 ein Riegel vorgeschoben.

Grundprobleme der Antitrust-Gesetzgebung: Verhalten, Strukturen, Fusionen

In den fast hundert Jahren seit der Verabschiedung des Sherman Act haben Wirtschaftswissenschaftler und Juristen bestimmte Grundvorstellungen hinsichtlich der angemessenen Rolle großer Unternehmen entwickelt. Heute sind an die Stelle der älteren Inhalte der Sherman und Clayton Acts neue Erwägungen getreten, die sich auf das Verhalten von Unternehmen und auf Unternehmensstrukturen beziehen sowie auf die Erschwerung von Fusionen. Diese sollen im folgenden im einzelnen behandelt werden.

Gesetzwidriges Verhalten

Zu den frühesten Bestimmungen, die sich gegen Trusts richteten, gehörten solche, die sich gegen gesetzwidriges Verhalten wandten. Die Gerichte entschieden, daß gewisse Formen der Kollusion als solche gesetzwidrig seien und daß in diesem Zusammenhang weder Billigkeitsaspekte noch sonstige Rechtfertigungsgründe ins Feld geführt werden könnten.

Zu den wichtigsten Formen des illegalen Verhaltens per se gehören Absprachen unter Konkurrenzunternehmen bezüglich der Festsetzung von Preisen, der Beschränkung der Produktion oder der Aufteilung von Märkten. Sie führen zu hohen Preisen und geringen Mengen und selbst die schärfsten Kritiker von Antitrust-Gesetzen verfügen über keinerlei beschönigende Argumente zugunsten von Preisabsprachen.

Auch andere Formen unternehmerischen Verhaltens unterliegen Beschränkungen im Rahmen der Antitrust-Gesetzgebung. Dazu gehören:

- die Preisbindung der zweiten Hand, bei der sich der Einzelhändler verpflichtet, ein bestimmtes Gut nicht zu einem höheren oder niedrigeren Preis als dem vom Hersteller vorgeschriebenen zu verkaufen;

- wettbewerbsschädigende Preisfestsetzungen, bei denen ein Unternehmen seine Güter zu einem unter den Produktionskosten (das heißt in der Regel unter den Grenz- oder Durchschnittskosten) liegenden Preis verkauft;

- Kopplungsverträge oder -vereinbarungen, in deren Rahmen ein Unternehmen sein Produkt A nur dann verkauft, wenn der Käufer auch das Produkt B abnimmt;

- Preisdiskriminierung, das heißt der Verkauf ein und desselben Produktes zu verschiedenen Preisen aus Gründen, die weder kosten- noch wettbewerbsbedingt sind.

Vergegenwärtigen Sie sich nochmals, wenn Sie diese Liste wie auch den voraufgegangenen Absatz durchgehen, daß all diese Praktiken sich auf *Verhaltensweisen* eines Unternehmens beziehen. Sie können sich in einem Monopol oder auch in kleineren Unternehmen abspielen – nicht die Größe des Unternehmens macht diese Praktiken gesetzwidrig, sondern das Verhalten als solches ist unzulässig.

Obgleich Fälle, die sich auf das Unternehmensverhalten beziehen, in der Öffentlichkeit weniger Aufmerksamkeit erregen als Fälle, in denen es um Unternehmensstrukturen geht, bilden sie dennoch einen wichtigen Teil der Antitrust-Gesetzgebung. Das berühmteste Beispiel ist vielleicht das große Komplott der Elektroindustrie.

Im Jahre 1961 wurde die Elektroindustrie kartellartiger Preisabsprachen für schuldig befunden. Leitenden Angestellten der größten Gesellschaften – wie beispielsweise General Electric und Westinghouse – wurde nachgewiesen, sich zu diesem Zweck heimlich in Hotels getroffen zu haben. Obgleich die Unternehmensspitzen offensichtlich von den Plänen ihrer unmittelbaren Stellvertreter nichts wußten, hatten sie diesen doch mit Nachdruck Bemühungen um eine Steigerung des Umsatzes anempfohlen. Die Gesellschaften fanden sich deshalb bereit, erhebliche Schadensersatzbeträge an ihre Kunden wegen der überhöhten Preisforderungen zu zahlen; und einige der in den Fall verwickelten leitenden

Angestellten wurden im Rahmen eines Strafrechtsverfahrens zu einigen Jahren Gefängnis verurteilt.

Obgleich es sich hier um einen Extremfall handelte, sind derartige Praktiken keine Seltenheit. Durchschnittlich werden jährlich 50 von staatlichen Aufsichtsbehörden eingeleitete und Hunderte von Privatklägern angestrengte Prozesse geführt, bei denen es um Preisfestsetzungen und andere Formen illegalen Verhaltens geht.

Unternehmensstrukturen: Ist Größe verwerflich?

Die meisten Schlagzeilen im Rahmen der Antitrust-Verfahren haben diejenigen Fälle gemacht, bei denen es um Unternehmensstrukturen, nicht um Verhaltensfragen ging. In diesen Fällen geht es entweder um die *Zerschlagung* von Großunternehmen oder um Verfahren zur *Verhinderung* von geplanten Fusionen großer Unternehmen. Wir wollen beide näher betrachten.

Die erste Welle gerichtlicher Verfahren ging Anfang des 20. Jahrunderts im Rahmen des Sherman Act über das Land hinweg. 1911 ordnete der Oberste Gerichtshof die Aufspaltung der American Tobacco Company sowie der Standard Oil in zahlreiche voneinander unabhängige Gesellschaften an.

In seiner Verurteilung dieser offenkundigen Monopole formulierte das Oberste Gericht seinen »Grundsatz der Billigkeit«: lediglich *unbillige* Formen der Wettbewerbsbeschränkung (Fusionen, Absprachen und dergleichen) fielen unter den Sherman Act und wurden als ungesetzlich betrachtet.

Diese »Billigkeits«-Doktrin nahm den Angriffen der Gerichte auf monopolistische Fusionen praktisch jede Durchschlagskraft, wie der Fall der U.S. Steel (1920) bewies. Obwohl J.P. Morgan sein Mammutunternehmen auf der Basis von Fusionen errichtet hatte und anfänglich 60 Prozent des Marktes beherrschte, vertrat das Gericht die Auffassung, daß die Größe als solche keinen Verstoß gegen das Gesetz darstellte. Das Vergehen bestand damals, wie auch heute wieder, in stärkerem Maße in wettbewerbsbeschränkenden *Verhaltensweisen* als primär in der monopolistischen *Struktur* eines Unternehmens.

Der New Deal und die Alcoa

Der Kongreß verabschiedet Gesetze; doch das allein nützt noch gar nichts, solange nicht entweder von privater Seite oder von seiten des Justizministeriums Klagen angestrengt werden, um für deren Durchsetzung zu sorgen. In der Zeit des Wachstumsrausches der 20er Jahre verfielen die mit der Wahrnehmung des Wettbewerbsschutzes betrauten Gerichte in einen Winterschlaf. Erst Ende der 30er Jahre, als F.D. Roosevelt den Wettbewerbsschutz in die Hände von Thurman Arnold legte, setzte eine wahre Verfolgungswelle ein. Arnold packte das Problem der Bauwirtschaft, der Glas-, Zigaretten- und Zementindustrie an und widmete sich noch vielen weiteren Branchen.

Den Höhepunkt dieser aktiven Phase der Gerichte zur Zeit des New Deal bildete der Fall der Alcoa (1945), der zugleich auch die äußerste Grenze aufzeigte, bis zu der die Gerichte bei der Zerschlagung von Trusts zu gehen bereit waren. Die Alcoa hatte ihren Marktanteil auf 90 Prozent ausgebaut, jedoch mit Mitteln, die als solche nicht ungesetzlich waren, das heißt durch die Einrichtung von Kapazitäten, mit denen sie der Marktnachfrage vorausgeeilt war, durch eine Politik *niedriger* Preise zur Abwehr potentieller Konkurrenten, und so fort. Dennoch gelangte das Gericht zu der Auffassung, daß die Alcoa sich eines Verstoßes gegen den Sherman Act schuldig gemacht habe. Die Monopolmacht als solche, selbst wenn sie mit legalen Mitteln erworben worden war, konnte einen verwerflichen Tatbestand darstellen und verurteilt werden. Zu dieser Zeit begannen die Gerichte, das Schwergewicht auf die Markt*struktur* und nicht nur auf das Markt*verhalten* zu legen: *die Monopolmacht als solche, selbst wenn sie nicht von gesetzwidrigen Verhaltensweisen begleitet war, wurde für ungesetzlich erklärt.*

Entwicklungen der jüngeren Vergangenheit

Der Fall der Alcoa im Jahre 1945 stellte einen Höhepunkt in der monopolfeindlichen Einstellung der Gerichte wie auch der Wirtschaftstheorie dar, die seither immer stärker von dieser negativen Einstellung abrücken. In den letzten Jahren hat es nur sehr wenige Rechtsfälle gegeben; während der vergangenen zehn Jahre wurden nur zwei nennenswerte, aus Unternehmensstrukturen resultierende Fälle (nach dem Sherman Act, § 2) von seiten der Regierung verfolgt. Der Fall der IBM, beim dem der Versuch unternommen wurde, den Computerriesen in drei kleinere selbständige Einheiten aufzuspalten, wurde nach 13jähriger Prozeßdauer – der normalen Dauer von Rechtsstreitigkeiten, die im Rahmen des § 2 des Sherman Act von seiten der Regierung angestrengt werden – fallengelassen. Der Fall der AT & T wurde durch ein Anerkenntnisurteil (bzw. einen Vergleich zwischen den Parteien) beigelegt. 1984 war das erste Jahr seit 1934, in dem die Regierung kein größeres Verfahren im Rahmen der Antitrust-Gesetze anstrengte. Eine Darstellung der beiden erwähnten Fälle ist geeignet, einen Eindruck von der modernen Einstellung zur Antitrust-Politik zu vermitteln, soweit sie gegen bestimmte Unternehmensstrukturen gerichtet ist.

Der Fall AT & T

Bis zum Jahre 1983 besaß die AT&T praktisch ein Monopol im Bereich der Telekommunikation. 95 Prozent aller Ferngesprächsverbindungen und 85 Prozent aller lokalen Fernsprechnetze befanden sich in der Hand der AT&T, die auch den größten Teil aller Telefonanlagen des Landes einrichtete. Zu dem Unternehmenskomplex der AT&T gehörten die Bell Telephone Labs, die Western Electric Company sowie 23 Bell-Betriebsgesellschaften. Das ganze Konglomerat wurde oft als das Bell System bezeichnet.

Seit der Erfindung des Telefons im Jahre 1876 hat die damals gegründete Alexander-Graham-Bell-Gesellschaft fast ebensoviel Zeit damit zugebracht, sich gegen Antitrust-Prozesse zu wehren, wie sie auf die Herstellung von Telefonen verwandt hat. Zwei frühere, vom Staat gegen die Gesellschaft eingeleitete Verfahren, hatten nur geringe Auswirkungen für das Unternehmen.

1974 strengte das Justizministerium ein erneutes und diesmal umfassenderes Verfahren gegen das Unternehmen an. Darin wurde der Vorwurf erhoben, daß die AT&T (a) Konkurrenten im Bereich des Ferngesprächsverkehrs (wie MCI) den Anschluß an lokale Netze verwehrt habe; und daß sie (b) andere Hersteller von Fernsprechausrüstungen daran gehindert habe, ihre Produkte an Fernsprechteilnehmer oder an Bell-Betriebsgesellschaften zu verkaufen. Das entscheidende rechtliche und ökonomische Argument lautete, daß das Bell System sein Monopol im Bereich lokaler Fernsprechnetze dazu ausgenutzt habe, um seine Monopolmacht auch auf den Ferngesprächsbereich sowie auf den Markt für Telefonausrüstungen auszuweiten.

Bell führte zwei Argumente zu seiner Verteidigung ins Feld. Erstens bestritt das Unternehmen (was die meisten Beklagten tun) die Vorwürfe in der Sache beziehungsweise deren Relevanz. Zweitens versuchte es die Vorwürfe durch den Hinweis darauf zu entkräften, daß das amerikanische Fernsprechsystem das beste der Welt sei, *eben weil* es sich praktisch ausschließlich im Besitz der Bell Company befände und von ihr allein betrieben würde. In Anlehnung an die Schumpetersche Hypothese argumentierte die AT&T, daß der aus der Größe und dem Umfang des Bell-Systems resultierende Grad der Monopolmacht gerechtfertigt sei, weil dadurch eine »vernünftige« Organisation des Fernsprechwesens gewährleistet werde.

Der Ausgang des Verfahrens war so grotesk wie kein anderer je zuvor. Die Verhandlungen schienen nicht gut für AT & T zu laufen, und die Gesellschaft fürchtete möglicherweise, daß sie mit einer wahren Flut von privaten Antitrust-Prozessen konfrontiert würde, wenn sie in dem Prozeß gegen den Staat unterläge. Deshalb gelangte AT & T zu dem Schluß, daß die Zeit gekommen sei, in das noch junge Datenbankgeschäft umzusteigen.

Daher willigte die Unternehmensleitung von Bell in eine Auflösung des Unternehmensgiganten ein, die ihrer Art nach allen Anregungen des Justizministeriums mehr als Genüge tat. Die lokalen Fernsprechgesellschaften des Bell-Systems wurden von AT&T abgetrennt und Anfang 1984 zu sieben großen, regionalen Holding-Gesellschaften zusammengefaßt. Im Besitz von AT&T verblieben lediglich der Ferngesprächsbereich, die Bell Labs (die Forschungsorganisation) sowie Western Electric (der Hersteller von Fernsprecheinrichtungen). Was seine Größe in Gestalt des Gesellschaftsvermögens anlangt, wurde diese jedoch um 80% reduziert.

In gewisser Hinsicht bedeutet dieser Ausgang des Verfahrens einen Sieg für den Wettbewerb. Lokale Telefongesellschaften haben jetzt mehr Freiheit bei der Wahl ihrer Ausrüstungen. Die Konsumenten genießen mehr Freiheit bei der Wahl zwischen alternativen Anbietern im Telefon-Fernverkehr. Die AT&T hat keine Möglichkeit mehr, ihr lokales Franchise-Monopol auszunutzen, um den Zugang von Konkurrenten zu diesem Wirtschaftszweig zu blockieren.

Viele Ökonomen beggnen der neuen Struktur jedoch mit Vorbehalt. Werden Forschung und Entwicklung in dem aufgesplitterten Unternehmen nur noch ein Schattendasein führen? Wird die Qualität der Dienstleistungen zurückgehen? Werden in einer Welt, in der zahlreiche Unternehmen für die elektrotechnischen und akustischen Eigenschaften der Fernsprechanlagen verantwortlich sind, Überlappungen der Verbindungen und der Rauschpegel wieder auf den Stand der 20er und 30er Jahre zurückkehren, als »niemand für nichts verantwortlich war«? Antworten auf diese Fragen wie auch darauf, ob die gewählte Lösung aus allgemein wirtschaftlichen Erwägungen als klug zu bezeichnen ist, kann erst die Zukunft bringen.

Der Fall IBM

In dem zweiten größeren Prozeß der jüngeren Vergangenheit unternahm der Staat den Versuch, IBM zu zerschlagen. 1969 eröffnete das Justizministerium ein Verfahren, in dem IBM vorgeworfen wurde, den Versuch unternommen zu haben,»den Markt für die gängigen digitalen Computersysteme zu monopolisieren und bei diesem Versuch auch erfolgreich gewesen zu sein«. Der Vorwurf des Justizministeriums lautete, daß IBM mit einem Marktanteil von 76 Prozent im Jahre 1967 eine marktbeherrschende Position errungen habe. Darüber hinaus wurde der Vorwurf erhoben, IBM habe unter Einsatz der verschiedensten Methoden andere Unternehmen daran gehindert, als Konkurrenten am Markt auftreten zu können. Die Liste wettbewerbswidriger Maßnahmen enthielt Praktiken wie Kopplungspreise und Niedrigpreise, die anderen Herstellern den Zugang zum Markt nicht lohnenswert erscheinen ließen, sowie die Einführung neuer Produkte, die die Attraktivität der Produkte anderer Unternehmen herabsetzten.

IBM wehrte sich entschieden und unnachgiebig gegen die Anschuldigungen der Regierung (wie gegen die eines ganzen Heeres privater Kläger). Der Prozeß zog sich über 13 Jahre hin. Das Hauptargument, das IBM zu seiner Verteidigung anführte, lautete, daß der Staat den Erfolg bestrafe, nicht das wettbewerbshemmende Verhalten. Sehr prägnant wurde das grundlegende Dilemma solcher Fälle in dem Verfahren gegen die Alcoa formuliert:»Nachdem man den erfolgreichen Unternehmer zuerst bedrängt hat, sich dem Wettbewerb zu stellen, darf man nicht Partei gegen ihn ergreifen, wenn er den Kampf gewinnt.« IBM behauptete, daß die Regierung genau das täte – nämlich ein Unternehmen bestrafen, das die ungeheuren Möglichkeiten der Computer-Revolution richtig eingeschätzt habe und durch sein »überragendes Können, seine Weitsichtigkeit und seinen Fleiß« zu einer beherrschenden Position in dieser Branche gelangt sei.

Bereits zwischen 1968 und 1979 hatte IBM eine ganze Serie von Antitrust-Prozessen gewonnen oder erfolgreich beigelegt. Als Reagan an die Regierung kam, wurde der Fall zunächst erneut von dem führenden Regierungsbeauftragten für Antitrust-Fragen, William Baxter, aufgegriffen, der dann Anfang 1982 eine Sensation mit seiner Entscheidung auslöste, den Fall niederzuschlagen,»weil eine Verfolgung nicht lohne«. Eine endgültige Begründung für die Niederschlagung des Falles wurde nicht gegeben. Sehr wahrscheinlich ist jedoch, daß sie in der neuen, von Baxter entwickelten Auffassung zur Frage der Antitrust-Gesetzgebung zu suchen ist, die die immanente Tendenz der Unternehmen zum Wettbewerb betont und allen Angriffen von seiten des Staates auf Praktiken der Unternehmen, die eher zu niedrigen Preisen führen, in hohem Maße skeptisch gegenübersteht.

Private Initiativen zur Bekämpfung von Trusts

Bisher haben wir uns lediglich mit Verfahren im Rahmen der Antitrust-Gesetze beschäftigt, die von staatlicher Seite eingeleitet wurden. Es gehört jedoch zu den bemerkenswerten Entwicklungen der letzten Jahre, daß die Durchsetzung der Antitrust-Gesetze zunehmend auch von Privatklägern betrieben wird. Das Gesetz bietet Privaten die Möglichkeit, Schadensersatzklagen einzubringen. Gewinnt der private Kläger den Prozeß, wird ihm *Schadensersatz bis zur dreifachen Höhe des Schadens* zugesprochen sowie eine angemessene Kostenerstattung.

Im Rahmen dieser Regelung haben Private immer häufiger die Gerichte im

Interesse des Wettbewerbsschutzes angerufen. Während der ersten Jahrzehnte dieses Jahrhunderts hielten sich die von staatlicher beziehungsweise von privater Seite eingebrachten Klagen die Waage. Bis Ende der 70er Jahre war jedoch die Zahl der von Privatklägern angestrengten Verfahren auf jährlich tausend gegenüber etwa fünfzig von seiten des Staates betriebenen Verfahren angestiegen. Urteile, in denen den Klägern Schadensersatzsummen bis zu Beträgen von 1,8 Milliarden Dollar (in einem ersten Urteil gegen die AT&T) zugesprochen wurden, haben solche Verfahren zu Goldminen gemacht.

Erst ganz allmählich beginnt man sich mit den Problemen auseinanderzusetzen, die diese Privatisierung der Antitrust-Verfahren aufwirft. Einerseits hat die Aussicht auf eine Milliarden-Dollar-Klage wahrscheinlich eine abschreckende Wirkung auf potentielle Partner kartellartiger Absprachen zwischen einzelnen Unternehmen; insofern wird dadurch der besseren Durchsetzung von Wettbewerbsschutzbestimmungen gedient. Insoweit jedoch die gegenwärtigen Antitrust-Gesetze als wenig sinnvoll bezeichnet werden können, wovon viele Ökonomen überzeugt sind, wird das Heer privater Kläger lediglich dazu beitragen, daß falsch konzipierte Gesetze mit größerer Strenge durchgesetzt werden. Einige besorgte Fachleute sind der Auffassung, daß die Gewährung von Schadensersatzbeträgen bis zur dreifachen Höhe des Schadens überzogen ist und eingeschränkt werden sollte.

Fusionen: Gesetz und Praxis

Marktmacht erlangen Firmen auf dem Wege über die Expansion des Unternehmens (durch Reinvestition der Gewinne und die Errichtung neuer Produktionsanlagen). Ein einfacherer Weg zum Erwerb von Marktanteilen oder einfach zur Vergrößerung des Unternehmens ist die Fusion mit einem anderen Unternehmen.

Horizontale Zusammenschlüsse – bei denen Unternehmen der gleichen Wirtschaftsbranche verschmolzen werden – sind nach dem Clayton Act verboten, wenn sie zu einer erheblichen Beschränkung des Wettbewerbs führen. Das auf Präzedenzfällen beruhende Recht sowie die 1982 und 1984 vom Justizministerium herausgegebenen Richtlinien für Unternehmenszusammenschlüsse haben diese vage gesetzgeberische Vorgabe näher erläutert. Den Richtlinien zufolge ist zu unterscheiden zwischen Wirtschaftszweigen, in denen Konzentrationen keine Rolle spielen, sowie solchen mit einem geringen und einem hohen Konzentrationsgrad. Bei Fusionen im Bereich der beiden letztgenannten werden die Gerichte tätig, selbst wenn die betreffenden Unternehmen nur über vergleichsweise bescheidene Marktanteile verfügen. Wenn beispielsweise in einem durch einen hohen Konzentrationsgrad gekennzeichneten Wirtschaftszweig ein Unternehmen mit einem Marktanteil von 10 Prozent ein anderes mit einem Anteil von 2,5 oder mehr Prozent erwirbt, wird das Justizministerium die »Rechtmäßigkeit anfechten«.

Vertikale Zusammenschlüsse kommen dadurch zustande, daß zwei Unternehmen unterschiedlicher Produktionsstufen integriert werden – wofür IBM in jüngster Zeit ein Beispiel bot, als es einen Teil von Intel, dem Hersteller von Mikroprozessoren, aufkaufte. In der Zeit nach der Verabschiedung des Kefauver Act von 1950 sind die Gerichte zumeist sehr streng gegen vertikale Zusammenschlüsse vorgegangen. Ihr Hauptaugenmerk richteten sie dabei auf die Tatsache, daß eine solche Fusion zu Ausschließlichkeitsverbindungen zwischen einzelnen Unternehmen führen kann; weniger Beachtung schenkten sie der Frage, ob das Motiv einer solchen vertikalen Integration in einer echten, durch die Zusammenarbeit erreichbaren Leistungssteigerung lag.

Von dieser Haltung ist man jedoch unter anderem in den Richtlinien des Jahres 1982 wieder abgerückt; die neuen Richtlinien sind erheblich viel konzilianter in bezug auf vertikale Zusammenschlüsse.

Es gibt noch eine dritte Form der Fusion von Unternehmen, den sogenannten *Mischkonzern*, bei dem produktionsfremde Unternehmen zusammengeschlossen werden. Im Falle der Bildung eines Mischkonzerns kann ein Unternehmen der Chemie- oder Stahlbranche beispielsweise eine Ölgesellschaft aufkaufen; oder ein Unternehmen (wie die AT&T), das schon in vielfältigen Bereichen tätig ist, steigt noch in weitere ein (in die Hotelbranche, die Autovermietung, oder beliebige andere).

Die Kritiker von Mischkonzernen führen zwei Argumente ins Feld. Zunächst einmal weisen sie darauf hin, daß infolge dieser Fusionen die Konzentration großer Gesellschaftsvermögen in den Spitzengesellschaften im Laufe dieses Jahrhunderts immer weiter gestiegen ist. Abbildung 24.5 stellt das geschätzte Aktienvermögen der 200 größten Gesellschaften des Landes dar. Die nicht vollständigen Daten lassen erkennen, daß das Aktienvermögen der 200 Spitzenunternehmen von einem Drittel des Gesamtaktienvermögens um das Jahr 1910 auf 61 Prozent im Jahre 1982 angestiegen ist. Solche Daten lösen immer wieder einmal große Beunruhigung aus und veranlaßten die besorgte Federal Trade Commission vor einigen Jahren zu der Feststellung, daß »die Mammutgesellschaften eines Tages das ganze Land beherrschen werden«. 1984 veranlaßten die horizontalen Zusammenschlüsse in der Ölindustrie zahlreiche Kongreßmitglieder, den Vorschlag einzubringen, für eine gewisse Zeit, während das Thema (zum x-ten Male) diskutiert werden sollte, derartige Fusionen zu untersagen.

Allein der Hinweis auf die Konzentration von Aktienvermögen kann jedoch irreführend sein. Die wachsende Konzentration von Aktienvermögen bedeutet nicht, daß auch die Monopolmacht zunimmt, denn die betreffenden Unternehmen können durchaus im Wettbewerb miteinander stehen und darum kämpfen, in dem Bereich des jeweils anderen Unternehmens Fuß zu fassen. AT&T drängt in das Computergeschäft, während IBM in den Bereich der elektronischen Datenübermittlung vorstößt. Richtiger wäre es, darauf hinzuweisen, daß die Zahl der Unternehmensvorstände, die dafür sorgen, daß sich das Rad der amerikanischen Wirtschaft dreht, immer geringer wird – ein Trend in Richtung auf eine größere Zentralisierung der Macht und Entscheidungsgewalt, der einige Wirtschaftsanalytiker und Vertreter populistischer Richtungen beunruhigt.

Das zweite Argument der Kritik an den Mischkonzernen hängt mit dem ersten zusammen. Diese Art der Zusammenschlüsse scheint überhaupt keinem sinnvollen Zweck zu dienen. Möglicherweise handelt es sich dabei um nichts anderes als eine Art Vorstands-Poker zum Zwecke der Zerstreuung gelangweilter Manager, die sich einmal mit etwas anderem befassen möchten als dem Einerlei der ständig gleichen Aufgaben im Stahl- oder Chemiebereich. Dies Argument ist vielleicht nicht ganz abwegig, denn was hat die Luftfahrtindustrie mit abgepacktem Fleisch zu tun? Oder Schreibmaschinen mit Anti-Baby-Pillen? Oder Computer-Leasing mit Busreisen?

Das Anwachsen der Mammutunternehmen

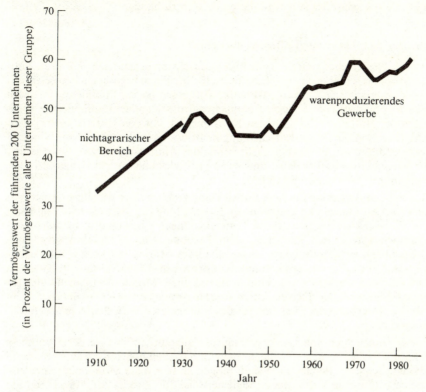

Abbildung 24.5. Anteil des in den führenden 200 Unternehmen vereinigten Aktienvermögens.
Seit der Jahrhundertwende hat der Konzentrationsprozeß dazu geführt, daß immer größere Teile des Aktienvermögens in immer weniger Unternehmen vereinigt sind. Obgleich sich die Daten nicht immer vergleichen lassen, zeigen sie dennoch ein starkes Ansteigen des Konzentrationsprozesses während der 20er und 30er Jahre sowie erneut während der frühen 50er Jahre.
(Quelle: F.M. Scherer, *Industrial Market Structure and Economic Performance*, Houghton Mifflin Company, Boston, 2. Aufl., 1980; Clair Wilcox and William G. Shepherd, *Public Policies Toward Business*, Irwin, Homewood, Ill., 1975; Statistisches Bundesamt der USA, *Concentration Ratios in Manufacturing*; and *Statistical Abstract of the United States*)

Aber es gibt natürlich auch Anwälte für den Gedanken der Gründung von Mischkonzernen. So wird behauptet, daß sie zu verbesserter, moderner Unternehmensführung beitragen. Noch wichtiger ist das von einigen Verfechtern angeführte Argument, daß der Vorgang der Übernahme anderer Unternehmen, ebenso wie der des Unternehmensbankrotts, eine Art Reinigungsprozeß darstellt, mit Hilfe dessen sich die Wirtschaft im Kampf um das unternehmerische Überleben von ihren untüchtigen Mitgliedern befreit.

Bisher sind die Ökonomen zu keinem Konsens hinsichtlich der Vor- oder Nachteile von Mischkonzernen gelangt. Keine Untersuchung hat erhebliche Gewinne oder Kosten nachweisen können, weshalb es wahrscheinlich am klügsten ist, einfach ein wachsames Auge auf diesen Bereich zu halten.

Die neue Marschrichtung: Effizienz über alles?

Mit der Niederschlagung des vom Justizministerium gegen IBM geführten Antitrust-Prozesses und den neuen Richtlinien für Fusionen beginnt ein neues Kapitel in der amerikanischen Antitrust-Politik. Mit diesen beiden Maßnahmen wurden frühere populistische Anliegen, nämlich »große Kapitalansammlungen angesichts der Hilflosigkeit des kleinen Konsumenten vor den Unternehmensgiganten« (wie es in der Alcoa-Entscheidung heißt) weitgehend aufgegeben. Während der 80er Jahre war die einzige Zielrichtung der Antitrust-Gesetze die Steigerung der wirtschaftlichen Effizienz; und wenn groß gleichbedeutend ist mit effizient, dann mögen die Großen herrschen.

Was hat den Ausschlag für diese Entwicklung gegeben? Der wichtigste Anstoß zu dieser neuen Einstellung ging von der Entwicklung der Wirtschaftswissenschaft aus. Wirtschaftswissenschaftliche Untersuchungen über unterschiedliche wirtschaftliche Strukturen kamen zu dem Ergebnis, daß Marktstrukturen noch nichts über Leistungsfähigkeit aussagen. Einige Märkte mit hohem Konzentrationsgrad – Computer, Telekommunikationswesen, Flugzeugbau – gehörten zu den innovationsträchtigsten. Und während man Monopole beschuldigte, für hohe Preise verantwortlich zu sein, waren sie gerade diejenigen, in denen sich ein relativer Rückgang der Preise im Vergleich zu anderen Wirtschaftsbereichen feststellen ließ.

Wir erkennen hier eine Denkrichtung, die uns zurückführt zu der Hypothese Schumpeters. Unternehmen, die in einem durch einen hohen Konzentrationsgrad gekennzeichneten Bereich tätig sind, mögen zwar gewisse Monopolgewinne einstreichen, aber sie setzen diese möglicherweise für Zwecke der Forschung und Entwicklung ein und zur Ermöglichung von Kostensenkungen. Wenn, wie Schumpeter und Galbraith behaupten, der technologische Wandel von den Großunternehmen oder sogar den Monopolen ausgeht, wäre es kurzsichtig, diese riesigen Gänse, die solche goldenen Eier legen, zu schlachten. So schreibt beispielsweise Lester Thurow vom Massachusetts Institute of Technology: »Die Millionen, die der IBM-Prozeß verschlungen hat, wären nutzbringender verwandt worden, wenn man sie in die Forschung und Entwicklung hätte fließen lassen, damit Amerika weiterhin auf Platz 1 in der Computerproduktion bleibt.«

Ein zweites Argument, auf das sich die revisionistische Richtung der Antitrust-Politik gründet, bezieht sich auf das Wesen des Wettbewerbs. Viele Beobachter sind zu dem Schluß gelangt, daß selbst auf Märkten, die durch einen hohen Konzentrationsgrad gekennzeichnet sind, lebhafte Konkurrenzkämpfe auftreten, vorausgesetzt, daß dafür gesorgt ist, daß es nicht zur Kollusion zwischen Konkurrenten kommen kann. Nach den Worten eines Experten, und zwar Richard Posners[6] von der Universität Chikago (der heute Bundesrichter ist), läßt sich feststellen:

---

6 Richard A. Posner, *Antitrust Law: An Economic Prospectus*, University of Chicago Press, Chicago 1976, S. 212. Dieses Werk hat – neben den Schriften von Robert Bork, William Baxter und William Landes – einen entscheidenden Einfluß auf die Neuorientierung in der Antitrust-Gesetzgebung gehabt.

Die einzigen, im strengen Sinne einseitigen Maßnahmen, mit deren Hilfe Unternehmen sich eine Monopolposition verschaffen beziehungsweise eine solche erhalten können, sind Praktiken, bei denen sie entweder das Patentamt betrügen oder das Unternehmen ihres Konkurrenten in die Luft sprengen, und Betrug und Gewalt werden im allgemeinen im Rahmen anderer Gesetze in angemessener Weise verfolgt.

Dieser Auffassung zufolge sollte das einzig und allein zu rechtfertigende Ziel der Antitrust-Gesetze darin bestehen, das derzeitig gültige Recht durch ein schlichtes Verbot jeglicher *Absprachen* – ausdrücklicher wie stillschweigender – zu ersetzen, die zu einer unbilligen Beschränkung des Wettbewerbs führen.

Ein dritter Grund für die neue Einstellung zur Antitrust-Gesetzgebung ist in der Tatsache zu suchen, daß sich der Verdacht verstärkt hat, daß die Antitrust-Gesetze dem Wettbewerb ebenso häufig geschadet wie genützt haben. Einige Beobachter sind der Auffassung, daß das größte Reservoir an Monopolmacht heute in den Händen der Gewerkschaften liegt, die von allen Antitrust-Gesetzen ausgenommen sind.

Diese Neuorientierung in der Antitrust-Politik setzte sich in der Reagan-Regierung in der Zeit zwischen 1981 und 1983 durch, als William Baxter Chef der Obersten Kartellbehörde war. In dieser Zeit wurden die beiden größten Antitrust-Verfahren beigelegt oder niedergeschlagen. Eine Reihe von Fusions-Richtlinien wurde erlassen, die eine erhebliche Lockerung erkennen ließen. Die Regierung erließ Verordnungen, die eine geringere Härte gegenüber Preisfestsetzungspraktiken sowie gegenüber vertikalen Zusammenschlüssen erkennen ließen. Folglich ging die Zahl der Klagen drastisch zurück. Es ist jedoch noch zu früh, darüber zu entscheiden, ob diese, wie auch die zahlreichen anderen wesentlichen Reformen der Reagan-Ära Bestand haben werden oder ob sie – ebenso wie die unternehmerfreundliche Politik der 20er Jahre – durch einen neuen engagierten Populismus wieder rückgängig gemacht werden.

Zusammenfassung

A. Strukturen des unvollkommenen Wettbewerbs

1. Zwischen den beiden Extremen des reinen Monopols und des vollkommenen Wettbewerbs liegt eine breite Skala unterschiedlicher Formen des unvollkommenen Wettbewerbs. Welche dieser Formen sich jeweils herausbildet, hängt von zwei entscheidenden Faktoren ab: (a) von der Rolle, die Wettbewerbshemmnisse sowie Skalenerträge spielen, und (b) von der Frage, inwieweit es unter den unvollkommenen Konkurrenten zur Kollusion kommt.

2. Bestehen erhebliche Wettbewerbshemmnisse und besteht zwischen den Unternehmen eine weitgehende Abstimmung im Verhalten, ist die Situation eines auf Kollusion beruhenden Oligopols gegeben: In diesem Fall werden ähnliche Preis-Mengen-Relationen zu beobachten sein wie im Fall des Monopols.

3. Häufiger anzutreffen ist die Form des Oligopols, bei dem es ein einziges marktbeherrschendes Unternehmen gibt. In diesem Fall maximiert dieses eine

Großunternehmen seinen Gewinn, wobei es davon ausgeht, daß von den im noch verbleibenden Marktbereich tätigen Wettbewerbsunternehmen jedes einzelne, an keinerlei Absprachen gebundene Unternehmen ebenfalls versuchen wird, seinen Gewinn zu maximieren. Bei dieser Strukturform ist mit niedrigeren Preisen und größeren Outputmengen zu rechnen als im Falle des reinen Monopols.

4. Schließlich gibt es noch die Struktur des monopolistischen Wettbewerbs, wie sie in vielen Bereichen des Endverbrauchs anzutreffen ist. Hier begegnen wir einer Vielzahl kleiner Unternehmen, deren Produkte (wie etwa Benzin oder Zigaretten) sich qualitätsmäßig geringfügig unterscheiden. Der Tatbestand der Produktdifferenzierung führt dazu,, daß jedes Unternehmen sich einer abwärts geneigten *nn*-Kurve gegenübersieht. Langfristig bewirkt der freie Zugang zu diesen Wirtschaftszweigen, daß sich ihre Gewinne gegen Null bewegen, da sich das Gleichgewicht der Unternehmen in dem Punkt einstellt, in dem ihre *DK*-Kurven eine Tangente zu ihren *nn*-Kurven bilden. In diesem Tangentialgleichgewicht liegen die Preise über den Grenzkosten, aber der Wirtschaftszweig ist durch größere Vielfältigkeit gekennzeichnet als unter Bedingungen des vollkommenen Wettbewerbs.

B. Das Leben im Vorstandszimmer

5. Die analytischen Modelle des Oligopols können zahlreichen institutionellen Besonderheiten des modernen amerikanischen Kapitalismus nicht gerecht werden. Von zentraler Bedeutung ist die Frage, ob Unternehmen tatsächlich immer eine Maximierung ihrer Gewinne anstreben. Unter den Bedingungen des vollkommenen Wettbewerbs werden diejenigen, die sich zu weit von der Konkurrenzpreisbildung entfernen, vom Markt verschwinden. Unter den Bedingungen des unvollkommenen Wettbewerbs ist der Ermessensspielraum der Unternehmen bei der Preisgestaltung jedoch größer.

Eingeschränkt wird die Gewinnmaximierung durch das Prinzip der begrenzt rationalen Entscheidungen, das der Tatsache Rechnung trägt, daß auch Entscheidungen kostspielige Prozesse darstellen, weshalb Manager nur bedingt vollkommene Entscheidungen treffen und im Interesse der Zeitersparnis nach »Faustregeln« verfahren. Darüber hinaus besteht in großen Kapitalgesellschaften oft keine Interessengleichheit zwischen den Eignern und der Unternehmensleitung. Letztere wird möglicherweise unnötige Risiken scheuen und mehr an einer Ausweitung des Unternehmens oder an hohen Managergehältern interessiert sein.

6. Ein bedeutendes Beispiel für die Abweichung vom Prinzip der reinen Gewinnmaximierung bietet das Phänomen der Preisbildung durch Aufschlag einer Gewinnmarge auf die Kosten. Unternehmen stellen fast nie systematische Vergleiche zwischen ihren *GK* und ihrem *GE* an. Sie bedienen sich vielmehr der Gewinnaufschlagsmethode – einer Faustregel, bei der auf die Produktionskosten eine gewisse prozentuale Spanne aufgeschlagen wird.

7. Obgleich sowohl im Monopol wie auch im Oligopol der Preis über den Grenzkosten liegt und beide damit kurzfristig zu wirtschaftlicher Ineffizienz führen, ist nach der Hypothese Schumpeters die traditionelle Monopol- bzw. Oligopoltheorie kurzsichtig. Monopole und Oligopole sind die Quellen des wirtschaftlichen

Wachstums und der Innovation; Großunternehmen zu zerschlagen, würde dieser Auffassung zufolge zwar kurzfristig zu niedrigeren Preisen führen, diese aber langfristig wahrscheinlich infolge einer Verlangsamung des technologischen Fortschritts erhöhen.

C. Die Antitrust-Gesetzgebung: Theorie und Praxis

8. Antitrust-Gesetze sind das wichtigste Instrument, mit Hilfe dessen der Staat den Mißbrauch wirtschaftlicher Macht durch Großunternehmen einschränkt. Diese Politik hat ihre Wurzeln in Gesetzen wie dem Sherman Act (1890) und dem Clayton Act (1914). Hauptziele der Antitrust-Gesetzgebung sind: (a) das Verbot wettbewerbsbeschränkender Maßnahmen; dazu gehören Absprachen zur Festsetzung von Preisen oder zur Aufteilung von Märkten; Preisdiskriminierung; Kopplungsvereinbarungen; (b) die Auflösung von Monopolstrukturen. Bei diesen Strukturen handelt es sich nach heutiger Rechtsauffassung um solche, bei denen einzelne Unternehmen entweder über ein zu hohes Maß an Marktmacht (einen zu großen Anteil am Markt) verfügen oder wettbewerbsbeschränkende Praktiken einsetzen in der Weise, daß sie beispielsweise Konkurrenten den Zugang zum Markt verwehren.

9. Abgesehen davon, daß die Antitrust-Gesetze dem Verhalten von Unternehmen bestimmte Grenzen setzen, verhindern sie wettbewerbsbeschränkende Zusammenschlüsse. Heute bestehen Vorbehalte in erster Linie gegenüber horizontalen Zusammenschlüssen (zwischen Unternehmen der gleichen Branche), während vertikale Zusammenschlüsse und Mischkonzerne als weniger bedenklich betrachtet werden.

10. Die Antitrust-Gesetzgebung ist in sehr starkem Maße vom ökonomischen Denken der vergangenen 20 Jahre beeinflußt worden. Als Folge dieses Einflusses hat die Antitrust-Politik der 80er Jahre ihr Hauptaugenmerk auf die Steigerung der Effizienz gelegt, während sie sich über frühere populistische Bedenken gegen das Großunternehmertum als solches hinwegsetzt. Darüber hinaus sind viele Beobachter der Meinung, daß sich die Wettbewerbsschutzpolitik in der modernen Wirtschaft – angesichts der intensiven Konkurrenz ausländischer Hersteller und der jüngsten Aufhebung von Kontrollen in vormals staatlich beaufsichtigten Wirtschaftszweigen – in erster Linie darauf konzentrieren sollte, wettbewerbsbeschränkende Absprachen nach der Art von Preisfestsetzungen zu verhindern.

Begriffe zur Wiederholung

unvollkommener Wettbewerb:
  Oligopol mit Verhaltensabstimmung unter den Mitgliedern
  Oligopol mit einem marktbeherrschenden Unternehmen
  monopolistischer Wettbewerb
Wettbewerbshemmnisse

stillschweigende und explizite Preisabsprache
gewinnloses Gleichgewicht im monopolistischen Wettbewerb
Grenzen der Gewinnmaximierung:
  Prinzip der begrenzt rationalen Entscheidungen
  alternative Ziele
Preiskalkulation durch Gewinnaufschlag
die Hypothese Schumpeters
Sherman Act, Clayton Act
Zusammenschlüsse:
  vertikaler Zusammenschluß
  horizontaler Zusammenschluß
  Mischkonzern
Neuorientierung der Wettbewerbsschutzpolitik

Fragen zur Diskussion

1. Geben Sie Beispiele für das Verhalten von Unternehmen, das darauf hindeutet, daß sie ihre Gewinne zu maximieren bestrebt sind. Führen Sie offenkundige Ausnahmen an.

2. Angenommen, Sie leiten ein Computerunternehmen. Wie würden Sie an eine Gewinnmaximierung herangehen? Würden Sie mit »Marginalgrößen« operieren (und versuchen die Höhe Ihrer GK und Ihres GE abzuschätzen)? Oder würden Sie eher zur »Preiskalkulation nach dem Gewinnaufschlagsprinzip« tendieren (wobei der Preis Ihren Durchschnittskosten zuzüglich eines prozentualen Aufschlags entspräche)? Stellen Sie die Vor- und Nachteile beider Methoden dar!

3. »Unternehmen verfahren bei ihrer Preisfestsetzung fast nie nach der Methode der Gleichsetzung des Grenzerlöses mit den Grenzkosten.« Wie verfahren sie denn? Läßt sich Ihrer Meinung nach das tatsächliche Verfahren als vernünftig rechtfertigen?

4. »Der eigentliche beklagenswerte Aspekt von Unternehmen, die unter Monopolbedingungen tätig sind, ist nicht ihr überhöhter Gewinn. Tatsächlich erzielen sie überhaupt keine Gewinne, und die Preise sind deshalb überhöht, weil Ressourcen im Rahmen zu geringer Produktionsniveaus vergeudet werden.« Erläutern Sie mit Bezug auf das in Abbildung 24.3 dargestellte langfristige Gleichgewicht, was der Autor mit diesem Satz gemeint haben könnte.

5. »Es ist naiv, Monopole aufzulösen, und sei es auch nur in einige wenige, wirksam miteinander konkurrierende Einheiten, weil die grundlegende Ursache des Monopols das Gesetz der abnehmenden Kosten aufgrund von Einsparungen aus Massenproduktion ist; außerdem reichen einige wenige Konkurrenten ohnehin nicht aus, um eine Angleichung an die Preisbildungsstrukturen des vollkommenen Wettbewerbs herbeizuführen.« Erörtern Sie beide Teile dieser Aussage.

6. »Man kann IBM nicht allein wegen seiner Größe verdammen.« Erörtern Sie diesen Satz, und zwar insbesondere mit Rücksicht auf die Schumpetersche Hypothese.

Preislimit-Modell

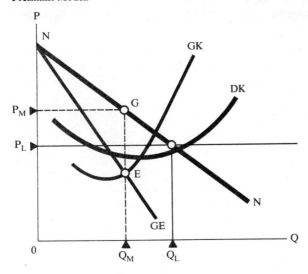

7. Oft müssen Oligopolisten oder Monopolisten mit festen Marktpositionen dennoch *potentielle* oder *bereits vorhandene* Rivalen im Auge behalten. Das oben grafisch veranschaulichte Problem läßt erkennen, inwiefern solche Rücksichtnahmen einen Monopolisten gewissen Zwängen unterwerfen können. Das Diagramm stellt ein traditionelles Monopolproblem dar, bei dem in Abwesenheit eines Konkurrenten der Preis bei P_M und die Menge bei Q_M läge.

Angenommen, potentielle, neue Unternehmen könnten ihr Produkt zu konstanten Kosten erstellen und zu einem konstanten Preis anbieten, der bei P_L liegt. Können Sie feststellen, welche Auswirkungen das auf die *Netto*nachfrage nach der Produktion des Monopolisten hätte (auf die *nn*-Kurve der Abbildung 24.2)? Wie hoch ist der gewinnmaximierende Preis des Monopolisten, wenn die Gefahr des Neuzugangs weiterer Unternehmen gegeben ist? Oder, anders ausgedrückt, gibt es ein *Preislimit*, das der Monopolist nicht überschreiten darf, ohne fürchten zu müssen, daß er seinen gesamten Gewinn aufs Spiel setzt? Warum wird der Monopolist den Preis unter P_L und die Menge über Q_L halten?

8. Zwei wichtige Gesichtspunkte, unter denen man das Problem der Antitrust-Gesetze angehen kann, sind die der *Struktur* sowie die des *Verhaltens*. Im ersteren Fall wird lediglich die Struktur des Wirtschaftszweigs in Erwägung gezogen (wie beispielsweise der Konzentrationsgrad); im zweiten Fall das Verhalten der Unternehmen (z. B. das Preisfestsetzungsverfahren).

Sehen Sie sich nochmals die verschiedenen Gesetze und Rechtsfälle an, um festzustellen, bei welchen es um Strukturfragen und bei welchen es um Verhaltensfragen ging. Und wie sind in diesem Zusammenhang die neuen Richtlinien für Unternehmenszusammenschlüsse zu sehen?

Welches sind die Vor- und Nachteile der beiden Beurteilungskriterien?

9. Das Justizministerium leitete ein Strafverfahren gegen Crandall von den American Airlines wegen seines Versuchs zur Erhöhung der Preise ein (vgl. S. 174),

das jedoch nicht zur Verurteilung führte, weil der Versuch fehlschlug und weil es nicht zur Monopolbildung kam. Sind Sie mit diesem Ausgang des Verfahrens einverstanden?

Anhang zu Kapitel 24

Wirtschaftlicher Machtkampf und Spieltheorie

Es gibt im Wirtschaftsleben eine Fülle von Situationen, in denen eine oder mehrere Personen, Unternehmen oder Länder in einem gegebenen Bereich um die Vorherrschaft kämpfen. Die Monopolsituationen, wie wir sie im Hauptteil dieses Kapitels analysiert haben, wachsen sich gelegentlich zu regelrechten Machtkämpfen aus. Solche Kämpfe konnte man im vergangenen Jahrhundert zwischen den beiden Eisenbahngesellschaften Vanderbilt und Drew beobachten, wenn einer seine Beförderungstarife senkte, nur um von dem anderen noch weiter unterboten zu werden. In jüngster Vergangenheit versuchte People Express Kunden seiner größeren Konkurrenten durch Flugpreise abzuwerben, die unter den herrschenden Marktsätzen lagen. Die größeren Fluggesellschaften wie die American Airlines oder die United Airlines mußten sich daraufhin überlegen, wie sie reagieren wollten und wie People Express reagieren würden, wenn sie reagierten und so fort.

Solche Situationen, in denen zwei oder mehr Personen oder Beteiligte Strategien entwickeln, die zu einer wechselseitigen Beeinflussung aller Betroffenen führen, bilden im wesentlichen den Gegenstand der von der *Spieltheorie* behandelten Probleme. Diese Theorie, deren Terminologie dem Schach, Bridge oder auch der Militärwissenschaft entlehnt ist, was ihr einen Hauch von Frivolität verleiht, ist von größter Bedeutung; entwickelt wurde sie weitgehend von dem genialen ungarischen Mathematiker John von Neumann (1903–1957).

Wir können an dieser Stelle lediglich die Grundzüge der Spieltheorie skizzieren. Dabei wollen wir mit der Analyse der Dynamik von Aktionen sich gegenseitig preislich unterbietender Konkurrenten beginnen, wie sie in Abbildung 24A.1 dargestellt werden.

Ein Werbeslogan des New Yorker Warenhauses Macy's lautete »bei uns ist alles 10 Prozent billiger«. Sein Konkurrent Gimbel's warb daraufhin mit dem Slogan »Wir lassen uns nicht unterbieten«. Die vertikalen Pfeile zeigen Macy's Preissenkungen; die horizontalen Pfeile zeigen die gegnerische Strategie, jede Senkung durch eine entsprechende Reaktion auszugleichen.

Setzt man die Kette von Reaktionen und Gegenreaktionen fort, ist unschwer zu erkennen, daß diese Art der Gegnerschaft zum beiderseitigen Ruin bei Preisen von Null führen wird. Warum? Weil der einzige mit beiden Strategien zu vereinbarende Preis ein Preis von Null ist: 90 Prozent von Null ist Null.

Aber schließlich kehrt bei Macy's die Vernunft wieder ein, und das Unternehmen begreift, daß jede Senkung seines P_1 Gimbel's veranlassen wird, seine Preise P_2 nicht konstant zu halten, sondern die Senkung mitzumachen. Es müßte schon sehr kurzsichtig sein, wenn es nicht erkennen würde, daß es seinen Konkurrenten nicht über längere Zeit hinweg unterbieten kann. Vielmehr wird Macy's bald begreifen, daß beide Unternehmen gemeinsam auf ein und demselben Markt tätig sind. Tatsächlich könnten sie sogar, wenn sie die beiden einzigen Anbieter

Preiskrieg

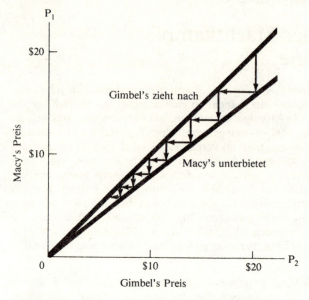

Abbildung 24A.1. Was geschieht, wenn zwei Unternehmen sich um jeden Preis zu unterbieten versuchen?
Sie können die einzelnen Schritte verfolgen, die im Falle des dynamischen Unterbietens zweier Unternehmen für beide zu immer niedrigeren Preisen führen.

wären und sich keine Gedanken über irgendwelche Antitrust-Gesetze zu machen brauchten, durch Abstimmung ihres Verhaltens die Preise auf die Höhe von Monopolisten anheben und gemeinsam ihre Gewinne maximieren.

Sobald sich Unternehmen jedoch überlegen, welche Auswirkungen ihr Verhalten auf andere Unternehmen hat, befinden wir uns im Bereich der Spieltheorie.

Grundbegriffe

Recht gut läßt sich die Wechselwirkung zwischen dem Verhalten zweier Unternehmen oder Personen anhand einer Zwei-Personen-*Auszahlungsmatrix* darstellen, wie sie in Abbildung 24A.2 dargestellt wird. Y entscheidet sich bei seiner Preisstrategie für eine Reihe; X bewegt sich bei seiner Strategie in einer Spalte. In jedem der vier Quadrate A, B, C, D stellen deshalb die kursiv gesetzten Zahlen die Gewinnauszahlung für Y zu den jeweiligen Preisen dar und die geraden Zahlen den Gewinn oder die Auszahlung, die X erhält. So werden beispielsweise im Quarat A die gemeinsamen Gewinne 6 + 6 (tausend Dollar) zu dem gemeinsamen Monopolpreis von 20 Dollar = P_1 = P_2 maximiert. Aber A stellt keine *stabile* Situation dar, weil Y, wenn sie davon ausgehen könnte, daß X in seiner ersten Spalte verharrt, wüßte, daß ihm eine Senkung von P_1 auf 10 Dollar im Quadrat C einen Gewinn verschaffen würde und er den Löwenanteil am Geschäft erhielte mit einer Auszahlung von 9. Aber nun wird sich natürlich X entschließen, mit dem Preis von Y in Höhe von 10 Dollar gleichzuziehen, wodurch wir uns vom Quadrat C in das Quadrat D bewegen.

Auszahlungsmatrix

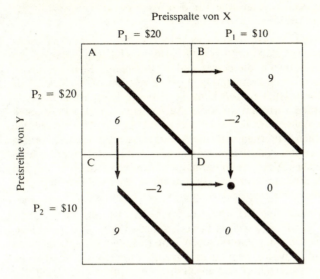

Abbildung 24A.2. Auszahlungsmatrix beim Spiel des wechselseitigen Unterbietens.

Im Quadrat D, in dem die Gewinne gleich Null sind, ist eine stabile Wettbewerbssituation erreicht, die (nach dem Wirtschaftswissenschaftler John Nash) auch als *Nash-Gleichgewicht* bezeichnet wird. Kennzeichnend für das Nash-Gleichgewicht ist, daß X angesichts der Strategie von Y keine günstigere Situation erreichen kann und daß auch Y angesichts der Strategie von X sich nicht verbessern kann.[7]

Das bedeutet, daß 0 die höchste Zahl in der von X gewählten Spalte ist und gleichzeitig auch die höchste Zahl in der von Y gewählten Reihe. Verifizieren Sie, daß das durch den Punkt gekennzeichnete Quadrat ein Nash-Gleichgewicht darstellt.

Beachten Sie jedoch einen wichtigen Aspekt. Eine Konkurrenzlösung beziehungsweise ein Nash-Gleichgewicht kann zu einem effizienten Ergebnis mit Null-Gewinnen führen. Darüber hinaus ist es stabil gegenüber Aktionen eines einzigen Spielers oder Unternehmens, die nicht auf Kollusionslösungen beruhen. Nicht stabil ist es jedoch, sobald es zwischen zwei Spielern zur Absprache kommt und sie sich auf ein Überwechseln in das Quadrat A einigen. Zu diesem Ergebnis kann es aufgrund offener oder stillschweigender Vereinbarungen kommen. Auch könnte Y, falls X sich seinen Aktionen nicht anschließt, X unter Druck setzen

---

[7] Genauer gesagt: Wenn Y sich für die P_2-Strategie entscheidet und X für die P_1-Strategie, stellt das Strategien-Paar (P_1^*, P_2^*) ein Nash-Gleichgewicht dar, wenn es für keinen der Spieler eine bessere Strategie gibt, vorausgesetzt, der jeweils andere Spieler bleibt bei seiner ursprünglichen Strategie. Das bedeutet, daß für Y, solange X an der P_1^*-Strategie festhält, nichts günstiger wäre als an der eigenen P_2^*-Strategie festzuhalten; und das gleiche gilt auch für X.

und ihm den beiderseitigen Ruin androhen durch eine Senkung von *P* weit unter die Kosten. Die einzig sichere Garantie für den Wettbewerb ist deshalb der potentielle Druck vieler Anbieter.

Die Spieltheorie vermittelt den Ökonomen vielerlei Einsichten. Unser Preissenkungs-Beispiel läßt erkennen, daß kurzsichtige Regeln wie »Ich kann *immer* einen Preis oder eine Qualität anbieten, die besser sind als die meines Konkurrenten« zu instabilen Situationen führen können. Die Analyse zeigt ebenfalls, auf welche Weise Rivalität zum Wettrüsten führen kann (vgl. Frage 1 am Ende des Anhangs). Einige Ökonomen vertreten auch die Auffassung, daß das Phänomen inflexibler Preise seine Wurzeln in der Spieltheorie hat: Dieser Theorie zufolge besteht zwischen einzelnen Unternehmen eine Art stillschweigendes Abkommen hinsichtlich des herrschenden Preisniveaus (z. B. in der Automobil- oder Stahlindustrie). Sobald ein solches Abkommen einmal wirksam geworden ist, scheuen sich die Unternehmen, Preisänderungen vorzunehmen, weil sie fürchten, daß andere Unternehmen dies als Kriegserklärung auffassen könnten.

Die Spieltheorie kann auch eine Erklärung dafür bieten, warum ausländische Konkurrenz zu einem größeren Preiswettbewerb führen kann. Was geschieht, wenn es einem japanischen oder europäischen Unternehmen gelingt, in einen Markt einzudringen, auf dem zuvor ein auf einem stillschweigenden Abkommen beruhender Oligopolpreis herrschte? Die ausländischen Konkurrenten könnten sich »weigern, das Spiel mitzuspielen«. Sie haben den Spielregeln nicht zugestimmt und können deshalb die Preise senken, um einen größeren Marktanteil auf sich zu vereinigen. Die Kollusion funktioniert nicht mehr.

Das Dilemma des Inhaftierten

Die Spieltheorie kann ebenfalls die Notwendigkeit der Zusammenarbeit im Wirtschaftsleben verdeutlichen. Das in Abbildung 24A.2 dargestellte Preissenkungs-Spiel hat uns gezeigt, daß die Konkurrenz zwischen einzelnen Unternehmen ihr Ende im Quadranten D finden kann – dem aus dem Konkurrenzkampf hervorgehenden Ergebnis mit niedrigen Preisen. Darüber hinaus haben wir auch gesehen, daß aufgrund eines fast an ein Wunder grenzenden Zufalls im Wirtschaftsleben die *Unsichtbare Hand* von Adam Smith dafür sorgen kann, daß auf Märkten, auf denen vollkommener Wettbewerb herrscht, der Eigennutz des einzelnen zu einer Art gesellschaftlichem Optimum führt.

Aber die segensreiche Wirkung der *Unsichtbaren Hand* wird sich nicht in allen gesellschaftlichen Situationen einstellen. Diese fundamentale Erkenntnis läßt sich ebenfalls mit dem Instrument der Spieltheorie veranschaulichen, und zwar mit Hilfe des »Dilemmas des Inhaftierten«. Bei Abbildung 24A.3 handelt es sich um die gleiche Abbildung wie bei 24A.2, außer daß es hier um die beiden Inhaftierten X und Y geht, die bei einer gemeinsamen Straftat erwischt wurden. Der zuständige Staatsanwalt nimmt sich beide getrennt vor und erklärt ihnen: »Ich habe genügend Beweise gegen euch beide, um euch für ein Jahr ins Gefängnis zu bringen. Aber wenn du *allein* die Straftat zugibst, für die das Strafmaß 10 Jahre beträgt, mache ich ein Geschäft mit dir: Du kommst mit einer 3monatigen Gefängnisstrafe davon, während dein Partner für 10 Jahre ins Gefängnis geht. Wenn ihr *beide* geständig seid, erhaltet ihr beide 5 Jahre.«

Wie soll Y sich verhalten? Soll er ein Geständnis ablegen in der Hoffnung, dann

Das Dilemma des Inhaftierten

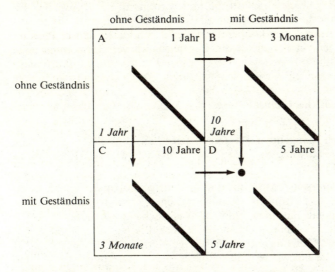

Abbildung 24A.3. Gestehen oder nicht gestehen, das ist das Dilemma.
Unabhängig davon, wie sich die jeweils andere Person verhält, ist es für den Inhaftierten immer günstiger, ein Geständnis abzulegen. Das Quadrat D stellt deshalb ein Gleichgewicht (in der Fachsprache ein »Nash-Gleichgewicht«) dar, das erreicht wird, wenn jeder Inhaftierte eigennützig handelt. Durch kooperatives oder altruistisches Verhalten können beide das bessere, durch das Quadrat A dargestellte Ergebnis erzielen.

mit einer wirklich nur sehr kurzen Gefängnisstrafe davonzukommen? Das ist günstiger als die einjährige Gefängnisstrafe, die er erhält, wenn er die Tat bestreitet. Aber es gibt noch einen überzeugenderen Grund dafür, die Tat einzugestehen; angenommen, Y leugnet und hinter seinem Rücken legt X ein Geständnis ab; dann besteht die Möglichkeit, daß Y 10 Jahre erhält! Besser als *das* ist ein Geständnis, das zu höchstens 5 Jahren führt.

X befindet sich in dem gleichen Dilemma: Wenn er nur wüßte, was Y denkt oder was Y denkt, daß X denkt, Y würde denken...

Wichtig ist in diesem Zusammenhang das Ergebnis, daß die beiden Inhaftierten, wenn sie aus eigennützigen Erwägungen ein Geständnis ablegen sich schließlich im Quadrat D befinden und lange Gefängnisstrafen erhalten. Nur ein auf Kollusion oder Altruismus beruhendes Verhalten garantiert eine Position in A mit kurzen Haftstrafen.

Es sind viele gesellschaftliche oder ökonomische Situationen vorstellbar, die dem Dilemma des Inhaftierten ähneln. Ersetzen Sie in Abbildung 24A.3 Ausdrücke wie »gestehen/Geständnis ablegen«, wo immer sie auftauchen, durch das Wort »verschmutzen«; dadurch erhalten Sie weitgehend die Situation unkontrollierter Luftverschmutzung. In einer solchen Welt wird ein Unternehmen, wenn es sich als einziges altruistisch verhält und jedes Partikelchen *seines* Schwefels oder Abfalls ordnungsgemäß beseitigt, sehr bald bankrott gehen. Der Druck, sich in das Quadrat D begeben zu müssen, kann in vielen Fällen, in denen der von der

Unsichtbaren Hand gesteuerte Mechanismus des effizienten vollkommenen Wettbewerbs zusammenbricht, gesellschaftliche und wirtschaftliche Mißstände heraufbeschwören. Unter diesen Umständen ist es Sache des Staates, dafür zu sorgen, daß sich die Unternehmen kooperativ verhalten und auf eine Situation im Quadrat A zubewegen, in der die Bedingung gilt: »ich verschmutze nicht/du verschmutzt nicht«.

Hat Uneigennützigkeit eine Chance?

Das Dilemma des Inhaftierten und ähnliche Spiele machen deutlich, daß Eigennutz auf der Welt zu mangelnder Zusammenarbeit, zu Umweltverschmutzung und zum Aufbau von Rüstungsarsenalen führt – zu einem widerwärtigen, brutalen und befristeten Dasein.

Wie lassen sich andererseits das hohe Maß an Uneigennützigkeit und Zusammenarbeit innerhalb von Familien wie auch zwischen Freunden, menschlichen Gemeinschaften und gar Nationen erklären? Was geschieht, wenn das in Abbildung 24A.3 dargestellte Spiel des Dilemmas des Inhaftierten immer und immer wieder gespielt wird? Untersuchungen haben gezeigt, daß die Menschen gut beraten sind, wenn sie bei wiederholten Spielen dieser Art zusammenarbeiten (was sie tatsächlich auch oft tun).

Wie könnte sich eine solche Zusammenarbeit entwickeln? Angenommen ein Spieler spielt ein Spiel nach dem Prinzip *»Wie du mir, so ich dir«* und bringt zum Ausdruck: »Bist du mir gegenüber anständig, bin ich auch anständig – verhältst du dich mir gegenüber häßlich, reagiere ich genauso häßlich.« Bezogen auf das Spiel der Abbildung 24A.3 heißt das, daß Y zunächst immer den Weg der Zusammenarbeit wählt. Ist auch X kooperativ, indem er nichts eingesteht, wird Y weiter an der Strategie der Kooperation festhalten und nichts eingestehen. Hintergeht X allerdings Y und legt ein Geständnis ab, wird Y beim nächsten Spiel X eins auswischen und seinerseits ein Geständnis ablegen.

Jüngere Untersuchungen zeigen, daß sich bei vielen wiederholten Spielen nach Art des Inhaftierten-Dilemmas die Strategie »Wie du mir, so ich dir« als die einträglichste *eigennützige* Strategie erweist. Dies legt die Erkenntnis nahe, daß eine auf Wachsamkeit gegründete goldene Regel, die den Menschen in vielen Situationen am besten dient, lauten könnte: »Was du nicht willst, daß man dir tu, das füg auch keinem andern zu – jedoch nur so lange, wie auch die anderen sich an diese Regel halten.«

Zusammenarbeit kann der Gesellschaft jedoch auch schaden. »Wie du mir, so ich dir« kann zu Absprachen auf Märkten führen, auf denen unter anderen Umständen Wettbewerb herrschen würde, wenn nämlich Unternehmen ein Spiel spielen, dessen Regel lautet: »Laß mir meinen Markt, dann laß ich dir deinen«. Ein Zusammenwirken zwischen Unternehmen kann sich zum Nachteil für die Konsumenten auswirken. (Welche Nachteile die Kollusion gelegentlich mit sich bringt, wurde in Abbildung 24A.2 gezeigt, in der sie zu erhöhten Gewinnen führte; die nützliche Seite der Strategie verdeutlichte Abbildung 24A.3, in der Kollusion zur Verminderung der Umweltverschmutzung führte.)

Diese wenigen Beispiele geben nur einen kleinen Einblick in die außerordentlich vielfältigen Erkenntnisse, die die Spieltheorie vermitteln kann. Sie hat sich als ein sehr nützliches Instrument bei der Erforschung von Situationen erwiesen, in denen wenige gutinformierte Personen zusammenwirken, sei es auf Wirtschaftsmärkten, in der Politik oder im militärischen Bereich.

Begriffe zur Wiederholung

wirtschaftlicher Machtkampf, Unterbieten von Preisen
Auszahlungsmatrix
Reihenstrategie, Spaltenstrategie
kollusionsunabhängige und kollusionsabhängige Strategien
Nash-Gleichgewicht (bzw. stabile Situation)
Dilemma des Inhaftierten
Konkurrenz gegen Altruismus
»Wie du mir, so ich dir«

Fragen zur Diskussion

1. Supermacht A strebt nach Überlegenheit gegenüber Supermacht R; R will mit A gleichziehen. Folglich ist die von A im Jahr t installierte Anzahl von Raketen um 10 Prozent höher als die von R im Jahr $t-1$ installierte Anzahl; allerdings zieht R im darauffolgenden Jahr gleich. Zeigen Sie mit Hilfe der Methode der Abbildung 24A.1, inwiefern eine solche Strategie zu einem endlosen Wettrüsten führt. Welche Funktion hat ein Rüstungskontrollabkommen, das die Anzahl der Raketen auf beiden Seiten auf 1000 begrenzt? Stellen Sie die neue Situation nach einem Rüstungskontrollabkommen graphisch dar.

2. »In einer Welt, in der es keine Spillovers oder externen Effekte gibt, liegt wettbewerbseinschränkende Kollusion nicht im Interesse der Bürger. – In einer Welt, in der Umweltverschmutzung, Kriminalität und Seuchen eine große Rolle spielen, ist Zusammenarbeit von entscheidender Bedeutung.« Interpretieren Sie diese Aussage unter Bezug auf die Abbildungen 24A.2 und 24A.3.

3. Zeigen Sie, daß im Falle des in Abbildung 24A.4 dargestellten Dilemmas des Inhaftierten das Ergebnis des Quadrates D ein Nash-Gleichgewicht darstellt. Weisen Sie auch nach, daß es das einzige Nash-Gleichgewicht ist.

Teil VI

Löhne, Renten und Gewinne: Die Einkommensverteilung

Einkommen und Lebensstandard 25

Weißt du, Ernest, die Reichen sind anders als wir.
F. Scott Fitzgerald

Ja, ich weiß. Sie haben mehr Geld.
Ernest Hemingway

In Teil V haben wir uns mit der Preisbildung und der Verteilung von Gütern auf unterschiedlich strukturierten Märkten beschäftigt. Nunmehr wenden wir uns der Frage zu, wodurch die Einkommen auf dem Markt bestimmt werden. Warum beziehen einige Leute ein Einkommen von einer Million Dollar im Jahr, während andere nur mit Mühe an einen Arbeitsplatz herankommen, der ihnen nicht mehr als den Mindestlohn einbringt? Warum sind Grundstücke in Manhattan pro Quadratmeter Hunderte von Dollar wert, während man für einen Morgen Land im Westen nur ein paar Dollar hinzulegen braucht? Und woher rühren die Milliardengewinne von Mammutunternehmen wie General Motors oder Exxon?

Dies werden unsere Themen in den folgenden Kapiteln sein. Wir beginnen mit einem kurzen Abriß über die Verteilung von Einkommen und Vermögen, wie wir sie heute vorfinden. In den anschließenden Kapiteln analysieren wir sodann die Theorie der Einkommensverteilung im Hinblick auf die Faktoren Arbeit, Boden (einschließlich der natürlichen Ressourcen) sowie schließlich den Faktor Kapital und seinen Ertrag.

Ökonomen fassen diese Themen unter dem Begriff der *Verteilungstheorie* zusammen. Sie verstehen darunter nicht das, woran der Mann auf der Straße denkt, wenn er von der Verteilung im Sinne des Absatzes von Gütern spricht. Vielmehr bezieht sich das Verteilungsproblem auf die Frage des *Für wen* der produzierten Güter. Es beschäftigt sich mit der *Preisbildung für die Produktionsfaktoren durch Angebot und Nachfrage*, die zur Bestimmung der Einkommen der Wirtschaftssubjekte beiträgt.

Die Fragen, die sich im Zusammenhang mit der Einkommensverteilung ergeben, gehören zu den umstrittensten in der gesamten Wirtschaftswissenschaft. Einige vertreten die Auffassung, daß hohe Einkommen auf Marktmacht zurückzuführen sind – welche noch durch die Monopolmacht der Gewerkschaften oder der Großunternehmen verstärkt wird. Andere glauben, daß Löhne und Gewinne einfach das Ergebnis der Funktionsweise von Wettbewerbsmärkten darstellen. Und viele würden sich zu der Auffassung bekennen, daß – unabhängig davon, welche Auffassung als richtig zu bezeichnen ist – der Staat von seiner Macht Gebrauch machen sollte, um auf steuerlichem Wege oder durch Transferleistungen eine Umverteilung der Einkommen von den Reichen auf die Armen herbeizuführen.

Ziel dieses Kapitels ist es, die grundlegenden, wesentlichen Fakten darzustellen, zu erläutern, was man unter den Begriffen Einkommen und Ungleichheit versteht, aufzuzeigen, welchen Quellen der Reichtum im wesentlichen entspringt, und deutlich zu machen, wie der gesamtwirtschaftliche Kuchen sowohl in den USA wie im Ausland unter die verschiedenen Wirtschaftssubjekte aufgeteilt wird.

Es wird nicht das letzte Mal sein, daß wir auf diese zentralen Themen stoßen werden. Nachdem wir die im Zusammenhang mit der Einkommensverteilung auftauchenden analytischen Fragen zu beherrschen gelernt haben, werden wir in Kapitel 34 erneut auf die Ursachen der Armut und ihre Überwindung zurückkommen sowie auf den Konflikt zwischen Gerechtigkeit und Effizienz.

A. Die Ungleichheit von Einkommen und Reichtum

In vielen traditionellen Gesellschaften scheint eine relative Gleichheit in bezug auf die Verteilung von Einkommen und Reichtum geherrscht zu haben. Erst mit dem Anbruch des Zeitalters der industriellen Revolution und der Spaltung der Gesellschaft in die Gruppe der Kapitalisten und der Arbeitnehmer bildeten sich die unverkennbaren Klassenunterschiede – und damit die größere wirtschaftliche Ungleichheit der Einkommen – heraus.

Dieser Trend wurde als solcher von vielen frühen Kritikern des Kapitalismus erkannt, insbesondere von Karl Marx. Im Jahre 1848 schrieben er und Friedrich Engels:

Der moderne Arbeiter..., statt sich mit dem Fortschritt der Industrie zu heben, sinkt immer tiefer unter die Bedingungen seiner eigenen Klasse herab. Der Arbeiter wird zum Pauper, und der Pauperismus entwickelt sich noch schneller als Bevölkerung und Reichtum.[1]

Während einige der Marxschen Voraussagen über die Zukunft des Industriekapitalismus in der Zwischenzeit bestätigt wurden, hat sich seine Prognose hinsichtlich der Entwicklungsgesetze des Kapitalismus als falsch erweisen. Die Behauptung, daß *die Reichen immer reicher und die Armen immer ärmer* würden, wird durch keine sorgfältige historische und statistische Forschung bestätigt.

Legt man als Maßstab den Konsum von Nahrungsmitteln, Bekleidung, Wohnung sowie die Lebenserwartung zugrunde, so hat in Europa und Amerika eindeutig eine stetige, langfristige Steigerung des Mindestlebensstandards stattgefunden. Diese für die Industriegesellschaft geltende Tatsache wird durch die nachfolgenden Statistiken ausgewiesen. Die herausragenden Daten werden graphisch in Abbildung 25.1 dargestellt.

---

1 K. Marx und F. Engels, *Das Kommunistische Manifest* (1848), in vielfältigen Ausgaben.

Wirtschaftlicher Fortschritt zwischen 1890 und 1984

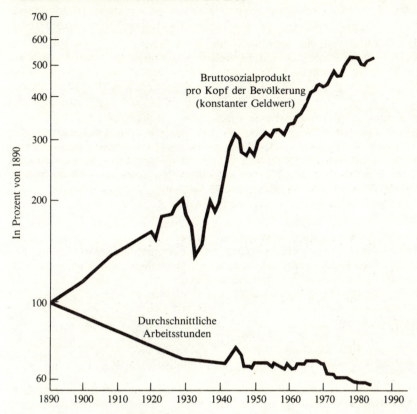

Abbildung 25.1. Höhere Produktivität führt zu höherer Produktion und gibt uns die Möglichkeit zu mehr Muße.
Technischer Fortschritt, verbesserte Kapitalgüter und besser ausgebildete Arbeitskräfte haben die Produktion rascher anwachsen lassen als die Bevölkerung.

Von schlechten zu weniger schlechten Zeiten

Es hat eine Zeit gegeben, in der Wirtschaftshistoriker in aller Breite die Mißstände zur Zeit der industriellen Revolution schilderten und das Massenelend in den ungesunden Industriestädten ausmalten. Tatsächlich zeichnet nicht einmal auch nur ein einziger Roman von Charles Dickens ein wirklich vollständiges Bild von den trostlosen Bedingungen der Kinderarbeit, der Länge des Arbeitstages, der mangelnden Sicherheit am Arbeitsplatz und den gesundheitlichen Verhältnissen in den Fabriken des frühen 19. Jahrhunderts.

Die 84-Stunden-Woche war die allgemeine Regel, mit einer kurzen Pause für das Frühstück und gelegentlich für das Abendessen. Aus einem 6jährigen Kind ließ sich eine recht beachtliche Arbeitsleistung herausschinden, und wenn eine Frau zwei Finger an der Webmaschine verlor, konnte sie immer noch mit acht weiterarbeiten.

Ein solches Bild der Trostlosigkeit ließ bei vielen Menschen den Eindruck entstehen, daß die industrielle Revolution für die Arbeiterklasse einen Rückschritt dargestellt habe. Hatten sie in der Landwirtschaft nicht ein besseres Leben geführt als in den Fabriken?

Wahrscheinlich nicht. In den Städten sprang die Armut lediglich stärker ins Auge. Die Idylle von dem gesunden, glücklichen Leben auf dem Lande mit seinen stämmigen, selbstbewußten Freibauern und dem zufriedenen Landvolk gehört in den meisten Ländern der Welt zu den gängigen Klischees. Selbst in unserer Zeit reichen die Hell's Kitchen oder Harlem in New York, das South End von Boston oder der Watts District von Los Angeles noch nicht an die Armut und den Schmutz der Slums in unseren ländlichen Gebieten heran: an die Tabakstraße des Südens, die Grenzstädte des Südwestens, die Städte des Appalachenhochlandes oder die Indianerreservate von Arizona und New Mexico.

Moderne Historiker betonen daher, daß die Bedingungen unserer gegenwärtigen Industriegesellschaft, so unzulänglich sie auch erscheinen mögen, verglichen mit den Jahrhunderten des Merkantilismus und des Agrarfeudalismus, dennoch eine erhebliche Verbesserung des Lebensstandards mit sich gebracht haben. Um sich davon zu überzeugen, sollte der Leser zurückblättern auf Seite 364, Bd. 1, und sich die Darstellung der Entwicklung der Reallöhne zwischen 1270 und 1984 nochmals anschauen. Anhand der Reallöhne läßt sich messen, wie groß der Warenkorb an Konsumgütern ist, den ein Arbeiter für einen Wochenlohn erwerben kann. Beachten Sie das ständige Auf und Ab in den 500 Jahren vor Beginn der Industriellen Revolution und den danach einsetzenden Anstieg und das stetige Steigen der Kurve seit der Errichtung der kapitalistischen Wirtschaftsordnung.

Zwei Welten?

In dem größten Teil Asiens und Afrikas ist der Lebensstandard selbst heute noch niedriger, als er es in den westlichen Ländern vor der Industriellen Revolution war. Selbst zur Zeit der Industriellen Revolution lagen die Einkommen in England und Frankreich über dem Existenzminimum.

Gibt es Anzeichen dafür, daß sich die ungeheure Kluft im Lebensstandard der ärmeren Länder allmählich schließt? Obgleich keine absolut zuverlässigen Daten vorliegen, sind Fachleute heute der Auffasung, daß (a) die Ausgangssituation der armen Länder weitaus schlechter war als die der heutigen hochentwickelten Länder und daß (b) die relativen Einkommen (gemessen am BSP pro Kopf der Bevölkerung) während der vergangenen Jahrzehnte praktisch konstant geblieben sind.

Tabelle 25.1 zeigt, wie weit Mitte der 80er Jahre die Werte für das BSP pro Kopf der Bevölkerung im internationalen Vergleich auseinanderklaffen. Besonders augenfällig ist, daß das amerikanische Einkommen das Fünfzehnfache des Einkommens in Indien beträgt. Auffällig ist auch, daß die Pro-Kopf-Einkommen in den Vereinigten Staaten, wenn man die Weltbankdaten im Hinblick auf die Kaufkraftparitäten in den jeweiligen Regionen korrigiert, immer noch vor den Ländern Westeuropas rangieren.

In den Vereinigten Staaten selbst liegen die Einkommen im Südosten weit unter

BSP pro Kopf der Bevölkerung 1984
(in Dollar)

Vereinigte Staaten	14 900	Südkorea	5 000
Bundesrepublik Deutschland	13 700	Mexiko	4 400
Frankreich	12 900	Ungarn	4 100
Japan	12 900	Brasilien	4 100
Vereinigtes Königreich	11 700	Indien	970
Italien	9 000	Kenia	950

Tabelle 25.1. Die Spanne der Realeinkommen ist groß, Amerikas Vorsprung wird geringer.
Alle Schätzwerte wurden in US-Dollar zum Wert von 1984 umgerechnet, und zwar zu Wechselkursen, die geeignet sind, die tatsächliche Kaufkraft widerzuspiegeln. Die Schätzwerte sollten jedoch nur als Näherungswerte betrachtet werden, insbesondere für Länder, die sich auf einem völlig anderen Entwicklungsniveau befinden (Quelle: Weltbank, *World Development Report* (1983); von den Autoren aktualisiert.)

denen im Nordosten und denen der Westküste, und Staaten wie Mississippi haben immer noch nicht das Einkommensniveau erreicht, das 1960 in Pennsylvania und Connecticut erzielt wurde oder das heute in Italien anzutreffen ist.

In einem Land mit einer hohen Mobilität der Arbeitskräfte wie des Kapitals ist ein solches Einkommensgefälle jedoch kein ein für allemal gültiger und unabänderlicher Tatbestand. Die regionalen Einkommensunterschiede werden allmählich geringer und unterliegen der Veränderung. So lag der Einkommenszuwachs in den letzten Jahren im Südosten über dem Durchschnitt, während er in den älteren Regionen, wie etwa den mittleren Atlantikstaaten und in Neuengland auf den Durchschnittswert zurückfiel.

Die Messung der Ungleichheit

Ehe wir uns im einzelnen der Analyse der Messung sowie der Trends in der Ungleichheit zuwenden, bedarf es zunächst der Definition von Schlüsselbegriffen.

Einkommen und Vermögen

Die beiden für die Beurteilung der wirtschaftlichen Situation eines Menschen am häufigsten herangezogenen Maßstäbe sind sein Einkommen und sein Vermögen. Dabei ist es entscheidend zu wissen, daß es sich beim Vermögen um einen Geld*bestand*, beim Einkommen dagegen um einen Geld*strom* handelt.

Genauer gesagt bezieht sich das *Einkommen* auf die Gesamtsumme, die jemand während einer gegebenen Periode (im allgemeinen während eines Jahres) verdient oder erhält. So könnte ein typischer Haushalt im Jahre 1984 20 000 Dollar in Form von Löhnen und Gehältern beziehen; 400 Dollar an Einnahmen aus Mieten; 600 Dollar an Dividenden und Zinsen aus verschiedenen Anlagewerten; plus 3000 Dollar an Transferzahlungen etwa in Form von Sozialversicherungsleistungen an einen älteren Verwandten. Das Gesamteinkommen dieses Haushalts für das Jahr 1984 betrüge dann 24 000 Dollar.

Als *Vermögen* bezeichnet man demgegenüber den Nettobestand an materiellen oder finanziellen Vermögenswerten, die ein Haushalt zu einem gegebenen Zeitpunkt besitzt. Unser typischer Haushalt könnte Ende 1984 beispielsweise Vermögenswerte besitzen, die aus einem Haus im Wert von 70000 Dollar bestehen; 12000 Dollar könnten in Form von Autos und anderen langlebigen Konsumgütern vorhanden sein; 6000 Dollar an Spargeldern und sonstigen Geldmitteln; 4000 Dollar an Dividendenpapieren. Diesen könnte eine Hypothek in Höhe von 50000 Dollar gegenüberstehen. Das Nettovermögen (bzw. die ertragbringenden Vermögenswerte) beliefen sich folglich auf 42000 Dollar.

Halten Sie deshalb fest, daß es sich beim Einkommen um einen Strom von Geld handelt, der einem Haushalt während eines Jahres zufließt, während Vermögen den Nettobestand an ertragbringenden Werten darstellt, über die jemand zu einem gegebenen Zeitpunkt verfügt.

Die Einkommensverteilung in den Vereinigten Staaten

Bei einer Befragung von Studenten wird sich herausstellen, daß sie keine sehr klare Vorstellung von der tatsächlichen Höhe des Einkommens in ihren Familien haben. In der Regel zeigt sich, daß sie etwas überhöhte Vorstellungen von den Einkommen ihrer Eltern haben. Und es gibt sogar Leute, die es mit ihrer Kontenführung so wenig genau nehmen, daß sie selbst nicht einmal wissen, wieviel sie eigentlich verdienen.

Verfügt man über keinerlei statistische Kenntnisse, bildet man sich nur allzu leicht eine Vorstellung vom amerikanischen Lebensstandard aufgrund von Werbesendungen im Fernsehen, die dem Zuschauer eine gesunde, weiße, vor ihrer Maisonette-Wohnung versammelte Familie zeigen, deren Elternteile sich gerade in ihren nagelneuen Mittelklassewagen (Luxusausführung) auf den Weg zu ihrem Arbeitsplatz machen, während man im Hintergrund einen Blick in ihre mit Booten und fahrbaren Rasenmähern vollgestopfte Garage werfen kann. Tatsächlich ist dieses Bild nicht im geringsten repräsentativ für das Leben, das 90 Prozent aller Amerikaner führen.

Die nüchterne Wahrheit

Wie sieht die Situation tatsächlich aus? Im Jahre 1984, einem wirtschaftlich vergleichsweise guten Jahr, lag das wöchentliche verfügbare Pro-Kopf-Einkommen der Amerikaner bei 205 Dollar. Diese Größe ergibt sich aus dem Gesamteinkommen des Landes (nach Steuerabzug, jedoch zuzüglich Transferleistungen) dividiert durch die Gesamtbevölkerung.

Nun ist aber natürlich das nationale Einkommen ungleich verteilt. Zum besseren Verständnis der *Einkommensverteilung* wollen wir folgendes Experiment betrachten. Jeder Angehörige einer Einkommensklasse – oder der gesamten Nation – schreibt sein oder ihr Jahreseinkommen auf eine Karteikarte. Wir können diese Karten dann nach *Einkommensklassen* sortieren. Einige Karten werden in die unterste Klasse fallen, in die Gruppe der Empfänger von Einkommen unter 5000 Dollar. Einige fallen in die nächsthöhere Klasse. Einige wenige gehören zu den vom Glück Begünstigten mit einem Einkommen von mehr als 50000 Dollar.

Tabelle 25.2 stellt die Einkommensverteilung in den Vereinigten Staaten für das Jahr 1982 zusammen. Spalte (1) gibt die Spannen der einzelnen Einkommens-

Einkommensverteilung amerikanischer Familien 1982
(in vH)

Einkommens-klasse (in Dollar)	Anteil der Haushalte in der jeweiligen Einkommens-klasse	Anteil der zur jeweiligen Einkommens-klasse gehörenden Haushalte am Gesamt-einkommen	Anteil der Haushalte in der jeweiligen einschließlich derjenigen in einer niedrige-ren Einkom-mensklasse	Anteil der jeweili-gen einschließlich der niedrigeren Einkommensklas-sen am Gesamt-einkommen
(1)	(2)	(3)	(4)	(5)
Unter 5000	6,0	0,6	6,0	0,6
5000– 9999	10,6	2,9	16,6	3,5
10000–14999	12,4	5,7	29,0	9,2
15000–19999	12,1	7,8	41,1	17,0
20000–24999	12,4	10,2	53,5	27,2
25000–49999	35,6	46,7	89,1	73,9
50000 und mehr	10,9	26,1	100	100
	100	100		

Tabelle 25.2. **Die Einkommenspyramide läßt eine erhebliche Ungleichheit der Einkommen erkennen.**
Die Hälfte aller aufgeführten Haushalte des Jahres 1982 erhielt ein Einkommen, das unter dem gewoge-nen Mittelwert der Vereinigten Staaten von 23400 Dollar liegt. Das Durchschnittseinkommen (bzw. das arithmetische Mittel), das jeder Haushalt bei einer völlig gleichen Verteilung der Einkommen erhalten würde, beträgt 27400 Dollar. (Quelle: Statistisches Amt der Vereinigten Staaten, »Money Income and Poverty Status of Families and Persons in Poverty in the U.S., 1982«, *Current Population Reports*, 1983.)

klassen an. Spalte (2) weist den Prozentsatz der Haushalte in den einzelnen Einkommensklassen aus. In Spalte (3) wird der Prozentsatz am Gesamteinkom-men aufgeführt, der auf die zur jeweiligen Einkommensklasse gehörenden Perso-nen entfällt.

Die Spalten (4) und (5) sind aus den Spalten (2) beziehungsweise (3) errechnet. Spalte (4) läßt den Anteil der Haushalte an der Gesamtheit aller Haushalte erkennen, der in die jeweilige beziehungsweise in eine niedrigere Einkommens-klasse gehört. Spalte (5) zeigt den Prozentsatz am Gesamteinkommen, der auf die Angehörigen der angegebenen oder einer niedrigeren Einkommensklasse entfällt.

Ein Blick auf die Pyramide der Einkommensverteilung zeigt, wie spitz sie an ihrem oberen Ende zuläuft und wie breit ihre Basis ist. Der Satz: »Oben ist noch viel Platz« ist nur allzu wahr. Allerdings nur deshalb, weil es schwer ist, einen Platz an der Spitze zu erringen, nicht weil man leicht dorthin gelangt. Würden wir eine Einkommenspyramide aus den Bauklötzen eines Kindes errichten, wobei jede Bauklotzschicht einem Einkommen von 1000 Dollar entspräche, dann wäre die Spitze erheblich viel höher als die des Mount Everest, aber die meisten Menschen würden sich auf einem Niveau von nur wenig mehr als einem Meter über dem Boden befinden.

Tabelle der Ungleichheit

(1)	(2)	(3)	(4)	(5)	(6)
			Kumulativer Prozentsatz am Einkommen		
Haushalte (nach Einkommen gestaffelt)	Prozentualer Anteil am Gesamteinkommen (1982)	Kumulativer Prozentsatz der Bevölkerung	Vollkommene Gleichheit	Vollkommene Ungleichheit	Tatsächliche Werte 1982
		0	*0*	0	**0**
Unteres Fünftel	4,7	20	*20*	0	**4,7**
Zweites Fünftel	11,2	40	*40*	0	**15,9**
Drittes Fünftel	17,1	60	*60*	0	**33,0**
Viertes Fünftel	24,3	80	*80*	0	**57,3**
Oberes Fünftel*	42,7	100	*100*	100	**100,0**

* Die reichsten fünf Prozent erhalten 16 Prozent des Gesamteinkommens.

Tabelle 25.3. **Die Einteilung der Bevölkerung in Gruppen von je einem Fünftel gibt uns die Möglichkeit, tatsächliche Gegebenheiten und Extremfälle zu vergleichen.**
Wir fassen die Bevölkerung zusammen in das Fünftel mit dem niedrigsten Einkommen, das Fünftel mit dem zweitniedrigsten Einkommen und so fort. Spalte (2) zeigt, wie hoch der Anteil am Gesamteinkommen ist, den jedes Fünftel erhält. Die Kumulierung des Einkommens jedes Fünftels gibt uns die Möglichkeit, die tatsächliche Einkommensverteilung mit den Extremfällen der vollkommenen Ungleichheit und der vollkommenen Gleichheit zu vergleichen.

Die Messung der Ungleichheit zwischen den Einkommensklassen

Wie groß ist die Spanne zwischen den Einkommen, und wie können wir den Grad der Ungleichheit der Einkommensverteilung messen? Als zweckmäßig für die Analyse der Ungleichheit erweisen sich folgende Fragen:

Wie hoch ist der Prozentsatz der Gesamtheit der Einkommen, der auf die 10 Prozent der unteren Einkommensbezieher entfällt? Wieviel entfällt auf die unteren 20 Prozent? Auf die unteren 50 Prozent? Auf die unteren 95 Prozent usw. Diese Daten lassen sich aus den Spalten (4) und (5) der Tabelle 25.2 ableiten.

In dem Extremfall, in dem absolute Gleichheit in der Verteilung herrschte, würden die unteren 20 Prozent der Bevölkerung (was in diesem Fall beliebige 20 Prozent bedeutet) genau 20 Prozent des Gesamteinkommens erhalten; den unteren 80 Prozent würden 80 Prozent zufließen und auf die oberen 20 Prozent würden auch nur 20 Prozent der Einkommen entfallen.

Angesichts der in der Praxis herrschenden Ungleichheit der Einkommensverteilung, wie sie den beiden ersten Spalten der Tabelle 25.3 zu entnehmen ist, erhalten die unteren 20 Prozent aller Haushalte jedoch nur 4,7 Prozent des Gesamteinkommens, während den reichsten 20 Prozent ein Anteil von 43 Prozent zufließt. Die zweiten 20 Prozent von unten empfangen lediglich 11 Prozent, die dritten 20 Prozent nur 17 Prozent des Einkommens; dagegen erhalten die vierten 20 Prozent 24 Prozent, und die obersten 5 Prozent der ganz Reichen erhalten nicht weniger als 16 Prozent – etwa so viel wie die unteren zwei Fünftel der Bevölkerung zusammengenommen!

Zum Zwecke der graphischen Darstellung der Ungleichheit zeichnen wir ein Diagramm, das als *Lorenz-Kurve* bekannt ist. Diese in Abbildung 25.2 darge-

Die Verteilung der Haushaltseinkommen in den Vereinigten Staaten im Jahre 1982 (Lorenz-Kurve)

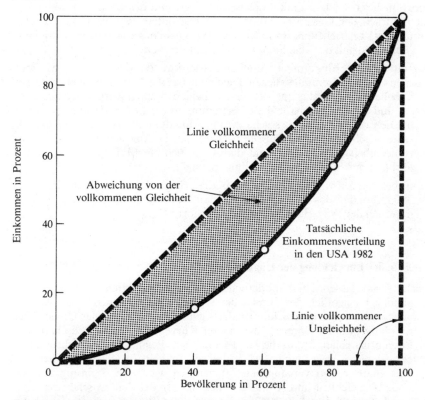

Abbildung 25.2. Die Lorenz-Kurve mißt den Grad der Ungleichheit zwischen Extremfällen.
Übertragen wir die Werte der Spalte (8) der Tabelle 25.3. in dieses Diagramm, dann erkennen wir, daß die durchgehende Kurve der tatsächlichen Einkommensverteilung zwischen den beiden Extremen der absoluten Gleichheit und der absoluten Ungleichheit liegt. Die *schattierte* Fläche des Lorenz-Diagramms (ausgedrückt als Anteil der Fläche des halben Quadrats) mißt die relative Ungleichheit der Einkommen. (Wie hätte die Kurve in den tollen 20er Jahren ausgesehen, als die Ungleichheit viel größer war? Wie sähe sie im Utopia des Jahres 2084 aus, wenn allen das gleiche Erbe mit auf den Weg gegeben würde und völlige Chancengleichheit herrschte?)

stellte Kurve ist eine bildliche Darstellung der in den Spalten der Tabelle 25.3 zahlenmäßig erfaßten Ungleichheit; das heißt, sie stellt das Bild (a) der absoluten Gleichheit (b) der absoluten Ungleichheit und (c) der tatsächlichen Ungleichheit in den USA im Jahre 1982 gegenüber.

Die absolute Gleichheit wird in Tabelle 25.3 durch die kursiv gesetzten Zahlen der Spalte (4) dargestellt. In der Lorenz-Kurve der Abbildung 25.2 stellt sie sich als Diagonale dar (in der gestrichelten Linie).

Im anderen Extremfall stehen wir vor der hypothetischen Situation absoluter Ungleichheit, in der fast niemand (beispielsweise 99 von 100 Personen) ein Einkommen bezieht mit Ausnahme eines einzigen, der das gesamte Einkommen erhält. Dieser Fall wird durch Spalte (5) der Tabelle 25.3 dargestellt. Wie kommt es zu diesen Werten? Dadurch, daß die ärmsten 0, 20, 80, 99 Prozent der Bevölkerung überhaupt kein Einkommen erzielen. Aber zu den unteren 100 Prozent gehört auch jener letzte Einkommensempfänger, und das gesamte Einkommen fällt natürlich der Gesamtbevölkerung zu. Die untere Kurve im Lorenz-Diagramm – die gestrichelten, im rechten Winkel zueinander stehenden Geraden – stellt den Grenzfall der absoluten Ungleichheit der Verteilung dar.

Jede tatsächliche Einkommensverteilung, wie etwa die des Jahres 1982, muß zwischen diesen Extremfällen liegen. Die Spalte mit den hervorgehobenen Zahlen der Tabelle 25.3 gibt die aus den ersten beiden Spalten hergeleiteten Zahlen wieder, und zwar in einer für die Übertragung in die Lorenz-Kurve geeigneten Form. Die Lorenz-Kurve als solche wird in Abbildung 25.2 durch die Kurvenlinie wiedergegeben, wobei die *schattierte* Fläche die Abweichung von der absoluten Gleichheit widerspiegelt und damit zugleich ein Maß für den Grad der Ungleichheit der Einkommensverteilung darstellt.[2]

Damit beschließen wir die Einführung in die Lorenz-Kurve. Sie stellt ein wichtiges Diagramm dar, das in vielen Bereichen auftaucht und das zu den nützlichsten Diagrammen der Wirtschaftswissenschaft gehört.[3]

Trends in der Entwicklung der Ungleichheit

Welche Trends lassen sich in modernen Industriegesellschaften wie den Vereinigten Staaten hinsichtlich des Grades der Ungleichheit erkennen? Wird, wie die Pessimisten des vergangenen Jahrhunderts glaubten, der Grad der Ungleichheit größer? Aufgrund der Lorenz- und anderer Kurven sind die Wissenschaftler zu der Erkenntnis gelangt, daß die Ungleichheit seit Beginn unseres Jahrhunderts eindeutig geringer geworden ist. Allerdings scheint kein Zweifel zu bestehen, daß sich das Blatt in den vergangenen Jahrzehnten wieder in Richtung auf eine steigende Ungleichheit und Armut gewendet hat. In der Zeit zwischen der Mitte der 70er Jahre und dem Jahr 1982 ist der Anteil der Einkommen, der den oberen Einkommensklassen zugeflossen ist, spürbar angestiegen, während sich die Position der Gruppe der Empfänger niedriger Einkommen verschlechtert hat.

---

2 Mit 2 multipliziert ergibt die *schattierte* Fläche den »Gini-Koeffizienten«, der in Frage 7 am Ende des Kapitels angesprochen wird.

3 Es gibt noch andere Methoden zur Messung des Grades der Einkommensungleichheit. Eine der interessantesten können wir hier lediglich erwähnen, ohne sie im einzelnen zu erörtern. Der in Italien geborene Ökonom Vilfredo Pareto verwandte ein bestimmtes logarithmisches Diagramm, das sogenannte »Pareto-Diagramm«. Er stellte fest, daß das »obere Ende« der Einkommensdaten vieler verschiedener Länder und vieler unterschiedlicher Perioden Gerade mit fast gleicher Steigung ist, und gelangte zu der Überzeugung, daß es sich dabei um ein grundlegendes Naturgesetz handle. Diesem Paretoschen Gesetz zufolge *besteht eine zwangsläufige Tendenz, derzufolge das Einkommen immer in der gleichen Weise verteilt ist - unabhängig von den gesellschaftlichen und politischen Institutionen eines Landes und unabhängig von der Besteuerung.* Viele während der vergangenen 80 Jahre durchgeführte sorgfältige Untersuchungen haben jedoch sowohl die Allgemeingültigkeit des Paretoschen Gesetzes wie auch die darin enthaltene Zwangsläufigkeit widerlegt.

So ging beispielsweise in der Zeit unmittelbar nach dem Zweiten Weltkrieg die Einkommensbesteuerung in Großbritannien so weit, daß nur noch 70 Personen verblieben, die nach Abzug der Steuern ein Einkommen von mehr als 24000 Dollar erzielten! Wie wir sehen werden, verringert eine progressive Einkommensteuer die Ungleichheit, die in der Lorenz-Kurve zum Ausdruck kommt.

Sozialpolitische Programme: Wirkung und Messung

Zugleich müssen wir jedoch anerkennen, daß die Ungleichheit im echten Sinne durch den Wohlfahrtsstaat vermindert worden ist. Warum? In erster Linie deshalb, weil der Einkommenstransfer im Rahmen staatlicher Sozialprogramme zu einer Linderung der schlimmsten Auswüchse der Armut beigetragen hat. Gegenwärtige Messungen berücksichtigen diese Programme jedoch nicht, so daß die derzeitigen Meßmethoden möglicherweise auf eine größere Ungleichheit hindeuten, als tatsächlich vorhanden ist.

Genauer gesagt, werden bei den offiziellen staatlichen Methoden zur Messung des Einkommens und der Armut die Leistungen im Rahmen vieler staatlicher Sozialprogramme nicht berücksichtigt. (Eine eingehendere Darstellung der Messung sowie der Maßnahmen zur Linderung der Armut findet sich in Kapitel 34.) So wird beispielsweise eine aus vier Mitgliedern bestehende Familie dann als arm klassifiziert, wenn ihr Einkommen im Jahre 1984 unter 10600 Dollar lag. Bei der Berechnung der Zahl der in Armut lebenden Menschen berücksichtigen die Behörden jedoch lediglich das Geldeinkommen.

In einer vom Statistischen Bundesamt der Vereinigten Staaten für das Jahr 1979 durchgeführten gründlichen Untersuchung werden alternative Einkommensbegriffe verwandt. Bei Zugrundelegung ausschließlich von Geldeinkommen fielen 11,1 Prozent der Bevölkerung unter die Armutsschwelle. Bei einer alternativen Berechnung, die den Wert von Nahrungsmittelgutscheinen, Wohngeld und ärztlichen Leistungen (jeweils zu Marktpreisen bewertet) einbezieht, fielen nur noch 6,4 Prozent der Bevölkerung in die Kategorie der in Armut lebenden Menschen.

Einige Kritiker sind mit diesen Korrekturen nicht einverstanden. Sie weisen darauf hin, daß der Wert staatlicher Programme für Familien mit geringen Einkommen unter deren Marktwert liegen kann. Kostenlose ärztliche Versorgung kann den Empfänger eines niedrigen Einkommens veranlassen, häufiger ärztliche Hilfe in Anspruch zu nehmen, als diese von der Familie gebraucht wird – so daß die Familie in dem Fall, in dem sie das Geld für diese Leistungen selbst aufbringen müßte, allenfalls bereit wäre, 30 oder 50 oder 70 Prozent des Marktwertes der tatsächlich in Anspruch genommenen subventionierten Leistung zu bezahlen. Schließen wir uns diesen Einwänden an, läge der Prozentsatz der Armut irgendwo zwischen 6,4 und 11,1 Prozent der Bevölkerung.

Auch gesellschaftliche Entwicklungen haben einen wichtigen Einfluß auf die gemessene Ungleichheit. Die Emanzipation der Frauen führt zu veränderten Lebensformen und Beschäftigungsstrukturen, die sich auf die Ungleichheit auswirken. Die Frauen stellen sich auf eigene Füße – als Alleinstehende oder als Ein-Personen-Haushalte. Da die Arbeitsentgelte für Frauen in der Regel unter denen der Männer liegen, können solche Veränderungen zu einem Anstieg der Haushalte mit niedrigen Einkommen führen und damit zu größter Ungleichheit.

Regionale Ungleichheit

In welchen Ländern ist die Ungleichheit stärker, in welchen schwächer ausgeprägt? Ein Blick auf die Lorenz-Kurven von vier Ländern in Abbildung 25.3 (a) zeigt, daß die Ungleichheit in Großbritannien und Schweden geringer ist als in den USA. Der Grund dafür ist zum Teil in dem Umverteilungscharakter der hohen Steuern in den europäischen Ländern zu suchen. Darüber hinaus ist in

Amerika der Prozentsatz der Bevölkerung, die schlechtbezahlten Minoritäten angehören, größer; desgleichen auch die Zahl der Ein-Personen-Haushalte.

Die Ungleichheit in der Sowjetunion[4] oder in China mit der in den hochentwickelten Marktwirtschaften zu vergleichen, ist außerordentlich schwierig. Beschränken wir uns auf die nichtkommunistische Welt, so hat Schweden, wie Abbildung 25.3 (a) zeigt, die größte Einkommensgleichheit erreicht. Am augenfälligsten ist die Ungleichheit in Ländern mit mittlerem Einkommensniveau (wie etwa Brasilien).

Die Auswirkungen der Industrialisierung auf die Gleichheit

Historiker haben untersucht, wie sich das Bild der Ungleichheit verändert, wenn Länder aus ihren isolierten traditionellen Gesellschaften heraustreten, die ersten Phasen der Entwicklung durchlaufen und schließlich zu hochentwickelten Industrieländern aufsteigen. Welche Schlußfolgerungen läßt das lückenhafte Material zu?

Zeitgenössische Darstellungen deuten darauf hin, daß sich die Ungleichheit zunächst vergrößerte, dann jedoch verringerte. Extreme Formen der Ungleichheit – verschwenderischer Reichtum neben erdrückender Armut – treten in Ländern mit mittlerem Einkommensniveau auf.

Jüngere von der Weltbank wie von Wissenschaftlern durchgeführte Untersuchungen bestätigen diese beiläufigen Beobachtungen. In der Regel befinden sich die Länder mit der größten Ungleichheit in der Gruppe der Länder mit mittlerem Einkommensniveau – zu ihnen gehören insbesondere lateinamerikanische Länder wie Peru, Panama, Brasilien oder Venezuela. In diesen Ländern ist es nichts Ungewöhnliches, daß das untere Fünftel der Bevölkerung lediglich 2 Prozent des Gesamteinkommens erhält, während 40 oder sogar 50 Prozent des Einkommens auf die oberen 10 Prozent entfallen.

Diese Daten deuten darauf hin, daß der Prozeß der wirtschaftlichen Entwicklung vorübergehend die ursprüngliche Ungleichheit verschärft. In dem Maße, in dem der Wohlstand in den ökonomischen Mischsystemen dann jedoch wächst, nimmt die Ungleichheit ab.

---

4 Unser Überblick über verschiedene Wirtschaftssysteme in Kapitel 35 wird feststellen, daß das Bild der Ungleichheit der Einkommensverteilung in der Sowjetunion dem der Vereinigten Staaten recht ähnlich ist (vgl. Kapitel 35). Schostakowitsch und andere große Musiker und Spitzenwissenschaftler haben wahrscheinlich relativ mehr Geld verdient als Strawinsky, Einstein und ähnliche Leute in Amerika. Die politische Privilegierung von sowjetischen Bürokraten, Offizieren und Parteimitgliedern gegenüber der breiten Öffentlichkeit in der Sowjetunion läßt sich zahlenmäßig zwar nicht erfassen, ist aber dennoch eine erhebliche Quelle der Ungleichheit.

Selbst wenn die Lohnstruktur in kommunistischen und kapitalistischen Ländern vergleichbar wäre, bliebe ein gravierender Unterschied bestehen: In kapitalistischen Ländern fließt etwa ein Zehntel des Volkseinkommens den oberen Einkommensklassen in Form von *Kapitaleinkommen* zu. In der Sowjetunion gibt es dagegen keine Hunts oder Gettys.

(a) Einkommensungleichheit

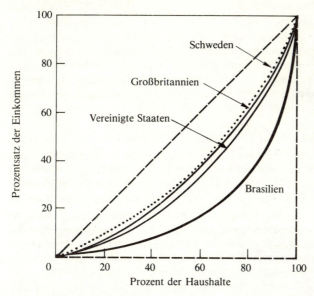

(b) Ungleichheit in der Vermögensverteilung

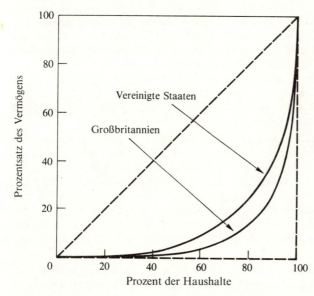

Abbildung 25.3. Verschiedene Gesellschaften weisen unterschiedliche Grade der Ungleichheit auf; sie sind größer bei der Vermögensverteilung als bei den Einkommen.

(a) In hochentwickelten Volkswirtschaften ist die Ungleichheit der Einkommensverteilung geringer als in den am Beginn ihrer Industrialisierung stehenden Volkswirtschaften. Entgegen aller düsteren Prophezeiungen vieler Sozialisten, denen zufolge in kapitalistischen Gesellschaften die Reichen immer reicher und die Armen immer ärmer werden, zeigt sich im ökonomischen Mischsystem im Zeitablauf ein höheres Maß an Gleichheit.

(b) Die Konzentration des Vermögens scheint größer zu sein als die der jährlichen Arbeitseinkommen. Während der Grad der Einkommensgleichheit in den Vereinigten Staaten und dem Vereinigten Königreich etwa vergleichbar ist, ist der Grad der Konzentration des Vermögens in Großbritannien erheblich viel größer als in Amerika. In sozialistischen Ländern wie China und der Sowjetunion wäre die Konzentration privaten Vermögens sehr viel geringer. (Quelle: James D. Smith und Stephen D. Franklin, »The Concentration of Personal Wealth, 1922–1969«, *American Economic Review*, Mai 1974; A.B. Atkinson und A.J. Harrison, »Trends in the Distribution of Wealth in Britain«, in A.B. Atkinson [Hrsg.], *Wealth Income and Inequality*, Oxford University Press, Great Britain, 1980.)

Die Vermögensverteilung

Bisher haben wir uns mit den Einkommensunterschieden in den einzelnen Einkommensgruppen oder Ländern beschäftigt. Ein wichtiger, für diese Einkommensunterschiede verantwortlicher Faktor sind die Unterschiede im Besitz von Vermögen. Unter *Vermögen* verstehen wir das Eigentum an Finanztiteln oder Sachwerten. Im Sinne unserer Definitionen im Anhang des Kapitels 20 über das Rechnungswesen bedeutet Vermögen im strengen Sinne das Eigenkapital eines Haushaltes.

Zweifellos stellt die ungleiche Vermögensverteilung eine der Quellen der Einkommensungleichheit dar. Wer über ein sagenhaftes Vermögen verfügt – gleichgültig ob es durch Erbgang, Können oder Glück erworben wurde –, bezieht von vornherein ein Einkommen, das weit über dem des durchschnittlichen Haushaltes liegt. Wer über keinerlei Vermögen verfügt, ist von vornherein mit einem Einkommenshandikap belastet.

Im großen und ganzen ist die Ungleichheit bei der Verteilung des Vermögens größer als bei der des Einkommens, wie Abbildung 25.3 (b) erkennen läßt. Eine der Methoden, die die Verfechter des Gleichheitsgedankens deshalb über die Jahrhunderte hinweg im Interesse der Überwindung der Einkommensungleichheit durchzusetzen versucht haben, ist die Verringerung der Ungleichheit im Vermögensbesitz, und zwar auf dem Wege über eine hohe Besteuerung von Kapitaleinkommen, Vermögen, Erbschaften oder, in radikaleren Fällen, sogar durch die Enteignung großer Vermögen oder durch das Verbot des Kapitaleigentums.

In Marktwirtschaften ist der Grad der Ungleichheit des Vermögensbesitzes außerordentlich hoch. In den Vereinigten Staaten besitzt 1 Prozent der Bevölkerung etwa 19 Prozent des gesamten Vermögens. Und die reichsten 0,5 Prozent der Bevölkerung verfügen über volle 14 Prozent des Vermögens des ganzen Landes. In dem jüngsten Jahr, über das ausführliche Daten vorliegen (1976), betrug der Netto-Vermögenswert aller amerikanischen Haushalte (zu Preisen von 1984) 7,8 Billionen Dollar; das Vermögen in den Händen der 0,5 Prozent an der Spitze der Bevölkerung hatte einen Wert von 1,12 Billionen.

Im Vereinigten Königreich neigt sich die Waagschale noch stärker zugunsten der Reichen als in den Vereinigten Staaten. Dies ist zum Teil darauf zurückzuführen, daß in Großbritannien einige Adlige und Industriekapitäne über riesige Ländereien und sonstiges Vermögen verfügen. Eine Analyse der Daten zeigt aber auch, daß der Unterschied zum großen Teil auf die Tatsache zurückzuführen ist, daß viele Amerikaner mit recht bescheidenen Einkommen über ein positives Nettovermögen (das heißt über Bruttovermögen abzüglich Schulden) verfügen, was in den unteren Einkommensgruppen in Großbritannien weniger häufig anzutreffen ist.

Damit beschließen wir unsere Analyse der Struktur der Einkommens- und Vermögensverteilung in den Vereinigten Staaten und in anderen Ländern, um uns als nächstes der Analyse der Ursachen der wirtschaftlichen Ungleichheit zuzuwenden.

B. Ursachen der Ungleichheit

Eines der unablässig verfolgten Ziele der modernen Wirtschaftspolitik ist die Förderung der Gleichheit – der Gleichheit der Chancen, der Ausbildung, der politischen Rechte. Sehr viel umstrittener ist die Frage des Abbaus der Einkommensungleichheit. Soll ein Land darum bemüht sein, durch progressive Besteuerung die Einkommen einander anzugleichen? Soll es einem Arbeitnehmer gestattet sein, die sauer verdienten Früchte seiner Arbeit zu behalten, selbst wenn er ein Vielfaches des Einkommens seines Nachbarn bezieht?

Richtige Antworten lassen sich auf diese normativen Fragen der Wirtschaftswissenschaft nicht geben. Aber ehe wir richtig fundierte Entscheidungen treffen können, müssen wir die Fakten analysieren. Welche Ursachen haben die Armut und der Vermögensbesitz? Haben sie ihre Wurzeln in der Faulheit, in Glücksumständen oder in ererbtem Reichtum? Oft beeinflussen die Auffassungen einzelner Menschen über die Ursachen der Ungleichheit in erheblichem Umfang ihre politische Einstellung hinsichtlich der zur Überwindung der Ungleichheit notwendigen Maßnahmen.

Bei der Betrachtung der Einkommensunterschiede im einzelnen werden wir uns auf die beiden wesentlichen Einkommensquellen konzentrieren, auf die Arbeit und das Vermögen. Mit Bezug auf erstere werden wir die Rolle von Fähigkeiten, Beschäftigung und Ausbildung untersuchen. Mit Bezug auf letztere werden wir die Aspekte des ererbten Reichtums, des Risikos und des Glücks in Betracht ziehen.

Einkommensunterschiede

Im weiteren Verlauf dieses Kapitels werden wir uns im einzelnen den Prinzipien der Festsetzung der Löhne zuwenden. Unser gesunder Menschenverstand gestattet uns jedoch, einen Teil dieser Analyse vorwegzunehmen; er legt die Annahme nahe, daß Unterschiede zwischen den Menschen als ein für ihre unterschiedlichen Einkommen mitverantwortlicher Faktor anzusehen ist.

Unterschiede in den Fähigkeiten und im Einkommen

Diese Unterschiede können physischer, geistiger oder temperamentsmäßiger Natur sein. Sie können biologische, von der Erbmasse abhängige Ursachen haben oder, wie wissenschaftliche Untersuchungen zunehmend erkennen lassen, auf das soziale und wirtschaftliche Milieu zurückzuführen sein.

Die in den einzelnen Menschen begründeten Unterschiede helfen uns nur wenig bei der Lösung des Rätsels der breitgestreuten Einkommen. Tatsächlich scheinen sich die Menschen in ihren physischen Merkmalen (wie Kraft, Größe oder Statur) und den gemessenen geistigen Fähigkeiten (wie Intelligenzquotient oder absolutem Gehör) weniger stark zu unterscheiden als hinsichtlich der von ihnen erzielten Einkommen.

Dieses Paradox wird durch Abbildung 25.4 veranschaulicht. Die glockenförmige, nach oben spitzer werdende Kurve zeigt die Verteilung der in der Regel festge-

Spanne zwischen Einkommen und Fähigkeiten

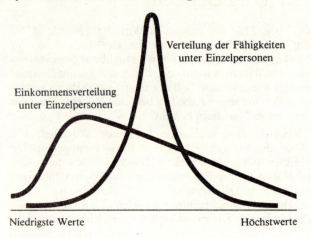

Abbildung 25.4. Bei der Verteilung der Fähigkeiten herrscht eine erheblich viel größere Gleichheit als bei der der Einkommen.
Menschliche Eigenschaften wie etwa die gemessene Intelligenz, Größe, Gewicht oder Kraft weisen eine viel größere Gleichheit in der Verteilung auf als die Einkommen. Während menschliche Eigenschaften selten um mehr als den Faktor 3 voneinander abweichen, betragen hohe Einkommen heute mehr als das Hundertfache der niedrigsten Einkommen.

stellten Fähigkeiten. Die erheblich viel flachere andere Kurve läßt den sehr viel höheren Grad der Ungleichheit in der Einkommensverteilung erkennen.

Dieser Unterschied zwischen der Verteilung der gemessenen Fähigkeiten und der Einkommen deutet darauf hin, daß oberflächliche Merkmale wie Größe, Gewicht oder selbst festgestellter IQ bei der Erklärung von Einkommensunterschieden gern zu hoch veranschlagt werden. Die sagenhaft reichen Schlotbarone des vergangenen Jahrhunderts, die Genies, die Telefone oder Xerox-Apparate erfanden, die Abenteurer, die sich auf Ölsuche begaben – sie alle waren ganz normale Menschen, die nicht mit beiden Beinen zugleich in ihre Hosen sprangen. Deshalb sollte man die Ursachen für die Einkommensunterschiede eher in besonderen Fähigkeiten, in Risikofreudigkeit, glücklichen Umständen, genialen Ideen und harter Arbeit suchen – Faktoren, die in Standardtests in der Regel überhaupt nicht eingehen.

Einkommensunterschiede zwischen einzelnen Berufen

Ein wesentlicher Unterschied zwischen den Menschen besteht in ihrem Beruf. Am unteren Ende der Skala stehen die ungelernten oder benachteiligten Arbeitnehmer, die miteinander um Arbeitsplätze konkurrieren, in denen nur Mindestlöhne gezahlt werden. Minoritäten, Jugendliche, erst kürzlich ins Land gekommene oder illegale Einwanderer und früher auch Frauen – sie alle placken sich ab für einen Hungerlohn.

Am anderen Ende der Skala stehen die hochbezahlten Vertreter akademischer Berufe. In welchem Berufszweig sind die Verdienstchancen am größten? In den letzten Jahren standen sich zweifellos die Ärzte am besten. 1984 lagen die Einkommen von Ärzten in großen privaten Ärztezentren im Durchschnitt bei 120000 Dollar. Damit lagen die Ärzte weit vor den Juristen, die es 1984 auf ein Durchschnittseinkommen von 41000 Dollar brachten.[5]

Wie sind diese hohen Einkommen zu erklären? Zum Teil dadurch, daß unsere medizinischen Hochschulen das Angebot beschränken, indem sie nur wenigen Ärzten die Approbation erteilen (erinnern Sie sich an unsere Darstellung in Kapitel 18, S. 601f. in Bd. 1). Zum Teil dadurch, daß Ärzte so viele Jahre auf ihre Ausbildung verwenden müssen. Zum Teil dadurch, daß die Nachfrage nach ärztlichen Leistungen so stark zugenommen hat.

Bei Zahnärzten, Ingenieuren und Lehrern lagen, Schätzungen zufolge, die mittleren Einkommen bei 64000 beziehungsweise bei 38000 und 21000 Dollar. Universitätslehrer erhalten, als Gruppe betrachtet, Durchschnittsbezüge von etwa 29000 Dollar für ein akademisches Jahr mit einer Länge von 9 Monaten. Lehrstuhlinhaber an den größten Universitäten erzielen etwa das Doppelte; die Einkommen von Professoren für Physik oder Ingenieurwissenschaften liegen über denen von Professoren für Griechisch und Botanik; für die Tatsache, daß die Professoren der medizinischen Hochschulen von allen Akademikern die höchsten Durchschnittseinkommen beziehen, scheinen Angebot und Nachfrage verantwortlich zu sein.

Steigen die Einkommen mit zunehmendem Alter? Ja, allerdings vorwiegend in den akademischen Berufen und in der freien Wirtschaft: Ärzte und Rechtsanwälte erreichen ihr Höchsteinkommen, wenn sie über 50 Jahre alt sind; und sie haben die berechtigte Hoffnung, daß sie über das übliche Pensionsalter hinaus arbeiten können. Anwärter auf einen Führungsposten in der Industrie erhalten, wenn sie einen guten Abschluß eines (wirtschaftswissenschaftlichen) Studiums nachweisen können, als Berufsanfänger 3000 Dollar im Monat; sind sie erfolgreich, können sie es bis zu ihrer Pensionierung bis zum Vorstandsvorsitzenden bringen und den zukünftigen Gegenwert von heute jährlich 500000 Dollar im Jahr verdienen und darüber hinaus Gewinnbeteiligungen und Pensionsansprüche erwerben.[6]

Abbildung 25.5 zeigt die Ungleichheit der Einkommen in den verschiedenen Berufen. Versuchen Sie im einzelnen die Gründe dafür anzugeben.

---

[5] New Yorker Spitzenanwälte berechnen ihren Mandanten unter den Großunternehmen für erbrachte Leistungen Stundenhonorare von mehr als 300 Dollar. 1984 betrug das *Anfangsgehalt* von Absolventen mit Prädikatsexamen der angesehensten juristischen Fakultäten beim Eintritt in große New Yorker Kanzleien 50000 Dollar im Jahr.

[6] Die Bezüge von Spitzenkräften steigen zwar mit der Größe des Unternehmens, jedoch nicht absolut proportional zu dessen Größe. Statistiken lassen erkennen, daß der Chef des Großunternehmens A, das doppelt so groß ist wie das Unternehmen B, nicht das doppelte Gehalt bezieht, sondern nur etwa 30 Prozent mehr. Mitte der 80er Jahre erhielten die höchstbezahlten Unternehmensleiter in Form von Bezügen und Prämien pro Person mehr als eine Million Dollar im Jahr – und gelegentlich sogar das Fünffache dieser Summe.

Die Ungleichheit der Einkommen für ausgewählte Berufe

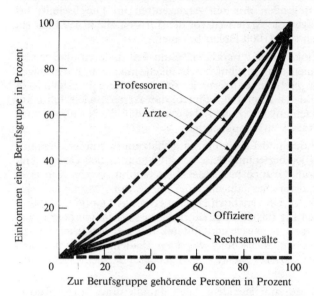

Abbildung 25.5. **Bei Rechtsanwälten und Ärzten läßt sich eine größere Ungleichheit in den Einkommen nachweisen als bei Professoren und Offizieren mit festen Bezügen.**
Die höchsten finanziellen Trophäen erringen einige wenige vom Glück begünstigte Juristen. Wie sähe die Kurve für Büroangestellte aus? Wie für Pförtner im Staatsdienst? Warum wäre der Grad der Ungleichheit am größten bei Ölsuchern und Spekulanten? (Quelle: G. Stigler, *Employment and Compensation in Education* (National Bureau of Economic Research, New York 1950.)

Lohnt sich ein Studium?

Wie wirken sich Erziehung und Ausbildung auf das im Verlaufe eines Lebens erzielbare Einkommen aus? Lohnen sie den Aufwand? Die Praxis zeigt: »Ja, wenngleich das Geschäft nicht mehr ganz so lukrativ ist wie früher.« Diejenigen Berufstätigen, die nicht einmal die höhere Schule abgeschlossen hatten und einer Vollzeitbeschäftigung nachgingen, verdienten im Jahr 1984 19000 Dollar; ein Collegeabsolvent verdient mit 32000 Dollar 70 Prozent mehr. Darüber hinaus ist die Arbeitslosenquote unter Collegeabsolventen in der Regel nur halb so hoch wie unter weniger Gebildeten. Obgleich die Einkommen von Frauen und Minderheiten unter denen weißer männlicher Arbeitnehmer liegen, ist das *relative* Einkommens- und Arbeitslosenniveau bei unterschiedlichem Bildungsstand dem weißer männlicher Arbeitnehmer durchaus vergleichbar.

Selbst wenn Sie einen Kredit zu 10 Prozent aufnehmen und auf Jahre einer einträglichen Beschäftigung verzichten müssen, wenn Sie nicht zu Hause leben können und Ihre Verpflegung und Bücher zahlen müssen, wird Sie das Einkommen, das Sie im Verlaufe Ihres Lebens in Berufen erzielen, die nur Collegeabsolventen offenstehen, für Ihre Kosten wahrscheinlich mehr als entschädigen.

Jüngeren Daten zufolge wird ein 18jähriger männlicher Collegeabsolvent bis zu seinem 65. Lebensjahr (zu Preisen und bezogen auf das Einkommensniveau von

1984) 2500000 Dollar verdienen. Ein Vertreter der gleichen Generation, der lediglich die höhere Schule abschließt, wird demgegenüber etwa 1700000 Dollar verdienen. Diejenigen, die nicht einmal die höhere Schule abschließen, erzielen durchschnittlich nicht mehr als 1200000 Dollar.

Schwarze Collegeabsolventen haben in den letzten Jahren etwa 70 Prozent der Einkommen weißer Absolventen erhalten. Weibliche Absolventen eines College in einer Vollzeitbeschäftigung verdienen weniger als männliche Abgänger einer höheren Schule. Der Erwerb eines zusätzlichen akademischen Grades oder der Besuch von Fachhochschulen erhöht das Einkommen nochmals um durchschnittlich 10 Prozent und erbringt somit einen bescheidenen zusätzlichen Ertrag.

Geld ist nicht alles. Ist es nicht besser ungebildet, arm und glücklich zu sein als reich und unglücklich? Die Staatliche Kommission für Gemütskrankheiten und Seelische Gesundheit verglich in einer Untersuchung die seelische Gesundheit von Menschen mit unterschiedlicher Erziehung. Waren Collegeabsolventen trübsinniger und litten sie im Vergleich zu weniger Gebildeten unter Depressionen? Definitiv nicht. Sie waren glücklicher und litten weniger unter Gemütskrankheiten. Sie waren stärker introspektiv, aber damit ging ein ausgeprägteres Gefühl des Wohlbefindens und der Zufriedenheit einher. Ihr Horizont war weiter, und sie steckten sich höhere Ziele; und wenn sie sich Sorgen machten, dann ging es bei ihren Sorgen um echte, nicht um eingebildete Probleme. Dem Streß entgeht allerdings keine der Gruppen.

Sonstige die Lohnhöhe bestimmende Faktoren

Abgesehen von besonderen Fähigkeiten, dem Beruf und der Ausbildung haben auch andere Faktoren einen Einfluß auf die Ungleichheit der Lohneinkommen. Einige Menschen arbeiten einfach mehr – mehr Stunden im Jahr und mehr Jahre ihres Lebens. Unter sonst gleichen Bedingungen bedeutet mehr Arbeit mehr Lohn.

Im weiteren Sinne sind die echten Einkommen derjenigen, die länger arbeiten, im Grunde gar nicht höher. Sie erzielen lediglich höhere Markteinkommen. Diejenigen, die weniger arbeiten, erzielen in gewissem Sinne höhere nicht marktbezogene Einkommen als die Arbeitssüchtigen – das heißt, sie genießen die Früchte ihrer Do-it-yourself-Leistungen und ihrer Freizeitbetätigungen.

Ein weiterer Faktor sind die sogenannten »kompensatorischen Lohnzuschläge«, wie wir sie in Kapitel 28 nennen werden. Gelegentlich wird ein höherer Lohn als Ausgleich dafür bezahlt, daß eine Beschäftigung besonders unangenehm ist. Selbst in Utopia kommt man nicht um die Müllbeseitigung herum – und wer diese Arbeit verrichtet, erhält einen höheren Lohn als ein Lehrer oder Geiger oder Dichter, dessen Tätigkeit angenehmer ist.

Ungleichheit der Vermögenseinkommen

Während zwischen den Einkommen der Lohnempfänger große Unterschiede bestehen, ist es die Diskrepanz in den Vermögenseinkommen gewesen, die zu den schärfsten Angriffen der Kritiker des Kapitalismus Anlaß gegeben hat; »Eigen-

Die 100 Reichsten in den USA

Quelle des Reichtums	Zahl der Personen	Höhe des Nettovermögens (in Mrd. Dollar)	(in Prozent)
Ererbtes Vermögen	19	14,5	24
Erfindungen	2	2,6	4
Geschick in Finanzgeschäften	5	2,4	4
Unternehmerisches Talent	74	41,4	68
Davon:			
Ölbranche	19	9,9	16
Immobilien	17	8,0	13
Einzelhandel	8	7,3	12
Elektronikbranche	5	4,3	7
Süßwarenbranche	1	1,0	2
Sonstige	24	10,9	18
Insgesamt	100	60,9	100

Tabelle 25.4. Wie gelang es den reichsten Amerikanern, den Gipfel zu erklimmen?
Nach Angaben des Magazins *Forbes* besaßen 1983 100 Amerikaner ein Nettovermögen im Wert von mindestens 300 Millionen Dollar. Die meisten gelangten zu diesem Reichtum aufgrund ihres unternehmerischen Geschicks – sie errichteten Einkaufszentren, unternahmen Bohrprogramme, gründeten Computerfirmen oder vertrieben sogar Zuckerstangen. Nur eine Minderheit sind Nutznießer des unternehmerischen Einsatzes *früherer Generationen* (wie die Rockefellers). Ein winziger Bruchteil kam durch Aktienspekulationen zu Reichtum oder durch die Erfindung völlig neuer Produkte. (Quelle: *Forbes*, Herbst 1983.)

tum ist Diebstahl«, wie einer von ihnen es formulierte. Wir wollen einige der Fakten betrachten.

Extrem verzerrt sind die Relationen hinsichtlich des Vermögensbesitzes. 1976 verfügte die nur 1 Prozent der Bevölkerung ausmachende Spitzengruppe der Vermögensbesitzer über 19 Prozent des gesamten persönlichen Vermögens; die obersten 0,5 Prozent besaßen 14 Prozent. Während sich das Nettovermögen des Durchschnittsbürgers in den unteren 99 Prozent auf etwa 29600 Dollar belief, besaß jeder einzelne der zu den 0,5 Prozent an der Gesellschaftsspitze zählenden Amerikaner Vermögenswerte von durchschnittlich 1 Million Dollar (alle Werte zu Preisen von 1984).

Auf welche Weise ist es den Superreichen gelungen, die Spitze zu erklimmen? Ist die Ursache für ihr ungeheures Vermögen und für ihre Besitzeinkommen in ihrer persönlichen Sparsamkeit oder ihrer Risikobereitschaft zu suchen? Sind Einkommen und Vermögen vorwiegend auf glückliche Umstände zurückzuführen? Oder handelt es sich um ererbten Reichtum?

Tabelle 25.4 spiegelt die (von Journalisten der Zeitschrift *Forbes* recherchierten) Erfahrungen der 100 führenden Vermögensbesitzer des Jahres 1983 wider. Diesen Daten zufolge war unternehmerisches Geschick der sicherste Weg zum Erwerb eines großen Vermögens. Wer neue Organisationen aufbaute – Erdöl-Bohrgesellschaften, Ladenketten, ja selbst Süßigkeitsfirmen –, konnte in den meisten Fällen ein großes Vermögen ansammeln; einem Sechstel der 100 Reichsten war ihr Vermögen bereits in die Wiege gelegt worden, während eine Handvoll von Leuten Finanzgenies oder clevere Erfinder waren.

Vermögen und Risikofreudigkeit

Die Daten über die besonderen Merkmale der Superreichen haben zu einer der größten Kontroversen in der modernen Wirtschaftswissenschaft geführt: Inwieweit ist das insgesamt in der amerikanischen Wirtschaft angesammelte Vermögen darauf zurückzuführen, daß ihre Bürger während ihres ganzen Lebens im Hinblick auf ihre Pensionierung gespart haben (die sogenannte »Lebenszyklus«-Theorie, die in Kapitel 7 analysiert wurde)? Beziehungsweise inwieweit ist der Reichtum weitgehend das Ergebnis großer Kapitalansammlungen (wie sie etwa in der Tabelle 25.4 dargestellt wurden), die von einer Generation auf die nächste weitervererbt werden?

Eine vor kurzem veröffentlichte Studie von Laurence Kotlikoff und Lawrence Summers deutet darauf hin, daß nur ein Bruchteil aller persönlichen Vermögen, vielleicht 19 Prozent, sich mit Hilfe der Lebenszyklus-Theorie erklären läßt. Der Rest entspringt, wie es scheint, anderen Quellen, wie etwa Erbvorgängen oder Schenkungen.[7]

Einer anderen Theorie zufolge sind die heutigen Vermögen der Lohn der Risikofreudigkeit von gestern. Es ist nicht anzunehmen, daß irgend jemand einen 25000 Fuß tiefen Ölbrunnen bohrt, Jahre darauf verwendet, einem Fotokopierverfahren oder einer Sofortbild-Kamera nachzujagen, jahrelang über seiner Schreibmaschine hockt in der Hoffnung, einen zum Bestseller werdenden Gruselroman aufs Papier zu bringen, wenn er keinerlei Aussicht auf eine außergewöhnliche Entlohnung hat.

Und der Markt entlohnt *in der Tat* diese Risikobereitschaft mit überdurchschnittlichen Erträgen. Bisher ist es noch niemandem gelungen, den Teil der Ungleichheit in der Vermögensverteilung, der auf die Bereitschaft zu derartigen außergewöhnlichen Risiken zurückzuführen ist, zu quantifizieren, aber die verfügbaren Daten über die Spitzenvertreter der Vermögensbesitzer deuten darauf hin, daß ein Großteil der Ungleichheit in der Vermögensverteilung seine Wurzel darin hat, daß einige sich auf die Suche nach dem sagenhaften Schatz begeben, den zu finden nur wenigen vergönnt ist.

Wirtschaftliche Schichtung und ererbter Reichtum

Selbst angesichts der heutigen progressiven Besteuerung von Einkommen wie auch von Erbschaften wird ein Großteil des Vermögens noch von einer Generation an die andere weitervererbt. Wie wir gerade festgestellt haben, beruht nur ein Bruchteil des Gesamtvermögens auf den emsig gehorteten Spargroschen aus den Arbeitseinkommen einzelner Leute.

Nach wie vor wird versucht, den Leuten etwas anderes weiszumachen. Amerika galt seit eh und je als das Land der unbegrenzten Möglichkeiten, in dem jeder Tüchtige es zu etwas bringt. Das von Horatio Alger jr. erfundene Erfolgsmärchen von dem »armen, aber stolzen« Helden, der sich bis an die Spitze hocharbeitete und dann die Tochter des Chefs heiratete, ist zweifellos überzogen. (Weniger

---

7 L.J.Kotlikoff und L.H.Summers, »The Role of Intergenerational Transfers in Aggregate Capital Accumulation«, *Journal of Political Economy*, August 1981.

häufig findet die Tatsache Erwähnung, daß nur wenige schwarze oder katholische Erfolgsjäger mit Erbinnen Algerscher Prägung zum Altar schritten.) Dennoch war etwas Wahres an der Vorstellung von den Vereinigten Staaten als einer offenen Gesellschaft verglichen mit zahlreichen europäischen Ländern, in denen viele aristokratische Traditionen fortbestanden.

Selbst heute gelten in Großbritannien die »alte Schulkrawatte« und der Oxford-Akzent noch als Eintrittskarte in die Welt der Wirtschaft wie der konservativer politischer Kreise.

In Amerika ist eine solche Klassenzugehörigkeit von geringerer Bedeutung. Hier hat sich stärker eine materialistische Zivilisation durchgesetzt, in der Erfolg in wirtschaftlichen Größen gemessen wird. Da »Geld das letzte Wort hat«, kann ein Außenseiter leichter in die oberste Schicht vorstoßen als dies in Gesellschaften der Fall ist, in der Tradition noch ein größeres Gewicht hat. Die *nouveaux riches* der einen Generation, wie etwa die Vanderbilts des vergangenen Jahrhunderts, sind die gesellschaftlichen Schiedsrichter der nächsten.

Die Herkunft der Elite

Nichtsdestoweniger haben sorgfältige Fragebogenerhebungen über die soziale Herkunft erfolgreicher Männer der Wirtschaft, das heißt der Direktoren und Führungskräfte großer Kapitalgesellschaften, zu einigen überraschenden Ergebnissen geführt. Der typische amerikanische Wirtschaftsführer entstammt nicht einer Farmer- oder Arbeiterfamilie. In der Regel war sein (denn in 95 Prozent der Fälle handelt es sich bei den Führungskräften um Männer) Vater ebenfalls schon Unternehmer oder möglicherweise Akademiker.

Bedeutet die Tatsache, daß nur ein kleiner Bruchteil der Führungspersönlichkeiten der Wirtschaft aus den unteren Klassen aufsteigt, daß die amerikanische Wirtschaftsgesellschaft zu so etwas wie einem Kastensystem erstarrt? Die Auffassungen der Gelehrten in dieser Frage gehen auseinander. Sie verweisen auf zwei mögliche, einander diametral entgegengesetzte Erklärungen für die Klassenabhängigkeit der Herkunft von Führungskräften:

- Die amerikanische Gesellschaft ist seit langem eine sozial durchlässige Gesellschaft: Der Aufstieg der fähigen Familien liegt schon eine Weile zurück, und sie ließen natürlich die weniger Fähigen hinter sich.

- Es gibt heute nach wie vor Schranken zwischen den einzelnen Klassen, die der Mobilität im Wege stehen.

Welche dieser beiden Auffassungen ist richtig? Den meisten der sorgfältigeren Analysen ist kaum eine Bestätigung für die erste Auffassung zu entnehmen. Sie weisen darauf hin, daß die Elite immer von protestantischen, weißen, männlichen Bürgern beherrscht wurde – und daß Frauen, Schwarze und Iberoamerikaner in den höchsten Positionen der Wirtschaft, der Regierung, der Kirchen oder Universitäten nur sehr spärlich vertreten sind. Die meisten Soziologen unserer Tage würden auf die tausend und eine der feinen psychologischen, sozialen, wirtschaftlichen und bildungsbedingten Benachteiligungen hinweisen, denen Kinder weniger begünstigter Familien von der Wiege an ausgesetzt sind – weshalb gleiche Fähigkeiten nicht immer zu gleichem Erfolg führen.

Aber die Analytiker fügen hinzu, daß in dem Maße, in dem die Schranken der Mobilität in den letzten Jahren tatsächlich abgebaut worden sind, allmählich auch solche Leute in den Korridoren der Macht aufzutauchen beginnen, denen man dort früher nicht begegnet ist.[8]

Märkte und Ungleichheit

Im Anschluß an diese kurze Betrachtung der Kräfte, die hinter der Ungleichheit der Einkommen wirksam sind, beginnt das anschließende Kapitel mit einer vollständigeren Analyse der Bestimmungsfaktoren der Löhne, Renten und Zinssätze. Wenn wir uns nunmehr diesem Thema zuwenden, sollten wir stets die entscheidenden Eigenschaften von Märkten vor Augen haben. Denken Sie daran, daß Wettbewerbsmärkte besonders geeignet sind, die Probleme des *Was* und des *Wie* zu lösen – Fragen der Allokation der Ressourcen auf einzelne Wirtschaftszweige und die Entscheidung über das zweckmäßigste Produktionsverfahren für die Herstellung bestimmter Güter. Als weniger talentiert erweisen sich Märkte jedoch bei der Suche nach der Lösung des Problems des *Für wen*. Die effizienteste Volkswirtschaft der Welt kann durchaus zu einer Verteilung der Löhne und des Vermögens führen, an dem selbst der hartgesottenste Verfechter des freien Marktes Anstoß nehmen würde.

Deshalb können wir zwar ein zweifaches Hoch auf den Markt ausbringen, aber kein dreifaches. Wir werden auf diese Frage in Kapitel 34 zurückkommen, in dem wir uns mit dem Ausmaß der Armut in Amerika beschäftigen und untersuchen werden, wie eine Gesellschaft das Problem der Verringerung der Ungleichheit bei gleichzeitiger Effizienz der Märkte angehen kann.

Zusammenfassung

A. Die Ungleichheit der Einkommen und des Vermögens

1. Die Verteilungstheorie beschäftigt sich mit der Art und Weise, in der die Einkommen und Vermögen in einer Gesellschaft verteilt werden – mit der ursprünglichen Allokation der Produktionsfaktoren (Boden, Arbeit und Kapital)

---

8 Noch vor einer Generation neigten die meisten Wissenschaftler zu der Auffassung, daß es immer schwieriger würde, von unten bis an die Spitze aufzusteigen. Jetzt sind sie sich ihrer Sache nicht mehr ganz sicher. Jüngere eingehende Untersuchungen über die Herkunft der Großen in der amerikanischen Wirtschaft vor 1900 legen den Schluß nahe, daß die Gegenwart gegenüber der guten alten Zeit, die so gut vielleicht gar nicht war, durchaus nicht schlecht abschneidet. Je mehr die Größe der Organisationen wächst, desto weniger spielen Nepotismus und Günstlingswirtschaft eine Rolle, und die wachsende Bedeutung der rechtlich einklagbaren Chancengleichheit läßt eine größere Mobilität innerhalb der Elite erkennen. Der alte Adel stellt bekümmert fest, daß der »Verdienstadel« (die Meritokratie) zu zählen beginnt.
In einer vor kurzem durchgeführten Studie von Mabel Newcomer wurde diese Auffassung durch folgende Aussage untermauert: »Nur 10,5 Prozent der gegenwärtigen Generation großer Unternehmensleiter (sind) Söhne wohlhabender Familien... 1950 lag die Zahl noch bei 36,1 Prozent und zur Zeit der Jahrhundertwende bei 45,6 Prozent.«

und mit den Preisen, die diese Faktoren auf den Märkten erzielen. Die beiden wesentlichen untersuchten Begriffe sind das Einkommen (der innerhalb einer bestimmten Zeitspanne empfangene Strom von Löhnen, Gehältern, Vermögenserträgen und Transferleistungen) sowie das Vermögen (der Nettobestand an Vermögenswerten, über den jemand zu einem bestimmten Zeitpunkt verfügt).

2. Die Auffassung, daß die Armen in modernen Industriegesellschaften immer ärmer werden, hält einer sorgfältigen Prüfung der Fakten nicht stand. Seit dem Anbruch des Zeitalters der Industriellen Revolution wies der durchschnittliche Lebensstandard in Westeuropa und Amerika einen langfristig steigenden Trend auf. Innerhalb der Vereinigten Staaten bestehen jedoch nach wie vor erhebliche regionale Unterschiede im Lebensstandard; tendenziell ist dennoch eine Verringerung des traditionellen Gefälles zwischen dem Norden und dem Süden zu beobachten.

3. Die Lorenz-Kurve ist ein praktisches Hilfsmittel für die Messung der Spannweite beziehungsweise der Ungleichheit der Einkommensverteilung. Sie zeigt, wie hoch der Prozentsatz des Gesamteinkommens ist, der dem ärmsten 1 Prozent der Bevölkerung, den ärmsten 10 Prozent, den ärmsten 95 Prozent zufließt und so fort. In den 80er Jahren unseres Jahrhunderts scheint der Grad der Ungleichheit der Einkommensverteilung in den Vereinigten Staaten geringer zu sein als im Jahre 1929 und geringer als in den weniger entwickelten Ländern. Dennoch herrscht beträchtliche Ungleichheit, die während der vergangenen 10 Jahre sogar geringfügig zugenommen hat. Bei der Vermögensverteilung ist der Grad der Ungleichheit sowohl in den Vereinigten Staaten wie in anderen kapitalistischen Ländern noch stärker ausgeprägt.

B. Die Ursachen der Ungleichheit

4. Bei der Erklärung der Ungleichheit der Einkommensverteilung können wir die Arbeitseinkommen und die Vermögenseinkommen getrennt betrachten. Bei den Arbeitseinkommen ist die Ungleichheit in der Verteilung, gemessen an den Fähigkeiten des einzelnen, erheblich viel größer. Zu dieser Ungleichheit tragen viele Faktoren bei: am wichtigsten sind Unterschiede in der Ausbildung und im ausgeübten Beruf.

5. Bei den Vermögenseinkommen ist die Ungleichheit besonders stark ausgeprägt, was weitgehend auf die ungleiche Vermögensverteilung zurückzuführen ist.

Eine wichtige Rolle bei der Verursachung der enormen Unterschiede, die in der Vermögensverteilung im Amerika des 20. Jahrhunderts zu beobachten sind, spielen der unternehmerische Einsatz wie auch das ererbte Vermögen. Im Grenzbereich zwischen der Wirtschaftswissenschaft und der Soziologie stoßen wir auf interessante Fragen hinsichtlich des »Kreislaufs der Elite«. Es besteht eine ausgeprägte positive Korrelation zwischen dem Einkommen und dem gesellschaftlichen Status Ihrer Eltern und Großeltern und Ihrem eigenen Einkommen. Die genauen Gründe für diese sehr enge Korrelation sind schwer festzustellen.

Begriffe zur Wiederholung

Einkommen und Vermögen

Trends in der Einkommensverteilung

Pro-Kopf-Einkommen verschiedener Nationen

die Lorenz-Kurve des Einkommens und des Vermögens

Arbeits- und Vermögenseinkommen

die relative Bedeutung des Glücks, der Lebenszyklus-Ersparnisse, der Risikofreudigkeit und des ererbten Vermögens

Ausbildung und Einkommen

Fragen zur Diskussion

1. Lassen Sie alle Teilnehmer Ihrer Lehrveranstaltung anonym das geschätzte Jahreseinkommen ihrer Familie auf eine Karte schreiben. Erstellen Sie aufgrund dieser Angaben eine Häufigkeitstabelle, die die Verteilung der Einkommen erkennen läßt. Wie hoch ist das mittlere Einkommen? Wie hoch ist der Medianwert?

2. Waren Ihre Eltern wirtschaftlich besser gestellt als deren Eltern? Rechnen Sie damit, daß Sie besser gestellt sein werden als Ihre Eltern? Welche Schlüsse lassen sich daraus hinsichtlich des Trends des Lebensstandards in Marktwirtschaften ziehen?

3. Formulieren Sie einige Ihrer eigenen Wertvorstellungen hinsichtlich der Ungleichheit, die für Menschen unterschiedlicher Fähigkeiten und Bedürfnisse vertretbar wären. Wie rechtfertigen Sie diese Vorstellungen? Würde ein Amerikaner des 19. Jahrhunderts sich ihnen anschließen? Oder ein Bürger der Sowjetunion unserer Tage? Oder ein Chinese?

4. Wie würden sich folgende Faktoren auf die Lorenz-Kurve der Einkommen nach Steuerabzug auswirken? (Unterstellen Sie, daß die Steuern vom Staat für einen repräsentativen Teil des BSP ausgegeben werden.)

(a) Eine proportionale Einkommensteuer (das heißt eine Steuer, die alle Einkommen nach dem gleichen Tarif besteuert).

(b) Eine progressive Einkommensteuer (das heißt eine Steuer, die die hohen Einkommen stärker belastet als die niedrigen Einkommen).

(c) Eine allgemeine 5prozentige Verbrauchssteuer.

(d) Eine schwere Rezession.

Zeichnen Sie fünf Lorenz-Kurven, um die ursprüngliche Einkommensverteilung zu veranschaulichen, sowie diejenige, die sich als Folge der Maßnahmen von (a) bis (d) ergibt.

5. Welche Auswirkungen hat die Tatsache, daß in verschiedenen Städten und Regionen die Lebenshaltungskosten unterschiedlich hoch sind, auf Vergleiche

über Realeinkommen? Beispielsweise ist das Leben in Anchorage (Alaska) und in Honolulu um ein Drittel bis ein Viertel teurer als in der durchschnittlichen Stadt der Vereinigten Staaten. Auch Boston, New York und San Franzisko sind teuer. Dagegen liegen Austin, Atlanta und Dallas 10 Prozent unter dem Durchschnitt. Kleinstädte liegen 10 bis 20 Prozent unter Großstädten.

6. Erwägen Sie zwei Methoden zur Aufbesserung des Einkommens der Armen:

(a) Bargeldzuwendungen (beispielsweise 500 Dollar im Monat) und (b) eindeutig bestimmte Leistungen, wie etwa subventionierte Nahrungsmittel, ärztliche Versorgung oder Wohnungsbeschaffung.

Führen Sie das Für und Wider dieser beiden Strategien an. Können Sie erklären, warum man sich in den Vereinigten Staaten vorwiegend der unter (b) genannten Maßnahmen bedient? Können Sie dem zustimmen?

7. Warum verwendet man zur Messung der Ungleichheit überhaupt die Lorenz-Kurve? Warum berechnet man nicht die Fläche zwischen der tatsächlichen Kurve der Ungleichheit und der Kurve gleicher Einkommen (das heißt die *schattierte* Fläche der Abbildung 25.2)? Bei ihrer Multiplikation mit 2 spricht man vom »Gini-Koeffizienten«.

Wie sieht der Gini-Koeffizient für eine Gesellschaft mit absoluter Einkommensgleichheit aus? Für eine Gesellschaft, in der eine einzige Person das gesamte Einkommen erhält? Schätzen Sie die Gini-Koeffizienten für die verschiedenen Lorenz-Kurven der Abbildung 25.3.

8. In einem Land namens Econoland leben 10 Menschen. Ihre Einkommen betragen 3, 6, 2, 8, 4, 9, 1, 5, 7 und 5 (tausend) Dollar. Erstellen Sie eine Tabelle von Einkommensquintilen ähnlich der Tabelle 25.3. Zeichnen Sie eine Lorenz-Kurve.

9. Tabelle 25.1 zeigt das Pro-Kopf-Einkommen von 12 Ländern. Nehmen Sie eine Enzyklopädie zur Hand und stellen Sie die Größe der Bevölkerung jedes einzelnen Landes fest. Erstellen Sie dann für jedes der 12 Länder eine Lorenz-Kurve unter der Annahme, daß jedermann in dem jeweiligen Land ein genau dem Sozialprodukt pro Kopf der Bevölkerung entsprechendes Einkommen erhielt. Läßt diese Lorenz-Kurve ein höheres oder ein geringeres Maß an Ungleichheit erkennen als die Lorenz-Kurven für die einzelnen Länder der Abbildung 25.3(a)?

10. *Preisfrage* (unter Verwendung der Wahrscheinlichkeitstheorie): Können Sie die Mathematik der »Übergangswahrscheinlichkeiten« (Williamm Felder, *An Introduction to Probability Theory*, New York 1968) wie folgt einsetzen? Teilen Sie die Gesellschaft in zwei Klassen ein, so daß man entweder zur Oberklasse, zu den *U* der *upper class*, oder zu den *non-U* der unteren Klasse gehört. Wenn die Chancen eines Kindes, aus der Klasse seiner Eltern herauszufallen, wie in ihr zu verbleiben, gleich groß sind, werden allgemein ½ der Kinder, Enkel, Urenkel und sonstigen Nachkommen von *U*-Eltern *U*s bleiben.

Ist die gesellschaftliche Schichtung jedoch dergestalt, daß ein Kind lediglich eine Chance von ¼ hat, aus der Klasse seiner Eltern in eine andere Klasse überzuwechseln, dann werden ¾ (= ½ + ¼) der Kinder von *U*-Eltern ebenfalls *U*s sein. Leiten Sie im Falle einer solchen Schichtung weiterhin ab, daß nur ⅝ (= ½ + ⅛) der Enkel von *U*-Großeltern selbst *U*s sein werden; und nur $9/16$ ($= 1/2 + 1/16$) ihrer Urenkel zu den *U*s gehören werden. Zeigen Sie darüber hinaus, daß die Chance entfernter Nachkommen von *U*s, selbst auch noch *U*s zu sein, schließlich auf $1/2$ sinkt, wobei in jeder neuen Generation 50 Prozent der über die Grenze von $1/2$ hinausgehenden Zahl nochmals ausscheidet. Können Sie unter Zugrundelegung dieses Ansatzes mit der im Volksmund üblichen Formulierung etwas anfangen: »Wer oben ist, bleibt oben – aber nur bis zur dritten Generation.«

Theorie der Produktion und der Grenzprodukte 26

Wissen ist das einzige Produktionsmittel, das nicht dem Gesetz des abnehmenden Ertragszuwachses unterliegt.

J. M. Clark

Im vorangegangenen Kapitel haben wir den Grad und die Ursachen der Ungleichheit der Einkommensverteilung analysiert. Viele Fragen blieben jedoch offen: Warum ist die Entlohnung in einigen Berufen und für bestimmte Fähigkeiten 10mal so hoch wie für andere? Warum sind die Bodenrenten in Manhattan so hoch, während sie in der Wüste von Arizona verschwindend gering sind? Welche Faktoren bestimmen den Zinssatz und die Kapitalertragsrate? Die Antwort auf all diese Fragen gibt die Verteilungstheorie.

Obgleich die Verteilungstheorie zu den ältesten Themen der Wirtschaftswissenschaft gehört, ist sie nach wie vor heftig umstritten. Werden die Arbeiter von den Kapitalisten ausgebeutet? Setzen die Gewerkschaften die Konsumenten unter Druck? Erzielen Ölgesellschaften geradezu »anstößige« Gewinne? Auf diese und andere verteilungstheoretische Fragen werden die anschließenden Kapitel eingehen.

Warum machen die Löhne etwa drei Viertel des gesamten Sozialproduktes aus? Um diese Frage beantworten zu können, müssen wir uns mit den Kräften beschäftigen, die die Lohnsätze, die Bodenrenten und die Zinssätze bestimmen. Oder nehmen wir einmal an, daß wir etwas über den Einfluß neuer Technologien auf die Löhne erfahren wollen. Wir können diese Frage in der Weise angehen, daß wir untersuchen, auf welche Art die hinter dem technologischen Wandel wirksamen Marktkräfte das Angebot und die Nachfrage nach Arbeitskräften beeinflussen. Kurz gesagt: Die Wirtschaftswissenschaft versucht, die Einkommensverteilung zu ergründen, indem sie ihre Aufmerksamkeit auf die Märkte richtet, auf denen die Preisbildung für die Produktionsfaktoren erfolgt.

Den Schlüssel zu dieser Faktorpreisbildung liefert die *Produktionstheorie*. Daher wird dieses Kapitel, im Sinne eines Vorspieles zur allgemeinen Behandlung der Einkommensverteilung, einen Überblick über die Produktionstheorie geben. Es wird den wichtigen ökonomischen Begriff des »Grenzproduktes« definieren und ihn zu dem uns vertrauten Gesetz vom abnehmenden Ertragszuwachs in Beziehung setzen. Schließlich wird dieses Kapitel zeigen, daß sich die Nachfragekurven der verschiedenen Produktionsfaktoren – die Nachfrage nach Arbeit, Boden und so fort – mit Hilfe ihrer Grenzprodukte ausdrücken lassen.

Die Produktionstheorie

Die Interdependenz der Nachfrage nach den einzelnen Faktoren

Die grundlegende Besonderheit der Nachfrage nach Faktorinputs rührt aus folgendem technologischen Tatbestand her: In der Regel kommt nicht ein Faktor allein zum Einsatz. Wenn ich einen Garten anlegen will, ist eine Schaufel allein für mich wertlos. Ebenso wertlos ist ein Arbeiter mit bloßen Händen. Arbeiter und Schaufel zusammen können mir jedoch meinen Garten umgraben. Mit anderen Worten: Die Menge eines produzierten Gutes hängt von allen verfügbaren Inputs insgesamt ab.

Sir William Petty hat diese Beziehung mit den folgenden anschaulichen Worten des 17. Jahrhunderts ausgedrückt: Die Arbeit ist der Vater, der Boden die Mutter des Produktes. Wer bei der Zeugung eines Kindes wichtiger ist – der Vater oder die Mutter –, läßt sich nicht sagen. Deshalb kann man im allgemeinen auch nicht nachweisen, welcher Teil der Produktion von jedem einzelnen Faktor isoliert betrachtet hervorgebracht wurde. Die verschiedenen Faktoren stehen in einer Wechselbeziehung zueinander.

Diese Gemeinsamkeit beziehungsweise diese Interdependenz der Produktivität der verschiedenen Faktorinputs führt zu einer wichtigen Konsequenz: Die Menge des jeweils nachgefragten Faktors hängt von den Preisen aller Faktoren ab. Für den Faktor Arbeit bedeutet das, daß die nachgefragte Menge sowohl von den Lohnsätzen wie auch von den Preisen für Maschinen abhängt. Das gleiche gilt für Maschinen. Durch die Erhöhung der Löhne für die Automobilarbeiter sorgte ihre Gewerkschaft, die United Auto Workers, dafür, daß die Geschäfte der Hersteller von Werkzeugmaschinen und Robotern florieren.

Verantwortlich für die Komplexität des Verteilungproblems ist eben diese *Interdependenz* der Produktivität von Boden, Arbeit und Kapitalgütern. Angenommen, wir müßten zu irgendeinem Zeitpunkt das gesamte Sozialprodukt eines Landes verteilen. Hätte nun der Boden für sich betrachtet eine bestimmte Menge produziert, die Arbeit eine weitere Menge und die Maschinen allein den Rest, dann erschiene die Verteilung tatsächlich recht einfach. Nach den Regeln von Angebot und Nachfrage und vorausgesetzt, daß jeder einzelne Faktor allein Güter produzieren könnte, könnte ihn wohl niemand daran hindern, dafür zu sorgen, daß er auch in den Genuß der Früchte seiner Arbeit käme.

Lesen Sie jedoch den voraufgegangenen Absatz nochmals durch und unterstreichen Sie Formulierungen wie »für sich betrachtet« und »allein produziert«. Sie beziehen sich auf einen Zustand, der ein Produkt der Phantasie ist, auf eine Unabhängigkeit der jeweiligen Produktivität, die in der Realität einfach keine Entsprechung hat. Wenn aber Boden und Arbeit gemeinsam die Maisernte hervorbringen, wie will man dann die einzelnen Beiträge der Faktoren auseinanderdividieren?[1]

Wie wird das Verteilungsproblem nun gelöst? Es wird gelöst durch Angebot und Nachfrage auf vollkommenen oder unvollkommenen Wettbewerbsmärkten, deren Wirkungsweise wiederum durch staatliche Gesetze modifiziert wird. Eine knappe Analyse der Produktionstheorie der Wirtschaftswissenschaft wird uns den unerläßlichen Schlüssel für das Verständnis der Einkommensverteilung in Marktwirtschaften liefern.

Verknüpfung von Output und Input durch die Technik: die »Produktionsfunktion«

Die Produktionstheorie geht von spezifischen technologischen Informationen aus. Wenn man über eine bestimmte Menge an Arbeit, eine bestimmte Menge an Boden und bestimmte, gegebene Mengen anderer Faktoren verfügt, wie etwa Maschinen oder Rohstoffe, wie groß ist dann die Ausbringungsmenge eines bestimmten Gutes, die sich erzielen läßt? Die Antwort hängt vom Stand der Technik ab: Macht irgend jemand eine neue Erfindung oder entwickelt jemand ein neues Produktionsverfahren, wird die mit Hilfe der gegebenen Faktorinputs erreichbare Produktionsmenge steigen. Doch zu jedem Zeitpunkt gibt es für jede gegebene Menge von Faktorinputs eine maximal erreichbare Produktmenge.

Dieses Gesetz der Technik, das Inputs und Outputs miteinander verknüpft, ist von so großer Bedeutung, daß die Ökonomen ihm eine besondere Bezeichnung gegeben haben. Sie bezeichnen es als »Produktionsfunktion«.

■ **Die Produktionsfunktion stellt die technische Beziehung dar, die die maximale Produktionsmenge angibt, die sich mit Hilfe jedes einzelnen und mit jeder möglichen Kombination gegebener Inputs (oder Produktionsverfahren) erzielen läßt. Sie ist auf einen gegebenen Stand des technischen Wissens bezogen.**

Nachfolgend einige Beispiele von Produktionsfunktionen:

Ein Landwirt stellt in einem dicken Buch die verschiedenen Kombinationen von Boden und Arbeit dar, mit deren Hilfe er unterschiedliche Mengen an Mais produzieren kann. Auf der einen Seite seines Buches findet er die alternativen Kombinationen von Boden und Arbeit, die für die Erzeugung von 100 Bushel Mais erforderlich sind; auf einer anderen Seite die alternativen Inputkombinationen für die Erzeugung von 200 Bushel, und so fort.

Ein anderes Beispiel für eine Produktionsfunktion wären die für die Stromerzeugung notwendigen Faktorkombinationen. Ein Buch mit verschiedenen Plänen

---

[1] Gewerkschaftsführer pflegten zu sagen: »Ohne Arbeit wäre das Produkt gleich Null; also gebe man das *gesamte* Produkt dem Faktor Arbeit.« Sprecher des Kapitals bedienten sich der gleichen fehlerhaften Logik, um zum gegenteiligen Ergebnis zu gelangen: »Man entziehe den Arbeitern sämtliche Kapitalgüter, und sie würden dem Boden nur einen jämmerlichen Hungerlohn abringen; deshalb sollte praktisch das gesamte Produkt den Kapitalisten gehören.« Das Problem dieser törichten Vorschläge liegt darin, daß sie den zwei oder drei zum Einsatz gelangenden Faktoren 200 oder 300 Prozent zuteilen, während es nur 100 Prozent zu verteilen gibt. Die wirtschaftliche Realität ist kein Gerichtssaal, in dem gewiefte Juristen Haarspalterei treiben, um das Problem des *Für wen* der Gesellschaft zu lösen.

zeigt die Kombinationen von Anlagen, Turbinen, Kühlteichen und Arbeitskräften, die für die Erzeugung von Energie von 1 Million Kilowatt erforderlich sind. Auf der einen Seite findet sich ein Plan für ein mit Öl betriebenes Kraftwerk – dessen Kapitalkosten gering und dessen Brennstoffkosten hoch sind. Auf der anderen Seite findet sich vielleicht ein Plan für ein Kohlekraftwerk mit hohen Kapitalkosten (zum Teil bedingt durch die Vorrichtungen für die Verhinderung von Schadstoffemissionen), aber mit sehr viel geringeren Brennstoffkosten. Auf wiederum weiteren Seiten wird die Technik für den Bau von Kernkraftwerken, Solarenergiestationen und so fort dargestellt. All die verschiedenen Pläne für das Jahr 1985 zusammengenommen bilden die Produktionsfunktion für die Stromerzeugung im Jahre 1985.

Es gibt Tausende von unterschiedlichen Produktionsfunktionen in der amerikanischen Wirtschaft: Mindestens eine für jedes der zahllosen Unternehmen und für die verschiedenen Produkte. Wir werden sehen, wie hinter den Kostenkurven der Unternehmen (wie etwa der in Kapitel 21 behandelten) ganz unverkennbar die Produktionsfunktion steht. Wir werden weiterhin sehen, daß die Produktionsfunktionen darüber hinaus die Basis für die Nachfrage des Unternehmens nach Boden, Arbeit, Kapital und zahlreichen anderen produktiven Inputs darstellt, die das Unternehmen einkaufen muß.

Vergegenwärtigen Sie sich deshalb, daß das nach dem Gewinnmaximum strebende Unternehmen bei seinen Entscheidungen zwischen zweierlei Märkten steht: (1) dem Absatzmarkt, auf dem es als Anbieter auftritt, der seine Produktion an die Nachfragekurve seiner Kunden anpaßt; und (2) den Märkten für Produktionsfaktoren, auf denen es als Nachfrager auftritt, der die Inputs mit dem Ziel der Minimierung seiner Gesamt-Produktionskosten einkauft. Diese Faktormärkte sind es, auf denen die Preise (Löhne, Renten, Zinsen, usw.) der verschiedenen produktiven Inputs der Gesellschaft festgelegt werden und die deshalb über die Einkommensverteilung entscheiden.

Definition der Grenzprodukte

In Kapitel 2 haben wir das Gesetz des abnehmenden Ertragszuwachses definiert. Abbildung 26.1 gibt noch einmal die (zuvor auf S. 74) dargestellte Tabelle des abnehmenden Grenzproduktes wieder, das unterschiedliche zusätzliche Einheiten von Arbeit in Verbindung mit einer fixen Menge an Boden erbringen. Tatsächlich haben wir in Kapitel 2 bereits mit der Produktionsfunktion gearbeitet, ohne sie unter der Bezeichnung gekannt zu haben.

Nunmehr können wir jedoch die wissenschaftliche Bezeichnung für das zusätzliche Produkt einführen. Erinnern Sie sich daran, daß in der Wirtschaftswissenschaft das Wort »zusätzlich« gern durch das Wort »Grenz«- ersetzt wird.

■ **Das »Grenzprodukt« eines Produktionsfaktors ist das zusätzliche Produkt beziehungsweise die zusätzliche Ausbringungsmenge, die eine zusätzliche Einheit dieses Faktors unter Konstanthaltung der übrigen Faktoren erbringt.**

Das Grenzprodukt der Arbeit ist die zusätzliche Ausbringung, die durch Hinzufügung einer weiteren Arbeitseinheit unter Konstanthaltung aller anderen Inputs erzielt wird.

In ähnlicher Weise entspricht das Grenzprodukt des Bodens der Änderung des

Gesamtprodukts, die sich aus dem Einsatz einer zusätzlichen Bodeneinheit unter Konstanthaltung aller anderen Inputs ergibt. Das gleiche gilt für jeden beliebigen Faktor.

Grenzprodukte und abnehmende Erträge

Die Spalte (3) der Tabelle der Abbildung 26.1 kann nun mit dem Terminus »Grenzprodukt« überschrieben werden. Beachten Sie den Rückgang von 2000 auf 100 entsprechend den abnehmenden Erträgen. Dasselbe Grenzprodukt ist auch in dem unteren Diagramm dargestellt, das den stetigen Rückgang des Grenzproduktes der Arbeit veranschaulicht. Es spiegelt die Tatsache wider, daß das obere Diagramm bei Hinzufügung gleicher zusätzlicher Arbeitseinheiten und Konstanthaltung der Bodenmenge immer kleiner werdende Zuwachsmengen zeigt. Das Gesetz des abnehmenden Grenzertrages ließe sich deshalb, wie wir sehen, umbenennen in das »Gesetz des abnehmenden Grenzproduktes«.[2]

Was für einen Faktor gilt, trifft auch für alle anderen zu. Wir können Arbeit durch Boden ersetzen und jetzt die Arbeitsmenge konstant halten und die Bodenmenge variieren. Wir können eine neue Tabelle erstellen, die in einer ihrer Spalten das Grenzprodukt ausweist. Vermutlich wird auch dies dem Gesetz des abnehmenden Ertragszuwachses unterworfen sein. Warum? Weil jetzt für jede zusätzliche Bodeneinheit immer weniger des fixen Faktors Arbeit zur Verfügung stünde.

Die Lösung des Verteilungsproblems durch die Grenzprodukte

Nunmehr können wir das Rätsel der Sphinx – wie das von zwei (oder mehr) kooperierenden Faktoren gemeinsam erstellte Gesamtprodukt auf die Faktoren zu verteilen ist – unter Verwendung des Grenzproduktbegriffes lösen. John Bates Clark, ein namhafter Wirtschaftswissenschaftler der Columbia University, legte um 1900 eine vereinfachte Verteilungstheorie vor. Sie läßt sich auf die Preis- und Lohnbestimmung unter Wettbewerbsbedingungen und für jede beliebige Anzahl von Gütern und Faktorinputs anwenden. Am besten ist sie jedoch zu verstehen, wenn wir uns auf einen Gesamt-Ernteertrag konzentrieren – beispielsweise auf Mais oder auf einen Warenkorb oder einfach auf Q. Eine Produktionsfunktion sagt uns, wieviel Q bei jeder jeweils eingesetzten Menge Arbeit, L, sowie einer beliebigen Anzahl von Morgen homogenen Bodens, A, produziert werden kann.

Clark argumentierte folgendermaßen: Das Grenzprodukt des 1. Arbeiters ist groß, weil er mit einer großen Bodenfläche arbeiten kann. Der 2. Arbeiter erweitert das Diagramm des Grenzproduktes um eine große, wenn auch geringfügig flachere Säule. Da aber beide gleich gute Arbeiter sind, müssen sie auch genau

---

2 Beachten Sie, daß das Grenzprodukt eines Faktors in *mengenmäßig erfaßten* Produkteinheiten pro zusätzlicher Inputeinheit ausgedrückt wird. Deshalb verwenden Wirtschaftswissenschaftler oft den Terminus »mengenmäßiges Grenzprodukt« anstelle des knapperen Grenzproduktes, insbesondere dann, wenn sie Verwechslungen mit einem Begriff ausschließen wollen, dem wir im Folgenden begegnen werden, nämlich dem »Grenzerlös-Produkt«. Wir werden auf den Zusatz »mengenmäßig« verzichten und lediglich vom Grenzprodukt, *GP*, sprechen, weil dieser Terminus kürzer ist.

(a) Gesamtproduktion

Arbeits-einheiten (1)	Gesamt-produkt (2)	Physisches Grenz-produkt (3)
0	0	
		2000
1	2000	
		1000
2	3000	
		500
3	3500	
		300
4	3800	
		100
5	3900	

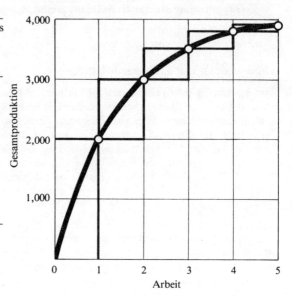

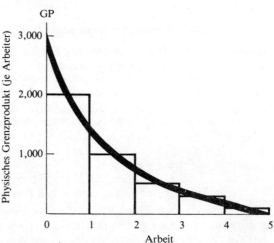

(b) Grenzprodukt

Abbildung 26.1. Abnehmende Erträge können numerisch und graphisch als abnehmende Grenzprodukte dargestellt werden.
Das Grenzprodukt wird berechnet als Beitrag einer zusätzlichen Inputeinheit zum Gesamtprodukt (wenn beispielsweise der vierte Arbeiter zusätzlich 300 = 3 800 − 3 500 Produkteinheiten zum Gesamtprodukt beiträgt). Jeder weitere Arbeiter vermehrt das Gesamtprodukt um ein abnehmendes Grenzprodukt.
Das obere Diagramm (a) zeigt, daß das Gesamtprodukt durch Hinzufügung weiterer Inputeinheiten um immer kleinere Mengen anwächst.
Das untere Diagramm (b) zeigt den kleiner werdenden Umfang des zusätzlichen oder Grenzproduktes. Durch Glättung der einzelnen Schritte ergibt sich die abfallende Kurve für das geglättete Grenzprodukt. Die Fläche in (b) unter der Grenzproduktskurve (beziehungsweise unter den Rechtecken) entspricht dem oben in (a) gezeigten Gesamtprodukt. (So ergibt sich beispielsweise beim Einsatz von drei Arbeitern ein Gesamtprodukt von 2 000 + 1 000 + 500 = 3 500. Wie hoch ist das Gesamtprodukt beim Einsatz von vier oder fünf Arbeitern?)

den gleichen Lohn erhalten. Welchen Lohn? Das Grenzprodukt GP des 1. Arbeiters? Das geringere GP des 2. Arbeiters? Oder den Durchschnitt beider?

Unter Bedingungen des freien Wettbewerbs, unter denen Grundbesitzer beliebig viele oder wenige Arbeitskräfte einstellen können, ist die Antwort klar:

Die Grundbesitzer werden unter keinen Umständen bereit sein, den 2. Arbeiter einzustellen, wenn der Marktlohn, den sie ihm zahlen müssen, das zusätzlich erzielte Grenzprodukt übersteigt. Deshalb wird durch die Nachfragekurve NN nach Arbeit sichergestellt, daß *alle* eingestellten Arbeiter den Lohn erhalten, der dem Grenzprodukt des letzten eingestellten Arbeiters entspricht.

Was aber geschieht mit dem überschüssigen GP des ersten Arbeiters und aller weiteren, die vor dem letzten eingesetzt wurden? Es verbleibt beim Grundbesitzer. Es ist sein Residualeinkommen; wir werden die Residualeinkommen von Grundbesitzern an späterer Stelle im einzelnen erklären und sie dann als *Rente* bezeichnen. Diese Rente kann ihnen auf freien Wettbewerbsmärkten niemand wegnehmen. Kann man das als »Gewinnmacherei« bezeichnen? Nicht im herkömmlichen Sinne des Wortes. Jeder Grundbesitzer ist nur einer unter Tausenden: jeder besitzt Böden, die nicht besser und nicht schlechter sind als die aller übrigen. So wie die Arbeiter untereinander um Arbeitsplätze konkurrieren, so konkurrieren die Grundbesitzer untereinander um die Arbeiter. In Clarks Welt des freien Wettbewerbs gibt es keine Kollusion, keine Arbeitgeberverbände und keine Gewerkschaften.

Abbildung 26.2 zeigt, wie sich aus der Grenzproduktskurve der Arbeit die Nachfragekurve NN aller Arbeitgeber nach Arbeit in Reallohneinheiten ergibt (in Mais, einem Warenkorb oder in Q-Einheiten). Die Bevölkerung oder das Arbeitskräftepotential ist die Quelle des Arbeitsangebots (dargestellt als AA), und der Gleichgewichtslohn stellt sich in E ein. Der gesamte Lohnanteil der Arbeitnehmerschaft ergibt sich aus $W \times L$ (das heißt $W = 5$ und $L = 1$ Million ergibt einen Gesamtlohn von 5 Millionen); er wird durch das untere Rechteck $OAEH$ dargestellt.

Bestimmt haben wir nun nicht nur den Distributionsanteil des Faktors Arbeit, sondern ebenfalls die Bodenrente. Das eingezeichnete obere Rentendreieck mißt nichts anderes als »den Überschuß über das letzte Grenzprodukt, den die vorherigen Arbeiter erbracht haben, ohne diesen jedoch in Form von Löhnen ausbezahlt zu erhalten«. Ob gerecht oder ungerecht – alle Arbeiter sind gleich, und alle Grundbesitzer unterliegen den Bedingungen des freien Wettbewerbs und können nach Belieben Arbeiter nachfragen oder auch nicht nachfragen; deshalb erhalten unter Bedingungen des Wettbewerbs alle Arbeiter zwangsläufig das GP des letzten Arbeiters, während, aufgrund der abnehmenden Erträge, das residuale Rentendreieck den Grundbesitzern zufällt.

Damit ist die Grenzproduktivitätstheorie der Verteilung vollständig dargestellt. Beachten Sie, daß in unserem Beispiel der Distributionsanteil der Löhne größer ist als der der Renten: Das Rechteck GP der Arbeitseinkommen ist etwa dreimal so groß wie das Residualdreieck der Rente. Das ist zwar durchaus realistisch, hängt jedoch von den technologischen Gegebenheiten ab. Eine neue, in hohem Maße »arbeitsparende« Erfindung könnte zu einer steileren, von E nach links gedrifteten NN-Kurve führen. Verifizieren Sie, daß dadurch das Rentendreieck mehr als 50 Prozent des gesamten BSP verschlingen könnte.

Verteilung des Sozialprodukts

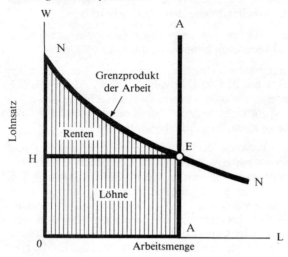

Abbildung 26.2. **Grenzproduktsprinzipien bestimmen die traditionelle Einkommensverteilung unter die Produktionsfaktoren.**
Die Lohnsumme wird durch das untere Rechteck dargestellt, das sich aus der Höhe der Lohnsätze multipliziert mit der Basis der Arbeitsmenge ergibt. Auf die Rente entfällt der verbleibende, durch das obere Dreieck repräsentierte Teil. Das Gesamtprodukt, d. h. die Summe der Flächen des Lohnrechtecks und des Rentendreiecks, entspricht der Fläche unter der Grenzproduktkurve der Gesellschaft (der Summe aller vertikalen, von jedem weiteren Arbeiter hinzugefügten Beitragssäulen).

Würden eine Massenimmigration oder sieben Kinder pro Familie das Angebot an Arbeitskräften so stark erhöhen, daß sich die Gesellschaft entlang der Nachfragekurve nach Arbeit auf ein niedrigeres Lohnniveau zubewegen würde, könnte der rechteckige Lohnanteil, verglichen mit dem Rentendreieck, schrumpfen. Der Fall könnte, aber er muß nicht eintreten, und zwar aus folgendem Grund:

Eine mit einem Rückgang auf der Arbeitsnachfragekurve des *GP* verbundene Erhöhung des Arbeitskräfteangebots muß zwangsläufig die absolute Größe des Rentendreiecks steigern. (Machen Sie die Probe.) Wie aber steht es um die absolute Größe des Lohnrechtecks? Aus den Elastizitätserörterungen in Kapitel 18 wissen wir, daß die Gesamtgröße des Lohnrechtecks mit Sicherheit wachsen wird, wenn die Elastizität von *NN* größer als 1 ist. Kann das Lohnrechteck jedoch auf den gleichen Prozentsatz anwachsen wie das Rentendreieck des Bodens oder dieses sogar noch übersteigen? Obgleich die Antwort auf diese Frage nicht von vornherein offenkundig ist, es sei denn, daß man Erfahrung in der Zeichnung von Arbeitsangebotskurven hat, ist sie dennoch eindeutig: Ja, bei einem hinlänglich langsamen Rückgang der Grenzproduktkurve kann der relative Anteil des Lohnrechtecks steigen und der relative Anteil des Rentendreiecks abnehmen.

Untersuchungen über historische Trends lassen erkennen, daß der Anteil des Faktors Arbeit sich im Verlaufe des vergangenen Jahrhunderts erstaunlich wenig geändert hat. Diese Tatsache deutet darauf hin, daß die Elastizität der Nachfrage nach Arbeit nahe bei 1 gelegen hat.

Viele Inputs

Die von J. B. Clark entdeckte, im voraufgegangenen Abschnitt kurz dargestellte Grenzproduktivitätstheorie war ein großer Schritt vorwärts auf dem Weg zum Verständnis der Preisbildung verschiedener Inputs. David Ricardo hatte die entscheidende Aussage der Abbildung 26.2 bereits Anfang des 19. Jahrhunderts erfaßt. Aber Clark erkannte, daß man die Rolle des Bodens und der Arbeit auch vertauschen könne, um eine vollständige Verteilungstheorie zu erhalten:

▪ **Tauschen Sie die Rollen von Arbeit und Boden. Halten Sie die Arbeitsmenge konstant. Bringen Sie die konstante Arbeitsmenge Schritt für Schritt auf weitere Einheiten der variablen Bodenmenge zum Einsatz. Berechnen Sie für jeden zusätzlichen Morgen Land dessen Grenzprodukt. Zeichnen Sie eine $N'N'$-Kurve, aus der hervorgeht, wie viele Morgen Land die Eigentümer der Arbeitskraft zu jedem jeweiligen Rentensatz nachfragen werden. Suchen Sie den neuen Gleichgewichtspunkt E' in der von Ihnen gezeichneten neuen Fassung der Abbildung 26.2. Bestimmen Sie das durch sein GP bestimmte Rentenrechteck des Bodens. Bestimmen Sie das residuale Lohndreieck der Arbeit. Und beachten Sie die erstaunliche Tatsache der vollständigen Symmetrie der Faktoren. Die neue Graphik läßt erkennen, daß man bei allen Faktoren unterstellen kann, daß ihre Distributionsanteile gleichzeitig durch ihre jeweiligen interdependenten Grenzprodukte bestimmt werden.**

Doch das ist noch nicht alles. Unterstellen Sie, daß anstelle von Arbeit und Boden die beiden einzigen zum Einsatz gelangenden Faktoren die Arbeit L und irgendwelche vielseitig verwendbaren Kapitalgüter K seien. Angenommen, eine glatte Produktionsfunktion mit den gleichen allgemeinen Eigenschaften der Abbildung 26.2 setzt Q in Beziehung zu L und K. Unter diesen Umständen können Sie eine neue Abbildung 26.2 zeichnen, und Sie werden ein identisches Bild von der Einkommensverteilung zwischen L und K erhalten.[3]

---

3 Doch das ist noch immer nicht alles. Angenommen, wir haben es mit drei (oder mehr) Produktionsfaktoren zu tun: L, A und K. Gehen wir wieder davon aus, daß eine normale Produktionsfunktion uns das Q in bezug auf alle drei Inputs vermittelt. Verändern Sie wiederum allein das L und berechnen Sie seine GPs. Verändern Sie als nächstes allein das K und berechnen Sie dessen GPs. Verändern Sie schließlich allein A und berechnen Sie die abnehmenden GPs des Bodens. Konstruieren Sie nun drei simultane, interdependente Nachfragekurven nach den Grenzprodukten. Zeichnen Sie drei Angebotskurven für die Faktoren. Es wird sich zeigen, daß das gesamte Q, und nicht mehr, nach den Bedingungen des Wettbewerbs unter die drei Faktoren verteilt wird, und zwar entsprechend der Regel, daß jeder Faktorpreis gleich seinem Grenzprodukt ist: $P_L = GP_L$, $P_A = GP_A$. P_K = Preis für den Einsatz von Kapitalgütern = GP_K. Alle Einheiten eines jeden Faktors erhalten den Wert des GP der letzten eingesetzten Einheit jenes Faktors; der verbleibende Überschuß, der sich aus den Grenzprodukten voraufgehender Einheiten gegenüber dem letzten GP ergibt, ist gerade groß genug, um den anderen Faktoren deren letzte GPs zu entlohnen.

Zusammenfassung

Die jeweilige Grenzproduktivität liefert den Schlüssel zur Wettbewerbspreisbildung für Faktorinputs – für den Faktor Arbeit allgemein oder für gelernte und ungelernte Arbeit, für die verschiedenen Gütegrade des Bodens, für Kapitalgüter, Düngemittel und sonstige Inputs.

- **Auf Faktormärkten, die unter Wettbewerbsbedingungen arbeiten, werden die Nachfragekurven nach Inputs von seiten der auf Gewinnmaximierung bedachten Arbeitgeber durch die Mengen, um die ihre Produktion aufgrund des Einsatzes sukzessiver weiterer Einheiten eines Faktors wächst, das heißt durch deren Grenzprodukte, bestimmt. In dem vereinfachten Fall eines einzigen Outputs werden die *GP*s der Unternehmen horizontal aufaddiert – so wie dies bei den *nn*- und *aa*-Kurven in den Kapiteln 19 und 22 geschah –, um die Marktnachfrage *NN* für den Faktor Arbeit oder irgendeinen anderen Faktor zu ermitteln.**

Im Schnittpunkt jeder *NN*-Kurve mit ihrer Faktor-Angebotskurve *AA* sind
    Lohn = Grenzprodukt der Arbeit
    Rente = Grenzprodukt des Bodens
und so weiter für jeden anderen Faktor.

Auf diese Weise werden die 100 Prozent des Q, nicht mehr und nicht weniger, auf sämtliche Produktionsfaktoren verteilt.

Die aggregierte Produktionsfunktion der Vereinigten Staaten

Nachdem wir die Grenzproduktivitäten eines Unternehmens unter dem Mikroskop betrachtet haben, wollen wir jetzt ein Teleskop auf die gesamtwirtschaftliche Leistung der Vereinigten Staaten ansetzen – auf die Faktoren Arbeit und Kapital sowie deren Produkt in seiner Gesamtheit. Bei der Messung solcher Größen ist Vorsicht geboten, da sich zahllose Indexzahlenprobleme hinsichtlich der richtigen Gewichtung ergeben. Dennoch sind sie nützlich, weil sie ein grobes Bild von dem Verhalten der Wirtschaft in ihrer Gesamtheit zeichnen.

Empirische Untersuchungen der aggregierten Produktionsfunktion gehen bis in die 20er Jahre zurück, als Paul Douglas (Professor an der Universität von Chikago und später Mitglied des amerikanischen Senats) Daten für das warenproduzierende Gewerbe analysierte. In den 50er und 60er Jahren haben andere, darunter Robert Solow, John Kendrick und Edward Denison diese Arbeit weitergeführt. Ziel aller Untersuchungen war es, herauszufinden, auf welche Weise das wirtschaftliche Wachstum vom Kapital, vom Faktor Arbeit und vom technologischen Fortschritt abhängt.

Was haben diese Untersuchungen gezeigt? Ihre Statistiken deuten darauf hin, daß in einem bestimmten, tieferen Sinne der Faktor Arbeit für sich betrachtet der wichtigste Produktionsfaktor ist. Gebraucht werden für die Produktion sowohl Arbeit als auch Kapital: Läßt man allerdings das gesamte Kapital oder die gesamte Arbeit weg, dann kann man auch das Gesamtprodukt vergessen. Andererseits ergaben die Untersuchen jedoch auch, daß eine Erhöhung des Arbeitseinsatzes um 1 Prozent den Output etwa 3mal so stark ansteigen läßt wie eine 1prozentige Erhöhung der eingesetzten Kapitalmenge. Dies deckt sich mit der allgemein bekannten Tatsache, daß die Löhne etwa drei Viertel des Sozialprodukts ausmachen, während auf die Vermögenseinkommen ein Viertel entfällt.[4]

Empirische Resultate

Untersuchungen dieser Art haben jedoch noch weitere Ergebnisse erbracht, von denen nachfolgend einige angeführt werden sollen.

- Verbesserte Technologie sowie ein höherer Qualifikationsgrad der Arbeitskräfte haben im Laufe unseres Jahrhunderts die Produktivität sowohl der Arbeit wie des Kapitals ansteigen lassen. Die durchschnittliche jährliche Zuwachsrate der Gesamtproduktivität lag zwischen 1 und 2 Prozent.

- Der Kapitalstock ist rascher gewachsen als die Zahl der Arbeitsstunden pro Arbeitnehmer. Deshalb ist die Ausstattung der Arbeiter mit Kapitalgütern am Arbeitsplatz gestiegen; folglich sind die Arbeitsproduktivität und die Löhne rascher gestiegen als um jene 1 oder 2 Prozent, die auf die erweiterte Technologie zurückzuführen sind.

- Man hätte erwarten können, daß die Kapitalertragsrate (die »Profitrate«) in den Bereich abnehmender Erträge hineingeraten wäre, weil nunmehr jeder Kapitaleinheit eine geringere Menge an Arbeitseinheiten gegenübersteht. Dennoch ist die Kapitalertragsrate tatsächlich etwa gleich geblieben. Warum? Weil die erhöhte Menge an Kapital pro Arbeiter durch die Auswirkungen des technologischen Fortschritts auf die Produktivität des Kapitals kompensiert wurde. Gerade in dem Augenblick, in dem mehr Maschinen zu einer geringeren Ertragsrate der Maschinen hätten führen können, tauchen neue und verbesserte Maschinen auf, die Kapital erneut zu einem ertragreichen Input machen.

- Wer hat in dem Kampf um die Distributionsanteile die Oberhand gewonnen – der Faktor Arbeit oder das Kapital? Ist der Anteil der Arbeit oder des Kapitals gewachsen? In dem Maße, in dem eine wachsende Kapitalausstattung pro Arbeitnehmer die Profitrate gesenkt hat, während der technische Fortschritt sie wieder erhöhte, sind divergierende Kräfte wirksam geworden. Das Ergebnis dieser divergierenden Trends ist ein sehr schleppender Anstieg des dem Faktor Arbeit zufließenden Teiles des Volkseinkommens gewesen. Wahrhaft erstaunlich ist die Tatsache, wie vergleichsweise konstant die relativen Anteile von Arbeit und Kapital angesichts des ungeheuren strukturellen Wandels der vergangenen hundert Jahre geblieben ist. Trotz einer immer einflußreicher gewordenen Gewerkschaftsbewegung, trotz Automatisierung und der Computerrevolution ist der Anteil des Faktors Arbeit am Volkseinkommen nur einige wenige Prozentpunkte nach oben geklettert.

Ähnliche, auf der ganzen Welt durchgeführte Messungen tragen dazu bei, daß das kahle Gerippe der mikroökonomischen Produktions- und Verteilungstheorie

---

4 Faktoren wie Boden, Energie und natürliche Ressourcen fanden in früheren Untersuchungen überhaupt keine Berücksichtigung. In der Periode zwischen den 20er Jahren und der Energiekrise der 70er Jahre spielten sie eine relativ geringe Rolle.
Eine vollständigere Analyse der Quellen wirtschaftlichen Wachstums, die erkennen läßt, inwieweit das Wachstum der Produktion auf unterschiedliche Inputs zurückgeführt werden kann, findet sich in Kapitel 36. Eine im Zusammenhang mit solchen Berechnungen häufig verwandte Produktionsfunktion ist die sogenannte »Cobb-Douglas-Produktionsfunktion«, auf die wir in Frage 7 am Ende dieses Kapitels zurückkommen sowie in der Frage 2 des Anhangs.

allmählich etwas mehr Fleisch ansetzt. Sie dienen als empirische Tests für die Gültigkeit von ökonomischen Prinzipien – von Prinzipien, auf die Kapitel 36 bei der Erklärung des wirtschaftlichen Wachstums in der Welt zurückgreifen wird.

Die Effizienz der Faktorpreisbildung auf Wettbewerbsmärkten

Wir haben nunmehr unseren Abriß über die Art und Weise, in der die Grenzproduktivitätstheorie in einer vereinfachten Welt das Gesamtprodukt zwischen zwei Faktoren – Boden und Arbeit – »verteilt«, beendet. Darüber hinaus haben wir gesehen, wie eine solche Analyse zur Veranschaulichung der Kräfte beitragen kann, die für die Gesamtleistung der amerikanischen Volkswirtschaft eine Rolle spielen.

Wir haben einfach beobachtet, wie sich der Wettbewerb unter vereinfachten, neoklassischen Bedingungen auswirkt. Die Gesetze, die wir dabei erkannt haben, sind sozusagen die Gesetze des ökonomischen Dschungels.

Aber läßt sich darüber hinaus auch etwas über die Effizienz des Preismechanismus unter Wettbewerbsbedingungen hinsichtlich der Bestimmung der Arbeitslöhne, der Bodenrenten und der Kapitalgewinne aussagen?

Bemerkenswert an der Preisbildung unter Wettbewerbsbedingungen ist die Tatsache, daß sie sich als *effizient* erweist. Die Versorgung der Gesellschaft mit Nahrungsmitteln und Bekleidung erfolgte auf die denkbar effizienteste Weise. Wie kam es dazu?

Rufen Sie sich ins Gedächtnis zurück, was wir unter Effizienz in der Produktion verstehen. Es handelt sich dabei um eine Situation, in der sich die Gesellschaft entlang der Grenze ihrer Produktionsmöglichkeiten bewegt; das heißt, daß sich aus der Wirtschaft kein höheres Output herausholen läßt.

Ein Beispiel aus der Landwirtschaft

Um zu erkennen, warum eine am Grenzprodukt orientierte Preisbildung zur Effizienz in der Produktion führt, brauchen wir uns nur den oben analysierten Fall homogener Bodenflächen und homogener Arbeit anzusehen. Selbstverständlich müssen homogene Böden und Arbeitseinheiten überall in der Volkswirtschaft in genau gleichem Verhältnis eingesetzt werden.

Angenommen, die Gesellschaft würde auf der einen Hälfte ihres Bodens viel Arbeit einsetzen, auf der anderen dagegen nur wenig. Das Gesetz des abnehmenden Ertragszuwachses sagt uns, daß das Grenzprodukt auf dem intensiv bearbeiteten Boden geringer ist als auf dem weniger stark in Anspruch genommenen Boden. Daher können wir durch eine Umverteilung von Arbeitskräften zugunsten der weniger intensiv bearbeiteten Morgen Ackerlandes einen höheren Output mit einem höheren *GP* erreichen. Das Ausbringungsmaximum stellt sich ein, sobald die Grenzprodukte auf beiden Hälften gleich groß sind, das heißt wenn die Faktoren Boden und Arbeit auf den beiden identischen Hälften in gleichem Verhältnis kombiniert werden.

Aber warum können wir sicher sein, daß die Preisbildung für Boden und Arbeit unter Wettbewerbsbedingungen zu dieser effizienten Allokation führt? Weil

Grundbesitzer in Wettbewerb miteinander um die höchste Rente stehen; weil Arbeiter miteinander um die höchsten Löhne konkurrieren; weil aufgrund der unerbittlichen Kräfte des Wettbewerbs die Marktpreise auf das Niveau der niedrigsten Produktionskosten herabgedrückt werden. Jeder dieser Vorgänge gewährleistete, daß die Wettbewerbsmärkte für den gleichen Einsatz an Arbeit pro Morgen Land auf jeder Farm sorgten. Hätte irgendeine Farm sich bei der Erzeugung von Nahrungsmitteln nicht an das Mindestkostenprinzip gehalten, hätte sie wirtschaftliche Verluste erlitten. Eine solche ineffiziente Farm würde im Kampf um das wirtschaftliche Überleben bald bankrott machen.

Bei dieser bemerkenswerten Eigenschaft der Effizienz von Wettbewerbsmärkten handelt es sich um das gleiche Prinzip, das uns bereits in Kapitel 22 begegnet ist; an dieser Stelle bezieht es sich auf Faktormärkte, während es dort um Gütermärkte ging. Wir werden in den folgenden Kapiteln über die Preisbildung für Produktionsfaktoren immer wieder sehen, daß die Preisbildung unter Wettbewerbsbedingungen der Gesellschaft helfen kann, das Problem des *Wie* zu lösen, indem sie sich für optimale Produktionsverfahren entscheidet. Das gleiche gilt auch für andere Faktoren – für Arbeit und Kapital ebenso wie für den Boden. Auch ist die Nützlichkeit der Preisbildung unter Wettbewerbsbedingungen nicht auf das kapitalistische System beschränkt; das Preissystem ist in sozialistischen wie in kapitalistischen Ländern ein unschätzbares Werkzeug zur Gewährleistung der Effizienz.

Werden Arbeitnehmer von den Unternehmen ausgebeutet?

Seit der Zeit der Industriellen Revolution haben Kritiker des Kapitalismus behauptet, daß die Arbeiter ein *Anrecht* auf das Gesamtprodukt der Wirtschaft haben. Warum sollte eine gerechte Gesellschaft nach Effizienz streben, so lautete das Argument der Sozialisten, wenn das lediglich bedeutet, daß die reichen Kapitalisten noch reicher werden? Die Arbeiter würden nach Meinung dieser Kritiker ausgebeutet.

Der Begriff der Ausbeutung hat seine Wurzeln in den Schriften von Karl Marx und leitet sich aus seiner »Arbeitswerttheorie« her. Marx, der seine Schriften in der Zeit vor der Entwicklung der Grenzproduktivitätstheorie verfaßte, definierte die Ausbeutung als die Differenz zwischen dem Beitrag, den ein Arbeiter zur Erstellung des Produkts leistet, und seinem Lohn. Da nach Auffassung von Marx der Faktor Arbeit den *Gesamtbeitrag* leistet, stellen alle Gewinne, Zinsen und Renten schlichtweg eine Ausbeutung der Arbeiter dar.

Im Licht der modernen Verteilungstheorie klingt der Begriff Ausbeutung eher wie ein Wort, das sich für einen Wettbewerb im Debattieren eignet als für eine wirtschaftswissenschaftliche Vorlesung. Dennoch versuchte der verstorbene Oskar Lange, ein angesehener polnischer Wirtschaftswissenschaftler, der sowohl im Bereich der Marxschen wie der nicht-Marxschen Nationalökonomie zu Hause war, den Nachweis zu führen, daß der Begriff Ausbeutung nach wie vor, auch nach der Ablehnung der Marxschen Arbeitswerttheorie durch die moderne Nationalökonomie, von Nutzen sein.

Lange argumentierte, daß es ethisch verwerflich sei, daß einige wenige reiche Kapitalisten – die nur einen geringen Beitrag zum laufenden BSP leisten – einen beträchtlichen Anteil dieses BSP auf sich vereinigten. Langes Abhilfe bestand darin, die Arbeiter zu den Eigentümern am Kapital, am Boden und an den anderen natürlichen Ressourcen zu machen. Dann würden die Arbeiter entweder in Form von Löhnen oder in Form *ihres* Anteil am Vermögenseinkommen tatsächlich das gesamte Sozialprodukt erhalten. Alles andere sei Ausbeutung.

Langes Definition der Ausbeutung geht an den technischen Definitionen von Marx und anderen weit vorbei.[5] Aber sein Argument enthält einen wichtigen nachdenklich stimmenden Hinweis. Er erinnert uns daran, daß die Einkommensverteilung, so wie sie die am Grenzprodukt orientierte Faktorpreisbildung unter Bedingungen des vollkommenen Wettbewerbs hervorbringt, sich als ethisch und politisch nicht vertretbar erweisen kann. Eine effiziente Wirtschaft schließt eine Lorenz-Kurve großer Ungleichheit keineswegs aus.

Grenzproduktstheorie des einzelnen Unternehmens[6]

Unsere Hauptaufgabe haben wir bewältigt. Vor uns liegt allerdings noch die Aufgabe (1) die Produktions- und Distributionstheorien mit den Entscheidungen der Unternehmen hinsichtlich der Gewinnmaximierung zu verknüpfen und (2) zu zeigen, daß die Kostenkurven des Teiles IV implizit auf den Grenzproduktivitätsentscheidungen des vorliegenden Kapitels basierten.

Grenzerlösprodukt und Maximierung des Gewinnes

Was bringt der letzte Arbeiter meinem Computer-Unternehmen an baren Dollars ein? Er bringt sein Grenzprodukt ein – das haben wir bereits festgestellt. Aber Arbeitnehmer wollen ihren Lohn nicht in Form von Computern ausgezahlt bekommen: Der Marktlohn wird in Dollar ausgezahlt, nicht in q-Einheiten. Und ich, als Arbeitgeber, möchte meinen Gewinn auch in Dollar maximieren.

Unter den Bedingungen des vollkommenen Wettbewerbs läßt sich die Antwort ohne Mühe geben. Das Grenzprodukt GP_L, das der Arbeiter einbringt, läßt sich in vollem Umfang zum Marktpreis für meine Ausbringungsmenge, P_q, verkaufen, auf die ich als Unternehmer, der unter den Bedingungen des vollkommenen Wettbewerbs tätig ist, keinen Einfluß habe. Beträgt dieses GP_L 8 q-Einheiten, von denen jede einen Preis von $P_q = 5$ Dollar erzielt, dann beläuft sich der Dollarwert des letzten Arbeiters für mich auf 40 Dollar ($= 8 \times 5$ Dollar). Allgemein ausgedrückt entspricht der Wert eines Arbeiters für ein Unternehmen unter Wett-

---

5 Einen dritten Ausbeutungsbegriff stellt die Abbildung 29.6 auf Seite 356 dar; er geht von der Monopolmacht des Arbeitgebers beim Kauf von Arbeitskraft (dem sogenannten Monopson) aus. Einen vierten Begriff der Ausbeutung eines Faktors wie der Arbeit hat schließlich die verstorbene Joan Robinson von der Universität Cambridge aus der »Monopolmacht des Unternehmens auf seinem Produktmarkt« hergeleitet. Wie wir in den anschließenden Abschnitten sehen werden, zahlt ein solches Unternehmen den von ihm eingesetzten Faktoren weniger als den monetären Gegenwert, zu dem es deren Grenzprodukte tatsächlich verkauft. Statt dessen erhalten die Faktoren den Grenzerlös (der unter dem Preis liegt) multipliziert mit ihren Grenzprodukten. Da die größten und am deutlichsten monopolistisch organisierten Unternehmen in der Regel die höchsten Löhne zahlen, bedeutet diese Robinsonsche Ausbeutung lediglich, daß Monopolisten eine zu geringe Menge ihrer Güter erstellen; daß die Gesellschaft als Ganze durch diese Ineffizienz ausgebeutet wird; und daß die Löhne der Arbeiter nicht ausreichen, als daß sie damit ihre eigenen Grenzprodukte kaufen können.
6 Ein Kurzlehrgang kann auf den verbleibenden Teil des Kapitels verzichten.

bewerbsbedingungen dem Dollarwert seines oder ihres Grenzprodukts, $P_L \times GP_L$. (Im Falle von Ackerland beliefe er sich auf $P_q \times GP_A$.)

Aber der vollkommene Wettbewerb ist lediglich ein Extremfall des unvollkommenen Wettbewerbs: Er entspricht dem Fall einer horizontalen Nachfragekurve für mein Produkt. In dem häufiger anzutreffenden Fall des unvollkommenen Wettbewerbs, hat *nn* eine leichte Abwärtsneigung: Kapitel 23 zeigte, daß der tatsächliche Grenzerlös, den mir unter diesen Umständen mein zusätzliches q einbringt, unter dem Markt-P_q liegt (aufgrund des Verlustes aus vorherigen Einheiten). Bei $GE_q < P_q$ hat für mich nicht jedes Grenzprodukt von 8 Einheiten den Wert des Marktpreises von $P_q = 5$ Dollar. Welchen Wert hat es dann? Ist $GE_q = 3$ Dollar < 5 Dollar $= P_q$, so ist die Antwort eindeutig: Dieses betreffende letztliche GP_L hat für mich nur einen Wert von $3 \times 8 = 24$ Dollar.

Allgemein gesagt wird also die Nachfragekurve eines Unternehmens nach einem Produktionsfaktor, wie beispielsweise Arbeit, in Dollar ausgedrückt durch den »Grenzerlös von q« multipliziert mit dem »Grenzprodukt von L«. Für diesen wichtigen Begriff gibt es eine Bezeichnung, definiert wird er wie folgt:

- **Das »Grenzerlös-Produkt« wird definiert als das Grenzprodukt multipliziert mit dem Grenzerlös, den ein Unternehmen für die von ihm zusätzlich abgesetzte Gütermenge erzielt:**
    Grenzerlös-Produkt der Arbeit *(L)*
    = $GE_q \times$ **Grenzprodukt von** *L*
    Grenzerlös-Produkt des Bodens *(A)*
    = $GE_q \times$ **Grenzprodukt von** *A*
 und so fort.

Nunmehr können wir den neuen Begriff auf die Praxis anwenden. Die Nachfragekurve eines Unternehmens nach irgendeinem Produktionsfaktor wird durch das Grenzerlös-Produkt dieses Faktors bestimmt, woraus sich eine Kurve ergibt, die aus zwei Gründen abwärts geneigt ist: (1) wegen der abnehmenden Ertragsmengen und (2) wegen der unter den Bedingungen des unvollkommenen Wettbewerbs in der Regel herrschenden Abwärtsneigung der GE_q-Kurve.

- **Im gewinnmaximalen Gleichgewicht wird jedes Unternehmen, das wettbewerbsabhängigen Faktorpreisen – Geldlöhnen, Rentensätzen pro Morgen Land und so fort – gegenübersteht, bestrebt sein, folgende Bedingung zu erfüllen:**
    Grenzerlös-Produkt von *L*
    = **Preis von** *L* = **Lohn**
    Grenzerlös-Produkt von *A*
    = **Preis von** *A* = **Bodenrente**
 und so fort.

Mit anderen Worten: Ein nach Gewinnmaximierung strebendes Unternehmen wird immer daran interessiert sein, die durch die Beschäftigung eines zusätzlichen Arbeiters oder den Einsatz einer zusätzlichen Bodeneinheit entstehenden zusätzlichen Kosten und Gewinne zu vergleichen. Die Kosten werden durch die Löhne oder die Bodenrente repräsentiert; der zusätzliche Gewinn wird durch das Grenzerlös-Produkt dargestellt. Deshalb stellt sich das gewinnmaximierende Gleichgewicht in dem Punkt ein, in dem der Lohn gleich dem Grenzerlös-Punkt der Arbeit oder die Rente gleich dem Grenzerlös-Produkt des Bodens ist und so fort.

Grenzprodukte und Minimalkosten

In Kapitel 21 haben wir die Gesamtkosten für die verschiedenen Outputmengen q eines Unternehmens dargestellt. Wie kamen diese Mindest-TK zustande? Mit Hilfe der Grenzproduktivitätstheorie können wir nunmehr die Antwort geben. Die Techniker hatten dem Unternehmen erklärt, daß es $q = 9$ Einheiten unter Einsatz von großen Mengen an Boden und wenig Arbeit oder mit Hilfe von wenig Boden und großen Mengen des Faktors Arbeit produzieren könne. Welche Entscheidung ist wirtschaftlicher: $A = 10$ und $L = 2$ oder $A = 4$ und $L = 5$? Das hängt selbstverständlich von der Höhe der Lohn- und Rentensätze ab, denen sich das Unternehmen gegenübersieht. Bei $P_A = 2$ Dollar pro Morgen Land und $P_L = 5$ Dollar pro Arbeitsstunde führen 10 Morgen Land und 2 Arbeitsstunden zu geringeren TK als die Mengen 4 und 5. (Warum? Weil [2 × 10 Dollar] + [5 × 2 Dollar] = 30 Dollar < [2 × 4 Dollar] + [5 × 5 Dollar] = 33 Dollar.)

Welche Regel muß man befolgen, um die geringsten TK zu erzielen? Die Minimalkostenposition für die Produktion einer jeden Menge q ergibt sich aus der Analyse der Grenzprodukte des Bodens und der Arbeit. Wenn ein Morgen Akkerland 800 Dollar kostet, während eine Arbeitsstunde mit 8 Dollar lediglich ein Hundertstel davon kostet, wird kein vernünftiger Mensch erwarten, daß er das Kostenminimum bei einem *mengenmäßigen* Ausgleich der Grenzprodukte von Boden und Arbeit erzielt. Da der Boden hundertmal so teuer ist wie der Faktor Arbeit, muß er auch das hundertfache GP des Faktors Arbeit erbringen.

Es ist offensichtlich, daß ein Unternehmen im Interesse der Minimierung seiner Gesamtkosten für die Gleichheit des GP jedes Faktors, und zwar pro dafür aufgewandtem Dollar, sorgen muß. (Erinnern Sie sich an Kapitel 19 und an die Notwendigkeit des Ausgleichs der Grenznutzeneinheiten pro Dollar, wenn der Nutzen eines Konsumenten maximiert werden soll.)

- **Die Minimalkostenregel: Um die geringsten Gesamtkosten in jedem Punkt seiner TK-Kurve zu erreichen, wird ein Unternehmen nur so lange Produktionsfaktoren erwerben, bis die Grenzprodukte pro letztem für jeden Produktionsfaktor aufgewandten Dollar gleich sind.**

$$\frac{\text{Grenzprodukt von } L}{\text{Preis von } L} = \frac{\text{Grenzprodukt von } A}{\text{Preis von } A}$$

Daraus ergibt sich eine offenkundige Schlußfolgerung.[7]

Die Substitutionsregel

Wenn der Preis eines Faktors, wie dem der Arbeit, steigt, während sich die anderen Faktorpreise nicht verändern, lohnt es sich im allgemeinen für das Unternehmen, für die Produktion der gleichen Menge q den nunmehr teureren Faktor durch zusätzliche Einheiten der verbleibenden Faktoren zu substituieren. (Ein Anstieg von P_L wird deshalb GP_L/P_L senken, für eine Freisetzung von L und einen erhöhten Einsatz von A sorgen, bis die Gleichheit wiederhergestellt ist;

---

7 Die Minimalkostenregel kommt ohne Erwähnung des Grenzerlöses aus, weil sie für alle qs auf der TK-Kurve gilt, ohne vorherige Angabe der Nachfragekurve des Unternehmens. Im Anhang wird sie zur Grenzerlös-Produktsregel des Gewinnmaximums in Beziehung gesetzt, bei der $GE_q = GK_q$.

dadurch wird die Menge des benötigten L zurückgehen und die Nachfrage nach Ackerland steigen. Ein Rückgang von P_L führt zum umgekehrten Substitutionsvorgang. Eine Erhöhung ausschließlich von P_A wird der gleichen Logik zufolge zur Substitution des nunmehr teureren Bodens durch den Faktor Arbeit führen.)

Schlußbetrachtung

Wir haben feststellen können, daß sich die Clarksche Theorie der Einkommensverteilung auf die Gesamtwirtschaft bezogen und aus der Vogelperspektive betrachtet voll und ganz mit der in der Praxis zu beobachtenden mikroökonomischen Preisbildung für jede beliebige Anzahl von Gütern durch beliebig viele Faktorinputs vereinbaren läßt. Aber wenngleich die Clarksche Theorie eine mit der notwendigen Strenge erstellte Theorie ist, stellt sie dennoch keine erschöpfende Verteilungstheorie her. Selbst wenn wir davon ausgingen, daß sich die Volkswirtschaft mit einem einzigen Großunternehmen vergleichen ließe und eine einzige riesige Gesamtproduktionsfunktion besäße, hätten wir dennoch erst die Hälfte des Bildes dargestellt – wir sähen die Verteilungsseite, aber es fehlt die Angebotsseite.

Eine vollständige Theorie der Einkommensverteilung müßte ein Dreiergespann von Kräften berücksichtigen: (1) den Stand der Technik (die Produktionsfunktion), (2) die Präferenzen der Konsumenten und ihr in Dollars ausgedrücktes Stimmengewicht, das sie in die Lage versetzt, verschiedene Güter nachzufragen (die sich letztlich ergebende Nachfragekurve nach Gütern, aus der sich die Nachfrage nach Produktionsfaktoren herleitet) und (3) die relativen Faktorangebote (in ihrer Abhängigkeit von den Gaben der Natur, der Größe des Arbeitskräftepotentials, der ererbten oder erworbenen Fähigkeiten, dem Wert oder Unwert bestimmter Berufe und so fort).

In den anschließenden Kapiteln werden wir diese zusätzlichen Elemente einer Verteilungstheorie betrachten, um festzustellen, auf welche Weise Angebot und Nachfrage auf den Faktormärkten über die Bestimmung der Renten, Löhne und anderer Faktorpreise entscheiden.

Im Anhang zu diesem Kapitel wird die Produktionstheorie aus einer Perspektive wiedergegeben, die denjenigen entgegenkommt, die stärker an einer geometrischen Darstellung interessiert sind.

Zusammenfassung

1. Die Distribution beschäftigt sich mit der Bestimmung der Einkommen der einzelnen Wirtschaftssubjekte beziehungsweise mit der grundlegenden Frage, *für wen* Wirtschaftsgüter produziert werden. Um verstehen zu können, wodurch die Anteile des Faktors Arbeit und Kapital am Sozialprodukt bestimmt werden und um die Kräfte erkennen zu können, die sich auf den Grad der Gleichheit der Einkommensverteilung auswirken, untersucht die Verteilungstheorie das Problem der Preisbildung für die verschiedenen Produktionsfaktoren – Boden, Arbeit, Kapital, Unternehmerleistung und Risikobereitschaft – auf dem Markt. Sie muß deshalb die Wechselwirkung zwischen Angebot und Nachfrage

analysieren, die zur Bestimmung aller Arten von Löhnen, Renten, Zinsen und Gewinnen führt.

2. Um verstehen zu können, warum die Nachfragekurven der Produktionsfaktoren sich so darstellen, wie sie es nun einmal tun, müssen die Produktions- und die Kostentheorie im Rahmen jedes einzelnen Unternehmens untersucht werden. Die Nachfrage nach Faktorinputs ist eine interdependente Nachfrage – interdependent insofern, als die Faktoren bei der Erstellung des Endprodukts zusammenwirken.

3. Die Beziehung zwischen den Mengen verfügbarer Inputs – Boden, Arbeit, Maschinen, Düngemittel – und der Outputmenge bezeichnet man als *Produktionsfunktion*. Durch Veränderung der Menge eines Faktors in schrittweise größer werdenden kleinen Einheiten bestimmen wir das Grenzprodukt des jeweiligen Faktors. Abnehmende Grenzerträge implizieren bei Konstanthaltung der anderen Faktoren ein sinkendes *GP* jedes jeweils betrachteten Faktors.

4. Der gesunde Wettbewerb zwischen zahlreichen, nach Gewinn strebenden Bodenbesitzern und Besitzern von Arbeitskraft gewährleistet, daß das Gesamtprodukt auf die einzelnen Faktoren in der Weise aufgeteilt wird, daß jeder den seinem Grenzprodukt entsprechenden Preis erzielt. Dadurch werden die gesamten 100 Prozent des Produktes verteilt. Jeder Faktor, nicht nur der Faktor Arbeit, kann der mengenmäßig variierende Faktor sein. Da jede Einheit eines Faktors nur entsprechend dem Wert des *GP* der *letzten* eingesetzten Einheit entlohnt wird, verbleibt ein hinreichend großer residualer Überschuß (das Dreieck des Überschusses der voraufgegangenen gegenüber den letzten *GP*s), der sicherstellt, daß die anderen Faktoren genau ihre Grenzprodukte erhalten. Folglich zeichnet die neoklassische Verteilungstheorie von Clark ein zwar vereinfachtes, aber logisch geschlossenes Bild des Wettbewerbs in idealisierter Form.

5. Großangelegte Versuche zur Messung der Gesamtproduktionsfunktion der amerikanischen Wirtschaft scheinen die Produktions- und Grenzproduktstheorien im allgemeinen zu bestätigen. In unserem Jahrhundert hat der technische Fortschritt sowohl die Arbeits- als auch die Kapitalproduktivität ansteigen lassen. Gleichzeitig ist der Kapitalbestand rascher angewachsen als das Arbeitsangebot, und zwar mit folgendem Ergebnis: (a) der Zuwachs an Kapitalausstattung pro Arbeitnehmer hat die Produktivität und die Löhne noch rascher wachsen lassen, als der technische Fortschritt allein dies vermocht hätte; (b) die Tendenz einer jeden Kapitaleinheit zu abnehmenden Erträgen ist durch das Innovationstempo nur gerade eben kompensiert worden; (c) die relativen Anteile der Arbeit und des Kapitals an der Einkommensverteilung betragen etwa drei Viertel beziehungsweise ein Viertel. In den letzten Jahrzehnten war ein leichter Aufwärtstrend im Distributionsanteil des Faktors Arbeit zu beobachten – wenngleich das Ausmaß der Veränderung angesichts des ungeheuren Wandels in den Produktionsbedingungen sowie des gesellschaftlichen Rahmens erstaunlich gering ist.

6. Die leistungsfähigste Allokation der Ressourcen einer Gesellschaft wird erreicht, wenn die Grenzprodukte eines Faktors in verschiedenen Verwendungen gleich ihrem Marktpreis sind. Jede Abweichung von dieser Gleichheitsbedingung, gleichgültig ob in einer zentral geplanten Volkswirtschaft oder infolge monopolistischer, mit dem vollkommenen Wettbewerb konfliktierender Unvollkommenheiten bedeutet, daß wir uns innerhalb und nicht auf unserer in Kapitel 2 dargestellten Grenze der Produktionsmöglichkeiten bewegen.

In den Augen von Sozialisten konnte die Effizienz und Logik der Grenzproduktivitätstheorie der Verteilung keine Rechtfertigung dafür darstellen, daß den Faktoren Kapital und Boden ein so großer Anteil am Volkseinkommen zufloß. Obgleich diese Auffassung von »Ausbeutung« sich auch nicht annähernd mit der Marxschen Arbeitswerttheorie deckt, mahnt sie uns dennoch, daß ein effizienter Preisbildungsprozeß für die Produktionsfaktoren zu einer moralisch verwerflichen Einkommensverteilung führen kann.

7. Kennt ein Unternehmen die herrschenden Marktpreise aller Faktoren und verfügt es über die technologischen Informationen hinsichtlich der Auswirkungen von Veränderungen der eingesetzten Faktoren auf das Endprodukt, kann es zwei Probleme gleichzeitig lösen: es kann (a) im Interesse der Erreichung der Mindestkostenkombination – bei der *die Grenzprodukte pro aufgewandtem Dollar für jeden eingesetzten Faktor gleich sind* – verschiedene Faktoren gegeneinander austauschen und (b) letztlich bestimmen, bei welcher aller möglichen Ausbringungsmengen es sein Gewinnmaximum erreicht, bei dem $GE = GK$ ist.

8. Eine genau äquivalente Bedingung für das Faktorgleichgewicht ist unter den Umständen der *Gleichheit* der Grenzerlösprodukte und der Faktorpreise gegeben. Warum muß diese Bedingung für das gewinnmaximale Gleichgewicht gelten? Weil jeder vernünftige Unternehmer den weiteren Einsatz eines Faktors an dem Punkt einstellt, an dem der in Dollar ausgedrückte Grenzerlös, den dessen Grenzprodukt dem Unternehmen einbringt, unter den Faktorpreis absinkt, den das Unternehmen zahlen muß, um die gewünschte Faktormenge einsetzen zu können.

9. Unsere Analyse hat gezeigt, warum im Falle eines Anstiegs des Preises eines Faktors die nachgefragte Menge in der Regel sinkt. Ein höherer Preis für den Faktor Arbeit wird dazu führen, daß dieser bei der Erstellung jeder Ausbringungsmenge durch andere Faktoren substituiert wird, und höhere Arbeitskosten bedeuten wahrscheinlich, daß sich die gewinnmaximale Produktionsmenge q auf einem niedrigeren Niveau einspielt, auf dem GE den nunmehr höheren GK entspricht.

Dies ist gleichbedeutend mit der Tatsache, daß die durch das Grenzerlös-Produkt bestimmte Nachfrage nach dem Faktor sich aus zweierlei Gründen abwärts neigt, nämlich aufgrund der technisch abnehmenden Grenzerträge, die noch dadurch verstärkt werden, daß sie den Markt des Monopolisten verderben.

Begriffe zur Wiederholung

Faktorpreisbildung, Verteilungstheorie

interdependente Nachfrage

Produktionsfunktion

Symmetrie zwischen Boden und Arbeit

Grenzprodukt: *GP*

Gleiches Grenzprodukt pro letztem für jeden Faktor aufgewandten Dollar bei jedem q

GP-Rechteck, residuales Rentendreieck
Grenzprodukt, Grenzerlös-Produkt und Faktorpreise

Fragen zur Diskussion

1. Erklären Sie die »Produktionsfunktion«. Erläutern Sie sodann die verschiedenen Grenzprodukte.
2. Umreißen Sie die Verteilungstheorie von Clark, und verändern Sie dabei in einer neuen Fassung der Abbildung 26.2 die Bodenmenge.
3. Definieren Sie das Grenzerlös-Produkt zum Unterschied vom Grenzprodukt. Geben Sie eine ganz allgemeine Erklärung, die erkennen läßt, daß sich das Profitmaximum nur erreichen läßt, wenn jeder Faktorpreis genau gleich seinem Grenzerlösprodukt ist.
4. Überzeugen Sie einen Skeptiker von der Gültigkeit der Regel, daß man zur Erreichung des Kostenminimums die Gleichheit der Grenzprodukte pro für jeden Faktor aufgewandten Dollar herstellen muß. Zeigen Sie die Gültigkeit dieser Aussage auch für den Fall, daß noch keine Entscheidung über die gewinnmaximale Ausbringung gefällt worden ist.
5. Erklären Sie den Fehler, der in jeder der folgenden Aussagen steckt:
(a) »Das Grenzprodukt errechnet sich aus der Ausbringung pro Arbeitnehmer.«
(b) »Die Verteilungstheorie ist ohne Schwierigkeiten zu verstehen. Man überlegt sich einfach, wie hoch der von einem Faktor produzierte Anteil der Ausbringungsmenge ist, und teilt dann jedem seinen entsprechenden Anteil zu.«
(c) »Unter Wettbewerbsbedingungen erhält jeder Arbeitnehmer die Menge der von ihm erstellten Produktion abzüglich der Rohstoffkosten.«
(c) »Unter dem Grenzerlös-Produkt versteht man einfach den Preis multipliziert mit dem Grenzprodukt.«
6. Angenommen, das BSP wächst von Jahrzehnt zu Jahrzehnt rascher als das Arbeitsangebot. Zeigen Sie, daß wenn – im Gegensatz zu den Prognosen von Karl Marx – der Lohnanteil am Sozialprodukt etwa konstant bleibt, die Reallöhne steigen müssen.
7. *Preisfrage*: Der Output sei Q und die Inputs seien L (für labor = Arbeit) und A (für Ackerland). Zeigen Sie, daß das arithmetische Mittel von L und A, nämlich $Q = \frac{1}{2}L + \frac{1}{2}A$ keine richtige Produktionsfunktion darstellt, weil sie das abnehmende Grenzprodukt nicht berücksichtigt. (Tip: Jeder gleich große Zuwachs von L um 1 läßt Q stets um den gleichen Zuwachs von $\frac{1}{2}$ steigen.) Dagegen stellt die Produktionsfunktion von Cobb-Douglas $Q = \sqrt{LA} = \sqrt{L}\sqrt{A}$ eine gute, die abnehmenden Erträge berücksichtigende Produktionsfunktion dar. (Tip: Die Quadratwurzeln von 1, 2, 3,... sind 1, 1,41, 1,73 und lassen abnehmende Erträge von Q erkennen, nämlich 0,41, 0,32,... Tatsächlich genügt die Tabelle 26A.1 des Anhanges diesem Sonderfall der Symmetrie durch die Darstellung von $Q = 100\sqrt{2LA}$).
8. *Problem für diejenigen, die die Differentialrechnung beherrschen*: Abnehmende Erträge bedeuten, daß die Grenzprodukte schrumpfen. Folglich gilt

$$\frac{\delta Q}{\delta L} = GP_L$$

weshalb abnehmende Erträge implizieren, daß

$$\frac{\delta (G_{PL})}{L} = \frac{\delta^2 Q}{\delta L^2} < 0$$

Allgemein lautet die Cobb-Douglas-Funktion

$$Q = bL^k A^{1-k}$$

wobei alle Variablen positiv sind und $0 < k < 1$. Können Sie zeigen, daß diese Produktionsfunktion abnehmende Erträge erkennen läßt?

Anhang zu Kapitel 26
Produktionstheorie und Entscheidungen der Unternehmen

Die im Hauptteil des Kapitels 26 dargestellte Grenzproduktivitätstheorie beruhte auf der Grundlage der Produktionstheorie. Im nun folgenden Anhang wollen wir deshalb die Produktionstheorie eingehender mit Hilfe von graphischen Darstellungen untersuchen.

Die numerische Darstellung der Produktionsfunktion

Tabelle 26A.1 gibt ein numerisches Beispiel für eine einfache Produktionsfunktion. Erinnern Sie sich aufgrund der Darstellung auf S. 247, daß eine Produktionsfunktion eine Beziehung darstellt, die erkennen läßt, welche Ausbringung sich maximal mit Hilfe jeweils gegebener Inputs erzielen läßt. In der Tabelle 26A.1 sind die Inputmengen auf den Achsen abgetragen, während sich die Outputmengen den einzelnen Punkten des Gitternetzes entnehmen lassen.

Auf der linken Seite sind die verschiedenen Bodenmengen von 1 bis 6 Einheiten aufgeführt. Am unteren Ende der Tabelle sind die Arbeitsmengen abgetragen, die in unserem Falle auch von 1 bis 6 reichen. Die den jeweiligen Bodenzeilen oder Arbeitsspalten entsprechende Ausbringungsmenge wird durch einen Punkt innerhalb der Tabelle ausgewiesen.

Wenn wir nun genau erfahren wollen, welche Outputmenge sich im Falle der Verfügbarkeit von 3 Bodeneinheiten und 2 Arbeitseinheiten ergibt, bewegen wir uns auf der linken Seite 3 Bodeneinheiten nach oben und dann 2 Arbeitseinheiten nach rechts. Als Resultat ergeben sich 346 Produkteinheiten. (Können Sie eine andere Inputkombination ausfindig machen, bei der sich $q = 346$ ergibt?) Auf die gleiche Weise können wir ermitteln, daß 3 Einheiten Boden und 6 Einheiten Arbeit zu 600 Einheiten von q führen.

Somit sagt uns die in Tabelle 26A.1 dargestellte Produktionsfunktion für jede Kombination von Arbeit und Boden, wie groß das entsprechende Produkt ist, das wir erstellen können. Beachten Sie ebenfalls, daß es sich dabei um das *maximale* Produkt handelt, das angesichts der zu einem bestimmten Zeitpunkt gegebenen technischen Möglichkeiten und des technologischen Wissensstandes erzielbar ist.

Das Gesetz des abnehmenden Grenzproduktes

Mit Hilfe der Tabelle 26A.1 läßt sich das Gesetz des abnehmenden Grenzertrages recht gut veranschaulichen.

Erinnern Sie sich zunächst daran, daß wir der zusätzlichen Produktion, die bei konstanter Bodenmenge von 1 zusätzlichen Arbeitseinheit erbracht wird, die Bezeichnung »Grenzprodukt der Arbeit« gegeben haben. An jedem Punkt der

Die Produktionsfunktion verknüpft die Ausbringung mit wechselnden Kombinationen von Arbeits- und Bodeneinsatz

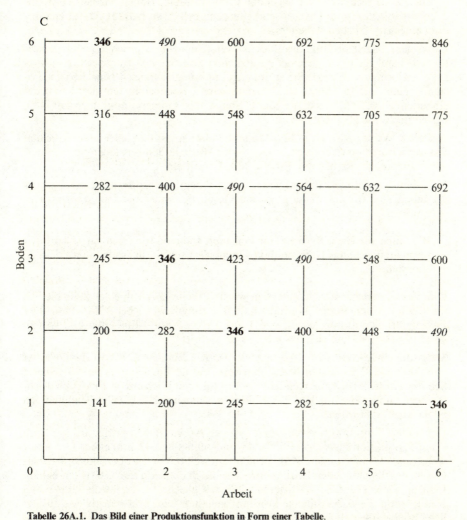

Tabelle 26A.1. Das Bild einer Produktionsfunktion in Form einer Tabelle.
Stehen Ihnen 3 Boden- und 2 Arbeitseinheiten zur Verfügung, wird Ihnen Ihr Produktionstechniker erklären, daß Sie einen Output von maximal 346 Einheiten erreichen können. Beachten Sie die verschiedenen Möglichkeiten zur Herstellung dieser 346 Einheiten; ebenso für 490 Einheiten. (Die in der Tabelle gezeigte Produktionsfunktion stellt einen Sonderfall der »Cobb-Douglas-Produktionsfunktion« dar, die durch die Formel $Q = 100 \sqrt{2LA}$ ausgedrückt wird.)

Tabelle 26A.1 läßt sich das Grenzprodukt der Arbeit durch Subtraktion der gegebenen Zahl (die die Produktmenge in diesem Punkt darstellt) von der in der gleichen Zeile rechts von ihr liegenden Zahl ermitteln. Haben wir beispielsweise 2 Bodeneinheiten und 4 Arbeitseinheiten eingesetzt, so beträgt das Grenzprodukt eines zusätzlichen Arbeiters 48, beziehungsweise 448−400 der zweiten Zeile.

Unter dem »Grenzprodukt des Bodens« verstehen wir natürlich die bei konstanter Arbeitsmenge mit Hilfe einer zusätzlichen Bodeneinheit zu erzielende zusätzliche Ausbringungsmenge. Sie ergibt sich aus einem Vergleich benachbarter Posten in einer Spalte. Haben wir beispielsweise 2 Bodeneinheiten und 4 Arbeitseinheiten eingesetzt, weist die vierte Spalte das Grenzprodukt mit 490−400, beziehungsweise 90 Einheiten aus.

Auf diese Weise lassen sich ohne Mühe die Grenzprodukte jeder unserer beiden Faktoren durch den Vergleich benachbarter Werte in den vertikalen Spalten und den horizontalen Reihen der Tabelle 26A.1 ermitteln.

Nachdem wir definiert haben, was wir unter dem Grenzprodukt eines Faktors verstehen, sind wir nun in der Lage, das Gesetz des abnehmenden Grenzertrages neu zu formulieren:

- **Halten wir einen fixen Faktor konstant, während wir einen variablen Input vermehren, geht das Grenzprodukt − zumindest von einem bestimmten Punkt an − zurück.**

Um dies zu veranschaulichen, wollen wir in Tabelle 26A.1 in einer Zeile bleiben und dadurch den Boden konstant halten − zum Beispiel bei 2 Einheiten. Der Faktor Arbeit soll nun jedoch von 1 auf 2, von 2 auf 3 Einheiten und so fort ansteigen. Wie verhält sich das q bei jedem Schritt?

Steigt die eingesetzte Arbeitsmenge von 1 auf 2 Einheiten, wächst das Produkt von 200 auf 282 Einheiten beziehungsweise um 82 Einheiten. Aber der nächste Schub weiterer Arbeitsmengen läßt das Produkt nur noch um 64 Einheiten wachsen beziehungsweise um 346−282 Einheiten. Abnehmende Erträge beginnen sich bemerkbar zu machen.

Der weitere Einsatz von jeweils einer einzigen Arbeitseinheit bringt uns nur noch einen Produktionszuwachs von 54, 48 und schließlich 42 Einheiten. Der Leser sollte eine beliebige andere Zeile prüfen, um sich davon zu überzeugen, daß das Gesetz des abnehmenden Ertragszuwachses auch in diesen ihre Gültigkeit behält. Und er sollte ebenfalls verifizieren, daß das gleiche Gesetz auch dann gültig bleibt, wenn die Arbeitsmenge konstant gehalten wird und schrittweise zusätzliche Bodeneinheiten zum Einsatz kommen. (Schauen Sie sich die Veränderungen der Produktmenge in jeder Spalte an.)

An diesem Punkt erscheint es angebracht, sich die Erklärung ins Gedächtnis zurückzurufen, die wir für die abnehmenden Erträge gegeben hatten. In Kapitel 2 wurden sie darauf zurückgeführt, daß der fixe Faktor *relativ* zum variablen Faktor abnimmt. Für jede Einheit des variablen Faktors steht immer weniger des fixen Faktors zur Verfügung, weshalb es nur natürlich ist, daß das zusätzliche Produkt abnimmt.

Wenn diese Erklärung stichhaltig bleiben soll, dann dürfen sich keine abnehmenden Erträge einstellen, wenn beide Faktoren im gleichen Verhältnis vermehrt werden. Wird der Arbeitseinsatz von 1 auf 2 Einheiten und die Bodenmenge

Faktorkombinationen gleicher Ausbringungsmengen

	(1)	(2)	(3)	(4)
	\multicolumn{2}{l}{Inputkombinationen}		
	Arbeit	Boden	Gesamtkosten bei P_L = 2 Dollar	Gesamtkosten bei P_L = 2 Dollar
	L	A	P_A = 3 Dollar	P_A = 1 Dollar
A	1	6	20	–
B	2	3	13	7
C	3	2	12	–
D	6	1	15	–

Tabelle 26A.2. Inputs und Kosten für die Erstellung einer gegebenen Ausbringungsmenge.
Angenommen, das Unternehmen hat sich für die Produktion von 346 Einheiten entschieden. In diesem Fall kann es jede der vier Inputkombinationen wählen, die durch A, B, C und D dargestellt werden. Je weiter sich das Unternehmen in die unteren Bereiche der Tabelle begibt, desto arbeitsintensiver und desto weniger bodenintensiv wird die Produktion.
Die Wahl des Unternehmens zwischen den verschiedenen Produktionsfaktoren hängt von den Inputpreisen ab. Verifizieren Sie, daß die Minimalkostenkombination bei P_L = 2 Dollar und P_A = 3 Dollar liegt. Zeigen Sie, daß eine Senkung des Bodenpreises von 3 auf 1 Dollar das Unternehmen im Punkt B eine weniger bodenintensive Kombination wählen läßt.

gleichzeitig von 1 auf 2 Einheiten erhöht, müßten wir die gleiche Produktionssteigerung erhalten, als wenn beide gleichzeitig von 2 auf 3 Einheiten erhöht würden. Dies läßt sich anhand der Tabelle 26A.1 verifizieren. Im ersten Fall bewegen wir uns von 141 zu 282 Einheiten, im zweiten wächst das Produkt von 282 auf 423 Einheiten – ein gleichhoher Anstieg um 141 Einheiten.

Die Minimalkostenkombination für ein gegebenes Produktionsniveau

Wir sehen also, daß das anhand der Tabelle 26A.1 angeführte Beispiel zu *konstanten Skalenerträgen* führt: eine proportionale Steigerung beider Produktionsfaktoren (ihre gemeinsame Erhöhung um einen Faktor von 2 oder ½ oder 1,5) läßt den Output um den gleichen Faktor (2 oder ½ oder 1,5) ansteigen.

Die numerische Produktionsfunktion zeigt uns die verschiedenen für die Erreichung eines bestimmten Produktionsniveaus gegebenen Möglichkeiten. Aber für welche der zahlreichen Mögichkeiten soll ein Unternehmen sich entscheiden? Wie ist das Kind am besten zu schaukeln, beziehungsweise mit Hilfe welcher Methoden soll der Strom erzeugt werden? Liegt das angestrebte Outputniveau bei q = 346 Einheiten, so führen nicht weniger als vier verschiedene Kombinationen der Faktoren Boden und Arbeit – nämlich A, B, C und D der Tabelle 26A.2 – zu diesem Ergebnis.

Aus der Sicht des Technikers ist jede dieser Kombinationen für die Erstellung der 346 Einheiten gleichermaßen gut geeignet. Aber der Finanzchef, der daran interessiert ist, den Gewinn des Unternehmens zu maximieren und die Kosten zu minimieren, weiß, daß sich das Kostenminimum nur bei einer dieser vier Kombinationen erreichen läßt. Um welche es sich dabei im einzelnen handelt, hängt natürlich von den jeweiligen Faktorpreisen ab.

Angenommen, der Preis für den Faktor Arbeit liegt bei 2 Dollar, der für den Boden bei 3 Dollar. Angesichts dieser Inputpreise werden die Gesamtkosten durch die Zahlen der dritten Spalte der Tabelle 26A.2 ausgewiesen. Im Falle der Kombination A liegen die Gesamtkosten für die Faktoren Arbeit und Boden bei 20 Dollar, die sich aus (1 × 2 Dollar) + (6 × 3 Dollar) ergeben. In B, C und D betragen die Kosten entsprechend 13, 12 und 15 Dollar. Bei den angeführten Inputpreisen stellt C zweifellos die beste Möglichkeit zur Erstellung des gegebenen Outputs dar.

Ändert sich einer der beiden Inputpreise, ändert sich auch das Gleichgewichtsverhältnis der Inputs in der Weise, daß von dem im Preis am stärksten gestiegenen Faktor weniger eingesetzt wird. Dabei kommt der gleiche Substitutionseffekt zum Tragen, der in Kapitel 19 im Zusammenhang mit der Konsumentennachfrage dargestellt wurde.

Bleibt beispielsweise der Preis pro Arbeitseinheit bei 2 Dollar konstant, während der Bodenpreis auf 1 Dollar pro Einheit absinkt, stellt B die neue optimale Kombination dar, bei der anstelle der verminderten Menge an eingesetzter Arbeit mehr Boden zum Einsatz gelangt und bei der die Gesamtkosten lediglich bei 7 Dollar liegen. Der Leser sollte dies nachprüfen, indem er die neuen Gesamtkosten für alle anderen Kombinationen ermittelt, und verifizieren, daß sie höher sind. (Tragen Sie mit dem Bleistift die fehlenden Kosten in Tabelle 26A.2 ein.)

Die gleiche Berechnung läßt sich für jeden anderen Faktor durchführen. Sobald uns alle Faktorpreise bekannt sind, können wir so lange experimentieren, bis wir die kostenminimale Faktorkombination ermittelt haben. (Um sich zu vergewissern, daß Sie das zugrundeliegende Prinzip verstanden haben, sollten Sie die optimale Produktionsentscheidung und die Kosten für ein Produktionsvolumen von 490 Einheiten ausrechnen, wobei der Preis des Faktors Arbeit bei 4 Dollar und der des Bodens bei 3 Dollar liegen sollen. Verifizieren Sie, daß in diesem Fall alle kursiv gesetzten Kombinationen der Tabelle 26A.1 mit 3 Arbeits- und 4 Bodeneinheiten bei einem q von 490 Einheiten die geringsten Kosten mit sich bringen.

Kurven gleicher Ausbringung

Die der gesunden Überlegung entspringende numerische Analyse des Vorgangs, der Unternehmen zu einer bestimmten Kombination der Inputs im Interesse der Minimierung der Kosten veranlaßt, läßt sich mit Hilfe von Diagrammen noch lebendiger darstellen. Wir werden bei dieser graphischen Methode zwei neue Kurven vereinen, die Linie gleicher Ausbringungen und die Linie gleicher Kosten.

Sehen Sie sich nochmals die Tabelle 26A.1 an, und überlegen Sie sich, wie sich daraus eine glatte Kurve machen ließe. Genauer gesagt, ziehen Sie eine glatte Kurve durch alle Punkte, die zu einem q = 346 Einheiten führen. Diese in Abbildung 26A.1 dargestellte glatte Kurve läßt all die verschiedenen Kombinationen von Arbeit und Boden erkennen, die zu einem Output von 346 Einheiten führen. In Analogie zu der Indifferenzkurve des Konsumenten im Anhang zu Kapitel 19 könnten wir sie als »Indifferenzkurve der Produzenten« bezeichnen. Eine klarere Bezeichnung wäre jedoch »*Kurve gleicher Ausbringung*«. (Sie sollten in der Lage sein, unter Verwendung der Daten der Tabelle 26A.1 die entspre-

Kurve gleicher Ausbringung

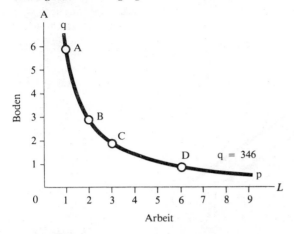

Abbildung 26A.1.
Alle Punkte auf der Kurve gleicher Ausbringung stellen unterschiedliche Kombinationen der Faktoren Boden und Arbeit dar, mit deren Hilfe die gleiche Ausbringungsmenge von 346 Einheiten erstellt werden kann.

chende Kurve gleicher Ausbringungen für eine Ausbringungsmenge von 490 Einheiten als gestrichelte Kurve einzuzeichnen. Tatsächlich ließe sich eine unbegrenzte Zahl solcher Linien gleicher Ausbringung einzeichnen, so wie sich in eine topographische Karte oder in eine Wetterkarte eine unbegrenzte Zahl an Linien gleicher Höhe oder gleichen Drucks einzeichnen ließen.)

Linien gleicher Kosten

Sind die Preise für die Faktoren Arbeit und Boden gegeben, kann ein Unternehmen die Gesamtkosten für die Punkte *A, B, C* und *D* oder für irgendeinen anderen beliebigen Punkt auf der Linie gleicher Ausbringung bestimmen. Es maximiert seinen Gewinn, wenn es den Punkt auf seiner Kurve gleicher Ausbringung gefunden hat, bei dem die geringsten Kosten anfallen.

Ein einfaches optisches Hilfsmittel zur Ermittlung der Produktionsmethode, bei der das Kostenminimum gewährleistet ist, besteht in der Zeichnung von *Linien gleicher Kosten*. Dies veranschaulicht die Abbildung 26A.2, in der die Schar paralleler Geraden eine Reihe von Kurven gleicher Kosten darstellt, bei denen der Preis für den Faktor Arbeit 2 Dollar, der für den Boden 3 Dollar beträgt.

Zur Ermittlung der Gesamtkosten für einen beliebigen Punkt brauchen wir lediglich die Zahl abzulesen, die zu der durch diesen Punkt verlaufenden Linie gleicher Kosten gehört. Alle Linien sind als parallel verlaufende Geraden gezeichnet, weil davon ausgegangen wird, daß das Unternehmen jede gewünschte Menge der beiden Faktoren zu konstanten Preisen einkaufen kann. Der Verlauf der Linien ist etwas flacher als 45°, weil der Preis P_L für den Faktor Arbeit etwas unter dem Bodenpreis P_A liegt. Genauer gesagt, können wir immer feststellen, daß das

Linien gleicher Kosten (in Dollar)

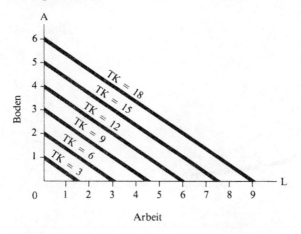

Abbildung 26A.2.
Jeder Punkt auf einer gegebenen Linie gleicher Kosten stellt die gleichen Gesamtkosten dar. Die Linien stellen sich als Gerade dar aufgrund von konstanten Faktorpreisen und haben alle eine negative Steigung, die dem Verhältnis zwischen den Preisen für Arbeit und Boden, 2 Dollar/3 Dollar, entspricht, und verlaufen deshalb parallel.

arithmetische Steigungsmaß jéder Linie gleicher Kosten gleich dem Verhältnis zwischen dem Preis für den Faktor Arbeit und dem des Bodens sein muß – in unserem Fall gleich ⅔.

Die Tangentialposition der Minimalkosten

Durch Kombination der Linie gleicher Ausbringungen mit der Linie gleicher Kosten können wir ohne Mühe die optimale, die Kosten minimierende Position des Unternehmens bestimmen. Erinnern Sie sich, daß die optimale Inputkombination sich in dem Punkt einstellt, in dem eine gegebene Ausbringungsmenge $q = 346$ bei gleichzeitiger Minimierung der Kosten erstellt werden kann. Zur Bestimmung dieses Punktes muß lediglich die einzig mögliche Kurve gleicher Ausbringung in die Graphik mit der großen Schar der Linien gleicher Kosten eingebracht werden, wie dies in Abbildung 26A.3 geschehen ist. Das Unternehmen wird sich immer entlang der konvexen Kurve der Abbildung 26A.3 bewegen, solange es noch auf eine niedrigere Kostenlinie überwechseln kann. Sein Gleichgewicht wird deshalb nicht in A, B oder D liegen, sondern in C, dem Punkt, in dem die Kurve gleicher Ausbringung die niedrigste Linie gleicher Kosten berührt (ohne sie zu schneiden). Dies ist natürlich ein Tangentialpunkt, in dem die Steigung der Kurve gleicher Ausbringung genau gleich der Steigung der Kurve gleicher Kosten ist und in dem sich die Kurven gerade berühren.

Wir wissen bereits, daß die Steigung der Kurve gleicher Kosten gleich P_L/P_A ist. Aber welche Steigung hat die Kurve gleicher Ausbringung? Bei ihrer Steigung handelt es sich um eine Art »Substitutionsrate« beider Faktoren, die von den relativen Grenzprodukten der beiden Produktionsfaktoren abhängt, nämlich GP_L/GP_A – und zwar in dem gleichen Sinne, in dem, wie wir zuvor gesehen haben,

Substitution von Inputs zur Minimierung der Produktionskosten (in Dollar)

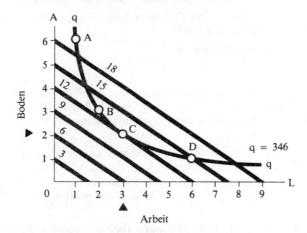

Abbildung 26A.3. Die Minimalkostenkombination der Inputs liegt im Punkt C.
Das Unternehmen ist bestrebt, seine Kosten für die Produktion von gegebenen 346 Einheiten zu minimieren. Es wählt deshalb auf seiner Kurve gleicher Ausbringung die kostengünstigste Inputkombination. Dabei sucht es nach der Inputkombination, die auf der Linie gleicher Kosten am weitesten links unten liegt. Die Minimalkostenposition befindet sich in dem Punkt, in dem die Kurve gleicher Ausbringung die niedrigste Linie gleicher Kosten berührt (ohne sie zu schneiden). Diese Tangentialposition bedeutet, daß die Faktorpreise und die Grenzprodukte proportional zueinander sind und daß die Grenzprodukte pro aufgewandtem Dollar gleich sind.

die Substitutionsrate zweier Güter entlang der Indifferenzkurve eines Konsumenten gleich dem Verhältnis zwischen den Grenz- oder zusätzlichen Nutzeneinheiten der beiden Güter ist (vgl. Anhang zu Kapitel 19).[8]

Minimalkostenbedingungen

Unser kostenminimales Gleichgewicht läßt sich deshalb durch jede der folgenden äquivalenten Beziehungen definieren:

■ **1. Das Verhältnis der Grenzprodukte zweier beliebiger Faktoren muß gleich dem Verhältnis ihrer Faktorpreise sein.**

---

[8] Der aufmerksame Leser wird die Parallele zwischen der geometrischen Analyse dieses Abschnitts und der des Konsumentengleichgewichts im Anhang zu Kapitel 19 bemerken. Jede Linie gleicher Kosten zeigt alle möglichen unterschiedlichen Mengen an Arbeit und Boden, die ein Unternehmen zu gegebenen Kosten erwerben kann. Jede Linie ist eine Gerade, weil ihre Gleichung $TK = 2$ Dollar $L + 3$ Dollar A lautet. Im Anhang zu Kapitel 19 kauft der Konsument Güter, keine Faktorleistungen; im übrigen entspricht die »Linie gleicher Konsummöglichkeiten« genau den hier behandelten Linien gleicher Kosten. Auch können wir auf ähnliche Weise erklären, warum die Steigung der Linie gleicher Kosten gleich dem Verhältnis der beiden Preise ist, um die es geht.
Beachten Sie jedoch den Unterschied: Vom Konsumenten wurde angenommen, daß sein Budget eine feste Höhe hatte; deshalb hatte er nur eine einzige Linie der Konsummöglichkeiten. Das Unternehmen ist dagegen nicht auf ein bestimmtes Kostenniveau festgelegt; deshalb muß es viele Linien gleicher Kosten in Betracht ziehen, ehe es auf sein kostenminimales Gleichgewicht stößt.

Substitutionsverhältnis = $\dfrac{\text{Grenzprodukt der Arbeit}}{\text{Grenzprodukt des Bodens}}$ = $\dfrac{\text{Preis der Arbeit}}{\text{Preis des Bodens}}$

2. **Das mit Hilfe des (letzten) aufgewandten Dollars erzielte Grenzprodukt muß für alle Produktionsfaktoren gleich groß sein.**

$\dfrac{\text{Grenzprodukt von } L}{\text{Preis von } L} = \dfrac{\text{Grenzprodukt von } A}{\text{Preis von } A} = \ldots$

Die Beziehung 2 wurde im Hauptteil dieses Kapitels eingehend behandelt. Sie ließe sich auch aus der Beziehung 1 durch Überführung von Größen des Nenners des einen Bruches in den Zähler des anderen und umgekehrt ableiten, d. h. durch die Umformung von $a/b = c/d$ in $a/c = b/d$.)

Doch sollten Sie sich mit einer solchen abstrakten Erklärung nicht zufriedengeben. Erinnern Sie sich immer an die einleuchtende ökonomische Erklärung, die erkennen läßt, wie ein Unternehmen seine Ausgaben unter den Inputs umverteilt, wenn irgendein Faktor pro letztem aufgewandtem Dollar einen größeren Ertrag abwirft.

Schließlich können wir obige Minimalkostenbeziehung auch in folgender Weise formulieren:

■ 3. **Die Inputpreise müssen sich proportional zu ihren Grenzprodukten verhalten, wobei die Grenzkosten GK den Proportionalitätsfaktor darstellen.**[9]

GK der Ausbringung × Grenzprodukt der Arbeit = Preis der Arbeit
GK der Ausbringung × Grenzprodukt des Bodens = Preis des Bodens und so fort für jede beliebige Anzahl von Faktoren.

Die Minimalkostenbeziehungen 1, 2 und 3 sind alle äquivalent. Jede gilt in jedem Punkt entlang der Gesamtkostenkurve unabhängig von der Höhe des Outputs q. Sie sagen dem Unternehmen jedoch, für welche Outputhöhe es sich letztlich entscheiden soll.

Grenzerlös-Produkt und Gewinnmaximum

Nunmehr können wir außerdem die Bedingung des Gewinnmaximums einfügen, bei der $GE_q = GK_q$; dabei erinnern wir uns an die Definition des »Grenzerlös-Produktes«, derzufolge dieses gleich dem »Grenzprodukt mal dem Grenzerlös« ist; und wir können die kostenminimale Beziehung 3 mit der gewinnmaximalen Beziehung verknüpfen, um unsere endgültige Gleichgewichtsbedingung zu erhalten:

■ **Grenzerlös-Produkt der Arbeit = Preis der Arbeit**
 Grenzerlös-Produkt des Bodens = Preis des Bodens
 und so fort für jede beliebige Anzahl von Faktoren:
 $GE_q \times GP_i = P_i$

---

9 Warum sind diese Grenzprodukte pro Dollar alle gleich dem reziproken Wert der Grenzkosten $1/GKq$? Weil der zusätzliche Output pro Dollar nichts anderes ist als die Umkehrung von zusätzlichen Dollars pro Ausbringungseinheit, was unserer Bedeutung der Grenzkosten entspricht.

Somit sind wir mit unserer graphischen Analyse zu dem gleichen Endergebnis gelangt wie mit unseren auf dem gesunden Menschenverstand beruhenden Überlegungen im Hauptteil des Kapitels – das uns erklärt hatte, daß wir den Einsatz zusätzlicher Einheiten eines Faktors an dem Punkt einstellen, an dem das durch ihn eingebrachte Grenzerlös-Produkt gleich seinem Marktpreis ist.

Die Nachfragekurve nach Inputs

Die Nachfragekurve eines Unternehmens nach Inputs ergibt sich unmittelbar aus den Bedingungen des Gewinnmaximums. Angenommen, ein Unternehmen verfügt über keine besondere Machtposition auf den Faktormärkten: Es kauft nur einen geringen Teil der Faktoren Arbeit, Boden oder Kapital der Gesellschaft. In diesem Fall wird sich das Unternehmen immer für die Inputmenge entscheiden, bei der die Bedingung erfüllt ist, daß das Grenzerlös-Produkt gleich dem Preis jedes einzelnen Inputs ist. In der Regel wird die Nachfragekurve eines Unternehmens eine Abwärtsneigung aufweisen, wenn entweder die Nachfrage nach dem Endprodukt des Unternehmens einen fallenden Verlauf hat oder wenn es sich geringeren als konstanten Skalenerträgen gegenübersieht.

Während diese technischen Aspekte für einen Überblick über die Produktionstheorie nicht von entscheidender Bedeutung sind, sollte dennoch ein wichtiger Punkt festgehalten werden:

■ **Die Nachfrage eines Unternehmens nach Faktoreinsätzen wird durch seine Produktionstechnik bestimmt. Die Faktornachfrage ist eine abgeleitete Nachfrage, das heißt, sie leitet sich her aus der Beziehung der Gleichheit zwischen Inputpreis und Grenzerlös-Produkt.**

Volle Ausschöpfung des Produkts

Etwa um die Zeit, als die Grenzproduktivitätstheorie entdeckt wurde, machte sich eine neue Sorge breit. Wenn jeder Input entsprechend seinem Grenzerlös-Produkt entlohnt würde, könnte sich dann nicht ein Überschuß oder ein Defizit ergeben? Wäre es denkbar, daß ein Unternehmen, nachdem es dem Faktor Arbeit dessen *GP*-Lohn und dem Faktor Boden seine *GP*-Rente gezahlt hat, einen Verlust macht?

Wie sich nach gründlichen Überlegungen und Berechnungen herausstellte, war das ein Scheinproblem. Wenn wir davon ausgehen, wie viele frühere Ökonomen dies taten, daß die Produktionsfunktion eines Unternehmens konstante Skalenerträge zeigt, gelangen wir zu folgendem bemerkenswerten Ergebnis:

■ **Bei konstanten Skalenerträgen sorgt eine am Grenzprodukt orientierte Faktorpreisbildung dafür, daß das Produkt voll ausgeschöpft wird. Es treten weder Überschüsse noch Defizite auf.**

Nachdem der Beweis für diese Feststellung erbracht war (mit Hilfe eines als »Euler-Theorem« bekannten Ergebnisses über Produktionsfunktionen mit konstanten Skalenerträgen), war klar, daß die Grenzproduktivitätstheorie logisch auf einem gesunden Fundament stand.[10]

Zusammenfassung des Anhangs

1. Eine Produktionsfunktion zeigt für jede Zeile des Faktors Arbeit und für jede Spalte des Faktors Boden die mögliche Ausbringungsmenge auf. Abnehmende Grenzerträge, und zwar eines variablen Faktors im Einsatz mit einem konstanten Faktor, lassen sich durch Berechnung des Rückgangs der Grenzprodukte in jeder Zeile und Spalte ermitteln.

2. Eine Linie gleicher Ausbringung, die zumeist konvex zum Ursprung (schalen- oder kraterförmig) ist, stellt den geometrischen Ort aller alternativen Inputkombinationen dar, die den gleichen Output erbringen. Die Steigung, beziehungsweise die Substitutionsrate, entspricht den relativen Grenzprodukten (also GP_L/GP_A). Linien gleicher Gesamtkosten sind parallel verlaufende Geraden mit einer Steigung, die der Faktor-Preis-Relation entspricht (P_L/P_A). Das kostenminimale Gleichgewicht liegt im Tangentialpunkt, in dem die Kurve gleicher Ausbringung die niedrigste TK-Linie berührt, ohne sie zu schneiden. In diesem Punkt sind Grenzprodukte und Faktorpreise proportional zueinander, und die Grenzprodukte – pro für sämtliche Faktoren aufgewandtem Dollar – sind ausgeglichen (d.h. Ausgleich von GP_i/P_i).

3. Das gewinnmaximale Gleichgewicht stellt sich auf der TK-Kurve in dem Punkt ein, in dem $GE_q = GK_q$; in diesem Punkt ist das Grenzerlös-Produkt eines jeden Faktors gleich seinem Preis (das heißt, die Minimalkostenbedingung $P_i = GK_q \times GP_i$ wird im gewinnmaximalen Gleichgewicht zu $P_i = GE_q \times GP_i$ wie im Hauptteil des Kapitels dargestellt.

Somit können wir die Nachfragekurve eines Unternehmens nach Inputs aus der Bedingung herleiten, daß der Preis jedes Faktors gleich dem Grenzerlös-Produkt dieses Faktors sein sollte.

---

10 Der Beweis für dieses Ergebnis läßt sich nur mit Hilfe der Differentialrechnung erbringen; er findet sich in fortgeschrittenen Lehrbüchern über die Preistheorie. Anhand eines einfachen Beispiels läßt sich dennoch der entscheidende Punkt verdeutlichen. Angenommen, ein bestimmter Output wird mit Hilfe einer Produktionsfunktion von $Q = aK + bL$ erstellt, wobei Q die Produktion, K das Kapital, L die Arbeit und a und b die (konstanten) GPs von K und L sind. Ebenfalls unterstellt sei ein Outputpreis von 1. Es ist ohne weiteres zu erkennen, daß die Entlohnung der Faktoren Kapital und Arbeit durch ihre Grenzprodukte den Output genau ausschöpft. (Studenten, die hinlänglich mit der Differentialrechnung vertraut sind, könnten nachzuweisen versuchen, daß die von konstanten Erträgen ausgehende Produktionsfunktion $Q = \sqrt{KL}$ die gleiche Eigenschaft aufweist. Zeigen Sie auch, daß unter der Bedingung von $Q = L^2$ (wobei es sich nicht um eine Produktionsfunktion mit konstanten Erträgen, sondern um eine solche mit wachsenden Skalenerträgen handelt) die GP-Preisbildung das Gesamtprodukt zweimal verteilt. Dieser Fall – bei dem die auf das Grenzprodukt bezogene Preisbildung zu einer überhöhten Entlohnung der Faktoren führt – tritt auch in der Situation auf, in der der vollkommene Wettbewerb (und folglich die GP-Preisbildung) nicht funktioniert.

Begriffe zur Wiederholung

konvexe Linien gleicher Ausbringung
parallele Linie gleicher TK
Substitutionssteigung = GP_L/GP_A
P_L/P_A **als Neigung der parallelen** TK**-Linien**
Tangentialpunkt der Minimalkosten:
  $GP_L/GP_A = P_L/P_A$ oder
  $GP_A/P_L = GP_A/P_A = 1/GK_q$
Bedingung des Gewinnmaximums $GE_q \times GP_L = P_L, \ldots$
Ausschöpfung des Produktes

Fragen zur Diskussion

1. Zeigen Sie, daß eine Erhöhung des Arbeitslohnes bei konstanter Bodenrente die Kostenkurve steiler werden läßt und den Tangentialpunkt C in Abbildung 26A.3 nach rechts oben zu B verlagert, wobei der nunmehr teurere Input durch den nunmehr billigeren substituiert wird. Sollten Gewerkschaftsführer dies bedenken?

2. (Die anschließenden Fragen sind nicht ganz so einfach und können von denen übergangen werden, die weder Interesse an, noch ausreichende Übung bei der Lösung von Problemen der Geometrie und der elementaren Differentialrechnung haben. Die berühmte statistische Gleichung von Senator Douglas setzt den Output Q, die Arbeit L und das Kapital K durch die Formel $Q = 1{,}01\ L^{0{,}75}\ C^{0{,}25}$ in Beziehung zueinander. (Zeigen Sie unter Vernachlässigung des Skalenfaktors 1,01 und Identifizierung der Grenzprodukte mit den partiellen Ableitungen, daß der relative Anteil der Arbeit gegeben ist durch $WL/PQ = L(W/P)Q = L(\delta Q/\delta L)/Q = L(0{,}75\ L^{0{,}75-1}C^{0{,}25}/L^{0{,}75}C^{0{,}25} = 0{,}75$. Zeigen Sie weiter, daß der Kapitalanteil K $(\delta Q/\delta K)/Q = 0{,}25$ beträgt. Nehmen Sie nunmehr an, Q = $([3\ L]^{-1} + K^{-1})^{-1}$ sei ein *harmonisches Mittel*. Verifizieren Sie, daß $GP_c = \delta Q/\delta K = (\frac{1}{3}[K/L] + 1)^{-2}$, und daß somit der Nicht-Arbeitsanteil K $(\delta Q/\delta K)/Q$ sinkt, wenn K gegenüber L ansteigt), wie sich nach mühsamer Rechnerei zeigt.

3. Zeigen sie unter Verwendung der gleichen Cobb-Douglas-Produktionsfunktion der Aufgabe 2, daß in dem Fall, in dem sowohl K als auch L ihrem Grenzprodukt entsprechend entlohnt werden, die Summe der Löhne sowie der Zahlungen an den Faktor Kapital genau gleich dem Output sind. Dadurch wird der Beweis für das neoklassische Theorem von der »Ausschöpfung des Produkts« auch mit Bezug auf die Cobb-Douglas-Produktionsfunktion erbracht.

4. $P = P_{(q)}$ sei die fallende Nachfragekurve eines monopolistischen Unternehmens mit $TE = {}_qP_{(q)} = E_{(q)}$. Seine Gesamtkosten seien durch $TK = P_LL + P_AA$ gegeben. Die Produktionsfunktion sei $q = q\ (L, A)$ mit den Grenzprodukten $GP_L = \delta q/\delta L$ und so weiter. Dann verlangt das Gewinnmaximum die Maximierung von $E-K = E[q(L,A)] - P_LL - P_AA$. Dieses Maximum führt zur partiellen Differenzierung nach jedem Input, was nach der Kettenregel die Gleichheit zwi-

schen Grenz-Erlös-Produkten und Faktorpreisen ergibt. Für die Arbeit erhalten wir deshalb $\delta \{ E[q(L,A)] - P_L L - P_A A \} / \delta L = E'[q] \times \delta q / \delta L - P_L = 0$ und ebenso für den Boden. Im Falle des vollkommenen Wettbewerbs wählen Sie $P_{(q)} \equiv P$ als Konstante; dann ist $E_{(q)} \equiv P_{(q)}$ und $E_{(q)} \equiv P$, und Sie können die Äquivalenz zwischen dem Faktorpreis und dem Wert seines Grenzproduktes ableiten.

Preisbildung der Produktionsfaktoren: Bodenrenten und andere Ressourcen

27

(Der Preis für) Getreide ist nicht deshalb hoch, weil für den Boden eine Rente gezahlt wird; vielmehr wird eine Rente gezahlt, weil (der Preis für) Getreide hoch ist.

David Ricardo

In Kapitel 26 haben wir einen allgemeinen Überblick über die Nachfrage nach Produktionsfaktoren wie Arbeit, Boden und Kapital gegeben und in diesem Zusammenhang die allgemeine Grenzproduktivitätstheorie der Verteilung dargestellt. Im folgenden Kapitel gehen wir einen Schritt weiter und widmen uns der Frage, welche Wechselbeziehungen zwischen der Nachfrage und dem Angebot an Boden, Arbeit und Kapital bestehen. Durch Zusammenfügung der beiden Schneiden der Schere erkennen wir, wodurch die Einkommen der einzelnen Wirtschaftssubjekte bestimmt werden.

Darüber hinaus werden wir uns in diesem Kapitel eingehend mit dem besonderen Fall des Bodens beschäftigen und dabei sehen, auf welche Weise die Märkte für Faktoren wie Boden und andere nur in begrenzten Mengen verfügbare, natürliche Ressourcen *Renten* festsetzen. Wir werden ebenfalls sehen, daß die allen Mitgliedern gemeinsam gehörenden Ressourcen wie etwa die Luft oder Fischgründe in den Fällen, in denen Renten nicht erhoben werden (oder erhoben werden können), in überhöhtem Maße in Anspruch genommen werden.

Die Faktornachfrage als abgeleitete Nachfrage

Zunächst einmal gilt es festzuhalten, daß ein wesentlicher Unterschied zwischen der Nachfrage der Haushalte nach Konsumgütern und der Nachfrage von Unternehmen nach Produktionsfaktoren besteht.

Warum fragen Haushalte Endprodukte nach wie Filme oder Feingebäck? Sie tun dies wegen des unmittelbaren Genusses oder des Nutzens, den diese Konsumgüter für sie haben. Aber gilt dies auch für ein Unternehmen, das Inputs kauft wie Düngemittel oder Schwefel oder ungelernte Arbeitskräfte oder Boden? Ohne Zweifel kauft ein Unternehmen diese Faktoren nicht aufgrund der dadurch erhofften unmittelbaren Befriedigung. Es braucht diese produktiven Faktoren für Produktionszwecke und um die Erlöse zu erzielen, die es sich indirekt von diesen Faktoren erhofft.

Die Befriedigung von Bedürfnissen spielt also auch eine Rolle – aber um eine

Stufe versetzt. Die Befriedigung, die der Konsum von Feingebäck dem Konsumenten verschafft, entscheidet darüber, wieviel eine Großbäckerei von ihren Waren absetzen kann wie auch darüber, wieviel Weizen sie für die Herstellung des Gebäcks braucht. Jede sorgfältige Analyse der Faktornachfrage muß deshalb der Tatsache Rechnung tragen, daß *letztlich* die Konsumentennachfrage über die Nachfrage der Großbäckerei nach Weizen entscheidet. Die Nachfrage des Unternehmens nach Arbeitskräften, Weizen und anderen Inputs leitet sich indirekt aus der Nachfrage des Konsumenten nach dessen Endprodukt her.

Deshalb sprechen die Ökonomen im Zusammenhang mit der Nachfrage nach Produktionsfaktoren von einer »abgeleiteten Nachfrage«.

■ **Die Nachfrage nach Inputs oder Produktionsfaktoren ist eine abgeleitete Nachfrage. Das heißt, daß nach Gewinn strebende Unternehmen einen Input nachfragen, weil dieser ihnen gestattet, ein Gut zu produzieren, das die Konsumenten in der Gegenwart oder in der Zukunft zu kaufen bereit sind. Letztlich ist die Faktornachfrage deshalb eine aus den Konsumentenwünschen und aus ihrer Nachfrage nach den Endprodukten abgeleitete Nachfrage.**

Kurz gesagt: Die Produktion von Weizen oder Öfen ist für die Gesellschaft nicht um ihrer selbst willen von Interesse. Wir bezahlen den Bauern für den Weizen und den Unternehmer für seine Öfen, weil uns das Endprodukt – das Feingebäck oder das Brot – Befriedigung verschafft. Und häufig durchlaufen die Produkte viele Stadien. Wolle wird für die Herstellung von Garn benötigt; Garn wird zum Weben von Stoff benötigt; Stoff wird für die Anfertigung von Mänteln benötigt. Jede jeweils vorgelagerte Nachfrage ist abgeleitet aus dem letztlichen Verlangen des Konsumenten nach Befriedigung seiner Bedürfnisse durch das Fertigerzeugnis, das heißt die Mäntel.

Abbildung 27.1 zeigt, inwiefern die Nachfrage nach einem gegebenen Input, wie etwa fruchtbarem Maisland, als eine aus der Nachfragekurve der Konsumenten nach Mais abgeleitete Nachfrage aufgefaßt werden muß.

Die Faktorpreisbestimmung durch Angebot und Nachfrage

Wir wollen nunmehr zu einer vollständigen Analyse der Bestimmung der Faktorpreise durch Angebot und Nachfrage übergehen, wobei wir zunächst den Aspekt der Faktornachfrage betrachten. Tatsächlich haben wir die Nachfrage bereits im voraufgegangenen Kapitel auf den Seiten 258–261 analysiert. Dort hatten wir gezeigt, daß angesichts eines gegebenen Faktorpreises auf Kostenminimierung bedachte Unternehmen sich für Inputkombinationen in Abhängigkeit von den Grenzerlös-Produkten dieser Inputs entscheiden. Sinkt der Preis für den Boden, wird jeder Farmer Boden anstelle von anderen Inputs wie Arbeit, Maschinen und Düngemittel einsetzen. Für jeden Farmer würde sich die Nachfrage nach Inputs wie Maisboden deshalb in der rechts in Abbildung 27.1 abgebildeten Form darstellen.

Wie ermitteln wir die Marktnachfrage nach Inputs (seien es Maisboden, ungelernte Arbeitskräfte oder Düngemittel)? Wir addieren die individuellen Nachfragekurven aller Unternehmen. So addieren wir bei einem gegebenen Bodenpreis sämtliche Nachfragekurven nach Boden sämtlicher Unternehmen zu diesem

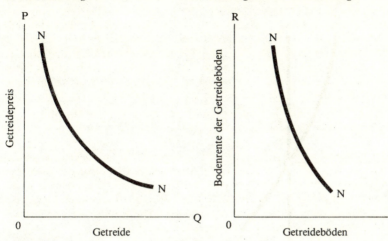

Abbildung 27.1. Die Faktornachfrage leitet sich aus der Nachfrage nach den mit ihrer Hilfe produzierten Gütern her.
Die rechte Kurve der abgeleiteten Nachfrage nach Maisboden ergibt sich aus der linken Nachfragekurve nach Mais. Verlagert man die linke Kurve nach außen, zieht die rechte Kurve hinterher. Gestaltet sich die linke Güternachfragekurve unelastischer und vertikaler, läßt sich die gleiche Tendenz bei der rechten Inputkurve beobachten.

Preis; das gleiche tun wir für sämtliche Bodenpreise. Anders ausgedrückt: Wir ermitteln die Marktnachfragekurve nach einem Input durch *horizontale* Addition der Nachfragekurven aller individuellen Unternehmen.[1]

Abbildung 27.2 zeigt die Gesamt-Marktnachfragekurve *NN* nach Boden. Um es zu wiederholen: Diese Marktnachfragekurve wurde durch Addition aller Nachfragekurven sämtlicher Unternehmen ermittelt.

Die Bodenrente

Wenden wir uns nun dem Angebot zu. Eine der Besonderheiten des Bodens besteht darin, daß er, im Gegensatz zu den meisten anderen Dingen, in seiner Gesamtmenge als feste Größe von der Natur gegeben ist und sich im allgemeinen nicht in Reaktion auf einen höheren Preis vermehren beziehungsweise in Reaktion auf einen geringeren Preis vermindern läßt. (Im strengen Sinne trifft das nicht ganz zu. Boden kann in manchen Fällen durch Trockenlegung gewonnen und seine Fruchtbarkeit kann durch übermäßige Beanspruchung erschöpft werden.)

---

[1] Bei dieser Methode der horizontalen Addition der Nachfragekurve handelt es sich um das gleiche Verfahren, das in Kapitel 19 zur Ermittlung der Marktnachfragekurven verwandt wurde.

Bestimmung der Bodenrente bei Wettbewerb

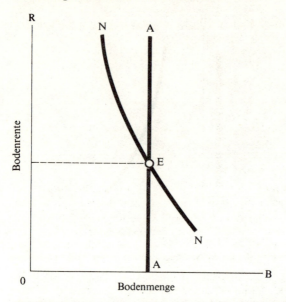

Abbildung 27.2. Der in unveränderbarer Menge angebotene Boden muß zu dem Preis arbeiten, den die Nachfrager anbieten.
Die vollkommene Inelastizität des Angebots kennzeichnet den Fall der »Rente« – gelegentlich auch als »reine ökonomische Rente« bezeichnet. Zur Bestimmung der Rente bewegen wir uns auf der AA-Kurve bis zur Faktornachfragekurve nach oben. (Abgesehen vom Boden können wir die Rententheorie auch auf ergiebige Ölfelder oder Kohle- und Erzgruben anwenden, wie auch auf 7 Fuß große Basketballspieler oder irgendwelche anderen Faktoren, die in nicht veränderbaren Mengen angeboten werden.)

Die reine ökonomische Rente

Dennoch können wir davon ausgehen, daß das besondere Merkmal des Bodens die Unveränderbarkeit seines Angebotes ist. Der Tradition folgend wollen wir unsere Diskussion auf die »ursprünglichen und **unerschöpflichen Gaben der Natur**« beschränken, deren Angebot definitionsgemäß eine fixe Größe und vollkommen unelastisch ist. Den Preis eines solchen Faktors bezeichneten die Klassiker der Nationalökonomie des vorigen Jahrhunderts als »Rente« oder gelegentlich auch als »reine ökonomische Rente«.

Die Rentendefinition des Ökonomen weicht vom **üblichen Sprachgebrauch** ab, bei dem sich der Begriff »rent« – im Sinne eines Nutzungsentgelts oder einer Miete – auf die periodische Zahlung einer bestimmten Geldsumme für eine bestimmte Nutzung wie etwa eines Hauses, eines Fahrzeugs oder dergleichen bezieht. Für die weiteren Ausführungen von **Teil VI** werden wir das Wort *»Rente«* zur Bezeichnung des Ertrages eines Faktors mit vollkommen unelastischem Angebot verwenden und das Wort »Nutzungsentgelt« oder *»Mietzins«* für eine Geldsumme, die für die Leistungen irgendeines sonstigen Faktors für einen bestimmten Zeitraum gezahlt wird.

Einige Beispiele sollen den Unterschied verdeutlichen. Beim Boden geht man im allgemeinen davon aus, daß sein Angebot begrenzt ist. Der monatliche Preis für die Nutzung eines Morgens Land ist deshalb eine Rente. Ein Lastwagen ist ein produziertes Gut, und das Angebot an Lastwagen läßt sich vergrößern oder verkleinern. Den Preis für die Nutzung eines Lastwagens für die Dauer einer Woche bezeichnen wir deshalb als Mietpreis. Als was würden Sie den Preis der Nutzung eines Gemäldes von Rembrandt oder eines Talkmasters wie Johnny Carson bezeichnen? Als Rente. Und die Gebühr für ein Hertz-Auto oder eine Schreibmaschine? Als Miete.

Das Marktgleichgewicht

Die Angebotskurve AA für Boden ist in Abbildung 27.2 aufgrund der Unveränderlichkeit des Angebots als völlig unelastisch dargestellt. Angebots- und Nachfragekurve schneiden sich im Gleichgewichtspunkt *E*; und zu diesem Faktorpreis muß die Bodenrente tendieren. Warum?

Weil die von allen Unternehmen nachgefragte Bodenmenge im Falle eines Anstiegs der Rente über den Gleichgewichtspreis hinaus unter der verfügbaren und angebotenen Menge liegen würde. Einige Grundbesitzer sähen sich nicht in der Lage, ihren Boden überhaupt zu verpachten, weshalb sie ihren Boden billiger anbieten und damit die Rente herabdrücken würden. Aus ähnlichen Gründen könnte die Bodenrente nicht über längere Zeit hinweg unter dem Gleichgewichtspunkt verharren. Geschähe dies dennoch, sollten Sie zeigen können, wie die Nachfrage unbefriedigter Unternehmen den Faktorpreis wieder auf das Gleichgewichtsniveau hinaufdrücken würde.

Nur zum Wettbewerbspreis, bei dem die Gesamtnachfrage nach Boden genau gleich dem Gesamtangebot ist, kommt das Gleichgewicht zustande. In diesem Sinne bestimmen Angebot und Nachfrage jeden beliebigen Faktorpreis.

Ein Produktionsfaktor wie Maisboden erzielt also eine »reine ökonomische Rente«, wenn (1) sein Gesamtangebot als fix oder vollkommen unelastisch betrachtet und (2) angenommen werden kann, daß der Boden keiner anderen Verwendung zugeführt werden kann als etwa der Produktion von Zucker oder Roggen. David Ricardo, der große Nachfolger von Adam Smith in England, stellte bereits 1815 fest, daß sich dieser Fall eines unelastisch angebotenen Faktors wie folgt beschreiben läßt:

> ■ **Man kann im Grunde genommen nicht sagen, daß der Getreidepreis hoch ist, weil der Preis für den Getreideboden hoch ist. Tatsächlich entspricht das Gegenteil eher der Wirklichkeit. Der Preis des Getreidebodens ist hoch, weil der Getreidepreis hoch ist. Da das Angebot an Boden unelastisch ist, wird der Boden immer zu dem Preis arbeiten, den der Wettbewerb ihn erzielen läßt. Somit leitet sich der Wert des Bodens vollständig aus dem Wert des Produktes her und nicht umgekehrt.**

Renten und Kosten[2]

Einige Ökonomen gehen so weit zu behaupten: »Die Rente geht überhaupt nicht in die Produktionskosten ein.« Wir wollen sehen, was sie damit im einzelnen meinen. Der vorhergehende Abschnitt hat gezeigt, daß in dieser Auffassung ein

---

2 Dieser theoretische Abschnitt kann in Kurzlehrgängen übergangen werden.

Körnchen Wahrheit steckt. Dennoch ist diese Terminologie gefährlich. Würden Sie als Farmer in die Maisproduktion einsteigen, würden Sie mit Sicherheit feststellen, daß der Bodenbesitzer genauso bezahlt werden muß wie jeder andere. Sie würden auf jeden Fall die Bodenrente in Ihre Produktionskosten einbeziehen, und wenn Sie sie nicht bezahlen könnten, müßten Sie Ihren Betrieb schließen.

Die Relativität des Standpunktes

Was meinen Ökonomen deshalb, wenn sie behaupten, daß die Rente nicht in die Produktionskosten der Gesellschaft eingeht? Sie meinen folgendes: Da die Rente der Ertrag eines Faktors mit unelastischem Angebot ist und der Gesellschaft auch dann zur Verfügung gestellt würde, wenn der Preis sehr viel niedriger wäre, ist der Kausalzusammenhang folgender: *Tatsächlich bestimmen die Güterpreise die Bodenrente – und nicht die Bodenrente die Güterpreise.*

Aber an dieser Stelle müssen wir vor unserem alten Feind, dem »Trugschluß der Verallgemeinerung«, auf der Hut sein. Was für jedes sehr kleine Unternehmen, das eine besondere Bodenart nutzt, als Produktionskosten erscheint, kann, wie wir gesehen haben, für die Gemeinschaft als Ganze lediglich eine abgeleitete, preisbestimmte – und nicht eine preisbestimmende – Rente sein.

Dieser Aspekt läßt sich am besten verdeutlichen, wenn es sich um eine spezielle Bodenart handelt, die nur in einem bestimmten Anbaubereich der Landwirtschaft eingesetzt werden kann. Im Falle eines unelastischen Angebots einer bestimmten Bodenfläche, die nur in einem Bereich eingesetzt und keiner anderen Verwendung zugeführt werden kann, wird diese sich immer zu dem Preis verkaufen, den sie in eben diesem Bereich erzielen kann. Ihr Ertrag stellt sich deshalb in den Augen jedes kleinen Unternehmens als Kostenfaktor dar, wie alle anderen Kosten auch. Aber als außenstehende Beobachter des gesamten Wirtschaftszweiges müssen wir dennoch anerkennen, daß der Ertrag des Bodens eine preisbestimmte Rente ist und nicht ein preisbestimmender Kostenfaktor.

Zusammenfassend läßt sich festhalten:

- **Ob die Rente ein preisbestimmender Kostenfaktor ist oder nicht, hängt von der Perspektive ab. Was dem einzelnen Unternehmen oder Wirtschaftszweig als preisbestimmendes Kostenelement erscheint, kann für die Volkswirtschaft in ihrer Gesamtheit eine reine ökonomische Rente darstellen, durch die ein Faktor mit unelastischem Angebot entlohnt wird.**

Die Ein-Steuerbewegung von Henry George: Die Besteuerung des Bodengewinns

In der zweiten Hälfte des 19. Jahrhunderts wuchs die Bevölkerung Amerikas im Zuge der Einwanderung aus allen Teilen der Welt rasch an. Mit der Zunahme der Bevölkerung wurde allmählich auch der Boden intensiver genutzt. Die sich unter Wettbewerbsbedingungen bildenden Bodenrenten stiegen. Dadurch gelangten diejenigen zu ansehnlichen Gewinnen, die das Glück oder die Weitsicht besessen hatten, rechtzeitig einzusteigen und genug Boden zu kaufen. Wie Will Rogers es formulierte: »Boden ist eine gute Kapitalanlage. Mehr von der Sorte wird nicht mehr gemacht.«

Warum, so fragten deshalb einige Leute, sollte es also vom Glück begünstigten

Bodeneigentümern gestattet sein, diese sogenannte »unverdiente Wertsteigerung des Bodens« einzustreichen?

Henry George (1839–1897), ein an wirtschaftswissenschaftlichen Problemen interessierter Buchdrucker, faßte diese Stimmungen in der Ein-Steuerbewegung (»single-tax movement«) zusammen. Diese Bewegung, die für eine hohe Besteuerung von Bodenrenten kämpfte, hatte vor hundert Jahren eine erhebliche Anhängerschaft, und es gibt nach wie vor einige Fürsprecher dieses Gedankens. Allerdings ist es unwahrscheinlich, daß irgend jemand, der sich eine solche Steuer auf sein Panier schreibt, bei der Wahl des Bürgermeisters von New York City dem Sieg jemals wieder so nahe kommen wird, wie dies Henry George im Jahre 1886 gelang. Auch ist es unwahrscheinlich, daß noch einmal irgend jemand auftreten wird, der das Evangelium dieser Bewegung in so eingängiger Weise zu vermitteln versteht, wie Henry George dies in seinem Buch *Progress and Poverty* tat, das in Millionenauflage verkauft wurde.

Die Besteuerung der Bodenrente

Dies ist nicht der Ort, den Versuch einer Bewertung der Vorzüge und Schwächen der politischen Bewegung von Henry George zu unternehmen. Ein wichtiges Prinzip der Verteilung und Besteuerung läßt sich jedoch anhand seines entscheidenden Lehrsatzes verdeutlichen:

■ **Die reine Bodenrente ist ihrem Wesen nach ein »Gewinn«, der hoch besteuert werden kann, ohne daß dies zu einer Verzerrung der Produktionsanreize oder zu einer Beeinträchtigung der Effizienz der Produktion führt.**

Wir wollen die Gründe dafür untersuchen. Angenommen, Angebot und Nachfrage führen wie in Abbildung 27.3 im Punkt E zu einer dem Gleichgewicht entsprechenden Bodenrente. Was würde geschehen, wenn wir für alle Bodenrenten eine Steuer in Höhe von 50 Prozent erheben würden? Nicht besteuern würden wir Gebäude oder Modernisierungen, denn das würde sich mit Sicherheit auf die Bautätigkeit auswirken. Wir wollen ausschließlich den Ertrag des aufgrund der Gegebenheiten der Natur nur in begrenzter Menge zur Verfügung stehenden Bodens in landwirtschaftlichen wie städtischen Gebieten besteuern.

Nach Einführung der Steuer wird sich keine Veränderung der Gesamtnachfrage nach Boden beobachten lassen. Zum Preis (*einschließlich* Steuer) von 200 Dollar, wie in Abbildung 27.3 angenommen, werden genau die gleichen Leistungen des in unveränderlicher Menge verfügbaren Bodens nachgefragt werden wie zuvor. Deshalb muß der Marktpreis angesichts der Unveränderlichkeit des Angebots an Boden (einschließlich der Steuer) in dem alten Schnittpunkt E liegen.

Aber wie steht es um die Rente des Grundbesitzers? Der Preis vor Steuerabzug hat sich nicht verändert und die angebotene Menge ist auch gleich geblieben. Deshalb muß die Steuer in voller Höhe vom Grundbesitzer getragen worden sein.

Die Situation läßt sich mit Hilfe der Abbildung 27.3 verdeutlichen. Zwischen dem, was der Farmer zahlt und dem, was der Bodeneigentümer erhält, besteht ein erheblicher Unterschied. Was den Grundbesitzer betrifft, hat die Steuer, sobald sich die Regierung von seiner Rente eine Scheibe in Höhe von 50 Prozent abgeschnitten hat, die gleiche Wirkung, als wenn sich die Nettonachfrage von NN nach $N'N'$ verlagert hätte. Der Gleichgewichtsertrag der Grundbesitzer nach

Auswirkung einer fünfzigprozentigen Besteuerung der Bodenrente

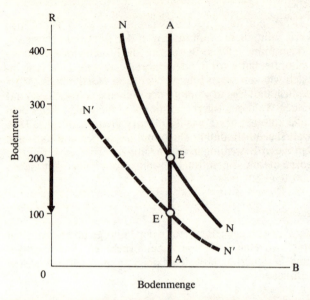

Abbildung 27.3. **Eine auf die fixe Bodenmenge erhobene Steuer fällt auf den Bodeneigentümer zurück, wobei der Staat die reine ökonomische Rente abschöpft.**
Die Besteuerung der fixen Bodenmenge läßt die von den Benutzern gezahlten Preise unverändert in E verharren, während die den Grundbesitzern verbleibende Rente auf E' absinkt. (Den Grundbesitzern bleibt nichts anderes übrig, als sich mit dem geringeren Ertrag abzufinden.) Diese Überlegung steht hinter der Ein-Steuerbewegung von Henry George, die darauf abzielte, die Gesellschaft in den Genuß unverdienter Bodenwertsteigerungen zu bringen, die aus der Urbanisierung oder der Umwandlung von landwirtschaftlichen Böden in höherwertige Flächen resultieren.

Steuerabzug liegt nunmehr nur noch auf halber Höhe von E, nämlich bei E'. *Die Steuer wurde in ihrer Gesamtheit auf den Eigentümer des Faktors abgewälzt, dessen Angebot unelastisch ist.*

Die Bodenbesitzer werden davon nicht gerade begeistert sein. Aber unter Bedingungen des Wettbewerbs können sie nichts an der Situation ändern, da sie das Gesamtangebot nicht verändern können, und da der Boden für den Preis arbeiten muß, den er erzielen kann. Ein halber Kuchen ist besser als gar keiner oder als ein Viertel eines Kuchens.

Keine Verzerrungen durch die Besteuerung der Rente

Aber – so könnten Sie fragen – wie sieht es mit den Auswirkungen einer solchen Rente auf die wirtschaftliche Effizienz aus? Die erstaunliche Antwort lautet, daß *eine Besteuerung der Rente weder zu Verzerrungen noch zu irgendeiner wirtschaftlichen Ineffizienz führt.* Warum nicht? Weil eine auf eine reine ökonomische Rente erhobene Steuer nicht zur Veränderung des Verhaltens irgendeines Wirtschaftssubjektes führt. Die Nachfrager reagieren nicht im geringsten, weil (wie wir gerade gesehen haben) der Preis für diejenigen, die den entsprechenden Faktor kaufen, der gleiche bleibt. Das Verhalten des Anbieters ändert sich ebenfalls nicht, weil, entsprechend unserer Annahme, das Bodenangebot unveränderlich ist und nicht reagieren kann. Folglich funktioniert die Wirtschaft nach Einführung der Steuer genauso wie zuvor – ohne daß irgendwelche Verzerrungen oder Beeinträchtigungen der Effizienz auftreten.

Fairneß

Somit wird uns ein überzeugendes und wichtiges Element der Ein-Steuerbewegung bewußt: Die Besteuerung der reinen ökonomischen Rente führt nicht zu einer Beeinträchtigung der wirtschaftlichen Effizienz. Aber der Mensch lebt nicht vom Brot allein und Effizienz kann auch nicht die einzige Losung der Wirtschaft sein. Eine happige Steuer auf Bodenrenten mag sich zwar als effiziente Steuer erweisen, aber sie kann auch als unfair empfunden werden. Viele Wähler werden die Auffassung vertreten, daß Grundeigentümer genauso verdienstvolle Investoren sind wie Leute, die ihr Geld in andere Dinge investiert haben. Verfechter der Bodenbesteuerung könnten dem entgegenhalten, daß es niemandem gestattet sein sollte, von irgendwelchen Zufallsgaben der Natur zu profitieren – von Öl, Erzen oder der Fruchtbarkeit des Bodens.[3] Doch das sind politische Fragen, über die der Wähler an den Wahlurnen entscheidet.

Die moderne Steuertheorie

Oft tauchen in der Wirtschaftswissenschaft alte Themen wieder auf. Das gilt auch für die Ein-Steuerbewegung. Während der vergangenen 50 Jahre haben Experten des öffentlichen Finanzwesens versucht, eine Antwort auf die Frage zu finden: Welche Steuern haben wirtschaftlich den höchsten Grad der Effizienz? In Arbeiten wie denen des englischen Wirtschaftswissenschaftlers Frank Ramsey, gefolgt von zahlreichen weiteren Analytikern wie James Mirrlees, Peter Diamond, William Baumol und David Bradford, wurde eine vollständige Analyse vorgelegt.

Die moderne Theorie der *Ramsey-Steuern* lehnt sich sehr stark an die Auffassung von Henry George an. Er stellt seiner Besteuerungsmethode die Frage voran: Wie kann der Staat bei der Erhebung der notwendigen Steuern den höchsten Grad an Effizienz erreichen, das heißt die Einbuße im Bereich der Konsumentenrente minimieren? Die Antwort darauf ist einfach und lautet: durch Anwendung des »Ramsey-Steuer-Prinzips«: Am stärksten werden diejenigen Inputs und Outputs besteuert, bei denen der Grad der Inelastizität von Angebot und Nachfrage am größten ist. Sind beispielsweise die Nachfragekurven nach Boden und Zigaretten in hohem Maße unelastisch, belaste man sie mit hohen Steuern. Sind Flugreisen und Autos sehr preiselastisch, belaste man sie mit geringen Steuern.

Der Grundgedanke, der dem Ramsey-Steuer-Prinzip zugrunde liegt, deckt sich im wesentlichen mit dem in Abbildung 27.3 dargestellten: Ist das Angebot (oder die Nachfrage) nach einem Gut sehr unelastisch, wird eine Besteuerung dieses

---

[3] In vielen Ländern, insbesondere in Lateinamerika, wird der Reichtum, der den Öl- und Erdgasquellen sowie anderen Schätzen des Bodens entspringt, als ein Erbe der Nation betrachtet, dessen Überführung in private Hände fast einem Sakrileg gleichkäme. Solche Unterschiede in der gesellschaftlichen Bewertung führen auch zu anderen Einstellungen zum Bergbau und zur Bodennutzung, die von der vorwiegend privatwirtschaftlich geprägten Haltung der Vereinigten Staaten abweichen.

> **Ergänzender Hinweis:**
>
> In jüngster Zeit boten die fiskalpolitischen Überlegungen im Zusammenhang mit der »Telefongrundgebühr« ein Beispiel für diesen Konflikt zwischen Gerechtigkeit und Effizienz. Die Federal Communications Commission (FCC) brachte den Vorschlag ein, einen Teil der fixen Kosten der Unterhaltung des Telefonnetzes dadurch abzudecken, daß private Haushalte monatlich 6 Dollar in Form einer »Grund«gebühr zahlen sollten. Diese Gebühren basierten auf wirtschaftlichen Untersuchungen, die erkennen ließen, daß die Nachfrageelastizität beim monatlichen Grundanschluß extrem gering sei – weshalb sich an dieser Stelle eine effiziente Gebühr erheben ließe. 1984 veranlaßte der Kongreß die FCC, von dieser Grundgebühr zunächst Abstand zu nehmen, und zwar zum Teil deshalb, weil sie die Haushalte mit geringem Einkommen besonders stark trifft: Eine Gebühr von 6 Dollar im Monat würde einen größeren Anteil des Einkommens von Familien mit geringem Einkommen aufzehren als von Familien mit höherem Einkommen.

Gutes das Nachfrage- oder Angebotsverhalten der Wirtschaftssubjekte nicht nennenswert beeinflussen. Folglich werden weder das Produktionsniveau noch die erzielbaren Nutzeneinheiten im Besteuerungsfall spürbar zurückgehen.

Die Schwäche des Ramsey-Steuer-Prinzips ist dieselbe wie die der Ein-Steuer-Bewegung: Der Wert eines Steuersystems ist nicht allein von seiner Effizienz abhängig, sondern auch von der Frage, ob es als gerecht empfunden wird. Wäre die Inelastizität der Nachfrage gerade bei den lebensnotwendigsten Gütern gegeben, würde dies bedeuten, daß arme Familien einen unverhältnismäßig großen Teil ihres Einkommens darauf verwenden müßten. In diesem Fall wären effiziente Steuern regressive Steuern, die die Armen härter treffen als die Reichen. Würde das traditionellen Gerechtigkeitsnormen entsprechen? (Siehe ergänzender Hinweis oben.)

Angebot und Nachfrage nach einem beliebigen Faktor

Die sich unter Wettbewerbsbedingungen vollziehende Bestimmung der Bodenrente durch Angebot und Nachfrage ist nur ein Beispiel für die allgemeine Analyse, die sich auf jeden beliebigen Produktionsfaktor anwenden läßt. Wie wird beispielsweise die Höhe der wöchentlichen Mietzahlungen für einen Traktor auf einem Wettbewerbsmarkt bestimmt?

Zunächst addieren wir die abgeleitete Nachfrage aller Wirtschaftsunternehmen nach Traktoren. (Natürlich stehen hinter dieser abgeleiteten Nachfrage die Grenzerlös-Produkt-Überlegungen des voraufgegangenen Kapitels; doch diese im Hintergrund wirksamen Beziehungen brauchen den Beobachter der Gesamt-Marktnachfrage nach diesem Faktor nicht zu interessieren.)

Abgesehen von der in Abbildung 27.4 dargestellten *NN*-Kurve brauchen wir auch eine Angebotskurve, etwa der Art von *AA*. Doch nunmehr besteht kein Grund dafür, daß diese Angebotskurve vollkommen vertikal verlaufen muß. Sie kann jetzt positiv elastisch sein und nach rechts oben ansteigen. Handelt es sich bei dem Produktionsfaktor dagegen um den Faktor Arbeit, wäre es denkbar, daß die Beschäftigten im Falle steigender Löhne den Eindruck gewinnen, daß sie mit

Faktorpreisbildung bei Wettbewerb

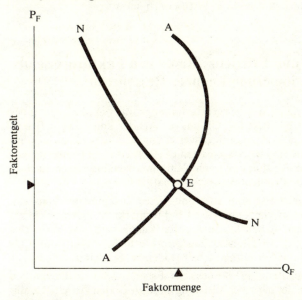

Abbildung 27.4. Faktorangebot und abgeleitete Faktornachfrage bestimmen gemeinsam die Faktorpreise und die Einkommensverteilung.
Der Anteil des Bodens am Volkseinkommen steigt mit seiner Rente. Auf die gleiche Weise werden auf Wettbewerbsmärkten die Anteile für gelernte und ungelernte Arbeitskräfte durch das Wechselspiel zwischen Angebot und Nachfrage bestimmt. Das gleiche gilt im Rahmen der Grenzproduktivitätstheorie für jeden beliebigen anderen Produktionsfaktor.

weniger Arbeitsstunden auskommen, so daß sich die AA-Kurve schließlich rückwärts und nach links oben neigt, anstatt vorwärts nach rechts oben anzusteigen.
Gleichgültig, ob die Angebotskurve vertikal-unelastisch, positiv-elastisch oder negativ-elastisch verläuft – es wird immer eine AA-Kurve nach der Art der Abbildung 27.4 geben.

■ **Der Gleichgewichtspreis bildet sich in dem Punkt, in dem die abgeleitete Nachfragekurve die Faktor-Angebotskurve schneidet. Verlagert sich die Nachfragekurve des Faktors nach oben, wird auch der Marktpreis steigen. Steigt andererseits das Angebot eines Faktors, so daß sich die Angebotskurve nach rechts verlagert, wird der Faktorpreis sinken.**

Somit werden in einer auf dem Wettbewerb basierenden Marktwirtschaft die Faktorpreise und die Einkommensverteilung nicht durch Zufall bestimmt. Es sind eindeutige Angebots- und Nachfragekräfte am Werk, die den knappen Faktoren, die bei der Produktion der von den kaufkräftigen Konsumenten gewünschten Güter von großem Nutzen sind, hohe Erträge zuweisen. Und selbstverständlich sinkt der Preis eines Faktors, sobald dieser in größeren Mengen verfügbar wird oder gute Substitute auftauchen, oder wenn die Konsumenten die

Güter nicht mehr wünschen, für deren Produktion der jeweilige Faktor am besten geeignet ist. Der Wettbewerb gibt und der Wettbewerb nimmt.

Faktorpreisbildung und Effizienz: Rente und Faktorpreise als Instrumente zur Rationierung knapper Ressourcen

Angebot und Nachfrage unter Wettbewerbsbedingungen tragen zur Lösung des *Für-wen*-Problems der Gesellschaft bei. Ob uns die Art der unter diesen Bedingungen zustande kommenden Einkommensverteilung gefällt oder nicht – im Falle der Bodenrente gefiel sie Henry George mit Sicherheit nicht –, müssen wir dennoch zugeben, daß die Preisbildung unter Wettbewerbsbedingungen zu einer effizienten Lösung des *Wie*-Problems der Gesellschaft beiträgt.

So beobachten wir beispielsweise, daß aufgrund dieses Zusammenwirkens von Angebot und Nachfrage auf den Güter- und Faktormärkten in Amerika, wo Böden reichlich vorhanden, Arbeitskräfte dagegen knapp sind, das Verhältnis Boden/Arbeit sehr hoch ist. In Holland dagegen, wo mehr Arbeitskräfte als Boden verfügbar sind, ist das Verhältnis Arbeit/Boden vergleichsweise hoch.

Warum? Infolge staatlicher Planung? Keineswegs. Es sind vielmehr die von den Preisen ausgehenden Signale, die zu den leistungsfähigen Boden-Arbeit-Kombinationen führen. In Amerika muß der Boden zu einem niedrigeren Preis angeboten werden; der Faktor Arbeit dagegen zu einem hohen Preis. Daher muß jeder Farmer, der nach der Minimalkostenkombination strebt, wenn er nicht bankrott gehen will, in den USA Arbeit durch Boden ersetzen. Im Ausland dagegen wird Boden durch den Faktor Arbeit ersetzt.

Mehr noch: Infolge der Knappheit des Faktors Arbeit in den USA stellen wir fest, daß ausgefallene Gemüsearten, deren Anbau sehr arbeitsintensiv ist, relativ teurer sind als Erzeugnisse, deren Anbau bodenintensiv ist. Die sich daraus ergebenden hohen Güterpreise veranlassen uns, in unserer Ernährung die teureren arbeitsintensiven Erzeugnisse durch die billigeren bodenintensiven Erzeugnisse zu ersetzen. Im Ausland findet die gegenteilige Gütersubstitution statt. Deshalb signalisiert das Preissystem dem Konsumenten, in welcher Weise er bei seiner Endnachfrage Güter durch andere substituieren sollte, während es dem Produzenten signalisiert, welche Faktoren er durch andere ersetzen sollte.

Die Tragödie der Gemeingüter

Diese alltäglichen Beispiele führen uns vor Augen, daß die Erhebung einer Rente für knappe Ressourcen zur Gewährleistung einer effizienteren Ressourcenallokation beiträgt. Die Anwendung dieses Prinzips läßt sich auf kritische Bereiche der Umwelt im lokalen wie im globalen Rahmen erweitern. Viele unserer natürlichen Ressourcen befinden sich in niemandes privatem Besitz. Sie *gehören der Gemeinschaft*, so wie früher in den Neuengland-Dörfern die Allmende. Wie von dem namhaften Biologen Garret Hardin in so beredter Weise dargestellt, kommt es zu tragischen Entwicklungen, wenn Weideland einer Gemeinde, das von allen Mitgliedern gemeinsam genutzt werden darf, zu stark beweidet wird.

Vor uns liegt eine Weide, die allen offensteht. Jeder Viehbesitzer versucht, so viel

Vieh wie möglich auf die Gemeindewiese zu treiben. Das geht über Jahrhunderte hinweg gut, weil Kriege, Viehdiebstahl und Krankheiten dafür sorgen, daß die Zahl der Tiere die Leistungskraft des Bodens nicht übersteigt. Aber schließlich kommt der Tag der Abrechnung. Jeder Viehbesitzer versucht, seinen persönlichen Gewinn zu maximieren. Er gelangt zu dem Schluß, daß der einzig vernünftige Weg für ihn in der Vergrößerung seiner Herde um ein Tier liegt. Und um noch ein Tier... Aber zu dem gleichen Schluß gelangen auch alle anderen von Zweckmäßigkeitserwägungen geleiteten Viehtreiber, die ein Weiderecht auf den allen zugänglichen Gemeindewiesen haben. Die Herden wachsen ins Grenzenlose – in einer Welt, der Grenzen gesetzt sind. Wir stehen vor einer Tragödie: Der freie Zugang zu den Gemeingütern ist der Ruin aller.[4]

Hardin deckte einen entscheidenden Punkt auf: Wird (oder kann) für ein knappes Gut keine Rente erhoben werden, kann es zu beträchtlicher Fehlallokation oder sogar zu einem Mißbrauch der Ressourcen kommen. In seinem Beispiel wurde keine Rente von denjenigen erhoben, die ihr Vieh auf dem Gemeindeland weiden ließen, was schließlich zu einer Überweidung und zur Vernichtung der Bodenfruchtbarkeit führt. Es lassen sich auch andere Beispiele anführen:

- Die Meere stehen allen offen. Deshalb fischt jeder, und jeder fischt zu viel. Die Wale sind gefährdet, und viele Seen oder andere Fischfanggründe sind bereits erschöpft. Ohne eine ausreichende Besiedlung der Gewässer mit Fischen sind Fischzucht und Pflege der Fischgründe nicht möglich. Die Reserven des Meeres an Fischen würden besser genutzt, wenn diejenigen, die auf Fischfang gehen, eine Rente zahlen müßten – was sowohl für die Konsumenten wie für das Fischereigewerbe von Vorteil wäre.

- An Wochenenden und in der Ferienzeit sind unsere Straßen verstopft. Wir wären möglicherweise besser dran, wenn wir während solcher Perioden »Stoßzeitengebühren« verlangen würden. Wer nicht unbedingt reisen muß, würde seine Fahrt aufschieben oder daheim bleiben, wodurch eine Art Rationierung der Straßen zugunsten derjenigen erfolgen würde, die unter allen Umständen fahren wollen.[5]

- Industrieanlagen, die Energie oder chemische Erzeugnisse herstellen, verunreinigen oft Gewässer und Luft. Sie gehen mit der sauberen Luft und dem sauberen Wasser um, als handele es sich um Gemeingüter, deren Verfügbarkeit sie sich zunutze machen können, ohne dafür zahlen zu müssen. Warum kann man Unternehmen für den Gebrauch von sauberer Luft und sauberem Wasser nicht genauso einen Zins abverlangen wie für knappes Kapital oder für Arbeitskräfte? Durch Erhebung einer Rentenzahlung für die Nutzung der Umwelt können wir diese in der Weise rationieren, daß sie nur von Unternehmen belastet wird, die bereit sind, auch einen Preis dafür zu zahlen, wenn sie sich einer Tonne Industriemüll oder ihrer Schwefeldioxydabfälle entledigen können.

---

[4] Diese geringfügig geraffte Wiedergabe wird näher ausgeführt in Garret Hardin, »The Tragedy of the Commons«, *Science*, 13. Dezember 1968.
[5] In den »Fragen zur Diskussion«, wird unter 5. das Problem der Verstopfung der Straßen und der Stoßzeitengebühren unter dem Aspekt von Angebot und Nachfrage nach der Benutzung von Straßen analysiert. (Vgl. Abb. 27.5.)

Externe Effekte im Zusammenhang mit Gemeingütern

Beachten Sie, daß alle drei Beispiele einen Aspekt gemein haben. Die Tatsache des Fischens, des Autofahrens oder der Abfallentsorgung verursacht anderen Mitgliedern der Gesellschaft Kosten. Hierbei handelt es sich um *externe Effekte* oder externe Kosten der Produktion oder des Konsums, wie sie uns bereits in Kapitel 3 begegnet sind und die wir eingehender in Kapitel 32 behandeln werden. Sorgfältige Beobachtungen lassen vermuten, daß im Zusammenhang mit Gütern, die sich im Gemeineigentum befinden, in erheblichem Umfang externe Effekte auftreten und sich diese externen Effekte durch Erhebung einer »Knappheitsrente« für die betreffenden Ressourcen abbauen ließen.

Gründe für nicht erhobene Renten

Es drängt sich die Frage auf: Warum werden für diese knappen Ressourcen keine Renten gefordert? Dafür gibt es zwei Gründe allgemeiner Natur.

Zum einen gibt es in einigen Fällen keine Eigentümer, oder die Eigentümer sind nicht an einer Maximierung ihrer Gewinne interessiert. Die Luft oder die Meere sind niemandes Eigentum, weshalb es auch niemanden gibt, der eine angemessene Rente dafür erheben und einziehen könnte. In anderen Fällen mag der Staat zwar Eigentümer der Straßen und Wasserwege sein, aber aufgrund einer von der Allgemeinheit gefällten Entscheidung wird der Preis für ihre Nutzung zu gering veranschlagt (wie im Falle der überfüllten Autobahnen). Was allen gehört, gehört niemandem, weshalb jedermann ohne persönliche Kosten seinen Abfall in der Landschaft abladen und diese verschmutzen kann.

Zum anderen ist der Mißbrauch von Ressourcen, die sich im Gemeineigentum befinden, oft darauf zurückzuführen, daß die Überwachung und die Erhebung von Renten sich als außerordentlich kostenaufwendig erweisen kann. Könnten Sie sich ein Meßgerät an jedem Schornstein, jedem Auto und jeder Angelrute vorstellen, das jeden Posten erfaßt, der zur Umweltverschmutzung, zur Verstopfung der Straßen oder zum Überfischen beiträgt? Da die Kosten für derartige Überwachungsmaßnahmen oft extrem hoch sind, entscheiden sich Regierungen häufig dafür, die kostenlose Nutzung der im Gemeineigentum befindlichen Ressourcen zuzulassen.

Die Einhegung von Flächen im Gemeineigentum

Zwischenzeitlich sind jedoch Veränderungen in der Einstellung zu den in Gemeineigentum befindlichen Ressourcen eingetreten. In England hat die Einhegungsbewegung (»enclosure movement«) den größten Teil des Bodens in Privatbesitz überführt. Gesetze zur Reinhaltung der Luft und des Wassers haben die Möglichkeiten von Unternehmen, sich ihrer Abfälle unkontrolliert zu entledigen, eingeschränkt. Die Seerechtskonvention gestattet es Nationen, nur innerhalb einer 200-Meilen-Zone vor ihren Küsten Kontrolle über die Ressourcen des Meeres auszuüben. Obgleich diese Vorkehrungen keine vollkommenen Instrumente zur Erhebung von angemessenen Knappheitsrenten darstellen, tragen sie dennoch zur Verhinderung der schlimmsten Auswüchse der Ausbeutung von natürlichen Ressourcen bei, die der Allgemeinheit gehören.

Abschließende Betrachtungen

Die gleichen allgemeinen Grundsätze, die die Bodenrente bestimmen, gelten auch für die Preisbildung aller übrigen Faktoren: für Kapitalgüter, natürliche Ressourcen oder den Faktor Arbeit. Auch der Mietzins für Computer oder Lastwagen wird im wesentlichen auf die gleiche Weise bestimmt.

Man könnte sogar sagen, daß die Löhne ein Mietzins für die Nutzung der persönlichen Leistungen eines Menschen für die Dauer eines Tages, einer Woche oder eines Jahres darstellen. Diese Formulierung mag zunächst seltsam klingen, aber nach einiger Überlegung erkennen wir, daß jeder Arbeitsvertrag auf eine bestimmte Zeitspanne begrenzt ist. Der Notwendigkeit, jemals Boden pachten zu müssen, kann man natürlich dadurch aus dem Wege gehen, daß man Land aufkauft. Die Arbeitskraft gehört in unserer Gesellschaft jedoch zu den wenigen Produktionsfaktoren, die kraft Gesetz nicht käuflich sind. Arbeitskraft kann nur gemietet werden, und der Lohn ist im Grunde ein Mietzins.

Im anschließenden Kapitel werden wir die besonderen Probleme der Löhne und der Arbeitsmärkte behandeln. Kapitel 29 wird sich auf das Thema der speziellen Institution der Gewerkschaften sowie der Tarifverhandlungen konzentrieren. Abschließend werden wir uns in Kapitel 30 dem Zins und den Gewinnen – dem Kapitalertrag – zuwenden.

Zusammenfassung

1. Im Gegensatz zur Nachfrage nach Konsumgütern hat die Nachfrage nach Inputs ihren Ursprung nicht in der Befriedigung oder dem Nutzen, den diese als solche mit sich bringen. Inputs werden nachgefragt in Abhängigkeit von dem, was sie produzieren, nicht aufgrund der ihnen innewohnenden besonderen Eigenschaften. Faktor-Nachfragekurven sind von Güter-Nachfragekurven abgeleitete Kurven. Eine Aufwärtsverlagerung der letzteren verursacht eine ähnliche Aufwärtsverlagerung bei ersteren, und die Inelastizität eines Gutes führt zur Inelastizität auch bei der abgeleiteten Faktornachfrage.

2. Die Faktornachfrage eines einzelnen Unternehmens leitet sich aus deren Bedingungen der Gewinnmaximierung her. Sie wird sich deshalb so gestalten, daß die Grenzerlös-Produkte gleich den Faktorpreisen sind. Dieser Gesichtspunkt bestimmt, wie in Kapitel 26 dargestellt, die Faktornachfrage eines Unternehmens.

3. Zur Ermittlung der Marktnachfrage nach einem Faktor müssen wir die Nachfrage aller Unternehmen horizontal aufaddieren. Diese bestimmt dann zusammen mit der Angebotskurve des jeweiligen Faktors den Schnittpunkt zwischen beiden. Zum Gleichgewichts-Marktpreis gleichen sich die nachgefragten und die angebotenen Mengen des Faktors genau aus – nur bei diesem Preis besteht keine Änderungstendenz des Faktorpreises. In jedem Punkt über dem Gleichgewichtspreis werden die Anbieter versuchen, den Markt zu unterbieten, und dadurch einen Rückgang der Preise auslösen; in jedem Punkt unterhalb des Gleichgewichtspreises wird die Verknappung des Faktors dazu führen, daß der Preis durch die Nachfrage hochgeboten und damit das Gleichgewicht wiederhergestellt wird.

4. Die unveränderliche Menge des verfügbaren Bodens stellt einen interessanten Sonderfall dar, bei dem die Angebotskurve vollkommen vertikal und unelastisch ist. Dennoch wird auch in einem solchen Fall einer »*reinen ökonomischen Rente*« der Gleichgewichts-Marktpreis durch den Wettbewerb bestimmt. Allerdings ist in diesem Fall die Rente eher preis*bestimmt* als preis*bestimmend*; die Bodenrente ist eher das Resultat als die Ursache der Marktpreise für Fertigerzeugnisse. (Dennoch dürfen wir nicht übersehen, daß die Rente aus der Sicht eines kleinen Unternehmens oder Wirtschaftszweiges trotz allem in die Produktionskosten eingeht, wie jeder andere Aufwand auch. Für ein solches kleines Unternehmen oder einen solchen Wirtschaftszweig spiegelt die Rente die Alternativkosten der Verwendung anderen Bodens wider und erscheint ebensosehr als preisbestimmendes Element wie jeder andere Kostenfaktor.)

5. Ein Faktor wie der Boden, dessen Angebot unelastisch ist, wird die gleichen Leistungen auch dann erbringen, wenn die Entlohnung des Faktors sinkt. Aus diesem Grunde wies Henry George darauf hin, daß in diesem Fall die Rente eher einen »Gewinn« darstellt und nicht ein Faktorentgelt, das notwendig ist, um überhaupt ein Faktorangebot hervorzurufen. Diese Auffassung stellt das Fundament der »Ein-Steuerbewegung« dar, derzufolge die unverdiente Wertsteigerung des Bodens besteuert werden sollte – was nicht zu einer Überwälzung der Steuer auf den Konsumenten oder zu Verzerrungen in der Produktion führen würde.

Für die moderne öffentliche Finanzwirtschaft hat die Analyse von Henry George nach wie vor eine gewisse Gültigkeit: Die Theorie der effizienten (oder »Ramsey«-)Steuern zeigt, daß sich die wirtschaftliche Ineffizienz von Steuern minimieren läßt, wenn diese auf Güter oder Faktoren erhoben werden, bei denen Angebot oder Nachfrage ausgesprochen unelastisch sind.

6. Viele Umweltprobleme unserer Zeit treten deshalb auf, weil auf knappe Ressourcen keine Renten erhoben werden (oder werden können). Die »Tragödie der Gemeingüter« nahm ihren Anfang, als zu viele Herden auf dem Gemeindegelände grasten, ohne daß Rentenzahlungen anfielen; auf diese Weise wurde die Vegetation zerstört. Die Nutzung von Weideflächen und Fischgründen oder die Beseitigung von Abfällen kann *externe Effekte* zur Folge haben oder die Gesellschaft mit Kosten belasten, für die der Benutzer der Weideflächen und Fischgründe oder der sich seiner Abfälle entledigende Unternehmer nicht aufkommt. In diesen Fällen werden trotz der Knappheit der Gemeingüter keine Renten erhoben, um deren Nutzung einzuschränken. Warum werden keine Renten erhoben? In einigen Fällen, weil niemand Eigentümer dieser Ressourcen ist; in anderen, weil die Kosten der Kontrolle über die Nutzung und die Erhebung von Renten astronomische Größenordnungen erreichen würden.

7. Zur Erklärung der Preisbildung unter Wettbewerbsbedingungen können für sämtliche Leistungen die allgemeinen Prinzipien von Angebot und Nachfrage herangezogen werden. Der Mietzins für alle Inputs – einschließlich der Löhne für die Nutzung der menschlichen Arbeitskraft sowie für langlebige Maschinen – wird in einem Wettbewerbssystem durch Angebot und Nachfrage bestimmt.

Begriffe zur Wiederholung

abgeleitete Nachfrage
unelastisches Bodenangebot
Rente (oder reine ökonomische Rente)
Rente gegenüber Mietzins
Einsteuer, Rückverlagerung der Bodensteuer auf den Eigentümer
preis*bestimmte* oder preis*bestimmende* Kosten
Renten der Gesellschaft als Kosten der Unternehmen
Preissignale für eine effiziente Faktor- und Gütersubstitution
effiziente bzw. Ramsey-Steuern
»Tragödie der Gemeingüter«
Knappheitsrenten für Gemeingüter

Fragen zur Diskussion

1. Definieren Sie den Fall der »reinen ökonomischen Rente«. Erläutern Sie, in welchem Sinne der Preis eines solchen Faktors »preis-*bestimmt*« und nicht »preis-*bestimmend*« ist. Zeigen Sie, daß dennoch eine Angebotssteigerung des rentenbringenden Faktors seinen Ertrag mindert und zu einer Senkung der Preise derjenigen Güter führt, an deren Produktion er stark beteiligt ist.

2. Worum ging es bei der Ein-Steuerbewegung von Henry George? Zeigen Sie anhand eines Diagrammes die Auswirkung der Besteuerung der reinen Rente.

3. Welche Folgen hätte Ihrer Meinung nach die Besteuerung der Gagen von Tennis- oder Baseballstars?

4. Gelegentlich wird behauptet, daß angesichts des fixen Angebots an Wohnungen Mietkontrollen für Etagenwohnungen keine negativen Auswirkungen auf den Wohnungsmarkt haben. Gehen Sie (im Widerspruch zu der Realität) davon aus, daß das Wohnungsangebot vollkommen unealstisch ist. Was würde geschehen, wenn eine Mietkontrollbehörde von New York oder Berkeley verfügte, daß die Mieten 20 Prozent unter dem Marktpreis liegen müßten? (Erinnern Sie sich an die Behandlung staatlicher Interventionsmaßnahmen in Kapitel 18.) Vergleichen Sie die Auswirkungen einerseits von Mietkontrollen auf Mieter wie Vermieter und andererseits von Steuern auf die Einkommen aus Vermietung und Verpachtung. (Die Angebots- und Nachfrageanalyse wird Ihnen bei der Beantwortung beider Teile dieser Frage helfen.)

5. Unsere Autobahnen können nur ein bestimmtes Verkehrsaufkommen bewältigen, wie in Abbildung 27.5 durch die Vertikale *CA* dargestellt. An Wochenenden, zur Ferienzeit und während der Hauptverkehrszeiten verlagert sich die Nachfragekurve *(NEB)* sehr weit nach rechts außen. Erklären Sie, was geschieht, wenn die Gesellschaft keine Straßengebühren erhebt, so daß sich die Nachfrage nach Straßenraum im Punkt *B* befindet. Interpretieren Sie den Abschnitt *CB*.

Straßenbenutzungsgebühr, ja oder nein?

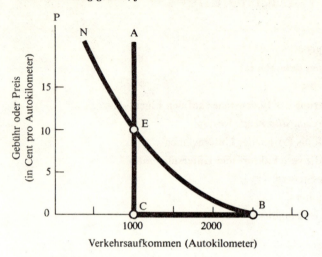

Abbildung 27.5.

Von einigen Seiten ist der Vorschlag der Einführung von »Stoßzeitengebühren« gemacht worden, um die Nachfrage an das verfügbare Angebot anzupassen. Wie hoch wäre diese Gebühr im Gleichgewichtspunkt? Erklären Sie, wie die Nachfrage eingeschränkt werden kann. Wer würde von einem solchen System profitieren, für wen würde es Nachteile mit sich bringen?

6. *Preisfrage*: Testen Sie, ob Sie unter Verwendung der Angebots- und Nachfrageanalyse sowie des Begriffes der Konsumentenrente das Prinzip der Ramsey- (bzw. effizienten)Steuern nachvollziehen können, und zwar unter folgenden Annahmen: Zeichnen Sie die Angebots- und Nachfragekurven für zwei Märkte, auf denen im einen Fall die Nachfrage unelastisch, im anderen sehr elastisch ist. Auf beiden Märkten werden 1000 Einheiten zu je 10 Dollar vor Steuerabzug umgesetzt. Gehen Sie zum Zwecke der Vereinfachung von horizontalen Angebotskurven aus. Führen Sie sodann eine Steuer in Höhe von 2 Dollar pro Einheit jedes Produktes ein. Vergleichen Sie in jedem der beiden Fälle den Gesamtverlust (bzw. die eingebüßte Konsumentenrente). Können Sie erkennen, daß die eingebüßte Konsumentenrente im Falle des Produktes mit unelastischer Nachfrage sehr viel geringer ist? Spricht dies für die Ramsey-Steuern?

Löhne, Gehälter und Arbeitsmarkt 28

Jeder Arbeiter ist seines Lohnes wert.
    Lukas, 10.7

Von allen Preisen, die es in der Wirtschaft gibt, sind die Löhne und Gehälter – der Preis des Faktors Arbeit – mit Abstand die wichtigsten. Für den weitaus größten Teil aller Haushalte stellen die Arbeitseinkommen die bedeutendste Einkommensquelle dar. Rechnen wir noch die Einkommen der Selbständigen (wie der Bauern und Ärzte) zu denen der anderen Arbeitnehmer hinzu, dann machen heute die Löhne und Gehälter 80 Prozent des Volkseinkommens aus.

Welche Faktoren bestimmen in einer modernen Volkswirtschaft die Lohnsätze? In Teil A behandeln wir die Bestimmungsfaktoren der Löhne unter Wettbewerbsbedingungen; im anschließenden Teil B untersuchen wir das Problem der Diskriminierung auf den Arbeitsmärkten.

Im nachfolgenden Kapitel wenden wir uns dann der Analyse der Gewerkschaften zu, wobei wir uns mit den Methoden beschäftigen, mit deren Hilfe die Gewerkschaften Lohnerhöhungen durchsetzen und auf das Funktionieren der Arbeitsmärkte Einfluß nehmen.

A. Die Bestimmung der Löhne unter Wettbewerbsbedingungen

Die Unterschiede zwischen einzelnen Löhnen sind enorm hoch.[1] Der Durchschnittslohn läßt sich deshalb genausoschwer definieren wie der Durchschnittsmensch. Ein leitender Angestellter eines Automobilwerkes verdient vielleicht

---

[1] In diesem Kapitel werden wir generell den Terminus »Lohn« als stellvertretend für »Löhne, Gehälter und sonstige Arten von Einkommen« verwenden. Die behandelten Theorien gelten sowohl für die Gehälter und Honorare von Ingenieuren und Rechtsanwälten wie für die Einkommen von Lohnarbeitern wie Automechanikern oder Schreinern.

1 Million Dollar im Jahr, während ein Büroangestellter lediglich 12000 Dollar erhält und ein Landarbeiter es nur auf 8000 Dollar bringt. Im gleichen Automobilwerk erhält ein gelernter Maschinenschlosser einen Wochenlohn von 450 Dollar, während ein ungelernter Pförtner nur 200 Dollar in der Woche verdient. Frauen mit Berufserfahrung verdienen in der Woche 200 Dollar, während ihre jüngeren Brüder mit einem Wochenlohn von 250 Dollar anfangen. Diese Lohnunterschiede zu erklären, muß Teil jeder Lohntheorie sein.

Aber so wichtig diese Lohn*unterschiede* auch sein mögen, dürfen wir dennoch nicht das *allgemeine Lohnniveau* aus den Augen verlieren. Heute sind die Löhne praktisch sämtlicher Kategorien von Arbeitnehmern höher als vor hundert Jahren. Die Löhne vergleichbarer Kategorien von Arbeitnehmern sind in den Vereinigten Staaten und Westeuropa höher als in Lateinamerika und Asien. In Schweden sind sie höher als in Italien; in der Bundesrepublik höher als in der DDR.

Die analytischen Instrumente der Wirtschaftswissenschaft – wie beispielsweise die des Angebots und der Nachfrage nach Arbeit – werden uns helfen, diese grundlegenden Tatbestände zu erklären.

Die Bestimmung des Reallohnes für gleiche Arbeit

Wir wollen mit der Untersuchung des vereinfachten Falles von Löhnen beginnen, die für vergleichbare Arbeit an Arbeitnehmer gezahlt werden, die sich alle hinsichtlich ihrer Qualifikation, ihres Arbeitseinsatzes sowie in jeder anderen Hinsicht völlig gleichen. In diesem Fall wird der Wettbewerb dazu führen, daß auch ihre Stundenlöhne genau gleich sind. Kein Arbeitgeber wird für die Arbeit eines Beschäftigten mehr zahlen als für dessen identischen Doppelgänger, und keine Gruppe derartiger Arbeiter könnte für ihre Leistungen mehr verlangen.

Wie wird dieser Marktlohn bestimmt? Wenn wir die Angebots- und Nachfragekurve dieser Arbeitnehmer kennen – wie etwa die in Abbildung 28.1(a) –, stellen wir fest, daß der unter Wettbewerbsbedingungen zustande gekommene Gleichgewichtslohn in E_n liegen muß. Anders ausgedrückt, stellt E_n den Schnittpunkt zwischen dem Angebot und der Nachfrage nach homogener Arbeit dar. Läge der Lohnsatz unter E_n, würde sich ein Mangel an Arbeitskräften bemerkbar machen, und die Arbeitgeber würden die Löhne hochbieten, bis diese den Punkt E_n erreicht hätten und das Gleichgewicht wiederhergestellt wäre.

Unser Interesse gilt dem Reallohn – dem, was man sich für den Lohn kaufen kann –, nicht nur dem Nominallohn. Deshalb gehen wir in unseren Darstellungen von kaufkraftbezogenen Stundenlöhnen aus. Definitionsgemäß ist ein *Reallohn*index ein um einen Preisindex (wie etwa dem in Kapitel 12 beschriebenen Lebenshaltungskostenindex, *IL*) deflationierter (oder dividierter) Index des jeweiligen Nominal- oder Geldlohnes. Das in Abbildung 28.1 dargestellte Beispiel geht von Löhnen aus, die berücksichtigen, wieviel der jeweilige Lohnempfänger an – in Dollar gemessenen – Gütern mit seinem Einkommen im Jahre 1985 kaufen konnte.

Abbildung 28.1(a) soll die Situation in Nordamerika, Abbildung 28.1(b) diejenige in Südamerika widerspiegeln. Warum sind die Löhne in Nordamerika so viel höher? Liegt es daran, daß die Gewerkschaften in Nordamerika mächtiger sind als in Südamerika? Oder daß bei uns höhere Mindestlöhne gezahlt werden müs-

Komparative Lohnsätze

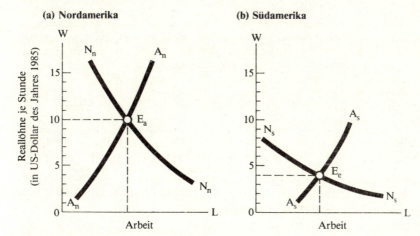

Abbildung 28.1. Die reiche Ausstattung mit natürlichen Ressourcen, qualifizierte Arbeitskräfte, gute Unternehmensführung, das Vorhandensein von Kapital und eine hochentwickelte Technologie erklären die hohen Löhne von Nordamerika.
Angebot und Nachfrage sorgen in Nordamerika im Vergleich zu Südamerika für einen höheren Wettbewerbslohn. Die wichtigsten Faktoren, die in Nordamerika zu höheren Löhnen führen, sind die besser ausgebildeten und höher qualifizierten Arbeitskräfte, ein größerer Kapitalstock pro Arbeitnehmer und modernere Produktionsverfahren.

sen als in Südamerika? Es ist kaum anzunehmen, daß die richtige Antwort in diesen Aspekten zu suchen ist. Vielmehr sollte eine erste Annäherung an die richtige Antwort lauten:

- **Die Unterschiede in den Reallöhnen verschiedener Regionen sowie deren Unterschiede im Zeitablauf sind in erster Linie auf die Wirkungsweise von Angebot und Nachfrage nach Arbeit zurückzuführen.**

Aber *warum* verhalten sich Angebot und Nachfrage in Nordamerika so, daß sie hier zu hohen Löhnen führen? Was verbirgt sich hinter diesen Kurven? Warum ist die Arbeitsproduktivität (das Grenzprodukt der Arbeit) hier so hoch? Warum hatten bis zu den 80er Jahren die Löhne Europas die der Vereinigten Staaten fast eingeholt, nachdem sie in der Vergangenheit nur einen Bruchteil der Durchschnittslöhne in den USA ausgemacht hatten?

Bestimmungsfaktoren der Nachfrage: Ressourcen, Kapital, Technologie

Bei der Betrachtung von Abbildung 28.1 stellen wir fest, daß die Nachfragekurve nach Arbeit in Nordamerika weit über der Südamerikas liegt. Würden wir die Nachfrage nach Arbeit in den Vereinigten Staaten im Jahre 1850 mit der von

1985 vergleichen, würden wir ähnliche gravierende Unterschiede in den entsprechenden Kurven beobachten.

Wie wir aus Kapitel 26 wissen, ist die Nachfrage nach Arbeit eine abgeleitete Nachfrage – sie spiegelt das Grenzprodukt der Arbeit bei der Herstellung von Endprodukten wider. Das Grenzprodukt der Arbeit hängt wiederum von dem Umfang kooperierender Faktoren ab, wie etwa Kapital und sonstigen Ressourcen sowie dem Stand der technologischen Entwicklung. Darüber hinaus hängt das Grenzprodukt der Arbeit in ebenso entscheidendem Maße von der Qualität der eingesetzten Arbeit ab – vom Qualifikationsgrad der Arbeitnehmer, ihrer beruflichen Ausbildung sowie ihrer allgemeinen Bildung und Erziehung.

Eine eingehende Analyse der Ursachen für die Unterschiede in der Produktivität beziehungsweise der Produktion pro Arbeitnehmer erfolgt in den Kapiteln 36 und 37 über das Wirtschaftswachstum. An dieser Stelle wollen wir lediglich ganz kurz einige wichtige Gründe dafür ansprechen, warum die Löhne in Nordamerika relativ hoch sind; die eingehendere quantitative Erforschung bleibt jedoch den beiden erwähnten Kapiteln vorbehalten.

Einer der Gründe für die höheren Löhne in Nordamerika gegenüber den südamerikanischen Ländern besteht darin, daß dem durchschnittlichen Arbeitnehmer ein sehr viel größeres Angebot an fruchtbarem Boden, an Kohle, Öl und anderen Ressourcen zur Verfügung steht, die er zum Einsatz bringen kann. Dem Gesetz des abnehmenden Grenzertrages zufolge nehmen die Grenzproduktivität der Arbeit sowie deren Löhne ab, wenn eine wachsende Arbeitnehmerschaft einer gleichbleibenden Ausstattung mit natürlichen Ressourcen gegenübersteht. Angenommen, die Bevölkerung Nordamerikas steigt so stark, daß sie die Angebotskurve $A_n A_n$ der Abbildung 28.1(a) weit nach rechts verlagert: In diesem Fall könnten die Löhne schließlich auf das Niveau Südamerikas oder noch darunter absinken.

Aber die Wirtschaftsgeographie erklärt nicht alles. Zwei Regionen können genau die gleiche Ressourcenausstattung aufweisen. Verfügt die eine jedoch über bessere Methoden der Unternehmensführung und über bessere Produktionsverfahren, werden ihre Produktivität und ihre Reallöhne erheblich höher sein als die der anderen Region (man vergleiche Hongkong und Kalkutta oder Texas und Brasilien). Solche wirksameren Produktionsverfahren haben ihren Ursprung zum Teil in besserem Know-how, in einer Überlegenheit der angewandten Naturwissenschaften, besserer Unternehmensführung und besseren Arbeitsmethoden. Zum Teil ist die Produktivität der Arbeit auch dann größer, wenn sie einer relativ größeren Menge an Kapitalgütern – von Menschen erstellten Maschinen, Materialien und Industrieanlagen – gegenübersteht; zum Teil erklärt sich die Höhe der Löhne in den höher entwickelten Industrienationen auch daraus, daß die Arbeitskräfte besser ausgebildet und geschult sind.

Das Arbeitsangebot

Wenden wir uns nun der Angebotsseite des Arbeitsmarktes zu. Angesichts der beträchtlichen Unterschiede im Lohnniveau zwischen Nord- und Südamerika oder zwischen unterschiedlichen Nationen ganz allgemein erhebt sich die Frage, warum in Niedriglohnländern lebende Menschen nicht in Länder mit hohem

Lohnniveau umsiedeln? Tatsächlich sind in den drei Jahrhunderten vor dem Ersten Weltkrieg Menschen in großer Zahl in unser Land eingewandert. Einige suchten hier religiöse Freiheit, viele wollten ein neues Leben beginnen, aber weitaus die meisten kamen, um ihre wirtschaftliche Situation zu verbessern.

Nach dem Ersten Weltkrieg wurden jedoch Gesetze erlassen, die die Einwanderung stark einschränkten. Seither hat es nur noch einen spärlichen Zustrom legaler Einwanderer gegeben. (Anders sieht es mit der illegalen Einwanderung aus; sie ist in den letzten Jahren an der Grenze der Vereinigten Staaten zu Mexiko angewachsen.)

Die Einschränkung des Zustroms an Arbeitskräften stellt ein erstes Beispiel für einen Eingriff in den ungehinderten Wettbewerb auf dem Arbeitsmarkt dar. Durch Beschränkung des Angebots an Arbeitskräften und durch eine restriktive Einwanderungspolitik wird für die Aufrechterhaltung hoher Löhne gesorgt. Als Grundprinzip gilt:

- **Die Beschränkung des Angebots von Arbeit jeglicher Art im Verhältnis zu allen übrigen Produktionsfaktoren führt in der Regel zu einer Erhöhung ihres Lohnsatzes. Eine Steigerung des Angebots wird unter sonst gleichen Bedingungen den Lohnsatz drücken.**

Angesichts der Tatsache, daß die Nachfragekurve nach Arbeit einen fallenden Verlauf hat, ist es verständlich, daß die Gewerkschaften eine Lockerung der Einwanderungsbestimmungen ablehnen und sogar eine noch härtere Gangart in der Frage der illegalen Einwanderung begrüßen würden. Erinnert man sich andererseits an die in Kapitel 26 dargestellte Grenzproduktivitätstheorie von J. B. Clark, dann zeigt sich, daß bei einer Rechtsverlagerung des Arbeitsangebots infolge von Einwanderung der auf die Renten und Gewinne entfallende Überschuß tatsächlich wächst (vgl. Abbildung 26.2, S. 252). Legt dies die Vermutung nahe, daß das zuständige Handelsministerium der illegalen Einwanderung weniger ablehnend gegenübersteht als die Gewerkschaften?

Die gleiche Analyse trägt auch zu der Erklärung dafür bei, warum die Gewerkschaften sich so hartnäckig für folgende Ziele einsetzen: (1) eine immer kürzere Arbeitswoche sowie eine Verlängerung des Jahresurlaubs, (2) die Beschränkung der Kinderarbeit, die Senkung des Ruhestandsalters und das Verbot der Beschäftigung von Frauen und Minoritäten in bestimmten Berufen sowie (3) für Beschränkungen hinsichtlich einer Steigerung der geforderten Arbeitsleistung oder der Beschleunigung des Tempos einzelner Arbeitsabläufe. Der alte Reim aus der Welt des Arbeiters

Gleich ob das Geld die Frucht der Wochen- oder Tagesfron,
je kürzer die Arbeitszeit, desto besser der Lohn!

ist Ausdruck der Hoffnung, daß sich die Arbeiter auf der Nachfragekurve nach Arbeit aufwärts bewegen können.

Die allgemeine Arbeitsangebotskurve

Sobald man den Einwandererstrom auf ein spärliches Rinnsal reduziert hat, wird das Angebot an Arbeitskräften von der Höhe der Bevölkerungsziffer bestimmt sowie davon, wie die Bevölkerung ihre Zeit verwendet.[2] Die wichtigsten Bestimmungsfaktoren für das Arbeitsangebot sind: (1) die Größe der Bevölkerung, (2) der Prozentsatz der tatsächlich am Erwerbsprozeß beteiligten Personen, (3) die durchschnittliche Zahl der von den Arbeitnehmern im Jahr geleisteten Arbeitsstunden und (4) die Quantität und Qualität der von ihnen tatsächlich erbrachten Arbeitsleistung sowie ihre Qualifikation.

Bevölkerung

Die moderne Bevölkerungstheorie wird im einzelnen in Kapitel 37 behandelt. Sie gelangt zu dem Schluß, daß das natürliche Wachstum der Bevölkerung in den hochentwickelten Volkswirtschaften auf ökonomische Anreize nur in geringem Umfang anspricht. Sobald sich deshalb die Tore für Einwanderer geschlossen haben, kann man die Bevölkerung praktisch als eine gegebene Größe betrachten.

Erwerbstätigenquote und Arbeitszeit

Welche Auswirkungen haben wirtschaftliche Bedingungen auf die Zahl der pro Jahr geleisteten Arbeitsstunden oder auf die Zahl der Arbeitsjahre, die jemand im Laufe seines Lebens leistet? In diesem Zusammenhang spielen neben wirtschaftlichen Faktoren viele komplexe soziale und politische Kräfte eine Rolle.

Eine der herausragendsten Entwicklungen der letzten Jahrzehnte ist der steigende Anteil von Frauen am Erwerbsleben. Warum ist die Erwerbstätigenquote der Frauen (das heißt der Prozentsatz der berufstätigen Frauen über 15 Jahre) von 40 Prozent Mitte der 60er Jahre auf 53 Prozent Mitte der 80er Jahre angestiegen? Dieses explosionsartige Wachstum läßt sich nicht allein mit Mitteln der ökonomischen Analyse erklären. Um diese einschneidenden Veränderungen in der Struktur des Arbeitsmarktes in vollem Umfang erfassen zu können, müssen Aspekte in Betracht gezogen werden, die außerhalb der Wirtschaftswissenschaft liegen – gesellschaftliche Einstellungen, Familiengröße und die sich wandelnde Rolle der Frau.

»Substitutionseffekt« und »Einkommenseffekt«

Eine der wichtigsten Fragen bei der Analyse des Arbeitsangebots bezieht sich auf die Reaktion des Faktors Arbeit auf höhere Löhne. Wie wirken sich höhere Löhne auf die Zahl der im Verlaufe eines Lebens geleisteten Arbeitsstunden aus? Abbildung 28.2 veranschaulicht diese Problematik; sie zeigt die Angebotskurve der Arbeitsstunden insgesamt, die eine bestimmte Gruppe von Menschen zu jedem gegebenen Lohnsatz zu arbeiten bereit ist. Wir stellen fest, daß die Ange-

---

2 Begriffe sowie Trends auf dem Arbeitsmarkt wurden in Kapitel 11 (Band 1) analysiert. Zu den wichtigen dort definierten Begriffen gehörten: das *Arbeitskräftepotential*, das aus den in einem Beschäftigungsverhältnis stehenden sowie den arbeitslosen Arbeitnehmern besteht, und die *Erwerbstätigenquote*, der Quotient aus der Zahl der (beschäftigten und unbeschäftigten) Arbeitnehmer und der Gesamtbevölkerung (entweder eines Landes oder einer Gruppe, wie beispielsweise Frauen im erwerbsfähigen Alter).

Die rückwärtsgeneigte Angebotskurve

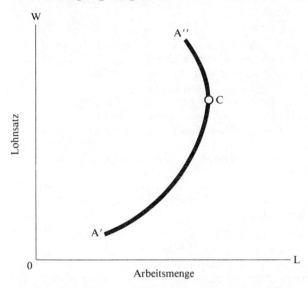

Abbildung 28.2. Bei hinreichend hohem Lohn können wir es uns leisten, weniger zu arbeiten.
Oberhalb des kritischen Punktes C führt eine Erhöhung des Lohnsatzes zu einer Senkung der angebotenen Arbeitsmenge. Der Einkommenseffekt wird stärker als der Substitutionseffekt: Bei einem höheren Einkommen gelangt der einzelne zu der Auffassung, daß er sich mehr Freizeit leisten kann, obgleich ihm jede zusätzliche Mußestunde einen höheren Lohnverzicht abverlangt.

botskurve zunächst nach rechts oben steigt; im kritischen Punkt C setzt dann jedoch eine Rückwärtsneigung ein. Wie ist es zu erklären, daß die Menge der angebotenen Arbeit bei höheren Löhnen sowohl steigen als auch fallen kann?

Versetzen Sie sich einmal in die Lage eines Arbeitnehmers, dem soeben ein höherer Stundenlohn angeboten wurde und der nun wählen kann, wieviel Stunden er arbeiten will. Sie haben jetzt die Qual der Wahl zwischen folgenden alternativen Möglichkeiten: Einerseits ist die Versuchung groß, noch einige Stunden mehr zu arbeiten, weil Ihnen jede Stunde mehr einbringt. Jede Stunde Freizeit wird teurer – folglich sind Sie versucht, freie Zeit durch zusätzliche Arbeit zu ersetzen.

Diesem »Substitutionseffekt« steht jedoch der ihm entgegenwirkende »Einkommenseffekt«[3] gegenüber. Aufgrund des höheren Lohnes sind Sie tatsächlich reicher. Als reicherer Mann möchten Sie vielleicht mehr Kleidung, bessere Nahrungsmittel und mehr Konsumgüter anderer Art kaufen. Entscheidend für unser augenblickliches Problem ist jedoch, daß Sie auch nach mehr Freizeit streben! Endlich können Sie sich einen freien Samstag leisten, eine Woche Urlaub im

---

[3] Vgl. die Darstellung des »Substitutionseffektes« und des »Einkommenseffektes« im Zusammenhang mit dem Konsum in Kapitel 19 (Band 1). Rufen Sie sich ebenfalls die Abbildung 18A.4 ins Gedächtnis zurück.

Winter und eine zusätzliche Urlaubswoche im Sommer, oder Sie können einige Jahre eher in den Ruhestand gehen.

Welcher Effekt ist nun der stärkere, der Substitutionseffekt oder der Einkommenseffekt? Oder sind beide gleich stark, so daß sie sich gegenseitig aufheben – das heißt, daß die Angebotskurve weder nach rechts oben steigt, noch sich nach rückwärts neigt, sondern völlig vertikal und unelastisch verläuft? Eine einzige richtige Antwort auf diese Frage gibt es nicht. Die Antwort hängt von der jeweiligen Einzelperson und ihrer persönlichen Lage ab. Bei dem in Abbildung 28.2 dargestellten Fall steigt mit wachsendem Lohn die angebotene Menge an Arbeit für alle Lohnsätze bis zum Punkt C: der Substitutionseffekt ist stärker als der Einkommenseffekt. Oberhalb des Punktes C wird der Einkommenseffekt jedoch stärker als der Substitutionseffekt, und das Arbeitsangebot beginnt mit steigenden Löhnen zu sinken.[4]

Ergebnisse empirischer Untersuchungen

Es ist natürlich gut und schön, in Erfahrung bringen zu können, daß sich die Arbeitsangebotskurve nach vorwärts oder rückwärts neigen kann. Aber in vielen Fällen kommt es darauf an, genau zu wissen, in welche Richtung sie sich bewegen wird. Führen Lohnsteuersenkungen zu einer Steigerung oder einer Senkung des Angebots an Arbeitskräften? Stellen großzügigere Leistungen im Rahmen des Wohlfahrtsstaates einen Anreiz zu mehr Arbeit dar oder bewirken sie das Gegenteil? Diese Fragen haben allen Ökonomen, die sich den Gesetzgebern oder Präsidenten als Berater zur Verfügung gestellt haben und insofern politische Verantwortung trugen, erhebliches Kopfzerbrechen bereitet.

Tabelle 28.1 gibt eine Zusammenfassung zahlreicher Untersuchungen auf diesem Gebiet. Die Übersicht läßt erkennen, daß sich die Angebotskurve im Falle männlicher, erwachsener Arbeitskräfte eher leicht nach rückwärts zu neigen scheint, während die Reaktion anderer Bevölkerungsgruppen eher das konventionelle Bild einer steigenden Angebotskurve zeigt. Bezogen auf die Bevölkerung insgesamt scheint das Angebot an Arbeitskräften nur sehr wenig auf Veränderungen der Reallöhne zu reagieren.

Einkommensunterschiede zwischen einzelnen Beschäftigtengruppen

Nunmehr wollen wir von dem Problem des Arbeitsangebots im allgemeinen zu dem wichtigen Problem der Unterschiede zwischen den Wettbewerbslöhnen für einzelne Bevölkerungs- und Berufsgruppen übergehen. Die folgenden Abschnitte

---

4 In den letzten Jahren haben angebotsorientierte Wirtschaftswissenschaftler behauptet, daß eine hohe Grenzbesteuerung zu einer Senkung des Angebots von Produktionsfaktoren führen kann. Dies kommt ihrer Meinung nach dadurch zustande, daß hohe Steuern den Lohn (oder sonstige Erträge) nach Steuerabzug mindern. Was würde jedoch geschehen, wenn der Lohnsteuer in einer Situation gesenkt würde, in der sich die Angebotskurve nach rückwärts neigt. Oberhalb des Punktes C der Abbildung 28.2 wartet eine Überraschung auf uns, weil hier nämlich eine Senkung der Lohnsteuer den Lohn nach Abzug der Steuern *erhöhen* und die angebotene Arbeitsmenge *verringern* würde.

Strukturen des Arbeitsangebots

Arbeitnehmer-gruppe	Erwerbstätigen-quote (in Prozent der Bevölkerung) 1960	1983	Reaktion des Arbeitsangebots auf steigende Reallöhne
Männliche Arbeitnehmer im erwerbsfähigen Alter	86	79	Den meisten Untersuchungen zufolge zeigt sich eine rückwärts geneigte Angebotskurve. Der Einkommenseffekt überwiegt somit gegenüber dem Substitutionseffekt. Die Angebotselastizität ist relativ gering und bewegt sich in der Größenordnung von 0,1 bis minus 0,2. (Das heißt, daß ein 10prozentiger Anstieg des Reallohnes zu einer Senkung des Arbeitsangebots von 1 bis 2 Prozent führen würde).
Weibliche Arbeitnehmer im erwerbsfähigen Alter	38	53	Hinsichtlich der Reaktion herrscht erhebliche Unsicherheit. Nach den meisten Untersuchungen läßt sich eine positive Wirkung höherer Reallöhne auf das Arbeitsangebot feststellen; einige Untersuchungen lassen beträchtliche positive Wirkungen erkennen.
Jugendliche Arbeitnehmer	46	54	Sehr unterschiedliche Untersuchungsergebnisse. Starke Hinweise auf eine steigende Angebotskurve.
Gesamtbevölkerung (16 Jahre und älter)	59	64	Annähernd vertikales Gesamtarbeitsangebot, wobei die Einkommenseffekte und die Substitutionseffekte sich etwa die Waage halten. Die geschätzte Angebotselastizität für die Gesamtbevölkerung bewegt sich zwischen 0 und 0,2.

Tabelle 28.1. Empirische Schätzungen der Reaktionsstruktur des Arbeitsangebots.
Es sind zahlreiche Untersuchungen zu der Frage der Reaktion des Arbeitsangebots auf die Reallöhne durchgeführt worden. Für die männlichen Arbeitnehmer ergibt sich eine eindeutig rückwärts geneigte Angebotskurve, während die Steigung der Kurve für jugendliche Arbeitnehmer sowie für Frauen im erwerbsfähigen Alter positiv ist. Für die Volkswirtschaft insgesamt ist die Arbeitsangebotskurve praktisch vertikal. (Quelle: George Borjas und James Heckman, »Labour Supply Estimates for Public Policy Evaluation«, *Proceedings of the Industrial Relations Research Association*, 1978, S. 320–331; Ronald G. Ehrenberg und Robert S. Smith, *Modern Labor Economics*, Scott, Foresman and Company, Glenview, Ill., 1982, Kapitel 6; Don Fullerton, »Can Tax Revenues Go Up When Tax Rates Go Down?« in Bruce Bartlett und Timothy P. Roth [Hrsg.], *The Supply Side Solution*, Chatham House, Chatham, N.J., 1983, S. 140–157.)

behandeln die Frage, warum sich die Angebots- und Nachfragekurve verschiedener Beschäftigtengruppen auf unterschiedlichen Lohnniveaus schneiden.

Wir können zunächst damit beginnen, uns die unterschiedlichen Lohn- und Gehaltsstrukturen in verschiedenen Wirtschaftszweigen anzusehen. Wie aus Tabelle 28.2 hervorgeht, haben die Lohnsätze in den einzelnen Wirtschaftssektoren eine erhebliche Bandbreite. In kleineren, nicht gewerkschaftlich organisierten Bereichen, beispielsweise der Landwirtschaft oder des Dienstleistungsgewerbes, sind die Löhne niedrig, während sie in den großen Unternehmen des produzie-

Vergütungen in einzelnen Wirtschaftszweigen 1983
(in Dollar)

Wirtschaftszweig	Durchschnittseinkommen von Ganztagsbeschäftigten	Durchschnittliche Stundenlöhne
Landwirtschaft	12 500	–
Bergbau	35 700	11,27
Warenproduzierendes Gewerbe		8,83
Stahlwerke	27 600	13,40
Kommunikationswesen	36 900	10,79
Einzelhandel	14 900	5,74
Dienstleistungsgewerbe	19 800	7,30
Restaurationsbetriebe		4,27
Öffentlicher Dienst	24 200	–

Tabelle 28.2. Löhne und Gehälter in verschiedenen Wirtschaftssektoren 1983.
Die in den einzelnen Wirtschaftszweigen gezahlten Einkommen differieren sehr stark. Die durchschnittliche Vergütung für einen ganztagsbeschäftigten Arbeitnehmer (die Löhne, Krankenversicherungsleistungen, Renten usw. einschließt) schwankte beim Vergleich größerer Gruppen von Wirtschaftszweigen zwischen dem Höchstwert von 36 900 Dollar im Kommunikationswesen und dem niedrigsten Wert von 12 500 in der Landwirtschaft. Beim Vergleich kleinerer industrieller Gruppen stellen wir fest, daß die durchschnittlichen Stundenlöhne in der Stahlindustrie gegenüber den Self-Service-Restaurants mehr als dreimal so hoch sind. (Quelle: U.S.-Arbeitsministerium, Amt für Arbeitsmarktstatistiken, *Employment and Earnings*; U.S.-Handelsministerium)

renden Gewerbes und des Kommunikationswesens die doppelte oder dreifache Höhe erreichen.

Bei dem Versuch einer Erklärung der Lohnunterschiede zwischen einzelnen Wirtschaftszweigen oder einzelnen Personen müssen verschiedene Aspekte in Betracht gezogen werden: kompensierende Lohnunterschiede, Unterschiede in der Qualität der Arbeit, Aspekte der Einmaligkeit von Begabungen sowie die Existenz von Teilarbeitsmärkten.

Kompensatorische Lohnunterschiede

Einige der ungeheuren Lohnunterschiede, die wir im täglichen Wirtschaftsleben beobachten, haben ihre Ursache in der Art des Arbeitsplatzes. Da Arbeitsplätze sich in dem Grad ihrer Beliebtheit unterscheiden, müssen die Löhne für wenig attraktive Beschäftigungen angehoben werden, wenn man für diese überhaupt Interessenten finden will.

> ■ **Lohnunterschiede, die lediglich die Funktion haben, nichtmonetäre Unterschiede zwischen einzelnen Beschäftigungen auszugleichen, bezeichnet man als »kompensatorische Lohnunterschiede«.**

Fensterputzer müssen besser bezahlt werden als Pförtner, da niemand gern das Risiko des Herumkletterns auf Wolkenkratzern auf sich nimmt. Arbeiter der Feierabendschicht von 16 bis 24 Uhr erhalten oft einen 5prozentigen Lohnzuschlag, während für die sogenannte »Friedhofsschicht« zwischen Mitternacht und 8 Uhr morgens ein Zuschlag von 10 Prozent gezahlt wird. Für Überstunden, die über die 40-Stunden-Woche hinausgehen, oder für Feiertags- und Wochenenddienst ist die Zahlung des 1½- bis 2fachen des Grundlohnes üblich. Und wenn Ihnen ein Arzt begegnet, der 110000 Dollar im Jahr verdient, sollten Sie bedenken, daß ein Teil dieses Einkommens ein kompensatorisches Entgelt darstellt, das gezahlt werden muß, um genügend Menschen dazu zu bewegen, die hohen Studienkosten auf sich zu nehmen sowie den Verzicht auf ein Einkommen während des Studiums und in den Jahren der praktischen Ausbildung.

Für Berufe, die mit schmutziger Arbeit, nervlicher Anspannung, ermüdender Verantwortung, Langeweile, geringem sozialen Prestige, unregelmäßiger Beschäftigung, saisonaler Arbeitslosigkeit, einem kurzen Arbeitsleben und viel stupidem Training verbunden sind, finden sich in der Regel nur wenige Interessenten. Um für solche Tätigkeiten überhaupt Arbeitskräfte zu finden, muß die Bezahlung hoch sein. Andererseits drängen viele Bewerber in Berufe, die eine angenehme, anziehende Tätigkeit versprechen. Dadurch wird ihre Entlohnung herabgedrückt.

Um zu testen, ob es sich bei einem gegebenen Lohnunterschied um eine kompensatorische Differenz handelt, braucht man nur einigen Leuten, die für zwei Beschäftigungen gleichermaßen gut qualifiziert sind, die Frage zu stellen: »Würden Sie den besser bezahlten Job dem schlechter bezahlten vorziehen?« Wenn ihnen die Entscheidung schwerfällt, kann man daraus schließen, daß der höherbezahlte Arbeitsplatz bei reiflicher Überlegung und gebührender Berücksichtigung aller nichtmonetären und monetären Aspekte im Grunde nicht attraktiver ist als der schlechter entlohnte.

Welche Bedeutung haben solche Lohndifferenzen in der Praxis? Eine große Rolle spielen sie wahrscheinlich in Beschäftigungen mit hohen Unfallziffern (beispielsweise in der Bauwirtschaft, im Kohlenbergbau und in Kernkraftanlagen). Empirische Untersuchungen in diesen Bereichen bestätigen tatsächlich die Annahme, daß Arbeitnehmer Lohnzuschläge fordern, ehe sie Tätigkeiten übernehmen, die eine Gefahr für Leib und Leben mit sich bringen. So verlangen beispielsweise Bergarbeiter einen Zuschlag von bis zu 1000 Dollar im Jahr, wenn sie im Untertagebau eingesetzt werden sollen. Abgesehen von solchen Extremfällen erklären kompensatorische Lohnzuschläge zur Abdeckung des Gesundheitsrisikos nur einen sehr kleinen Teil des Gefälles zwischen einzelnen Löhnen.

Unterschiede in der Qualität der Arbeit

Wie wir gerade gesehen haben, würden Lohnunterschiede auch dann auftreten, wenn es nur homogene Arbeitskräfte gäbe, und zwar, um einen Ausgleich für weniger attraktive Beschäftigungen zu schaffen.

Wie sieht es aber in der Realität aus? Jeder weiß, daß die überwiegende Mehrheit der besser bezahlten Arbeitsplätze gleichzeitig auch attraktiver ist – nicht weniger attraktiv. Bei den meisten Lohnunterschieden kann es sich deshalb nicht um eine kompensatorische Differenz handeln.

Sind diese Lohnunterschiede vielleicht auf Unvollkommenheiten des Wettbewerbs zurückzuführen? Zum Teil lassen sich die zu beobachtenden nichtkompensatorischen Unterschiede auf die Existenz von Gewerkschaften, auf Mindestlohngesetze, auf Diskriminierung oder auf eine Monopolposition zurückführen, die bestimmte Arbeiter einer bestimmten Berufssparte besitzen. Aber die meisten der bestehenden Lohnunterschiede haben wenig mit den Unvollkommenheiten des Wettbewerbs zu tun, und sie würden auch ohne das Vorhandensein von Monopolelementen fortbestehen.

Selbst auf einem auf der Hypothese des vollkommenen Wettbewerbs beruhenden Auktionsmarkt, auf dem sich die Preisbildung für die verschiedenen Kategorien der Arbeit nach Angebot und Nachfrage vollzieht, würde das Gleichgewicht zwangsläufig enorme Lohnunterschiede implizieren.

Der Grund dafür liegt in den sehr großen qualitativen Unterschieden zwischen den einzelnen Menschen – die ihrerseits durch unterschiedliche individuelle Anlagen bedingt sind sowie durch Unterschiede in den während der Schulzeit und am Arbeitsplatz erworbene Fähigkeiten und dem Umfang der dort erlangten Ausbildung –, Faktoren, die alle zu einem wettbewerbsbedingten Lohngefälle führen.

Ein Zoologe mag uns alle zur gleichen Gattung des *homo sapiens* zählen, aber jeder Personalchef weiß, daß die Menschen sich in ihren Fähigkeiten sowie hinsichtlich ihres Beitrages zu den Dollareinnahmen eines Unternehmens beträchtlich unterscheiden.

Zu den zahlreichen Ursachen für diese Unterschiede gehören die Erziehung und die berufliche Ausbildung. Ärzte, Rechtsanwälte und Ingenieure bereiten sich durch ein jahrelanges Studium und durch jahrelange praktische Ausbildung auf ihren Beruf vor. Sie investieren 100000 oder 200000 Dollar in ihre Ausbildung auf einem College und an der Universität, arbeiten bis spät in den Abend hinein und selbst an Wochenenden. Diese Investition an Zeit und Geld in ihre Ausbildung läßt dann das entstehen, was die Ökonomen als *menschliches Kapital* bezeichnen, ein Terminus, der den Bestand an nützlichem, wertvollem Wissen bezeichnet, der im Verlaufe der Erziehung und Ausbildung aufgebaut wurde. Deshalb können die hohen Einkommen der Selbständigen zum Teil als ein Ertrag aus einer Investition in menschliches Kapital betrachtet werden – ein Ertrag, den die Erziehung und Ausbildung abwirft, die den jeweiligen *homo sapiens* zu einem besonderen Faktor Arbeit gemacht hat.

Rentenelemente in den Einkommen von Menschen mit herausragenden Begabungen

Einige wenige vom Glück begünstigte Zeitgenossen erzielen Einkommen, die die des durchschnittlichen Arbeitnehmers oder selbst das Einkommen eines Arztes um ein Vielfaches übersteigen. Bekannte Einkommen solcher Leute erreichen astronomische Höhen von 2 Millionen Dollar (im Falle des Basketballspielers Moses Malone), 1500000 Dollar (für den Baseballspieler Dave Winfield) oder 1400000 Dollar (für den Tennisstar Martina Navratilova). Der Pianist Vladimir Horowitz und der ehemalige Außenminister Alexander Haig sollen, wie es heißt, für jeden Auftritt beziehungsweise jede Leistung mindestens 25000 Dollar kassieren. Und Murray Weidenbaum, Präsident Reagans ehemaliger leitender Wirtschaftsberater und jetziger Professor der University Washington (St. Louis) erhält für seine Lehrtätigkeit inzwischen Honorare, die sich in einer fünfstelligen Größenordnung bewegen.

Ein Großteil solcher hohen Einkommen kann als »reine ökonomische Rente« klassifiziert werden. Diese überdurchschnittlich talentierten Menschen besitzen eine besondere Gabe, deren Wert sehr hoch eingeschätzt wird und für die die moderne Wirtschaftsgesellschaft einen hohen Preis zahlt. Ohne diese besondere

Gabe würden sie vielleicht nur ein Zehntel ihres Einkommens erzielen. Zwischen diesen beiden Extremwerten kann ihre Angebotskurve möglicherweise völlig unelastisch sein und unbeeinflußbar von irgendwelchen Lohnsätzen. Die Ökonomen bezeichnen den Überschuß solcher Einkommen über das höchstmögliche Einkommen, das diese Menschen in anderen Berufen erzielen könnten, als *reine ökonomische Rente*, die logisch der Rente des von der Natur nur in begrenzten Mengen angebotenen Bodens vergleichbar ist, die im vorangegangenen Kapitel behandelt wurde. Beachten Sie, daß dieses Angebot an Baseball-, Basketball- oder Tennisstars – oder an Künstlern im Bereich der klassischen Musik oder selbst an Ökonomen – auch nicht von Steuersätzen in Höhe von 20 oder 30 oder selbst 50 Prozent beeinflußt wird. Selbst wenn die Steuersätze ihre Einnahmen wie Schnee in der Sonne schmelzen lassen, werden sie weiterhin boxen, spielen oder Reden halten.[5]

Nichtkonkurrierende Gruppen auf dem Arbeitsmarkt

Wir sehen also, daß selbst auf vollkommenen Wettbewerbsmärkten beträchtliche Lohnunterschiede auftreten. Diese Unterschiede müssen vorhanden sein, um den unterschiedlichen Kosten für die Erziehung und berufliche Ausbildung, den Unannehmlichkeiten bestimmter Arbeitsbedingungen oder der Honorierung herausragender Talente Rechnung zu tragen.

Aber selbst nach Berücksichtigung all dieser Gründe für die Lohnunterschiede läßt sich noch ein starkes Auseinanderklaffen der Lohn- und Gehaltssätze feststellen. Dieses Auseinanderklaffen erklären die Ökonomen gelegentlich dadurch, daß sie von *nicht-konkurrierenden* Kategorien von Arbeit auf dem Arbeitsmarkt sprechen. Demnach ist der Faktor Arbeit nicht ein einzelner Produktionsfaktor; vielmehr setzt er sich aus vielen verschiedenen Faktoren zusammen, und es werden sich ebenso viele verschiedene Lohnsätze herausbilden wie es nichtkonkurrierende Gruppen am Arbeitsmarkt gibt.

■ **Viele Lohnunterschiede haben ihren Ursprung in der Tatsache, daß verschiedene Gruppen nicht im Wettbewerb miteinander stehen. Arbeitnehmer gehören *nichtkonkurrierenden* Gruppen an, wenn Angebot und Nachfrage stark differenziert sind und folglich große Einkommensunterschiede herrschen können. So stellen beispielsweise Ärzte und Mathematiker nichtkonkurrierende Gruppen dar, weil es für ein Mitglied des einen Berufsstandes schwierig und kostspielig ist, in den Markt des anderen einzudringen.**

Obgleich diese Unterscheidung recht nützlich ist, sind gewisse Vorbehalte angebracht. Zunächst einmal können wir nicht davon ausgehen, daß die sogenannten nichtkonkurrierenden Gruppen auf einem vollkommenen Wettbewerbsmarkt

---

5 Viele Berühmtheiten steigern ihre Einnahmen noch durch Firmen- oder Produktwerbung. 1982 soll John McEnroe durch Werbung für Rasierklingen 150000 Dollar verdient haben, und zwar zusätzlich zu weiteren 3 Millionen für verschiedene sonstige Werbeleistungen. Hätte McEnroe es abgelehnt, sich in aller Öffentlichkeit zu rasieren oder auf dem Bildschirm zu erscheinen, wenn seine Honorare durch Steuern halbiert oder selbst um den Faktor 10 gekürzt worden wären? Falls nicht, stellte der größte Teil dieser Erträge eine ökonomische Rente dar, weil sie die Summe übersteigt, die notwendig ist, um McEnroe zu seinen Auftritten zu bewegen.

völlig verschwinden würden. Wir würden uns immer noch unterschiedlichen Kategorien von Arbeit gegenübersehen – genauso wie es unterschiedliche Kategorien von Lastwagen, Stahl oder Weizen gibt.

Zweitens kann kein Zweifel daran bestehen, daß diese unterschiedlichen Gruppen in gewissem Sinne miteinander konkurrieren. Ebenso wie Sie sich überlegen müssen, ob Sie ein Pferd oder einen Traktor mieten wollen, müssen Sie entscheiden, ob Sie einen hochqualifizierten, schnell arbeitenden, hochbezahlten Arbeiter oder einen billigeren, weniger qualifizierten Anfänger einstellen wollen.

Der entscheidende Punkt ist deshalb folgender: Die unterschiedlichen Kategorien konkurrieren miteinander, dennoch sind sie nicht völlig identisch. Sie sind nur partielle, aber keine vollkommenen Substitute füreinander.

Bis zu einem gewissen Umfang können Arbeitnehmer der einen Kategorie in eine andere überwechseln. Stiegen die Löhne von Schweißern auf 200000 Dollar im Jahr, würde ich das Handwerk vielleicht erlernen und meine Lehrtätigkeit an den Nagel hängen. Oder wenn ich das nicht täte, würden andere es tun. Mit anderen Worten: Selbst wenn die Löhne der verschiedenen Kategorien von Arbeit unterschiedlich hoch sind, bleiben die quantitativen Lohnunterschiede immer noch den Gesetzen von Angebot und Nachfrage unterworfen.

Im zweiten Teil dieses Kapitels werden wir die ökonomischen Hintergründe der Diskriminierung analysieren. In diesem Zusammenhang werden wir sehen, daß ein großer Teil der Diskriminierung darauf zurückzuführen ist, daß Arbeitnehmer nach unterschiedlichen Kriterien in nichtkonkurrierende Gruppen eingeteilt werden. Sonst gleiche Menschen werden in voneinander getrennte Kategorien eingeordnet, damit die begünstigte Gruppe höhere Löhne beziehen kann, während die nichtkonkurrierende Gruppe erheblich viel weniger verdient.

Das allgemeine Gleichgewicht auf dem Arbeitsmarkt

Wir haben gesehen, daß verschiedene Kräfte für die Unterschiede in den Löhnen verantwortlich sind – Kräfte, die notwendig sind, um für einen Ausgleich zwischen dem unterschiedlichen Grad der Attraktivität von Arbeitsplätzen, zwischen unterschiedlichen Erträgen menschlichen Kapitals, zwischen unterschiedlichen Fähigkeiten und Begabungen zu sorgen, oder die auf die Aufsplitterung des Marktes in nichtkonkurrierende Gruppen zurückgehen.

Untersuchungen über das Verhalten der Löhne deuten darauf hin, daß eingefahrene Unterschiede sich mit außerordentlicher Hartnäckigkeit halten. Ob wir uns die relativen Löhne von männlichen und weiblichen Arbeitnehmern ansehen, die Gehälter von Angestellten gegenüber den Löhnen von Arbeitern, das Lohngefälle zwischen einzelnen Wirtschaftszweigen, wie beispielsweise der Bauwirtschaft und der Automobilindustrie: Immer stellen wir fest, daß sich die relativen Löhne über die Jahre hinweg nur sehr wenig verändern.

Dennoch ist dieses Gefälle nicht in Beton gegossen. In dem Maße, in dem Arbeitnehmer in besserbezahlte Beschäftigungen überwechseln und die schlechterbezahlten aufgeben, in dem die Hindernisse allmählich abgebaut werden, die bisher den gleichen Zugang aller Gruppen zu allen Berufen erschwerten – in dem Maße, in dem dieser sich nur langsam vollziehende Wandel Platz greift, beobachten wir eine gewisse Tendenz zur Angleichung der Löhne.

Zusammenfassende Darstellung der wettbewerbsbestimmten Lohnbildung

Situation	Ergebnis
1. Identische Arbeitnehmer – identische Arbeitsplätze	Keine Lohnunterschiede
2. Identische Arbeitnehmer – einige Arbeitsplätze von unterschiedlicher Attraktivität	Kompensatorische Lohnunterschiede
3. Unterschiede in der Arbeitnehmerschaft, aber unveränderbares Angebot der einzelnen Arbeitnehmergruppen (»nichtkonkurrierende Gruppen«)	Lohnunterschiede, die »reine ökonomische Renten« darstellen
4. Unterschiede in der Arbeitnehmerschaft, jedoch gleichzeitig ein gewisses Maß an Mobilität zwischen den Gruppen (»teilweise Konkurrenz zwischen den Gruppen«)	Allgemeines Gleichgewicht in der Struktur der Lohnunterschiede, die sich aus Nachfrage und Angebot im allgemeinen ergeben (schließt Punkte 1–3 als Sonderfälle ein).

Tabelle 28.3. **Die Einkommensstruktur auf Wettbewerbsmärkten ist sehr differenziert.**

Wie lassen sich aber die noch bestehenden Unterschiede genau erklären? Die Antwort gibt uns das Gesetz von Angebot und Nachfrage:

■ **Der Markt tendiert zu jener Gleichgewichtsstruktur der Lohnunterschiede, bei der die Gesamtnachfrage nach jeder Kategorie von Arbeit genau ihrem Wettbewerbsangebot entspricht. Nur unter diesen Bedingungen herrscht ein allgemeines Gleichgewicht, bei dem weder eine Tendenz zur Vergrößerung noch zur Verringerung des Lohngefälles besteht.**

Eine Zusammenfassung unserer Schlußfolgerungen hinsichtlich der Lohnbestimmung unter Wettbewerbsbedingungen gibt Tabelle 28.3.

Zwei klassischen Auffassungen[6]

Moderne Arbeitstheorien sehen oft den Wald vor lauter Bäumen nicht. Die klassischen Ökonomen haben demgegenüber häufig zugespitzte Lehrsätze über den Arbeitsmarkt aufgestellt. Wir wollen an dieser Stelle zwei bedeutende Theorien darstellen.

Das eherne Lohngesetz: Malthus und Marx

In Kapitel 37 werden wir uns im einzelnen mit der Bevölkerungslehre von Malthus auseinandersetzen. Seiner Theorie zufolge wächst die Bevölkerung außerordentlich rasch, sobald die Löhne das Subsistenzminimum übersteigen (wobei unter dem *Subsistenzlohn* der für die Gewährleistung des Existenzminimums

---

[6] Dieser historische Exkurs kann in Kurzlehrgängen übergangen werden.

erforderliche Mindestlohn zu verstehen ist). Dieser Auffassung entsprechend muß die Arbeits-Angebotskurve auf der Höhe des Subsistenzminimums horizontal sein; so sah das *eherne Lohngesetz* der damaligen Wirtschaftslehre als einer »trostlosen Wissenschaft« aus.

Ein kurzer Blick in die Wirtschaftsgeschichte läßt erkennen, wie unrealistisch die Vorstellung für die westlichen Länder ist, daß sich die Menschen mit Notwendigkeit so rasch vermehren, daß ihre Einkommen unerbittlich immer wieder auf das nackte Existenzminimum absinken werden und wie irreführend es wäre, diese Auffassung zur Grundlage irgendwelcher Vorhersagen über die langfristigen »Entwicklungsgesetze des kapitalistischen Systems« zu machen.

Die industrielle Reservearmee

Eine völlig andersartige Version des ehernen Lohngesetzes hat Karl Marx entwickelt. Er legte das Schwergewicht auf die »industrielle Reservearmee«. Nach dieser Auffassung führten die Arbeitgeber ihre Arbeiter an die Fabrikfenster und zeigten auf die Masse der Arbeitslosen vor den Werkstoren, die nur darauf warteten, für einen noch geringeren Lohn arbeiten zu dürfen. Diese Situation, so glaubte Marx (beziehungsweise soll Marx nach Auslegung einiger Marxisten geglaubt haben), würde die Löhne auf das Subsistenzminimum herabdrücken.

Wir wollen versuchen, dies anhand unseres Diagramms zu verdeutlichen. Wir machen aus Abbildung 28.1(a) die Abbildung 28.3. Angenommen, der Stundenlohn liegt bei 15 Dollar. Der Beschäftigungsstand ist durch Punkt *A* gekennzeichnet. Bei einem so hohen Lohnniveau gäbe es zweifellos Arbeitslosigkeit; die Höhe der Arbeitslosigkeit wird durch die Strecke *AB* dargestellt, die die Differenz zwischen der angebotenen und der nachgefragten Arbeit darstellt. In unserem einfachen, idealisierten Wettbewerbsmodell könnte man mit Sicherheit davon ausgehen, daß eine solche Arbeitslosigkeit einen Druck auf die Löhne ausübt.

Muß sich daraus jedoch die grundlegende Marxsche Schlußfolgerung ergeben? Besteht tatsächlich die Tendenz, daß die Reallöhne auf das Existenzminimum in *mm* der Abbildung 28.3 sinken? Keineswegs. Es gibt überhaupt keinen Grund dafür, weshalb die Löhne in unserem einfachen Modell jemals unter das Gleichgewichtsniveau in *E* absinken müssen. In einem mit Technologie, Kapital und natürlichen Ressourcen reichlich ausgestatteten Land könnte sich dieses wettbewerbsbestimmte Gleichgewicht als recht stabil erweisen. Dies läßt uns ein wichtiges Prinzip erkennen: Würde auf dem Arbeitsmarkt ein im echten Sinne vollkommener Wettbewerb herrschen, bestünde in hochentwickelten Ländern keine zwangsläufige Tendenz zu einem Absinken der Löhne auf das Subsistenzminimum.

Die Arbeitgeber würden vielleicht lieber niedrige Löhne zahlen. Aber darauf kommt es nicht an. Auf einem Wettbewerbsmarkt haben sie nicht die Möglichkeit, die Löhne durchzusetzen, die ihnen genehm sind. Solange die Zahl der Arbeitgeber groß ist und es nicht zu Absprachen zwischen ihnen kommt, wird ihre Nachfrage nach den verschiedenen Kategorien von Arbeit deren Lohn auf das Gleichgewichtsniveau anheben, auf dem das gesamte Arbeitsangebot absorbiert wird. Und die Arbeiter mögen ihrerseits nach noch höheren Löhnen streben, aber auch sie können unter Wettbewerbsbedingungen nicht das erlangen, was sie gern erlangen würden: Solange auch zwischen ihnen keine Abstimmung

Arbeitslosigkeit und Lohnsenkungen bei vollkommenem Wettbewerb

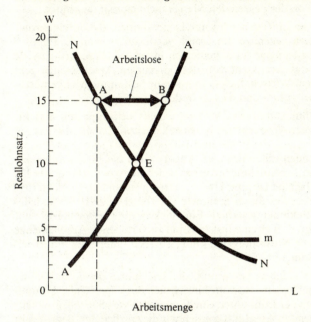

Abbildung 28.3. **Marxanhänger messen der »industriellen Reservearmee« eine zu große Bedeutung bei.**
Die durch die Strecke *AB* dargestellte »industrielle Reservearmee« kann die Reallöhne nicht auf das »Subsistenzminimum« in *mm* herabdrücken. Sie kann lediglich zu einer Senkung des Wettbewerbslohnes auf das Gleichgewichtsniveau in *E* führen. Wird das Angebot an Arbeitskräften allerdings so groß, daß *AA* sich mit *NN* in *mm* schneidet, so würde der Lohn gerade das Existenzminimum erreichen, wie das in vielen Entwicklungsländern der Fall ist.

mit dem Ziel der Beschränkung der angebotenen Arbeitsmenge stattfindet, wird der Wunsch nach höheren Löhnen allein nicht ausreichen, um den Lohn über das Wettbewerbsniveau hinaus anzuheben.

Der Trugschluß der begrenzten Arbeitsmenge

In Perioden hoher Arbeitslosigkeit neigen die Menschen häufig zu der Annahme, daß die Lösung in einer gleichmäßigeren Verteilung der vorhandenen Menge an Arbeit läge. In Europa schlagen heute beispielsweise viele Gewerkschaften eine Verkürzung der Wochenarbeitszeit vor, um mehr Menschen bei verringerter Arbeitszeit einen Arbeitsplatz geben zu können.

Diese Vorstellung – daß kurzfristig die zu leistende Arbeitsmenge eine feststehende Größe sei – wird gelegentlich als der »Trugschluß der begrenzten Arbeitsmenge« bezeichnet.

Wir sollten zunächst einmal feststellen, inwieweit diese Vorstellung ihre Berechtigung hat. Für eine bestimmte Gruppe von Arbeitern mit bestimmten Qualifikationen und geringer regionaler Mobilität können Änderungen in der Nachfrage nach Arbeitskräften tatsächlich eine Gefahr bedeuten. Solange sich die Löhne und Preise nur langsam anpassen, können diese Arbeitskräfte längeren Phasen der Arbeitslosigkeit ausgesetzt sein. Aus der Sicht ihrer persönlichen Situation ist deshalb die Vorstellung von der begrenzten Menge nicht einmal unschlüssig.

Darüber hinaus kann man in Zeiten schwerer Depressionen, die durch chronische Massenarbeitslosigkeit gekennzeichnet sind, verstehen, warum die Philosophie der begrenzten Arbeitsmenge im allgemeinen unter den Arbeitern so viele Anhänger findet. Aber das Argument von der begrenzten Arbeitsmenge geht davon aus, daß es in jedem Wirtschaftssystem nur eine bestimmte Menge nützlicher und lohnender Arbeit gibt – und dies ist in der Tat ein Irrtum.

Richtiger ist die Feststellung, daß eine Volkswirtschaft sich anpassen und für arbeitswillige Arbeitnehmer Arbeitsplätze bereitstellen kann. Langfristig werden sich in dem Maße, in dem sich die Preise und Löhne an die Veränderungen der Technologie und der Kundenpräferenzen, an Angebot und Nachfrage anpassen, neue Arbeitsplätze für die Arbeitnehmer eröffnen, oder die Arbeitnehmer werden dorthin ziehen, wo es Arbeitsplätze gibt. Und kurzfristig lassen sich Erleichterungen im Ablauf dieses Prozesses durch geeignete (in Teil II und III behandelte) makroökonomische Maßnahmen schaffen. Ein Blick in die Geschichte wie auf verschiedene Länder zeigt, daß es eine feststehende zu verteilende Arbeitsmenge nicht gibt – es besteht keine Notwendigkeit, knappe Arbeit unter einer industriellen Reservearmee zu rationieren.

Damit haben wir unsere Analyse der grundlegenden, hinter der Lohnbildung wirksamen Kräfte abgeschlossen – sowohl hinsichtlich des allgemeinen Lohnniveaus als auch hinsichtlich der Lohnunterschiede zwischen verschiedenen Arbeitnehmergruppen. Im folgenden Abschnitt werden wir die erarbeiteten Begriffe auf eines der wichtigsten Probleme der Arbeitsmarktpolitik anwenden – das Problem der Diskriminierung.

B. Diskriminierung aufgrund von Rasse und Geschlecht

Der größte Teil der Erde wird von Menschen nichtweißer Hautfarbe bewohnt. Dennoch liegt der größte Teil der wirtschaftlichen Macht in den Händen der weißen Minderheit, die einen unverhältnismäßig hohen Lebensstandard genießt. Und in der am höchsten entwickelten Wirtschaftsgesellschaft, den Vereinigten Staaten, sind lange Zeit sowohl das Einkommen als auch der Vermögensbesitz des einen von neun Bürgern, dessen Hautfarbe schwarz ist, nachweislich geringer gewesen als die anderer Bürger. Aber auch viele andere Minderheiten verdienen in den Vereinigten Staaten deutlich weniger als die weiße Bevölkerung.

Die Frauen machen die Hälfte der Bevölkerung aus. Woran liegt es, daß eine Frau, die die gleiche Ausbildung besitzt wie ein Mann und ebenfalls über zwei Augen und zwei Hände verfügt, die den gleichen IQ aufzuweisen hat sowie die gleiche Eignung und den gleichen familiären Hintergrund, dennoch letzten Endes für eine Ganztagstätigkeit nur sechs Zehntel des Lohnes ihres nicht höher qualifizierten Bruders verdient?

Einige Einkommensunterschiede sind auf Unterschiede in der Ausbildung, der praktischen Erfahrung und auf ähnliche Faktoren zurückzuführen. Aber selbst unter Berücksichtigung derartiger Unterschiede bleibt eine große Kluft zwischen den Löhnen weißer männlicher Arbeitnehmer und denen anderer Gruppen bestehen – die zumindest zum Teil durch Diskriminierung hervorgerufen wird. In diesem Abschnitt wollen wir uns mit der Frage beschäftigen, welche Auswirkungen die Diskriminierung auf Arbeitsmärkte und Einkommen hat.

- **Unterschiede in den Einkommen einzelner Gruppen wird es in einer Marktwirtschaft immer geben. Liegt die Ursache für einen Einkommensunterschied jedoch in einem unerheblichen, persönlichen Merkmal eines Menschen – wie etwa seiner Rasse, seinem Geschlecht oder seiner Religion –, sprechen wir von *Diskriminierung*.**

Der Schmelztiegel

Es gibt Leute, die argumentieren, daß die Diskriminierung weder neu, noch eine Sache von Dauer sei. Anthropologen haben beobachtet, daß fast jede Gesellschaft oder Gruppe Außenstehenden gegenüber feindlich gesonnen ist.

So stiegen beispielsweise vor 300 Jahren die britischen Siedler in Neuengland zur herrschenden Elite auf. Als Angehörige anderer Staaten ins Land kamen, wurden sie als unliebsame Eindringlinge empfunden. Als deutsche Staatsangehörige in großer Zahl in die Staaten am mittleren Atlantik hereinströmten, wurden sie zum Gegenstand des Spotts der Einheimischen: »Keine Hunde oder Deutsche« war häufig auf Schildern an Pensionen oder in Stellenanzeigen zu lesen. Im Laufe der Zeit stiegen dann jedoch, wie die Gesellschaftssspalten der Zeitungen von Milwaukee und St. Louis bestätigen, die Kinder deutscher Einwanderer in die herrschende Schicht auf.

Gemäß dieser optimistischen Einstellung zur Diskriminierung als einer vorübergehenden Erscheinung ist Amerika ein großer Schmelztiegel, in den sich Menschen aus allen Teilen der Welt hineinbegaben, der sie durcheinandermischte und ihre Assimilierung, ihre Anerkennung und ihren wirtschaftlichen Aufstieg herbeiführte. Dieser Darstellung zufolge haben sich Skandinavier, Iren, Juden, Russen und Italiener aus den Elendsvierteln von Ellis Island in die Vorstandszimmer der Großunternehmen oder in die Hallen des Kongresses hochgearbeitet.

Natürlich steckt in dieser Auffassung, die die amerikanische Geschichte in einem romantischen Licht erscheinen läßt, ein wahrer Kern. Aber nur ein naiver und sentimentaler Betrachter würde sich den Glauben zu eigen machen, daß es sich bei der Diskriminierung um eine vorübergehende Erscheinung handelt. Jede sorgfältigere Geschichtsbetrachtung müßte die wirtschaftlichen Bedingungen der schwarzen Amerikaner, der Hispano-Amerikaner sowie der eingeborenen Indianer Amerikas berücksichtigen. Die Sioux-Indianer leben nicht erst seit gestern in den Vereinigten Staaten, und die Sklaverei der Schwarzen wurde vor mehr als hundert Jahren abgeschafft. Dennoch werden diese beiden Bevölkerungsgruppen nirgends als gleichberechtigte Bürger behandelt.

Die Wurzeln der Diskriminierung

Die Diskriminierung hat ihre Wurzeln in Auffassungen und Institutionen aus der Frühzeit der Gesellschaft. Unsere Geschichtsbücher geben nur wenig Auskunft über die schwarzen Hochkulturen in Afrika zu einer Zeit, als die edlen Teutonen im Norden Europas noch an ihren primitiven Lagerfeuern kauerten. Heute kennen wir jedoch die Hintergründe des vom Gewinnstreben inspirierten Sklavenhandels, der die Händler veranlaßte, afrikanische Menschen zu kaufen oder zu entführen und sie als Sklaven in die amerikanischen Staaten zu verkaufen.

Die Frage, wie die Sklaverei des 19. Jahrhunderts in Amerika oder die Apartheid des 20. Jahrhunderts in Südafrika aufrechterhalten wurde und florierte, gibt uns keinerlei ökonomische Rätsel auf. Die herrschenden Gruppen machten die »Farbigen« zu Bürgern zweiter Klasse, die nur wenige unveräußerliche Rechte besaßen und strengen Gesetzen und Disziplinierungsmaßnahmen unterworfen wurden, wenn irgendeines ihrer Mitglieder den Versuch unternahm, die gleichen Freiheiten zu erlangen, die andere genossen.

Nach der Abschaffung der Sklaverei wurde die schwarze Bevölkerung des amerikanischen Südens rasch das Opfer eines kastenartigen Unterdrückungssystems unter den für »Jim Crow« herrschenden Gesetzen. Obgleich die schwarzen Arbeiter nach dem Buchstaben des Gesetzes frei waren und den Regeln von Angebot und Nachfrage unterlagen, stellten sie fest, daß ihre Löhne weit unter denen der Weißen lagen. Warum? Weil sie, wie wir im folgenden sehen werden, in minderwertige Tätigkeitsbereiche abgeschoben wurden, die nur geringe Qualifikationen erforderten – sie bildeten nichtkonkurrierende Niedriglohngruppen. Der Zugang zu den meisten der hochbezahlten Arbeitsplätze war den Schwarzen einfach versperrt – zum Teil aufgrund von Gepflogenheiten, zum Teil deshalb, weil sie nicht die notwendige Ausbildung besaßen, um für einen bestimmten Arbeitsplatz in Frage zu kommen.

Darstellung der Diskriminierung im Diagramm

Abbildung 28.4 zeigt, wie sich die Diskriminierung im Sinne einer Zugangssperre zu bestimmten Beschäftigungen – sei es im Amerika des Jim Crow, im heutigen Südafrika oder sei es in bezug auf das Aufrücken in Managerpositionen, das für Frauen, Juden und mexikanische Einwanderer nach wie vor unmöglich ist – aus wirtschaftstheoretischer Sicht darstellt.

Abbildung 28.4(a) zeigt das Angebot und die Nachfrage nach bestimmten begehrten Beschäftigungen. Das Angebot an begünstigten weißen Arbeitnehmern wird durch $A_w A_w$ dargestellt; die Nachfragekurve nach ihrer Arbeit – und zwar abgeleitet aus ihrem Grenzerlös-Produkt in den Wirtschaftszweigen, zu denen die Schwarzen keinen Zugang haben – durch $N_w N_w$. Das Gleichgewicht stellt sich bei dem durch E_w dargestellten hohen Lohnniveau ein.

Demgegenüber stellt Abbildung 28.4(b) die Situation in der Landwirtschaft oder in schlechtbezahlten Bereichen des Dienstleistungsgewerbes dar. Aufgrund des Überangebots an Arbeitskräften und ihrem geringen Ausbildungsgrad sehen sich die Schwarzen der durch $N_s N_s$ dargestellten Nachfragekurve nach Arbeit gegenüber. Ihr Angebot $A_s A_s$ schneidet die Nachfrage $N_s N_s$ in dem niedrigen durch E_s repräsentierten Gleichgewichtspunkt, in dem der Markt für ihre Arbeit gerade

Rassendiskriminierung

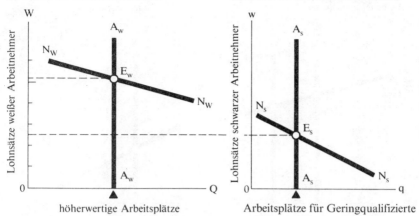

(a) Markt für weiße Arbeitnehmer
(b) Markt für schwarze Arbeitnehmer

höherwertige Arbeitsplätze — Arbeitsplätze für Geringqualifizierte

Abbildung 28.4. Diskriminierung in Form einer Verhinderung des Zugangs zu bestimmten Beschäftigungen mindert die von schwarzen Arbeitnehmern erzielten Löhne.
Wird schwarzen Arbeitnehmern der Zugang zu den guten Arbeitsplätzen unter (a) verwehrt, müssen sie die schlechter bezahlten in (b) annehmen. Auf diese Weise erzielen die Weißen die durch E_w dargestellten höheren Löhne, während die Schwarzen nur das in (b) dargestellte niedrigere Lohnniveau in E_s erreichen.

geräumt wird. Beachten Sie die Diskrepanz zwischen den beiden Gleichgewichtspunkten.

Die Zugangssperre zu bestimmten Beschäftigungen hat zu einer Benachteiligung der schwarzen Arbeitnehmer hinsichtlich ihrer Verdienstmöglichkeiten geführt. Sie sind sehr viel schlechter gestellt als die weißen Arbeitnehmer. Ein solches Urteil sprechen die Gesetze von Angebot und Nachfrage, wenn Diskriminierung aufgrund von Gepflogenheiten, Gesetz oder Absprache möglich ist.

Wirkungen der Chancengleichheit

Was würde geschehen, wenn die Diskriminierung mit einem Federstrich auf die gleiche Weise beseitigt würde, wie die Sklaverei abgeschafft wurde? Das Ergebnis einer Beendigung der Diskriminierung läßt sich anhand der Abbildung 28.5 veranschaulichen. Würden wir die beiden Angebotskurven der Abbildung 28.4, nämlich $A_w A_w$ und $A_s A_s$ addieren, erhielten wir die neue, von Diskriminierung freie Angebotskurve $A_w + A_s$. Jetzt erleben wir einen erheblichen Anstieg der Löhne der Schwarzen, für den die Weißen nur einen geringen Preis zahlen.

Aus welcher Quelle würde der erhöhte Lohn stammen? Er käme nicht aus den Taschen der Weißen. Die Weißen erhielten nämlich annähernd den gleichen Lohn wie zuvor: Die einzige Verringerung ihrer Löhne würde der Wirkung des Gesetzes der abnehmenden Ertragszuwächse entspringen, die sich in dem geringfügigen Rückgang der Löhne durch die Verlagerung des Gleichgewichts von E_w nach F der Abbildung 28.5(a) widerspiegelt.

Das zusätzliche Einkommen der schwarzen Arbeitnehmer ist auf das zusätzliche

Aufhebung der Diskriminierung

(a) Höherwertige Arbeitsplätze bei Chancengleichheit

(b) Zuvor auf Schwarze beschränkter Markt

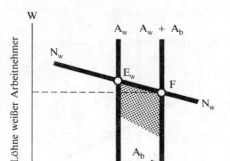
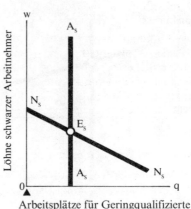

Abbildung 28.5. Herrscht Chancengleichheit für alle Arbeitnehmer, sind die Gleichheit der Löhne und ein Anstieg des BSP die Folge.
Wird die Diskriminierung beseitigt, verlagert sich das Gleichgewicht aus der Position, die es in Abbildung 28.4. einnimmt. Schwarze (oder andere von der Diskriminierung betroffene Gruppen) haben nun die Möglichkeit, neben weißen Arbeitnehmern auf dem Markt (a) tätig zu werden. Das neue Gleichgewicht mit gleichen Löhnen für alle stellt sich in F ein, wo $(A_w + A_s)$ die Nachfragekurve schneidet. Der Zuwachs der Löhne für schwarze Arbeitnehmer geht nicht auf Kosten eines gleichhohen Verlustes der Löhne weißer Arbeitnehmer (die nur geringfügig zurückgehen). Die Beseitigung der Diskriminierung führt zu einer Erhöhung des Gesamtproduktes, weshalb die Gewinner immer mehr gewinnen als die Verlierer verlieren – was die schattierte Fläche unter E_wF erkennen läßt.

BSP zurückzuführen, das aufgrund ihrer höheren Produktivität in ihrer neuen Beschäftigung erstellt wird, verglichen mit der geringeren, durch die Diskriminierung bewirkten Produktivität.

Anstatt Hilfsdienste in Privathaushalten zu leisten, verdient der schwarze Arbeitnehmer jetzt einen guten Lohn an einer modernen computergesteuerten Fakturierungsmaschine. Anstatt als kleiner, zu Naturalabgaben verpflichteter Farmpächter mit einem schrottreifen Traktor zu wirtschaften, übernimmt er die medizinische Versorgung bestimmter Bevölkerungsgruppen oder baut ein Datenverarbeitungsunternehmen auf.[7]

---

[7] Zum Zwecke der besonderen Hervorhebung liegt der Beginn der Angebotskurve A_sA_s in den Abbildungen 28.4 und 28.5 unter A_wA_w, und impliziert, daß nach Beseitigung der Diskriminierung minderwertige Arbeit nicht mehr existiert. Realistischer wäre es, den Verlauf von N_sN_s so zu zeichnen, daß sie sehr weit oben auf der vertikalen w-Achse einsetzt. Dann würde sich das neue, nach Beseitigung der Diskriminierung ergebende Gleichgewicht in einem dritten Diagramm im Schnittpunkt zwischen den horizontal aufaddierten Kurven A_wA_w und A_sA_s mit den horizontal aufaddierten Kurven N_wN_w und N_sN_s in einem Gleichgewichtspunkt ergeben, der etwas oberhalb von F liegt. (bei einem gemeinsamen Lohn, der allerdings unter E_w liegt).
Vgl. Gary Becker, *Economics of Discrimination* (University of Chicago Press, Chicago, 1957), der die ökonomischen Kosten eingehender analysiert, die entstehen, wenn Menschen bei der Einstellung oder Zusammenarbeit mit bestimmten Gruppen an ihren Vorurteilen festhalten.

Die wirtschaftliche Benachteiligung der Frauen

Die größte von wirtschaftlicher Diskriminierung betroffene Gruppe stellen die Frauen dar. Selbst über Jahre hinweg vollzeitbeschäftigte Frauen erzielen im Durchschnitt nur 60 Prozent der Einkommen eines Mannes mit vergleichbarer Ausbildung und Herkunft.

Die Einkommensstruktur ist eindeutig. So verdienen beispielsweise weibliche College-Absolventen etwa genausoviel wie männliche Arbeitnehmer, die nur eine höhere Schule besucht haben. Und obgleich weiße männliche Arbeitnehmer in den meisten Fällen mit zunehmendem Alter jährliche Einkommenserhöhungen erhalten, zeigt das Bild der Einkommen von Frauen, daß diese im Durchschnitt, wenn sie Ende Zwanzig sind, genausoviel verdienen wie ältere Frauen.

Wandel des Beschäftigungs- und Erwerbsverhaltens der Frauen

Ehe wir uns der wirtschaftlichen Analyse zuwenden, ist ein Blick auf die historische Perspektive zweckmäßig. In menschlichen Gesellschaften ebenso wie im Reich der Tiere haben deren männliche und weibliche Vertreter alternative Spezialisierungsstrukturen entwickelt hinsichtlich der Aufgaben des Jagens, der Nahrungsbeschaffung, der Betreuung des Viehs, des Pflanzens und Säens. Einzig im Bereich der Kriegführung haben die Männer eine ausschließliche Eignung bewiesen.

Bis zur Mitte des 19. Jahrhunderts und unter dem Eindruck des viktorianischen Englands, das als Musterbeispiel wirkte, bildete sich eine Karikatur von der »feinen Dame« heraus, die außerstande war, außerhalb der Familie irgendwelche ökonomischen Funktionen zu erfüllen. Wie Thorstein Veblen es in seiner *Theory of the Leisure Class* trocken und bissig formulierte, wurde Status in der wohlhabenden Gesellschaft dokumentiert durch die Nutzlosigkeit von Vieh oder Frauen, die lediglich als Ausstellungsstücke taugten.

Neue Trends

Allmählich wurden jedoch, nachdem auch Methoden der Geburtenkontrolle die Frauen davon befreiten, Jahre ihres Lebens auf das Gebären und Großziehen von Kindern zu verwenden, die viktorianischen Strukturen aufgeweicht. Am stärksten verdeutlicht wird dieser Trend vielleicht durch den sprunghaften Anstieg der am Erwerbsleben beteiligten Frauen während der letzten Jahrzehnte (vgl. Tabelle 28.1, S. 305). Immer häufiger erleben wir, daß Frauen während ihres gesamten Lebens in einem Beschäftigungsverhältnis stehen, vielleicht mit kurzen Unterbrechungen für die Erziehung von Kleinkindern.

Diskriminierung aufgrund des Geschlechts

Wie oben betont, besteht Diskriminierung nicht in erster Linie darin, daß Frauen für die gleiche Arbeitsleistung schlechter bezahlt werden als Männer (obgleich das in einigen Fällen zutreffen mag). Die wesentliche Barriere auf dem Weg zur Gleichheit der Einkommen besteht darin, daß historisch die besten Arbeitsplätze den Männern vorbehalten sind. Noch bis vor kurzem wurden Frauen kaum jemals in den Vorstand von Großunternehmen gewählt, sie rückten nicht zu

Aufteilung des Arbeitsmarktes

Beschäftigung	Prozentsatz weiblicher Arbeitnehmer (1970)
Hochdotierte Beschäftigungen:	
Ingenieure	2,9
Immobilien-Sachverständige	4,1
Verkaufschefs, Großhandel	6,4
Wertpapierhändler	8,4
Manager und Verwaltungschefs	11,6
Schlechtbezahlte Beschäftigungen:	
Hilfsschwestern	84,4
Friseusen und Kosmetikerinnen	90,4
Kindergärtnerinnen	93,2
Näherinnen und Vorrichterinnen	93,8
Schneiderinnen	95,7
Praxisschwestern	96,3

Tabelle 28.4. **Viele hochbezahlte Beschäftigungen sind männlichen Arbeitnehmern vorbehalten.**
Heute tritt Diskriminierung selten in der Form auf, daß Frauen für die gleiche Arbeit schlechter bezahlt werden. Vielmehr werden ihnen schlechter entlohnte Beschäftigungen zugewiesen. Insgesamt drücken solche Faktoren die durchschnittlichen Einkommen der Frauen auf 60 Prozent der Einkommen männlicher Arbeitnehmer herab. (Quelle: Sharon Smith, »Men's Jobs, Women's Jobs, and Differential Wage Treatment«, *Papers Presented at the IRC Colloquium*, Atlanta, Georgia, 14.–15. September 1978.)

vollwertigen Gesellschaftern von großen Anwaltskanzleien auf und erhielten keine festen Lehrstühle an den großen Universitäten.

Deshalb befinden sich Frauen, ebenso wie Minoritäten, oft unter den schlechtbezahlten, nichtkonkurrierenden Bevölkerungsgruppen (vgl. obige Abbildungen 28.4 und 28.5). Tabelle 28.4 läßt erkennen, wie groß die Zugangssperren auf dem Arbeitsmarkt für Frauen sind, und stellt den Anteil der Frauen in ausgewählten hoch- und schlechtbezahlten Beschäftigungen dar. Die in Tabelle 28.4 sichtbar werdende Aufteilung des Arbeitsmarktes zeigt ebenfalls, daß es sich bei der Diskriminierung der Frau um einen sehr viel subtileren Vorgang handelt, als durch das Bild des Arbeitgebers vermittelt wird, der einfach die Lohnforderungen von Frauen, Schwarzen oder Hispano-Amerikanern hart und rücksichtslos zurückweist.

Empirische Resultate

Nachdem wir einige der Mechanismen kennengelernt haben, mit deren Hilfe in einer Marktwirtschaft die Diskriminierung betrieben wird, wollen wir untersuchen, wie hoch die Einkommensunterschiede sind. Tabelle 28.5 zeigt das Verhältnis der Gesamtjahreseinkommen männlicher und weiblicher Arbeitnehmer verschiedener Minoritätengruppen zum Einkommen weißer männlicher Arbeitnehmer. Die größten Einkommensunterschiede ergeben sich für Frauen, für männliche schwarze Arbeitnehmer und Indianer sowie für Männer aus dem hispano-amerikanischen Raum. Festzuhalten ist, daß Frauen auf dem Arbeits-

Einkommensunterschiede (1970)

Gruppe	Einkommen einer Arbeitnehmergruppe (in vH des Einkommens weißer männlicher Arbeitnehmer)	
	Männer	Frauen
Weiße	100	49
Amerikaner japanischer Abstammung	99	52
Amerikaner chinesischer Abstammung	85	46
Amerikaner indianischer Abstammung	68	42
Amerikaner mexikanischer Abstammung	67	36
Schwarze	64	40
Puertorikaner	63	45

Tabelle 28.5. **Minoritäten und Frauen verdienen erheblich viel weniger als weiße männliche Arbeitnehmer.** Untersucht wurden Daten bezüglich der jährlichen Gesamteinkommen von Männern und Frauen einzelner Minoritätengruppen in den Vereinigten Staaten. Nicht berücksichtigt werden dabei die Faktoren Ausbildung, Arbeitnehmerstatus oder frühere Berufserfahrungen.
Die am stärksten benachteiligte Minoritätengruppe unter den männlichen Arbeitnehmern verdient nur zwischen 63 und 68 Prozent des Einkommens weißer männlicher Arbeitnehmer. Frauen verdienen noch weniger, und zwar zum Teil aufgrund niedriger Löhne, zum Teil aufgrund einer geringeren Zahl geleisteter Arbeitsstunden. (Quelle: J.D. Gwartney und J.E. Long, »The Relative Earnings of Blacks and Other Minorities«, *Industrial and Labor Relations Review*, April 1978.)

markt in der Regel nicht mehrfach diskriminiert werden – denn viele einer Minorität angehörende Frauen verdienen fast genausoviel wie weiße Arbeitnehmerinnen.

Diskriminierung und persönliche Merkmale

Wichtig ist der Hinweis, daß nicht alle Lohnunterschiede zwischen verschiedenen Rassen, ethnischen Gruppen oder zwischen den Geschlechtern auf den Faktor der Diskriminierung zurückzuführen sind. Im ersten Teil des vorliegenden Kapitels haben wir festgestellt, daß es auch Qualitätsunterschiede in der Arbeit gibt. Schwarze Arbeitnehmer haben von jeher eine schlechtere Erziehung genossen als weiße; Frauen stehen üblicherweise über längere Zeiträume hinweg außerhalb der Erwerbsbevölkerung als Männer. Da höhere Löhne sowohl mit der Erziehung und Ausbildung als auch mit einem ununterbrochenen Erfahrungserwerb am Arbeitsplatz verknüpft sind, überrascht es nicht, daß ein *gewisses* Einkommensgefälle zu beobachten ist.

Es sind zahlreiche wirtschaftswissenschaftliche Untersuchungen während der vergangenen Jahre durchgeführt worden, in denen der Versuch unternommen wurde, Einkommensunterschiede, die auf meßbare persönliche Merkmale (Ausbildung, Erfahrung, usw.) zurückzuführen sind, von solchen zu trennen, die auf Diskriminierung oder sonstigen Faktoren basieren. Mit Bezug auf die Frauen deuten Untersuchungen von Jakob Mincer, Haim Ofek, Solomon Polacheck und anderen darauf hin, daß 50 bis 75 Prozent des Lohnunterschiedes sich aus Unterschieden in der Ausbildung und der Arbeitserfahrung erklären – nur 25 bis 50 Prozent sind auf Diskriminierung und andere nicht statistisch ausgewertete Ursachen zurückzuführen. (Siehe ergänzender Hinweis S. 322.)

Ergänzender Hinweis:

Die Methode der Berücksichtigung persönlicher Merkmale gehört zu den wirksamsten Instrumenten der modernen Wirtschaftswissenschaft. Um sie zu verdeutlichen, sehen Sie sich die erste Zahlenspalte der Tabelle 28.5. an. Gwartney und Long setzen statistische Verfahren zur Schätzung desjenigen Teiles beobachteter Unterschiede ein, die auf beobachtete und zweifelsfrei relevante Merkmale zurückzuführen sind (etwa auf Erziehung und Ausbildung, Alter, Muttersprache und dergleichen); sowie desjenigen Teiles, der auf Diskriminierung und nicht beobachtete Merkmale zurückzuführen ist.

Wir können »nichtbereinigte« Unterschiede berechnen (wie in Tabelle 28.5.) oder »bereinigte« Unterschiede, die den Merkmalen des Durchschnittsarbeiters verschiedener Gruppen Rechnung tragen. Genauer gesagt wird in diesem Fall bei der »bereinigten« Relation berechnet, was ein Angehöriger einer Minorität verdienen würde, wenn er über die dem weißen Durchschnittsarbeiter entsprechende durchschnittliche Ausbildung, seinem durchschnittlichen Alter und sprachlichen Hintergrund verfügte. Unsere Tabelle läßt beispielsweise erkennen, daß der schwarze Arbeiter insgesamt nur 64 Prozent des Einkommens des weißen Arbeiters verdiente. Wurden allerdings die persönlichen Merkmale der schwarzen Arbeiter berücksichtigt, (d.h. Ausbildung, Alter, Familienstatus, Wohnort usw.), dann verdiente der schwarze Arbeiter schätzungsweise 79 Prozent des weißen Arbeiters. Anders ausgedrückt verdiente ein Schwarzer mit den durchschnittlichen Merkmalen eines Schwarzen zwar nur 64 Prozent des Lohnes eines Weißen, aber mit den durchschnittlichen Merkmalen eines Weißen würde er im allgemeinen 79 Prozent des durchschnittlichen weißen Arbeitnehmers verdienen. Und wie sind die restlichen 21 Prozent zu erklären? Durch Diskriminierung und andere statistisch nicht erhobene Faktoren.

Verhältnis der Löhne von Minoritäten zu den Löhnen weißer Arbeitnehmer

Gruppe	unbereinigt	bereinigt
Weiße	100	100
Amerikaner japanischer Abstammung	99	89
Amerikaner chinesischer Abstammung	85	83
Amerikaner indianischer Abstammung	68	81
Amerikaner mexikanischer Abstammung	67	91
Schwarze	64	79
Puertorikaner	63	87

Die Zeiten ändern sich

Wir haben gesehen, daß die Diskriminierung ein komplexes ökonomisches Phänomen darstellt. Früher wurden die Diskriminierung kraft Gesetz oder aufgrund übernommener Gewohnheiten bewirkt und die benachteiligten Gruppen dadurch unterdrückt, daß ihnen der Zugang zur Ausbildung und zu guten Arbeitsplätzen versperrt wurde. Später waren Minoritäten und Frauen zwar *vor dem Gesetz* gleichberechtigt, in der Praxis jedoch in den Beschäftigungen anzutreffen, die geringe Qualifikationen erforderten und schlecht bezahlt wurden. Selbst in unserer Zeit sind noch schwer zu konkretisierende (oder unterschwellig wirksame) Einstellungen vorhanden, die Frauen und Minoritäten mit gleichwertigen Qualifikationen spüren lassen, daß für sie der Weg nach oben ein wenig steiniger ist.

Dennoch sind Fortschritte zu beobachten. Angehörige benachteiligter Gruppen bahnen sich in großer Zahl ihren Weg in die besten Ausbildungsstätten und in die bestbezahlten Berufe. In dem Maße, in dem die Gesellschaft erkennt, daß Frauen oder Minoritätsgruppen gleiche Fähigkeiten besitzen, werden allmählich die alten Auffassungen hinsichtlich der Aufgaben revidiert, die diese Gruppen im Leben wahrnehmen können oder sollten.

Tatsächlich lassen sich bereits Veränderungen in den relativen Einkommen verschiedener Gruppen nachweisen. Von Richard Freeman durchgeführte Untersuchungen gelangen zu dem Ergebnis, daß der Umfang nicht zu erklärender Einkommensunterschiede mit Bezug auf schwarze Arbeitnehmer (nach Berücksichtigung ihrer Ausbildung und dergleichen) bereits erheblich zurückgegangen ist, obgleich nach wie vor die Lohnunterschiede bei älteren schwarzen Arbeitnehmern erheblich sind.

Zusammenfassend läßt sich sagen, daß sorgfältige Untersuchungen die meisten Forscher davon überzeugt haben, daß objektive Unterschiede nur einen Teil des Einkommensgefälles zwischen weißen Arbeitnehmern und anderen Gruppen erklären. Unter diesen Umständen könnten Maßnahmen wie der Abbau von Schutzmauern, die einzelne Berufe abschirmen, die Zulassung des Wettbewerbs von nichtkonkurrierenden Gruppen und die Durchsetzung der Gesetze zur Gewährleistung der Chancengleichheit dazu beitragen, das Stigma der Diskriminierung sowie die aus der Diskriminierung resultierenden volkswirtschaftlichen Verluste zu beseitigen.

Zusammenfassung

A. Die Bestimmung der Löhne unter Wettbewerbsbedingungen

1. In einer Situation des vollkommenen Wettbewerbsgleichgewichts und bei völliger Gleichheit aller Menschen und Arbeitsplätze gäbe es keine Lohnunterschiede. Der Gleichgewichtslohn würde durch Angebot und Nachfrage bestimmt. Und in dem Maße, in dem das Land A (1) über mehr natürliche Ressourcen pro Arbeitnehmer verfügt als das Land B und (2) über bessere Produktionsverfahren (infolge seiner Kapitalausstattung und seines technologischen Know-how), wird der Wettbewerbslohn in A wahrscheinlich über dem in B liegen.

2. In bezug auf das Arbeitsangebot sind vier Faktoren zu berücksichtigen: die Größe der Bevölkerung, der Prozentsatz der Erwerbstätigen, die durchschnittliche Arbeitszeit und die Qualität der produktiven Leistung.

3. Steigende Löhne lösen zwei gegenläufige Wirkungen auf das Arbeitsangebot aus: der »Substitutionseffekt« stellt einen Anreiz für den Arbeitnehmer dar, infolge der höheren Stundenlöhne länger zu arbeiten. Der »Einkommenseffekt« übt eine gegenteilige Wirkung aus – in dem Sinne, daß höhere Löhne bedeuten, daß sich der Arbeitnehmer abgesehen von mehr Gütern und sonstigen Annehmlichkeiten des Lebens auch mehr Freizeit leisten kann. Von einem kritischen Punkt an kann sich die Angebotskurve nach rückwärts neigen. Das Angebot an Menschen mit herausragenden, unnachahmlichen Begabungen ist völlig unelastisch: Ihre Einkommen stellen weitgehend eine »reine ökonomische Rente« dar.

4. Sobald wir die unrealistische Annahme hinsichtlich der Gleichheit aller Menschen und Arbeitsplätze fallen lassen, sehen wir uns selbst auf einem auf dem Prinzip des vollkommenen Wettbewerbs beruhenden Arbeitsmarkt einem erheblichen Lohngefälle gegenüber. »Kompensatorische Lohnunterschiede«, die einen Ausgleich für nichtmonetäre Unterschiede in der Qualität der Arbeitsplätze darstellen, erklären einige (wenn auch keineswegs alle) Lohnunterschiede.

5. Dennoch sind Unterschiede in der Qualität verschiedener Arten der Arbeit die wichtigste Ursache der Lohnunterschiede. Obgleich man nicht behaupten kann, daß das Arbeitskräftepotential insgesamt aus »nichtkonkurrierenden Gruppen« besteht, muß dennoch eingeräumt werden, daß es unzählige Kategorien von nur teilweise konkurrierenden Gruppen gibt. Steigt der relative Lohn einer Kategorie, so hat dies insofern beträchtliche Auswirkungen auf das Arbeitsangebot, als einige Arbeitnehmer in die besser bezahlten Beschäftigungen überwechseln. Auf einem vollkommenen Wettbewerbsmarkt würde die Struktur der Löhne letztlich durch das allgemeine Gleichgewicht zwischen den wechselseitig abhängigen Angebots- und Nachfragefunktionen nach der Art der Tabelle 28.3 bestimmt.

6. Die Furcht vor Arbeitslosigkeit führt häufig zu dem Trugschluß der »begrenzten Arbeitsmenge«. Diese Vorstellung, nach der die Menge der zu leistenden nützlichen Arbeit eine feste Größe darstellt, hat ihre Wurzeln in der Erfahrung der technologisch bedingten Arbeitslosigkeit beziehungsweise der Depression. Sie steht hinter dem Kampf für eine Verkürzung der Arbeitszeit sowie hinter Methoden zur Arbeitsstreckung. Zu hohe Arbeitslosigkeit erfordert jedoch den Einsatz makroökonomischer Maßnahmen zur allgemeinen Verbesserung der Arbeitsmöglichkeiten, nicht eine defätistische Restriktionspolitik.

B. Diskriminierung aufgrund von Rasse und Geschlecht

7. Durch einen Zufall der Geschichte ist die Minderheit der weißen männlichen Arbeitnehmer in der Welt in den Genuß des größten Wohlstandes gelangt. Die gnadenlose Ausbeutung zur Zeit der Sklaverei war kein Prozeß, der einer Selbstheilung zugänglich war. Selbst hundert Jahre nach der Abschaffung der Sklaverei läßt sich mit Hilfe der Werkzeuge von Angebot und Nachfrage unter Wettbewerbsbedingungen nach wie vor die Ungleichheit der Chancen nachweisen sowie eine Diskriminierung aufgrund von Rasse und Geschlecht, die für die benachteiligten Gruppen wie für die Gesellschaft insgesamt zu einem Einkommensverlust führen.

8. Viele Wege führen zur Diskriminierung; der wichtigste ist wahrscheinlich der der Schaffung »nichtkonkurrierender Gruppen«. Dadurch, daß man die Arbeitskräfte aufteilt, die leitenden Positionen weißen männlichen Arbeitnehmern vorbehält, Frauen und Schwarze in Bereiche der Bekleidungsherstellung und der Müllabfuhr abdrängt, läßt sich die Ungleichheit der Entlohnung über Jahrzehnte hinweg aufrechterhalten.

Begriffe zur Wiederholung

Subsistenzlohn

rückwärts geneigte Angebotskurve

Einkommens- oder Substitutionseffekt

das Rentenelement in Löhnen

kompensatorische Lohnunterschiede

Aufteilung des Arbeitsmarktes und nichtkonkurrierende Gruppen

Lohnunterschiede aufgrund von Ausbildung und Diskriminierung

Fragen zur Diskussion

1. Erklären Sie, was mit den Lohnunterschieden unter folgenden Bedingungen geschehen würde: (a) Abbau der Unvollkommenheit des Wettbewerbs unter Arbeitnehmern mit vergleichbarer Qualifikation; (b) ungehinderte Migration der Arbeitskräfte zwischen den Regionen eines Landes; (c) Einführung eines kostenlosen öffentlichen Erziehungswesens in einem Land, in dem es zuvor nur teure Privatschulen gab; (d) eine stärkere Verbreitung des Fernsehens, das häufig Sport- und Unterhaltungsprogramme mit prominenten Stars zeigt.
2. Testen Sie, ob Sie die Begriffe »kompensatorische Lohnunterschiede«, »reine ökonomische Rente« und »nichtkonkurrierende Gruppen« wirklich verstanden haben. Geben Sie Beispiele für alle drei Fälle.
3. Anfang der 80er Jahre kämpften in Europa viele Arbeitnehmergruppen aufgrund der hohen Arbeitslosigkeit für eine Arbeitszeitverkürzung. Welcher Trugschluß liegt diesem Verhalten zugrunde? Wie werden sich Ihrer Meinung nach die Reallöhne entwickeln, wenn diese Bemühungen erfolgreich wären?
4. Welche Faktoren der Technologie, der Wirtschaftsgeographie und der Gesetzgebung tragen zur Bestimmung der Reallöhne bei? Führen Sie einige wichtige Beispiele neueren Datums für Maßnahmen oder Gesetzesvorschläge an, die Auswirkungen auf die Reallöhne in den Vereinigten Staaten haben könnten.
5. Erörtern Sie die Sklaverei als Wirtschaftsproblem, und zwar sowohl anhand des tatsächlichen historischen Geschehens wie auch als reine Erfindung. Ist die Rassendiskriminierung zwischenzeitlich in irgendeiner Weise zurückgegangen? Umreißen Sie die Veränderungen, die Sie für die Zukunft für erforderlich halten. Glauben Sie, daß selbst wenn es in Zukunft keinerlei Diskriminierung mehr

gäbe, zum Zwecke der Beseitigung der aus der Vergangenheit überkommenen Ungleichheit der Chancen öffentliche Gelder notwendig wären, um einen Bildungsrückstand auszugleichen?

6. Wäre auch eine »umgekehrte Diskriminierung« denkbar, in der beispielsweise weiße männliche Arbeitnehmer durch ein Arbeitsangebot verdrängt würden, das Minoritäten mit objektiv geringeren Qualifikationen begünstigt? Zeigen Sie unter Verwendung der Abbildungen 28.4 und 28.5 die Auswirkungen einer umgekehrten Diskriminierung.

7. Welche Maßnahmen könnte ein Land ergreifen, um die in Tabelle 28.4 dargestellte Aufteilung des Arbeitsmarktes zu überwinden?

8. *Preisfrage*: Viele Arbeitnehmer würden einen sehr hohen kompensatorischen Lohnzuschlag fordern, ehe sie das Risiko der Arbeit im Untertagebau oder in einem Kernkraftwerk eingehen würden. Einigen machen derartige Risiken vergleichsweise wenig aus. Können Sie unter Berücksichtigung dieser Tatsbestände erklären (vielleicht unter Einsatz der Instrumente von Angebot und Nachfrage), warum die tatsächlichen kompensatorischen Lohnunterschiede erstaunlich gering sein können?

Gewerkschaften und Tarifverhandlungen 29

Hennessey: Aber diese Burschen, die Betriebe ohne Zwangsmitgliedschaft der Arbeiter in einer Gewerkschaft verlangen, behaupten, daß sie für die Gewerkschaften sind.

Dooley: Klar, wenn diese entsprechend geführt werden. Keine Streiks, keine Satzung, keine Tarifverträge, keine Lohnskalen, kaum Löhne und verdammt wenig Mitglieder.

Finley Peter Dunne zugeschriebener Dialog

Die meisten Menschen arbeiten die meiste Zeit ihres Erwachsenenlebens. Fast ein Drittel der Zeit, in der wir wach sind, verbringen wir an einem Arbeitsplatz. Löhne und Gehälter machen annähernd vier Fünftel des gesamten Volkseinkommens aus. Deshalb überrascht es nicht, daß Sumner Slichter von der Harvard-Universität – mit verzeihlicher Übertreibung – gesagt hat, daß unsere Gesellschaft eher eine »laboristische« als eine kapitalistische Gesellschaft sei.

Im vorliegenden Kapitel wollen wir einige der wichtigen institutionellen Aspekte des Arbeitsmarktes betrachten. Die Arbeit ist ein einzigartiges ökonomisches Gut. Schließlich zielt die ganze Organisation der Wirtschaft auf eine Steigerung des Wohlergehens derjenigen ab, die arbeiten und konsumieren. Seit dem Ende des amerikanischen Bürgerkrieges kann man Arbeitskräfte nicht mehr kaufen, sondern lediglich gegen Lohn »mieten«. Abgesehen davon unterscheiden sich die Arbeitnehmer beträchtlich in bezug auf ihre Merkmale, ihre physische Kraft, ihre Intelligenz, ihr Können, ihre Umgänglichkeit, ihren Fleiß und ihre Zuverlässigkeit.

Die Tatsache, daß Arbeitnehmer von Unternehmen angemietet werden, hat außerordentlich wichtige Weiterungen. Es muß zu einer Einigung oder einem Vertrag zwischen dem Arbeitnehmer und dem Arbeitgeber kommen. Gelegentlich handelt es sich um recht formlose Vereinbarungen nach der Art: »Wenn du dich bewährst, erhältst du den Arbeitsplatz; gezahlt werden 6,50 Dollar die Stunde.« Das andere Extrem stellen mühsam ausgehandelte Tarifverträge zwischen einer Gruppe von Unternehmen und mehreren tausend Arbeitnehmern dar. Ob es sich um förmliche oder formlose, explizite oder implizite Vereinbarungen handelt – zweckmäßig ist es, den »Mietwert« des Faktors Arbeit als vertraglich bestimmt zu betrachten.

Da es jedoch schwierig ist, den Werdegang formloser Verträge zu untersuchen, konzentrieren wir uns im ersten Abschnitt dieses Kapitels auf die formalen Vereinbarungen, die nach zähem Ringen zwischen den Gewerkschaften und Unternehmensleitungen zustande kommen. Diese Darstellung der Institutionen des amerikanischen Arbeitsmarktes dient als Vorspiel zu den analytischen Problemen der Unvollkommenheiten des Arbeitsmarktes, die im Abschnitt B behandelt werden.

A. Die amerikanische Gewerkschaftsbewegung

Etwa 23 Millionen Amerikaner gehören einer Gewerkschaft an. Ein Viertel aller außerhalb der Landwirtschaft Beschäftigten sind deshalb Mitglieder einer Gewerkschaft. Klammert man die Angestellten, Beamten und Angehörigen des Managements aus der Betrachtung aus, ist der Prozentsatz noch höher. In bedeutenden Wirtschaftszweigen wie den Eisenbahnen, der Stahlindustrie, der Automobilindustrie, dem Bergbau und der Bekleidungsindustrie sind praktisch alle in Frage kommenden Arbeitnehmer gewerkschaftlich organisiert. Nur wenige Großunternehmen können sich der Organisation durch eine Gewerkschaft entziehen.

Aufstieg und Niedergang

Abbildung 29.1 zeigt den Anstieg der Mitgliederzahl der Gewerkschaften seit der Jahrhundertwende, und zwar prozentual zum Arbeitskräftepotential. Auffällig sind der langsame stetige Anstieg bis zum Ersten Weltkrieg, das Hochschnellen der Mitgliedszahlen während des Krieges und unmittelbar danach sowie der recht starke Rückgang und die Stagnation in den 20er Jahren. Deutlich erkennbar sind schließlich der explosionsartige Mitgliederzuwachs während der Phase des New Deal und das anhaltend rasche Wachstum während des Zweiten Weltkrieges.

Festzuhalten ist außerdem, daß sich die Gewerkschaften gegenwärtig nicht mehr in einer nennenswerten Wachstumsphase befinden. Etwa seit 1950 ist ein allmähliches Absinken des gewerkschaftlich organisierten Prozentsatzes der Arbeitnehmerschaft zu beobachten.

Statistiken über die Mitgliederzahlen geben jedoch nur unzureichenden Aufschluß über den Einfluß der Gewerkschaften. Viele Nichtmitglieder werden ebenfalls von Tarifvereinbarungen über Löhne, Arbeitszeiten und Arbeitsbedingungen erfaßt. In vielen Gebieten und Wirtschaftszweigen entsprechen die Löhne und Sozialleistungen nicht gewerkschaftlich organisierter Arbeitnehmer denen nahegelegener Gewerkschaftseinheiten – nicht zuletzt deshalb, um die Anziehungskraft der Gewerkschaften nicht allzu groß werden zu lassen.

In vielen Bereichen des Bergbaus und der Bauwirtschaft müßten Sie alle Hoffnungen auf einen Arbeitsplatz fahren lassen, falls Sie einen feierlichen Eid ablegten, niemals einer Gewerkschaft beizutreten oder zu den von ihr ausgehandelten Bedingungen zu arbeiten. Und im warenproduzierenden Gewerbe fallen mindestens 20 Prozent aller Lohnempfänger unter die Tarifvereinbarungen – selbst wenn sie persönlich keine Gewerkschaftsmitglieder sind. Wohin könnten Sie sich als nicht gewerkschaftlich organisierter Arbeitnehmer wenden? In Bereichen wie der Landwirtschaft, dem Finanzwesen und im Handel kann man den Gewerkschaften am ehesten aus dem Wege gehen. Oder man kann in die

Gewerkschaftlicher Organisationsgrad

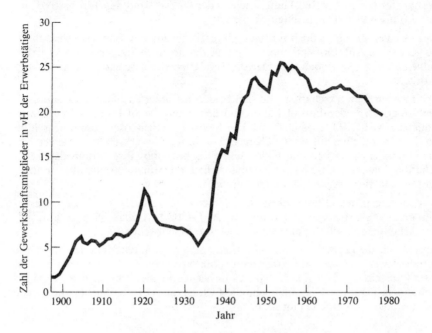

Abbildung 29.1. **Im Verhältnis zum Arbeitskräftepotential nimmt die Zahl der Gewerkschaftsmitglieder ab.**
Heute gehört von allen Arbeitnehmern insgesamt nur noch ein Fünftel einer Gewerkschaft an – gegenüber einem Zwanzigstel im Jahre 1933 und einem Viertel im Jahre 1955. Die organisierte Arbeitnehmerschaft befindet sich nicht mehr in einem durch lebhaftes Wachstum gekennzeichneten Stadium ihrer Entwicklung; vielmehr ist die Zahl der in der Produktion beschäftigten Arbeitnehmer im warenproduzierenden Gewerbe, im Bergbau und im Transportwesen – den am stärksten zur gewerkschaftlichen Organisation tendierenden Gruppen – zurückgegangen. Frauen, Südstaatler und Angestellte sind – außer im öffentlichen Sektor – in der Regel nur schwer zu organisieren. (Quelle: U.S.-Arbeitsministerium)

Südstaaten abwandern: Dort sind die Bemühungen, die Arbeiter gewerkschaftlich zu organisieren, auf starken Widerstand gestoßen. 60 Prozent aller Gewerkschaftsmitglieder leben heute in zehn stark industrialisierten Bundesstaaten wie Michigan, New York und Ohio.

Die Gewerkschaften auf lokaler und nationaler Ebene und die Dachorganisation AFL-CIO

Die Struktur der amerikanischen Gewerkschaften weist drei verschiedene Ebenen auf; es gibt
- den *lokalen* Gewerkschaftsverband
- den *nationalen* beziehungsweise *Bundesverband*
- den *Dachverband der Bundesgewerkschaften*

Für die einzelnen Mitglieder bildet der Ortsverband (»local«) die Basisorganisation der Gewerkschaft. Sie treten dem Ortsverband ihres Betriebes oder ihres Wohnortes bei. In der Regel unterzeichnet der Ortsverband den Tarifvertrag, der ihre Löhne und Arbeitsbedingungen regelt.

Der Ortsverband ist jedoch nur eine Untergliederung der Bundesgewerkschaft. So gehört ein Automobilarbeiter in Pontiac der dortigen lokalen Gewerkschaftseinheit an; diese ist jedoch nur eine von Hunderten von »locals« der United Auto Workers.

Die meisten Gewerkschaften sind den beiden fusionierten Dachorganisationen, der American Federation of Labor und dem Congress of Industrial Organizations, der AFL-CIO, angeschlossen. Die AFL-CIO ist ein loser Zusammenschluß aus im wesentlichen auf Bundesebene organisierten Gewerkschaften. Sie betreibt die Öffentlichkeitsarbeit und bildet die politische Lobby ihrer Mitgliedsgewerkschaften. Die AFL-CIO ist auf die finanzielle Unterstützung durch die ihr angeschlossenen Bundesgewerkschaften angewiesen.

In den Augen der Öffentlichkeit stellt dieser Dachverband den bedeutsamsten Teil der Arbeiterbewegung dar, und die AFL-CIO tritt tatsächlich als Sprecher der Arbeitnehmerschaft auf. Dennoch ist ihre Macht sehr begrenzt.

Ebenso wie die großen Fünf im Sicherheitsrat der Vereinten Nationen haben die Bundesgewerkschaften auf ihrer »Souveränität«, »ihrem Vetorecht« und auf ihrer »ausschließlichen Zuständigkeit« in bezug auf die Arbeiter ihres Gebietes bestanden. Da ihre Macht ungeschmälert ist, ist die AFL-CIO heute im Grunde nichts anderes als eine Galionsfigur.

Kurze Geschichte der amerikanischen Arbeiterbewegung

Der Drang zur gewerkschaftlichen Organisation

Wie sind die heutigen Gewerkschaften entstanden? Was hat die Arbeiter bewogen, sich diesen Organisationen anzuschließen? Welche Funktionen haben die Gewerkschaften?

Im vergangenen Jahrhundert wurden überall niedrige Löhne gezahlt. Auch die Produktivität war gering, so daß kein Verteilungsmodus dem Durchschnittsarbeiter von dem von der Wirtschaft erstellten Kuchen mehr als eine dünne Scheibe verschaffen konnte.

Darüber hinaus fühlten sich der historischen Überlieferung zufolge die Arbeiter vom herrschenden Wirtschaftssystem ausgebeutet. Sie waren sich ihrer Armut, ihrer mangelnden Information und ihrer Hilflosigkeit gegenüber ihrem Arbeitgeber bewußt, der in jedem Konflikt das größere Durchhaltevermögen besaß. Die Betriebe waren organisiert wie Diktaturen: Alle Befehle kamen von oben, und der Arbeiter war nichts anderes als ein Rädchen in einem riesigen Räderwerk, ein Roboter ohne Menschenwürde.

Allmählich entdeckten die Arbeiter, daß ihre Stärke in ihrer großen Zahl lag. Hundert gemeinsam auftretende Arbeitnehmer hatten oft eine stärkere Verhandlungsposition als jeder einzelne für sich allein kämpfende Arbeiter.

Die Arbeiter gründeten Gewerkschaftsvereine, die dem gegenseitigen Kennenlernen, der Unterhaltung und der Diskussion dienten. Nach und nach begannen diese frühen Gewerkschaften, ihren Mitgliedern Leistungen in Sterbefällen und verschiedene andere Formen der Versicherung anzubieten, und organisierten eigene Fortbildungsmaßnahmen. Ebenfalls begannen sie *Richtlohnsätze* aufzustellen, auf deren Zahlung ihre Mitglieder bestehen sollten.

Die Arbeitgeber schlugen natürlich zurück. Auch sie erkannten, daß ihre Stärke in der systematischen Zusammenarbeit lag, wobei ein Arbeitgeber den anderen unterstützte und sich weigerte, Leute einzustellen, die als Unruhestifter auf der »schwarzen Liste« standen.

Wie nicht anders zu erwarten, riefen die Arbeitgeber die Gerichte an, um ein Verbot von Arbeitnehmerzusammenschlüssen und Gemeinschaftsaktionen zu erwirken. Später setzten sie Revolverhelden und Spione im Kampf gegen die Gewerkschaften ein.[1]

Die Ritter der Arbeit

Im letzten Drittel des 19. Jahrhunderts gingen aus der von breiten Bevölkerungsschichten getragenen Revolte gegen das »Großunternehmertum« die sogenannten Ritter der Arbeit hervor. Zunächst handelte es sich dabei um einen Geheimbund, dem jedermann mit Ausnahme von »Rechtsanwälten, Bankiers, Spielern, Spirituosenhändlern und Pinkerton-Detektiven« beitreten konnte. Später wurde die Geheimbündelei aufgegeben; bis 1886, dem Höhepunkt in der Entwicklung der Organisation, war diese auf etwa 700000 Mitglieder angewachsen.

Die Organisation der Ritter der Arbeit war ein Versuch, eine einzige große Gewerkschaft zu bilden, die das Sprachrohr für sämtliche Arbeiter sein sollte. Sie war lebhaft an politischen Reformen und Propagandafeldzügen interessiert, und radikale politische Veränderungen hatten für sie gelegentlich mehr Bedeutung als die Anhebung der Löhne. Nach einer Reihe erfolgloser Streiks schmolz ihre Mitgliederzahl ebenso schnell dahin, wie sie gewachsen war. Der Niedergang der Organisation der Ritter war der erste Hinweis auf einen Aspekt der amerikanischen Gewerkschaftsbewegung, der bis auf den heutigen Tag Gültigkeit hat – auf die Tatsache, daß die amerikanischen Arbeiter wenig an einer politisch engagierten Gewerkschaft interessiert sind.

Die American Federation of Labor

Im Jahre 1881 wurde die heutige Arbeiterbewegung mit der Gründung der American Federation of Labor ins Leben gerufen. Fast ein halbes Jahrhundert lang bis zu seinem Tode im Jahre 1924 wurde diese Organisation von Samuel Gompers beherrscht, der ihr ihre charakteristischen Züge verlieh. Trotz seines frühen Interesses an sozialistischen Erweckungsbewegungen gelangte er bald zu dem

---

1 Die Unternehmer setzen im Kampf gegen die Gewerkschaften im wesentlichen folgende Waffen ein: (1) willkürliche Entlassungen von Gewerkschaftsmitgliedern, (2) die Führung schwarzer Listen, (3) die Aussperrung, (4) Arbeitsverträge für »Unterwürfige«, (mit der Verpflichtung keiner Gewerkschaft beizutreten), (5) Spitzel in den Betrieben, (6) Streikbrecher und bewaffnete Wachen, (7) verschwörerische Zusammenschlüsse von Kaufleuten, Polizisten und Richtern einer Stadt gegen Gewerkschaftsgründer und potentielle Gewerkschaftsmitglieder, (8) die (gelbe) »Betriebsgewerkschaft« und (9) richterliche Anordnungen.

Schluß, daß auf amerikanischem Boden keine dem Kapitalismus feindliche Bewegung gedeihen könnte.

Gompers' wichtigste Grundsätze waren einfach:

- Er verpflichtete die AFL auf den Grundsatz des *Föderalismus*, der jedoch die Souveränität und die »ausschließliche Zuständigkeit« jeder Bundesgewerkschaft für ihren Organisationsbereich respektierte.

Dies bedeutete, daß die AFL keinen »Gewerkschaftsdualismus« duldete: Nicht zwei Gewerkschaften konnten die gleichen Arbeiter organisieren und keine Gruppe von Arbeitern konnte aus der anerkannten Bundesgewerkschaft ausbrechen.

- Er bestand auf dem Prinzip der *Tarifautonomie*: Arbeitnehmer und Arbeitgeber sollten die Löhne aushandeln, der Staat sollte sich jedoch aus den Tarifverhandlungen heraushalten.

- Gompers betonte die *wirtschaftliche Interessenvertretung* (»business unionism«). Diesem Prinzip zufolge war es vordringliche Aufgabe der amerikanischen Gewerkschaften, sich für eine Verbesserung der wirtschaftlichen Verhältnisse der Arbeiter einzusetzen, nicht jedoch Klassenkampf zu betreiben mit dem Ziel einer Änderung der Gesellschaftsordnung oder der Förderung des Sozialismus. Im großen und ganzen haben die amerikanischen Gewerkschaften seit der Zeit Gompers' ihre Aufmerksamkeit dem Kampf um höhere Löhne, Verkürzung der Arbeitszeit, längeren Urlaub, bessere Arbeitsbedingungen und der Frage betrieblicher Sozialleistungen, wie Renten und Krankenversicherung, zugewandt. Dadurch entwickelten sie sich in eine völlig andere Richtung als die Arbeiterbewegungen vieler anderer Länder – die, wie im Falle der Labourpartei in Großbritannien, eine der großen politischen Parteien beherrschen und Maßnahmen des Klassenkampfes zur Durchsetzung weitreichender politischer Reformen eingesetzt haben.

Insofern war die AFL in fast jeder Hinsicht das völlige Gegenteil der Organisation der Ritter der Arbeit. In dem Maße, in dem letztere an Bedeutung verlor, wuchs die AFL. Die Philosophie der AFL erwies sich als tragende Philosophie der amerikanischen Arbeiterbewegung.

In den 20er Jahren stieß die Arbeiterbewegung auf entschiedenen Widerstand von seiten einzelner Unternehmerorganisationen. Als die Weltwirtschaftskrise ihren Höhepunkt erreichte, war die Mitgliederzahl der AFL auf 3 Millionen gesunken. Doch mit der Erholung der Wirtschaft brach auch für die Gewerkschaften eine neue Ära an. Die Depression hatte den Zorn der amerikanischen Öffentlichkeit gegen viele Slogans der 20er Jahre wachgerufen und die Klassengegensätze aufbrechen lassen. Schon vor der Einführung des New Deal durch Präsident Roosevelt ging die Opposition der Wählerschaft und der Gerichte gegen die Gewerkschaften allmählich zurück.

Fach- und Industriegewerkschaften

Innerhalb der AFL als solcher stand jedoch das Beharren auf der ausschließlichen Zuständigkeit der nationalen Gewerkschaften für einzelne Berufsgruppen wie der Schreiner oder Fliesenleger der gewerkschaftlichen Erschließung der großen, auf Massenproduktion beruhenden Industrien im Wege. Ehe beispielsweise Judge Gary von der United States Steel den großen Stahlarbeiterstreik von

1919 niederschlug, lag die Streikführung in den Händen eines schwerfälligen Ausschusses, in dem etwa zwei Dutzend Fachgewerkschaften mitwirkten.

Weitsichtige Beobachter erkannten, was die Stunde geschlagen hatte. Die Zukunft gehörte den *Industriegewerkschaften* (die einen gesamten Industriezweig, wie etwa die Stahlindustrie organisierten); *Fachgewerkschaften* (die die Arbeitnehmer einer bestimmten Berufssparte, wie etwa der Schreiner, organisierten) gehörten der Vergangenheit an. 1935 wurden mit der Gründung des Congress of Industrial Organizations (CIO) die Industriegewerkschaften ins Leben gerufen. Unterstützt durch die neue Haltung der Regierung (insbesondere durch den Wagner Act von 1935) folgte eine stürmische Kampagne zugunsten einer Neuorganisation. Gegen den erbitterten Widerstand der Vertreter der wichtigsten Industrien aus dem Bereich der Massengüterproduktion wurden diese – wie etwa die Automobil-, die Stahl-, die Gummi- und die Erdölindustrie – gewerkschaftlich organisiert.

Auch die AFL hatte inzwischen die Bedeutung der Industriegewerkschaften erkannt und begann ihrerseits, die Arbeiter ebenfalls nach Industriezweigen zu organisieren; dennoch spielten ihre Berufsgruppenverbände nach wie vor die beherrschende Rolle. Zwei Jahrzehnte lang herrschte eine gesunde Konkurrenz zwischen der AFL und dem CIO. 1955 schlossen sich beide zum AFL-CIO zusammen, dem führenden Gewerkschaftsverband der Vereinigten Staaten unserer Tage.

Der Ablauf von Tarifverhandlungen

Die Löhne und betrieblichen Sozialleistungen der gewerkschaftlich organisierten Arbeitnehmer werden im Rahmen von *Tarifverhandlungen* (»collective bargaining«) festgelegt. Dabei handelt es sich um ein Verhandlungsverfahren zwischen den Unternehmen und den Arbeitnehmervertretern zum Zwecke der Vereinbarung von Arbeitsbedingungen, die für beide Seiten akzeptabel sind.

Wir wollen den Gang von Tarifverhandlungen näher beleuchten. Zunächst muß die Anerkennung einer Gewerkschaft als rechtmäßige Interessenvertretung erfolgen. Nehmen wir den Fall eines Arbeiters in der Produktion eines Betriebes, der gewerkschaftlich organisiert ist. Eine Mitgliedsgewerkschaft des AFL-CIO hat beim National Labor Relations Board (NLRB) den Antrag auf Anberaumung einer Wahl zur Bestimmung der Organisation gestellt, die diesen Betrieb vertreten soll. Unser Produktionsarbeiter gibt in einer geheimen Wahl seine Stimme für eine bestimmte Gewerkschaft ab, und diese Gewerkschaft gewinnt die Mehrheit der Beschäftigten. Der NLRB erkennt sodann die neue Gewerkschaft als Tarifverhandlungsbeauftragte des Unternehmens an und untersagt jeder anderen Gewerkschaft, direkte Verhandlungen mit der Unternehmensleitung zu führen.

Ein Termin wird für ein Treffen der Vertreter der neuen Gewerkschaft mit den Vertretern der Unternehmensleitung angesetzt. Am Verhandlungstisch werden sich wahrscheinlich der für die Arbeitsbeziehungen (»industrial relations«) zuständige stellvertretende Vorstandsvorsitzende, begleitet von einigen Juristen einer auf Arbeitsrechtsfragen spezialisierten Anwaltskanzlei, und der örtliche Gewerkschaftsvertreter, unterstützt von einem kleinen Ausschuß von Gewerkschaftsfunktionären, gegenübersitzen, wobei auf gewerkschaftlicher Seite die Verhandlungen möglicherweise von einem Experten der Gewerkschaftszentrale geleitet werden.

Worum geht es in Tarifverhandlungen?

Jeder hat schon von den in letzter Minute nach endlosen Nachtsitzungen erzielten Tarifvereinbarungen gehört. Was wird in solchen Vereinbarungen eigentlich geregelt?

Das Kernstück ist natürlich das *ökonomische Datenpaket*. Dieses enthält unter anderem Regelungen über Grundlohn, Überstundenbezahlung, Urlaubstage und Erholzeiten. Darüber hinaus enthalten die Tarifverträge im allgemeinen auch Vereinbarungen über betriebliche Sozialleistungen: Altersversorgung und Krankenversicherung gehören heute zu den Standardthemen. Üblicherweise werden auch Anpassungen an die Lebenshaltungskosten (COLAs) vereinbart, die im Falle eines starken Anstiegs der Konsumpreise eine Korrektur der Löhne nach oben vorsehen.

Ein zweiter wichtiger und oft umstrittener Gegenstand ist die *Arbeitsorganisation*. Insbesondere in schrumpfenden Wirtschaftszweigen gehört die Frage der personalplanerischen Soll-Belegschaft zu den wesentlichen Themen, da hier die Nachfrage nach Arbeitskräften rückläufig ist. So wurde beispielsweise bei den Eisenbahnen jahrzehntelang darüber gestritten, wie viele Leute für einen Zug gebraucht würden. Gegenwärtig findet zwischen den Fluggesellschaften und den Gewerkschaften eine Auseinandersetzung um die Frage statt, wie viele Leute im Cockpit sitzen müssen.

Darüber hinaus enthält der Tarifvertrag *arbeitsrechtliche* Aspekte. Dazu gehören Schutzbestimmungen für ältere Arbeitnehmer – wer wird als erster oder als letzter entlassen – sowie die Festlegung eines Beschwerdeverfahrens für den Fall von Entlassungen oder Streitigkeiten.

Schließlich wird der Vertrag, der viele Seiten Kleingedrucktes enthält, unterzeichnet. Alles ist schwarz auf weiß festgehalten. Oft werden auch Bestimmungen über die Schlichtung von Streitfragen aufgenommen, die sich aus dem Vertrag ergeben, wobei jede Seite sich im voraus bereit erklärt, die Entscheidung eines unparteiischen Schlichters zu akzeptieren. Die übliche Laufzeit eines Tarifvertrages beträgt 3 Jahre.

Die angeführte Liste läßt einen wichtigen Aspekt von Tarifvereinbarungen erkennen. Teile des Vertrages sind ihrer Natur nach eher kooperativ als antagonistisch. So liegt beispielsweise ein faires Beschwerdeverfahren sowohl im Interesse der Arbeitnehmer wie der Arbeitgeber. Diese kooperativen Elemente werden häufig von den Kritikern der Rolle der Gewerkschaften übersehen.

Tarifverhandlungen sind eine komplizierte Angelegenheit – eine Sache des Gebens und Nehmens. Viele Unternehmer wissen um die Richtigkeit der klassischen Feststellung von Philip Murray, dem langjährigen Präsidenten der CIO[2]:

Die Unternehmer erhalten in der Regel die Beziehungen zu ihrem Tarifpartner, die

---

2 Murray und M.L.Cooke, *Organized Labor and Production*, Harper, New York 1940, S. 259–269.

sie verdienen. Sind im Verhalten der Gewerkschaften »Auswüchse« zu beobachten, hat der Unternehmer in der Regel niemanden anders als sich selbst dafür verantwortlich zu machen. Nimmt er beispielsweise die Dienste von Agenturen wie der Railway Audit, Pinkerton oder anderer in Anspruch, die die Arbeitskräfte bespitzeln, stopft er seinen Betrieb voll mit Tränengas, Handgranaten, Maschinenpistolen, Gummiknüppeln, Gewehren und ähnlichem Kriegsgerät, engagiert er teure Wall-Street-Anwälte, um den Gewerkschaften vor dem Arbeitsministerium oder vor Gericht das Leben schwer zu machen..., ist er ein Wortverdreher, weigert er sich, eine Wahl zuzulassen oder einen Vertrag zu unterzeichnen, obgleich er weiß, daß die Gewerkschaft eine Mehrheit besitzt, verzögert oder behindert er die Behebung von Mißständen, hält er an der Diskriminierung von Gewerkschaftsmitgliedern fest, dann werden ihm die Arbeitnehmer das in barer Münze heimzahlen, und neun von zehn Unternehmern, die die Vorgänge aus der Ferne beobachten, werden sagen: »Ah ja, wieder einer jener Auswüchse.«

Die Rolle des Staates bei Tarifverhandlungen

Obwohl die Gewerkschaften in unserem Land, verglichen mit kommunistischen Ländern, vergleichsweise viel Freiheit besitzen, hat der Staat dennoch eine wichtige Rolle in ihrer historischen Entwicklung gespielt. Vor 200 Jahren, als die Arbeiterschaft in England und Amerika erste Versuche einer Organisation unternahm, wurden Gewerkschaftsmitglieder den Grundsätzen des Common Law, des auf Präzedenzfällen beruhenden Gewohnheitsrechts, unterworfen, das »wettbewerbsbeschränkende Maßnahmen« verbot. Bis weit in das 20. Jahrhundert hinein wurden Gewerkschaften und deren Mitglieder von Gerichten verurteilt, mit Geldstrafen belegt und aufgrund der verschiedensten richterlichen Anordnungen verfolgt. Wiederholt wies das Oberste Gericht Gesetze zurück, die die Arbeitsbedingungen für Frauen und Kinder verbessern sollten, und lehnte auch andere Reformvorlagen zur Regelung der Arbeitszeit und der Löhne ab.

Im Jahre 1890 wurde der Sherman Antitrust Act erlassen, der monopolistische Beschränkungen des Wettbewerbs verbot. Obgleich die Gewerkschaften in diesem Gesetz nicht genannt wurden, wurde der Sherman Act während der folgenden 20 Jahre dennoch zunehmend von den Gerichten zum Zwecke der Beschränkung der Aktivitäten der Gewerkschaften eingesetzt. Streikte eine Gewerkschaft zur Durchsetzung von Zielen, die ein Richter für nicht wünschenswert hielt, verurteilte das Gericht die Gewerkschaft. Auch viele traditionelle Kampfmaßnahmen der Gewerkschaften wurden für gesetzwidrig erklärt.

Schließlich sah sich die AFL gezwungen, die politische Arena zu betreten. 1914 setzte die Arbeiterschaft den Clayton Antitrust Act durch. Obgleich er als die »Magna Charta der Arbeitnehmer« gefeiert wurde und die Arbeiter von der Verfolgung im Rahmen des Sherman Acts befreien sollte, machte er der feindlichen Haltung des Gesetzgebers und der Gerichte gegenüber der Arbeiterbewegung noch kein Ende.

Gewerkschaftsfreundliche Gesetze

Nach 1930 schlug das Pendel nach der anderen Seite aus: Tarifverhandlungen wurden jetzt unterstützt. Besondere Meilensteine in der Gesetzgebung waren der Railway Labor Act (1926), der Tarifverträge grundsätzlich anerkannte, der Norris-La Guardia Act (1932), der praktisch jegliche richterliche Unterlassungsanordnungen bei Arbeitskämpfen ausschloß, der Walsh-Healey Act (1935), der verfügte, daß bei allen Verträgen mit der Regierung Mindestlöhne festzusetzen seien, und der Fair Labor Standards Act (1938), der einen Mindestlohn (1985 waren das 3,35 Dollar pro Stunde) für alle im Verkehrs- und Handelsgewerbe zwischen den Bundesstaaten Beschäftigten – mit Ausnahme des Handels mit Agrarerzeugnissen – festlegte, die Kinderarbeit verbot und Lohnzuschläge im Falle einer wöchentlichen Arbeitszeit von mehr als 40 Stunden vorschrieb.

Der alle anderen überragende Meilenstein in der Gesetzgebung war der National Labor Relations (oder Wagner) Act (1935). Paragraph 7 stellt eindeutig fest:

Die Arbeitnehmer haben das Recht, sich zu organisieren, Arbeitnehmerverbände zu gründen, diesen beizutreten oder sie zu unterstützen, Tarifverträge durch Vertreter ihrer Wahl auszuhandeln und gemeinsame Aktionen mit dem Ziel der Kollektivverhandlungen zu unternehmen oder zum Zwecke sonstiger gegenseitiger Hilfe oder gegenseitigen Schutzes.

Darüber hinaus errichtete das Gesetz das National Labor Relations Board (NLRB), um sicherzustellen, daß die Arbeitgeber keine »unfairen Praktiken« gegenüber den Arbeitnehmern zur Anwendung brachten.[3] Das NLRB geht auch in die Betriebe und veranstaltet Wahlen, um festzustellen, welche Organisation als Vertreter aller Arbeitnehmer bei Tarifverhandlungen anzuerkennen ist. Es kann Unterlassungsanordnungen gegen die Arbeitgeber erlassen – und macht von dieser Möglichkeit auch Gebrauch –, die nach Anrufung der Gerichte wirksam werden können. Und oft veranlaßt es Arbeitgeber, zu Unrecht entlassene Arbeitnehmer wieder einzustellen, und zwar mit rückwirkender Zahlung ihres Lohnes.

Ohne Zweifel hat dieser kurzzeitige warme Regen gewerkschaftsfreundlicher Gesetze den Gewerkschaften zu der bedeutenden Position verholfen, die sie am Vorabend des Zweiten Weltkrieges erreicht hatten.

Die Nachkriegsgesetzgebung

Nach dem Zweiten Weltkrieg waren die Wähler der Streiks und Preissteigerungen überdrüssig. Die Arbeiter galten nicht mehr als die sozial Schwachen und Unterdrückten. Viele waren der Auffassung, daß die New-Deal-Gesetze zu einer einseitigen Begünstigung der Arbeitnehmer geführt und alle Belastungen dem Unternehmer aufgebürdet hatten.

---

[3] Der im Wagner-Gesetz verwendete Begriff »unfaire Praktiken im Arbeitsleben« bezieht sich auf Verhaltensweisen der Arbeitgeber, die das Recht der Arbeitnehmer, sich zu organisieren, beeinträchtigen. Beispiele für solche Verhaltensweisen sind (1) die Entlassung von Beschäftigten, weil diese einer Gewerkschaft beigetreten sind, (2) die Weigerung, Arbeiter einzustellen, die mit Gewerkschaften sympathisieren, (3) die Drohung, einen Betrieb stillzulegen, falls die Beschäftigten einer Gewerkschaft beitreten, (4) die Einmischung in oder Kontrolle über die Verwaltung einer Gewerkschaft oder (5) die Weigerung, mit den gewählten Arbeitnehmervertretern zu verhandeln.

Im Jahre 1947 verabschiedete der Kongreß den Labor-Management Relations (Taft-Hartley) Act. Es war ein in zwei Richtungen zielendes Gesetz: Es regelte die Beziehungen zwischen den Betriebsparteien und stellte – im Gegensatz zu dem Wagner Act – Verhaltensnormen sowohl für die Gewerkschaften als auch für die Unternehmer auf. Gestärkt wurden die Rechtsposition des Arbeitnehmers, der nicht bereit ist, einer Gewerkschaft beizutreten, wie auch die des einzelnen Mitgliedes einer Gewerkschaft.

Das Gesetz sieht unter anderem folgende grundlegende Regelungen vor: Streiks, die »das nationale Wohlergehen oder die nationale Sicherheit gefährden«, können auf Ersuchen des Justizministeriums durch richterliche Anordnung für die Dauer von 80 Tagen, einer sogenannten »Abkühlungsphase«, ausgesetzt werden.

Unfaire Praktiken von seiten der Gewerkschaften werden genau definiert und deren Handlungsspielraum eingegrenzt. Gewerkschaften können verklagt und für die Handlungen ihrer Funktionäre verantwortlich gemacht werden. Die Zwangsmitgliedschaft in einer Gewerkschaft (»closed shop«), derzufolge alle Mitglieder eines Betriebes gewerkschaftlich organisiert sein müssen, wird als gesetzwidrig erklärt. Den Bundesstaaten steht es frei, Gesetze zu erlassen, die das »Recht auf Arbeit« und der negativen Koalitionsfreiheit definieren (»open shop laws«). Das Bestreiken von nicht unmittelbar in den Arbeitskampf verwickelten Betrieben sowie Zuständigkeitsstreiks sind verboten; die politische Betätigung von Gewerkschaften sowie ihre finanzielle Unterstützung von Kandidaten einer Partei oder von Inhabern öffentlicher Ämter wird eingeschränkt. Die Rechte der Arbeitgeber auf freie Meinungsäußerung werden bekräftigt und gestärkt.

Immer wieder sind Vorschläge zur Abänderung des bestehenden Arbeitsrechts gemacht worden. Der wichtigste Programmpunkt der Gewerkschaften während der vergangenen drei Jahrzehnte war die Abschaffung des Paragraphen 14B, das heißt der Bestimmung des Gesetzes bezüglich des »Rechts auf Arbeit« im Taft-Hartley Gesetz. Nach geltendem Recht von 20 Staaten des amerikanischen Südens und Westens sind Vereinbarungen untersagt, die Arbeiter zum Beitritt zu einer Gewerkschaft zwingen. Gesetze, die das Recht auf Arbeit (ohne gewerkschaftliche Bindung) garantieren, sind ein wesentlicher Dorn im Fleisch der Gewerkschaften gewesen, weil sie in diesen 20 Staaten zur Entstehung vieler nicht gewerkschaftlich organisierter Betriebe des produzierenden Gewerbes beigetragen und alle Vorstöße zunichte gemacht haben, die Arbeitnehmer den Gewerkschaften zuzuführen.

Gegenwartsprobleme der Arbeiterbewegung

Die Probleme, denen sich die Gewerkschaften in den 80er Jahren gegenübersehen, sind denen des vergangenen Jahrhunderts nicht unähnlich. Im Mittelpunkt stehen Fragen des Streiks, der Konkurrenz nicht gewerkschaftlich organisierter Arbeitnehmer sowie Produktivitätsbeschränkungen.

Durch Streiks verlorene Arbeitszeit, 1947—1983

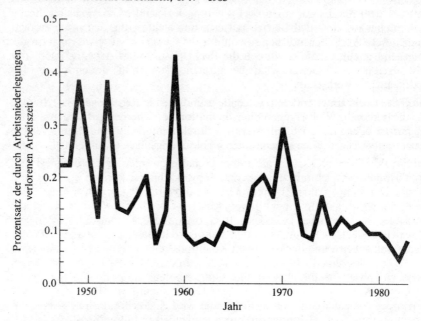

Abbildung 29.2. Die Zahl der Streiks ist in den vergangenen Jahren zurückgegangen.
Die aufgrund von Streiks verlorene Arbeitszeit, ausgedrückt als Prozentsatz aller Arbeitstage insgesamt, hat niemals auch nur ½ Prozent betragen und ist inzwischen auf 0,1 Prozent im Jahr zurückgegangen. In einem typischen Jahr der jüngeren Vergangenheit lag die Streiktätigkeit in der Schweiz, der Bundesrepublik und in Japan noch unter der der Vereinigten Staaten. In Italien und Kanada ist die Streikbereitschaft höher als in den Vereinigten Staaten. (Quelle: U.S.-Arbeitsministerium)

Streiks

Vordringliche Aufgabe der modernen Gewerkschaften ist es, die Löhne, betrieblichen Sozialleistungen und Arbeitsbedingungen ihrer Mitglieder zu verbessern. Ihre einzige echte Waffe, die sie einsetzen können, um der Unternehmerschaft Konzessionen abzuringen, ist die Streikdrohung. Da der Arbeitskampf die schärfste Waffe der Gewerkschaften darstellt – und das Recht, eine Lohnerhöhung abzulehnen, selbst auf die Gefahr hin, daß dadurch ein Streik ausgelöst wird, die stärkste Waffe der Arbeitgeber –, stehen Arbeitsniederlegungen im Mittelpunkt der Schlagzeilen über die Beziehungen zwischen den Sozialparteien.

Im Gegensatz zur allgemein herrschenden Überzeugung wird vom Streikrecht, wie Abbildung 29.2 erkennen läßt, nur selten Gebrauch gemacht. Die Zahl der aufgrund eines gewöhnlichen Schnupfens verlorengegangenen Arbeitstage ist weit höher als die aufgrund aller Arbeitskonflikte zusammengenommen.

In der zweiten Hälfte des vorliegenden Kapitels werden wir deutlich machen, daß die Verhandlungsposition der Gewerkschaften ohne das Streikrecht erheblich schlechter wäre. Immer wieder sind den Arbeitgebern Konzessionen abgerungen worden mit Hilfe der realistischen Drohung, ihnen schwere finanzielle Verluste zuzufügen, wie sie mit einer längeren Stillegung eines Betriebes einhergehen. Aber auch für die Arbeitnehmer bedeutet eine Arbeitsniederlegung von längerer Dauer schmerzliche finanzielle Einbußen und führt letztlich zur Demoralisierung. Tatsächlich haben Arbeitgeber oft mit Erfolg eine Gewerkschaftsforderung abgewehrt, indem sie ihre entschlossene Bereitschaft bekundet haben, trotz aller Verluste dem Streik Widerstand entgegenzusetzen.

Im allgemeinen hält sich die Regierung aus den einzelnen Arbeitskämpfen heraus und läßt sie die Gewerkschaften und Unternehmen allein ausfechten. Sind von einem Streik jedoch Schlüsselbereiche betroffen (wie etwa der Bergbau oder die Schiffahrt) oder erfaßt ein Streik in einem wichtigen Industriezweig (etwa der Automobilindustrie) das ganze Land, dann besteht vielerorts die Auffassung, daß der Schutz des öffentlichen Interesses eine Intervention des Staates gebietet. So wie auch das Recht auf Privateigentum und auf persönliche Freiheit keine absolute Geltung besitzt, so unterliegen auch die Rechte der »Tarifautonomie« der Einschränkung und der Koordination gemäß gesellschaftlichen Erfordernissen.

Hierbei handelt es sich nicht um rein akademische Fragen. Im Jahre 1919 erklärte der Gouverneur von Massachusetts, Calvin Coolidge, im Zusammenhang mit dem Streik der Polizei von Boston: »Ein Recht auf Streik, das die öffentliche Sicherheit gefährdet, gibt es nicht – für niemanden, nirgends und zu keinem Zeitpunkt.«

Die Regierung hat sich oft vor die Frage gestellt gesehen, ob ein Eingreifen in einen Streik angezeigt sei, der möglicherweise großen Schaden anrichten könnte. Waren die Eisenbahnen, die Stahlindustrie oder der Bergbau betroffen, so haben amerikanische Präsidenten mit Hilfe des Taft-Hartley-Gesetzes oder ähnlicher Mittel richterliche Verfügungen zur Unterbindung von Streiks erwirkt. Tatsächlich sind einige Labor-relations-Experten der Auffassung, daß die Regierung zu sehr geneigt ist, zu intervenieren und auf Zwangsschlichtung zu drängen. Ein Beispiel der jüngeren Zeit stellt die Intervention Präsident Carters in den Bergarbeiterstreik von 1978 dar, den er zu schlichten versuchte. Viele Beobachter sind überzeugt, daß das Ergebnis dieser staatlichen Intervention darin gelegen habe, daß die Bergbaugesellschaften gezwungen waren, sich auf eine Beendigung des Streiks zu einem früheren Zeitpunkt und zu höheren Löhnen einzulassen.

Präsident Reagan bediente sich einer anderen Strategie, als er es 1981 ablehnte, sich wegen eines illegalen Fluglotsenstreiks die Beine auszureißen. Das kurzfristige Ergebnis dieser Haltung war eine unerfreuliche Beeinträchtigung des Flugverkehrs als Folge der Entlassung von 11 400 Fluglotsen sowie der Bankrott ihrer Gewerkschaft. Hinsichtlich der langfristigen Wirkung besteht kein Zweifel, daß diese Strategie der Regierung zu einer Verlangsamung des Lohnanstiegs führte und die Wahrscheinlichkeit zukünftiger Streiks im öffentlichen Sektor verringerte.

Tatsächlich könnte sich der Streik der Fluglotsen von 1981 als ein Wendepunkt in den Beziehungen zwischen den Tarifparteien in Amerika erweisen. Seit Jahrzehnten war es das erste Mal, daß eine Regierung eine Gewerkschaft offen angegriffen und zerstört hat – obgleich es sich in diesem Fall um einen illegalen Streik handelte. Der Erfolg der Regierung im Fluglotsenstreik läutete eine Phase größerer Härte von seiten der Unternehmer ein. Sie begannen das Undenkbare zu denken – daß sie nämlich einen Streik durchstehen oder gar nicht gewerkschaftlich organisierte Ersatzkräfte einstellen könnten, ohne in den finanziellen Ruin zu treiben. Sollten sich viele Unternehmen allmählich dazu entschließen, die Gewerkschaften härter anzupacken, werden wir möglicherweise eine fühlbare Schwächung der Verhandlungsposition der Gewerkschaften in den kommenden Jahren erleben.

Deregulierung und die Konkurrenz des Auslands

Die möglicherweise größte Gefahr erwächst den Gewerkschaften heute aus dem Konkurrenzkampf. Die Eroberung amerikanischer Märkte durch Importgüter hat dazu geführt, daß die amerikanischen Gewerkschaften heute in der Automobilbranche, der Stahl- und Gummiindustrie sowie im Kommunikationswesen keine Monopolposition hinsichtlich des Arbeitsangebots mehr besitzen. Ausländische Arbeitskräfte von Toyota, Mitsubishi und Ericcson stehen heute über die nach Amerika importierten ausländischen Güter in einem offenen Konkurrenzkampf mit den inländischen Arbeitnehmern. In ähnlicher Weise hat in vielen Wirtschaftszweigen die Schaffung eines weniger stark regulierten wirtschaftlichen Umfeldes kleine, nicht gewerkschaftlich organisierte Unternehmen auf den Plan gerufen, die die Monopolmacht der Gewerkschaften im Straßengüterverkehr, im Flugverkehr, im Fernsprechwesen und in der Schiffahrt in Frage stellen.

Ein überzeugendes Beispiel dafür boten die Fluggesellschaften nach Abschaffung der Staatskontrolle (»deregulation«) im Jahre 1978. Es wurden viele neue Gesellschaften gegründet, die für ihre Leistungen niedrigere Preise verlangten. Weshalb konnten sie das? In erster Linie deshalb, weil sie nicht gewerkschaftlich organisierte Piloten einstellten, die 40000 Dollar im Jahr verdienten, im Gegensatz zu den 80000 Dollar oder mehr, die gewerkschaftlich organisierte Piloten großer Fluggesellschaften erhalten.

Der Angriff auf die Gewerkschaftslöhne, den der Abbau von Kontrollen sowie die ausländische Konkurrenz bewirkten, war am deutlichsten in der Zeit hoher Arbeitslosigkeit von 1981 bis 1984 sichtbar. In dieser Zeit traten die Automobilarbeiter in eine Neuverhandlung laufender Tarifverträge mit dem Ziel der *Senkung* der Löhne ein; die Stahlarbeiter akzeptierten zum ersten Mal in ihrer Geschichte eine 9prozentige Senkung ihrer Löhne; der 1982 von der Teamsters-Gewerkschaft (der Chauffeure, Lastwagenfahrer, Lagerarbeiter und sonstiger Hilfskräfte) abgeschlossene Vertrag fror die Löhne der Lastwagenfahrer ein; einige Fluggesellschaften, wie die Eastern Airlines, versuchten eine Reduzierung ihrer hohen Löhne durch Drohung mit dem Bankrott zu erwirken; während die Fluggesellschaft Continental Airlines tatsächlich einen Konkursantrag stellte, wodurch ein Bruch des Tarifvertrags und eine Senkung vieler Löhne ermöglicht wurden.

Die Gewerkschaften befiel die Angst, daß die Drohung mit Insolvenzen noch vielen weiteren Gesellschaften die Möglichkeit eröffnen könnte, Tarifverträge zu brechen, oder daß die Androhung eines Konkursantrages als Instrument zur Senkung von Löhnen benutzt werden könnte. Das Beschreiten dieses Weges wurde jedoch 1984 vom Kongreß durch eine Revision des Konkursrechtes erschwert, die verhindern soll, daß Unternehmen sich dieses Rechtes ausschließlich als eines Mittels zum Zweck des Bruches von Tarifverträgen bedienen.

Wir sehen also, auf welche Weise die Deregulierung sowie die ausländische Konkurrenz sowohl die Stärke der Gewerkschaften untergraben als auch einen Druck auf die Löhne in gewerkschaftlich organisierten Industriezweigen auslösen. Dies ist vielleicht einer der Gründe dafür, weshalb sich die großen gewerkschaftlichen Organisationen dem Restriktionismus und dem Protektionismus zugewandt haben – sie möchten ihre Monopolposition gegenüber Arbeitnehmern aus dem Ausland oder gegenüber Unternehmen abschirmen, die von staatlichen Kontrollen befreit worden sind.

Produktivitätsbeschränkungen

In einem Zeitalter des raschen technologischen Wandels und einer Zeit, in der viel von der Einführung von »Automaten und Robotern« die Rede ist, sind Gewerkschaftsmitglieder oft ebensosehr an der Sicherheit des Arbeitsplatzes interessiert wie an Lohnerhöhungen. Was nützt einem eine Lohnsteigerung für eine Tätigkeit, die abgeschafft wurde? Diese Sorge ist nicht neu. Das Wort »Sabotage« wurde zu einer Zeit geprägt, als die Arbeiter ihre Holzschuhe (frz. *sabots*) in das Getriebe der neuen Maschinen warfen, die zur Zeit der Industriellen Revolution Arbeitskräfte ersetzen sollten. *Produktivitätsbeschränkungen* (»featherbedding«) beziehen sich auf sämtliche Maßnahmen, denen sich der Arbeitgeber von seiten der Arbeitnehmer ausgesetzt sieht, die allein dem Ziel dienen, die Nachfrage nach Arbeitskräften aufrechtzuerhalten: der Einsatz kleiner Schaufeln, die Beschränkung der Zahl der pro Tag vermauerten Ziegel, die Forderung, daß beim Vortrag von aufgezeichneter Musik ein Orchester in Bereitschaft stehen muß, dessen Mitglieder nichts anderes tun, als ein Gehalt zu kassieren, das Beharren auf dem Einsatz eines Heizers (das heißt eines Mannes, der Kohlen schaufelt) auf Diesellokomotiven.

Kämpferische Gewerkschaften haben tatsächlich die Macht, solche unwirtschaftlichen Regelungen durchzusetzen. Das extremste Beispiel bieten vielleicht die Dockarbeiter von New York. Seit 1966 haben ältere Dockarbeiter Anspruch auf ein garantiertes Jahreseinkommen. Das hat dazu geführt, daß viele Hafenarbeiter einfach ihre Stechkarte in die Stechuhr schieben, keinen Handschlag tun, wieder heimfahren und jährlich 30000 Dollar kassieren. Einige haben seit 10 Jahren kein Schiff mehr betreten. Aber die Rezession der jüngsten Vergangenheit, die ausländische Konkurrenz, die Konkurrenz von nicht gewerkschaftlich organisierten Bundesstaaten oder Unternehmen und der Abbau von staatlichen Kontrollen haben vielen restriktiven Praktiken den Boden entzogen. Und die Gewerkschaften sehen allmählich ein, daß solche restriktiven Praktiken langfristig zu einer so starken Beeinträchtigung der Leistungsfähigkeit und Steigerung der Preise führen können, daß sie die Arbeitsplätze der Gewerkschaftsmitglieder gefährden.

B. Unvollkommenheiten des Arbeitsmarktes und Tarifverhandlungen

Im vorangegangenen Kapitel haben wir – unter Einsatz unserer Instrumente von Angebot und Nachfrage – die verschiedenen Kräfte untersucht, die die Löhne und Gehälter bestimmen. Inwiefern beeinflussen jedoch die Gewerkschaften oder sonstige Unvollkommenheiten das Gleichgewicht von Angebot und Nachfrage?

Unvollkommenheiten des Arbeitsmarktes

Zunächst einmal muß betont werden, daß der Faktor Arbeit definitiv nicht auf einem vom Wettbewerb bestimmten Auktionsmarkt ge- und verkauft wird, wie er für Getreide oder Aktien existiert. Man kann Weizen fein säuberlich in einzelne Marktsorten einteilen, für Menschen läßt sich das jedoch nicht durchführen. Es gibt keinen Auktionator, der die Arbeiter den Meistbietenden zuschlägt.

Die Starrheit der Löhne

Daß der Arbeitsmarkt ein unvollkommener Markt ist, läßt sich anhand von zwei Tests beweisen. Sinken beispielsweise die Löhne, so wie der Getreidepreis im Falle einer Marktschwemme fallen würde, wenn ein hohes Maß an Arbeitslosigkeit herrscht – wie im Jahre 1982? Die Antwort lautet eindeutig: »Keineswegs«. Die Nominallöhne stiegen 1982 um fast 5 Prozent, trotz immenser Arbeitslosigkeit.

Der Grund liegt in der Starrheit der Löhne. Sie reagieren im allgemeinen nur sehr langsam auf wirtschaftliche Erschütterungen und passen sich nicht sofort an, um einen Ausgleich von Angebot und Nachfrage herbeizuführen. Stellen Sie sich vor, Sie gingen während der nächsten Depression zu General Motors oder einem anderen Großunternehmen, legten dort voller Stolz Ihre Diplome und sonstigen Bestätigungen hinsichtlich Ihres IQ und Ihrer außergewöhnlichen Qualitäten vor und machten dem Unternehmen das Angebot, zu einem geringeren als dem von GM gezahlten Lohn zu arbeiten. Nur ein naiver Bewerber könnte glauben, daß er auf diese Weise einen Arbeitsplatz erhielte.

Die Lohnpolitik der Unternehmen

Ein weiterer Beweis für die Unvollkommenheit des Arbeitsmarktes ist die Tatsache, daß jedes bedeutendere Unternehmen eigene Entlohnungsgrundsätze haben muß. Auf einem vollkommen Wettbewerbsmarkt bräuchte ein Unternehmen keine Entscheidungen über seine Lohngestaltung zu treffen. Es bräuchte lediglich die Morgenzeitung aufzuschlagen, um zu erfahren, wie hoch der herrschende Lohn in der jeweiligen Woche ist. Jedes Unternehmen könnte mit Hilfe einer noch so kleinen Lohnsteigerung so viel zusätzliche Arbeitskräfte finden, wie es nur wollte. Würde es andererseits versuchen, mit seinen Löhnen unter dem Wettbewerbslohn zu bleiben, würde es überhaupt keine Arbeitskräfte bekommen.

Die Tatsache, daß auf dem Arbeitsmarkt kein 100prozentiger Wettbewerb herrscht, heißt jedoch nicht, daß überhaupt kein Wettbewerb herrscht. Vielmehr zeigt sich auf den Arbeitsmärkten eine Mischung aus Wettbewerb und einem gewissen Maß an Monopolmacht. Ein Unternehmen, das versucht, zu niedrige Löhne zu zahlen, wird das bald am eigenen Leibe erfahren. Zunächst wird sich nicht viel ereignen, aber eines Tages wird es feststellen, daß seine Arbeitnehmer etwas rascher kündigen, als das sonst der Fall wäre. Die Einstellung von neuen Arbeitern von etwa gleicher Qualität wird immer schwieriger, und bei den verbleibenden Arbeitern macht sich ein Nachlassen ihrer Leistung und Produktivität bemerkbar.

Das verfügbare Arbeitsangebot hat deshalb einen Einfluß auf die Löhne, die Sie unter den realistischen Bedingungen des unvollkommenen Wettbewerbs festsetzen können. Ist Ihr Unternehmen sehr klein, können Sie vielleicht mit Ihren einzustellenden Arbeitern verhandeln und feilschen, so daß Sie nicht mehr als notwendig zahlen müssen. Hat Ihr Unternehmen jedoch eine nennenswerte Größe erreicht, werden Sie für jede Kategorie von Arbeit einen Lohn festsetzen und dann entscheiden, wie viele Bewerber Sie einstellen wollen.

Diese beiden Aspekte des Arbeitsmarktes – die Starrheit der Löhne und die Notwendigkeit einer Lohnpolitik – sind deshalb die herausragenden Merkmale dieses Marktes in unserer Zeit. Mehr noch: Es wäre ein Fehler anzunehmen, daß diese Besonderheiten ausschließlich auf die Existenz der Gewerkschaften zurückzuführen sind. Die Starrheit der Löhne und das Aufstellen eigener Entlohnungsgrundsätze kennzeichnen alle großen Organisationen privaten wie öffentlichen Charakters, seien sie gewerkschaftlich organisiert oder nicht. Große Gesellschaften operieren mit Standardlohnsätzen, um lohnpolitische Entscheidungen zu erleichtern und den Arbeitern das Gefühl der Fairneß zu vermitteln. Auch bei nicht gewerkschaftlich organisierten Unternehmen gibt es einen turnusmäßigen Zeitpunkt, zu dem einmal für das gesamte Jahr die Löhne angepaßt werden. In Jahren hoher Arbeitslosigkeit ist der Lohnzuwachs nicht gewerkschaftlich organisierter Arbeitnehmer geringer als der von Gewerkschaftsmitgliedern, obgleich die Differenz nicht sehr hoch ist. Aber selbst in den am stärksten wettbewerbsbestimmten Märkten erleben wir nur selten, daß die Löhne in Rezessionsjahren tatsächlich gesenkt werden. Das Phänomen starrer Löhne, die nur langsam auf wirtschaftliche Erschütterungen reagieren – ein Verhalten, das von zentraler Bedeutung für das Verständnis makroökonomischer Zusammenhänge ist –, ist ein fester Bestandteil einer Welt, auf deren Arbeitsmärkten nur unvollkommener Wettbewerb herrscht.

Die vier Möglichkeiten der Gewerkschaften zur Durchsetzung höherer Löhne

Wir wollen nunmehr für die Analyse der gewerkschaftlichen Strategien die Wirtschaftstheorie einsetzen. Auf welche Weise können die Gewerkschaften eine Erhöhung einzelner Löhne erwirken?

Im wesentlichen stehen den Gewerkschaften vier Methoden zu Gebote, von deren Einsatz sie sich Lohnerhöhungen in einem bestimmten Wirtschaftszweig erhoffen können:

1. Die Gewerkschaften können das Angebot an Arbeitskräften reduzieren.

2. Sie können zum Zwecke der direkten Durchsetzung höherer Tariflöhne ihre Macht als Tarifpartner zur Geltung bringen.

3. Sie können für einen Anstieg der Nachfrage nach Arbeitskräften sorgen.

4. Sie können Arbeitgebern, die ein Verhandlungsmonopol besitzen, Widerstand entgegensetzen.

Diese vier Mittel sind einander oft sehr ähnlich und haben häufig eine sich wechselseitig verstärkende Wirkung. Dennoch weisen sie auch erhebliche Unterschiede auf.

Die Beschränkung des Angebots an Arbeitskräften

Wir haben bereits gesehen, daß eine Gewerkschaft das Arbeitsangebot beschränken kann, um sich auf der Nachfragekurve nach Arbeit nach oben zu bewegen. Einwanderungsbeschränkungen, gesetzliche Begrenzung der Arbeitszeit, lange Ausbildungszeiten, Diskriminierung aufgrund von Rasse und Geschlecht, Mitgliedersperre oder die Verweigerung von Arbeitsplätzen für Nichtmitglieder – dies alles sind restriktive Praktiken mit dem Ziel der Verminderung des Arbeitsangebots.

Die Erhöhung der Tariflöhne

Zu einer direkten Beschränkung des Arbeitsangebots fühlen Gewerkschaften sich heute weniger gezwungen als früher, es sei denn, sie wollen ihrer Fähigkeit zur Durchsetzung und Aufrechterhaltung höherer Löhne größeren Nachdruck verleihen. Gewerkschaftsführer haben erkannt, daß das Arbeitsangebot für die Gewerkschaften keinen Belastungsfaktor darstellen muß, wenn man die Arbeitgeber dazu bewegen oder zwingen kann, stets einen hohen Tariflohn – einen allgemein bekannten und eingehaltenen Lohn – zu zahlen. Zum Tariflohn werden die Unternehmen eine gewisse Anzahl von Arbeitskräften einstellen, das überschüssige Angebot wird vom Arbeitsmarkt ausgeschlossen, weil es keine weiteren Arbeitsplätze gibt.

Abbildung 29.3(a) und (b) stellt die direkte Beschränkung des Arbeitsangebots der indirekten Beschränkung auf dem Wege über hohe Tariflöhne gegenüber. In Abbildung 29.3(a) senkt die Gewerkschaft das Angebot durch Beharren auf langen Ausbildungszeiten und hohe Ausbildungskosten von AA auf $A'A'$. Folglich steigt der Lohn von E auf E'. (Prüfen Sie Ihr Verständnis dieses Zusammenhanges: Erklären Sie die Auswirkungen einer Politik, die die Zahl der Medizinstudenten reduziert, auf das Einkommen der Ärzte.)

Demgegenüber zwingt die Gewerkschaft in Abbildung 29.3(b) die Arbeitgeber, den durch die Horizontale rr dargestellten Tariflohn nicht zu unterschreiten. Beachten Sie, daß auch in diesem Fall das Gleichgewicht in E' liegt, dem Punkt, in dem rr die Nachfragekurve der Arbeitgeber schneidet. Den Arbeitern zwischen E' und F wird der Zugang zu einem Arbeitsplatz ebenso versperrt, als wenn die Gewerkschaft eine direkte Zugangssperre durchgesetzt hätte. Wodurch wird nun das Angebot beschränkt? Durch den Mangel an Arbeitsmöglichkeiten zu den hohen Tariflöhnen. Kein Wunder also, daß Gewerkschaftslöhne 20 oder 40 Prozent über den nicht gewerkschaftlich beeinflußten Löhnen liegen können.

Die Aufwärtsverlagerung der abgeleiteten Nachfragekurve

Eine Gewerkschaft kann Lohnerhöhungen auch durch eine Politik der Steigerung der Nachfrage nach Arbeit anstreben. Abbildung 29.4 zeigt, wie eine Verlagerung der Nachfrage nach gewerkschaftlich organisierten Arbeitnehmern sowohl die Löhne als auch das Beschäftigungsniveau von E auf E' anheben kann.

Es gibt zahlreiche Methoden zur Herbeiführung einer Verlagerung der Nachfragekurve nach Arbeit. So kann die Gewerkschaft einem Wirtschaftszweig bei der Werbung für dessen Erzeugnisse behilflich sein. Oder sie kann sich für Import-

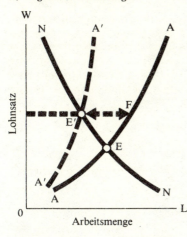 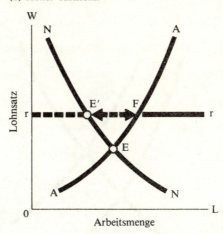

Abbildung 29.3. Um die Löhne anzuheben, beschränken die Gewerkschaften das Arbeitsangebot oder setzen lediglich bestimmte Tariflöhne durch.
Die Erhöhung des Tariflohns auf rr in (b) hat genau die gleiche Wirkung auf die Löhne wie eine Senkung des effektiven Arbeitsangebots von AA auf $A'A'$ in (a). In beiden Fällen werden die Arbeitnehmer zwischen E' und F vom Arbeitsmarkt ausgeschlossen.

kontingente für Stahl und Automobile stark machen und dadurch die Nachfrage nach inländischen Arbeitskräften erhöhen.

In einigen Fällen, in denen Tarifverhandlungen zu höheren Löhnen geführt haben, kann dies auch zu einer Steigerung der Grenzproduktivität der Arbeit führen. So wurden vor vielen Jahrzehnten die Arbeiter so schlecht bezahlt, daß sie unterernährt und folglich nicht voll leistungsfähig waren. Durch höhere Löhne hätte man ihre Leistungsfähigkeit steigern und auf diese Weise niedrigere und nicht höhere Produktionskosten erreichen können. Heute sind in den USA kaum noch Arbeiter in einem solchen Maße physiologisch unterernährt.

Psychologische Elemente können jedoch von genauso großer Bedeutung sein wie physiologische. Mancher Arbeitgeber hat erfahren müssen, daß zu niedrige Löhne selbst für einen harten, mit Heller und Pfennig kalkulierenden Unternehmer ein schlechtes Geschäft sind. Die Leistung und Zufriedenheit seiner Arbeiter sinken so stark, daß das Unternehmen durch seine Lohndrückerei eher draufzahlt. Die Arbeitsmoral ist ein nicht unerheblicher Faktor.

Traditionell begegneten die Wirtschaftswissenschaftler dieser Rolle der Gewerkschaften als Förderer der Produktivität mit skeptischem Gelächter. Neuere von Richard Freeman und James Medoff von der Universität Harvard durchgeführte Analysen werfen ein anderes Licht auf diese Frage. Sie weisen nach, daß Gewerkschaften als kollektive Stimme sämtlicher Arbeitnehmer tatsächlich zu einer Erhöhung der Arbeitsproduktivität beigetragen haben.[4] Einige Ökonomen zweifeln an der Überzeugungskraft der Ergebnisse dieser beiden Forscher und fragen,

---

[4] Richard B. Freeman und James L. Medloff, *What Do Unions Do?*, Basic Books, New York 1984.

Erhöhung der Nachfrage nach Arbeitskräften

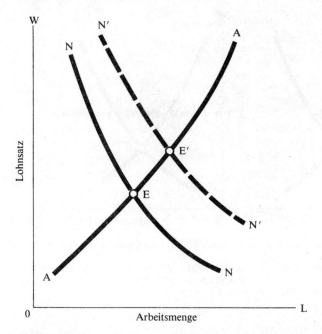

Abbildung 29.4. Eine Verlagerung der Nachfragekurve nach Arbeit führt zur Erhöhung der Löhne.
Die Gewerkschaften erhöhen die Löhne ebenfalls durch eine Aufwärtsverlagerung der Nachfragekurve nach Arbeit. Diese tritt entweder aufgrund eines Anstiegs des Grenzproduktes der Arbeit ein oder infolge von Strategien, die die abgeleitete Nachfrage nach Arbeit durch Steigerung der Nachfrage nach dem Endprodukt der Arbeit gewerkschaftlich organisierter Wirtschaftszweige erhöhen.

warum die Arbeitgeber so schlecht auf die Gewerkschaften zu sprechen sind, wenn diese die Produktivität so stark erhöhen. Die neue, kühne These wird in den kommenden Jahren Gegenstand lebhafter Diskussionen sein.

Der Kampf gegen die Macht des Monopols

Schließlich gibt es den Fall, in dem Gewerkschaften gegründet werden, um der Monopolmacht von Arbeitgebern auf Arbeitsmärkten mit unvollkommenem Wettbewerb entgegenzuwirken.

Angenommen, Sie wohnen in einer von einem einzigen Unternehmen beherrschten Stadt. Wenn Sie in diesem nicht tätig sind, sind Sie arbeitslos. Sie haben nur wenige oder gar keine Alternativen. Sie müssen das akzeptieren, was der Arbeitgeber Ihnen anbietet. In diesem Fall ist das ortsansässige Unternehmen nicht zu klein, als daß es nicht einen merklichen Einfluß auf den von ihm gezahlten Lohn ausüben könnte. Es beschäftigt nicht Produktionsfaktoren bis zu dem Punkt, an dem deren Grenzerlös-Produkt (entsprechend der im voraufgegangenen Kapitel gegebenen Definition) gleich dem von dem Unternehmen gezahlten Lohn ist. Vielmehr weiß es, daß die Einstellung eines zusätzlichen Arbeiters den Lohn, den es allen zahlen muß, erhöht, weshalb es keinen zusätzlichen Arbeitnehmer einstellen wird, es sei denn, daß das Grenzerlös-Produkt des Arbeiters deutlich über dem Lohn liegt.

In einer solchen Situation (in der die Ökonomen von einem »*Monopson*« sprechen, um das Auftreten eines »einzigen Käufers« zu bezeichnen, so wie sie den Begriff »Monopol« für den Fall eines »einzigen Verkäufers« verwenden), kann die Gründung einer Gewerkschaft zu höheren Löhnen führen, und zwar ohne Rückgang der Beschäftigung.[5] Sobald der Arbeitgeber erkennt, daß die Gewerkschaft auf dem üblichen Tariflohn besteht, wird er wieder zum »Lohnnehmer«, der zusätzliche Arbeitskräfte bis zu dem Punkt einstellt, in dem das Grenzerlös-Produkt genau gleich dem Tariflohn ist.

Die Minderung der Ausbeutung, zu der die gewerkschaftliche Organisation geführt hat, war von entscheidender Bedeutung für entlegene Orte, wie den Zinnminen in Bolivien oder den Holzfällerlagern der amerikanischen Geschichte. Weniger bedeutsam ist dieser Aspekt für das Amerika unserer Zeit, in der die Mobilität der Arbeitskräfte hoch ist und nur wenige Orte von einem einzigen Unternehmen beherrscht werden.

Der prinzipiell ungewisse Ausgang von Tarifverhandlungen

Nachdem wir gesehen haben, auf welche Weise die Gewerkschaften Lohnerhöhungen herbeiführen, stellt sich die Frage, ob wir eine Theorie entwickeln können, mit deren Hilfe sich der Ausgang von Verhandlungen zwischen der Arbeitnehmer- und der Arbeitgeberseite genau vorhersagen läßt. Gelegentlich erkennen Gewerkschaften, daß Lohnerhöhungen nicht in ihrem Interesse liegen; ebenso wie die Unternehmerseite gelegentlich zu der Ansicht gelangt, daß eine Lohnerhöhung längerfristig den Umsatz der Unternehmung steigern würde. Diese beiden Fälle stellen jedoch Ausnahmen dar. In der Regel drängen bei Tarifverhandlungen die Arbeitnehmer auf höhere Löhne, während das Management die Lohnkosten möglichst niedrig halten will.

Wie wird der Vertrag letztlich aussehen? Bedauerlicherweise handelt es sich hier um eine wichtige Frage, auf die die Wirtschaftstheorie keine genaue Antwort geben kann. Wir stehen einer Situation gegenüber, die als »bilaterales Monopol« bezeichnet wird: Beide Seiten verfügen über eine starke Verhandlungsposition. Das Ergebnis hängt von psychologischen, politischen und zahllosen anderen unwägbaren und unvorhersehbaren Faktoren ab. Was den Ökonomen angeht, so ist das Ergebnis, zu dem ein bilaterales Monopol letztlich führen wird, jedoch grundsätzlich unbestimmt – ebenso indeterminiert, wie der Ausgang des Feilschens zwischen zwei Millionären um den Preis eines kostbaren Gemäldes.[6]

---

5 Die Analyse des Monopsons wird erneut in Frage 10 am Ende des Kapitels aufgegriffen.
6 Situationen, wie die der Verhandlungen zwischen den Sozialpartnern, sind Gegenstand der im Anhang zu Kapitel 24 analysierten Spieltheorie. Die theoretische Indeterminiertheit von Tarifverhandlungen entspricht dem sich aus der Spieltheorie ergebenden Resultat – daß nämlich ein nicht auf Kooperation beruhendes 2-Personen-Spiel im Regelfall nicht nur eine einzige Art des Ausgangs haben kann. Vielmehr hängt bei einem solchen 2-Personen-Spiel, ebenso wie beim Krieg oder bei Streiks, das Ergebnis von vielen Faktoren ab, wie etwa der Verhandlungsposition der Parteien, ihrem Prestige, ihrem Talent zu bluffen oder selbst der Einschätzung der jeweiligen Stärke des einen durch den anderen.

Die Bedeutung der Kontrolle über den Marktzugang

Für den Monopolisten auf dem Arbeitsmarkt ist die Kontrolle über potentielle Konkurrenten ebenso wichtig wie für den Monopolisten auf einem Gütermarkt. Wenn Sie sich nochmals ansehen, auf welche Weise Gewerkschaften Lohnerhöhungen durchsetzen, wird rasch deutlich, daß in vielen Fällen die *Zugangskontrolle* von kritischer Bedeutung ist. Kann deshalb eine Gewerkschaft alle Arbeitnehmer eines bestimmten Bereiches organisieren, kann sie einen Monopolpreis für ihre Mitglieder durchsetzen. Um erfolgreich zu sein, muß sie jedoch die Konkurrenz von seiten nicht gewerkschaftlich organisierter Arbeiter abwehren.

Diese Notwendigkeit der Ausschaltung der Konkurrenz nicht gewerkschaftlich organisierter Arbeitnehmer steht hinter vielen zentralen politischen Zielen der Gewerkschaften: Sie erklärt, warum die Gewerkschaften für eine Abschaffung der Gesetze über das »Recht auf Arbeit« unorganisierter Arbeitnehmer kämpfen (vgl. oben S. 337); warum sie gelegentlich protektionistische Maßnahmen gegen die Einfuhr ausländischer Erzeugnisse unterstützen, also von Gütern, die nicht von Angehörigen amerikanischer Gewerkschaften produziert werden; warum sie dem Abbau von staatlicher Kontrolle – wie bei den Luftfahrtgesellschaften oder dem Fernlastverkehr – skeptisch gegenüberstehen, in deren Gefolge Unternehmen mit einer nicht gewerkschaftlich organisierten Belegschaft Zugang zum Markt erhalten.

Verliert eine Gewerkschaft tatsächlich die vollständige Kontrolle über den Marktzugang, wie im Falle der Automobil-, der Stahlindustrie, der Luftfahrtgesellschaften oder des Fernverkehrs, so stellen wir fest, daß der Anstieg der hohen durch Gewerkschaften fixierten Löhne gebremst wird und daß diese hin und wieder sogar einmal zurückgehen.

Der Einfluß der Gewerkschaften auf Löhne und Beschäftigung

Die Anhänger von Gewerkschaften behaupten, daß diese zumindest für ihre Mitglieder eine Anhebung der Reallöhne erwirkt haben. Kritiker argumentieren, daß die Gewerkschaften zwar genau das geschafft haben, daß die Folge dieses Wirkens jedoch hohe Arbeitslosigkeit, Inflation sowie eine Verzerrung der Ressourcenallokation seien. Trotz der Einigkeit hinsichtlich der Wirkungen von Gewerkschaften auf die Reallöhne lassen sich diese Tatsachen nur schwer eindeutig nachweisen.

Hat die Existenz von Gewerkschaften zu höheren Löhnen geführt?

Wir wollen uns zunächst den Einfluß von Gewerkschaften auf die relativen Löhne ansehen. Eine Methode zur Untersuchung dieses Aspektes ist der Vergleich von Löhnen in gewerkschaftlich organisierten und nicht organisierten Wirtschaftszweigen. Dabei haben Analytiker festgestellt, daß gewerkschaftlich organisierte Arbeitnehmer durchschnittlich einen um 10 bis 15 Prozent höheren Lohn gegenüber nicht gewerkschaftlich organisierten Beschäftigten erhalten. Die Differenz reicht von nur geringfügig höheren Löhnen für Beschäftigte des Hotelgewerbes und des Friseurhandwerks bis zu 25 bis 30 Prozent höheren Löhnen für

Facharbeiter in der Bauwirtschaft oder für Flugpiloten. Das Gesamtbild der Ergebnisse deutet darauf hin, daß die Gewerkschaften in den Fällen, in denen sie auf die größten Schwierigkeiten bei der Monopolisierung des Arbeitsangebots und der Zugangskontrolle stoßen (wie im Falle der Friseure), am wenigsten die Möglichkeiten zur Durchsetzung höherer Löhne haben.

Eine andere Methode besteht in der Untersuchung der Löhne einzelner Arbeitnehmer, wobei die besonderen Merkmale des Arbeitnehmers ebenso berücksichtigt werden wie die Frage, ob er gewerkschaftlich organisiert ist oder nicht. Orley Ashenfelter von der Princeton-Universität hat eine Reihe von Berufsgruppen über den Zeitraum von 1967 bis 1975 hinweg untersucht.[7] Unter Berücksichtigung des Einflusses, den Geschlecht, Rasse, Erziehung und andere persönliche Merkmale haben, gelangte er zu dem Ergebnis, daß die Löhne von gewerkschaftlich organisierten Arbeitnehmern Mitte der 70er Jahre 17 Prozent über denen von nicht gewerkschaftlich organisierten Beschäftigten lagen.

Ein interessanter Nebenaspekt dieser Untersuchungen bezieht sich auf die im vorangegangenen Kapitel behandelte Frage der Diskriminierung. Nach den Erkenntnissen von Ashenfelter sind die von den Gewerkschaften durchgesetzten Lohnunterschiede für schwarze männliche Gewerkschaftsmitglieder deutlich höher als für andere Gruppen – 23 Prozent gegenüber 16 Prozent im Falle weißer männlicher Gewerkschaftsmitglieder.

Der Einfluß auf die Gesamtwirtschaft

Können die Gewerkschaften nun tatsächlich die gesamte Wirtschaft auf ein höheres Reallohnniveau hochlancieren? Den meisten Analysen zufolge können sie das nicht. Der Anteil des Volkseinkommens, der auf den Faktor Arbeit entfällt (einschließlich der Selbständigen), hat sich während der letzten sechzig Jahre nur wenig verändert. Sobald man den auf den Faktor Arbeit entfallenden Anteil um konjunkturelle Einflüsse bereinigt, läßt sich kaum noch ein nennenswerter Einfluß der gewerkschaftlichen Organisation der Arbeitnehmer auf die Höhe der Reallöhne in den Vereinigten Staaten erkennen. Untersuchungsergebnisse aus europäischen Ländern mit hohem Organisationsgrad deuten darauf hin, daß in dem Fall, in dem die Gewerkschaften tatsächlich eine Erhöhung der Nominallöhne durchsetzen, die wesentliche Wirkung darin besteht, daß sich eine Preis-Lohn-Spirale in Bewegung setzt mit letztlich nur geringen oder nicht dauerhaften Auswirkungen auf die Reallöhne. Und sobald die Inflation stärker anzieht, kommt es zu konjunkturdämpfenden wirtschaftspolitischen Maßnahmen, die zu höherer Arbeitslosigkeit, nicht zu höheren Reallöhnen führen.

Die Auswirkungen auf die Beschäftigung

Wenn die Gewerkschaften keinen Einfluß auf das Reallohnniveau insgesamt haben, dann bestünde ihre Wirkung in der Beeinflussung der relativen Löhne: Die Reallöhne steigen in gewerkschaftlich organisierten Wirtschaftszweigen und sinken in nicht organisierten Bereichen. In ähnlicher Weise verhalten sich die

---

[7] Orley Ashenfelter, »Union Relative Wage Effects«, in R. Stone und W. Peterson (Hrsg.), *Econometric Contributions to Public Policy*, Macmillan, New York 1978.

relativen Preise. Deshalb würden wir erwarten, daß das Beschäftigungsniveau in gewerkschaftlich organisierten Wirtschaftszweigen sinkt, wenn sich die Unternehmen auf ihrer Nachfragekurve nach Arbeitskräften nach oben bewegen.

Warten auf die Wiedereinstellung

Einige Ökonomen vertreten die Auffassung, daß das von den Gewerkschaften künstlich geschaffene Lohngefälle zwischen einzelnen Sektoren einer der Hauptgründe für die Arbeitslosigkeit ist.[8] Sie unterstreichen zwei Mechanismen. Der erste ist die »Warteschlange«. Werden Arbeitnehmer in hochbezahlten Arbeitsplätzen freigesetzt, haben sie Anspruch auf großzügige Lohnersatz- und weitere Sozialleistungen. Tatsächlich können diese Leistungen durchaus den effektiv ausgezahlten Lohn für eine Beschäftigung in einem anderen Sektor, wie beispielsweise dem Dienstleistungsbereich, übersteigen. Deshalb ziehen sie es vor, auf ihre Wiedereinstellung in ihrem alten Automobil- oder Stahlunternehmen zu warten: Sie sind arbeitslos, aber nicht daran interessiert, zu den in Branchen mit niedrigerem Lohnniveau gängigen Lohnsätzen zu arbeiten.

Die klassische Arbeitslosigkeit

Eine zweite, insbesondere in Westeuropa zu beobachtende Ursache der Arbeitslosigkeit besteht darin, daß die Gewerkschaften im Verein mit der Wirtschaftspolitik die Reallöhne auf ein so hohes Niveau gehoben haben, daß permanent strukturelle Arbeitslosigkeit herrscht.

Diese Situation veranschaulicht Abbildung 29.5. Angenommen, *sämtliche* Arbeitnehmer gehören einer Gewerkschaft an – was den Verhältnissen in vielen westeuropäischen Ländern weitgehend entspricht. Angenommen, es gelingt den Gewerkschaften, die Reallöhne über das einen Marktausgleich bewirkende Lohnniveau in E auf ein höheres, durch die Horizontale r wiedergegebenes Niveau hochzudrücken. Dann stellt unter der Voraussetzung, daß sich Angebot und Nachfrage nach Arbeitskräften generell nicht verändern, die Strecke zwischen E' und F die Zahl der Arbeiter dar, die bereit sind, bei einem Lohnniveau in Höhe von r zu arbeiten, jedoch keine Arbeit finden. Diese Situation bezeichnet man als *klassische Arbeitslosigkeit*, weil sie überhöhte Reallöhne widerspiegelt und nicht eine zu niedrige Gesamtnachfrage.

Diagnose und Therapie der klassischen Arbeitslosigkeit gehören eher in den makroökonomischen Bereich als in unsere gegenwärtige mikroökonomische Analyse der Löhne und Grenzprodukte. Dennoch deuten sie darauf hin, daß in einem Land, das auf einem zu hohen Lohnniveau verharrt, hohe Arbeitslosigkeit möglicherweise in erster Linie eher auf unangemessene relative Preise zurückzuführen ist als auf eine unzureichende Gesamtnachfrage nach Gütern und Dienstleistungen.[9]

---

8 Eine ausführlichere Darstellung der Theorie der Arbeitslosigkeit bietet Kapitel 11 (Band 1).
9 Eine aufschlußreiche Darstellung dieser Auffassung wie auch Erläuterungen, die sich auf wirtschaftliche Ereignisse der letzten Jahre beziehen, finden sich in M. Bruno und J. Sachs, »Supply versus Demand Approaches to the Problem of Stagflation«, in H. Giersch (Hrsg.), *Macroeconomic Policies for Growth and Stability*, Mohr, Tübingen 1981

Klassische Arbeitslosigkeit

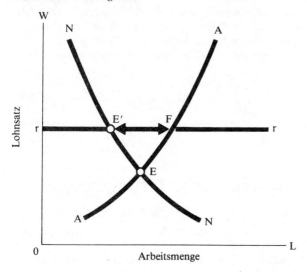

Abbildung 29.5. Überhöhte Reallöhne führen zur Situation der klassischen Arbeitslosigkeit.
Drücken die Gewerkschaften die Reallöhne in der Volkswirtschaft insgesamt zu weit nach oben, wird die Nachfrage der Unternehmen nach Arbeitskräften in E' liegen, während die angebotene Arbeitsmenge in F liegt. Der Pfeil zwischen E' und F stellt deshalb die Höhe der klassischen Arbeitslosigkeit dar. Diese Ursache der Arbeitslosigkeit ist von besonderer Bedeutung, wenn ein Land keine Möglichkeit der Einflußnahme auf seine Preise oder seinen Wechselkurs hat, und unterscheidet sich von der Arbeitslosigkeit, die durch eine in den Teilen II und III analysierte unzureichende Gesamtnachfrage hervorgerufen wird.

Die Folgen des Niedergangs

Wir haben in diesem Kapitel den Werdegang der Gewerkschaften und ihre gesetzliche Anerkennung in unserem Jahrhundert aufgezeichnet; ihre Blütezeit während des New Deal; desgleichen die Aushöhlung ihrer Macht infolge der abnehmenden Zahl der Lohnarbeiter, des Abbaus staatlicher Kontrollen und der wachsenden ausländischen Konkurrenz, die die Unternehmen veranlaßt haben, der Gewerkschaftsmacht die Stirn zu bieten.

Was läßt dieser Niedergang der Gewerkschaften für die Arbeitsmärkte der 80er und 90er Jahre erwarten? Richard Freeman von der Harvard-Universität hat dazu folgende ernüchternde Betrachtungen angestellt:

Welche wirtschaftlichen Auswirkungen wird eine vergleichsweise kleinere Gewerkschaftsbewegung haben? Bezogen auf die Monopol-»Front« der Gewerkschaftsbewegung kann man davon ausgehen, daß ihr Niedergang die gewerkschaftsbedingte monopolistische Fehlallokation der Ressourcen verringern ... und auch zu einem Abbau der Lohnvorteile für Gewerkschaftsmitglieder führen wird. Andererseits ist auch zu erwarten, daß eine Schwächung der Gewerkschaftsbewegung ungünstige Folgen für viele der positiven Beiträge starker Gewerkschaften zeitigen wird – der geringeren Diskrepanzen in den Einkommen der Arbeitnehmer, der niedrigeren Fluktuationsrate, der höheren Produktivität infolge des auf die Unternehmensleitung ausgeübten Drucks, die Kosten in gewerkschaftlich organisierten Unternehmen zu senken. In dem Maße, in dem die Bedeutung der Organisation der Bergarbeiter, der United Mine Workers, zurückgegangen und sich die Beziehungen zwischen den Sozialparteien im Bergbau verschlechtert haben, ist die Produktivität in gewerkschaftlich organisierten Gruben drastisch zurückgegangen. Die allgemeineren gesellschaftlichen Auswirkungen einer geschwächten Gewerkschaftsbewegung bleiben abzuwarten.[10]

Zusammenfassung

A. Die amerikanische Arbeiterbewegung

1. Die Gewerkschaften spielen sowohl gemessen an ihrer Mitgliederzahl als auch an ihrem Einfluß eine bedeutende, wenn auch abnehmende Rolle in der amerikanischen Wirtschaft. Ihre derzeitige Struktur weist drei Ebenen auf: es gibt (a) *lokale* Gewerkschaften, (b) *nationale* Gewerkschaften und (c) den *Gewerkschaftsdachverband* (AFL-CIO); am bedeutsamsten sind die unter (a) und (b) genannten.

2. Die typisch amerikanische Form der fusionierten, unpolitischen Gewerkschaften entstand etwa um die Jahrhundertwende. Seit 1933 hat sich das Interesse des CIO und schließlich auch das der AFL von der *berufsständischen Fachgewerkschaft* auf die *Industriegewerkschaft* verlagert.

3. Nachdem eine Gewerkschaft nach einer durch das NLRB veranstalteten Wahl als ausschließlicher Tarifpartner anerkannt worden ist, setzen sich die Vertreter der Unternehmensleitung sowie die Gewerkschaftsvertreter an einen Tisch, um einen Tarifvertrag auszuhandeln. Dieser regelt folgende Aspekte: die Lohnsätze, Arbeitsbedingungen, Produktivitätsnormen, den Umfang der Anerkennung von Gewerkschaftsrechten, betriebliche Sozialleistungen durch Altersrenten und Gesundheitsvorsorge, den Schutz älterer Arbeitnehmer sowie die Modalitäten eines Beschwerdeverfahrens.

4. Noch bis in die Mitte der 30er Jahre war der Widerstand gegen die Gewerkschaften sehr stark. Dann wandelte sich jedoch die Haltung der Regierung, die nunmehr Tarifverhandlungen unterstützte; seit dem Wagner Act (1935) haben die Gewerkschaften Eingang in die meisten Wirtschaftszweige gefunden. Das Ergebnis war eine Abnahme der Gewalttätigkeit, obgleich die Tarifauseinandersetzung zwischen den beiden gegnerischen Parteien nach wie vor mit großer Heftigkeit geführt werden. Nach 1947 gelangte der Kongreß zu der Überzeugung, daß das Gesetz die Arbeitnehmerseite einseitig begünstigte, und verabschiedete den Taft-Hartley Act, um das Gleichgewicht wiederherzustellen.

5. Die Gewerkschaften stehen unter ständigem Druck von Kräften, die von

---

10 Richard B. Freeman, »The Evolution of the American Labor Market, 1948–80«, in: Martin Feldstein (Hrsg.), *The American Economy in Transition*, The University of Chicago Press, Chicago 1980, S. 372.

außen auf sie einwirken. Die Zahl der Streiks hat seit dem Zweiten Weltkrieg abgenommen. Praktiken des Rationalisierungsschutzes durch Arbeitsrationierung stellen das größte Hindernis für die Steigerung der Produktivität in vielen schrumpfenden Industriezweigen dar. Die größte Gefahr erwächst den Gewerkschaften jedoch aus der Konkurrenz von Arbeitskräften, die außerhalb der amerikanischen Gewerkschaften stehen und die beispielsweise aus den amerikanischen Bundesstaaten kommen, die das »Recht auf Arbeit« gegenüber »closed shops« garantieren, oder deren Arbeit auf dem Wege über Importerzeugnisse ins Land kommt oder auch durch nichtorganisierte Arbeitnehmer der in den letzten Jahren von staatlicher Überwachung befreiten Wirtschaftszweige.

B. Unvollkommenheiten des Arbeitsmarktes und Tarifverhandlungen

6. Auf den Arbeitsmärkten der Realität herrscht kein vollkommener Wettbewerb. Die Arbeitgeber haben mit oder ohne Gewerkschaften in der Regel eine gewisse Kontrolle über die Löhne. Ihre Lohnpolitik muß sich jedoch den Gegebenheiten des verfügbaren Arbeitsangebots anpassen.

7. Die Gewerkschaften üben einen Einfluß auf die Löhne aus (a) durch Beschränkung des Arbeitsangebots, (b) durch das Aushandeln von Tariflöhnen, (c) durch Maßnahmen, die auf eine Erhöhung der Produktivität oder der Nachfragekurve nach Arbeit abzielen, und (d) durch Bekämpfung des Nachfragemonopols der Arbeitgeber (des sogenannten Monopsons).

Die verschiedenen Methoden weisen ein wichtiges gemeinsames Merkmal auf: Um die Reallöhne über das herrschende, durch den Markt bestimmte Niveau anheben zu können, müssen die Gewerkschaften in der Regel nicht gewerkschaftlich organisierten Arbeitnehmern den Zugang zum Arbeitsmarkt verwehren und ihre Konkurrenz ausschalten. Das bedeutet, daß sie sich für Außenhandelsbeschränkungen, staatliche Kontrollen über bestimmte Wirtschaftszweige sowie Zulassungsbeschränkungen zu bestimmten Berufen einsetzen.

8. Die Wirtschaftstheorie erklärt, daß bei Tarifverhandlungen nicht nur ein einziges Ergebnis denkbar ist: Im Falle eines bilateralen Monopols beziehungsweise bei Verhandlungen zwischen Arbeitgebern und Arbeitnehmern ist (wie beim Krieg oder bei 2-Personen-Spielen) die Lösung theoretisch indeterminiert.

9. Die Gewerkschaften scheinen tatsächlich eine Erhöhung der Löhne von Gewerkschaftsmitgliedern herbeigeführt zu haben. Schätzungen einzelner Untersuchungen deuten darauf hin, daß die Löhne von Gewerkschaftsmitgliedern durchschnittlich 15 bis 20 Prozent über denen nichtorganisierter Arbeitnehmer mit den gleichen Merkmalen gelegen haben. Diese Differenz ist allerdings möglicherweise während der vergangenen 10 Jahre hoher Arbeitslosigkeit und wachsender Konkurrenz von seiten nicht gewerkschaftlich organisierter Arbeitnehmer geschrumpft.

10. Obgleich die Gewerkschaften vielleicht eine Erhöhung der Löhne ihrer Mitglieder erwirkt haben, können sie wahrscheinlich, bezogen auf ein ganzes Land, weder die Reallöhne noch den Anteil des Faktors Arbeit am Volkseinkommen

steigern. Wahrscheinlich tragen sie zu einer Erhöhung der Arbeitslosigkeit unter jenen Gewerkschaftsmitgliedern bei, die nach Verlust ihres hochbezahlten Arbeitsplatzes das »Warten« auf Wiedereinstellung durch ihren alten Arbeitgeber einer Abwanderung oder einem Überwechseln in einen anderen Wirtschaftszweig mit schlechterer Bezahlung vorziehen. In einem Land mit inflexiblen Preisen beschwört ein zu hohes Reallohnniveau möglicherweise die Situation der klassischen Arbeitslosigkeit herauf.

Begriffe zur Wiederholung

AFL-CIO
Wirtschaftsgewerkschaften und politische Gewerkschaften
Wagner und Taft-Hartley Act, NLRB
die vier Strategien der Gewerkschaften zur Erhöhung der Löhne
Zugangskontrollen von seiten der Gewerkschaften
Einfluß der Gewerkschaften auf die Reallöhne ihrer Mitglieder, auf das Land insgesamt
Warten auf Wiedereinstellung und klassische Arbeitslosigkeit

Fragen zur Diskussion

1. Beschreiben Sie den Aufbau der amerikanischen Gewerkschaften. Stellen Sie die drei Ebenen der Bewegung dar.
2. Historisch betrachtet sind die amerikanischen Gewerkschaften den Prinzipien verpflichtet, die mit dem Namen Samuel Gompers verknüpft sind. Worin bestehen diese Prinzipien? Inwiefern unterscheiden sich die Praktiken amerikanischer von denen europäischer Gewerkschaften, die sich durch ein stärkeres Klassenbewußtsein auszeichnen und im Sinne des europäischen Sozialismus politisch immer aktiver waren?
3. Stellen Sie dar, in welche Richtungen das Pendel, was die Haltung der Legislative und der Gerichte gegenüber den Gewerkschaften angeht, vor und nach dem Wagner Act ausschlug.
4. Wer sollte das Streikrecht besitzen? Die Polizei? Oder die Bergleute? Oder die Angehörigen der Streitkräfte? Oder jedermann? Oder niemand?
5. Die Gewerkschaften sprechen sich für Mindestlohngesetze aus, die in erster Linie den ärmeren, nichtorganisierten Arbeitnehmern zugute kommen. Wäre – wenn Sie an den in Kapitel 28 dargestellten Begriff der Diskriminierung auf aufgeteilten Märkten denken – die Nachfrage nach gewerkschaftlich organisierten Arbeitnehmern unter den Bedingungen von Mindestlohngesetzen niedriger

oder höher? Könnte es sein, daß zu hoch angesetzte Mindestlöhne den Armen und Ungelernten mehr schaden als nützen – daß der Preis sie vom Markt verdrängt?

6. Bei Tarifverhandlungen spielen Aspekte der Kooperation wie des Antagonismus eine Rolle. Führen Sie die Elemente eines Tarifvertrages an, die eher als kooperativ, und solche, die eher als antagonistisch bezeichnet werden könnten. Legt das Vorhandensein kooperativer Elemente einen Grund dafür nahe, weshalb eine Zwangsschlichtung bei Tarifvertragsformen durch von außen hinzugezogene Schlichter sich nicht immer als eine gute Lösung erweisen könnte?

7. Die Gewerkschaften sind die wichtigsten Institutionen der Volkswirtschaft, die von den Antitrust-Gesetzen ausgenommen sind. Sehen Sie sich noch einmal die Antitrust-Gesetzgebung des Kapitels 24 an. Gehen Sie auch noch einmal die Darstellung der Entwicklung durch, die zu dieser Befreiung führte. Welche Auswirkungen hat die Befreiung gehabt? Sind Sie der Auffassung, daß sie gerechtfertigt ist?

8. Folgende Fragen richten sich an diejenigen, die sich mit den Kapiteln 12 und 13 über die Inflation beschäftigt haben: Viele Makroökonomen verweisen auf die erhebliche Trägheit der Lohninflation in den Vereinigten Staaten. Die Lohnzuwachsraten gehen trotz hoher Arbeitslosigkeit nur sehr langsam zurück. Ein Grund dafür ist in der Tatsache zu sehen, daß die Tarifverträge nicht synchron angepaßt werden, sondern eine lange Laufzeit haben – die typische Laufzeit beträgt 3 Jahre.

In vielen Ländern, wie beispielsweise Schweden und Holland, wird das allgemeine Lohnniveau durch Verhandlungen zwischen den Tarifparteien einmal im Jahr festgelegt. Dies gestattet eine raschere Senkung (oder Erhöhung) der Löhne. Würde das solchen Systemen anhaftende geringere Trägheitsmoment sich auch für die Vereinigten Staaten als vorteilhaft erweisen? Falls ja, was könnte dann getan werden, um die Einführung eines solchen Systems zu fördern? Welche potentiellen Kosten könnten entstehen?

9. Welchem Wirtschaftszweig würden Sie sich als Gewerkschaftsführer primär zuwenden: (a) einem Wirtschaftszweig mit vielen kleinen Unternehmen mit problemlosem Zugang zum Markt und ebenso problemlosem Ausscheiden aus dem Markt; (b) einem staatlich beaufsichtigten Monopolisten mit einer sehr unelastischen Nachfrage nach seinem Produkt, dem eine Preisbildung auf der Basis der Durchschnittskosten gestattet ist? Rechtfertigen Sie Ihre Entscheidung unter bezug auf die Methoden der Gewerkschaften zur Durchsetzung von Lohnerhöhungen.

10. *Preisfrage*: J.K. Galbraith sprach von den Gewerkschaften als einem »Abwehrkartell«. Dabei könnte er folgendermaßen argumentieren: In einer von einem Unternehmen beherrschten Stadt besäße der Arbeitgeber ein Monopson hinsichtlich der Einstellung nicht gewerkschaftlich organisierter Arbeiter. Das führt zu dem in Abbildung 29.6 dargestellten Lohnsatz *mm*.

Frage A: Warum würde sich ein gewinnorientierter Monopsonist im Punkt M befinden und nicht in dem unter Wettbewerbsbedingungen erreichten Gleichgewichtspunkt E?

Monopson und Gewerkschaften

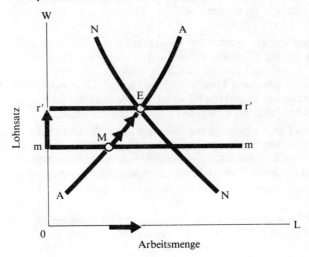

Abbildung 29.6.

Nunmehr soll eine Gewerkschaft die Bühne betreten. Sie erhöht durch Tarifverhandlungen den Tariflohn von *m* auf *r*.

Frage B: Wie verhält es sich mit der Effizienz des Ergebnisses? Was ist mit der Beschäftigung und mit den Reallöhnen geschehen? Läßt diese Analyse Bedingungen erkennen, unter denen Galbraith' Theorie vom Abwehrkartell sich als gültig oder ungültig erweisen dürfte?

Zins, Gewinn und Kapital

30

Wie kann man seinen Kuchen behalten und gleichzeitig essen? Indem man ihn gegen Zins ausleiht.

Unbekannter Autor

In den vorangegangenen Kapiteln haben wir die Bestimmung der Renten für natürliche Ressourcen sowie der Löhne für den Faktor Arbeit dargestellt. Im vorliegenden Kapitel wenden wir uns nun der dritten großen Kategorie von Produktionsfaktoren zu, dem *Kapital* (beziehungsweise den *Kapitalgütern*). Bei ihnen handelt es sich um Inputs, die ihrerseits produziert wurden. Wir werden feststellen, daß es neben dem Preis für die Arbeit (dem Lohn) und dem Preis für den Boden (der Rente) auch einen Preis für die Nutzung von Kapitalgütern (*Nutzungsentgelt*) gibt; und wenn Sie Geld oder Finanzierungsmittel aufnehmen, zahlen Sie einen *Geldzins*.

Die Kapitaltheorie gehört zu den schwierigsten Bereichen der Mikroökonomie – aber viele grundlegende Vorstellungen lassen sich mit Hilfe der elementaren Instrumente von Angebot und Nachfrage veranschaulichen. Wir werden deshalb folgendermaßen vorgehen: Im Hauptteil dieses Kapitels analysieren wir die mit dem Zins, dem Gewinn und dem Kapital zusammenhängenden Begriffe und Theorien.

Dem Anhang vorbehalten bleiben bestimmte Spezialaspekte der Kapitaltheorie.

Begriffe der Kapitaltheorie

Boden, Arbeit und Kapital

Die Wirtschaftstheorie unterteilt alle Produktionsfaktoren zunächst in drei Kategorien, und zwar in

- *natürliche Ressourcen*, die von der Natur in unveränderlicher Menge bereitgestellt werden und zu denen unter anderem der nicht vermehrbare Boden sowie sich erschöpfende natürliche Vorkommen wie Öl oder Kupfer gehören. Der Ertrag dieses vollkommen unelastischen Faktors wird als (reine ökonomische) *Rente* bezeichnet;
- menschliche *Arbeitskraft*, deren Angebot sich nicht an ökonomischen Bedin-

gungen orientiert und die von den Ökonomen als im wesentlichen durch gesellschaftliche und biologische Faktoren bestimmt aufgefaßt wird. Der Ertrag dieses menschlichen Produktionsfaktors wird als *Lohn* bezeichnet (wozu sowohl die Gehälter von Unternehmensleitern zählen wie die Löhne für ungelernte Arbeiter).

In der klassischen Wirtschaftslehre werden die beiden ersten Faktoren als »primäre Produktionsfaktoren« bezeichnet – primär in dem Sinne, daß ihr Angebot weitgehend durch Faktoren bestimmt wird, die ihren Ursprung außerhalb des Wirtschaftssystems haben. Ergänzt werden sie nunmehr durch einen produzierten (oder intermediären) Produktionsfaktor;

● *Kapitalgüter*, die vom Wirtschaftssystem selbst produziert und als Inputs für die weitere Produktion von Gütern und Dienstleistungen eingesetzt werden. Diese dauerhaften Kapitalgüter, die zugleich Outputs wie Inputs sind, können lang- oder kurzlebig sein. Sie können auf einem Wettbewerbsmarkt genauso vermietet oder verpachtet werden wie Bodenflächen oder Arbeitsstunden. Zahlungen für die vorübergehende Nutzung von Kapitalgütern werden als *Nutzungsentgelt* beziehungsweise *Kapitalrente* bezeichnet (zur Vermeidung einer Verwechslung mit der reinen ökonomischen Rente des in unveränderbarer Menge angebotenen Bodens).

Die Kapitalertragsrate

In der Kapitaltheorie erweist sich in der Regel ein anderer Begriff für den Ertrag des Kapitals als sinnvoll, nämlich der der *Kapitalertragsrate*, das heißt der in Dollar ausgedrückten Nettorente des Kapitals pro investiertem Dollar:

> ■ **Die Kapitalertragsrate stellt den jährlichen Nettoertrag (die Nettorente pro investiertem Dollar) dar. Sie ist eine reine Zahl – ein Prozentsatz pro Jahr oder pro Zeiteinheit.**

Nehmen Sie beispielsweise an, daß Sie einen Lastwagen im Wert von 20000 Dollar besitzen. Nach Abzug aller Unkosten (Wartung, Versicherung und so fort) erzielen sie einen Nettoertrag von 2000 Dollar innerhalb eines gegebenen Jahres. In diesem Fall sprechen wir von einer Kapitalertragsrate für jenes Jahr von 2000 Dollar/20000 Dollar = 10 Prozent pro Jahr. (Aus Gründen der Vereinfachung werden bei diesem Beispiel weder der Verschleiß des Lastwagens noch die Möglichkeit berücksichtigt, daß sich die Preise für Lastwagen verändern können.)

Geldvermögen und Zinssatz

Wir haben bisher von Kapitalgütern wie Lastwagen und Gebäuden gesprochen. Der Kapitalbegriff hat jedoch noch eine zweite Seite. Irgend jemand muß *sparen*, um für die Schaffung der für den Kauf von Kapitalgütern benötigten Mittel zu sorgen. In einer komplexen modernen Volkswirtschaft mit einem hochentwickelten Kreditsystem wie dem der Vereinigten Staaten lassen Haushalte und Unternehmen Mittel in die Hände von Investoren fließen, indem sie diesen Geld leihen. Die Wirtschaftssubjekte kaufen Obligationen und Aktien; sie zahlen Geld auf Sparkonten ein; sie legen Geld beiseite für ihr Rentenalter durch Zahlungen an

Rentenkassen. Dies alles sind Wege, über die Mittel von den Sparern in die Unternehmen oder in die Hände derjenigen geschleust werden, die dann tatsächlich Kapitalgüter kaufen.

- **Haushalte oder sonstige Gruppen schaffen die finanziellen Ressourcen beziehungsweise »Geldmittel« für diejenigen, die am Erwerb von Kapitalgütern interessiert sind.**

Aber sie stellen diese Mittel nicht umsonst bereit. Sie verleihen sie über den Geldmarkt. Wie nennt man den »Preis für Geldmittel« oder den Ertrag von Geldvermögen? Man bezeichnet ihn als *Zinssatz* oder als den den Kreditgebern zufließenden Jahresertrag.

Beispiele dafür gibt es in Hülle und Fülle. Wenn Sie Ihr Geld bei einer Geschäftsbank langfristig auf ein Sparkonto einzahlen, erhalten Sie einen Zins von vielleicht 8 Prozent. Das heißt, daß Sie bei Einzahlung von 1000 Dollar am 1. Januar 1986 schließlich am 1. Januar 1987 1080 besitzen.

- **Der Zinssatz ist der Preis, den eine Bank oder ein anderer Kreditnehmer dem Kreditgeber für die Nutzung von Geld für einen bestimmten Zeitraum zahlen muß.**

Zinssätze werden üblicherweise pro Jahr berechnet beziehungsweise als Zinsbetrag ausgedrückt, der gezahlt würde, wenn die Summe für die Dauer eines Jahres in Anspruch genommen würde; für kürzere oder längere Zeiträume wird eine im Verhältnis höhere oder niedrigere Zinszahlung fällig.

Der Zins tritt in vielerlei Gestalt auf. In Abhängigkeit von der Fälligkeit des Darlehens gibt es langfristige und kurzfristige Zinssätze; es gibt Darlehen mit festen und mit variablen Zinsen; es gibt Zinssätze für hundertprozentig sichere Schuldverschreibungen (wie Schuldverschreibungen der amerikanischen Regierung), und es gibt Zinssätze für »windige Papiere« von Unternehmen, die auf wackeligen Füßen stehen.

Der Gegenwartswert von Gütern des Anlagevermögens

Das entscheidende Merkmal von Kapitalgütern besteht darin, daß sie einen Ertrag beziehungsweise ein Einkommen im Zeitablauf abwerfen. Der Eigentümerin eines Apartmentblocks fließt über die ganze Lebenszeit des Gebäudes hinweg (nach Abzug von Ausgaben) ein Strom von Mieteinnahmen zu.

Angenommen, die Eigentümerin ist es jedoch leid, sich ständig um ihr Anwesen kümmern zu müssen, und beschließt, das Kapitalgut heute zu verkaufen. Wie könnte sie den *heutigen* Wert ihres zukünftigen Einkommens berechnen? Die Antwort gibt der Begriff des *Gegenwartswertes*.

- **Der Gegenwartswert eines Kapitalgutes oder irgendeines Gegenstandes des Anlagevermögens ist gleich dem heutigen Wert des zu erwartenden Stromes künftiger Erträge.**

Einen solchen Gegenwartswert ermittelt man in der Weise, daß man berechnet, wieviel Geld man heute zu dem gängigen Zinssatz investieren müßte, um genau den gleichen zur Diskussion stehenden Einnahmenstrom hervorzurufen.

Wir wollen mit einem sehr einfachen Beispiel beginnen. Angenommen, jemand bietet Ihnen zum Kauf eine Flasche Wein an, der in genau einem Jahr ausgereift ist und dann einen Wert von exakt 11 Dollar besitzt. Abgesehen davon beträgt der jährliche Zinssatz 10 Prozent. Welchen Preis sollten Sie heute für den Wein bezahlen? Genau 10 Dollar, weil 10 zum heutigen Marktzins investierte Dollar in einem Jahr einen Wert von 11 Dollar (genau den Wert der Flasche Wein) haben werden.

Die Formel zur Berechnung des Gegenwartswertes

Oder nehmen Sie das Beispiel einer Bodenparzelle (oder eines unbefristeten Rentenpapieres), die Ihnen heute und bis in alle Ewigkeit jährlich einen Ertrag von N Dollar bringt. Wie hoch ist ihr Gegenwartswert (W), wenn der Zinssatz pro Jahr gleich Z ist?

Um diese Frage zu beantworten, müssen Sie die Höhe der heute zu investierenden Summe ermitteln, die jedes Jahr genau N Dollar abwerfen würde. Sie läßt sich ohne Mühe wie folgt berechnen:

$$W = \frac{N \text{ Dollar}}{Z}$$

wobei W = Gegenwartswert des Bodens
N Dollar = ständiges Jahreseinkommen
Z = als Dezimalgröße angegebener Zinssatz (z.B. 0,05 beziehungsweise 5/100, d.h. 5 Prozent pro Jahr)

Anders ausgedrückt: Beträgt der Zinssatz immer 5 Prozent, entspricht der Preis eines Vermögenswertes, der einen konstanten Einkommensstrom gewährleistet, genau 20 (= 1 : 5/100) multipliziert mit seinem Jahreseinkommen.

Wie hoch wäre in diesem Fall der Gegenwartswert eines unbefristeten Rentenwertes, der jährlich 100 Dollar abwirft? Bei einem Zinssatz von 5 Prozent betrüge sein Gegenwartswert 2000 Dollar (= 100 Dollar : 0,05).[1]

Beachten Sie die bedeutende Rolle, die der Zinssatz bei der Bestimmung des Marktwertes von Vermögenswerten spielt. Fällt der Zins von einem hohen auf ein sehr niedriges Niveau, muß sich daraus ein beträchtlicher Anstieg des Gegenwartswertes vorhandener Maschinen, Bodenflächen, Obligationen, Aktien oder beliebiger anderer Werte ergeben, die einen zukünftigen Ertragsstrom erbringen. Wenn etwa in unserem Beispiel des voraufgegangenen Absatzes der Zinssatz von 5 auf 2 Prozent im Jahr fiele, würde der Gegenwartswert von Bodenparzellen, die jährlich einen Ertrag von 100 Dollar abwerfen, von 2000 Dollar auf 5000 Dollar steigen. Deshalb können starke Schwankungen der Zinsen, wie wir sie in den vergangenen Jahren beobachtet haben, erhebliche Auswirkungen auf das Vermögen einzelner Personen haben.

---

[1] Der Begriff und die Messung des Gegenwartswertes werden im Anhang zu diesem Kapitel eingehender dargestellt.

Die genaue Definition der Kapitalertragsrate

Nunmehr sind wir in der Lage, eine genaue Definition der Kapitalertragsrate zu geben. Wir ermitteln zunächst die Dollarkosten der Kapitalgüter. Dann berechnen wir die Gesamteinnahmen, die uns aus dem Kapital zufließen. Wir erwarten, daß die Gesamteinnahmen *höher* sind als die Gesamtkosten, denn andernfalls hätten wir schlecht investiert.

Nachdem wir uns davon überzeugt haben, daß wir tatsächlich einen positiven Ertrag erzielen, brauchen wir eine Möglichkeit zur quantitativen Ermittlung dieses Ertrages, um verschiedene Projekte vergleichen zu können – Projekte wie etwa Brücken mit einer Lebenszeit von 50 Jahren, Wein mit einer Haltbarkeit von 5 Jahren und Bier mit einer Haltbarkeit von 5 Monaten.

Die Lösung des Problems liegt in der Definition der Kapitalertragsrate (beziehungsweise der Ertragsrate einer Investition), die folgendermaßen aussieht:

■ **Die Kapitalertragsrate ist gleich dem durchschnittlichen jährlichen prozentualen Ertrag, den der Eigentümer dieses Kapitals erzielt.**

Die Kapitalertragsrate ist deshalb direkt analog zum Zinssatz. Sie gibt Ihnen Auskunft über die Höhe des Betrages, der Ihnen aus einer Kapitalanlage zufließt, und zwar gemessen in Dollar pro Jahr und pro investiertem Dollar.

Vom Wein, von Bäumen und Taxis

Dazu einige Beispiele:

● Ich kaufe für 10 Dollar Traubensaft und verkaufe ihn ein Jahr später für 11 Dollar als Wein. Fallen keine Kosten irgendwelcher Art an, beträgt die Ertragsrate dieser Investition 1 Dollar/10 Dollar beziehungsweise 10 Prozent im Jahr.

● Ich pflanze eine Pinie, wobei mir im voraus zu zahlende Arbeitskosten in Höhe von 100 Dollar entstehen. Nach Ablauf von 25 Jahren verkaufe ich den ausgewachsenen Baum für 430 Dollar. Die Ertragsrate dieses Investitionsprojekts beträgt deshalb 330 Prozent in 25 Jahren, was – wie jeder Taschenrechner ermittelt – einem jährlichen Ertrag von 6 Prozent entspricht.

● Ich kaufe für 20000 Dollar ein Taxi. 10 Jahre lang erziele ich mit diesem Taxi jährliche Einnahmen aus seiner Vermietung in Höhe von 30000 Dollar; allerdings habe ich jährliche Ausgaben für Benzin, den Fahrer und die Wartung in Höhe von 26000 Dollar. Der Schrottwert des Taxis ist gleich Null. Wie hoch ist die Ertragsrate? Genausohoch wie der jährliche prozentuale Ertrag einer Investition von 20000 Dollar, die 10 Jahre lang 4000 Dollar abwirft und sich dann selbst zerstört. Zinseszinstabellen zeigen, daß der Ertrag dieses Taxis 15 Prozent pro Jahr beträgt.

Der Gewinn als Kapitalertrag

Wo würden Sie nach dem Kapitalertrag in der amerikanischen Wirtschaft suchen? Im allgemeinen ist der Kapitalertrag von Unternehmen, die Kapitalgüter besitzen, im *Gewinn* enthalten. Der Gewinn ist das Residualeinkommen, das gleich der Gesamtheit der Einnahmen abzüglich der Gesamtkosten ist. Besitzen Sie Anteile an einer Kapitalgesellschaft, erhalten Sie Ihren Ertrag nicht in Form eines festen Dollareinkommens, sondern in Form Ihres prozentualen Anteils am Gesamtgewinn des Unternehmens. Dieser risikoreiche und instabile Ertrag – der Unternehmensgewinn – stellt dennoch einen Kapitalertrag dar. Die Profitrate tritt in der Gestalt von verdienten Dollars pro investiertem Dollar auf.

Das Wesen der Gewinne werden wir im späteren Verlauf dieses Kapitels untersuchen.

Wiederholung

Wir wollen noch einmal rasch die eingeführten Begriffe wiederholen, ehe wir uns ihrer Anwendung widmen:

- Die moderne Wirtschaft hat einen großen *Kapital*stock, beziehungsweise Kapitalgüter aufgebaut. Dieser manifestiert sich in den Maschinen, Gebäuden und Lagerbeständen, die über das ganze Land verteilt sind.

- Den jährlichen Dollarertrag, den das Kapital abwirft, bezeichnen wir als *Kapitalrente*. Dividieren wir den Dollarwert dieser Kapitalrenten durch den Dollarwert des Kapitals, dem diese Renten entspringen, erhalten wir die *Kapitalertragsrate* (gemessen in Prozent pro Jahr).

- Kapitalwerte werden durch Sparer finanziert, die *Geldmittel* verleihen und sich dadurch ein Geldvermögen schaffen. Den Dollarertrag dieses Geldvermögens bezeichnen wir als Zinssatz, wiederum gemessen in Prozent pro Jahr.

- Kapitalgüter und Geldvermögen erzeugen im Zeitablauf einen Einkommensstrom. Diesen Strom kann man in einen *Gegenwartswert* umsetzen, d. h. in einen Wert, den das Vermögen zum gegenwärtigen Zeitpunkt hat. Die Umrechnung erfolgt auf die Weise, daß man sich die Frage vorlegt, wie hoch die heutige Dollarmenge sein müßte, die, zu dem gängigen Marktzins investiert, den langfristigen Einkommensstrom des Vermögenswertes erzeugen würde.

- Der *Gewinn* stellt ein Residualeinkommen dar, das gleich den Gesamteinnahmen abzüglich der Gesamtkosten ist. Bei großen Kapitalgesellschaften, denen ihr Kapitalstock selbst gehört, sind die Gewinne gleich dem feststellbaren Ertragsstrom, der der Gesellschaft aus dem Unternehmenskapital zufließt.

Die Kapitaltheorie

Nachdem wir die Bedeutung der zentralen Begriffe abgeklärt haben, wollen wir uns der Analyse des Wesens des Kapitals und der Bestimmung des Kapitalertrages zuwenden.

Der Produktionsumweg

Wie wir in unserer Einführung in die Aspekte des Kapitals in Kapitel 3 gesehen haben, impliziert die Investition in Kapitalgüter eine indirekte oder umwegige Produktion. Anstatt Fische mit den Händen zu fangen, erweist es sich für uns letztlich als lohnender, zunächst Netze zu knüpfen und Boote zu bauen und diese dann einzusetzen, um damit mehr Fische zu fangen als mit bloßen Händen. Anders ausgedrückt: Im Interesse eines zukünftigen Konsums verzichten wir häufig auf den gegenwärtigen Konsum. Wenn wir heute einige Fische weniger fangen, schaffen wir dadurch freie Arbeitskraftreserven für die Anfertigung von Netzen, mit deren Hilfe wir morgen mehr Fische fangen. Die Gesellschaft investiert auf diese Weise beziehungsweise sie verzichtet auf gegenwärtigen Konsum, und diese Wartezeit verschafft ihr eine Rendite beziehungsweise einen Ertrag aus der getätigten Investition. Im weitesten Sinne stellt diese Rendite – der höhere zukünftige Konsum aufgrund des gegenwärtigen Konsumverzichts – den Kapitalertrag dar.

Um dies zu verstehen, wollen wir uns zwei völlig gleiche Inseln vorstellen. Jede ist mit genau der gleichen Menge an Arbeitskraftreserven wie an Boden ausgestattet. Die Insel A verwendet Primärfaktoren direkt für die Produktion von Konsumgütern wie Nahrungsmittel und Bekleidung; sie setzt keinerlei Kapitalgüter ein.

Die Insel B verzichtet demgegenüber in einer Anfangsphase auf gegenwärtigen Konsum; sie verwendet einen Teil ihres Bodens und ihrer Arbeitskräfte, um Kapitalgüter wie Pflüge, Schaufeln und Webstühle herzustellen. Als Folge dieser anfänglichen Phase des Verzichts auf die Annehmlichkeiten des Konsums im Interesse der Nettokapitalbildung verfügt sie schließlich über einen vielfältigen Bestand an Kapitalgütern.

Nunmehr wollen wir die Konsumgütermenge messen, die die Insel B auf Dauer mit Hilfe ihres Bodens, ihrer Arbeitskräfte und Kapitalgüter produzieren kann.

Die – mit Hilfe indirekter Methoden erstellte – Produktion der Insel B wird sich als größer erweisen als die der Insel A. Anders ausgedrückt: B erhält als Gegenleistung für ihr anfängliches Opfer von 100 Einheiten an gegenwärtigen Konsumgütern *mehr* als 100 Einheiten an zukünftigen Konsumgütern.

Wir gelangen deshalb zu einer wesentlichen Schlußfolgerung für die Wirtschaft:

■ **Investitionen werden getätigt, weil eine Volkswirtschaft durch Investition in Produktionsumwege beziehungsweise indirekte Produktionsmethoden dank ihres Konsumverzichts in der Gegenwart in der Zukunft ein höheres Konsumniveau erreichen kann.**

Abnehmende Erträge und die Nachfrage nach Kapital

Was aber geschieht, wenn eine Gesellschaft in eine wachsende Menge an Kapitalgütern investiert, wenn sie einen steigenden Teil ihres Konsums auf die Kapitalbildung verwendet, wenn der Produktionsumweg oder die indirekten Methoden immer verzweigter werden?

Die Antwort lautet, daß wir ein Wirksamwerden des Gesetzes des abnehmenden Ertragszuwachses erwarten. Mit dem zunehmenden Einsatz von Fischerbooten und Netzen, mit der wachsenden Zahl von Kraftwerken, Stahlwerken, chemischen Betrieben, Computern oder Lastwagen wird der zusätzliche Output beziehungsweise der Ertrag aus immer umwegigeren Produktionsmethoden allmählich abnehmen. Mit den ersten zusätzlichen Fischerbooten und Netzen fangen wir noch viele Fische, aber infolge des Einsatzes zu vieler Boote erschöpfen sich die Fischgründe. Letztlich wird mit wachsender Kapitalbildung die Investitionsertragsrate von, angenommen, 20 Prozent im Jahr auf 10 Prozent oder sogar auf nur 2 Prozent zurückgehen.

Folglich wird das Gesetz des abnehmenden Ertragszuwachses – vorausgesetzt, daß ihm keine technologischen Innovationen entgegenwirken – zu schrumpfenden Kapitalertragsraten im Zeitablauf führen, wenn die Gesellschaft ständig spart und investiert.

Tatsächlich sind die Kapitalertragsraten während der vergangenen 150 Jahre jedoch nicht nennenswert zurückgegangen, obgleich der Kapitalgüterbestand um ein Vielfaches angewachsen ist. Warum nicht? Weil Innovationen und der technologische Wandel genausoschnell neue, rentable Investitionsmöglichkeiten erschlossen haben, wie die Investitionen alte vernichtet haben.

Die Bestimmung des Zinssatzes und der Kapitalertragsrate

Wodurch werden die Kapitalertragsrate und die Höhe des Zinses bestimmt? Wir können nunmehr die klassische, auf dem Angebot und der Nachfrage nach Kapital beruhende Erklärung geben.

Aufgrund ihrer Ersparnisbildung im Zeitablauf (das heißt ihres Konsumverzichts) wird von den Haushalten Kapital *angeboten*. Langfristig werden die Sparer möglicherweise ihr Kapitalangebot erhöhen, wenn die Erträge aus ihren Spareinlagen steigen.

Gleichzeitig wird von Unternehmen oder anderen Wirtschaftssubjekten Kapital *nachgefragt*. Sie kaufen Kapitalgüter – in Form von Lastwagen, Gebäuden und Lagerbeständen –, um diese mit den Faktoren Arbeit und Boden oder mit anderen Inputs zu kombinieren. Letztlich steht hinter der Nachfrage der Unternehmen nach Kapital ihr Interesse, durch die Produktion von Gütern Gewinne zu erzielen.

Oder, wie es der berühmte Irving Fisher von der Universität Yale zu Beginn unseres Jahrhunderts formulierte:

Die auf Angebot und Nachfrage beruhende Bestimmung der Kapitalmenge und die Kapitalertragsrate hängen ab von der Wechselwirkung zwischen (1) der Ungeduld der Menschen *beziehungsweise ihrem Wunsch, sofort zu konsumieren, anstatt mehr Kapitalgüter für den zukünftigen Konsum (vielleicht im Alter oder in den sprichwörtlichen schlechteren Zeiten) zu schaffen, und (2) den* Investitionsgelegenheiten, *die höhere oder geringere Erträge des infolge von Konsumverzichts akkumulierten Kapitals abwerfen.*

Eine Welt ohne Risiko

Um zu erkennen, wie ein solches Angebots- und Nachfrage-Gleichgewicht funktioniert, wollen wir zunächst eine Welt betrachten, in der es keine Risiken gibt und die auch weder Inflation noch Monopole kennt. In dieser Welt stellen die einzelnen Sparer den Unternehmen Mittel zum herrschenden Marktzins zur Verfügung.

Wie verhält sich ein Unternehmen? Es muß für die aufgenommenen Mittel den Marktzins zahlen. Ist ein Unternehmen auf die Maximierung seiner Gewinne bedacht, wird es nur solche Investitionsprojekte in Angriff nehmen, deren Ertragsrate über dem Zinssatz liegt (denn andernfalls wären seine Zinskosten höher als seine Nettoerlöse).[2] Die Wechselwirkung zwischen der Nachfrage der Unternehmen nach Investitionsmitteln und ihrer Investition in rentable Objekte führt zu einem Gleichgewicht zwischen dem Kapitalertrag und den Kapitalkosten. Wie lautet die Gleichgewichtsbedingung? Sie lautet, daß für das Kapital insgesamt der Wettbewerb die Investitionsertragsrate auf das Niveau des Marktzinses herabdrückt.

■ **In einer Welt, die weder Risiken noch Inflation oder Monopole kennt, ist die unter Wettbewerbsbedingungen erzielte Kapitalertragsrate deshalb gleich der Höhe des Marktzinses.**

Beachten Sie also, daß der Marktzins zwei Funktionen hat: Er sorgt für eine Rationierung des knappen Kapitalgüterangebots der Gesellschaft zugunsten von Verwendungen mit den höchsten Ertragsraten; und er kann die Wirtschaftssubjekte veranlassen, auf gegenwärtigen Konsum zugunsten einer Vermehrung des Kapitalstocks zu verzichten.

Grafische Bestimmung des Kapitalertrags

Angebots- und Nachfragediagramme können unseren Überblick über die Bestimmung des Zinssatzes und der Kapitalertragsrate ergänzen. Sie stellen recht komplizierte Aspekte der Kapitaltheorie dar. Wir können die Darstellung der traditionellen Theorie an dieser Stelle jedoch stark vereinfachen, wenn wir die Annahme einführen, daß alle vorhandenen Kapitalgüter genau gleich und außerordentlich vielseitig einsetzbar sind. (Dies entspricht natürlich nicht der Realität; deshalb müssen Darstellungen für Fortgeschrittene auf das Problem der Behandlung unterschiedlicher Kapitalgüter sehr gründlich eingehen.) Darüber hinaus wollen wir eine stationäre Volkswirtschaft unterstellen, in der es weder ein Bevölkerungswachstum noch technologischen Wandel gibt.

Abbildung 30.1 veranschaulicht die Bestimmung des Zinssatzes. Die Kurve *NN* zeigt die Nachfrage nach Kapitalgütern; sie stellt das Verhältnis zwischen der nachgefragten Kapitalmenge und der Kapitalertragsrate dar. Woraus leitet sich die Nachfrage nach Kapital her? Erinnern Sie sich daran, daß die Nachfrage nach Arbeit ihren Ursprung in der Grenzproduktivitätskurve der Arbeit hatte. Die Nachfrage nach Kapital ist gleichfalls eine »abgeleitete Nachfrage« – sie leitet sich letztlich aus dem Wert der zusätzlichen Konsumgüter her, deren Produktion durch das zusätzliche Kapital ermöglicht wird beziehungsweise aus dem »Grenzprodukt des Kapitals«.

Abnehmende Erträge

Wir stellen fest, daß das Gesetz des abnehmenden Ertragszuwachses ebenso für den Faktor Kapital gilt wie für andere Faktoren. Dies beweist die Tatsache, daß die Nachfragekurve nach Kapital abwärts geneigt ist. Ist Kapital sehr knapp, gibt es einige sehr ertragreiche Investitionen in Produktionsumwege, die jährlich

---

2 Ein Beispiel für die Art, in der Unternehmen ihre Investitionsentscheidungen in Abhängigkeit von der Höhe der Zinsen treffen, wird in Kapitel 7 dargestellt.

Kurzfristiger Kapitalertrag und kurzfristiger Zinssatz

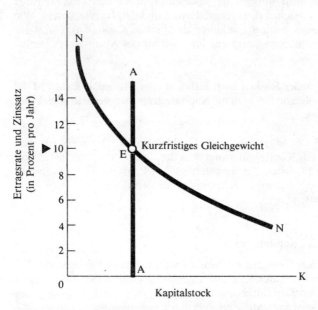

Abbildung 30.1. Kurzfristige Bestimmung der Zins- und Ertragsraten.
Kurzfristig betrachtet sieht sich die Wirtschaft einem gegebenen, aus der Vergangenheit überkommenen Kapitalbestand gegenüber, der durch die vertikale Kapital-Angebotsfunktion AA dargestellt wird. Der Schnittpunkt zwischen der kurzfristigen Kapital-Angebots- mit der kurzfristigen Nachfragefunktion ergibt eine kurzfristige Kapitalertragsrate und einen kurzfristigen Zinssatz von 10 Prozent im Jahr.

15 Prozent und mehr abwerfen. Wächst jedoch allmählich die Kapitalbildung, und hat die Gesellschaft alle Projekte mit einer Ertragsrate von 15 Prozent unter Einsatz ihrer gesamten Arbeitskraftreserven und ihres Bodens ausgeschöpft, machen sich abnehmende Kapitalertragsraten bemerkbar. In dem Maße, in dem sie sich auf der NN-Kurve nach unten bewegt, muß sie Investitionen in Projekte mit einer Ertragsrate von 12 und 10 Prozent vornehmen.

Das kurzfristige Gleichgewicht

Wir können jetzt die Wechselwirkung zwischen Angebot und Nachfrage erkennen. In Abbildung 30.1 sehen wir uns einem gegebenen, aus Investitionen der Vergangenheit stammenden Kapitalstock gegenüber, der durch die vertikale kurzfristige Angebotskurve AA dargestellt wird. Die Nachfrage der Unternehmen nach Kapitalgütern wird sich in der durch die abwärts geneigte Nachfragekurve NN dargestellten Weise vollziehen.

Im Schnittpunkt zwischen Angebot und Nachfrage, im Punkt E, wird die Kapitalmenge genau auf die Kapital nachfragenden Unternehmen aufgeteilt. In diesem Punkt, dem kurzfristigen Gleichgewicht, sind die Unternehmen bereit, zum Zwecke des Erwerbs von Kapitalgütern jährlich 10 Prozent für aufgenommene

Kreditmittel zu zahlen. In diesem Punkt erhalten die Kreditgeber für das bereitgestellte Kapital einen Zins von genau 10 Prozent.

Somit entspricht in unserer vereinfachten, risikolosen Welt die Kapitalertragsrate genau dem Marktzins. Bei jedem beliebigen höheren Zins wären die Unternehmen nicht mehr bereit, das verfügbare Kapital zu halten; bei jedem beliebigen niedrigeren Zinssatz würden wir beobachten, daß die Unternehmen eine dringende Nachfrage nach dem zu knappen Kapital anmelden würden. Nur bei einem Zinssatz von 10 Prozent befinden sich Angebot und Nachfrage im Einklang.

Aber das Gleichgewicht in E ist nur kurzfristig aufrechtzuerhalten. Warum? Weil trotz der für die vorübergehende Aufrechterhaltung des Gleichgewichtspunktes in E ausreichenden Knappheit an Kapital die Haushalte zu weiterer Spartätigkeit geneigt sind. Abbildung 30.2 stellt dar, wie sich die langfristige Bestimmung der Zinssätze vollzieht. Das langfristige Angebot an Kapital oder Geldvermögen – in Abbildung 30.2 dargestellt als $A_L A_L$ – steigt nach rechts oben und deutet damit an, daß die Haushalte bereit sind, zu höheren Realzinsen mehr Geldvermögen oder Kapital anzubieten. Bei einem Zins von 10 Prozent übersteigt das langfristige Kapitalangebot die Kapitalnachfrage in E. Die Haushalte sind zu höherer Kapitalbildung, das heißt zu höherer Ersparnisbildung bereit. Das heißt, daß im Punkt E eine Nettokapitalbildung stattfindet. Deshalb wird der Kapitalstock in jedem Jahr, in dem Nettoinvestitionen getätigt werden, ein wenig größer. Im Laufe der Zeit bewegt sich die Gesellschaft langsam auf ihrer NN-Kurve nach unten, wie dies durch die Pfeile der Abbildung 30.2 dargestellt wird.

Die schrittweise Bewegung in Richtung auf das Gleichgewicht

Wir bewegen uns auf der NN-Kurve nach rechts unten, weil positive Investitionen bedeuten, daß der Kapitalbestand wächst; die kurzfristige Angebotskurve wird folglich von Jahr zu Jahr immer weiter nach rechts unten verschoben. Tatsächlich läßt sich eine Reihe sehr dünner kurzfristiger Kapitalangebotskurven in Abbildung 30.2 erkennen – A, A', A'', A''' ... Diese Kurven zeigen, wie sich das kurzfristige Kapitalangebot mit wachsender Kapitalbildung Schritt für Schritt nach rechts bewegt.

Warum bewegen sich die Ertragsrate und der Zinssatz nach unten? Sie bewegen sich nach unten, weil das Gesetz des abnehmenden Ertragszuwachses am Werk ist. Mit wachsendem Kapitalangebot fällt unter sonst gleichen Bedingungen hinsichtlich der Faktoren Arbeit, Boden und Technologie die Ertragsrate des vergrößerten Bestands an Kapitalgütern auf ein immer niedrigeres Niveau.

Das langfristige Gleichgewicht

Wo stellt sich das langfristige Gleichgewicht ein? Es stellt sich in E' der Abbildung 30.2 ein. E' gibt den Schnittpunkt der langfristigen Kapitalangebotskurve (dargestellt als $A_L A_L$) mit der Kapitalnachfrage wieder. Das langfristige Gleichgewicht wird erreicht, wenn der Zinssatz so weit gefallen ist, daß die Haushalte an einer weiteren Ersparnisbildung nicht mehr interessiert sind, das heißt wenn die Nettoersparnisbildung gleich Null ist.

Sind die Nettoersparnisse gleich Null, wächst auch der Kapitalstock nicht mehr; die vertikale kurzfristige Angebotskurve verlagert sich nicht weiter nach rechts. Das langfristige Gleichgewicht des Zinssatzes und der Kapitalertragsrate stellt

Langfristige Entwicklung des Kapitalstocks und der Ertragsraten

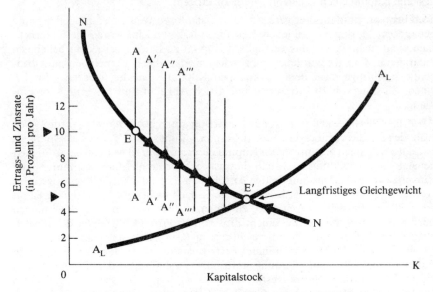

Abbildung 30.2. Langfristiges Gleichgewicht von Angebot und Nachfrage nach Kapital.
Langfristig gesehen kann eine Gesellschaft Kapital akkumulieren, so daß die Angebotskurve nicht mehr vertikal verläuft. Wie hier dargestellt, reagiert das Kapitalangebot sehr stark auf höhere Zinssätze. Bei dem ursprünglichen kurzfristigen Gleichgewicht in E findet eine Nettoinvestitionstätigkeit statt, weshalb sich die Wirtschaft auf der Nachfragekurve NN abwärts bewegt, was durch die Pfeile sowie durch die dünnen Kapital-Angebotskurven veranschaulicht wird. Das langfristige Gleichgewicht stellt sich in E' ein, wo die Nettospartätigkeit zum Erliegen kommt (zumindest so lange, bis neue technologische Veränderungen die Nachfragekurve wieder nach oben verlagern).

sich in dem Punkt ein, in dem die Menge des Geldvermögens, das die Haushalte langfristig zu halten bereit sind, genau der Kapitalmenge entspricht, die die Unternehmen zu dem Zinssatz zu halten bereit sind.[3]

Zusammenfassung

Wir können nunmehr die Ergebnisse der klassischen Auffassung vom Zins und Kapitalertrag zusammenfassen.

Der Akkumulation von Kapital und seinem Ertrag liegen zwei Kräfte zugrunde. Erstens beruht die Nachfrage nach Kapital auf der Tatsache, daß indirekte oder umwegige Produktionsverfahren ertragreich sind und daß eine Gesellschaft durch einen Konsumverzicht in der Gegenwart ihr Konsumniveau in der Zukunft steigern kann. Zweitens müssen die Wirtschaftssubjekte bereit sein, diesen Kon-

---

[3] Etwas schwierigere und realistischere Fälle werden im Anhang sowie in nachfolgenden Kapiteln behandelt. Vgl. insbesondere die Abbildung 30A.1 des Anhangs bezüglich einer weiteren Darstellung der Bestimmung des Zinssatzes, die auch die aufschlußreiche Analyse von Irving Fisher berücksichtigt. Kapitel 36 beschäftigt sich mit dem Prozeß des wirtschaftlichen Wachstums, bei dem sich sowohl die Bevölkerungszahl wie die Technologie im Zeitablauf verändern.

sumverzicht zu betreiben; sie müssen bereit sein, Geldvermögen anzusammeln und Geldmittel an Unternehmen auszuleihen, die produktive Investitionen in eine Umwegsproduktion vornehmen.

Das Verbindungsglied zwischen diesen beiden Kräften der Technologie und der Ungeduld ist der Zinssatz, der sicherstellt, daß den Unternehmen genau die Kapitalmenge zur Verfügung gestellt wird, die die Haushalte zu akkumulieren bereit sind.

Einige wesentliche Einschränkungen

Unsere Hauptaufgabe haben wir bewältigt. Die klassische Kapitaltheorie bedarf jedoch noch einiger Ergänzungen und Einschränkungen.

Technologiebedingte Störungen

Die Realität des Wirtschaftslebens kennt keine unveränderlichen Abläufe, bei denen das System sich auf die Kapitalakkumulation einstellt und sich im übrigen entlang der absteigenden Kurve der abnehmenden Erträge fortbewegt. Ständig werden neue Erfindungen und Entdeckungen gemacht. Derartige technologische Veränderungen führen oft zu einer Erhöhung der Kapitalertragsrate und somit zu einer Störung des Zinsgleichgewichts.

Bedingt durch solche Erfindungen ergibt sich anstelle einer Abwärtsbewegung entlang einer unveränderten Kurve eine Aufwärtsverlagerung der Kapital-Nachfragefunktion. Historische Untersuchungen deuten darauf hin, daß in den USA und den Ländern des Westens allgemein die Tendenz zu fallenden Zinssätzen aufgrund abnehmender Erträge durch Erfindungen und den technologischen Fortschritt in etwa gerade kompensiert wurde.

Einige Ökonomen (wie Joseph Schumpeter) haben diesen Investitionsprozeß mit einer in Schwingungen versetzten Saite einer Geige verglichen: Unter den Bedingungen einer gleichbleibenden Technologie hört die Saite infolge der durch die Kapitalakkumulation ausgelösten rückläufigen Kapitalerträge allmählich auf zu schwingen. Ehe dies jedoch geschieht, wird irgendein exogener Faktor oder eine Erfindung auftauchen, die erneut an der Saite zupft und sie zum Schwingen bringt.

Unsicherheit und Erwartungen

In unserer Darstellung der Kapitaltheorie haben wir den Aspekt der Unsicherheit bei Investitionsentscheidungen völlig außer acht gelassen. Dies ist eine übermäßige Vereinfachung von erheblichem Gewicht. In der Realität des Wirtschaftslebens besitzt niemand eine Kristallkugel, die ihn einen Blick in die Zukunft werfen läßt. Alle Bewertungen von Kapitalgütern sowie alle Investitionsentscheidungen können, da sie auf Schätzungen hinsichtlich der zukünftigen Erträge beruhen, zwangsläufig nichts anderes sein als Erwartungen – in manchen Fällen begründete Erwartungen, die auf gründlichen Überlegungen und guten Informationen beruhen, in anderen Fällen völlig aus der Luft gegriffene Erwartungen, aber in jedem Fall unsichere Erwartungen. Jeder Morgen, an dem wir aufwachen, lehrt uns, daß unsere Erwartungen nicht ganz begründet waren und korrigiert werden müssen. Und an jedem Abend, an dem wir ins Bett gehen, wissen wir, daß der nächste Morgen irgendeine Überraschung für uns bereithält.

Wie wirkt sich dieser Faktor der Unsicherheit auf die Kapitaltheorie aus? Erinnern Sie sich daran, daß wir bei unserer klassischen Analyse unterstellt hatten, daß es keine Risiken gäbe. Aber worauf kann man sich in unserer unsicheren Welt überhaupt verlassen? In der Regel halten die Bürger Anleihen an die U.S.-Regierung für die sicherste Investition. Es ist kaum eine Situation vorstellbar, abgesehen von einem nuklearen Holocaust, in der der Staat seinen ihm aus Schatzwechseln erwachsenden Verpflichtungen nicht nachkommen könnte.

Aber fast jede andere Anleihe oder Investition enthält ein Risikomoment. Maschinen gehen kaputt; ein Ölbrunnen kann sich als trockenes Loch herausstellen; das von Ihnen geschätzte Computerunternehmen streicht die Fahne. Deshalb müssen Sie das jeder Investition innewohnende Risiko in Kauf nehmen, es sei denn, Sie stecken Ihr Geld in langweilige 3-Monats-Schatzwechsel.

Investoren haben in aller Regel eine Scheu vor risikoreichen Anlagen. Sie geben einer Anlage, die ihnen mit Sicherheit einen jährlichen Ertrag von 10 Prozent einbringt, den Vorzug gegenüber einer anderen, bei der die Chance besteht, daß der Ertrag zwischen 0 und 20 Prozent liegt. Um deshalb jemanden zu veranlassen, in risikoreiche Anlagen zu investieren, muß man ihm einen zusätzlichen Ertrag beziehungsweise eine *Risikoprämie* zahlen.

Beispielsweise sind mit dem Weizenanbau wetterbedingte Ernterisiken verbunden. Dies gilt nicht für die Herstellung von Textilien. Angenommen, in die Textilproduktion investiertes Kapital wirft einen sicheren Ertrag von 15 Prozent ab, aber beim Weizen sind die Chancen so verteilt, daß man bei jedem investierten Dollar einen Gewinn von sogar 100 Prozent erzielen kann, aber genausogut auch 50 Prozent des investierten Geldes verlieren kann. Der Durchschnittsertrag beläuft sich in diesem Fall auf $½ (2,00) + ½ (0,50) = 1,25$ beziehungsweise 25 Prozent im Jahr. Der zusätzliche Ertrag von 10 Prozent gegenüber den sicheren 15 Prozent in der Textilproduktion stellt eine Risikoprämie dar, die notwendig ist, um Farmer dazu zu bewegen, die zusätzlichen Risiken und schlaflosen Nächte auf sich zu nehmen, die mit der Tätigkeit in einem so unsicheren Wirtschaftszweig verbunden sind.

Somit schließen die hohen Ertragsraten bei risikoreichen Anlagen oder Unternehmungen Risikoprämien ein, die Investoren verlangen, ehe sie solche Risiken eingehen.

Realer und nominaler Zinssatz

Bisher haben wir auch die Inflation aus unserer Betrachtung herausgehalten; an dieser Stelle wollen wir sie einführen.

In den 70er und 80er Jahren kletterten die Zinssätze in Höhen, von denen Schuldner zuvor lediglich in ihren Alpträumen verfolgt worden waren. Die kurzfristigen Zinsen stiegen auf über 16 Prozent verglichen mit Zinssätzen von 1 oder 2 oder 4 Prozent in den ersten Jahrzehnten nach dem Zweiten Weltkrieg. Was war geschehen? Hatte eine plötzliche starke Aufwärtsverlagerung in der Nachfragekurve nach Kapital, der *NN*-Kurve der Abbildung 30.1, stattgefunden? Wurde ein großer Teil des Kapitalstocks infolge eines Krieges durch Bomben zerstört?

Nichts dergleichen war geschehen. Vielmehr war es zu einer erheblichen Verzerrung des Geldmaßstabes der nominalen Preise infolge eines Anstiegs der Inflation von Null in den frühen 60er Jahren auf 6,9 beziehungsweise 12 Prozent pro Jahr in den 70er Jahren gekommen.

Wir wollen noch ein bißchen weiterbohren. Erinnern Sie sich daran, daß der Zins ja in Dollar gemessen wird (nicht in Form von Bäumen oder Fisch oder Wein). Der Zins ist der in Dollar gemessene Ertrag pro Jahr pro Dollar Kapitalbildung. Dollars können sich jedoch als verzerrter Maßstab erweisen, wie wir bei unserer Beschäftigung mit der Makroökonomie festgestellt haben. Der Preis für Fisch, Bäume, Wein und andere Güter kann sich von einem Jahr zum nächsten ändern – heutzutage steigt er meistens und deutet auf Inflation hin. Um also den Realertrag zu ermitteln, das heißt ein genaues Maß für die Menge an Gütern zu entwickeln, die wir morgen aufgrund eines heute geleisteten Konsumverzichts erhalten, muß der Geldzins um die Inflation bereinigt werden, was dann zum Realzins führt. Die Täuschungen, denen man sich hingibt, wenn man diese Bereinigung versäumt, erkennt man in Perioden galoppierender Inflation. In Lateinamerika liegen die Zinssätze oft bei mehr als 100 Prozent. In Deutschland lagen sie 1923 während der Inflation oft bei 1 Million Prozent pro Monat. Amerikaner, die vor 20 Jahren Staatsschuldverschreibungen mit einem Nominalzins von 4½ Prozent erwarben, können heute für die 2400 Dollar, die ihnen die Papiere einbringen (die dem heutigen Wert einer vor 20 Jahren getätigten Investition zu 4½ Prozent Zins entsprechen) weniger kaufen als für die 1000 Dollar, die sie damals gezahlt haben – das heißt der Realzins war negativ.

Diese Beispiele unterstreichen die Notwendigkeit der Definition des Realzinses als dem Nominalzins abzüglich der Inflationsrate. Beträgt beispielsweise der Nominalzins 13 Prozent, während die Inflation bei 6 Prozent liegt, beläuft sich der wahre Zins auf 13 − 6 = 7 Prozent. Mit anderen Worten: Für 100 heute verliehene Warenkörbe erhält man morgen nur 107 (nicht 113) Warenkörbe als Gegenleistung.

■ **Um den Ertrag aus einer Investition zu berechnen, müssen wir also in Inflationsphasen von Realzinsen, nicht von Geld- oder Nominalzinsen ausgehen. Der Realzins ist gleich dem Nominalzins abzüglich der Inflationsrate.**

Die Zinsstruktur der letzten Jahre

Der Unterschied zwischen dem Nominal- und dem Realzins wird durch die Abbildung 30.3 verdeutlicht. Sie zeigt, daß der Anstieg der Nominalzinsen bis 1980 Anlaß zur Selbsttäuschung gab; der Realzins lag zwischen 1960 und 1980 etwa bei Null. Nach 1980 stieg der Realzins jedoch stark an, und zwar auf 4 bis 7 Prozent pro Jahr. Wie ist das zu erklären? Obgleich unter den Ökonomen keine Einhelligkeit bezüglich der Antwort besteht, sind viele der Auffassung, daß eine Lockerung der Fiskalpolitik und eine Verknappung des Geldes (wie sie in den Kapiteln 14 bis 17 erklärt werden) zu diesem drastischen Anstieg der Realzinsen in den letzten Jahren geführt haben.

Realzins sowie Nominalzins

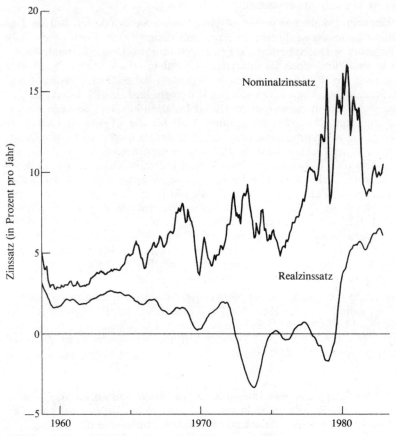

Abbildung 30.3. Inflation führt zu einer Erhöhung des Nominalzinses.
In dieser Abbildung zeigt die obere Kurve die Entwicklung der Nominalzinsen für sichere, kurzfristige Wertpapiere (Schatzbriefe mit 1jähriger Laufzeit). Beachten Sie ihren Aufwärtstrend während der vergangenen 25 Jahre. Der größte Teil dieser Aufwärtsbewegung spiegelt nichts anderes wider als das Anwachsen der Inflation. Die untere Kurve zeigt den Realzins, der gleich dem Nominal- oder Geldzins abzüglich der im voraufgegangenen Jahr erreichten Inflationsrate ist. Beachten Sie, daß der Realzins bis zum Jahre 1980 eine fallende Tendenz hatte. Seit 1980 sind die Realzinsen jedoch stark gestiegen. (Quelle: Federal Reserve Board, U.S.-Arbeitsministerium)

Makroökonomische Erschütterungen und Maßnahmen[4]

Die eigentliche Schwäche der klassischen Zinstheorie liegt aber wahrscheinlich in ihrer Vernachlässigung von Aspekten, die die moderne makroökonomische Theorie berücksichtigt. Veränderungen in der Höhe der Realeinkommen und der Produktion haben nachhaltige Auswirkungen auf die Nachfrage nach und das

---

[4] Wer diesen Absatz mit Gewinn lesen will, sollte die in den Teilen II und III (Band 1) dargestellten makroökonomischen Instrumente beherrschen.

Angebot an Kapital (beziehungsweise kurzfristig auf die Nachfrage nach und das Angebot an Ersparnissen). In den makroökonomischen Kapiteln (insbesondere in den Kapiteln 7, 8 und 17) haben wir gesehen, auf welche Weise der Konsum und die Spartätigkeit von der Höhe des BSP abhängen und daß die Investitionen der Unternehmen auf dem Wege über den Akzelerator von der Höhe und dem Wachstum des BSP beeinflußt werden.

Die Möglichkeit von Verlagerungen der Kapitalangebots- und -nachfragekurven als Folge eines sich verlagernden Niveaus des BSP fehlt in der klassischen Theorie. Viele klassische Ökonomen waren sich dieses Problems nicht bewußt, weil sie den bequemen Standpunkt vertraten, daß eine chronische Arbeitslosigkeit undenkbar sei und das Sozialprodukt deshalb keinen Schwankungen unterläge. Nicht immer waren sie sich darüber im klaren, warum sie die Vollbeschäftigung für unausweichlich hielten; aber sie bekannten sich auf jeden Fall zu dem Sayschen Gesetz, demzufolge »das Angebot immer seine eigene Nachfrage schafft: Eine allgemeine Überproduktion ist deshalb ausgeschlossen«.

Heute vertritt die herrschende makroökonomische Lehre einen anderen Standpunkt. Wir sehen, daß die Spar- und Investitionstätigkeit nicht nur auf die Zinssätze reagiert, sondern auch auf die Höhe der Produktion und der Einkommen. Eine schwere und langanhaltende Depression kann dazu führen, daß ein Land sich einem geringeren Kapitalangebot gegenübersieht – was zu einem Sinken des potentiellen BSP führt und zu einem Anstieg des Realzinses.

Die Wirtschaftspolitik der frühen 80er Jahre veranschaulicht solche Verlagerungen. Infolge der in den Jahren 1979–1981 ergriffenen makroökonomischen Maßnahmen sah sich das Land schließlich einer restriktiven Geldpolitik und einer expansionistischen Fiskalpolitik gegenüber. Diese Politik verlagerte die Kurve des Kapitalangebots von Abbildung 30.2 nach links. Die Folge war, daß 1985 der Kapitalstock der Vereinigten Staaten geschrumpft und die Produktion stärker zurückgegangen waren, als dies unter der Einwirkung einer makroökonomischen Globalpolitik der Fall gewesen wäre, die niedrigere Zinssätze nach sich gezogen hätte.[5]

Viele Beobachter fordern heute eine Umkehr dieser Globalpolitik – sie wünschen eine Politik, die die Spar- und Investitionstätigkeit anregt. Diese Debatten führen uns erneut vor Augen, daß die Notwendigkeit der Verfolgung einer angemessenen Spar- und Investitionspolitik im Interesse der erwünschten Veränderung des langfristigen Kapitalstocks und der Realzinsen zu den ernüchterndsten Aufgaben der Regierungen unserer Tage gehören.

Gewinne

Abgesehen von den Löhnen, Zinsen und Renten sprechen die Ökonomen häufig von einer vierten Einkommenskategorie – dem Gewinn. Was versteht man unter Gewinnen? Inwiefern unterscheiden sie sich vom Zins und den Kapitalerträgen im allgemeineren Sinne?

---

[5] Dieser Effekt ist eng verwandt mit der in Abschnitt B des Kapitels 17 untersuchten Belastung der Staatsschuld.

In diesem Abschnitt wollen wir uns sorgfältig mit der Definition des Gewinnes auseinandersetzen und die verschiedenen Quellen des Einkommens in Form von Gewinnen untersuchen.

Der ausgewiesene Gewinn

Wenn Statistiker Gewinne berechnen, was beziehen sie dann in ihre Rechnung ein? Dieses Thema wurde ausführlich in Kapitel 6 (Band 1) (im Zusammenhang mit der volkswirtschaftlichen Gesamtrechnung) und im Anhang zu Kapitel 20 (im Zusammenhang mit der Unternehmensbilanz) behandelt; dennoch wollen wir die Definition an dieser Stelle wiederholen.

Der Gewinn ist definiert als die Differenz zwischen den Gesamterlösen eines Unternehmens (oder einer Volkswirtschaft) und seinen Gesamtkosten. Deshalb beginnt man die Berechnung mit dem Gesamtumsatz. Von diesem werden sämtliche Unkosten (Löhne, Gehälter, Renten, Roh- und Brennstoffkosten, Zinsen, Verbrauchssteuern und dergleichen) abgezogen. Der verbleibende Betrag stellt die als *Gewinn* bezeichnete Residualgröße dar.

Die in der volkswirtschaftlichen Gesamtrechnung ausgewiesenen Gewinne sind beschränkt auf die Gewinne von Kapitalgesellschaften. 1983 beliefen diese sich vor Steuerabzug auf 225 Milliarden Dollar (nach einer gewissen Bereinigung zur Berücksichtigung von Preisänderungen und Abschreibungen). Die Unternehmen zahlten Steuern in Höhe von 76 Milliarden und schütteten Dividenden in Höhe von 73 Milliarden aus; der Rest verblieb bei ihnen. (Für bestimmte Zwecke werden unter Umständen in die Gewinne auch die Einkommen von Unternehmen ohne Rechtspersönlichkeit einbezogen; dies geschieht jedoch nicht bei der offiziellen volkswirtschaftlichen Gesamtrechnung.)

Die Gewinne von Kapitalgesellschaften nach Steuerabzug liegen in den Marktwirtschaften der 80er Jahre deutlich unter 8 Prozent des BSP. Der *Real*ertrag des Unternehmenskapitals (definiert als Gewinne dividiert durch die Kosten der Kapitalgüter) lag während der vergangenen 15 Jahre in den Vereinigten Staaten durchschnittlich etwa bei 8 Prozent im Jahr. Beachten Sie, daß dieser durchschnittliche Ertrag deutlich über dem Realzins erstklassiger Anlagen liegt, wie aus Abbildung 30.3 ersichtlich. Warum ist die Gewinnquote so hoch? Oder ist sie gar nicht als hoch zu bezeichnen? Mit dieser Frage wollen wir uns im folgenden beschäftigen.

Die Bestimmungsfaktoren des Gewinns

Wodurch wird die Höhe der Gewinne bestimmt? Die nachfolgende Zusammenstellung führt einige der im Laufe der Zeit gegebenen Erklärungen auf.

1. Der Gewinn als kalkulatorischer Ertrag

Für den Ökonomen ist der Gewinn ein aus verschiedenen Elementen bunt zusammengewürfeltes Gemisch. Offensichtlich stellt ein Teil des ausgewiesenen Gewinns nichts anderes als einen Ertrag des Unternehmers für seine eigene Arbeitsleistung oder die von ihm investierten Eigenmittel dar, das heißt für die von ihm selbst bereitgestellten Produktionsfaktoren.

So ist beispielsweise ein Teil des Gewinnes ein Ertrag des persönlichen Einsatzes der Eigentümer des Unternehmens – des Arztes oder Rechtsanwaltes, der in einem kleinen Unternehmen mit eigener Rechtspersönlichkeit tätig ist. Ein Teil ist ein Rentenertrag der aus dem eigenen Besitz stammenden natürlichen Ressourcen. In großen Kapitalgesellschaften stellt der größte Teil der Gewinne einen »kalkulatorischen« Ertrag des investierten Kapitals dar. (Erinnern Sie sich an die Behandlung der kalkulatorischen Kosten und Alternativkosten in Kapitel 21, S. 69 ff.)

- **Ein Teil dessen, was gemeinhin als Gewinn bezeichnet wird, ist im Grunde nichts anderes als ein Ertrag, eine Rente oder ein Lohn unter einem anderen Namen. Für diese Einkommen von Faktoren, die das Unternehmen selbst einbringt, haben die Ökonomen die Bezeichnung *kalkulatorischer* Ertrag, *kalkulatorische* Rente und *kalkulatorischer* Lohn geprägt.**

2. Der Gewinn als Entlohnung der Risikobereitschaft

Läge die Zukunft wie ein offenes Buch vor uns, hätte kein begabter junger Mensch die Möglichkeit, mit einer revolutionären Innovation aufzutreten. Alles wäre bereits bekannt. Vor 50 Jahren erklärte der Chikagoer Wirtschaftswissenschaftler Frank Knight, daß *alle echten Gewinne an den Faktor der Unsicherheit oder der unvollkommenen Information geknüpft seien.* Anders ausgedrückt: Nach Abzug der kalkulatorischen Erträge – des reinen Zinses für das eingesetzte Kapital, des kalkulatorischen Lohnes für die Managerleistung usw. – stellt der verbleibende Betrag einen Ertrag der Bereitschaft zur Übernahme eines Risikos dar.

Das Konkursrisiko

Im Zusammenhang mit dieser Theorie führen moderne Ökonomen speziell drei Risikoarten an, die zu Gewinnen führen. Die erste Art des gewinnbringenden Risikos ist das *Konkursrisiko.* Da die Möglichkeit besteht, daß ein Unternehmen scheitert – und dies gilt sogar für die ganz Großen wie die Continental Illinois Bank, die Eastern Airlines oder die Chrysler Corporation –, muß in dem Betrag des investierten Kapitals eine Konkursprämie enthalten sein. Diese Konkursprämie sollte den Ertrag des Kapitals so stark erhöhen, daß sie das Risiko des Bankrotts eines Unternehmens abdeckt.

Die Risikobereitschaft

Eine zweite, mit einem Ertrag verknüpfte Quelle des Risikos ist das *reine* oder statistische *Risiko.* Ein Unternehmen kann gute und schlechte Jahre erleben, genauso wie ein Farmer mit gutem oder schlechtem Wetter rechnen muß. Anders ausgedrückt: Obgleich zwei Unternehmen über Jahre hinweg die gleichen durchschnittlichen Nettoerlöse erzielen mögen, können sich bei dem einen die Einnahmen als außerordentlich unbeständig erweisen (wie in der Stahl- oder Automobilindustrie), beim anderen als sehr stabil (wie im Fernsprechwesen oder bei Getränkeunternehmen). Investoren scheuen das Risiko. Wenn sie sich gegen ihre Risiken nicht versichern oder diese nicht streuen können, *verlangen Investoren zur Überwindung ihrer Abneigung gegen Risiken einen um eine Risikoprämie erhöhten Ertrag.*

In welchem Verhältnis steht dies zum Gewinn? Zunächst einmal sind die Gewinne die unbeständigste Komponente des Volkseinkommens. Tatsächlich hatten die

Gewinne während der Weltwirtschaftskrise einen negativen Wert. Darüber hinaus gibt es keine Möglichkeit zum Abschluß einer Versicherung, die die Risiken abdeckt, die mit dem Besitz eines aus den Aktien mehrerer Kapitalgesellschaften bestehenden Wertpapierportefeuilles einhergehen und sich nicht streuen lassen. Deshalb enthalten Erträge aus Anlagen in Unternehmenskapital eine erhebliche Risikoprämie.

Wie hoch ist diese Risikoprämie? Das läßt sich nicht mit Sicherheit sagen, und wahrscheinlich wird diese Prämie im Laufe der Zeit auch Schwankungen unterliegen. Jüngeren Untersuchungen zufolge liegt die Prämie für die Bereitschaft zur Übernahme von Risiken zwischen 3 und 6 Prozent der Ertragsrente des Unternehmenskapitals.

Innovationen

Eine dritte Form des Risikos, die den Gewinn erhöht, ist die *Entlohnung für Innovationen und unternehmerisches Handeln*. Wenn wir von den ermittelten Gewinnen den kalkulatorischen Ertrag für den Einsatz der Arbeitsleistung des Unternehmens sowie von Kapital und Boden, außerdem eine Risikoprämie und schließlich auch noch die geschätzte Entlohnung der Risikobereitschaft abziehen, bleibt dann überhaupt noch etwas übrig?

In einer Welt des vollkommenen Wettbewerbs, in der es keine wirtschaftliche Weiterentwicklung gäbe, würden tatsächlich weitere Gewinne verbleiben. Wir wollen den Grund dafür untersuchen.

Die Unternehmen würden der Presse nach wie vor gewisse Gewinnziffern mitteilen. Aber unter diesen Bedingungen des idealen Gleichgewichts würden die kalkulatorischen Erträge der Arbeitsleistung des Unternehmers und des von ihm eingebrachten Vermögens zusammen mit der Entlohnung der Risikobereitschaft die ausgewiesenen Gewinne völlig aufzehren. Warum? Weil die Eigentümer für ihre Produktionsfaktoren und das eingegangene Risiko genau in der Höhe entlohnt würden, die dem Wert ihrer Leistungen auf den Konkurrenzmärkten entspräche.

Anders ausgedrückt: Der freie Zugang vieler Konkurrenten zu den Märkten würde in einer statischen Welt mit vollkommener Transparenz die Preise auf das Niveau der Kosten herabdrücken. In einer solchen Welt wären die einzigen erzielbaren Gewinne die Wettbewerbslöhne, -zinserträge, -renten und -risikoprämien.

Aber wir leben nicht in einer solchen Traumwelt. In der Welt, in der wir leben, besteht die Möglichkeit, daß irgend jemand mit einer brandneuen Idee auftritt und ein revolutionäres Medikament, einen revolutionären Computer oder eine revolutionäre Software entwickelt – ein neues Produkt auf eine neue Weise an den Mann zu bringen versteht oder eine Möglichkeit zur Senkung der Kosten eines alten Produkts entdeckt.

Wir wollen jemanden, der derartige Dinge zuwege bringt, als *Innovator* oder *Unternehmer* bezeichnen; *Innovationsgewinne* stellen deshalb *den vorübergehenden, von Innovatoren und Unternehmern erzielten Ertragsüberschuß* dar.

Nicht verwechselt werden dürfen der Innovator und der Manager. Es gibt riesige Kapitalgesellschaften, die von Managern geleitet werden, denen weniger als 1 Prozent des Stammkapitals gehört. Die besondere Fähigkeit dieser Manager besteht darin, das Wirtschaftsgetriebe in Gang zu halten. Genauso wie andere

Produktionsfaktoren bewegen sie sich in solchen Einsatzbereichen, in denen sie die höchsten Löhne erzielen.

Innovatoren sind etwas anderes. Sie sind zunehmend bemüht, sich neuen Dingen zuzuwenden. Weitblick, Originalität und Wagemut sind ihre besonderen Merkmale. Obgleich der Innovator nicht der Wissenschaftler ist, der neue Verfahren entwickelt, ist er doch der Mann, der diese erfolgreich in die Wirtschaftspraxis umsetzt. Maxwell entwickelte die wissenschaftliche Theorie der Radiowellen, Hertz wies sie empirisch nach, aber es waren Marconi und Sarnoff, die sie wirtschaftlich rentabel machten. Carlson erfand die Xerographie, verdiente dabei selbst ein Vermögen und stellte ein großes Unternehmen auf die Beine – Xerox. Auch de Forest, der Erfinder der Dreielektrodenröhre, versuchte aus seiner Erfindung kommerziellen Nutzen zu schlagen. Dennoch verursachte er mehrere Pleiten und zog oft noch viele blauäugige Investoren mit in den Konkurs. Viele machen einen Versuch, aber nur wenige haben Erfolg.

■ **Wann immer sich eine Innovation durchsetzt, schafft sie ein vorübergehendes Monopol. Eine kurze Zeit lang werden Innovationsgewinne erzielt. Diese Gewinne sind vorübergehender Natur; ihr rasches Ende wird durch die Konkurrenz von Rivalen und Nachahmern herbeigeführt. Aber gerade in dem Augenblick, in dem eine Quelle von Innovationsgewinnen versiegt, tut sich eine andere auf. Deshalb wird es immer derartige Innovationsgewinne geben.**

3. *Der Gewinn als Monopolertrag*

Der Innovationsgewinn liegt im Grenzbereich zu unserer letzten Gewinnkategorie. Viele Menschen stehen dem Gewinn kritisch bis ablehnend gegenüber. Die Kritiker des Gewinns sehen in ihm nicht den kalkulatorischen Ertrag für die Bereitschaft zur Übernahme von Risiken auf Wettbewerbsmärkten. Ihre Vorstellung vom Profitmacher gleicht eher der eines Burschen, der einen Hang zu krummen Rechenkünsten hat und irgendwie die übrige Gesellschaft ausbeutet.

Vermutlich haben diese Kritiker eine dritte, völlig andere Bedeutung des Gewinnes im Sinn: den *Gewinn als Monopolertrag*.

Ein Unternehmen kann über eine beträchtliche Machtposition am Markt verfügen. Sind Sie der einzige Inhaber eines wichtigen Patents, lohnt es sich, dafür einen Preis zu verlangen, der die Nutzung dieses Patents beschränkt. Ist das Publikum von Ihrer Stimme hingerissen wie von keiner anderen, werden Sie daran denken müssen, daß der Preis, den Ihre Abnehmer für Ihren Gesang zahlen, um so weiter fallen wird, je mehr Sie singen. Zeigt die Nachfrage nach Ihrem Computer eine sinkende Tendenz, können Sie durch die Verminderung Ihres Angebots zusätzlichen Gewinn erzielen.

Was bedeutet dies alles letztlich? Es bedeutet, daß Sie, *sobald eine Situation erheblich von der des vollkommenen Wettbewerbs abweicht, erkennen, daß Sie Ihren Gewinn oder Ihr Einkommen steigern können, wenn Sie Ihr Angebot beschränken.*

Deshalb beinhaltet die Auffassung vom Gewinn als einem Monopolertrag folgendes: Ein Teil dessen, was als Gewinn bezeichnet wird, ist ein aus einer starken Marktposition oder aus einer Monopolposition resultierender Ertrag. Wird durch wirtschaftliche Kontrollmaßnahmen die Zahl der Fernspediteure beschränkt, können Unternehmen, die Güter von Atlanta nach Mobile transportieren, künstlich hochgehaltene Monopolgewinne auf dieser Strecke erzielen. Handelt es sich bei dem künstlich herbeigeführten Monopol um ein Patent für ein wertvolles Verfahren, kann der Monopolertrag in Form eines Gewinnes desjenigen Unternehmens auftreten, das dieses Patent besitzt. In jedem Fall stellen die Gewinne einen Ertragsüberschuß dar, den irgend jemand aufgrund seiner Marktmacht erhält.

Schwimmen die Unternehmen im Geld?

Diese knappe Übersicht über unterschiedliche Theorien läßt viele Quellen für die Entstehung von Gewinnen erkennen. Welche ist die bedeutendste? Darauf gibt es keine endgültige Antwort. Aber angesichts der Vielzahl von Quellen, aus denen Unternehmen in einer modernen Volkswirtschaft Gewinne schöpfen können – den kalkulatorischen Erträgen, den Konkurs-, Risiko- und Innovationsprämien, den Monopolerträgen –, würden wir erwarten, daß die amerikanischen Unternehmen im Geld schwimmen.

Dies ist überraschenderweise nicht der Fall. Während der vergangenen 15 Jahre brachten Investitionen den Kapitalgesellschaften nur eine recht bescheidene Ertragsrate – real nur etwa 8 Prozent. Und während der letzten 10 Jahre lag das Verhältnis des Marktwertes von Unternehmen (das heißt des Wertes ihrer Aktien und Obligationen) zu dem Wert ihres Bodens, ihrer Anlagen und Ausrüstung (dem sogenannten »Tobin's Q«) deutlich unter 1. 1981 beispielsweise ließen sich materielle Vermögensteile von Unternehmen im Wert von 100 Dollar an den Aktien- und Rentenmärkten für nur 70 Dollar verkaufen.

Diese geringe Rentabilität der Unternehmen ist vielen Beobachtern ein Rätsel. Sie deutet jedoch darauf hin, daß einige der Argumente hinsichtlich der ungeheuren Monopolmacht großer Gesellschaften überzogen sind, und daß der Wettbewerb unter amerikanischen Unternehmen eine nicht zu unterschätzende Kraft ist.

Die nächsten Schritte

Mit dieser Darstellung des Kapitalertrages ist unsere Behandlung der Preisbildung der Produktionsfaktoren abgeschlossen. Wir können nunmehr zu Teil VII übergehen, in dem viele der Themen des vorliegenden Teiles nochmals aufgegriffen werden. Darüber hinaus werden wir im anschließenden Teil die großen ordnungspolitischen Fragen eines Wirtschaftssystems gegeneinander abwägen: Welche Wechselwirkungen bestehen zwischen den Preisen und Mengen aller Märkte, und wie schlagen sie sich in einem allgemeinen Marktgleichgewicht nieder? Welche Interventionsmöglichkeiten hat der Staat, wenn er auf die Ressourcenallokation Einfluß nehmen will? Welche möglichen Konflikte bestehen zwischen der Gerechtigkeit und der Effizienz? Welche alternativen Wirtschaftstheorien oder -systeme gibt es, und wie sehen sie im Vergleich zu dem modernen, mischwirtschaftlich geprägten Kapitalismus aus?

Zusammenfassung

1. Blättern Sie zurück und sehen Sie sich nochmals die unter der Überschrift »Wiederholung« auf S. 362 angeführten entscheidenden Definitionen an.

2. Wir können die Primärfaktoren Boden und Arbeit auf indirekte Weise auf dem Wege über intermediäre Produktionsfaktoren, die sogenannten Kapitalgüter, zum Einsatz bringen. Es ist ein technologisches Faktum, daß dieser »Produktionsumweg« zu einer positiven Ertragsrate führt, wobei diese dem üblichen Gesetz des abnehmenden Ertragszuwachses unterliegt.

3. Vermögenswerte sind die Quelle zukünftiger Einkommensströme. Durch Berechnung des Gegenwartswertes können wir diese Ertragsströme in einen einzigen zum heutigen Zeitpunkt gültigen Wert umwandeln. Das geschieht in der Weise, daß man sich die Frage vorlegt, welcher heute eingesetzte Dollarbetrag die zukünftigen Ertragsströme hervorbringen würde, wenn dieser zum heutigen Marktzins investiert wird.

4. Der Zins ist ein Instrument, das zwei Funktionen in der Volkswirtschaft erfüllt. Er schafft für den einzelnen einen Anreiz zum Sparen und zur Vermögensbildung – für das Alter, für schlechte Zeiten, für die Erben. Aber der Zinssatz ist auch ein der Rationierung dienendes Instrument; er läßt die Gesellschaft nur jene Investitionsprojekte auswählen, die die höchsten Ertragsraten abwerfen. Allerdings werden die Kapitalertragsrate sowie der Zinssatz mit wachsender Kapitalakkumulation und unter der Einwirkung des Gesetzes des abnehmenden Ertragszuwachses infolge des Wettbewerbs immer weiter herabgedrückt. Die sinkenden Zinssätze sind ein Signal für die Gesellschaft, auch Projekte mit geringeren Ertragsraten in Angriff zu nehmen.

5. Die Spartätigkeit im Sinne des Verzichts auf gegenwärtigen Konsum und des Wartens auf zukünftigen Konsum steht in einer Wechselbeziehung zu der technologisch bedingten Nettoproduktivität des Kapitals und bestimmt die Zinssätze, die Kapitalertragsrate und die Kapitalbildung. Deshalb können wir in einer vereinfachten klassischen Welt der Vollbeschäftigung mit einem einzigen homogenen und mobilen Kapitalgut sehen, wie die Zinssätze und die Kapitalertragsrate bestimmt werden. Das Kapitalangebot kommt von seiten der Haushalte, die bereit sind, auf heutigen Konsum zugunsten eines größeren morgigen Konsums zu verzichten. Die Nachfrage nach Kapital kommt von seiten der Unternehmen, bei denen eine Vielfalt von Investitionsprojekten ansteht. Im langfristigen Gleichgewicht wird der Zinssatz deshalb durch die Nettoproduktivität des Kapitals bestimmt sowie durch die Bereitschaft der Haushalte, den gegenwärtigen Konsum zugunsten des zukünftigen Konsums zurückzustellen.

6. Folgende Aspekte machen wesentliche Einschränkungen der klassischen Kapitaltheorie erforderlich: Unvollkommene Transparenz des Marktgeschehens macht den Kapitalertrag infolge sich wandelnder Erwartungen, Technologien und Einkommen zu einem unbeständigen Faktor. Auch übersieht die klassische Theorie Abweichungen von einem unter Vollbeschäftigungsbedingungen erstellten Sozialprodukt. Schließlich muß man zur Ermittlung des Realzinses die Inflationsrate vom Nominalzins abziehen.

7. Gewinne sind Erlöse abzüglich Kosten. Bei den ausgewiesenen Gewinnen handelt es sich vorwiegend um die Erträge von Kapitalgesellschaften. Wirtschaftlich betrachtet müssen wir drei verschiedene Gewinnkategorien unterscheiden.

Vielleicht am wichtigsten ist die Auffassung vom Gewinn als einem kalkulatorischen Ertrag. Im allgemeinen befinden sich mit Ausnahme des Faktors Arbeit viele andere Produktionsfaktoren – wie Boden, Kapital oder Patente – im Besitz der Unternehmen. In diesen Fällen machen die kalkulatorischen Erträge des nicht entlohnten oder im eigenen Besitz befindlichen Bodens, der Arbeit oder des Kapitals einen Teil des Gewinnes aus.

8. Die Ungewißheit ist ein allgegenwärtiges Phänomen im Wirtschaftsleben. Der Gewinn enthält drei verschiedene Arten der Entlohnung, die durch die Ungewißheit bedingt sind.

(a) Wie hoch der Investitionsertrag sein wird, ist ungewiß. Ein Teil des Ertrages stellt deshalb einfach einen Gewinn wirtschaftlicher Schönwetterperioden dar, der als Ausgleich für Verluste in wirtschaftlichen Schlechtwetterperioden, das heißt in Zeiten mit Firmenzusammenbrüchen und Wirtschaftskrisen, anzusehen ist. Es handelt sich um einen zusätzlichen Ertrag zur Abdeckung des Konkursrisikos.

(b) Darüber hinaus lassen sich einige unternehmerische Risiken nicht streuen oder durch Versicherung abdecken. Die Eigentümer eines Unternehmens scheuen aber das Risiko – deshalb muß man sie durch Risikoprämien entschädigen, um sie dazu zu bewegen, in solche riskanten Investitionen einzusteigen. Dieses zweite Gewinnelement stellt deshalb einen Ertrag der Risikobereitschaft dar.

(c) Schließlich erzielen Unternehmer in einer Welt unablässiger Neuerungen Gewinne oder hohe vorübergehende Erträge aus Innovationen.

9. Gewinne können auch aus der Marktmacht von Unternehmen herrühren – aus ihren Patenten, ihrer Vorzugsstellung oder anderen Arten von Monopolpositionen.

Begriffe zur Wiederholung

Kapital, Geldmittel

Kapitalertragsrate, Zinssatz

indirekte, umwegige Produktionsmethoden und abnehmende Erträge

Berechnung des Gegenwartswertes durch $W = N\,\text{Dollar}/Z$

kalkulatorischer Faktorertrag als Teil des Gewinnes

Ungewißheit und Gewinn: Konkursrisiko, Ertrag der Risikobereitschaft, Innovation

die beiden Elemente der Zinsbestimmung: Erträge aufgrund des Produktionsumweges und der Ungeduld

Realzins und Nominalzins

Fragen zur Diskussion

1. Führen Sie einige Beispiele für effiziente Produktionsumwege an wie auch für »produzierte« oder »intermediäre« Outputs, die ihrerseits als Inputs dienen.

2. Stellen Sie einander drei »Preise« des Kapitals gegenüber: (a) Nutzungsentgelt eines Kapitalgutes, (b) Ertragsrate eines Kapitalgutes und (c) Zinssatz.

3. Definieren Sie den Begriff der »kalkulatorischen« Faktorerträge. Stellen Sie diesen anderen Gewinnbegriffen gegenüber.

4. Sehen Sie sich jede der folgenden Quellen ausgewiesener Gewinne an und entscheiden Sie, in welche der drei Gewinnkategorien (oder Subkategorien) jede einzelne fällt:
(a) der Gewinn eines privatwirtschaftlich organisierten Ärztezentrums in einem wettbewerbsbestimmten Wirtschaftszweig;
(b) die Gewinne eines Unternehmens, dessen Investitionskapital verhältnismäßig gering ist, das aber starken konjunkturellen Schwankungen ausgesetzt ist;
(c) ein Unternehmen, das mit einem neuen Videospiel 100000 Dollar verdient, dessen Konkurrenten jedoch wahrscheinlich in den Markt eindringen und die Gewinne zunichte machen werden;
(d) der Gewinn eines landwirtschaftlichen Betriebes, der erstklassiges Weinanbaugelände in Kalifornien besitzt.

5. Versuchen Sie noch einmal mit Blick auf die Abbildungen 30.1 und 30.2 den Weg nachzuvollziehen, auf dem sich die Bewegung der Volkswirtschaft von einem kurzfristigen Gleichgewichtszins von 10 Prozent im Jahr zu einem langfristigen Gleichgewichtszins vollzog. Erklären Sie dann, was sowohl langfristig wie kurzfristig geschehen würde, wenn Innovationen die Kapitalnachfragekurve nach *oben* verlagerten. Was geschähe, wenn die öffentliche Schuld sehr stark anwachsen würde und ein Teil des akkumulierten Kapitals umdirigiert und in den Erwerb von Staatspapieren fließen würde?

6. Erklären Sie die Regel für die Berechnung des abgezinsten Gegenwartswertes eines permanenten Einkommensstromes. Wie hoch ist der Wert einer unbefristeten Rentenanlage, die bei einem Zinssatz von 5 Prozent jährlich 100 Dollar abwirft? Die 200 Dollar abwirft? Die N Dollar im Jahr abwirft? Wie hoch ist der Wert einer jährlich 100 Dollar abwerfenden Rentenanlage bei einem Zins von 6 oder 8 Prozent? Was bedeutet eine Verdoppelung des Zinssatzes für den kapitalisierten Wert einer solchen Rentenanlage – beispielsweise eines Rentenpapieres mit unbefristeter Laufzeit?

Anhang zu Kapitel 30

Theoretische Aspekte des Zinses und des Kapitalertrages

An dieser Stelle sollen ganz kurz einige erweiterte Aspekte sowie Einschränkungen zu den Darstellungen dieses Kapitels zur Sprache gebracht werden.

Produktivität oder Ungeduld?

Es gibt Leute, die für alles gern nach einer einzigen Ursache suchen, und sie stellen die Frage: Ist der Zins auf die Produktivität des Kapitals zurückzuführen? Oder auf die Tatsache, daß man die Sparer für den wenig angenehmen »Verzicht« oder das »Warten« entschädigen muß? Was ist wichtiger – die Investitionsgelegenheit oder die Ungeduld, Geld ausgeben zu wollen?

Unsere vorausgegangene Darstellung zeigt, daß es sich hier um ein falsches Entweder-Oder handelt. *Beide* Faktoren spielen bei der Bestimmung des Zinses im Zeitablauf eine Rolle: Die Ungeduld des sofortigen Konsums beziehungsweise die Neigung, der Gegenwart den Vorzug vor der Zukunft zu geben, setzt der Kapitalakkumulation Grenzen; und der Produktivitätsfaktor sagt uns, wie hoch der Zins oder die Nettoproduktivität ist, die wir im Falle des Besitzes unterschiedlicher Mengen der verschiedensten Kapitalgüter erzielen können.

Genauso wie beide Schneiden einer Schere nötig sind – und Sie nicht sagen können, daß die eine Schneide und nicht die andere den Vorgang des Schneidens besorgt –, so bestimmen beide Faktoren, die Ungeduld wie die Produktivität, gemeinsam das Verhalten des Zinssatzes.

Die Bestimmung des Zinssatzes

Kann unsere Darstellung der Bestimmung des Zinssatzes ohne den in den Abbildungen 30.1 und 30.2 zugrunde gelegten, vereinfachenden Begriff eines Bestandes an homogenem Kapital auskommen? Ja.

Wir können beispielsweise mit zahlreichen unterschiedlichen materiellen Kapitalgütern und Produktionsverfahren arbeiten; dabei können wir aufpassen, daß wir die heterogenen Einheiten niemals in einen Topf werfen, berücksichtigen, daß die Summe ihrer Gegenwartswerte von dem Marktzins abhängt, und immer daran denken, daß es Maschinen und nicht Dollarbatzen sind, die in die Produktionsfunktion eingehen. In Darstellungen für Fortgeschrittene läßt sich mit aller notwendigen Strenge nachweisen, daß sich für eine solche heterogene Welt eine Zins-Gleichgewichtsstruktur definieren läßt.

Dies ist zweifellos nicht der Ort für solche diffizilen Darstellungen. Dennoch ist die Beschreibung einer Theorie des Gleichgewichtszinses wünschenswert, die ohne die der Abbildung 30.1 zugrundeliegende Annahme der Homogenität des Kapitals auskommt.

Der Schlüssel zum Verständnis der tiefergehenden Zinstheorie liegt in dem *Fi-*

*scher*schen Diagramm der Abbildung 30A.1. Darin beginnen wir mit einer Grenze der Produktionsmöglichkeiten, die erkennen läßt, auf welche Weise gegenwärtiger Konsum in zukünftigen Konsum transformiert werden kann (dargestellt durch die nach links gekrümmte Kurve der Abbildung 30A.1). Ebenso nehmen wir in das Diagramm eine Reihe von Indifferenzkurven auf nach der Art, wie sie in Kapitel 19 beschrieben wurden. Diese Indifferenzkurven spiegeln den Konflikt wider, den die Ungeduld auslöst – sie zeigen, wie die Gesellschaft oder ihre repräsentativen Mitglieder heutigen Konsum gegen morgigen Konsum eintauschen können.

In dieser vollständigeren Analyse wird der Gleichgewichtszins durch den Gleichgewichtspunkt in E der Abbildung 30A.1 wiedergegeben. In diesem Punkt bildet die höchste Indifferenzkurve eine an die Grenze der Produktionsmöglichkeiten anliegende Tangente. Die Steigung beider Kurven im Punkt E (die anstelle eines negativen ein positives Vorzeichen hat) stellt dar, wie viele zukünftige Güter gleich wie vielen Konsumgütern in der Gegenwart sind – nämlich $(1 + r)$, wobei r gleich dem Realzins ist. So sieht also eine vollständigere Theorie der Zinsbestimmung aus. Aber beachten Sie auch, daß wir dabei überhaupt nicht auf Kapitalgüter oder die Mobilität von Faktoren oder die Homogenität des Kapitals einzugehen brauchten. Wir brauchen lediglich die PM-Grenze und die Indifferenzkurven, um den Marktzins herzuleiten.

Auf diese Weise gelangen wir zu folgendem grundlegenden Lehrsatz der Zinstheorie:

■ **Die Gesellschaft kann gegenwärtige Konsumgüter gegen zukünftige Konsumgüter eintauschen, und zwar in einem durch den Realzins dargestellten alternativen Verhältnis.**

Aus Abbildung 30A.1 geht ein weiterer interessanter Aspekt hervor. Beachten Sie, daß die Steigung in E nicht größer als 1 zu sein braucht. Sie könnte vergleichsweise flach sein. Da die Neigung aber gleich $(1 + r)$ ist – wobei r den Realzins darstellt –, *wäre der Realzins*, wenn sich der Tangentialpunkt an einer Stelle einfände, bei der die Steigung kleiner als 1 wäre, *negativ*. Zu einem solchen Ergebnis würden wir gelangen, wenn das Verhalten der Wirtschaftssubjekte durch große Ungeduld gekennzeichnet wäre oder wenn die PM-Grenze erkennen ließe, daß der Verzicht auf gegenwärtigen Konsum zu keinem Nettoertrag führen würde.

Erweiterte Darstellung des Gegenwartswertes

An dieser Stelle können wir von dem einfachen, auf Seite 360 behandelten Fall eines unbefristeten Renteneinkommens zu dem allgemeinen Fall übergehen. Unter der Voraussetzung absoluter Gewißheit können Sie zu dem einzigen unter Wettbewerbsbedingungen gebildeten Marktzins so viel Geldmittel borgen oder verleihen, wie Sie wollen. Dieser eine einzige Marktzins ist abhängig von der Frage, wie hoch oder niedrig aufgrund der Gebote der Konkurrenten der Marktpreis jedes beliebigen Anlagewertes ist – gleichgültig ob es sich um ein Rentenpapier, eine Aktie, ein Patent, ein Eckgrundstück oder irgendein anderes einen Einkommensstrom erzeugendes Gut handelt.

Fischersches Zinsdiagramm

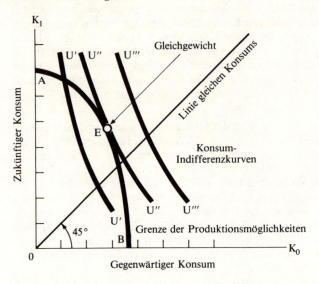

Abbildung 30A.1. Die Wechselwirkung zwischen Ungeduld und Technologie und ihre Auswirkung auf den Zinssatz.
Graphische Darstellung der Auswirkungen des Zusammenspiels zwischen Spartätigkeit und Technologie auf den Zinssatz. Die drei Indifferenzkurven stellen den Grad der Ungeduld des repräsentativen Bürgers oder der Gesellschaft hinsichtlich ihres zukünftigen Konsums dar. Die nach links gekrümmte Kurve der Produktionsmöglichkeiten zeigt, wie die Wirtschaft heutigen Konsum in morgigen Konsum transformieren kann. Ein Maximum an Befriedigung wird in dem durch den Tangentialpunkt E dargestellten Gleichgewicht erreicht. Die Steigung der beiden Kurven in E ist gleich minus $(1 + r)$, wobei r gleich dem Realzins oder dem Ertrag in Form von zukünftigen Konsumgütern als Folge des Verzichts auf gegenwärtige Konsumgüter ist.

Wie lautet die Formel für den Gegenwartswert eines Anlagegutes genau?

Unter der Voraussetzung absoluter Gewißheit wird der Preis jedes Anlagegutes durch die Preisgebote von Käufern und Verkäufern am Markt zum Gegenwartswert seiner sämtlichen zukünftigen Nettoerträge bewertet. Diese Dollareinnahmen können nicht einfach aufaddiert werden ohne Rücksicht auf den Zeitpunkt, zu dem sie bezogen werden. Je weiter ein Dollarertrag in der Zukunft liegt, desto geringer ist sein Wert heute. Warum?

Weil ein positiver Marktzins bedeutet, daß alle zukünftigen Zahlungen abgezinst werden müssen. Ein in großer Entfernung gelegenes Gebäude sieht aus perspektivischen Gründen winzig aus. Der Zinssatz löst einen ähnlichen Schrumpfungseffekt der zeitlichen Perspektive aus. Selbst wenn ich wüßte, daß Sie in 999 Jahren meinen Erben 1 Million Dollar zahlen würden, wäre ich dumm, wenn ich Ihnen dafür heute auch nur einen einzigen Cent vorschießen würde. Um das zu erkennen, wollen wir uns die Mathematik des Abzinsungsvorganges ansehen.

Bei einem Zinssatz von 6 Prozent kann ich heute 94 Cent beiseite legen, die nach einem Jahr auf 1 Dollar angewachsen sind. Folglich beträgt der Gegenwartswert eines in einem Jahr zahlbaren Dollars heute nur 94 Cents (beziehungsweise, um

Kapitalisierung eines Anlagewertes

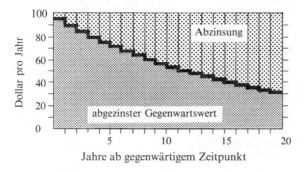

Abbildung 30A.2.
Der Gegenwartswert einer Maschine, die 20 Jahre lang jährliche Nettoerträge von 100 Dollar abwirft (bei einem vorgegebenen Zinssatz von 6 Prozent) wird durch die untere Fläche dargestellt. Die obere Fläche ist durch Abzinsung verlorengegangen. (Zeigen Sie, daß die Erhöhung des Zinssatzes den Marktpreis eines Anlagegutes, wie etwa einer Maschine oder einer Schuldverschreibung, senkt – und zwar dadurch, daß sie die in Abzug gebrachte obere abgezinste Fläche vergrößert.)

genau zu sein, 100/1,06 = 94 36/106 Cents). Der gegenwärtige abgezinste Wert eines in 2 Jahren zahlbaren Dollars beträgt etwa 89 Cents, beziehungsweise 1 Dollar (1,06)². In ähnlicher Weise zeigen Zinseszinstabellen, wie sich Gegenwartswerte berechnen lassen.[6]

Berechnung des Gegenwartswertes: Um den Gegenwartswert irgendeines Anlagegutes zu ermitteln, sollte sichergestellt sein, daß jeder Dollar auf eigenen Füßen steht. Berechnen Sie den Gegenwartswert jedes Teiles des Stromes zukünftiger Einnahmen, und zwar unter Berücksichtigung der von seinem Eingangstermin abhängigen notwendigen Abzinsung. Addieren Sie daraufhin einfach alle einzelnen Gegenwartswerte. Die Summe ergibt dann den »Gegenwartswert« des Anlagegutes, der gelegentlich auch als »kapitalisierter Wert« bezeichnet wird. (Vgl. die allgemeine Formel dafür in der Zusammenfassung des Anhangs.)

Abbildung 30A.2 stellt dies graphisch für eine Maschine dar, die über einen Zeitraum von 20 Jahren hinweg stetige jährliche Erträge von 100 Dollar einbringt und nach Ablauf dieser Frist keinen Schrottwert mehr besitzt. Ihr Gegenwartswert beträgt nicht 2000 Dollar, sondern lediglich 1147 Dollar. Beachten Sie, wie stark aufgrund der Zeitperspektive die später eingehenden Dollars abgezinst beziehungsweise diskontiert werden. Die gesamte nach der Abzinsung ver-

---

[6] Die allgemeine Regel für die Ermittlung des Gegenwartswertes lautet wie folgt: Um den heutigen Wert eines in t Jahren ab jetzt zahlbaren Betrages von 1 Dollar zu errechnen, stellen Sie sich die Frage, wieviel Sie heute zum Zinseszins investieren müssen, damit aus diesem Betrag nach Ablauf von t Jahren 1 Dollar wird. Wir wissen, daß bei einem Zinseszins von 6 Prozent jedes Kapital in t Jahren proportional wächst auf $(1 + 0{,}06)^t$. Folglich brauchen wir diesen Ausdruck nur umzukehren, um die gesuchte Antwort zu erhalten. Der Gegenwartswert von 1 Dollar, zahlbar in t Jahren ab jetzt beläuft sich auf nur 1 Dollar$/(1 + 0{,}06)^t$. Wie sähe die Situation bei einem Zinssatz von 8 Prozent aus? Ersetzen Sie 0,06 durch 0,08.

bleibende untere Fläche gibt den Gesamtgegenwartswert der Maschine wieder – ihren kapitalisierten Wert.[7]

Die Maximierung des Gegenwartswertes

Unsere Formel gibt Auskunft darüber, auf welche Weise wir den Wert irgendeines Anlagegutes in die Bilanz aufnehmen, sobald wir wissen, wie dieses Anlagegut eingesetzt werden wird. Beachten Sie jedoch, daß die zukünftigen Einnahmen eines Anlagegutes in der Regel von unseren unternehmerischen Entscheidungen abhängen:

Sollen wir einen Lastwagen 8 oder 9 Jahre fahren? Soll er einmal im Monat oder einmal im Jahr überholt werden? Sollen wir ihn durch einen billigen, nicht sehr langlebigen oder durch einen teuren, langlebigen ersetzen?

Es gibt eine Zauberformel für die richtigen Antworten auf sämtliche Investitionsentscheidungen:

- **Berechnen Sie den Gegenwartswert, der sich aus jeder möglichen Entscheidung ergibt. Verhalten Sie sich dann immer so, daß Sie den maximalen Gegenwartswert erzielen. Auf die Weise wird Ihr Vermögen immer größer und kann ausgegeben werden, wann immer und wie immer es Ihnen gefällt.**

Zins im Sozialismus?

Unsere ökonomische Analyse läßt eine Denkweise, nach der der Zins ein monetäres Phänomen des ausbeuterischen Kapitalismus ist, als oberflächlich erscheinen. Forscher, die die Planung einer zentralisierten sozialistischen Gesellschaft untersucht haben, sind zu der Erkenntnis gelangt, daß auch eine solche Gesellschaft einen Zinsbegriff in ihre Planungstätigkeit einführen muß. Seit der Vertreibung aus dem Paradies hat jede uns bekannte Gesellschaft sich einem begrenzten Angebot an Kapitalgütern gegenübergesehen. Deshalb steht jede Gesellschaft vor der wichtigen Aufgabe, ihre Investitionsprojekte genau zu sieben und denjenigen Projekten die höchste Priorität einzuräumen, die am ehesten die von der Gesellschaft nachgefragten Dinge liefern. Selbst in Utopia kann man nicht alles auf einmal machen.

---

[7] Können Sie jetzt unsere Rentenformel $W = N$ Dollar/z verifizieren? Auf dem Gymnasium lernen wir, daß die geometrische Reihe folgendermaßen konvergiert:

$$1 + K + K^2 + \ldots = \frac{1}{1 - K}$$

Bei $K = 1/(1 + z)$ können Sie mit geringem Aufwand unsere Formel für den Gegenwartswert eines permanenten Einkommensstroms ermitteln: Schreiben Sie *alle* abgezinsten Werte aus

$$\frac{N \text{ Dollar}}{1 + Z} + \frac{N \text{ Dollar}}{(1 + Z)^2} + \ldots = -N \text{ Dollar} + N \text{ Dollar } 1 + \frac{1}{1 + Z} + \frac{1^2}{1 + Z} + \ldots$$

$$= -N \text{ Dollar} + N \text{ Dollar } 1 - \frac{1}{1 + Z} = \frac{N \text{ Dollar}}{Z}$$

Beachten Sie aber ebenfalls, daß uns auch der gesunde Menschenverstand einen gleichermaßen überzeugenden Beweis liefert: Bei einem Zins von Z bezeichnet N Dollar/z genau die Summe, deren Erträge dem jährlichen Einkommen von N Dollar entsprächen.

Wie sieht nun dieser Prozeß des Aussiebens unter möglichen Projekten aus, der zu eindeutigen Prioritäten führt? Es ist klar, daß man gar keine andere Wahl hat als (1) zu entscheiden, welcher Teil des gegenwärtigen Output in den gegenwärtigen Konsum fließen und nicht für Investitionszwecke verwandt werden soll, und dann (2) die Investitionsmittel auf die lohnendsten Projekte aufzuteilen.

Auf welche Weise kann dies erreicht werden? Ohne Zweifel müssen zunächst die Investitionsprojekte mit der höchsten Ertragsrate in Angriff genommen werden. Nachdem ein großer Teil der Investitionen in diese Projekte geflossen ist und sich aufgrund des abnehmenden Ertragszuwachses das Ertragsergebnis verschlechtert, kann man zu Projekten mit niedrigeren Ertragsraten übergehen.

An irgendeinem Punkt kommt deshalb zwangsläufig so etwas wie ein Zinssatz ins Spiel. Neuere Untersuchungen lassen erkennen, daß die Planer der Sowjetunion darauf bedacht sind, nicht als Apologeten des Kapitalismus hingestellt zu werden; dennoch brauchen sie im Interesse effizienter Investitionsentscheidungen irgendeine Form des Zinses (oder eine »Abzinsungsrate« oder eine »Amortisationsperiode«). In den letzten Jahren haben sowjetische Planer sich immer mehr zu einem Verfahren bekannt, das dem der im Westen üblichen Berechnung des Gegenwartswertes sehr stark entspricht.

Aber die Erhebung eines Zinses oder die Verwendung von Zinssätzen bei Planungsentscheidungen ist nicht das gleiche wie die Zahlung von Zins an Kapitalisten. In einem System einer sozialistischen Marktwirtschaft könnte der Staat einen Zins erheben, um auf diese Weise knappe Kapitalgüter oder Investitionsmittel zu rationieren; aber der Staat könnte entscheiden, daß diese Zinszahlungen bei ihm selbst verbleiben. Deshalb würde in der Praxis keine Klasse oder keine Einzelperson in einer sozialistischen Volkswirtschaft Zinseinkommen beziehen.

Zusammenfassung des Anhangs

1. Der Zinssatz ist abhängig von der Wechselwirkung zwischen den technologischen Investitionsgelegenheiten einerseits (der Möglichkeit, gegenwärtigen Konsum gegen zukünftige Konsumgüter einzutauschen) und den subjektiven Zeitpräferenzen der Bürger andererseits (ihrer Entscheidung darüber, wieviel sie konsumieren und um wieviel sie den aufgrund vergangener Kapitalbildung vorhandenen Kapitalstock vergrößern wollen). Wie auf allen Märkten kommen *sowohl* Angebots- *als auch* Nachfragefaktoren ins Spiel.

2. Selbst wenn wir auf die sehr nützliche Konstruktion der Homogenität des materiellen Kapitalstocks verzichten, können wir dennoch eine vollständige Zinstheorie auf der Basis der Fischerschen Überlegungen entwickeln. Der Realzins ist gleich der Austauschrelation, zu der wir die Konsumgüter des kommenden Jahres gegen die heute aufgegebenen Güter erhalten können – 106 Konzerte im kommenden Jahr für 100 in diesem Jahr veranstaltete Konzerte entsprechen einem Realzinssatz von 6 Prozent.

3. Die Formel für die Berechnung des Gegenwartswertes eines Anlagegutes läßt sich erweitern, wenn die Einnahmen weder konstant sind, noch unbefristet anfallen. Jeder über einen Zeitraum von t Jahren hinweg zahlbare Dollar hat nur den seinem »Gegenwartswert« entsprechenden Wert (W) von 1 Dollar $(1 + Z)^t$.

Deshalb gilt für *jeden beliebigen* Strom von Nettoeinnahmen ($N_1, N_2 \ldots N_t$), wobei N_t gleich dem Dollarwert der Einnahmen in t Jahren der Zukunft ist:

$$W = \frac{N_1}{(1+Z)} + \frac{N_2}{(1+Z)^2} + \ldots \frac{N_t}{(1+Z)^t} + \ldots$$

4. Der Zins ist nicht ein ideologisches Geschöpf des Kapitalismus. Er spiegelt vielmehr die Knappheit des Kapitals wider sowie die Tatsache, daß sich der Produktionsumweg auszahlt. Das legt den Schluß nahe, daß jede Gesellschaft, die bestrebt ist, ihr knappes Kapital in effizienter Weise einzusetzen, sich des Zinses als eines Rationierungsinstrumentes bedienen wird, selbst wenn der Zins nicht in die Hände von Privatpersonen fließt.

Begriffe zur Wiederholung

Konsumverzicht, Ungeduld, Warten

Investitionsgelegenheit

Gegenwartswert

Zins und Planung

Fishersches Diagramm

der Zins als Rationierungsinstrument

Alternative zwischen Konsum in der Gegenwart oder in der Zukunft

Fragen zur Diskussion

1. Nach der Entwicklung der Kernwaffen stieg meine Zeitpräferenz zugunsten von gegenwärtigem gegenüber zukünftigem Konsum. Die Nachricht, daß ich heute in 10 Jahren eine Erbschaft meines Onkels antreten könnte, hatte die gleiche Wirkung. War das vernünftig? Wenn Sie mir für ein Steak heute abend 10 Dollar geben, gebe ich Ihnen dafür am kommenden Montag 15 Dollar wieder. Ist das unvernünftig?

2. Zwei Länder haben die gleiche technologische Produktionsfunktion. Warum könnte sich die Struktur ihrer Nominalzinsen unterscheiden? (Tips: Ungeduld, Ungleichheit in der Vermögensverteilung, Inflation.)

3. Führen Sie Gründe dafür an, warum niedrigere Realzinsen zu einer höheren Investitionsnachfrage führen können.

4. *Preisfrage*: Können Sie zeigen, daß, wenn eine Verdoppelung von Z den Gegenwartswert eines unbefristeten Rentenwertes halbiert, der in Abbildung 30 A.2 gezeigte Einkommensstrom *niedriger* sein wird, als die Hälfte seines Gegenwartswertes? (Tip: Die Rente bildet ein Rechteck, das sich unbegrenzt fortsetzt, wobei die untere Fläche immer kleiner wird. Dem begrenzten Strom der Abbildung 30 A.2 fehlt diese unbegrenzte, abnehmende Fortsetzung nach rechts. Nun verändern sich die Erträge der ersten Jahre in ihrem Wert kaum, denn wenn aus beispielsweise 0,96 allmählich 0,92 werden, stellt dies keine große Änderung

dar. Deshalb ist die durchschnittliche Änderung aller unteren Flächen geringer als die für den Rentenwert als Ganzes.) Leiten Sie anhand ähnlicher Überlegungen die Regel her: Änderungen des Zinssatzes wirken sich am stärksten bei *langfristigen* Anleihen aus; am wenigsten bei *kurzfristigen* Anleihen – bei denen das Kapital bald zurückgezahlt wird, weshalb es kaum der Abzinsung unterliegt.

5. *Preisfrage*: Abbildung 30A.1 zeigt, daß der Realzins unter bestimmten Bedingungen negativ sein kann. (Überlegen Sie nochmals, warum.) Der Nominalzins kann jedoch niemals negativ sein. (Warum nicht? Weil lagerfähiges Bargeld einen Nominalzins von 0 Prozent hat und andere Anlagewerte keine unter dem hundertprozentig sicheren Bargeld liegenden Erträge haben können.) Liegt hierin ein Widerspruch? Liegt die Lösung dieses scheinbaren Widerspruchs in der Inflation?

Teil VII

Gerechtigkeit, Effizienz und die Rolle des Staates

Das allgemeine Gleichgewicht der Märkte 31

Das feine, unsichtbare Netz, das Ihr gesponnen...
T.S. Eliot

Mit den Teilen IV bis VI haben wir unsere Analyse von Angebot und Nachfrage auf Produkt- und Faktormärkten abgeschlossen. Wir haben einen tieferen Einblick in die Wechselwirkungen zwischen der eingesetzten Produktionstechnik einerseits und den Konsumentenwünschen auf einzelnen Märkten andererseits erhalten, die schließlich Millionen unterschiedlicher Preise und Mengen hervorbringen: Renten für den Faktor Boden und Löhne für den Faktor Arbeit; Preise für Stahl und Leder; Endverbraucherpreise für Brot, Autos und Maschinen.

Und wir haben einen ersten Eindruck davon erhalten, auf welche Weise das auf Wettbewerbsmärkten wirksame Prinzip von Zuckerbrot und Peitsche zu jener erstaunlichen Effizienz der *Unsichtbaren Hand* führt.

Im vorliegenden Teil VII werden wir die Marktwirtschaften mit kritischeren Augen betrachten. Das erste Kapitel dieses Teiles beschäftigt sich mit der Verflechtung aller Einzelmärkte untereinander und dem sich daraus für die Gesamtwirtschaft ergebenden, beziehungsweise dem allgemeinen Gleichgewicht. Wir untersuchen die Frage, ob die für die Einzelmärkte geltenden Merkmale der Effizienz auch für die Wirtschaft in ihrer Gesamtheit gelten. Im Anschluß daran betrachten wir aus einem etwas größeren Abstand nochmals die Lehre Adam Smith' von der *Unsichtbaren Hand* in ihrer Anwendung auf eine moderne, interdependente Volkswirtschaft.

An die in diesem Kapitel vorgenommene Wiederholung des allgemeinen Funktionierens von Märkten schließen sich zwei Kapitel über die Rolle der Regierung in einer hochentwickelten Industriegesellschaft an. In diesen beiden Kapiteln analysieren wir den Charakter öffentlicher Entscheidungen beziehungsweise den Prozeß, im Rahmen dessen demokratische Systeme ökonomische Entscheidungen fällen: Wir untersuchen die Struktur des öffentlichen Steuer- und Ausgabenwesens, und wir beschäftigen uns mit den Möglichkeiten der Regierung, externen Effekten oder Spillovers entgegenzuwirken.

In Kapitel 34 erfolgt sodann eine weitergehende Analyse einer potentiellen, entscheidenden Unzulänglichkeit in der Wirkungsweise der *Unsichtbaren Hand* – der modernen Form der Armut. Das Kapitel beschäftigt sich darüber hinaus mit dem

Konflikt zwischen Effizienz und Gerechtigkeit und wirft die Frage auf, wieviel ein Land von seinem Sozialprodukt opfern muß, wenn es die Armut verringern oder völlig beseitigen will.

Das abschließende Kapitel wendet sich dem schwierigsten Thema der Ökonomie zu – den alternativen Wirtschaftssystemen. In diesem Kapitel lassen wir die verschiedensten Auffassungen von dem leistungsfähigsten und gerechtesten Wirtschaftssystem Revue passieren und sehen uns an, wie alternative Wirtschaftssysteme, wie beispielsweise das der Sowjetunion, organisiert sind und was sie zu leisten vermögen.

Dieser Teil wendet sich also den dornenreichsten und umstrittensten Problemen der Mikroökonomie zu: Wie groß sollte die Rolle des Staates sein? Wie gut oder schlecht funktioniert der Markt? Wie stark sollte der Staat die Reichen besteuern, um den Lebensstandard der Armen anzuheben? Bieten der Sozialismus oder der Kommunismus im Vergleich zum Kapitalismus überlegene Formen der Organisation des Wirtschaftslebens an?

Die moderne, positive Wirtschaftswissenschaft kann auf diese immer wiederkehrenden Fragen nicht mit einem knappen, klaren »Ja« oder »Nein« antworten. Dennoch kann sie einen Beitrag zur Klärung der faktischen und analytischen Fragen leisten, die einer Antwort bedürfen, ehe begründete Werturteile einen Ausweg aus diesem immerwährenden politischen Dilemma aufzeigen können.

Das allgemeine Gleichgewicht und die Theorie der Unsichtbaren Hand

Wir wollen uns nochmals die einzelnen Schritte vergegenwärtigen, die uns zum Verständnis des Verhaltens von Einzelmärkten geführt haben:

1. Auf einem Einzelmarkt bestimmen Wettbewerbsangebot und Wettbewerbsnachfrage gemeinsam sowohl den Preis wie die Menge.

2. Hinter den jeweiligen Nachfragekurven stehen die relativen Grenznutzenkurven der Wirtschaftssubjekte.

3. Hinter dem Wettbewerbsangebot stehen die Grenzkosten.

4. Hinter den Gesamtkosten- und den Durchschnittskostenkurven steht die technische Produktionsfunktion, die den Faktor-Output in Beziehung setzt zum Faktor-Input; die Kosten wurden minimiert, wenn das Unternehmen so lange Inputs nachfragt, bis seine Grenzprodukte proportional den Faktorpreisen sind.

5. Diese für alle Unternehmen aufsummierten Grenzprodukte und Grenzerlösprodukte ergeben die abgeleitete Nachfrage nach den Produktionsfaktoren.

6. Die abgeleitete Nachfrage nach Boden, Arbeit oder Kapitalgütern tritt wiederum in Wechselwirkung zu dem Marktangebot und bestimmt die Faktorpreise – etwa die Renten, Löhne, Nutzungszahlungen und so fort.

7. Primäre Faktoren wie Arbeit und Boden werden eingesetzt, um produzierte Kapitalgüter herzustellen, die ihrerseits wiederum in einem umwegigen Produktionsverfahren zur Steigerung des letztlich erstellten Endproduktes eingesetzt werden; weiterhin wirft das Kapital einen Kapitalertrag ab, der zusammen mit der Bereitschaft zum Konsumverzicht der Wirtschaftssubjekte den Realzins bestimmt.

Jede dieser Beziehungen, die das Verhalten eines einzelnen Marktes, Haushaltes oder Unternehmens analysiert, gehört in den Bereich der *Analyse des partiellen Gleichgewichts.*

Das simultane allgemeine Gleichgewicht

Beachten Sie, daß sich in der Aufzählung der sieben Schritte jeder aus dem vorangegangenen ergibt – aus Schritt 1 folgt Schritt 2, der zum Schritt 3 führt –, bis wir schließlich zum Schritt 7 gelangen. In Lehrbüchern folgen sie fast immer in der gleichen Reihenfolge aufeinander.

Aber welcher Schritt steht in der Wirtschaftspraxis an erster Stelle? Läßt sich hier irgendeine Ordnung und eine Reihenfolge erkennen, nach der die Preise auf Einzelmärkten am Montag bestimmt werden, die Konsumenten am Dienstag ihre Präferenzen festlegen, die Unternehmen am Mittwoch ihre Kosten und am Donnerstag ihre Grenzprodukte berechnen? Natürlich nicht. Alle diese Prozesse laufen gleichzeitig ab.

Doch das ist noch nicht alles. Diese verschiedenen Prozesse laufen nicht unabhängig voneinander ab, jeder auf seinem eigenen Gleis und jeder darauf bedacht, die Kreise des anderen nicht zu stören. Vielmehr sind sämtliche Prozesse im Bereich des Angebots und der Nachfrage, der Kosten und Präferenzen wie der Faktorproduktivität und der Faktornachfrage im Grunde nichts anderes als verschiedene Aspekte eines riesigen, simultanen und interdependenten Prozesses.

So ist die Angebotskurve für Weizen selbst das Ergebnis der Kostenkalkulationen, der Produktionsüberlegungen wie der Lohn-, Renten- und Zinsbestimmung. Tatsächlich können Sie jeden beliebigen Schritt unserer Aufzählung durch Pfeile kausal mit jedem anderen Schritt verknüpfen.

Auch beschränkt sich die Interdependenz nicht auf die oben dargestellten Schritte. Es bestehen außerdem Querverbindungen zwischen verschiedenen Produkten. So hängen das Weizenangebot und die Weizennachfrage (ebenso wie das Angebot und die Nachfrage nach entsprechenden Böden) von den Konsumentenwünschen in bezug auf Maisbrot oder Hafergrütze ab; ebenso von der Frage, inwieweit die Menschen bereit sind, traditionelle Nahrungsmittelkäufe zugunsten von modernen Produkten wie Videorecordern und Personalcomputern aufzugeben; oder von der Nachfrage nach fruchtbaren Ackerböden für den Anbau von neugezüchteten Getreidehybriden, die Riesenerträge garantieren.

Einem unsichtbaren Netz vergleichbar sind die vielen Inputs und Outputmärkte im Rahmen eines interdependenten Systems, das die Ökonomen als allgemeines Gleichgewicht bezeichnen, miteinander verwoben. Dieses Netzwerk des allgemeinen Gleichgewichts können wir mit Hilfe der Abbildung 31.1 darstellen. Das Bild erinnert an zwei frühere Abbildungen – an das vereinfachte Kreislaufdiagramm 3.1 auf S. 92, Bd. 1 und an den gesamtwirtschaftlichen Kreislauf im Zusammenhang mit unserer Behandlung der volkswirtschaftlichen Gesamtrechnung (Abbildung 6.3, S. 182, Bd. 1). In dem Kreislaufdiagramm des Volkseinkommens sahen wir Schleifen, durch die im Uhrzeigersinn Dollars von den Unternehmen zu den Haushalten und von den Haushalten zu den Unternehmen flossen. Sie vermittelten ein aggregiertes beziehungsweise makroökonomisches Bild – wie die Ökonomen es nennen – von den wirtschaftlichen Gesamtgrößen einer Gesellschaft.

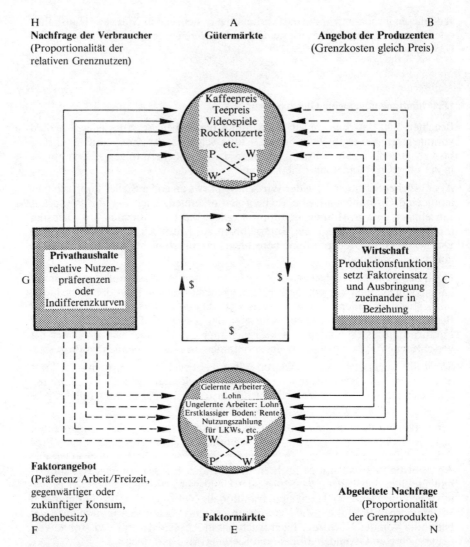

Abbildung 31.1. Das *Was*, *Wie* und *Für wen* wird durch eine zu einem allgemeinen Gleichgewicht führende Preisbildung bestimmt.
Der im Uhrzeigersinn fließende Geldstrom wurde zerlegt, um zu zeigen, wie in A die Nachfrage der Haushalte auf das Angebot der Wirtschaft trifft, um hier den Gleichgewichtspreis und die Gleichgewichtsmenge für jedes Gut zu bestimmen. Ähnlich trifft die abgeleitete Faktornachfrage der Unternehmen in E auf das Faktorangebot der Haushalte, um wiederum den Gleichgewichts-Faktorpreis und die Gleichgewichts-Faktormenge zu bestimmen. (Erläutern Sie, was hinter B, D, F und H vor sich geht – sowie innerhalb von C und G, und vergleichen Sie dies mit dem *Was*, *Wie* und *Für wen* der Abbildung 3.1. auf Seite 92, Bd. 1!)

Ein Kreislauf

Wenden wir uns wieder der Abbildung 31.1 zu. Auch sie stellt einen Dollar-Kreislauf dar; diesmal sehen wir jedoch das mikroökonomische Bild. An dieser Stelle sprechen wir nicht von den Faktoreinkommen in ihrer Gesamtheit. Vielmehr zeigen wir die abgeleitete Nachfrage der Unternehmen nach Facharbeitern, nach ungelernten Arbeitern, nach gutem, für den Weinanbau geeigneten Boden sowie nach jedem anderen Produktionsfaktor. Auch sprechen wir nicht vom Gesamtkonsum; statt dessen zeigen wir die Nachfrage der Konsumenten nach einzelnen Gütern wie Kaffee, Tee, Konzerten und so fort.

Beachten Sie, daß wir in der unteren Schleife für jeden Faktor sowohl einem Angebot wie einer Nachfrage gegenüberstehen. (Frage: Welche dieser Funktionen hat ihren Ursprung in den Unternehmen? Welche in den Haushalten? Ordnen Sie die grauen und schwarzen Pfeile einander zu.) In der oberen Schleife erkennen Sie sowohl ein Angebot von seiten der Unternehmen wie eine Nachfrage von seiten der Haushalte nach jedem Gut. (Ordnen Sie dort die Pfeile einander zu.)

Somit steht hinter den Millionen verschiedener Preise und Outputs eine logische, allumfassende Struktur: (1) Haushalte, die Präferenzen für bestimmte Produkte haben und Anbieter von Produktionsfaktoren sind, stehen in einer Wechselbeziehung zu (2) Unternehmen, die – um Gewinnmaximierung bemüht – von den Haushalten erworbene Produktionsfaktoren in Produkte umwandeln, die sie diesen wiederum verkaufen. Die logische Struktur eines auf einem allgemeinen Gleichgewicht beruhenden Systems ist vollständig. (Siehe ergänzender Hinweis S.398.)

Die Effizienz des allgemeinen Gleichgewichts in einer Wettbewerbswirtschaft

Sobald ein auf dem Wettbewerb beruhendes Preisbildungssystem die erste Hürde genommen hat und tatsächlich in der Lage ist, die Probleme des *Was*, *Wie* und *Für wen* einer Volkswirtschaft zu lösen, können wir die Frage nach der Effizienz des Systems stellen. Wir haben wiederholt gesehen, daß der Marktmechanismus unter Bedingungen des vollkommenen Wettbewerbs über ein beachtliches Maß an Effizienz verfügt. Obgleich Adam Smith nie einen Beweis für seine Theorie vorlegen konnte, war er doch auf eine wichtige Erkenntnis gestoßen. Moderne Ökonomen wissen inzwischen, daß eigennütziges Verhalten tatsächlich unter bestimmten Umständen, wie durch eine *Unsichtbare Hand* geleitet, zu einem harmonischen Ergebnis führen kann:

> ■ Unter Bedingungen des vollkommenen Wettbewerbs – wenn alle Güterpreise gleich den Grenzkosten und alle Faktorpreise gleich dem Wert ihrer Grenzprodukte sind und wenn es keine Spillovers oder externen Effekte gibt – führt der Marktmechanismus zu *allokativer Effizienz*. In einem solchen Fall, in dem jeder Produzent selbstsüchtig seinen Gewinn maximiert und jeder Konsument selbstsüchtig seinen Nutzen maximiert, ist das System als Ganzes in dem Sinne effizient, daß »Sie niemandem zu größerem Wohlergehen verhelfen können, ohne jemandem anderen Schaden zuzufügen«.

Was bedeutet das genau? Es bedeutet, daß kein allwissender Planer mit einem Computer daherkommen und eine dem Marktergebnis überlegene Lösung fin-

> **Ergänzender Hinweis:**
> Ein kritischer Leser könnte hier die Frage stellen: »Sind Sie sicher, daß Sie *genau* die richtige Anzahl von Gleichungen haben, um alle unbekannten Preise und Mengen zu bestimmen? Und daß für sie Angebots- und Nachfrage-Gleichgewichte existieren? Bleibt nichts dem Zufall oder dem Staat überlassen?«
> Über diese grundlegenden Fragen haben die Ökonomen fast ein Jahrhundert lang nachgedacht. Die Entdeckung der Gleichgewichtstheorie und der Gleichungen zur Ermittlung des allgemeinen Gleichgewichts wird im allgemeinen dem französischen Ökonomen Léon Walras zugeschrieben. Er konnte jedoch keinen unwiderlegbaren Beweis dafür vorlegen, daß für das Wettbewerbssystem ein Gleichgewicht existiert. Erst in der Mitte des ersten Drittels des 20. Jahrhunderts wurde ein vollständiger Beweis für die Existenz einer Lösung von J. von Neumann, A. Wald und den amerikanischen Nobelpreisträgern Kenneth Arrow und Gerard Debreu vorgelegt, die sehr fruchtbare mathematische Methoden wie die der Topologie und der Mengenlehre zum Einsatz brachten. Sie haben nachgewiesen, daß definitiv, selbst wenn Millionen von Inputs und Outputs gegeben sind, unter bestimmten Bedingungen zumindest eine Preissituation existiert, bei der sich Angebot und Nachfrage in einem vollständigen Gleichgewicht befinden. Aber ehe wir nun voller Stolz den endgültigen Sieg der Lehre von der *Unsichtbaren Hand* verkünden, sollten wir uns vor Augen halten, daß die Theoreme bezüglich des Wettbewerbsmodells von sehr strengen Annahmen ausgehen: Ausgeschlossen werden zunehmende Erträge in irgendeinem Bereich sowie externe Effekte; ausgegangen wird von vollkommen flexiblen Löhnen und Preisen; ausgeschlossen sind sämtliche Ungewißheiten, gegen die man sich nicht versichern kann, sowie Monopole oder Oligopole und manches mehr.

den könnte; das heißt es gibt keine Lösung, mit deren Hilfe sich das Wohlergehen aller steigern ließe.

Darstellung der Effizienz anhand der Grenze der Nutzenmöglichkeiten

Dem Begriff der *allokativen Effizienz* (gelegentlich auch als Pareto-Optimum bezeichnet), sind wir bereits in Kapitel 22 begegnet. Dieser Effizienzbegriff – demzufolge man niemanden besserstellen kann, ohne jemanden anderen schlechterzustellen – gehört zu den Schlüsselbegriffen der Wirtschaftswissenschaft.

Eine der besten Methoden zur Veranschaulichung der allokativen Effizienz ist ihre Darstellung mit Hilfe der *Grenze der Nutzenmöglichkeiten*. Dieser Begriff, der in Kapitel 22 eingeführt wurde und im anschließenden Kapitel bei unserer Behandlung öffentlicher Entscheidungen erneut eine Rolle spielen wird, soll an dieser Stelle kurz nochmals beleuchtet werden.

Die Grenze der Nutzenmöglichkeiten (oder NM-Grenze) ist dem Begriff der Grenze der Produktionsmöglichkeiten sehr ähnlich. Aber während die Produktionsmöglichkeitsgrenze nach der äußersten Grenze der Produktionsmengen fragt, ist die Nutzengrenze an dem Höchstmaß an Nutzen, Befriedigung oder Wohlergehen interessiert. So stellen wir mit Bezug auf Abbildung 32.2 fest, daß Person *B* bei einer Bewegung nach rechts außen mit ihrem Konsumgüterpaket glücklicher ist, während wir erkennen, daß bei einer Aufwärtsbewegung entlang

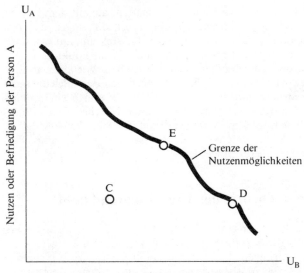

Abbildung 31.2. Die Nutzengrenze veranschaulicht die allokative Effizienz.
Jedes Wirtschaftsergebnis, das auf der Grenze der Nutzenmöglichkeiten liegt (wie E oder D), ist Ausdruck einer allokativen Effizienz. In solchen effizienten Situationen kann man niemanden besserstellen ohne gleichzeitige Minderung der Befriedigung eines anderen. Punkt C wird als ineffizient bezeichnet, weil die Gesellschaft alle Mitglieder besserstellen kann, wenn sie sich nach rechts oben in Richtung auf die Nutzengrenze bewegt.

der Kurve der Abbildung 31.2 das Konsumgüterpaket von A diesem größere Befriedigung verschafft.

Bei Verwendung der NM-Grenze läßt sich der Begriff der allokativen Effizienz besonders gut erklären:

- **Eine wirtschaftliche Situation oder ein wirtschaftliches Ergebnis ist dann Ausdruck allokativer Effizienz, wenn es auf der Grenze der Nutzenmöglichkeiten angesiedelt ist.**

So liegt beispielsweise der Punkt E auf der NM-Grenze der Abbildung 31.2; vom Allokationsstandpunkt aus gesehen, stellt er eine effiziente Situation dar. Denn es ist keine Situation denkbar, in der der Nutzen von B gesteigert werden könnte, ohne den Nutzen von A zu schmälern. Eine Bewegung zum Punkt D der Abbildung 31.2 erhöht die Befriedigung oder den Nutzen von B, jedoch auf Kosten des Nutzens von A. Demgegenüber liegt der Punkt C innerhalb der NM-Grenze, weshalb er als *ineffizient* zu bezeichnen ist: Bei einer Bewegung vom Punkt C in Richtung auf Punkt E würden alle profitieren.

Effizienz und Wettbewerb

Was wissen wir über das Verhalten von Volkswirtschaften, die auf dem Prinzip des Wettbewerbs beruhen? Unter idealen Wettbewerbsbedingungen auf den Märkten – keine Monopole, keine externen Effekte, Preisbildung auf der Basis der Grenzkosten und so fort – wird die Wirtschaft die durch die Punkte E und D veranschaulichte Grenze der Nutzenmöglichkeiten erreichen. Wir können nicht im voraus sagen, in welchem Punkt auf dieser Grenze sich das Gleichgewicht einstellen wird – ob in einer Situation, in der A ein hohes und B ein geringes Einkommen erzielt oder in der alle gleiche Einkommen beziehen. Wir können hingegen sagen, daß in einem solchen Wettbewerbsgleichgewicht keine Möglichkeit für irgendeine Umstrukturierung mehr gegeben ist, bei der jedermanns Einkommen oder Befriedigung zunehmen werden.

Einschränkungen der Theorie der Unsichtbaren Hand

Wir sind in unserer Darstellung von einigen abstrakten Annahmen ausgegangen: keine Monopole, keine Spillovers oder externen Effekte, keine unvorhergesehenen Innovationen oder Störungen, keine durch staatliche Eingriffe bedingten Fehlleistungen und so fort. Die Wettbewerbswirtschaft gleicht dem friktionslosen Modell des Physikers. Dieses Bild entspricht jedoch nicht der Realität, der wir begegnen, wenn wir die Studierstube verlassen und in das echte, lebendige Getümmel der Menschen in den Straßen eintauchen. Und selbst wenn in sämtlichen Bereichen vollkommener Wettbewerb herrschte, wäre es denkbar, daß die Menschen sich mit der wettbewerbsbestimmten Einkommensverteilung nicht einverstanden erklären würden.

Deshalb wollen wir nochmals auf die beiden Vorbehalte gegen die Theorie der *Unsichtbaren Hand* eingehen – auf das Versagen des Marktes und eine nicht vertretbare Einkommensverteilung.

Marktversagen

In der Realität stören zwei Formen des Marktversagens die in der Theorie von der *Unsichtbaren Hand* unterstellte Idylle des vollkommenen Wettbewerbs: der unvollkommene Wettbewerb und die externen Effekte. Das Monopolproblem wurde eingehend in den Kapiteln 23 und 24 behandelt, während uns die externen Effekte in Kapitel 32 beschäftigen werden.

In beiden Fällen sind die sich aus dem Marktversagen ergebenden Kernprobleme einander ähnlich: Die aus dem Marktmechanismus resultierenden Preise spiegeln weder die echten gesellschaftlichen Grenzkosten wider, noch den gesellschaftlichen Grenznutzen.

Monopolposition

Angenommen, ein Unternehmen besitzt in bezug auf ein bestimmtes Produkt – ein patentiertes Medikament, die Stromversorgung für eine Region, ein Markenzeichen für ein alkoholfreies Getränk – ein Monopol. In diesem Fall kann es den Preis für das Medikament, den Strom oder das Getränk über seine Grenzkosten hinaus anheben. Die Konsumenten nehmen eine geringere Menge dieser Güter ab, als sie das unter anderen Umständen tun würden, woraus sich für die Gesellschaft ein Verlust ergibt.

Externe Effekte

Eine weitere wichtige Form des Marktversagens stellen die externen Effekte dar. Erinnern Sie sich, daß externe Effekte auftreten, wenn nicht alle Nebeneffekte der Produktion oder des Konsums über die Märkte laufen. So erleiden beispielsweise in dem Fall, in dem ein öffentlicher Versorgungsbetrieb schwefelhaltige Abgase an die Luft abgibt, die umliegenden Häuser Schäden, und die Menschen werden krank. Für diese Schäden kommt der Versorgungsbetrieb jedoch nicht auf – die Schwefelgase zirkulieren außerhalb des Stromdiagramms der Abbildung 31.1.

Nicht immer sind externe Effekte gleichbedeutend mit Schäden. Es gibt auch *positive externe Effekte*, wie etwa in den Fällen, in denen unser Wissen wächst. Als Chester Carlson die Xerographie erfand, wurden ihm die unzähligen Stunden mühseliger und stupider Arbeit, von denen er durch seine Erfindung die Sekretärinnen und Schreibkräfte auf der ganzen Welt befreite, nur zum Teil entgolten. Alle Erfinder werden für ihre Arbeit viel zu gering entlohnt – ihr Lohn liegt weit unter ihrem gesellschaftlichen Grenzprodukt –, weshalb zu wenig in die Erfindertätigkeit investiert wird.

In den voraufgegangenen 13 Kapiteln sind uns noch eine Fülle weiterer Beispiele für ein Versagen des Marktes oder den Zusammenbruch des Wettbewerbs begegnet. Wir haben gesehen, daß die Preise, verglichen mit den sich von Minute zu Minute ändernden, zu ihrem Gleichgewicht hintendierenden Preisen auf Auktionsmärkten, oft inflexibel sind. Wir haben gesehen, daß zwei Menschen in der gleichen Stadt für vergleichbare Arbeit unterschiedlich entlohnt werden. Wir haben auch gesehen, daß Oligopole und Monopole ihre Mengen beschränken können, um höhere Preise und Gewinne zu erzielen.

Wir sahen, daß Diskriminierung und die Aufteilung von Arbeitsmärkten zur Ungleichheit der Beschäftigungschancen führen können und sowohl gesellschaftliche Ineffizienz als auch Ungerechtigkeit nach sich ziehen. Schließlich haben wir auch gesehen, auf welche Weise staatliche Eingriffe in die Märkte zu Arbeitslosigkeit, zur Erschwerung der Kreditbeschaffung oder zu Wohnungsnot führen können.

Wirtschaftswissenschaft im luftleeren Raum?

Wie weitreichend und wie bedeutsam sind diese Einschränkungen? Was die Monopole anlangt, so deuten empirische Untersuchungen darauf hin, daß die durch Monopole verursachten Kosten geringfügig sind; sie liegen zwischen einigen Zehnteln eines Prozents und einigen wenigen Prozenten des BSP. Mit Bezug auf die externen Effekte liegen keine genauen Messungen vor; sie könnten durchaus von größerer Bedeutung sein.

Machen solche Einschränkungen die gesamte Vorstellung von der *Unsichtbaren Hand* zunichte? Sie tun dies mit Sicherheit dann, wenn die Vorstellung auf einem vollkommen und in absolut idealer Weise effizienten Marktmechanismus basiert. In einem allgemeineren Sinne bleibt die Gültigkeit der Erkenntnisse der Theorie vom vollkommenen Wettbewerb jedoch weitgehend erhalten. Obgleich jeder Ingenieur weiß, daß sich ein vollkommenes Vakuum nicht realisieren läßt, stellt eine Analyse des Verhaltens von Stoffen unter Bedingungen eines Vakuums dennoch ein außerordentlich wertvolles Instrument dar, weil es viele komplizierte Probleme erhellt. Das gleiche gilt für unser ideales Wettbewerbsmodell. Langfristig erweisen sich viele Unvollkommenheiten als vorübergehende Erscheinungen. *Deshalb kann das Wettbewerbsmodell trotz seiner übermäßigen Vereinfachung zu wichtigen Hypothesen über das Marktverhalten führen, die insbesondere langfristige Gültigkeit besitzen.*

Nehmen wir beispielsweise einmal an, daß eine Erfindung die Kosten für die Herstellung von Aluminium senkt; dem Wettbewerbsmodell zufolge wird der Preis sinken und die Verwendung und der Preis von Stahl werden unter Druck geraten. Insider auf dem Gebiet des unvollkommenen Wettbewerbs behaupten nun, daß es in der Realität keinen vollkommenen Wettbewerb gibt, weshalb sich keine unumstößlichen Schlußfolgerungen ziehen lassen. Dennoch: Schließen Sie mit einem solchen scharfsinnigen Skeptiker eine Wette ab, daß die Preise langfristig fallen – sie werden ihm höchstwahrscheinlich sein Geld abknöpfen können.

Willkürliche Verteilung der Dollarstimmen

Wir wollen jedoch für einen Augenblick unsere Augen vor Dingen wie Monopolen, Umweltverschmutzung, Erfindungen, Gewerkschaften und anderen Störfaktoren auf den Märkten verschließen. Was bedeutet der ideale, vollkommene Wettbewerb für die Einkommensverteilung. Sehen wir einmal von Effizienzerwägungen ab, so bedeutet das System des Laissez-faire oder der Wettbewerbsmärkte nicht notwendigerweise, daß die Dollars in der Weise unter den Menschen verteilt werden, daß sie denjenigen zufließen, denen sie – unter religiösen oder ethischen Gesichtspunkten betrachtet – zufließen sollten, weil sie ihrer am ehesten würdig sind, sie am ehesten verdienen oder am dringendsten brauchen. *In einem auf dem Wettbewerb gegründeten System erfolgt die Verteilung der Einkommen willkürlich, weil sie die ursprüngliche Faktorausstattung sowie unterschiedliche Grade der Diskriminierung widerspiegelt.*

Der vollkommene Wettbewerb im Rahmen eines Laissez-faire-Systems könnte zu einem hohen Maß an Ungleichheit führen; zu unterernährten Kindern, die heranwachsen, um weitere unterernährte Kinder in die Welt zu setzen; zu einer Perpetuierung von Lorenz-Kurven großer Einkommens- und Vermögensungleichheit über Generationen hinweg oder auf unbegrenzte Zeit.

Andererseits könnte der vollkommene Wettbewerb im Falle der Gleichheit der anfänglichen Verteilung der Dollarvermögen, der ererbten Begabungen, der Erziehung und Ausbildung auch eine Gesellschaft hervorbringen, die sich durch eine weitreichende Gleichheit der Löhne, Einkommen sowie des Vermögens auszeichnet.

Kurz gesagt, hatte Adam Smith nicht das Recht, in der berühmten, auf S. 85 zitierten Passage zu behaupten, daß eine *Unsichtbare Hand* dafür sorgt, daß der einzelne in selbstsüchtiger Verfolgung seines Eigeninteresses dem »öffentlichen Interesse« diene – wobei das öffentliche Interesse in dem Sinne definiert wird, daß es eine aus ethischer Sicht gerechte Einkommens- und Vermögensverteilung einschließt. Dafür hat Adam Smith keinerlei Beweis erbracht, noch ist ein solcher Beweis irgendeinem anderen Wirtschaftswissenschaftler seit 1776 gelungen.

Moderne Neuformulierung der Theorie der *Unsichtbaren Hand*

Wäre Adam Smith heute noch am Leben, würde er all diesen Ausführungen zustimmen. Mehr noch: Seine Biographie läßt sogar vermuten, daß er seine Lehre wahrscheinlich etwa in folgender Weise umformulieren würde:

1. Nur wenn Fähigkeiten, Einkommen und Vermögen in ethisch optimaler Weise verteilt sind, kann man von einer Preisbildung unter Bedingungen des vollkommenen Wettbewerbs erwarten, daß sie *(a)* zu einer leistungsfähigen Gestaltung der Produktion entlang der Grenze der Produktionsmöglichkeiten der Gesellschaft führt und *(b)* den Konsumenten entsprechend ihren Dollarstimmen – die nunmehr gesellschaftliche Nutzeneinheiten von gleichem Gewicht widerspiegeln – das zukommen läßt, was sich aus ihrer Sicht als optimal darstellt. Am wichtigsten ist jedoch, daß das System vollkommener Wettbewerbsmärkte, wenn *(c)* das Laissez-faire durch eine ethisch angemessene Vermögens- und Chancenverteilung ersetzt würde, als Instrument zur Verwirklichung einer effizienten und gerechten Organisation der Gesellschaft eingesetzt werden könnte.

2. Zugegebenermaßen spiegelt die Nachfrage der Konsumenten auf dem Markt manchmal nicht ihr tatsächliches Wohlergehen wider, wie dies selbst der toleranteste aller ethisch motivierten und den Freiraum des Individuums respektierenden Beobachter interpretieren würde. Fragwürdig würden uns beispielsweise erscheinen: das Verlangen eines Drogenabhängigen nach Heroin, und zwar sogar auf Kosten seiner eigenen Ernährung oder der seiner Kinder; der Wunsch eines Kindes nach dem vierten Eis; das Verlangen eines Diabetikers nach Süßigkeiten; die Verpfändung des eigenen Hauses durch einen Verschwender, der eine Hypothek aufnimmt, um sich einen neuen Lamborghini zu kaufen.

Wäre Adam Smith noch am Leben, würde er als Pragmatiker dazu sagen: »Jeder hat das Recht, in weiten Bereichen seine eigenen Fehler zu machen, aber die Annahme, daß jeder Erwachsene, der im Vollbesitz seiner geistigen Kräfte ist, auch Herr über seinen eigenen Willen ist, ist unrealistisch. Als Menschen, die sich nicht nur ihrer Unvollkommenheit, sondern als Angehörige der nach-Freudschen Ära ebenfalls der Tatsache bewußt sind, daß sie von ihren Trieben gelegentlich in die Irre geleitet werden können, werden wir unserem eigenen Verhalten in Maßen um der guten Sache willen und auf dem gebührenden demokratischen Wege gewisse Schranken setzen. Wir sehen also erneut, daß der vollkommene Wettbewerb im Rahmen des Laissez-faire nicht notwendigerweise ideal ist.«

Im Anschluß an diese Feststellung und nach Betonung der Notwendigkeit der Toleranz und der Tugenden der Freiheit würde Adam Smith dann jedoch mit Bezug auf zwei Aspekte einen fachlicheren Ton anschlagen.

3. Wenn der unvollkommene Wettbewerb zu Abweichungen von der idealen, an den Grenzkosten orientierten Wettbewerbspreisbildung führt – und in Situationen mit stark wachsenden Erträgen und sinkenden Kosten sind solche Abweichungen praktisch unvermeidlich –, stehen wir vor einer Situation, die schlüssig

beweist, daß der Preisbildungsprozeß unter Laissez-faire-Bedingungen ineffizient ist. Der Gesetzgeber wird sich dann mit der Frage auseinandersetzen müssen, ob man derartigen monopolistischen Machtkonglomeraten mit Antitrust-Gesetzen zu Leibe rückt oder ob die größten unter ihnen – die natürlichen Monopole – in irgendeiner Form der staatlichen Kontrolle unterworfen werden sollten.

4. Schließlich würde für Adam Smith kein Zweifel an der Ineffizienz von Situationen bestehen, in denen beträchtliche externe Effekte eine Rolle spielen (wie beispielsweise im Zusammenhang mit Umweltverschmutzung, öffentlicher Gesundheit oder Erfindungen). Wahrscheinlich würde er die Vor- und Nachteile der staatlichen Intervention gegeneinander abwägen; er würde sich fragen, ob man dieser Effizienz begegnen könnte durch Gesetze zur Reinhaltung der Luft, durch die Erhebung von Abgaben für die Verschmutzung der Luft und des Wassers, durch die Subventionierung der Forschung oder durch eine strenge Verursacherhaftung.

Ein Konzentrat

Diese modernen Verhältnissen angepaßte Theorie von der *Unsichtbaren Hand* läßt sich in konzentrierter Form wie folgt neu formulieren: Sind die Kräfte und Gegenkräfte des Darwinschen vollkommenen Wettbewerbs nicht wirksam, tritt ein Spillover der ökonomischen Tätigkeit in Bereiche außerhalb des Marktes auf, spiegelt die Nachfrage der Wirtschaftssubjekte nicht ihre echten Bedürfnisse wider, beziehungsweise ist eine dieser Bedingungen gegeben, dann wird die Volkswirtschaft nicht durch eine *Unsichtbare Hand* zu ihrer optimalen Position geleitet. Darüber hinaus kann im Falle eines Versagens des Systems ein wohlüberlegter und behutsamer Eingriff von seiten des Staates die Leistungsfähigkeit der Wirtschaft auf diesem unvollkommenen Erdenrund mit seinen interdependenten Regionen verbessern.

Damit ist unsere Analyse der Art und Weise, in der in einer Marktwirtschaft die Ressourcenallokation der Gesellschaft erfolgt, abgeschlossen. Der Anhang bietet all denjenigen eine umfassendere Darstellung der idealen Preisbildung, die an einer Behandlung dieses Themas auf fortgeschrittenerem Niveau interessiert sind.

Wohlfahrtsökonomie

Doch weder der große Lehrmeister Adam Smith noch seine etwas rätselhaften Epigonen des 20. Jahrhunderts konnten in bezug auf diese strittigen Fragen das letzte Wort sprechen. Tief in jedem Menschen verborgen liegt eine natürliche Aversion gegen Ungleichheit, gegen staatliche Einmischung oder gegen Umweltverschmutzung, die stärker ist als alle ausgeklügelten fachwissenschaftlichen Argumente.

Worum sich unser modernisierter Adam Smith allerdings sehr ernsthaft bemüht, ist die saubere Trennung zwischen seiner positiven Wissenschaft und seinen normativen Lehren. Erinnern Sie sich, daß wir im allerersten Kapitel positive Feststellungen als solche definiert haben, die sich auf die reine Beschreibung beschränken, während normative Feststellungen sich auf solche Dinge bezogen, die eine Gesellschaft anstreben sollte.

In der Regel behandeln die Gelehrten einer Wissenschaft das, was ist, und das, was unter diesen oder jenen Bedingungen sein wird. Die Aufgabe der positiven Beschreibung muß, soweit dies menschenmöglich ist, von jeglichem Wunschdenken und von ethischen Anliegen bezüglich dessen, was sein sollte, frei bleiben. Warum? Weil Wissenschaftler kaltblütige Roboter sind? Nein. Vielmehr deshalb, weil die Erfahrung lehrt, daß man der Aufgabe der positiven Beschreibung besser gerecht wird, wenn man um Objektivität bemüht ist.

Vögel oder Antilopen?

Die Erfahrung zeigt jedoch auch, daß es uns trotz aller Bemühungen nie gelingt, die objektiven und subjektiven Aspekte einer Disziplin vollständig voneinander zu trennen. Allein schon die Wahl dessen, was der Wissenschaftler zu messen sich entscheidet, die Perspektive, aus der er beobachtet und mißt, und die Reaktionen, die der Beobachter im Objekt seiner Beobachtung hervorruft – all dies macht den Unterschied zwischen dem, was ist, und dem, was sein sollte, zwischen objektiven und subjektiven Problemen, im Grunde zu einem graduellen Unterschied, nicht zu einem Unterschied in der Sache. Erinnern Sie sich an das Vogel-Antilopen-Paradox in Kapitel 1 (S. 38, Bd. 1), und denken Sie immer daran, daß das Unterbewußtsein eines Menschen scheinbar objektive Wahrnehmungen bestimmen kann.

Wenn wir uns den umstrittenen Themen des vorliegenden Teils VII zuwenden, begeben wir uns in den Bereich der *Wohlfahrtsökonomie*. Dies ist ein allgemeiner Begriff für die Entscheidungstheorie beziehungsweise für die normative Wirtschaftswissenschaft. Wir werden uns mit zentralen Problemen hinsichtlich der besten Organisation einer Volkswirtschaft, der besten Einkommensverteilung oder des besten Steuersystems beschäftigen. In jedem dieser Fälle muß unsere Analyse auf klar umrissenen Werturteilen bezüglich der Organisation der Wirtschaft, der Einkommensverteilung oder der Steuerpolitik gegründet sein.

Die Bürger eines Landes sind natürlich vornehmlich an dem letztlich erzielten Ergebnis interessiert, nicht an den subtileren Aspekten der Wirtschaftstheorie oder der Erstellung makroökonomischer Modelle. Am besten gedient wird den Bürgern jedoch von Wissenschaftlern, die die genaueste Beschreibung sowohl der relevanten Aspekte geben wie auch der Konsequenzen, die unterschiedliche politische Entscheidungen nach sich ziehen.

Die in den anschließenden Kapiteln behandelten Probleme der Wohlfahrtsökonomie sind lebhaft umstritten; und sie sind nicht lösbar im Rahmen einer positiven Wissenschaft. Konservative können mit Fug und Recht die oben dargestellten Prinzipien im Sinne ihrer Auffassung von einer guten Gesellschaft interpretieren. Den gleichen Anspruch könnten Gemäßigte für ihre Prinzipien erheben. Und Radikale könnten auf der Basis ihrer Interpretation der grundlegenden Gesetze der Wirtschaft geringfügigere oder weitreichendere Reformen des derzeitigen ökonomischen Mischsystems fordern.

Die Wirtschaftswissenschaft liefert uns das Rüstzeug für die große Auseinandersetzung; über ihren Ausgang kann sie nicht entscheiden.

Zusammenfassung

1. Frühere Kapitel beschäftigten sich mit der Funktionsweise von Einzelmärkten – Märkten für die Faktoren Arbeit und Boden, für Weizen und Backöfen, für Endprodukte wie Brot und Feingebäck. Innerhalb des Wirtschaftssystems muß jedoch ein *allgemeines Gleichgewicht* aller Märkte erreicht werden. Dieses allgemeine Gleichgewicht des *Was, Wie* und *Für wen* kommt auf einem Wettbewerbsmarkt durch ein Netz miteinander verflochtener Preisbeziehungen zustande. Haushalte stellen Produktionsfaktoren bereit und fragen Endprodukte nach; Unternehmen kaufen Produktionsfaktoren, wandeln diese um und bieten sie in Form von Endprodukten an.

2. Das zu einem generellen Gleichgewicht führende Wettbewerbspreissystem ist ein logisch geschlossenes System. In ihm existiert eine ausreichende Anzahl von Beziehungen (das heißt eine ausreichende Anzahl von Angebots- und Nachfragekurven) zur Bestimmung aller relativen Preise und Mengen.

3. Unter gewissen Bedingungen wird im Rahmen eines auf der Basis des Wettbewerbs herbeigeführten allgemeinen Gleichgewichts eine *allokative Effizienz* erreicht. Allokative Effizienz (gelegentlich auch als Pareto-Optimum bezeichnet) bedeutet, daß niemand bessergestellt werden kann, ohne daß ein anderer schlechtergestellt wird. In einer solchen Situation bewegt sich die Volkswirtschaft auf ihrer Grenze der Produktionsmöglichkeiten sowie auf ihrer Grenze der Nutzenmöglichkeiten. Die Erreichung eines effizienten Wettbewerbsgleichgewichts unterliegt jedoch sehr strengen Bedingungen: Es dürfen keine externen Effekte auftreten, es darf keine Monopole oder Skalenerträge geben noch irgendwelche Risiken, die nicht durch eine Versicherung abgedeckt werden können. Solche Unvollkommenheiten führen zu einem Zusammenbruch der *Preis- = Grenzkosten- = Grenznutzen*bedingungen und damit zur Ineffizienz.

4. Selbst wenn wir in einer Welt lebten, in der die idealen, für einen effizienten, vollkommenen Wettbewerb notwendigen Bedingungen erfüllt wären, bliebe ein wesentlicher Vorbehalt gegenüber dem Ergebnis, zu dem dieses Laissez-faire-System führen würde, bestehen: Wir haben keinen Grund zu der Annahme, daß die Dollarstimmen im Rahmen eines Laissez-faire-Systems gerecht verteilt werden. Denkbar wäre eine Situation, in der über Generationen hinweg enorme Unterschiede in den Einkommen und im Vermögensbesitz erhalten bleiben. Ebenfalls denkbar wäre aber auch eine Situation, in der zwar praktisch Gleichheit herrscht – allerdings eine Gleichheit, bei der angesichts der allgemeinen Gleichförmigkeit des Lebens einige ein Gefühl einer grauen Trostlosigkeit beschleichen würde.

Begriffe zur Wiederholung

partielles gegenüber generellem Gleichgewicht
allokative Effizienz (bzw. Pareto-Optimum)
Grenze der Nutzenmöglichkeiten

Theorie der *Unsichtbaren Hand*: Adam Smith und die moderne Neufassung seiner Lehre
Vorbehalte gegen die Lehre von der *Unsichtbaren Hand*: Marktversagen und willkürliche Verteilung der Dollarstimmen
Wohlfahrtsökonomie

Fragen zur Diskussion

1. Geben Sie eine zusammenfassende Darstellung der Art und Weise, in der das Wettbewerbspreissystem die drei grundlegenden Fragen der Wirtschaft löst. Erläutern Sie den Preismechanismus anhand von sieben Schritten (vgl. S. 394), wobei die Wirtschaft mit Hilfe der Inputs Arbeit und Boden die Outputs Nahrungsmittel und Bekleidung produzieren soll.

2. Führen Sie die Vorbehalte gegen die Theorie der *Unsichtbaren Hand* auf. Veranschaulichen Sie jeden einzelnen Vorbehalt anhand eines Beispieles aus der Ihnen vertrauten Wirtschaftspraxis.

3. Sehen Sie sich nochmals die moderne Neuformulierung der Theorie der *Unsichtbaren Hand* an (S. 403). Analysieren Sie sorgfältig, bei welchen Teilen es sich um positive und bei welchen um normative Aspekte handelt. Überlegen Sie sich, welchen Aspekten Sie zustimmen, welche Sie ablehnen. Entscheiden Sie dann, ob Ihre Ablehnung sich auf Aspekte bezieht, bei denen es um sachliche Probleme geht (das heißt um solche der positiven Ökonomie) oder um Aspekte, bei denen Sie andere Wertvorstellungen haben (das heißt um solche der normativen Ökonomie).

4. 1973 und 1979 sahen sich die Vereinigten Staaten einem ungeheuren Anstieg der Preise für Rohöl gegenüber. Wie wirkt sich ein solcher Ölpreisanstieg auf das Angebot und die Nachfrage nach Öl im Hinblick auf das partielle Gleichgewicht aus? Welche Auswirkungen hat ein solcher Anstieg – im Hinblick auf das allgemeine Gleichgewicht – auf den Preis und die Menge von Substituten wie Kohle und Erdgas? Auf komplementäre Güter wie Autos und Lastwagen?

Anhang zu Kapitel 31

Wiederholung der Güter- und Faktorpreisbildung: Das allgemeine Gleichgewicht und die ideale Preisbildung

Die Parabel von der idealen Preisbildung

Früher hat man die Ökonomen gern belächelt, weil sie in ihren Büchern ständig auf Robinson Crusoe herumreiten. Es ist durchaus richtig: Wir sind sehr wohl der Meinung, daß sich die grundlegenden Prinzipien wirtschaftlicher Entscheidungen in vereinfachter Form an den Entscheidungen einer einzigen Person demonstrieren lassen. Heute verfügen wir jedoch über ein noch eindrucksvolleres Instrument zur Veranschaulichung der Grundprinzipien des Wirtschaftslebens: Wir verwenden das Beispiel einer idealen Planwirtschaft. Dabei bleibt die Einfachheit der letztlichen Entscheidungsfindung erhalten, während andererseits Wechselwirkungen zwischen Menschen einer Gesellschaft zu beobachten sind, die im Crusoe-Modell fehlen. Natürlich besteht ein ungeheurer Unterschied zwischen einer idealen Planwirtschaft und der modernen Wirtschaftsrealität; aber darin liegt gerade der Wert. Das Studium der Logik eines solchen Modells vermittelt uns neue Einsichten in das Wesen unseres eigenen Preissystems.

Wir wollen deshalb untersuchen, wie sich unsere ökonomische Analyse der Preisbildung auf die Idealform einer vollständig geplanten Volkswirtschaft anwenden läßt – einer Volkswirtschaft, die stärker der Planung unterliegt, als wir dies zu irgendeinem Zeitpunkt der Geschichte irgendwo auf der Erde je erlebt haben. Nennen Sie diese Planwirtschaft Utopia, oder nennen Sie sie Hades. Wie immer Sie sie nennen, sie gibt uns die Möglichkeit, zwei Systeme mit Hilfe einer Theorie zu analysieren:

• Wir erhalten den bestmöglichen Überblick über das Funktionieren der auf dem Prinzip des vollkommenen Wettbewerbs beruhenden Preisbildung in einem kapitalistischen System;

• Wir erhalten eine Einführung in die »Wohlfahrtsökonomie«, also in die Untersuchung dessen, was an jedem beliebigen Wirtschaftssystem als richtig oder falsch erachtet wird. Die Wohlfahrtsökonomie hängt natürlich von ethischen Positionen ab, die ihrerseits außerhalb des Bereiches der Wissenschaft liegen. Dennoch kann der Wirtschaftswissenschaftler zur Klärung der Frage beitragen, mit welchem Erfolg ein Wirtschaftssystem die jeweiligen ins Auge gefaßten ethischen Zielsetzungen verwirklicht.

Durchführbarkeit der Zentralplanung

In früheren Kapiteln dieses Buches wurde gezeigt, auf welche Weise ein Marktpreissystem die grundlegenden Probleme des *Was*, *Wie* und *Für wen* löst. Um in vollem Umfang erfassen zu können, was das wirklich heißt, sollten Sie ein Gedankenexperiment machen. Angenommen, man übertrüge Ihnen die Aufgabe, eine durch und durch geplante, zentralisierte Volkswirtschaft aufzubauen und zu lenken. Wie würden Sie die Aufgabe angehen?

Zunächst wollen wir annehmen, daß Ihnen daran gelegen ist, den Menschen zu den Dingen zu verhelfen, an denen sie interessiert sind, und daß Sie ihnen nicht vorschreiben wollen, woran sie interessiert sein sollten. Selbstverständlich können Sie ihnen nicht alles geben, was sie sich wünschen. Boden, Arbeit, Kapitalgüter und technologisches Wissen stehen nur in begrenzten Mengen zur Verfügung. Deshalb müssen Sie Kompromisse schließen und zwischen Alternativen wählen.

Dadurch sehen Sie sich von vornherein vor zwei Hürden gestellt. Zum einen müssen Sie Berge an *Information* zusammentragen. Sie müssen die angebotenen und nachgefragten Mengen von Millionen einzelner Posten kennen, wie sie in Geschäften und Katalogen zu finden sind; Sie brauchen Pläne von Zigtausenden von Maschinen und Gebäuden und dazu Angaben über die Merkmale von Hunderten von Millionen von Arbeitnehmern und Tausenden von unterschiedlichen Qualitäten von Böden und sonstigen Ressourcen. Und Sie müssen die Tatsache in den Griff bekommen, daß diese technischen Informationen sich von Jahr zu Jahr und sogar von Monat zu Monat ändern.

Nachdem Sie auf irgendeine an ein Wunder grenzende Weise diese erste Hürde genommen hätten, würde sich die zweite vor Ihnen auftun – Sie stünden vor einem ungeheuren *mathematischen* Problem, bei dem es um Millionen von Gleichungen und Unbekannten geht.

Frühe sozialistische Theoretiker, wie Oskar Lange, haben sich mit beiden Problemen herumgeschlagen. Neuere Entwicklungen in der Ökonometrie und im Bereich der Computer haben auf überraschende Weise das Problem der Lösung großer Gleichungssysteme zur Ermittlung des allgemeinen Gleichgewichts auf Größenordnungen reduziert, die in den Griff zu bekommen sind. Einige Fachleute glauben, daß ein Super-Computer heute ein solches umfassendes mathematisches Problem der Zentralplanung innerhalb weniger Tage lösen könnte.[1]

Das eigentliche Problem liegt in der Sammlung von genauen Informationen zur rechten Zeit. Wie könnte irgendeine staatliche Planungsbehörde auch nur hoffen, jemals alle Pläne und alle genauen Angaben bezüglich sämtlicher Böden, Arbeitskräfte und Maschinen in einer komplexen modernen Volkswirtschaft zusammentragen zu können? Entsprechende Versuche in den Vereinigten Staaten (bei denen die Regierung in den Jahren 1974/75 beispielsweise versuchte, die großangelegten

---

1 Computer-Freaks sind möglicherweise daran interessiert, zu erfahren, welche Verfahren gegenwärtig für die Ermittlung ökonomischer Gleichgewichte mit Hilfe von Computern eingesetzt werden. Bei der Lösung von gesamtwirtschaftlichen Problemen wurde in den 60er und 70er Jahren ein großer Schritt vorwärts getan, als H. Scarf und H. Kuhn mit Methoden zur Berechnung des allgemeinen Gleichgewichts hervortraten. Mit solchen Methoden lassen sich heute ohne weiteres Gleichgewichtsprobleme mit Bezug auf 50 Märkte und 10 bis 20 verschiedene Arten von Konsumenten errechnen. Fachleute glauben, daß sich mit Hilfe der modernen Supercomputer ähnliche Probleme für 100 verschiedene Inputs erstellen lassen, die 10000 Güter für 100 verschiedene Arten von Konsumenten produzieren. Sobald man jedoch realistische Aspekte, wie regionale Märkte mit vielen Arten von langlebigen Maschinen und Gebäuden einbezieht, sind auch die modernen Rechenmethoden überfordert.
Selbst wenn jedoch superschnelle Computer – die tausendmal leistungsfähiger sind als die heutigen – entwickelt würden, wird damit ein weiteres, unüberwindliches Hindernis noch nicht aus dem Weg geräumt: Wir verfügen nicht einmal über den winzigsten Bruchteil von Daten, die wir bräuchten, um ein Problem des allgemeinen Gleichgewichts großen Stils lösen zu können.

PIES-Energiemodelle aufzustellen) oder in der Sowjetunion während der vergangenen 50 Jahre haben alle, wie nicht anders zu erwarten war, nur einen winzigen Bruchteil der notwendigen zuverlässigen Daten zutage gefördert.

Sie sind frustriert, und Ihr Mut verläßt Sie. Vielleicht werden Sie etwas zurückstecken und Abstriche an Ihrem Perfektionismus machen. Anstatt den Menschen genau das zu geben, was diese selbst für wünschenswert halten, werden Sie vielleicht entscheiden, daß es nur einige wenige Typen beispielsweise von Schuhen bestimmter Formen und Größen geben soll, so daß das Rechenproblem vereinfacht wird. Oder Sie geben das Prinzip der Freiheit der Wahl des einzelnen ganz auf und geben den Menschen Güter, deren Bereitstellung für Sie bequem ist.

Eines ist klar: Wenn die Zentralplanung impliziert, daß eine einzige Person oder ein einziger Ausschuß die unzähligen und vielfältig miteinander verschlungenen Details im Kopf haben müßte, ließe sich keinerlei Effizienz bei der Bewältigung der Aufgabe erreichen.

Dezentralisierung

Aus diesem Grunde werden Sie natürlich mit verschiedenen Möglichkeiten zur Dezentralisierung der Planungsaufgabe herumexperimentieren. Und höchstwahrscheinlich werden Sie sich schließlich für die Einführung eines Preissystems für Güter und Produktionsfaktoren entscheiden – eines Systems, das in vielerlei Hinsicht dem des Kapitalismus ähneln wird. Sie könnten dieses System zur Unterscheidung von einer sozialistischen Planwirtschaft (in der die Preise und Mengen vom Staat oder einer zentrale Planungsbehörde festgesetzt werden) als *Marktsozialismus* bezeichnen.

Wie könnte ein solches System funktionieren?

Preisbildung in einem utopischen Staat: Konsumgüterpreise

In Ihrer neuen Gesellschaft haben die Konsumenten nach wie vor die Freiheit der Entscheidung, und niemand wird ihnen die relativen Mengen der verschiedenen Güter diktieren, deren sie sich zu »erfreuen« haben. Ebenso wie im kapitalistischen System erhalten die Konsumenten eine gewisse Summe an Geld oder abstrakte Kaufkraft, die sie nach Belieben für den Erwerb der verschiedenen Güter einsetzen können; so brauchen Vegetarier kein Fleisch zu essen, während diejenigen, die Fleisch bevorzugen, dies auch kaufen können.

Wie werden die relativen Preise von Lachs und Schinken und allen anderen Konsumgütern in einem sozialistischen Staat festgesetzt? Allgemein gesprochen, werden die Preise mit dem gleichen zweifachen Ziel festgesetzt wie in einer kapitalistischen Gesellschaft:

- Sie werden hoch genug sein, um das vorhandene Konsumgüterangebot so zu rationieren, daß keine Güter übrigbleiben und an keinem Gut Mangel herrscht.
- Sie werden hoch genug sein, um die gesellschaftlich notwendigen zusätzlichen Kosten der Produktion der fraglichen Güter zu decken.

Fachlich ausgedrückt, müssen die Preise gleich dem relativen »Grenznutzen« und den relativen »Grenzkosten« sein.

Die Einkommensverteilung

Bis zu diesem Punkt lief die Entwicklung weitgehend in der gleichen Weise ab, wie in einem kapitalistischen System. Aber wie sollten in unserer idealen Gesellschaft die Einkommen verteilt sein? Viele glauben, daß es in Utopia eine sehr viel weitreichendere Gleichheit in der Vermögensverteilung geben würde als in den heutigen kapitalistischen Volkswirtschaften. Vielleicht würde jedermann über gleich hohe Vermögensanteile verfügen; vielleicht würde alles Vermögen und das gesamte Kapital dem Staat gehören.

Welche der beiden Situationen auch gegeben wäre, das Ergebnis würde sich sehr stark von der kapitalistischen Volkswirtschaft wie etwa der der Vereinigten Staaten unterscheiden. Bei uns besaßen 1983 die 400 reichsten Amerikaner Vermögenswerte in Höhe von 200 Milliarden Dollar. Dieses Vermögen warf ein jährliches Vermögenseinkommen in Höhe von 20 Milliarden Dollar ab, beziehungsweise 50 Millionen für jeden dieser Superreichen. Diese ungleiche Vermögensverteilung bedeutet, daß die Superreichen 1000mal mehr verdienen als ein Jurist oder ein qualifizierter Ingenieur zu Beginn seiner Laufbahn und 7500mal mehr als jemand, der einer Vollzeitbeschäftigung zum Mindestlohn nachgeht.

Derartige große Vermögensansammlungen wären in einem egalitären, idealen Staat nicht anzutreffen. In einer Gesellschaft, in der der größte Teil des Vermögens unter allen Menschen zu gleichen Teilen aufgeteilt wäre oder sich in kollektivem Besitz befände, würde eine bedeutende Quelle der Einkommensungleichheit fehlen.

Viele Verfechter des Egalitätsprinzips sind der Meinung, daß die verschiedenen Menschen weitgehend die gleichen Wünsche und Bedürfnisse haben. Sie mißbilligen ein auf dem Laissez-faire-Prinzip gegründetes Marktsystem (und selbst das heutige System mit seiner in gewissem Umfang stattfindenden Einkommensumverteilung), weil den Reichen so viel mehr Dollar für Konsumzwecke oder zum Vermögenserwerb zufließen als den Armen. Vertreter des Egalitätsgedankens würden vielleicht sogar behaupten, daß der Grenznutzen der Einkommen, die die Reichen beziehen, sehr viel geringer ist als der Grenznutzen der Einkommen der Armen (obgleich sie möglicherweise nicht genau wüßten, wie man in den beiden Fällen den relativen Grenznutzen messen könnte).

Diese Vertreter des Gleichheitsgedankens würden eine Verringerung der Spanne zwischen den Einkommen der ärmsten und der reichsten Haushalte begrüßen. Sie möchten Einkommensteile von Empfängern hoher Einkommen (mit einem, ihren ethischen Positionen zufolge, geringen Grenznutzen) umdirigieren zugunsten von Empfängern niedriger Einkommen (mit hohem Grenznutzen). Sie würden sich in einem idealen Staat für eine redistributive Besteuerung einsetzen, die eine ihren ethischen Auffassungen entsprechende ideale Einkommensverteilung gewährleistet. Darüber hinaus würden sie, wenn ihnen an der Effizienz des Wirtschaftssystems liegt, versuchen, effiziente beziehungsweise nicht zu Verzerrungen führende Steuern zu entwickeln, vielleicht Pauschalsteuern oder Steuern auf Güter oder Faktoren mit unelastischer Nachfrage (die Eigenschaften haben, wie man sie den Bodensteuern von Henry George zuschreibt).

Sobald diese ethischen (nicht in den Bereich der Wissenschaft fallenden) Urteile gefällt sind, werden die auf den Markt gelangenden Dollars gültige Indikatoren für den gesellschaftlichen Nutzen beziehungsweise den Wert von Gütern und Dienstleistungen sein. Und nur dann werden Preise dafür sorgen, daß die Produktion in die richtigen Kanäle und die Güter in die richtigen Hände gelangen.

Die Sozialdividende

Auf welche Weise läßt sich die als ethisch angemessen betrachtete Einkommensverteilung erreichen? Welche sonstigen Bedingungen müssen erfüllt sein, abgesehen von der Gleichheit des Vermögensbesitzes und der Besteuerung aller auf der Basis von Pauschalsteuern?

Perfektionisten sagen: (1) zum Teil dadurch, daß Teile des Einkommens in Form von Löhnen gezahlt werden; aber (2) zum Teil auch dadurch, daß diese Löhne durch Zahlung einer pauschalen Sozialdividende beziehungsweise einer negativen Einkommensteuer ergänzt werden. Diese Bartransfers könnten in einer egalitären Gesellschaft in Abhängigkeit von der Größe der Familien, dem Alter, dem Gesundheitszustand und selbst den erworbenen oder ererbten Fähigkeiten der Empfänger unterschiedlich hoch sein.

Die Sozialdividende unterscheidet sich vom Lohn dadurch, daß sie jedem Bürger unabhängig von seiner eigenen Leistung gewährt wird. Deshalb verwendet man die Bezeichnung »Pauschal«-Leistung beziehungsweise »Pauschal«-Transfer.[2] (Etwaige zusätzliche produktivitäts- oder leistungsabhängige Prämien werden wie Löhne gehandhabt.)

Wie hoch sollte diese Sozialdividende sein? Wie hoch sollte letztlich das Einkommen jedes einzelnen in dieser egalitären Gesellschaft sein? Dies sind natürlich ethische oder politische Fragen; die Antwort darauf kann nicht wissenschaftlich begründet werden.

Noch wissen wir auch nicht, wie die Löhne bestimmt werden; aber ehe wir uns dieser Frage zuwenden, wollen wir zunächst ein anderes wichtiges Problem behandeln – die Preisbildung der Produktionsfaktoren.

Preisbildung für nichtmenschliche Produktionsfaktoren

Welche Rolle sollten Boden, Kapital und andere nichtmenschliche Produktionsfaktoren im Sinne von Kostenelementen in einer idealen Gesellschaft spielen?

Frühe Theoretiker des Sozialismus vertraten häufig den Standpunkt, daß solche nichtmenschlichen Ressourcen überhaupt nicht in die Kostenrechnung eingehen sollten; die wahre Quelle aller Werte seien der Arbeitseinsatz und die Fähigkeiten des Menschen; alle zusätzlichen Preiselemente, die sich auf die Kosten von Boden und Maschinen gründeten, seien ein kapitalistischer Überschuß, den die Vermögensbesitzer infolge ihres privaten Eigentumsmonopols an den Produktionsmitteln aus den ausgebeuteten Arbeitermassen herauspressen könnten. Diese Auffassung entspricht der traditionellen »Arbeitswertlehre« von Karl Marx. Ohne

---

2 Stellt der Staat mehr öffentliche Güter bereit, als ihm an Ressourcen zur Verfügung stehen, wird die Sozialdividende möglicherweise negativ ausfallen – d. h. in Pauschalsteuern bestehen anstatt in Transferzahlungen.

uns in die theoretischen Aspekte dieses Streites der Lehrmeinungen hineinziehen lassen zu wollen, müssen wir dennoch folgenden wichtigen Punkt festhalten:

■ **In ihrer einfachen Form führt die Arbeitswertlehre selbst in der vollkommensten sozialistischen Gesellschaft zu einem falschen und ineffizienten Einsatz sowohl des Faktors Arbeit wie aller übrigen Ressourcen.**

Solange irgendeiner der Produktionsfaktoren wie Boden oder Maschinen nur in begrenzter Menge verfügbar ist – solange er also ein knappes und kein freies Gut ist –, müssen die Planer einen Preis und eine Nutzungszahlung dafür veranschlagen. Dieser Preis muß nicht unbedingt das Einkommen irgendeiner Einzelperson bestimmen; niemand muß deshalb auf der Basis solcher Nutzungszahlungen für derartige knappe Faktoren zum Milliardär werden. Sie können als reine Buchungsgrößen oder als Preise zum Zwecke der Rechnungsführung auftreten (beziehungsweise als sogenannte Verrechnungspreise), die die Planer festsetzen, ohne daß diese Preise tatsächlich gefordert und bezahlt werden. Dennoch muß ein Preis für die Nutzung aller knappen Ressourcen in Rechnung gestellt werden.

Warum? Erstens müssen wir für nichtmenschliche Ressourcen Preise festsetzen, um sicherzustellen, daß die Gesellschaft sich für die beste Möglichkeit zur Produktion von Gütern entscheidet – so daß wir tatsächlich die wahre Grenze der Produktionsmöglichkeiten der Gesellschaft erreichen und uns nicht innerhalb dieser Grenze bewegen.[3] Es wäre ja absurd, wenn man sich des kapitalistischen Systems mit all seiner angeblichen Vergeudung durch Arbeitslosigkeit entledigte, um dann durch unsinnige Planung auf einem Platz weit innerhalb der wahren PM-Grenze der Gesellschaft zu landen.

Eng verknüpft mit obigem Aspekt ist das zweite Erfordernis: Allen Ressourcen muß ein Wert beigemessen werden, wenn für die Endprodukte, die einen großen Teil der knappen Ressourcen aufzehren, richtige Preise verlangt werden sollen. Mit anderen Worten: Damit die Gesellschaft die bestmögliche Position auf der Grenze der Produktionsmöglichkeiten erreicht, müssen wir für Konsumgüter wie Nahrungsmittel und Bekleidung einen Preis ansetzen, der die echten relativen (zusätzlichen oder marginalen) Kosten widerspiegelt. Andernfalls werden selbst im Falle der Gleichheit in der Einkommensverteilung die durch die Dollarausgaben der Konsumenten zum Ausdruck gebrachten freien Wahlakte nicht zu einer echten Maximierung ihrer Präferenzen oder der Präferenzen der Gesellschaft insgesamt führen, bei der sich Grenznutzen und Grenzkosten im Gleichgewicht befinden.

Das Beispiel der Bodenrente

Die beiden angeführten Gründe – Input-Effizienz und optimale Wahl des Outputs – sind vielleicht nicht ohne weiteres verständlich. Die Notwendigkeit der Veranschlagung eines Preises für nichtmenschliche Produktionsfaktoren läßt sich jedoch an einem Beispiel verdeutlichen, bei dem der Faktor Boden eine Rolle spielt.

---

3 Hinsichtlich des allgemeinen Beweises vgl. den Anhang zu Kapitel 26.

Angenommen, in einer utopischen Agrargesellschaft leben Zwillingsbrüder. Einer von ihnen soll auf einem Morgen guten Ackerlandes Weizen anbauen; auch der andere baut in der gleichen Jahresfrist und bei gleichem Arbeitseinsatz Weizen an, erntet jedoch auf seinem schlechten Boden weniger Weizen. Handelt es sich nun um eineiige Zwillinge, die gleich hart arbeiten, müßten wir zweifellos einräumen, daß sie auch die gleichen Löhne erhalten sollten.

Wenn nun in Übereinstimmung mit der Arbeitswertlehre allein die Löhne als Kosten behandelt würden, könnte für die beiden Weizenoutputs nicht der gleiche Preis gefordert werden, selbst wenn alle Weizenkörner identisch wären. Der auf dem guten Boden produzierte Weizen verursachte geringere Arbeitskosten pro Bushel; er müßte deshalb für einen geringeren Preis verkauft werden als der Weizen des schlechteren Bodens.

Das ist natürlich absurd. Eine wohlmeinende Planungsbehörde könnte versuchen, das Dilemma dadurch zu umgehen, daß sie den Brüdern den gleichen Lohn zahlt und einen Preis ansetzt, der gleich den Durchschnittskosten ist – sie würde den gleichen Preis für beide Weizenoutputs fordern, wobei sie bei dem Weizen des schlechten Bodens Geld einbüßte und bei dem des guten Bodens einen Gewinn machen würde.

Eine solche Lösung ist keineswegs absurd, aber sie erzielt nicht das beste Ergebnis im Sinne einer Maximierung der Produktion sowie gleicher Bezahlung für gleiche menschliche Leistung. Warum nicht? Weil sie nicht dafür sorgt, daß eine stärkere Verlagerung der Arbeit zugunsten des produktiveren Bodens erfolgt.

Wie läßt sich das ideale Ergebnis erzielen? Das einzig richtige Verfahren besteht in der Festsetzung eines Verrechnungspreises oder einer Rente für jede Bodenparzelle, wobei für den guten Boden eine höhere Rente angesetzt wird. Die Preise für den Weizen beider Parzellen sind gleich hoch, weil die Bodenkosten (die »Ricardosche Rente«) des auf dem guten Boden erzeugten Weizens gegenüber denen des Weizens vom schlechten Boden um genau so viel höher sein werden, daß die Differenz in der Arbeitsproduktivität ausgeglichen wird.

Am wichtigsten jedoch ist, daß die Agrarmanager aufgefordert sind, die bei der Produktion einer jeden Weizensorte anfallenden kombinierten Arbeits- und Bodenkosten zu minimieren. Tun sie dies in Übereinstimmung mit den in Teil V behandelten Grenzproduktprinzipien, gelingt ihnen etwas, wovon all jene, die die Arbeitswertlehre einfach zu ihrem Glaubensbekenntnis machten, nicht einmal geträumt haben.

Sie werden feststellen, daß es sich lohnt, den guten Boden intensiver, vielleicht mit der Arbeitszeit von $1\frac{1}{2}$ Arbeitern, zu bearbeiten, und zwar so lange, bis dessen Grenzprodukt der Arbeit infolge des Gesetzes vom abnehmenden Ertragszuwachs so weit abgesunken ist, daß es genau gleich dem Grenzprodukt der Arbeit des schlechten Bodens ist. Nur wenn wir für den brachliegenden, uns keine Mühe kostenden Boden einen Preis veranschlagen, kann der produktivste Einsatz – auch der lebendigen, mühevollen menschlichen Arbeit – sichergestellt werden! Der Preis oder die Rente des Bodens steigt, um auf effiziente Weise dessen begrenztes Angebot den besten Verwendungen zuzuführen.

Beachten Sie auch, daß an unserer Lösung nicht einmal der pedantischste Menschheitsbeglücker etwas auszusetzen haben kann. Durch den Transfer der Arbeit von einem Morgen Land auf einen anderen, und zwar bis zu dem Punkt, an dem die Grenzproduktivität der Arbeit gleich hoch ist, erhalten wir die größtmögliche Gesamtproduktion an Weizen.

Die Zwillinge erhalten den gleichen Lohn, weil sie gleich schwer gearbeitet haben. Ihr Lohn ist jedoch nicht hoch genug, als daß sie damit den ganzen Weizen kaufen könnten, da ein Teil der Kosten des Weizens den für die Bodenrente veranschlagten Nutzungszahlungen entstammt. Jedoch fließt diese Bodenrente nicht irgendeinem Grundeigentümer zu, sondern steht zur Verfügung, um entsprechend der ethisch motivierten Entscheidungen der Gesellschaft unter die Zwillinge in Form einer pauschalen Sozialdividende aufgeteilt werden zu können.

> ■ Unsere ideale Gesellschaft erkennt, daß der Ansatz einer Bodenrente von entscheidender Bedeutung ist, um den gesellschaftlichen Gesamtkonsum zu maximieren. Aber diese aus Effizienzgründen berechneten Renten müssen nicht einer privilegierten Klasse zufließen – sie können dem Staat zufließen (als Renten oder in Form von Steuern auf Renten) und als Sozialdividende wieder verteilt oder für den Erwerb öffentlicher Güter verwandt werden.

Die Preisbildung für produktive Ressourcen im allgemeinen

Wir können das Beispiel des Bodens auf die Produktionsfaktoren im allgemeinen ausweiten. Eine exakte gesellschaftliche Planung setzt Verrechnungspreise für die Nutzung sämtlicher knapper Ressourcen voraus, gleichgültig ob es sich um menschliche Arbeit oder andere Faktoren handelt. Jede Güteklasse unterschiedlicher Böden, jede Ader eines Kupfererzvorkommens, jede Öl- oder Erdgasquelle, jeder Streifen Wald repräsentiert Faktoren, die zur Erstellung von Endprodukten eingesetzt werden können und die möglicherweise knapp sind. Sind sie tatsächlich knapp, muß ihnen ein angemessener Knappheitspreis zugewiesen werden, damit sie der besten Verwendung am richtigen Ort und zur richtigen Zeit zugeführt werden.

Andernfalls werden die wertvollen nichtmenschlichen – und menschlichen – Ressourcen falschen Verwendungen zugeführt und die Marktpreisbildung von Fertigerzeugnissen führt nicht zur maximalen Befriedigung der Bedürfnisse der Konsumenten.

Die Rolle des Zinssatzes in einer idealen Volkswirtschaft

Hat diese Theorie auch Gültigkeit mit Bezug auf das Kapital und den Zeitfaktor? Sie besitzt diese Gültigkeit sehr wohl. Wir haben gesehen, daß der Zins in einem kapitalistischen wie in einem sozialistischen oder irgendeinem anderen Wirtschaftssystem eine wichtige Rolle spielt. Kapitalgüter werfen einen Nettoertrag oder eine Rendite ab. Solange Ressourcen mit Blick auf die Gegenwart oder die Zukunft investiert werden können, stehen wichtige Entscheidungen auch mit Bezug auf das Kapital an.

Sollen wir gegenwärtig verfügbaren Boden oder Arbeitskräfte für die Erzeugung von Mais in diesem Jahr oder von Äpfeln in 15 Jahren verwenden? Wollen wir heute Traubensaft oder Wein in 10 Jahren? Sollen wir einen alten Webstuhl durch einen neuen, teuren ersetzen, der eine Lebensdauer von 20 Jahren hat, oder durch einen billigen, der nur 14 Jahre hält?

Jede dieser Fragen kann nur unter Zuhilfenahme eines Zinssatzes beantwortet werden, der die Zukunftswerte zu den Gegenwartswerten in Beziehung setzt. Ohne einen solchen Zinssatz kann der vorhandene Bestand an Kapitalgütern nicht den besten Verwendungen zugeführt werden. Und wie hoch der Anteil am Volkseinkommen, den eine Gesellschaft in die Kapitalbildung zu investieren gedenkt, auch sein mag, er kann nicht in die beste Form der Kapitalbildung umgesetzt werden, wenn die Investitionsmittel nicht mit Hilfe eines Zinses in die Projekte mit den höchsten Ertragsraten gelenkt werden.

- **Der Zins wirkt wie ein Sieb oder ein Rationierungsinstrument: Projekte, die einen Ertrag von 10 Prozent abwerfen, werden vor anderen Projekten in Angriff genommen, die lediglich 8 Prozent abwerfen. Dadurch sorgt die Gesellschaft für die bestmögliche Verwendung ihrer knappen Investitionsmittel.**

Hinzugefügt werden sollte, daß viele Verfechter einer egalitären Gesellschaft oder viele sozialistische Ökonomen nicht der Ansicht sind, daß der Zinssatz – so wie das bis zu einem gewissen Grade in unserer Volkswirtschaft der Fall ist – darüber entscheiden sollte, inwieweit Kapitalbildung auf Kosten des laufenden Konsums stattfinden sollte. Diese Autoren vertreten die Auffassung, daß es Sache des Staates sei, im Lichte der Erfordernisse zukünftiger wie gegenwärtiger Generationen darüber zu entscheiden, wieviel gespart werden sollte, und daß man diese Entscheidungen nicht Einzelpersonen und ihren zufälligen Vorstellungen von der Zukunft überlassen sollte. Sobald jedoch eine Entscheidung bezüglich der Höhe der gesellschaftlichen Spartätigkeit und der Kapitalbildung getroffen worden ist, bedarf es des Zinses, um für eine optimale Allokation des knappen Kapitalangebots zu sorgen und die Priorität alternativer Projekte zu bestimmen.

Lohnsätze und Anreiz-Preisbildung

Nunmehr müssen wir zu der Frage zurückkehren, wie unsere Planer zur Festsetzung der Löhne gelangen; damit ist dann die Preisbildung für die Produktionsfaktoren abgeschlossen. Wären die vorhandenen Mengen an Arbeit jeder Art und auf jedem Qualifikationsniveau vollkommen fixe Größen, gäbe es keinen Grund dafür, warum man nicht für den Faktor Arbeit genauso wie für alle anderen Produktionsfaktoren Verrechnungspreise ansetzen sollte. Die Arbeitnehmer erhielten überhaupt keine Löhne; sie erhielten das gesamte Volkseinkommen in Form einer erhöhten Sozialdividende.

Streben wir jedoch eine freie Gesellschaft an, in der heterogene Menschen die Möglichkeit haben, sich frei für bestimmte Beschäftigungen und Ausbildungswege zu entscheiden und in der Sie sich entscheiden können, ob Sie zur Erlangung zusätzlicher Konsumgüter etwas härter und länger arbeiten wollen, ist die Einrichtung eines Systems von Löhnen, zu denen der einzelne seine Dienstleistungen verkaufen kann, unerläßlich. Die Löhne müßten genau die Höhe erreichen, bei der sich Angebot und Nachfrage nach Arbeit ausgleichen.

In Abhängigkeit davon, ob die Beschwerlichkeit der Aufgaben das freiwillige Angebot an Arbeitskräften beeinflußt oder nicht, können die Löhne Unterschiede aufweisen. Deshalb könnten im Gegensatz zu dem bisherigen Zustand die angenehmeren Beschäftigungen schlechter entlohnt werden, während man Kanalarbeitern oder Müllabfuhrleuten einen höheren Lohn zahlen müßte, um

Menschen für diese Beschäftigungen zu gewinnen anstatt für die medizinischen oder juristischen Berufe. Man könnte Stücklöhne zahlen, und ein Arbeitnehmer mit einer 20 Prozent höheren Produktivitätsrate würde höhere Löhne (vor Steuerabzug und zusätzlich zur Sozialdividende) erhalten. *In jedem Fall werden die Arbeitnehmer einen Lohn vor Steuerabzug erhalten, der gleich ihrer Grenz- oder zusätzlichen Produktivität wäre.*

Deshalb müssen in einer idealen Gesellschaft nicht notwendigerweise alle Einkommen völlig nivelliert sein. Sie werden in Abhängigkeit von zwei spezifischen Faktoren geringfügige Unterschiede aufweisen: (1) der gesellschaftlichen Bewertung der »Bedürfnisse und des Verdienstes« verschiedener Individuen und Familien – die sich in erster Linie in der Höhe der pauschalen Sozialdividende dieser Person niederschlagen werden; und (2) der Notwendigkeit von Lohnunterschieden als Voraussetzung für die Schaffung von Anreizen sowie »kompensatorischer Entlohnungen« für unterschiedliche Mühsal und unterschiedlichen Arbeitseinsatz. Die Einkommen brauchen sich jedoch nicht zu unterscheiden aufgrund von Ungleichheiten im Vermögensbesitz durch persönlichen Erwerb oder Erbgang sowie aufgrund angeborener Begabungen. Löhne im Sinne von Renten (wie Leute mit einmaligen Begabungen wie Martina Navratilova, John McEnroe, Diana Ross oder Johnny Carson sie beziehen) könnten genausohoch besteuert werden wie die Bodenrente in Henry Georges Einsteuerbewegung.

Die Grenzkosten-Preisbildung für Endprodukte

Nachdem wir uns mit der Preisbildung für die verschiedenen Produktionsfaktoren beschäftigt haben, müssen wir als letztes noch auf die Bestimmung der Kosten und Preise für Endprodukte in unserer idealen Gesellschaft eingehen. Nach der Addition sämtlicher für die notwendigen Inputs anfallenden Kosten, die die Gesamtkosten ergeben, müssen die Planungsbehörden Güterpreise ansetzen, die den Grenzkosten der Produktion entsprechen. Oder, genauer gesagt, die Unternehmensleiter müssen sich wie vollkommene Konkurrenten verhalten – sie müssen von jeglichem Einfluß, den ihre eigene Ausbringung auf den Marktpreis haben könnte, absehen; sie müssen so lange zusätzliche Einheiten ihres Produktes erstellen, bis sich die Kosten der letzten Einheit und deren Verkaufspreis genau decken.[4]

In vielen Wirtschaftszweigen, wie beispielsweise bei den Eisenbahnen, in denen die Kosten pro Einheit ständig fallen, bedeutet die Gleichsetzung von Grenzkosten und Preis, daß die Durchschnittskosten nicht in voller Höhe gedeckt sind. In unserer idealen Gesellschaft würde diese Differenz durch einen pauschalen Transfer von seiten des Staates ausgeglichen. Denn wenn es sich lohnt, ein Eisenbahnnetz zu errichten, lohnt es sich auch, es gut zu nutzen. (Siehe ergänzender Hinweis S. 418.)

---

[4] In einem dezentralisierten System könnten die Manager von Wirtschaftszweigen dies im allgemeinen dadurch erreichen, daß sie ihre algebraischen – in Rechnungseinheiten oder echten Dollars gemessenen – Nettogewinne maximieren, wobei sie *sämtliche* Preise als gegebene Parameter betrachten. Unter den einem realistischen Laissez-faire-System einer kapitalistischen Wirtschaft entsprechenden Kostenbedingungen wacht über ein entsprechendes Verhalten der Wettbewerb. Dort, wo man jedoch Bürokraten den Auftrag erteilt, sich so zu verhalten, als »spielten sie das Spiel des Wettbewerbs«, kann es sich als schwierig erweisen, sicherzustellen, daß sie tatsächlich die Rolle von Preisnehmern spielen.

GK-Preisbildung mit Subventionen bei sinkenden Kosten

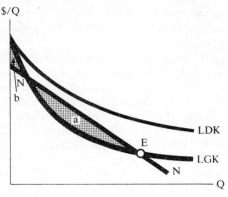

Abbildung 31A.1.

Ergänzender Hinweis:

Die langfristige Frage, ob überhaupt eine Eisenbahn gebaut werden sollte, kann eine »Alles-oder-nichts-Entscheidung« notwendig machen, die man nicht Schritt für Schritt treffen kann. In einem solchen Fall müssen der zusätzliche (oder Grenz-)Vorteil und die der Gesellschaft aus dem Vorhaben entstehenden zusätzlichen Kosten gegeneinander abgewogen werden. Aber bei einem so großen Schritt taugt der Preis nicht mehr als Indikator für die Gesamtwohlfahrt, da – wie wir in Kapitel 19 gesehen haben – die Güter, die ein Haushalt verbraucht, gemessen an dem für sie gezahlten Preis immer ein Element einer Konsumentenrente enthalten.

In Abbildung 31A.1 liegt *NN* (von dem wir annehmen, daß es den echten Grenznutzen der Gesellschaft widerspiegelt) überall unter den abnehmenden langfristigen *DK*. Deshalb kann eine Preisbildung zu langfristigen *GK* nicht die vollen langfristigen gesellschaftlichen Kosten wieder hereinholen. Aber angesichts der deutlich größeren Fläche *a*, verglichen mit der Fläche *b*, ist die Gesamtnutzenfläche unter *NN* größer als die Gesamtkostenfläche unter *LDK*. Deshalb sollte die Produktion der Gesellschaft auf der Höhe von *E* liegen, und der zwangsläufige Verlust sollte durch eine pauschale Subvention abgedeckt werden, oder man sollte die Haushalte irgendwie dazu bringen, für voraufgehende Einheiten mit höherer Konsumentenrente einen höheren Preis zu zahlen. Solche Argumente könnten eine Volkswirtschaft veranlassen, Bereiche wie die Eisenbahnen oder den Straßenverkehr, oder auch öffentliche Versorgungsbetriebe wie Wasser oder Gas oder das Telekommunikationswesen zu subventionieren.

Würde *NN* sich so weit nach unten verlagern, daß $a < b$, sollte man von vornherein von dem ganzen Projekt Abstand nehmen oder es letztlich nicht ersetzen. Selbst wenn *NN* sich geringfügig nach oben verlagerte, so daß es zum Teil über *LDK* läge und der Preis nicht alle Kosten decken könnte, sollte *P* im Interesse einer effizienten Preisbildung auf der Höhe von *LGK* gehalten werden.

All dies bedarf der Einschränkungen, wenn die Dollars keinen echten und konstanten Grenznutzen und keine echten gesellschaftlichen Kosten widerspiegeln, wie dies bei großen Entscheidungen und in einer durch viele Monopole gekennzeichneten Welt der Fall ist. Eine noch wichtigere Einschränkung ergibt sich, wenn der Staat nicht über ein ausreichendes Instrumentarium von nicht zu Verzerrungen führenden beziehungsweise von Pauschalsteuern verfügt. In diesem Fall müssen die Preise möglicherweise, wie wir im Zusammenhang mit der Analyse der Ramsey-Steuern in Kapitel 27 gesehen haben, etwas über den GK liegen, um die in der Realität entstehenden Kosten für die Beschaffung von Einnahmen zum Zwecke der Subventionierung von Wirtschaftszweigen mit sinkenden langfristigen Durchschnittskosten widerzuspiegeln.

Zusammenfassung der Preisbildung in Utopia

• In Utopia würde man sich vier verschiedener Formen der Preisbildung bedienen: es gäbe: *(a)* Konsumgüterpreise, *(b)* Löhne und Anreizzahlungen, *(c)* Schattenpreise für Zwischengüter oder produzierte Inputs und schließlich *(d)* pauschale Sozialdividenden (das heißt Transfers, wenn diese einen positiven Wert haben, oder Steuern, wenn sie einen negativen Wert haben). Die ersten drei Preise würden durch Angebot und Nachfrage bestimmt. Jedes Konsumgut würde bis zu dem Punkt produziert, an dem die vollen Grenzkosten der Produktion (die unentbehrlich sind, um alle Ressourcen aus anderen Verwendungen und aus dem Bereich der Muße abzuziehen) genau gleich dem Preis sind.

• Die endgültige Einkommensverteilung würde auf dem Wege über die Zahlung einer Sozialdividende an die Mitglieder der Gesellschaft – und zwar in Abhängigkeit von ihrer Bedürftigkeit, ihren Bedürfnissen und ihrem Verdienst und nicht, wie beim Lohn, von ihrem Arbeitseinsatz oder ihrer Leistung – so gestaltet, daß sie der von der Gesellschaft als ideal betrachteten Verteilungsstruktur entspräche. Wie groß dabei im einzelnen der Grad der Gleichheit oder Ungleichheit wäre, ist eine ethische, keine wissenschaftliche Frage.

• Keiner dieser Vorgänge setzt eine ins einzelne gehende, umfassende Planung durch eine zentrale Behörde voraus. Man bräuchte keine Mathematiker, um Tausende oder Millionen simultaner Gleichungen zu lösen. Vielmehr würden die dezentralisierten Unternehmensleiter der einzelnen Wirtschaftszweige oder Unternehmen nach Verfahren der schrittweisen Annäherung verfahren, nach Methoden des Tastens und Anpassens – sie würden vorläufige Markt- und Schattenpreise ansetzen und diese senken oder anheben, je nachdem, ob sie auf den angebotenen Gütern sitzenbleiben oder diese knapp werden.

Kurze Geschichte der Wohlfahrtspreisbildung

Eine kurze Geschichte der Auseinandersetzungen um die Preisbildung wird zur Vertiefung des Verständnisses der wesentlichen Aspekte beitragen.[5] Zumindest seit den Tagen von Adam Smith waren Wirtschaftswissenschaftler vom Mechanismus des Laissez-faire fasziniert und glaubten, daß er wohl die optimale Form der Organisation einer Volkswirtschaft darstelle. Oft waren sie jedoch unkritisch, und oft verloren sie die Annahme aus dem Blickfeld, daß die Dollarstimmen in

---

[5] Vgl. insbesondere O. Lange und F.M. Taylor, *On the Economic Theory of Socialism*, University of Minnesota Press, Minneapolis 1983; und F.A. Hayek, »Socialist Calculation: the Competitive Solution.« *Economica* (1940).

der ethisch gewünschten Weise verteilt sein müssen; außerdem konnten sie das, woran sie glaubten, nicht beweisen.

Um 1900 bewies Vilfredo Pareto, daß ein idealer Sozialismus dieselben Gleichungen lösen müßte wie der Konkurrenzkapitalismus. Um 1900 trat Ludwig von Mises, vielleicht in Unkenntnis des Paretoschen Beweises, mit der die Wissenschaft herausfordernden These hervor, daß eine rationale Organisation der Wirtschaft ohne freie Märkte logisch unmöglich sei. A. P. Lerner und der Pole Oskar Lange hielten von Mises das Argument entgegen, daß der Sozialismus die Probleme der ökonomischen Organisation mit Hilfe eines *Marktsozialismus* lösen werde – bei dem der Staat zwar Eigentümer der Produktionsmittel sei, die Bestimmung der Faktor- und Güterpreise jedoch dezentralisierten, quasi-wettbewerbsabhängigen Staatsunternehmen überlassen bliebe –, etwa nach der Art, wie dies im vorliegenden Anhang darstellt wurde.

F. A. Hayek argumentierte, daß diese Antwort das Problem übersehe, daß jedem einzelnen die Initiative übertragen werden müsse, die herrschende Ressourcenallokation zu verbessern. Hayek glaubte, daß nur im Falle der Existenz freier Unternehmen die Information, über die jeder von uns vielleicht verfügt, effektiv genutzt werden könne. Er hielt es für naiv, davon auszugehen, daß jede Planungsbehörde von den tatsächlichen Kosten oder Technologien jedes einzelnen Unternehmens Kenntnis haben könnte. Nur wenn bestimmte Anreize bestünden, würden sich die Unternehmen die besten Produktionsmethoden aneignen oder neue ersinnen. Wie könnten Planer jemals für solche Anreize sorgen, so daß sich die Unternehmensleiter des dezentralisierten Lange-Lerner-Modells wie vollkommene Konkurrenten verhalten würden, wenn sie de facto einen großen Teil der Produktion kontrollieren? Hayeks Verdienst war es, darauf hinzuweisen, daß sowohl Information als auch Anreizsysteme im Konzept einer Planwirtschaft von entscheidender Bedeutung sind.

Die Auseinandersetzung zwischen Hayek und der Lange-Lerner-Richtung ist Gegenstand unserer Behandlung alternativer Wirtschaftssysteme in Kapitel 35. Dort werden wir sehen, daß Hayeks Argument bezüglich der ausschlaggebenden Rolle, die der Anreiz zum Erwerb von Informationen bezüglich der Produktions- und Nachfragefunktionen spielt, bei einer Beurteilung der wirtschaftlichen Leistung der Sowjetunion erneut zum Tragen kommt. Viele Beobachter glauben, daß der relative Mangel an Innovationsbereitschaft in der Sowjetunion und anderen kommunistischen Volkswirtschaften mit diesem Mangel an Anreizen` zusammenhängt.

Die Wohlfahrtsökonomie im ökonomischen Mischsystem

Wir analysieren ein utopisches Wirtschaftssystem nicht deshalb, weil es ein realistisches Schema für den gesellschaftlichen und wirtschaftlichen Wandel darstellen kann. Tatsächlich wäre die Annahme, daß irgendeine Gesellschaft der Realität die idealen Gleichgewichtspositionen in der oben beschriebenen Weise erreichen könnte, naiv. Es würden zwangsläufig Prognosefehler auftreten. Starke Interessengruppen wären bestrebt, ihre sichere Position in einer dynamischen Welt des Wandels zu schützen und würden einem solchen Wandel mit Widerstand und Sabotage begegnen, wie sie dies während des gesamten Verlaufs der Geschichte immer getan haben. Wir brauchen nur nach Osteuropa oder auf die Sowjetunion zu blicken (was wir in Kapitel 35 tun werden), um zu erkennen, daß dort erstarrte

Strukturen und staatliche Fehlleistungen die Rolle des Marktversagens im kapitalistischen System übernommen haben.

Vielmehr untersuchen wir ein ideales System, um dadurch Licht in unser eigenes System zu bringen. Wie Reisende, die andere Länder besuchen, um ihre eigene Kultur besser verstehen zu können, können auch wir unter Verwendung der dargestellten Prinzipien die Fehler erkennen, die nach Meinung von uns freundlich oder feindlich gesinnten Kritikern unserer eigenen Gesellschaft anhaften. Folgende Abweichungen vom gesellschaftlichen Optimum werden von Kritikern angeführt:

- Die herrschende Verteilung von Vermögen, Einkommen, Bildung und ökonomischen Chancen ist das Ergebnis von Entwicklungen der Vergangenheit und spiegelt nicht notwendigerweise einen aus der Sicht moderner Sozialphilosophen optimalen Zustand wider. Die Verfechter des ökonomischen Mischsystems halten diesem Argument entgegen, daß sich solche Abweichungen von einer optimalen Verteilung durch angemessene steuerpolitische Maßnahmen korrigieren lassen, wenn dies gewünscht wird. Die realitätsbezogene Analyse der verfügbaren Instrumente zur Änderung der Einkommensverteilung, die in Kapitel 34 im Zusammenhang mit der Behandlung des Problems der Gerechtigkeit gegenüber der Effizienz erfolgt, wird zeigen, daß fast jede Steuer oder jede Transferleistung bedeutende Auswirkungen auf das System der Anreize, auf die Risikobereitschaft, die Arbeitsleistung und die Produktivität hat.

- Die Existenz von Monopolelementen und die eingeschränkte Herrschaft des vollkommenen Wettbewerbs in unserem System bedeuten, daß die Produktion nur selten bis zu dem Punkt ausgeweitet wird, in dem die Grenzkosten gleich dem Preis sind. Da der unvollkommene Konkurrent nicht einer unbegrenzt elastischen Nachfrage gegenübersteht, wird er die Produktion nur bis zu dem Punkt ausweiten, an dem die Gleichheit zwischen Grenzkosten und Grenzerlös erreicht ist. Seine Sorge, »sich den eigenen Markt zu verderben«, führt dann zu einem zu hohen Preis und zu einer geringeren Ausbringungsmenge als im Falle der idealen Preisbildung.

- Erinnern Sie sich auch, daß die Preisbildung unter Laissez-faire-Bedingungen keine angemessene Lösung für das Problem der externen Effekte bereithält. Die einzelnen Unternehmen berücksichtigen bei ihren Entscheidungen nicht, welche möglichen Auswirkungen ihre Produktionsentscheidungen auf andere Unternehmen oder Wirtschaftszweige haben. Bei der Installierung seines eigenen Ölbrunnens stört es Pat nicht, daß er dadurch vielleicht die Ergiebigkeit von Mikes Ölbrunnen herabsetzt; das gleiche gilt auch für Mike – mit dem Ergebnis, daß letztlich weniger Öl gefördert wird und zu höheren Kosten. Aufgrund solcher externen Kosten oder Einsparungen spiegeln die privaten Grenzkosten nicht die echten gesellschaftlichen Grenzkosten wider; deshalb sollten im Interesse einer effizienten Produktion bestimmte Tätigkeitsbereiche eingeschränkt und andere ausgeweitet werden.

- Schließlich kann ein Laissez-faire-System, wie wir dies in den makroökonomischen Kapiteln dargestellt haben, Opfer verheerender Konjunkturzyklen werden. Selbst ein halbes Jahrhundert nach Keynes sind die modernen Industriegesellschaften noch nicht so sicher im Umgang mit ihrer Geld- und Steuerpolitik, als daß sie längere Phasen hoher Arbeitslosigkeit und unvertretbar hoher Inflationsraten ausschließen könnten; oder Phasen, in denen die Produktion weit hinter den Produktionsmöglichkeiten zurückbleibt; oder daß sie die ständig steigenden

Haushaltsdefizite in den Griff bekommen könnten, die die Gefahr mit sich bringen, daß die Investitionsbereitschaft der Unternehmer abnimmt oder daß der Wert des Dollars so stark steigt, daß Amerikas Handelsbilanz sich chronisch in den roten Zahlen befindet.

Es gibt noch viel zu tun in unserer modernen komplexen und turbulenten Welt – sowohl für hinlänglich wettbewerbsbestimmte Märkte wie für gut konzipierte Programme des Staates.

Zusammenfassung des Anhangs

1. In einer unverfälschten Wettbewerbsgesellschaft ohne staatliche Eingriffe werden die ökonomischen Probleme des *Was, Wie* und *Für wen* durch die unpersönlichen, interdependenten Kräfte von an Gewinn und Verlust orientierten Märkten gelöst. Jede Variable hängt von jeder anderen Variablen ab; aber alle tendieren gleichzeitig auf dem Wege über sukzessive Annäherungen und Anpassungen zu den ihrem allgemeinen Gleichgewicht entsprechenden Werten.

2. Jede utopische Volkswirtschaft müßte mit einem Preisbildungssystem arbeiten, es sei denn, sie wäre weder an Leistungsfähigkeit und sparsamer Wirtschaftsführung noch an der Entscheidungsfreiheit ihrer Wirtschaftssubjekte mit Bezug auf Güter und Arbeitsplätze interessiert. Jedoch könnten einige Preise rein buchhaltungstechnische Größen oder Verrechnungspreise sein. Außerdem könnte bei der letztlichen Entscheidung über die Einkommensverteilung eine direkte Sozialdividende oder Steuer – Pauschalbeträge unterschiedlicher Größenordnungen – eine Rolle spielen, wobei letztere abhingen von expliziten ethischen Entscheidungen des Staates und der Gesellschaft, so daß die Dollarstimmen in angemessener Weise Ausdruck der Werturteile der Gesellschaft sind.

3. Vom Standpunkt der Wohlfahrtsökonomie aus lautet ein Argument der Kritiker, daß ein kapitalistisches System im wesentlichen aus vier Gründen von ihrer Vorstellung vom sozialen Optimum abweicht: infolge einer falschen Einkommensverteilung, eines unvollkommenen Wettbewerbs, infolge von externen Effekten und aufgrund seiner makroökonomischen Instabilität.

Begriffe zur Wiederholung

Arbeitswertlehre gegenüber angemessener Preisbildung für nichtmenschliche produktive Ressourcen

Sozialdividende: Pauschalsteuer oder Transfereinkommen

Marktsozialismus

Anreiz-Lohn und freie Wahl des Arbeitsplatzes

Zins im Kapitalismus und im Sozialismus

Verrechnungspreise und tatsächliche Preise

externe Effekte bzw. Divergenz zwischen gesellschaftlichen und privaten Kosten und Nutzen

Information und Anreize

Fragen zur Diskussion

1. Stellen Sie die vier in Utopia gebräuchlichen Preise dar.
2. Worin bestehen Ihrer Meinung nach die Schwächen unserer Wirtschaftsordnung? Ihre Stärken? Welche Unzulänglichkeiten haften einer kollektivistischen Gesellschaft an?
3. »Sie behaupten, daß simultane Gleichungen das wirtschaftliche Gleichgewicht bestimmen. In meinen Augen sieht alles aus wie ein Zirkelschluß. Angenommen, ich sage: Mein Alter, Y, ist doppelt so hoch wie Ihr Alter X. Ihr Alter, X, ist um 25 Jahre niedriger als meines. Das ist doch alles Schwindel: Um X ermitteln zu können, muß ich zunächst Y kennen; aber um Y zu errechnen, muß ich X kennen!« Zeigen Sie, daß der logische Kreis kein Zirkelschluß ist. Denn die einzige Lösung für $Y = 2X$ und $X = Y - 25$ ist $X^* = 25$ und $Y^* = 50$. Das gleiche gilt für die Bestimmung von P und Q des Weizens durch Angebot und Nachfrage; und das gleiche gilt auch für das allgemeine Gleichgewicht, bei dem es um 1 Million Ps und Qs geht. Nehmen Sie dazu Stellung.
4. »Im Grunde genommen wären sich ein egalitaristischer Kapitalismus und ein effizienter Sozialismus ziemlich ähnlich. Ein egalitaristischer Kapitalismus würde die Bodenrenten und die Vermögenseinkommen hoch besteuern, was gleichbedeutend mit einer Überführung in staatliches Eigentum wäre. Außerdem wären in beiden Systemen die Löhne vor Steuerabzug (bzw. vor Berücksichtigung der Sozialdividende) gleich den Grenzprodukten, weil Anreize der Schlüssel zum effizienten Einsatz des Faktors Arbeit sind. Schließlich würden im egalitaristischen Kapitalismus auch umfangreiche Transferleistungen zugunsten von Beziehern niedriger Einkommen erfolgen. Entfernt man die Etiketten, sind die beiden Systeme identisch.« Erstellen Sie eine Liste der Unterschiede zwischen den beiden dargestellten Systemen. Worin bestehen Ihrer Meinung nach die Unterschiede zwischen dem soeben beschriebenen egalitaristischen Kapitalismus und dem effizienten Sozialismus einerseits und der amerikanischen Wirtschaft unserer Tage andererseits?

32 Rolle des Staates in der Wirtschaft: Politische Entscheidungen und externe Effekte

Demokratie ist die ständig wieder auflebende Vermutung, daß mehr als die Hälfte der Menschen in mehr als der Hälfte der Fälle recht haben.

E. B. White

In allen hochentwickelten Industriegesellschaften ist die Rolle des Staates gewachsen. Dies kommt in den steigenden öffentlichen Ausgaben und Steuern zum Ausdruck, in dem zunehmenden Anteil des Volkseinkommens, der für Transferzahlungen und für Maßnahmen zur Einkommenssicherung aufgewandt wird sowie in der erheblichen Ausweitung der staatlichen regulierenden Eingriffe in die Wirtschaft.

Deshalb beschäftigen wir uns in diesem Kapitel in Teil A mit dem Anwachsen der Bedeutung des Staates während der vergangenen Jahrzehnte, während wir uns in Teil B stärker den sich aus der Rolle des Staates ergebenden analytischen Problemen zuwenden, einschließlich der modernen Entscheidungstheorien. Der letzte Abschnitt wendet die Entscheidungstheorie schließlich auf das Problem der externen Effekte an. Im anschließenden Kapitel werden wir dann die öffentlichen Steuer- und Ausgabenprogramme analysieren.

Natürlich läßt sich die Rolle des Staates in der Wirtschaft nicht säuberlich in zwei Teile zerlegen, die man dann auf zwei Kapitel aufteilt. Wie wichtig die Geld- und Fiskalpolitik für die Entwicklung der Inflation und der Arbeitslosigkeit sind, haben wir bereits in den Teilen II und III gesehen; und in den Teilen V und VI über die Mikroökonomie haben wir erlebt, daß der Staat zur Bekämpfung von Monopolen wirtschaftliche Kontrollen sowie Antitrust-Gesetze einsetzt. In diesem Kapitel wollen wir jedoch sowohl die Normen wie die Realität staatlicher Wirtschaftspolitik etwas eingehender betrachten.

Eine Warnung sei dem Kapitel vorangestellt. Die Wählerschaft ist heutzutage gespalten. Einige Wähler wünschen sich eine Ausweitung der Funktionen des Staates. Andere möchten, daß der Kurs der Reagan-Regierung, die diese Funktionen beschneiden will, fortgesetzt wird. Welchem der beiden Lager Sie auch angehören, eine nüchterne Analyse der tatsächlichen Trends lohnt sich in jedem Fall.

A. Der Bedeutungszuwachs des Staates und seine Funktionen

Der Bedeutungszuwachs des Staates

Regierungen können keinen bleibenden Einfluß auf die Wirtschaftstätigkeit ausüben, wenn sie lediglich mit Ermahnungen vor die Bürger hintreten und diese dazu anhalten, weniger die Umwelt zu verschmutzen, Innovationsfreude an den Tag zu legen, die Staatsgrenzen zu verteidigen oder an die Armen zu denken. Um öffentliche Ziele zu erreichen, müssen Regierungen Gesetze erlassen, Steuern erheben, Geld ausgeben oder die Wirtschaftstätigkeit steuern.

Die Hauptinstrumente, mit deren Hilfe Regierungen auf die Wirtschaftstätigkeit Einfluß nehmen, sind: (1) *Steuern,* die den privaten Konsum oder die privaten Investitionen einschränken und dadurch Mittel für öffentliche Ausgaben freimachen, wie auch bestimmte Steuern, die gewisse Wirtschaftstätigkeiten fördern und andere bestrafen; (2) *Ausgaben,* die Unternehmern oder Arbeitnehmern einen Anreiz bieten, bestimmte Güter oder Dienstleistungen anzubieten; zu ihnen zählen auch *Transferzahlungen* (wie etwa Leistungen im Rahmen des Wohlfahrtsstaates), die der Einkommenssicherung dienen; (3) Staatseingriffe (»regulations«) oder Kontrollen, durch die die Wirtschaftssubjekte veranlaßt werden, sich für oder gegen bestimmte Wirtschaftstätigkeiten zu entscheiden. Während der vergangenen hundert Jahre haben sich die Regierungen zunehmend aller drei Instrumente bedient.

Ausgaben und Steuern

Vor dem Ersten Weltkrieg machten die Ausgaben des Bundes, der Bundesstaaten und der Kommunen zusammen wenig mehr als ein Zehntel unseres gesamten Volkseinkommens aus. Während des Zweiten Weltkrieges zwangen die Kriegsanstrengungen die Regierung, etwa die Hälfte des zwischenzeitlich erheblich angewachsenen Sozialproduktes für sich in Anspruch zu nehmen. Im Laufe unseres Jahrhunderts stiegen die Kosten auf sämtlichen Ebenen der Regierung der Vereinigten Staaten von nur 3 Milliarden im Jahre 1913 auf jährlich 1400 Milliarden Mitte der 80er Jahre.

Seit mehr als einem Jahrhundert sind Volkseinkommen und Sozialprodukt gestiegen. Gleichzeitig ist in den meisten Ländern und Kulturen der Trend der öffentlichen Ausgaben noch rascher angestiegen. Jede Notsituation – jeder Krieg, jede Depression, jede Phase vermehrter Beschäftigung mit der Armut und der Ungleichheit – führt zu einer Ausweitung des staatlichen Korridors. Ist die Krisensituation jedoch überwunden, scheinen die Ausgaben nie mehr auf das alte Niveau zurückzugehen.

Abbildung 32.1 zeigt neben der Entwicklung des Bruttosozialproduktes den Trend der öffentlichen Ausgaben und Steuern (für sämtliche Bereiche der Regierung der Vereinigten Staaten). Abbildung 32.2 läßt erkennen, daß die Besteuerung in reichen Ländern vergleichsweise höher ist als in armen Ländern.[1]

---

[1] Abbildung 32.2 berücksichtigt nicht nur diejenigen Steuern, die zur Deckung der Ausgaben des Staates für die von ihm benötigten Güter und Dienstleistungen (Schlachtschiffe, Polizisten, Abgeordnete, Beamte, Soldaten ...) erhoben werden, sondern auch Steuern, die für Transferzahlungen an Bedürftige, Kranke und Rentner verwandt werden.

Öffentliche Ausgaben, Bruttosozialprodukt und Steuern (1900—1964)

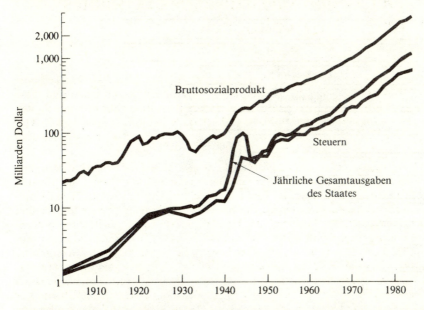

Abbildung 32.1. Die Gesamtausgaben des Staates und die Steuern sind rascher angestiegen als das BSP.
Zu den öffentlichen Ausgaben gehören die Ausgaben des Bundes, der einzelnen Staaten sowie der Kommunen. In diesem logarithmischen beziehungsweise semilogarithmischen Diagramm haben die beiden unteren Kurven eine etwas größere Steigung als die obere Kurve des BSP, was darauf hindeutet, daß Steuern und Ausgaben rascher gewachsen sind als die Wirtschaft in ihrer Gesamtheit. (Quelle: U.S.- Handels- und Finanzministerium)

Aus Abbildung 32.2 geht hervor, daß in der Bundesrepublik Deutschland – dem wohlhabenden Lieblingskind aller Konservativen als den Anführern sämtlicher Revolten gegen Steuern – die Steuerbelastung höher ist als in den Vereinigten Staaten. Der ganzen Vielfalt steuerlicher Gegebenheiten in einzelnen Nationen mit Hilfe eines einfachen Gesetzes, das die Steuerbelastungen und das Wohlergehen der Bürger zueinander in Beziehung setzt, Rechnung tragen zu wollen, ist unmöglich.

Die Entwicklung staatlicher Kontrollen und Verordnungen

Der Anstieg der kollektiven Ausgaben ist nur eine Seite der Medaille. Neben dem raschen Anwachsen der Ausgaben und der Besteuerung ist auch die Zahl der Gesetze und Bestimmungen angewachsen, denen die Wirtschaft unterworfen ist.

Vielleicht entsprach das Amerika des 19. Jahrhunderts von allen Volkswirtschaften am ehesten jenem Laissez-faire, das Thomas Carlyle als »Anarchie plus Polizeiknüppel« bezeichnete. Das Resultat war ein Jahrhundert raschen materiellen Fortschritts in einem gesellschaftlichen Rahmen, in dem der einzelne ein hohes Maß an persönlicher Freiheit besaß, um seine Ideen und wirtschaftlichen Ziele zu verfolgen. In den Augen der Kritiker hatte diese Idylle des Laissez-faire jedoch viele Schönheitsfehler. Sie richteten ihr Augenmerk auf die periodisch

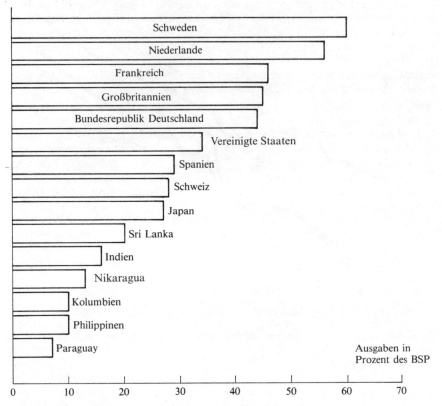

Abbildung 32.2. Am größten ist der Anteil des Staates am BSP in den reichen Ländern.
In armen, weniger entwickelten Ländern besteht, gemessen am Sozialprodukt, eine Tendenz zu einer geringeren Besteuerung und Ausgabentätigkeit. Mit wachsendem Wohlstand werden sowohl die Interdependenz wie der Wunsch größer, sozialen Bedürfnissen zu entsprechen, während die Notwendigkeit, für private lebensnotwendige Bedürfnisse selbst aufzukommen, abnimmt. (Quelle: OECD, IWF, Vereinte Nationen; von den Autoren auf den neuesten Stand gebracht.)

auftretenden Konjunkturkrisen, auf das Auftreten extremer Armut und Ungleichheit, von Sklaverei, die abgelöst wurde durch eine tiefverwurzelte Rassen- und Geschlechterdiskriminierung, auf die Verseuchung des Wassers, des Bodens und der Luft. Sowohl jene, die den Sumpf der Korruption anprangerten, wie auch die Vertreter progressiver Ideen forderten, daß man den Kapitalismus an die kurze Leine legen müsse, um dieses unbändige Tier in humanere Bahnen zu leiten.

Allmählich, und zwar beginnend mit dem letzten Jahrzehnt des 19. Jahrhunderts, rückten die Politiker von der Vorstellung ab, daß »diejenige Regierung am besten regiert, die am wenigsten regiert«. Angesichts unablässiger Angriffe von seiten der Opposition weiteten die Präsidenten Theodore Roosevelt, Woodrow Wilson, Franklin Roosevelt und Lyndon Johnson den Radius staatlicher Kontrolle über die Wirtschaft aus und erfanden neue regulierende Maßnahmen und steuerpolitische Instrumente, die ihren Zielen dienten.

Die den Regierungen im Rahmen der Verfassung zustehenden Vollmachten wurden großzügig interpretiert und eingesetzt, um »dem öffentlichen Wohl zu dienen« und das Wirtschaftssystem »der Ordnungsmacht des Staates zu unterwerfen«. Die öffentlichen Versorgungsbetriebe und Eisenbahnen wurden der staatlichen Kontrolle unterstellt; 1887 wurde die Interstate Commerce Commission (ICC) eingerichtet, die die Eisenbahntarife über die Ländergrenzen hinweg festsetzte. Gegen »wettbewerbsbeschränkende« monopolistische Zusammenschlüsse wurden die Shermann-Antitrust-Gesetze angewandt.

Die Kontrolle der Banken erfolgte auf breiter Basis: Nach 1913 wurde das Federal Reserve System eingerichtet, das die Funktion einer Zentralbank übernahm und mit Kontrollfunktionen gegenüber den Geschäftsbanken ausgestattet wurde. Seit 1933 ist der größte Teil der Bankeinlagen bei der Federal Deposit Insurance Corporation (FDIC) versichert. Wie wir in Kapitel 23 gesehen haben, wurden in der New-Deal-Ära eine ganze Reihe von Wirtschaftszweigen der »wirtschaftlichen Aufsicht« durch den Staat unterstellt, der ihre Preise festsetzte, über die Bedingungen für den Zugang und das Ausscheiden von Unternehmen aus diesen Bereichen entschied und für sie geltende Sicherheitsvorschriften erließ. Von den Kontrollen wurden unter anderem die Luftfahrtgesellschaften erfaßt, der Straßenfernverkehr, der Verkehr auf den Binnenwasserwegen; die Strom- und Gasversorgung und das Fernsprechwesen; die Finanzmärkte; Öl, Erdgas sowie deren Pipeline-Netz. Zur Zeit des Höhepunktes dieser wirtschaftlichen Kontrollen – Mitte der 70er Jahre – fürchteten viele, daß die Vereinigten Staaten auf dem besten Wege seien, sich zu einer von Kontrollbehörden geregelten Planwirtschaft zu entwickeln.

Daneben haben auch die »gesellschaftspolitischen Kontrollen« stark zugenommen, insbesondere während der 70er Jahre. Ähnlich wie nach den Enthüllungen der skandalösen Zustände unmittelbar nach der Jahrhundertwende wurden Gesetze über den Reinheitsgrad von Nahrungsmitteln sowie Arzneimittelgesetze erlassen. Mitte der 60er Jahre wurde auch mit dem Erlaß einer Reihe von Gesetzen begonnen, die die Sicherheit im Bergbau sowie die Sicherheit der Arbeitnehmer allgemein regelten. Sie schufen den Rahmen für Bundeskontrollen im Bereich der Luft- und Wasserverschmutzung sowie für den Umgang mit gefährlichen Stoffen. Sie schrieben Sicherheitsnormen für Kraftfahrzeuge und Konsumgüter vor, untersagten die Ausbeutung von Kohle- oder sonstigen Gruben im Tagebau und regelten die Sicherheit von Kernreaktoren und die Beseitigung giftiger Abfälle.

Ende der 70er Jahre war die Welle der Kontrollen so stark angeschwollen, daß viele darin einen »vierten Arm« des Staates erkannten – die Kontrollbehörden. Die Opposition gegen weitere Programme zur Ausweitung staatlicher Regulierung war so stark, daß diese während der Reagan-Regierung abrupt gebremst wurden.

Die politische Entwicklung

Im Laufe der Zeit wurden aus den radikalen Lehren der einen Ära die allgemein akzeptierten und sogar konservativen Vorstellungen der nachfolgenden Ära. Die Gesetzgebung der Bundesstaaten sowie des Bundes insgesamt wurden auf Mindestlohngesetze ausgedehnt, auf eine Pflichtversicherung der Arbeitnehmer gegen Unfälle, auf Altersrenten und die öffentliche Subvention der ärztlichen Versorgung; auf die Höchstarbeitszeit von Kindern, Frauen und Männern; auf die Kontrolle über die Arbeitsbedingungen in den Betrieben, auf die Pflicht zur Durchführung von Tarifverhandlungen und auf Gesetze zur Sicherstellung der Fairneß in den Beziehungen zwischen den Sozialparteien. In dem Maße, in dem diese Einschränkungen des Laissez-faire-Kapitalismus von der Öffentlichkeit akzeptiert werden, hat sich auch das Wesen des Kapitalismus verändert. Privateigentum ist immer weniger ausschließlich privates Eigentum. Das freie Unternehmertum ist immer weniger frei in seiner Entfaltung.

Um diesen Trend in Richtung auf größere Machtbefugnisse des Staates verstehen zu können, darf man die historische Perspektive nicht aus den Augen verlieren. Jeder neue Schritt löste starke politische Reaktionen auf beiden Seiten aus. Das »Sozialversicherungs«-System von Franklin Roosevelt galt damals als ein unheilvoller Durchbruch des Sozialismus in den 30er Jahren. Heute würde jeder Politiker oder jede Politikerin mit Schimpf und Schande aus seinem oder ihrem Wahlkreis verjagt, wenn sie es wagten, auch nur den leisesten Zweifel an der Klugheit der Entscheidung zugunsten der Sozialversicherung zu äußern. Denjenigen, die sich nach dem goldenen Zeitalter des Laissez-faire-Kapitalismus zurücksehnen, bleibt nichts anderes übrig, als in das Klagelied von Omar Khayyam einzustimmen:

Des Schicksals Griffel schreibt und er bewegt sich fort,
und alles Beten, aller Witz – schreibt er an einem anderen Ort –
holt ihn zurück nicht, um zu löschen eine Zeil';
und selbst der Tränen Flut löscht nicht ein einzig Wort.

In unserer Geschichte findet sich eine Fülle mutiger, aber auch übereilter Experimente – neue Ideen werden geboren, um mit neuen Problemen fertig zu werden. Auch das vergangene Jahrzehnt war von diesem Drang zum Experiment nicht ausgenommen, der seinen Niederschlag in angebotsorientierten Steuersenkungen fand, in floatenden Wechselkursen, mutigen öffentlichen Programmen zur Kontrolle der Umweltverschmutzung, monetaristischer Geldpolitik sowie dem Abbau von staatlichen Kontrollen über den Flugverkehr, den Straßenfernverkehr und die Wertpapiermärkte. Worin bestanden die Auswirkungen einer gegebenen Veränderung – einer gegebenen Ausweitung oder eines Abbaus staatlicher Aufsicht? Haben sie zum Chaos und zur Vergeudung geführt – oder zu größerer Sicherheit, Effizienz und Beschäftigung? Das Urteil darüber wird bedauerlicherweise erst lange nach der Ergreifung bestimmter Maßnahmen – und vielleicht nicht einmal dann – die Geschichte sprechen.

Die Funktionen des Staates

Die moderne Wirtschaftswissenschaft fährt ihre schwersten Geschütze gegen die Probleme auf, die im Zusammenhang mit dem freien Markt auftreten. Die Wahl dieses Schwerpunktes scheint ein wenig verfehlt, wenn man bedenkt, daß in den Industriegesellschaften während der vergangenen fünfzig Jahre der öffentliche Sektor gegenüber dem privaten immer stärker in den Vordergrund getreten ist. Um dieses Ungleichgewicht zu korrigieren, haben Ökonomen und andere Experten der Wirtschaft ihre Aufmerksamkeit auf einen neuen Bereich verlagert, der unter der Bezeichnung »öffentliche Entscheidungen« firmiert. Dabei handelt es sich um das Gebiet der Entscheidungsfindung der Regierungen. Untersucht wird die Frage *was* der Staat an Gütern kauft, *für wen* die Kosten und Leistungen solcher staatlichen Programme entstehen und *wie* öffentliche Güter erstellt werden.

Wir beginnen in diesem Abschnitt zunächst mit der Darstellung der normativen Theorie der wirtschaftlichen Funktionen des Staates, um im Anschluß daran in Teil B die positive oder deskriptive Theorie staatlicher Entscheidungsfindung zu untersuchen. Beschließen werden wir unsere Behandlung des Themas mit der Anwendung dieser Prinzipien auf das wichtige, sich aus der öffentlichen Politik ergebende Problem der externen Effekte.

Allmählich gewinnen wir eine Vorstellung von der Art und Weise, wie der Staat die Wirtschaft lenkt und welche Wechselbeziehungen zwischen beiden bestehen. Wir wollen deshalb ein wenig bei diesem Aspekt verweilen und versuchen, in das Chaos der Tausende unterschiedlicher öffentlicher Programme eine gewisse Ordnung zu bringen. Worin bestehen die wesentlichen wirtschaftlichen Funktionen des Staates in einem modernen ökonomischen Mischsystem? Tatsächlich hat der Staat vier Aufgaben:
- Er sorgt für den rechtlichen Ordnungsrahmen,
- entscheidet über die makroökonomische Stabilisierungspolitik,
- nimmt im Interesse der Effizienz Einfluß auf die Ressourcenallokation,
- entwickelt Programme zur Einflußnahme auf die Einkommensverteilung.

Wir wollen jeden einzelnen Aspekt betrachten.

Der rechtliche Ordnungsrahmen

Die erste Funktion geht im Grunde über den wirtschaftlichen Bereich hinaus. Der Staat »legt die Spielregeln fest«, an die sich Unternehmen, Konsumenten und der Staat selbst zu halten haben. Sie beziehen sich auf die Definition des Eigentumsbegriffs (inwieweit ist privates Eigentum tatsächlich »privat«?), auf das Vertragsrecht und das Unternehmensrecht, auf die wechselseitigen Pflichten der Gewerkschaften und der Unternehmensleitung, die wir im Kapitel 29 behandelt haben, und auf eine Vielfalt von Gesetzen und Vorschriften, die die gesamte Wirtschaftsverfassung ausmachen.

In vieler Hinsicht haben Entscheidungen, die den rechtlichen Rahmen betreffen, ihre Wurzel in Anliegen, die über einfache wirtschaftliche Aspekte hinausgehen. Die erlassenen Gesetze wurzeln eher in allgemein akzeptierten Werten und Auffassungen von Fairneß als in einer sorgfältig ausgefeilten ökonomischen Kosten-Nutzen-Analyse. Dennoch kann der rechtliche Ordnungsrahmen tiefgreifenden Einfluß auf das wirtschaftliche Verhalten haben, wie ein Beispiel zeigen wird. Im 19. Jahrhundert trugen Unternehmer für ihre Arbeitnehmer, die infolge ihrer Arbeit an unsicheren Arbeitsplätzen in ungesunden Fabriken krank wurden, keinerlei Verantwortung. Auch Konsumenten hatten keinerlei Regreßrechte, wenn sie ein fehlerhaftes Produkt erwarben. Wozu führte das? Es gab Tausende von Berufskrankheiten, und es wurden millionenweise Dollars für »Wunderdrogen« ausgegeben, die angeblich sämtliche Leiden heilten.

Ganz allmählich entwickelte sich im Verlaufe der vergangenen Jahrzehnte ein gesetzlicher Rahmen. Heute können Unternehmen verklagt werden, wenn Arbeiter infolge ihrer Arbeit einen gesundheitlichen Schaden davontragen. So haben beispielsweise Tausende von Arbeitnehmern die Hersteller von Asbest verklagt, weil sie an Lungenkrebs erkrankten. Eines der Riesenunternehmen dieser Branche, die Manville Corporation, hat inzwischen unter der Last dieser Regreßansprüche Konkurs angemeldet. Mehr und mehr werden Unternehmen auch für fehlerhafte Produkte zur Verantwortung gezogen. In vielen Staaten kann man ein Auto zurückgeben, das sich als ein »Flop« erweist.

Die Folge der Änderung des rechtlichen Rahmens besteht darin, daß Unternehmen sich heute mehr Gedanken machen müssen über die Sicherheit am Arbeitsplatz und über die Qualität ihrer Erzeugnisse. Solche Belange vermindern wahrscheinlich die Risiken in unserer Gesellschaft, aber sie führen zweifellos auch zu einer verminderten Innovationsbereitschaft von Unternehmen in Bereichen, die mit hohen rechtlichen Risiken verbunden sind.

Nachdem wir gesehen haben, auf welche Weise durch den Staat der rechtliche Ordnungsrahmen geschaffen wird, wenden wir uns der Darstellung der drei ausschlaggebenden wirtschaftlichen Funktionen von Regierungen zu: der Stabilisierung, der Ressourcenallokation und der Einkommensverteilung.

Die makroökonomische Stabilisierung

Die vornehmliche ökonomische Funktion der Regierung ist makroökonomischer Natur. Wie wir in den Kapiteln 5 bis 17 in Band 1 gesehen haben, versuchen moderne Regierungen im allgemeinen, die Konjunkturzyklen abzuschwächen – das heißt, chronische Arbeitslosigkeit und eine Stagnation des Wachstums zu verhindern oder im Falle einer Nachfrageinflation »gegenzusteuern«. Dabei werden hauptsächlich zwei Waffen eingesetzt: die Geld- und die Steuerpolitik.

Eine Zentralbank ist eine Bank des Staates, die als Bank der Geschäftsbanken fungiert und mit dem Recht ausgestattet ist, Banknoten auszugeben und auf die Mindestreserven der Banken Einfluß zu nehmen. Wir haben gesehen, wie unsere Form einer solchen Zentralbank, das Federal Reserve System, seine geld- und kreditpolitischen Mittel einsetzt, um für ein hohes Beschäftigungsniveau, das Wachstum der Produktion sowie für Preisstabilität zu sorgen.

Regierungen haben von jeher, so weit die überlieferte Geschichte zurückreicht, die verfassungsmäßige Kontrolle über das Währungssystem gehabt. Aber erst in den vergangenen 50 Jahren hat sich allgemein die Erkenntnis durchgesetzt, daß die Fiskalpolitik der Regierung – Änderungen in den öffentlichen Ausgaben und Steuern – tiefgreifende Auswirkungen auf das Beschäftigungsniveau hat.

Um das Auf und Ab des Beschäftigungsniveaus abzuschwächen und inflationäre Auswüchse in Grenzen zu halten, können Stabilisierungsmaßnahmen ergriffen werden. Eine schlechte Stabilitätspolitik kann einen Konjunkturzyklus jedoch auch verschlimmern.

Kann die Regierung in ihrer Politik auch neutral bleiben, oder kann sie vielleicht sogar auf jegliche Politik verzichten? Nachdem die Rolle der Regierung inzwischen so stark gewachsen ist, würde der Verzicht auf jegliche Steuer- oder Geldpolitik bedeuten, daß der Staat sich selbst aufgibt. Staatshaushalte, die sich selbst überlassen bleiben, gleichen sich nicht von allein aus. Das Geld kann sich nicht selbst kontrollieren. Wirtschaftspolitische Maßnahmen, die von Monat zu Monat oder von Jahr zu Jahr um einen Haushaltsausgleich oder um eine konstante Geldmengenzuwachsrate bemüht sind, setzen bewußte gesellschaftliche Entscheidungen voraus; beurteilen lassen sie sich nur aufgrund der Wirkungen, die sie zeitigen.

Die Ressourcenallokation

Das zweite maßgebliche Ziel der Regierung ist die Sicherstellung einer gesellschaftlich wünschenswerten Ressourcenallokation. Dabei handelt es sich um die *mikroökonomische* Seite der öffentlichen Politik, die sich auf das *Was* und *Wie* des Wirtschaftslebens bezieht. In diesen Bereich fallen unter anderem die Agrarpolitik, die Industriepolitik, die Planung oder Zentralisierung der Allokation, die Einstellung »Hände-weg-von-der-Wirtschaft« beziehungsweise die Lehre des Laissez-faire – oder jede andere Kombination zwischen markt- oder planwirtschaftlichen Prinzipien, für die eine Gesellschaft sich zu irgendeiner Zeit entscheiden mag.

Wir haben im wesentlichen eine Marktwirtschaft. Bei jeder mikroökonomischen Entscheidung gehen wir zunächst davon aus, daß der Markt über das anstehende Problem entscheiden muß.

Warum entscheiden wir uns gelegentlich dennoch anders? Warum setzen sich Regierungen oft über die Allokationsentscheidungen, zu denen Marktangebot und Marktnachfrage führen, hinweg?

Die extreme Form des Laissez-faire

Wir wollen zunächst einmal davon ausgehen, daß sämtliche Güter in effizienter Weise von vollkommenen Konkurrenten im Rahmen jedes beliebigen Betriebsumfanges hergestellt werden können. Weiterhin unterstellen wir, daß alle Güter Broten vergleichbar sind, deren Gesamtmenge sich in einzelne Konsumeinheiten für verschiedene Einzelpersonen aufschneiden läßt, so daß in dem Maße, in dem *meine* Konsummenge steigt, *Ihre* Konsummenge abnimmt. Schließlich gehen wir davon aus, daß es keine Spillovers oder externen Effekte wie Umweltverschmutzung gibt; und wir unterstellen, daß jeder einzelne den gleichen anfänglichen Zugang zu den menschlichen und natürlichen Ressourcen hatte, daß er in jeder Hinsicht die gleichen Chancen hatte und jeder beliebigen Tätigkeit nachgehen könnte, unabhängig von dem, was seine Mitmenschen tun – etwa so wie in der Gründerzeit unserer Geschichte.

Gäbe es, wenn all diese Bedingungen in ihrer Idealform erfüllt wären, irgendeinen Anlaß für die Errichtung eines ökonomischen Mischsystems? Könnte die *Unsichtbare Hand* nicht für eine vollkommen effiziente und gerechte Produktion und Verteilung der Früchte der ökonomischen Leistung sorgen? Warum sollte der Staat dann überhaupt irgendwelche Funktionen haben? Mehr noch: Warum sollten wir überhaupt von »einer Gesellschaft« sprechen, da wir doch dann nichts anderes wären als eine Ansammlung unabhängiger Atome, zwischen denen nicht die geringste organische Verbindung besteht?

Selbst in diesem Fall würde sich, falls zwischen den einzelnen Menschen und Regionen eine Arbeitsteilung stattfände und wenn ein funktionstüchtiges Preissystem nach der Art des in den Kapiteln 3, 4 und 31 beschriebenen Systems herrschen sollte, sehr bald die Notwendigkeit zur Errichtung eines rechtlichen Ordnungsrahmens ergeben, wie wir ihn oben dargestellt haben: Wir bräuchten öffentliche Gerichte und Ordnungskräfte, die für Ehrlichkeit, für die Erfüllung von Verträgen, die Verhütung von Betrug und Gewalt, von Diebstahl und Angriffen von außen sorgten und die die gesetzlich verankerten Eigentumsrechte schützen.

Wir stehen hier der Situation des Laissez-faire bei größter Zurückhaltung des

Staates gegenüber – einem System, das sich in der Tat als sehr gut erweisen könnte, wenn die oben aufgeführten Bedingungen in ihrer idealen Form tatsächlich gegeben wären.

Realistische Interdependenzen

In allen menschlichen Gesellschaften lassen sich jedoch gegen jede einzelne Bedingung ohne Ausnahme in gewissem Umfang Verstöße beobachten. Es gibt keinen idealen Markt; es gibt das Phänomen des *Marktversagens*.

Daneben bestehen in Abhängigkeit von biologischen Faktoren und sozialem Hintergrund Unterschiede in bezug auf Fähigkeiten, Chancen und Vermögensbesitz. Einige Gruppen sind oder waren einer systematischen Diskriminierung ausgesetzt. Es ist eine Tatsache, daß bei vielen Arten der Produktion ein Höchstmaß an Effizienz lediglich in Betriebseinheiten realisiert werden kann, die zu groß sind, um echten vollkommenen Wettbewerb zuzulassen. Und Fabriken, die sich an keine Vorschriften zu halten brauchen, verseuchen mit ihren Abfällen die Luft, das Wasser und den Boden.

Diese Fälle des Marktversagens sind es, die das Kernproblem der mikroökonomischen Analyse ausmachen. Wir wollen uns nochmals kurz vor Augen führen, warum sie staatliche Eingriffe erforderlich machen können:

• Eine Situation, in der staatliche Aufsicht angezeigt sein kann, ist gegeben, wenn der vollkommene Wettbewerb zusammenbricht. Wie wir in den Kapiteln 23 und 24 gesehen haben, kann der Staat Antitrust-Gesetze oder Monopolkontrollen für notwendig halten oder sogar große Konzerne zerschlagen.

• Treten in zu hohem Umfang externe Effekte auf – zuviel Luftverschmutzung oder zu wenige Investitionen in die Forschung –, wird die Regierung vielleicht ebenfalls einschreiten wollen. Wie wir im weiteren Verlauf dieses Kapitels sehen werden, muß die Regierung unter Umständen gegenüber Verschmutzern Emissionskontrollen verhängen oder die Grundlagenforschung fördern.

• In den Fällen, in denen Diskriminierung einige Gruppen zu »nichtkonkurrierenden« Gruppen macht, wie wir dies in Kapitel 28 gesehen haben, kann die Regierung sich zum Eingreifen entschließen, um bestehende Barrieren abzubauen.

Zweifellos fehlt es nicht an Problemen auf der Liste möglicher Fehlallokationen, denen sich der Staat zuwenden muß.

Das Problem der Umverteilung

Eine unserer ersten Erkenntnisse im Zusammenhang mit der *Unsichtbaren Hand* bezog sich auf die Tatsache, daß sie zwar möglicherweise effizient ist, daß sie aber auch blind ist gegenüber der Fairneß oder Gerechtigkeit. Ob jemand letztlich reich oder arm ist, hängt zum Teil davon ab, wieviel er an Reichtum oder Intelligenz von seinen Eltern geerbt hat, welchen Preis der Markt für seine Leistungen zahlt und ob er das Glück hatte, auf Öl zu stoßen oder einen Hit zu landen. Es gibt keinen Grund, weshalb der auf dem Prinzip des Laissez-faire beruhende, nach Darwinschen Regeln ablaufende Wettbewerb einen davon überzeugen müßte, daß er zu einer fairen und gerechten Verteilung des nationalen Kuchens führt.

In den ärmsten Gesellschaften läßt sich von dem Kuchen nur wenig abzweigen, das man den Bessergestellten nehmen und den Notleidenden geben könnte. Aber in dem Maße, in dem der Wohlstand einer Gesellschaft wächst, wendet sie einen größeren Teil ihrer Ressourcen für das menschliche Wohlergehen auf. Im Rahmen des Wohlfahrtsstaates in Nordamerika und Westeuropa fließt heute ein beträchtlicher Teil der Einkommen in die Erhaltung eines Mindeststandards im Bereich der Gesundheit, der Ernährung und des Einkommens.

In den meisten hochentwickelten Volkswirtschaften gilt heute die Regel, daß Kinder nicht aufgrund der wirtschaftlichen Umstände ihrer Eltern Hunger leiden dürfen, daß arme Menschen nicht jung sterben dürfen, weil es ihnen an Geld für die notwendige medizinische Versorgung fehlt, daß alten Menschen für ihren Lebensabend ein Mindesteinkommen garantiert werden muß. In den Vereinigten Staaten wird dies sichergestellt durch Transferleistungen in Form von Nahrungsmittelgutscheinen, durch einen staatlichen Gesundheitsdienst für Bedürftige und ein Sozialversicherungssystem.

Die Leistungen moderner Volkswirtschaften gehen jedoch über die Sicherung eines Mindestlebensstandards für die Armen hinaus. Sie sorgen auch für eine Einkommensumverteilung unter den Bürgern. Die sichtbaren Transferprogramme stellen jedoch nur einen Weg dar, über den die Umverteilung erfolgt. Die Regierungen nehmen eine Umverteilung auch über die unterschiedliche steuerliche Belastung einzelner Gruppen und Klassen vor. Im anschließenden Kapitel werden wir untersuchen, ob sich in modernen Staaten die Tendenz beobachten läßt, daß die Reichen absolut und relativ höher besteuert werden als die Haushalte mit niedrigeren Einkommen.

Mit dieser Analyse der vier Funktionen des Staates beschließen wir unseren Überblick über die normative Auffassung von der Rolle der Regierung, das heißt von der Art, in der er sich verhalten sollte, um die Funktionstüchtigkeit der Wirtschaft zu steigern.

B. Zur Theorie der Kollektiventscheidungen

Folgendermaßen sieht die Theorie der Aufgaben aus, die der Staat wahrnehmen sollte: Er sollte nach Auffassung vieler Beobachter einen gerechten und wirksamen rechtlichen Ordnungsrahmen schaffen; optimale makroökonomische Maßnahmen zur Stabilisierung der Produktion, der Beschäftigung und der Inflation zur Anwendung bringen; die Wirtschaft seiner Aufsicht unterwerfen, um Fälle eines Marktversagens zu verhindern; und er sollte für eine Einkommensumverteilung zugunsten derjenigen sorgen, die diese am ehesten verdienen.

Aber nimmt er diese Aufgaben auch wahr? Richten sich die Regierungen nach den Rezepten der Ökonomen, und gilt ihr ganzes Bemühen der Schaffung einer funktionierenden und gerechten Gesellschaft? Oder gibt es gewisse Zwänge und Ziele, die außerhalb des ethischen oder ökonomischen Bereiches liegen? Und wenn das der Fall ist, welche Prinzipien lassen sich in diesem Zusammenhang erkennen?

Mit diesen Fragen befaßt sich die *Theorie der Kollektiventscheidungen* (»public choice theory«) als ein Zweig der Wirtschaftswissenschaft, der den Entscheidungsfindungsprozeß von Regierungen untersucht. Sie analysiert das *Was, Wie* und *Für wen* nichtmarktabhängiger Entscheidungen, so wie die Theorie von Angebot und Nachfrage die Auswirkungen der Preisbildung auf die Ressourcenallokation untersucht. Wir konzentrieren uns hier auf Entscheidungen demokratischer Systeme und stellen die Behandlung von Einparteiensystemen (wie dem der Sowjetunion) zunächst zurück; sie werden in Kapitel 35 dargestellt.

Die Theorie der Kollektiventscheidungen stellt in gewissem Sinne eine Rückkehr zu der traditionellen Wirtschaftswissenschaft des 18. und 19. Jahrhunderts dar – einer Periode, in der man von der »politischen Ökonomie« sprach. Diese Bezeichnung erinnert uns daran, daß wirtschaftliches Verhalten seine Wurzeln in einem größeren politischen Rahmen hat und zugleich politische Entscheidungen oft wirtschaftlichen Erwägungen entspringen.

Um sich eine realistische Vorstellung von modernen Volkswirtschaften machen zu können, ist das Verständnis des Prozesses öffentlicher Entscheidungen von zentraler Bedeutung. Denn sonst wissen wir zwar etwas von dem Phänomen des Marktversagens in Form von Monopolen oder Umweltverschmutzung, aber gegenüber dem Versagen der Politik und ihrer Lösungsversuche bleiben wir unwissend. Wir verstehen zwar etwas von Konjunkturzyklen in der Wirtschaft, aber nichts von Konjunkturzyklen in der Politik. Ein ausgewogenes Urteil über die optimale Kombination zwischen den beiden Teilen eines ökonomischen Mischsystems setzt eine unparteiische und nüchterne Abschätzung der Stärken und Schwächen sowohl der Allokation im Bereich der Politik wie des freien Marktes voraus.

Die Entscheidungsfindung von Regierungen

Im privaten Bereich bringen die Menschen ihre Meinungen dadurch zum Ausdruck, daß sie ihre »Dollarstimmen« – wie wir sie bildlich genannt haben – zugunsten der von ihnen gewünschten Güter abgeben. Im politischen Bereich geben sie echte Wählerstimmen ab – zugunsten von Abgeordneten oder Präsidenten. Wir wollen uns ansehen, wie abgestimmt wird und welche Konsequenzen sich daraus ergeben.

Das Spiel der Politik

Das Spiel der Politik, wie das des Marktes, hat seine eigenen Regeln und seine eigenen Spieler. Den Politologen sind sie bestens bekannt, aber gleichwohl lohnt es sich, einen kurzen Blick darauf zu werfen. Der politische Entscheidungsprozeß unterliegt bestimmten *Regeln*: dabei handelt es sich um die Verfassung als solche und um das Wahlsystem (in den Vereinigten Staaten liegt die Gesetzgebung in den Händen eines mit großen Vollmachten ausgestatteten Präsidenten sowie zweier gesetzgebender Kammern). Für unsere Zwecke besteht die wichtigste Spielregel darin, daß Entscheidungen von gewählten Vertretern des Volkes getroffen werden.

Wer sind die Spieler? Für unsere Zwecke ist festzuhalten, daß es Wähler (oder Konsumenten) sind, die letztliche Präferenzen besitzen hinsichtlich der Ziele, denen eine Demokratie dienen soll. Die zweite wichtige Gruppe von Spielern, mit denen sich die Theorie der Kollektiventscheidungen befaßt, sind die gewählten Volksvertreter oder Politiker. Die Funktion dieser Gruppe läßt sich mit der von Unternehmen in Marktwirtschaften vergleichen – sie sind die Unternehmer, die Programme aufstellen, die den Kundenpräferenzen und der Technologie Rechnung tragen. Sie interpretieren die öffentliche Nachfrage nach kollektiven Gütern und ersinnen Möglichkeiten zur Bereitstellung dieser Güter.

Welche Kräfte bestimmen die Handlungen von Politikern? Die meisten Politiker werden von einer Kombination aus Pragmatismus und Ideologie geleitet – von einer Mischung aus dem Bestreben, politisch zu überleben und ihre Grundüberzeugungen hinsichtlich einer optimalen Regierung des Landes zu realisieren. Einige sind rasch bereit, ihre Position zu ändern, wenn sich der politische Wind dreht. Andere hegen so feste Überzeugungen, daß sie für die Verteidigung ihrer Ideale sogar eine politische Niederlage riskieren. Dieses Dickicht komplexer Motive lichtet die politische Entscheidungslehre, indem sie von einer einfachen (tatsächlich einer zu einfachen) Annahme ausgeht: *Politiker – so wird unterstellt – verhalten sich so, daß sie ihre Chancen einer Wiederwahl maximieren.* Es wird davon ausgegangen, daß sie auf Stimmenmaximierung bedacht sind, ähnlich wie Unternehmen nach Gewinnmaximierung trachten.

Es gibt noch weitere Mitspieler, die wir allerdings in unseren Überblick über kollektive Entscheidungen nicht einbeziehen wollen. Es sind die leitenden Vertreter von Exekutivorganen (seien es Generäle im Pentagon oder Landwirte im Landwirtschaftsministerium), die aufgrund ihrer Sachkenntnis und ihrer langjährigen Erfahrung großen Einfluß haben. Aber letztlich unterliegen sie der Kontrolle durch die führenden Politiker. Und über allen thront die Justiz wie ein Schiedsrichter, der dafür sorgt, daß alle Spieler sich an die Regeln halten (und die gelegentlich auch neue Regeln aufstellt). Aber, wie Will Rogers erklärte, selbst der Oberste Gerichtshof horcht auf die in den Wahlergebnissen zum Ausdruck kommende Stimme des Volkes.

■ **Das Spiel der Politik unterscheidet sich deshalb in einer grundlegenden Hinsicht von dem Spiel der Märkte: In einer Demokratie sind die entscheidenden Unternehmer wählerstimmenorientiert, nicht gewinnorientiert.**

Öffentliche Entscheidungen und die Grenze der Nutzenmöglichkeiten

Ehe wir uns der Analyse öffentlicher Entscheidungen zuwenden, ist es zweckmäßig, diese unter dem Gesichtspunkt der Grenze der Nutzenmöglichkeiten zu betrachten. Diesem Instrument sind wir bereits begegnet (in unserer Analyse der allokativen Effizienz in den Kapiteln 22 und 31). Dennoch wird es sich als nützlich erweisen, wenn wir unser Gedächtnis auffrischen.

Abbildung 32.3 zeigt eine Grenze der Nutzenmöglichkeiten (oder *NM-Grenze*) mit Bezug auf kollektive Entscheidungen. Wir gehen zunächst von der Annahme aus, daß wir in einer Gesellschaft leben, in der es zwei Arten von Menschen gibt, As und Bs. Bei ihnen kann es sich um Reiche und Arme, um Republikaner und Demokraten, um Bewohner des Westens und des Ostens handeln. Wir gehen im Augenblick von der übermäßig vereinfachten Annahme aus, daß die Menschen in den beiden Gruppen identisch sind. Alle As und alle Bs sehen gleich aus und denken gleich. Beide bilden eine politische Interessengruppe, die geschlossen mit Blick auf gemeinsame Ziele zusammenarbeitet.

Kollektiventscheidungen

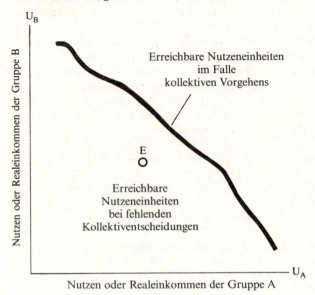

Abbildung 32.3. Die Steigerung der Wohlfahrt durch kollektive Maßnahmen.
Dargestellt werden hier zwei »Grenzen der Nutzenmöglichkeiten« – eine für ein Laissez-faire-System und eine andere, in der es sowohl private Märkte wie Kollektiventscheidungen gibt. Die Gesellschaft besteht aus zwei Gruppen – jeweils identischen Personen des Typs A sowie des Typs B. Die x-Achse stellt das Maß an Befriedigung eines repräsentativen Mitgliedes der Gruppe A dar, die y-Achse das entsprechende Maß eines Mitgliedes der Gruppe B.
Punkt E repräsentiert das Ergebnis des Laissez-faire-Systems, d.h. die Bedürfnisbefriedigung, die erreicht würde, wenn es lediglich Entscheidungen privater Märkte gäbe.
Können jedoch auch kollektive Entscheidungen getroffen werden, kann die Gesellschaft eine höhere Bedürfnisbefriedigung für alle Mitglieder realisieren. Die Kurve der Nutzenmöglichkeiten stellt deshalb das Ergebnis in einer Gesellschaft dar, die alle verfügbaren Formen kollektiver Maßnahmen einsetzt.
Die Lehre von den Kollektiventscheidungen beschreibt die Entwicklung von Methoden innerhalb einer Gesellschaft, die es dieser gestatten, von dem marktabhängigen Punkt E zu alternativen Positionen zu gelangen.

Abbildung 32.3 stellt die NM-Grenze aller As und Bs dar. Jeder Punkt des Diagramms stellt die Nutzeneinheiten beziehungsweise die Befriedigung beziehungsweise das Realeinkommen dar, die das repräsentative Mitglied jeder Gruppe erzielen würde. So stellt beispielsweise der Punkt E die Nutzenmengen als Ergebnis eines reinen Laissez-faire-Systems dar, bei dem keinerlei wirtschaftspolitische Maßnahmen ergriffen werden, um einen Einfluß auf die Einkommen auszuüben oder Monopole zu kontrollieren und so fort.

Die NM-Grenze ähnelt der Grenze der Produktionsmöglichkeiten. Allerdings spiegelt dieses Diagramm die Befriedigung der einzelnen Menschen wider, während die Produktionsgrenze die Produktionsmengen einzelner Güter darstellt. Auch sind in diesem Fall die Nutzeneinheiten oder die Befriedigungseinheiten willkürlich. Am besten kann man sie sich als Realeinkommen oder als Höhe des Konsums vorstellen. Der springende Punkt ist, daß jeder einzelne nach einem höheren Nutzen strebt, so daß die Gesellschaft besser dran ist, wenn sie sich in unserem Nutzendiagramm nach rechts oben bewegt. (Vergewissern Sie sich, daß Ihnen klar ist, warum sich für alle in einem weiter rechts oben gelegenen Punkt eine bessere Situation ergibt.)

Darüber hinaus zeigt Abbildung 32.3 eine NM-Grenze, die den äußersten Rahmen darstellt, den die Gesellschaft im Falle kollektiver Maßnahmen erreichen kann. Was stellt diese äußerste Grenze dar? Die Grenze und die Fläche darunter zeigen die Nutzenmengen oder das Realeinkommen beziehungsweise die Befriedigung aller *A*s und *B*s, die die Gesellschaft erreichen kann. Im rechten unteren Bereich sind die Konsummöglichkeiten der *A*s groß, die der *B*s gering; der umgekehrte Fall gilt für den links oben gelegenen Bereich.

Abgesehen davon arbeitet die Gesellschaft effizient, wenn sie sich entlang der NM-Grenze bewegt. Befindet sie sich weit innerhalb der Grenze, ist die Wirtschaft durch Ineffizienz gekennzeichnet. Die NM-Grenze könnte ganz nahe bei dem Laissez-faire-Punkt E liegen, wenn die Laissez-faire-Wirtschaft bereits weitgehend einem idealen Wettbewerbssystem entspräche. Andererseits könnte die NM-Grenze weit rechts und oberhalb des Laissez-Faire-Punktes verlaufen, falls Umweltverschmutzung, Kriminalität, Diskriminierung, Profitmacherei und durchgeschmolzene Kernreaktoren in der Wirtschaft eine große Rolle spielen. Abbildung 32.3 zeigt eine Situation, in der Fälle von Marktversagen auftreten – das heißt, in der also das Marktergebnis deutlich innerhalb der Grenze liegt.[2]

Die entscheidenden Fragen im Zusammenhang mit kollektiven Maßnahmen lassen sich ohne Mühe aus Abbildung 32.3 ablesen: Steigern kollektive Maßnahmen die Nutzenmengen oder verringern sie diese? Gibt es bestimmte kollektive Maßnahmen, die besonders ineffizient sind und uns von E zu einem weiter links unten gelegenen Punkt führen? Und gibt es Methoden der kollektiven Entscheidungsfindung, mit deren Hilfe wir uns weiter auf die ideale NM-Grenze zubewegen?

Die Art der Ergebnisse

Kollektive Entscheidungen können, wie Abbildung 32.4 erkennen läßt, zu dreierlei Ergebnissen führen. Erstens können durchaus Situationen geschaffen werden, die für jedermann eine Verschlechterung mit sich bringen: Hier handelt es sich um ein *Versagen des Staates*, das durch den Punkt E_V der Abbildung 32.4 dargestellt wird. Obgleich ein solches Ergebnis völlig unlogisch ist, lassen sich viele Fälle aus der Geschichte anführen, in denen öffentliche Aktionen – wie beispielsweise Kriege, Streiks oder Aktionen totalitärer Regime – zu einer Verschlechterung der Verhältnisse für jedermann (oder fast jedermann) geführt haben.

Zweitens gibt es einfache *redistributive* Ergebnisse, die durch den Pfeil von E nach E_R dargestellt werden. In diesen Fällen kann eine Gesellschaft einfach eine Gruppe besteuern und eine andere subventionieren; oder sie kann einen Zoll auf

---

[2] Die NM-Grenze trägt zur Präzisierung unserer Überlegungen bei. Es sei jedoch warnend darauf hingewiesen, daß ihre genaue Lage von schwer faßbaren Aspekten der politischen Realität abhängt. Eine politisch kranke Gesellschaft, in der Korruption und Mißtrauen an der Tagesordnung sind, könnte durchaus die Erfahrung machen, daß jeder mögliche Versuch, einen Fortschritt gegenüber dem Laissez-faire-Punkt in E zu erzielen, scheitert und Bewegungen nach links, nach unten oder nach links unten auslöst.

Kollektiventscheidungen und ihre drei möglichen Ergebnisse

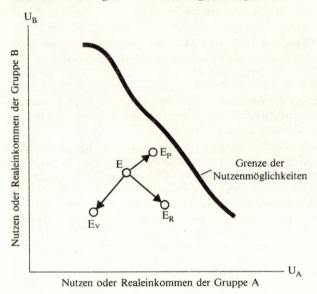

Abbildung 32.4. Kollektive Maßnahmen können allen nützen, aber auch schaden oder auch nur zur Einkommensumverteilung führen.
Vom Laissez-faire-Punkt E ausgehend können wir drei verschiedene Ergebnisse erkennen. Im günstigsten Fall können wir durch eine Bewegung in Richtung auf Punkt E_P eine Besserstellung für jedermann erreichen. Andererseits ist auch ein massives Versagen des Staates denkbar (wie im Falle eines Krieges oder des Nazi-Regimes), das infolge einer Verlagerung der Gesellschaft vom Punkt E zum Punkt E_V zu einer Verschlechterung der Situation (fast) aller Bürger führt. Sehr häufig sind öffentliche Programme redistributiver Natur; sie schmälern die Ressourcen der Gruppe B und transferieren diese auf die Gruppe A, was sich in der Verlagerung von E nach E_R ausdrückt.

ein Produkt legen, der eine Erleichterung für die Produktionsfaktoren in diesem Wirtschaftszweig bedeutet, den Konsumenten jedoch schadet; oder sie kann einen wenig wirksamen Damm bauen, von dem eine Gruppe profitiert, der jedoch für eine andere eine Benachteiligung darstellt.

Schließlich gibt es die *Paretosche Effizienzsteigerung*, die durch den nach rechts oben zum Punkt E_P verlaufenden Pfeil der Abbildung 32.4 wiedergegeben wird. (Die Pareto-Effizienz beziehungsweise das Pareto-Optimum wurde in Kapitel 22, S. 100 eingeführt und in Kapitel 31, S. 398 wiederholt.) Hierbei handelt es sich um Maßnahmen, die zu einer Steigerung der Befriedigung aller Mitglieder einer Gesellschaft führen – sie stellen jedermann besser, ohne irgend jemanden zu benachteiligen. Solche Situationen treten dann ein, wenn Regierungen wissenschaftliche Neuentwicklungen fördern (wie beispielsweise Nachrichtensatelliten) oder für die allgemeine Anwendung von Maßnahmen zum Schutze der Gesundheit sorgen (wie im Falle der Pocken- oder der Kinderlähmungsimpfung).

Die Unterscheidung zwischen den drei verschiedenen Ergebnissen ist von großer Bedeutung, denn kollektive Entscheidungen führen, wie wir sehen werden, nicht mit Sicherheit immer zu einer Verbessserung der Situation aller.

Die verschiedenen Abstimmungsverfahren

Die Lehre von den kollektiven Entscheidungen beschäftigt sich mit der Frage, auf welche Weise die Präferenzen einzelner Konsumenten auf dem Weg über politische Mechanismen in kollektive Maßnahmen umgesetzt werden. Wir wollen im folgenden einige wichtige Mechanismen oder Formen des Stimmrechts behandeln, die in demokratischen Gesellschaften zur Anwendung gelangen.

Ehe wir in die Diskussion eintreten, muß zunächst geklärt werden, was mit Hilfe solcher Mechanismen erreicht werden soll. Im Zusammenhang mit den politischen Werten demokratischer Gesellschaften wird die Bedeutung der individuellen Präferenzen hervorgehoben. *Die von uns untersuchten Arten von Abstimmungsverfahren stellen Möglichkeiten zur Aggregierung individueller Präferenzen zu kollektiven Entscheidungen dar.* Ein zentrales Problem ergibt sich aus eben dieser Notwendigkeit zur Aggregierung. Wir haben es mit 250 Millionen verschiedener Präferenzkombinationen hinsichtlich der Frage zu tun, welchen Umfang der Staatshaushalt haben sollte. Letztlich müssen sie sich jedoch in *einer* Zahl ausdrücken. Wir müssen darüber entscheiden, wie viele B-1-Bomber wir bauen, wie viele Dollar wir für das Bildungswesen und die Forschung aufwenden wollen oder wie viele Hektar des Yosemite-Nationalparks für die Ölexploration geopfert werden sollen. Auf jede dieser Fragen kann es letztlich nur *eine* Antwort geben. Kollektiven Entscheidungen haftet ein wesentlicher Aspekt der *Unteilbarkeit* an, der bei Entscheidungen über den Konsum von Brot oder Eis keine Rolle spielt.

Einstimmigkeit

Eine recht faszinierende Methode, um zu kollektiven Maßnahmen zu gelangen, ist die Forderung der einstimmigen Billigung aller Gesetze. Dies würde bedeuten, daß *jeder* seine Zustimmung zu *jeglicher* Veränderung geben müßte. Jeder einzelne verfügte über ein Vetorecht.

Das Ergebnis stellt Abbildung 32.5(a) dar. In unserem Diagramm teilen wir die Bevölkerung in eine Mehrheit und eine Minderheit auf: Es könnte sich um Demokraten und Republikaner, Liberale und Konservative oder jede beliebige andere Zweiteilung handeln. Unter diesen Umständen könnte kein Gesetz einstimmig verabschiedet werden, es sei denn, es führt zu einer Bewegung von E nach rechts oben in Richtung auf die NM-Grenze zwischen X und Y. Tatsächlich wird sich die Gesellschaft, wenn die Probleme richtig angegangen werden, auf die NM-Grenze zubewegen (was durch den Verlauf der kleinen Pfeile von E nach E' der Abbildung 32.5(a) veranschaulicht wird).

Ein ideales System der Abstimmung, das Einstimmigkeit voraussetzt, wäre deshalb effizient im Paretoschen Sinne – es würde zur Grenze der Nutzenmöglichkeiten hinführen, von der Abweichungen, bei denen jedermann bessergestellt würde, nicht mehr möglich wären. Ein solches System stellt das politische Gegenstück zu der Idealform des vollkommenen Wettbewerbs dar.

Bedauerlicherweise hat ein System der Einstimmigkeit in der Praxis erhebliche Nachteile. Seine Durchführung ist ungeheuer komplex und zeitraubend. Bei einem solchen System würde die Verabschiedung jeder Maßnahme die Zustimmung *jeden Bürgers* voraussetzen. Ein solches Verfahren würde ein unheimliches

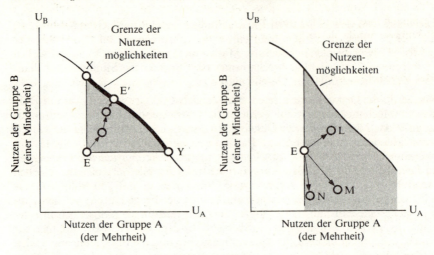

Abbildung 32.5. Kollektiventscheidungen unter den Bedingungen der Einstimmigkeit und des Mehrheitsentscheides.
Die linke Abbildung stellt das Ergebnis unter der Bedingung der Einstimmigkeit dar. Keine kollektive Entscheidung darf jemanden schlechterstellen. Deshalb muß das Ergebnis innerhalb des Rechtecks *EXY* liegen. Obgleich ein solches Verfahren als ideal erscheint, ist es praktisch nicht durchführbar und verurteilt die Gesellschaft im allgemeinen zum Status quo in *E*.
Die rechte Abbildung zeigt die Funktionsweise des Mehrheitsentscheides. Stellt Gruppe *A* die Mehrheit dar, wird sie für jeden Vorschlag stimmen, der innerhalb der *schattierten* Fläche zu einer Bewegung nach rechts von *E* führt. Dabei kann es sich um faire Ergebnisse handeln (wie im Falle des Pfeiles nach *L*) oder um außerordentlich ungerechte und ineffiziente (wie im Falle des Pfeiles nach *N*). Der Mehrheitsentscheid hat den Vorteil, daß über anstehende Themen tatsächlich eine Entscheidung herbeigeführt wird, wenngleich es sich nicht immer um konsequente Entscheidungen handelt.

Maß an Überredungskunst erfordern, um auch den letzten Skeptiker zu überzeugen.

Schlimmer noch: Sobald der letzte Skeptiker begriffen hätte, über welche Macht er verfügt, könnte er all diejenigen, die die entsprechende Maßnahme befürworten, erpressen. Wenn ein 100-Millionen-Dollar-Projekt zur Kontrolle der Umweltverschmutzung oder für den Straßenbau durch das Veto eines einzigen Bürgers blockiert werden könnte, hätte dieser die Möglichkeit, jede beliebige Menge seiner persönlichen Lieblingsprojekte durchzusetzen und dadurch die Abstimmung zu verzögern und sich selbst oder seinen Wählern materielle Vorteile zu verschaffen. Dieses Problem läßt sich gelegentlich bei Mehrheitswahlrechtssystemen beobachten, wenn das Abstimmungsergebnis sehr knapp ist: Es würde jedoch weit häufiger auftreten und wäre noch schwerer zu handhaben, wenn Einstimmigkeit notwendig wäre.

Schließlich stünde zu erwarten, daß in einem auf Einstimmigkeit beruhenden System das Feilschen sowie Erpressungen und der Einsatz von Verzögerungstaktiken in einem solchen Umfang an der Tagesordnung wären, daß praktisch überhaupt nichts mehr zuwege gebracht werden könnte. Es könnten keine Gesetze verabschiedet werden. Das System würde sich festfahren oder sich mit Ach und

Krach auf der Basis der bestehenden Absprachen über die Runden bringen. Anstatt sich vom Punkt E nach rechts oben zu bewegen, würde es einfach in E verharren (wo immer E gerade läge). **Jede Regierung auf der Basis einstimmiger Beschlüsse würde deshalb wahrscheinlich den Status quo erhalten, so gut oder schlecht er auch sein mag.**

Der Mehrheitsentscheid

Wegen der schwerwiegenden praktischen Probleme, die sich aus dem Prinzip der Einstimmigkeit ergeben, entscheiden sich die meisten Verfassungen oder Satzungen für das Mehrheitsstimmrecht. Im Rahmen dieses Systems kann ein Gesetz verabschiedet werden, wenn mehr als die Hälfte der Stimmberechtigten ihm zustimmen. Diese Methode zur Erreichung öffentlicher Entscheidungen gelangt in fast allen gesetzgebenden Körperschaften, Klubs oder Ausschüssen zur Anwendung.

Das rechte Feld der Abbildung 32.5 zeigt das Mehrheitsstimmrecht in seiner Idealform. Angenommen, die Gruppe A besitzt die Mehrheit. Bei Zugrundelegung rein ökonomischer Aspekte wird sie für jede Maßnahme stimmen, die ihren Nutzen oder ihr Realeinkommen erhöht. Deshalb würde jeder der drei dargestellten Punkte – L, M oder N – mit Mehrheitsbeschluß gegenüber dem Punkt E angenommen werden. Da von den drei Punkten M der Gruppe A den größten Nutzen bringt, wird im Falle des Mehrheitsstimmrechtes die Wahl letztlich auf diesen Punkt fallen.

Die in Abbildung 32.5(b) dargestellten Ergebnisse lassen einige wichtige Aspekte des Mehrheitsstimmrechtes erkennen. Erstens garantiert das Mehrheitsstimmrecht keine Effizienzsteigerungen im Sinne Paretos. Die Mehrheit würde dem Punkt M gegenüber dem Punkt E den Vorzug geben, aber im Punkt M würde eine Wählergruppe (diejenige der Gruppe B) benachteiligt. Zweitens kann – was eng mit dem ersten Aspekt zusammenhängt – das Mehrheitsstimmrecht zur »Tyrannei der Mehrheit« führen. Mehrheiten können Minderheiten auf dem Wege über Diskriminierung, Einkommensverteilung oder selbst Sklaverei ihren politischen Willen aufzwingen. Eine solche Tyrannei wäre im Falle der Einstimmigkeit nicht denkbar.

Festzuhalten ist jedoch, daß Mehrheitsentscheidungen die Möglichkeit dessen ausschließen, was wir als Versagen des Staates bezeichnet haben. Die Abstimmung über zwei Maßnahmen kann zwar dazu führen, daß eine Minderheit schlechter gestellt wird, aber sie kann nicht – es sei denn versehentlich – dazu führen, daß alle schlechter gestellt werden. Mehrheitsentscheidungen schließen deshalb Vorgänge wie jene aus, die durch den nach E_V führenden Pfeil in der Abbildung 32.4 veranschaulicht werden.

Die Verhinderung der Tyrannei der Mehrheit

Die Möglichkeit der Tyrannei der Mehrheit verfolgt die Staatsdenker seit drei Jahrhunderten. Da große Geister wie James Madison und Alexander Hamilton die Zwänge solcher politischer Prinzipien fürchteten, schlugen sie für viele wichtige Fragen das Prinzip *klarer Mehrheiten* vor. (In diesem Fall erfordert eine Maßnahme deutlich mehr als die Hälfte der Stimmen, beispielsweise eine Zwei-Drittel-Mehrheit.) Die Verfassung der Vereinigten Staaten verlangt solche großen Mehrheiten für Verfassungsänderungen oder für die Außerkraftsetzung des

Vetos des Präsidenten. In diesen Fällen wird im Interesse des Schutzes von Minoritäten der Erhaltung des Status quo der Vorzug gegeben (besonderen Schutz genießen die Bürgerrechtsgesetze sowie verfassungsrechtliche Verfahrensfragen).

In den vergangenen zehn Jahren ist von vielen Seiten der Vorschlag gemacht worden, solche klaren Mehrheiten auch im Zusammenhang mit Fragen des Staatshaushaltes einzuführen. Kritiker des derzeitigen Haushaltsverfahrens sind der Auffassung, daß das Mehrheitsstimmrecht der Mehrheit gestattet, überzogene Ausgabenprogramme zu verabschieden, die die Rolle des Staates ausweiten und zu hohen Haushaltsdefiziten führen. Ihrer Meinung nach wird die Minderheit von einer ausgabenfreudigen Mehrheit an die Wand gedrängt.

Nach Auffassung einiger Kritiker liegt die Lösung des Problems darin, daß man sich auf einen ausgeglichenen Haushalt oder den derzeitigen Umfang staatlicher Aktivitäten festlegen sollte. Erreicht werden könnte dies dadurch, daß man für ein Haushaltsdefizit oder eine Ausweitung der Ausgabenprogramme des Bundes anstatt einer einfachen Mehrheit eine eindeutige Mehrheit fordert (60 Prozent der Stimmen beider Häuser des Kongresses). Dieser Vorschlag, der dem Kongreß in einer Verfassungsnovelle zur Einführung des Prinzips des ausgeglichenen Haushaltes vorgelegt wurde, erhielt im Jahre 1981 die Zustimmung des Senates, scheiterte aber am Repräsentantenhaus. Bis zum Jahre 1984 war von 32 Bundesstaaten die Forderung verabschiedet worden, einen Antrag zur Verfassungsänderung einzubringen, die den Haushaltsausgleich vorschreibt.

Das Abstimmungskarussell: das Wahlparadox

Unsere Liste der Schwächen des Mehrheitsprinzips geht jedoch noch weiter. Wie von dem französischen Philosophen Condorcet im 18. Jahrhundert nachgewiesen und in einem mit dem Nobelpreis ausgezeichneten Beitrag von Kenneth Arrow konsequent weiterentwickelt, kann sich der Entscheidungsprozeß nach dem Mehrheitsstimmrecht tatsächlich im Kreise drehen.

Um diesen Ablauf zu durchschauen, müssen wir das Beispiel von drei Personen einführen, die über drei verschiedene Fragen entscheiden.

Tabelle 32.1 veranschaulicht die Situation. Jede der drei Personen (oder Gruppen) hat eine Stimme. Sie müssen zwischen Verteidigungsausgaben in drei verschiedenen Größenordnungen wählen, zwischen drei hohen, mittleren und niedrigen Ausgaben. Darüber hinaus haben die drei verschiedenen Personen völlig unterschiedliche Vorstellungen von der zweckmäßigen Verteidigung des Landes. Jones zählt zu den Falken, würde sich jedoch als zweitbeste Lösung eher für eine kleinere, als für eine schlechtausgerüstete Armee entscheiden. Smith gehört dem politischen Zentrum an: Sie will Kanonen und Butter. Brown ist Pazifist und strebt die kleinstmögliche Armee an.

Ordnen Sie die Gruppen jetzt hintereinander an, und versuchen Sie auf der Basis des Mehrheitsstimmrechtes zu einer Entscheidung über die Verteidigungsausgaben zu kommen. Wie Tabelle 32.1 zeigt, rangieren die niedrigen Ausgaben vor den mittleren Ausgaben; die mittleren vor den hohen und die hohen Ausgaben vor den niedrigen. Wir erkennen das Wahlparadoxon:

■ **Das Wahlparadoxon tritt dann auf, wenn kein einziges Programm gegenüber allen anderen Programmen eine Mehrheit auf sich vereinigen kann. Solche**

Das Abstimmungskarussell

Präferenz des Abstimmungsberechtigten mit Bezug auf unterschiedliche Vorschläge hinsichtlich der Höhe der Verteidigungsausgaben

Stimmberechtigter	Geringe Ausgaben	Mittlere Ausgaben	Hohe Ausgaben
Jones	2	3	1
Smith	3	1	2
Brown	1	2	3

Tabelle 32.1. Die Ursache des Wahlkarussells oder des Wahlparadoxons.
Dargestellt werden hier die Präferenzen von drei Personen. Jones will entweder eine starke Armee oder nur eine geringe Verteidigung, aber keine Lösung dazwischen. Smith vertritt eine mittlere Position und ist an Verteidigungsausgaben von bescheidenem Umfang interessiert. Brown ist Pazifist.
Beim Mehrheitswahlrecht stimmen alle für ihr Präferenzprogramm. Werden die Programme zur Abstimmung gestellt, schlagen die niedrigen Ausgaben die mittleren Ausgaben 2:1; die Ausgaben mittlerer Höhe schlagen die hohen Ausgaben 2:1; und die hohen Ausgaben schlagen die niedrigen Ausgaben 2:1. Das Mehrheitsstimmrecht dreht sich hier endlos im Kreis, wie ein Hund, der seinen eigenen Schwanz jagt. Mehr noch: Es existiert keine Möglichkeit zur Auflösung dieses Paradoxons, es sei denn durch willkürliche Abstimmungsverfahren.

Situationen führen zu einem endlosen Hin und Her zwischen alternativen öffentlichen Programmen.

Die Erstellung der Tagesordnung

Aus diesem Wahlparadox ergeben sich viele bedeutsame Konsequenzen, von denen eine erwähnt werden sollte. Es handelt sich dabei um die Bedeutung der *Tagesordnung* beziehungsweise der Reihenfolge der anstehenden Themen. Aus Gründen der Zeitersparnis haben legislative Körperschaften sich auf bestimmte Verfahrensregeln geeinigt. Sie können nicht endlos auf der Stelle treten, weil sich die Beteiligten nicht einigen können.

Das Wahlparadox zeigt jedoch, daß die Tagesordnung von entscheidender Bedeutung für das Ergebnis sein kann – daß die Reihenfolge der Abstimmungen darüber entscheiden kann, welches Programm angenommen wird. Wir wollen zu unserem Beispiel der Verteidigungsausgaben der Tabelle 32.1 zurückkehren. Angenommen, der Kongreß muß zu einer Entscheidung über die Verteidigungspolitik kommen, er ist jedoch in drei gleich große Lager gespalten, deren Präferenzen sich mit denen der Tabelle 32.1 vergleichen lassen.

Nun tritt der Verfahrensausschuß in Aktion. Durch seine Festlegung der Reihenfolge der Abstimmungen kann der Verfahrensausschuß tatsächlich den Sieger bestimmen. Angenommen, die Pazifisten haben im Verfahrensausschuß das Sagen. Dieser erstellt also eine Tagesordnung, bei der als erstes entschieden wird zwischen hohen und mittleren Ausgaben; der Gewinner bei dieser Wahl trifft dann auf die niedrigen Ausgaben. Die niedrigen Ausgaben würden den Sieg davontragen.

Angenommen, der Verfahrensausschuß wird jedoch von den Falken des Ausschusses über die aktuelle Bedrohung der USA beherrscht. Können Sie erkennen, auf welche Weise er den Ablauf manipulieren würde, um eine Entscheidung zugunsten hoher Verteidigungsausgaben herbeizuführen? Dadurch, daß er die niedrigen gegen die mittleren Ausgaben antreten und die hohen Ausgaben auf den Sieger treffen läßt.

Dieses Beispiel läßt erkennen, warum Ausschußvorsitzende und Verfahrensausschüsse in den gesetzgebenden Organen eine so wichtige Rolle spielen: Die Macht der Entscheidung über die Tagesordnung ist oft gleich der Macht der Entscheidung über das Abstimmungsergebnis.

Das Arrowsche Theorem

Haben die Politologen eine Methode entwickelt, um diesen Zirkel zu durchbrechen und zu guten Entscheidungen zu gelangen? Das Einstimmigkeitsprinzip wird mit Sicherheit zu keiner Lösung des Problems führen, denn von den Programmen der Tabelle 32.1 hat nicht eines eine Mehrheit. Kenneth Arrow hat die Frage untersucht, ob es *irgendein* gutes Abstimmungssystem gibt, das den Teufelskreis durchbrechen könnte. Seine erstaunliche Schlußfolgerung lautet, daß *es kein System des Mehrheitsentscheids gibt, das Effizienz gewährleistet, individuellen Präferenzen Rechnung trägt und nicht von der Tagesordnung abhängt.* Anders ausgedrückt ist noch zu keiner Zeit ein Abstimmungssystem entwickelt worden – und Arrow hat bewiesen, daß es ein solches gar nicht geben kann –, das gewährleistet, daß ein Mehrheitsentscheid logisch konsistent ist und die Gesellschaft in Richtung auf ihre Grenze der Nutzenmöglichkeiten führt.

Eine Hand wäscht die andere

Wir haben gesehen, daß der Mehrheitsentscheid ein Abstimmungskarussell in Bewegung setzen kann. Ein noch schwerwiegenderes Problem besteht darin, daß er gegenüber Minderheitsbelangen außerordentlich unempfindlich ist. Tatsächlich besteht eine der ausschlaggebenden Schwächen der Kollektiventscheidungen darin, daß sie die Intensität einer Präferenz nicht berücksichtigen. So sehr mir auch an einer Sache liegt, ich habe nur eine Stimme.

Stellen Sie öffentliche Entscheidungen privaten Käufern gegenüber. Bin ich ein begeisterter Schiläufer, kann ich mir eine Saisonkarte kaufen. Ein weniger begeisterter Schiläufer braucht sich nur eine Tageskarte zu nehmen, und jemand, der Schnee nicht ausstehen kann, braucht keinen einzigen Pfennig für den Wintersport auszugeben.

Politische Institutionen reagieren auf diese Notwendigkeit, der Intensität der Präferenzen Rechnung tragen zu müssen, auf verschiedene Weise. In gesetzgebenden Organen wird der Nachdrücklichkeit von Positionen Ausdruck verliehen in einem Verhalten, das man als *logrolling* beziehungsweise als *wechselseitige Begünstigung* bezeichnet – wobei explizit oder implizit mit Stimmen gehandelt wird. So könnte man sich beispielsweise vorstellen, daß die Menschen im Osten dringend an einer Unterstützung für den Eisenbahnbau interessiert sind, während der Mittlere Westen Hilfsprogramme im Fall von Erntekatastrophen will, wohingegen die Bewohner des Westens eine staatliche Erdbebenversicherung fordern. Jedes dieser drei Programme würde für sich betrachtet durchfallen, wenn mit einem klaren Ja oder Nein darüber entschieden werden müßte.

Ein Fall wechselseitiger Begünstigung läge vor, wenn sich die Abgeordneten zusammensetzten und erklärten: »Also, ich kann wirklich nicht auf die Eisenbahn (oder die Erdbebenversicherung oder das Agrarprogramm) verzichten. Ich bin bereit, meinen Teil zu Ihrem Programm beizusteuern, wenn Sie mein dringen-

Verbesserung des Ergebnisses durch wechselseitige Begünstigung

	Nettovorteile eines Programmes für eine Gruppe (in Millionen Dollar)			
Stimm-berechtigter	Eisenbahnbau	Agrar-programm	Erdbeben-versicherung	alle drei Programme
Osten	100	− 20	− 10	70
Mittlerer Westen	− 20	50	− 5	25
Westen	− 20	− 10	40	10
Gesellschaft insges.	60	20	25	105

Tabelle 32.2. **Eine Wohlfahrtssteigerung läßt sich durch wechselseitige Begünstigung erreichen, weil sie der Intensität der Präferenz Rechnung trägt.**
Drei Programme stehen zur Wahl, die sich in ihrer distributiven Wirkung unterscheiden. So bringt beispielsweise der Eisenbahnbau den Bewohnern im Osten Nettovorteile im Wert von 100 Millionen Dollar, kostet die beiden anderen Regionen jedoch 20 Millionen Dollar.
Würde nach dem Mehrheitsprinzip abgestimmt und hätte jede Region die gleiche Anzahl von Stimmberechtigten, würden alle drei Programme mit 2 gegen 1 Stimme scheitern, wenn getrennt darüber abgestimmt würde. Wird über sie als Programmpaket abgestimmt, finden sie einstimmige Billigung. Auf diese Weise lassen sich durch wechselseitige Unterstützung oder durch Stimmentausch die Nettovorteile für die Gesellschaft steigern.
Dieses Ergebnis muß sich jedoch nicht zwangsläufig einstellen. Führen wir z.B. die Vorteile aus dem Eisenbahnbau für den Osten von 100 auf 30 zurück und die des Mittleren Westens aus dem Agrarprogramm von 50 auf 25, ergibt sich folgendes Bild: Das mit dem vereinten Stimmengewicht durchgesetzte Programmpaket aus Eisenbahnbauvorhaben und Agrarprogramm hat für die Nation insgesamt einen Gewinn von minus 15 Millionen Dollar, obgleich sich eine Mehrheit dafür findet (die Stimmen des Ostens plus des Mittelwestens). Hier sehen wir, daß sich durch wechselseitige Begünstigung, das sogenannte *logrolling*, ein Programmpaket zusammenstellen läßt, bei dem die Mehrheit eine Umverteilung der Einkommen herbeiführt, und zwar auf Kosten der Minderheit und zugunsten ihrer selbst.

des Anliegen unterstützen.« Werden sich die beiden Seiten einig und geht das Programmpaket durch, haben wir das erlebt, was man als wechselseitige Begünstigung oder *logrolling* bezeichnet.

Insofern ist das *logrolling* das Gegenstück des öffentlichen Sektors zum Tausch oder Handel. In vielen Fällen wird es zu verbesserten Ergebnissen führen und die Volkswirtschaft ihrer Grenze der Nutzenmöglichkeiten näher bringen. Tabelle 32.2 gibt ein Beispiel für die Steigerung der Wohlfahrt der Gesellschaft auf dem Wege über das *logrolling*.

Aber wie in vielen Fällen im Zusammenhang mit Kollektiventscheidungen, können sich auch perverse Ergebnisse einstellen. Häufig kann ein Vorgang wechselseitiger Begünstigung letztlich zu einem Umverteilungsprogramm führen, bei dem die siegreiche Koalition einen anfänglich schlechten Vorschlag aufgreift, diesen mit einer ausreichenden Menge von Zusatzbestimmungen ausstattet, die besonderen Interessengruppen zusagen, bis sich dann eine solide Mehrheit gefunden hat für etwas, was man nur als eine legislative Absurdität bezeichnen kann.

Die Bedeutung von Kollektiventscheidungen

Wir beschäftigen uns mit der Theorie der Kollektiventscheidungen nicht nur deshalb, weil sie uns das Wesen demokratischer Prozesse erkennen läßt. Sie kann darüber hinaus einen Beitrag zu einer realistischen Einschätzung der Stärken und Schwächen kollektiver Aktionen leisten.

Die politischen Rahmenbedingungen

Ehe wir uns ein Urteil über mögliche politische Fehlleistungen bilden, müssen wir zunächst einmal wissen, daß in der Politik der Vereinigten Staaten gewisse Spielregeln gelten, die dem System besondere Merkmale verleihen.

Die amerikanische Politik ist im Grunde genommen ein Kampf zwischen zwei Parteien. Die im Amt befindlichen Vertreter einer Partei verteidigen im allgemeinen ihre Leistungen gegen die Konkurrenten der anderen Partei. Da wir eine repräsentative Demokratie haben, liegen die Entscheidungen über spezifische Probleme in den Händen von Vertretern der Wähler, nicht bei den Wählern selbst.

Darüber hinaus muß man wissen, daß unser Land sich zwar zu dem Prinzip »one-man-one-vote« bekennt, daß daneben aber auch das Geld noch eine Stimme besitzt. Wer einen Sitz im Senat anstrebt, wird möglicherweise einige Millionen Dollar einsetzen müssen. Einige hunderttausend Dollar sind nötig, um einen hart umkämpften Sitz im Repräsentantenhaus zu erringen. Es gibt also erhebliche Zugangssperren, weshalb sich die Zahl derjenigen, die eine echte Chance haben, ein öffentliches Amt zu bekleiden, an den Fingern abzählen läßt.

Das Versagen des Staates

Zu Beginn dieses Kapitels haben wir die Gründe dafür untersucht, warum der Staat in einer modernen Volkswirtschaft möglicherweise gewisse Funktionen übernehmen sollte. Wir haben zahlreiche Schwächen im Laissez-faire-System entdeckt – von der Umweltverschmutzung bis hin zu einer unvertretbaren Ungleichheit.

Die letzten Seiten haben uns an einen wichtigen Punkt erinnert: Ehe wir uns sofort und auf schnellstem Wege an die Legislative des Bundes, der einzelnen Staaten oder der Kommunen wenden, sollten wir uns vor Augen halten, daß *es genauso ein Versagen des Staates gibt wie ein Versagen des Marktes*. Wir können wahrscheinlich genausowenig davon ausgehen, daß unsere amerikanische Zweiparteien-Demokratie immer in der bestmöglichen Weise auf ein Versagen des Marktes reagieren wird, wie wir annehmen können, daß der Kapitalismus oder der Sozialismus immer ihrem Idealbild entsprechen werden.

■ **Ein Versagen des Staates liegt dann vor, wenn die Politik des Staates oder die kollektiven Entscheidungen nicht zu einer Steigerung der ökonomischen Effizienz oder zu einer ethisch vertretbaren Einkommensverteilung führen.**

Was würden wir als entscheidende Fehlleistungen bezeichnen?

Die nichtrepräsentative Demokratie

Im Prinzip bedeutet Demokratie »eine Stimme für jeden Bürger«. In der Praxis entscheiden Dollarmengen über den Wahlsieg. Bewerber um ein politisches Amt brauchen Geld zur Finanzierung der Wahlen, weshalb ein sehr spendabler Lobbyist oft ein viel größeres Gewicht erlangt, als viele tausend Konsumenten. Einige drücken dies folgendermaßen aus: »Wir haben die beste Regierung, die man für Geld kaufen kann.«

Da Geld die Welt regiert, erleben wir häufig, daß Programme verabschiedet werden, die einer kleinen Gruppe im Durchschnitt einen großen Vorteil bringen, während sie einer großen Gruppe im Durchschnitt geringe Opfer abverlangen.

So setzte beispielsweise die Automobilindustrie bei der Bundesregierung Importkontingente für japanische Autos durch, die die Gewinne der Autohersteller 1984 um geschätzte 300 Millionen Dollar steigen ließen, während sie die Konsumenten mehr als 2 Milliarden Dollar kosteten (beziehungsweise durchschnittlich 10 Dollar pro Kopf der Bevölkerung). Wie ist es möglich, daß eine kleine Minderheit eine Mehrheit der Legislative dazu bewegen kann, Programme zu verabschieden, die einer kleinen Minderheit dienen? In vielen Fällen befinden sich die Gesetzgeber in einer Zwickmühle. Für sie zählt zweierlei: Stimmen und Geld. Sie maximieren ihre Popularität, vorausgesetzt daß sie genügend Geld mobilisieren, um wiedergewählt zu werden; und der bequemste Weg, die notwendigen Zuschüsse für den Wahlkampf zu erhalten, besteht darin, sich für gut honorierte Zwecke einzusetzen.

Politologen gehen davon aus, daß diese Art des Verhaltens weit verbreitet ist. Sie verweisen auf Zollgesetze, wirtschaftliche Kontrollen, Agrarpreissubventionen, Exportkredite und viele andere Programme. Dennoch gibt es Ausnahmen: Es wurden verschärfte Umweltschutzgesetze sowie Gesetze zur Erhöhung der Sicherheit von Kraftfahrzeugen erlassen trotz des erbitterten Widerstandes einer sehr zahlungskräftigen Lobby der betroffenen Branchen.

Das Diktat der Bürokratie

Nur wenige können der Versuchung widerstehen, noch mehr Einfluß oder noch mehr Macht zu erlangen. Das gilt auch für Regierungen. Häufig neigen sie dazu, zu viel zu lange zu tun. Ein Grund für dieses Übermaß an Aktivität besteht darin, daß bei einzelnen Projekten keinerlei Gewinnbremse wirksam ist (keine absolute »Untergrenze« der Rentabilität). Baut die Regierung zu viele Dämme, zu viele Bomber, zu viele aufwendige Verwaltungsgebäude für die Regierung, wird sie durch keinerlei Gewinn- und Verlustrechnung gebremst, die über den wirtschaftlichen Wert dieser Projekte entscheidet. Das einzige, was diese Projekte brauchen, ist die Unterstützung durch die Mehrheit im Parlament, und diese kann eine kleine Minderheit dadurch sicherstellen, daß sie die Wahlkampfmittel für eine ausreichend große Anzahl von Abgeordneten bereitstellt. Sobald solche Programme einmal angelaufen sind, werden sie oft zu einer einflußreichen Institution und begründen private Interessen, denen sehr daran gelegen ist, für ihren Fortbestand zu sorgen.

Es scheint kein Zweifel zu bestehen, daß – woran das im einzelnen auch liegen mag – Regierungen oft große Probleme haben, ein Projekt einzustellen, sobald es einmal angelaufen ist. Ein klassisches Beispiel ist der »schnelle Brüter«. Dieses Projekt begründete ein höherentwickeltes Kernenergiesystem, das an die Stelle der heutigen Generation von Kernreaktoren treten sollte, sobald sich der Uranvorrat erschöpfen würde. Ende der 60er Jahre, zu einer Zeit, als jeder mit einem sehr raschen Ausbau der Kernenergie rechnete, entwickelte die Regierung Pläne für den Clinch River Breeder Reactor. Bis Ende der 70er Jahre war dann jedoch deutlich geworden, daß niemand mehr Kernenergieanlagen in Auftrag gab, und viele Versorgungsbetriebe stellten den Bau bereits in Auftrag gegebener Projekte ein. Dennoch finanzierte die Regierung das Clinch-River-Projekt bis 1983 weiter.

Es wäre falsch, davon auszugehen, daß Regierungen immer zu lange zu große Gelder ausgeben. Viele lohnende Programme kommen überhaupt nicht zum Zug. Andere werden durch einflußreiche Interessengruppen blockiert. Dennoch läßt sich allgemein feststellen, daß manche Programme ein mysteriöses Eigenleben entwickeln; und Regierungen verhalten sich oft wie der berühmte kleine Junge, der erklärte:»Ich weiß genau, wie man das Wort ›banana‹ buchstabiert, ich weiß bloß nicht, wo ich aufhören muß.«

Die kurzfristige Perspektive

Gewählte Politiker der Vereinigten Staaten müssen sich häufig einer Wahl stellen – alle 2, 4 oder 6 Jahre. Und häufig müssen sie ihre Wiederwahl in heißumkämpften Wahlkreisen betreiben. Dieser Druck kann zur Kurzsichtigkeit oder zur Berücksichtigung der kurzfristigen Perspektive bei politischen Entscheidungen führen.

So sah beispielsweise der Kongreß im Jahre 1984 ein großes Haushaltsdefizit auf sich zukommen. Fast alle Seiten – der Kongreß, der Präsident, die Wirtschaftsexperten – waren sich einig, daß ein Anstieg des strukturellen Defizits des Bundes um 3 oder 4 Prozent des BSP Schäden in der Wirtschaft anrichten würde – durch die Verdrängung privater durch öffentliche Investitionen (vgl. die Analyse dieses Themas in Kapitel 17). Fast alle waren sich einig, daß die Wirtschaft Ende der 80er Jahre ernsten Schaden nehmen würde, wenn nichts geschehe.

Warum gab es dennoch Probleme? Eine politische Schwierigkeit ergab sich daraus, daß ein Abbau des Defizits beträchtliche Steuererhöhungen oder Haushaltskürzungen bedeutet hätte, *und zwar in allernächster Zeit.* 1984 standen aber 435 Abgeordnete, 1 Präsident und 33 Senatoren zur Wahl an. Sie wollten die Wahlen gewinnen, und den meisten bereiteten ihre Chancen der Wiederwahl größeres Kopfzerbrechen als die Wirtschaftsprobleme, die sich Ende der 80er Jahre einstellen würden, und die Kandidaten glaubten, daß sich das Hauptaugenmerk der Wähler stärker auf die 1984 beschlossenen Steuererhöhungen oder Ausgabenkürzungen richten würde als auf die mit solchen Maßnahmen verbundenen Vorteile eines verminderten Haushaltsdefizits. Der Kongreß entschied sich, die Sache aufzuschieben ... und immer wieder aufzuschieben. Dieser Schwachpunkt ist im Grunde ein weiteres Beispiel für eine nichtrepräsentative Abstimmung, denn ihre Stimme geben nur die heute wahlberechtigten Bürger ab, während diejenigen der Zukunft gar nicht gefragt werden.

Diese in der Politik zu beobachtende Neigung, nur die kurzfristige Perspektive in Betracht zu ziehen, legt die Vermutung nahe, daß Regierungen sich eher für Programme entscheiden werden, die sich kurzfristig auszahlen, und daß sie vor solchen Programmen zurückschrecken, bei denen sofort Kosten anfallen, während sich die positiven Auswirkungen erst in der Zukunft einstellen. Wir haben in Kapitel 10 gesehen, daß sich daraus ein »politisch induzierter Konjunkturzyklus« ergeben kann, bei dem die Politiker vor der Wahl wie Fortuna mit einem Füllhorn durchs Land ziehen.

Dennoch *muß eine Tendenz zur Berücksichtigung der kurzfristigen Perspektive nicht zwangsläufig dazu führen, daß die Regierung eine zu große oder eine zu kleine Rolle spielt. Es kann allerdings durchaus zu einer den Konsum begünstigenden Tendenz öffentlicher Programme kommen.* Das bedeutet, daß Programme auf ein positives Echo stoßen, wenn sie stärker den gegenwärtigen als den zukünftigen Konsum anregen, und daß langfristige Investitionsvorhaben (Forschung, Energiesparen und Umweltschutz) insbesondere in Perioden unmittelbar vor einer Wahl radikal zusammengestrichen werden.

Diese Darstellung der Fehlleistungen von Regierungen könnten zu der Schlußfolgerung anregen, daß öffentliche Entscheidungen in politischen Demokratien immer kurzsichtig, käuflich und sozial ungerecht sind. Eine derartige zynische Schlußfolgerung wird durch die Geschichte jedoch nicht bestätigt. Es hat vielmehr eine Fülle von führenden Politikern in der Geschichte gegeben, die weitsichtige und weise Entscheidungen getroffen haben – die zum Teil populär, zum Teil unpopulär waren. Aber das Problem der öffentlichen Entscheidungen erinnert uns daran, daß der kollektive Entscheidungsprozeß in Demokratien nicht von einer *Unsichtbaren Hand* geleitet wird, die immer zu einem optimalen oder auch nur einem durch Effizienz gekennzeichneten Ergebnis führt. Demokratien haben neben Männern wie Lincoln, Churchill und Kennedy auch Männer wie Hitler, Mussolini und Peron gewählt. So wie die Wirtschaftswissenschaftler um Korrekturen im Falle eines Marktversagens bemüht sein müssen, so müssen Forscher im Bereich der Entscheidungstheorie nach Wegen suchen, die ein Versagen des Staates ausschließen.

C. Kollektiventscheidungen: Das Beispiel externer Effekte

Die in Teil B skizzierte Theorie der Kollektiventscheidungen deutet darauf hin, daß kollektive Maßnahmen in gewissen Situationen zu einem besseren Funktionieren der Wirtschaft beitragen können. Angesichts der Möglichkeit eines Versagens des Staates vertreten viele nüchterne Beobachter der Rolle der Regierung die Ansicht, daß man mit öffentlichen Entscheidungen sehr sparsam umgehen sollte – das heißt sie sollten solchen Situationen vorbehalten bleiben, in denen die *Unsichtbare Hand* nur sehr schlechte Dienste leistet.

Von allen Fällen des Versagens des Marktes ergibt sich der schwerwiegendste höchstwahrscheinlich dann, wenn im Zusammenhang mit einem Gut *Spillovers* oder *externe Effekte* auftreten. Wir haben die sich aus den externen Effekten ergebenden Probleme schon an früheren Stellen behandelt (insbesondere in Kapitel 2 in Band 1). Jetzt ist es an der Zeit, das Wesen der externen Effekte eingehend zu untersuchen und nach dem Grund dafür zu fragen, warum sie zur Ineffizienz führen, und welche Abhilfen denkbar sind.

Wir sollten mit einer sorgfältigen Definition eines externen Effektes beginnen. Es handelt sich dabei um ein Vorkommnis, bei dem Kosten oder Vorteile aus einer

Wirtschaftstätigkeit automatisch auf andere Menschen oder Unternehmen »überschwappen«.

> ■ **Ein externer Effekt oder ein Spillover liegt dann vor, wenn entweder die Produktion oder der Konsum eines Gutes anderen Wirtschaftssubjekten unerwartet Kosten verursachen oder ihnen einen Nutzen bringen. Kosten oder Nutzen werden damit auf andere übertragen, ohne von den Verursachern abgegolten zu werden. Genauer gesagt wirkt sich im Falle eines externen Effektes das Verhalten eines Wirtschaftssubjektes auf das Wohlergehen eines anderen aus, ohne daß dieser Effekt sich in Dollars messen läßt oder einen Niederschlag in Markttransaktionen findet.**

Externe Effekte treten in vielerlei Gestalt auf. Bei einigen handelt es sich um positive Effekte (externe Einsparungen), während andere negative Effekte (externe Nachteile) darstellen. Schütte ich beispielsweise ein Faß voll Säure in einen Fluß, sterben dadurch Fische wie Pflanzen. Da ich für diesen Schaden kein finanzielles Entgelt zahle, entsteht ein externer Nachteil. Entdecken Sie eine bessere Methode zur Behebung von Ölunfällen, profitieren davon viele Menschen, die Ihnen keinen Cent dafür zahlen. In diesem Fall handelt es sich um einen externen Nutzen.

Abgesehen davon haben einige externe Effekte sehr weitreichende Wirkungen, während bei anderen der Spillover-Effekt gering ist. Wenn im Mittelalter jemand, der die Beulenpest hatte, ein Land betrat, konnte es geschehen, daß ein Viertel der Bevölkerung dem Schwarzen Tod zum Opfer fiel. Wenn Sie andererseits an einem Tag, an dem ein starker Wind bläst, in einem Fußballstadion auf einer Knoblauchzehe herumkauen, sind die externen Wirkungen kaum wahrnehmbar.

Öffentliche und private Güter

Betrachten wir einmal ein extremes Beispiel einer öffentlichen Einsparung, die als *öffentliches Gut* bezeichnet wird. Ein solcher Fall wird uns am ehesten klar, wenn wir uns die nationale Verteidigung als ein Beispiel par excellence für ein öffentliches Gut ansehen.

Nichts ist für eine Gesellschaft von so lebenswichtiger Bedeutung wie ihre Sicherheit. Die nationale Verteidigung unterscheidet sich jedoch – als Ware betrachtet – grundlegend von einem *privaten Gut* wie etwa dem Brot.

Zehn Brote lassen sich auf vielerlei Weise auf einzelne Personen innerhalb einer Gruppe aufteilen. Die nationale Verteidigung muß jedoch mehr oder weniger automatisch für alle gewährleistet sein. Viele sind sich ihres Wertes bewußt, ebenso wie sie den Wert eines guten Brotes schätzen. Dennoch wird es auch unter ihnen einige geben, die für einen bestimmten Umfang der Verteidigung eher bereit wären, zusätzliche Mengen an Brot aufzugeben, als andere. Überzeugte Pazifisten werden demgegenüber verkünden, daß sie die ganze Rüstung überhaupt für sinnlos halten. Wieder andere leiden sogar unter diesem öffentlichen Gut, und man müßte sie schon mit sehr viel Brot bestechen, um ihre freiwillige Zustimmung zur nationalen Verteidigung zu gewinnen.

Führen Sie sich den vollkommen Gegensatz vor Augen: Die Entscheidung zugunsten einer bestimmten Menge eines öffentlichen Gutes, wie etwa der nationalen Verteidigung, führt zu der gleichen Anzahl von Raketen, Flugzeugen und Panzern, die jedes einzelne Mitglied der Gesellschaft schützen. Demgegenüber stellt die Entscheidung, ein privates Gut wie Brot zu sich zu nehmen, eine individuelle Handlung dar – Sie können sich entscheiden, nicht eine einzige Scheibe oder zwei Scheiben oder ein ganzes Brot zu essen: Das liegt ganz in Ihrem eigenen Ermessen.

Sicher stellt die nationale Verteidigung ein dramatisches und extremes Beispiel dar. Aber wenn Sie an einen Polizeibeamten beim Streifengang denken, an die Pockenimpfung, die Bereitstellung öffentlicher Mittel für ein Kurkonzert, die Errichtung eines Dammes am Oberlauf eines Flusses zur Verhinderung von Überschwemmungen am Unterlauf, also praktisch jedwede Aktivität des Staates – überall begegnet Ihnen das folgende gemeinsame Element:

> ■ **Die positiven Auswirkungen eines öffentlichen Gutes – im Gegensatz zu denen eines rein privaten Gutes – implizieren unteilbare externe Konsumeffekte für mehr als einen einzigen Menschen. Ist demgegenüber ein Gut teilbar, so daß jeder Teil für sich genommen auf einem Wettbewerbsmarkt an verschiedene Einzelpersonen abgegeben werden kann, ohne daß dies Auswirkungen auf andere Personen hat, handelt es sich um ein privates Gut. Zur Bereitstellung öffentlicher Güter bedarf es oft kollektiver Entscheidungen, während private Güter am besten auf dem Weg über Märkte bereitgestellt werden können.**

Öffentliche Güter haben jedoch nicht nur gute Seiten, sondern auch schlechte. Je mehr fossile Brennstoffe eingesetzt werden, desto stärker steigt der Kohlendioxydgehalt der Atmosphäre; das Klima wird wärmer; die Ozeane steigen; die Monsune wandern. Die ganze Menschheit gerät unter den Einfluß des »Treibhauseffektes« auf dem Erdball.

Eine besonders wichtige Gruppe negativer öffentlicher Effekte beziehungsweise Kosten treten im Zusammenhang mit der Produktion auf. Es sind Spillovers oder auch Nebenwirkungen der produktiven Tätigkeiten der Unternehmen.

Bedeutende Belastungen stellen die Luft- und Wasserverschmutzung als Ergebnis der Verbrennung von Treibstoffen und der Herstellung von chemischen Erzeugnissen dar. Ein dramatisches Beispiel dafür bietet der »saure Regen«. Der zunehmende Schwefelsäuregehalt in den Böden und Seen im Nordosten der Vereinigten Staaten ist auf den Schwefelgehalt der Kohle und des Öls zurückzuführen, die in den öffentlichen Energieversorgungsbetrieben verbrannt werden. Aus dem Wasser in den Seen wird Essig, und die Mikroben sterben ab. War das die Absicht der Versorgungsbetriebe? Gewiß nicht. Es war die Externalisierung der Kosten, die im Zusammenhang mit der Stromerzeugung anfielen.

Es gibt auch externe Einsparungen. Die Bell Labs erfanden den Transistor, der die Einführung elektronischer Telefonschaltungen ermöglichte. Der Transistor erlangte ungeheure Bedeutung auch außerhalb des Fernsprechwesens – er machte die Entwicklung von Stereogeräten möglich sowie die Herstellung von schnellen Computern, von Videospielen und zahllosen anderen nützlichen Produkten. Profitierten die Bell Labs von dem Übertragungseffekt auf andere Industriezweige? Nur in sehr geringem Umfang. Hier traten externe Einsparungen auf.

Kollektive oder marktabhängige Güter

Bedeutet die Tatsache, daß es in einer Volkswirtschaft eine Fülle externer Effekte oder öffentlicher Güter gibt, daß der Staat unbedingt öffentliche Entscheidungen treffen muß? Muß er öffentliche Güter kaufen? Muß der Staat in der Kontrolle negativer externer Effekte anderen vorangehen?

Darauf gibt es keine eindeutige Antwort. Bei der Frage, ob der Markt oder der Staat für die Allokation der positiven wie der negativen Dinge sorgen soll, handelt es sich um eine politische Entscheidung. Wir müssen deshalb diejenigen Güter, die vom *Markt* bereitgestellt werden, von denen unterscheiden, bei denen eine *kollektive* Allokation erfolgt:

- Ein Gut wird als marktabhängig bezeichnet, wenn seine Allokation über dezentralisierte Märkte erfolgt; es wird als kollektives Gut bezeichnet, wenn seiner Allokation politische Vorgänge oder öffentliche Entscheidungen zugrunde liegen. Es gibt somit für jedes Gut zwei einander ergänzende Methoden der Lösung des Problems des *Was, Wie* und *Für wen*: Märkte entscheiden über marktabhängige Güter, kollektive Entscheidungen über kollektive Güter.

Abbildung 32.6 zeigt, inwieweit in den Vereinigten Staaten Mitte der 80er Jahre bestimmte Dinge als öffentliche gegenüber privaten Gütern anzusehen sind und ob es sich um marktabhängige oder kollektive Güter handelt. Der größte Teil des BSP findet sich in der linken unteren Ecke: Brot, Flugreisen, Schuhe, Wohnungen, Kinofilme und die meisten anderen Güter stellen private Güter dar, die von Angebot und Nachfrage auf Märkten abhängig sind.

In der rechten oberen Ecke finden sich die ausschließlich öffentlichen Güter, die kollektiven Entscheidungen unterliegen: die nationale Verteidigung und die Weltraumforschung. Sehen Sie sich an, inwieweit andere Güter mehr oder weniger öffentlichen Charakters in größerem oder geringerem Umfang über den Markt bereitgestellt werden.

Alternative Modelle

In Kapitel 35 werden wir uns mit alternativen Wirtschaftssystemen beschäftigen. Im Vorgriff darauf wollen wir schon an dieser Stelle festhalten, daß einer der wesentlichen Unterschiede zwischen einzelnen Gesellschaften sich auf die Frage bezieht, an welcher Stelle diese die einzelnen Güter auf der Ordinate von Abbildung 32.6 ansiedeln. Stellen wir die Sowjetunion oder China heute den Vereinigten Staaten unserer Tage gegenüber oder die Vereinigten Staaten der 80er Jahre den Vereinigten Staaten in den 80er Jahren des 19. Jahrhunderts, erkennen wir beträchtliche Unterschiede in dem Umfang, in dem Güter kollektive und nichtprivate Güter darstellen. Außerhalb der Vereinigten Staaten wird die Gymnasialerziehung fast überall als kollektives Gut angeboten. In den meisten anderen Ländern erfolgt die medizinische Versorgung im Rahmen eines staatlichen Gesundheitsdienstes. In dem idealen Modell des Kommunismus wird für jeden entsprechend seiner Bedürfnisse gesorgt, was die Vorstellung impliziert, daß die Zuteilung *sämtlicher* Güter auf dem Wege über kollektive Entscheidungen erfolgt.

Wir verstehen auch die Klagen der Konservativen über das allmähliche Vordringen des Staates: Sie haben den Eindruck, daß zu viele Güter in Abbildung 32.6

Güter unterscheiden sich nach Art und Allokation

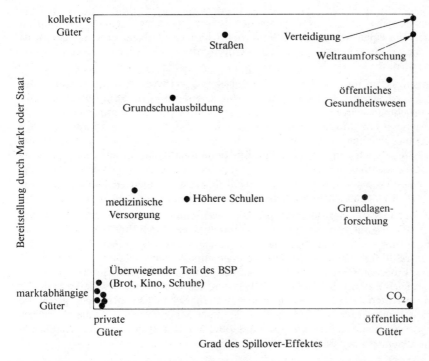

Abbildung 32.6. Zwei Güterkategorien: öffentliche und private sowie marktabhängige und kollektive Güter (USA, 1985).
Bei der Betrachtung verschiedener Güter stellen wir fest, daß sie sich hinsichtlich des Grades, in dem sie als »öffentliche« oder »marktabhängige« Güter gelten können, unterscheiden. Im Falle eines privaten Gutes schließt mein Konsum Ihren aus, und ich kann verhindern, daß Sie mein Brot erhalten; beim öffentlichen Gut gibt es keine Konsumrivalität und keinen Ausschluß vom Konsum.
Ein Gut ist in vollem Umfang marktbezogen, wenn über das *Was*, *Wie* und *Für wen* ausschließlich dezentralisierte Märkte entscheiden, wohingegen es sich um ein kollektives Gut handelt, wenn die entsprechenden Entscheidungen aufgrund eines kollektiven Vorgehens, wie beispielsweise durch Abstimmung, getroffen werden.
Im kapitalistischen System sind die meisten privaten Güter marktabhängig. Reine öffentliche Güter sind im allgemeinen, wenn auch nicht immer, kollektive Güter.

nordwärts wandern. Viele Güter, deren Zuteilung vor 100 Jahren noch über den Markt erfolgte, unterliegen heute im wesentlichen kollektiven Entscheidungen. Die medizinische Versorgung, staatlich beaufsichtigte Industrien, das Erziehungs- und Transportwesen – sie alle sind im Vergleich zum 19. Jahrhundert in erheblichem Umfang von Kollektiventscheidungen abhängig. Und das Programm der Regierung Reagans bestand zum Teil darin, den *Spielraum* für Kollektiventscheidungen in denjenigen Wirtschaftsbereichen einzuschränken, in denen man diese für entbehrlich hielt.

Die Ineffizienz des Marktes bei externen Effekten

Wenn wir die Abbildung 32.6 genau ansehen, erkennen wir, daß die meisten Güter, die einen weitgehend öffentlichen Charakter haben, auch auf der Basis kollektiver Entscheidungen bereitgestellt werden. Gibt es eine Erklärung für diese Struktur?

Denken Sie an unser eingangs angeführtes Beispiel von einem Leuchtturm, der vor Felsen warnt.[3] Sein Leuchtfeuer hilft jedem Schiff in Sichtweite. Für kein Unternehmen würde sich der Bau lohnen, weil es von den Benutzern nur unter schwierigen Umständen einen Preis für seine Leistung fordern könnte. Deshalb handelt es sich hier um eine Aktivität, die selbstverständlich Sache des Staates ist. Dies würde auch den von Abraham Lincoln aufgestellten Kriterien entsprechen: Es ist die legitime Aufgabe der Regierung »für die Gemeinschaft das zu tun, was zu tun ist, was die Gemeinschaft jedoch durch individuelle Anstrengungen für sich selbst zu tun nicht oder nicht so gut in der Lage ist«.

Die andere Seite der Medaille ist die Beseitigung negativer externer Effekte. Wenn die Energieversorgungsbetriebe unsere Seen durch ihre Schwefelemission in Essigtümpel verwandeln, ohne für den Schaden aufzukommen, dann wird der Staat sich möglicherweise für Maßnahmen entscheiden wollen, die dieser schädlichen Emission Grenzen setzt. Er kann die Emissionsmenge begrenzen oder die Schwefelemission mit einer Steuer belasten, die den Schaden widerspiegelt. Er kann privaten geschädigten Parteien gestatten, Schadensersatzklagen gegen die Versorgungsbetriebe anzustrengen. Jede dieser Maßnahmen wird die Energieerzeuger veranlassen, ihre knappen Ressourcen einzusetzen, um die schädlichen Schwefelemissionen zu reduzieren.

Die Analyse der Ineffizienz

Wir können nunmehr mit Hilfe von Abbildung 32.7 zeigen, warum ein Laissez-faire-Gleichgewicht zu einer ineffizienten Lösung führt, wenn externe Effekte auftreten. Dabei gehen wir davon aus, daß die externen Effekte in Form von »negativen öffentlichen Gütern« – von externen Kosten der Produktion – vor-

---

[3] Die Analyse dieses Abschnittes ist den Arbeiten des Skandinaviers Knut Wicksell im 19. Jahrhundert und denen anderer Ökonomen verpflichtet sowie der bedeutenden Abhandlung von Richard A. Musgrave, *The Theory of Public Finance*, McGraw-Hill, New York 1959. Im Zusammenhang mit dem Beispiel des Leuchtturmes sollte ein Aspekt festgehalten werden: Die Tatsache, daß die Betreiber von Leuchttürmen nicht ohne weiteres eine Gebühr im Sinne eines Kaufpreises von denjenigen erheben können, die von ihnen profitieren, trägt mit Sicherheit dazu bei, daß dieses Gut geeignet ist, als gesellschaftliches oder öffentliches Gut zu fungieren. Aber selbst wenn die Betreiber von jedem Benutzer im näheren Umkreis eine Gebühr einziehen könnten, würde diese Tatsache allein nicht ausreichen, um die Bereitstellung dieser Leistung in Form eines privaten Gutes zu einem marktabhängigen Preis gesellschaftlich optimal erscheinen zu lassen. Warum nicht? Weil für die Gesellschaft die *zusätzlichen Kosten* für die Bereitstellung der Leistung für ein zusätzliches Schiff gleich *Null* sind. Folglich stellen alle Schiffe, die diesen Gewässern fernbleiben, weil sie den positiven Preis scheuen, einen ökonomischen Verlust dar.

Wenn sich Bau und Betrieb eines Leuchtturmes lohnen – was nicht unbedingt der Fall sein muß –, dann kann man auch, wie wir im Anhang zu Kapitel 31 (Abbildung 31A.1, S. 418) gesehen haben, einen Preis für ein solches öffentliches Gut ansetzen.

Staatliche Normen verringern Umweltverschmutzung

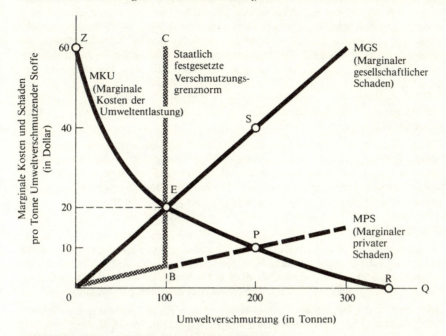

Abbildung 32.7. Ineffizienz aufgrund von Externalisierung.
Die steigenden *MGS-* und *MPS-*Kurven spiegeln den wachsenden Schaden wider, den sowohl Vermögenswerte als auch Menschen infolge der Umweltverschmutzung durch ein Stahlwerk erleiden. Die untere, gestrichelte Linie stellt den marginalen Schaden dar, den das Stahlwerk selbst erleidet, und entspricht somit dem marginalen privaten Schaden. Die darüber gelegene durchgezogene Linie gibt den Gesamtschaden beziehungsweise den marginalen gesellschaftlichen Schaden wieder einschließlich des Schadens derjenigen, die aufgrund der Verschmutzung einen Nachteil erleiden, ohne dafür entschädigt zu werden.
Die fallende *MKU* mißt die marginalen, durch eine Entlastung der Umwelt entstehenden Kosten – die Summe, die das Stahlwerk aufwenden müßte, um bei jedem Ausbringungsniveau Q die Verschmutzung um eine Tonne zu verringern. Beachten Sie, daß die Umweltentlastungskosten bei einem hohen Verschmutzungsgrad gering sind, während sie im Null-Verschmutzungspunkt Z extrem stark ansteigen.
Das Laissez-faire-Ergebnis stellt sich in dem Punkt ein, in dem das Stahlwerk im Punkt P seine eigenen privaten Grenzkosten und Grenzvorteile ausgleicht. In diesem Punkt übersteigt der marginale Schaden, der der Gesellschaft aus der Umweltverschmutzung entsteht, die Kosten für die Umweltentlastung um das Vierfache. Der Punkt der größten Effizienz liegt in E, in dem der marginale *gesellschaftliche* Schaden gleich den marginalen Umweltentlastungskosten ist.

kommen, wie sie etwa bei der Luft- und Wasserverschmutzung bei fehlenden Kontrollen zu beobachten sind.

Um ein konkretes Beispiel anzuführen, nehmen wir einmal an, daß ein Stahlwerk tonnenweise Schwefeldioxyd an die Luft abgibt. Dieses lagert sich in der gesamten Region ab und schädigt die Pflanzenwelt ebenso wie die Gesundheit der Menschen. Auch das Stahlwerk selbst kommt dabei nicht ungeschoren davon. Es muß häufiger neu gestrichen werden, und die Arztrechnungen des Unternehmens steigen.

Der aus der Umweltbelastung resultierende Schaden wird in Abbildung 32.7

durch die beiden steigenden Kurven des marginalen Schadens dargestellt. Sie zeigen, um wieviel der Schaden wächst, wenn die Verschmutzung um 1 Tonne ansteigt. Die gestrichelte Kurve zeigt den marginalen Schaden des Stahlunternehmens selbst – sie ist positiv und steigt mit zunehmender Verschmutzung. So erkennen wir beispielsweise, daß sich der durch eine zusätzliche Tonne umweltbelastender Stoffe verursachte marginale Schaden für das Unternehmen im Punkt P auf 10 Dollar beläuft. Die gestrichelte Kurve trägt die Bezeichnung *MPS*, beziehungsweise »*marginaler privater Schaden*«, um kenntlich zu machen, daß sie die privaten Kosten des Verursachers darstellt, der für diese externen Kosten verantwortlich ist.

Da gleichzeitig eine Externalisierung stattfindet, werden abgesehen vom Stahlwerk selbst auch andere Menschen geschädigt. Wir gehen in unserem Beispiel davon aus, daß die Schäden, die andere Menschen erleiden, diejenigen des Stahlwerkes um das Dreifache übersteigen. Wollen wir die Gesamtkosten der Verschmutzung ermitteln – beziehungsweise genauer gesagt den *MGS*, das heißt den »*marginalen gesellschaftlichen Schaden*« –, müssen wir diese anderen Kosten ebenfalls in Rechnung stellen.

Die gesamten *MGS* werden deshalb durch die obere durchgezogene Kurve der Abbildung 32.7 dargestellt. Beachten Sie dabei, daß der *MGS* bei einer Verschmutzung im Umfang von 200 Tonnen umweltbelastender Stoffe 4mal so hoch ist wie der *MPS*, was auf das große Ausmaß der externen Effekte hinweist.[4]

Belassen Sie, um Ihr Verständnis zu testen, den *MPS* auf seinem gegenwärtigen Stand, und beantworten Sie folgende Frage: Wo läge die *MGS*-Kurve, wenn wir es mit einem privaten Gut zu tun hätten, bei dem keine externen Effekte auftreten? (Antwort: Sie würde sich mit der *MPS*-Kurve *decken*.) Und wo läge, wiederum bei gleichbleibendem *MGS*, die Kurve des *MPS*, wenn wir es mit einem reinen öffentlichen Gut zu tun hätten (Antwort: *MPS* läge auf oder unmittelbar über der x-Achse.)

Aber mit den Kosten der Verschmutzung sehen wir erst die eine Hälfte des Bildes. Schließlich ist die Verschmutzung die unbeabsichtigte Nebenwirkung der Herstellung von Stahl, und der Stahl ist das A und O der Industriegesellschaft und wird beim Bau von Autos, Gebäuden, Panzern und für zahllose andere Güter gebraucht. Deshalb müssen wir uns die Frage stellen, wieviel es kostet, die Verschmutzung zu reduzieren oder weniger gefährlich zu machen, während wir gleichzeitig unseren wertvollen Produktionsapparat in Gang halten.

Diese Frage beantwortet die Kurve der *marginalen Kosten der Umweltentlastung (MKU)* in Abbildung 32.7. Sie zeigt die Kosten für die Verringerung der Verschmutzung um 1 Tonne: Die Verminderung der Umweltverschmutzung ist eine kostspielige Angelegenheit, weil es die Unternehmen manchen Dollar kostet, saubere Brennstoffe einzukaufen, für ein Recycling von Abfällen zu sorgen, Entgiftungsfilter in ihre Schornsteine einzubauen und so fort. Wir können für

---

[4] Wie läßt sich der marginale gesellschaftliche Schaden aus der Kurve des privaten Schadens ermitteln? Wir nehmen eine *vertikale* Addition aller Schäden vor (anstatt einer horizontalen, wie wir dies bei den Angebots- und Nachfragekurven getan haben). Wir addieren also bei einer Emission von 100 Tonnen alle individuellen *MPS*s: 10 Dollar für das Unternehmen 1, 5 Dollar für das Unternehmen 2, 6 Dollar für das Unternehmen 3 plus 19 Dollar für alle Konsumenten. Diese vertikale Addition der *MPS*s aller Beteiligten ergibt dann die *MGS*-Kurve.

jeden Punkt der Kurve ausrechnen, wie hoch die *zusätzlichen* Beträge sind, die das Stahlwerk aufwenden muß, um die Verschmutzung um 1 Tonne zu senken. Beachten Sie, daß im Punkt *R*, in dem das Unternehmen keinerlei Vorkehrungen zur Minderung der Umweltbelastung trifft und in dem die maximale Verschmutzung erfolgt, die Kosten sehr gering sind, während im Punkt Z, bei einer »Null-Emission« die Emissionskontrollen außerordentlich hohe Kosten verursachen können.

Wo läge das Laissez-faire-Ergebnis, wenn es keine Umweltverschmutzungskontrollen gäbe? Es würde sich in dem Punkt einstellen, in dem sich die Kosten des gewinnorientierten Stahlwerks für eine weitere Verschmutzung genau mit denen für eine Verringerung der Verschmutzung decken. Dieser Punkt liegt in Abbildung 32.7 in *P*, bei dem *MPS* gleich *MKU* beziehungsweise in dem sich die marginalen privaten Kosten und der marginale Nutzen ausgleichen. In dieser keinen Kontrollen unterliegenden Situation würden 200 Tonnen an umweltschädigenden Stoffen an die Umwelt abgegeben.

Beachten Sie jedoch, daß dieses Ergebnis außerordentlich ineffizient ist. Bei einer Verschmutzung im Umfang von 200 Tonnen liegt der *MGS* bei 40 Dollar pro Tonne, während sich die *MKU* lediglich auf 10 Dollar belaufen. Würde deshalb das Unternehmen die Verschmutzung um 1 Tonne reduzieren, erzielte die Gesellschaft einen Gewinn in Höhe von 30 Dollar (das heißt die gesellschaftlichen Kosten würden um 40 Dollar sinken, während die Kosten zur Verminderung der Umweltverschmutzung lediglich um 10 Dollar stiegen). In einer Laissez-faire-Wirtschaft hat der Verschmutzer jedoch keine Veranlassung, sich vom Punkt *P* wegzubewegen. Dieser entspricht seiner Gewinnmaximierungsentscheidung, und was die öffentliche Gesundheit und das Privatvermögen anderer Leute angeht, so sollen diese selbst sich darum kümmern.

Verschmutzung und gesellschaftliche Effizienz

Auf der Basis der Analyse der Abbildung 32.7 können wir auch das wirtschaftlich effiziente Maß an Verschmutzung bestimmen. Es liegt in dem Punkt, in dem die Grenzkosten und der Grenznutzen *der Gesellschaft* zum Ausgleich gebracht werden, in dem die Kosten der Verringerung der Verschmutzung um 1 Tonne genau gleich dem gesellschaftlichen Nutzen sind. Ein solches gesellschaftliches Optimum stellt der Punkt *E* mit einem Verschmutzungsvolumen von 100 Tonnen dar, bei dem sich die *MGS*- und die *MKU*-Kurve schneiden. In diesem Punkt belaufen sich sowohl der *MGS* wie die *MKU* auf 20 Dollar pro Tonne.

Warum ist *E* eine effiziente Position? Weil bei diesem Umfang an Umweltbelastung die gesellschaftlichen Nettokosten der Belastung minimiert werden. Würde der Umfang der Verschmutzung 100 Tonnen übersteigen, würden die erhöhten Umweltschäden die Kosten einer Verminderung der Schäden übersteigen. Andererseits wären bei weniger als 100 Tonnen die durch die Verschmutzung verursachten Schäden geringer als die erhöhten Kosten einer Reduzierung der Verschmutzung. Auch hier können wir, wie in vielen anderen Zusammenhängen, die Begriffe der Grenzkosten und des Grenznutzens einsetzen, um den der wirtschaftlichen Effizienz angemessenen Punkt zu bestimmen.

Unter Verwendung der Begriffe der Grenzkosten und des Grenznutzens können wir uns auch ein Urteil über die extreme Position der Umweltschützer bilden, die fordern, daß jegliche Umweltverschmutzung zu untersagen sei. Bei einer Null-

Belastung werden im allgemeinen die Grenzkosten der Verhütung der Verschmutzung sehr hoch sein, während der Grenzvorteil möglicherweise bescheiden ist. In einigen Fällen kann es sich sogar als unmöglich erweisen, einen Industriezweig zu unterhalten, der keinerlei Umweltbelastung verursacht, so daß diese extreme Position möglicherweise die Schließung ganzer Industriezweige notwendig macht. Die wirtschaftliche Effizienz würde in der Regel einen Kompromiß nahelegen – wobei man den Wert der Produktion des Industriezweiges den durch seine Umweltbelastung verursachten Kosten gegenüberstellt. Ein solcher Kompromiß würde in der Regel eine erhebliche, nicht jedoch eine 100prozentige Einschränkung der Verschmutzung fordern.

Wir können unsere Erkenntnisse folgendermaßen zusammenfassen:

- **In einer keinerlei Kontrollen unterliegenden Laissez-faire-Wirtschaft wird der Umfang der Verschmutzung (oder anderer externer Effekte) in dem Punkt liegen, in dem der marginale *private* Schaden gleich den marginalen privaten Kosten einer Verschmutzungsverhütung ist. Eine effiziente Situation stellt sich in dem Punkt ein, in dem der marginale *gesellschaftliche* Schaden gleich den marginalen gesellschaftlichen Kosten der Umweltentlastung ist. In einer nach dem Laissez-faire-Prinzip organisierten Volkswirtschaft wird deshalb zu wenig für den Umweltschutz getan werden, und das Maß der Umweltverschmutzung wird zu hoch sein. Das Maß der Ineffizienz wird durch den Abstand zwischen den gesellschaftlichen und den privaten Schadensfunktionen bestimmt.**

Externe Effekte der Forschung

Ähnlich verhält es sich mit den externen Einsparungen. Denken wir beispielsweise an die Forschung im Zusammenhang mit der Züchtung von Getreidesorten. Der private Grenznutzen jedes einzelnen wettbewerbsabhängigen landwirtschaftlichen Betriebes aus seiner eigenen Forschung ist gering. Aufgrund der eindeutigen externen Vorteile bei der Nutzung von Forschungsergebnissen kann man von keinem vernünftigen privaten Farmer erwarten, daß er einen großen Teil seiner knappen Dollars in die Agrarforschung steckt. Dennoch profitiert die Volkswirtschaft insgesamt in erheblichem Umfang, wenn sie von der Entwicklung neuer, Rekordernten versprechender Saatzüchtungen erfährt oder von verbesserten Fruchtfolgemethoden im Maisanbau und wenn sie diese in die Praxis umsetzt. Die Addition von Millionen privater Grenznutzeneinheiten führt dann zu einem ganz erheblichen Grenznutzen der Agrarforschung für die Gesellschaft – obgleich der einzelne nicht viel in diese segensreiche Forschung einsetzen wird.

Tatsächlich waren es eben diese externen Einsparungen, die zu der Hypothese Schumpeters führten. Schumpeter argumentierte, daß im Falle monopolistischer industrieller Strukturen, bei denen die Monopole die aus Innovationen resultierenden Erträge selbst einstecken könnten, die Früchte solcher externer Einsparungen weniger breit gestreut wären als im Falle wettbewerbsbestimmter Industrien. Die Schumpetersche Hypothese lautet deshalb, daß die Erfindungs- und Innovationstätigkeit monopolistischer Industriezweige größer sein wird als die wettbewerbsbestimmter Industriezweige.[5]

---

5 Eingehender wird die Schumpetersche Hypothese auf S. 184–186 in Kapitel 24 behandelt.

Maßnahmen zur Korrektur externer Effekte

Selbst ein flüchtiger Beobachter der modernen Industriegesellschaft kann überall die für sie bezeichnenden externen Effekte entdecken. Luft- und Wasserverschmutzung, die mit der mangelnden Sicherheit von Fabriken oder Kernkraftwerken verknüpften Risiken, die von betrunkenen Autofahrern und von monströsen Lastern ausgehenden Gefahren, radikal ausgebeutete Landstriche oder die Ruinen verlassener Ghettos, in denen nur noch streunende Hunde herumziehen – sie alle sind Beispiele für die Kehrseiten der Industriegesellschaft.

Aber es gibt auch positive externe Effekte – die umwälzenden Erfindungen oder neuen Produkte, deren Erfinder arm sterben, die Radio- oder Fernsehsendungen, die wir gebührenfrei empfangen, oder die Segnungen allgemeiner öffentlicher Gesundheitsvorsorgemaßnahmen, die die Pocken, die Kinderlähmung, Typhus, die Malaria und die Pest ausgerottet haben.

In jedem dieser Fälle können die Regierungen Maßnahmen einleiten, um eine Verbesserung ineffizienter Laissez-faire-Lösungen zu erreichen. Unabhängig von der spezifischen eingesetzten Methode besteht das allgemeine Gegenmittel gegen externe Effekte darin, *daß der externe Effekt zu einem internen Effekt gemacht werden muß*. Das bedeutet, daß der Verschmutzer oder Verursacher eines externen Effektes mit der richtigen Art von Anreizen konfrontiert werden muß. Angenommen, wir könnten – mit Bezug auf Abbildung 32.7 – dafür sorgen, daß das Stahlwerk mit der Kurve des marginalen gesellschaftlichen Schadens konfrontiert würde, anstatt mit seiner eigenen privaten Kurve. Unter diesen Umständen würde es (sozusagen durch eine reformierte *Unsichtbare Hand*) zum effizienten Ergebnis in Punkt *E* geführt. Deshalb müssen die externen Kosten zu internen Kosten für den Entscheidungsträger gemacht werden, wenn man ihn veranlassen will, in effizientem Umfang eine Verringerung der Verschmutzung einzuleiten.

Privatwirtschaftliche Methoden

Überraschenderweise sind nicht bei allen Lösungen Maßnahmen von seiten des Staates erforderlich. Bei zwei privatwirtschaftlichen Methoden ist ein hinlänglich effizientes Ergebnis denkbar: bei privaten Verhandlungen sowie bei Haftungsbestimmungen.

Verhandlungen und das Coase-Theorem

Angenommen, die Regierung entscheidet sich gegen eine Intervention. Eine aufsehenerregende Analyse von Ronald Coase von der Universität Chikago deutet darauf hin, daß unter gewissen Umständen privat geführte Verhandlungen zwischen den betroffenen Parteien zu einem effizienten Ergebnis führen.

Angezeigt ist diese Methode in den Fällen, in denen es um klar erkennbare Eigentumsrechte geht und die Verhandlungskosten gering sind. Stellen wir uns beispielsweise vor, daß ich oberhalb Ihres Grundstücks Chemikalien in den Fluß einleite, durch die Ihre Fischteiche geschädigt werden. Angenommen, Sie könnten mich dafür auf Schadensersatz verklagen. Nach Auffassung von Coase haben wir beide ein starkes Interesse daran, uns zusammenzusetzen und uns auf ein verträgliches Maß an Verschmutzung zu einigen.

Einige Forscher haben den Versuch unternommen, diesen Gedanken von Coase noch weiterzuführen, und behauptet, daß effiziente Lösungen *mit Sicherheit* erreicht werden. Diese Schlußfolgerung ist zweifellos zu optimistisch. Die Feststellung, daß eine Chance zur Erreichung eines effizienten, kostensparenden Verhandlungsergebnisses besteht, heißt nicht, daß sich beide Seiten immer darauf einigen – wie die Geschichte der Kriege, der Arbeitskämpfe und die Spieltheorie reichlich beweist.[6]

Dennoch weist die Analyse von Coase auf gewisse Situationen hin, in denen private Absprachen zur Abschwächung negativer externer Effekte führen können, und zwar immer dann, wenn die Zahl der Betroffenen gering ist und sich die Gewinner und Verlierer der Externalisierung eindeutig ausmachen lassen.

Haftungsbestimmungen

Eine zweite Methode, die sich des gesetzlichen Rahmens und nicht des staatlichen Eingreifens bedient, wird auf dem Wege über ein Haftungssystem wirksam. Im Rahmen dieses Systems ist der Verursacher externer Kosten allen Geschädigten gegenüber haftbar.

In einigen Gebieten ist dies seit langem eingeführtes Recht. So können Sie beispielsweise in den meisten Staaten einen Autofahrer, durch dessen Unachtsamkeit Sie zu Schaden gekommen sind, auf Schadensersatz verklagen. Oder Sie können als Arbeitnehmer von einem Unternehmen Entschädigung für gesundheitliche Schäden verlangen, wenn er Sie an einem gesundheitsgefährdenden Arbeitsplatz beschäftigt hat (tatsächlich laufen gegenwärtig gegen eine Reihe von Asbestherstellern Konkursverfahren aufgrund solcher Schadensersatzforderungen).

Zurückkommend auf Abbildung 32.7 können wir erkennen, auf welche Weise ein umfassendes und kostenloses Haftungssystem externe Kosten zu internen Kosten machen würde. Im Punkt P, in dem die Verschmutzung durch das Unternehmen einen Umfang von 200 Tonnen hätte, würden auf das Unternehmen direkt Schadensersatzkosten in Höhe von 10 Dollar pro Tonne zukommen. Deshalb würden sich die privaten Grenzkosten des Unternehmens insgesamt, wenn die aus der Haftung resultierenden Kosten mitberücksichtigt würden, auf 40 Dollar belaufen.

Kurz gesagt: Die private Kostenfunktion befände sich auf der durchgezogenen *MGS*-Kurve, die externen Kosten wären zu internen Kosten geworden, und das Stahlunternehmen würde zum effizienten Verschmutzungsergebnis im Punkt E geführt.

---

6 Diejenigen Leser, die sich mit dem Anhang zu Kapitel 24 beschäftigt haben, werden erkennen, daß sich die Spieltheorie gut auf Verhandlungssituationen anwenden läßt, wie sie im Zusammenhang mit solchen externen Effekten auftreten. Welche Erkenntnis ergibt sich daraus?
Erinnern Sie sich, daß bei einem 2-Personen-Spiel der Ausgang oft zu einer ineffizienten Position führt. Das Spiel bezüglich des »Dilemmas des Inhaftierten« ähnelt einer Situation, in der die privaten Interessen von Umweltverschmutzern diese veranlassen, die Umwelt mit großen Mengen an Ruß und Abfällen zu belasten (wie im Punkt P der Abbildung 32.7). Dieser könnte durchaus in einem »Umweltverschmutzungs-Spiel« einen langfristigen Gleichgewichtspunkt darstellen. Darüber hinaus gibt es in der Spieltheorie kein Theorem, das beweist, daß eine *Unsichtbare Hand* zwei oder mehr Verhandlungsparteien zu einem Umweltbelastungspunkt führen wird, der einem Pareto-Optimum entspricht. Weder Coase noch jemand anders hat je einen Beweis für ein solches Ergebnis geliefert.

Angebot und Nachfrage unter Einbeziehung externer Effekte

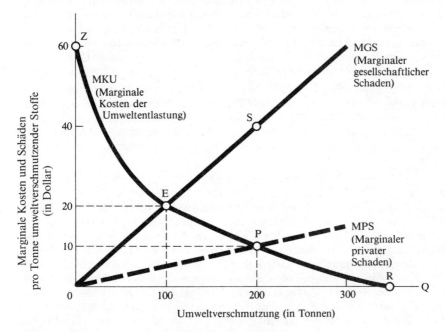

Abbildung 32.8. Verschmutzungsnormen und Emissionssteuern.
Die Regierung setzt eine Grenznorm von 100 Tonnen umweltverschmutzender Stoffe fest. Muß das Unternehmen eine prohibitive Geldbuße zahlen, wenn es die Norm überschreitet, wird aus seiner *MPS*-Kurve in der Praxis die *OBEC*-Kurve und es entscheidet sich für den effizienten Umfang der Verschmutzung im Punkt *E*. Wahrscheinlicher ist jedoch, daß es sich minimalen Geldstrafen ausgesetzt sieht und versuchen wird, die Bestimmungen zu umgehen und sich zum Punkt *P* zu bewegen.
Existierten Umweltverschmutzungssteuern, würde es sich unterschiedlichen Steuerklassen pro Verschmutzungseinheit gegenübersehen, die gleich dem vertikalen Abstand zwischen *MGS* und *MPS* wären. Nach Addition seines eigenen *MPS* zu den Umweltverschmutzungssteuern würde sich das Unternehmen einer Grenzkostenkurve gegenübersehen, die sich mit der *MGS*-Kurve deckte, wodurch es zum effizienten Punkt *E* geführt würde.

Kollektive Maßnahmen

Während der vergangenen zwei Jahrzehnte sind die Regierungen zur Bekämpfung externer Effekte durch kollektive Maßnahmen übergegangen: Dabei bedienen sie sich entweder kollektiver Maßnahmen oder direkter Kontrollen oder Geldbußen, um die Unternehmen zu einer Verminderung der Umweltverschmutzung oder anderer externer Kosten anzuhalten.

Direkte Kontrollen

In fast sämtlichen Bereichen der Umweltverschmutzung wie im Zusammenhang mit externen Effekten, die die Gesundheit und die Sicherheit angehen, stützen sich die Regierungen auf direkte Kontrollen. In diesen Bereichen wird das Unternehmen angewiesen, für eine Reduzierung des fraglichen externen Effektes zu sorgen.

So waren beispielsweise im Rahmen des 1970 verabschiedeten Gesetzes zur Reinhaltung der Luft die Autofahrer innerhalb einer bestimmten Frist verpflichtet, die Emission der drei wesentlichen Schadstoffkomponenten um 90 Prozent zu vermindern. 1977 wurden die Versorgungsbetriebe angewiesen, die Schwefelemissionen neuer Anlagen um 90 Prozent zu senken. 1984 wurde von den Asbestherstellern die Reinigung der Luft verlangt, und zwar in einem solchen Umfang, daß pro Kubikzentimeter Luft nicht mehr als zwei Asbestfasern nachweisbar waren. Und diese Liste ließe sich fortsetzen.

Diesen Prozeß der Aufstellung von Normen verstehen wir, wenn wir Abbildung 32.8 ansehen. Hier werden nochmals die Kurven des marginalen gesellschaftlichen Schadens *(MGS)*, des marginalen privaten Schadens *(MPS)* sowie der marginalen Kosten der Verringerung *(MKU)* der externen Kosten wiedergegeben.

Wie funktioniert eine Verschmutzungsnorm? Tatsächlich ordnet die Regierung an, daß ein Unternehmen nur soundso viel Einheiten an Schadstoffen an die Umwelt abgeben darf. In Abbildung 32.8 gehen wir davon aus, daß die Norm bei 100 Tonnen liegt. Das Unternehmen kann tun und lassen, was es will, solange es nicht mehr als 100 Tonnen an Schadstoffen abgibt. Sind die Strafen oder Geldbußen im Falle des Überschreitens dieser Obergrenze sehr hoch (wie bei Autos), sieht sich das Unternehmen einer Kurve der marginalen *privaten* Kosten (Schäden plus Geldbußen) gegenüber, die durch die geknickte Kurve *OBEC* dargestellt wird. Angesichts einer solchen Kurve des marginalen privaten Schadens würde es sich fraglos für ein Gleichgewicht im Punkt *E* entscheiden, und die Regierungspolitik hätte ihr erklärtes Ziel erreicht.

Bedauerlicherweise funktionieren Programme zur Kontrolle der Umweltverschmutzung selten in dieser idealen Weise. Vielmehr zeigt sich, daß bei solchen direkten Kontrollen häufig Formen des Versagens des Staates zu beobachten sind, wie wir sie in Abschnitt *B* behandelt haben.

Woraus ergeben sich die Probleme unter anderem? Zum einen aus der Frage, für welche Verschmutzungsnorm sich die Regierung entscheiden soll. Grundsätzlich sollte sie eine *Kosten-Nutzen-Analyse* zugrunde legen. Dabei würde sie die gesamten gesellschaftlichen Kosten sowie die Kosten der Verminderung der Umweltverschmutzung ermitteln und dann einen Verschmutzungsgrad wählen, bei dem die Gesamtkosten minimiert werden. Würde sich die Regierung für diese Vorgehensweise entscheiden und verfügte sie über die richtigen Daten, würde sie die Norm bei 100 Tonnen ansetzen.

Was geschieht in der Praxis? Häufig werden solche Kosten-Nutzen-Berechnungen nicht angestellt. Tatsächlich verbietet das Gesetz über die Reinhaltung der Luft solche Kosten-Nutzen-Vergleiche als eine Methode zur Festsetzung von Normen. Das 1970er Gesetz zur Reinhaltung der Luft ist vielmehr häufig dahingehend interpretiert worden, daß es einen marginalen gesellschaftlichen Schaden von im Grunde genommen Null vorschreibt. Dieser läge in Abbildung 32.8 im Null-Emissions-Punkt und wäre eindeutig als ineffizient zu bezeichnen.

Zum anderen wird oft auf eine konsequente Durchsetzung der Bestimmungen verzichtet. Wären die Strafen im Falle eines Verstoßes gegen die Norm sehr hart, läge es im Interesse des Unternehmens, sich daran zu halten. Bei den meisten Programmen sind die Strafen bei Nichtbeachtung der Bestimmungen jedoch minimal (ein paar tausend Dollar zuzüglich der Verfahrenskosten). Folglich ist tatsächlich für das Unternehmen die Versuchung groß, die Norm zu ignorieren oder zu umgehen und sich zum Punkt *P* der Abbildung 32.8 anstatt zum Punkt *E* zu bewegen. Folglich werden bei laschen Durchführungsverordnungen die externen Kosten aufgrund der Norm *nicht* internalisiert. Nur bei Strafen in Höhe von Hunderten von Millionen Dollar könnte man diesem mangelnden Anreiz abhelfen.

Schließlich sind Normen von ihrem Wesen her ein sehr stumpfes Werkzeug. Sie gelten ebenso für große Unternehmen wie für kleine, für Stahlwerke in Städten wie für solche auf dem Lande, für hochgradig gefährliche wie für weniger giftige Stoffe. Derartige Bestimmungen führen deshalb nicht zu einer effizienten Verteilung der Umweltentlastungsbeiträge auf die Unternehmen, so daß diejenigen Unternehmen, deren marginalen Kosten der Verringerung der Verschmutzung am geringsten sind, auch den größten Beitrag zur Verringerung der Umweltbelastung leisten. Aus vielen Untersuchungen geht hervor, daß die Gesellschaft aufgrund des geringen Wirkungsgrades von Verschmutzungsnormen doppelt soviel zahlt, als wenn die gleiche Minderung der Umweltbelastung effizient organisiert würde.

Emissionssteuern

Um einigen der Tücken direkter Kontrollmaßnahmen aus dem Weg zu gehen, haben viele Ökonomen ein neues Instrument in die Diskussion eingeführt: die Umweltverschmutzungs- oder Emissionssteuer.

Eine Umweltverschmutzungssteuer würde folgendermaßen funktionieren: Die Unternehmen würden mit einer Steuer auf die durch sie verursachte Verschmutzung in Höhe des externen Schadens belastet. Mit Blick auf Abbildung 32.8 erkennen wir, daß der externe Schaden bei einem Verschmutzungsumfang von 200 Tonnen bei 30 Dollar liegt (das heißt, er entspricht dem vertikalen Abstand zwischen der *MGS*- und der *MPS*-Kurve). Bei einer optimalen Umweltsteuer müßte das Unternehmen im Falle eines Verschmutzungsumfangs von 200 Tonnen genau 30 Dollar zahlen.

Wie sähe die Grenzkostenkurve für das Unternehmen nunmehr aus? Sie entspräche genau der *MGS*-Funktion, die gleich dem eigenen Schaden des Unternehmens *(MPS)* plus der Emissionssteuer (gleich *MGS* minus *MPS*) wäre. Das gewinnorientierte Unternehmen würde auf diese Weise – wiederum durch die reformierte *Unsichtbare Hand* – zum Punkt *E* geleitet, in dem sich seine Grenzkosten der Umweltentlastung und die Umweltbelastungskosten ausgleichen.

Emissionssteuern (beziehungsweise die Besteuerung externer negativer Effekte allgemein) sind von Ökonomen bei zahlreichen Gelegenheiten als flexibles und effizientes Mittel zur Verminderung der Umweltbelastung oder zur Verhinderung externer Effekte vorgeschlagen worden. Der Gesetzgeber hat sich gegen derartige Anregungen immer gesträubt, so daß sich bis heute die Steuern auf externe Effekte im Vergleich zu Tausenden anderer Kontrollen an einer Hand abzählen lassen.

Abschließende Beurteilung

Wir haben in diesem Kapitel eine breite Skala staatlicher Maßnahmen betrachtet. Abschnitt A zeigte, daß in einer modernen Industriegesellschaft die tatsächlich gegebenen Interdependenzen zu unterschiedlichen Formen des Marktversagens und der wirtschaftlichen Ineffizienz führen. Die in Abschnitt B dargestellte Entscheidungstheorie zeigte, welcher Art die von den Regierungen getroffenen Entscheidungen sind. Und im vorliegenden Teil C haben wir einen der wichtigsten Bereiche kollektiver Entscheidungen untersucht – den Versuch der Korrektur externer Effekte.

Führt dies alles zu der Erkenntnis, daß wir auf die sichtbare Hand des Staates zugunsten der *Unsichtbaren Hand* der Märkte verzichten sollten? Die Wirtschaftswissenschaft kann auf eine politische Frage von solcher Tragweite keine Antwort geben. Sie muß sich darauf beschränken, die Stärken und Schwächen sowohl der kollektiven Entscheidungen wie der Marktentscheidungen zu untersuchen und auf Mechanismen zu verweisen (wie Umweltsteuern und Haftungsbestimmungen), mit deren Hilfe eine reformierte *Unsichtbare Hand* zu größerer Effizienz führen kann als ein reines Laissez-faire-System oder eine uneingeschränkte Bürokratenherrschaft.

Zusammenfassung

A. Der Bedeutungszuwachs des Staates und seine Funktionen

1. Die Rolle des Staates in der Wirtschaft ist in ungeheurem Umfang gewachsen. Immer größere Bereiche unserer komplexen, interdependenten Gesellschaft gelangen unter die direkte Einflußnahme und Kontrolle des Staates.

2. In einem modernen Wohlfahrtsstaat nimmt der Staat vier Funktionen wahr. *(a)* Er schafft den wirtschaftlichen Ordnungsrahmen – die Gesetze, Verordnungen und die Spielregeln, nach denen das Wirtschaftsgeschehen abläuft. *(b)* Er legt die makroökonomische Stabilisierungspolitik fest, um die Spitzen und Täler in der Beschäftigungslage abzuflachen und die Inflation zu dämpfen. *(c)* Er sorgt für eine Allokation von Ressourcen zugunsten öffentlicher Güter, und zwar auf dem Wege über Steuern, öffentliche Ausgaben und regulierende Eingriffe, sobald der Markt in erheblichem Umfang versagt. *(d)* Er sorgt für eine Umverteilung der Ressourcen durch Transferleistungen im Rahmen sozialer Wohlfahrtsprogramme.

B. Zur Theorie der Kollektiventscheidungen

3. Die vier Funktionen beziehen sich auf die Theorie der normativen Aufgaben des Staates – auf die Frage, wie der Staat sich verhalten sollte. Die Theorie öffentlicher Entscheidungen beschäftigt sich mit der Analyse der tatsächlichen

Entscheidungen von Regierungen. Ein entscheidendes Instrument dieser Analyse ist die Grenze der Nutzenmöglichkeiten, mit deren Hilfe die unterschiedlichen Nutzeneinheiten beziehungsweise die Realeinkommen unterschiedlicher Personen oder Gruppen gegeneinander abgewogen werden. Der Theorie der normativen Aufgaben des Staates zufolge läßt sich die gesellschaftliche Grenze der Nutzenmöglichkeiten durch die Möglichkeit kollektiver Aktionen ausweiten.

4. Öffentliche Entscheidungen setzen voraus, daß individuelle Präferenzen zu kollektiven Entscheidungen aggregiert werden. Gilt das Prinzip der Einstimmigkeit der Entscheidungen, muß in jedem Fall ein Konsens herbeigeführt werden. Dieses Prinzip besitzt die ideale Eigenschaft, daß es sich bei allen Entscheidungen um Verbesserungen im Paretoschen Sinne handelt (niemand erleidet einen Nachteil); allerdings ist der Aufwand, den die Notwendigkeit, jeden einzelnen zu überzeugen, mit sich bringt, so groß, daß in der Praxis Entscheidungen wohl kaum nach dem Prinzip der Einstimmigkeit gefällt werden dürften.

5. Deshalb arbeiten die meisten Ausschüsse und gesetzgebenden Körperschaften nach dem Mehrheitsprinzip. Dadurch wird sichergestellt, daß die Entscheidungen zu einer Wohlfahrtssteigerung von mindestens der Hälfte der Wähler führen. Ein Mangel dieses Prinzips ergibt sich allerdings aus dem Problem der »Tyrannei der Mehrheit«; der Möglichkeit unsteter Abstimmungsverhältnisse, aufgrund deren angesichts der Verschiedenartigkeit der Präferenzen kein einziges Programm eine Mehrheit erzielt.

6. Ebenso, wie die *Unsichtbare Hand* versagen kann, kann auch der Staat versagen. Hierbei handelt es sich um Situationen, in denen sich aus der Notwendigkeit zur Herbeiführung von nicht einstimmigen Entscheidungen ineffiziente und ungerechte Lösungen ergeben. Wichtige Beispiele bieten die Manipulierung der Legislative durch zahlungskräftige Minderheiten oder Lobbys, die Neigung von Regierungen, überdimensionierte Programme über einen zu langen Zeitraum hinweg zu finanzieren, und die kurze Perspektive, über die wählerabhängige Mehrheiten nicht hinausblicken.

C. Kollektiventscheidungen: Das Beispiel externer Effekte

7. Ein wichtiges Beispiel für das Versagen des Marktes, bei dem sich ein kollektives Vorgehen als notwendig erweisen kann, bieten die externen Effekte. Letztere treten auf, wenn die Kosten oder Gewinne einer Tätigkeit auf andere Menschen übertragen werden, ohne daß diese anderen Menschen für die auf sie übergreifenden Kosten und Gewinne entschädigt werden (beziehungsweise diese entgelten).

8. Das extremste Beispiel eines solchen externen Effektes ergibt sich im Zusammenhang mit der Bereitstellung öffentlicher Güter wie der Verteidigung, bei der alle Konsumenten einer Gruppe gleichermaßen am Konsum beteiligt werden und keiner sich entziehen kann. Weniger extremen Beispielen wie dem öffentlichen Gesundheitswesen, den Segnungen von Erfindungen, den Parks und Dämmen haften ebenfalls die Eigenschaften öffentlicher Güter an. Diese stehen im Gegensatz zu privaten Gütern, wie Brot, das sich aufschneiden und an Einzelpersonen abgeben läßt. Um kollektive Güter handelt es sich dann, wenn die Alloka-

tionsentscheidungen vom Staat getroffen werden; um private Güter, wenn die Allokation über freie Laissez-faire-Märkte erfolgt.

9. Märkte, die mit externen Effekten wie Umweltverschmutzung behaftet sind, zeichnen sich durch ökonomische Ineffizienz aus: Auf ihnen herrscht ein Laissez-faire- oder Marktgleichgewicht, bei dem nicht die gesellschaftlichen Umweltentlastungskosten dem marginalen gesellschaftlichen Schaden gleichgesetzt werden, sondern die privaten Grenzkosten für die Verringerung der Umweltverschmutzung dem privaten marginalen Schaden.

10. Die Regierungen haben zahlreiche Möglichkeiten, um aus den externen Kosten interne Kosten zu machen (beziehungsweise die Ineffizienz zu beseitigen). Sie können die Märkte einschalten, etwa durch Verhandlungen oder durch den Erlaß von Haftungsbestimmungen. Oder sie können kollektive Entscheidungen herbeiführen, wie sie in Verschmutzungsnormen oder Emissionssteuern zum Ausdruck kommen. Unsere Erfahrungen mit Normen deuten darauf hin, daß sie in beträchtlichem Maße ineffizient sind.

Begriffe zur Wiederholung

die vier Funktionen des Staates: Ordnungsrahmen, Stabilisierung, Allokation und Distribution

Formen des Versagens des Staates

private oder öffentliche Güter

auf Kollektiventscheidungen und auf Marktentscheidungen beruhende Güter

Kollektiventscheidungen durch: Einstimmigkeit, Mehrheitsentscheid oder wechselseitige Begünstigung (logrolling)

Versagen des Staates; Manipulierung, Kurzsichtigkeit, Bürokratentum

externe Effekte

Ineffizienz beim Auftreten externer Effekte

gesellschaftliche und private Kosten

Abhilfen bei externen Effekten: Absprachen, Haftung, Normen und Steuern

Fragen zur Diskussion

1. Nennen Sie Aufgaben, die Regierungen heute wahrnehmen und früher nicht wahrgenommen haben. Fallen Ihnen Aufgaben ein, die Sie früher wahrgenommen haben, heute aber nicht mehr wahrnehmen? Worauf weist diese sich ändernde Struktur der Aktivitäten des Staates bezüglich der sich wandelnden Rolle des Staates bei der Lenkung der Wirtschaft hin?

2. Wie wird sich Ihrer Meinung nach der Anteil des Staates am Volkseinkommen ab heute und bis zum Jahr 1995 entwickeln? Warum? Welche Faktoren beeinflussen Ihre Antwort?

3. Es ist hilfreich, sich ein Güterspektrum vorzustellen, das von ausschließlich öffentlichen zu rein privaten Gütern reicht. Entwerfen Sie auf einem Stück Papier ein solches Spektrum und tragen Sie Beispiele für rein private, vorwiegend private, halböffentliche/halb-private, vorwiegend öffentliche, ausschließlich öffentliche Güter ein. Wo würde in Ihrem Spektrum die Trennungslinie zwischen Marktentscheidungen und kollektiven Entscheidungen verlaufen; das heißt, unter welchen Bedingungen würden Sie die Ressourcenallokation dem Markt überlassen, und unter welchen Umständen sollte Ihrer Meinung nach der Staat die Entscheidungen treffen?

4. »Die radikalen Lehren der Zeit vor dreißig Jahren sind die konservativen Lehren von heute.« Kann dieser Satz jemals zutreffen? Trifft er immer zu? Nehmen Sie Stellung.

5. Nehmen Sie kritisch Stellung zu der Abraham Lincoln zugeschriebenen Äußerung auf S. 456 hinsichtlich der angemessenen Rolle des Staates. Können sich sowohl Anhänger eines möglichst großen wie eines möglichst geringen Einflusses des Staates auf Lincoln berufen?

6. Unter »lokalen öffentlichen Gütern« versteht man solche Güter, die in erster Linie den Bewohnern einer Stadt oder eines Bundesstaates zugute kommen – wie beispielsweise Strände oder Schulen, zu denen lediglich die Einwohner der Stadt Zugang haben. Gibt es einen Grund zu der Annahme, daß Städte miteinander konkurrieren, um ihren Bürgern lokale öffentliche Güter in dem richtigen Umfang anzubieten? Und wenn das der Fall ist, würde dies nicht eine Theorie eines »Fiskalföderalismus« nahelegen, derzufolge lokale öffentliche Güter auch von den Städten und Kommunen bereitgestellt werden sollten?

7. Betrachten Sie jedes der nachfolgenden, mit externen Effekten verknüpften Beispiele. Entscheiden Sie, ob es sich um so schwerwiegende Fälle handelt, daß kollektive Maßnahmen gerechtfertigt sind, und sagen Sie, welche der vier in diesem Kapitel in Erwägung gezogenen Abhilfemaßnahmen Ihrer Meinung nach am effizientesten ist:

(a) Stahlwerke, die die Luft von Birmingham mit Schwefeloxyden verseuchen
(b) Betrunkene Autofahrer, die mit Menschen oder Bäumen kollidieren
(c) Rauchen in Flugzeugen (oder auf Fußballplätzen)
(d) Menschen, die Bierdosen (oder Kaugummipapier) auf die Straße werfen

8. Können Sie erklären, warum die Allokation von Brot durch den Markt auf der Basis der Einstimmigkeit erfolgt? Warum kann dieses Prinzip im Falle der nationalen Verteidigung nicht angewandt werden? Läßt der Unterschied erkennen, warum im Falle des Brotes die Art der Zuteilung die Gesellschaft an die Grenze ihrer Nutzenmöglichkeiten führen kann, während dies von der Verteidigung möglicherweise nicht behauptet werden kann?

9. Sehen Sie sich die in Tabelle 32.2 aufgeführten Programme an. Ergänzen Sie diese durch ein viertes Programm mit der Bezeichnung »Status quo«, aus dem sich für keine der Regionen Vorteile ergeben. Gibt es, wenn über die vier Programme (Status quo, Eisenbahn, Agrarprogramm und Erdbebenversicherung) paarweise abgestimmt wird, Sieger oder ein offenes Abstimmungskarussell?

Konstruieren Sie nunmehr Programmkombinationen, die durch wechselseitige Begünstigungen zustande kommen: Eisenbahnbau-plus-Agrarprogramm und so fort. Es gibt vier Programmkombinationen. Gibt es bei paarweiser Abstimmung einen Sieger oder ein zyklisches Ergebnis?

Angenommen, das Eisenbahnbauprogramm kostet die Regierung 60 Millionen Dollar, das Agrarprogramm 100 Millionen Dollar, und die Erdbebenversicherung beläuft sich auf durchschnittlich 5 Millionen Dollar. Stellen Sie eine Liste der Abstimmungsergebnisse sowie der Höhe der öffentlichen Ausgaben auf. Setzen sich Programme mit einem höheren Ausgabenvolumen immer durch? Sind sie immer unterlegen? Was sagt das Ergebnis über oberflächliche Theorien aus, die behaupten, daß Demokratien immer »zuviel« ausgeben?

Fertigen Sie schließlich eine Aufstellung über die Abstimmungsergebnisse und die Nettovorteile für die Gesellschaft an. Deutet diese darauf hin, daß Abstimmungen immer die segensreichste Lösung herbeiführen?

10. Der Text zu Tabelle 32.2 ist eine leichte Variante zu Frage 9 hinsichtlich des Problems, inwieweit sich die verschiedenen öffentlichen Programme lohnen. Beantworten Sie die Frage 9 unter Berücksichtigung des alternativen Umfangs der Vorteile.

Rolle des Staates in der Wirtschaft: Ausgaben und Steuern 33

Der Geist eines Volkes, sein kulturelles Niveau, seine gesellschaftliche Struktur, seine Taten, für die die Politik möglicherweise den Boden bereitet – all dies und mehr läßt sich aus der Geschichte seiner Fiskalpolitik ablesen... Wer es versteht, ihre Zeichen richtig zu deuten, vernimmt hier das Donnergrollen der Weltpolitik deutlicher als in irgendeinem anderen Bereich.

Joseph Schumpeter

Im vorangehenden Kapitel haben wir uns mit den Theorien auseinandergesetzt, die den Eingriffen des Staates in die Wirtschaft zugrunde liegen. Jetzt gehen wir einen Schritt weiter und untersuchen die wirtschaftliche Rolle amerikanischer Regierungen in der Wirtschaftspraxis. In Abschnitt A beginnen wir zunächst mit einer knappen Analyse der Ausgaben auf verschiedenen Ebenen des Staates. Teil B wendet sich sodann den der Besteuerung zugrundeliegenden Prinzipien zu. Wir geben einen Überblick über das Steuersystem auf Bundesebene und betrachten als nächstes die Steuern in den einzelnen Staaten sowie auf kommunaler Ebene.

Schließlich setzen wir uns mit dem Problem der Steuerinzidenz auseinander – der Frage, wer die einzelnen Steuern letztlich trägt. Wie verhält sich die Steuerbelastung der Reichen wie der Armen zu den Transferzahlungen (wie etwa den Sozial- und Versicherungsleistungen), die die einzelnen Einkommensgruppen empfangen.

A. Die Ausgaben des Staates

Jeder Amerikaner ist mit Steuern auf drei verschiedenen Ebenen konfrontiert – auf Bundesebene, auf der Ebene der Einzelstaaten und der Kommunen.

Die Aufgaben des Bundes, der Bundesstaaten und der Kommunen

Vor Anbruch des 20. Jahrhunderts spielte die Kommunalverwaltung mit Abstand die bedeutendste Rolle. Die Bundesregierung hatte kaum andere Funktionen, als die Mittel für die nationale Verteidigung bereitzustellen, Pensionsansprüche abzugelten, Zinsen für Kriegsanleihen zu zahlen, einige wenige Programme öffentlicher Arbeiten zu finanzieren und die Gehälter der Beamten des Staates zu zahlen. Der größte Teil der Steuereinnahmen stammte aus Verbrauchsteuern, die auf alkoholische Getränke und Tabak erhoben wurden, sowie aus Importzöllen.

Trend der öffentlichen Ausgaben zwischen 1929 und 1984

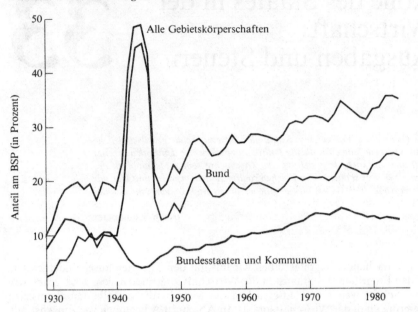

Abbildung 33.1. Der Anteil der Ausgaben des Staates ist in Kriegs- wie in Friedenszeiten gestiegen.
Ein rapider Anstieg der öffentlichen Ausgaben war während der Weltwirtschaftskrise und des Zweiten Weltkrieges zu beobachten. Nach den Kriegen ging der Anteil der öffentlichen Ausgaben jedoch nicht wieder zurück. In den 60er und 70er Jahren war der steigende Trend am stärksten bei den Ausgaben im Rahmen des Wohlfahrtsstaates für Einkommenssicherungs- und Gesundheitsvorsorgemaßnahmen ausgeprägt, während in den 80er Jahren die Verteidigungs- und Zinslast des Staates rapide anstieg. (Quelle: U.S.-Handelsministerium)

Alles war unkompliziert. Die meisten Aufgaben waren Sache der Kommunen, die sich ihre Finanzmittel aus Vermögensteuern beschafften.

Abbildung 31.1 verfolgt die Trends in den Ausgaben des Staates. Beachten Sie den Anstieg der Ausgaben des Bundes während der Weltwirtschaftskrise und des Zweiten Weltkrieges. Sie erkennen auch, daß die Aufgaben des Bundes in den 30er Jahren die der Einzelstaaten und der Kommunen überstiegen.

Kenner des amerikanischen Regierungssystems wissen um die Aufteilung der politischen Zuständigkeiten auf die verschiedenen Gebietskörperschaften. Eine ähnliche Arbeitsteilung kennzeichnet auch den wirtschaftlichen Bereich. Unser System bekennt sich nicht nur zum politischen Föderalismus, sondern auch zum *fiskalischen Föderalismus*. Die Position des Bundes ist sehr stark in Bereichen, die die gesamte Nation betreffen – die Verteidigung und ihre Finanzierung sowie die Außenpolitik. Sache der Kommunen sind die Schulen, die Polizei und die Müllabfuhr. Die einzelnen Bundesstaaten sind für den Straßenbau und die Durchführung der Wohlfahrtsprogramme zuständig.

Die Finanzzuständigkeiten ändern sich jedoch im Zeitablauf. Hamilton, Roosevelt und Johnson waren Politiker, die die Aufgaben des Bundes ausweiteten. Jefferson, Coolidge und Reagan gehören zu denjenigen Präsidenten, die die

Finanzhoheit des Bundes einzuschränken beziehungsweise den Trend zur Ausweitung rückgängig zu machen versuchten. In den vergangenen Jahren drehten sich die leidenschaftlichsten wirtschaftspolitischen Debatten um das angemessene Maß der Befugnisse des Staates. Liberale und Konservative streiten über die Frage, auf welcher Ebene die Finanzierung und Realisierung von Programmen wie Gesundheitsvorsorge, Nahrungsmittelgutscheine oder Hilfsprogramme für die Armen angesiedelt sein sollten – auf Bundesebene, auf einzelstaatlicher oder kommunaler Ebene. Hierbei handelt es sich um Fragen des *fiskalischen Kräftegleichgewichts*.

Die Ausgaben des Bundes

Die Regierung der Vereinigten Staaten ist das größte Unternehmen der Welt. Sie kauft mehr Schreibmaschinen und mehr Zement, hat mehr Beschäftigte und geht mit größeren Geldbeträgen um als irgendeine andere Organisation an irgendeinem anderen Ort der Erde. Die Beträge, die durch die Hände des Bundes gehen, bewegen sich in astronomischen Größenordnungen – nicht in Millionen oder Hunderten von Millionen, sondern in Milliarden und Billiarden.

Solche Summen sagen uns wenig. Sie sagen uns eher etwas, wenn wir uns vor Augen halten, daß jede Milliarde so viel bedeutet wie 4,20 Dollar in den Händen jedes amerikanischen Mannes, jeder Frau und jedes Kindes. Der amerikanische Bundeshaushalt des Jahres 1985 in Höhe von 926 Milliarden Dollar entspricht etwa einem Betrag von 4000 Dollar pro Kopf der Bevölkerung – das heißt annähernd dem Wert von 3 Monaten des jährlichen BSP pro Kopf der Bevölkerung.

Tabelle 33.1 gibt einen Überblick über die wichtigsten Ausgabenkategorien des Bundes für das Rechnungsjahr 1985 (d.h. vom 1. Oktober 1984 bis zum 30. September 1985). Die einzelnen Posten sprechen weitgehend für sich selbst.

Besondere Erwähnung verdient ein erstaunlicher Aspekt. Alles, was wir mit den traditionellen Kosten des Staates verbinden – die Kosten für den Kongreß, die Gerichte und das Amt des Präsidenten –, ist in Position 10 enthalten und wird durch die übrigen Etattitel völlig in den Schatten gestellt.

Abbildung 33.1 ließ den raschen Anstieg der Staatsausgaben während der vergangenen zwei Jahrzehnte erkennen. Welche Ursachen hatte dieser Anstieg der Bundesausgaben? Bei genauerer Betrachtung stellen wir fest, daß sich der gesamte Anstieg aus den »Sozialleistungsprogrammen« erklärt – jenen Programmen, in deren Rahmen jeder Bürger, der die gesetzlich festgelegten Voraussetzungen für die Inanspruchnahme gewisser Leistungen erfüllt, diese auch erhält. Sozialprogramme, zu denen die soziale Sicherung, die Unterhaltssicherung und das Gesundheitssystem gehören, sind von 20 Prozent des Staatshaushaltes im Jahre 1960 auf 44 Prozent im Jahre 1985 angewachsen. Demgegenüber sind alle anderen Programme zusammengenommen seit 1960, gemessen am BSP, tatsächlich zurückgegangen. In den vergangenen 25 Jahren ist die Bedeutung des Staates so stark angewachsen, weil der Mittelstand mit seinem Stimmenpotential sich selbst immer größere Transferleistungen zugesprochen hat.

Ausgaben des Bundes im Haushaltsjahr 1985

	Geschätzter Betrag (in Mrd. Dollar)	Prozent der Gesamtausgaben
1. Verteidigung, Pensionen für Angehörige der Armee sowie internationale Angelegenheiten	316	34
2. Soziale Sicherung	191	21
3. Zinsen für die Staatsverschuldung	116	13
4. Einkommenssicherung	114	12
5. Gesundheitswesen	103	11
6. Verkehr, Handel, Entwicklung	36	3
7. Erziehung, Ausbildung, Arbeitsförderung	28	3
8. Landwirtschaft	14	2
9. Energieversorgung, natürliche Ressourcen, Umwelt	14	2
10. Allgemeine Verwaltung, Justiz	12	1
11. Wissenschaft, Raumfahrt, Technologie	9	1
12. Sonstiges sowie Einnahmen zur Verrechnung	−28	−3
Insgesamt	925	100

Tabelle 33.1. Die größten Ausgabenposten des Bundes entfallen auf Verteidigung und Unterhaltshilfen.
Ein Drittel der Ausgaben des Bundes wird für Verteidigungszwecke sowie für Lasten aus früheren Kriegen aufgewandt. Etwa die Hälfte entfällt auf die rasch wachsenden »Sozialleistungsprogramme« – die Unterhaltssicherung, die soziale Sicherung und die Gesundheitsvorsorge. Beachten Sie, wie gering die in Position 10 enthaltenen traditionellen allgemeinen Verwaltungskosten des Staates sind. (Quelle: Budgetamt der Vereinigten Staaten, *Haushalt der Vereinigten Staaten, Haushaltsjahr 1985*)

Ausgaben der Bundesstaaten und der Kommunen

Sehen wir uns nunmehr die öffentlichen Ausgaben an, die nicht unter die Zuständigkeit des Bundes fallen. Obgleich die Ausgaben des Bundes das 1,5fache derjenigen der Bundesstaaten und der Kommunen ausmachen, sind diese als solche dennoch von Bedeutung.

Um eine Vorstellung davon zu erhalten, wofür die Bundesstaaten und Kommunen ihr Geld ausgeben, betrachten Sie Abbildung 33.2. Alle Posten sprechen mehr oder weniger für sich selbst. Mit Abstand am höchsten sind die Ausgaben für das Bildungswesen – das von jeher zum größten Teil von den Kommunen finanziert wird.

Ein Vergleich der Tabelle 33.1 mit Abbildung 33.2 vermittelt ein gutes Bild von der Aufteilung der Ausgabenfunktionen auf die drei Ebenen der Regierung. Wir sehen hier ein wichtiges Beispiel für die Anwendung unserer am Ende des voraufgegangenen Kapitels analysierten Theorie der externen Effekte. Im allgemeinen sind die Kommunen für die Bereitstellung von Gütern verantwortlich, die nur einen geringen Übertragungseffekt auf andere Regionen haben: Die Schulen nützen den Kindern des Ortes, die Bibliotheken werden von den Stadtbewohnern benutzt. Bei den Aufgaben des Bundes treten demgegenüber weitreichende, auf sämtliche Bürger übergreifende Spillovers auf – neue medizinische Erkenntnisse

Mittelverwendung der Bundesstaaten und der Kommunen
im Haushaltsjahr 1982

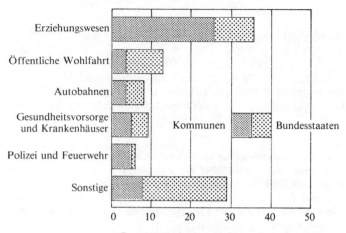

Abbildung 33.2 Auf der Ebene der Bundesstaaten und der Kommunen stellen die öffentlichen Güter die Hauptposten dar.
Unterhalb der Bundesebene konzentrieren sich die lokalen Regierungen auf die Bereitstellung öffentlicher Güter, die vornehmlich den ortsansässigen Bürgern zugute kommen. Städte bauen städtische Straßen, Bundesstaaten bauen Autobahnen innerhalb des Bundesstaates, während die Zentralregierung für 85 Prozent der zwischenstaatlichen Autobahnen aufkommt. Erkennen Sie hier eine föderalistische Struktur des öffentlichen Finanzwesens? (Quelle: Statistisches Amt der Vereinigten Staaten, *Öffentliche Finanzen, 1981–1982*)

nützen allen, nicht nur denjenigen, die in der Nähe der Labors arbeiten, in denen sie gemacht werden. Eine schlagkräftige Armee verteidigt das gesamte Land, nicht nur den Bundesstaat, in dem sie stationiert ist.

Bei der Strukturierung eines leistungsfähigen Systems eines fiskalpolitischen Föderalismus – der Zuweisung von Funktionen an die einzelnen Ebenen des Staates – wird man deshalb der Frage besondere Beachtung schenken, inwieweit bestimmte Programme vorwiegend den Einwohnern einer Stadt oder eines Bundesstaates zugute kommen, oder inwieweit es sich um öffentliche Güter handelt, die der gesamten Nation dienen.

Ein lokales öffentliches Gut (wie etwa ein Park oder eine Bibliothek) kann am besten von der lokalen Verwaltung bereitgestellt werden. Bei Programmen, die der Bereitstellung nationaler öffentlicher Güter dienen (wie etwa der Verteidigung oder der Grundlagenforschung), wird sich der größte Wirkungsgrad eher erreichen lassen, wenn sie in den Händen des Bundes liegen.

B. Wirtschaftliche Aspekte der Besteuerung

Die Finanzierung realer Ausgaben

Der Staat braucht Geld, um seine Rechnungen bezahlen zu können. Er beschafft sich die für seine Ausgaben benötigten Dollars in erster Linie durch Steuern. Aber was der Staat wirklich braucht, um einen Flugzeugträger zu bauen oder eine Schule zu unterhalten, ist nicht so sehr Geld als vielmehr *reale ökonomische Ressourcen*. Der Staat braucht Stahl und Lehrer – kurz gesagt, die Möglichkeit der Verfügung über das knappe Angebot der Gesellschaft an Arbeit, Boden und Kapitalgütern.

■ **Bei ihrer Entscheidung darüber, wie sie sich selbst besteuern wollen, entscheiden die Wähler deshalb im Grunde über die Art und Weise, in der benötigte Ressourcen von den verschiedenen Familien und den ihnen gehörenden Unternehmen aufgebracht und dem Staat zum Zwecke der Bereitstellung öffentlicher Güter und Dienstleistungen sowie zur Finanzierung von Einkommenstransferprogrammen verfügbar gemacht werden sollen.**

Prinzipien der Besteuerung

In längst vergangenen Tagen wurden Steuern von denen, die die Macht besaßen, über diejenigen verhängt, die keine Macht besaßen, weil das am einfachsten war. Ein Adliger am Hofe Ludwigs XIV. zahlte keinen Heller, während einem Kaufmann aus Lyon oder einem Bauern der Normandie hohe Steuern aufgebürdet wurden.

Versuchen Wirtschaftswissenschaftler nun, rationalere Leitlinien der Besteuerung zu entwickeln, welche Prinzipien schälen sich dann heraus?

Nutzen- gegenüber Leistungsprinzip

Aus der Fülle der Grundsätze bezüglich einer optimalen Besteuerung lassen sich zwei größere Gruppen herauslösen:

• Es gilt das allgemeine Prinzip, daß die Bürger im Verhältnis zu dem »Nutzen«, den sie aus öffentlichen Gütern ziehen, auch besteuert werden sollten. Wäre es nicht vernünftig, daß der einzelne nach dem gleichen Prinzip, nach dem er privat seine Dollars im Verhältnis zu der von ihm konsumierten Menge an Brot einsetzt, auch in Abhängigkeit von dem Nutzen besteuert wird, den ihm öffentliche Straßen oder Parks bringen? Dies entspräche dem *Nutzenprinzip*.

• Es gilt das allgemeine Prinzip, daß die Höhe der Steuern, die der Bürger zu entrichten hat, von seinem Einkommen, seinem Vermögen beziehungsweise seiner »Leistungsfähigkeit« abhängig gemacht werden sollte. Oder – was praktisch auf dasselbe hinauslaufen würde – daß das Steuersystem so gestaltet werden sollte, daß die nach Meinung der Gesellschaft angemessene und gerechte Verteilung der marktabhängigen Einkommen erreicht wird.[1] Dies entspräche dem *Leistungsprinzip*.

Solche Grundsätze sind zwar von Bedeutung, aber sie befreien uns nicht von schwierigen Entscheidungen darüber, wie die erstrebenswerte Steuerstruktur im einzelnen auszusehen hat.

Betrachten Sie beispielsweise die Besteuerung nach dem Nutzenprinzip. Angenommen, Sie und ich wären identische Bürger, die deshalb in gleicher Weise von öffentlichen Straßen, dem öffentlichen Gesundheitswesen oder allgemeinen öffentlichen Leistungen profitieren. Wir müßten deshalb gleich hoch besteuert werden.

Horizontale Gerechtigkeit

Sehen Sie sich gleichfalls die Besteuerung nach dem Leistungsprinzip an. Wären wir identische Bürger, wäre auch unsere Leistungsfähigkeit gleich. Niemand könnte deshalb Anstoß nehmen an folgender *Forderung der horizontalen Gerechtigkeit*:

- **Alle, die einander ihrer Art nach im wesentlichen gleich sind, sollten auch gleich besteuert werden.**

Die Vorstellung von der Gleichbehandlung gleicher Bürger war in der Vergangenheit von großer Bedeutung und sie ist es nach wie vor. Sind *A* und *B* einander in jeder Hinsicht gleich, abgesehen davon, daß *A* rotes Haar hat, dann ließe sich wahrscheinlich kaum eine ungleiche Besteuerung allein aus diesem Grund rechtfertigen – genausowenig wie der Umstand, daß *B* ein Freund des Präsidenten ist und dieser ihn in einem Rechtsstaat von der Besteuerung befreien darf. Wie wir sehen werden, läßt das Vorhandensein von Schlupflöchern in den Steuergesetzen erkennen, wie notwendig es ist, dieses Prinzip der horizontalen Gerechtigkeit nicht aus den Augen zu verlieren.

---

[1] Einige Ökonomen glauben, daß sich die Nutzengrößen oder die Befriedigung unterschiedlicher Personen zu einem gesellschaftlichen Gesamtnutzen oder einer Gesamtbefriedigung addieren lassen. Wenn also jeder zusätzliche Dollar jedem von uns immer weniger zusätzliche Befriedigung verschafft, und wenn die Fähigkeit der Reichen wie der Armen, aus dem Konsum Nutzen zu ziehen, gleich groß ist, dann läßt jeder einem Millionär weggesteuerte Dollar, den man einem Bezieher eines niedrigen Einkommens zukommen läßt, den gesellschaftlichen Gesamtnutzen um mehr ansteigen, als er ihn vermindert. Dieser Auffassung zufolge wird eine höhere steuerliche Belastung der Bezieher hoher Einkommen, da diese Mitglieder der Gesellschaft mit höheren Einkommen (beziehungsweise einer höheren »Leistungsfähigkeit«) aus dem letzten ausgegebenen Dollar eine geringere zusätzliche Befriedigung erzielen als ärmere Mitglieder, zu einem Anstieg der gesamtgesellschaftlichen Bedarfsdeckung führen. Vgl. Kapitel 19 (Band 1), das das »Gesetz des abnehmenden Grenznutzens« behandelt. Der Anhang zu Kapitel 22 und insbesondere die Abbildung 22A.2 veranschaulichen, auf welche Weise die Umverteilung von Einkommen von Empfängern hoher auf Empfänger niedriger Einkommen den gesellschaftlichen Nutzen in einer nutzenbezogenen Gesellschaft erhöhen kann.

Vertikale Gerechtigkeit

Schwieriger ist die Frage der Behandlung nicht vergleichbarer Personen – das Problem der *vertikalen Gerechtigkeit*.

■ **Wenn einander gleiche Personen gleich besteuert werden sollten, dann ist die Forderung berechtigt, daß *ungleiche Personen ungleich zu besteuern sind*.**

Löst diese Schlußfolgerung als solche – wenn wir einmal von dem Nutzen-Kriterium wie von dem Kriterium der Leistungsfähigkeit absehen – die steuerpolitischen Probleme der Gesellschaft?

Angenommen, A und B gleichen sich in jeder Beziehung, abgesehen davon, daß das Vermögen und das Einkommen von B 10mal so hoch sind wie das von A. Heißt das, daß B den gleichen absoluten Betrag an Steuern für den Schutz durch die Polizei bezahlen sollte wie A? Oder daß B den gleichen Prozentsatz seines Einkommens in Form von Steuern zur Finanzierung des Polizeiapparates bezahlen sollte? Oder wäre es nur fair, wenn B, zumal die Polizei mehr Zeit dafür aufwenden muß, das Eigentum vermögender Leute wie B zu schützen, einen größeren Teil seines Einkommens in Form von Steuern abführen müßte?

Die Grundsätze des öffentlichen Finanzwesens sind nicht geeignet, uns die beste Besteuerungsformel an die Hand zu geben. Man sieht nur eine Seite der Medaille, wenn man behauptet, daß die Reichen eher in der Lage sind, Steuern zu zahlen, als die Armen oder daß ihr Nutzen größer ist.

■ **Allgemeine und abstrakte Prinzipien der Besteuerung können jedoch nicht die grundlegende politische Frage beantworten, wie unterschiedlich die Behandlung ungleicher Personen sein sollte oder wie die Gerechtigkeit zu definieren ist.**

Pragmatische Kompromisse in der Besteuerung

Wie haben die einzelnen Gesellschaften diese dornenreichen philosophischen Probleme gelöst? Die Steuersysteme haben sich im allgemeinen für pragmatische Lösungen entschieden, die weder auf dem Nutzenprinzip noch auf dem Prinzip der Leistungsfähigkeit beruhen. Die Politiker wissen, daß Steuern außerordentlich unpopulär sind. Schließlich war die Forderung »keine Besteuerung ohne parlamentarische Vertretung« einer der Auslöser einer Revolution. Moderne Steuersysteme sind ein wackliger Kompromiß zwischen hehren Prinzipien und politischer Macht. Wie der erfahrene französische Finanzminister Colbert es formulierte: »Die Erhebung von Steuern läßt sich mit dem Rupfen einer Gans vergleichen: Man will ein Maximum an Federn mit einem Minimum an wütendem Gezische.«

Wie sieht die Steuerpraxis aus? In den Fällen, in denen öffentliche Leistungen auf lokaler oder nationaler Ebene vornehmlich eindeutig auszumachenden Gruppen zugute kommen und in denen diese Gruppen aufgrund ihrer durchschnittlichen Einkommen oder anderer Merkmale keinen besonderen Anspruch auf eine Bevorzugung oder eine Benachteiligung haben, orientieren sich moderne Regierungen in der Regel am Nutzen-Prinzip.

So müssen beispielsweise im allgemeinen die ortsansässigen Bürger die Mittel für die Straßen ihrer Gemeinde aufbringen. Die Wasserversorgung und die Abwas-

Verhältnis zwischen Steuern und Einkommen

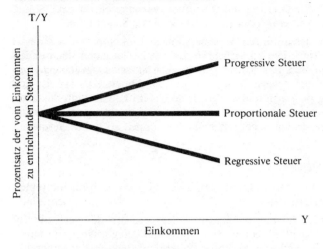

Abbildung 33.3. Progressive, proportionale und regressive Steuern.
Steuern werden als progressiv bezeichnet, wenn die Steuern mit wachsendem Einkommen steigen; beim Proportionalsatz bleibt der Anteil der Steuern am Einkommen konstant; Steuern sind regressiv, wenn sie Familien mit niedrigen Einkommen stärker belasten als Familien mit hohen Einkommen.

serbeseitigung werden häufig wie private Güter gehandhabt. Mineralölsteuern werden im allgemeinen speziell für den Straßenbau verwandt (beziehungsweise sind »zweckgebunden«).

Progressive und regressive Steuern

Andererseits hat man in erheblichem Maße von *gestaffelten Einkommensteuern* Gebrauch gemacht. Eine Familie mit einem Einkommen von 50000 Dollar zahlt höhere Steuern als eine Familie mit einem Einkommen von 20000 Dollar. Die Familie mit dem höheren Einkommen zahlt nicht nur mehr Einkommensteuer, sondern muß einen progressiv steigenden Prozentsatz ihres Einkommens abführen.

Diese »progressive« Steuer steht im Gegensatz zu einer streng »proportionalen« Steuer, bei der jeder Steuerzahler den gleichen Prozentsatz seines Einkommens abführt. Sie steht in noch größerem Gegensatz zu einer »regressiven« Steuer, die die Einkommen armer Familien stärker belastet als die reicher Familien.

- **Eine Steuer wird als *proportional, progressiv* oder *regressiv* bezeichnet, je nachdem ob sie Bezieher hoher Einkommen in gleichem, stärkerem oder geringerem Umfang belastet als die Bezieher niedriger Einkommen.**

Abbildung 33.3 veranschaulicht die drei verschiedenen Steuerarten.

Die Bezeichnungen »progressiv« und »regressiv« sind möglicherweise irreführend. Es handelt sich um Fachtermini, die sich auf den Umfang beziehen, in dem sie die verschiedenen Einkommen belasten. Es wäre ein Fehler, der Bezeichnung »progressiv« irgendwelche emotionalen Attribute beizumessen, in dem Sinne, daß es sich um moderne, liberale oder besonders gerechte Steuern handelt.

Welche Beispiele ließen sich anführen? Eine persönliche Einkommensteuer, die so gestaffelt ist, daß sie von jedem zusätzlich verdienten Dollar einen wachsenden Anteil einbehält, bezeichnet man als eine progressive Steuer. Dagegen erweisen sich die meisten Verbrauchsteuern als leicht regressiv. Andererseits erweist sich eine Steuer, die streng proportional zu der Höhe des im Erbfall hinterlassenen Vermögens ist, als progressiv, da jemand, dessen Einkommen doppelt so hoch ist wie das eines anderen, in der Regel mehr als ein doppelt so hohes Vermögen besitzt und hinterläßt.

Direkte und indirekte Steuern

Abgesehen von ihrem Progressionsgrad lassen sich Steuern auch nach direkten und indirekten Steuern einteilen.

Indirekte Steuern werden im allgemeinen als solche Steuern definiert, die auf Güter und Dienstleistungen erhoben werden und somit den einzelnen nur »indirekt« treffen. Beispiele sind die Verbrauchsteuern: Tabak- oder Mineralölsteuern, Importzölle, Vermögensteuern.

Direkte Steuern belasten den Steuerpflichtigen unmittelbar. Beispiele für direkte Steuern sind persönliche Einkommensteuern, Sozialbeiträge oder andere Lohnsteuern sowie Erbschaft- und Schenkungsteuern. Auch Körperschaftsteuern fallen unter die direkten Steuern, weil jemand, der an einem Unternehmen beteiligt ist, ein Einkommen aus einem Unternehmen erzielt.

Bundessteuern

Die Vielzahl der Bundessteuern ist der Tabelle 33.2 zu entnehmen. Von diesen führen die beiden ersten – die persönliche Einkommensteuer sowie die Erbschaft- (Vermögen)steuer und die Schenkungsteuer – zu einer progressiven Belastung der Bezieher höherer Einkommen.

Verbrauchsteuern gelten als regressiv, weil die Konsumgüter (auf die die Verbrauchsteuern erhoben werden) einen größeren Teil der Einkommen der ärmeren Bevölkerungsschichten als der Reichen aufzehren. Eine Zwischenposition nimmt in ihrer Wirkung die Lohnsteuer ein.

Gegenstand heftiger Auseinandersetzungen und eine Quelle mancher Verwirrung ist seit Jahrzehnten die Körperschaftsteuer gewesen. Einige Kritiker glauben, daß die großen Unternehmen die Steuer in Form höherer Preise auf die Konsumenten überwälzen, weshalb sie eher der regressiven Verbrauchsteuer vergleichbar ist. Neuere Untersuchungen deuten jedoch darauf hin, daß die Körperschaftsteuer ihrer Natur nach eher einer progressiven Steuer entspricht. Vertreter dieser revisionistischen Auffassungen argumentieren, daß die Körperschaftsteuer letztlich die Kapitalertragsrate mindert. Da sich das Kapital vornehmlich in den Händen der großen Vermögensbesitzer befindet, entspräche die Besteuerung der Unternehmensgewinne eher einer in hohem Maße progressiven Form der Besteuerung.

Läßt sich eine Beziehung zwischen der Progressivität einer Steuer und der Frage herstellen, ob es sich um eine direkte oder eine indirekte Steuer handelt? In den

Steueraufkommen des Bundes im Haushaltsjahr 1985

		Einnahmen (in Mrd. Dollar)
Progressive Steuern		
persönliche Einkommensteuer		328
Erbschaft- und Schenkungsteuer		6
Körperschaftsteuer		76
Zwischenformen		
Lohnsteuer		271
Regressive Steuern		
Verbrauchsteuern		
Tabak und Alkohol	11,1	
Zölle	9,4	
Autobahnen und Flughäfen	15,6	
Windfall profits (Erdöl)	8,3	
Sonstige	3,5	
Sonstige Steuern und Einnahmen		16
Insgesamt		745

Tabelle 33.2. Einkommen- und Lohnsteuern sind die Haupteinnahmequellen des Bundes.
Nach wie vor stellen die gestaffelten progressiven Steuern die Haupteinnahmequelle des Bundes dar, obgleich die proportionale Lohnsteuer rasch aufzuholen beginnt. (Quelle: Budgetamt der Vereinigten Staaten, *Haushalt, Steuerjahr 1985*)

Vereinigten Staaten sind direkte Steuern im allgemeinen progressiver, indirekte Steuern dagegen regressiver Natur. Direkte Steuern sind in der Regel progressiv, weil sie in Abhängigkeit von den persönlichen Einkommen gestaffelt sind. Indirekte Steuern sind eher regressiv, weil sie den Konsum belasten, dessen Anteil mit steigendem Einkommen sinkt. Darüber hinaus werden Alkohol und Tabak relativ hoch besteuert – zwei Güter, auf die ein vergleichsweise höherer Anteil des Einkommens der ärmeren Bevölkerungsschichten entfällt.

Die am stärksten regressive Steuer der Geschichte war wahrscheinlich die »Kopfsteuer«, die einfach einen festen Satz (beispielsweise 2 Dollar) pro Kopf der Bevölkerung ausmachte.

Moderne Steuersysteme stellen, um es nochmals zu wiederholen, einen Kompromiß dar. Sie verfahren in gewissem Umfang nach dem Nutzenprinzip; in gewissem Umfang nach dem Prinzip der Leistungsfähigkeit und der Realisierung der Umverteilung oder nach Zweckmäßigkeitserwägungen; schließlich sind sie auch lediglich Ausdruck politischer Machtverhältnisse.

Stärkere Berücksichtigung fand in den letzten Jahren ein neuer Faktor: die Auswirkungen von Steuern auf die wirtschaftliche Leistungsfähigkeit. Ein engagierter Vertreter des Gleichheitsgedankens möchte möglicherweise 70 oder 80 oder 98 Prozent des Einkommens der Reichen wegsteuern. Tatsächlich ist dies in einigen europäischen Ländern in der Vergangenheit auch geschehen. Heute üben die Regierungen jedoch beim Einsatz sehr hoher Steuersätze größere Zurückhaltung. Man hat erkannt, daß sehr hohe Steuern anreizhemmend sind und im Endeffekt zu einer Verringerung des zu verteilenden Gesamtvolkseinkommens führen.

Die Hauptsteuerarten

Ein Überblick über die verschiedenen Steuerarten wird sich als nützlich erweisen.

Umsatz- und Verbrauchsteuern

Was den Grad der Regressivität dieser Steuern angeht, so stehen sie wahrscheinlich an erster Stelle und sind stark umstritten. Für den Bund insgesamt gibt es keine allgemeine Umsatzsteuer, wohl aber Verbrauchsteuern auf Zigaretten, Alkohol und einige andere Verbrauchsgüter.

Sozialversicherungsteuer, Lohnsteuer und Beschäftigungsteuern

Praktisch sämtliche Wirtschaftszweige fallen heute unter das Sozialversicherungsgesetz. Arbeitnehmer erhalten großzügige Altersrenten, deren Höhe sich nach ihren früheren Einkommen richten und für die keinerlei Bedürftigkeitsnachweis erbracht zu werden braucht.

Im Sinne eines Beitrages zur Finanzierung dieser Leistungen sowie der Krankenversicherung im Rahmen von *Medicare* (dem staatlichen Gesundheitsdienst für Rentner) und für Invaliditätsrenten zahlen der Arbeitnehmer und der Arbeitgeber eine »Lohnsteuer«. Sie betrug 1985 14,1 Prozent auf sämtliche Einkommen unter jährlich etwa 40 000 Dollar pro Person.

Die Lohnsteuer bildet den Teil der Einnahmen des Staates, der am raschesten gestiegen ist, und zwar von Null im Jahre 1929 auf 18 Prozent der Staatseinnamen im Jahre 1960 und auf 36 Prozent im Jahre 1985. Die Lohnsteuer als solche ist leicht regressiv. Sie nimmt Vermögenseinkommen aus und ist an eine Höchstgrenze gebunden. Nicht übersehen werden darf jedoch, daß die Lohnsteuer zweckgebunden ist und der Finanzierung zukünftiger Leistungen dient. Insofern ist sie ein »Preis« für spätere Renten wie auch eine »Steuer« zur Einnahmenerzielung. Betrachtet man das Sozialversicherungssystem in seiner Gesamtheit – die Steuern wie die Leistungen –, so hat es einen ausgeprägt progressiven Charakter. Die Progressivität der Leistungen ist größer als die Regressivität der Steuer.

Die Körperschaftsteuern

Nach Begleichung sämtlicher Unkosten und Ermittlung seines Jahreseinkommens muß ein Unternehmen einen Teil seines Einkommens an den Staat abführen. 1985 zahlte ein kleines Unternehmen von jedem netto verdienten Dollar 15 Cent an den Staat. Der Steuersatz stieg, und zwar in der Weise, daß bei einem Gewinn von mehr als 100 000 Dollar 46 Cent pro verdientem Dollar an Steuern zu zahlen waren.

Die Körperschaftsteuer ist wahrscheinlich die am stärksten umstrittene Bundessteuer. Viele Ökonomen lehnen die Körperschaftsteuer ab. Sie weisen darauf hin, daß ein Unternehmen lediglich eine fiktive Rechtsperson darstellt. Aufgrund der Besteuerung zunächst der Unternehmensgewinne und anschließend der Dividende und Kapitalgewinne wird das Unternehmenseinkommen der Doppelbesteuerung unterworfen.[2] Einige Ökonomen behaupten, daß sich die hohen Steuern im Unternehmensbereich investitions- und produktivitätshemmend auswirken.

Ihr Rat: Schafft die Körperschaftsteuer ab! Schlagt statt dessen das Einkommen den Unternehmenseignern zu und versteuert deren Gesamteinkommen auf der Basis der persönlichen Einkommensteuer. Untersuchungen deuten darauf hin, daß eine solche Entscheidung die Leistungsfähigkeit der Volkswirtschaft um einige Milliarden Dollar steigern würde.

Diejenigen, die für eine Beibehaltung der Körperschaftsteuer plädieren, führen mehrere Gründe an. Sie weisen darauf hin, daß die Körperschaftsteuer eine progressive Steuer ist, weshalb ihre Abschaffung den Grad der Progressivität des Steuersystems in seiner Gesamtheit verringern würde (eine Verringerung, die sie nicht billigen). Einige sind der Auffassung, daß eine große Vielfalt niedriger Steuern eine gute Lösung darstelle. Andere meinen, daß die Besteuerung von Einzelpersonen aufgrund eines Vermögenseinkommens, das dem einzelnen gar nicht ausgezahlt wird, ein nicht gangbarer Weg sei. Einige fürchten, daß das politische System wahrscheinlich keinen wirksamen Ersatz für die Körperschaftsteuer hergäbe und daß es wahrscheinlich nur zu mehr regressiven Steuern greifen würde. Einige stützen sich einfach auf das alte Sprichwort: »Eine alte Steuer ist eine gute Steuer.«

Aber während der Streit anhält, ändern sich die Umstände. Unter dem Einfluß von Gruppen, die der Körperschaftsteuer ablehnend gegenüberstehen, ist die Bedeutung der Steuer in dem Maße zurückgegangen, in dem Gesetze über Steuergutschriften erlassen und für großzügigere Abschreibungsmöglichkeiten gesorgt wurde. Der Anteil der Einnahmen des Bundes aus der Körperschaftsteuer ist von 33 Prozent im Jahre 1951 auf 10 Prozent im Jahre 1984 zurückgegangen. Als Steuerquelle stirbt sie einen Tod durch tausend Nadelstiche. Schätzungen von Alan Auerbach, Donald Fullerton und Yolanda Henderson deuten darauf hin, daß die Körperschaft»steuer« heute tatsächlich in eine Investitionssubvention verkehrt wurde. Deshalb ist es unzulässig, sie heute noch als Investitionshemmnis zu bezeichnen; wer das tut, verrät seine ideologische Befangenheit oder eine völlige Unkenntnis der wichtigsten Steuerrechtsänderungen, die in den 80er Jahren erfolgt sind.

Die Mehrwertsteuer

Erwähnung finden sollte schließlich noch eine Steuer, von der die Länder des europäischen Gemeinsamen Marktes sehr starken Gebrauch gemacht haben. Die Mehrwertsteuer stellt eine Steuer dar, die auf jeder Stufe der Produktion erhoben wird. So fällt Mehrwertsteuer auf der Stufe der Weizenproduktion des Bauern an, desgleichen auf der Stufe der Mehlherstellung durch den Müller, auf der Stufe der Teigherstellung beim Bäcker und schließlich auf der Stufe des im Laden verkauften Laibes Brot.

Inwiefern unterscheidet sie sich von der sogenannten kumulativen Umsatzsteuer, die allgemein in der UdSSR erhoben wird und vor Einführung der Mehrwertsteuer auch in den Ländern des Gemeinsamen Marktes gebräuchlich war? Eine

---

2 Vgl. die Darstellung zu diesem Thema auf S. 26 des Kapitels 20.

kumulative Umsatzsteuer besteuert einfach jeden getätigten Umsatz: den Umsatz von Weizen, Mehl, Teig, Brot. Der Unterschied zur Mehrwertsteuer liegt darin, daß letztere bei der Besteuerung des Mehles beim Müller jenen Teil des Wertes seines Erzeugnisses nicht erfaßt, der dem vom Bauern gekauften Weizen zuzuschreiben ist. Die vom Müller zu entrichtende Mehrwertsteuer berücksichtigt lediglich die in der Mühle anfallenden Löhne und Gehälter sowie die Zinsen, Bodenrenten, Konzessionsgebühren und mit der Gewinnerzielung anfallenden Kosten auf der Stufe der Mühlenproduktion. Die aus früheren Produktionsstufen angefallenen Rohstoffkosten bei der Ermittlung der »Wertschöpfung« des Müllers werden also von seinem Verkaufspreis abgezogen. Danach wird die Steuer auf seine Wertschöpfung aufgeschlagen. (Erklärt wurden die Zusammenhänge in Tabelle 6.3 des Kapitels 6 über die volkswirtschaftliche Gesamtrechnung in Band 1.)

Es ist also ohne weiteres zu erkennen, daß die Mehrwertsteuer im wesentlichen einer auf Bundesebene erhobenen Umsatzsteuer vergleichbar ist. (Auch dies wurde in Kapitel 6 gezeigt; aus Tabelle 6.3 wurde deutlich, daß die Summe aller Wertschöpfungen gleich der Summe der Endumsätze ist.)

Warum hat man sich in den Vereinigten Staaten in den letzten Jahren immer stärker für die Mehrwertsteuer erwärmt? Für die Begeisterung ihrer Anhänger gibt es drei Gründe. Erstens ist die Mehrwertsteuer eine Konsumsteuer, und viele Ökonomen sind der Meinung, daß in der Steuerstruktur der Vereinigten Staaten eine Verlagerung zugunsten einer stärker konsumorientierten und weniger einkommensorientierten Besteuerung erfolgen sollte. Sie argumentieren, daß wir bei einer Besteuerung des Konsums anstelle der Einkommen die Ersparnisse von der Besteuerung ausnehmen und deshalb die Spar- und Investitionstätigkeit anregen. Letztlich kommt es ihnen auf eine Steigerung der Investitionen an, weil dadurch das Wachstum beschleunigt und unsere nachlassende Produktivität belebt werden könnte.

Zweitens wird von einigen Experten die Auffassung vertreten, daß die Progressionsrate der persönlichen Einkommensteuer zu hoch sei. Würde man die persönliche Einkommensteuer durch eine Mehrwertsteuer ersetzen, ließe sich der Grad der Progressivität verringern.

Darüber hinaus sympathisieren manche mit der Mehrwertsteuer, weil sie in der Öffentlichkeit ein gutes Image hat: Sie ist eine politisch an den Mann zu bringende Umsatzsteuer, die dem Wähler auf eine Weise nahegebracht worden ist, daß er sie akzeptieren könnte. Ein Kenner der Materie nannte sie »die europäische Steuer mit Sex-Appeal«.

Ist die Mehrwertsteuer insgesamt gesehen eine gute Sache? Wie im Falle des Alters stellt sich die Frage nach der Alternative, die man hat. Am objektivsten wäre eine Analyse, bei der man die Mehrwertsteuer als nationale Umsatzsteuer vorstellt, um sie dann mit anderen Steuern zu vergleichen.

Die progressive persönliche Einkommensteuer

Früher war der April der grausamste Monat des Jahres, weil die Bürger zu diesem Zeitpunkt pauschale Steuervorauszahlungen auf der Basis ihres Einkommens im Vorjahr leisten mußten – eines Einkommens, das häufig bereits ausgegeben war. Inzwischen ist diese Steuerfolter des Monats April nicht mehr ganz so

Vom Bund erhobene Einkommensteuer für einen 4-Personen-Haushalt (1984)

(1) Bereinigtes Bruttoeinkommen (vor Berücksichtigung von Vergünstigungen und Steuerabzügen) (in Dollar)	(2) Persönliche Einkommensteuer (in Dollar)	(3) Durchschnittlicher Steuersatz in Prozent (3) = (2):(1)	(4) Grenzsteuersatz (= Steuer pro zusätzlich verdientem Dollar)	(5) Verfügbares Einkommen nach Steuerabzug (5) = (1)−(2)
3000	− 300	− 10	− 10	3300
8750	0	0	11	8750
20000	1645	8,2	16	18355
30000	3201	10,7	22	26799
50000	7660	15,3	33	42340
100000	23316	23,3	42	76684
200000	61130	30,6	50	138870
500000	181100	36,2	50	318900
1000000	381100	38,1	50	618900
10000000	3981100	39,8	50	6019000

Tabelle 33.3. Die vom Bund erhobene persönliche Einkommensteuer (1984).
Diese Tabelle zeigt neben den Gesamtsteuern und dem verfügbaren Einkommen eines 4-Personen-Haushaltes im Jahre 1984 auch die durchschnittliche sowie die Grenzbesteuerung. Aufgrund der Steuergutschrift für Arbeitseinkommen erhalten ärmere Arbeitnehmer mit Kindern tatsächlich einen Steuerrabatt (d.h. sie zahlen eine geringe »negative Einkommensteuer«). Bei einem Einkommen von etwa 8750 Dollar zahlt ein Haushalt keine Einkommensteuer. Die Steuertarife sind gestaffelt, so daß schließlich ein Steuersatz von 50 Prozent für jeden zusätzlich verdienten Dollar anfällt. (Quelle: Steuerverwaltung der U.S. und Joseph A. Pechman, *Federal Tax Policy*, Brookings Institution, Washington, D.C., 4. Aufl., 1983)

hart. Der Arbeitgeber behält während des gesamten Jahres automatisch den größten Teil dessen, was wir an den Staat abführen müssen, von unserem Lohn ein.

Wie läßt sich die vom Bund erhobene persönliche Einkommensteuer ermitteln? Im Prinzip recht einfach (obgleich die Steuererklärungsformulare fürchterlich kompliziert sind). Sie berechnen zunächst Ihr Einkommen, dann ziehen Sie bestimmte absetzbare Beträge und Steuerfreibeträge ab und lesen die Höhe der Steuern aus einer Steuertabelle ab.

Dieser Vorgang wird anhand eines einfachen Beispiels durch die Tabelle 33.3 veranschaulicht. Die Steuersätze entsprechen den Steuertabellen, die seit 1984 gelten, nachdem die von Präsident Reagan eingebrachte und vom Kongreß 1981 verabschiedete 25prozentige »angebotsorientierte Steuersenkung« in Kraft getreten war.

Die Spalte (1) zeigt »bereinigte Bruttoeinkommen« unterschiedlicher Höhe – das heißt Löhne, Zinsen, Dividende und andere von den Haushalten bezogene Einkommen.

Gehen wir von einem 4-Personen-Haushalt aus, der bestimmte Beträge absetzen kann, erhalten wir in Spalte (2) die zu entrichtende Steuer. Beachten Sie, daß die Steuer negativ ist, wenn das Einkommen unter 8750 Dollar liegt, was darauf hindeutet, daß ein Einkommenstransfer zugunsten von Familien mit niedrigen Einkommen erfolgt. Eine Familie mit einem Einkommen in Höhe von 8750 Dollar liegt an der »Steuerschwelle« und muß weder Steuern zahlen, noch erhält sie Einkommenszuschüsse. Oberhalb dieser Schwelle beträgt der »Grenzsteuersatz« beziehungsweise die zusätzlich zu entrichtende Steuer pro zusätzlich verdientem Dollar 11 Prozent.[3] Danach setzt ein starker Anstieg der Steuern mit wachsenden Einkommen ein. Erreicht das Einkommen eine Höhe von 10 Millionen, müssen etwa 40 Prozent an den Staat abgeführt werden. In keinem Fall erreicht der durchschnittliche Steuersatz jedoch ganz die 50-Prozent-Grenze, und die derzeitige Spitzenbelastung von 50 Prozent liegt deutlich unter der während der 60er Jahre geltenden Rate von 70 Prozent oder dem höchsten Steuersatz, der Anfang der 50er Jahre galt und der bei 91 Prozent lag.

Spalte (3) läßt erkennen, wie stark die Progression bei der persönlichen Einkommensteuer tatsächlich ist. Eine Familie mit einem jährlichen Einkommen von 30000 Dollar wird steuerlich vergleichsweise stärker belastet als eine Familie mit einem jährlichen Einkommen von 20000 Dollar – erstere zahlt 11 Prozent Einkommensteuer, letztere lediglich 8 Prozent. Noch höher ist die steuerliche Belastung für jemanden mit einem Einkommen von 1000000 Dollar.

Spalte (4) weist die wichtige Grenzbesteuerung für die einzelnen Einkommen aus. Sie beginnt für ärmere Familien bei minus 10 Prozent, steigt auf 11 Prozent für Familien, die die Schwelle in den Bereich der positiven Steuern überschreiten, und steigt allmählich auf den Spitzensatz von 50 Prozent an.

Aus Spalte (5) läßt sich schließlich die Höhe des »verfügbaren Einkommens nach Steuerabzug« ablesen. Beachten Sie, daß es sich immer lohnt, noch mehr zu verdienen: Selbst wenn ein Tennisstar in eine höhere Steuerklasse aufrückt, wächst das ihr verbleibende Einkommen immer noch. Verifizieren Sie, daß der Staat niemals mehr als 50 Cent jedes zusätzlich verdienten Dollars einbehält. Bei einem steuerpflichtigen Einkommen von 164000 Dollar zahlt ein Ehepaar die Hälfte jedes zusätzlich verdienten Dollars an das Finanzamt; bei einem Alleinstehenden geschieht dies bereits bei einem steuerpflichtigen Einkommen von 82000 Dollar.

Die Aushöhlung der Steuerbemessungsgrundlage

In den Vereinigten Staaten sind die Steuereinnahmen des Staates aus Einkommensteuern höher als in fast allen anderen Ländern. Dies liegt nicht daran, daß die Steuersätze für freiberuflich Tätige sowie für vermögende Leute höher sind; tatsächlich zahlen sie weniger bei Steuern als Bürger mit vergleichbaren Realeinkommen in Schweden, Großbritannien und anderen Wohlfahrtsstaaten. Der Grund ist vielmehr darin zu suchen, daß bei uns der Durchschnittsbürger im allgemeinen höher besteuert wird als der Mittelstand in anderen Ländern.

---

3 Achten Sie auf unseren alten, wieder einmal auftauchenden Vertrauten, den »Grenzsatz«, d.h. den zusätzlichen Steuerdollar. Der Begriff der Grenzbesteuerung spielt in der modernen Wirtschaftslehre eine wichtige Rolle. Erinnern Sie sich an den Gedanken, daß die zusätzlich auftretenden Kosten oder Vorteile eine Wirkung auf den einzelnen haben – »was geschehen ist, ist geschehen«. Diesem Prinzip zufolge geht die Wirkung jeder Steuer auf den Anreiz zur Bereitstellung von Kapital oder Arbeit von dem Grenzsteuersatz aus. Diese Vorstellung bildet einen der Kernpunkte der modernen »angebotsorientierten Ökonomie«.

Ein warnender Hinweis ist jedoch angebracht: Unser Steuersystem erweckt den Eindruck, als basiere es auf einer außerordentlich hohen Progressionsrate – mit hohen Steuersätzen besonders am oberen Ende der Einkommensskala. Die Realität sieht anders aus, weil viele Dinge gar nicht der Einkommensteuer unterliegen. Die Kritiker dieser Ordnung sprechen in diesem Zusammenhang von »Schlupflöchern«. Neutralere Bezeichnungen für nicht besteuerte Einkommen sind »Steuervergünstigungen«, »Steuerabzüge« sowie »Aushöhlung der Besteuerungsgrundlage«. Welche Posten werden nicht besteuert?

Erstens gibt es steuerfreie Beträge in Höhe von 1000 Dollar sowie verschiedene abzugsfähige Mindestpauschbeträge.

Zweitens findet ein gewisses Maß an Steuerhinterziehung statt – Farmer, Ärzte oder Handelsvertreter arbeiten mit gefälschten Nachweisen für entstandene Aufwendungen.

Drittens gibt es die neben der Steuerhinterziehung wichtigere Möglichkeit der Steuerumgehung. Sie beruht darauf, daß der Kongreß Gesetze erläßt, in deren Rahmen vielerlei *Steuervergünstigungen* gewährt werden, so daß gewisse Einkommen überhaupt nicht oder nur geringfügig besteuert werden. Die steuerlich begünstigten Posten sind so zahlreich, daß sie ein ganzes Buch füllen könnten (und auch tatsächlich füllen, nämlich den IRS-Code, den Internal Revenue Service-Code der Steuerverwaltung der USA). Zu den Beispielen gehören steuerfreie Zins- und Sozialversicherungsleistungen, Kapitalerträge in geringer Höhe, abzugsfähige Vorsorgeaufwendungen im Rahmen der Kranken- und Rentenversicherung, abzugsfähige Bundes- und Kommunalsteuern und erhöhte Abschreibungen für die Produktion von Öl und Erdgas.

Tabelle 33.4 zeigt die wichtigsten steuerlich begünstigten Posten.

Die Pauschalsteuer

Wegen der fortschreitenden Aushöhlung der Steuerbemessungsgrundlage infolge der Ausweitung von Steuervergünstigungen ist von vielen Seiten der Vorschlag für eine grundlegende Reform des Systems der persönlichen Einkommensteuer unterbreitet worden, die eine »Pauschalsteuer« vorsieht. Dieser Vorschlag sieht unter anderem zwei Schritte vor[4]:

- Die Schließung sämtlicher Schlupflöcher durch eine einmalige Besteuerung aller Einkommen;
- die Besteuerung sämtlicher einen Freibetrag übersteigenden Einkommen auf der Basis eines fixen (beziehungsweise pauschalen) Steuersatzes von etwa 20 Prozent.

Dieses System würde mit einem Schlag sämtliche Vergünstigungen im Rahmen des Wohnungsbaus und der Krankenversicherung abschaffen, während es zu einer Senkung des Steuersatzes für Kapitaleinkommen sowie hohe Löhne und Gehälter führen würde. Es würde Tausende von Steuerrechtsexperten arbeitslos machen. Die Leistungsfähigkeit der Wirtschaft würde steigen, weil der einzelne

---

[4] Das am sorgfältigsten durchstrukturierte Modell der Pauschalsteuer findet sich in Robert Hall und Alvin Rabushka, *Low Tax, Flat Tax, Simple Tax*, McGraw-Hill, New York 1983.

Steuervergünstigungen höhlen die Steuerbemessungsgrundlage aus

	Milliarden Dollar
1. Befreiung für Vorsorgeaufwendungen	56,3
2. Absetzbarkeit von Hypothekenzinsen für eigengenutzte Wohnungen	25,1
3. Absetzbarkeit von Steuern der Bundesstaaten und von Kommunalabgaben (mit Ausnahme der Abgaben für eigengenutzte Wohnungen)	21,6
4. Befreiung für Arbeitgeberbeiträge zur Krankenversicherung	20,2
5. Kapitalgewinne (außer im Bereich der Landwirtschaft, der Nutzholzproduktion, der Eisenerzgewinnung und des Kohlenbergbaus)	15,7
6. Befreiung von Sozialversicherungsleistungen	13,0
7. Absetzbarkeit bestimmter Beiträge zu gemeinnützigen Einrichtungen	11,1
8. Absetzbarkeit von Sollzinsen für Konsumdarlehen	10,8
Insgesamt:	
die 8 größten Posten	173,8
persönliche Steuerausgaben insgesamt	265,7

Tabelle 33.4. Steuerausgaben 1985.
Analytiker haben die Bezeichnung »Steuerausgaben« geprägt, um die Tatsache zum Ausdruck zu bringen, daß der Kongreß Geld direkt ausgeben kann, indem er Schecks ausstellt, oder indirekt, indem er eine Steuervergünstigung gewährt. Die Tabelle zeigt die wesentlichen Steuerausgaben. Diese werden in der Weise errechnet, daß der von der Steuerbemessungsgrundlage abzugsfähige Einkommensbetrag ermittelt wird, wonach die sich ergebenden Zahlen mit dem anwendbaren Steuersatz multipliziert werden. (Quelle: Budgetamt der Vereinigten Staaten, *Haushalt der Vereinigten Staaten, Haushaltsjahr 1985*)

weniger Zeit damit zubringen würde, sich über die steuerlichen Auswirkungen bestimmter Vorhaben Gedanken zu machen, und statt dessen all seine Energien auf die Produktion von Autos, Telefonen und neuen Ideen aufwenden würde. Der wesentliche Nachteil dieses radikalen Vorschlags besteht nach Auffassung einiger Kritiker darin, daß er zu einer massiven Umverteilung der steuerlichen Belastung zugunsten der Reichen und zu Lasten des Mittelstandes führen würde.

Steuerreformvorschläge

Die zunehmende Undurchsichtigkeit des Einkommensteuersystems im Verein mit dem Plädoyer für eine Pauschalsteuer ließ in den Jahren 1984/85 auf vielen Seiten den Eindruck entstehen, daß die Zeit reif für eine Steuerreform sei. Als prominenteste Vorschläge können die von der Reagan-Regierung entwickelten Pläne für eine »modifizierte Pauschalsteuer« gelten sowie zwei vom Kongreß vorgelegte Varianten dieser Steuer (die von den Demokraten unterstützte Bradley-Gephardt-Variante und die von zwei Republikanern ausgetüftelte Kemp-Kasten-Variante).

Die Pläne für die Einführung einer modifizierten Pauschalsteuer liegen zwischen der reinen Pauschalsteuer und dem derzeitigen Einkommensteuersystem. Alle streben eine Senkung des Spitzensteuersatzes an (in der Regel auf 25 bis 35 Prozent). Sie sehen die Abschaffung vieler, wenn auch nicht aller Steuervergünstigungen vor und führen somit zu einer »verbreiterten Steuerbemessungsgrundlage«. Von dem Progressionsprinzip des derzeitigen Systems wird jedoch mehr beibehalten als im Falle der reinen Pauschalsteuer.

In den Augen von Finanzwirtschaftsexperten ist vieles an den einzelnen Steuerreformvorschlägen lobenswert. In der Arena der Politik werden die Pläne jedoch ohne Zweifel hart angegangen werden, sobald sie auf die Phalanx der großen Interessengruppen stoßen, deren Steuerschuld wächst und die sich in bezug auf ihre Sonderanliegen schlechter stehen werden.

Effizienz und Progressivität

Die Diskussion um die Pauschalsteuer führt zu einer der wichtigsten Fragen der Besteuerung, insbesondere der progressiven Besteuerung. Hat eine hohe Grenzbesteuerung negative Auswirkungen? Beeinträchtigen hohe Steuern die Leistungsbereitschaft, die Spartätigkeit und die Risikofreudigkeit?

Was die Leistungsbereitschaft angeht, so lassen sich keine eindeutigen Antworten geben. Wir haben in Kapitel 28 gesehen, daß sich die Wirkung von Steuern auf die insgesamt geleistete Zahl von Arbeitsstunden nicht mit Sicherheit vorhersagen läßt, weil die Möglichkeit einer Rückwärtsneigung der Arbeitsangebotskurve denkbar ist. Einige Steuerpflichtige werden sich vielleicht infolge der Progressivität der Steuern für mehr Freizeit anstatt mehr Arbeit entscheiden. Andere arbeiten noch härter, um ihre Million zusammenzubringen. Viele Ärzte, Wissenschaftler, Künstler und Unternehmensleiter, denen ihre Arbeit und das damit verbundene Gefühl, Einfluß zu besitzen oder etwas erreicht zu haben, Befriedigung gibt, werden für 80 000 Dollar genausoviel arbeiten wie für 100 000 Dollar.

Etwas klarer ist das Bild bezüglich der Auswirkungen von Steuern auf Kapitaleinkommen. Nach herrschender Auffassung wird Investitionskapital, das in bestimmten Formen besonders stark besteuert wird, in andere Bereiche abfließen. Unterliegt beispielsweise Unternehmenskapital der Doppelbesteuerung, werden die Ersparnisse einiger Steuerpflichtiger beispielsweise in den Wohnungssektor fließen, anstatt in den Unternehmensbereich. Werden risikoreiche Investitionen steuerlich ungünstig gestellt, suchen Investoren Zuflucht in sichereren Projekten.

Die bedeutendsten Auswirkungen ergeben sich nicht aus der *Höhe* der Besteuerung, sondern vielmehr aus den *Unterschieden* in den Steuersätzen. Es gibt eine ausreichende Anzahl völlig legaler »Steuernischen«, die den Vermögenden offenstehen, so daß ihre Steuersätze bezeichnenderweise erheblich unter den hohen Sätzen der Tabelle 33.3 liegen. Sie gehen Risiken ein, und ihr Ziel sind gering besteuerte Kapitalgewinne; sie bohren nach Öl, pflanzen Bäume oder züchten Schlachtvieh – wobei etwaige Gewinne nur mit 25, 20 oder 0 Prozent besteuert werden. Deshalb kann die Wirkung hoher Grenzsteuersätze vornehmlich darin bestehen, daß sich die Wirtschaftstätigkeit auf gering besteuerte Sektoren verlagert.

Die Laffer-Kurve

Nach diesem kurzen Überblick über die Auswirkungen von Steuersätzen auf die Wirtschaft können wir uns einer bedeutenden Bewegung zuwenden, die etwa um das Jahr 1980 aufkam. Die *Schule der angebotsorientierten Ökonomie* behauptete, daß die anreizhemmenden Wirkungen einer hohen Grenzbesteuerung für viele Probleme, an denen die Wirtschaft krankte, verantwortlich sei – für die geringe Spartätigkeit, die Rezession, die stagnierende Produktivität und die hohe Inflationsrate. Unter der Führung von Arthur Laffer im Verein mit Jude Winniski, Norman Ture und Paul Craig Roberts unterstrich diese Gruppe die Bedeutung einer niedrigen Grenzbesteuerung der wirtschaftlichen Leistung; und eines der herausragenden analytischen Werkzeuge, das von dieser Gruppe eingeführt wurde, war die *Laffer-Kurve*.

Die Laffer-Kurve in der Theorie zeigt das linke Feld der Abbildung 33.4. Der generelle Verlauf läßt sich auf folgende Weise darstellen: Bei einem Steuersatz von Null ist natürlich auch das Steueraufkommen gleich Null. Ebenso ist das Steueraufkommen gleich Null, wenn der Steuersatz bei 100 Prozent liegt, weil dann niemand mehr so dumm ist, überhaupt noch zu arbeiten. Ausgangs- und Endpunkt der Kurve liegen deshalb auf der x-Achse.

Wie sieht es zwischen den Punkten aus? In dem Maße, in dem die Steuersätze – von Null ausgehend – steigen, steigt dieser Auffassung zufolge das Gesamtsteueraufkommen. Von einem bestimmten Punkt an beginnen die Steuerzahler dann jedoch weniger zu arbeiten, weniger zu sparen oder ihre Wirtschaftstätigkeit in Bereiche der Schattenwirtschaft zu verlagern. Deshalb werden in einem bestimmten Punkt – angenommen, dem Punkt M der Abbildung 33.4 – die Steuereinnahmen des Staates maximiert. Gelegentlich wird der Verlauf so gezeichnet, daß der obere Wendepunkt der Laffer-Kurve sich bei einem Steuersatz von 50 Prozent einstellt, obgleich nicht mit Sicherheit behauptet werden kann, daß Laffer oder andere Vertreter der Schule der angebotsorientierten Ökonomie durchgehend die Auffassung vertreten haben, daß das Steueraufkommen bei einem Steuersatz von 50 Prozent maximiert wird.

Was geschieht, wenn der Steuersatz den Punkt M der Abbildung 33.4(a) überschreitet? Die anreizhemmende Wirkung wird stärker als die Einnahmenwirkung. Die Steuereinnahmen gehen deshalb tatsächlich zurück, obgleich die Steuersätze steigen!

Aus dieser Laffer-Kurve wird nun eine sehr radikale Anregung hinsichtlich der Erfordernisse einer Steuerreform hergeleitet. 1980 behaupteten die Vertreter der angebotsorientierten Wirtschaftslehre, daß sich die Wirtschaft der Vereinigten Staaten auf der falschen Seite der »großen Wendemarke« befände, beispielsweise im Punkt A der Abbildung 33.4(a). Durch eine Senkung der Steuersätze könnten die Vereinigten Staaten ihren Kuchen vergrößern und gleichzeitig noch verzehren – Steueraufkommen und Sozialprodukt würden gleichermaßen wachsen.

Wie sieht die Realität aus?

Wären alle Ökonomen der Auffassung, daß die Laffer-Kurve die Form der Abbildung 33.4(a) hat, würden sie sich im Punkt A fast einstimmig für eine Senkung der Steuern aussprechen. Bestätigt die Praxis eine solche Kurve? Mit aller Entschiedenheit nicht. Das rechte Feld von Abbildung 33.4 zeigt eine die realen Gegebenheiten widerspiegelnde Laffer-Kurve, die von Don Fullerton von

Die Laffer-Kurve in Theorie und Praxis

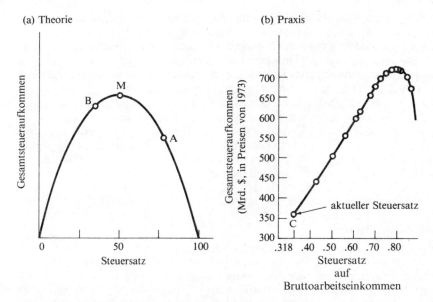

Abbildung 33.4. Die Erfahrungen lassen erkennen, daß die Wirtschaft der Vereinigten Staaten noch weit vom Punkt des maximalen Steueraufkommens entfernt ist.
Die Laffer-Kurve ist ein Instrument, mit dessen Hilfe sich zeigen läßt, auf welche Weise sich Steuern so stark verzerrend und anreizhemmend auswirken können, daß das Steueraufkommen tatsächlich mit steigenden Steuern sinkt.
Gemäß der theoretischen Laffer-Kurve des linken Feldes führt ein 50prozentiger Steuersatz zu einem maximalen Steueraufkommen. Deshalb würde eine Senkung des Steuertarifs vom Punkt A auf Punkt B trotz verminderter Steuer zu einem höheren Steueraufkommen führen.
Es gibt keine Anzeichen dafür, daß die theoretische Laffer-Kurve in (a) den Gegebenheiten der Realität entspricht. Die Kurve des rechten Feldes zeigt die geschätzten Auswirkungen unterschiedlicher Steuersätze auf Arbeitseinkommen. Eine sorgfältige Untersuchung über die Reaktion der Leistungsbereitschaft auf Steuern ergab eine Laffer-Kurve, die stark nach rechts geneigt ist, wobei das derzeitige Steuersystem der Vereinigten Staaten etwa im Punkt C angesiedelt ist. In der Realität haben geringfügige Anhebungen oder Senkungen der Steuersätze etwa proportionale Auswirkungen auf das Steueraufkommen. (Quelle: Don Fullerton, »Relationship Between Tax Rates and Government Revenue«, *Journal of Public Economics* 1982)

der Universität Virginia auf der Basis mehrer ökonometrischer Untersuchungen über das Verhalten der Arbeitsleistung in Reaktion auf die Steuern erstellt wurde. Der Punkt des maximalen Steueraufkommens scheint weit rechts von den Steuersätzen zu liegen, die in den letzten Jahrzehnten in der Wirtschaft galten. Die derzeitigen Steuersätze werden durch den Punkt C der Abbildung 33.4(b) wiedergegeben. Diesem Überblick zufolge ist damit zu rechnen, daß eine Senkung der Steuern zu einer fast proportionalen Verminderung der Steuereinnahmen führen würde.

Die angebotsorientierte Lehre auf dem Prüfstand

In den Jahren von 1979 bis 1981 wurde auf nationaler Ebene darüber debattiert, ob einschneidende Steuersenkungen empfehlenswert seien. Das Land folgte dem Rat der angebotsorientierten Ökonomen. Präsident Reagan schlug eine 25prozentige Senkung aller persönlichen Einkommensteuern vor, und der Kongreß verabschiedete ein entsprechendes Gesetz, demzufolge die Senkung in drei Schritten erfolgen und Ende Juli 1983 abgeschlossen sein sollte. In weiten Kreisen der Wirtschaftswissenschaft stießen diese Steuersenkungen auf erhebliche Bedenken, weil die Auffassung vorherrschte, daß sie (solange sie nicht von Ausgabenkürzungen in vergleichbarer Höhe sowie einer Anhebung anderer Steuern begleitet würden) Steuerausfälle und ein beträchtliches Haushaltsdefizit zur Folge haben würden. Die bisherigen Erfahrungen deuten darauf hin, daß die Steuersenkungen in der Tat zu verminderten Steuereinnahmen des Bundes geführt haben und daß das große Loch in den Haushalten Mitte der 80er Jahre zum Teil auf die Maßnahmen zurückzuführen ist, die auf der Basis der unbegründeten Hoffnung ergriffen wurden, daß sich das Land im Punkt A und nicht im Punkt C der Abbildung 33.4 befände.

War das radikale angebotsorientierte Experiment ein Schlag ins Wasser? Es ist natürlich noch zu früh, darüber ein Urteil zu fällen. Es könnten noch unterschwellige, erst im Laufe der Zeit sichtbar werdende Wirkungen erzeugt worden sein. Aber die entscheidende Prognose der Vertreter der angebotsorientierten Ökonomie – daß sinkende Steuern der Leistungsbereitschaft und der Spartätigkeit einen kräftigen Schub versetzen werden – hat sich alles andere als erfüllt. An herkömmlichen wissenschaftlichen Maßstäben gemessen legt das Experiment von 1981 eine Ablehnung der Theorien der angebotsorientierten Wirtschaftslehre nahe.

Steuern der Bundesstaaten und der Kommunen

Wenden wir uns nunmehr dem öffentlichen Finanzwesen zu, soweit es nicht um Bundessteuern geht. Obgleich auf Bundesebene mehr Steuern erhoben werden als auf irgendeiner anderen Regierungsebene, sind diese unteren Ebenen als solche ebenfalls von Bedeutung.

Abbildung 33.5 läßt erkennen, aus welchen Quellen im wesentlichen die Mittel zur Finanzierung der Ausgaben der Bundesstaaten sowie der Kommunen stammen.

Die Vermögensteuer

Etwa 30 Prozent der Gesamteinnahmen der Bundesstaaten und der Kommunen stammen aus der Vermögensteuer. Abbildung 33.5 zeigt, daß vor allem die Kommunen Nutznießer der Vermögensteuer sind.

Die Vermögensteuer wird vornehmlich auf Grundbesitz erhoben – auf Boden und Gebäude. Jede Kommune setzt eine jährliche Grundsteuer fest. In Los Angeles beträgt die Grundsteuer beispielsweise 4,4 Prozent des »Einheitswertes« (das heißt des von der Stadt festgesetzten Wertes des Grundbesitzes). Beträgt der Einheitswert meines Hauses 100000 Dollar, zahle ich 4400 Dollar an Steuern. In den meisten Städten beträgt der Einheitswert jedoch nur einen Bruchteil des

Steuerquellen der Bundesstaaten und Kommunen
(im Haushaltsjahr 1982)

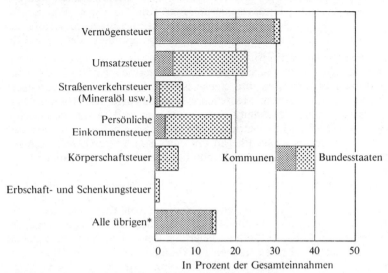

*ohne Berücksichtigung der Finanzzuweisungen des Bundes

Abbildung 33.5. Auf der Ebene der Bundesstaaten und der Kommunen spielen die Vermögen- und Umsatzsteuern die größte Rolle.
Beachten Sie insbesondere, wie stark die Kommunen von der Vermögensteuer abhängen. Häuser, Grundstücke und andere Immobilien gehören zu den wenigen Besteuerungsgrundlagen, die nicht ohne weiteres in eine andere Stadt ausweichen können, um sich der Kommunalsteuer zu entziehen. (Quelle: Statistisches Amt der Vereinigten Staaten, *Government Finance in 1981–1982*)

eigentlichen Verkehrswertes. In Los Angeles liegen die Einheitswerte etwa bei 25 Prozent des Verkehrswertes, so daß der tatsächliche Steuersatz nur 1,1 Prozent des Verkehrswertes entspricht.

Die Vermögensteuer ist wenig flexibel. Die Einheitswertfestsetzungen und die Steuersätze ändern sich nur langsam. In schlechten Zeiten, in denen die Immobilienwerte fallen, ist die Vermögensteuer eine erhebliche Belastung; sie gibt Anlaß zu Konkursen, zu Zwangsvollstreckungen aus Hypotheken und Zwangsverkäufen. In der Zeit des Wohnungsbooms der 70er Jahre stiegen die Werte für Immobilien sowie die Steuern in schwindelregende Höhen. Die Steuerzahler gingen auf die Barrikaden. In Kalifornien setzten sie die sogenannte Verordnung Nr. 13 durch, die für eine Senkung der Vermögen- und anderer Steuern sorgte. Heute gelten in fast allen Bundesstaaten Beschränkungen für Vermögen- und andere Steuern; dadurch wird verhindert, daß die Steuern der Bundesstaaten und der Kommunen in dem Tempo ansteigen, in dem das in den 70er Jahren geschehen war. Andererseits hat dies auch zahlreiche Städte und Bundesstaaten in schwere Finanzkrisen gestürzt, wenn den Verwaltungen die Steuergelder ausgingen und sie gezwungen waren, bestimmte Leistungen einzuschränken.

Umsatzsteuern

Quelle für den größten Teil der Steuereinnahmen der Bundesstaaten sind die allgemeinen Einzelhandels-Umsatzsteuern. Jeder Kauf in einem Warenhaus, einer Drogerie oder einem Bekleidungsgeschäft ist mit einer prozentual zum Preis erhobenen Steuer belastet. (Gelegentlich sind Nahrungsmittel oder andere lebensnotwendige Güter von dieser Steuer befreit.)

Darüber hinaus erhöhen die Einzelstaaten in der Regel die Alkohol- und Tabaksteuer des Bundes noch durch ihre eigene Steuer. Diese Steuern werden oft hingenommen, weil die meisten Menschen – einschließlich vieler Raucher und gelegentlicher Alkoholkonsumenten – der Ansicht sind, daß Tabak und Alkohol moralisch letztlich doch nicht ganz einwandfrei sind. Sie glauben, daß mit dieser »Besteuerung des Lasters« zwei Fliegen mit einer Klappe geschlagen werden: Der Staat kommt zu seinen Einnahmen, und das Laster hat seinen Preis.

Sonstige Steuern

In den meisten Staaten wird das Nettoeinkommen von Kapitalgesellschaften besteuert, und Unternehmen zahlen auch verschiedene sonstige Abgaben. 45 Staaten folgen der Praxis der Bundesregierung, wenn auch in bescheidenerem Rahmen, und besteuern Einzelpersonen in Abhängigkeit von der Höhe ihres Einkommens. Sogar einige Städte erheben Einkommensteuern.

Es gibt noch verschiedene andere Einnahmequellen. Viele Staaten besteuern Vermächtnisse. Einige Staaten, wie beispielsweise Nevada und New Jersey, besteuern Verkaufsautomaten oder erheben Wettsteuern auf Rennbahnen, oder sie legalisieren sogar das Glücksspiel in Form von Lotterien. Daneben erheben die meisten Staaten auf dem Weg über das Benzin eine »Autobahnsteuer«.

Finanzausgleich zwischen den Bundesstaaten

Eine wichtige Einnahmequelle sind die Finanzzuweisungen, die die Einzelstaaten vom Bund und die Kommunen von den Einzelstaaten erhalten.

Viele Finanzexperten sind der Ansicht, daß die Steuererhebung durch die Finanzverwaltung des Bundes wirkungsvoller ist als durch die Staaten und Kommunen. Auf einzelstaatlicher und kommunaler Ebene können die Bürger Steuern eher umgehen, indem sie sich in anderen Staaten oder Städten niederlassen. Nur für wenige sind die Steuern ein Grund, die Vereinigten Staaten zu verlassen.

Aufgrund des höheren Wirkungsgrades der Bundessteuern geht die Bundesregierung zunehmend zu einer Beteiligung der Staaten – und in geringerem Umfang auch der Kommunen – an dem Steueraufkommen des Bundes über und gewährt diesen Finanzzuweisungen.

1980 machten die Bundeszuschüsse ein Fünftel der Einnahmen der Bundesstaaten und der Kommunen aus. Einige Mittel sind zweckgebunden und müssen für den Straßenbau, für öffentliche Hilfsprogramme und das Bildungswesen ausgegeben werden. Für andere gelten keine Auflagen bezüglich ihrer Verwendung.

Das rasche Anwachsen der Bundeszuschüsse an die Staaten und Städte kam nach der Wahl Ronald Reagans im Jahre 1981 zum Stillstand. In seinen Augen waren diese Finanzzuweisungen öffentliche Almosen, und er kämpfte erfolgreich für eine Eindämmung dieses Ausgabenstromes. Seit 1980 ist ein realer Rückgang der Zuschüsse des Bundes an die Einzelstaaten und Städte zu verzeichnen.

Schlußbemerkung: Das dornenreiche Problem der Steuerinzidenz

Beschließen wollen wir diesen Überblick über die Steuern mit einem Blick auf das Problem der Steuerinzidenz. Selbst wenn die Wählerschaft zu einer Entscheidung darüber gelangt ist, wie die Steuerlasten verteilt werden sollen, bleiben folgende schwirige Fragen bestehen:

Wer zahlt letztlich eine bestimmte Steuer? Bleibt die Belastung an der Person oder dem Unternehmen hängen, die die Steuer zunächst zahlen? Oder wird sie überwälzt? Wir dürfen nicht davon ausgehen, daß diejenigen Wirtschaftssubjekte oder Unternehmen, die die Steuerbeträge an die Finanzverwaltung überweisen, sie letztlich auch selbst tragen. Möglicherweise gelingt ihnen eine »Überwälzung« auf den Abnehmer durch eine Erhöhung des Preises um den Steuerbetrag; oder eine »Rückverlagerung« auf ihre Lieferanten von Produktionsfaktoren (die Lohn-, Renten- und Zinsempfänger), die ihnen letztlich weniger abverlangen, als dies der Fall gewesen wäre, wenn es keine Steuer gäbe.

Die Ökonomen sind deshalb in erster Linie an der letztlichen Steuer*inzidenz* interessiert – der letztlichen Übernahme der Steuerlast, an ihrer Wirkung auf die Güter- und Faktorpreise, die Ressourcenallokation, die Leistungsbereitschaft sowie die Zusammensetzung der Produktion und des Konsums.

Zu den im Zusammenhang mit der Steuerinzidenz untersuchten Fragen gehören Aspekte wie: Führt eine Erhöhung der Mineralölsteuer um 5 Cent pro Gallone zu einer Erhöhung des Preises an der Zapfsäule um 5 Cent, so daß der Konsument die Steuerlast trägt? Oder führt die Steuer zu einer Senkung des Rohölpreises, so daß die Steuerlast auf den Ölproduzenten zurückfällt? Oder liegt die Steuerlast irgendwo in der Mitte? Wirkt sie sich auf den Kohlepreis aus? Und führt sie zu einer teilweisen Lahmlegung der Ölproduktion, so daß sich Belastungswirkungen ergeben, die über den Bereich nominaler Preise und Löhne hinausgehen und sogar Lasten übersteigen, die man auf verschiedene Bürger überhaupt aufteilen kann?

In Teil V und VI wurden einige wichtige Instrumente entwickelt, die für die Lösung dieses sehr heiklen Problems notwendig sind. In einigen einfachen Fällen, bei denen es lediglich um das Angebot an und die Nachfrage nach einem unwichtigen Gut geht, bereitet die Inzidenzanalyse keine Schwierigkeiten. In anderen Fällen springen die Wirkungen wie das Wasser eines Kaskadenbrunnens von einer Ebene auf die nächste über und pflanzen sich durch die gesamte Wirtschaft hindurch fort, weshalb die Analyse außerordentlich komplex wird und gelegentlich Methoden der allgemeinen Gleichgewichtsanalyse eingesetzt werden müssen.

Was läßt sich über die Inzidenz des Steuer- und Transfersystems des Bundes insgesamt sagen? Die Ökonomen haben versucht, auf diese Frage nach dem Grad der Progressivität oder Regressivität insgesamt dadurch eine Antwort zu finden, daß sie alle Steuern und Transferzahlungen verschiedenen Bevölkerungsgruppen zuweisen. Selbstverständlich kann eine solche Untersuchung lediglich Näherungswerte ergeben, da niemand die genaue Art der Überwälzung von Körperschaft- oder Vermögensteuern durchschaut.

Bei unserem Experiment verfahren wir wie folgt:
- Gemessen werden alle Einkommen ohne Berücksichtigung von Steuern und Transferleistungen;
- gemessen werden als nächstes die Einkommen unter Berücksichtigung der Steuern und Transferleistungen;
- gemessen wird schließlich die *Steuerinzidenz* als Differenz zwischen beiden Situationen.

Selbstverständlich sind Ökonomen keine Zauberer, die solche Experimente ganz beherrschen, aber sie können sorgfältige Messungen vornehmen und mit Hilfe ihres Urteilsvermögens die Wirkungen von Steuern und Ausgaben so gut wie möglich abschätzen.

Die Inzidenz der Steuern und Transferleistungen des Bundes

Abbildung 33.6 stellt die Ergebnisse einer jüngeren Untersuchung über die Inzidenz sämtlicher Steuern und Transferleistungen der Bundesverwaltung dar. Das Bundessteuersystem ist am unteren Ende leicht regressiv, wird jedoch dann mit wachsenden Einkommen stark progressiv.

Aber die Steuern sind natürlich nur die eine Seite der Medaille. Für Haushalte mit niedrigen Einkommen machen die Transferzahlungen einen erheblichen Teil des Einkommens aus, das heißt, daß die ärmeren Bevölkerungsschichten vergleichsweise stärker von staatlichen Programmen profitieren als der Mittelstand oder die Oberschicht. Rechnet man die Transferleistungen und die Steuern zusammen, um die *Nettowirkung des Steuersystems* zu ermitteln, so erweisen sich die Programme des Staates als äußerst progressiv.

Diese Struktur hinsichtlich der Nettowirkung des Steuersystems ist der der meisten modernen Wohlfahrtsstaaten vergleichbar. Wie es in einer neueren Untersuchung zu diesem Thema abschließend heißt:

Für fast alle Staaten deuten die Ergebnisse darauf hin, daß das Steuersystem insgesamt fast keinerlei Wirkung auf die Einkommensverteilung hat... Dies ist darauf zurückzuführen, daß die Progressivität der Einkommensteuern durch regressive Steuern ausgeglichen wird, insbesondere durch die Sozialversicherungsbeiträge der Arbeitgeber und die indirekten Steuern... Betrachtet man sämtliche Steuer-, Transfer- und Ausgabenprogramme, so ist offenkundig, daß die öffentlichen Ausgabenprogramme, insbesondere die Bartransfers, fast ausschließlich für die Änderungen in der Einkommensverteilung verantwortlich sind, die die Regierungen erwirkt haben.[5]

---

[5] Peter Saunders, »Evidence on Income Redistribution by Governments«, OECD, Abteilung für Wirtschaft und Statistik, Arbeitspapier Nr. 11 (Januar 1984)

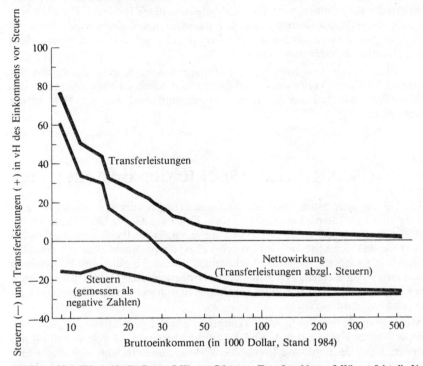

Abbildung 33.6. Wer zahlt die Steuern? Wer profitiert von Transferzahlungen? Wie groß ist die Netto-Steuerwirkung des Staates?
Welche Auswirkungen hat der moderne Wohlfahrtsstaat auf die Realeinkommen seiner Bürger? Die untere Kurve zeigt, daß die Steuern des Bundes bis zu einer Einkommenshöhe von 15000 Dollar regressiv sind und danach leicht progressiv werden. Die obere Kurve der Transferprogramme des Bundes – Posten etwa im Bereich der öffentlichen Wohlfahrt, der sozialen Sicherung und der Arbeitslosenversicherung – ist stark progressiv und wirkt sich vorwiegend im unteren Einkommensbereich aus. Deshalb ist die Nettowirkung beziehungsweise die »Inzidenz« der Steuern und Transferleistungen des Bundes stark progressiv, was in der abfallenden mittleren Kurve zum Ausdruck kommt. Aufgrund von Steuern und Transfers ist das Einkommen nach Besteuerung und Berücksichtigung der Wirkungen von Transferprogrammen gerechter verteilt, als das bei Einkommen der Fall ist, die ausschließlich marktabhängig sind. (Quelle: Die methodologischen Grundlagen werden dargestellt in Joseph Pechman, *Who Bears the Tax Burden?*, Brookings Institution, Washington, 1974, Variante IC. Die angeführten Daten, die auf unveröffentlichten, von Dr. Pechman zur Verfügung gestellten Tabellen beruhen, gelten für 1980).

Zusammenfassung

A. Die Ausgaben des Staates

1. Das System des öffentlichen Finanzwesens der Vereinigten Staaten ist föderalistisch strukturiert. Der Schwerpunkt der Ausgabentätigkeit der Bundesregierung liegt im Bereich nationaler Aufgaben und der Bereitstellung öffentlicher Güter. Die einzelnen Bundesstaaten und Kommunen legen das Schwergewicht häufig

auf den Bereich der kommunalen öffentlichen Güter, die vorwiegend den Einwohnern der Kommunen oder des Bundesstaates zugute kommen. Darüber hinaus unterstützt die Bundesregierung die Einzelstaaten und Kommunen durch die Gewährung von Steuermitteln aus Quellen, die in erster Linie der steuerlichen Kompetenz des Bundes unterliegen.

2. Die öffentlichen Ausgaben und Steuern machen heute etwa ein Drittel des gesamten BSP aus. Davon werden 60 Prozent auf Bundesebene ausgegeben; der Rest entfällt zum Teil auf die Bundesstaaten und zum anderen Teil auf die Kommunen.

B. Wirtschaftliche Aspekte der Besteuerung

3. Die beiden wichtigsten Theorien der Besteuerung beruhen auf dem »Nutzenprinzip« und auf dem »Leistungsprinzip«. Es ist ein Gebot der Gerechtigkeit, daß gleiche Personen gleich beziehungsweise ungleiche Personen ungleich besteuert werden. Eine Steuer wird als progressiv, proportional oder regressiv bezeichnet, je nachdem ob sie die Einkommen reicher Familien im Vergleich zu denen armer Familien stärker, gleich oder geringer belastet. Direkte und progressive Einkommensteuern stehen im Gegensatz zu indirekten und regressiven Umsatz- und Verbrauchsteuern.

4. Mehr als die Hälfte des Steueraufkommens des Bundes stammt aus progressiven persönlichen Einkommen- und Körperschaftsteuern. Der Rest entfällt auf proportionale oder regressive Lohn- und Verbrauchsteuern. Die persönliche Einkommensteuer ist, wenn man von Steuervergünstigungen und einer Aushöhlung der Steuerbemessungsgrundlage einmal absieht, ihrer Natur nach progressiv und führt tendenziell zu einer Umverteilung der Einkommen von den Reichen auf die Armen. Der Vorschlag zur Einführung einer Pauschalsteuer zielt auf eine Verbreiterung der Besteuerungsgrundlage ab und will auf diesem Wege eine Senkung der Grenzbesteuerungssätze herbeiführen.

5. Die am raschesten wachsende Steuer des Bundes ist die Lohnsteuer, die der Finanzierung des Sozialversicherungssystems dient. Es handelt sich um eine »zweckgebundene« Abgabe, aus deren Mitteln staatliche Renten sowie Leistungen im Rahmen der Kranken- und der Invaliditätsversicherung gezahlt werden. Da am Ende des Ausgabenstromes ein sichtbarer Nutzen für den Empfänger steht, haften der Lohnsteuer Aspekte einer auf dem Nutzenprinzip beruhenden Steuer an. Die Körperschaftsteuer hat in den vergangenen vier Jahrzehnten immer mehr an Bedeutung verloren.

6. Für die Kommunen stellt die Vermögensteuer die wichtigste Einnahmequelle dar. Für die Einzelstaaten sind dagegen die Umsatz- und Verbrauchsteuern von Bedeutung. Die Mehrwertsteuer ist bisher noch nicht mehr als ein lebhaft diskutierter Vorschlag.

7. Hinsichtlich der Frage, inwieweit Steuern anreizhemmend sind und die Leistungsbereitschaft und Sparneigung vermindern, gehen die Meinungen der Ökonomen auseinander. Einen extremen Standpunkt vertreten in dieser Auseinandersetzung die Anhänger der »angebotsorientierten Ökonomie«. Gemäß der mit Hilfe der Laffer-Kurve dargestellten Theorie waren die Steuern in den ausgehen-

den 70er Jahren so hoch, daß sie tatsächlich zu einer Minderung des Steueraufkommens führten. Diese extreme Auffassung wird durch empirische Untersuchungen nicht bestätigt.

8. Der Begriff der Steuerinzidenz bezieht sich auf die letztliche wirtschaftliche Belastung, auf ihre Gesamtauswirkungen auf Preise und auf andere wirtschaftliche Größen. Diejenigen, die eine Steuer zunächst einmal zahlen müssen, können diese möglicherweise durch eine »Vorwälzung« oder eine »Rückwälzung« zum Teil auf andere übertragen. Die in Teil V und VI entwickelten Werkzeuge helfen bei der Lösung dieses schwierigen Problems. Die Progressivität der Leistungen schafft für die Empfänger geringer Einkommen einen Ausgleich für die Regressivität unserer Steuerstruktur, so daß der steuerliche Nettoeffekt der öffentlichen Leistungen des Staates im Rahmen des modernen Wohlfahrtsstaates in hohem Maße progressiv ist.

Begriffe zur Wiederholung

Nutzen- oder Leistungsprinzip
direkte und indirekte Steuern
progressive, proportionale, regressive Steuern
Steuerinzidenz und Überwälzung
Anreizwirkungen
die Laffer-Kurve in Theorie und Praxis
steuerpolitischer Föderalismus und kommunale bzw. nationale öffentliche Güter
Netto- bzw. Gesamtwirkung der Steuern

Fragen zur Diskussion

1. Erstellen Sie eine Liste der verschiedenen Steuern in Abhängigkeit von ihrer Progressivität. Welche Bedeutung hat jede einzelne Steuer auf Bundesebene, auf einzelstaatlicher und kommunaler Ebene?

2. Sollte man einen Bürger von Massachusetts besteuern, um einem Bürger aus Arkansas zu helfen? Oder jemanden in Vermont? Oder in Massachusetts? Oder in Mexiko oder Indien?

3. »Da eine Steuer kaum zu einer Änderung der Rauchgewohnheiten der Menschen führt und da die Armen viel rauchen, unterscheidet sich eine Steuer auf Zigaretten im Grunde nicht von einer Steuer auf Brot.« Teilen Sie diese Auffassung? Falls ja, was sollte dann geschehen? Gibt es eine Möglichkeit, einen wirtschaftlichen Anreiz zu schaffen, der die Menschen veranlaßt, nicht zu rauchen (zu trinken, zu spielen...) und der keine Benachteiligung für die Bezieher niedriger Einkommen in ihrer Gesamtheit mit sich bringt?

4. Stellen Sie das Für und Wider der Mehrwertsteuer dar. Besteht ein Unterschied zwischen einer Mehrwertsteuer und einer Umsatzsteuer?

5. Sollten Marihuana und andere Drogen gesetzlich zugelassen und besteuert werden, um der Beschaffung öffentlicher Mittel zu dienen? Sollte der Gesetzgeber Glücksspiele überall legalisieren, wie das in einigen Staaten geschehen ist, um sich eine der Unterhaltung der Menschen dienende Quelle für die Erhöhung seines Steueraufkommens zu erschließen?

6. »Ich bin für eine progressive Besteuerung der Konsumausgaben der Bürger, nicht ihres Einkommens. Eine Besteuerung meines Konsums würde zum Sparen und Investieren anregen – weil dann endlich nicht mehr sowohl das Sparen wie die Früchte des Sparens einer Doppelbesteuerung unterlägen!« Analysieren Sie dieses Argument zugunsten einer Besteuerung des Konsums.

7. Verfechter der angebotsorientierten Ökonomie verweisen auf die Erfahrungen der 60er Jahre als Beweis dafür, daß sich die Vereinigten Staaten auf der falschen Seite des Gipfels des Mt. Laffer der Abbildung 33.4(a) befanden. Ihr Argument: »Nach den Steuersenkungen der Kennedy-Johnson-Regierungen von 1964 stiegen die Steuereinnahmen des Staates tatsächlich von 110 Milliarden Dollar im Jahre 1963 auf 133 Milliarden im Jahre 1966. Deshalb führt eine Steuersenkung zu einer Erhöhung des Steueraufkommens.« Wo steckt der Trugschluß? (Tip: *Post hoc, ergo propter hoc.*) Wie müßte eine angemessene Analyse aussehen?

8. Angenommen, Sie würden die Argumente sowohl der Kritiker wie der Anhänger der Körperschaftsteuer teilen. Sie sind der Auffassung *(a)*, daß sie eine Bestrafung effizienter unternehmerischer Investitionen darstellt und *(b)*, daß es sich um eine sehr progressive Steuer handelt. Haben Sie eine Idee, wie man die Körperschaftsteuer abschaffen könnte, ohne die allgemeine Progressivität des Steuersystems des Bundes zu reduzieren?

9. Können bestimmte Steuern die Effizienz auch *erhöhen*? Beispielsweise Steuern auf Schwefelemissionen oder auf Unternehmen mit geringem Sicherheitsstandard? Erstellen Sie eine Liste von Steuern, die Ihrer Meinung nach zu einer Steigerung, nicht zu einer Beeinträchtigung der Effizienz führen. Wie viele gibt es überhaupt? Können Sie sich denken, aus welchen Gründen der Kongreß so wenige die Effizienz verbessernde Steuern erläßt?

Armut, Gleichheit und Effizienz 34

(Der Widerstreit) zwischen Gleichheit und Effizienz (ist) unser größter sozialökonomischer Zielkonflikt, der uns bei Dutzenden von Aspekten der Sozialpolitik Sorgen bereitet. Wir können nicht einerseits unseren Kuchen der Markteffizienz haben wollen und ihn andererseits nach dem Gleichheitsprinzip aufteilen.

Arthur Okun

Unser Wirtschaftssystem hat einen Januskopf. Auf der einen Seite verkünden wir die Gleichstellung von Mann und Frau, das Prinzip des gleichen Stimmrechts (»one-person one-vote«) und die Chancengleichheit. Das ist das Hohelied der Demokratie.

Die Institutionen des modernen Kapitalismus sprechen jedoch eine andere Sprache. In den Straßen von Chikago oder Los Angeles wird Ihnen erklärt: »Arbeite oder verrecke« und: »Der Lohn des Marktes gehört denjenigen, die die richtigen Beziehungen, das richtige Geschlecht oder die richtige Hautfarbe besitzen oder die ganz einfach Glück gehabt haben.«

Welches dieser beiden Gesichter entspricht der Realität? Die Antwort lautet: Sie trägt Züge von beiden. Demokratien messen der Chancengleichheit und der Gleichheit des Erfolges einen hohen Stellenwert bei. Sie haben Schritte unternommen, um alle Menschen auf das Niveau des Lebensstandards und der politischen Macht der Erfolgreicheren anzuheben. Aber in einigen Bereichen sind diese Schritte nur recht zögernd. Der moderne Wohlfahrtsstaat ist an die Grenzen des Wohlstandes gestoßen. Und in dem Maße, in dem die Länder nach Einkommensgleichheit unter ihren Bürgern streben, stellen sie fest, daß dies immer stärker werdende Auswirkungen auf das Anreizsystem und auf die Effizienz hat. Immer häufiger ist die Frage zu hören: »Wieviel opfern wir von unserem nationalen Kuchen, um ihn gerechter verteilen zu können?«

In den vorangegangenen Kapiteln sind wir jeder dieser Fragen in jeweils anderen Zusammenhängen bereits begegnet. In Kapitel 25 haben wir uns erstmals mit dem Problem der Einkommensverteilung beschäftigt – mit seiner Messung wie mit den Ursachen für die Ungleichheit. Die anschließenden Kapitel konzentrierten sich auf die Frage der Bestimmung der Einkommen durch den Markt und auf die möglichen Formen der Ineffizienz als Ergebnis von Steuern. In diesem Kapitel kehren wir zu diesem Problem zurück, wobei wir die Armut und die Ausrottung der Armut behandeln wie auch mögliche Formen der Ineffizienz, die sich aus Maßnahmen zur Förderung der Gleichheit ergeben.

Wir werden dabei wie folgt vorgehen: Zunächst analysieren wir die Definition der Armut und deren Ursachen. Danach wenden wir uns analytischen Fragen der Gleichheit gegenüber der Effizienz zu, wobei wir auch auf Arthur Okuns Experiment mit dem »undichten Eimer« eingehen. Abschließend untersuchen wir Programme der Vereinigten Staaten zur Bekämpfung der Armut.

Messung und Trends der Armut

In der Bibel heißt es: »Arme werdet ihr immer unter euch haben.« Diese Auffassung vertraten die klassischen Ökonomen wie auch die meisten anderen Menschen noch bis in die jüngste Zeit. Die Nationalökonomen der klassischen Periode verkündeten eine Wirtschaftslehre, die das trostlose Bild einer unwandelbaren Einkommensverteilung zeichnete.

Der Lohn der Arbeit, die Rente des Bodens und der Profit des Kapitals seien durch ökonomische Gesetze bestimmt, nicht durch politische Machtverhältnisse. Würden Gewerkschaften oder reformbereite politische Parteien versuchen, an diesen unumstößlichen Zusammenhängen etwas zu ändern, seien sie letztlich doch zum Scheitern verurteilt. Derartige gutgemeinte Versuche schmälerten das Sozialprodukt, an dessen Verteilung sich höchstwahrscheinlich nichts ändern würde. Ständiges Aufbegehren und Gewalttätigkeit, die solche Versuche zur Änderung der Ordnung auslösen, würden lediglich zu Chaos und Klassenkampf führen. So sah die Auffassung der Klassiker aus.

Einer solch engen Vorstellung wollte sich das Amerika der 60er Jahre nicht anschließen. Wir schickten einen Menschen auf den Mond, rotteten undemokratische Elemente im hintersten Dschungel aus und führten Feinsteuerungsmaßnahmen in unserer Wirtschaft durch. In der Überzeugung, daß unserer Wohlfahrtsgesellschaft keine Grenzen gesetzt seien, entwarf Präsident Kennedy als letzte Amtshandlung vor seiner Ermordung im Jahre 1963 einen strategischen Plan für einen »Kampf gegen die Armut«. Und der erste leitende Beauftragte dieses Programmes sagte voraus, daß die Armut bis zum Jahre 1976, dem Zeitpunkt unserer Zweihundertjahrfeier, überwunden sein werde.

Ehe wir uns damit befassen, was aus diesen Träumen geworden ist, wollen wir uns nochmals vor Augen führen, was unter Armut zu verstehen ist.

Die Definition der Armut

Wie mißt eine Nation die Armut, wie groß ist die Gruppe von Menschen mit unzureichendem Einkommen, und welche Gruppen finden sich im einzelnen in dieser Kategorie? Die Ökonomen haben versucht, das »Subsistenz«-Einkommen auf zweierlei Weise zu errechnen.

Zunächst haben sie von Sozialarbeitern sorgfältig durchgerechnete Familienbudgets der frühen 60er Jahre übernommen, von denen man glaubte, daß sie die Kosten für die Sicherung des Existenzminimums widerspiegelten. Zur Kontrolle haben die Ökonomen sodann ermittelt, daß arme Familien in der Regel etwa ein Drittel ihres Einkommens für Nahrungsmittel ausgeben. Folglich konnten die Analytiker auf der Basis von Berechnungen des Landwirtschaftsministeriums über die Kosten eines das Existenzminimum abdeckenden Nahrungsmittelbudgets durch Multiplikation mit dem Faktor 3 das Subsistenzeinkommen schätzen.

Armut unter den Hauptbevölkerungsgruppen

Bevölkerungsgruppe	Prozentsatz der in Armut lebenden Mitglieder der Gruppe
Weiße	12,0
Schwarze	35,6
Hispano-Amerikaner	29,9
Kinder unter 6 Jahren	23,8
Ältere Menschen	14,6
Verheiratete	7,6
Familien ohne Väter	40,6
Insgesamt	15,00

Tabelle 34.1. Umfang der Armut unter den verschiedenen Bevölkerungsgruppen (1982).
Wie hoch war der Prozentsatz in jeder Gruppe, deren Geldeinkommen 1982 unter der Armutsschwelle von 9862 Dollar lag? Bei den Weißen, den Verheirateten mit Kindern und – überraschenderweise – bei den älteren Menschen lagen die Raten unter dem Durchschnitt. Weit über dem Durchschnitt lag die Rate der Armut bei den Schwarzen, den Hispano-Amerikanern sowie bei Familien mit einem weiblichen Haushaltsvorstand.

Die beiden Methoden decken sich sehr weitgehend. Sie lassen erkennen, daß die Kosten für ein solches, das Existenzminimum sichernde Budget eines außerhalb der Landwirtschaft lebenden 4-Personen-Haushalts von 3100 Dollar im Jahre 1963 auf etwa 10600 Dollar im Jahre 1984 angestiegen sind.

Es muß betont werden, daß der Begriff der Armut seiner Natur nach relativ ist. Selbst bei der Vorstellung von einem Subsistenzniveau tauchen Fragen des Geschmacks und der sozialen Konventionen auf. Das heute an der Armutsschwelle liegende Nahrungsmittelbudget von 3500 Dollar ist sehr viel höher angesetzt, als eine wirklich nur das Existenzminimum sichernde Ernährung: Erinnern Sie sich an eine Anmerkung in Band 1 (Fußn. 1 von Kap. 2), in der dargestellt wurde, daß heute 300 Dollar im Jahr ausreichen, um eine nährstoffreiche Verpflegung aus Kohl und Schweineleber sicherzustellen. Was in den Augen der meisten Amerikaner als Armut gilt, bedeutet in Asien Wohlstand.

Wer sind die Armen?

Armut tritt nicht völlig wahllos in der gesamten Bevölkerung auf: Einige Gruppen sind stärker gefährdet als andere. Tabelle 34.1 zeigt das Auftreten von Armut in verschiedenen Bevölkerungsgruppen für das Jahr 1982. Während 15 Prozent der Gesamtbevölkerung unter die 1982 geltende Armutsschwelle von 9862 Dollar fielen, war die Rate der Betroffenen bei schwarzen Familien mehr als doppelt so hoch wie bei weißen. Am besorgniserregendsten ist vielleicht der Trend, daß von 5 Familien, denen allein eine Mutter vorstand – eine rasch wachsende Gruppe –, heute 2 unter die Armutsschwelle abgerutscht sind.

Keine Darstellung der Armut kann ein genaues Bild vermitteln ohne eine Analyse der Position der Minoritäten. Unter den Schwarzen, den Hispano-Amerikanern und den amerikanischen Indianern fallen ein Drittel unter das Subsistenzniveau. Welche besonderen Merkmale weisen Minoritätengruppen wie die schwarzer Familien auf?

Diskriminierung und Chancenungleichheit, 1982)

	Weiße	Schwarze
Einkommen		
Mittleres Familieneinkommen (in Dollar)	24 000	13 600
Prozentsatz der in Armut lebenden Angehörigen der Gruppe	12,0	35,6
Prozentsatz der Familien mit Einkommen von 25 000 Dollar und mehr	49	25
Erziehung		
Prozentsatz der 25–29jährigen mit höherem Schulabschluß	87,5	77,3
Prozentsatz der 25–29jährigen mit Hochschulabschluß	24,7	11,7
Arbeitslosenquote (in Prozent)		
Erwachsene Männer	7,8	17,8
Erwachsene Frauen	7,3	15,4
Jugendliche	20,4	48,0
Beschäftigung		
Prozentsatz der Arbeitnehmer in naturwissenschaftlichen und Ingenieur-Berufen	0,37	0,05
Prozentsatz der Arbeitnehmer in ärztlichen Berufen	0,35	0,11

Tabelle 34.2. **Schwarze weisen ein geringeres Einkommen und eine höhere Arbeitslosenquote auf als Weiße.**
Aufgrund von Rassendiskriminierung und einer schlechteren schulischen Erziehung finden Schwarze nach wie vor seltener gute Arbeitsplätze. Ihre aus diesem Grunde niedrigeren Einkommen versetzen sie seltener in die Lage, eine gute Ausbildung finanzieren zu können. Die hohe Arbeitslosigkeit verstärkt die Ungleichheit. Besonders stark unterrepräsentiert sind schwarze Amerikaner in Führungspositionen der Wirtschaft sowie in den freien Berufen. (Quelle: Statistisches Amt der Vereinigten Staaten, Amt für Arbeitsstatistiken)

Tabelle 34.2 vermittelt einen ersten Eindruck von der relativen wirtschaftlichen Situation der weißen und der schwarzen Bevölkerung. Bei mehr als einem Drittel der schwarzen Bevölkerung liegt das Einkommen unter dem Subsistenzniveau. Der Anteil der Schwarzen an der amerikanischen Bevölkerung beträgt nur 12 Prozent, dennoch sind 28 Prozent aller armen Menschen Schwarze.

Viele der von Armut Betroffenen haben keine Ausbildung erhalten, leben in wirtschaftlich stagnierenden ländlichen Gebieten oder wohnen isoliert in den Ghettos der Städte. Dennoch sind viele von ihnen auf den städtischen Arbeitsmärkten ernsthaft auf der Suche nach einem Arbeitsplatz.

Warum sind so viele Familien mit einem weiblichen oder schwarzen Haushaltsvorstand von Armut betroffen? Erfahrene Beobachter sind überzeugt, wie wir in Kapitel 28 sahen, daß unverhohlene Fälle von Diskriminierung aufgrund von Rasse oder Geschlecht, und zwar in dem Sinne, daß Männer oder Weiße für die *gleiche* Art und den *gleichen* Umfang an Arbeit besser bezahlt werden, immer seltener auftreten.

Wie läßt sich diese optimistische Auffassung von den Arbeitsmärkten mit der wirtschaftlichen Ungleichheit vereinbaren, die eindeutig unter den Geschlechtern und Rassen herrscht – wie dies die Tabellen 34.1 und 34.2 ausweisen? Zwei Antworten treten hervor: Erstens haben ärmere Gruppen häufig eine schlechtere Erziehung und Ausbildung erhalten. Eine zweite Antwort auf das paradoxe Problem liegt, wie wir in unserer Behandlung der Diskriminierung in Kapitel 28 sahen, in dem Phänomen nichtkonkurrierender Gruppen. Die Diskriminierung tritt heute in einer subtileren Form auf, bei der Frauen nicht zu den gleichen Arbeitsplätzen zugelassen werden wie Männer und bei der Schwarzen der Zugang zu den Positionen von Facharbeitern, leitenden Angestellten und Vertriebsleitern verwehrt wird.

Ursachen der Armut

Warum sind einige Leute sagenhaft reich, während andere täglich mit ein paar Dollars auskommen müssen? Wir wollen einige der wesentlichen Gründe dafür wiederholen, die wir in Kapitel 25 aufgedeckt hatten.

Vermögensunterschiede

Die größten Einkommensunterschiede ergeben sich aus der Verschiedenheit der Vermögensverhältnisse. Nachdem der Vater von William Randolph Hearst ein Eigentumsrecht an einem Silberberg erworben hatte, rückten seine Kinder und Enkel automatisch an die Spitze der Vermögenspyramide sowie der Pyramide der Macht. Die Geschichte großer Vermögen – die mit Namen wie Mellon oder Rockefeller verknüpft ist, die einem auf Gedenktafeln an Collegegebäuden begegnen – zeigt, daß Unterschiede im Vermögensbesitz Unterschiede in den Löhnen und persönlichen Merkmalen zur völligen Bedeutungslosigkeit verblassen lassen.

Erinnern Sie sich auch, daß die meisten der Superreichen diesen Status ihrem Forscherdrang und ihrem produktiven Innovationsgeist verdanken, während nur wenige dank eines ererbten Vermögens an die Spitzen gelangten.

Die Rockefellers und die Gettys sind lediglich winzige Splitter an der Spitze der Vermögenspyramide. Die Basis bildet die Masse der Menschen, die mit wenig mehr als der Luft zum Atmen auf diese Welt kommen und die ihren Kindern wenig mehr als ein paar Erinnerungen hinterlassen. Sie nennen nur wenige materielle Güter ihr eigen und können mit ihren nicht vorhandenen Pfunden auch nicht wuchern.

Unterschiede in den persönlichen Fähigkeiten

Gewisse Fähigkeiten können erblich bedingt sein: In jeder Familie lassen sich eindeutige Unterschiede bezüglich der körperlichen und geistigen Fähigkeiten ihrer Mitglieder feststellen. Und die Genetik lehrt, daß die Streuung der Fähigkeiten noch größer wird, wenn man Vergleiche über die Familien hinweg anstellt. Akademiker vertreten gern die Auffassung, daß die Intelligenz beziehungsweise der IQ die ausschlaggebende Variable sei. Aber wenn es darum geht, Geld zu machen, lehrt uns J.R. aus *Dallas*, daß Eigenschaften wie Energie, Ehrgeiz, Verschlagenheit und das richtige Fingerspitzengefühl genauso wichtig sind. (Wie Mark Twain es ausgedrückt haben könnte: »Man braucht keinen Kopf, um Geld zu machen; aber man muß *wissen*, wie's gemacht wird!«)

Obgleich Unterschiede in den ererbten Fähigkeiten eine gewisse Rolle spielen, werden diese vom Durchschnittsbürger im Gegensatz zum gelernten Biologen und Sozialpsychologen überschätzt. Unsere Anlagen werden ebensosehr durch unsere Umwelt wie durch die Gene unserer Eltern geprägt.

Kinder wohlhabender Eltern haben keinen großen Vorsprung vor denen armer Eltern, aber sie erhalten auf jeder Stufe ihrer Entwicklung Hilfestellung durch ihre Umwelt. Wie es in der Bibel heißt: Wer hat, dem wird gegeben. Ein Kind der Armut lebt häufig in beengten Wohnverhältnissen, ist unterernährt und geht in verfallene Schulen, in denen überarbeitete Lehrer unterrichten. Bis es 15 oder 20 Jahre alt ist, steht bereits fest, daß es kaum Chancen hat.

Unterschiede in der Erziehung und Ausbildung

Neben Kindheitseinflüssen stellte seit eh und je eine mangelhafte Erziehung eine der größten Hürden auf dem Weg zur Gleichheit dar. Vor dem 20. Jahrhundert bestand eine ungeheure Kluft zwischen den gebildeten Oberschichten und der ungebildeten breiten Masse. Viele Gruppen hatten keinen Zugang zu wichtigen Institutionen. Die Armen konnten das Geld für eine Collegeerziehung oder ein Medizinstudium einfach nicht aufbringen. Die meisten Ivy League Colleges nahmen keine Frauen auf. Soweit sie zugelassen wurden, blieben ihnen an vielen Universitäten Studiengänge wie das Ingenieurwesen verschlossen. Zur Zeit der Jahrhundertwende sangen nur einige wenige Söhne der Oberschicht den Whiffenpoof Song, das Lied der Universität Yale, und die Universitäten der Staaten des Mittelwestens waren den Privilegierteren vorbehalten. Und derartige Klassenunterschiede sind bisher keineswegs überwunden: Heute können es sich die Eltern der Bezieher niedrigerer Einkommen oder der Arbeiterklasse häufig nicht leisten, ihre Kinder an die angesehenen Wirtschaftshochschulen oder die medizinischen Fakultäten zu schicken, so daß diesen Kindern der Zugang zu einer ganzen Reihe hochdotierter Berufe versperrt ist.

Kein Schritt auf dem Weg zur Gleichheit war daher von so großer Bedeutung wie die Einführung des kostenlosen öffentlichen Schulwesens. Dies ist ein Beispiel für einen Sozialismus, der die alte, auf Privilegien beruhende Ordnung ins Wanken brachte.

Trends der Ungleichheit und der Armut

Welche Auswirkungen haben die vielen sozialen und politischen Veränderungen, die unsere Gesellschaft im Laufe des vergangenen Jahrhunderts erschüttert haben, auf Armut und Ungleichheit gehabt? Wir haben einen Ausbau des Erziehungswesens erlebt, Bestrebungen zur Verwirklichung der Gleichheit der Rassen und Geschlechter, die Einführung von staatlichen Transferprogrammen und einem für die Reichen schmerzlichen progressiven Besteuerungssystem. Welchen Einfluß hat dies auf den Anteil der in Armut lebenden Bevölkerung gehabt?

Abbildung 34.1 zeigt die Trends in der Entwicklung der Armut anhand von drei wichtigen Indikatoren. *Absolut* gesehen hat das untere Fünftel der Bevölkerung im Verlaufe dieses Jahrhunderts gut abgeschnitten: Das Realeinkommen dieses unteren Fünftels der Bevölkerung ist seit den 20er Jahren stark angestiegen. Die Armen haben Anteil an dem wachsenden Wohlstand des Mittelstandes sowie der Reichen gehabt. Tatsächlich ist, wie die untere Kurve erkennen läßt, der Anteil

Wie ist es den Armen ergangen?

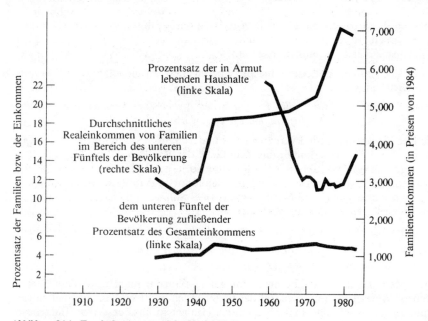

Abbildung 34.1. Trends der Armut und der Ungleichheit.
Drei wichtige Indikatoren für den Trend der Armut sind zu erkennen:
Die steigende Kurve zeigt das durchschnittliche Familieneinkommen (zu konstanten Preisen des Jahres 1984) des unteren Fünftels der Einkommensbezieher. Beachten Sie, daß es seit 1929 um 130 Prozent angestiegen ist.
Dieser Anstieg bei den absoluten Einkommen der Armen ist jedoch vornehmlich eine Folge des Anstiegs der Durchschnittseinkommen. Die untere Kurve zeigt, daß der Anteil des unteren Fünftels der Bevölkerung am Gesamteinkommen sich seit den ausgehenden 40er Jahren nur geringfügig verändert hat.
Die rechte fallende Kurve zeigt den Teil der Bevölkerung, der unter der offiziellen Armutsschwelle lebt. Er ging in den 60er Jahren drastisch zurück, stieg jedoch in den letzten Jahren wieder an. (Quelle: Statistisches Amt der Vereinigten Staaten)

des ärmsten Fünftels am volkswirtschaftlichen Kuchen seit der Zeit, in der erstmals Statistiken erhoben wurden, geringfügig gestiegen.

Wie sieht es mit der Armut gemäß den offiziellen Statistiken aus? Die rechte fallende Kurve der Abbildung 34.1 zeigt, daß der Prozentsatz der in Armut lebenden Bevölkerung zwischen den ausgehenden 50er und den frühen 70er Jahren kräftig zurückgegangen ist. Seit 1980 hingegen hat die zunehmende Arbeitslosigkeit infolge der schweren Rezession in Verbindung mit den sich verändernden Familienstrukturen zu einem beträchtlichen Anstieg der Zahl der in Armut lebenden Menschen geführt.

Erinnern Sie sich daran, daß Prognosen zufolge die Armut bis zur Mitte der 70er Jahre etwa völlig überwunden sein sollte. Jenes glückliche Zeitalter brach 1976 jedoch tatsächlich nicht an. Wir wollen untersuchen, warum viele Propheten von den berauschenden Ideen der 60er Jahre abrücken mußten und statt dessen die Programme zur Bekämpfung der Armut zurückzustutzen begannen.

Die Kosten der Gleichheit

Obgleich das ärmste Fünftel der Bevölkerung bezüglich seines Lebensstandards einen großen Schritt voran getan hat, bezieht es nach wie vor weniger als ein Zwanzigstel aller Einkommen insgesamt.

Ist dies alles nun als gut oder schlecht zu bezeichnen? Apologeten unserer derzeitigen Ordnung sagen:

Unser System stellt die größte Hoffnung der Armen dar. Schauen Sie sich den prächtigen nationalen Kuchen an und wie er gewachsen ist.

Die Reallöhne sind in den vergangenen hundert Jahren stetig und kräftig angestiegen. Fordarbeiter erhalten das Zehnfache der Reallöhne ihrer Urgroßväter, weil ihre heutige Produktivität die Zahlung so hoher Löhne ermöglicht. Selbst sozialistische Kritiker geben zu, daß die Reallöhne in den ökonomischen Mischsystemen Westeuropas und Nordamerikas 1999 wahrscheinlich um 20 bis 30 Prozent höher liegen werden als Mitte der 80er Jahre.

Das bringt die Kritiker des Kapitalismus jedoch nicht zum Schweigen. Sie sagen:

Kommen Sie mir nicht mit Ihrem prächtigen Kuchen. Schauen Sie sich das große Loch an, das nach wie vor darin klafft.

Ihrer Meinung nach ist gut nicht gut genug. Warum nicht nach dem Besten streben? Warum soll man sich mit der bestehenden relativen Ungleichheit zufriedengeben? Warum soll es *überhaupt* noch Hunger in unserer Wohlstandsgesellschaft geben?

Ein Sozialvertrag

Auch die Philosophen haben sich durch die Jahrhunderte hindurch an der Auseinandersetzung über die Gleichheit beteiligt. Heute vertritt John Rawls von der Universität Harvard in *A Theory of Justice* den Standpunkt, daß wir uns noch weiter auf eine egalitäre Gesellschaft zubewegen sollten. Er argumentiert folgendermaßen: Gehen wir einmal in einem gedanklichen Experiment davon aus, daß die Menschen im Rahmen eines Sozialvertrages die Bildung einer gerechten Gesellschaft vereinbaren und sich eine Verfassung geben, noch ehe irgendwelche konkreten Entscheidungen über Fragen wie das Verteidigungswesen oder den Bau von Straßen oder Dämmen gefällt sind. In diesem Zustand seliger Unschuld können wir nicht wissen, ob wir arm oder reich sein, unter einem glücklichen oder einem unglücklichen Stern leben werden.

In diesen Schleier der Ungewißheit gehüllt und bar jedes egoistischen Eigeninteresses sollte der Gesellschaft daran gelegen sein, das Elend der Ärmsten auszuschalten. Bei dieser Methode wird gelegentlich von der Zugrundelegung eines »Maximin«-Kriteriums gesprochen. Der Maximin-Methode zufolge sollten öffentliche Programme nur dann eingeleitet werden, wenn sie zur Steigerung (*Maxi*mierung) des Wohlergehens der Ärmsten (der Gruppe mit *min*imalem Einkommen) führen.

Viele Kritiker haben die Relevanz dieses hypothetischen Sozialvertrags in Frage gestellt. Andere meinen, daß sich Rawls' extreme egalitäre Position nicht zwangsläufig aus einem solchen Sozialvertrag ergibt. Dennoch haben seine herausfordernden Schriften die jahrhundertealte Debatte darüber neu entfacht, wie stark der Staat intervenieren sollte, um die vom Markt bestimmten Einkommen zu verändern.

Gerechtigkeit oder Effizienz

Wenn die Verringerung der Ungleichheit ein ethisches Gut darstellt, lohnt es sich auch, dafür gewisse Kosten auf sich zu nehmen. Arthur Okun von der Brookings Institution beschrieb folgendes »Experiment mit dem undichten Eimer«:

Wenn uns an einer geringeren Ungleichheit gelegen ist, werden wir es gutheißen, wenn ein Dollar in einem Eimer von einem Reichen zu einem sehr Armen getragen wird.[1]

Angenommen, der Eimer, der einer redistributiven Besteuerung gleichkommt, hat jedoch ein Loch. Angenommen, es gelangt nur ein Teil – vielleicht zwei Drittel – jedes dem Reichen abgenommenen Dollars in die Hände der Armen. In diesem Fall hat die im Namen der Gerechtigkeit vorgenommene Umverteilung einem anderen ökonomischen Ziel, nämlich dem der Effizienz, geschadet.

Okun hat damit auf ein Dilemma von grundlegender Bedeutung aufmerksam gemacht. Während es viele öffentliche Programme (wie etwa die Sicherstellung der Ernährung von Kindern oder die kostenlose Schulausbildung) gibt, die zu einer Erhöhung sowohl der Gleichheit wie der Gesamtproduktion führen, ergibt sich in anderen Fällen ein Konflikt zwischen der Gerechtigkeit und der Effizienz. Umverteilungsmaßnahmen wie die in Kapitel 33 analysierte progressive Einkommensteuer werden wahrscheinlich eine gewisse Minderung der realen Produktion bewirken. Letztlich wird die optimale Umverteilung von der Frage abhängig sein, inwieweit sie zu einer Änderung des gesamten Sozialprodukts führt.

Die Kosten der Einkommensangleichung

Zur Veranschaulichung der von Okun analysierten Probleme können wir die »Kurve der Einkommensmöglichkeit« der Abbildung 34.2 heranziehen. Wir haben die Bevölkerung in zwei Hälften eingeteilt, und das Realeinkommen beider Gruppen wird auf den beiden Achsen abgetragen.

Wir betrachten zunächst Punkt A, die Situation in einem reinen Laissez-faire-System. Angenommen, wir möchten ein höheres Maß an Gleichheit durch eine Bewegung zu dem durch E dargestellten Punkt gleicher Einkommen erreichen. Die durchgezogene Linie stellt einen Fall dar, in dem die Einkommensumverteilung keine Kosten verursacht. Sie hat eine Steigung von $-45°$, die die unterstellte Tatsache widerspiegelt, daß jeder aus der Gruppe der Bezieher hoher Einkommen transferierte Dollar das Realeinkommen der Mitglieder der unteren Einkommensgruppe um genau 1 Dollar ansteigen läßt.

Andererseits können Umverteilungsprogramme Ineffizienz hervorrufen. Welcher Art können die entstehenden unproduktiven Kosten sein? Steigt die Progressionsrate der Einkommensteuer sehr steil an, kann dies zu einer Abnahme oder zu einer Fehlorientierung der Leistungsbereitschaft der am Wirtschaftsleben Be-

---

[1] Arthur M. Okun, *Equality and Efficiency: The Big Trade-off*, Brookings Institution, Washington, D.C. 1975.

Umverteilung auf Kosten der Effizienz

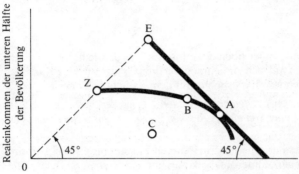

Realeinkommen der oberen Hälfte der Bevölkerung

Abbildung 34.2. Die Umverteilung des gesellschaftlichen Kuchens (des BSP) kann dessen Gesamtgröße verringern.
Punkt A kennzeichnet das Ergebnis eines Laissez-faire-Systems, ehe eine umverteilende Besteuerung stattfindet. Punkt E zeigt das gleiche BSP bei völliger Einkommensgleichheit. Häufig führt der Versuch einer Einkommensumverteilung jedoch zu Verzerrungen und zu einer verminderten Effizienz. Anstatt deshalb eine Bewegung vom Punkt A zum Punkt E auszulösen, bewegen wir uns auf dem Pfad der Umverteilung und der Effizienzeinbußen entlang der Kurve ABZ. In welchem Umfang sind wir bereit, im Interesse einer größeren Gleichheit Ineffizienz in Kauf zu nehmen?

teiligten führen. Sie geben vielleicht mehr Geld für Steuerrechtsexperten aus, richten Bankkonten in der Schweiz ein, sparen weniger für den Ruhestand oder stecken weniger Geld in risikoreiche Vorhaben, die den technologischen Wandel vorantreiben. Ebenso werden vielleicht die Armen, wenn das soziale Auffangnetz bequem genug ist, sich weniger intensiv um einen Arbeitsplatz bemühen oder einfach weiter von der Sozialfürsorge leben. *All diese Reaktionen auf Umverteilungs-Programme verringern die Gesamthöhe des realen Volkseinkommens.*

Im Diagramm stellt die Kurve ABZ eine hypothetische Grenze der Realeinkommen dar – die sich gegenüber der negativen 45°-Linie nach innen neigt, weil Steuern und Transferleistungen unproduktive Effizienzeinbußen mit sich bringen. Tatsächlich zeigt die Erfahrung, daß die durch staatliche Eingriffe ausgelösten Verzerrungen einen solchen Umfang annehmen können, daß der Versuch, einer gesellschaftlichen Gruppe auf Kosten einer anderen zu helfen, sich schließlich zum Nachteil beider auswirkt. Im umgekehrten Fall kann eine Maßnahme, die den Anschein erweckt, sie diene den Reichen, schließlich durchaus allen dienen.

Ein Beispiel aus der jüngsten Zeit läßt erkennen, warum Gerechtigkeit und Effizienz nicht immer konfligieren. 1981 war das Programm Präsident Reagans zur Aufhebung der staatlichen Kontrollen über die Ölpreise abgeschlossen. Einige prangerten die Aufhebung der Kontrollen als ein Geschenk an die Reichen an. Aber die Öl- und Benzinpreise sanken nach der Aufhebung der Kontrollen, wofür nach Auffassung vieler das höhere Maß an Effizienz auf dem freieren Ölmarkt verantwortlich war. Es entstand eine Situation, als habe eine Bewegung vom Punkt C zum Punkt B der Abbildung 34.2 stattgefunden. Obgleich die

Maßnahme als ein Entgegenkommen an die Ölgesellschaften angegriffen wurde, hat sie sich möglicherweise für sämtliche Amerikaner als segensreich erwiesen.

Wie groß ist das Leck?

Okun bezeichnete unser redistributives Steuer- und Transfersystem als einen Eimer mit einem Leck. Aber wie groß ist das Leck? Befinden wir uns näher beim Punkt A, in dem das Leck minimal ist? Oder näher beim Punkt B, in dem beträchtliche Verluste auftreten? Oder im Punkt Z, in dem der Umverteilungseimer eher einem Sieb gleicht? Um diese Fragen beantworten zu können, müssen wir die wesentlichen Formen der Ineffizienz untersuchen, die durch hohe Steuersätze und großzügige Einkommenssicherungsprogramme verursacht werden: die Verwaltungskosten, die Beeinträchtigung des Arbeits- und Sparanreizes sowie die sozialökonomischen Kosten.

Administrative Kosten

Die Regierung muß Finanzbeamte zur Eintreibung der Steuern sowie Sachbearbeiter im sozialen Sicherungssystem einstellen, um die Mittel den Betroffenen zugute kommen zu lassen. Diese bedauernswerte Notwendigkeit bedeutet eine eindeutige Ineffizienz, obgleich sie gering ist: Die Finanzverwaltung verzehrt von jedem Steuer-Dollar nur einen halben Penny.

Die Leistungsbereitschaft

Verliere ich nicht die Lust an der Arbeit und werde ich schließlich nicht weniger arbeiten, wenn die Scheibe, die sich das Finanzamt von meinem Einkommen abschneidet, immer größer wird? (Erinnern Sie sich an die im voraufgegangenen Kapitel dargestellte Laffer-Kurve, die einige Leute davon überzeugte, daß die Steuersätze so hoch seien, daß das Steueraufkommen tatsächlich geringer sei, als es bei niedrigeren Steuern wäre.)

Allen Unkenrufen zum Trotz deuten empirische Ergebnisse darauf hin, daß der tatsächliche Schaden, den hohe Steuern hinsichtlich der Leistungsbereitschaft anrichten, sehr begrenzt ist. In Kapitel 28 haben wir festgestellt, daß die Angebotskurve der Arbeit tatsächlich sogar rückwärts geneigt sein kann, was darauf hinweist, daß eine Besteuerung des Arbeitslohnes den Arbeitseinsatz eher steigert als senkt. Von den Dutzenden von Untersuchungen zu diesem Thema gelangt lediglich eine einzige (diejenige von Jerry Hausman vom Massachusetts Institute of Technology) zu dem Ergebnis, daß die Wirkung der heutigen Steuersätze auf die Leistungsbereitschaft einen ökonomisch bedeutsamen Faktor darstellt. Dagegen stellte die realistische Laffer-Kurve in Kapitel 33 dar, wie gering der Einfluß der gegenwärtigen Steuersätze auf die Arbeitsleistung eingeschätzt wird.

Verlust von Spargeldern?

Der vielleicht größte Leckverlust aus dem Einnahmeneimer tritt bei der Sparkomponente auf. Viele Analytiker glauben, daß hohe Steuern die Spar- und Investitionstätigkeit beeinträchtigen – eine Auffassung, die hinter den meisten Senkungen der Steuern auf Vermögenseinkommen während der vergangenen zehn Jahre stand.

Okun ist dieser Behauptung nachgegangen, lange bevor die angebotsorientierten Ökonomen von sich reden machten:

Hätte die progressive Besteuerung einen massiven und beherrschenden Einfluß auf die Spar- und Investitionstätigkeit gehabt, würde sich dies klar und deutlich in den volkswirtschaftlichen Gesamtgrößen niederschlagen. Im Jahre 1929, als die Steuern allgemein niedrig und kaum progressiv waren, sparte und investierte das Land 16 Prozent seines BSP. Im Jahre 1973 sparte und investierte das Land – trotz der angeblich nach der Devise »Schröpft die Reichen!« erhobenen untragbaren Steuern – 16 Prozent seines BSP.[2]

Und – so könnte man hinzufügen – im Jahre 1983, einer Phase der Erholung nach den großen, im Rahmen der angebotsorientierten Wirtschaftspolitik vorgenommenen Steuersenkungen, war die Spar- und Investitionsquote auf 14 Prozent zurückgefallen.

Dennoch ist eine potentielle negative Wirkung auf die Spartätigkeit gegeben. Die Ökonomen werden in den kommenden Jahren ihr Augenmerk darauf richten.

Gesellschaftliche Verluste und Gewinne

Von einigen Seiten wird behauptet, daß sich die durch das Leck bedingten Verluste gar nicht in den Kostenstatistiken der Ökonomen niederschlagen. Vielmehr drückten sich die Kosten der Gleichheit in Verhaltensweisen und nicht in Dollars aus. Geht die Geschäftsmoral verloren? Schreckt die Aussicht auf hohe Steuern Studenten so sehr, daß sie zu Drogen greifen und sich dem Müßiggang ergeben? Schafft der Wohlfahrtsstaat auf Dauer eine Unterklasse, eine Gesellschaft, deren Menschen sich in den Maschen einer auf Abhängigkeitsverhältnissen beruhenden Kultur verfangen haben?

Es gibt nur wenige Untersuchungen über solche Fragen. Einige Forscher behaupten, daß vieles eher für das Gegenteil spricht. Gibt das Streben nach Gleichheit nicht sehr viel mehr begabten Menschen eine Chance, sich aus dem großen Strom herauszuheben? Wird sich im Bereich der Erfindungen, der Künste und der Politik nicht eine viel größere Dynamik zeigen, wenn nicht mehr 80 Prozent der Bevölkerung aufgrund von Diskriminierung davon ausgeschlossen sind?

Einige würden noch weitergehen, sie stellen die ganze Vorstellung von einem statischen Zielkonflikt zwischen Gerechtigkeit und Effizienz in Frage und gehen dabei von folgenden Überlegungen aus: Die Ursachen der Armut haben ihre Wurzeln in einer unzureichenden Erziehung und Ausbildung, in Diskriminierung und einem ungünstigen Milieu, in beengten Wohnverhältnissen und Unterernährung. In gewissem Sinne ist die Wurzel der Armut die Situation der Armut selbst. Wenn wir den Teufelskreis unzulänglicher Erziehung, hoher Arbeitslosigkeit und niedriger Einkommen heute durchbrechen, verbessern wir die Fähigkeiten und das menschliche Kapital armer Menschen, wodurch wir *morgen* ihre Effizienz steigern. Nach dieser Auffassung stellen Programme zur Sprengung des Teufelskreises der Armut Investitionen in den Menschen dar. Und wie bei allen Investitionen, setzen sie voraus, daß man heute Ressourcen sammelt, um morgen eine Produktivitätssteigerung zu erreichen. Aus dieser Sicht wäre es deshalb ein tragischer Fehler zu glauben, daß Programme zur Unterstützung der Armen an den produktiven Ressourcen der Nation zehren.

---

2 Okun, *Equality and Efficiency*, S. 98.

Die Addition aller Leckverluste

Wir wollen nun sämtliche Leckverluste (oder auch alle Effizienzgewinne) des Umverteilungseimers zusammennehmen. Wie hoch sind sie? Okun behauptete, daß die Verluste gering sind, insbesondere dann, wenn die umzuverteilenden Mittel Quellen wie beispielsweise einer gut konzipierten persönlichen Einkommensteuer entstammen. Andere sind, wie wir gerade festgestellt haben, der Meinung, daß viele Programme zur Verbesserung der Situation der Bezieher niedriger Einkommen langfristig zu einer Steigerung des Sozialproduktes führen werden. Wieder andere sind nicht ganz so sicher und verweisen auf die erdrückende Fülle ineffizienter Steuer- und Ausgabenprogramme, die der Effizienz in hohem Maße abträglich sind.

Die Wahrheit ist, daß die Ökonomen zu dieser Frage zwar eine Meinung haben mögen, die Wirtschaftswissenschaft jedoch keine präzise Antwort darauf hat. Diese kritische Frage harrt noch der gründlichen Erforschung zukünftiger Generationen von Sozialwissenschaftlern und ihrer Erkenntnisse.

Programme zur Bekämpfung der Armut

Wir haben einen Eindruck von der Dimension der Armut erhalten wie auch von dem Dilemma, das sich aus dem Zielkonflikt zwischen Gleichheit und Effizienz ergibt. Welche Waffen kann eine Nation zur Überwindung der sich aus niedrigen Einkommen ergebenden sozialen und wirtschaftlichen Härten zum Einsatz bringen? Worin bestehen die Vorzüge eines vereinheitlichten Systems der Einkommenssicherung, das unter der Bezeichnung »negative Einkommensteuer« bekannt ist?

Die Entstehung des Wohlfahrtsstaates

Zu Beginn dieses Kapitels haben wir festgestellt, daß die frühen klassischen Nationalökonomen der Auffassung waren, daß an der Einkommensverteilung nicht zu rütteln sei. Sie hielten Versuche zur Linderung der Armut durch staatliche Eingriffe für törichte Unterfangen, die lediglich dazu führten, daß der gesellschaftliche Kuchen insgesamt kleiner wurde.

Unabhängig von dem Urteil, zu dem man hinsichtlich ihrer wirtschaftswissenschaftlichen Leistungen gelangen mag, kann man mit Sicherheit sagen, daß sie in bezug auf die allmähliche Entwicklung demokratischer politischer Prozesse schlechte Propheten waren. Die Ära staatlicher Interventionen in die Wirtschaft brach vor hundert Jahren an. Gladstone und Disraeli in England und Bismarck in Deutschland leiteten im vergangenen Jahrhundert in Europa das ein, was in unserem Jahrhundert Franklin Roosevelt und Lyndon Johnson in Amerika vorantrieben – nämlich die Schaffung eines Wohlfahrtsstaates, in dem die Regierungen Steuern, Transferleistungen und andere Programme einsetzen, um den Lebensstandard der Armen anzuheben.

Klasseninteressen mit Stimmrecht

Rückblickend ist für uns an diesem politischen Prozeß, bei dem mit Hilfe des Staates eine Änderung der Einkommensverteilung herbeigeführt wird, nichts Mysteriöses. Die Gründungsväter unserer Republik – insbesondere Föderalisten wie John Adams, James Madison und Alexander Hamilton – schrieben bereits über den Klassenkampf, als Karl Marx noch gar nicht geboren war. Sie fürchteten, daß die Gewährung des Stimmrechts an alle Bürger einen politischen Druck zugunsten einer Beschneidung der Eigentumsrechte erzeugen würde. Warum?

Da die Armen die zahlenmäßig größere Gruppe darstellen, ist gemäß der in Kapitel 32 dargestellten Theorie der Kollektiventscheidungen zu erwarten, daß bei allgemeinem Wahlrecht die unteren Klassen Gesetze auf Kosten der etablierten vermögenden Schichten durchsetzen werden. Aus diesem Grunde nahmen die Gründungsväter das System der *checks and balances,* der sich wechselseitig kontrollierenden gesetzgebenden Organe in die Verfassung auf, um radikale Veränderungen zu verhindern – sie verboten sogar die Einkommensteuer.

Aber die Konservativen einer vergangenen Ära konnten die allmähliche Entwicklung der Demokratie nicht verhindern, und das allgemeine Wahlrecht ebnete einer Politik den Weg, die sowohl den Armen wie den Reichen diente. Heute ist eine Fülle der verschiedensten *Programme zur Einkommenssicherung* in allen modernen, demokratischen Industriegesellschaften zur Selbstverständlichkeit geworden – ob im Amerika unter Reagan, im Großbritannien unter Margaret Thatcher oder im Frankreich unter dem Sozialisten Mitterrand.

Einkommenssicherungs- und Wohlfahrtsprogramme

Im folgenden sollen die wichtigsten derzeitigen Einkommenssicherungs- beziehungsweise Wohlfahrtsprogramme genannt werden.

Nahrungsmittelgutscheine

Als man in den 60er Jahren in den Vereinigten Staaten, dem reichsten Land der Welt, den Hunger wiederentdeckte, schuf die Regierung ein Programm der Nahrungsmittelbeihilfen. Im Rahmen dieses Programms erhalten Familien mit niedrigen Einkommen Bezugsscheine oder Gutscheine, mit deren Hilfe sie Nahrungsmittel zu einem Bruchteil des Marktpreises einkaufen können.

Sozialhilfe

An jedem Ort der Vereinigten Staaten gibt es Einrichtungen zur Unterstützung der Notleidenden. Die Unterstützung erfolgt in Form von »Sachleistungen« (direkt in Form von Nahrungsmitteln oder Bekleidung oder Unterkunft) sowie in unmittelbaren Einkommenstransfers. Die sichtbarste und umstrittenste Form der Sozialhilfe ist die Unterstützung von Familien mit unterhaltspflichtigen Kindern. Diese Form der Einkommensbeihilfe erhalten einkommensschwache Eltern mit kleinen Kindern. Staatliche Einkommensbeihilfen erhalten außerdem alte Menschen, Blinde und Körperbehinderte, die einen Bedürftigkeitsnachweis erbringen.

Da die Höhe des Existenzminimums, das der moderne Wohlfahrtsstaat gesichert wissen will, rasch angestiegen ist, sind die Kosten für die Wohlfahrtsprogramme zwischen 1960 und 1975 fast um das Zehnfache gestiegen. Ende der 70er Jahre begannen die Steuerzahler jedoch gegen die Unterstützung der wachsenden Zahl Bedürftiger aufzubegehren. Jüngere Meinungsumfragen haben ergeben, daß die Hälfte der Bevölkerung der Auffassung ist, daß mit der Sozialhilfe grober Mißbrauch getrieben wird.

Unter erfahrenen Sozialarbeitern und Sozialpsychologen mehren sich die Bedenken gegen das gegenwärtige System der Sozialhilfe. Es stellt eine schwerwiegende psychologische Belastung für die Empfänger dar. Einige glauben, daß das derzeitige System zur Schaffung einer Unterklasse führt – einer Klasse, die von staatlicher Hilfe abhängig wird.

Eines der schärfsten Argumente gegen das derzeitige System der Sozialhilfe lautet, daß es der Auflösung von Familien Vorschub leistet (und das zu einer Zeit, in der intakte Familien ohnehin schon zu einer gefährdeten Spezies gehören). So kann in einigen Staaten der Vater einer von der Sozialhilfe lebenden Familie zu der Überzeugung gelangen, daß der größte Dienst, den er seiner Familie erweisen kann, darin besteht, sie zu verlassen und zu verschwinden. Nur dann können seine Frau und seine Kinder weiter staatliche Fürsorge in Anspruch nehmen.

Gesundheitsdienst für Bedürftige (Medicaid)

Eines der am raschesten expandierenden Programme ist die Gesundheitsfürsorge für Familien mit niedrigen Einkommen. Dieses Programm ist insofern ungewöhnlich, als die Leistungen mit steigenden Einkommen nicht gekürzt werden: Entweder man hat einen Anspruch, oder man hat keinen.

Sonstige Programme

Es gibt zahlreiche weitere Einkommenssicherungsprogramme, bei denen in einigen Fällen die Zielgruppen vorwiegend bedürftige Familien sind. Wohnungsbeschaffungs-, Sozialversicherungs- und Heizkostenbeihilfeprogramme sind Beispiele für Unterstützungsformen, in deren Rahmen arme Familien entweder Bar- oder Sachleistungen erhalten.

Der Gesamtaufwand

Mit welchen Gesamtbeträgen gehen all diese vom Bund unterhaltenen Programme in den Staatshaushalt ein? Tabelle 34.3 zeigt die Höhe der Ausgaben des Bundes für Einkommenssicherungsprogramme sowohl für die Bevölkerung allgemein als auch für bedürftige Haushalte. Sämtliche Programme des Bundes zur Bekämpfung der Armut zusammengenommen sind heute mit 6 Prozent am Bundeshaushalt beteiligt.

Obgleich die Hilfsprogramme für die Armen nur einen vergleichsweise bescheidenen Teil des Haushaltes ausmachen, haben sie die schlimmsten Auswüchse der Armut beseitigt. Sie stellen ein soziales Netz dar, das die abgrundtiefe Armut früherer Perioden ausgemerzt hat (vergleichen Sie nochmals die in der Abbildung 33.6, S. 497, enthaltenen Schätzwerte für den staatlichen Beitrag von Transferprogrammen zur Steigerung der Einkommen der am schlechtesten gestellten Familien).

Programme des Bundes zur Unterstützung der Armen (1984)

Programm	Betrag (in Mrd. Dollar)	in Prozent der Gesamtausgaben des Bundes
Sozialbudget insgesamt	328,2	37,7
Allgemeine Programme	*261,0*	*30,0*
Soziale Sicherung	179,2	
Staatl. Gesundheitswesen (für Rentner-*Medicare*)	61,1	
Arbeitslosenversicherung	20,7	
Programme zur Bekämpfung der Armut	*67,2*	*7,7*
Unterstützung Älterer, Blinder und Behinderter	8,6	
Beihilfen an Familien mit unterhaltspflichtigen Kindern	8,1	
Gesundheitsfürsorge für Bedürftige (*Medicaid*)	20,2	
Nahrungsmittelgutscheine und Kinderspeisung	17,2	
Wohngeld	10,0	
Sonstiges	2,7	

Tabelle 34.3. Der größte Teil des Sozialbudgets des Bundes entfällt auf allgemeine Programme der sozialen Sicherung.
Programme des Bundes zur Einkommenssicherung kommen primär der Bevölkerung allgemein zugute, weniger in erster Linie den Armen. Nur 17 Milliarden Dollar werden für Programme aufgewandt, durch die die Einkommen armer Familien aufgestockt werden. Beachten Sie auch die hohen Kosten für das Gesundheitswesen sowohl für die Bedürftigen wie für die Nichtbedürftigen. (Quelle: Budgetamt, *Budget of the United States Government, 1985*)

Anreizprobleme für die Armen

Wenn Sie die Zeitung oder den *Congressional Record* lesen, könnten Sie den Eindruck gewinnen, daß sich lediglich die Bezieher hoher Einkommen leistungshemmenden Faktoren gegenübersehen. So widersinnig es klingen mag, sind jedoch wahrscheinlich die Armen mit den höchsten Grenz-»besteuerungssätzen« konfrontiert. Diese hohen Steuersätze ergeben sich aus dem Umstand, daß für den einzelnen die Leistungen aus Einkommenssicherungsprogrammen mit steigenden Einkommen drastisch zurückgehen. Findet ein von der Sozialhilfe lebender Arbeitnehmer einen Arbeitsplatz, kürzt der Staat die Zahl der Nahrungsmittelgutscheine, die Sozialhilfezahlungen und das Wohngeld. Der Familie können sogar, wenn jemand das Glück (oder das Pech?) hat, einen guten Arbeitsplatz zu finden, die gesamten Leistungen im Rahmen der Gesundheitsfürsorge gestrichen werden.

Ein solcher Fall ist für einen 4-Personen-Haushalt in New York für das Jahr 1984 durchgerechnet worden: Angenommen, ein alleinstehender Elternteil nimmt eine Vollzeitbeschäftigung mit einem Jahreseinkommen von 10000 Dollar an. Er (beziehungsweise wahrscheinlich eher »sie«) verliert dann ihre Nahrungsmittelgutscheine im Wert von 1400 Dollar, Sozialhilfe in Höhe von 6200 Dollar sowie ihr Wohngeld in Höhe von 800 Dollar. Auf der anderen Seite entstünden mit dem Arbeitsplatz verknüpfte Kosten in Höhe von 1000 Dollar. Das Nettoergebnis wäre ein Gewinn von 600 Dollar nach Steuerabzug.

Es dient dem Verständnis, wenn man sich diese Leistungskürzung als eine Art »Steuer« vorstellt. So gesehen kann der Steuersatz, den die Armen tragen, 95 Prozent erreichen – er ist also weitaus höher als der Satz, dem sich die reichsten Amerikaner gegenübersehen.

- **Es kann nur als Ironie bezeichnet werden, daß unser derzeitiges, auf Barleistungen, Nahrungsmittelgutscheinen und anderen Vergünstigungen beruhendes Wohlfahrtssystem für die Armen mit erheblichen anreizhemmenden Faktoren belastet ist. Ein von der Sozialfürsorge lebender Bürger kann 90 oder gar 100 Prozent irgendeines Lohnes verlieren, weil die Sozialleistungen mit wachsendem Einkommen gekürzt werden. Einige Beobachter glauben, daß diese anreizhemmenden Faktoren so stark sind, daß sie einen Teufelskreis der Armut und der Abhängigkeit schaffen.**

Die negative Einkommensteuer

Angesichts der großen ökonomischen Ineffizienz, durch die sich die derzeitigen Programme zur Linderung der Armut und der Ungleichheit auszeichnen, sind Ökonomen der verschiedensten Richtungen zu dem Schluß gelangt, daß das Wohlfahrtssystem von Grund auf überholt werden muß. Konservative wie Milton Friedman von der Universität Chikago und Liberale wie James Tobin von der Universität Yale stimmen darin überein, daß es sowohl billiger als auch humaner wäre, das ganze Flickwerk einzelner Einkommenssicherungsprogramme zu einem einzigen, einheitlichen, auf Barleistungen beruhenden Programm zusammenzufassen.

Dieses von vielen Ökonomen analysierte und befürwortete Programm wird gelegentlich unter der Bezeichnung der »negativen Einkommensteuer« (negative income tax) zusammengefaßt. Auch andere Pläne mit anderen (und attraktiveren) Namen sind im Laufe der Jahre vorgelegt worden. Die meisten verfolgen als gemeinsames Ziel die Schaffung eines einheitlichen, nationalen Einkommenssicherungsprogramms, bei dem in ausreichendem Maße der Anreiz für arme Menschen erhalten bleibt, einer Arbeit nachzugehen. Wir wollen im folgenden einen typischen Plan einer »negativen Einkommensteuer« analysieren, auch wenn er möglicherweise unter einer anderen Bezeichnung in die Praxis umgesetzt wird.

Wie funktioniert sie?

Der Grundgedanke ist einfach. Bei einem Einkommen von 20000 Dollar im Jahr zahle ich eine positive Einkommensteuer (wie aus der Tabelle 33.3 in Kapitel 33 zu entnehmen). Verdiene ich zusätzliche 1000 Dollar, zahle ich auch zusätzliche Steuern (aber nur in Höhe von 160 Dollar), so daß für mich ein echter Anreiz besteht, mehr zu verdienen, um mein verfügbares Einkommen zu steigern (um 840 Dollar).

Betrachten Sie nun die Situation einer armen Familie, die im Jahre 1985 beispielsweise 6000 Dollar verdiente. Sie gilt als steuerlich nicht belastbar. Gemäß unseren heutigen Gerechtigkeitsvorstellungen wird von vielen Seiten die Meinung vertreten, daß einer solchen Familie eine Einkommensbeihilfe gewährt werden sollte. Mit anderen Worten: Eine solche Beihilfe stellt eine Steuer mit umgekehrtem Vorzeichen dar – eine *negative* Einkommensteuer.

Mögliche Formel für die negative Einkommensteuer

Privates Einkommen in Dollar	Steuerbetrag (+ = gezahlte Steuer − = erhaltene Sozialhilfe) in Dollar	Einkommen nach Steuern in Dollar
0	− 4500	4500
4000	− 2500	6500
7000	− 1000	8000
8000	− 500	8500
9000	*0*	*9000*
10000	+ 500	9500

Tabelle 34.4. **Die negative Einkommensteuer sichert ein Mindesteinkommen bei gleichzeitiger Erhaltung von Leistungsanreizen und Effizienz.**
Oberhalb einer bestimmten Steuerfreigrenze gehen die Bürger selbstverständlich davon aus, daß sie eine positive und mit wachsendem Einkommen steigende Steuer zahlen müssen. Die negative Einkommensteuer weitet dies Prinzip auf den Bereich unterhalb der Armutsschwelle aus, indem sie für die Armen die Möglichkeit vorsieht, Einkommensbeihilfen zu beziehen – im Grunde genommen von einer negativen Steuer zu profitieren. Das Programm geht von einem »Unterhaltsminimum« von 4500 Dollar aus. Entnehmen Sie der dritten Spalte, daß der Leistungsanreiz bestehenbleibt: Der Grenzsteuersatz (oder genauer ausgedrückt, der Beihilfe-Streichungssatz) liegt bei 50 Prozent. Mit Blick auf das verbleibende, verfügbare Einkommen lohnt es sich deshalb, nach einem höheren Einkommen zu streben.

An dieser Stelle kommen nun Anreizmomente ins Spiel. Es ist ein weit verbreiteter Irrtum zu glauben, daß nur die Arbeitslosen oder Familien ohne Väter arm sind. Die Statistiken zeigen, daß die Hälfte der armen Familien in einem Arbeitsverhältnis stehen – aber sie erzielen auf dem Markt nicht das Einkommen, das heute als ausreichend gilt.

Hier taucht ein Problem auf: Wie kann der Staat das Einkommen armer Familien sichern, ohne ihnen den Anreiz zu nehmen, überhaupt noch zu arbeiten? Die negative Einkommensteuer hat hier gegenüber den Wohlfahrtsprogrammen mit ihren gerade beschriebenen sehr hohen »Steuer«sätzen einen beträchtlichen Vorteil.

Ebenso wie die positive Einkommensteuer so konzipiert ist, daß sie den Menschen einen Anreiz bieten soll, mehr zu verdienen, zielt die Formel für die negative Einkommensteuer darauf ab, daß sie den Armen einen erheblichen Teil ihres Einkommens läßt, wenn diese sich um einen Arbeitsplatz bemühen und einer Erwerbstätigkeit nachgehen. Der Plan sieht relativ niedrige Grenzsteuersätze vor. Selbst wenn die Gesamtsteuerschuld einer armen Familie negativ ist, liegt die Grenzbesteuerung immer unter 100 Prozent.

Eine mögliche Formel

Wie könnte ein solcher Plan in der Praxis funktionieren? Tabelle 34.4 veranschaulicht eine negative Einkommensteuer, die den beiden von Präsident Nixon und Präsident Carter in den 70er Jahren vorgeschlagenen Formen stark ähnelt. Dargestellt werden die privaten Einnahmen, die negative Steuer (beziehungsweise Einkommensbeihilfe) und das Einkommen nach Steuerabzug.

Wichtige Fragen, die sich auf das Grundkonzept beziehen, ergeben sich aus folgenden Überlegungen: Sollten alleinstehende Personen einbezogen werden? Müssen Unterstützungsempfänger arbeiten? Sollen die Leistungen automatisch mit der Inflation steigen oder einer periodischen Überprüfung durch den Kongreß unterzogen werden? Soll es den einzelnen Bundesstaaten gestattet sein, das bundesweit gültige Mindestprogramm aufzustocken?

Diese entscheidenden Fragen werden hier angeschnitten, um deutlich zu machen, daß es bei einem für die Praxis geplanten Programm viele Detailaspekte gibt und in einigen Fällen Konflikte wegen solcher Details einen Plan zum Scheitern verurteilen können – wie dies in den 70er Jahren zweimal geschah.

Die Verfechter von Plänen einer negativen Einkommensteuer führen folgende Argumente ins Feld:
- Diese kann zu einer regionalen Angleichung des Mindestlebensstandards führen.
- Sie ist für die Armen weniger entwürdigend.
- Ihre Verwaltung durch die zentrale Steuerbehörde bereitet keine Schwierigkeiten.
- Sie macht es für Unterstützungsempfänger weniger attraktiv, in Regionen mit hohem Sozialleistungsstandard abzuwandern.
- Sie ist in der Lage – und das ist das Wichtigste –, das derzeitige System, das Arbeit praktisch bestraft, durch ein System zu ersetzen, das den Armen einen Anreiz bietet, für sich selbst aufzukommen.

Ist sie realistisch?

Häufig ersinnen Ökonomen Theorien und gehen dann zu neuen Problemen über. Im Falle der negativen Einkommensteuer haben sie jedoch zur Durchführung eindrucksvoller Versuche unter kontrollierten Bedingungen beigetragen, um herauszufinden, ob sich Theorie und Praxis bei diesem Plan decken. Das Kernproblem bei diesen Versuchen drehte sich um die Frage, ob Betroffene sich einfach mit ihrem garantierten Einkommen (den 4500 Dollar aus Tabelle 34.4) zufriedengeben und sich aus dem Arbeitsleben zurückziehen.

Bei den durchgeführten Versuchen wurde das Verhalten einer Reihe von Familien untersucht, die in eine »Kontroll«gruppe unterteilt wurden, der keinerlei besondere Behandlung zuteil wurde, und eine »Versuchs«gruppe, für die einige Jahre lang die negative Einkommensteuer galt. Durchgeführt wurden die Versuche in New Jersey, Indiana, Seattle und Denver.

Die Versuchsergebnisse waren außerordentlich aufschlußreich. Sie ließen erkennen, daß Familien, für die im Rahmen vergleichsweise großzügiger Sozialpläne gesorgt wurde (sie erhielten beispielsweise 100 Prozent des der Armutsschwelle entsprechenden Unterhaltsminimums), die Zahl der geleisteten Arbeitsstunden deutlich zurückschraubten – bis zu 15 Prozent. Diese Reduzierung der Arbeitsleistung – das Leck in Okuns Umverteilungseimer – dürfte das BSP um 15–30 Prozent der für das Sozialhilfeprogramm ermittelten Haushaltskosten vermindern. Bei geringeren Unterhaltsbeihilfen wurde in diesem Experiment die Bereitschaft zur Arbeit deutlich weniger beeinträchtigt.

Sind diese Kosten als hoch oder als gering zu bezeichnen? Das hängt natürlich ganz vom Standpunkt ab. Ein Skeptiker würde sagen: »Da haben wir's, ich habe ja immer darauf hingewiesen, daß diese Wohlfahrtsprogramme eine Verschwendung sind.« Jemand, der von der Richtigkeit der Sozialhilfsprogramme überzeugt ist, würde antworten: »Man kann kein Omelette backen wollen, ohne vorher ein Ei zu zerschlagen. Halten Sie sich immer vor Augen, daß Sie 1,15 Dollar oder 1,30 Dollar abschöpfen – mit denen der Kauf eines dritten Autos oder eines Feriendomizils für einen Angehörigen der Oberschicht finanziert würde –, um einer armen Familie den Erwerb eines ersten Autos zu ermöglichen oder eine Collegeerziehung für ihre Kinder.«

Das gesellschaftliche Urteil darüber, ob man sich für ein System mit einer uneingeschränkten negativen Einkommensteuer entscheiden sollte, hängt letztlich von dem Wertesystem ab, zu dem sich die Bürger bekennen. Bis heute hat sich die Öffentlichkeit für diesen radikalen Vorschlag jedenfalls nicht erwärmen können.

Zusammenfassung

1. Früher waren die Ökonomen der Auffassung, daß die Ungleichheit ein universelles, unabänderliches Phänomen sei, an der sich auch durch staatliche Maßnahmen nichts ändern ließe. Diese Auffassung hält einer gründlicheren Prüfung nicht stand. In den letzten Jahrzehnten haben wir einen erdrutschartigen Einbruch bei dem herrschenden Ausmaß an Ungleichheit beziehungsweise an relativer Armut erlebt; die absoluten Einkommen auf der untersten Stufe der Einkommensverteilung sind spürbar angestiegen.

2. Armut ist im Grunde genommen ein relativer Begriff. In den Vereinigten Staaten wurde die Armut Anfang der 60er Jahre mit Bezug auf die Angemessenheit des Einkommens für den Kauf von Nahrungsmitteln definiert. An diesem Einkommensstandard gemessen sind in den letzten zehn Jahren kaum Fortschritte in der Überwindung der Armut erzielt worden.

3. Die Armut hat viele Ursachen. Als wichtigste sind zu nennen: (a) die Diskriminierung von Minderheiten, (b) geringer Vermögensbesitz, (c) weniger günstige familiäre Verhältnisse, (d) Hürden auf dem Weg zu einer besseren Erziehung, besseren Arbeitsplätzen oder einer besseren beruflichen Ausbildung.

4. Viele von ethischen Motiven geleitete Beobachter beklagen die herrschende Ungleichheit; dennoch muß darauf hingewiesen werden, daß die Umverteilung ihren Preis hat. Er tritt in Form des durch das Leck in Okuns undichtem Eimer auftretenden Verlustes auf – das heißt, daß Versuche, die Ungleichheit abzubauen, den Leistungsanreiz beeinträchtigen und das Sozialprodukt schmälern. Zu den Leckverlusten zählen Verwaltungskosten, die verminderte Arbeits- und Sparneigung sowie andere, weniger leicht faßbare sozioökonomische Vor- und Nachteile. Die Wirtschaftswissenschaft kann nicht genau abschätzen, wie groß das Leck in dem Umverteilungseimer ist; ja, sie kann nicht einmal genau sagen, ob die Umverteilung per saldo am Sozialprodukt zehrt oder zu seiner Steigerung beiträgt.

5. Zu den bedeutenderen Programmen zur Bekämpfung der Armut gehören: Barzuwendungen im Rahmen der Sozialfürsorge, Nahrungsmittelgutscheine, der Gesundheitsdienst für Bedürftige *(Medicaid)* sowie eine Reihe kleinerer oder weniger zielgruppenorientierter Programme. Die Kritik an diesen Programmen in ihrer Gesamtheit richtet sich gegen den Aspekt, daß sie für Familien mit

niedrigen Einkommen mit erheblichen Kürzungen der Beihilfen verbunden sind, sobald diese Familien ein Lohneinkommen oder andere Einkünfte beziehen. Im Interesse der Erstellung eines effizienteren und gerechteren Programmes haben Ökonomen eine »negative Einkommensteuer« vorgeschlagen, die das Unterhaltsminimum sichert und anschließend jegliche Einnahmen mit einer minimalen Steuer belegt. Versuche deuten darauf hin, daß ein solcher Plan arme Familien zu einer geringfügigen Einschränkung ihrer Arbeitsleistung veranlassen.

Begriffe zur Wiederholung

Armut

Trends der Ungleichheit

Kurve der Einkommensmöglichkeiten: ideale und realistische Situation

Okuns undichter Eimer

Ursachen für die Ineffizienz bei der Umverteilung: Verwaltung, Arbeits- und Sparverhalten, soziale Auswirkungen

Beihilfeminderungsrate (Grenzbesteuerungsrate)

Wohlfahrtsstaat

Einkommenssicherungsprogramme: Sozialfürsorge, Nahrungsmittelgutscheine, Gesundheitsdienst für Bedürftige *(Medicaid)*

negative Einkommensteuer: Unterhaltsminimum, Steuersatz

Fragen zur Diskussion

1. Zwischen 1945 und 1984 änderte sich an der gemessenen Ungleichheit der Einkommen in den Vereinigten Staaten nicht viel. Spricht das nach Ihrer Meinung gegen den amerikanischen Kapitalismus? Oder ist es ein Symptom für die Schwierigkeiten, die die Entwicklung von Programmen zum Abbau der Einkommensungleichheiten mit sich bringen?

2. Reicht die Chancengleichheit allein aus? Gibt es für Menschen mit ungleichen Fähigkeiten überhaupt eine Chancengleichheit? Teilen Sie die Vorstellungen Rawls', denen zufolge sich die Menschen zusammenschließen (oder zusammenschließen sollten), um einen Sozialvertrag mit dem Ziel abzuschließen, die schwächsten Mitglieder zu schützen und deren Los zu bessern?

3. Der Streit über die Form der Hilfe, die den Armen gewährt werden sollte, ist für viele noch nicht beendet. Die eine Schule argumentiert: »Gebt den Leuten Geld und laßt sie die ärztlichen Leistungen und die Nahrungsmittel kaufen, die sie brauchen.« Die andere Schule behauptet: »Wenn Sie den Armen Geld für Milch geben, geben sie es für Bier aus. Ihr Dollar reicht zur Überwindung der Unterernährung und der Krankheit weiter, wenn Sie die Hilfe in Form von Sachleistungen gewähren. Der Dollar, den Sie selbst verdienen, ist Ihr eigener, und Sie können ihn nach Belieben ausgeben, aber bei einem von der Gesellschaft

gegebenen Dollar zur Einkommenssicherung hat die Gesellschaft auch das Recht, diesen mit einem gewissen Paternalismus direkt an bestimmte Empfänger zu dirigieren.«

Das Argument der ersten Schule könnte auf der Nachfragetheorie basieren: Jeder Haushalt möge selbst darüber entscheiden, wie er seinen Nutzen im Rahmen seiner begrenzten Mittel maximiert. Kapitel 19 zeigt, warum sich dieses Argument als richtig erweisen kann. Aber wie sieht die Situation aus, wenn die Nutzenerwägungen der Eltern sich vorwiegend an Bier und Lotterielosen orientieren, nicht aber an Milch und Kleidung für ihre Kinder? Könnten Sie sich der Auffassung der zweiten Schule anschließen? Welche der beiden Auffassungen ist nach Ihrer eigenen Erfahrung und Ihren Informationen die zutreffendere? Erläutern Sie Ihre Argumente.

4. Ein zentrales Dilemma, das im Zusammenhang mit der Einführung einer negativen Einkommensteuer auftaucht, ergibt sich aus der Notwendigkeit, die Rate der Beihilfeminderung (bzw. die Steuerrate) anzuheben, sobald die Grundfreibeträge steigen. Konstruieren Sie mit Bezug auf Tabelle 34.3 verschiedene Programme mit einem konstanten Steuersatz, bei denen die Steuerschwelle (bzw. der Punkt eines Null-Steuer-Tarifs) bei 9000 Dollar liegt. Wie hoch ist die Senkungsrate für die Sozialhilfe, wenn der Grundfreibetrag bei 2700 Dollar liegt? Bei 7200 Dollar? Bei 9000 Dollar?

Legt die mit steigendem Unterhaltsminimum zunehmende Steuerrate die Vermutung nahe, daß die Ineffizienz zunimmt, je energischer das Ziel der Gleichheit verfolgt wird – das heißt, daß Okuns Eimer immer undichter wird, je egalitärer die Programme zur Bekämpfung der Armut werden? Bietet dies eine Erklärung dafür, warum sich Kurven nach der Art der Abbildung 34.2 nach innen neigen, je mehr Einkommen von den Reichen auf die Armen übertragen wird? Findet sich hier eine Erklärung dafür, warum die Politik der Reagan-Regierung, die die Großzügigkeit der Programme einfach beschneiden will (und effektiv die Mindest-Unterhaltsbeihilfe senkt) zu einem erhöhten Leistungsanreiz beitragen könnte?

5. *Preisfrage:* In New York hat ein 3-Personen-Haushalt Anspruch auf folgende Leistungen im Rahmen der Sozialfürsorge: auf einen Unterhaltsgrundbetrag in Höhe von 6000 Dollar abzüglich zwei Drittel etwaiger Einnahmen; auf Nahrungsmittelgutscheine im Werte von 1500 Dollar abzüglich einem Fünftel etwaiger Einnahmen; auf kostenlose ärztliche Versorgung im Wert von 1000 Dollar, solange das Familieneinkommen unter 7500 Dollar liegt.

Wie hoch ist die durchschnittliche Minderungsrate der Unterhaltsbeihilfe für eine Familie, die ein Einkommen von 3000 Dollar hat? Welches Nettoeinkommen (nach Berücksichtigung von Nahrungsmitteln und medizinischer Versorgung) würde der Familie unter dem Strich verbleiben, wenn sie es schaffte, sich einen Arbeitsplatz zu besorgen, der ihr 9000 Dollar einbrächte?

Angenommen, der Staat zahlt keine Unterhaltsbeihilfe, wenn es in der Familie einen zweiten arbeitsfähigen Erwachsenen gibt. Welche Leistungen, im Sinne von Beihilfen zur Einkommenssicherung, hätte das zweite arbeitsfähige Familienmitglied zu erwarten, wenn es die Familie verließe? Erläutern Sie anhand dieses Beispiels, warum viele Kritiker des gegenwärtigen Wohlfahrtssystems der Meinung sind, daß es die Zerrüttung von Familien begünstigt. Könnten Sie irgendeinen Vorschlag zur Behebung dieses Problems machen?

Theorien im Wandel: Wirtschaftspolitische Alternativen 35

Ihr Dichter und Denker,
Ihr Propheten der Feder
Merkt auf, seht Euch um,
Die Chance hat nicht jeder.
Doch sprecht Euer Urteil nicht übereilt –
denn noch hat das Rad keine Ruh'...
der Wind des Wandels dreht es immerzu.

Bob Dylan*

In diesem Buch hat das Schwergewicht in der Darstellung auf dem modernen ökonomischen Mischsystem gelegen, wie wir es beispielsweise in den Vereinigten Staaten sehen. Es wäre gewiß ein Fehler, wenn man die wirtschaftliche Bedeutung der hochentwickelten, demokratischen, kapitalistisch geprägten Mischsysteme unterschätzte – immerhin erstellen sie 60 Prozent der Weltproduktion. Aber während viel Druckerschwärze in die Darstellung von Ländern wie der Vereinigten Staaten fließt, dürfen wir nicht vergessen, daß es in der Welt eine Fülle konkurrierender Ideologien und alternativer Wirtschaftssysteme gibt. Der Marxismus beruft sich auf eine Anhängerschaft von 1,5 Milliarden Menschen in Asien und Osteuropa. Der Sozialismus gebietet über Mehrheiten in Westeuropa und dient vielen Entwicklungsländern als Modell. Vor allen Dingen aber müssen wir uns ständig vergegenwärtigen, daß die moderne Wirtschaftswissenschaft wie die modernen Volkswirtschaften in einer unablässigen Entwicklung begriffen sind – im Wettstreit der Ideen, Technologien und Armeen unterliegen sie dem ständigen Wandel.

In diesem Kapitel werfen wir deshalb einen Blick zurück und nach außen – zurück in die Vergangenheit, um zu sehen, wie sich die Wirtschaftstheorien im Laufe der Zeit entwickelt haben, und nach außen, um zu sehen, auf welche Weise andere Wirtschaftssysteme organisiert sind und was sie leisten. Eine solche Reise in fremde Länder wird uns auch helfen, unser eigenes System besser zu verstehen.

A. Die Entwicklung der Wirtschaftslehre

Wir unternehmen zunächst einen Ausflug in die Geschichte des ökonomischen Denkens. Ebenso wie im Falle eines Studiums der lateinischen Sprache vertieft ein solcher Exkurs unser Verständnis für die Wurzeln der Sprache der modernen Wirtschaftswissenschaft. Wenn Sie den Werdegang unserer heutigen Wirtschafts-

---

* © M. Witmark & Sons – Neue Welt Musikverlag, München

theorien mit ihren in der Vergangenheit ruhenden Wurzeln kennen, sind Sie besser auf die Veränderungen vorbereitet, die diese Theorien in der Zukunft ohne Zweifel erfahren werden.[1]

Die Entwicklung der herrschenden Lehrmeinung

Der auf dem hinteren Vorsatzblatt abgebildete Stammbaum der Wirtschaftswissenschaft läßt die Entwicklungslinien der modernen Wirtschaftslehre erkennen. Wir können die Veröffentlichung von *The Wealth of Nations* (1776) von Adam Smith (1723–1790) als Geburtsjahr der Nationalökonomie in der uns heute vertrauten Form betrachten.

Die klassische Nationalökonomie: Smith als Prophet des Laissez-faire

Die frühen Ökonomen, die vor Adam Smith auftraten, waren an Fragen der Wirtschaftspolitik interessiert. Da sie tatsächlich nur sehr wenig von der Funktionsweise einer Marktwirtschaft verstanden, haben sie mit großem Eifer in die Marktabläufe eingegriffen. Die herausragende Leistung von Adam Smith bestand darin, daß er in der sozialen Welt der Wirtschaft das erkannte, was Isaac Newton in der physikalischen Welt des Universums sah: eine sich selbsttätig regulierende *natürliche Ordnung*. Und so verkündete Adam Smith folgende Botschaft:

Ihr glaubt, mit Euren wohlgemeinten Gesetzen und Eingriffen dem Wirtschaftssystem einen Dienst zu erweisen. Ihr irrt! Laissez faire: Mischt Euch nicht ein, haltet Euch heraus. Das Gleitmittel des Eigeninteresses wird das Wirtschaftsgetriebe auf geradezu wundersame Weise in Gang halten. Niemand braucht einen Plan. Es bedarf keines Herrschers, der herrscht. Der Markt wird alle Probleme lösen.

Adam Smith war ein umfassend gebildeter Kenner der Geschichte, der in der Politik und der Wirtschaftswissenschaft tätig war. Weniger rein deduktiven Denkmethoden, als vielmehr seinem ungeheuren Erfahrungsschatz entsprangen seine berühmten Worte von der *Unsichtbaren Hand*:

> ■ **Jeder Mensch... strebt allein nach seinem persönlichen Gewinn; das öffentliche Wohl zu fördern, liegt nicht in seiner Absicht. Dennoch wird er, wie in vielen anderen Fällen, bei seinem Streben von einer *Unsichtbaren Hand* geleitet, die dafür sorgt, daß er einem Ziel dient, das nicht Teil seines Anliegens war.**

Den Beweis für diesen Satz hat Smith niemals erbracht. Tatsächlich ist es bis in die 40er Jahre unseres Jahrhunderts hinein niemandem gelungen, einen Beweis für den wahren Kern in Adam Smith' Satz von der *Unsichtbaren Hand* vorzulegen – oder ihn auch nur überzeugend zu formulieren.

Gelungen ist Smith in seinem großen Werk vielmehr der Nachweis für die Torheit

---

[1] Gute Einführungen in die Geschichte der Wirtschaftswissenschaft geben Robert L. Heilbroner, *The Worldly Philosophers*, Simon and Schuster, Inc., New York, 5. Aufl. 1980, oder Mark Blaug, *Economic Theory in Retrospect* Cambridge University Press, London, 3. Aufl. 1978. Das Standardwerk für Fortgeschrittene stellt der posthum veröffentlichte Klassiker von Joseph A. Schumpeter dar, *History of Economic Analysis* Oxford University Press, New York 1957; dt. Übersetzung: *Geschichte der ökonomischen Analyse*, Göttingen 1965.

staatlicher Eingriffe, die er durch zahllose Beispiele belegte. Er durchforstete die alte und zeitgenössische Geschichte nach wertvollem Anschauungsmaterial für die schädlichen Wirkungen wohlgemeinter staatlicher Eingriffe auf die betroffenen Nationen.

Sein Buch ist ein Meisterwerk. Es ist ein Handbuch für den Praktiker, das genausogut den Titel tragen könnte: *Wie läßt sich das BSP steigern?* Zugleich legte es das Fundament für die moderne Gleichgewichtsanalyse von Angebot und Nachfrage.

Der Geist des bürgerlichen Zeitalters

Die vielen Vorzüge des Werkes können jedoch selbstverständlich nicht erklären, warum *The Wealth of Nations* einen so überwältigenden Einfluß auf das anschließende Jahrhundert hatte. Ebenso wichtig war die Tatsache, daß das aufstrebende Wirtschaftsbürgertum einen Sprecher für seine Interessen brauchte. Smith lieferte ihm die Ideologie, die seinen Zielen diente und leistete dem freien Unternehmertum und einer Laissez-faire-Haltung des Staates intellektuelle Schützenhilfe.

Das heißt jedoch nicht, daß Smith ein Lakai der Bourgeoisie war. Tatsächlich erfüllte ihn ein gesundes Mißtrauen gegenüber den Unternehmern. So schrieb er beispielsweise: »Nur selten kommen Menschen des gleichen Gewerbes zusammen – nicht einmal zu einem Feste oder zum Zwecke der Kurzweil. Immer ist das Ergebnis ihrer Begegnung eine Verschwörung gegen die Öffentlichkeit oder irgendeine Absprache zur Anhebung der Preise.«

Smith stand eindeutig auf der Seite des einfachen Mannes. Aber sein Eintreten für das Laissez-faire wurzelte in seiner Überzeugung, daß der Weg zur wirtschaftlichen Hölle mit guten Vorsätzen gepflastert ist. Monopolistische Unternehmen durch eine Kontrolle des Staates über die Wirtschaft zu ersetzen, würde, so glaubte er, wahrscheinlich eher eine schlechte Situation weiter verschlimmern als Abhilfe schaffen.

Dieser Eklektizismus und Pragmatismus von Adam Smith läutete die Ära der industriellen Revolution und den Anbruch des goldenen Zeitalters des Kapitalismus ein.

Die klassische Nationalökonomie: Malthus und Ricardo

Ein halbes Jahrhundert nach Erscheinen von *The Wealth of Nations* wurde das Gesetz vom abnehmenden Ertragszuwachs entdeckt. Ausgerechnet in dem Augenblick, in dem die industrielle Revolution in den Ländern des Westens dem unglückseligen Wirken dieses trostlosen Gesetzes entgegentrat, trug der Geistliche T.R. Malthus (1766–1834) seine Theorie vor, daß das Bevölkerungswachstum notwendigerweise die Löhne der Arbeiter auf das nackte Existenzminimum herabdrücke (eine Theorie, die eingehend in Kapitel 37 erläutert wird).

Die Schlüsselfigur dieses Zeitalters jedoch war David Ricardo (1772–1823). Die Klassiker, die Neoklassiker und die Vertreter der modernen herrschenden Lehre betrachten ihn als ihren geistigen Vater.

David Ricardo hat nie eine Universität besucht. Als Kind wohlhabender Eltern wurde er von seinem Vater verstoßen und mit 800 Pfund abgefunden, weil er als Jude eine Nichtjüdin heiratete. Schon 12 Jahre danach zog er sich aus seinem

Beruf als Börsenmakler zurück, nachdem er ein Vermögen in Millionenhöhe angesammelt hatte.

Als er bereits zu Rang und Namen gelangt war, fiel ihm zufällig das Werk von Adam Smith in die Hand. Von seinen Ideen fasziniert, glaubte er dennoch, daß grundlegende Irrtümer in der Analyse von Smith steckten und daß seine makroökonomischen Schriften Lücken enthielten. Hätte James Mill, der Vater von John Stuart Mill, ihm nicht unablässig zugesetzt, wäre Ricardo ein Verfasser von Pamphleten und ein Abgeordneter des Parlaments geblieben. Der ältere Mill drängte Ricardo jedoch zum Schreiben, und so verfaßte dieser seine *Principles of Political Economy and Taxation* (1817), mit denen er zu Weltruhm gelangte.

Eine der Leistungen Ricardos lag in einer gründlichen Analyse des Wesens der ökonomischen Rente – einer Theorie, die bis auf den heutigen Tag fast unverändert in der in Kapitel 27 dargestellten Form erhalten geblieben ist. Er legte eine sorgfältige Analyse der Arbeitswertlehre vor (von der wir im Zusammenhang mit der Analyse der Marxschen Theorien mehr hören werden). Seine Analyse der Belastung, die jede Staatsschuld bedeutet (und die nur wenig Ähnlichkeit mit den in Fußnote 8 des Kapitels 17 in Band 1 beschriebenen modernen »ricardianischen Theorien« zu tun hat), ist eine nur allzu angebrachte Warnung auch an die Adresse der Politiker der 80er Jahre unseres Jahrhunderts. Sein eigentlicher Beitrag bestand jedoch in seiner Analyse der Gesetze der Einkommensverteilung in einer kapitalistischen Volkswirtschaft.

Die Prophezeiung stagnierender Löhne und des Klassenkampfes

Volle 50 Jahre lang – von 1820 bis 1870 – hielt Ricardo die Ökonomen wie die Politiker in seinem Bann. Ebenso wie Malthus setzte er auf das falsche Pferd des abnehmenden Ertragszuwachses genau zu dem Zeitpunkt, in dem dieses Gesetz durch die technischen Fortschritte der industriellen Revolution überholt wurde.

Nach Ricardos Vorstellung würden die Bodenrenten steigen und der Boden den Engpaß für das weitere wirtschaftliche Wachstum darstellen. Tatsächlich aber schrumpfte im Verlaufe des Jahrhunderts die Bedeutung der Bodenbesitzer. (Das anschließende Kapitel wird zeigen, daß die Bodenrente auf weniger als 5 Prozent des heutigen BSP zurückgegangen ist.)

Dieses düstere Bild einer Wirtschaft, in der sich die breite Masse schicksalhaft ihrem Stelldichein mit der Armut entgegenbewegt, war die eigentliche Botschaft, die die Gebildeten wie weniger Gebildeten dem Werk Ricardos entnahmen. Für Ricardo bestand der wichtigste Aspekt der Wirtschaftswissenschaft in dem Gesetz der Verteilung des Sozialprodukts auf die einzelnen Klassen der Gesellschaft: der Löhne für die Arbeiter, der Gewinne für die Kapitalisten und der Renten für die Bodenbesitzer. Angesichts eines in seinem Wachstum begrenzten gesellschaftlichen Kuchens mußte, wie er unterstrich, der Teil, der einer gesellschaftlichen Klasse gegeben wurde, einer anderen weggenommen werden.

Kein Wunder, daß die Kapitalisten in Ricardo ihren Mann sahen. Bei ihm fanden sie die Zitate, die bewiesen, daß Gewerkschaften und Reformen der breiten Masse wenig nützten. Kein Wunder, daß auch die Sozialisten in Ricardo ihren Mann sahen. Bei ihm fanden sie den Beweis dafür, daß der Sturz des Kapitalismus herbeigeführt werden müsse, wenn die Arbeiter den ihnen rechtmäßig zustehenden Teil des Sozialprodukts erhalten sollten.

Der Niedergang der klassischen Nationalökonomie

Wissenschaftshistoriker beobachten ein unablässiges Fortschreiten der Wissenschaft. Neue Schulen werden geboren, gewinnen an Einfluß und überzeugen die Skeptiker.

Aber den Schulen geht es wie den Menschen – ihre Arterien verkalken. Studenten erfahren von ihren Lehrern wie auch aus geheiligten Lehrbüchern eine verbrämte Wahrheit. Die Unvollkommenheiten der orthodoxen Lehren werden verschwiegen oder als unerheblich zugedeckt.

Verfall und Senilität machen sich breit. So konnte beispielsweise John Stuart Mill, einer der herausragenden Ökonomen um die Mitte des 19. Jahrhunderts, in seinem klassischen Werk, den *Principles of Political Economy*, schreiben: »Glücklicherweise gibt es an den Wertgesetzen nichts mehr, was der weiteren Klärung durch heutige oder zukünftige Gelehrte bedarf...« Die klassische Nationalökonomie hatte sich erschöpft. Frisches Blut mußte ihr zugeführt werden.

Die neoklassische Wirtschaftslehre

Vor hundert Jahren teilte sich der Stamm der Wirtschaftswissenschaften.

Der eine Zweig entwickelte sich aus dem Werk von Karl Marx – aus seinem Buch *Das Kapital* (1867, 1885, 1894) sowie seinen wiederentdeckten früheren ökonomischen Schriften. Dieser Zweig, der von so großer Bedeutung für das Verständnis der sozialistischen Länder ist, wird in Teil B dieses Kapitels untersucht.

Der andere Zweig führte über die neoklassische Wirtschaftslehre und den Keynesianismus zur herrschenden Wirtschaftslehre unserer Zeit.

Die klassischen Autoren hatten das Schwergewicht auf die Kosten gelegt und den Nutzen und die Nachfrage vernachlässigt. Es schien, als hätten sie es nur mit horizontalen Angebotskurven zu tun, während sie sich um Nachfragekurven nicht kümmerten.

Um das Jahr 1870 legten dann jedoch drei Gelehrte gleichzeitig und unabhängig voneinander das Fundament für eine durch eine größere Symmetrie gekennzeichnete Analyse, die eine Synthese der Nutzen- wie der Kostenelemente gestattete: der Engländer W. Stanley Jevons (1835–1882), der Österreicher Carl Menger (1840–1921) und der Schweizer Léon Walras (1834–1910).

Nutzen, Marginalanalyse und allgemeines Gleichgewicht

Ein zentrales Element der neoklassischen Revolution bestand darin, daß sie ergründete, welche Rolle der Nutzen (beziehungsweise die Konsumentenpräferenz) bei der Nachfrage nach Gütern spielt. Das Instrument des Grenznutzens – sowie die Analyse der Wirkung des Nutzens auf die Preise und Mengen – stellte das noch fehlende Glied einer vollständigen Theorie des Marktmechanismus dar.

Schließlich gelang insbesondere mit Hilfe der gründlichen mathematischen Analysen von Léon Walras die Analyse des allgemeinen Wettbewerbsgleichgewichts. Walras erfand eine Methode, mit deren Hilfe man die Wirtschaft als Ganze – das simultane allgemeine Gleichgewicht aller Arbeits-, Boden- und Produktmärkte – analysieren konnte. Der inzwischen verstorbene Joseph Schumpeter (1883–1950) gab immer wieder seiner Überzeugung Ausdruck, daß von allen großen Ökonomen Walras mit Sicherheit der größte gewesen sei – da er es war, der das allgemeine Gleichgewicht entdeckte.

Mathematische Analyse und Ökonometrie

Jevons, Walras und Vilfredo Pareto (1848–1923) führten die Mathematik erstmals im ausgehenden 19. Jahrhundert in die Nationalökonomie ein. Eine Wiedergeburt erlebte diese Richtung nach 1930.

Ökonometrische Messungen unter Einsatz von Methoden der modernen Wahrscheinlichkeitsrechnung und Statistik sowie mit Hilfe spezieller, eigens für einen nichtexperimentellen Bereich wie der Nationalökonomie entwickelter Verfahren sind ein für unsere Zeit bezeichnendes Gebiet.

Die Ökonomen haben Methoden für die Messung des Sozialprodukts und des Volkseinkommens entwickelt. Wirtschaftshistoriker, die die Sklavenwirtschaft und die wirtschaftlichen Grundlagen des Eisenbahnzeitalters untersuchten, bedienten sich der verfeinerten Instrumente der ökonomischen Analyse.

Die Wohlfahrtsökonomie

Ebenso wie ihre Vorgänger interessierten sich auch die Neoklassiker für Fragen der Wirtschaftspolitik. Aber sie erkannten, daß es zweckmäßig sei, normative Fragen (bezüglich dessen, was sein sollte) nicht mit positiven Fragen (bezüglich dessen, was ist oder sein könnte) in einen Topf zu werfen.

Deshalb gaben sie den Versuch auf, zu »beweisen«, daß Einkommensungleichheit ein Übel sei. Statt dessen analysierten sie unterschiedliche Methoden zum Abbau der Einkommensungleichheit, falls dieser von einem Land angestrebt werde.

Sie entwickelten die ökonomischen Werkzeuge – erinnern Sie sich an die Behandlung der Konsumentenrente und der allokativen Effizienz (bzw. des Pareto-Optimums) in Teil V –, um zu zeigen, welche Verluste die Einmischung des Staates in das Wettbewerbsgleichgewicht mit sich bringt.

Dennoch wäre es ein Irrtum zu glauben, daß die Neoklassiker treue Jünger des Laissez-faire gewesen wären. Einige können als solche gelten, die meisten jedoch nicht. Seit Beginn der industriellen Revolution haben die großen Ökonomen im allgemeinen der Ungleichheit im kapitalistischen System kritisch gegenübergestanden. Um die Zeit des Ersten Weltkrieges trat der Nationalökonom A.C. Pigou von der Universität Cambridge als Kritiker des Systems des Laissez-faire hervor und als Verfechter staatlicher Interventionen: Er vertrat die Auffassung, daß staatliche Eingriffe im Interesse der Verringerung der Ungleichheit, der Beseitigung monopolbedingter Verzerrungen sowie der Korrektur externer Effekte unerläßlich seien.

Aus der Analyse der Wohlfahrtsökonomie entwickelte sich in unserer Zeit der neue Zweig der Theorie der Kollektiventscheidungen.

Politische Anliegen

Obgleich die Nationalökonomie immer stärker »verwissenschaftlicht« wurde, ging ihr Interesse an politischen Fragen nicht verloren. Die meisten der großen Nationalökonomen berichten in ihren Autobiographien, daß sie sich deshalb für diese Fachrichtung entschieden, weil sie helfen wollten, die Welt zu verbessern.

Viele waren radikale Verfechter der Notwendigkeit einer drastischen Veränderung der bestehenden Ordnung. Aber so sehr den großen Ökonomen an einer gerechteren Wirtschaftsordnung gelegen war, so sehr beharrten sie in der Regel auf dem Prinzip der praktischen Durchführbarkeit neuer Ideen.

Eine faszinierende Biographie eines Radikalen ist die des großen skandinavischen Ökonomen Knut Wicksell (1851–1926). Wicksell war ein die herrschende kulturelle Ordnung in Frage stellender Bohemien, der für die Geburtenkontrolle war – in den 70er Jahren des 19. Jahrhunderts eine ketzerische Idee. Als die Armee des Zaren an den Grenzen Schwedens stand, empfahl Wicksell seinen Landsleuten, ihre eigene Armee aufzulösen.

Obgleich Wicksell nie zögerte, sich auch für unpopuläre Dinge einzusetzen, waren seine Empfehlungen für eine Gesellschaftsreform im wesentlichen eine Vorwegnahme des schwedischen Wohlfahrtsstaates mit seiner Einkommensumverteilung und seinen Transferleistungen. Seine ökonomische Analyse veranlaßte ihn, den Sozialismus als einen wenig aussichtsreichen Weg zu verwerfen.

Heute sind die Großen der modernen Nationalökonomie brennend an den Wirkungen ihrer Theorien auf die wirtschaftspolitische Praxis interessiert. Die Ökonomen der 80er Jahre setzen sich mit den Geldmärkten, den Haushaltsdefiziten, der Diskriminierung, den Ölmärkten, der Armut oder der Inflation nicht nur deshalb auseinander, weil diese ökonomischen Phänomene eine besondere Faszination für sie haben. Sie wollen den Regierungen auch bessere Methoden anbieten, die den wirtschaftlichen Fortschritt fördern (oder Fortschrittshemmnisse abbauen) helfen.

Die Keynessche Revolution

In den Jahren nach dem Ersten Weltkrieg hatten die Ökonomen große Leistungen im Zusammenhang mit der Beschreibung und Analyse der Wirtschaft sowohl der entwickelten wie der unterentwickelten Regionen vollbracht. Eine große Lücke klaffte jedoch nach wie vor in ihrem Werk. Die Wirtschaftswissenschaft hatte zwar große Fortschritte bei der Beschreibung des Konjunkturzyklus gemacht, den Neoklassikern fehlte aber als Gegenstück zur Mikroökonomie eine gut fundierte Makroökonomie.

Der Durchbruch erfolgte mit der Weltwirtschaftskrise und der Veröffentlichung der *General Theory of Employment, Interest and Money* (Macmillan, London 1936) von John Maynard Keynes, die die Wirtschaftswissenschaft grundlegend veränderte.

Der naive Glaube an das Saysche Gesetz (demzufolge es keine Überproduktion geben konnte) wurde aufgegeben. Selbst die zuvor von Alfred Marshall (1842–1924) und Irving Fisher (1867–1947) von der Universität Yale entwickelten neoklassischen Geld- und Preistheorien wurden jetzt mit Hilfe der Keynesschen Begriffe in eine ergiebigere Form gegossen. Und die Erkenntnisse und

Herausforderungen der Keynesschen Revolution regten eine neue Generation von Wirtschaftstheoretikern dazu an, der Frage auf den Grund zu gehen, warum die Löhne und Preise in der Regel starr sind, warum nominale Variablen wie das Geld reale Auswirkungen haben und auf welche Weise die Geld- und Steuerpolitik des Staates die Gesamtwirtschaft beeinflussen kann.

Die herrschende Wirtschaftslehre

Mit dem Aufkommen des Keynesianismus kommen wir zu dem Thema dieses Buches – der *herrschenden modernen Wirtschaftslehre*, wie sie in Amerika, Europa und Japan vertreten wird. Was hat uns die moderne Wirtschaftswissenschaft gebracht? Sie hat für ein deutlich besseres Funktionieren des ökonomischen Mischsystems gesorgt. Die Ära seit dem Zweiten Weltkrieg hat der Welt ein Produktionswachstum und einen Anstieg des Lebensstandards beschert, wie ihn die Geschichte nie zuvor erlebt hat.

Zweck dieser Darstellung ist jedoch nicht, die Leistungen der Vergangenheit zu glorifizieren. Wie wir wiederholt gesehen haben, sind die hochentwickelten Industrienationen noch nicht in ein ökonomisches Nirwana eingegangen. Noch sind sie nicht im Besitz jener Kombination von wirtschaftspolitischen Maßnahmen, die Vollbeschäftigung, stabile Preise und freie Märkte gewährleisten. Die Armut nimmt zu. Das inländische Bankensystem schlittert am Rande des Bankrotts entlang. Giftmülldeponien sind zu Zehntausenden über die amerikanische Landschaft verstreut. Die Arbeitslosigkeit schnellte Anfang der 80er Jahre auf eine Weise in die Höhe, wie man es seit der Weltwirtschaftskrise nicht mehr erlebt hatte.

Dieser ernüchternde Hinweis auf die Schwächen des ökonomischen Mischsystems sollte uns hellhörig machen für die *Kritik* an der herrschenden Wirtschaftslehre – wie sie in der Vergangenheit vertreten wurde, wie sie heute vorherrscht und wie sie zweifellos auch in Zukunft von Bedeutung bleiben wird.

Die moderne Kritik

Die moderne herrschende Wirtschaftslehre hat durchaus ihre Kritiker. Sie reichen von der Gruppe derjenigen, die die eine oder andere Theorie verwerfen, bis zu der Gruppe jener, die ihre gesamte Orientierung vollständig ablehnen. Wir wollen uns hier auf die wichtigsten Kritiken außerhalb der marxistischen Schule beschränken und die Marxsche Kritik dem Abschnitt B vorbehalten.

Die Chikagoer Schule

Vom rechten Ende des Meinungsspektrums herkommend, stoßen wir zunächst auf eine Gruppe von Verfechtern der Freiheit des Individuums beziehungsweise der zentralen Rolle der persönlichen Freiheit in Wirtschaft und Politik. Es sind die modernen Apostel des Laissez-faire. Ihre Theorie von der minimalen Rolle des Staates wurde insbesondere von Frank Knight, Henry C. Simons, Friedrich Hayek und Milton Friedman vorgetragen. Diese Autoren erinnern uns an die Leistungen der Marktpreisbildung und halten uns vor Augen, welchen Preis die Gesellschaft zahlt, wenn sie auf die lenkende Hand des Marktes verzichtet.

In ihren Büchern weisen sie uns darauf hin, daß staatliche Interventionsmaßnahmen wirtschaftliche Probleme heraufbeschwören können: daß Mietkontrollen oft zur Wohnungsnot führen; daß Ölpreiskontrollen zu langen Schlangen an den Tankstellen führen; daß Gewerkschaften die Löhne und Preise in gewerkschaftlich organisierten Wirtschaftszweigen in die Höhe treiben; und daß Versuche, die Preise von Monopolisten durch staatliche Monopolaufsicht unter Kontrolle zu halten, oft gerade zu Preiserhöhungen führen.

Vertreter der verschiedensten politischen Orientierungen sollten Friedmans Buch *Capitalism and Freedom* lesen.[2] Es ist eine streng logische, sorgfältige und eingängige Darlegung eines wichtigen Standpunktes. Bevor Sie das Buch in die Hand nehmen, sollten Sie sich vielleicht die Frage stellen, ob Sie sich vorstellen können, gegen folgende Dinge zu sein: gegen die Sozialversicherung; gegen staatliche Hilfen nach Überschwemmungen; gegen Gesetze über den Reinheitsgrad von Nahrungsmitteln und gegen Drogengesetze; gegen eine staatliche Approbationsordnung oder gegen die Führerscheinpflicht; gegen Mindestlöhne sowie Preis- und Lohnkontrollen; gegen eine antizyklische Geld- und Fiskalpolitik; gegen Sicherheitsnormen bei Autos; gegen die Schulpflicht und ein kostenloses öffentliches Schulwesen; gegen das Verbot des offenen Verkaufs von Drogen wie Heroin oder Kokain; gegen Gesetze zur Sicherstellung der Wahrheitspflicht bei Kreditgeschäften; gegen staatliche Wirtschaftsplanung?

Wenn Sie die Schriften von Professor Friedman lesen oder eine Sammlung seiner *Newsweek*-Kolumnen, werden Sie feststellen, daß er mit großer Überzeugungskraft gegen jedes dieser Programme plädiert. Er spricht sich gegen diese Programme aus, weil er darin einen Eingriff in die persönliche Freiheit sieht und sie seiner Meinung nach ihr Ziel verfehlen. Gleichgültig, ob man sich bei längerem Nachdenken mit wenigen oder vielen der vertretenen Positionen identifiziert, als kritischer Bürger muß man sich mit den von Friedman aufgegriffenen Problemen auseinandersetzen.

Die makroökonomische Schule der rationalen Erwartungen

Neben den sich auf den mikroökonomischen Bereich beziehenden freiheitlichen Ansichten der Chikagoer Schule gibt es eine ihr verwandte Schule im makroökonomischen Bereich, die insbesondere an den Unversitäten von Chikago und Minnesota beheimatet ist. Diese Gruppe, die wir als Schule der rationalen Erwartungen bezeichnet haben, wurde von Robert Lucas aus Chikago im Verein mit Thomas Sargent von der Universität Minnesota begründet.

Diese Makroökonomen teilen die Auffassung der in der Laissez-faire-Tradition stehenden Ökonomen, daß sich politische Eingriffe des Staates als unwirksam oder schädlich erweisen können. Erinnern Sie sich insbesondere an das *Theorem von der Unwirksamkeit der Politik* im Anhang zu Kapitel 16 (Band 1): Dieses von der Schule der rationalen Erwartungen vorgetragene Theorem besagt, daß in einer Welt flexibler Preise und rationaler Erwartungen die antizipierte Geldpolitik des Staates keinerlei Wirkung auf die Produktion haben wird. Kommt die

---

[2] University of Chicago Press, Chicago, 1962; gebunden und als Paperback. Vgl. auch die Newsweek-Kolumnen des Autors: M. Friedman, *An Economist's Protest*, Thomas Horton & Co., Glen Ridge, N.Y. 1972.

Politik andererseits unerwartet, wird sie eher zu einer Destabilisierung als zu einer Dämpfung der Konjunkturzyklen führen.

Derartige Argumente sind bei vielen älteren Vertretern der herrschenden Wirtschaftslehre, bei Leuten, die für die Realisierung des Keynesianismus in der Wirtschaftspolitik gekämpft haben, auf taube Ohren gestoßen. Jüngere Theoretiker lassen sich jedoch häufig von den Ideen und Methoden der Vertreter der Schule der rationalen Erwartungen inspirieren.

Und die Reagan-Regierung war in ihrem *Economic Report of the President and the Council of Economic Advisers* für das Jahr 1982, der in aller Breite die zentrale Rolle des Marktes für die Freiheit und das Wirtschaftswachstum unterstrich, nicht weit von der Übernahme beider Chikagoer Schulen entfernt.

Die Kritik am moderenen Kapitalismus

Während der vergangenen zwei Jahrhunderte seit Adam Smith wurde der Kapitalismus zumeist von links unter Beschuß genommen. Wo ist der Marx, Engels, Proudhon, Gramsci, Baran und Sweezey unserer Tage? Gibt es niemanden, der sich mit wehendem Banner an die Spitze einer Bewegung zur revolutionären oder auch nur zur evolutionären Veränderung unseres ökonomischen Mischsystems setzen möchte?

Tatsächlich sind die Kritiker von links heute nicht sehr zahlreich. Einer, der während der vergangenen drei Jahrzehnte seine Stimme zur Kritik erhoben und die orthodoxe neoklassische Lehre angefochten hat, war John Kenneth Galbraith von der Universität Harvard. In einer Reihe von Büchern – *American Capitalism, The Affluent Society* und *The New Industrial State* – griff Galbraith die herrschenden Auffassungen hinsichtlich des Verhaltens der Konsumenten wie der Unternehmen an. Seine wesentlichen Argumente lauteten unter anderem wie folgt:

- Groß ist nicht gleichbedeutend mit verwerflich. Große Unternehmen sind oft die Quelle des technischen Fortschritts, von dem wir heute profitieren. Darüber hinaus werden letztlich alle richtungsweisenden Entscheidungen in Ost und West von Technokraten gefällt (von den gebildeten Eliten, die in Unternehmen, Regierungen und an den Universitäten das Zepter in der Hand halten).

- Die Konsumenten sind nicht Herren über ihren eigenen Willen. Kundenpräferenzen werden durch die Werbung gemacht. Die Marktergebnisse werden ebensosehr von der Madison Avenue bestimmt wie von echten Bedürfnissen.

- Wir leben in einer Gesellschaft, in der der öffentliche Sektor darbt, während der private Sektor sich ungehindert entfaltet. Öffentliche Güter wie Parks werden vernachlässigt, Straßen verkommen, Brücken brechen in sich zusammen.

Einige Gegner Galbraith' behaupten, seine Ideen seien nicht neu. *The Affluent Society* sei in Anlehnung an Tawneys *The Acquisitive Society* geschrieben. Wie wir gesehen haben, wurde das Hohelied des Großunternehmens bereits früher in Schumpeters Thesen gesungen.

Diese Art der Kritik geht jedoch an der Sache vorbei. Große Fortschritte in der Technologie gehen oft auf das Konto des Innovators, nicht des Erfinders. Und in der Geschichte der Ideen ist der Denker, der zu einer neuen Synthese gelangt und der es versteht, ein neues Zeitalter in der richtigen Weise anzusprechen, derjenige, der in der Geschichte oft die ausschlaggebende Rolle spielt.

Radikale Wirtschaftslehren

Schließlich kommen wir zu dem im echten Sinne radikalen Bereich unseres Meinungsspektrums, zu den Denkern, die das gesamte kapitalistische Mischsystem unserer Tage von Grund auf umgestalten möchten.

Der Aufstieg der Neuen Linken

Vor zwanzig Jahren, als die Bürgerrechtsbewegung das Land aufwühlte und Abscheu gegen den Vietnamkrieg die Menschen erfüllte, begannen eine Schule, die sich als Neue Linke, und eine Gruppe, die sich als Union of Radical Political Economy bezeichnete, ihre Ideen zu präzisieren.

Um einen Eindruck dieser Kritik zu vermitteln, sollen die Worte von John G. Gurley von der Universität Stanford als einem ihrer prominentesten Mitglieder zitiert werden, der vormals ein Vertreter der herrschenden Lehrmeinung war und inzwischen zu einem beredten Verfechter der radikalen Wirtschaftslehre wurde:

(Wir leben in einer) Zeit, in der die Annahmen und Methoden der Wirtschaftswissenschaft in Frage gestellt werden... Einige der Angriffe sind Ausdruck der Unzufriedenheit darüber, daß die Ökonomen einen so großen Teil ihrer Zeit auf triviale Probleme verschwenden. Von anderer Seite werden die von den Ökonomen allgemein akzeptierten wirtschaftspolitischen Ziele in Frage gestellt, insbesondere das Ziel des ständig wachsenden BSP. Einige Kritiker haben sich mit diesem Aspekt in dem größeren Rahmen ökologischer Systeme auseinandergesetzt.

Viele Angriffe gegen die moderne Wirtschaftslehre sind in der Form radikaler Analysen des amerikanischen Imperialismus vorgetragen worden – Analysen der Frage, auf welche Weise die Vereinigten Staaten aus ihrer führenden Rolle in der hierarchischen Struktur reicher und armer Länder, die das internationale kapitalistische System bilden, Kapital schlagen. Andere radikale Analysen haben die Frage untersucht, auf welche Weise gewisse Gruppen in den Vereinigten Staaten selbst von der Aufrechterhaltung einer hierarchischen Klassenstruktur profitieren, die sowohl Reichtum wie Armut, Privilegierung wie Unterdrückung hervorbringt. Diese Analysen, die im allgemeinen zu dem Schluß gelangen, daß der Kapitalismus als solcher weitgehend für die Kluft in den sozialen und wirtschaftlichen Verhältnissen verantwortlich ist, bestreiten deshalb, daß die kapitalistische Gesellschaft in der Lage (d.h. willens) ist, diese Probleme zu lösen.[3]

Die radikale Kritik unserer Tage

Nach einer frühen Phase der Euphorie ging die Neue Linke in den Untergrund. In den 70er Jahren, als die Marktwirtschaften durch Schocks von außen, von seiten der ölproduzierenden Länder sowie durch schlechte Ernten erschüttert wurden, verfiel sie in einen Winterschlaf. Eine Woge des Konservatismus erhob sich in den westlichen Demokratien, die ihren sichtbarsten Ausdruck in der Wahl der Thatcher-Regierung in Großbritannien und der Reagan-Regierung in den Vereinigten Staaten fand.

---

3 Dieses Zitat wurde dem Aufsatz »The State of Economics« entnommen; in: *The American Economic Review*, Bd. LXI (Mai 1971, Papers and Proceedings).

In dem Maße, in dem sich eine konservative Politik durchsetzte, lebte als Reaktion darauf die Linke wieder auf. Zu Beginn der 80er Jahre erschien eine Reihe von Untersuchungen, die die Effizienz, die Gerechtigkeit und das makroökonomische Konzept des amerikanischen Kapitalismus in Frage stellten.[4] Auf welche Themen richtete sich die Kritik im wesentlichen?

- *Die Ablehnung von Märkten.* Die moderne Wirtschaftslehre betrachtet die Märkte als gute Richter über die Wünsche der Kunden und die gesellschaftlichen Kosten der Produktion. Die Radikalen sind anderer Meinung. Ebenso wie Galbraith sind sie überzeugt, daß die Werbung unsere Wünsche manipuliert. Wie ist es sonst zu erklären, daß eine Nation Millionen dafür ausgibt, damit ihre Bürger sich ihre Zeit mit dem Videospiel Pac-Man vertreiben, bei dem kleine Männchen kleine elektronische Blauwale zermalmen, daß sie Ferienwohnungen subventioniert und Geld in vergoldete medizinische Apparate steckt – und das alles zu einer Zeit, in der Millionen Menschen an Hunger leiden, kein Dach über dem Kopf haben und medizinisch unterversorgt sind? Wie kann die Nation es zulassen, daß einzelne Unternehmen unsere Umwelt mit Schwefelabgasen und giftigen Abfällen zerstören? Die Radikalen fordern demokratische Planungsmethoden, die die verzerrten Entscheidungen des Marktes ersetzen sollen.

- *Die Ablehnung der modernen Makroökonomie.* Gemäß der herrschenden modernen Makroökonomie gibt es eine natürliche Arbeitslosenquote – die heute bei etwa 6 Prozent liegt –, die die Wirtschaft nicht unterschreiten kann, ohne das Inflationskarussell in Bewegung zu setzen. Die Radikalen weisen die Prämisse zurück, daß man die Preise und Löhne sich frei nach oben bewegen lassen darf. Sie würden Lohn- und Preiskontrollen verfügen, um die Inflation zu kontrollieren und auf diese Weise die Arbeitslosenziffer zu senken.

Mit Hilfe der durch Lohn- und Preiskontrollen freigesetzten Ressourcen würden die neuen Radikalen das öffentliche Kapital vermehren – die Mittel würden in den Eisenbahnbau, die Umweltpolitik, das Erziehungswesen und die berufliche Bildung fließen.

- *Industriepolitik.* Viele Radikale fordern eine Abkehr von der Politik, die den Niedergang unserer traditionellen Industriebasen duldet. Sie glauben, daß das grausame und repressive kapitalistische System für eine schlechte Arbeitsmoral verantwortlich ist und die Produktivität beeinträchtigt. Einige fordern die erneute Errichtung eines Planungsapparates, der für die Kanalisierung verfügbarer Mittel in besonders vielversprechende Wirtschaftszweige (Wachstumsbranchen) sorgt. Einige Radikale würden die strukturschwachen Branchen subventionieren, während andere diesen Industriezweigen Sterbehilfe gewähren wollen, indem sie die darin beschäftigten Arbeitnehmer umschulen und in die Wachstumsindustrien transferieren.

Während jedoch die »neuen Radikalen« staatlichen Planungsmaßnahmen oft aufgeschlossener gegenüberstehen als die Laissez-faire-Anhänger, hegen ihre heutigen Vertreter auch Mißtrauen gegen staatliche Bürokratien. Eine klare Ab-

---

4 Lester C. Thurow, *Dangerous Currents*, Random House, New York, 1983; Samuel Bowles, David Gordon und Thomas Weisskopf, *Beyond the Waste Land*, Anchor Press, Garden City, N.Y. 1983; Barry Bluestone und Bennett Harrison, *The Deindustrialization of America*, Basic Books, New York 1982; und Robert B. Reich, *The Next American Frontier*, Times Books, New York 1983.

sage erteilen sie dem repressiven sowjetischen Kommunismus als einem Regime, das die Freiheit des Individuums zerstört. Sie streben eine partizipatorische beziehungsweise demokratische Planung an.

- *Mehr Gerechtigkeit.* Ebenso wie in der älteren Generation der Radikalen löst auch bei den heutigen Radikalen das hohe Maß an Ungerechtigkeit, zu dem die Märkte führen, Protest aus. Die meisten würden das gegenwärtige Besteuerungssystem vereinfachen. Im Gegensatz zu früheren Generationen stehen die heutigen Radikalen konfiskatorischen Steuersätzen jedoch skeptisch gegenüber. Einige, wie beispielsweise Thurow, schlagen eine Besteuerung des Konsums anstelle einer Einkommensbesteuerung vor. Einige erkennen an (wie wir in Kapitel 33 gesehen haben), daß der eigentliche Umverteilungseffekt von staatlichen Ausgabenprogrammen (der Einkommenssicherung, den Nahrungsmittelgutscheinen und so fort) ausgeht und nicht von einem umverteilenden Steuersystem.

Abschließende Würdigung

Wie sind die Ansichten der neuen Linken aufgenommen worden? Die vielleicht tiefschürfendste Darstellung der radikalen Wirtschaftslehre stammt von Assar Lindbeck, einem schwedischen Ökonomen. Dieser moderne Tocqueville bereiste Amerika und legte seine Gedanken in einem Paperback dar, *The Political Economy of the new left – An Outsider's View* (Harper & Row, New York 1971). Darin stellt er fest, daß die Neue Linke *sowohl dem Markt als auch der Bürokratie* skeptisch gegenübersteht.

Aber in dieser Haltung steckt wahrscheinlich eine Ablehnung zuviel. Bürokratien oder Märkte sind die beiden einzigen uns bekannten Mechanismen, mit deren Hilfe eine komplexe moderne Volkswirtschaft das *Was, Wie* und *Für wen* lösen kann. Wie – so könnte Lindbeck fragen – können wir planen und gleichzeitig auf eine staatliche Bürokratie verzichten? Wie können wir uns dem mächtigen Einfluß moderner politischer Aktionskomitees auf kollektive Entscheidungen entziehen außer durch private Entscheidungsakte auf Märkten?

Wo sind die Kader der Denker der Neuen Linken geblieben? Während es noch zu früh ist, ein Urteil über den letztlich von ihnen geleisteten Beitrag zu fällen, läßt sich doch sagen, daß ihr Einfluß auf die moderne herrschende Lehre gering gewesen ist. Unabhängig davon, ob dies als Segen oder Unglück zu bezeichnen ist, ist es ihnen bisher nicht gelungen, die Brüder und Schwestern ihrer Zunft davon zu überzeugen, daß man die ungelösten Probleme des modernen ökonomischen Mischsystems am erfolgreichsten mit den Methoden der Radikalen angehen kann.

B. Der Marxismus und alternative Wirtschaftssysteme

Die Krisen des Kapitalismus

Seit Anbruch der Industriellen Revolution ist der Kapitalismus von Krisen, Ungerechtigkeiten und wirtschaftlichen Depressionen geschüttelt worden. Jedesmal, wenn sich Störungen zu ernsthaften Krisen auswuchsen, traten Ökonomen oder

Philosophen auf, die ein Absterben oder gar den bevorstehenden Untergang des Kapitalismus verkündeten. Andere prophezeiten einen mechanisch und schicksalhaft ablaufenden Zeitplan der Entwicklung – vom Barbarentum zum Feudalismus, vom Feudalismus zum Kapitalismus, vom Kapitalismus zum Sozialismus, vom Sozialismus zum Kommunismus.

Solche genauen Zeitpläne hat es im 20. Jahrhundert nicht gegeben. Nach dem Ersten Weltkrieg wurden überall in Europa neue demokratische Regierungen eingesetzt. Im Jahre 1925 hätte ein unparteiischer Beobachter erklären können, daß die Zukunft des Kapitalismus gesichert sei.

Dennoch fiel ein Jahrzehnt später ein Land nach dem anderen einem Diktator in die Hände. Ein totalitärer Faschismus bedeckte die Landkarte Europas, verdrängte die Marktwirtschaften einer früheren Ära und gab Anlaß zu Fragen über die Zukunft des Kapitalismus und der Demokratie.

Nach dem Zweiten Weltkrieg erwiesen sich die Prognosen der Kritiker des Kapitalismus wieder einmal als falsch. In allen gemischt-wirtschaftlichen Systemen des Westens sowie Japans zeigte sich das gleiche Bild raschen Wachstums und zunehmenden internationalen Handels. Die aus der Keynesschen Revolution gewonnenen Erkenntnisse verliehen den Marktwirtschaften die Schwungkraft, die sie in eine Phase des raschesten und stabilsten Wachstums hineinsteuerte, die sie je erlebt hatten.

Dennoch trug dieser Erfolg bereits den Keim des Verfalls in sich. Der rasche Anstieg der Einkommen veranlaßte die Wohlfahrtsstaaten, Einkommenssicherungsmaßnahmen sowie Programme der sozialen Sicherung in unglaublichem Umfang auszuweiten. Als dann in den 70er Jahren die Ölkrise über die Marktwirtschaften hereinbrach, traf sie auf ein bereits brüchig gewordenes System. Die Inflation schnellte in die Höhe. Die Arbeitslosigkeit stieg. Die Haushaltsdefizite wurden immer größer. Die ärmeren Länder konnten die Last ihrer Auslandsverschuldung nicht mehr tragen. In den Jahren 1982, 1983 und 1984 bewegte sich das internationale Zahlungssystem hart an der Grenze massiver Zusammenbrüche. Wieder einmal traten die Kritiker von links und rechts auf den Plan und offerierten großartige Pläne zur Heilung der kranken Volkswirtschaften des Westens.

Ein Bouquet von -ismen

Der Menschheit haben immer wieder große Visionen einer vollkommeneren Gesellschaft vorgeschwebt: Platos Republik, Sir Thomas Morus Utopia, die Marxsche Diktatur des Proletariats gehörten zu den einflußreichsten. Die Schöpfer solcher großen Visionen gehen häufig in der Weise vor, daß sie zunächst die konkreten Mißstände in der Gesellschaft anprangern, um diesen die idealen Merkmale einer nur vage umrissenen utopischen Gesellschaft gegenüberzustellen. Abgesehen davon, daß sich die unterschiedlichen Reformschulen einig sind, daß die bestehende Ordnung voller Defekte ist, haben sie wenige Gemeinsamkeiten.

Das eine Extrem bilden die Anarchisten, die den Staat ganz abschaffen wollen. Das andere Extrem sind die Apologeten einer kollektivierten, totalitären, kommunistischen Gesellschaftsordnung, aus der die erste Person Singular völlig verschwunden und durch die erste Person Plural ersetzt worden ist.

Zwischen diesen Extremen des Kommunismus und des Anarchismus liegt das ökonomische Mischsystem, das wir eingehend dargestellt haben, sowie sozialistische Gesellschaftsphilosophien. Innerhalb des Sozialismus selbst stoßen wir auf eine große Vielfalt sozialistischer Denker und Länder. Nach den Vorstellungen des vergangenen Jahrhunderts waren Sozialisten romantische Gesellen, die sich in Kellergewölben trafen und dort im spärlichen Licht einer in einem Flaschenhals steckenden Kerze blutige Revolutionen aushecken. Heute ist der Sozialismus eine weitverbreitete Bewegung, insbesondere in Westeuropa, wo demokratische sozialistische Regierungen den Wohlfahrtsstaat ausbauten, Industrien verstaatlichten und die Wirtschaft einem Plan unterwarfen.

Die großen Kategorien

Glücklicherweise braucht man nicht die ganze Palette der verschiedenen »-ismen« zu kennen, um die Welt von heute zu verstehen. Es reicht, wenn man eine Vorstellung hat vom
- Laissez-faire-Kapitalismus, aus dem sich das ökonomische Mischsystem entwickelt hat,
- Marxismus,
- Sozialismus sowie vom
- sowjetischen Kommunismus.

Zwischen diesen Systemen gibt es keine scharfen Trennungslinien. Wir können sie nicht einmal auf einer Skala anordnen, auf der die Ultra-Liberalen der Chikagoer Schule auf der rechten Seite und der sowjetische Kommunismus auf der linken Seite angesiedelt wären.

Den ersten der großen »-ismen« – das Laissez-faire – hat es niemals in reinster Form gegeben; am nächsten kam ihm Großbritannien im 19. Jahrhundert. Da der größte Teil dieses Buches auf die Darstellung des ökonomischen Mischsystems verwandt wurde, das den Laissez-faire-Kapitalismus begrub, wollen wir uns jetzt den drei anderen großen Visionen der idealen Gesellschaft zuwenden.

Der Marxismus

Karl Marx: biographische Daten

Karl Marx (1818–1883) wurde ein Jahr nach der Veröffentlichung von Ricardos *Principles* geboren. Oberflächlich betrachtet führte Marx ein ereignisloses, der Forschung gewidmetes Leben, das er zum großen Teil im Exil in der Bibliothek des British Museum in London verbrachte. Dennoch lebt sein Einfluß fort in Moskau, Beijing, Havanna und vielen anderen Regionen.

Die frühen Jahre

Als Sohn einer traditionsreichen Rabbiner-Familie konvertierte der Vater von Karl Marx zum lutherischen Glauben. Karl Marx selbst blieb sein Leben lang in seiner Heimat, dem Rheinland, wo die Katholiken gegenüber den bürgerlichen Protestanten stark in der Überzahl waren, ein Außenseiter.

Seine Erziehung erhielt Marx in Bonn und Berlin, wo er zunächst Jura studierte, bis er der Faszination der Philosophie erlag, die seiner juristischen Laufbahn ein Ende bereitete. Zu jener Zeit schlug die Philosophie Hegels ganz Deutschland in ihren Bann, und Marx wurde Hegelianer. Während Hegel jedoch die beherrschende Rolle des Geistes unterstrich, legte Marx das Schwergewicht auf das Primat der Materie gegenüber dem Geist. Deshalb sah er auch in jedem technologischen Durchbruch und in den daraus resultierenden Veränderungen der sozialen und ökonomischen Verhältnisse – insbesondere in der Akkumulation von Kapital – die eigentlichen Triebkräfte der Geschichte. Diese Kräfte, so glaubte er, würden unausweichlich zum Triumph des Kommunismus führen.

Da Marx wegen seiner Herkunft, seinem störrischen und streitbaren Charakter sowie seiner radikalen Ideen die Universitätslaufbahn verschlossen blieb, wandte er sich dem Journalismus zu. Allerdings scheiterte jede radikale Zeitung, die er herausgab, an finanziellen Schwierigkeiten oder an der preußischen Zensur.

Marx ging ins Exil und ließ sich schließlich in London nieder. An seiner Vorstellung von einem wirtschaftlichen Determinismus hielt er trotz aller Widrigkeiten fest. Wahrscheinlich wären ihm noch erheblich viel mehr Widrigkeiten widerfahren, hätte er sich nicht auf die Freundschaft von Friedrich Engels verlassen können, der sein Leben lang mit ihm zusammenarbeitete und sein ständiger rettender Engel in finanzieller Not war.

Die biographischen Einzelheiten interessieren jedoch nur am Rande. Was zählt, sind seine Ideen, von denen Isaiah Berlin schrieb: »Kein Denker des 19. Jahrhunderts hat einen so unmittelbaren, bewußten und nachhaltigen Einfluß auf die Menschheit ausgeübt wie Karl Marx.«

Das Marxsche Denkschema

Im Gegensatz zu den meisten von uns behandelten frühen Theorien sind diejenigen von Marx bis auf den heutigen Tag lebendig und von unverminderter Bedeutung. Ohne eine Auseinandersetzung mit dem Einfluß von Marx sind die Entwicklungen in der Sowjetunion und Osteuropa in unserer Zeit kaum verständlich. Worin sind die Besonderheiten des großen, von dem intellektuellen Meister entworfenen Panoramas zu sehen? Wir wollen hier seine Arbeitswertlehre, seine Mehrwerttheorie sowie die Entwicklungsgesetze der kapitalistischen Gesellschaft herausgreifen.

Ausgangspunkt der Wirtschaftslehre von Marx ist die *Arbeitswertlehre*. Nach seiner Auffassung wird der Wert einer Ware durch die gesamte für ihre Erstellung notwendige Arbeitsmenge bestimmt – sowohl durch die direkte Arbeit als auch durch die indirekte, in Gebäuden oder Maschinen verkörperte Arbeit, die im Produktionsprozeß eingesetzt wird. Marx erkannte, daß in einem kapitalistischen, auf dem Wettbewerb beruhenden System die Marktpreise nicht notwendigerweise gleich dem Arbeitswert sind. Warum nicht? Weil die von den Kapitalisten erzielten Erlöse die Arbeitskosten übersteigen – und zwar um den Mehrwert.

Unter dem *Mehrwert* versteht Marx die Differenz zwischen den Erlösen und den gesamten direkten und indirekten Arbeitskosten. Woraus ergibt sich diese Differenz? Sie ergibt sich aus der Tatsache, daß die Arbeiter gezwungen sind, ihre Arbeitskraft an die Kapitalisten zu verkaufen, und daraus, daß die Kapitalisten die Arbeiter lediglich für einen Teil des Wertes ihres Produkts entlohnen. Im einfachsten Fall, in dem keine Maschinen zum Einsatz gelangen, ist die Mehrwertrate (beziehungsweise die *Ausbeutungsrate*) gleich dem Verhältnis zwischen dem Gewinn und den Löhnen.

Nun könnte jemand, dem die Begriffe der modernen Wirtschaftslehre vertraut sind, die Frage stellen, was man denn gewinnt, wenn man eine kapitalistische

Volkswirtschaft durch die Marxsche Brille betrachtet? Bei sorgfältiger Prüfung zeigt sich, daß die Marxsche Preistheorie sich nur wenig von der 50 Jahre zuvor von Ricardo entwickelten Theorie unterscheidet. Vielmehr bestand das Spezifikum der Marxschen Vision darin, daß in ihr das Wesen des Profits bloßgelegt werden sollte. Marx wollte beweisen, daß der Gewinn – jener Teil des Produkts, das von den Arbeitern erstellt wird, jedoch dem Kapitalisten zufließt – einem »unverdienten Einkommen« gleichkommt.

Auf der Basis seiner Arbeitswertlehre stellte Marx im Anschluß den Übergang zu einer sozialistischen Gesellschaft dar, in der die »Exproprieure expropriiert werden«, das heißt, in der die Arbeiter sich diesen Mehrwert wieder aneignen.

Die Prophezeiungen

Wären die Lehren von Marx nicht über die Arbeitswerttheorie und den Begriff der Ausbeutung hinausgegangen, wäre er eine unbedeutendere Erscheinung geblieben. Aber er ging weiter. Gestützt auf diese Begriffe behauptete er, einen wissenschaftlichen Beweis für den unvermeidlichen Übergang des Kapitalismus zum Sozialismus abgeleitet zu haben. Was sah er für die Zukunft voraus?

In der Welt von Marx stehen die Kapitalisten unter dem Zwang der Akkumulation, denn die Anhäufung von Reichtum wird zum Selbstzweck, nicht zu einem Hilfsmittel für einen späteren Konsum. In dem Maße, in dem das Kapital wächst, sinkt die Profitrate. Der Zwang, aus den Arbeitern einen noch höheren Mehrwert herauspressen zu müssen, führt zur »Verelendung« der Arbeiterklasse – worunter Marx eine Verschlechterung der Arbeitsbedingungen und eine zunehmende Entfremdung der Arbeiter verstand. Eine wachsende »Reservearmee von Arbeitslosen« würde verhindern, daß die Löhne über das Subsistenzminimum ansteigen.

In dem Maße, in dem die Gewinne schrumpfen und sich die Investitionschancen im eigenen Land erschöpfen, wird sich die herrschende Klasse der Kapitalisten dem *Imperialismus* verschreiben. Das Kapital versucht, im Ausland höhere Profitraten zu erzielen. Und der Handel wird dieser Theorie zufolge (besonders in ihrer später von Lenin weiterentwickelten Form) der Flagge folgen, das heißt, die Außenpolitik der imperialistischen Nationen wird auf den Erwerb von Kolonien gerichtet sein, aus denen erbarmungslos der Mehrwert herausgesogen wird.

Ein solches System des ungleichgewichtigen Wachstums kann sich jedoch nicht endlos fortsetzen. Marx sah ein ständig zunehmendes Maß an Ungleichheit im kapitalistischen System voraus sowie ein allmählich aufkeimendes Klassenbewußtsein auf seiten des unterdrückten Proletariats. Die Erfordernisse eines immer stärker expandierenden Produktionsniveaus würden schließlich zum Niedergang des Wettbewerbs und zur Entstehung des Monopolkapitalismus führen. Die konjunkturellen Schwankungen würden infolge mangelnder Kaufkraft der Massen und Unterkonsumtion an Heftigkeit zunehmen.

Schließlich würde unter dem Eindruck einer Depression ungeheuren Ausmaßes die Todesstunde des Kapitalismus schlagen. Wie eine überreife, nur noch locker am Baum hängende Frucht wäre der Kapitalismus zu einem so großen Trust oder Monopol aufgedunsen, daß die Arbeiter in einer spontanen, gewalttätigen Revolution die Macht an sich reißen würden.

So lauteten die Prophezeiungen, die Generationen von Radikalen der alten und neuen Linken inspirierten. In dem Maße, in dem sich diese Positionen festigten, begannen spätere Marxisten darüber zu debattieren, ob sich die Verelendung der

Arbeiter auf die Reallöhne oder auf den Anteil des Faktors Arbeit am Sozialprodukt bezieht, ob an die Stelle der Revolution auch die Evolution treten könne und ob der Sozialismus die erste oder die letzte Phase auf dem Weg zum Kommunismus sei.

Im Verlaufe der Jahrzehnte zeigte sich jedoch, daß das Marxsche Drama nicht in der Form abrollte, wie es im Drehbuch stand. Die Arbeiter kamen in den Genuß höherer Löhne und kürzerer Arbeitszeiten, und der Anteil des Faktors Arbeit am Volkseinkommen stieg langsam an. Der Wahlzettel und nicht die Waffe verschafften der Arbeiterschaft immer mehr politische Macht. Die Profitrate zeigte keine abnehmende Tendenz, da Innovationen immer wieder neue Investitionsgelegenheiten im eigenen Land schufen.

Hinsichtlich der Konjunkturzyklen schienen sich die Prophezeiungen von Karl Marx während der schweren Krisen der 90er Jahre des 19. Jahrhunderts und der 30er Jahre unseres Jahrhunderts zu erfüllen. Aber wie hätte Marx vorhersagen können, daß die 1936 veröffentlichte *General Theory* von Keynes den Weg für eine erfolgreiche makroökonomische Steuerung der Wirtschaft weisen würde, für den Abbau der Reservearmee der Arbeitslosen und ein Maß an wirtschaftlicher Stabilität, wie es dies nie zuvor gegeben hatte?

In den hundert Jahren seit der Veröffentlichung von *Das Kapital* ist die Geschichte den Marxschen Vorhersagen nicht gerade freundlich gesonnen gewesen. Aber wie wir gesehen haben, hält sich die Geschichte nur selten an ein von Sterblichen verfaßtes Drehbuch.

Klassenkampf und soziale Dynamik

Ehe wir Karl Marx verlassen, wollen wir festhalten, daß er stets mehr war als ein politisch engagierter Ökonom. Er war ebensosehr Philosoph, Historiker, Soziologe und Revolutionär.

Zu den bleibenden Beiträgen von Marx und Engels gehört ihre *ökonomische Interpretation der Geschichte*. Oberflächliche Analysen verweisen oft darauf, daß das Verhalten des Menschen durch seine Ideologie bestimmt werde, womit jedoch noch nichts erklärt ist. Marx verwies darauf, daß hinter den Werten, zu denen wir uns bekennen, ökonomische Interessen stehen und diese bestimmen. Er ging davon aus, daß der Unternehmer seine Stimme den Konservativen gibt und der Gewerkschaftsführer für Mindestlohngesetze und Arbeitslosenunterstützung stimmt. Der geistige Überbau wird nicht bestimmt von haarspalterischen logischen Analysen. Der aus Weltanschauungen, Gesetzen und Ideologien bestehende Überbau ist vielmehr Ausdruck der materiellen Lebensbedingungen und der materiellen Klasseninteressen.

Tatsächlich ist diese Denkweise der herrschenden Wirtschaftslehre gar nicht so fremd. Wir begegnen hier vielmehr dem Eigeninteresse von Adam Smith, und zwar verallgemeinert und losgelöst von den vordergründigen Dollarstimmen des Marktes und umgemünzt in die politischen Stimmen der Wähler und der Kugeln auf den Barrikaden. Umgesetzt in die formalen Kategorien der Nutzeneinheiten und Abstimmungsregeln erkennen wir in der ökonomischen Interpretation der Geschichte im Ansatz die moderne Theorie der Kollektiventscheidungen.

Kann uns wirklich, nachdem uns Marx und Engels die Augen geöffnet haben, die Bedeutung des militärisch-industriellen Komplexes noch überraschen? Und wie kann uns die Zwangsläufigkeit entgehen, mit der das in einem Jahrzehnt gewährte allgemeine Wahlrecht in den nächsten fünf Jahrzehnten zu einem redistributiven Steuersystem führen wird? Auch sollte die Art und Weise, in der heute politische Aktionskomitees Gelder einsetzen, um sich die Möglichkeit der Einflußnahme auf den amerikanischen Kongreß zu erkaufen, niemanden mehr in Erstaunen versetzen. Das Kalkül der Politik und das Kalkül des Marktes unterscheiden sich letztlich nicht gar so erheblich.

Diese knappe Darstellung der Marxschen Wirtschaftslehre kann nur ein sehr grobes Bild der großen, umstrittenen Gestalt von Karl Marx vermitteln. Aber sobald wir Marx wirklich verstanden haben, können wir kaum mehr Opfer der Fehlinterpretation der Whigschen Geschichtsschreibung werden und uns einbilden, der britische Kapitalismus des 19. Jahrhunderts sei die Krönung der menschlichen Zivilisation. Oder der Sieg des Proletariats bedeute zwangsläufig das Ende des Klassenkampfes[5], oder auch die wirtschaftliche Entwicklung lasse den Wohlfahrtsstaat des Jahres 1985 auf Dauer fortbestehen. »Sie alle werden vergehen!« So lautet Karl Marx' letzte These.

Sozialismus

Als Doktrin entwickelte sich der evolutionäre Sozialismus aus dem Werk von Marx und anderer radikaler Denker des 19. Jahrhunderts. Der Sozialismus steht auf halbem Weg zwischen dem Laissez-faire-Kapitalismus und dem sowjetischen Kommunismus, dem wir uns anschließend zuwenden werden. Einige gemeinsame Elemente kennzeichnen die meisten sozialistischen Philosophen.

- *Das staatliche Eigentum an den Produktionsmitteln.* Die Rolle des Privateigentums soll dadurch zurückgedrängt werden, daß die Schlüsselsektoren wie beispielsweise Eisenbahnen, Bergbau und Stahlindustrie verstaatlicht (in staatliches Eigentum überführt und vom Staat betrieben) werden.

Obgleich die Überführung der Industrie in die Hände des Staates das traditionelle Ziel des Sozialismus und einen klassischen Bestandteil der Definition des Sozialismus darstellt, ist die Begeisterung für Verstaatlichungsmaßnahmen in der Bundesrepublik, dem Vereinigten Königreich und Schweden inzwischen abgeflaut. Das einzige Land, das als nennenswerte Ausnahme dieser Desillusionierung bezüglich der Überführung der Industrie in staatliches Eigentum betrachtet werden kann, war das Frankreich unter Mitterrand, in dem 1981 Dutzende von Unternehmen und Banken verstaatlicht wurden.

- *Staatliche Planung.* Sozialisten mißtrauen der ungehinderten Entfaltung des Gewinnmotives, auf die sich die Laissez-faire-Wirtschaft stützt. Sie beharren auf einem Planungsapparat zur Koordination der verschiedenen Wirtschaftssektoren. In einer Zeit, in der solche Programme das Schwergewicht auf die Entwicklung der Bereiche der »hochentwickelten Technologie« legen, laufen sie häufig unter der Bezeichnung »Industriepolitik«.

---

5 Nur ein besonders scharfsinniger Marxist konnte den vor zehn Jahren in Polen und der Tschechoslowakei zu hörenden trockenen Witz machen: Im Kapitalismus beutet der Mensch den Menschen aus; im Sozialismus verhält es sich umgekehrt.

In vielen europäischen Ländern hat durch die »Mitbestimmung«, bei der Arbeitnehmervertreter und öffentliche Vertreter als Unternehmensdirektoren am Entscheidungsprozeß beteiligt werden, eine Auflösung des rein kapitalistischen Managements stattgefunden.

• *Die Einkommensumverteilung.* Ererbte Vermögen sowie die Spitzeneinkommen sollen durch einen militanten Einsatz der Besteuerungsbefugnisse des Staates verringert werden. In manchen Ländern sind die Grenzsteuersätze bis auf 95 Prozent hochgeklettert! Sozialversicherungsleistungen, kostenlose medizinische Versorgung und die staatliche Fürsorge von der Wiege bis zur Bahre, die die Gemeinschaft aus progressiven Steuern finanziert, erhöhen das Wohlergehen der weniger privilegierten Gesellschaftsschichten und garantieren einen Mindestlebensstandard.

• *Eine friedliche und demokratische Evolution.* Im Gegensatz zum Kommunismus spricht sich der Sozialismus häufig für eine friedliche und schrittweise Ausweitung des staatlichen Eigentums an den Produktionsmitteln aus – für die Evolution auf dem Weg über die Wahlurnen anstatt für die Revolution mit der Waffe.

Annäherung an den Kapitalismus?

Wenn viele der Prinzipien des modernen Sozialismus amerikanischen Ohren vertraut klingen, so ist das kein Zufall. Die in sozialistischen Ländern – in Skandinavien, Frankreich und im Großbritannien vor Margaret Thatcher – praktizierten Methoden erinnern immer stärker an die Entwicklung der Verhältnisse in den Vereinigten Staaten in den fünf Jahrzehnten von F.D. Roosevelt bis Präsident Carter. Selbst die Versuche der Reagan-Regierung, die Macht des Staates stärker einzudämmen, hat die meisten der früheren Wohlfahrtsprogramme unberührt gelassen.

Etwas überspitzt formuliert können John Kenneth Galbraith und Jan Tinbergen darauf hinweisen, daß sich in der gesamten Welt eine Konvergenz aller Länder in Richtung auf eine einzige Form eines modernen Industriestaates beobachten läßt.

Sowjetischer Kommunismus

Im allgemeinen finden Debatten über Wirtschaftsphilosophien in Fachjournalen und in den Hörsälen der Universitäten statt. Im Falle des Marxismus hat sich die Geschichte für einen anderen Weg entschieden. Marx war der Auffassung, daß der Kapitalismus dem Sozialismus weichen würde – daß dieser Übergang jedoch zuerst in den hochentwickelten Ländern erfolgen werde, die wie überreife Früchte am Baum hingen und nur darauf warteten, vom Proletariat geerntet zu werden. Nach einer Übergangsphase würde der Sozialismus dann dem Kommunismus Platz machen. Wie sah die tatsächliche Entwicklung aus?

In der Praxis begann das Experiment mit der Machtübernahme der Bolschewisten in dem wirtschaftlich rückständigen Rußland. Dies geschah in den »zehn Tagen, die die Welt erschütterten«, wie John Reed sie nannte, die in jüngster Zeit in dem Film *Reds* dargestellt wurden. Seit 1917 hat sich die Sowjetunion zu einer einflußreichen Militär- und Wirtschaftsmacht entwickelt.

Warum beschäftigen wir uns mit dem sowjetischen Wirtschaftssystem?

In unserer modernen Welt des verstärkten ideologischen und militärischen Wettstreits zwischen unterschiedlichen Systemen erlangt das Verständnis der sowjetischen Wirtschaft und Gesellschaft eine neue Bedeutung. Das Schicksal der Länder des Westens läßt sich nicht von den wirtschaftlichen Ereignissen in der UdSSR trennen. Durch eine Beschäftigung mit dem sowjetischen System können wir hoffen, Antworten etwa auf folgende Fragen zu finden: Wie erfolgreich ist der sowjetische Kommunismus bei der Förderung des Wirtschaftswachstums? Ist die sowjetische Wirtschaft rascher gewachsen als die marktorientierten Mischwirtschaften des Westens? Wird sich der größere Anteil ihrer Verteidigung am BSP als erträgliche Belastung für die sowjetische Volkswirtschaft erweisen?

Wie immer die Antworten auf solche Fragen ausfallen – über einige Fragen zum sowjetischen Kommunismus sollte von Anfang an Klarheit herrschen.

Erstens ist die sowjetische Wirtschaft entgegen der Annahmen ihrer frühen Kritiker rasch gewachsen, sie hat ihren Einfluß ausbauen können und viele Verbündete gefunden. Es ist ihr gelungen, von einem militärischen Zwerg, der Deutschland im Jahre 1918 auf Knien um einen Waffenstillstand bitten mußte, zu einer in der ganzen Welt gefürchteten Supermacht aufzusteigen.

Wirtschaftlich betrachtet besteht die wahrscheinlich wichtigste Lehre darin, daß eine Zentralplanwirtschaft durchaus funktionieren kann; das heißt, eine Volkswirtschaft, in der das Eigentum an den Produktionsmitteln in den Händen des Staates liegt, in der der Gewinn nicht die entscheidende, treibende Kraft ist und in der die großen Entscheidungen auf dem Verwaltungswege getroffen werden, kann sich über lange Zeiträume hinweg als leistungsfähig erweisen.

Während die großen Linien des Erfolges deutlich sichtbar sind, weisen Kritiker auf zahlreiche Mängel hin, die im folgenden näher betrachtet werden sollen – auf Schwächen in der Landwirtschaft, ein Nachlassen des Wachstums in den letzten Jahren, auf die geringe Qualität der Konsumgüter sowie auf den vielleicht wichtigsten Aspekt, den erschreckend hohen Preis an Menschenleben und politischer Repression, den die Sowjetunion zahlen mußte, um ihre Erfolge zu erzielen.

Die Geschichte der Sowjetunion

Vor dem Ausbruch des Ersten Weltkrieges befand sich das zaristische Rußland an der Schwelle eines industriellen Aufstiegs. Es erlebte eine rasche Entwicklung zwischen 1880 und 1914, lag jedoch noch erheblich hinter den hochentwickelten Ländern wie den Vereinigten Staaten oder Großbritannien zurück.

Der Erste Weltkrieg brachte für die russische Bevölkerung große Härten mit sich und gestattete Lenin und Trotzki – die den Arbeitern politische Macht und den Bauern eigenen Boden versprachen –, in einem raschen Staatsstreich die Macht an sich zu reißen. Kaum hatten die Bolschewisten einen Waffenstillstandsvertrag mit Deutschland unterzeichnet, als ein erbitterter Bürgerkrieg ausbrach. Das neue Regime wurde von den Truppen Frankreichs, Großbritanniens und selbst der Vereinigten Staaten bekämpft. Es gab eine Zeit, in der drei Viertel des derzeitigen sowjetischen Territoriums verlorengegangen waren. Die Erfahrungen des Ersten Weltkrieges, der Bürgerkrieg und die Plünderung durch die Deutschen während des Zweiten Weltkrieges ließen bei den führenden sowjetischen Politikern keinen Zweifel daran aufkommen, daß eine starke militärische Führung für das Überleben des Landes von entscheidender Bedeutung sei.

Schon unmittelbar nach der Machtübernahme befand sich die sowjetische Führung in einem Dilemma. Sie verfügte über keinerlei wirtschaftliches Konzept, an dem sie sich hätte orientieren können. Marx hatte zwar in aller Breite die Fehler des Kapitalismus dargestellt, aber da er der Auffassung war, daß sich nicht im voraus sagen ließe, wie die zukünftige kommunistische Gesellschaft im einzelnen aussehen werde, hielt er sich mit spekulativen Aussagen über den Zuschnitt des Gelobten Landes weitgehend zurück.

Zwischen 1917 und 1933 experimentierte die UdSSR mit verschiedenen sozialistischen Modellen, ehe sie sich für das Zentralplanungsmodell entschied, wie wir es heute vorfinden.[6] Der erste Schritt war der »Kriegskommunismus«, in dem die zentrale Befehlsgewalt über die wirtschaftlichen Entscheidungen die radikalste Ausprägung erlebte, die es in unserem Jahrhundert gegeben hat – einige Theoretiker spielten damals sogar mit dem Gedanken einer Abschaffung des Geldes.

Als sich der Kriegskommunismus als nicht lebensfähig erwies, wandte Lenin sich der Neuen Ökonomischen Politik (NEP) zu, die eine Dezentralisierung der Industrie von beträchtlichem Umfang sowie eine Privatisierung des kleingewerblichen Handels mit sich brachte.

Aber die NEP war der sowjetischen Mentalität fremd. Viele Ereignisse führten zu ihrer Aufgabe: der politische Triumph Stalins, die Erholung von den Zerstörungen des Ersten Weltkrieges und des Bürgerkrieges, die Unzufriedenheit mit dem Tempo der Industrialisierung im Rahmen der NEP. All diese Faktoren veranlaßten Stalin und seine Genossen, sich um das Jahr 1928 für ein radikales, neues Vorhaben zu entscheiden – die Kollektivierung der Landwirtschaft und eine durch staatlichen Druck forcierte Industrialisierung.

Die Kollektivierung der sowjetischen Landwirtschaft zwischen 1929 und 1935 stellt eines der großen Dramen der modernen Geschichte dar. Obgleich manches an den Ereignissen mangels objektiver Berichterstattung im dunkeln bleibt, hat es den Anschein, daß im wesentlichen folgende Gründe zu der »großen Wende« führten: Erstens wollten Stalin und andere die reicheren Bauern (die »Kulaken«) eliminieren, die einen harten Kern des Widerstands gegen die sowjetische Politik bildeten. Zweitens fand eine eindeutige Abkehr von den Mechanismen des Marktes statt. Drittens waren die Getreidelieferungen an den Staat – eine Art Steuer, die die Bauern zu entrichten hatten – drastisch zurückgegangen. Und schließlich hoffte Stalin, daß er mehr Ressourcen mobilisieren und höhere Getreideabgaben fordern könne, wenn die Bauern zu Kollektiven zusammengefaßt wurden, als wenn sie als eigenständige, freie Bauern wirtschafteten. Zwischen 1929 und 1935 wurden deshalb 94 Prozent aller sowjetischen Bauern gezwungen, sich zu Kollektiven zusammenzuschließen. Viele wohlhabende Bauern wurden im Rahmen dieser Aktion deportiert. Die Bedingungen verschlechterten sich derart, daß zahllose Bauern umkamen.

Die zweite Komponente des »großen Sprungs nach vorn« war die Einführung der Wirtschaftsplanung mit dem Ziel einer raschen Industrialisierung. In den

---

6 Eine sehr ansprechende Geschichte der Entwicklung der sowjetischen Wirtschaftsgeschichte findet der Leser in Alec Nove, *An Economic History of the U.S.S.R.*, Penguin, überarb. Aufl. 1982.

ausgehenden 20er Jahren sprach die Kommunistische Partei von der Notwendigkeit, die kapitalistischen Länder auf dem Wege über die Planung eines raschen Wachstums der Schwerindustrie zu überrunden.

Demzufolge erstellten die Sowjets ihren ersten Fünfjahresplan 1928–1933. Er forderte eine Steigerung der Investitionstätigkeit um 150 Prozent im Verlauf von 5 Jahren. Hier zeigte sich bereits der Schwerpunkt der sowjetischen Planung: Die Schwerindustrie sollte den Vorrang vor der Leichtindustrie haben, die Konsumgüterindustrie bildete das Schlußlicht der Prioritätenliste. Ein weiterer Aspekt des ersten Planes war sein »Gigantismus« – gigantische langfristige Pläne wie etwa der große Dnjepr-Staudamm verschlangen Unsummen an Kapital.

Die sowjetische Wirtschaftsgeschichte seit den 30er Jahren ist ein Drama ohne Ende: die Vorbereitungen auf die deutsche Invasion und der schließliche Sieg über Deutschland, fortgesetzte, von einem raschen Wachstum der Industrie begleitete »Dringlichkeitsplanungen«, hohe Rüstungsinvestitionen, die heute 10 bis 14 Prozent des BSP aufzehren; zunehmender unerbittlicher Druck auf die Intelligenz, um ihren Konformismus zu erzwingen, sowie die Unterdrückung Andersdenkender während der Stalinistischen Ära; eine gewisse Entspannung in der Zeit Chruschtschows und Breschnews, in der gewisse, im folgenden darzustellende Reformversuche unternommen wurden; und kürzlich die Rückkehr zu konservativeren Methoden unter Andropow und Tschernenko.

Die sowjetische Wirtschaft heute

Nachdem wir gesehen haben, wie sich die marxistische Lehre im 19. Jahrhundert aus dem alten Stamm der Wirtschaftswissenschaft entwickelt hat, zu einer ausgereiften Ideologie wurde und sich schließlich im unterentwickelten Rußland entfaltete, wenden wir uns nunmehr der sowjetischen Wirtschaft unserer Tage zu. Diese Untersuchung der Funktionsweise der größten Zentralplanungswirtschaft der Welt bildet eine unschätzbare Ergänzung des Verständnisses ökonomischer Vorgänge.[7]

Auch hier möchten wir wieder, wie im Falle der Marktwirtschaft, wissen, wie die drei grundlegenden Wirtschaftsprobleme gelöst werden: *Was* soll produziert werden? *Wie* soll es produziert werden? Und *für wen* sollen die Güter hergestellt werden?

Grob gesprochen stellt sich uns folgendes Bild dar: Praktisch sämtliche Produktionsmittel – Fabriken, Produktionsausrüstungen und der Boden – befinden sich im Eigentum des Staates. Die wesentlichen Entscheidungen über die Produktion sowie die Inputs erfolgen auf dem Weg über Direktiven von oben in Übereinstimmung mit dem Wirtschaftsplan oder den Wünschen der Planer. In Bereichen, in denen Wechselbeziehungen zwischen Volkswirtschaft und den Haushalten stattfinden – bei den Konsumgütern und auf den Arbeitsmärkten – werden die Preise von den Planern in der Weise festgesetzt, daß die Konsumnachfrage die Märkte mehr oder weniger räumt. Der gravierende Unterschied zur Marktwirtschaft besteht jedoch darin, daß die Richtung der Wirtschaftstätigkeit vom Staat und nicht vom souveränen Kunden vorgezeichnet wird.

---

[7] Eine objektive Darstellung des sowjetischen Wirtschaftssystems geben Paul R. Gregory und Robert C. Stuart, *Soviet Economic Structure and Performance*, Harper & Row, New York, 2. Aufl. 1981.

Was wird produziert?

Wie oben festgestellt, erfolgt die Allokation der Produktion in einer Zentralplanwirtschaft wie der der UdSSR auf der Basis einer politischen Entscheidung. Aus Gründen der Vorrangigkeit der nationalen Sicherheit genießt die Verteidigung den höchsten Stellenwert – der Verteidigungshaushalt verschlingt einen doppelt so großen Anteil am BSP wie in den Vereinigten Staaten und die fähigsten Köpfe der Wissenschaft und Technik werden in den Dienst der Verteidigung gestellt. Den nächsten Posten auf der Prioritätenliste bilden die Investitionen, deren Anteil am BSP sich in den letzten Jahrzehnten zwischen 30 und 40 Prozent bewegte (verglichen mit etwa 15 Prozent in den Vereinigten Staaten). Der Konsumsektor bildete immer das Schlußlicht; auf ihn entfiel der Anteil an der Gesamtproduktion, der übrigblieb, nachdem das Soll der restlichen Sektoren erfüllt war.

Aber bei dieser Aufteilung des BSP auf die verschiedenen Verwendungsarten muß man wissen, daß die Preise und Einkommen eine sehr geringe Rolle spielen. Als erstes entscheiden die Planer über die Allokation des BSP; dann erst setzen sie Einkommen und Preise ein (in der nachfolgend darzustellenden Weise), um ihre Ziele zu erreichen.

Heikel ist die Frage, auf welche Weise die Allokation von Konsumgütern erfolgt. Die Sowjets waren sich sehr früh darüber im klaren, daß materielle Anreize (beziehungsweise eine Belohnung der Leistung) notwendig seien, um die Unterstützung der Arbeiter für das Industrialisierungsprogramm zu gewinnen. Irgendwelche Ideen bezüglich gleicher Löhne und gleicher Einkommen für alle Konsumenten galten schlichtweg als »Gleichheitswahn«.

Heißt das, daß Konsumentscheidungen dem Markt überlassen werden? Nicht im geringsten. Vielmehr entscheiden die Planer zunächst über die Menge und die Verteilung von Konsumgütern (soundso viel Konsum insgesamt, soundso viel Autos, soundso viel Radios und so fort); anschließend werden die Preise festgesetzt, die für einen annähernden Ausgleich von Nachfrage und Angebot sorgen.

Genauer gesagt setzen die sowjetischen Planer die *Umsatzsteuern* auf einem Niveau an, das die Räumung der Konsumgütermärkte gewährleistet. Diesen Vorgang veranschaulicht Abbildung 35.1, in der die verschiedenen Komponenten des Einzelhandelspreises dargestellt werden. Der springende Punkt ist dabei, daß die sowjetischen Planer durch eine entsprechende Manipulation der Umsatzsteuer dafür sorgen können, daß die Konsumenten etwa genau die Menge an Gütern kaufen, die die Planer zu produzieren bereit sind.

Die Rolle der *Preise* in der sowjetischen Volkswirtschaft unterscheidet sich eindeutig von der einer Marktwirtschaft. Welche Prinzipien liegen der Preisbestimmung zugrunde?

Mit wenigen Ausnahmen werden die Preise von Planern, nicht von Unternehmen festgesetzt. Wir haben bereits gesehen, daß die Einzelhandelspreise (einschließlich der Umsatzsteuern) unter dem Gesichtspunkt der Kapazitäten des Marktes bestimmt werden. Die Großhandelspreise – mit denen die Unternehmen rechnen – dienen demgegenüber als Verrechnungspreise. Sie werden auf der Basis der durchschnittlichen Produktionskosten (zuzüglich eines geringfügigen Preisaufschlages) insgesamt festgesetzt. Westliche Beobachter betonen, daß die Preise für Industriegüter (wie beispielsweise für Stahl) praktisch keine Allokationsfunktion haben.

Ein weiteres Merkmal sowjetischer Preisbildung sollte festgehalten werden: Die

Im Interesse der Räumung der Konsummärkte variieren die Steuern

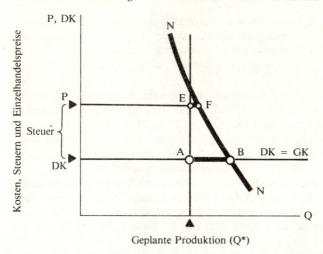

Abbildung 35.1. Auf den Konsummärkten werden die Steuern so angesetzt, daß die Konsumentennachfrage der geplanten Produktion entspricht.
Sowjetische Planer sind sich der Tatsache bewußt, daß große Marktschwemmen oder Engpässe auftreten werden, wenn das geplante Produktionsniveau zu stark von der von den Konsumenten nachgefragten Menge abweicht. Gäbe es keine Steuer und entspräche der Preis den Durchschnittskosten, würden die Konsumenten die durch den Punkt B dargestellte Menge nachfragen, während lediglich die Menge A verfügbar ist. Es würde deshalb zu einer fühlbaren Knappheit von der Größenordnung AB kommen. Um solche Knappheiten zu verhindern, bedienen sich die Planer einer Umsatzsteuer in Höhe von AE, die den Preis auf P anhebt. Während die Steuer im Prinzip dazu bestimmt ist, für den Ausgleich von Nachfrage und Angebot zu sorgen, werden die Preise in der Praxis über lange Zeiträume hinweg konstant gehalten. Im allgemeinen liegen die Preise etwas unter dem den Markt räumenden Niveau, weshalb es zu lästigen Knappheiten kommt (dargestellt durch EF), die eine chronische Erscheinung der sowjetischen Wirtschaft sind.

Preise verändern sich über lange Zeiträume hinweg praktisch überhaupt nicht. Sie werden lediglich ein- oder zweimal innerhalb eines Jahrzehnts »reformiert«. *Die Starrheit sowjetischer Preise sowie die Tatsache, daß sie auf den Durchschnittskosten und nicht auf den Grenzkosten beruhen, machen sie häufig zu sehr unzuverlässigen Indikatoren für die echten gesellschaftlichen Kosten.*

Das sowjetische Preissystem ist für einen westlichen Ökonomen ein Horror. Er wird fragen: »Wie kann man überhaupt eine Volkswirtschaft organisieren, wenn man den wahren Wert der Güter nicht kennt?«

Darauf könnte ein orthodoxer sowjetischer Ökonom antworten: Sie haben überhaupt nicht begriffen, worauf es ankommt. Der ganze Sinn der Planung besteht darin, die Fehler des Marktes zu *vermeiden.* Wir ziehen es vor, Güter zu produzieren, die die Gesellschaft wirklich braucht (nach Meinung der Kommunistischen Partei), anstatt unsere Volkswirtschaft den Launen des Marktes zu überlassen, der endlose Mengen an die Umwelt verschmutzenden Autos, Donkey-Kong-Videospiele und Designer-Jeans produziert. Wenn wir daran interessiert wären, den Kunden zum König zu machen, könnten wir uns des Marktes bedienen. Aber daran sind wir nicht interessiert.

Wie wird produziert?

Wenn die Planer über die grundlegende Allokation der Endprodukte entscheiden, welcher Mechanismus entscheidet dann darüber, wie die Güter produziert werden? Wie gelangt eine Planwirtschaft zu einer Entscheidung darüber, ob Stahl oder Aluminium eingesetzt werden soll, Kernenergie oder Kohle, Arbeitskräfte oder Maschinen?

Diese Frage läßt sich in zwei Teile zerlegen: (1) Auf welcher Ebene der Hierarchie wird über Produktionsmethoden entschieden, und (2) von welchen Überlegungen lassen sich die Entscheidungsträger leiten?

- Die Entscheidungen über das Wie werden weitgehend durch die Planungsbürokratie auf dem Verwaltungsweg gefällt. Nachdem die Planer die endgültigen Produktionsmengen festgelegt haben, bedienen sie sich einer Methode der sogenannten *Materialbilanzen* zur Bestimmung der geplanten Inputs und der geplanten Lieferungen an und Käufe von anderen Unternehmen. Dabei werden von den Planern insbesondere die Investitionen in allen Einzelheiten spezifiziert. Den Unternehmen wird ein gewisser Spielraum bei der Zusammensetzung der Arbeitsinputs eingeräumt.

- Was veranlaßt die Unternehmensleiter, die Pläne der Planer zu erfüllen? Keine Planungsbürokratie könnte sämtliche Tätigkeiten jedes einzelnen Unternehmens genau spezifizieren – vieles muß dem Ermessen der Unternehmensleiter überlassen bleiben. Der Versuch, ein wirksames System unternehmerischer *Anreize* zu schaffen, ist eines der immer wiederkehrenden Probleme der sowjetischen Zentralplanwirtschaft.

Im Gegensatz zur Marktwirtschaft *besteht das vorrangige Ziel von Unternehmen in der sowjetischen Volkswirtschaft nicht darin, Gewinn zu erzielen.* Das vorrangige Ziel ist vielmehr die Planerfüllung. Das Hauptziel ist die Produktion (oder genauer gesagt, die »realisierte Produktion« beziehungsweise der Umsatz). Zu den untergeordneten Zielen gehören die Arbeitsproduktivität, das Produktsortiment und in den letzten Jahren auch der Gewinn.

Sowjetische Manager werden deshalb danach beurteilt, wie gut ihr Unternehmen den Plan erfüllt: Bei Planerfüllung erhalten sie beträchtliche Prämien, während sie andererseits entlassen werden können, wenn sie das Planziel nicht erreichen.

Obgleich uns viele Aspekte des sowjetischen Systems befremden, sind andere überall auf der Welt gleich. Erfolgreiche Bürokraten in der UdSSR sind »Organisationsmenschen« – gehorsam und erfinderisch, unterwürfig gegenüber ihren Vorgesetzten und arrogant gegenüber ihren Untergebenen. Was zählt, ist Tüchtigkeit: nicht nur Tüchtigkeit in bezug auf die Lösung verfahrenstechnischer Probleme, sondern ebenfalls Geschick im Umgang mit Menschen. Einige Kritiker klagen in diesem Zusammenhang über die ständigen feudalen Arbeitsessen der Unternehmensleiter. Auch finden sich in der sowjetischen Presse häufig Berichte über überzogene Spesenkonten oder unnötige, unter irgendwelchen Vorwänden durchgeführte Reisen in Badeorte am Schwarzen Meer.

Das Anreizsystem für die Unternehmensleiter hat zu erheblichen Verzerrungen in der sowjetischen Volkswirtschaft geführt. Da die Erfüllung des Produktions- oder Umsatzsolls einen so hohen Stellenwert hat, horten Unternehmensleiter häufig Inputs wie beispielsweise Stahl, die zu Engpässen führen können, wenn sie aufgrund von Versorgungsmängeln oder Transportverzögerungen knapp werden. Da Produktionsziele außerdem keine Qualitätsvorgaben enthalten, herrscht die Neigung, Güter geringer Qualität zu produzieren. Wird das Soll auf 10000 Hemden angesetzt, verarbeitet das Unternehmen grobes Tuch und die Nähte sämtlicher Hemden sind krumm und schief. Es gibt Berichte, denen zufolge Transportunternehmen tankwagenweise Wasser hin und her karren, nur um ihr Leistungsziel, das heißt die Beförderung von soundso viel Tonnen über soundso viel Kilometer zu erfüllen.

Dennoch wäre es irreführend, ständig auf den Schwächen des Systems herumzuhacken. Widersprüche und Probleme mit dem Anreizsystem gibt es in jeder Volkswirtschaft – man denke nur an die in den Kapiteln 20 und 24 dargestellten paradoxen Verhältnisse, die sich in Amerika aus der Trennung zwischen Eigentum und Kontrolle ergeben.

Was zählt, sind die Ergebnisse, und es kann kein Zweifel daran bestehen, daß sich das sowjetische Planungssystem als ein kraftvoller Motor für die Erzielung wirtschaftlichen Wachstums erwiesen hat.

Für wen wird produziert?

Wir haben bereits die Frage angesprochen, wem die sowjetische Wirtschaft dient. Das ganze System ist darauf ausgerichtet, die Ziele der Planer und der obersten politischen Führer der Kommunistischen Partei zu erreichen. Oberste Priorität haben seit 1930 die nationale Sicherheit sowie ein rasches Wirtschaftswachstum gehabt. In den letzten Jahren ist jedoch auch der Konsument in der Bedeutung gestiegen. Im Vergleich zur Stalinschen Ära fließt heute ein sehr viel größerer Teil der Investitionen in die Landwirtschaft und in die Leichtindustrie. Dennoch ist das System nach wie vor weit davon entfernt, seine Triebkraft von den Konsumentenwünschen zu beziehen.

Aufgrund des hohen Stellenwertes der Investitionsgüterindustrie sowie der Verteidigung beträgt der Anteil des Konsums am BSP lediglich 55 Prozent (gegenüber 75 Prozent in den Vereinigten Staaten). Dabei herrscht keine Gleichheit in der Verteilung des Konsums. Die Löhne werden zentral festgesetzt, und zwar unter dem Gesichtspunkt der Ressourcen der Arbeitsmärkte. In den frühen Phasen der Industrialisierung waren die von den Planern festgesetzten Unterschiede in den Löhnen von Facharbeitern im Vergleich zu ungelernten Arbeitern sehr hoch und spiegelten das relativ niedrige Qualifikationsniveau wider. In den 30er Jahren herrschten Spannen von 8:1, während der Abstand zwischen den Löhnen heute aufgrund der gestiegenen Zahl gut ausgebildeter Arbeitskräfte auf ein Verhältnis von 2:1 zurückgegangen ist.

In seinem *Kommunistischen Manifest* gebrauchte Marx die Formulierung »Jedem nach seinen Bedürfnissen«. Die sowjetischen Führer sind zu dem Schluß gelangt, daß eine solche utopische Gesellschaft noch in ferner Zukunft liegt und deshalb das System materieller Anreize für Arbeitnehmer weiterhin eine Schlüsselrolle bei der Verteilung der Konsumgüter spielen muß.

Wirtschaftswachstum im Vergleich

Während des größten Teiles der Nachkriegsära haben die Vereinigten Staaten und die Sowjetunion auf der Weltbühne im Wettstreit miteinander gelegen: um die Meinung der Weltöffentlichkeit und um Verbündete, um die größere Stärke in der Rüstungs- und Raketenproduktion wie auch im Kampf um wirtschaftliches

Die Planwirtschaft hat der UdSSR ein rasches Wachstum beschert

Land und Periode	Durchschnittliche Wachstumsrate des BSP (in Prozent pro Jahr)
Sowjetunion	
1885–1913	3,3
1928–1983	4,9
Vereinigte Staaten	
1834–1929	4,0
1929–1984	3,0
Vereinigtes Königreich	
1850–1984	2,1
Deutschland	
1850–1984	2,8
Japan	
1874–1984	4,5

Tabelle 35.1. Langfristiges Wachstum des BSP in der Sowjetunion und anderen führenden Ländern.
Die Zentralplanwirtschaft der Sowjetunion ist seit 1928 rascher gewachsen als die Wirtschaft des zaristischen Rußland und hat die führenden Marktwirtschaften in bezug auf ihr langfristiges Wachstum überflügelt. Lediglich Japan sowie die Vereinigten Staaten in ihrer Phase des raschen Wachstums reichen an die sowjetische Wachstumsrate heran. (Quelle: Paul F. Gregory und Robert C. Stuart, *Soviet Economic Structure and Performance*, Harper & Row, New York, 2. Aufl., 1981; von den Autoren auf den neuesten Stand gebracht.)

Wachstum. 1958 brüstete sich der sowjetische Premierminister Chruschtschow mit der Vorhersage, daß die UdSSR die Vereinigten Staaten wirtschaftlich noch das Fürchten lehren werde. In einer Zeit, in der die amerikanische Wirtschaft stagnierte, in der die sowjetischen Wirtschaftspläne erfüllt wurden, in der der erste Vorstoß ins Weltall die Sowjetunion an die Spitze der Weltraumtechnologie setzte, schien es durchaus plausibel, daß die Sowjets die Vereinigten Staaten und ihr Mischsystem überflügeln würden.

Was hat die größte Zentralplanwirtschaft der Welt tatsächlich geleistet? Um diese Frage zu beantworten, werden wir untersuchen, inwieweit sie die zentralen Ziele jeder Volkswirtschaft erreicht hat – ein rasches Wirtschaftswachstum, Gleichheit sowie Freiheit von Arbeitslosigkeit und Inflation.

Wirtschaftswachstum

Vorrangiges Anliegen aller sowjetischen Führer seit den ausgehenden 20er Jahren war die rasche Industrialisierung. Folglich ist ein Vergleich des Wachstums des BSP in der Sowjetunion mit dem anderer Staaten angebracht.

Wie Tabelle 35.1 erkennen läßt, hat die sowjetische Wirtschaft seit den 20er Jahren eindrucksvolle Wachstumsraten gezeigt. Sie lagen über dem langfristigen Trend sämtlicher dort aufgeführter Marktwirtschaften.

Wie ist dieses Wirtschaftswachstum zu erklären? Untersuchungen deuten darauf hin, daß das Wachstumstempo deshalb hoch gewesen ist, weil ein extensives

Wachstum stattgefunden hat – mit sehr hohen Kapital- und Arbeitsinputs. Die Produktivitätssteigerung (das heißt das Produktionswachstum je Inputeinheit) ist in der UdSSR etwa genauso hoch gewesen wie in den Marktwirtschaften.

Aber der früher zu beobachtende Trend zu einem rascheren Wachstum der kommunistischen Staaten im Vergleich zu den Vereinigten Staaten hat sich in den letzten Jahren nicht mehr fortgesetzt. Nach den Berechnungen einiger Analytiker ist das Wachstum der Vereinigten Staaten in den vergangenen zehn Jahren sogar höher gewesen als das der Sowjetunion. In der letzten 5-Jahres-Periode wuchs das sowjetische BSP lediglich um 2,5 Prozent pro Jahr. Wodurch wurde diese Verlangsamung ausgelöst? Verursachungsfaktoren waren unter anderem: eine geringe Innovationsneigung, eine Reihe verheerender Mißernten, die steigende Belastung durch die Verteidigungsausgaben, sehr viel höhere Energieerzeugungskosten im äußersten Osten und Norden der UdSSR; und schließlich die Belastungen, die der Einsatz eines schwerfälligen Planungsapparates für die Bewältigung der Erfordernisse einer komplexen Volkswirtschaft mit sich bringt.

Wo steht die sowjetische Wirtschaft heute? Insgesamt gesehen betrug das sowjetische BSP 53 Prozent desjenigen der Vereinigten Staaten im Jahre 1984. Pro Kopf der Bevölkerung betrug die sowjetische Produktion jedoch nur 46 Prozent der amerikanischen Produktion. Es besteht nach wie vor eine große Kluft zwischen den führenden hochentwickelten kapitalistischen Ländern und der Sowjetunion, und eine Verringerung dieser Kluft ist nicht zu erkennen.

Einkommensverteilung

Einer der Hauptvorwürfe, die Marx gegen den Kapitalismus erhob, lautete, daß ein großer Teil eines »unverdienten« Einkommens in die Hände von Kapitalisten fließe. In einer sozialistischen oder kommunistischen Gesellschaft würde dagegen, da der größte Teil des Vermögens in den Händen des Staates läge, dem im wesentlichen auch das gesamte Vermögenseinkommen zufiele, eine gerechtere Einkommensverteilung herrschen als in einer Marktwirtschaft.

In der Praxis haben, wie wir gesehen haben, die kommunistischen Planer Ungleichheiten in Form von hohen (wenn auch abnehmenden) Lohnunterschieden und von großzügigen Vergünstigungen für die Eliten des Systems zugelassen. Neuere Schätzungen bezüglich des Grades der Ungleichheit werden in der Abbildung 35.2 dargestellt. Sie deuten auf erstaunliche Ähnlichkeiten zwischen der Sowjetunion und Osteuropa einerseits und den westlichen Ländern andererseits hin.

Inflation und Arbeitslosigkeit

Wie sieht die Situation schließlich gegenüber den großen Geißeln des Kapitalismus – der Arbeitslosigkeit und der Inflation – aus? Von diesen scheint die UdSSR tatsächlich verschont geblieben zu sein. In der Regel herrscht aufgrund der hochgesteckten Wirtschaftspläne ein Mangel an Arbeitskräften. Darüber hinaus sind die staatlich kontrollierten Preise im allgemeinen recht stabil, weshalb es keine offene Inflation gibt. So viele Mängel dem sowjetischen Kommunismus auch anhaften mögen, die Probleme der offenen Inflation und der Arbeitslosigkeit gehören nicht dazu.

Wie sieht die Bilanz dieser verschiedenen Leistungselemente unter dem Strich aus? Ein Urteil darüber übersteigt den Rahmen der reinen Wirtschaftswissen-

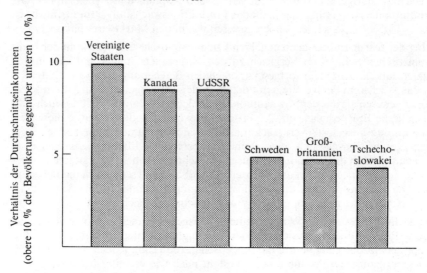

Abbildung 35.2. Die Einkommensverteilung in der UdSSR ähnelt derjenigen der Vereinigten Staaten.
In jüngeren Untersuchungen wird die Einkommensungleichheit in kommunistischen Ländern untersucht. Dargestellt sind Schätzungen des Durchschnittseinkommens der oberen 10 Prozent der Bevölkerung im Verhältnis zu den unteren 10 Prozent. Werden die Einkommen der kommunistischen Eliten einbezogen, zeigt sich eine auffallende Ähnlichkeit in der Einkommensungleichheit zwischen der Sowjetunion und den Vereinigten Staaten. In den Wohlfahrtsstaaten Westeuropas ist die Ungleichheit geringer als in der UdSSR (Quelle: C. Morrison, »Income Distribution in East European and Western Countries«, *Journal of Comparative Economics*, Juni 1984)

schaft. Das sowjetische Modell hat ohne Zweifel den Beweis dafür erbracht, daß eine Zentralplanwirtschaft die für ein rasches Wirtschaftswachstum und die Errichtung einer furchterregenden Militärmacht notwendigen Ressourcen zu mobilisieren vermag. Sie hat dies jedoch nur unter Einsatz großer menschlicher Opfer – selbst des Opfers menschlichen Lebens – und in einer Atmosphäre politischer Unterdrückung erreicht. Ist der wirtschaftliche Erfolg einen so hohen menschlichen Tribut wert? Dies ist eine der größten Gewissensfragen der menschlichen Gesellschaft.

Reformen und alternative sozialistische Modelle

Obgleich das sowjetische Modell in der UdSSR feste Wurzeln geschlagen hat, ist es in Ungarn, der Tschechoslowakei und in jüngster Zeit auch in Polen zu leidenschaftlichen Auseinandersetzungen um das System gekommen. In der Sowjetunion selbst lebte nach dem Tod Stalins eine intensive Diskussion um eine Reform der Wirtschaft wieder auf.

Mehr oder weniger Zentralisierung?

Im wesentlichen standen sich in der Debatte zwei Lager gegenüber – diejenigen, die eine verbesserte Zentralplanung anstreben, und diejenigen, die den Entscheidungsprozeß dezentralisieren und den Preisen und Gewinnen die Schlüsselrolle zuweisen wollen.

Die Anhänger einer *verbesserten Zentralplanung* heben hervor, daß sich durch den Einsatz neuer mathematischer Methoden die Planungsdirektiven verbessern lassen. Sie würden Input-Output-Verfahren einsetzen (nach Art der von dem ehemaligen, in Rußland geborenen Harvard-Professor W. Leontief entwickelten, im Anhang zu Kapitel 36 beschriebenen Methoden). Einige (wie der Nobelpreisträger Kantorowitsch sowie I.S. Novoschilow, Mitglied der Akademie der Wissenschaften) möchten Methoden des linearen Programmierens zur Anwendung bringen, um zu Schätzungen für die angemessenen Knappheitspreise zu gelangen, die dann in die Pläne eingehen sollen. Die Verfechter der Zentralisierung würden also die tragenden Elemente der Zentralplanwirtschaft beibehalten und lediglich für präzisere Direktiven sorgen.

Das andere Extrem bilden diejenigen, die auf eine stärkere *Dezentralisierung* drängen. Diese Gruppe betont, daß eine moderne Volkswirtschaft ein zu komplexes Gebilde sei, um mit dem hohen Grad an Zentralisierung, wie er in der Sowjetunion herrscht, betrieben werden zu können. Sie verweisen darauf, daß stark aggregierte Produktionskontingente zu Verzerrungen führen und diese Verzerrungen durch die Verwendung von Preisen noch verstärkt werden, die nur schlechte Indikatoren für tatsächliche wirtschaftliche Knappheiten sind.

Diese Gruppe, die zum ersten Mal im Zusammenhang mit den Reformvorschlägen des sowjetischen Ökonomen E. Liberman von sich reden machte, würde dem Gewinn als dem entscheidenden Anreiz eine größere Bedeutung beimessen. Spielen Gewinne eine größere Rolle, wären die sowjetischen Unternehmensleiter gezwungen, Faktoren wie Kosten, Qualitäten und Innovationen größere Beachtung zu schenken – ähnlich wie dies für kapitalistische Unternehmer gilt. Reformvorstellungen nach der Art von E. Liberman in den 60er Jahren galten in der Sowjetunion als sehr radikal. Aber selbst die extremsten dieser Ideen gingen nicht annähernd so weit wie die von Oskar Lange entwickelte und in Kapitel 31 behandelte Vorstellung vom »Marktsozialismus«.

Tatsächlich hat die Debatte über sowjetische Reformen sehr viel Staub aufgewirbelt, aber bislang zu wenig substantiellen Veränderungen im Organisationsablauf der sowjetischen Wirtschaft geführt. Dezentralisierungsmaßnahmen gab es nur in begrenztem Umfang, wenngleich einige wichtige verwaltungstechnische Änderungen eingeführt wurden. Eine größere Neuerung bestand in der Einführung eines Kapitalzinses. Zinsen dienen heute ähnlichen Zwecken wie in kapitalistischen Ländern, nämlich der Aussonderung weniger dringlicher Investitionsprojekte im Planungsprozeß.

Ungarn

Reformen von erheblichem Gewicht sind in den kommunistischen Ländern Osteuropas durchgeführt worden – Reformen, bei denen das Pendel stärker in die Richtung der Dezentralisierung ausschlug. Die tiefgreifendste Reform erfolgte in Ungarn nach 1968. Im wesentlichen wandten sich die ungarischen Planer von detaillierten mikroökonomischen Planungen ab und legten das Schwergewicht auf den makroökonomischen Gesamtrahmen. Die Unternehmen lassen sich seither bei ihren Entscheidungen über Inputs, Absatz und Produktionsverfahren von Gewinnerwägungen leiten. Die Planer verzichten auf die Allokation von Produktionsgütern. Die Preise werden im Prinzip der Bestimmung durch die Marktkräfte überlassen (obgleich in der Praxis viele Preise im Interesse der Inflationsbekämpfung eingefroren wurden). Die wesentlichen Interventionsmaßnahmen der ungarischen Planer richten sich auf die Aufrechterhaltung der Vollbeschäftigung, des außenwirtschaftlichen Gleichgewichts sowie die Steuerung der Investitionen.

Bis zum Jahre 1984 gab es noch keine überzeugenden Beweise dafür, daß das ungarische Experiment mit dem Marktsozialismus zu sichtbaren Erfolgen bei der Förderung des Wirtschaftswachstums und der wirtschaftlichen Effizienz geführt hatte. Einige Beobachter sind der Meinung, daß die eigentlichen Fortschritte – wie die größere Zufriedenheit der Konsumenten angesichts einer größeren Gütervielfalt und eines reichhaltigeren Angebots – nicht meßbar sind. Den weiteren Verlauf solcher Experimente werden all diejenigen im Auge behalten, die an der Leistungsfähigkeit unterschiedlicher Wirtschaftssysteme interessiert sind.

Schlußbetrachtung: Wirtschaftliche und politische Freiheiten

Wir haben uns mit den Instrumenten der ökonomischen Analyse vertraut gemacht, um die Funktionsweise einer Volkswirtschaft durchschauen zu können. Die meisten unserer Kapitel haben sich mit dem ökonomischen Mischsystem beschäftigt – nicht mit der Traumwelt des Laissez-faire, die es niemals gegeben hat, noch mit einem Utopia, das noch im Schoß der zukünftigen Geschichte ruht. Bei denjenigen, die in den wohlhabendsten Ländern der Welt leben, ist die Versuchung groß, sich einem Gefühl der Selbstgefälligkeit sowohl in bezug auf sich selbst als auch auf ihre Gesellschaft hinzugeben.

Fragen an die Zukunft

Dennoch lassen unablässige Sorgen um das ökonomische Mischsystem viele Menschen der jüngeren wie der älteren Generation nicht los. Was bedeutet es ihnen schon, daß Keynes uns den Weg zur Überwindung von Konjunkturkrisen gewiesen hat – wenn die Arbeitslosenziffern während der vergangenen zwei Jahrzehnte stetig in die Höhe geklettert sind?

Was heißt es schon, daß die Armen weniger arm sind als früher – wenn ihre Zahl ständig zunimmt und die Ungleichheit der ökonomischen Chancen so hartnäckig fortbesteht wie eh und je?

Und welche Vorkehrungen treffen wir für die Schaffung einer lebenswerten und sicheren Welt in den nächsten Jahrzehnten? Werden wir immer weiter versinken in einen Sumpf aus radioaktiver Strahlung, saurem Regen und giftigen Abfällen?

Politische und wirtschaftliche Freiheiten

Jenseits der immerwährenden Sachprobleme der Wirtschaftswissenschaft tauchen Fragen auf, die von noch fundamentalerer Bedeutung sind und die das Verhältnis zwischen *(a)* den *politischen* Freiheiten – den Bürgerrechten und den Rechten des Individuums – und *(b)* den *wirtschaftlichen* Freiheiten oder den Freiheiten des Marktes betreffen – die Vermögensrechte, die Freiheit von Höchst- und Mindestpreisen, die Freiheit von Kontrollen usw.

Viele Menschen befürworten angesichts der Mißstände unserer Tage neue staatliche Programme – höhere öffentliche Leistungen für die Armen, Arbeitsbeschaffungsprogramme, Lohn- und Preiskontrollen und so fort. Sie würden sich möglicherweise einer links von der Mitte anzusiedelnden Position anschließen und argumentieren:

Vermögensrechte sind weniger wichtig als Bürgerrechte. Wie kann jemandes Heim seine Burg sein, wenn es ein verfallener Schuppen ist? Warum sollten wir ein Hoch auf das freie Unternehmertum ausrufen, wenn Millionen Menschen arbeitslos sind?

Auf der entgegengesetzten Seite stehen die Konservativen, die das Anreizsystem und den Zwangscharakter von staatlichen Eingriffen unterstreichen. Sie würden sich wahrscheinlich den Aposteln des Laissez-faire wie Hayek[8] und Friedman anschließen, die behaupten:

Wirtschaftsreformen und staatliche Zwangsmaßnahmen sind ein sicherer Weg in die Knechtschaft. Wenn Sie versuchen, für eine gerechtere Aufteilung des gesellschaftlichen Kuchens zu sorgen, werden Sie lediglich dessen Größe verringern. Wenn Sie in den Preismechanismus eingreifen, wird es zu Engpässen kommen. Entscheidend ist jedoch die Tatsache, daß die persönliche und die wirtschaftliche Freiheit untrennbar miteinander verknüpft sind. Sobald Sie sich auf den Weg zu staatlichen Kontrollen und staatlicher Planung der Wirtschaft begeben, geraten die Freiheit der Meinungsäußerung und die freie Wahl der politischen Führung in Gefahr.

Diese pessimistische Auffassung von der Planung wird durch das linke Feld der Abbildung 35.3 dargestellt.

Wie sehen die – auf Einzeluntersuchungen, dem Studium der Geschichte und der Erfahrung beruhenden – unterstellten Beziehungen zwischen den tatsächlich herrschenden individuellen Freiheiten und den Eingriffen des Staates in das ökonomische Mischsystem aus? An dieser Stelle und zum Abschluß unserer Darstellung alternativer ökonomischer Doktrinen dürfen wir vielleicht einmal von allzu großer Strenge in unserer Analyse absehen und über etwas spekulieren, was sich wissenschaftlich nicht exakt beweisen läßt.

Wie das Streudiagramm im rechten Feld der Abbildung 35.3 zeigt, ist unsere Interpretation der Geschichte etwas zurückhaltender, aber optimistischer als diejenige Hayeks. Es besteht kein Zweifel, daß totalitäre Regime sowohl die ökonomischen als auch die politischen Freiheiten zerstören können. Demgegenüber kann eine moderne Demokratie, die behutsam vorgeht und sich den ganzen uns inzwischen zur Verfügung stehenden Erkenntnisschatz zunutze macht, beiden Welten das Beste abgewinnen. Sie kann die gröbsten Schönheitsfehler der Marktwirtschaft beseitigen und gleichzeitig die wertvollsten Güter, die sich nicht in der

---

8 Vgl. Friedrich Hayek, *The Road to Serfdom*, Chicago University Press, Chicago 1944.

Beziehung zwischen politischer und wirtschaftlicher Freiheit

(a) Theorie

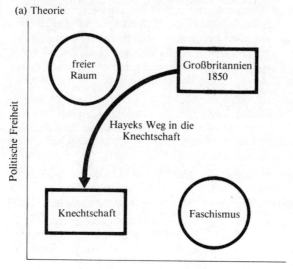

(b) Praxis

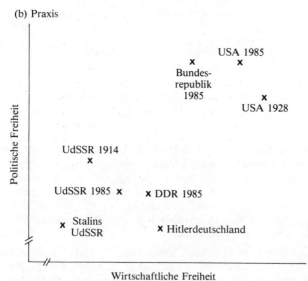

Abbildung 35.3. Die Geschichte wie auch die Erfahrungen unserer Zeit lassen die Behauptung, daß Wirtschaftsreformen zur Knechtschaft führen, fraglich erscheinen.
Die Freiheitsthese von Hayek unterstellt – dargestellt in (a) –, daß staatliche Eingriffe in die Marktwirtschaft *zwangsläufig* zu politischer Knechtschaft führen müssen. Aber finden wir diese Hypothese bestätigt, wenn wir uns den – in (b) dargestellten – historischen Verlauf ansehen?

Höhe des BSP ausdrücken, bewahren: die Freiheit der Meinungsäußerung, die Freiheit des Wandels, die Freiheit zur Gestaltung des Lebens nach eigenem Ermessen.

Zusammenfassung
A. Die Entwicklung der Wirtschaftslehre

1. Als eigenständige Disziplin beginnt die Nationalökonomie mit den klassischen Ökonomen: mit Adam Smith, dem Kritiker einer Einmischung des Staates in die segensreiche und geordnete Welt des Laissez-faire; mit Malthus und Ricardo, den pessimistischen Propheten des abnehmenden Ertragszuwachses und des Kampfes um die Verteilung des begrenzten gesellschaftlichen Einkommens zwischen den Lohnarbeitern, den Bodenbesitzern und den gewinnorientierten Kapitalisten.

2. Vor hundert Jahren machte die an Überzeugungskraft verlierende klassische Wirtschaftslehre der neoklassischen Lehre Platz – der Synthese von Nutzen und Kosten; der Marginalanalyse, die, über die Ricardosche Rentenanalyse hinausgehend, auf sämtliche Produktionsfaktoren ausgeweitet wurde; den ökonometrischen Messungen, die mit immer stärker verfeinerten mathematischen und statistischen Werkzeugen arbeitete; und der modernen Wohlfahrtsökonomie.

3. Die Keynessche Revolution ergänzte die Mikroökonomie der Neoklassiker durch die seit langem überfällige Makroökonomie, die schließlich zu einer Synthese der geld- und fiskalpolitischen Analyse führte.

4. Die einflußreichsten Gegenströmungen zu der herrschenden Wirtschaftslehre gehen von der Rechten wie von der Linken aus: von den die individuelle Freiheit betonenden Chikagoer Schulen (Hayek und Friedman); von der modernen makroökonomischen Schule der rationalen Erwartungen; von dem Bilderstürmer Galbraith mit seiner Lehre von der Rolle der Großunternehmen und der Technokratie in der im Überfluß lebenden modernen Industriegesellschaft; von der alten und der neuen Linken sowie den modernen Radikalen unter den Ökonomen.

B. Der Marxismus und alternative Wirtschaftssysteme

5. Als Reaktion auf die periodisch wiederkehrenden Krisen des Kapitalismus haben Kritiker der Linken wie der Rechten einen ganzen Strauß von »-ismen« hervorgebracht.

6. Der Marxsche, aus der klassischen Lehre Ricardos hervorgegangene Ableger hat in der geistigen und politischen Geschichte eine zentrale Rolle gespielt. Der wissenschaftliche Sozialismus nimmt für sich in Anspruch, die Entwicklungsgesetze des Kapitalismus vorherzusagen: die Ausbeutung und Verelendung, den Klassenkampf und die klassenabhängige Ideologie, den Imperialismus, die Konjunkturkrisen und den Sieg des Proletariats.

7. Der Sozialismus stellt eine Organisationform dar, die sich auf halbem Wege zwischen Kapitalismus und Kommunismus befindet, das staatliche Eigentum an den Produktionsmitteln betont, die Planung durch den Staat, die Einkommensumverteilung und den friedlichen Übergang zu einer neuen Welt.

8. Historisch gesehen schlug der Marxismus seine festesten Wurzeln im semifeudalen Rußland. Eine Analyse des *Was*, *Wie* und *Für wen* in der Zentralplanwirtschaft der Sowjetunion zeigt ein sehr viel höheres Maß an Zentralplanung bezüglich der großen Bereiche der Ressourcenallokation (insbesondere die Betonung des Verteidigungssektors sowie einer hohen Investitionsrate und rascher Industrialisierung). Die sowjetische Wirtschaft ist seit den 20er Jahren sehr rasch gewachsen, obgleich nach wie vor eine große Kluft zwischen der UdSSR und den hochentwickelten kapitalistischen Ländern bestehenbleibt.

Begriffe zur Wiederholung

das Programm von Adam Smith
abnehmende Ertragszuwächse bei Ricardo, Klassenkonflikte
neoklassische Wirtschaftslehre
die Chikagoer Schule und die Freiheit des Individuums
die Neue Linke und die Wirtschaftslehre der Radikalen
das Marxsche Entwicklungsgesetz
Sozialismus, Kommunismus, Marxismus
die Zentralplanung nach sowjetischem Muster
Das *Was*, *Wie*, *Für wen* in der Sowjetunion
die beiden Extreme der kommunistischen Reform
wirtschaftliche und politische Freiheiten

Fragen zur Diskussion

1. Welche Teile moderner amerikanischer Wirtschaftslehrbücher würden von den heutigen sozialistischen oder sowjetischen Denkern schlecht – oder gut – aufgenommen?

2. Warum mußte Ihrer Meinung nach das Laissez-faire-System dem ökonomischen Mischsystem und dem Wohlfahrtsstaat weichen? Und warum rücken viele Länder seit den 70er Jahren von den auf der Devise »von der Wiege bis zur Bahre« beruhenden Wohlfahrtsprogrammen ab?

3. Stellen Sie eine Liste der wichtigsten »-ismen« zusammen und beschreiben Sie jeden einzelnen und seine Geschichte.

4. Geben Sie eine Darstellung des *Was*, *Wie* und *Für wen* in der Sowjetunion.

5. Gehen Sie nochmals die Liste der Vorbehalte der Vertreter einer freiheitlichen Wirtschaftslehre gegen staatliche Eingriffe in das moderne ökonomische Misch-

system durch (S. 531). Rufen Sie sich auch Hayeks These von der Wirtschaftsreform als einem Weg in die Knechtschaft ins Gedächtnis zurück. Welche der einzelnen Eingriffe führen zu einer Ausweitung und welche zu einer Einschränkung der wirtschaftlichen Freiheiten? Bei welchen würden Sie sich der Opposition Friedmans anschließen?

6. Betrachten Sie das sowjetische und das amerikanische Wirtschaftsmodell. Wo liegen die Stärken oder Schwächen beider in bezug auf folgende Aufgaben:
(a) die Erreichung eines hohen Verhältnisses von Investitionen zum BSP
(b) die Anpassung der Größen und Farben von Schuhen an die Konsumentenwünsche
(c) die Kontrolle der Inflation und der Arbeitslosigkeit
(d) die Erfindung neuer Produkte und Produktionsverfahren?

7. Vergleichen Sie die Rolle der Preise und der Gewinne in der Sowjetunion und in den Vereinigten Staaten.

8. *Preisfrage:* In der sowjetischen Planung stellt die Aufstellung von Materialbilanzen die fundamentale Methode dar. Bei dieser Methode wird die Gesamtnachfrage nach jedem Gut (im Prinzip) in der Weise angepaßt, daß sie dem Gesamtangebot entspricht. Genauer gesagt wird die Nachfrage auf den verschiedenen Stufen so bestimmt, daß die Summe sämtlicher Nachfragen nach Zwischenerzeugnissen (z.B. Saatgetreide) plus die Endnachfrage (z.B. Getreide für Teekuchen) den Angeboten entsprechen (z.B. der Produktion, den Importen und dem Rückgang in den Lagerbeständen an Getreide).

Stellen Sie unter Rückbezug auf die (besonders in Kapitel 22 dargestellten) Prinzipien einer effizienten Ressourcenallokation fest, ob ein mit Materialbilanzen arbeitender Plan mit Sicherheit eine allokative Effizienz erreicht. (Tip: Zeichnen Sie eine die Grenzkosten berücksichtigende Angebotskurve und eine den Grenznutzen berücksichtigende Nachfragekurve. Wählen Sie ein beliebiges Produktionsniveau, und gehen Sie davon aus, daß dies zu dem Preis abgesetzt wird, bei dem die Ausbringung gleich der nachgefragten Menge ist (das heißt, der Preis wird bestimmt durch den Schnittpunkt zwischen der Menge des Planers mit der Nachfragekurve). Ist $GK = GN$? Können Sie irgendeinen Aspekt in der Methode der Materialbilanzen erkennen, der die grundlegenden Bedingungen für eine allokative Effizienz garantiert? Läßt Ihre Analyse erkennen, warum sowjetische Ökonomen dem derzeitigen System kritisch gegenüberstehen und Reformen, wie etwa eine stärkere Dezentralisierung oder bessere Planungsmethoden, vorschlagen?

Teil VIII
Wirtschaftswachstum und internationaler Handel

Teil VII:

Wirtschaftliches Wachstum: Theorie und Praxis 36

Die Geschichte ist eine Legende, über die keine Einigkeit herrscht.
Unbekannter Autor

Wenn in der Öffentlichkeit Diskussionen über Wirtschaftsfragen geführt werden, beziehen sie sich häufig auf die Schlagzeilen der Zeitungen und auf aktuelle Probleme. Für Verfasser von Leitartikeln sind die Arbeitslosenzahlen des vergangenen Monats, die jüngsten leichten Kurskorrekturen oder Kehrtwendungen in der Politik der Federal Reserve Bank und die Nöte der Stahl- oder Automobilindustrie ein unerschöpfliches Thema.

Aber solche Probleme verursachen nicht mehr als ein leichtes Kräuseln an der Oberfläche der größeren Wellen des wirtschaftlichen Wachstums. Jahr für Jahr wird in den Industrienationen Kapital gebildet, werden die Grenzen des technologischen Wissensstandes erweitert und die potentielle Produktion vergrößert. Gleichzeitig unterliegen die Industrien in den verschiedenen Regionen und Ländern einem Strukturwandel. Die Herstellung von Pferdehufeisen oder Dampfmaschinen schrumpft und verschwindet; die Stahl- und Textilindustrie kämpfen gegen die Konkurrenz aus den Niedriglohnländern um ihr Überleben; die Luftfahrtindustrie und die Mikrocomputer werden zu den neuen Säulen der amerikanischen Industriegesellschaft – zumindest eine Zeitlang.

In Teil VIII wenden wir uns diesen langfristigen Problemen des Wachstums und des Handels zu. Wir beginnen in diesem Kapitel zunächst mit der Geschichte des Wachstums der amerikanischen Wirtschaft und ihrer quantitativen Leistung sowie mit den Wirtschaftstheorien, die den dargestellten Trend erklären.

Kapitel 37 beschäftigt sich mit der gleichen Frage, legt jedoch den Schwerpunkt auf die Probleme des wirtschaftlichen Wachstums ärmerer Nationen. Wir werden sehen, welche Barrieren dafür sorgen, daß die armen Nationen arm bleiben, und welche Schritte unternommen werden können, um eine Besserung ihrer wirtschaftlichen Situation herbeizuführen.

In den verbleibenden drei Kapiteln werden schließlich Fragen des Welthandels und des internationalen Zahlungssystems behandelt. Kapitel 38 beginnt mit der Theorie der komparativen Kostenvorteile, einer der zentralen Erkenntnisse der modernen Wirtschaftswissenschaft. Diese Theorie zeigt, warum es sich für ein

Land lohnt, selbst dann Handel zu treiben, wenn andere Länder in der Produktion jedes beliebigen Gutes leistungsfähiger (oder weniger leistungsfähig) sind.

Kapitel 39 wendet sodann die Theorie der komparativen Kostenvorteile auf die Analyse der Frage des Protektionismus an: Sollte ein Land seine Industrien vor den Importen aus leistungsfähigeren Nationen schützen? Wie sehen die fragwürdigen Gründe für die Errichtung internationaler Handelsschranken aus und wie die vertretbaren?

Im letzten Kapitel widmen wir uns schließlich Problemen des internationalen Zahlungsverkehrs. Wir werden sehen, warum der Gold- und der Dollarstandard zusammenbrachen und durch das heutige System marktabhängiger Wechselkurse ersetzt wurden. Ebenfalls beschäftigen wir uns – unabhängig von den Vor- und Nachteilen des heutigen Systems – mit dem Anstieg des Dollarkurses und den schwerwiegenden Störungen, zu denen dieser im In- und Ausland beigetragen hat.

Nach der Darstellung dieser abschließenden Themen ist unser Überblick über die herrschende moderne Wirtschaftslehre abgeschlossen.

A. Theorie des Wirtschaftswachstums

Wirtschaftliches Wachstum gilt in allen Ländern seit langem als zentrales wirtschaftspolitisches Ziel. In den Vereinigten Staaten sind ganze Präsidentschaftskampagnen mit Programmen geführt worden, in denen die Notwendigkeit verkündet wurde, »die Wirtschaft wieder in Schwung zu bringen«. Andere Länder, wie die Sowjetunion, haben das Leben unzähliger Menschen und unsagbare Mühen dem Ziel einer raschen Industrialisierung geopfert. Und nur wenige würden diese Ziele in Frage stellen und bestreiten, daß der wirtschaftliche Fortschritt die Mühe lohnt.

In diesem Kapitel untersuchen wir das Wachstum von Ländern. Lassen sich einzelne Phasen in der Geschichte ausmachen? Wie sieht der Prozeß der wirtschaftlichen Entwicklung aus, der zu einem steigenden Lebensstandard sowie zur Akkumulation von Kapital führt? Lassen sich in den Industrienationen wirtschaftliche Wachstumsstrukturen erkennen? Und läßt sich seit den frühen 70er Jahren ein Wandel in den Strukturen des wirtschaftlichen Wachstums beobachten?

Darüber hinaus wollen wir nach den Quellen des wirtschaftlichen Wachstums forschen. Verdanken wir den Anstieg unseres Lebensstandards dem vergrößerten Kapitalbestand oder dem technischen Fortschritt? Und was kann ein Land tun, um seine wirtschaftliche Leistung zu verbessern? Bei all diesen Fragen handelt es sich um zentrale Themen, die wir in diesem Kapitel mit Hilfe der Wachstumstheorie und der Wachstumspolitik angehen wollen.

Phasen der Geschichte

Nach Auffassung von Voltaire ist die Geschichte nichts anderes als eine Legende, auf die man sich geeinigt hat; und es war lange üblich, die wirtschaftliche Entwicklung als einen Prozeß zu betrachten, der nach einem bestimmten Zeitplan abläuft. Vor mehr als hundert Jahren teilte Friedrich List in seinem 1841 erschienenen Werk *Das nationale System der politischen Ökonomie* die Geschichte in einzelne Phasen ein. Nach Auffassung von List, Karl Marx und anderen vollzog sich die Entwicklung der Gesellschaft in einer nicht umkehrbaren Richtung wie folgt:

Primitive Kulturen

Auf der untersten Stufe gab es marodierende Jäger und eigenbedarfsorientierte Stammesfamilien, die Ackerbau betrieben.

Feudalismus

Als der verfügbare Raum knapp zu werden begann, entwickelte sich die primitive Wirtschaftsgemeinschaft zur Feudalgesellschaft. Im Mittelalter spielte sich das gesamte wirtschaftliche und gesellschaftliche Leben, angefangen beim König und bis hinunter zum Leibeigenen, im Rahmen einer festgefügten – weitgehend auf dem Bodenbesitz beruhenden – Ordnung ab, in der Unterwerfung und Ausbeutung herrschten.

Kapitalismus

Wie in einem Theater senkte sich dann jedoch der Vorhang zum Zeichen des Endes des Feudalismus; an seiner Stelle betrat der bürgerliche, vom Mittelstand getragene Kapitalismus die Bühne und wurde zum Träger der Zivilisation. Die Stunde der Feudalgesellschaft schlug, als die Renaissance und die Reformation die Industrielle Revolution einläuteten. Die Bauern wurden von ihren Feldern vertrieben und als Industrieproletariat in die Städte abgedrängt. Flüsse wurden durch Dämme reguliert, um die Wassermassen zu bändigen, und mit der Erfindung der Dampfmaschine wurde es möglich, die menschliche und tierische Energie durch Energie aus Holz und Kohle zu ersetzen. Die protestantische Ethik trug schließlich dazu bei, daß sich ein wirtschaftlich denkendes Unternehmertum herausbildete.

Selbstzufriedene, dem Denken der Whigs verhaftete Historiker des Viktorianischen Zeitalters, wie beispielsweise Lord Macaulay, glaubten, daß die Ära des viktorianischen Kapitalismus mehr oder weniger einen als vollkommen zu bezeichnenden Zustand geschaffen hätte. Das einzige, was ihrer Meinung nach zu tun blieb, war die Verwirklichung weiterer Fortschritte in Richtung auf einen Abbau der Zölle sowie die Beseitigung der wenigen sonstigen Eingriffe des Staates in die Wirtschaft. Die Rolle des Staates würde verblassen.

Sozialismus und Kommunismus

Andere, außerhalb Großbritanniens wirkende Denker, wie etwa Marx, teilten die Auffassung, daß die Geschichte ein Schauspiel in drei Akten sei, nicht. Auch der Kapitalismus sei nur eine vorübergehende Phase, auf die wiederum die des Sozialismus oder Kommunismus folge, so wie der Kapitalismus die Nachfolge des scheidenden Feudalismus angetreten habe. Im Jahre 1849 schrieben Marx und Engels im *Kommunistischen Manifest*:

Die moderne bürgerliche Gesellschaft ist aus den Überresten der Feudalgesellschaft hervorgegangen... Der moderne Arbeiter wird zum verelendeten Pauper... Die Bourgeoisie erzeugt deshalb ihre eigenen Totengräber. Ihr Niedergang und der Sieg des Proletariats sind gleichermaßen unausweichlich.

Fakten und Fiktionen

Der Gang der Ereignisse deckt sich selten mit den Fabeln der Historiker oder Ökonomen. Der viktorianische Kapitalismus wich dem Wohlfahrtsstaat. Die von Marx und Engels für Frankreich und Deutschland prophezeiten Revolutionen fanden nicht statt. Vielmehr sind in den hundert Jahren seit der Veröffentlichung von *Das Kapital* (1867) durch Karl Marx die Reallöhne keineswegs gefallen oder konstant geblieben; der Industriekapitalismus sorgte vielmehr für deren dramatischen Zuwachs.

Eine weitere, häufig vorgetragene Prophezeiung lautete, daß der Kapitalismus von immer schwerwiegenderen Depressionen heimgesucht werden würde. Tatsächlich erwies sich die Weltwirtschaftskrise der 30er Jahre als eine der schwersten, die das kapitalistische System je erlebt hat. Aber wer konnte vorhersehen, daß Keynes Theorien entwickeln würde, die es unseren modernen Marktwirtschaften erlauben, zur Abschwächung von konjunkturellen Einbrüchen und zur Bekämpfung chronischer Depressionen geld- und fiskalpolitische Maßnahmen einzusetzen? Nur wenige gut informierte Beobachter der postkeynesianischen Ära glauben, daß eine einzige, letzte Depression das Schicksal des Kapitalismus besiegeln wird.

Das Wunder in der Mitte unseres Jahrhunderts

Worin lag die große Überraschung in der wirtschaftlichen Entwicklung, die uns die zweite Hälfte des 20. Jahrhunderts bereitete?

Die herausragende und überraschendste Entwicklung unseres Zeitalters lag in der nicht vorhergesehenen Leistungskraft der Marktwirtschaft. Wirtschaftswunder in Form eines anhaltenden Wachstums der Produktion und eines Anstiegs des Lebensstandards ereigneten sich in Japan, Deutschland, Italien, Frankreich, Skandinavien und Nordamerika.

Für Gesellschaftspropheten unserer Zeit wie Schumpeter und Toynbee stellte sich das ökonomische Mischsystem als »Kapitalismus unter dem Sauerstoffzelt« dar. Aber die Wachstumserfahrungen im dritten Viertel des 20. Jahrhunderts bewiesen, daß die Marktwirtschaft sich durchaus mit früheren Epochen kapitalistischer oder kommunistischer Entwicklung messen kann.

In den 70er Jahren brach jedoch das Zeitalter der »Stagflation« über uns herein, das in keinem der Zeitpläne der Gelehrten prognostiziert worden war und das weder die Kristallkugeln von Spengler und Toynbee noch von Marx, Schumpeter oder Galbraith hatten erkennen lassen. Wir leben in einer Welt, die von keinem Propheten jemals geweissagt worden ist!

Caveat emptor – der Käufer sei auf der Hut – gilt für die Übernahme wissenschaftlicher Prophetien über die Zukunft ebenso wie für den Kauf von Autos und Aktien.

Wirtschaftstheorien

Wir wollen uns im folgenden verschiedenen wirtschaftlichen Modellen zuwenden, die uns das Verständnis der Geschichte erleichtern. Vom Anbeginn der Entstehung der Wirtschaftswissenschaft an haben die Ökonomen ihre Instrumente eingesetzt, um Licht in die Entwicklung der Produktion und Löhne sowie in den Prozeß des wirtschaftlichen Wachstums allgemein zu bringen.

Aber was verstehen wir eigentlich unter *Wirtschaftswachstum*? Im modernen Sprachgebrauch verstehen wir darunter das Wachstum der potentiellen Produktion eines Landes beziehungsweise des potentiellen realen BSP: die Steigerung der wirtschaftlichen Produktionskraft. Wenn wir uns an die in Kapitel 2 (in Band 1) dargestellte Grenze der Produktionsmöglichkeiten erinnern, können wir uns unter dem Wirtschaftswachstum auch eine Verlagerung dieser Grenze nach außen vorstellen (sehen Sie nochmals Abbildung 2.3 an, die diese Auffassung des Wirtschaftswachstum verdeutlicht).

Wachstums*theorien* der Art, die wir in der ersten Hälfte des vorliegenden Kapitels betrachten wollen, beschäftigen sich mit den Faktoren oder Prozessen, die zu wirtschaftlichem Wachstum führen: Sie untersuchen die Kräfte, durch die einige Länder ein rasches, andere ein langsames Wachstum und wieder andere überhaupt kein Wachstum erreichen.

Die »großartige Dynamik« bei Smith und Malthus

Mit *The Wealth of Nations* (1776) verfaßte Adam Smith ein Handbuch der wirtschaftlichen Entwicklung. Er ging von einem hypothetischen goldenen Zeitalter aus – »jenem ursprünglichen Zustand, der sowohl der Aneignung des Bodens wie der Kapitalbildung vorausgeht« –, in dem allein die Arbeit zählte, in dem der Boden allen frei zugänglich war und noch keine nennenswerte Kapitalbildung stattgefunden hatte.

Wodurch werden in dieser unkomplizierten, zeitlosen Phase – der Morgenröte der Gesellschaft – die Preisbildung und die Verteilung bestimmt? Die Preise und Produktionsmengen hängen ausschließlich vom Faktor Arbeit ab. Jedes Gut wird zu Preisen gehandelt, die genau der für seine Produktion erforderlichen Menge an Arbeit entsprechen. Wenn es doppelt so lange dauert, einem Biber aufzulauern und ihn zu erlegen wie ein Reh, dann sind Biber doppelt so teuer wie Rehe.

Die Bestimmung des Preises durch die Arbeitskosten allein wäre dann unabhängig von der Zahl der Güter gültig, die es gäbe. Angebot und Nachfrage beherrschen dieses goldene Zeitalter. Die Situation ist von einer solchen Einfachheit, daß wir auf das Zeichnen von aufwendigen NN- und AA-Kurven verzichten können. Die langfristigen AA-Kurven für die verschiedenen Güter stellen sich als einfache horizontale Geraden in Höhe der angegebenen Arbeitskosten dar. Die Arbeitskosten entscheiden deshalb über den Preis.

Bevölkerungswachstum

Betrachten wir nun die dynamischen Kräfte in einer solchen Wirtschaft. Es läßt sich gut leben in diesem goldenen Zeitalter. Kinder werden geboren, und alle 25 Jahre verdoppelt sich die Bevölkerung. Da Boden reichlich vorhanden ist, ziehen die Menschen in unerschlossene Gebiete und besiedeln neue Flächen. Mit der Verdoppelung der Bevölkerungszahl erfolgt eine genaue Verdoppelung der Produktion. Die Preisrelationen zwischen Rehen und Bibern sind genau die gleichen wie zuvor.

Wie sieht es mit den Reallöhnen aus? Auf sie entfällt nach wie vor das gesamte Volkseinkommen, da bisher noch keine Abzüge für Bodenrenten oder Kapitalzinsen vorgenommen werden müssen. Da sich das Wachstum der Produktion wie der Bevölkerung im Gleichschritt vollziehen und Bodenmangel kein Hindernis für die Ausweitung der Produktion ist, machen sich keinerlei abnehmende Erträge bemerkbar. Die Reallöhne bleiben im Zeitablauf konstant.

Erfindungen

Und so ginge es immer weiter, bis irgendein cleverer Erfinder beispielsweise eine neue Methode entwickelte, mit deren Hilfe man in 1 Stunde erledigen könnte, was bisher 2 Stunden dauerte. Dadurch würde das Sozialprodukt pro Kopf ansteigen. Von einer solchen gleichgewichtigen Steigerung bliebe das Preisverhältnis zwischen Biber und Reh unberührt; die Reallöhne würde sie jedoch verdoppeln. In der Frühzeit der unverfälschten Arbeitswerttheorie können Erfindungen lediglich eine Erhöhung der Löhne und eine Beschleunigung des Tempos eines gleichgewichtigen Wachstums bewirken.[1]

Knapper Boden und abnehmender Ertragszuwachs

Selbst wenn es jemals ein derartiges goldenes Zeitalter gegeben hätte, wäre seine Zeit abgelaufen, sobald der gesamte Boden besiedelt war. Wie wir in Kapitel 2 gesehen haben, ist ein gleichgewichtiges Wachstum zwischen Boden- und Arbeitsinputs einerseits und deren Outputs andererseits nicht mehr möglich, sobald es kein Neuland mehr zu erschließen gibt. Neue Arbeitskräfte drängen in die bereits bewirtschafteten Gebiete, und erstmals taucht das Phänomen des Privateigentums am Boden auf. Boden ist jetzt knapp, und es wird eine Rente erhoben, um ihn zu rationieren.

Zwar findet in dieser klassischen, auf das goldene Zeitalter folgenden Welt von Smith und Malthus noch Wachstum statt. Die Bevölkerung wächst weiter; das gleiche gilt auch für das Sozialprodukt. Aber die Produktion wächst jetzt langsamer als die Bevölkerung. Warum? Weil durch den Einsatz neuer Arbeitskräfte auf eine unveränderliche Bodenmenge jedem einzelnen Arbeiter eine geringere Bo-

---

[1] In Frage 6 am Ende des Kapitels wird die Grenze der Produktionsmöglichkeiten auf die Biber-Reh-Wirtschaft von Adam Smith angewandt.

denfläche zur Bewirtschaftung zur Verfügung steht. Deshalb kommt naturgemäß das Gesetz des abnehmenden Ertragszuwachses (der Kapitel 2 und 26) zum Tragen. Das zunehmende Verhältnis von Arbeit zu Boden führt zu einem abnehmenden Grenzprodukt der Arbeit und damit zu sinkenden Reallöhnen. Dieses düstere Bild veranlaßte Carlyle, die Wirtschaftswissenschaft als eine »trostlose Wissenschaft« zu bezeichnen. Die klassischen Nationalökonomen glaubten, daß es zu einem Interessenkonflikt zwischen den Klassen der Gesellschaft käme. Mehr Kinder wären gleichbedeutend mit geringeren Pro-Kopf-Einkommen; niedrigere Löhne bedeuteten höhere Bodenrenten pro Hektar. Der Verlust der Arbeiter sei der Gewinn der Grundbesitzer.

Um diese unerbittliche Tatsache der wirtschaftlichen Ungleichheit verstehen zu können, müssen wir von der einfachen Arbeitswerttheorie abrücken und uns mit den Auswirkungen der Boden-(oder Kapital-)knappheit beschäftigen.

Das verlorene, aber wiedergewonnene Paradies

Wie weit kann die Verschlechterung der Lage gehen? Der gestrenge Geistliche T.R. Malthus vertrat die Auffassung, daß *die Wirtschaft aufgrund des Bevölkerungsdruckes in ein Stadium hineintreiben werde, in dem sich der einzelne Arbeiter an seinem Existenzminimum befände.* Wir werden im Zusammenhang mit der Analyse der Bevölkerungstrends im anschließenden Kapitel zwar nochmals auf Malthus zurückkommen, wollen aber bereits hier kurz seine Theorie umreißen.

Malthus argumentierte folgendermaßen: Wann immer die Löhne das Subsistenzminimum übersteigen, würde die Bevölkerung weiter wachsen. Lägen sie unter diesem Minimum, nähme die Bevölkerung ab. Lediglich in dem Fall, in dem die Löhne an der Subsistenzschwelle lägen, ließe sich ein dauerhaftes Gleichgewicht aufrechterhalten. Den Menschen sei ein Leben bestimmt, das roh, widrig und kurz sei.

Was hat Malthus übersehen oder zumindest unterschätzt? Er übersah den möglichen Beitrag des menschlichen Erfindungsgeistes und der Technologie. Er hat nicht erkannt, welche Wirkungen technische Neuerungen zeitigen könnten – nicht in dem Sinne, daß sie das Gesetz des abnehmenden Ertragszuwachses außer Kraft setzen, wohl aber daß sie seine Wirkungen mehr als kompensieren. Er stand an der Schwelle zu einem neuen Jahrhundert, ohne einen Blick dafür zu haben, daß in den kommenden zwei Jahrhunderten die größten wissenschaftlichen Fortschritte in der Geschichte der Menschheit gemacht werden würden – eine zu einer skeptischen Haltung mahnende Tatsache, deren man ständig eingedenk sein sollte, wenn man die unheilverkündenden Klagelieder moderner Malthusianer hört.

Modelle der Kapitalakkumulation

Bisher haben wir die vorrangige Beschäftigung der klassischen Ökonomen mit dem knappen Boden unterstrichen. Aber in der Geschichte des wirtschaftlichen Wachstums seit dem frühen 19. Jahrhundert hat das Kapital, nicht der Boden, den Ton angegeben. In dieser Zeit fand die Einführung dampfgetriebener Maschinen statt, der Bau der Eisenbahnen, der Aufstieg der Eisen- und Stahlindustrie, die Erfindung der Elektrizität und des Automobils. In dem Maße, in dem die Arbeit und das Kapital um die politische und ökonomische Vorrangstellung kämpften, ging die Bedeutung des Bodens immer weiter zurück.

Um zu erkennen, inwiefern die Kapitalakkumulation als treibende Kraft hinter der Wirtschaft steht, wollen wir ein Zwei-Faktoren-Modell des Wirtschaftswachstums in Betracht ziehen. Diese Methode empfiehlt sich besonders im Hinblick auf die modernen hochentwickelten Marktwirtschaften.

Grundlegende Annahmen

Das Modell der Kapitalakkumulation baut auf einer Wirtschaft auf, in der die Produktion von zwei Inputs erstellt wird, dem Kapital und der Arbeit. Im Gegensatz zur Methode von Malthus werden die Bevölkerung und der Faktor Arbeit als nichtökonomische Variablen aufgefaßt – sie wachsen in Reaktion auf soziale Bedingungen und ändern sich nicht in Abhängigkeit von der Situation der Wirtschaft.

Die wichtigsten ökonomischen Variablen sind der Kapitalbestand und der Stand des technologischen Wissens. Im Augenblick gehen wir von einem konstanten Stand der Technologie aus (obgleich der Aspekt der Innovation und der sich wandelnden Technologie sehr bald ebenfalls berücksichtigt werden). Die Kapitalmenge wird bestimmt durch die Höhe der Nettoinvestitionen, die von einem Jahr zum anderen getätigt werden.

Die Messung des Kapitals

In dem Modell von Smith-Malthus wuchs der Faktor Arbeit im Verhältnis zum Boden. In moderneren Modellen wächst das Kapital im Verhältnis zur Arbeit.

Was verstehen wir unter Kapital? Kapitalgüter bestehen aus einer großen Vielfalt von materiellen Gütern, die sich für die Produktion weiterer Güter einsetzen lassen – für Dinge wie Traktoren, Computer, Stahlwerke und Werkzeugmaschinen. Das Thema der Messung des Kapitals ist, wie wir in Kapitel 30 gesehen haben, schwierig. Für unsere Zwecke wollen wir eine Vereinfachung vornehmen, indem wir mit einem (als K bezeichneten) Gesamtkapitalbestand arbeiten. Dieser Gesamtbestand ist eine Indexzahl, die den Gesamtwert der Kapitalgüter darstellt (den Dollarwert der Traktoren, Computer und so fort). Unter diesen Bedingungen stellt die Kapitalertragsrate die Rendite des Kapitals dar. Schließen wir darüber hinaus Risiken, Ungewißheit oder Monopole aus, dann ist die Kapitalertragsrate ebenfalls gleich dem Realzins, den Obligationen abwerfen oder den man für Kreditmittel aufzubringen hat.

Steigerung der Kapitalintensität

Wie verhält sich die Produktion pro Kopf, wenn der Faktor Kapital im Verhältnis zur Arbeit wächst – also im Falle einer *Steigerung der Kapitalintensität*? Die Wirkung ist genau die gleiche wie im Falle des erhöhten Arbeitsinputs und der konstant bleibenden Bodenmenge. Aber nunmehr handelt es sich bei den sich verändernden und konstant bleibenden Inputs um andere Faktoren.

Im Falle einer Steigerung der Kapitalintensität wird das Gesetz des abnehmenden Ertragszuwachses wirksam, wenn der Faktor Kapital rascher wächst als der Faktor Arbeit und Innovationen nicht stattfinden.

Dabei sind folgende Schritte zu beobachten:

- Aufgrund verhältnismäßig rasch erfolgender Investitionen wächst im Zeitablauf die pro Arbeiter eingesetzte Kapitalmenge – die Kapitalintensität nimmt zu.
- Die Produktion wächst, jedoch nicht im Verhältnis zum Anwachsen des Kapitalbestandes.
- Mit steigender Kapitalintensität sinkt die Kapitalertragsrate. (Beziehungsweise – was unter der Bedingung, daß wir Risiken und technologischen Wandel ausschließen, auf das gleiche hinausläuft – der Realzins fällt.)
- Was geschieht mit den Löhnen, nachdem jeder Arbeitsplatz mit mehr Kapital ausgestattet ist? Das Ergebnis dieses erhöhten Kapitaleinsatzes ist ein höheres Grenzprodukt der Arbeit. Daher erhöhen sich die realen Wettbewerbslöhne, da der Wert jedes Arbeiters für den Kapitalisten steigt und der Marktlohn sich durch lebhafte Gebote auf dem Arbeitsmarkt weiter nach oben bewegt.
- Höhere Lohnsätze und niedrigere Realzinsen bedeuten nicht notwendigerweise, daß dem Faktor Arbeit ein höherer prozentualer Anteil am Volkseinkommen auf Kosten des prozentualen Anteils der Kapitalisten zufällt. Warum nicht? Weil der Anstieg des eingesetzten Kapitals im Verhältnis zur Arbeit den Rückgang der Zinsen und den Anstieg der Reallöhne kompensieren (oder sogar mehr als kompensieren) können.[2]
- Schließlich ist davon auszugehen, daß – da der Output nicht im gleichen Verhältnis zu dem erhöhten Kapitaleinsatz wächst – der Kapitalkoeffizient bei fehlendem technologischem Wandel steigen wird. Der Kapitalbestand (gemessen als Gesamtdollarwert aller Anlagen und Maschinen) wächst von einem dreimal so hohen Wert im Verhältnis zum BSP auf einen viermal so hohen Wert.

Wir können die Ergebnisse des Kapitalbildungsmodells wie folgt zusammenfassen:

> ■ **In dem Maße, in dem der Kapitalstock rascher anwächst als die Bevölkerung oder der Faktor Arbeit, tritt eine Steigerung der Kapitalintensität ein. Findet kein technologischer Fortschritt statt, wird dies zu einem Produktionswachstum führen, das hinter dem Wachstum des Kapitalstocks zurückbleibt. Darüber hinaus wird der Lohn steigen, während die Kapitalertragsrate (und der Realzins) sinken.**

Geometrische Analyse der Kapitalakkumulation

Sorgfältiger lassen sich die Auswirkungen der Kapitalakkumulation analysieren, wenn wir die Abbildung 36.1 zu Hilfe nehmen. Das linke Feld zeigt auf der x-Achse die Beziehung zwischen dem Einsatzverhältnis von Kapital pro Arbeiter und auf der y-Achse die Kapitalertragsrate beziehungsweise den Realzins. Die NN-Kurve hat einen fallenden Verlauf, der die Tatsache widerspiegelt, daß bei

---

[2] Lassen Sie beispielsweise den Kapitalstock von 1 Million auf 2 Millionen ansteigen, während das Arbeitsangebot mit 30 Arbeitern konstant bleibt; lassen Sie ferner den Realzins von 10 Prozent auf 8 Prozent sinken und die Lohnrate von 10000 Dollar pro Jahr auf 16000 Dollar steigen. Der Gesamtanteil des Faktors Arbeit bleibt dann weiterhin 3mal so hoch wie der des Kapitals, wobei beide einen Anstieg um 60 Prozent gegenüber ihrem anfänglichen jeweiligen Anteil von jährlich 300000 Dollar im Fall der Löhne und 100000 Dollar an Zinserträgen verzeichnen.

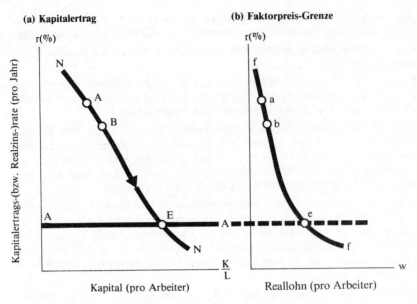

Abbildung 36.1. Die Akkumulation von Kapital führt zu einer Steigerung der Produktion wie der Löhne, jedoch zu einer Senkung der Kapitalertrags-(oder Zins-)rate.
(a) Der Einsatz einer größeren Menge an Kapitalgütern bei gleichbleibendem Arbeitsangebot führt (wenn keinerlei technischer Fortschritt stattfindet) zu abnehmenden Kapitalertragsraten. Somit sinkt mit steigender Kapitalmenge der Realzins, was auf der NN-Kurve durch den Pfeil angedeutet wird. Die Kapitalakkumulation drückt den Realzins (beziehungsweise die Kapitalertragsrate) von A nach B bis zum Punkt E. Schließlich kann der Zinssatz (auf AA) so weit unten liegen, daß keine weitere Kapitalakkumulation stattfindet.
(b) Das Verhalten der Löhne stellt die rechts abgebildete Faktorpreis-Grenze dar. Die Kapitalakkumulation treibt die Löhne in die Höhe, während sie gleichzeitig die Kapitalertragsrate (oder Profitrate) kräftig nach unten drückt.

einer gegebenen Arbeitsmenge das Grenzprodukt des Kapitals in dem Maße abnimmt, in dem die Kapitalmenge steigt. Diese abnehmende Grenzproduktivität des Kapitals ist nichts anderes als die Anwendung des Prinzips der abnehmenden Erträge auf das Kapital anstatt auf den Faktor Arbeit.

Abbildung 36.1(b) zeigt in einem neuen Diagramm die sogenannte *Faktorpreis-Grenze*. Diese Grenze veranschaulicht die Beziehung zwischen dem wettbewerbsbestimmten Lohn und dem wettbewerbsbestimmten Realzins beziehungsweise der Kapitalertragsrate. Sie läßt erkennen, daß mit steigender Kapitalintensität der Realzins fällt, während der Lohnsatz gleichzeitig steigen muß. Umgekehrt würde in dem Fall, in dem infolge eines verheerenden Krieges ein Großteil des Kapitals eines Landes zerstört würde, das Verhältnis Kapital/Arbeit sinken, der Realzins steigen und der Lohnsatz fallen – was auf der Faktorpreis-Grenze einer Bewegung nach links oben entspräche.

Wir wollen mit Hilfe von Abbildung 36.1 die Entwicklung der Volkswirtschaft unter der Bedingung der Kapitalakkumulation analysieren. Angenommen, die Volkswirtschaft befindet sich anfänglich im Punkt A, in dem der Kapitaleinsatz pro Arbeiter relativ gering ist.

Bei gleichbleibender Technologie verursacht eine Kapitalakkumulation eine Abwärtsbewegung entlang der *NN*-Kurve von *A* nach *B*. Letztlich könnte die Volkswirtschaft sich so weit entwickeln, daß die Wirtschaftssubjekte den Eindruck gewinnen, daß sich für sie das Sparen im Interesse zukünftigen Konsums nicht mehr lohnt. Die Gerade *AA* der Abbildung 36.1 zeigt das Zinsniveau, bei dem die Nettospartätigkeit der Gesellschaft gleich Null ist. Im Punkt *E* bringt die verminderte Sparneigung die weitere Kapitalakkumulation zum Erliegen.

Auf der Faktorpreis-Grenze *ff* der Abbildung 36.1(b) kann sich die Gesellschaft nacheinander im Punkt *a* aufhalten; oder im Punkt *b* mit dem höheren Lohnsatz und dem niedrigeren, durch einen vermehrten Kapitalstock implizierten Realzins; oder sie befindet sich im Punkt *e* mit einem noch höheren Koeffizienten von Kapital zu Output sowie Kapital zu Arbeit.

Sie sehen, daß unsere voraufgegangene verbale Zusammenfassung der Wirkungen der verstärkten Kapitalintensität durch die Abbildung 36.1 bestätigt wird.

Die langfristige konstante Wachstumsrate

Wie sieht in unserem Kapitalakkumulationsmodell die langfristige Wachstumsrate aus? Es ist eine Rate, bei der die Reallöhne und die Zinssätze konstant sind – möglicherweise bei einem hohen Einkommensniveau, wenn nämlich ein großer Produktionsapparat errichtet und große Mengen an Produktionsgütern angesammelt worden sind. Diese Vorstellung ist, obgleich sie keinen konstanten Fortschritt impliziert, zweifellos optimistischer als die trostlose Auffassung von Malthus und Ricardo.

Technischer Fortschritt und fortgesetztes Wachstum

Tatsächlich standen weder der düstere, von Malthus vorausgesagte Ablauf der Entwicklung noch das Stagnationsmodell sich stabilisierender Löhne und Gewinne auf dem Programm der Geschichte. In den Nationen des Westens wurde das Land nicht von ständig wachsenden Horden verarmter, am Existenzminimum dahinvegetierender Bauern überschwemmt. Auch kam es mit Beendigung der Kapitalakkumulation nicht zu einer Stagnation der Löhne.

Vielmehr führten ein stetiger Strom von Erfindungen im Bereich der Naturwissenschaften und des Ingenieurwesens sowie verbesserte Methoden der Unternehmensführung zu einer ungeheuren Ausweitung der Produktionsmöglichkeiten in einzelnen Ländern Europas und Nordamerikas. Diese Erfolgsgeschichte stellt die Abbildung 36.2 dar. Hier sehen wir, daß die Grenzproduktskurve im linken Feld und die Faktorpreis-Grenze im rechten Feld *infolge des technischen Fortschritts nach rechts oben verlagert werden*. Mit der Verlagerung der Kapitalertragskurve und der Faktorpreis-Grenze nach rechts oben sind die Faktoren Kapital und Arbeit produktiver geworden. Im Laufe der Zeit und im Zuge der Entwicklung der Technik ließ sich mit den gleichen Kapital- und Arbeitsinputs ein höheres Output erstellen.

Wie sind die in Abbildung 36.2 dargestellten Entwicklungen zu interpretieren? Das Bild macht deutlich, daß sich keineswegs ein stationärer Zustand mit konstanter Produktion sowie konstanten Lohn- und Zinssätzen einstellte, sondern daß Erfindungen die Outputmenge, die sich mit jeder Inputmenge erzielen ließ, steigerten. Hätte es keine Erfindungen gegeben, hätte sich die Marxsche Prophe-

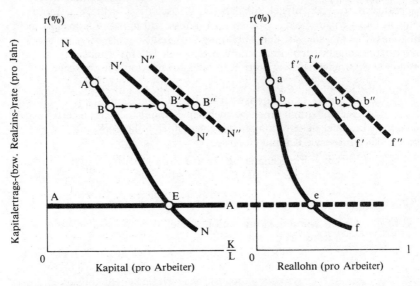

Abbildung 36.2. Technischer Fortschritt führt zu einer Verlagerung der Kurven nach rechts außen bei gleichzeitiger Anhebung der Produktion wie der Löhne.
Erfindungen und technischer Fortschritt steigern die Produktivität des Kapitals sowie die Ausbringungsmenge, die auf die Produktionsfaktoren verteilt werden kann. Folglich bewegt sich die Produktivität des Kapitals von NN nach $N'N'$ und weiter nach $N''N''$, während die Faktorpreis-Grenze sich von ff nach $f'f'$ und $f''f''$ verlagert. Diese Verlagerungen nach rechts machen im Zeitablauf höhere Löhne und eine erhöhte Produktivität möglich (was die Bewegung von B nach B' und B'' sowie diejenige von b nach b' und b'' erkennen lassen).
Im Laufe der Geschichte ist das Tempo des technologischen Wandels gerade groß genug gewesen, um die abnehmenden Kapitalerträge zu kompensieren – wobei sich die Zins- und Profitraten kaum verändert haben, während die Reallöhne stetig gestiegen sind.

zeugung hinsichtlich der sinkenden Profitrate vielleicht erfüllt. Tatsächlich haben Erfindungen die Produktivität des Kapitals jedoch erhöht und das Gesetz der sinkenden Profitrate überwunden. In dem Wettlauf zwischen den abnehmenden Erträgen und der sich weiterentwickelnden Technologie hat die Technologie mit mehreren Längen gewonnen. Mit anderen Worten: Bisher ist der Fortschritt in der Geschichte nicht zum Stillstand gekommen.

Der Trend zur Innovation

Nicht alle Erfindungen verteilen ihre Segnungen gerecht. Einige begünstigen das Kapital, andere den Faktor Arbeit. Maschinen und Traktoren verringern die Notwendigkeit des Arbeitseinsatzes und erhöhen die Nachfrage nach Kapital; sie werden deshalb als »arbeitssparende Erfindungen« bezeichnet. Solche Erfindungen erhöhen tendenziell die Gewinne im Verhältnis zu den Löhnen. Eine Erfindung, die den Kapitalbedarf stärker verringert als den Bedarf an Arbeitskräften (wie etwa der Mehr-Schichten-Arbeitstag) ist »kapitalsparend« und läßt die Löhne, verglichen mit den Gewinnen, steigen. Dazwischen liegen die »neutralen

> **Ergänzender Hinweis:**
> Die Frage der Auswirkungen von Erfindungen beschäftigt die Ökonomen seit der Zeit der Industriellen Revolution. Die Werkzeuge des vorliegenden Kapitels geben uns die Möglichkeit, Erfindungs- und Wachstumsstrukturen in einer Wettbewerbswirtschaft zu analysieren. Zwei Beispiele seien dafür angeführt:
>
> ● Marx prophezeite, daß die Entwicklung des Kapitalismus zu sinkenden Profitraten und zu einer Verelendung der Arbeiterklasse führen würde. Mit Hilfe der Faktorpreis-Grenze können Sie jedoch zeigen, daß in seiner Darstellung eine unheilvolle Prophezeiung zuviel enthalten ist. Wenn die Profitrate sinkt, muß die Reallohnrate steigen. Und da Erfindungen die Faktorpreis-Grenze nach rechts verlagern, würde es uns überraschen, wenn einer der Faktorpreise einen drastischen Rückgang verzeichnete.
>
> ● Von einigen Seiten hört man heute das Argument, daß Roboter und Maschinen die Menschen wirtschaftlich entbehrlich machen werden. Dieser pessimistischen Vorstellung zufolge wird es den Menschen in der Geschichte genauso ergehen wie den Pferden – sie büßen ihre Rolle als zentraler Wirtschaftsfaktor ein und werden zu einem reinen Luxus.
> Um diese Auffassung zu analysieren, vergegenwärtigen Sie sich lediglich, daß Roboter eine andere Art eines Kapitalgutes sind. Die Einführung von Robotern in die Wirtschaft legt deshalb den Gedanken nahe, daß Erfindungen in hohem Maße arbeitssparend sind und daß folglich der Realzins so stark steigen wird, daß es zu einer drastischen Senkung der Löhne kommen wird. Die entscheidende Variable, die man im Zusammenhang mit dem Einzug der Roboter in die amerikanische Wirtschaft im Auge behalten muß, ist also die Bewegung der Kapitalertragsrate und der Realzinsen.

Erfindungen«, die keine größeren Auswirkungen auf die relative Nachfrage oder die relativen Erträge unterschiedlicher Faktoren haben. Seit dem Beginn der Industriellen Revolution scheinen Erfindungen per saldo eher arbeitssparend gewesen zu sein. (Siehe ergänzender Hinweis auf dieser Seite.)

Abbildung 36.2 stellt eine gute Wiedergabe des wesentlichen Gehaltes dessen dar, was die moderne Wachstumstheorie über den Fortschritt eines modernen kapitalistischen Systems aussagt. Wie wir im anschließenden Abschnitt sehen werden, erklärt die Kombination zwischen einer verstärkten Kapitalintensität und dem technologischen Fortschritt die wichtigsten Trends der Wirtschaftsgeschichte der Gegenwart. Dennoch sollten wir nicht übersehen, daß es sich bei diesen Trends nicht um zwangsläufige Entwicklungen handelt. Stellt sich heraus, daß die Steigerung der Kapitalintensität aufhört, kommen Erfindungen und der technische Fortschritt zum Erliegen, stellt die Gesellschaft fest, daß sie sich innerhalb der Grenze ihrer Produktionsmöglichkeiten wie ihrer Faktorpreis-Grenze befindet, dann müssen alle optimistischen Auffassungen hinsichtlich des Wirtschaftswachstums möglicherweise ersetzt werden durch die pessimistischen Auffassungen von der Dynamik des Kapitalismus, wie sie von Malthus, Ricardo oder Marx vorgetragen worden sind.

B. Trends und Quellen des Wirtschaftswachstums

Wir wollen die Ergebnisse unserer theoretischen Erkenntnisse zusammenfassen. Nach einem kurzen Blick auf die Rolle des nur in begrenzten Mengen verfügbaren Bodens und dem düsteren von Malthus gezeichneten Bild von der Überbevölkerung der Länder des Westens sind wir zur Analyse einer Situation übergegangen, in der die Steigerung der Kapitalintensität – das relativ stärkere Anwachsen von Kapital zu Arbeit – als treibende Kraft hinter dem wirtschaftlichen Wachstum steht. Als letzten, aber durchaus nicht geringsten Faktor haben wir die Bedeutung des technologischen Wandels und der Innovation unterstrichen, die die mit der Kapitalakkumulation einhergehenden abnehmenden Erträge wettmachen.

Damit haben wir jedoch die Möglichkeiten der Theorien ausgeschöpft, und es ist nun an der Zeit, die dem Wachstum der Wirtschaft – der Produktion, der Produktivität, der Löhne und anderer wichtiger Größen – zugrundeliegenden Trends zu untersuchen. Darüber hinaus wollen wir uns auch mit den hinter diesen Trends wirksamen Kräften auseinandersetzen.

Fakten der modernen Entwicklung: ein ungefähres Bild

Dank der mit großer Akribie betriebenen Sammlung von Daten und der Erstellung und Analyse volkswirtschaftlicher Gesamtrechnungen durch Simon Kuznets, John Kendrick, Edward Denison und vielen anderen erkennen wir inzwischen verschiedene Strukturen in der wirtschaftlichen Entwicklung in den Vereinigten Staaten und anderen hochentwickelten Ländern.

Das logarithmische Diagramm der Abbildung 36.3 stellt die entscheidenden Trends der wirtschaftlichen Entwicklung der Vereinigten Staaten in unserem Jahrhundert dar. Ähnliche Ergebnisse lassen sich auch für andere Länder nachweisen. Abbildung 36.3 ist so wichtig, daß Sie sich ein Weilchen darin vertiefen sollten.

Abbildung 36.3(a) zeigt den Trend in der Entwicklung des BSP, des Kapitalstocks und der Bevölkerung. Die Bevölkerung sowie die Zahl der Arbeiter-Stunden hat sich seit 1900 fast verdreifacht. Gleichzeitig ist der Bestand an materiellen Kapitalgütern um das Achtfache gestiegen. Somit hat sich die Kapitalmenge pro Arbeitnehmer (das Verhältnis K/L) um den Faktor 4 erhöht. Ohne Zweifel hat eine erhebliche Steigerung der Kapitalintensität stattgefunden.

Wie sieht die Situation beim Wachstum des Gesamtprodukts aus? Ist die Produktion weniger als proportional zum Kapital gewachsen, wie das in einem Modell ohne technischen Fortschritt der Fall ist? Nein. Die Tatsache, daß die Produktionskurve der Abbildung 36.3(a) nicht zwischen den beiden Faktorkurven verläuft, sondern vielmehr oberhalb der Kapitalkurve selbst liegt, beweist, daß im tatsächlichen Ablauf der Geschichte technischer Fortschritt stattgefunden haben muß.

Tatsächlich ist der – in Abbildung 36.3(b) dargestellte – Kapitalkoeffizient im Zeitablauf gefallen und nicht angestiegen, wie man das im einfachen Kapitalakkumulationsmodell erwartet hätte.

Steigende Löhne und trendloser Gewinnverlauf

Die meisten Menschen beurteilen den Kapitalismus nach der Entwicklung der Reallöhne (das heißt der um Veränderungen des Preisniveaus bereinigten Nominallöhne). Wie Abbildung 36.3(c) zu entnehmen ist, zeigen die Reallöhne in der Tat eine stetige Aufwärtsbewegung. Dies entspricht durchaus unseren Erwartungen aufgrund der vermehrten Kapitalgüter, die zusammen mit dem Faktor Arbeit zum Einsatz gebracht werden können sowie aufgrund der günstigen Trends der technologischen Entwicklung.

Den Realzins (das heißt den der Zeitung zu entnehmenden Nominalzins abzüglich der Inflationsrate) stellt Abbildung 36.3(d) dar. Die diesbezüglichen Daten – beziehungsweise die Daten für die Kapitalertragsrate oder die tatsächlich aus Investitionen erzielten Gewinne – lassen nicht den Rückgang erkennen, den das einfache Modell der erhöhten Kapitalintensität und der abnehmenden Erträge prognostizieren würde. Die Zinsen und Gewinne weisen zwar erhebliche Schwankungen infolge konjunktureller Zyklen und kriegerischer Auseinandersetzungen auf, lassen aber für die beobachtete Periode insgesamt keinen ausgeprägten Aufwärts- oder Abwärtstrend erkennen. Der technologische Wandel hat, sei es durch Zufall oder aufgrund ökonomischer Mechanismen, die diese Strukturen hervorgerufen haben, die abnehmenden Erträge in etwa ausgeglichen.

Die Produktion pro Arbeitsstunde wird durch die untere Kurve der Abbildung 36.3(c) dargestellt. Wie aufgrund der erhöhten Kapitalintensität und des technologischen Fortschritts nicht anders zu erwarten, ist Q/L stetig angestiegen. Der prozentuale Anstieg der Reallöhne pro Arbeitsstunde ist geringfügig rascher gestiegen als das prozentuale Wachstum der Arbeitsproduktivität.

Wenn die Löhne in dem gleichen Umfang steigen wie der Output pro Arbeiter, so bedeutet dies nicht, daß der Faktor Arbeit allein die Früchte des Produktivitätsfortschrittes geerntet hat. Es bedeutet vielmehr, daß der Faktor Arbeit seinen Anteil am Gesamtprodukt etwa gehalten hat und daß auch die Kapitaleigner ungefähr den gleichen relativen Anteil während der beobachteten Periode erhielten. Tatsächlich geht bei genauerem Hinsehen aus Abbildung 36.3(c) hervor, daß der Anstieg der Löhne geringfügig über dem des Outputs pro Arbeiter lag. Dieser Trend deutet darauf hin, daß der Anteil des Faktors Arbeit am BSP langsam hochklettert, während der Anteil des Kapitals leicht zurückgeht.

Sieben Grundtendenzen der wirtschaftlichen Entwicklung

Die grundlegenden Fakten der Wirtschaftsgeschichte der hochentwickelten Nationen lassen sich etwa zu folgenden Trends zusammenfassen:

1. Trend: Die Bevölkerung ist gewachsen, jedoch in sehr viel bescheidenerem Umfang als der Kapitalstock, was zu einer »steigenden Kapitalintensität« geführt hat.

2. Trend: Es hat eine starke Aufwärtsentwicklung der Reallöhne stattgefunden.

3. Trend: Der Anteil der Löhne und Gehälter ist im Vergleich zu dem Gesamtertrag des Kapitals langfristig eine Spur rascher angestiegen.

4. Trend: Anstelle eines Rückgangs der Kapitalertragsrate oder des Realzinses beobachten wir tatsächlich deren zyklisches Auf und Ab, ohne daß sich in unse-

Strukturen des Wirtschaftswachstums

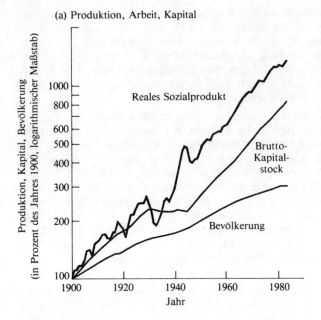

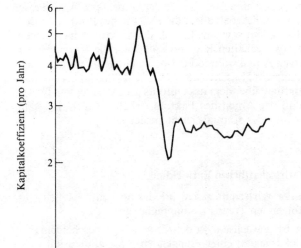

Abbildung 36.3. Beim wirtschaftlichen Wachstum waren erstaunliche langfristige Regelmäßigkeiten zu beobachten.
(a) Der Kapitalstock ist rascher gewachsen als Bevölkerung und Arbeitsangebot. Nichtsdestoweniger ist die Gesamtproduktion noch rascher angestiegen als der Kapitalbestand.
(b) Der Kapitalkoeffizient ging während der ersten Hälfte des 20. Jahrhunderts drastisch zurück, hat sich jedoch während der vergangenen drei Jahrzehnte stetig entwickelt.

(c) Die Reallöhne sind stetig gestiegen – ja sogar etwas rascher als die durchschnittliche Arbeitsproduktivität pro Arbeitsstunde. Im Gesamtbild der Statistiken läßt sich keinerlei Verelendung der Arbeiterklasse erkennen. Beachten Sie die Verlangsamung des Wachstums der Produktion, der Reallöhne sowie der Produktivität seit 1973. Diese Wachstumspause zusammen mit der hohen Arbeitslosigkeit kennzeichnet das Zeitalter der Stagflation.

(d) Ohne Erfindungen und ohne technischen Fortschritt würde eine Steigerung der Kapitalintensität im Verhältnis zum Faktor Arbeit den Realzins herabdrücken und den Kapitalkoeffizienten steigen lassen. Tatsächlich zeigte die Kurve der Realzinsrate während der vergangenen 85 Jahre jedoch einen trendlosen, flachen Verlauf, was darauf hindeutet, daß der technische Fortschritt die durch die Kapitalakkumulation bedingten abnehmenden Erträge gerade kompensierte. Folglich müssen sich die statischen Kurven der Abbildung 36.1. in der in Abbildung 36.2. dargestellten Weise nach rechts außen verlagert haben. (Quelle: Handels- und Arbeitsministerium, Zentralbankrat, Statistisches Bundesamt sowie historische Untersuchungen von John Kendrick)

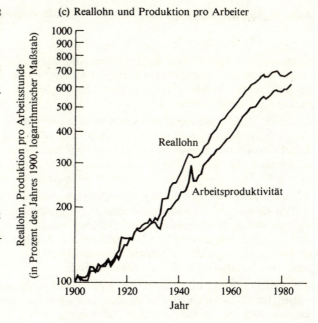

(c) **Reallohn und Produktion pro Arbeiter**

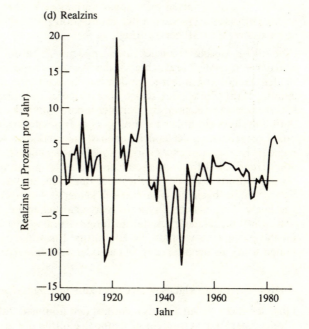

(d) **Realzins**

rem Jahrhundert jedoch ein ausgeprägter steigender oder fallender Trend feststellen läßt.

5. Trend: Anstelle eines stetigen Anstiegs des Kapitalkoeffizienten infolge der Steigerung der Kapitalintensität und einem dadurch ausgelösten Wirksamwerden des Gesetzes des abnehmenden Ertragszuwachses ist der Kapitalkoeffizient seit der Jahrhundertwende tatsächlich gesunken, obgleich seit 1950 kaum noch Veränderungen zu beobachten sind.

6. Trend: Über lange Zeiträume hinweg ist das Verhältnis zwischen der nationalen Ersparnisbildung und dem Gesamtprodukt recht stabil gewesen. Da in der Regel die Netto-Auslandsinvestitionen gering sind, bedeutet dies, daß nach Bereinigung konjunkturbedingter Abweichungen das Verhältnis von Investitionen zum BSP ebenfalls bemerkenswert stabil gewesen ist.

7. Trend: Bereinigt man das Sozialprodukt um die Auswirkungen konjunktureller Schwankungen, so weist es während der vergangenen 85 Jahre eine mehr oder weniger stetige Wachstumsrate aus. Darüber hinaus lag diese Wachstumsrate so deutlich über dem gewichteten Durchschnitt der Kapital-, Arbeits- und Ressourceninputs, daß technische Innovationen im Prozeß des wirtschaftlichen Wachstums eine Schlüsselrolle gespielt haben müssen.

Ein weiterer Punkt hinsichtlich der Kurven der Abbildung 36.3 sowie unserer sieben Trends sollte angemerkt werden. Die Tatsache, daß es sich um durchgängige, anhaltende Trends gehandelt hat, könnte zu der Annahme verleiten, daß ihnen eine gewisse Unumstößlichkeit und Zwangsläufigkeit anhaftet – daß wir ein für allemal erwarten oder sogar verlangen können, daß unsere Volkswirtschaft ein rasches Wachstum der Produktion pro Arbeitnehmer, der Reallöhne sowie des realen BSP hervorbringt.

Eine solche Ansicht ist zurückzuweisen, denn sie beruht auf einer Fehlinterpretation der Lehren der Geschichte wie der Wirtschaftstheorie. Wenngleich wir anhaltenden Trends gegenübergestanden haben, zeigt eine nähere Untersuchung für einzelne Jahrzehnte oder selbst über längere Zeiträume hinweg größere Ausschläge oder Abweichungen. Darüber hinaus gibt es keinen theoretischen Grund dafür, weshalb ein hoher technologischer Innovationsgrad erhalten bleiben und unablässig für einen steigenden Lebensstandard und die Kompensation des abnehmenden Ertragszuwachses sorgen sollte. In der jüngsten Phase der Abweichung vom Trend, ab 1973, waren eine spürbare Verlangsamung des Wachstums des Sozialprodukts sowie des Anstiegs der Reallöhne und der Produktion pro Arbeitnehmer zu beobachten. Während sich keinerlei Aussagen darüber machen lassen, wie lange diese neuere Phase der wirtschaftlichen Leistungsschwäche anhalten wird, muß mit Nachdruck darauf hingewiesen werden, daß es keinen *logischen* Grund dafür gibt, weshalb die zukünftige Entwicklung nicht völlig anders verlaufen sollte als die der ersten sieben oder acht Jahrzehnte des 20. Jahrhunderts.

Analyse der Entwicklungsgesetze des ökonomischen Mischsystems

Obgleich diese sieben Trends nicht mit den unumstößlichen Gesetzen der Physik vergleichbar sind, vermitteln sie dennoch ein Bild der grundlegenden historischen Tatsachen hinsichtlich des Wirtschaftswachstums. Wie lassen sie sich mit unseren Wirtschaftstheorien vereinbaren?

Die Trends 2 und 1 – höhere Löhne bei wachsender Kapitalintensität – sind ohne

Mühe mit der klassischen und der neoklassischen Produktions- und Verteilungstheorie in Einklang zu bringen. Der Trend 3 – daß der Anteil des Faktors Arbeit nur sehr langsam gestiegen ist – befindet sich in einer interessanten zufälligen Übereinstimmung mit einer Fülle von Produktionsfunktionen, die Q zu L und K in Beziehung setzen.

Die Trends 4 und 5 weisen jedoch warnend darauf hin, daß die neoklassische Theorie in ihrer statischen Form nicht zutreffen kann. Eine konstante Profitrate und ein sinkender oder konstanter Kapitalkoeffizient lassen sich nicht aufrechterhalten, wenn in einer Welt mit gleichbleibender Technologie das Verhältnis K/L steigt; beide zusammen widersprechen dem grundlegenden Gesetz des abnehmenden Ertragszuwachses bei zunehmender Kapitalintensität.

Zur Erklärung dieser dynamischen Erscheinungen müssen wir deshalb den *technischen Fortschritt* in unsere statische neoklassische Analyse einführen. Tatsächlich wäre es angesichts der vielfältigen Beweise für den Beitrag der Wissenschaft, der Technologie und der Ingenieurwissenschaften zur Entwicklung der Wirtschaft auch schwierig, den technischen Fortschritt zu ignorieren.

Bezogen auf unsere Analyse in Abbildung 36.2 müssen wir dort eine Verlagerung der *NN*- und der *ff*-Kurven nach rechts außen einzeichnen, um all diesen Trends Rechnung zu tragen. Der technische Fortschritt drückt sich in einer *Verlagerung* der Grenzproduktskurve des Kapitals (*NN* der Abbildung 36.2(a)) sowie der Faktorpreis-Grenze (*ff* der Abbildung 36.2(b)) *nach rechts* aus. Und der technische Fortschritt könnte dann in Abbildung 36.2(a) zu einer Verlagerung nach rechts von B auf NN zu B' auf $N'N'$ und zu $B''B''$ auf $N''N''$ mit ähnlichen Rechtsverlagerungen in der Abbildung des rechten Feldes führen.

Beachten Sie, daß eine solche Bewegung mit den Trends 1 bis 7 vereinbar wäre. Die Tendenz zu abnehmenden Erträgen wird durch den technischen Fortschritt gerade ausgeglichen, während der Realzins sich nur wenig verändert und die Löhne etwas rascher ansteigen als die Pro-Kopf-Produktion.

Wir sollten uns davor hüten, übermäßigen Gebrauch von einer so einfachen Theorie zu machen, wie sie in dem mit den Faktoren Kapital–Arbeit–technologischem Wandel arbeitenden neoklassischen Modell der Abbildung 36.2 enthalten ist. Dennoch erkennen wir in ihr die Ansätze für eine Erklärung der komplexen Realitäten des Wachstums.

Ursachen des Wirtschaftswachstums

Die Ökonomen haben sich jedoch nicht mit Trends und Theorien zufriedengegeben. Unter der Führung von Robert Solow, John Kendrick und Edward Denison haben sich die Wirtschaftsarchäologen darangemacht, nach den Wurzeln des wirtschaftlichen Wachstums zu graben. Durch die Kombination der Theorien, wie derjenigen der Abbildung 36.2, mit den sieben Trends haben wir inzwischen einen tieferen Einblick in die Ursachen des wirtschaftlichen Wachstums erhalten.

Die Methode der Wachstumsrechnung[3]

Eingehende Untersuchungen des Wirtschaftswachstums arbeiten mit der sogenannten Methode der *Wachstumsrechnung*. Dabei handelt es sich nicht um eine Bilanz oder eine volkswirtschaftliche Gesamtrechnung der Art, wie sie uns in den Kapiteln 6 und 20 begegnet sind. Vielmehr geht es um ein Verfahren der erschöpfenden Erfassung sämtlicher Faktoren, die zu den beobachteten Wachstumstrends beitragen.

In unserem einfachen in Abbildung 36.2 dargestellten Modell läßt sich das Produktionswachstum in drei getrennte Bestandteile zerlegen: in das Wachstum des Faktors Arbeit L, des Kapitals K sowie des technischen Fortschritts als solchem. Lassen wir für einen Augenblick den Wandel in der Technologie außer acht, dann bedeutet die Annahme konstanter Skalenerträge, daß ein 1prozentiges Wachstum von L gepaart mit einem 1prozentigen Wachstum von K zu einem 1prozentigen Wachstum des Outputs führt.

Gehen wir nun von einem Wachstum von L um 1 Prozent und von K um 5 Prozent aus, dann ist die Annahme verlockend, aber falsch, daß Q nunmehr um 3 Prozent, dem einfachen Mittel von 5 plus 1, wachsen wird. Warum ist sie falsch? Weil der Beitrag der beiden Faktoren zum Output nicht gleich groß ist: Etwa drei Viertel des gesamten Produktes entfallen auf den Faktor Arbeit in Form von Löhnen, und lediglich ein Viertel des Q entfällt auf das Kapital als dessen Zins-Gewinn-Anteil. Das heißt, daß die Wachstumrate von L dreimal so stark gewichtet wird wie die des Faktors K; die richtige Antwort lautet deshalb, daß Q jährlich um 2 Prozent wachsen wird (= ¾ von 1 Prozent und ¼ von 5 Prozent). Das Wachstum der Inputs ergänzen wir im weiteren durch den technischen Fortschritt, wodurch wir dann alle Wachstum verursachenden Faktoren in die Rechnung einbezogen haben.

Das Wachstum der Produktion pro Jahr wird deshalb durch die folgende *grundlegende Beziehung der Wachstumsrechnung* ausgedrückt:

prozentuales Wachstum von Q
= ¾(**prozentuales Wachstum von L**)
+ ¼(**prozentuales Wachstum von K**)
+ t.F.,

wobei t.F. den technischen Fortschritt (beziehungsweise die Gesamt-Faktorproduktivität) bezeichnet, die zu einer Steigerung der Produktivität durch Verlagerung der NN-Kurve in Abbildung 36.2 beiträgt und wobei die Anteile von ¾ und ¼ im weiteren Verlauf natürlich durch neue Brüche ersetzt würden, falls sich die relativen Anteile der Faktoren verändern sollten.

Versuchen wir das Pro-Kopf-Wachstum zu erklären, ist die Sache einfacher, da wir uns dann des Faktors L als einer gesonderten Wachstumsquelle entledigen können. Unter Berücksichtigung der Tatsache, daß auf das Kapital ein Viertel des Produkts entfällt, gilt nunmehr

prozentuales Wachstum von $\frac{Q}{L}$

---

[3] Der Stoff dieses Abschnitts wendet sich an Fortgeschrittene, so daß unter Zeitdruck arbeitende Leser die folgenden Passagen bis zu der Überschrift »Detaillierte Untersuchungen« auf S. 584 auslassen können.

$$= \tfrac{1}{4}(\text{prozentualen Wachstums von } \tfrac{K}{L}) + \text{t.F.}$$

Diese Beziehung läßt deutlich erkennen, wie stark die Steigerung der Kapitalintensität die Pro-Kopf-Produktion beeinflussen würde, wenn der technische Fortschritt gleich Null wäre. Das Wachstum der Pro-Kopf-Produktion wäre lediglich ein Viertel so groß wie das des Kapitals pro Kopf, was die abnehmenden Erträge widerspiegeln würde.

Ein letzter Punkt bleibt zu klären: Wir können das Wachstum von Q, von K und von L messen wie auch die auf K und L entfallenden Anteile. Wie aber läßt sich t.F., der technische Fortschritt, messen? Er läßt sich überhaupt nicht messen; t.F. können wir lediglich *durch Schlußfolgerung ermitteln* im Sinne einer Residualgröße oder dessen, was verbleibt, nachdem alle anderen Komponenten des Outputs wie der Inputs berechnet worden sind. Wenn wir uns deshalb die obige Gleichung ansehen, ergibt sich t.F. durch Subtraktion wie folgt:

t.F. = prozentuales Wachstum von Q
 − ¾(prozentualem Wachstum von L)
 − ¼(prozentualem Wachstum von K)

Nunmehr können wir Fragen hinsichtlich des Wirtschaftswachstums stellen, die von entscheidender Bedeutung sind: Welcher Teil der Pro-Kopf-Produktion ist auf die Steigerung der Kapitalintensität zurückzuführen? Welcher Teil ist dem technischen Fortschritt zuzuschreiben? Wird der Fortschritt der Gesellschaft vorwiegend durch Sparsamkeit und den Verzicht auf gegenwärtigen Konsum zuwege gebracht? Oder ist unser steigender Lebensstandard der Lohn für die Genialität von Erfindern oder für die von innovationsfreudigen Unternehmern ausgehende Dynamik?

Ein numerisches Beispiel

Wir wollen zunächst in unsere obige Gleichung für das Wachstum von Q/L beziehungsweise die Pro-Kopf-Produktion repräsentative Zahlen für die Jahre zwischen 1900 und 1984 einsetzen. Seit der Jahrhundertwende ist L um jährlich 1 Prozent gewachsen, K um jährlich 3 Prozent, während das Wachstum von Q bei jährlich 3,2 Prozent lag. Durch Einsetzen der Zahlen wird aus unserer Gleichung

prozentuales Wachstum von $\tfrac{Q}{L}$

$$= \tfrac{1}{4}(\text{prozentualen Wachstums von } \tfrac{K}{L}) + \text{t.F.}$$

die Gleichung
 2,2 = ¼(2) + t.F. = 0,5 + 1,7.

Somit sind von dem 2,2prozentigen jährlichen Anstieg des Outputs pro Arbeiter etwa 0,5 Prozent auf die erhöhte Kapitalintensität zurückzuführen, während erstaunliche 1,7 Prozent auf das Konto des technischen Fortschritts gehen (beziehungsweise genauer gesagt auf das Konto der »gesamten Faktorproduktivität«, zu der auch ein verbesserter Wissensstand, Einsparungen aus Massenproduktion und eine Fülle anderer Faktoren hinzuzurechnen sind).

Die Quellen des Wachstums, 1948–1981

Verursachungsfaktor	Beitrag des Faktors zum Wachstum des realen BSP	
	in Prozent pro Jahr	in Prozent des Gesamtbeitrags
Reales BSP	3,2	100
Beitrag der Inputs	*1,1*	*34*
Kapital	0,5	15
Arbeit	0,6	19
Boden	0,0	0
Gesamtfaktorproduktivität	*2,1*	*66*
Ausbildungsstand	0,6	19
verbesserter Wissensstand und sonstige Faktoren	1,5	47

Tabelle 36.1. Der Ausbildungsstand und die Verbesserung des allgemeinen Wissensstandes sind als wachstumsfördernde Faktoren von größerem Gewicht als der Faktor Kapital.
Untersuchungen, die mit Methoden der Wachstumsrechnung arbeiten, zerlegen das Produktionswachstum in einzelne, an seiner Verursachung beteiligte Faktoren. Aus diesen Untersuchungen geht hervor, daß der Beitrag eines erhöhten Kapitalbestandes zum Wirtschaftswachstum nur bescheiden ist und nur ein Sechstel des Gesamtwachstums des BSP ausmacht. Ausbildungsstand, technischer Fortschritt und sonstige Faktoren leisten einen Beitrag in Höhe von zwei Dritteln des Gesamtzuwachses des BSP und von vier Fünfteln der erhöhten Arbeitsproduktivität. (Quelle: Edward F. Denison, »The Interruption of Productivity Growth in the United States«, *The Economic Journal*, März 1983)

Detaillierte Untersuchungen

Mit Hilfe gründlicherer Untersuchungen lassen sich diese einfachen Berechnungen noch verbessern, obgleich sich an dem Resultat nichts Wesentliches ändert. Tabelle 36.1 stellt die Ergebnisse von Untersuchungen von Edward Denison über die Quellen des Wachstums in der Periode von 1948 bis 1981 dar. Während dieser Periode betrug das Wachstum des BSP jährlich im Durchschnitt 3,2 Prozent. Vermehrte Inputs (von Kapital, Arbeit und Boden) leisteten dazu einen Beitrag von 1,1 Prozent im Jahr, während die »Faktorproduktivität insgesamt« – das Wachstum des Outputs abzüglich des Wachstums der gewichteten Summe sämtlicher Inputs – bei durchschnittlich 2,1 Prozent im Jahr lag. Das bedeutet:

■ **Etwa ein Drittel des Wachstums der Produktion in den Vereinigten Staaten ist auf einen Anstieg der Faktoren Arbeit und Kapital zurückzuführen. Die verbleibenden zwei Drittel stellen eine Residualgröße dar, die Faktoren wie dem Ausbildungsstand, der Innovation, Skalenerträgen, dem wissenschaftlichen Fortschritt und anderen Aspekten zuzuschreiben sind.**

Die Wachstumsrechnung ist als Instrument für die Erklärung des Wirtschaftswachstums außerordentlich ergiebig. Beispielsweise haben sich viele Beobachter die Frage gestellt, warum Länder wie Japan oder die Sowjetunion in den letzten Jahrzehnten ein so viel höheres Wachstum verzeichneten als die Vereinigten Staaten.

Unter Einsatz der Methoden der Wachstumsrechnung gelangten die Forscher zu erstaunlichen Antworten, die dieses Rätsel lösen. Während des größten Teils der Nachkriegsphase wies das BSP Japans die erstaunliche Wachstumsrate von 10 Prozent pro Jahr auf. Die Zerlegung dieses Prozentsatzes zeigt, daß er zum Teil auf ein sehr rasches Wachstum der Inputs zurückzuführen war. Abgesehen davon war das Tempo des technischen Fortschritts in Japan verglichen mit dem anderer Industrienationen während dieser Periode extrem hoch.

Analysen des Wachstums der Sowjetunion deuten, wie die Darstellung des vorhergehenden Kapitels bereits ahnen ließ, auf eine andere Struktur hin. Seit ihrem großen Sprung nach vorn, der etwa 1930 erfolgte, lag die Wachstumsrate der UdSSR bei fast 5 Prozent im Jahr. Diese hohe Wachstumsrate scheint ihren Ursprung jedoch in erster Linie in der Steigerung der Kapital- und Arbeitsinputs auf dem Zwangswege gehabt zu haben. Das geschätzte Tempo des technischen Fortschritts in der UdSSR war während der letzten fünfzig Jahre nicht höher als das der Vereinigten Staaten.

Vorbehalte

Obgleich die Wachstumsrechnung ein sehr aufschlußreiches Instrument ist, fühlen sich einige Ökonomen bei der Anwendung dieser Methode nicht ganz wohl. Die Wachstumsrechnung erinnert ein wenig an die Theorie des vollkommenen Wettbewerbs: Sie geht von sehr rigorosen Annahmen aus und gelangt zu sehr gewichtigen Schlußfolgerungen. Einige ihrer Annahmen sind jedoch fragwürdig. In ihrer strengen Form geht die Wachstumsrechnung von Wettbewerbsmärkten aus. Sie unterstellt, daß sich der technische Fortschritt neben den Faktoren Kapital und Arbeit als eigenständiger Faktor betrachten läßt; daß die relativen Löhne der Arbeitnehmer gleich ihrer relativen Grenzproduktivität sind; daß die Unternehmen ständig die besten Produktionsverfahren zum Einsatz bringen, usw. Obgleich man bei keiner dieser Annahmen davon ausgehen kann, daß sie völlig zutreffend sind, spricht auch nichts dafür, daß sie grob irreführend sind. Deshalb ist die Wachstumsrechnung wahrscheinlich in unserer unvollkommenen Welt die vollkommenste Leitschnur durch das Gebiet des Wirtschaftswachstums.

Nachlassende Produktivität und deren Ankurbelung

Wir haben oben festgestellt, daß das rasche Produktionswachstum pro Arbeiter in der Periode nach dem Zweiten Weltkrieg 1973 plötzlich zum Erliegen kam. Diesen Bruch läßt Abbildung 36.3(c) erkennen, in der die Q/L-Kurve (beziehungsweise die Arbeitsproduktivität) etwa um das Jahr 1973 abzuflachen beginnt. Nachdem die Arbeitsproduktivität in der Zeit von 1948 bis 1973 jährlich um 2,5 Prozent gewachsen war, verringerte sich das Wachstumstempo zwischen 1973 und 1984 auf jährlich 0,5 Prozent.

Die rätselhafte Verlangsamung

Nach wie vor ist es den Ökonomen ein Rätsel, wodurch diese Entwicklung ausgelöst wurde. Während in den Massenblättern die geringe Investitionstätigkeit zum Hauptschuldigen erklärt wird, geht aus sorgfältigen Untersuchungen hervor, daß allenfalls ein kleiner Bruchteil der verringerten Produktivität auf eine Verlangsamung des Wachstums des Kapitalstocks zurückzuführen ist. Eine Untersuchung jüngeren Datums gelangte zu folgendem Ergebnis: Von dem Gesamtrückgang des Wachstums der Arbeitsproduktivität von jährlich 2,5 Prozent in der Zeit von 1948 bis 1965 auf jährlich 0,5 Prozent zwischen 1973 bis 1980 ist ein Sechstel dem verlangsamten Zuwachs des Kapitalstocks zuzuschreiben. In ähnlichen Größenordnungen liegt der Beitrag, der auf Veränderungen in der Zusammensetzung der Produktion sowie dem schwächeren Wachstum des Outputs als solchem zurückzuführen ist. Geringer ist der negative Beitrag verminderter Ausgaben für Forschung und Entwicklung, der Auswirkungen der Ölkrise und vermehrter staatlicher Eingriffe in die Wirtschaft zu veranschlagen. Aber trotz aller zwischenzeitlich durchgeführter Untersuchungen ist immer noch rätselhaft, wodurch die verbleibenden zwei Fünftel der Verlangsamung verursacht wurden.

Wachstumsfördernde Maßnahmen

Als Reaktion auf das schleppende Wachstum der Produktivität ist von vielen Seiten der Ruf nach wirtschaftspolitischen Maßnahmen zur Wiederherstellung der früheren raschen Steigerungsraten der Produktivität laut geworden. Welche Maßnahmen zur Beschleunigung des Wachstums wären denkbar? Mit dieser Frage hat sich Edward Denison eingehend in einer Untersuchung auseinandergesetzt, deren Ergebnisse in Tabelle 36.2 dargestellt werden.

Die Beschäftigung mit diesen Zahlen läßt erkennen, daß eine Steigerung der Wachstumsrate der potentiellen Produktion beziehungsweise der Produktivität pro Arbeiter möglich ist, aber daß sich auf billige Weise keine Wunder vollbringen lassen. Die sich am ehesten anbietende Methode zur Erzielung eines rascheren Wachstums ist die Steigerung der Spar- und Investitionsrate des Landes. Diese ließe sich durch eine veränderte Kombination geld- und fiskalpolitischer Maßnahmen zur Begünstigung der Kapitalbildung erreichen (beispielsweise durch eine Senkung der Realzinsen und ein geringeres Haushaltsdefizit). Ein Programm mit sehr hochgesteckten Zielen könnte möglicherweise eine Erhöhung der Nettoinvestitionen des Landes um 2 Prozent des BSP erreichen. Dies würde zu einem Anstieg der jährlichen Wachstumsrate des potentiellen BSP sowie der Arbeitsproduktivität in den darauffolgenden zehn Jahren um etwas mehr als ein Zehntel Prozent führen.

Mit Sicherheit werden einem die bescheidenen Größenordnungen der Zahlen der Tabelle 36.2 zu denken geben. Eine Steigerung des Wachstums der Produktivität ist nicht ausgeschlossen, aber der Weg dorthin ist mühsam.

Schlußbetrachtung

Mit diesem Überblick über die Wachstumsrechnung und über die Möglichkeiten, die die Vereinigten Staaten haben, einen Turbolader auf den Motor ihrer Wirtschaft aufzusetzen, beenden wir unsere Behandlung des Wirtschaftswachstums in hochentwickelten Ländern. Wir haben gesehen, auf welche Weise der technische Fortschritt den Ländern der nördlichen Hemisphäre geholfen hat, der von Malthus und Marx prognostizierten Misere zu entgehen. Für die kapitalistischen Länder zeigt die Geschichte – trotz aller Hürden und Handikaps – ein beachtliches Wachstum bei den Löhnen und dem Lebensstandard. (Auf einige dieser Probleme geht der Anhang ausführlicher ein.)

Aber die auf der nördlichen Halbkugel der Erde wirksam gewordenen Entwick-

Ein Wachstumsmenü

Wachstumsfördernde Maßnahmen	Geschätzter Beitrag zur Steigerung des realen potentiellen Wirtschaftswachstums, 1985–1995 (in Prozent pro Jahr)
1. Steigerung der Nettoinvestitionen sowie der Sparquote um zwei Zehntel (d.h. von 10 auf 12 Prozent des BSP)	0,16
2. Steigerung der zivilen Forschung und Entwicklung um ein Fünftel (d.h. von 2 auf 2,4 Prozent des BSP)	0,18
3. Senkung der natürlichen Arbeitslosenquote um 1 Prozent des Arbeitskräftepotentials	0,20
4. Verhinderung sämtlicher Streiks	0,01
5. Abschluß eines Rüstungskontrollabkommens, das eine Umstellung von strategischen Programmen auf öffentliche Investitionen gestattet	0,10
Insgesamt	0,65

Tabelle 36.2. Wie läßt sich ein rascheres Wachstum der Vereinigten Staaten herbeiführen?
Unser Wachstumsmenü zeigt, welche Schritte im Interesse einer Beschleunigung des Wachstums der potentiellen Produktion und der Arbeitsproduktivität unternommen werden könnten. Dabei sollte betont werden, daß *jeder* dieser Schritte mit außerordentlichen Schwierigkeiten verbunden ist, obgleich sie generell durchaus im Bereich des Machbaren liegen. Viele besonnene Beobachter gelangen aufgrund solcher Untersuchungen zu dem Schluß, daß eine nennenswerte Steigerung des Wachstums der potentiellen Produktion ein äußerst mühevolles Unterfangen ist. (Quelle: Edward Denison, *Sources of Growth in the United States*, Ausschuß für Wirtschaftliche Entwicklung, New York, 1961, Zahlenangaben von den Autoren.)

lungsgesetze galten nicht für die Länder der südlichen Halbkugel. Diese ärmeren Länder sind in einer Armutsfalle gefangen. Das anschließende Kapitel wird zeigen, daß Malthus nur außerhalb seines eigenen Landes ein Prophet war.

Zusammenfassung

A. Theorie des Wirtschaftswachstums

1. Viele Autoren haben versucht, in die Wirtschaftsgeschichte eine lineare Progression der Entwicklung hineinzulesen, die zwangsläufige Stadien durchläuft, wie etwa die der privitiven Wirtschaftsgesellschaft, des Feudalismus, des Kapitalismus sowie irgendeiner Form des Kommunismus. Die Geschichte war keineswegs bereit, sich an derartige Zeitpläne zu halten. Und das ökonomische Misch-

system insbesondere trat auf den Plan, ohne die Gesellschaftspropheten vorher um Erlaubnis zu fragen.

2. Die klassischen Modelle von Smith und Malthus gehen in ihrer Darstellung der wirtschaftlichen Entwicklung von einem unveränderlichen Bodenangebot und einer wachsenden Bevölkerung aus.

Unter Vernachlässigung des technischen Fortschritts führt das Bevölkerungswachstum letztlich zu einer Erschöpfung des Angebots an verfügbarem Boden. Die sich ergebende zunehmende Bevölkerungsdichte läßt das Gesetz des abnehmenden Ertragszuwachses wirksam werden: Aufgrund der Unveränderlichkeit der Bodenmenge kann die Produktion nicht proportional zu der gewachsenen Arbeitsmenge steigen. Angesichts der für jeden neu hinzukommenden Arbeiter immer geringer werdenden verfügbaren Bodenmenge wird das von ihm erstellte zusätzliche Produkt immer kleiner; der Rückgang des Grenzproduktes der Arbeit hat einen Rückgang des unter Wettbewerbsbedingungen erzielten Lohnes zur Folge. In dem Maße, in dem die jedem Morgen Land gegenüberstehende Arbeitsmenge steigt, wächst dessen Grenzprodukt, und seine unter Wettbewerbsbedingungen erzielte Rente steigt.

3. Bei Malthus wird das Gleichgewicht erreicht, sobald der Lohn auf das Subsistenzniveau abgesunken ist, unterhalb dessen es nicht zu einer Reproduktion des Arbeitsangebots kommen wird. In der Realität hat die technische Entwicklung in den Ländern des Westens jedoch für wirtschaftlichen Fortschritt und eine fortwährende Verlagerung der Produktivitätskurve der Arbeit nach oben gesorgt.

4. Den Kern der modernen Analyse bilden Wachstumstheorien, die die Kapitalakkumulation einbeziehen. Bei diesem Ansatz wird eine Situation untersucht, in der der Faktor Arbeit in Reaktion auf außerökonomische Faktoren wächst, während Kapital in Abhängigkeit von den Profitraten gebildet wird. Zunächst findet eine allmähliche Steigerung der Kapitalmenge pro Arbeiter statt beziehungsweise eine »Steigerung der Kapitalintensität«. Käme es weder zu technischem Fortschritt noch zu Innovationen, würde infolge des Gesetzes des abnehmenden Ertragszuwachses der erhöhten Kapitalmenge pro Arbeiter kein proportionaler Zuwachs des Outputs pro Arbeiter gegenüberstehen. Folglich würde eine Steigerung der Kapitalintensität die Kapitalertragsrate (die gleichbedeutend wäre mit dem Realzins unter Wettbewerbsbedingungen und der Annahme der Risikolosigkeit) sinken.

5. Die grundlegende *Faktorpreis-Grenze* stellt dar, wie sich der Anstieg der Löhne verhalten muß, wenn die Kapitalertragsrate oder der Realzins sinken. Unter den Bedingungen einer hohen Kapitalintensität führt der Abwärtstrend des Realzinses zu einem Anstieg der Reallöhne entlang der Faktorpreis-Grenze.

B. Trends und Quellen des Wirtschaftswachstums

6. Die für unser Jahrhundert erhobenen Daten lassen zahlreiche Trends des Wirtschaftswachstums erkennen. Zu den wichtigsten gehört die Tatsache, daß die Reallöhne und die reale Produktion pro Arbeitsstunde stetig angewachsen sind

(zumindest bis zum Beginn der 70er Jahre); daß der Realzins in eine trendlose Zone geraten ist; und daß der Kapitalkoeffizient gesunken ist.

7. Einige der bedeutenderen Trends lassen sich mit dem einfachen Modell der Kapitalakkumulation vereinbaren. Generell müssen wir jedoch das einfache Modell um den Faktor des technischen Fortschritts erweitern, wenn wir alle Trends erklären wollen. So lassen sich beispielsweise eine abgeflachte Zins- und Profitrate nicht mit der Steigerung der Kapitalintensität vereinbaren, es sei denn, daß technischer Fortschritt stattfindet, der die Produktionsfunktionen nach außen verlagert. Wir erkennen deshalb, was uns der gesunde Menschenverstand sagt – daß nämlich technischer Fortschritt die Produktivität der Inputs erhöht und sowohl die Kurve der Produktivität des Kapitals wie die Faktorpreis-Grenzen nach außen verlagert.

8. Der letzte Trend – das vergleichsweise stabile Wachstum des potentiellen Sozialprodukts während der vergangenen 85 Jahre – wirft die wichtige Frage nach den Quellen des wirtschaftlichen Wachstums auf. Gestützt auf zuverlässige quantitative Berechnungsverfahren haben Wachstumsforscher ermittelt, daß »residuale« Quellen – wie beispielsweise Innovationen und Ausbildungsniveau – Faktoren wie die Steigerung der Kapitalintensität in ihrer Wirkung auf das Wachstum des BSP und der Arbeitsproduktivität an Bedeutung überragen. Ihre Verfahren deuten jedoch auch darauf hin, daß ein Land nur unter ungeheuren Schwierigkeiten die jeweils herrschende Wachstumsrate seines potentiellen BSP auch nur um einige wenige Zehntel eines Prozentpunktes heraufschrauben kann.

Begriffe zur Wiederholung

Faktorpreis-Grenze *ff*
Grenzprodukts-*NN*
die sieben Trends des Wirtschaftswachstums
Wachstumsrechnung
Realzins und Kapitalertragsrate
Anstieg von *K/L* bei steigender Kapitalintensität
Kapitalkoeffizient, *K/Q*
prozentuales Wachstum von $Q = {}^{3}\!/_{4}$(prozentuales Wachstum von L) + ...
prozentuales Wachstum von Q/L
   $= {}^{1}\!/_{4}$(prozentuales Wachstum K/L) + t. F.
Wachstum von Q infolge gestiegenem K, infolge von Erfindungen

Fragen zur Diskussion

1. Beschreiben Sie einige der bekannteren Prophezeiungen hinsichtlich des Wirtschaftswachstums. Warum erwies sich jede als falsch? Tragen Sie einige Prognosen hinsichtlich der Zukunft der amerikanischen Wirtschaft zusammen. Führen Sie einige Aspekte an, wodurch sich diese als unzutreffend erweisen könnten.

2. »Würde die Regierung Wissenschaft und Erfindungen subventionieren sowie die Stagnation und die Konjunktur in den Griff bekommen, könnten wir mit einem Wachstum rechnen, das die klassischen Ökonomen in Erstaunen versetzen würde.« Setzen Sie sich mit dieser Aussage kritisch auseinander.

3. »Ohne ein Bevölkerungswachstum oder ohne technischen Fortschritt würde eine anhaltende Kapitalakkumulation letztlich den Untergang der Kapitalisten bedeuten.« Erklären Sie, warum eine solche Konstellation zu einem Null-Zins und dem Ende jeglicher Gewinne führen könnte.

4. Würde es Sie – eingedenk der Tatbestände, daß der Anteil des Faktors Arbeit (am Gesamtprodukt) einen leichten Aufwärtstrend aufweist, daß der Kapitalkoeffizient durch einen leichten Abwärtstrend gekennzeichnet ist, daß der Zinssatz erhebliche Schwankungen aufweist, daß auch das Verhältnis zwischen privaten Nettoinvestitionen und dem privaten BSP schwankt – sehr überraschen, wenn die grundlegenden auf Seite 579f. behandelten Trends in Zukunft ein wenig aus dem Ruder liefen?

5. Rufen Sie sich die auf S. 582 angeführte Formel für die Wachstumsberechnung ins Gedächtnis zurück. Berechnen Sie die Wachstumsrate der Produktion, wenn der Faktor Arbeit um jährlich 1 Prozent wächst, der Faktor Kapital um jährlich 4 Prozent und wenn für den Faktor des technischen Fortschritts 1,5 Prozent anzusetzen sind.

Wie würde Ihre Antwort ausfallen, wenn:
(a) Das Wachstum des Faktors Arbeit sich auf jährlich 0 Prozent verlangsamte?
(b) Das Wachstum des Faktors Kapital auf jährlich 5 Prozent anstiege?
Berechnen Sie außerdem für jede dieser Fragen die Wachstumsrate der Produktion pro Arbeiter.

6. Analysieren Sie unter Zuhilfenahme der graphischen *Grenze der Produktionsmöglichkeiten* des Kapitels 2 die Biber-Reh-Wirtschaft von Adam Smith wie folgt.

Nehmen Sie an, daß 2 Stunden erforderlich sind, um ein Reh zu erlegen, daß man aber 4 Stunden für das Einfangen eines Bibers braucht. Zeichnen Sie zunächst für eine Gesellschaft, die über 100 Arbeitsstunden verfügt, die PM-Grenze in Form einer Geraden – wobei Sie von dem Koordinatenabschnitt auf der y-Achse auf der Höhe der 50 mit den verfügbaren Arbeitsstunden erzielbaren 50 Rehen zu dem Koordinatenabschnitt auf der x-Achse an die Stelle der 25 erreichbaren Biber gehen. Die absolute Steigung dieser PM-Grenze zeigt das Verhältnis von 2 : 1, das in jedem Punkt herrscht, in dem beide Güter erzeugt und verbraucht werden. (Die Analyse des Grenznutzens und der Indifferenzkurven des Kapitels 19 ist nach wie vor notwendig, um Auskunft darüber zu geben, an welchem Punkt der PM-Grenze sich die Gesellschaft letztlich befindet.)

Was würde mit der PM-Grenze geschehen, wenn sich die Arbeitsmenge verdoppelte, während die Technologie sich nicht veränderte? Zeigen Sie auch, daß eine Steigerung der Arbeitsproduktivität in beiden Wirtschaftszweigen auf das Doppelte die PM-Grenze nach rechts außen in eine parallele Position verlagern würde und damit die genaue Verdoppelung des Sozialprodukts widerspiegelte.

7. Ein trübsinniger Pessimist könnte argumentieren, daß 1973 die Wende signalisierte – das Ende der großen Expansion, die mit dem Anbruch der Industriellen Revolution einsetzte. Nehmen Sie an, daß alle Gegebenheiten der voraufgegangenen Ära auch heute anzutreffen seien *mit Ausnahme* des technischen Fortschritts

und der Innovationstätigkeit, die zum Erliegen kämen. Wie würden dann in den kommenden Jahrzehnten die sieben Trends aussehen? Was würde mit den wichtigen Reallöhnen geschehen? Welche Maßnahmen könnte man ergreifen, um den neuen Trends entgegenzuwirken und die Wirtschaft wieder auf den alten Entwicklungspfad zurückzuführen?

8. *Preisfrage:* Viele Menschen fürchten, daß die Folgen der Roboter für die Menschen die gleichen sein werden wie die Folgen der Traktoren für die Pferde – der Pferdebestand ging Anfang unseres Jahrhunderts um den Faktor 10 zurück.

Wenn wir die Roboter als eine besonders produktive Form des K ansähen, welche Auswirkungen hätte ihre Einführung dann auf die *NN*- und die *ff*-Kurven der Abbildung 36.1? Kann das Gesamtprodukt bei einem fixen Arbeitskräftepotential zurückgehen? Unter welchen Bedingungen würde der Reallohn sinken? Können Sie sagen, warum der Vergleich mit den Pferden sich als falsch erweisen könnte?

Anhang zu Kapitel 36
Moderne Wachstumstheorien

Da die Wirtschaftswissenschaft keine bereits abgeschlossene Wissenschaft ist, befindet sie sich als solche in einem fortwährenden Entwicklungsprozeß. Obgleich unter den Ökonomen hinsichtlich der in diesem Kapitel dargestellten groben Fakten der historischen Entwicklung Einigkeit herrscht, werden diese von unterschiedlichen Autoren unterschiedlich interpretiert. Einige ergänzende Vorstellungen, die mit den Namen von Joseph A. Schumpeter, W.W. Leontief und anderen Ökonomen verknüpft sind, werden in diesem Anhang kurz skizziert.

Während ein einführendes Lehrbuch nicht den Anspruch erheben kann, Antworten auf Fragen des fortgeschrittenen Unterrichts zu geben, möchten viele Anfänger dennoch einen ersten Blick auf die Problembereiche werfen, in die die Wirtschaftsanalyse gegenwärtig vorzudringen beginnt. Auch wenn ihm die eine oder andere in diesem Anhang angesprochene Feinheit vielleicht entgeht, wird der interessierte Leser dennoch einen atmosphärischen Eindruck von der Entwicklung des ökonomischen Denkens erhalten. Insbesondere werden viele Leser, denen an den übrigen in diesem Anhang behandelten Theorien nicht viel gelegen ist, sich dennoch mit der abschließenden Darstellung (S. 598ff.) des faszinierenden und nützlichen Gebietes, der Input-Output-Analyse des Nobelpreisträgers W.W. Leontief, auseinandersetzen wollen.

Innovationen im Sinne Schumpeters

Joseph Schumpeter (1883–1950), der an den Universitäten Wien und Harvard lehrte, war der Autor zweier Klassiker der Nationalökonomie[4]: *Die Theorie der wirtschaftlichen Entwicklung*, Leipzig 1912, und die posthum veröffentlichte *Geschichte der ökonomischen Analyse* (deutsche Übersetzung Göttingen, 1953).

Schumpeter unterstrich die Rolle des Innovators – d.h. des Erfinders, des Entwicklers, des Initiators, des Mannes, der technische Verbesserungen in Gang setzt und erkennt und dafür sorgt, daß sie in die Praxis umgesetzt werden. Schumpeter betrachtete die Innovatoren als die dynamischen Akteure des Kapitalismus, die

---

4 Wie der Leser dem anregenden Werk *Kapitalismus, Sozialismus und Demokratie* (deutsche Übersetzung, Stuttgart 1980) entnehmen kann, war Schumpeter mehr als ein reiner Wirtschaftswissenschaftler. Da er das ökonomische System als solches für im wesentlichen stabil hielt, führte er soziologische und politische Gründe für den von ihm vorhergesagten Niedergang des Kapitalismus an. Er vertrat den Standpunkt, daß das hohe Maß an Effizienz des Kapitalismus genau der Grund für seinen Ruin sein werde, weil nämlich Intellektuelle und die breite Masse eines Tages der Marktideologie mit Verachtung begegnen und es schaffen werden, im Namen der Wohlfahrt für funktionshemmende staatliche Eingriffe in das System zu sorgen. Im Gegensatz zu Marx, der die Auffassung vertrat, daß der Kapitalismus an seinen eigenen Krebsgeschwüren zugrunde gehen werde, glaubte Schumpeter, daß er eines Tages Selbstmord begehen werde, wenn nämlich die Kinder der Kapitalisten dem System den Rücken kehren und sich zum Sozialismus bekennen werden. Diese Prophezeiung schien sich auf unheimliche Weise zu bewahrheiten, als in den 60er und 70er Jahren radikale Studenten ihre Colleges stürmten und die Banken ihrer Eltern in Brand steckten.

heute als beherrschende Gestalten große Gewinne machen, um morgen festzustellen, wie diese Gewinne aufgrund der Nachahmung durch ihre Konkurrenten dahinschmelzen.

Abbildung 36.1(a) auf S. 572 vermittelt ein gutes Bild von dem, was nach Schumpeters Auffassung geschehen würde, wenn es keine Innovationen mehr gäbe. Wettbewerb und Kapitalakkumulation würden die Gesellschaft sehr rasch entlang der Kurve des abnehmenden Ertragszuwachses *NN* herabdrücken. Tatsächlich vertrat Schumpeter die Ansicht, daß die langfristige Horizontale *AA*, bei der es kein Angebot an neuen Ersparnissen mehr gäbe, auf der Höhe einer Zins- und Gewinnrate von Null verliefe und sich, richtig eingezeichnet, in Abbildung 36.1(a) mit der x-Achse selbst decken würde.

In diesem Augenblick spielt Schumpeter jedoch seinen Trumpf aus. Innovationen bewirken eine *periodische Verlagerung* der *NN*-Kurve nach rechts oben. Gewinn und Zins lassen sich mit der Saite einer Geige vergleichen, die durch Innovationen zum Schwingen gebracht wird. Ohne Innovationen schrumpfen die Gewinne auf Null zusammen; aber schon taucht wieder eine neue Innovation auf, die die Saite erneut in dynamische Schwingungen versetzt. Gewinne sind deshalb das Ergebnis eines nie versiegenden Quells neuer Produkte und neuer Märkte.

Die auf die Innovation zurückzuführenden Gewinne fallen jedoch, wie wir gesehen haben, bald den Imitatoren zum Opfer, wobei die Arbeitnehmer und Konsumenten von den sinkenden Preisen profitieren. Der innovationsinduzierte Anstieg der Zinsen regt binnen kurzem die Spartätigkeit und die Kapitalbildung an, bis der Aufbau eines vergrößerten Kapitalbestandes schließlich zu abnehmenden Erträgen, zu »schrumpfenden Gewinnen« und minimalen Zinssätzen führt. Aber schon rollt eine neue Welle von Innovationen an – z.B. in der Form von Eisenbahnen, Elektrizität, Automatisierung, Mikroelektronik –, löst eine neuerliche dynamische Entwicklung des Systems aus und läßt den ganzen Prozeß wieder von vorn beginnen.

Die Wachstumsmodelle von Harrod-Domar

Die Geburt der modernen Wachstumstheorie geht auf einen wichtigen Beitrag zum Begriff des gleichgewichtigen (oder »exponentiellen«) Wachstums zurück, der von dem Engländer Sir Roy Harrod und dem Amerikaner D. Domar entwickelt wurde.[5] Ihre Theorie gibt eine Erklärung für die wichtige langfristige »natürliche Wachstumsrate«.

---

[5] F. Harrod, *Towards a Dynamic Economics*, Macmillan, London 1948; E.D. Domar, *Essays in the Theory of Economic Growth*, Oxford University Press, New York 1957. Die gleiche Diskussion wie in Kapitel 10 (in Band 1) über die Wechselwirkung von Akzelerator- und Multiplikator-Modellen wird hier auf den Trend der wirtschaftlichen Entwicklung angewandt und nicht auf konjunkturell bedingte Abweichungen von diesem Trend.

Die natürliche Wachstumsrate

Die historischen Daten der Abbildung 36.3 können zur Erklärung der Harrodschen Berechnungen beitragen. Die Harrodsche Theorie stellt eine vereinfachte Methode zur Erklärung der grundlegenden Trends der Abbildung 36.3 dar, wobei sie sich spezifischer Annahmen hinsichtlich der Art des technischen Fortschrittes bedient.

Angenommen, die Arbeitsstunden L haben eine konstante Zuwachsrate von 1 Prozent pro Jahr. Weiterhin sei im Sinne einer extremen Vereinfachung unterstellt, daß der technische Fortschritt »produktivitätsfördernd« sei – daß tatsächlich die Leistung jedes einzelnen Arbeiters jährlich um zusätzlich 2 Prozent wächst. Das heißt so viel, daß – bedingt durch bessere wissenschaftliche Produktionsverfahren oder einen höheren Ausbildungsstand – in diesem Jahr 100 Arbeiter das leisten können, wofür man im Jahr zuvor noch 102 Arbeiter benötigte; und diese Entwicklung setzt sich unbegrenzt fort. Während das *tatsächliche L* in Einheiten menschlicher Arbeitsstunden jährlich lediglich um 1 Prozent wächst, steigt die Zahl der *Leistungseinheiten von L** infolge der jährlichen 2prozentigen Leistungssteigerung um 3 Prozent im Jahr. Dies führt uns zum Begriff der natürlichen Wachstumsrate.

■ Die *natürliche Wachstumsrate* eines vereinfachten Harrodschen Systems ist gleich dem jährlichen prozentualen Wachstum seines Arbeitsangebots, und zwar ausgedrückt in »Leistungseinheiten« (worunter die natürlichen Arbeitseinheiten, vermehrt um den erhöhten technischen Wirkungsgrad jeder Arbeitsstunde verstanden werden); Bedingung für ein *gleichgewichtiges Wachstum* ist, daß auch die Produktion und der Kapitalbestand mit der gleichen natürlichen Rate wachsen.

Wachsen das BSP (oder Q) sowie L^* konstant um diese natürliche Rate von 3 Prozent pro Jahr, muß auch der Kapitalstock K mit der gleichen natürlichen Rate von jährlich 3 Prozent wachsen, wenn das gleichgewichtige Wachstumstempo erhalten bleiben soll. Wie hoch müssen die Nettoinvestitionen jedes Jahres sein, damit K mit dieser natürlichen jährlichen Rate von 3 Prozent wächst? Oder, anders ausgedrückt, wie groß muß der Teil ihres jährlichen potentiellen Outputs sein, den die Wirtschaftssubjekte ständig sparen und investieren müssen, damit ein gleichgewichtiges Wachstum erhalten bleibt?

Die erforderliche Relation zwischen Ersparnis und Einkommen beziehungsweise zwischen Ersparnis und BSP hängt von dem numerischen Wert des Kapitalkoeffizienten K/Q multipliziert mit der natürlichen Wachstumsrate ab.[6]

Wir sind nunmehr in der Lage, die Formel herzuleiten, die drei historische Fakto-

---

[6] Nehmen wir beispielsweise an, daß Q 3000 Milliarden Dollar im Jahr beträgt und daß der Kapitalstock etwa $3\frac{1}{3}$ mal so groß ist, d.h. 10000 Milliarden Dollar. Dann brauchen wir Nettoinvestitionen in Höhe von 300 Milliarden (= 0,03 x 10000 Milliarden), um in diesem Jahr K um 3 Prozent zu vergrößern; das bedeutet, daß die Haushalte genau 10 Prozent (= $3\% \times 3\frac{1}{3}$) ihrer Einkommen sparen und investieren müssen. Testen Sie Ihr Verständnis, indem Sie zeigen, daß eine natürliche Wachstumsrate in Höhe von 4 Prozent in diesem Fall eine Sparquote von $13\frac{1}{3}$ (= $4\% \times 3\frac{1}{3}$) erforderlich machen würde und daß eine natürliche Wachstumsrate von 3 Prozent bei einem Kapitalkoeffizienten von nur 2 lediglich eine Sparquote von 6 Prozent voraussetzt.)

ren zueinander in Beziehung setzt: die Harrodsche natürliche Wachstumsrate von 0,03 pro Jahr beziehungsweise allgemein von g pro Jahr; den historischen Kapitalkoeffizienten von beispielsweise 3⅓ oder allgemein von K/Q; die erforderliche Sparquote von 0,10 oder allgemein von s. Wir erhalten

$$s = g \times \frac{K}{Q} \text{ bzw. } 0{,}10 = 0{,}03 \times 3\tfrac{1}{3}$$

Diese Beziehung bestimmt die Höhe der freiwilligen Ersparnisse *und* Investitionen, die erforderlich sind, wenn sich die Harrodsche natürliche Wachstumsrate in einem Gleichgewichtszustand befinden soll.[7]

Erklärung der Trends

Kann dieses vereinfachte Harrod-Domar-Modell alle sieben der oben aufgeführten grundlegenden Trends erklären? Wir wollen das mit Bezug auf jeden einzelnen prüfen.

Das Modell bestätigt zweifellos eine Steigerung der Kapitalintensität im Verhältnis zu der tatsächlichen Arbeitsmenge L, da K um 3 Prozent wächst und L lediglich um 1 Prozent. (Allerdings wird ein Beobachter, der sich lediglich auf L^*, auf Arbeit in Leistungseinheiten, konzentriert, bei diesem vereinfachten Modell auf ein konstantes (K/L^*) stoßen, wobei sich keine »Kapitalintensitätssteigerung« vollzieht, sondern lediglich ein erkennbares »Kapitalstockwachstum« (bei konstanter Kapitalintensität), um K und L^* im Gleichgewicht zu halten.)

Auch der Trend 2 wird bestätigt. Der Lohnsatz steigt – und zwar um jährlich 2 Prozent. Warum? Weil alle tatsächlich eingesetzten Arbeiter (L, nicht L^*) das Grenzprodukt der in ihnen steckenden wachsenden Leistungseinheiten beziehen.

Nachgewiesen wird eine geringfügig modifizierte Version des Trends 3, der sich nun nicht mehr rein zufällig ergibt. Da der technische Fortschritt produktivitätsfördernd ist und jeder Arbeiter »die Stärke von zehn Arbeitern« hat, bedeutet das gleichgewichtige Wachstum von K und L^*, daß wir die einzelnen Outputanteile auf die Faktoren in genau der gleichen Weise aufteilen wie zuvor. Wir sehen uns deshalb konstanten Anteilen der Faktoren Arbeit und Kapital gegenüber, nicht einem langsamen Anstieg des Anteils des Faktors Arbeit.

Ein genauer Beweis wird auch für den im Trend 4 enthaltenen konstanten Zinssatz erbracht, der sich nicht mehr als Näherungswert oder Zufall darstellt. Für jede Einheit von K, der genau die gleiche Menge von L^* gegenübersteht wie zuvor, ergeben sich keine abnehmenden Erträge; ihr wird vielmehr der gleiche wettbewerbsbestimmte Realzins zugerechnet. Auch der Trend 5 wird in einer leicht modifizierten Form nachgewiesen, da die Harrodsche natürliche Rate des gleichgewichtigen Wachstums von Anfang an einen unveränderten Kapitalkoeffizienten unterstellt.

Die Konstanz der Sparquote des Trends 6 wird durch die Harrodsche Grundgleichung für die natürliche gleichgewichtige Wachstumsrate zum gleichen Zinseszinssatz pro Jahr belegt: s = konstantes g × konstantes K/Q.

---

[7] Hierbei handelt es sich im Grunde um die Gleichheit von $I = S$ aus unserem Teil II. Denn im Falle der natürlichen Wachstumsrate gilt $g = I/K$ bzw. $I = gK$; folglich ist $I/Q = S/Q = s = g(K/Q)$ – die Harrod-Bedingung.

Die fehlende Synthese

Verifiziert wird schließlich auch der Trend 7, der von zentraler Bedeutung ist, denn die Produktion zeigt ein stetiges und rasches Wachstum von jährlich 3 Prozent.

All dies – und das sollten wir uns immer vor Augen halten – gilt für eine Situation, in der es all die makroökonomischen Schwierigkeiten, die uns in den Teilen II und III zu schaffen machten, nicht gibt. Bis auf den heutigen Tag nicht bewältigt ist die Aufgabe, eine Synthese zwischen der hier dargestellten neoklassischen Analyse des Wirtschaftswachstums und der herrschenden Lehre der modernen Makroökonomie jener beiden Teile herzustellen.

Das expandierende Universum

John von Neumann (1903–1957), ein brillanter Mathematiker, der die Spieltheorie begründete, hat ein ökonomisches Modell beschrieben, in dem sich alles aus allem herstellen läßt. Sind Boden beziehungsweise Arbeit keine knappen, limitierenden Faktoren mehr, dann verliert das Gesetz des abnehmenden Ertragszuwachses seine Gültigkeit. Alle Früchte der Produktion, soweit sie über die Unterhaltungskosten für Pferde, Kaninchen, Webstühle und wohlversorgte Menschen hinausgehen, fließen in das System zurück und sorgen für das Wachstum von mehr Pferden, Kaninchen, Webstühlen und wohlversorgten Menschen.

In diesem System gibt es eine maximale Rate des gleichgewichtigen Wachstums. Und wie sich herausstellt, ist diese Wachstumsrate – die wir wegen ihrer Ähnlichkeit mit der Harrodschen natürlichen Wachstumsrate g nennen wollen – genau gleich dem Realzins i.

Abbildung 36A.1 veranschaulicht die Ergebnisse des von-Neumann-Modelles. Wir erkennen die gleiche Faktorpreis-Grenze, die uns schon in dem Kapitalakkumulations-Modell der Abbildung 36.1 begegnet ist. In dem von-Neumann-Modell vermehrt sich der Faktor Arbeit jedoch ungehindert. Ebenso wie bei Malthus schrumpft oder wächst der Faktor Arbeit völlig frei in Abhängigkeit von dem Reallohnsatz w^*.

Wenn wir die Faktorpreis-Grenze der Abbildung 36A.1 betrachten, sehen wir, daß der Zinssatz bei w^* gleich i^* ist. In diesem Punkt werden alle Löhne dem Konsum zugeführt, während alle Gewinne in die weitere Kapitalakkumulation reinvestiert werden. Da die Investitionen gleich den Gewinnen und gleich i^*K sind, ergibt sich eine Wachstumsrate des Kapitalstocks von $I/K = i^*K/K = i^*$. *Somit ist die Wachstumsrate der Volkswirtschaft gleich dem Realzinssatz.* Da darüber hinaus höhere Löhne zu einem Anstieg des Konsums, einer Verringerung der Investitionen und einem Rückgang des Wachstums der Produktion führen, ist i^* gleich der maximalen Wachstumsrate der Volkswirtschaft.

Ein einfaches Beispiel für ein solches expandierendes System bieten Kaninchen, bei denen jeder Kaninchen-Input zu einem Kaninchen-Output von 1,05 führt. Der Zinssatz und die Wachstumsrate liegen in dem Fall bei 5 Prozent pro Periode.

Wie wir im anschließenden Kapitel sehen werden, ist das »gleichgewichtige Wachstum« eines der großen Themen der wirtschaftlichen Entwicklung. Aus

Faktorpreis-Grenze

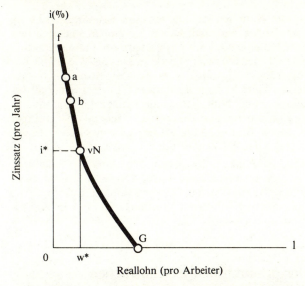

Abbildung 36A.1. Das Von-Neumann-Modell und die goldene Regel.
Wie sieht die maximale Wachstumsrate für eine Volkswirtschaft nach dem von-Neumann-Modell aus, bei dem alle Inputs (Pferde, Kapital, Weizen, ja sogar Menschen) produziert werden? Der Faktor Arbeit muß seinen Reproduktionslohn von w^* erhalten, damit die Menschen sich vermehren. Aber im Rahmen der Faktorpreis-Grenze bedeutet dies, daß das Kapital den Zinssatz i^* erzielt. Und da das Kapital i^* aus sich selbst heraus verdient, entspricht die maximale Wachstumsrate des Systems einfach diesem Zinssatz i^* und liegt im Punkt vN.
Wichtiger für hochentwickelte Länder, in denen keine endlose Reproduktion der Menschen auf dem Subsistenzniveau erfolgt, ist die goldene Regel. Ist die Bevölkerungsziffer konstant, erreichen die Reallöhne sowie der Pro-Kopf-Konsum ihr Maximum, wenn der Zinssatz bei Null liegt, d.h. im Punkt G.

diesem Grunde ist das von-Neumann-Modell von erheblichem Interesse. Von besonderer Relevanz ist es in dem Fall, in dem der industrielle Sektor eines armen Landes die Möglichkeit der Beschaffung einer unbegrenzten Menge an Arbeitskräften aus dem landwirtschaftlichen Sektor hat, und zwar zum Subsistenzlohn; da der industrielle Sektor nur wenig Boden braucht, gelingt ihm der »Aufbruch« zu einem wirtschaftlichen Wachstum mit konstanter Wachstumsrate von Neumannscher Größenordnung pro Jahr, vorausgesetzt, daß er die für die neuen Arbeitskräfte notwendigen zusätzlichen Kapitalgüter produzieren (oder importieren) kann.[8]

---

8 Die Ausweitung des industriellen Sektors durch den Einsatz unbegrenzter Mengen an Arbeit aus dem Agrarbereich ist mit dem Namen von Sir Arthur Lewis verknüpft, dem ursprünglich aus Jamaika stammenden Nobelpreisträger des Jahres 1979. In der Vergangenheit haben Ökonomen aus so gegensätzlichen Lagern wie der konservative Gustav Cassel aus Schweden und der nichtkonservative Karl Marx ähnliche Ricardianische Vorstellungen vorgetragen. In jüngerer Zeit haben die Wirtschaftswissenschaftler John Fei und Gustav Ranis dieses Modell auf die Entwicklungsländer angewandt.

Die goldene Regel

Auch für die hochentwickelten Nationen können wir ohne Mühe ein wichtiges Ergebnis aus der Abbildung 36 A.1 herleiten. Sehen Sie einmal von jeglichen Annahmen hinsichtlich einer Homogenität des Kapitals ab, denn unsere Faktorpreis-Grenze gilt nach wie vor. Legen Sie sich folgende Frage vor: Wie hoch kann in einer Welt ohne Bevölkerungswachstum der maximale Pro-Kopf-Konsum sein, der sich aufrechterhalten läßt? Er liegt im Punkt G, in dem der Realzins gleich Null ist. Liegt der Zinssatz über Null, werden alle heute getätigten Investitionen zu einem höheren Konsum für alle zukünftigen Generationen führen. (Wächst die Bevölkerung jedoch, liegt der Punkt dieser goldenen Regel an der Stelle, an der der Zinssatz gleich der Wachstumsrate der Bevölkerung ist.)

Bedeutet dies, daß wir sofort zum Punkt G übergehen sollten (oder im Falle eines Bevölkerungswachstums zu dem entsprechenden Punkt)? Nicht unbedingt, denn eine Niedrigzins- beziehungsweise eine Nullzins-Lösung impliziert die Aufgabe gegenwärtigen Konsums zugunsten zukünftigen Konsums – in einer kapitalistischen Gesellschaft ebenso wie in einer sozialistischen.

Leontiefs Analyse der produktionswirtschaftlichen Verflechtungsstrukturen

Die bedeutende Input-Output-Tabelle von Wassily Leontief ist die moderne Verwirklichung des Traumes des Physiokraten François Quesnay aus dem 18. Jahrhundert, der als erster die Vorstellung von einem *Tableau Economique* beziehungsweise einem Kreislauf des Wirtschaftslebens entwickelte. Dutzende von Ländern – wie beispielsweise Frankreich, Norwegen, Ägypten, die Vereinigten Staaten, Großbritannien, die Sowjetunion und Indien haben zur Ergänzung ihrer Volkseinkommensberechnungen und als Hilfsmittel für ihre Entwicklungsplanung Input-Output-Tabellen erstellt.[9]

Moderne Verfahren wie die des Harvard-Professors Dale Jorgenson arbeiten mit flexiblen Input-Output-Koeffizienten in einer komplexeren »trans-logarithmischen« Produktionsfunktion.

Anhand von zwei als Beispiel dienenden Sektoren, der Landwirtschaft und dem warenproduzierenden Gewerbe, veranschaulicht Tabelle 36 A.1 in stark vereinfachter Weise die von der Regierung und Leontief gemeinsam erstellte Tabelle für die amerikanische Wirtschaft, in der mehrere hundert Wirtschaftszweige berücksichtigt werden. Der Grundgedanke ist folgender: Jeder Wirtschaftssektor wird zweimal erfaßt – als Output in einer Zeile und als Input in einer Spalte. Darüber hinaus werden der Endkonsum der Haushalte als gesonderte Spalte und ihre

---

9 Eine eingehendere Darstellung der Theorie und ihrer Anwendungen findet der Leser in Wassily Leontief, *The Structure of the American Economy, 1919–1929*, Harvard University Press, Cambridge (Mass.) 1941; 2. Aufl.: *1919–1939*, Oxford University Press, New York 1951; oder *Input-Output Economics*, Oxford University Press, New York 1966. Ein Teil des Preises, den Leontief dafür zahlen muß, das allgemeine Gleichgewicht von Walras empirisch meßbar zu machen, besteht darin, daß er zu der technischen Annahme gezwungen ist, daß alle Faktor-Einsatzverhältnisse – untereinander und in bezug auf das Gesamtprodukt – technologisch vorgegeben beziehungsweise konstant sind.

Intersektorale Ströme in Kriegszeiten
(alle Angaben in Milliarden)

	Landwirtschaft	Warenproduzierendes Gewerbe	Endkonsum der Haushalte	Bruttoproduktionswert
Landwirtschaft		1000	500	1500
Warenproduzierendes Gewerbe	500		1500	2000
Arbeitskraft und sonstige Faktoren der Haushalte	*1000*	*1000*		
Bruttoproduktionswert	1500	2000		3500

Tabelle 36A.1. Die Input-Output-Tabelle von Leontief betrachtet die Wirtschaftsstruktur mit dem Röntgenauge.
Jeder Wirtschaftszweig erscheint doppelt, in einer Zeile und in einer Spalte: In der Zeile wird dargestellt, welcher Teil seines Bruttooutputs als Input an andere Sektoren geliefert wird und welcher Teil in den Konsum fließt; die Spalte weist die für die Erstellung seiner Produktion benötigten Inputs aus.
Die Gesamtwerte zeigen die *Brutto*produktionswerte einschließlich der benötigten Vorleistungen aus anderen Sektoren. Zur Berechnung des BSP, und zwar ohne Doppelzählung, addieren wir lediglich die Faktorzahlungen (beziehungsweise die »Wertschöpfungen«) der *schattierten* Zeile; oder auch nur die Endkonsum-Ströme der *schattierten* Spalte. Fügen Sie den richtigen Wert für das BSP in die angegebene Leerstelle ein, und machen Sie für beide Berechnungsmethoden die Gegenprobe.

Arbeitsleistung (oder sonstige von den Haushalten bereitgestellte Primärfaktoren der Produktion) in einer gesonderten Zeile ausgewiesen. Diese Zahlen der Haushalte sind die Werte, die in das Volkseinkommen oder das Nettosozialprodukt eingehen, und dem *grau unterlegten* Teil der Tabelle zu entnehmen. (Tatsächlich erfaßt Leontief auch den staatlichen Sektor, den Außenhandel, die Investitionen und andere Einzelbereiche.)

Der Bruttowert des Outputs des Agrarsektors wird mit 1500 (Milliarden) Dollar ausgewiesen: am rechten Ende der Spalte als Summe aller an andere Bereiche gelieferten Teile des landwirtschaftlichen Outputs – wobei 1000 Dollar als Input in den warenproduzierenden Bereich flossen und 500 Dollar in Form von Nahrungsmitteln in den unmittelbaren Konsum der Haushalte eingingen. Er erscheint ebenfalls am unteren Ende der Spalte als die Summe aus den 500 Dollar, die der Landwirtschaft an Kosten für Inputs aus dem warenproduzierenden Gewerbe entstanden (Düngemittel usw.), und den Kosten in Höhe von 1000 Dollar, die für Arbeitsinputs (und sonstige von den Haushalten bereitgestellte Faktoren) anfielen.

Schlüsseln Sie in ähnlicher Weise die 2000 Dollar der Bruttoproduktion des warenproduzierenden Gewerbes auf.

In der Tabelle begegnen wir unserem alten Bekannten wieder, dem BSP (das, wenn wir unser Beispiel einfach genug gestalten und den Kapitalverzehr unberücksichtigt lassen, gleichzeitig gleich dem NSP ist). Bleiben die staatliche Wirtschaftstätigkeit sowie die Investitionen ausgeklammert, ist das BSP gleich der Summe der durch die grau unterlegten Zahlen ausgewiesenen Endprodukte der dritten Spalte. Anders ausgedrückt ist das BSP gleich der Summe aller Faktorkosten oder Wertschöpfungen, die durch die Werte für die Löhne der dritten Zeile ausgewiesen werden.

Das BSP schließt definitiv keine Vorleistungen eines Sektors an den anderen ein; in der Brutto-Gesamtgröße rechts in Höhe von 3500 sind andererseits definitiv Doppelzählungen enthalten. Verifizieren Sie, daß BSP = 2000 Dollar.

Diese Input-Output-Tabelle ist mehr als eine Aufzeichnung dessen, was sich in der Vergangenheit abgespielt hat. Auf welche Weise gedenken Leontief oder ein Wirtschaftsplaner sie einzusetzen? Sie hoffen, sie zum Zwecke der Prognose der Auswirkungen sich ändernder Konsumerfordernisse nutzen zu können.

Nehmen wir beispielsweise an, daß sich die Tabelle 36A.1 auf eine Situation in Kriegszeiten bezieht, in der die Beschäftigung sowie die Produktion im warenproduzierenden Gewerbe aufgrund der militärischen Erfordernisse stark angewachsen sind. (Um das Bild noch effektvoller zu gestalten, könnten wir uns vorstellen, daß die zivilen Güter, d.h. die »Butter«, weitgehend aus dem Agrarsektor kommen, während die militärischen Güter, d.h. die »Kanonen«, weitgehend dem warenproduzierenden Sektor entstammen.)

Angenommen, »der Friede bricht plötzlich über uns herein«. Welcher Planungen bedarf es nun hinsichtlich des Einsatzes der Arbeits- und anderer Inputs, wenn die Vollbeschäftigung nach wie vor erhalten bleiben soll? Angenommen, wir möchten den Endverbrauch von landwirtschaftlichen Erzeugnissen von vorher 500 Dollar auf jetzt 1000 Dollar anheben und dies dadurch erreichen, daß wir den Rüstungsgüter produzierenden Sektor um den gleichen Betrag, nämlich von 1500 auf 1000 Dollar zurückfahren. Unter Zugrundelegung von unveränderlichen Input-Output-Koeffizienten kann Leontief lineare Gleichungen für die neue Friedenssituation lösen und zeigen, daß sie nunmehr der Konfiguration der Tabelle 36A.2 entsprechen muß. Wie die Berechnung zeigt, müssen 10 Prozent der Arbeiter aus der Kriegsproduktion in die Friedensproduktion transferiert werden. In ähnlicher Weise kann das Input-Output-Schema Leontiefs Entwicklungsländern bei der Planung von Strukturveränderungen in ihrer Volkswirtschaft helfen.

Zusammenfassung des Anhangs

1. Schumpeters Betonung der Innovation, der die wettbewerbsbedingte Aushöhlung der Gewinne auf dem Fuße folgt, lenkt die Aufmerksamkeit auf einen wichtigen Aspekt des Wirtschaftswachstums.

2. Der von Harrod-Domar entwickelte Begriff der »natürlichen Wachstumsrate« g wird durch das Bevölkerungswachstum sowie den technischen Fortschritt bestimmt. Sollen K und Q gleichgewichtig wachsen, wird der erforderliche Prozentsatz des Einkommens, der freiwillig gespart werden muß, durch die Harrodsche Bedingung $s = g(K/Q)$ gegeben.

3. Bringen wir Schritt für Schritt das Harrod-Domar-Modell zur Anwendung, dann erkennen wir, daß es sich mit den sieben großen Wachstumstrends einer modernen Volkswirtschaft vereinbaren läßt. Die wichtigste Erkenntnis liegt darin, daß es eine fortwährende »Qualitäts«verbesserung des Faktors zu berücksichtigen gilt; d.h., daß aus einem Arbeiter von vor 10 Jahren heute 1,1 oder

Intersektorale Ströme in Friedenszeiten
(alle Werte in Milliarden)

	Landwirtschaft	Warenproduzierendes Gewerbe	Endkonsum der Haushalte	Bruttoproduktionswert
Landwirtschaft		800	*1000*	1800
Warenproduzierendes Gewerbe	600		*1000*	1600
Arbeitskraft und sonstige Faktoren der Haushalte	*1200*	*800*	*2000*	
Bruttoproduktionswert	1800	1600		3400

Tabelle 36A.2. Input-Output-Tabellen helfen Ländern bei ihrer Wirtschaftsplanung.
Das Ende des Krieges führt zu einer Umstellung der Produktion von Kanonen auf Butter: Der Endverbrauch von Agrarerzeugnissen steigt um 500 Milliarden Dollar, der Endverbrauch von Produkten des warenproduzierenden Gewerbes geht um den gleichen Betrag zurück. Unter Zugrundelegung von unveränderlichen Input-Output-Koeffizienten der Tabelle 36A.1. ermittelt Leontief, wie hoch die Veränderung der hier gezeigten Bruttoproduktion sein muß; ebenso welche Verlagerungen beim Einsatz des Faktors Arbeit erfolgen beziehungsweise wie sich der Input von Zwischenprodukten verändern muß.

1,2 Arbeiter werden. Wenn wir diese Annahme des zur Steigerung der Qualität des Faktors Arbeit führenden technischen Fortschritts in Rechnung stellen, erkennen wir, daß sich viele Wachstumstrends bei langfristiger Betrachtung einstellen.

4. Nach dem Von-Neumann-Modell können sich alle Outputs aus sich selbst heraus erzeugen, indem sie sich selbst als Inputs verwenden. Wird alles in das System zurückgeschleust, realisiert es ein gleichgewichtiges Wachstum, dessen Rate gleich seiner Profitrate ist. Abnehmende Grenzerträge treten überhaupt nicht auf.

5. Leontiefs Input-Output-Tabelle intersektoraler Ströme vermittelt ein nützliches Bild von den Beziehungen, die hinter den BSP-Gesamtdaten wirksam sind. Unter Zugrundelegung unveränderlicher Input-Output-Koeffizienten kann ein Planer die Methode Leontiefs einsetzen, um ein Programm für eine Umstellung der Konsumstrukturen von Kriegs- zu Friedenszeiten zu entwickeln oder um irgendein anderes Entwicklungsziel zu verwirklichen.

Begriffe zur Wiederholung

Innovation und Wettbewerb
Steigerung der Kapitalintensität, veränderlicher Kapitalkoeffizient K/Q
natürliche Wachstumsrate
$s = g(K/Q)$
arbeitsvermehrender technischer Fortschritt; die sieben Trends und ihre Erklärung
Von-Neumann-Modell mit $i = g$
Input–Output-Tabelle

Fragen zur Diskussion

1. Erklären Sie die Grundgedanken des von-Neumann-Modells, demzufolge der Output aus sich selbst heraus entsteht, indem jeder Output gleichzeitig Input ist.
2. Erklären Sie den Grundgedanken der zweidimensionalen Leontief-Tabelle.
3. Kehren Sie nochmals zum Leontief-Input-Output-System der Tabelle 36A.1 zurück. Nehmen Sie an, daß nicht der Friede über uns hereinbricht, sondern daß der Krieg sich zuspitzt. Die Kanonenproduktion muß auf 1750 ansteigen, während nur noch 250 für die Butter des Agrarsektors erübrigt werden können. Erstellen Sie eine vollständige Input-Output-Tabelle für diese neue Situation. (Dabei müssen Sie die entscheidende Annahme zugrunde legen, daß Sie immer für jeweils 3 Dollar im Agrarbereich ein festes Verhältnis von 2 Dollar an Arbeit und 1 Dollar an gewerblicher Produktion brauchen, während jede gewerbliche Produktion im Wert von 2 Dollar gleich hohe Inputs von 1 Dollar an Arbeit und Agrarproduktion erfordert.)

Ökonomie der Entwicklungsländer 37

Ich glaube an den Materialismus.
Ich glaube an sämtliche Segnungen eines gesunden Materialismus – gutes Essen, trockene Häuser, trockene Füße, Kanalisation und Abwasserrohre, heißes Wasser, Bäder, elektrisches Licht, Autos, gute Verkehrswege, im Lichterglanz erstrahlende Straßen, langen Urlaub weit weg vom heimischen Herd, neue Ideen, schnelle Pferde, geistreiche Konversation, Theater, Opern, Orchester und Musikbands – ich glaube an all diese Dinge, und zwar für jedermann. Und derjenige, der diese Welt verläßt, ohne sie kennengelernt zu haben, mag vielleicht als verehrungswürdiger Heiliger oder als beseelter Dichter sterben; allerdings trotz, nicht wegen all seiner Entbehrungen.

Francis Hackett

Alle ökonomischen Prinzipien, mit denen wir uns bisher vertraut gemacht haben, können wir nunmehr auf eines der herausforderndsten Probleme der kommenden 25 Jahre zur Anwendung bringen – auf das Problem der armen Gesellschaften, die immer noch um ihre wirtschaftliche Entwicklung kämpfen.

Von den 5 Milliarden Menschen auf der Erde leben etwa 1 Milliarde in totaler Armut – kaum in der Lage, ihre Grundbedürfnisse von einem Tag zum nächsten zu decken.

Und während die armen Länder kämpfen, um sich aus ihrer abgrundtiefen Armut zu befreien, schmälert das rasche Bevölkerungswachstum die Fortschritte pro Kopf der Bevölkerung, die verbesserte Agrartechnologien und eine erhöhte Nahrungsmittelproduktion mit sich bringen.

Die große Kluft in den Einkommen gibt Anlaß zu der Frage: Wodurch werden diese großen Unterschiede im Reichtum der Nationen verursacht? Kann die Welt in Frieden überleben, wenn Armut inmitten von Wohlstand herrscht, wenn sich in Amerika Agrarüberschüsse ansammeln, während zur gleichen Zeit die Menschen in Afrika verhungern? Was können die ärmeren Länder unternehmen, um eine Anhebung ihres Lebensstandards zu erreichen?

Dieses Kapitel untersucht einige der hartnäckigen Probleme, denen sich die Entwicklungsländer gegenübersehen. Nachdem wir zunächst dargestellt haben, was wir unter einem Entwicklungsland verstehen, analysiert der Abschnitt A die Ursachen und Wirkungen des Bevölkerungswachstums. Abschnitt B beschäftigt sich sodann mit dem Wesen, den Ursachen und Lösungen des Problems der Armut in der Welt.

Die Definition eines Entwicklungslandes

Ehe wir uns der Analyse der Bevölkerungs- und der Entwicklungstheorie zuwenden, wollen wir uns zunächst die Frage vorlegen, was man unter einem Entwicklungsland versteht.

- Unter einem *Entwicklungsland* versteht man ein Land, dessen reales Pro-Kopf-Einkommen, gemessen an dem der hochentwickelten Länder wie der Vereinigten Staaten, Japans oder der Länder Westeuropas, niedrig ist.

Diese Standarddefinition eines Entwicklungslandes als ein Land mit relativ niedrigem Pro-Kopf-Einkommen läßt viele der menschlichen Aspekte der Entwicklung nicht erkennen. In den Entwicklungsländern befindet sich die Bevölkerung in einem schlechten Gesundheitszustand, das Analphabetentum ist noch weit verbreitet, und die Menschen leben in winzigen, verwahrlosten Behausungen und sind unzureichend ernährt.

Tabelle 37.1 gibt einen Überblick über die Schlüsseldaten, die für das Verständnis des Status der Hauptakteure in der Weltwirtschaft wie auch der Indikatoren der Unterentwicklung erforderlich sind. Die Länder werden in Kategorien von Marktwirtschaften mit niedrigen Einkommen, mit mittleren Einkommen und mit hohen Einkommen eingeteilt. Gesondert aufgeführt werden zwei Gruppen, die sich nicht in das Schema einfügen lassen – die durch ein hohes Einkommensniveau gekennzeichneten Öl exportierenden Länder (wie Saudi-Arabien) und die sozialistischen Länder Osteuropas.

Wenn wir uns in die Daten der Tabelle 37.1 vertiefen, springen eine Reihe interessanter Aspekte ins Auge. Länder mit niedrigen Einkommen sind ohne Zweifel viel ärmer als Länder wie die Vereinigten Staaten. Ihre ermittelten Pro-Kopf-Einkommen machen nur etwa ein Vierzigstel derjenigen der Länder mit hohem Einkommensniveau aus. (Dieser Vergleich wird durch die Verwendung der offiziellen Wechselkurse bei der Berechnung des Lebensstandards verzerrt. Eine neuere Methode, die mit »kaufkraftbezogenen Paritäten« arbeitet, beziehungsweise untersucht, was man mit den jeweiligen Einkommen kaufen kann, deutet darauf hin, daß die Einkommen der ärmeren Länder wahrscheinlich um den Faktor 3 zu gering veranschlagt werden – dennoch bleibt eine große Kluft bestehen.)

Darüber hinaus lassen viele der sozialen und auf die gesundheitlichen Verhältnisse bezogenen Indikatoren die Auswirkungen der Armut erkennen. Die Lebenserwartung ist gering, das Bildungsniveau niedrig und der Analphabetismus verbreitet, was Ausdruck der geringen Investitionen in das menschliche Kapital ist. Außerdem lebt und arbeitet ein großer Teil der Bevölkerung von und in der Landwirtschaft; in Ländern wie den Vereinigten Staaten dagegen sind in diesem Bereich nur wenige Menschen tätig.

Tabelle 37.1 läßt ebenfalls erkennen, daß große Unterschiede unter den Entwicklungsländern bestehen. In einigen Ländern sind die Menschen ständig vom Hungertod bedroht – wie etwa im Tschad, in Bangladesch oder Äthiopien, den Ärmsten unter den Armen. Andere haben sich inzwischen schon Mittel und Wege erschlossen, die ihnen den Sprung in die Kategorie der Länder mit mittlerem Einkommen ermöglicht haben. Die erfolgreicheren – Länder wie Südkorea, Mexiko und Singapur – werden als *»Schwellenländer«* oder *NIC*s (newly industrial-

Bevölkerung

Land und Kategorie	Gesamtzahl 1981 (Mill.)	Wachstum 1970–81 (in vH pro Jahr)	BSP 1981 Mrd. $	Pro-Kopf-BSP 1981 ($)	Erwachsene Alphabeten 1980 (vH)	Lebenserwartung (in Jahren)	In der Landwirtschaft Beschäftigte 1980 (in vH der Erwerbspersonen)
Volkswirtschaften mit niedrigen Einkommen (China, Indien, ...)	2210	1,9	597	270	52	58	70
Volkswirtschaften mit mittleren Einkommen (Brasilien, Philippinen, Südkorea, ...)	1130	2,4	1692	1500	65	60	45
Erdölexportierende Länder mit hohen Einkommen (Saudi-Arabien, Libyen, ...)	15	4,9	202	13500	32	57	46
Europäische Länder (Nicht-Marktwirtschaften) UdSSR, Polen, ...)	381	0,8	2258	5900	99	72	18
Volkswirtschaften mit hohen Einkommen (USA, Bundesrepublik, Japan, ...)	720	0,7	8000	11000	99	75	6

Tabelle 37.1. Wichtige Indikatoren für unterschiedliche Kategorien von Ländern.
Die Länder werden (von der Weltbank) in fünf große Kategorien eingeteilt. Für jede Kategorie werden zwei oder drei wichtige Vertreter angeführt. Beachten Sie die enge Korrelation der Indikatoren innerhalb der meisten dieser Kategorien, d.h. das niedrige Pro-Kopf-Einkommen, den geringen Bildungsstand und die geringe Lebenserwartung in den Volkswirtschaften mit niedrigen Pro-Kopf-Einkommen und einem hohen Anteil von in der Landwirtschaft Beschäftigten. (Quelle: Weltbank, *World Development Report*, 1983)

izing countries) bezeichnet. Die *NIC*s haben bereits so große Erfolge erzielt, daß viele hochentwickelte Länder fürchten, daß die *NIC*s sie auf ihren traditionellen Märkten bedrängen werden.

A. Bevölkerung und wirtschaftliche Bedingungen

Einige Länder haben nur eine geringe Bevölkerungsdichte, verfügen über einen riesigen Kontinent und sind reich mit Rohstoffen und fruchtbarem Boden ausgestattet; in anderen drängt sich die Bevölkerung auf kleinen Bodenflecken zusammen, und jeder noch so winzige Winkel wird unter den Pflug genommen. Zur Erklärung solcher Unterschiede trägt die Bevölkerungstheorie bei.

Das Malthussche Erbe

Einer der frühesten Autoren, die das Verhältnis zwischen der Bevölkerung einerseits und der Wirtschaft andererseits analysiert haben, war Thomas Malthus. Er entwickelte seine Ansichten erstmals in einem Gespräch beim Frühstück mit seinem Vater, in dem er der optimistischen Auffassung seines Vaters widersprach, daß es mit der Menschheit ständig aufwärts ginge. Das Problem bewegte ihn so sehr, daß er ein Buch darüber schrieb. Der *Essay on the Principle of Population* (1798) war von Anfang an ein Bestseller und hat seither in der gesamten Welt das Denken der Menschen über Fragen der Bevölkerung und des wirtschaftlichen Wachstums beeinflußt.

Malthus griff zunächst die Beobachtung von Benjamin Franklin auf, daß in den amerikanischen Kolonien mit ihrem großen Ressourcenreichtum die Tendenz herrsche, daß sich die Bevölkerung ungefähr alle 25 Jahre verdopple. Daraus leitete er eine allgemeingültige Tendenz der Bevölkerungsentwicklung her, derzufolge die Bevölkerung – solange sie nicht an Grenzen der Nahrungsmittelversorgung stößt – exponentiell wächst, beziehungsweise sich in geometrischer Progression vermehrt.[1] Eine solche Bevölkerung, die in jeder Generation auf das Doppelte anwächst – von 1 auf 2, 4, 8, 16, 32, 64, 128, 256, 512, 1024,...wird schließlich so groß, daß auf der Welt für so viele Menschen eines Tages kein Platz mehr sein wird.

All das beeindruckte die Anhänger des »Fortschrittsglaubens« nur wenig. Deshalb ließ Malthus in diesem Augenblick den Teufel in der Gestalt des Gesetzes des abnehmenden Ertragszuwachses die Bühne betreten. Er argumentierte, daß infolge des nur in unveränderlicher Menge vorhandenen Bodens bei steigendem Arbeitseinsatz die Nahrungsmittelmenge lediglich in arithmetischer und nicht in geometrischer Progression zunehmen könne. (Stellen Sie die Reihe 1, 2, 3, 4,...der Reihe 1, 2, 4, 8,...gegenüber). Malthus gelangte deshalb zu dem Schluß:

---

[1] Von exponentiellem (oder geometrischem) Wachstum spricht man, wenn eine Variable von einer Periode zur nächsten um einen konstanten Faktor wächst. Wenn beispielsweise eine Bevölkerungszahl von 200 jährlich um 3 Prozent wächst, läge sie im Jahr 0 bei 200, im Jahr 1 bei 200 × (1.03), ..., im Jahr 10 bei 200 × $(1.03)^{10}$ und so fort. Eine geometrische Wachstumsrate weist eine Geldsumme auf, die mit Zinseszins angelegt wird. So verdoppelt sich beispielsweise ein Betrag bei einem Zinseszinssatz von 6 Prozent alle 12 Jahre. Man hat geschätzt, daß die 24 Dollar, die die Indianer für die Insel Manhattan erhalten haben, heute, wenn sie bei einer Bank mit Zinseszins angelegt worden wären, dem Wert sämtlicher auf der Insel vorhandener Immobilien entsprächen.

- Wenn sich die Bevölkerung immer aufs neue verdoppelt, dann läuft das auf das gleiche hinaus, als wenn der Erdball halbiert und immer aufs neue halbiert wird – bis er schließlich so klein geworden ist, daß die Nahrungs- und Unterhaltsmittel unter das Existenzminimum absinken.

Infolge des Gesetzes des abnehmenden Ertragszuwachses in seiner Anwendung auf das begrenzte Angebot der Natur an Boden wird die Nahrungsmittelproduktion mit dem sich in geometrischer Progression vollziehenden Bevölkerungswachstum nicht Schritt halten.

Allerdings ist festzuhalten, daß Malthus nicht behauptet hat, daß sich die Bevölkerung tatsächlich mit dieser Progressionsrate vermehren würde. Sie weise lediglich diesen Trend auf, wenn ihrem Wachstum keine Hemmnisse entgegenwirkten. Er wies in aller Ausführlichkeit nach, daß es überall und zu allen Zeiten solche Hemmnisse gebe, die die Bevölkerung nicht zu groß werden ließen. Und in den späteren, wenig gelesenen Auflagen rückte er von seiner pessimistischen Lehre ein wenig ab und vertrat die Auffassung, daß die Hoffnung bestünde, daß Geburtenkontrollen und nicht Seuchen, Hungersnöte und Kriege zu einer Verlangsamung des Bevölkerungswachstums führen würden.

Diese wichtige Anwendung des Gesetzes des abnehmenden Ertragszuwachses macht deutlich, welche nachhaltigen Wirkungen eine einfache Theorie haben kann. Die Ideen von Malthus hatten weitreichende Folgewirkungen. Sein Werk bildete die Grundlage für eine drastische Reform der englischen Armengesetze. Unter dem Einfluß der Lehren von Malthus wurde Faulheit als die Wurzel allen wirtschaftlichen Elends angesehen, das man so unerträglich wie möglich machen mußte. Auf seine Auffassungen stützte sich auch das Argument, daß Gewerkschaften nicht zu einer Steigerung des Wohlergehens der Arbeiter beitragen könnten – da jede Erhöhung ihrer Löhne angeblich nur dazu führen würde, daß die Arbeiter weitere Kinder in die Welt setzten, bis wiederum die Unterhaltsmittel kaum für alle reichten.

Die Schwächen in den Prophezeiungen von Malthus

Trotz seiner sorgfältigen statistischen Recherchen ist man heute der Auffassung, daß die Lehren von Malthus eine übermäßige Vereinfachung darstellen. Bei seiner Behandlung der abnehmenden Erträge hat Malthus niemals in vollem Umfang vorausgesehen, welche Wunder der Technik durch die Industrielle Revolution in Gang gesetzt würden.

In dem auf Malthus folgenden Jahrhundert führte der technische Fortschritt zu einer Verlagerung der Grenzen der Produktionsmöglichkeiten in Europa und Nordamerika, wie wir in Kapitel 36 gesehen haben. Infolge dieses raschen technologischen Wandels überstieg die Produktion bei weitem den Bevölkerungszuwachs und bewirkte einen raschen Anstieg der Reallöhne.

Ebensowenig vorausgesehen hat Malthus, daß in den meisten Ländern des Westens nach 1870 das Bevölkerungswachstum in dem Augenblick abzunehmen beginnen würde, in dem der Lebensstandard und die Reallöhne am raschesten anstiegen. Dieses als *demographischer Übergang* bekannte Phänomen ist von so großer Bedeutung, daß wir darauf nachfolgend (S. 611) näher eingehen werden.

Nichtsdestoweniger ist der in seiner Lehre enthaltene wahre Kern nach wie vor wichtig für das Verständnis der Bevölkerungsentwicklung in Indien, Äthiopien,

China und anderen Teilen der Welt, in denen das Gleichgewicht zwischen der Zahl der Menschen und der Nahrungsmittelversorgung eine lebenswichtige Frage ist.

Die Neo-Malthusianer

In den Wirtschaftswissenschaften erleben wir es häufig, daß alte Ideen, durch neuere Ereignisse oder wissenschaftliche Entwicklungen verwandelt, in einem neuen Gewand wiederauftauchen. Die Ereignisse der 60er Jahre ließen verstärkt die Sorge aufkommen, ob sich das Wirtschaftswachstum in den reichen wie in den armen Ländern aufrechterhalten ließe. Viele fragten sich, ob die sterbenden Seen, der dichter werdende Smog und die steigenden Energiepreise Frühwarnzeichen eines unvermeidlichen wirtschaftlichen Niedergangs seien.

Einer der aufsehenerregendsten und umstrittensten Versuche, ein Bild von der Zukunft zu entwerfen, wurde im Rahmen von Untersuchungen unternommen, für die eine Gruppe europäischer Intellektueller federführend war, die als Club of Rome bekannt wurde. In dem Buch von Jay Forrester *World Dynamics* (1971) und dem von Dennis Meadows und seinen Ko-Autoren verfaßten Bestseller *Die Grenzen des Wachstums* (1972) wurde ein Computer-Simulationsmodell von der Weltwirtschaft erstellt. In dem Modell wurde davon ausgegangen, daß die Bevölkerung sich Malthusschen Regeln gemäß entwickelt, daß natürliche Ressourcen von essentieller Bedeutung, jedoch nur in begrenzten Mengen vorhanden seien und daß es keinen technischen Fortschritt gäbe. Auf diese Annahmen gegründet, erstellten die Modelle des Club of Rome eine Reihe von Prognosen über die Zukunft der Welt. Zwei dieser Simulationsergebnisse werden in Abbildung 37.1 dargestellt.

Die Theorie des Wachstums mit konstanter Rate

Abbildung 37.1(a) vermittelt die Vorstellung der Club-of-Rome-Gruppe von der steigenden Umweltverschmutzung, der Erschöpfung der natürlichen Ressourcen und des unvermeidlichen Rückgangs des zukünftigen realen Pro-Kopf-Einkommens. Sie entspricht ganz genau der frühen Auffassung von Malthus, daß ein Rückfall auf das Subsistenzniveau unumgänglich sei.

In Abbildung 37.1(b) erkennen wir dann jedoch, ebenso wie in den späteren Ausgaben des *Essays* von Malthus, wie die Menschheit ihrem Schicksal entgehen kann, wenn sie durchgreifende Maßnahmen einleitet; wenn sie für einen sofortigen Stopp des Bevölkerungswachstums sorgt, die Produktion drosselt und sich auf die Bereitstellung von Nahrungsmitteln und Dienstleistungen sowie auf ein Recycling ihrer Ressourcen konzentriert.

Hier versöhnen wir uns wieder mit Malthus. Aber jetzt sind aus den einfachen geometrischen und arithmetischen Progressionen komplexe Computer-Modelle geworden, in denen ein exponentielles biologisches Wachstum einerseits und begrenzte Ressourcen sowie eine stagnierende Technologie andererseits aufeinanderprallen.

(a) Der Wachstumspfad in die Katastrophe

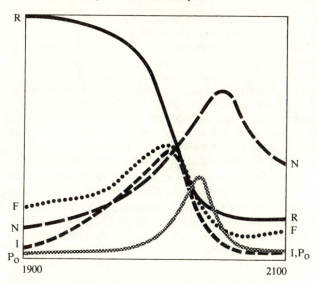

(b) Stabilisiertes Wachstum

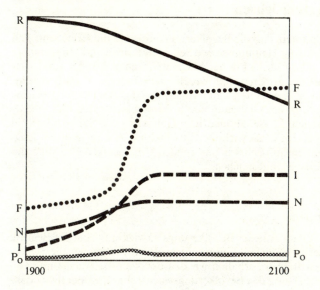

P_O ⎯⎯⎯ Umweltverschmutzung
N ▬ ▬ Bevölkerung
F •••••• Nahrungsmittel pro Kopf
R ▬▬▬ nicht erneuerbare Ressourcen
I ▬ ▬ ▬ Industrieproduktion pro Kopf der Bevölkerung

**Abbildung 37.1.
In welchen Bereich zwischen den beiden Extremen der Selbstgefälligkeit und der Hysterie fallen diese Computerausdrucke?**
Rasches Bevölkerungswachstum (*NN*) führt unausweichlich zu der *RR*-Kurve der schrumpfenden Ressourcen und zu einem Anstieg der Umweltverschmutzung (Kurve P_o). Inhalt der Untergangsprognose (a): unmittelbar bevorstehende Abnahme der Nahrungsmittelversorgung pro Kopf (Kurve *F*) und rückläufige Industrieproduktion (Kurve *I*). In Grafik (b) wird die Katastrophe durch sofortiges Zurückschrauben des wirtschaftlichen Wachstums wie des Bevölkerungsanstiegs abgewehrt. Es erfolgt eine Verlagerung zugunsten von Recycling-Methoden und zu Dienstleistungen, die keinen Ressourcenverzehr nach sich ziehen. Wenn Milliarden von Menschen in den armen Ländern einen gerechten Anteil an einer stabilisierten Weltproduktion erhalten sollen, muß der Lebensstandard in den Vereinigten Staaten nicht nur einmal um die Hälfte zurückgehen!
(Quelle: Meadows u.a., *Die Grenzen des Wachstums*, 1972)

Kritik

Die Neo-Malthusianer haben einen nachhaltigen Einfluß auf die Einstellung der Menschen zum Wirtschaftswachstum gehabt. Die meisten Ökonomen erinnerten sich jedoch an die Analyse und Prophezeiungen von Malthus und waren skeptisch. Nach einer sorgfältigen Analyse der Struktur der Modelle wurden sie gelegentlich als »PIPO«-Modelle – das heißt »pessimism in, pessimism out« – bezeichnet. Damit wird zum Ausdruck gebracht, daß ihre Untergangsbotschaften in dem pessimistischen Charakter ihrer Annahmen begründet sind. Die Kritiker machten als Einwände geltend, daß diese Modelle die Rolle der Preise als Signale für die Knappheit ignorierten, daß sie die Möglichkeit verwarfen, daß der technische Fortschritt die Ressourcenknappheit wettmachen könne und daß sie davon ausgingen, daß anhaltender Wohlstand mit einem raschen Bevölkerungswachstum einhergehen würde. Wie ein Ökonom es ausdrückte, stünden wir vor einer Situation, in der »der Computer das Unglück herbeiruft«.

Aber vielleicht ist in einigen Ländern das Unglück schon Wirklichkeit geworden. In einigen Gebieten ist die Bevölkerung *tatsächlich größer* als das Nahrungsmittelangebot. Während die Unheilsmodelle für die hochentwickelten Nationen vielleicht weitgehend irrelevant sein mögen, haben sie einen unbestreitbaren wahren Kern für die ärmeren Regionen.

Moderne Bevölkerungslehren

Malthus und andere glaubten, daß die Bevölkerungszahlen in die Höhe schnellen würden, sobald die negativen Hemmnisse wie Seuchen, Kriege und Hungersnöte ausgeschaltet würden. Die Geschichte der hochentwickelten Länder (und vielleicht auch die Zukunft der ärmeren) hat jedoch einen anderen Verlauf genommen. In den meisten hochentwickelten Ländern hat sich das Bevölkerungswachstum stabilisiert. In ihnen ist ein Übergang von hohen Geburtsraten und Sterbeziffern (der vorindustriellen Phase) zu niedrigen Geburten- wie Sterbeziffern (in der Gegenwart) erfolgt. Um diese wichtige Entwicklung in ihrer ganzen Tragweite verstehen zu können, müssen wir uns zunächst mit einigen Begriffen der modernen Demographie vertraut machen.

Geburten- und Sterbeziffern

Grundlegend für das Verständnis der Bevölkerungsentwicklung sind die Begriffe der Geburten- und Sterbeziffern pro tausend Einwohner. Ziehen wir die Sterbeziffer von der Geburtenziffer ab, erhalten wir das Bevölkerungswachstum[2]. Geburten- und Sterbeziffern sowie das Bevölkerungswachstum repräsentativer Länder stellt die Tabelle 37.2 dar.

---

[2] Bei dieser Art der Berechnung, bezogen auf ein spezielles Land, geht man davon aus, daß keinerlei Migration stattfindet. Fände eine Nettoeinwanderung (oder Auswanderung) statt, so müßte diese Zahl bei der Ermittlung der Nettozuwachsrate der Bevölkerung zu dem Wert der Geburten abzüglich der Sterbefälle hinzugerechnet (oder abgezogen) werden.

Ursachen des Bevölkerungswachstums, 1982
(Wachstumsraten pro 1 000 Einwohner)

	Geburtenrate	Sterberate	Natürliche Wachstumsrate
Länder mit niedrigen Einkommen			
Malawi	56	23	33
Indien	34	13	21
Afghanistan	54	29	25
Länder mit mittleren Einkommen			
Kenia	55	12	43
Venezuela	35	6	29
Thailand	28	8	20
Brasilien	31	8	23
Länder mit hohen Einkommen			
Vereinigte Staaten	16	9	7
Frankreich	14	11	3
Großbritannien	13	12	1
Bundesrepublik	10	12	− 2

Tabelle 37.2. Geburten-, Sterbe- und Wachstumsrate der Bevölkerung (1982).
Die Daten für drei Länderkategorien veranschaulichen, wie sich die Strukturen des Bevölkerungswachstums in Abhängigkeit vom Stand der Entwicklung verändern. Arme Länder haben hohe Geburten- und Sterbeziffern. Steigt im Zuge des Wirtschaftswachstums die Gesundheit der Bevölkerung, gehen die Sterbeziffern zurück, ohne daß die Geburtenziffern nennenswert sinken. Folglich übersteigt ihr Bevölkerungswachstum gelegentlich das ärmerer Länder. In den reichsten Ländern gehen die Geburtenraten ebenfalls zurück, die Bevölkerungsziffer stabilisiert sich. (Quelle: The World Bank, *World Development Report, 1984*)

Der demographische Übergang

Wir sind nunmehr in der Lage, den demographischen Übergang zu verstehen, der im Zuge der wirtschaftlichen Entwicklung eintritt. Ein idealisiertes Bild der einzelnen Phasen vermittelt die Abbildung 37.2. Hier vollzieht sich das Bevölkerungswachstum in folgenden vier Stufen:

1. Phase der vorindustriellen Gesellschaft, in der hohe Geburtenziffern und hohe Sterblichkeitsraten zu einem geringen Bevökerungswachstum führen.

2. Frühphase der Entwicklung, in der Fortschritte in der Medizin zunächst zu einem Rückgang der Sterbeziffern führen, ohne daß dies nennenswerte Auswirkungen auf die Geburtenziffern hat. Die Bevölkerungsziffer schnellt deshalb in die Höhe.

3. Phase der fortgeschrittenen Entwicklung, in der eine geringere Säuglingssterblichkeit, die Verstädterung und ein höheres Bildungsniveau bei vielen Ehepaaren den Wunsch nach kleineren Familien wachrufen, wodurch die Geburtenziffer zurückgeht. Das Bevölkerungswachstum mag zwar hoch sein, aber es verlangsamt sich.

4. Reifephase, in der Geburtenkontrolle betrieben wird und beide Ehepartner vermehrt außerhalb des eigenen Heimes arbeiten. Die Zahl der gewollten (und

Der demographische Übergang

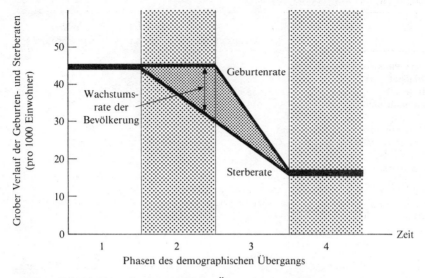

Abbildung 37.2. Die Phasen des demographischen Übergangs
Diese Abbildung läßt den häufig zu beobachtenden Übergang von einem geringen Bevölkerungswachstum mit hohen Geburten- und Sterbeziffern zu einem geringen Bevölkerungswachstum mit niedrigen Geburten- und Sterbeziffern erkennen:
1. Phase: Traditionelle Gesellschaft mit geringem Wachstum.
2. Phase: Mit der Einführung moderner Methoden der medizinischen Versorgung gehen die Sterbeziffern zurück, während die Geburtenziffern hoch bleiben. Deshalb nimmt das Bevölkerungswachstum zu.
3. Phase: Die Geburtenrate geht allmählich zurück, weil Ehepaare sich weniger Kinder wünschen. Das Bevölkerungswachstum nimmt ab.
4. Phase: In einer fortgeschrittenen Gesellschaft liegt die Zahl der gewollten und tatsächlich geborenen Kinder etwa bei 2, weshalb sich die Bevölkerungsziffer stabilisiert.

tatsächlich geborenen) Kinder geht auf etwa 2 zurück, so daß das Netto-Bevölkerungswachstum nahe Null ist.

Wir sehen also, daß die pessimistischen Bevölkerungsprognosen von Malthus und den Neo-Malthusianern sich in den Phasen 1 und 2 zu bestätigen scheinen. Aber zumindest bis zum gegenwärtigen Zeitpunkt führt der Wohlstand der Phasen 3 und 4 zu einem rückläufigen Bevölkerungswachstum. Auf genau diesem Übergang zu einem geringen Bevölkerungswachstum ruht die größte Hoffnung für die wirtschaftliche Entwicklung vieler armer Länder.

Die Bevölkerungsexplosion

Der demographische Übergang zu einem geringen Bevölkerungswachstum gibt Anlaß zu der Hoffnung, daß viele arme Länder sich nicht ein für allemal in der Malthusianischen Falle verfangen werden. Wie die Tabelle 37.2 jedoch eindeutig ausweist, ist dieser Übergang noch nicht vollständig vollzogen. Historische Trends und Prognosen für die Zukunft zeigt die Tabelle 37.3. Angesichts der Aussichten auf ein fortgesetzes rasches Bevölkerungswachstum fürchten viele

Weltbevölkerung
(in Millionen)

	1800	1940	1980	2000 (Schätzung)
Europa (einschließlich UdSSR)	188	575	749	828
Nord-, Süd- und Zentralamerika	29	274	612	848
Asien, Afrika und Ozeanien	702	1446	3071	4451
Weltbevölkerung	919	2295	4432	6127

Tabelle 37.3. Die Weltbevölkerung hat sich seit dem Jahre 1800 mehr als vervierfacht.
Selbst bei allgemein fallenden Geburtenraten wird die Bevölkerung der weniger entwickelten Welt im Vergleich zu der der hochentwickelten Welt rascher wachsen. (Quelle: Vereinte Nationen)

Beobachter, daß eines Tages auf unserem Erdball Schilder aufgestellt werden müssen mit der Aufschrift »Nur noch Stehplätze«.

Die Kontrolle des Bevölkerungswachstums

Viele Länder sind – das Schreckgespenst von Malthus vor Augen – zu einer aktiven Geburtenbeschränkung übergegangen, selbst wenn solche Maßnahmen den Gesetzen der herrschenden Religion zuwiderlaufen. In vielen Ländern wurden Informationskampagnen durchgeführt, die Geburtenkontrolle wurde subventioniert oder in extremen Fällen sogar die Sterilisation vorgeschrieben. Besonders rigoros ist China bei der Drosselung des Wachstums seiner mehr als 1 Milliarde Menschen zählenden Bevölkerung verfahren.

Ganz allmählich beginnen sich die Ergebnisse der wirtschaftlichen Entwicklung und der Geburtenkontrolle abzuzeichnen. Die Geburtenziffer der armen Länder ist von 42 pro 1000 im Jahre 1960 auf 31 pro 1000 im Jahre 1981 zurückgegangen. Obgleich diese Länder sich wahrscheinlich noch in der Phase 2 des demographischen Übergangs befinden (vgl. Abbildung 37.2), hat sich das Bevölkerungswachstum während der vergangenen zwei Jahrzehnte stabilisiert. *Der Kampf gegen ein überhöhtes Bevölkerungswachstum ist aber nach wie vor auf zwei Dritteln des Erdballs nicht gewonnen.*

B. Der Prozeß der wirtschaftlichen Entwicklung

Zu Beginn dieses Kapitels haben wir eine Definition für den Begriff des Entwicklungslandes gegeben. Daran anschließend haben wir die großen Kategorien aufgeführt, in die sich die Länder einteilen lassen, und die entscheidenden Merkmale der verschiedenen Phasen der Entwicklung beschrieben. Wir wollen die Analyse der wirtschaftlichen Entwicklung noch weiter fortsetzen.

Das Leben in Ländern mit niedrigen Einkommen

Um sich über die Gegensätze zwischen den hochentwickelten und den unterentwickelten Ländern ein klareres Bild zu verschaffen, stellen Sie sich vor, daß Sie ein repräsentativer 21jähriger Einwohner eines Landes mit niedrigem Einkommensniveau sind, etwa von Haiti, Indien oder Bangladesch.

Sie sind arm: Selbst wenn man die von Ihnen produzierten und konsumierten Güter hoch bewertet, beträgt Ihr jährliches Durchschnittseinkommen kaum 300 Dollar gegenüber 14000 Dollar Ihres Vergleichspartners in Nordamerika; vielleicht ist es Ihnen ein bescheidener Trost, zu wissen, daß nur 1 von 4 Vertretern der menschlichen Rasse durchschnittlich mehr als 3000 Dollar verdient.

Auf jeden Menschen Ihres Volkes, der lesen kann, kommt einer wie Sie, der Analphabet ist. Ihre Lebenserwartung beträgt nur drei Viertel der Lebenserwartung des Durchschnittsbürgers in einem hochentwickelten Land: Ein oder zwei Ihrer Brüder oder Schwestern sind schon im Kindesalter gestorben.

Der größte Teil der Bevölkerung in Ihrem Land ist in der Landwirtschaft beschäftigt. Nur wenige lassen sich aus der Nahrungsmittelproduktion abziehen und können in Fabriken arbeiten. Sie arbeiten mit nur einem Sechzigstel der Pferdestärken eines Ihrer wirtschaftlich gutgestellten Arbeitsgefährten in Nordamerika. Sie besitzen wenig wissenschaftliche Kenntnisse, verfügen aber über einen großen Schatz an überlieferten Weisheiten.

Als Bürger eines der 34 Länder mit niedrigen Einkommen in den ärmsten Teilen Afrikas oder Asiens machen Sie und Ihresgleichen 50 Prozent der Weltbevölkerung aus. Aber Sie müssen sich mit nur 5 Prozent des Welteinkommens begnügen. Der Gedanke macht Ihnen erheblich zu schaffen, daß auf die Vereinigten Staaten, mit nur 6 Prozent der Weltbevölkerung, 25 Prozent des Welteinkommens entfallen.

Betrachten Sie Ihre persönlichen Lebensverhältnisse, so gleichen sie einer täglichen Mühsal. Oft leiden Sie Hunger, und Ihre Mahlzeiten bestehen vorwiegend aus minderwertigen Nahrungsmitteln oder Reis. Sie erhalten zwar vielleicht eine gewisse Grundausbildung, aber sie werden kaum je eine weiterführende Schule besuchen, und nur die Reichsten Ihres Landes besuchen eine Universität. Sie arbeiten viele Stunden auf den Feldern und verfügen über keine Maschinen. Nachts schlafen Sie auf einer Strohmatte. Sie besitzen kaum Möbel, vielleicht einen Tisch und ein Radio. Ihr einziges Fortbewegungsmittel sind ein paar alte Stiefel.

Auf diese Weise verdienen die Menschen in den ärmsten Ländern ihr täglich Brot. Dennoch ist Vorsicht geboten bei der Annahme, daß alle Entwicklungsländer sich in dieses Schema pressen lassen. Vielmehr bestehen ungeheure Unterschiede zwischen den einzelnen Ländern. Probleme und Maßnahmen, die für Korea oder Mexiko Gültigkeit besitzen, können mit Bezug auf Bangladesch oder Ghana völlig anders aussehen.

Die vier Elemente der Entwicklung

Im vorangegangenen Kapitel, das sich mit dem Wirtschaftswachstum beschäftigte, haben wir die Frage untersucht, auf welche Weise Volkswirtschaften im Zeitablauf eine Expansion erreichen. Die Wachstumskomponenten sehen in den Entwicklungsländern nicht anders aus – Unterschiede bestehen allerdings hinsichtlich der kritischen Erfordernisse, der knapperen Produktionsfaktoren.

Zunächst wollen wir uns die vier Räder ansehen, auf denen sich der Motor des wirtschaftlichen Fortschritts fortbewegt:

- Menschliche Ressourcen (Arbeitsangebot, Ausbildungsstand, Disziplin, Motivation, ...)
- Natürliche Ressourcen (Boden, Rohstoffvorkommen, Energiequellen, Klima, ...)
- Kapitalbildung (Maschinen, Fabriken, Straßen ...)
- Technologie (Wissenschaft, Ingenieurwesen, Unternehmensführung, Unternehmergeist, ...)

Wir wollen die Frage untersuchen, auf welche Weise jedes dieser vier Räder seinen Beitrag zum Wachstum leistet und inwieweit die Politik des Staates den Wachstumsprozeß in eine erstrebenswertere Richtung steuern kann.

Menschliche Ressourcen

Ausführlich eingegangen sind wir bereits auf den Bevölkerungsdruck in den Entwicklungsländern. Aber diese Länder müssen sich auch um die Qualität ihrer menschlichen Ressourcen kümmern. Wenn Planer Programme zur Beschleunigung der wirtschaftlichen Entwicklung erstellen, notieren sie speziell die folgenden Aspekte:

- die Notwendigkeit der Bekämpfung von Krankheiten sowie der Verbesserung der Gesundheit und der Ernährung – im Interesse der Steigerung sowohl der Zufriedenheit wie der Produktivität der Menschen;
- die Notwendigkeit der Verbesserung des Erziehungswesens. Gut ausgebildete Menschen sind leistungsfähigere Arbeitskräfte. Deshalb sind Investitionen in das Bildungswesen und andere Programme notwendig, um das Analphabetentum zu reduzieren. Abgesehen davon, daß den Menschen das Lesen und Schreiben beigebracht werden muß, müssen sie mit neuen Methoden in der Landwirtschaft und im industriellen Bereich vertraut gemacht werden. Die fähigsten Leute müssen ins Ausland geschickt werden, um von dort das Wissen im technischen und betriebswirtschaftlichen Bereich ins Land zu holen. (Dabei ist jedoch darauf zu achten, daß es nicht zu einer Abwanderung der Intelligenz kommt: Allzuoft nimmt der Wohlstand des Nordens die Begabtesten gefangen.)

Versteckte Arbeitslosigkeit

Eine wichtige Voraussetzung für die Förderung der Entwicklung ist die bessere Nutzung der Arbeitskräfte. In den armen Ländern sind die in der Landwirtschaft tätigen Arbeitskräfte oft nicht produktiv – nicht weil sie nicht arbeiten wollen, sondern weil es an Boden oder an Kapital fehlt, um die Arbeit effektiv zu machen. Das Phänomen der versteckten Arbeitslosigkeit bedeutet, daß die

Agrarproduktion nicht notwendigerweise stark zurückgehen muß, wenn Menschen in industrielle Arbeitsplätze transferiert werden.

Natürliche Ressourcen

Einige arme Länder Afrikas und Asiens sind von der Natur nur sehr ärmlich ausgestattet worden; und die tatsächlich vorhandenen Bodenflächen und Bodenschätze müssen auf eine große Bevölkerung aufgeteilt werden. Mit den romantischen Vorstellungen, daß es in diesen Ländern noch sagenhafte Schätze bisher nicht erschlossener Ressourcen gibt, haben Geographen weitgehend aufgeräumt. Für einen Christopher Kolumbus gibt es nichts mehr zu entdecken.

Eine Zeitlang hieß es: »Es gibt keine wirtschaftliche Misere eines armen Landes, die sich nicht durch Ölfunde kurieren ließe.« Während 100 Milliarden Barrel Öl einem Land zu beträchtlichem Reichtum verhelfen können, haben die Länder zwischenzeitlich gelernt, daß man mehr braucht als lediglich Petrodollar, um zu einer modernen Industriemacht aufzusteigen. Tabelle 37.1 auf S. 605 zeigt, daß die durch ein hohes Einkommensniveau gekennzeichneten Öl exportierenden Länder lediglich reich an Einkommen sind; in anderer Hinsicht ähneln sie jedoch sehr stark armen Ländern.

Zu den wichtigsten natürlichen Ressourcen der Entwicklungsländer gehört vielleicht ihr landwirtschaftlich nutzbarer Boden. Wie Tabelle 37.1 zeigt, ist ein großer Teil der Arbeitskräfte in der Landwirtschaft beschäftigt. Folglich wird die produktive Nutzung des Bodens – durch angemessenen Bodenschutz, Düngung und Bewirtschaftung – einen erheblichen Beitrag zur Steigerung des Sozialprodukts eines armen Landes leisten. Entscheidend für die Schaffung von Anreizen für Bauern, in Kapitalgüter und neue Technologien zu investieren, die zu einer Steigerung der Erträge ihrer Böden führen, sind die Bodenbesitzstrukturen.

Kapitalbildung

Während die Menschen überall auf der Welt ziemlich die gleichen Hände und ziemlich den gleichen Verstand besitzen, gehen die Hände der Arbeiter in den hochentwickelten Ländern mit sehr viel mehr Kapital um – und sind deshalb erheblich viel produktiver.

Voraussetzung für die Akkumulation von Kapital ist, wie wir gesehen haben, der Verzicht auf gegenwärtigen Konsum über viele Jahrzehnte hinweg. Aber hier liegt der Haken: Die ärmsten Länder befinden sich bereits nahe am Existenzminimum. Bei einem solchen Einkommensniveau führt die Einschränkung des gegenwärtigen Konsums zu großen wirtschaftlichen Härten.

In den hochentwickelten Ländern fließen 15 bis 25 Prozent der Einkommen in die Kapitalbildung. Demgegenüber sind die ärmsten Agrarländer oft nur in der Lage, 5 Prozent ihres Volkseinkommens zu sparen. Darüber hinaus fließt ein großer Teil dieser geringen Ersparnisse in die Bereitstellung von Wohnungen und einfachen Gerätschaften für die wachsende Bevölkerung. Für die Entwicklung bleibt dabei wenig übrig.

Aber angenommen, ein Land hat es geschafft, seine Sparquote zu vergrößern. Dann dauert es immer noch viele Jahrzehnte, ehe es die Eisenbahnen, Kraftwerke, Produktionsausrüstungen, Fabriken und sonstigen Kapitalgüter aufgebaut hat, die die Basis jeder leistungsfähigen Produktionsstruktur darstellen.

■ **In vielen Entwicklungsländern stellt die geringe Sparquote das größte Problem dar. Insbesondere in den ärmsten Ländern rivalisiert der dringend notwendige Konsum mit den Investitionen um die knappen Ressourcen – mit dem Ergebnis, daß häufig in das für den raschen wirtschaftlichen Fortschritt so notwendige produktive Kapital zu wenig investiert wird.**

Es muß betont werden, daß das Untersparen kein universelles Syndrom ist. Viele der erfolgreichen Länder mit mittlerem Einkommensniveau – Südkorea, Taiwan und Singapur – haben es geschafft, den in die Investitionstätigkeit fließenden Teil ihres Sozialprodukts von 20 auf 30 Prozent zu steigern. Diese Länder stellen nachahmungswürdige Beispiele für andere dar.

Sozialkapital und externe Effekte

Wenn wir an den Begriff Kapital denken, dürfen wir nicht ausschließlich an Lastwagen und Stahlwerke denken. Es bedarf vieler großangelegter gesellschaftlicher Infrastrukturprojekte, die die Voraussetzung für eine Industrialisierung und selbst für ein leistungsfähiges Absatzsystem für Agrarprodukte darstellen.

Jede Privatwirtschaft braucht für ihre Entwicklung *Sozialkapital*. Darunter versteht man jene großangelegten Projekte, die dem Handel und Wirtschaftsleben vorausgehen – Straßen, Eisenbahnen, Bewässerungskanäle und Dämme, die Bekämpfung der Malaria erregenden Stechmücken durch staatlichen Insektizideinsatz im Interesse der öffentlichen Gesundheit und so fort. Bei all diesen Vorhaben treten von wachsenden Erträgen begleitete, eng verflochtene Unteilbarkeiten auf. Für keinen kleinen Bauern und keine einzelne Familie würde es sich lohnen, ein Eisenbahnnetz zu errichten; kein vom Pioniergeist getriebenes Privatunternehmen könnte hoffen, aus der Errichtung eines Telefonnetzes oder eines Bewässerungssystems Gewinn zu ziehen, ehe es überhaupt Märkte gibt. Diese großangelegten Investitionsprojekte kommen der Wirtschaft allgemein zugute.

Oft gehen mit diesen Projekten *externe Einsparungen* einher oder Spillovers, ohne daß ein Privatunternehmen daraus ein Geschäft machen könnte. So kann beispielsweise ein regionaler landwirtschaftlicher Berater allen Bauern eines bestimmten Gebietes helfen; eine Eisenbahnlinie kann vielen Unternehmen und Konsumenten nützen; ein Damm wirkt sich für viele Menschen segensreich aus. In jedem dieser Fälle könnte ein privatwirtschaftlich betriebenes Unternehmen den gesellschaftlichen Nutzen nicht zu seinem Geschäft machen.

Aufgrund solcher weitreichenden Unteilbarkeiten und externen Effekte herrscht allgemein die Auffassung, daß hier der Staat tätig werden und die dafür notwendigen Mittel bereitstellen beziehungsweise die Initiative ergreifen muß.

Auslandskapital

Wenn der Weg zu einer aus eigenen Mitteln betriebenen Kapitalbildung mit so vielen Hindernissen gepflastert ist, warum greift man dann nicht stärker auf ausländische Geldquellen zurück? Lehrt die Wirtschaftstheorie uns nicht, daß ein reiches Land, das seine Möglichkeiten zur Finanzierung von Investitionsprojekten mit hohen Ertragsraten im eigenen Land ausgeschöpft hat, sich selbst und anderen nützt, wenn es in Projekte mit hohen Ertragsraten im Ausland investiert? Tatsächlich spielte sich die wirtschaftliche Entwicklung vor 1914 in dieser Weise ab. In seinen Glanzzeiten sparte Großbritannien 15 Prozent seines BSP und investierte reichlich 50 Prozent davon im Ausland. Wenn die Vereinigten Staaten heute an diese Prozentsätze herankommen wollten, müßten wir jedes Jahr 300 Milliarden Dollar in Form von Krediten und Investitionen ins Ausland fließen lassen – und nicht nur 20 bis 40 Milliarden, wie das in den letzten Jahren tatsächlich der Fall gewesen ist.

Kann man die gegenwärtige Situation als typisch bezeichnen, oder ist es denkbar, daß die internationalen Kapitalströme wieder auf den sehr viel höheren Stand des vergangenen Jahrhunderts zurückkehren werden? Nur wenige glauben, daß wir jemals wieder jene massiven Kapitalströme erleben werden, wie sie zur Zeit der *Pax Britannica* vor dem Ersten Weltkrieg üblich waren.

Uns trennen heute Welten von der Zeit des 19. Jahrhunderts. Damals konnte man ohne Paß in sämtliche Teile der Welt reisen oder selbst uneingeschränkt von einem Land ins andere auswandern. Man konnte von niedrigen Zöllen und nicht vorhandenen Importkontingentierungen ausgehen. Man wußte, daß der internationale Goldstandard es einem gestattete, Kapital von einem Ort an einen anderen zu transferieren, wann immer es einem in den Sinn kam. Man konnte sich darauf verlassen, daß sein Vermögen im Ausland vor jedem Zugriff durch den Staat sicher war: damals waren jene nationalistischen Länder, die die Unverletzlichkeit des Privateigentums in Frage stellten, noch mit einigen vor ihrer Küste auftauchenden Kriegsschiffen oder mit einem Bataillon Soldaten einzuschüchtern. In einigen Teilen der Welt konnte man Diktatoren buchstäblich kaufen und sie durch Bestechung dazu bringen, einem außerordentlich günstige Bergbau- und andere Konzessionen zu erteilen.

All dies gehört der Vergangenheit an. Die Vorkriegszeit ist ein für allemal vorüber. Der Nationalismus schlägt in vielen ärmeren Ländern hohe Wogen. Die Investoren der reichen Länder scheuen sich, ihr Geld im Ausland anzulegen.

Schulden und die Verschuldungskrise

So wie sich die Strukturen des Nationalismus verändert haben, haben sich auch die Strukturen der Kreditvergabe gewandelt. In den 70er Jahren sind die Ersparnisse von Ländern, die einen Überschuß erwirtschaftet haben, im »Recycling-Verfahren« in großen Mengen in die armen Regionen zurückgeflossen. Ein Teil dieser Mittel wurde ihnen in Form von öffentlichen Anleihen oder Auslandshilfe gewährt. Der am raschesten wachsende Teil kam jedoch von großen Banken. 1982 waren 63 Prozent der Schulden der größeren Entwicklungsländer Bankschulden. Die Schulden waren oft sehr kurzfristig fällig.

Das Anwachsen der Verschuldung der Entwicklungsländer in den 70er Jahren diente ziemlich den gleichen Zielen wie die Direktinvestitionen zur Zeit des britischen Imperialismus. Die Gesamtschuld wuchs zwischen 1973 und 1982 um fast 500 Milliarden Dollar, wovon ein Großteil sinnvollen Zwecken zugeführt wurde, wie der Errichtung von Fabriken oder Ölexplorationsprojekten.

Aber das Tempo, mit dem die Verschuldung zunahm, war nicht länger zu ertragen. Von 1973 bis 1982 wuchsen die Schulden der Entwicklungsländer um jährlich 19 Prozent. Solange die Exporte dieser Länder genausoschnell anstiegen, war alles in Ordnung. Aber infolge der steigenden Zinsen in der Welt und der Abschwächung der Konjunktur in der Weltwirtschaft nach 1980 mußten viele Länder feststellen, daß ihre Strategie der Kreditnahme und des Investierens sie an den Rand des finanziellen Zusammenbruchs gebracht hatte. Ein Land nach dem anderen, allen voran die großen lateinamerikanischen Länder, konnten die Zinsen nicht mehr aufbringen und mußten »umschulden« (das heißt eine Fristverlängerung für die Rückzahlung erwirken). Alle krümmten sich unter der schweren Bürde des »Schuldendienstes« (das heißt, der Notwendigkeit der Zinszahlungen und der Rückzahlung des Kapitals). Einige Länder müssen ein Viertel ihrer Exporte nur für die Rückzahlungen der Zinsen für ihre Auslandsverschuldung aufwenden.

Bis zur Mitte der 80er Jahre schien man die Verschuldungskrise in den Griff bekommen, wenn auch nicht gelöst zu haben. Vorausgesetzt, daß die Weltwirtschaft nicht von schweren Erschütterungen heimgesucht wird, wird es den verschuldeten Ländern wahrscheinlich gelingen, zu einem niedrigeren Niveau der Auslandsverschuldung zurückzukehren. Kommt es jedoch zu einer schwerwiegenden Erschütterung der Produktion, der Zinssätze oder des Vertrauens, könnte es geschehen, daß das internationale Finanzsystem sich nicht mehr in der Lage sieht, den Handel und das Wachstum sowohl in den hochentwickelten wie in den ärmeren Ländern zu finanzieren. Wie eine solche Krise des internationalen Finanzsystems genau aussehen und ablaufen wird, läßt sich jedoch nicht voraussagen.

Technologischer Wandel und Innovationen

Neben den grundlegenden Faktoren der Bevölkerung, der natürlichen Ressourcen und der Kapitalbildung spielt jedoch ein vierter Faktor, nämlich die Technologie, eine ganz entscheidende Rolle. Hier befinden sich die Entwicklungsländer in einer potentiell vorteilhaften Situation.

Sie können sich auf das technische Wissen der höherentwickelten Länder stützen und sich dieses zunutze machen.

Nachahmung der Technologie

Die armen Länder brauchen keinen neuen Newton hervorzubringen, der das Gravitationsgesetz für sie entdeckt; sie können darüber in jedem Physikbuch nachlesen. Sie brauchen auch nicht die zeitraubende und mühevolle Aufstiegsphase der Industriellen Revolution zu durchlaufen; in jedem Maschinenkatalog werden die technischen Wunderwerke vorgestellt, an die die großen Erfinder der Vergangenheit nicht einmal im Traum gedacht haben.

Dieser Aspekt läßt sich deutlich an der geschichtlichen Entwicklung Japans und der Vereinigten Staaten zeigen. Japan stieg erst spät in den Industrialisierungswettlauf ein. Ende des 19. Jahrhunderts schickte es seine Studenten ins Ausland und begann, die westliche Technologie nachzuahmen. Die japanische Regierung leistete einen aktiven Beitrag zur Beschleunigung des Entwicklungstempos sowie zum Bau von Eisenbahnen und öffentlichen Versorgungseinrichtungen. Durch diese Übernahme ausländischer Technologien gelang Japan der Aufstieg zu seiner heutigen Position als zweitgrößte Industrienation der Welt.

Das Beispiel der Vereinigten Staaten selbst kann für die übrige Welt eine Quelle der Hoffnung darstellen. Bis zu den 30er Jahren war Amerika im Bereich der reinen Wissenschaften noch nicht bis in die vorderste Reihe der Nationen vorgerückt. Dennoch hatten wir auf dem Gebiet der angewandten Wissenschaften eine führende Position. Man braucht sich nur einmal die wichtigsten Erfindungen im Automobilbau anzusehen. Wo wurden sie gemacht? Zum größten Teil im Ausland. Dennoch waren es Henry Ford und General Motors, die die ausländischen Erfindungen genutzt und mit ihrer Produktion die ganze Welt überflügelt haben. In dem gleichen Sinne sollten wir deshalb jetzt, nachdem die Vereinigten Staaten führend im Bereich der reinen Wissenschaften sind, nicht überrascht sein, wenn uns dies keine wirtschaftliche Vormachtstellung gegenüber unseren uns imitierenden und sich an uns anpassenden Handelspartnern garantiert.

Unternehmergeist und Innovationen

Bei der Betrachtung dieser Entwicklung Japans und der Vereinigten Staaten könnte man den Eindruck gewinnen, daß die Übernahme ausländischer Technologien ein einfaches Entwicklungsrezept darstellt. Sie könnten den Standpunkt vertreten: »Reist ins Ausland, übernehmt die leistungsfähigsten Verfahren, setzt sie im eigenen Land in die Praxis um und wartet dann in aller Ruhe ab, bis euch die zusätzlichen Früchte in den Schoß fallen.«

Ganz so funktioniert die Sache natürlich nicht. Einige wenige hochqualifizierte Techniker mit einer Rolle von Plänen unter dem Arm können nicht alle Probleme eines armen Landes lösen. Tausende kultureller und ökonomischer Hürden stehen dem Fortschritt im Weg.

Die Erfahrung lehrt, daß der erfolgreiche Einsatz hochentwickelter Technologien ein Unternehmertum voraussetzt, das solche Ideen aufgreift und realisiert. Es gibt kein Patentrezept für die Anpassung hochentwickelter Technologien aus dem Ausland an die Bedürfnisse eines Entwicklungslandes. Zu bedenken ist, daß diese Technologien selbst entwickelt wurden, um den besonderen Bedingungen des hochentwickelten Landes Rechnung zu tragen – Bedingungen wie hohe Löhne, einen im Vergleich zum Arbeitsangebot relativ großen Kapitalreichtum und eine Fülle von qualifizierten Ingenieuren. Diese Bedingungen sind in den ärmeren Ländern nicht gegeben.

Die zentrale Aufgabe der Regierung besteht darin, die Förderung des Unternehmergeistes zu übernehmen. Dazu gehören die Einrichtung von Beratungsstellen für die Landwirtschaft, der Aufbau eines Erziehungswesens, berufliche Ausbildung, die Schaffung von Einrichtungen für die Ausbildung von wirtschaftlichen Führungskräften und die Gewährleistung, daß der Staat selbst sich einen gesunden Respekt vor der Rolle der Privatinitiative bewahrt.

Der Teufelskreis

Wir haben betont, daß arme Länder sich großen Schwierigkeiten bei der Kombination der vier Elemente des Wachstums – der Faktoren Arbeit, Kapital, natürliche Ressourcen und Unternehmertum – gegenübersehen. Darüber hinaus stellen diese Länder fest, daß die Schwierigkeiten sich wechselseitig potenzieren und zu einem *Teufelskreis der Armut* auswachsen.

Abbildung 37.3 veranschaulicht, auf welche Weise eine Hürde die andere vergrö-

Der Teufelskreis der Unterentwicklung

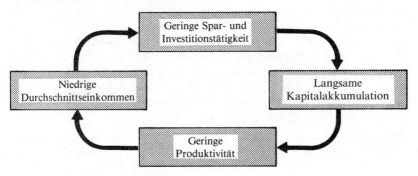

Abbildung 37.3 Viele Entwicklungshemmnisse verstärken sich gegenseitig.
Alle der Entwicklung im Wege stehenden Hindernisse hängen eng miteinander zusammen, wie dies das Beispiel des Teufelskreises der Armut zeigt. Ein niedriges Einkommensniveau verhindert die Spartätigkeit, verlangsamt die Kapitalbildung, bremst den Anstieg der Produktivität und läßt die Einkommen auf einem niedrigen Niveau verharren. Zur Erzielung des Wachstums wird es möglicherweise erforderlich sein, diese Kette an vielen Punkten zu durchbrechen.

ßert. Niedrige Einkommen führen zu einer niedrigen Sparquote; eine niedrige Sparquote verzögert die Kapitalbildung; ein unzureichender Kapitalstock verhindert einen raschen Produktivitätsfortschritt; geringere Produktivität führt zu niedrigen Einkommen. Andere Elemente der Armut haben eine sich selbst verstärkende Wirkung. Armut ist von einem niedrigen Qualifikations- und Bildungsniveau begleitet; dieses verhindert seinerseits die Anpassung an neue und verbesserte Technologien.

Da hinter der Armut eines Landes oft einander wechselseitig beeinflussende und verstärkende Faktoren stehen, wird von einigen Beobachtern betont, daß die Entwicklung einen »großen Sprung nach vorn« voraussetzt, damit die Länder aus diesem Teufelskreis ausbrechen können. Unter günstigen Umständen können gleichzeitige Maßnahmen zur Steigerung der Investitionen, zur Entwicklung der Fähigkeiten der Menschen und zur Drosselung des Bevölkerungswachstums den Teufelskreis in einen segensreichen Kreislauf raschen wirtschaftlichen Wachstums überführen.

Theorien der wirtschaftlichen Entwicklung

Wir sehen also, in welcher Weise Volkswirtschaften die Faktoren Arbeit, natürliche Ressourcen, Kapital und Technologie kombinieren müssen, um zu Wohlstand zu gelangen. Aber eine derartige Feststellung gibt noch keine Antworten – zu erklären, daß erfolgreiche Länder ein rasches Wachstum erzielen müssen, läuft auf das gleiche hinaus, als wenn man einem Läufer bei den Olympischen Spielen erklärt, er müsse so schnell sein wie der Wind. Bestehen bleibt die grundsätzlichere Frage: Warum sind einige Länder schneller als andere? Wie ist es möglich, daß die hochentwickelten Länder eine so viel höhere Produktion mit weit weniger Schweiß erstellen als die armen Länder?

Frühe Theorien

Die Unterschiede im Wachstumstempo der Nationen sind seit langem ein Thema, das Historiker wie Sozialwissenschaftler fasziniert. Einige frühe Theorien betonen die Rolle des Klimas und weisen darauf hin, daß alle hochentwickelten Länder in den gemäßigten Zonen der Erde liegen.

Jüngere Theorien verweisen auf die Bedeutung des Brauchtums, der Kultur oder der Religion als Schlüsselfaktoren. Max Weber betonte die »protestantische Ethik« als Triebkraft, die viele Menschen nach persönlichem Gewinn streben ließ, der in ihren Augen »Gottes Lohn« darstellte.

Zweifellos besitzt jede dieser Theorien eine gewisse, wenn auch beschränkte Gültigkeit. Aber sie bleiben uns viele Erklärungen schuldig. Die Wiege der Zivilisation stand im Nahen Osten und in Griechenland – zu einer Zeit, als die Germanen noch götzenverehrende Rauhbeine waren und die Angelsachsen sich in Bärenfelle hüllten. Und die Apostel der protestantischen Ethik, welche ihren Lehren zufolge den Keim der kapitalistischen Ideologie in sich trug, verstummen im Angesicht der hochmodernen und blitzsauberen japanischen Fabrik, in der sich die Arbeiter zur Verehrung Buddhas versammeln.

Um die Unterschiedlichkeit der wirtschaftlichen Erfahrungen verstehen zu können, müssen wir uns breiter angelegten Erklärungen zuwenden.

Neuere Ansätze in der Entwicklungstheorie

Seit Jahrzehnten beschäftigen sich die Ökonomen intensiv mit Fragen der wirtschaftlichen Entwicklung. Nachfolgende Darstellung vermittelt ein Bild von den wichtigen in den letzten Jahren entwickelten Vorstellungen. Jede Theorie versucht zu beschreiben, wie es Ländern gelingt, aus dem Teufelskreis der Armut auszubrechen, und wie sie die vier jedes Wirtschaftswachstum tragenden Kräfte – die gerade behandelten Faktoren Arbeit, natürliche Ressourcen, Kapital und Technologie – zu mobilisieren beginnen.

Die Vorstellung vom »Take-off«

Die Geschichte der Menschheit ist alt; die Ära der wirtschaftlichen Entwicklung dagegen sowohl jung als auch kurz. Während des längsten Teiles der Geschichte war das Leben roh, widrig und kurz. Aber an einigen Orten wurden innerhalb einer kurzen Zeitspanne überlegene Produktionsmethoden eingeführt. Die große Ungleichheit der Einkommensverteilung gab einigen wenigen die Möglichkeit, Spargelder in die Kapitalbildung zu schleusen. Die wirtschaftliche Entwicklung nahm ihren Anfang.

Der Bruch zwischen den voraufgegangenen Perioden und der Ära der Industriellen Revolution war so dramatisch, daß Gelehrte wie W.W. Rostow eine Theorie entwickelten, die einzelne Phasen der Entwicklung herausstellte. Eine dieser Phasen bei Rostow ist die sogenannte Start- oder *Take-off*-Phase, wobei an das Bild vom Flugzeug gedacht wird, das erst zum Flug ansetzen kann, nachdem es eine kritische Geschwindigkeit erreicht hat.

Unterschiedliche Länder durchlaufen diese Startphase zu unterschiedlichen Zeitpunkten: England zu Beginn des 18. Jahrhunderts, die Vereinigten Staaten um 1850 und Mexiko nach 1940.

Die Schubkraft für diesen Take-off geht von den »führenden Wirtschaftssektoren« aus, wie beispielsweise einem rasch wachsenden Exportmarkt oder einem Wirtschaftszweig mit großen Einsparungen aus der Massenproduktion. Sobald diese führenden Sektoren rasch zu wachsen beginnen, kommt es zu einem *sich selbst tragenden Wachstum* (dem Take-off). Das Wachstum erzeugt Gewinne; Gewinne werden reinvestiert; Kapital und Produktivität sowie die Pro-Kopf-Einkommen spurten voran. Der Stein der wirtschaftlichen Entwicklung ist ins Rollen gekommen.

Die Rückständigkeitshypothese

Eine zweite Auffassung betont den internationalen Kontext der Entwicklung. Wir haben weiter oben betont, daß die ärmeren Länder wichtige Vorteile genießen, die die frühen Pioniere der Industrialisierung nicht hatten. Die heutigen Entwicklungsländer können von dem Kapital, dem Wissen und der Technologie der höherentwickelten Länder profitieren. Diese von Alexander Gerschenkron von der Universität Harvard vorgetragene Hypothese geht davon aus, daß die *relative Rückständigkeit* als solche der Entwicklung dienen kann. Die Länder können moderne Textilmaschinen kaufen, leistungsfähige Pumpen, Rekordernten garantierendes Saatgut und Kunstdünger für die Landwirtschaft; darüber hinaus medizinische Versorgungsgüter zur Förderung der öffentlichen Gesundheit. Da sie sich auf die Technologien der hochentwickelten Länder stützen können, können die heutigen Entwicklungsländer rascher wachsen, als dies Ländern wie Großbritannien oder Westeuropa in der Periode von 1780 bis 1850 möglich war.

Gleichgewichtiges Wachstum

Theorien, die wie die besprochenen vom Take-off oder dem Aspekt der Rückständigkeit ausgehen, haben ihren Eindruck auf die Gelehrten und Experten nicht verfehlt. Dennoch müssen wir Abstand gewinnen und uns den historischen Ablauf ansehen, um zu prüfen, ob sie dem tatsächlichen Geschehen entsprechen. Ebenso wie die beiden erwähnten früheren Theorien vertreten einige Autoren den Standpunkt, daß das Wachstum einen *gleichgewichtigen* Prozeß darstelle, bei dem die Länder langsam, aber stetig voranschreiten. Die Wirtschaftsentwicklung ließe sich eher mit einer Schildkröte vergleichen, die beständig ihres Weges zieht, und nicht so sehr mit einem Hasen, der gelegentliche Spurts veranstaltet und sich dann erschöpft niederläßt.

Die drei alternativen Vorstellungen werden durch die Abbildung 37.4 veranschaulicht. Hier sehen wir, wie sich die Take-off-, die Rückständigkeits- sowie die Hypothese des gleichgewichtigen Wachstums im Zeitablauf für drei Länder – das hochentwickelte Land *A*, das Land *B* mit mittleren Einkommen und das Land *C* mit niedrigen Einkommen – im Bild darstellen würden.

Welche dieser Darstellungen kann man am ehesten als ein Abbild der Geschichte bezeichnen? Als eine der sorgfältigsten Untersuchungen kann die des Nobelpreisträgers Simon Kuznets gelten.[3] Er analysierte die Geschichte von 13 fortgeschrittenen Ländern über lange Zeiträume hinweg, wobei er bis in das Jahr 1800

---

3 Simon Kuznets, *Economic Growth of Nations*, Harvard University Press, Cambridge 1971.

(a) Take-off

(b) Rückständigkeit

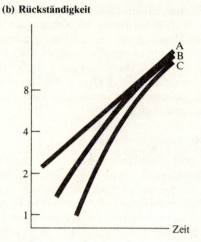

(c) Gleichgewichtiges Wachstum

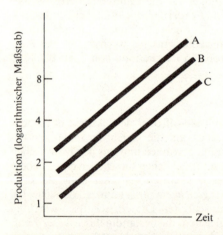

Abbildung 37.4 Drei Hypothesen zum Entwicklungsprozeß der Länder A, B und C.
Die drei Diagramme veranschaulichen drei moderne Entwicklungstheorien. Sehen Sie sich den Entwicklungsverlauf im hochentwickelten Land *A* an, in dem Land mit mittleren Einkommen *B* und dem Land mit niedrigen Einkommen *C*. Beachten Sie, daß die Produktion im logarithmischen Maßstab dargestellt ist. Das bedeutet, daß die *Steigung* jeder Kurve die *Wachstumsrate* der Produktion wiedergibt. Deshalb deutet eine konstante Neigung, wie in Feld (c), auf konstante jährliche Wachstumsraten der Produktion hin, während die zunehmende Steigung im Feld (a) auf eine steigende Wachstumsrate hinweist.
Im Feld (a) begünstigen führende Sektoren, wie beispielsweise die Exportwirtschaft, einen (durch Pfeile angedeuteten) Take-off zu einem raschen, sich selbst tragenden Wachstum.
Im Feld (b) stützen sich rückständige Länder auf die von den reicheren Ländern hervorgebrachten Technologien und übernehmen diese. Deshalb wachsen sie rasch und holen allmählich die hochentwickelten Länder ein.
Im dritten Feld (c) haben die Länder das gleiche Wachstumstempo, aber einige Länder hatten gegenüber anderen einen Startvorsprung. Die relative Kluft zwischen den Ländern ist mehr oder weniger konstant.
(Quelle: Bruce Herrick und Charles P. Kindleberger, *Economic Development*, McGraw-Hill, New York 1983; Grafik von den Autoren erstellt.)

Wachstumstrends der letzten Jahrzehnte

Länder und Kategorie	Wachstumsrate des BSP (in Prozent pro Jahr)	
	1960–1970	1970–1983
Länder mit niedrigen Einkommen		
China und Indien	4,5	4,7
andere Länder mit niedrigen Einkommen	4,7	3,1
Länder mit mittleren Einkommen		
untere Mitte	5,0	5,0
obere Mitte	6,4	4,8
Ölexportierende Länder mit hohen Einkommen	keine Angaben	4,6
Industrialisierte Marktwirtschaften	5,1	2,7

Tabelle 37.4 **Die ärmeren Länder schließen die Einkommenskluft nur sehr langsam.**
Daten über das Wachstum der Gesamtproduktion lassen erkennen, daß die armen Länder die Wachstumskluft, die zwischen ihnen und den industrialisierten Marktwirtschaften besteht, während der 60er Jahre nicht schließen konnten, wenngleich die Länder mit mittleren Einkommen (die »neuen Industrieländer«) rasch wuchsen. Die Stagnation in den Marktwirtschaften mit hohen Einkommen während der 70er Jahre machten eine Verringerung des Abstandes um 10 bis 25 Prozent möglich. (Quelle: Weltbank, *World Development Report, 1983*; von den Autoren auf den neuesten Stand gebracht.)

zurückging. Dabei gelangte er zu dem Schluß, daß das Modell vom gleichgewichtigen Wachstum sich am ehesten mit der Geschichte dieser Länder deckt – das heißt, daß sich im Laufe der Entwicklung weder erhebliche Wachstumsschübe noch -einbrüche zeigen.

Vergegenwärtigen Sie sich einen weiteren wichtigen Unterschied zwischen diesen Theorien. Der Take-off-Theorie zufolge werden sich beträchtliche Abweichungen in der Entwicklung einzelner Länder zeigen (einige erreichen erhebliche Fluggeschwindigkeiten, während andere kaum vom Boden abheben). Die Rückständigkeitshypothese impliziert eine konvergierende Entwicklung, während nach der Auffassung von Kuznets mehr oder weniger konstante Unterschiede in der Entwicklung erhalten bleiben werden. Die empirischen, in Tabelle 37.4 wiedergegebenen Resultate deuten darauf hin, daß sich die Kluft zwischen den hochentwickelten und den Entwicklungsländern nur vergleichsweise wenig verändert hat (obgleich die Leistung einzelner Länder erheblich vom Durchschnitt abwich); es ergibt sich also ein Bild von Wachstumsraten, das am ehesten der Hypothese des gleichgewichtigen Wachstums entspricht.

Ein buntes Mosaik

Die hier skizzierten drei Auffassungen können nicht mehr als einen kleinen Ausschnitt der Ideen wiedergeben, die in den letzten Jahren im Zusammenhang mit der Analyse des Wachstumsprozesses entwickelt worden sind. Auch läßt sich nicht behaupten, daß einige Theorien richtig und andere falsch sind. Vielmehr muß betont werden, daß sich die in der Entwicklung begriffene Welt aus einer großen Vielfalt von Nationen zusammensetzt mit unterschiedlichem Hintergrund, unterschiedlichen Kulturen, wirtschaftlichen Ressourcen und politischen Systemen. Ebenso wie wir zu der Erkenntnis gelangt sind, daß es keine monolitischen »kapitalistischen« oder »sozialistischen« Länder gibt, so müssen wir anerkennen, daß die Entwicklungsländer sich im wirtschaftlichen Bereich unterschiedlichen Zwängen und Bedürfnissen gegenübersehen. Entwicklungsökonomen können sich heute immer weniger mit umfassenden Theorien anfreunden, die den Anspruch erheben, allgemeingültige Erklärungen für die Geschichte der Menschheit zu geben. Vielmehr wird jedes Land als ein Einzelfall angesehen, das seine jeweiligen Ressourcen und Bedürfnisse hat und das Entwicklungsrezepte braucht, die auf seine besondere Situation zugeschnitten sind.

Wachstumsstrategien

Die Feststellung, daß Länder für ein rasches Wachstum ihres Kapitalstocks und eine rasche Entwicklung ihrer Technologie sorgen müssen, gibt noch keine Antwort auf die Frage, *wie* diese Schlüsselkomponenten schließlich einzusetzen sind. Aus der ungeheuren Vielfalt der Probleme im Zusammenhang mit der Entwicklungsplanung greifen wir hier drei immer wiederkehrende Themen heraus: das Verhältnis zwischen der Größe des industriellen und des landwirtschaftlichen Sektors, die Frage, ob die Exporte zu fördern oder die Importe zu drosseln sind, sowie die Risiken einer Überspezialisierung.

Industrialisierung oder Förderung der Landwirtschaft

In den meisten Ländern sind die Einkommen in städtischen Gebieten fast doppelt so hoch wie in ländlichen Gebieten. In reichen Nationen fließt ein großer Teil der gesamten vorhandenen Ressourcen in den industriellen Sektor. Daraus ziehen viele Nationen den voreiligen Schluß, daß die Industrialisierung die Ursache und nicht die Wirkung des Reichtums ist.

Wir müssen solchen Schlußfolgerungen mit Vorsicht begegnen, weil sie oft in die Kategorie der *post-hoc*-Trugschlüsse fallen. Wie es gelegentlich formuliert wird: »Reiche Männer rauchen teure Zigarren, aber der Kauf teurer Zigarren macht noch niemanden zu einem reichen Mann.« Ähnlich kann es nur als Ausdruck der Selbstgefälligkeit und als wirtschaftlicher Unsinn bezeichnet werden, wenn jedes arme Land auf einer eigenen Luftfahrtgesellschaft und einem eigenen Stahlwerk besteht. Diese sind eher ein dekorativer Luxus als eine unerläßliche Voraussetzung für wirtschaftliches Wachstum.

Die Lehren jahrzehntelanger Versuche, die Industrialisierung auf Kosten der Landwirtschaft zu beschleunigen, hat viele Analytiker veranlaßt, die Rolle der Landwirtschaft erneut zu überdenken. Die Industrialisierung ist in der Regel kapitalintensiv, zieht Arbeitskräfte in die übervölkerten Städte und schafft oft große Arbeitslosigkeit. Die Steigerung der Produktivität in der Landwirtschaft erfordert vielleicht weniger Kapital.

Tatsächlich könnte Bangladesch die Produktivität seiner Landwirtschaft um 20 Prozent steigern, was mehr Ressourcen für die Bereitstellung der Annehmlichkeiten des Lebens freisetzen würde als die vordringliche Förderung der Industrie.

Importsubstitution oder Exportförderung

Regionen, die sich erfolgreich entwickeln, erleben fast immer auch eine verstärkte Industrialisierung. Wenn Leute aus den ländlichen Gebieten abwandern und in die Städte ziehen, brauchen sie Arbeitsplätze. Das Leben in der Stadt und in den Fabriken bricht in der Regel auch traditionelle Lebensstrukturen auf und regt zum Erwerb neuer Fähigkeiten an.

Raul Prebisch, der lange Jahre Sprecher der wirtschaftlichen Zukunftshoffnungen Lateinamerikas war, hat betont, wie sehr eine Abkehr von der Monokultur (die riskante und unausgewogene Abhängigkeit von einigen wenigen Agrarprodukten oder Rohstoffexporten) und der Übergang zu einer diversifizierten industriellen Struktur zu wünschen sei. Importzölle zum Schutz der Industrie sind ein verlockendes Mittel zur Förderung der »Importsubstitution«. Durch Zollmauern geschützt, können heimische Hersteller Güter absetzen, die andernfalls importiert würden. Eine allgemein praktizierte Methode zur Durchsetzung der Importsubstitution läßt sich in Lateinamerika beobachten, wo Zölle Brasilien und Chile in die Lage versetzen, im eigenen Land Autos zu bauen, obgleich es viel billiger wäre, diese aus Nordamerika oder Japan einzuführen.

Kritiker weisen darauf hin, daß eine derartige subventionierte Importsubstitution häufig nur dazu dient, für die Erhaltung eines niedrigen Einkommensniveaus zu sorgen. Die Konsumenten und die Wirtschaft insgesamt wären, so behaupten die Kritiker, besser dran, wenn das Schwergewicht von der Importsubstitution auf die Exportförderung verlagert würde.

Mit diesem schwierigen Problem haben Forscher sich jahrelang auseinandergesetzt. Eine Untersuchung beschäftigte sich mit Entwicklungsländern, mit Chile, Brasilien, Südkorea und so fort. Die Forschungsergebnisse erbrachten deutliche Anzeichen dafür, daß die Nationen, die eine Exportförderung betreiben, deutlich besser abschnitten als diejenigen, die sich in erster Linie auf die Importsubstitution konzentrierten.

Aber werden die hochentwickelten Länder tatenlos zusehen, wenn ihre eigenen schrumpfenden Industriezweige durch die Exporte aus den NICs an die Wand gedrängt werden? Oder werden sie der Versuchung erliegen, solche Importe mit Hilfe von Schutzzöllen oder Mengenkontingenten auszusperren?

Dabei handelt es sich um echte Probleme, die in der Mitte der 80er Jahre unter der Perspektive der »sozialen Zufriedenheit im eigenen Land« und der »Reindustrialisierung« debattiert werden und die Gegenstand unserer beiden folgenden Kapitel sein werden.

Die Gefahren der Überspezialisierung

In Kapitel 3 sind wir auf die Vor- und Nachteile der Spezialisierung eingegangen, und in den Kapiteln 38 und 39 werden wir zeigen, auf welche Weise die durch den Welthandel ermöglichte Arbeitsteilung zu einer Steigerung des Lebensstandards eines Landes beiträgt. Aber kann sich ein Land nicht ebenso wie eine Einzelperson in gefährlicher Weise überspezialisieren? Hätte sich ein Land mit großen Kostenvorteilen im Jahre 1900 völlig auf die Herstellung von Pferdehufeisen spezialisieren sollen? Oder im Jahre 1945 auf die Herstellung von Vakuumröhren? Oder im Jahre 1975 auf den Verkauf von Kernreaktoren?

Spezialisierung der Exportwirtschaft

	Exporte des wichtigsten Produktes		
	in Prozent des Gesamtexports	in Prozent des BSP	Exporterzeugnis
Saudi-Arabien	99,7	77,8	Öl
Iran	97,3	30,8	Öl
Venezuela	95,1	30,8	Öl
Nigeria	90,5	21,0	Öl
Sambia	83,0	36,2	Kupfer
Kolumbien	55,5	6,2	Kaffee
Jamaika	52,1	15,2	Aluminiumerze
Südafrika	38,8	12,5	Gold
Tansania	35,8	3,8	Kaffee
Schweden	9,5	2,6	Papier
Vereinigte Staaten	3,9	0,3	Getreide

Tabelle 37.5 Grad der Spezialisierung des Exports (1979)
Viele Länder, darunter insbesondere die ölexportierenden Länder, haben sich in bedenklichem Maße auf ein einziges Produkt spezialisiert. Dadurch, daß sie alles auf eine Karte setzen, balancieren sie auf dem Drahtseil der Preise an den Rohstoffmärkten. Hochentwickelte Länder wie die Vereinigten Staaten weisen eine stärker diversifizierte Struktur auf und werden deshalb weniger von Preisschwankungen in einzelnen Bereichen betroffen. (Quelle: Internationaler Währungsfonds und U.S.-Handelsministerium)

Länder sollten sich ebenso wie Investoren über den Grad der Diversifizierung ihrer Anlagen Gedanken machen. Wenn Venezuela hauptsächlich Öl exportiert, Kolumbien hauptsächlich Kaffee, dann schlagen sich Preisschwankungen auf diesen Märkten sehr stark in ihrer Handelsbilanz und in den Realeinkommen nieder. Tabelle 37.5 zeigt, bis zu welchem Grade einige Volkswirtschaften zu »Monokulturen« geworden sind – das heißt, wie stark ihr Export von einem einzigen Produkt abhängt. Am anfälligsten für die Gefahren der Überspezialisierung sind die Öl exportierenden Länder, gefolgt von den Rohstoffproduzenten.

In den Ländern, in denen eine Überspezialisierung bereits gegeben ist, läge es im Sinne einer umsichtigen Planung, wenn besondere Anstrengungen mit dem Ziel der Diversifizierung und Erschließung von neuen Gebieten gemacht würden (insbesondere solcher Gebiete, auf denen die Preisschwankungen unabhängig von oder sogar gegenläufig zu denen des Spezialbereiches sind). Wenn Angebot und Nachfrage nach Kaffee starken Schwankungen unterliegen und wenn sich solide Investitionsgelegenheiten im Bergbau oder beim Anbau von Schnittblumen bieten, wäre ein Land wie Kolumbien gut beraten, wenn es der Tendenz des Marktes zur Spezialisierung auf die Kaffeeproduktion entgegentreten würde.

Man sollte nie alles auf eine Karte setzen; diese Regel gilt für ein Land ebenso wie für einen einzelnen.

Zusammenfassung

A. Bevölkerung und wirtschaftliche Bedingungen

1. Die Bevölkerungstheorie von Malthus beruht auf dem Gesetz des abnehmenden Ertragszuwachses. Er glaubte, daß die Bevölkerung, wenn ihrer Vermehrung keine Hemmnisse entgegenwirken, in geometrischer Progression (bzw. exponentiell) wachsen und sich ständig innerhalb von etwa einer Generation verdoppeln würde. Jedes Mitglied der wachsenden Bevölkerung stünde jedoch einer abnehmenden Menge an Boden und natürlichen Ressourcen gegenüber, die es zum Einsatz bringen könnte. Deshalb würde infolge abnehmender Erträge das Einkommen bestenfalls in arithmetischer Progression steigen; die Pro-Kopf-Produktion hätte die Tendenz, auf ein so niedriges Niveau herabzufallen, daß sich schließlich eine stabile, an der Subsistenzschwelle lebende Bevölkerung ergäbe, deren Mitglieder ständig vom Hungertod bedroht wären.

2. In den 70er Jahren legte der Club of Rome ein Computer-Modell von der Weltwirtschaft vor. Die Vertreter dieser Neo-Malthusianischen Richtung sahen die Wahrscheinlichkeit eines unmittelbar bevorstehenden massiven Rückganges des Lebensstandards voraus, wenn nämlich die Bevölkerung und die Produktion gegen die Decke der begrenzten Leistungsfähigkeit des Bodens und der Umwelt stießen.

3. Malthus und seine Anhänger der vergangenen einhundertfünfzig Jahre sind aus verschiedenen Gründen angegriffen worden: Weil sie die Möglichkeit des technischen Fortschritts ignoriert haben, und weil sie die Bedeutung der Geburtenkontrolle als einer Methode zur Beschränkung des Bevölkerungswachstums übersehen haben.

4. Als wichtigste Entwicklung in der Bevölkerungstheorie ist die Entdeckung des Phänomens des *demographischen Übergangs* anzusehen. Dabei handelt es sich um einen Vier-Phasen-Prozeß, in dessen Verlauf sich der Übergang von einer traditionellen Gesellschaft mit einer stabilen Bevölkerung mit hohen Geburten- und Sterbeziffern zu einer stabilen Bevölkerung mit niedrigen Geburten- und Sterbeziffern vollzieht. In der Zwischenzeit läßt sich im allgemeinen beobachten, daß die Sterblichkeitsziffern in einzelnen Ländern bereits sinken, noch ehe die Geburtenziffern zurückgehen, so daß es zu einer Bevölkerungsexplosion kommen kann. Viele der ärmeren Länder sowie der Länder mit mittleren Einkommen befinden sich noch mitten in diesem demographischen Übergang.

B. Der Prozeß der wirtschaftlichen Entwicklung

5. Den größten Teil der Welt bilden die Entwicklungsländer: Länder mit niedrigen Pro-Kopf-Einkommen verglichen mit den am höchsten entwickelten Volkswirtschaften. Kennzeichnend für diese Länder sind häufig ein rasches Bevölke-

rungswachstum, weitverbreitetes Analphabetentum sowie die Tatsache, daß ein hoher Prozentsatz ihrer Bevölkerung von der Landwirtschaft lebt und in ihr beschäftigt ist. Innerhalb der Gruppe der Entwicklungsländer gibt es einige Länder mit mittleren Einkommen, die »sich im Prozeß der Industrialisierung befindlichen Länder« oder NICs (»newly industrializing countries«). Diese Gruppe hat mit Erfolg den Teufelskreis der Unterentwicklung durchbrochen.

6. Vier Faktoren von fundamentaler Bedeutung bilden den Schlüssel zur Entwicklung: die menschlichen Ressourcen, die natürlichen Ressourcen, die Kapitalbildung (aus heimischen Mitteln oder aus dem Ausland) und die Technologie. Die *Bevölkerung* verursacht Probleme durch ein explosives Wachstum aufgrund rückläufiger Sterbeziffern, aber anhaltend hoher Geburtenziffern; das Malthusianische Schreckgespenst geistert durch die unterentwickelten Regionen. Bezüglich konstruktiver Maßnahmen stehen die Verbesserung der Gesundheit der Bevölkerung, des Erziehungswesens und der technischen Ausbildung an der Spitze der Prioritätenliste. Die »versteckte Arbeitslosigkeit« stellt ein wichtiges Reservoir an Arbeitskräften für wachsende Sektoren dar.

7. Die *Kapitalbildungs*rate in den armen Ländern ist niedrig, weil die Einkommen so niedrig sind, daß nur wenig für die Zukunft gespart werden kann. Darüber hinaus hat der zunehmende Nationalismus während der vergangenen Jahrzehnte den Kapitalstrom in die ärmeren Länder spärlicher werden lassen.

Die Finanzierung des Wachstums in ärmeren Ländern ist immer ein instabiles Glied in der Produktionskette gewesen. Zuletzt haben wir eine Krise in den 70er Jahren erlebt, als viele Länder mit mittleren Einkommen hohe Kredite aufnahmen, um Entwicklungsprogramme mit hochgesteckten Zielen zu finanzieren. Nach dem Konjunktureinbruch Anfang der 80er Jahre standen sie vor einem großen Schuldenberg und konnten gleichzeitig nicht genug exportieren, um ihre Zinskosten zu decken. Dieses ungelöste Problem wird Mitte und Ende der 80er Jahre eine Gefahr für die Finanzmärkte darstellen.

8. Der *technologische Wandel* steht in einer Wechselwirkung zu und wird verkörpert durch neue Kapitalgüter. Er ist die große Hoffnung der Entwicklungsländer insofern, als diese sich an die produktiveren Technologien der hochentwickelten Länder anpassen können. Dies setzt die Existenz eines *Unternehmertums* voraus. Eine Aufgabe der Entwicklungspolitik besteht darin, den noch zu wenig ausgeprägten Unternehmergeist im eigenen Lande zu fördern.

9. Zahlreiche oberflächliche und auch ernst zu nehmende Theorien der wirtschaftlichen Entwicklung tragen zur Erklärung dafür bei, warum die vier fundamentalen Faktoren zu einem bestimmten Zeitpunkt vorhanden sind oder fehlen. Die geographischen Verhältnisse und das Klima, Brauchtum, Religion und Einstellungen zur Wirtschaft, Klassengegensätze und Kolonialismus – sie alle wirken auf die wirtschaftliche Entwicklung ein; aber in keinem Fall handelt es sich um eine einfache und unveränderliche Wirkungsweise.

10. Zu den eindrucksvolleren Theorien gehören die »Take-off«-Hypothese (derzufolge wachsende Erträge und das Vorhandensein von Sozialkapital gemeinsam für ein rasches Wachstum innerhalb kurzer Zeit sorgen); die »Rückständigkeits-Hypothese« (derzufolge die weniger entwickelten Länder sich rasch auf das Niveau der höher entwickelten Länder zubewegen können, indem sie deren Technologie und Technologen ausborgen); und die These vom »gleichgewichtigen Wachstum« (derzufolge sich die Länder in annähernd gleichem Tempo entwik-

keln, gleichgültig ob es sich um hochentwickelte oder um rückständige Länder handelt).

Begriffe zur Wiederholung

Entwicklungland
Bevölkerungstheorie von Malthus
Neo-Malthusianer
demographischer Übergang (Phasen 1, 2, 3, 4)
Indikatoren der Entwicklung
Sozialkapital, externe Effekte
die vier Elemente der Entwicklung:
  Bevölkerung
  natürliche Ressourcen
  Kapital
  Technologie und Innovationen
Take-off-Hypothese, Hypothese der Rückständigkeit und des gleichgewichtigen Wachstums
Überspezialisierung in der Exportwirtschaft

Fragen zur Diskussion

1. Sehen Sie sich die Länder der Tabelle 37.2 an. Können Sie sagen, in welchem Stadium des demographischen Übergangs sich jedes einzelne befindet?

2. Generell sind viele Ökonomen der Auffassung, daß der Staat – getreu der Tradition des »Laissez-faire« – nicht in das Marktgeschehen eingreifen sollte, wenn es nicht um die Schaffung wichtiger externer Effekte geht. Gibt es externe Effekte des Bevölkerungswachstums, die positive oder negative Nebenwirkungen haben? Ziehen Sie Aspekte in Betracht wie das Erziehungswesen, die nationale Verteidigung, Straßen, Strände und das Auftreten von Genies wie Mozart oder Einstein.

3. Wie viele Kinder hatten Ihre Urgroßeltern? Ihre Eltern? Wie viele Kinder werden Sie Ihrer Schätzung nach selbst haben? Welche Faktoren haben diese Veränderungen bewirkt?

4. »Eine *geometrische Progression* ist eine Reihe von mathematischen Ausdrücken ($g_1, g_2..., g_t, g_{t+1},...$), in der jeder Ausdruck das gleiche Vielfache seines Vorgängers ist, $g_2/g_1 = g_3/g_2 = ... = g_{t+1}/g_t = \beta$. Wenn $\beta = 1 + i > 1$, wächst der Ausdruck exponentiell, so wie der Zinseszins. Eine *arithmetische Progression* ist eine Reihe ($a_1, a_2, a_3..., a_t, a_{t+1},...$), bei der der Unterschied zwischen jedem Ausdruck und seinem Vorgänger konstant ist: $a_2 - a_1 = a_3 = ... = a_{t+1} - a_t = \alpha$.« Geben Sie Beispiele für beide. Überzeugen Sie sich davon, daß jede geometrische Progression letztlich jede arithmetische Progression übersteigen muß.

5. Erinnern Sie sich daran, daß Malthus die Behauptung aufstellte, daß die Bevölkerung, wenn ihrer Vermehrung keine Hemmnisse im Wege stünden, in geometrischer Progression wachsen würde, während das Nahrungsmittelangebot – gebremst durch abnehmende Erträge – sich lediglich in arithmetischer Progression vermehren ließe. Zeigen Sie anhand eines numerischen Beispieles, warum die Pro-Kopf-Produktion an Nahrungsmitteln rückläufig sein muß, wenn die Bevölkerung ungehindert wächst, während die Nahrungsmittelproduktion infolge abnehmender Erträge langsamer zunimmt als die Arbeitsinputs.

6. Würden Sie sich dem Lob des materiellen Wohlergehens anschließen, so wie es das dem Kapitel vorangestellte Zitat besingt?

7. Beschreiben Sie die vier wichtigen hinter jeder wirtschaftlichen Entwicklung stehenden Faktoren. Wie ist es unter Bezug auf diese Faktoren zu erklären, daß die zur Kategorie der Länder mit hohen Einkommen gehörenden Öl exportierenden Länder zu Reichtum gelangten? Welche Hoffnungen gibt es für Länder wie Bangladesch, das über sehr geringe Ressourcen pro Kopf der Bevölkerung an Kapital, Boden und Technologie verfügt?

8. Einige sehen große Probleme in dem »Teufelskreis der Unterentwicklung«. Ein rasches Bevölkerungswachstum zehrt an sämtlichen technischen Fortschritten, die erzielt werden. Angesichts eines geringen Pro-Kopf-Einkommens kann das Land nicht sparen und investieren, sondern muß sich auf eine eigenbedarfsorientierte Agrarwirtschaft konzentrieren. Da der größte Teil der Bevölkerung auf dem Lande lebt, sind die Chancen für eine bessere Erziehung, einen Rückgang der Geburtenziffern oder eine Industrialisierung gering. Wie würden Sie, wenn Sie in ein solches Land gingen, den Teufelskreis durchbrechen?

Der internationale Handel und die Theorie der komparativen Kosten 38

Der Vorteil des internationalen Handels: ein leistungsfähiger Einsatz der Produktivkräfte der Welt.

John Stuart Mill

Unser Überblick über die Wirtschaft hat sich bislang weitgehend mit Problemen der inländischen Wirtschaft beschäftigt. Dennoch geht es bei vielen der dringlichsten Probleme unserer Zeit um Fragen des Weltwirtschaftssystems. Deshalb richten wir in den abschließenden Kapiteln unseren Blick nach außen, um die Chancen und Schwierigkeiten zu analysieren, die den Ländern aus dem *Außenhandel* erwachsen – das heißt, wenn sie Güter, Dienstleistungen und Investitionskapital exportieren und importieren.

Wir beginnen unsere Reise in das Ausland in den Kapiteln 38 und 39 mit einer Betrachtung der realen Faktoren, die dem Handel zwischen einzelnen Ländern zugrunde liegen. Diese *realen* Faktoren – unterschiedliche Ressourcenausstattung, Unterschiede in den Präferenzen und der Technologie – sind bei jeder rationalen Beurteilung der Vorteile des Handels oder der Probleme von Zöllen von Belang. Darüber hinaus wird am Ende dieses Kapitels erklärt, wie ein Land seine Konten gegenüber der übrigen Welt abrechnet.

Im abschließenden Kapitel wenden wir uns den im Zusammenhang mit dem Handel wirksamen *währungswirtschaftlichen* Mechanismen zu, wobei wir uns mit den Wechselkursen und aktuellen Fragen des internationalen Zahlungssystems auseinandersetzen werden.

Für die entscheidende Bedeutung des internationalen Handels gibt es einen ausschlaggebenden Grund:

> ■ **Der Außenhandel steigert die Konsummöglichkeiten eines Landes. Er gibt ihm die Möglichkeit, von allen Gütern mehr zu konsumieren als erreichbar wäre, wenn es innerhalb seiner eigenen Produktionsmöglichkeitsgrenze verharrte und sich von einem handelsfeindlichen Autarkiestreben leiten ließe.**

Hierzu ein Beispiel: Japan verkauft uns Filmkameras; wir verkaufen den Australiern Computer; die Australier schließen den Kreis durch den Verkauf von Kohle an Japan. Aufgrund seiner Spezialisierung kann jedes Land schließlich mehr konsumieren, als es aus eigener Kraft produzieren könnte.

Durch die Öffnung der Nationen für den Handel kann die Welt insgesamt ihre Grenze der Produktionsmöglichkeiten erweitern und sich entlang dieser Grenze bewegen; Handelsbeschränkungen zwingen die Welt, innerhalb ihrer PM-Grenze zu verharren. Darum geht es beim Außenhandel – so einfach ist das und doch schwer in den Griff zu bekommen.

Um diesen wesentlichen Punkt des Handels werden sich die verbleibenden Kapitel drehen. Wir betrachten zunächst den rein mechanischen Ablauf des Handels, das zentrale Prinzip der komparativen Kostenvorteile und das Für und Wider von Zöllen und Mengenbeschränkungen. Danach sehen wir uns an, wie verschiedene Geldarten (beziehungsweise Devisen) gehandelt werden und den Wechselkurs bestimmen. Abschließend verfolgen wir, wie das internationale Zahlungssystem die schwere Krise zu Beginn der 70er Jahre überstand, aus der das neue System der frei schwankenden Wechselkurse hervorging.

Inwiefern unterscheiden sich die in diesen Kapiteln skizzierten Prinzipien von denen der ersten 37 Kapitel? Im internationalen Handel spielen zwei Elemente eine Rolle, die in unserer voraufgegangenen Analyse nicht anzutreffen waren. Zum einen geht es um Handel zwischen verschiedenen *Nationen*; daraus ergeben sich gelegentlich ungeheure politische Probleme im Zusammenhang mit der Frage der Diskriminierung beziehungsweise der Gleichbehandlung von Ausländern – hierbei geht es um das Problem des Protektionismus, das uns in Kapitel 39 beschäftigen wird.

Der zweite durch den internationalen Handel neu hinzukommende Aspekt besteht darin, daß unterschiedliche Länder unterschiedliche *Währungen* beziehungsweise anderes Geld verwenden. Ich möchte ein japanisches Auto in Dollar bezahlen, während Toyota die Bezahlung in japanischen Yen erwartet. Auf irgendeine Weise, die wir in Kapitel 40 analysieren werden, muß das internationale Zahlungssystem für einen reibungslosen Strom von Dollars, Yen, Deutscher Mark und anderen Währungen sorgen – wenn es einen Zusammenbruch des Handels verhindern will, wie wir ihn in den 30er Jahren erlebt haben.

Wirtschaftlicher Nationalismus und eine Fülle nationaler Währungen – sie bilden den Kern der Weltwirtschaftsprobleme unserer Zeit.

A. Das Prinzip der komparativen Kostenvorteile

Trends des amerikanischen Außenhandels

Betrachten wir zunächst die Außenhandelstrends einer hochentwickelten Industrienation wie der Vereinigten Staaten. Abbildung 38.1 zeigt, inwieweit die Vereinigten Staaten während der vergangenen 50 Jahre gegenüber dem Ausland offen gewesen sind. Eine Volkswirtschaft wird als *offen* bezeichnet, wenn sie mit anderen Nationen Güter und Produktionsfaktoren austauscht. Der Grad der Offenheit wird üblicherweise gemessen durch das Verhältnis der Exporte oder Importe zum BSP. Dieses Verhältnis lag bei den Vereinigten Staaten während der letzten zehn Jahre bei über 10 Prozent. Dennoch gehören die Vereinigten Staaten zu den Ländern, die weitestgehend autark (am wenigsten offen) sind. Viele an-

Die zunehmende Öffnung der amerikanischen Märkte

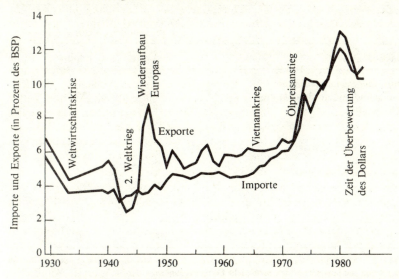

Abbildung 38.1. **Amerika ist inzwischen dem schärferen Wind des internationalen Wettbewerbs stärker ausgesetzt.**
Wie alle größeren Industrienationen haben die Vereinigten Staaten ihre Grenzen während der vergangenen 50 Jahre vermehrt für den Außenhandel geöffnet. Der stärkste Anstieg des Dollarwertes der Importe war eine Folge des Ölpreisanstiegs sowie des Eindringens der Japaner in amerikanische Konsumgütermärkte. (Quelle: U.S.-Handelsministerium)

dere Länder (insbesondere Europas) exportieren oder importieren 50 Prozent ihres BSP. Allerdings ist der Grad der Offenheit der Vereinigten Staaten in vielen Wirtschaftsbereichen (Stahl, Autos, Textilien, Schuhe) sehr viel größer als für die amerikanische Wirtschaft insgesamt.

Aufschlußreich ist auch die Frage, welche Art von Gütern die Vereinigten Staaten *importieren* (beziehungsweise von anderen Ländern kaufen) und welche sie *exportieren* (beziehungsweise an andere Länder verkaufen). Tabelle 38.1 zeigt die Waren, aus denen sich der amerikanische Außenhandel 1982 zusammensetzte. Zwei überraschende Aspekte der Handelsbilanz (deren Begriffe im weiteren Verlauf des Kapitels erläutert werden) springen ins Auge. Zum einen stellen wir fest, daß die Vereinigten Staaten erstaunliche Mengen an Erzeugnissen der Urproduktion exportieren, wie beispielsweise Nahrungsmittel, und große Mengen an hochentwickelten, kapitalintensiven Industrieerzeugnissen importieren. Zum anderen erkennen wir innerhalb eines Wirtschaftszweiges erhebliche Ströme in beiden Richtungen, das heißt, selbst innerhalb einer besonderen Branche (wie der Automobil- oder Textilbranche) betreiben die Vereinigten Staaten gleichzeitig Im- und Exporthandel.

Handel der Vereinigten Staaten 1982

Güterklassifizierung	Anteil jedes Gutes in Prozent des Gesamtvolumens	
	Exporte	Importe
Grundstoff- und Primärproduktion:		
Öl, Kohle und andere Brennstoffe	6	27
Nahrungsmittel	13	7
Sonstige	10	4
Industrielle Fertigerzeugnisse:		
Kraftfahrzeuge	6	12
Computer und Maschinen	36	18
Sonstige	26	29
Sonstige	3	3
Insgesamt	100	100

Tabelle 38.1. Die Vereinigten Staaten exportieren erstaunlich große Mengen an Gütern aus dem Bereich der Urproduktion und importieren viele industrielle Fertigerzeugnisse.
Die Zusammensetzung der Warenexporte und -importe der Vereinigten Staaten insgesamt weist eine Reihe überraschender Merkmale auf. Es werden große Mengen an Waren aus dem Bereich der Urproduktion exportiert, insbesondere Nahrungsmittel und Kohle, was im wesentlichen auf die breite Ressourcenbasis der Vereinigten Staaten zurückzuführen ist. Gleichzeitig importieren die Vereinigten Staaten viele industrielle Fertigerzeugnisse (wie Autos und Kameras), obgleich deren Herstellung sehr kapitalintensiv ist. (Quelle: Statistisches Amt der Vereinigten Staaten)

Die Vorteile des Handels und das Gesetz der komparativen Kosten

Das rasche Anwachsen des Welthandels und die Spezialisierung wirft die Frage der wirtschaftlichen Gründe auf, die für den Handel sprechen: Warum importieren die Vereinigten Staaten Kaffee und exportieren Getreide? Warum exportiert Japan in erster Linie industrielle Fertigerzeugnisse und importiert vorwiegend Rohstoffe? Warum unterscheidet sich die Landwirtschaft der Vereinigten Staaten so sehr von der der Niederlande? Und, die wichtigste Frage von allen: Gewinnen oder verlieren Länder, wenn sie ihre Grenzen dem Handel mit anderen Ländern öffnen?

Der Schlüssel zur Beantwortung dieser Frage liegt in der *Theorie der komparativen Kostenvorteile*. Diesem Prinzip zufolge kann ein Land (oder eine Person) seinen Lebensstandard und sein Realeinkommen durch Spezialisierung auf die Produktion derjenigen Erzeugnisse erhöhen, bei denen seine Leistungsfähigkeit am größten ist. Wenn beispielsweise die Leistungsfähigkeit der Vereinigten Staaten im Bereich der Computerherstellung am größten ist, während Brasilien seine Ressourcen am produktivsten im Kaffeeanbau einsetzen kann, dann lohnt es sich für die Vereinigten Staaten, sich auf die Produktion und den Export von Computern zu spezialisieren und Kaffee zu importieren. Für Brasilien wäre es wirtschaftlich vorteilhaft, sich auf die Erzeugung von Kaffee zu spezialisieren und

Computer zu importieren. In der modernen Welt komplexer, auf Massenproduktion ausgerichteter Produktionsstrukturen ist eine solche Tendenz zur Spezialisierung natürlich unerläßlich. Wer von uns könnte auch nur einen Bruchteil all der Produkte herstellen, die wir verbrauchen – denken Sie nur an die Herstellung all der Radios, Autos, Bleistifte, Skier und Uhren, die Sie in Gebrauch haben. Ein gewisses Maß an Arbeitsteilung ist ohne Frage notwendig. Darüber hinaus kann es kaum überraschen, daß Länder Handel mit solchen Gütern treiben, die sie selbst sinnvollerweise nicht herstellen können. Jeder würde erwarten, daß Kanada Kaffee importiert, denn wo würde in Kanadas frostigem Klima eine Kaffeepflanze gedeihen?

Wider den gesunden Menschenverstand

Aber das Prinzip der komparativen Kostenvorteile geht über solche Feststellungen, die jeder vernünftige Mensch treffen würde, hinaus. Es besagt, daß ein Land mit anderen Regionen selbst dann Handel treiben wird, wenn es in bezug auf die Produktion *jeden* Gutes leistungsfähiger ist. Die Produktion der Vereinigten Staaten kann pro Arbeiter (oder pro Inputeinheit) sowohl in der Stahlproduktion wie in der Computerherstellung höher sein als die der übrigen Welt. Trotzdem kann es sich für die Vereinigten Staaten lohnen, Handel zu treiben und Computer zu exportieren (bei denen seine Leistungsfähigkeit relativ höher ist) und Stahl zu importieren (bei dem es relativ weniger leistungsfähig ist).

In ähnlicher Weise wird sich für ein Land der Handel mit den Vereinigten Staaten als lohnend erweisen, selbst wenn es absolut gesehen in der Produktion *jeden* nur vorstellbaren Produktes weniger leistungsfähig ist.

- **Jedes Land spezialisiert sich auf die Produktion derjenigen Güter, bei denen seine Leistungsfähigkeit am größten ist. Das Prinzip der komparativen Kostenvorteile zeigt, daß eine solche Spezialisierung für alle Länder von Vorteil ist, selbst wenn ein Land in der Produktion sämtlicher Erzeugnisse absolut leistungsfähiger ist als andere Länder. Wenn Länder sich auf diejenigen Güter spezialisieren, bei denen sie einen vergleichsweisen Vorteil (beziehungsweise eine relativ höhere Leistungsfähigkeit) besitzen, dann erweist sich der Handel als vorteilhaft für alle Beteiligten.**

Dieses Prinzip stellt das unerschütterliche Fundament des Welthandels dar. Die wesentliche Aufgabe dieses Abschnittes besteht darin, die Logik des Prinzips der komparativen Kostenvorteile zu vermitteln.

Handelsbeziehungen aufgrund der Verschiedenartigkeit von Regionen

Bei der Beschäftigung mit den wirtschaftlichen Grundlagen für den internationalen Handel ist es zweckmäßig, in zwei Schritten vorzugehen. Zunächst betrachten wir den Handel, den zwei Regionen miteinander betreiben, deren Produktionsbedingungen sich extrem stark unterscheiden; anschließend wenden wir uns der Theorie der komparativen Kosten zu, die darstellt, warum es auch zum Handel zwischen Ländern kommt, deren Produktionsbedingungen sich stark ähneln.

Beginnen wir also mit der Betrachtung zweier Länder oder Kontinente – etwa Nord- und Südamerikas oder der Tropen, und der gemäßigten Zone. Jede Region verfügt über gewisse Mengen an Boden, natürlichen Ressourcen, Arbeit,

Kapital und technischem Know-how. Unter diesen Umständen treiben beide miteinander Handel, weil die Produktionsbedingungen der Länder völlig unterschiedlich sind.

So ließe sich vermutlich selbst in Alaska Wein anbauen, oder irgendwie wäre auch der Skisport in Kuba zu organisieren. Aber die Kosten für solche Dinge wären unerträglich hoch – der Wein wäre nicht trinkbar, und den Schnee würde man als solchen kaum erkennen.

■ **Da sich also die Produktionsbedingungen in den einzelnen Ländern erheblich unterscheiden können, erkennen diese häufig, daß es sich für jedes Land lohnt, sich auf die Produktion bestimmter Güter zu konzentrieren und die exportierten Güter gegen die importierten Güter aus anderen Ländern einzutauschen.**

Es besteht kein Zweifel, daß die regionale Verschiedenartigkeit zumindest für einen Teil des Handels zwischen Nationen eine Erklärung bieten kann – für den Handel mit Gütern wie Öl, Nahrungsmittel, touristische Leistungen und dergleichen. Aber der Löwenanteil des Handels entfällt auf Güter, bei denen sich regionale Vorteile nicht ohne weiteres erkennen lassen. Amerika kann Autos produzieren; weshalb muß es dann welche aus Japan importieren? Europa kann petrochemische Produkte erzeugen; weshalb importiert es diese dann aus Amerika?

Noch verwirrender ist die Frage: Was geschieht, wenn ein Land wie die Vereinigten Staaten in bezug auf die Produktion *sämtlicher* Güter leistungsfähiger ist als andere Regionen? Wir können nicht ständig alles exportieren und nichts importieren und unbegrenzt Handelsüberschüsse aufbauen. Aber wie kann ein extrem leistungsschwaches Land wie der Tschad hoffen, in einen Handelsverkehr mit einem Wirtschaftsriesen wie den Vereinigten Staaten einzutreten?

Komparative Kostenvorteile

Des Rätsels Lösung liegt in der Theorie der komparativen Kosten. Diese Theorie besagt, daß sich der internationale Handel für alle Beteiligten lohnt, selbst wenn ein Land jedes Gut billiger herstellen kann als ein anderes.

Rechtsanwältinnen und Sekretäre

Dieses Paradox wird gern mit Hilfe der komparativen Kostenvorteile der besten Rechtsanwältin einer Stadt veranschaulicht, die gleichzeitig die beste Schreibkraft dieser Stadt ist. Wird sie sich nicht auf ihre Juristenlaufbahn konzentrieren und die Schreibarbeiten einem Sekretär überlassen? Wie kann sie es sich leisten, kostbare Zeit für Aufgaben auf dem Gebiet des Rechts, auf dem sie einen komparativen Kostenvorteil besitzt, zu opfern, um Schreibarbeiten zu erledigen, für die sie zwar auch kompetent ist, bei denen sie jedoch keinerlei komparative Kostenvorteile besitzt?

Oder betrachten Sie die Situation aus der Perspektive des Sekretärs. Er ist in bezug auf beide Tätigkeiten weniger leistungsfähig als die Rechtsanwältin; aber sein relativer Nachteil ist im Vergleich zur Rechtsanwältin beim Maschinenschreiben am geringsten. Relativ gesehen hat er beim Maschinenschreiben einen komparativen Vorteil.

Den Schlüssel zu dieser ganzen Problematik liefern die beiden Wörter »absolut«

und »komparativ«. Obgleich einzelne Länder oder Menschen absolut leistungsfähiger oder leistungsschwächer sein können, wird jedes beliebige Land in bezug auf einige Güter einen eindeutigen komparativen Kostenvorteil und in bezug auf andere Güter einen eindeutigen Kostennachteil haben.

Ein einfaches Beispiel: Europa und Amerika

Wir wollen uns diese grundlegenden Prinzipien des internationalen Handels an einem vereinfachten Beispiel verdeutlichen. Betrachten Sie die Situation zwischen Amerika und Europa vor hundert Jahren und konzentrieren Sie Ihr Augenmerk auf nur zwei Güter, Nahrungsmittel und Bekleidung. Zu jener Zeit waren in Amerika Boden und natürliche Ressourcen im Verhältnis zu Arbeit und Kapital reichlich vorhanden. In Europa waren demgegenüber Arbeiter und Kapital im Verhältnis zum Boden reichlich vorhanden.

Wie wird die Struktur des Handels in diesem Fall aussehen? Wenn der Faktor Arbeit (oder allgemeiner gesprochen, Ressourcen) in Amerika produktiver ist als in Europa, bedeutet dies dann, daß Amerika nichts importieren wird? Und wäre es wirtschaftlich klug, wenn Europa sich mit einem Schutzzoll umgeben würde, um sein Reich gegen Importe abzuriegeln?

Ricardos Überlegungen

Auf diese Fragen hat erstmals der englische Ökonom David Ricardo eine Antwort gegeben. Er lieferte im Jahre 1817 einen begeisternden Beweis dafür, daß sich die internationale Arbeitsteilung für jedes Land lohnt, und er nannte die Ergebnisse seiner Überlegungen das Gesetz der komparativen Vorteile beziehungsweise die Theorie der komparativen Kosten.

Der Einfachheit halber ging Ricardo von nur zwei Ländern und zwei Gütern aus und er maß alle Kosten in Arbeitsstunden. Wir wollen es ihm hier gleichtun und unsere Analyse auf den Austausch von Nahrungsmitteln und Bekleidung zwischen Europa und Amerika beschränken. Eine Darstellung auf fortgeschrittenerem Niveau sowie gewisse Einschränkungen, die wir machen müssen, wenn wir unsere einfachen Annahmen modifizieren, erfolgen im Anhang zu diesem Kapitel.

Tabelle 38.2 vermittelt ein Bild von dem Prinzip der komparativen Kostenvorteile. In Amerika kostet eine Einheit Nahrungsmittel 1 Arbeitsstunde und eine Einheit Bekleidung 2 Arbeitsstunden. In Europa betragen die Kosten 3 Stunden für die Produktion einer Nahrungsmitteleinheit und 4 Stunden für eine Bekleidungseinheit. Ricardo erbrachte einen schlüssigen Beweis dafür, daß sowohl Amerika wie Europa profitieren, wenn Amerika sich auf die Erzeugung von Nahrungsmitteln und Europa auf die Produktion von Bekleidung verlegt – wobei Amerika seine Nahrungsmittel exportiert, um damit seine Bekleidungsimporte bezahlen zu können.

Um die Wirkungen des Außenhandels analysieren zu können, müssen wir sorgfältig die Nahrungsmittel- und Bekleidungsmengen messen, die in jedem Land produziert und konsumiert werden, wenn (a) kein internationaler Handel stattfindet und (b) ein freier, den komparativen Kostenvorteilen entsprechender Handel sich ungehindert entfalten kann.

Zur Produktion von Gütern in Amerika und Europa benötigte Arbeitsmenge

	Benötigte Arbeitsmenge	
Produkt	Amerika	Europa
1 Nahrungsmitteleinheit	*1* Arbeitsstunde	*3* Arbeitsstunden
1 Bekleidungseinheit	*2* Arbeitsstunden	*4* Arbeitsstunden

Tabelle 38.2. Komparative Kostenvorteile hängen ausschließlich von den relativen Kosten ab.
In Amerika sind die Arbeitskosten sowohl im Hinblick auf die Produktion von Nahrungsmitteln als auch von Bekleidung niedriger. Unsere Arbeitsproduktivität ist 2- bis 3mal so hoch wie die Europas (2mal so hoch bei der Bekleidung, 3mal so hoch bei den Nahrungsmitteln). Dennoch profitieren beide Seiten, wenn sie miteinander Handel treiben.

Vor der Aufnahme von Handelsbeziehungen

Sehen wir uns zunächst an, was geschieht, wenn beispielsweise infolge eines prohibitiven Zolles keinerlei internationaler Handel stattfindet. Tabelle 38.2 zeigt, daß der amerikanische Arbeiter für eine Arbeitsstunde einen Reallohn erhält, der 1 Einheit Nahrungsmittel oder ½ Einheit Bekleidung entspricht. Der europäische Arbeiter ist schlechter dran; er erhält für eine Arbeitsstunde, wenn kein Handelsaustausch stattfindet, nur ⅓ Einheit Nahrungsmittel oder ¼ Einheit Bekleidung.

Es versteht sich von selbst, daß angesichts des inländischen Wettbewerbs in den beiden voneinander isolierten Kontinenten das Preisverhältnis zwischen Nahrungsmitteln und Bekleidung in beiden Regionen unterschiedlich sein wird aufgrund der Unterschiede in den relativen Arbeitskosten. In Amerika wird Bekleidung doppelt so teuer sein wie Nahrungsmittel, weil sie einen doppelt so hohen Arbeitseinsatz erfordert. In Europa wird Bekleidung nur 4/3 des Preises von Nahrungsmitteln ausmachen.

Nach der Aufnahme von Handelsbeziehungen

Nunmehr bauen wir den Schutzzoll ab und bekennen uns zum Freihandel. Unter der Annahme vernachlässigbarer Transportkosten müssen sich die relativen Preise für Bekleidung und Nahrungsmittel einander angleichen, so wie das Wasser in zwei kommunizierenden Röhren den gleichen Stand erreicht, sobald dazwischenliegende Sperren herausgenommen werden.

Warum gleichen sich die Preise einander an? Unter Wettbewerbsbedingungen tätige Kaufleute kaufen Waren dort, wo sie billig sind, und verkaufen sie dort, wo sie teuer sind. Angesichts der relativ höheren Preise für Bekleidung in Amerika werden geschäftstüchtige Kaufleute sehr bald Bekleidung von Europa nach Amerika liefern. Und sie werden Nahrungsmittel aus Amerika auf europäische Märkte bringen, auf denen diese einen relativ höheren Preis erzielen. Unsere Bekleidungsindustrie wird den lebhaften Preiswettbewerb der importierten Waren bald spüren, und wenn sich die Zahlen in Tabelle 38.2 nicht ändern, wird sie ihre Produktion aufgeben müssen. In Europa tritt die umgekehrte Situation ein: Die Nahrungsmittelindustrie wird schrumpfen, während die Bekleidungsindustrie, bei der Europa einen komparativen Kostenvorteil genießt, expandiert.

Die Vorteile des Handels

Wie wirkt sich die Öffnung der beiden Regionen für den Handel aus?

Amerika hat insgesamt profitiert. Es hat Nutzen aus der Tatsache gezogen, daß die Kosten für Bekleidung dadurch zurückgegangen sind, daß Amerika Bekleidung importiert, anstatt diese selbst zu produzieren. Ebenso hat Europa gewonnen, weil es sich auf die Bekleidungsproduktion spezialisiert hat und nunmehr auf dem Tauschwege zu mehr Nahrungsmitteln gelangt, als wenn es diese selbst erzeugen würde.

Reallöhne

Ricardo hat also nachgewiesen, daß der freie Handel für beide Länder segensreich ist. Wie sieht es mit den Arbeitern aus? Was geschieht mit ihren Reallöhnen (beziehungsweise der Menge an Gütern und Dienstleistungen, die man mit dem Lohn einer Arbeitsstunde kaufen kann)? Bei einer Betrachtung der Tabelle 38.2 zeigt sich, daß *die Reallöhne nach der Aufnahme des Handels sowohl in Amerika als auch in Europa höher sind als zuvor.*

Dank des Handels kann ein amerikanischer Arbeiter mit dem Lohn einer Arbeitsstunde genausoviel Nahrungsmittel kaufen, aber mehr importierte Bekleidung, und er kann sich jetzt von beiden Gütern mehr leisten. Desgleichen können europäische Arbeiter für den Lohn einer Arbeitsstunde mehr billigere importierte Nahrungsmittel kaufen, und insofern ihr in Bekleidungseinheiten gemessener Reallohn der gleiche geblieben ist, ist insgesamt ihr Reallohn gestiegen.

Die Ausweitung der Weltproduktion beider Güter, die die Spezialisierung ausgelöst hat, führt zu einer Besserstellung *aller* Beteiligten.

Um unsere erste Erkenntnis nochmals zu wiederholen:

■ **1. Neu formuliert lautet das Gesetz der komparativen Kostenvorteile: Wenn sich von zwei Ländern jedes auf die Produktion derjenigen Güter spezialisiert, bei denen es komparative Vorteile (beziehungsweise die größte relative Leistungsfähigkeit) besitzt, lohnt sich der Handel für alle Beteiligten. In beiden Ländern steigen die Reallöhne. Diese Feststellung gilt auch dann, wenn eine der Regionen in bezug auf die Produktion jedes beliebigen Gutes absolut leistungsfähiger ist als die andere.**

Die Wirkungen von Zöllen und Mengenbeschränkungen

Wir haben uns bisher lediglich mit Situationen beschäftigt, in denen ein Land entweder ungehindert Handel treibt oder autark ist. Im Verlaufe des anschließendes Kapitels werden wir die Wirkungen von *Zöllen* (beziehungsweise Importsteuern) und *Importkontingenten* (mengenmäßigen Beschränkungen der Importe) analysieren.

Aber schon hier drängt sich eine Erkenntnis hinsichtlich der Auswirkungen von Handelsbeschränkungen auf. Wir wissen, daß eine dem Außenhandel gegenüber aufgeschlossene im Gegensatz zu einer diesen ablehnenden Haltung einem Land nützt. Daraus ergibt sich, daß ein prohibitiver Zoll oder prohibitive Importkontingente (die so unüberwindlich sind, daß jeglicher Außenhandel unterbunden wird) einem Land eindeutig schaden.

Allgemeiner ausgedrückt werden wir im folgenden feststellen, daß wirtschaftlicher Protektionismus (das heißt Beschränkung von Importen von seiten eines Landes zum Schutz der heimischen Industrie) zu einer Senkung der Einkommen führt. Daraus leitet sich das zweite Grundprinzip des internationalen Handels ab:

■ **2. Ein verfehltes System von Zöllen oder Importkontingenten wird den »geschützten« Arbeitern oder Konsumenten eines Landes nicht nützen, sondern vielmehr zu einer Senkung ihrer Realeinkommen führen, weil es die Importe verteuert und die gesamte Welt in ihrer Leistungsfähigkeit beeinträchtigt. Protektionismus schadet allen Ländern, weil ein verminderter Welthandel die Leistungsfähigkeit zerstört, die ein System der Spezialisierung und Arbeitsteilung mit sich bringt.**

Diese beiden Prinzipien stellen das unerschütterliche Fundament des Welthandels dar.

Ein Dialog

Für einen Augenblick wollen wir uns einmal anhören, was in Europa der Mann auf der Straße dazu sagt:

Mon Dieu! Der Handel mit dem amerikanischen Wirtschaftsriesen kann sich für uns doch niemals lohnen. Aufgrund ihrer Leistungsfähigkeit werden uns die Amerikaner in sämtlichen Bereichen unterbieten – bei den Nahrungsmitteln wie bei der Bekleidung. Wir brauchen Zölle und Importkontingente, um den ehrlichen europäischen Arbeiter zu schützen.

Hören wir uns nun an, was dazu in Amerika ein Zeitungsredakteur und ein Senator zu sagen haben, die nicht begriffen haben, worum es beim Gesetz der komparativen Kosten geht:

Wenn wir die amerikanischen Arbeiter der uneingeschränkten Konkurrenz der in Armut lebenden europäischen Arbeiter aussetzen, muß der Reallohn des amerikanischen Arbeiters drastisch zurückgehen. Im Interesse der Aufrechterhaltung des amerikanischen Lebensstandards führt kein Weg an einem Schutzzoll gegen Billigimporte vorbei.

Beide Argumente sind falsch. Bei dem in unserem obigen Beispiel angeführten, unter Bedingungen des Freihandels erreichten Gleichgewicht werden die Reallöhne in Europa irgendwo zwischen der Hälfte und einem Drittel derjenigen Amerikas liegen – nicht niedrig genug, als daß Europa uns in sämtlichen Bereichen unterbieten könnte, und nicht hoch genug, als daß wir Europa in sämtlichen Bereichen unterbieten könnten. Aber diese letztlich bei freiem Warenaustausch erreichten Reallöhne werden in beiden Regionen höher sein, als sie es in der dem Handelsaustausch vorangehenden Autarkiephase waren – weil die Arbeiter überall für den Erwerb der importierten Güter weniger Arbeitsstunden aufwenden müssen.

Graphische Darstellung des komparativen Kostenvorteils[1]

Mit Hilfe unserer Grenze der Produktionsmöglichkeit können wir graphisch darstellen, auf welche Weise der Handel die Konsummöglichkeiten eines Landes vergrößert. Abbildung 38.2 weist für beide Regionen jeweils drei Kurven auf. Dabei sind wir davon ausgegangen, daß sowohl Amerika als auch Europa 600 Arbeitsstunden zur Verfügung stehen.

Unter Verwendung der in Tabelle 38.2 unterstellten Arbeitsproduktivitäten können wir feststellen, daß jede Region mit Hilfe dieser Arbeitsmengen bestenfalls die untere Kurve der Produktionsmöglichkeiten erreichen kann, die in Abbildung 38.2 durch den Hinweis »ohne Handelsbeziehungen« gekennzeichnet ist. Amerikas PM-Grenze hat eine Steigung von ½ (wobei wir das negative Vorzeichen außer acht lassen), denn zu diesem Verhältnis kann eine produktive Substitution von Bekleidung durch Nahrungsmittel erfolgen. Europas PM-Grenze hat eine Steigung von ¾, die seine relativen Produktivitätswerte im Hinblick auf die Nahrungsmittel- und Bekleidungsproduktion widerspiegeln. Beachten Sie auch, daß Europas PM-Grenze näher am Koordinatensprung liegt als die Amerikas. Warum? Weil davon ausgegangen wird, daß in Europa selbst bei gleicher Bevölkerung die absolute Produktivität in jedem Wirtschaftszweig niedriger ist (weshalb es in sämtlichen Bereichen einen absoluten Nachteil hat).

Ausschlaggebend für die Vorteilhaftigkeit des Handels ist – dem Gesetz der komparativen Kosten zufolge – der Unterschied in der relativen Produktivität (beziehungsweise der Steigerungen der PM-Grenzen) der Länder. Wenn Amerika zu den relativen Preisen Europas so viel exportieren könnte, wie es wollte, könnte es 600 Nahrungsmitteleinheiten produzieren und sich entlang der oberen Linie der Abbildung 38.1(a) nach links oben bewegen. Entsprechend könnte sich Europa, wenn es mit Amerika Handel treiben könnte, ohne dadurch Amerikas relative Preise zu beeinflussen, auf die Bekleidungsproduktion spezialisieren und sich entlang seiner oberen Linie in Abbildung 38.2(b) nach rechts unten bewegen.[2]

Wie wird das Ergebnis tatsächlich aussehen? Wie der Anhang zu diesem Kapitel zeigen wird, werden sich die tatsächlichen relativen Preise auf einem Niveau irgendwo im Bereich der grauen Flächen der Abbildung 38.2 einspielen. Das bedeutet, daß *der endgültige durch Angebot und Nachfrage bestimmte Preis unter den Bedingungen des freien Handels irgendwo zwischen den Steigungen der Kurve der Produktionsmöglichkeiten der beiden Länder liegen wird.* Das heißt ferner, daß sich ein Land einer »Kurve der Konsummöglichkeiten« gegenübersehen wird – beziehungsweise einer Kurve, an der entlang es verschiedene Kombinationsmöglichkeiten zwischen einzelnen Gütern hat –, die innerhalb der grauen Fläche zwischen (a) der heimischen Kurve der Produktionsmöglichkeiten und (b) einer durch den günstigsten Punkt der Spezialisierung eines Landes gezogenen, parallel zur PM-Grenze des anderen Landes geneigten Linie verläuft.

---

[1] Das in diesem Abschnitt enthaltene Material für Fortgeschrittene kann bei einem Kurzlehrgang übergangen werden. Es wird ausführlicher im Anhang dargestellt.
[2] Können Sie anhand dieses Beispieles erkennen, warum ein kleines Land am meisten vom Außenhandel profitiert? Und warum ein sehr großes Land unter Umständen nur wenig profitiert? Die Antworten auf diese Fragen sind in der Tatsache begründet, daß kleine Länder keinen Einfluß auf die in der Welt herrschenden Preise nehmen können, während dies großen Ländern durchaus möglich ist.

Komparativer Kostenvorteil im Bild

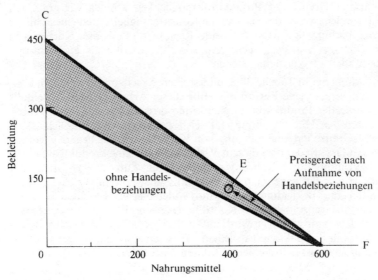

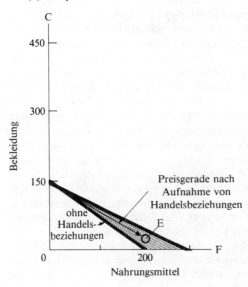

Abbildung 38.2. Der Handel ermöglicht sowohl Europa als auch Amerika eine Steigerung seiner jeweiligen Konsummöglichkeiten.
Wird jeglicher Handel unterbunden, muß jedes Land mit seinen eigenen Produkten vorliebnehmen. Es ist deshalb auf seine Kurve der Produktionsmöglichkeiten beschränkt, die für jedes Land als die durch den Hinweis »ohne Handelsbeziehungen« gekennzeichnete Linie dargestellt wird. Nach Öffnung der Grenzen und einer Angleichung der relativen Preise beider Güter durch den Wettbewerb, stellt der Pfeil die Gerade der relativen Preise dar. Sie liegt irgendwo zwischen der unteren Preislinie (die in Amerika vor Aufnahme des Handels galt) und der oberen Preislinie (den Preisen Europas vor Handelsbeginn). Können Sie erkennen, warum sich die Konsummöglichkeiten in jeder Region verbessern, wenn ihre Preise durch die Pfeile wiedergegeben werden?

644

Die Vorteile des Handels

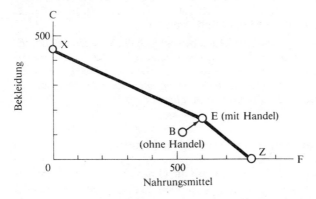

Abbildung 38.3 Freier Handel gestattet es der Welt, ihre Produktionsmöglichkeitsgrenze zu erreichen.
Dargestellt werden hier die Wirkungen des Handels für die gesamte Welt.
Ehe es zur Aufnahme von Handelsbeziehungen kommt, befindet sich jede Region auf ihrer eigenen, regionalen PM-Grenze. Bei fehlendem Handel produzieren Regionen Güter, für deren Herstellung sie relativ ungeeignet sind, weshalb sich alle Länder *innerhalb* der globalen PM-Grenze bewegen, die durch die Kurve XEZ dargestellt wird.
Freier Handel gestattet es jeder Region, sich auf die Güter zu spezialisieren, bei deren Produktion sie einen komparativen Kostenvorteil besitzt. Als Folge dieser Spezialisierung bewegt sich die Welt als Ganze nach rechts zum Punkt E, der auf der weltweit geltenden globalen PM-Grenze liegt.

Gehen Sie in unserem Zahlenbeispiel von einer Steigung der Linie des Endpreises von ⅔ aus – bei der 3 Einheiten Nahrungsmittel gegen 2 Einheiten Bekleidung eingetauscht werden können. Unter diesen Umständen könnten wir uns für Amerika eine in Abbildung 38.2(a) durch den Pfeil dargestellte Linie der Konsummöglichkeiten vorstellen, die eine Steigung von ⅔ hat und in dem für eine Spezialisierung günstigsten Punkt von 600 Nahrungsmitteleinheiten und null Bekleidungseinheiten ansetzt. Entsprechend wird für Europa nach Aufnahme von Handelsbeziehungen dessen Kurve der Konsummöglichkeiten in Abbildung 38.2(b) durch den nach rechts unten verlaufenden Pfeil dargestellt, der eine Steigung von ⅔ hat und in dem Punkt ansetzt, in dem Europa sich vollständig auf die Bekleidungsproduktion konzentriert.

Das schließlich erreichte Ergebnis zeigen die Punkte *E* der Abbildung 38.2. Bei diesem unter Freihandelsbedingungen erreichten Gleichgewicht spezialisiert Europa sich auf die Bekleidungsproduktion, Amerika dagegen auf die Nahrungsmittelproduktion. Europa exportiert 133⅓ Bekleidungseinheiten, für die es 200 Nahrungsmitteleinheiten aus Amerika erhält. Beide Regionen können mehr konsumieren, als sie allein produzieren könnten; beide Regionen profitieren deshalb vom Außenhandel.

Die Lehre aus dieser Analyse wird in Abbildung 38.3 zusammengefaßt. Sie zeigt die Grenze der Produktionsmöglichkeiten der *Welt*. Die PM-Grenze der Welt stellt die größtmöglichen Ausbringungsmengen dar, die erreichbar sind, wenn Güter immer auf die effizienteste Weise produziert werden, das heißt mit dem einem Höchstmaß an Effizienz entsprechenden Grad der Spezialisierung.

Ehe die Länder sich dem Handel öffnen, befindet sich die Welt im Punkt *B*.

Dabei handelt es sich um einen Punkt der Ineffizienz – innerhalb der PM-Grenze der Welt –, weil sich die *relative* Effizienz der Länder in bezug auf unterschiedliche, von beiden Ländern erstellte Güter unterscheidet.

Werden die Grenzen für den Handel geöffnet, bewegt sich die Welt zum Punkt E, dem Freihandelsgleichgewicht. In E spezialisieren sich die Länder auf diejenigen Gebiete, auf denen sie komparative Kostenvorteile besitzen. *Unter den Bedingungen des freien Handels auf Wettbewerbsmärkten befindet sich die Welt an der äußersten Grenze ihrer Kurve der Produktionsmöglichkeiten.*

Sonstige Gründe für den internationalen Handel

Die Theorie der komparativen Kosten hebt auf die Unterschiede in den relativen Kosten als dem Schlüssel zur Struktur des Handels und der aus dem Handel erwachsenden Vorteile ab. Aber es gibt auch andere Gründe, die für den Handel der modernen Welt von Bedeutung sind.

Sinkende Kosten

Spielen in vielen Wirtschaftszweigen Einsparungen aus Massenproduktion eine große Rolle, können die Kosten bei steigender Produktion sinken. Dies läßt vermuten, daß sinkende Kosten ein zweiter wichtiger Faktor sind – abgesehen von Unterschieden in der relativen Leistungsfähigkeit –, der als Erklärung für die Vorteilhaftigkeit der Spezialisierung und des Handels herangezogen werden kann. Denn eine weitreichende Spezialisierung ist, wie wir in den Kapiteln 3 und 23 dargestellt haben, besonders ertragreich, wenn man sich stark ausgeweiteten Märkten gegenübersieht.

Deshalb könnte es sich selbst dann, wenn zwischen zwei Ländern keine komparativen Kostenvorteile vorhanden sind, für beide lohnen, durch einen Münzwurf darüber zu entscheiden, wer welches von zwei Gütern produzieren soll, bei dem sich zunehmende Erträge und sinkende Kosten erzielen lassen. Die vollständige Spezialisierung würde die Weltproduktion beider Güter erhöhen, weil sich in beiden Herstellerländern Einsparungen aus Massenproduktion einstellen würden.

Diese Analyse kann zur Erklärung des sehr wichtigen Phänomens des in Tabelle 38.1 angeführten Handels zwischen zwei Ländern innerhalb des gleichen Wirtschaftszweiges beitragen. Warum betreiben die Vereinigten Staaten sowohl einen Import- wie einen Exporthandel mit Autos? Weil sie die Einsparungen aus der Massenproduktion bei großen Autos ausnutzen, während die Japaner bei der Produktion von Kleinwagen die Nase vorn haben und auf diesem Teil des Marktes von sinkenden Kosten und Einsparungen aus der Massenproduktion profitieren.

Der Außenhandel ist aufs engste mit den Problemen von Monopolpositionen verknüpft. Sieht sich ein Wirtschaftszweig (sei es die Automobil-, Stahl- oder Computerindustrie) zunehmenden Erträgen gegenüber, werden in diesem Bereich nur wenige Unternehmen tätig sein. Durch Aussperrung der ausländischen Konkurrenz mit Hilfe von Zöllen und Mengenkontingenten wird der Markt noch sehr wirkungsvoll verkleinert. Das führt häufig zu einer noch größeren Konzentration in diesem Wirtschaftszweig, sobald Zollmauern errichtet werden.

Historiker sind sich dieses Aspektes sehr wohl bewußt, wenn sie schreiben: »Der Zoll ist die Mutter des Trusts«. Und die Konsumenten wissen, daß in dem Maße, in dem es ausländischen Firmen gelang, in die amerikanischen Märkte einzudringen, die Preise gesunken und die effektive Marktmacht von Unternehmen, die bestimmte Märkte fest in der Hand hatten, untergraben wurde; diese Entwicklung ließ sich in den vergangenen beiden Jahrzehnten auf den amerikanischen Automobil- und Stahlmärkten beobachten sowie im Telekommunikationswesen und bei elektronischen Konsumgütern.

Unterschiede in den Präferenzen oder der Nachfrage

Es gibt noch einen dritten möglichen Grund für den Handel. Selbst wenn die absolute Leistungsfähigkeit zweier Regionen völlig gleich wäre, könnten unterschiedliche Präferenzen zum Handel führen.

So könnte es sich beispielsweise sowohl für Norwegen wie für Schweden lohnen, in etwa gleichen Mengen Fisch aus dem Meer zu holen und Fleisch auf dem Land zu erzeugen. Wenn die Schweden jedoch eine relativ große Vorliebe für Fleisch und die Norweger für Fisch haben, kann sich ein für beide Seiten vorteilhafter Export von Fleisch aus Norwegen und von Fisch aus Schweden entwickeln. Beide gewinnen bei diesem Handel. Die Zufriedenheit der Menschen nimmt insgesamt zu, genauso, als wenn Jack Sprat beim Essen sein fettes Fleisch gegen das magere seiner Frau eintauscht. Dieses Tauschgeschäft verhilft beiden zu einer »Konsumentenrente«.

Einschränkungen und Schlußbemerkungen

Damit beschließen wir unseren Überblick über die Ursachen für den Handel sowie über die vorzügliche Theorie der komparativen Kosten. Letztere ist für *beliebige* Länder- oder Güterpaare gültig, nicht nur für Amerika und Europa und für Nahrungsmittel und Bekleidung.

Der Anhang zeigt, wie sich das Prinzip der komparativen Kostenvorteile verallgemeinern läßt, um auf eine beliebige Anzahl von Gütern anwendbar zu sein, und Lehrbücher für Fortgeschrittene zeigen, daß es auch einer beliebigen Zahl von Ländern oder Regionen standhält. Anstatt als Beispiele einfache Arbeitskosten zu verwenden, könnten wir die Kosten ohne Mühe auch in gebündelten, in festem Verhältnis zueinander eingesetzten Arbeits-, Boden- und Kapitalgütereinheiten messen. Auch können wir sich ändernde Faktormengen und abnehmende Erträge berücksichtigen. Das alles wird im Anhang geschehen.

Nachdem wir die Theorie verstanden haben, dürfen wir jedoch nicht ihrer Faszination verfallen. Zu den Schwächen der Theorie gehören die der klassischen Wirtschaftslehre eigenen Annahmen. Die Theorie unterstellt, daß Arbeitnehmern, die aus einem Wirtschaftszweig ausscheiden, immer ein reibungsloser Übergang in einen anderen, leistungsfähigeren Industriezweig gelingt, und daß sie niemals Opfer chronischer Arbeitslosigkeit werden. Die Bedeutung dieser Annahme erhellt ein Blick auf die Abbildung 38.2. Wenn die Öffnung der Grenzen für den Handel ein Land auf eine Position deutlich innerhalb seiner PM-Grenze zurückdrängt – beispielsweise infolge steigender Arbeitslosigkeit und stillgelegter Fabriken –, kann man alle Ricardianischen Lehren in den Wind schreiben.

Etwas derartiges könnte sich in einem makroökonomischen System ereignen, in dem die Preise und Löhne so zähflüssig sind wie Sirup – oder wenn, wie die Analyse der Wechselkurse in Kapitel 40 zeigen wird, eine Währung einen falschen Außenwert hat. In einer solchen Situation könnten sich die amerikanischen Preise auf einem den Weltmärkten nicht angemessenen Niveau bewegen. Wie sähe die Situation aus, wenn die Löhne in Amerika 4- oder 5mal so hoch wären wie in Europa und nicht nur 2- oder 3mal so hoch, wie das unter Freihandelsbedingungen der Fall wäre? Dann könnte Amerika nichts im Ausland absetzen (und im übrigen auch nichts im eigenen Land). Amerikanische Arbeitnehmer würden freigesetzt und könnten sich dann darüber beklagen, daß die billige ausländische Konkurrenz sie zu Sozialhilfeempfängern gemacht hat.

Angesichts solcher Einschränkungen überrascht es nicht, daß die Theorie der komparativen Kosten während der Weltwirtschaftskrise nicht sehr hoch im Kurs stand. Ihr altes Prestige erlangte sie in den Aufschwungphasen der 50er und 60er Jahre wieder, um danach infolge der Stagnation und des hohen Dollarkurses während des vergangenen Jahrzehnts wieder verstoßen zu werden. Nur bei angemessenen Wechselkursen, Preisen und Löhnen – wenn es den makroökonomischen Strategen gelingt, mit Hilfe der Geld- und Fiskalpolitik chronische Depressionen und Inflationen ein für allemal in den Griff zu bekommen – bleibt die entscheidende Bedeutung der klassischen Theorie der komparativen Kostenvorteile für die Gesellschaft erhalten.

Trotz all ihrer Vereinfachungen vermittelt uns diese Theorie eine Erkenntnis von überragender Bedeutung. Die Wirtschaftswissenschaft hat nur wenige Prinzipien von fundamentalerer Natur zutage gefördert. Ein Land, das sich den komparativen Vorteil nicht zunutze macht, wird möglicherweise einen hohen Preis in Form eines geringeren Lebensstandards und geringeren Wirtschaftswachstums zahlen müssen.

B. Die Zahlungsbilanz

Bisher haben wir den internationalen Handel so dargestellt, als ginge es dabei um einfache Bartergeschäfte – um den Tausch von Öl gegen Flugzeuge oder Kaffee gegen Parfum. Tatsächlich wird der Außenhandel ebenso wie der Binnenhandel auf dem Wege über das als Tauschmittel fungierende Geld abgewickelt. Darüber hinaus werden durch die Zahlungsbilanz, die sich aus einer Reihe einzelner Konten zusammensetzt, die internationalen Waren- und Leistungsströme gemessen.

Was haben wir uns genau unter der »Zahlungsbilanz« eines Landes vorzustellen? Wir verstehen darunter die buchhalterische Darstellung der Wirtschaftsströme, die zwischen dem In- und Ausland hin- und herfließen.

Das U.S.-Handelsministerium führt Erhebungen und offizielle Schätzungen über sämtliche internationale Transaktionen durch – über Warenexporte und -importe, über gewährte und aufgenommene Auslandskredite, über die Ausgaben von Touristen, über Zins- und Dividendeneingänge und -ausgänge, über Schiffahrtsleistungen und so fort. Alle diese Posten bilden zusammen die *Zahlungsbilanz, die eine Gesamtdarstellung der Güter-, Dienstleistungs- und Kapitalströme zwischen einem Land und der übrigen Welt ist.*

Die Zahlungsbilanz wird aus Zweckmäßigkeitsgründen in vier Teile gegliedert:
I. Bilanz der laufenden Posten (Leistungsbilanz)
Privater Sektor:
Warenverkehr (bzw. »Handelsbilanz«)
Dienstleistungsverkehr (Reiseverkehr, Transportleistungen, Investitionseinkommen u.ä.)
Exporte des Staates sowie Übertragungen an das Ausland
II. Kapitalverkehrsbilanz
Privater Kapitalverkehr
Öffentlicher Kapitalverkehr
III. Statistische Abweichung
IV. Devisenbilanz (Veränderungen der Nettoauslandsposition der Zentralbank)

Soll und Haben

Ebenso wie andere Konten erfaßt auch die Zahlungsbilanz Aktiv- und Passivposten. Aktivposten sind *Habenposten*, Passivposten sind *Sollposten*.

Worunter man einen Posten einzustufen hat, entscheidet man am besten in Abhängigkeit davon, ob er einem Land ausländische Devisen bringt oder nicht. *Ausländische Devisen* sind nichts anderes als das Geld anderer Länder. Für die Vereinigten Staaten gehören dazu Währungen wie die Deutsche Mark, der mexikanische Peso und der japanische Yen.

Halten Sie sich an folgende Regel:

■ **Haben wir es mit einem Posten beispielsweise unserer Exporte zu tun, mit dessen Hilfe wir ausländische Währungen verdienen? Dann handelt es sich um einen »Habenposten«. Haben wir es mit einem Posten beispielsweise unserer Importe zu tun, durch die ein Teil unserer Devisenbestände aufgezehrt wird? Dann handelt es sich um einen »Passivposten«.**

Um zu erkennen, wie diese Regel funktioniert, legen Sie sich folgende Fragen vor: Als was werden die amerikanischen Importe von Toyotas registriert? Zweifellos als Passivposten, denn sie vermindern unsere Bestände an japanischen Yen. Oder wie sind von Amerikanern bezogene Zins- und Dividendeneinkommen aus Auslandsinvestitionen zu erfassen? Es sind eindeutig Habenposten, genauso wie Exporte, weil sie uns ausländische Devisen bringen. In dem gleichen Sinne sind Zinsen und Dividenden, die wir an das Ausland zahlen, Sollposten – wir verbrauchen für sie ebenso unsere Devisenreserven wie für Importe.

Einzelaspekte der Zahlungsbilanz

Die Bilanz der laufenden Posten

Die Gesamtheit der oben unter Teil I. erfaßten Posten wird in der Regel als die *Bilanz der laufenden Posten* oder *Leistungsbilanz* bezeichnet. Diese wichtige Bilanz erfaßt die Differenz zwischen unseren Gesamtexporten an Gütern und Dienstleistungen und unseren Gesamtimporten in diesen Bereichen. Sie ist identisch mit den im Rahmen der volkswirtschaftlichen Gesamtrechnung des Kapitels 6 behandelten »Nettoexporten«.

In früheren Jahrhunderten konzentrierten Autoren ihr Augenmerk auf den Warenverkehr oder die Handelsbilanz (die sich heute aus Posten wie Nahrungsmittel, Brennstoffe oder Dingen wie Autos und Stahl zusammensetzt). Überstiegen die Warenexporte wertmäßig die Warenimporte, sprachen sie von einer »aktiven Handelsbilanz«. Waren die Importe höher als die Exporte, war dies ein Beweis für eine »passive Handelsbilanz«. Dies ist eine ungeschickte Wortwahl, denn wir werden sehen, daß eine sogenannte passive Handelsbilanz eine feine Sache für ein Land sein kann.

Abgesehen vom Warenverkehr dürfen wir nicht vergessen, daß die *Dienstleistungen* beziehungsweise die »unsichtbaren Posten« eine wachsende Rolle spielen. Dabei handelt es sich um Leistungen im Bereich der Schiffahrt, der Banken oder im Reiseverkehr. Von größter Bedeutung für die Vereinigten Staaten sind die Einnahmen aus unseren Auslandsinvestitionen. Diese Leistungen stellen ohne Einschränkungen genauso eine Form von Exporten dar wie der Verkauf von Getreide oder Maschinen an das Ausland.

An dieser Stelle wird sich eine eingehendere Beschäftigung mit Tabelle 38.3 als hilfreich erweisen. Sie gibt die offiziellen Daten der Zahlungsbilanz der Vereinigten Staaten für das Jahr 1983 wieder.

Beachten Sie die Gliederung in die vier Teile, das heißt in die Leistungs- und die Kapitalverkehrsbilanz, die statistische Abweichung und den offiziellen Posten zur Ermittlung der Nettoposition.

Jede Zeile ist zur Erleichterung des Verweises mit einer Zahl versehen. Nachdem in Spalte (a) jeder einzelne Posten genau bezeichnet wurde, weisen wir in Spalte (b) die Habenposten aus; Spalte (c) zeigt die Sollposten; Spalte (d) ermittelt den Saldo und weist eine positive Größe aus, wenn der jeweilige Posten unsere Devisenreserven vergrößert, beziehungsweise eine negative Größe, wenn er per saldo unsere Devisenbestände verringert hat.

1983 haben wir beispielsweise mit unseren Warenexporten 200 Milliarden Dollar verdient. Andererseits haben uns unsere Warenimporte 261 Milliarden Dollar gekostet. Die *Netto*differenz betrug 61 Milliarden Dollar. Dieses »Handelsdefizit« wird in Spalte (d) in der ersten Reihe ausgewiesen. (Sie sollten sich vergewissern, daß Ihnen wirklich klar ist, warum dieser Posten mit einem negativen und nicht mit einem positiven Vorzeichen versehen ist.)

Tabelle 38.3 läßt erkennen, daß der Dienstleistungsexport beziehungsweise die unsichtbaren Leistungen etwa ein Drittel des Handelsdefizits der Zeile 1 ausglichen. Unser Leistungsbilanzdefizit betrug 1983 deshalb 42 Milliarden Dollar.

Die Kapitalverkehrsbilanz

Damit können wir die Analyse der Bilanz der laufenden Posten abschließen. Wie aber haben die Vereinigten Staaten dieses Defizit des Jahres 1983 in ihrer Leistungsbilanz in Höhe von 42 Milliarden Dollar »finanziert«? Sie müssen entweder Kredite aufgenommen oder ihre Reserven abgebaut haben. Denn es besteht eine definitionsgemäß gegebene Notwendigkeit, daß *Sie für das, was Sie kaufen, bezahlen oder Schulden machen müssen*. Dieser Tatbestand der doppelten Buchführung bedeutet, daß die Zahlungsbilanz insgesamt per definitionem letztlich ausgeglichen sein muß.

Zahlungsbilanz der Vereinigten Staaten 1983
(in Mrd. Dollar)

Teil	(a) Posten	(b) Habenposten (+)	(c) Sollposten (−)	(d) Netto-Aktiv- (+) oder Passiv-(−)saldo
I.	Bilanz der lfd. Posten			
	1. Warenbilanz	200	− 261	− 61
	2. Dienstleistungen und Sonstiges			+ 19
	3. Saldo der Bilanz der lfd. Posten			*− 42*
II.	Kapitalverkehrsbilanz [Kreditvergabe (−) und Kreditaufnahme (+)]			
	4. Kapitalströme	82	− 49	
	5. Saldo der Kapitalverkehrsbilanz			*+ 33*
III.	Statistische Abweichung			+ 8
	6. Insgesamt auszugleichender Betrag (Zeile 3 + Zeile 5 + statistische Abweichung)			*− 1*
IV.	Veränderung der Netto-Auslandsposition			
	7. Saldo des internationalen Kontenausgleichs (Netto-Veränderung der U.S.-Reservemittel)			+ 1
	8. Formaler Gesamtsaldo der Zahlungsbilanz			*0*

Tabelle 38.3 Definitionsgemäß muß die Differenz zwischen der laufenden Bilanz plus der Kapitalverkehrsbilanz plus der statistischen Abweichung durch offizielle Veränderung der Netto-Auslandsposition ausgeglichen werden. (Quelle: U.S.-Handelsministerium; eigene Berechnungen der Autoren.)

Wenden wir uns deshalb den Kapitalbewegungen zu: Hierbei handelt es sich um Kredite, die von Privaten oder von Regierungen an Privatpersonen oder Regierungen des Auslands gewährt oder bei diesen aufgenommen werden. Zu derartigen Kapitalbewegungen kommt es, wenn Saudi-Arabien amerikanische Staatspapiere kauft oder wenn ein Amerikaner durch den Kauf von Aktien eine Beteiligung an einem britischen Unternehmen in London erwirbt.

Es läßt sich mühelos feststellen, welche Posten der Kapitalverkehrsbilanz als Haben- und welche als Sollposten anzusehen sind, wenn Sie folgende Regel zugrunde legen: Stellen Sie sich immer vor, daß Amerika Aktien, Obligationen oder sonstige Wertpapiere exportiert und importiert – oder, kurz gesagt, Schuldscheine gegen ausländische Devisen exportiert und importiert. So gesehen können Sie diese Exporte und Importe wie alle anderen Exporte und Importe behandeln. Nehmen wir im Ausland Geld auf, um unser Leistungsbilanzdefizit zu finanzieren, erhält das Ausland von uns Schuldscheine (z.B. Schatzwechsel), gegen die wir Devisen empfangen. Resultiert daraus ein Haben- oder ein Sollposten? Eindeutig ein Habenposten.

Wenn, analog dazu, unsere Banken dem Ausland Kredite für den Bau eines Stahlwerkes in Brasilien geben, bedeutet dies, daß die USA Schuldscheine der Brasilianer importieren und Devisen verlieren. Daraus resultiert selbstverständlich ein Sollposten.

Zeile 5 läßt erkennen, daß die Vereinigten Staaten 1983 ein Netto*schuldner* waren: Wir haben mehr Kredite im Ausland aufgenommen als das Ausland bei uns. Wir waren Nettoexporteure von Schuldscheinen in Höhe von 33 Milliarden Dollar.

Teil III der Bilanz zeigt, daß sich eine geringe statistische Abweichung (der Nettobetrag aller nicht erfaßten Transaktionen) in Höhe von 8 Milliarden Dollar ergab.

Addieren wir alle Posten der Leistungs- und der Kapitalbilanz zu dem Betrag der statistischen Abweichung hinzu, ergibt sich ein Nettosaldo von 1 Milliarde Dollar.

Ausgleich der Zahlungsbilanz

Solange der Goldstandard herrschte und die amerikanische Regierung praktisch eine Politik der Nichteinmischung in die Wirtschaft beziehungsweise des Laissez-faire verfolgte, mußte jedes Nettodefizit der Zeile 6 durch den Export von Gold ausgeglichen werden. Nachdem die Länder inzwischen vom Goldstandard abgerückt sind, müssen sie für den offiziellen Ausgleich der Konten gegenüber dem Ausland sorgen. Dies geschieht heute meist in der Weise, daß ausländische Regierungen amerikanische Wertpapiere kaufen oder verkaufen. Wie Sie sehen, erhöhte sich in Zeile 7 der Umfang, in dem Ausländer amerikanische Papiere hielten, geringfügig (um 1 Milliarde Dollar). In anderen Jahren belaufen sich die offiziellen Ausgleichsbeträge auf zig Milliarden Dollar.

Damit haben wir die wesentlichen Aspekte einer Zahlungsbilanz zusammengefaßt. Als nächstes wenden wir uns einem groben Überblick über die Entwicklung der Zahlungsbilanzstrukturen von Ländern im Zeitablauf zu.

Entwicklung der Zahlungsbilanzstrukturen

Historisch gesehen durchlaufen Länder wie die Vereinigten Staaten vier verschiedene Phasen der Zahlungsbilanzstruktur. Ein solcher historischer Überblick ist nützlich (jedoch für ein kurzangelegtes Lehrprogramm entbehrlich).

- *Eine junge, wachsende Schuldnernation.* In der Zeit zwischen dem Unabhängigkeitskrieg und dem Bürgerkrieg überstiegen unsere Importe im Rahmen der Leistungsbilanz unsere Exporte. England und Europa gewährten uns die Differenz in Form von Krediten, mit deren Hilfen wir unseren Kapitalstock aufbauten. Wir waren eine typische junge, aber wachsende Schuldnernation.

- *Eine reife Schuldnernation.* Zwischen 1873 und 1914 begann die Handelsbilanz der Vereinigten Staaten allmählich einen Aktivsaldo auszuweisen. Aber die steigenden Dividenden und Zinsen, die wir infolge unserer voraufgegangenen Kreditnahmen an das Ausland zu zahlen hatten, sorgten dafür, daß unsere Leistungsbilanz nur mehr oder weniger ausgeglichen war. Auch die Kapitalbewegungen hielten sich etwa die Waage, das heißt unsere Kreditvergaben konnten unsere Kreditnahme gerade ausgleichen.

- *Eine neue Gläubigernation.* Während des Ersten Weltkrieges verzeichneten unsere Exporte einen ungeheuren Zuwachs. Amerikanische Privatpersonen wie auch unsere Regierung lieh unseren Verbündeten England und Frankreich Geld für Rüstungsbeschaffungen sowie zur Überwindung der Nachkriegsschwierigkeiten. Wir gingen als Gläubigernation aus dem Krieg hervor.
- *Eine reife Gläubigernation.* In der letzten Phase tritt die Situation ein, in der die Gewinne aus Auslandsvermögen oder Auslandsinvestitionen einen erheblichen Aktivsaldo in der Dienstleistungsbilanz (vgl. Zeile 2 der Tabelle 38.3) bilden. Oft sieht sich eine Nation dann einem Defizit in der Warenbilanz gegenüber.

Erstaunlicherweise entsprechen die Vereinigten Staaten heute wenig dem Bild einer reifen Gläubigernation. Vielmehr weist die Leistungsbilanz der Vereinigten Staaten ein hohes Defizit aus, wie Tabelle 38.3 erkennen läßt. In Kapitel 40 werden wir nach den Gründen für diese überraschende Entwicklung forschen. Dort werden wir sehen, daß es sich hierbei nicht um eine fünfte Phase in der Entwicklung der Zahlungsbilanzstruktur handelt, sondern daß die großen außenwirtschaftlichen Defizite eher die Folge eines einschneidenden makroökonomischen Kurswechsels darstellen.

Sobald diese ungewöhnliche Phase vorüber ist, werden die Vereinigten Staaten wahrscheinlich zu der normaleren vierten Phase zurückkehren. Muß ein Land sich angesichts eines hohen Defizits in der Warenbilanz, das durch einen Überschuß in der Dienstleistungsbilanz ausgeglichen wird, ernsthafte Sorgen machen? Wir wollen uns mit der Bedeutung einer solchen Situation auseinandersetzen. Unseren Bürgern geht es besser, weil sie viele billige Nahrungsmittel oder Kameras oder Autos importieren können, ohne sich von vielen wertvollen Exportgütern trennen zu müssen.

Wie stellt sich die Situation aus der Sicht anderer Länder dar. Geht es ihnen nicht schlechter, weil sie so viel mehr nach Amerika exportieren müssen als sie importieren? Nicht unbedingt. Die Kapitalgüter, die Amerika ihnen zuvor über Kredite verschafft hat, halfen ihnen bei der Ausweitung der heimischen Produktion – einer Ausweitung, die den Umfang dessen *überstieg*, was sie den Amerikanern in Form von Zinsen und Dividenden zurückzahlen müssen. Beide Länder haben profitiert. Auslandskredite sind in zweifacher Hinsicht segensreich: Sie sind ein Segen für die Geberländer wie für die Nehmerländer.

Wir haben uns inzwischen mit den dem internationalen Handel zugrundeliegenden Prinzipien beschäftigt und gesehen, wie sich dieser Handel in der Zahlungsbilanz niederschlägt. Aber wir könnten natürlich die Frage stellen, ob die tatsächlichen Handelsströme und das tatsächliche Verhalten der Nationen, soweit es sich aus den einzelnen Konten der Zahlungsbilanz ablesen läßt, Versuche der Nationen widerspiegelt, ihre komparativen Kostenvorteile zu nutzen. Oder ist die Handelspolitik eine Mischung aus Dogmen, Aberglauben und politischen Kompromissen zwischen widerstreitenden politischen Interessengruppen? Und gibt es auf überzeugenden Überlegungen gegründete Argumente zugunsten des Protektionismus? Diesen Fragen werden wir uns im anschließenden Kapitel zuwenden.

Zusammenfassung

A. Das Prinzip der komparativen Kostenvorteile

1. In allen Fällen, in denen innerhalb eines Landes Unterschiede in bezug auf die Leistungsfähigkeit in einzelnen Bereichen gegeben sind, lohnen sich Spezialisierung und Handel. Das gleiche gilt für den zwischenstaatlichen Verkehr. Der internationale Austausch ermöglicht ein leistungsfähiges Maß an Spezialisierung und Arbeitsteilung – ein höheres Maß an Leistungsfähigkeit, als es sich erreichen ließe, wenn Länder ausschließlich auf ihre heimische Produktion angewiesen wären.

2. Es läßt sich ohne Mühe erkennen, daß sich der Handel zwischen den Tropen und den gemäßigten Zonen für beide Seiten lohnt – oder auch zwischen zwei Ländern, von denen eines leistungsfähiger ist in bezug auf die Produktion eines Gutes und das andere in bezug auf die eines anderen. Aber es bedarf des berühmten von Ricardo entwickelten Prinzips der komparativen Kostenvorteile, um zu zeigen, daß der Handel für zwei Länder nicht weniger vorteilhaft ist, wenn ein Land in jedem Bereich der Wirtschaft absolut gesehen leistungsstärker ist als das andere.

Solange ein Unterschied in der relativen Leistungsfähigkeit besteht, muß jedes Land sowohl einen komparativen Kostenvorteil als auch einen komparativen Kostennachteil in bezug auf einige Güter haben. Unter diesen Umständen ergeben sich beträchtliche Vorteile aus einer Spezialisierung auf diejenigen Güter, bei denen ein komparativer Kostenvorteil besteht und die dann gegen solche Güter eingetauscht werden, bei denen das jeweils andere Land einen Kostenvorteil besitzt.

2. Das Gesetz der komparativen Kosten zeichnet nicht nur die geographische Struktur der Spezialisierung und die Richtung der Handelsströme vor. Es beweist auch, daß beide Länder sich besserstehen und daß die Reallöhne (beziehungsweise, genauer gesagt, die Faktorerträge insgesamt) als Folge des Handels und des sich daraus ergebenden vergrößerten Volumens der Weltproduktion steigen. Importkontingente und prohibitive Zölle, die einzelne Arbeiter oder Industriezweige schützen sollen, wirken sich häufig negativ auf die Reallöhne und die gesamten Faktorerträge aus – nicht positiv.

4. Sinkende Kosten (Einsparungen aus Massenproduktion) sind ein wichtiger Grund für die Spezialisierung und für den Handel zwischen Regionen. Auch Unterschiede in den Präferenzen können Anlaß zum Handel sein.

B. Die Zahlungsbilanz

5. Die Zahlungsbilanz erfaßt sämtliche Transaktionen zwischen einem Land und der übrigen Welt. Sie setzt die Gesamtheit unserer Exporte an Gütern und Dienstleistungen in Beziehung zu unseren Importen. Unsere Güter- und Dienst-

leistungsexporte, unsere offiziellen Reserven oder Schuldscheine stellen Habenposten dar, die uns Devisen bringen. Entsprechende Importe sind Sollposten, die uns Devisen kosten.

6. Die Bilanz der laufenden Posten oder Leistungsbilanz erfaßt den Im- und Export sowohl von Waren wie von Dienstleistungen. Kapitalbewegungen können in der laufenden Bilanz entstehende Salden ganz oder teilweise ausgleichen. In jedem Fall müssen nach Berücksichtigung der statistischen Abweichung die Leistungsbilanz sowie die Kapitalbilanz durch eine offizielle Korrektur der Nettoposition gegenüber dem Ausland formal zum Ausgleich gebracht werden.

7. In dem Maße, in dem sich ein Land von einer »jungen Schuldnernation« zu einer reifen »Gläubigernation« entwickelt, durchläuft auch die Struktur seiner Zahlungsbilanz eine bezeichnende Reihe unterschiedlicher Phasen, die letztlich zu der Situation führen, in der eine reife und wohlhabende Nation Defizite in seiner Warenbilanz aufweist, während sie von den Einnahmen aus Auslandsinvestitionen der Vergangenheit lebt.

Begriffe zur Wiederholung

absolute oder komparative Leistungsfähigkeit

komparative Kostenvorteile und -nachteile

Gründe für den Handel: unterschiedliche Kosten, Einsparungen aus Massenproduktion, unterschiedliche Präferenzen

Einschränkungen des Prinzips der komparativen Kostenvorteile

Zahlungsbilanz

Handelsbilanz, »aktive Bilanz«

unsichtbare Leistungen bzw. Dienstleistungen

Soll- und Habenposten

Fragen zur Diskussion

1. »Wenn wir ein Gut im Ausland billiger kaufen, als wir es selbst produzieren können, ist das für uns von Vorteil«. Ist dieser Satz mit dem Gesetz des komparativen Kostenvorteils zu vereinbaren?

2. Werden die Reallöhne, dem Wasser in kommunizierenden Röhren vergleichbar, durch völlig freien Handel auf den gleichen Stand gebracht? Warum nicht? Werden die internationalen Preisrelationen auf einen Stand gebracht? Warum? (Tip: Ist eine völlig uneingeschränkte Migration von Arbeitern zwischen den Ländern möglich?)

3. Was geschieht, wenn sich zwei Länder im Hinblick auf ihre Produktivität und Leistungsfähigkeit völlig gleichen? Geben Sie eine Erläuterung. Rechtfertigen Sie den Slogan »*Vive la différence!*« (frei übersetzt: »Vielfalt über alles!«).

4. Was geschähe, wenn aus den Relationen *(1, 2; 3, 4)* der Tabelle 38.2 die

Relationen *(1, 2; 1½, 3)* oder *(1, 2; 1, 2)* würden? Können Sie zeigen, daß dann der gesamte Handel zum Erliegen käme? Und daß dies mit Sicherheit für die Amerikaner nachteilig wäre?

5. Warum profitieren kleine Länder, deren Preise vor der Aufnahme von Handelsbeziehungen stark von den herrschenden Weltmarktpreisen abweichen, am stärksten vom Handel?

6. Warum könnte ein neu entdeckter Kontinent komparative Kostenvorteile in der Produktion von Nahrungsmitteln und Rohstoffen besitzen?

7. Stellen Sie eine Liste von Posten zusammen, die auf der Habenseite der Zahlungsbilanz erscheinen, und eine weitere Liste von Posten, die auf die Sollseite gehören. Was versteht man unter einem Handelsüberschuß? Unter der Bilanz der laufenden Posten bzw. der Leistungsbilanz? Wie ist der Begriff »unsichtbarer Handel« zu erklären?

8. Entwerfen Sie eine hypothetische Zahlungsbilanz für eine junge Schuldnernation, eine reife Schuldnernation, eine junge Gläubigernation und eine reife Gläubigernation.

9. Ein Land im Nahen Osten stößt unerwartet auf ungeheure Ölvorkommen. Zeigen Sie, weshalb seine »Handelsbilanz« und seine »Bilanz der laufenden Posten« plötzlich einen Aktivsaldo ausweist. Zeigen Sie, wie es von der Seite der Kapitalverkehrsbilanz her einen Ausgleich schafft durch den Erwerb von Vermögenswerten in New York. Zeigen Sie, wie die Bilanz der laufenden Posten und die Kapitalbilanz später, wenn diese Vermögenswerte zum Zwecke der Entwicklung des eigenen Landes eingesetzt werden, ihre Rollen tauschen.

Anhang zu Kapitel 38

Erweiterung und Einschränkung der Theorie der komparativen Kosten

Bei unserer Darstellung der Theorie der komparativen Kostenvorteile sind wir nach der gleichen Methode verfahren wie David Ricardo, der alle Kosten in Arbeitseinheiten gemessen hat. Die moderne Wirtschaftswissenschaft weiß, daß die Theorie auch dann ihre Gültigkeit behält, wenn wir nicht von einer Arbeitswerttheorie ausgehen.

Auf S. 643 haben wir gezeigt, daß sich die Theorie der komparativen Kosten auch unter Verwendung der *Grenze der Produktionsmöglichkeiten* darstellen läßt. Dieses nützliche Werkzeug gestattet uns, auf die Verwendung von Arbeitseinheiten zu verzichten. Statt dessen mißt die Grenze der Produktionsmöglichkeiten die Kosten für Bekleidung, ausgedrückt in Nahrungsmitteleinheiten, die wir für den Erwerb von mehr Bekleidungseinheiten opfern müssen. (Gelegentlich spricht man in diesem Zusammenhang auch von den »Alternativ«- oder »Opportunitätskosten«.)

In diesem Anhang wird die wirtschaftstheoretische Grundlage des Handels und der Theorie der komparativen Kosten analysiert. Dabei werden wir zeigen, auf welche Weise letztlich die Preisbildung im internationalen Handel erfolgt. Schließlich werden wir auch sehen, wie sich die Theorie auf viele Güter und viele Länder ausweiten läßt.

Amerika ohne Handelsbeziehungen

In Kapitel 2 (in Band 1) haben wir gesehen, daß jede Volkswirtschaft sich einer Grenze ihrer Produktionsmöglichkeiten gegenübersieht, die ausdrückt, in welchen Mengen ein Gut – etwa Nahrungsmittel – produziert werden kann, wenn alle Ressourcen für dessen Produktion eingesetzt werden; oder auch, welche Mengen eines anderen Gutes – etwa Bekleidung – hergestellt werden können, wenn alle Ressourcen in die Bekleidungsherstellung fließen; schließlich zeigt sich auch, in welchem Verhältnis ein Gut in ein anderes transformiert werden kann.

Der Einfachheit halber wollen wir davon ausgehen, daß Nahrungsmittel in Amerika immer in einem konstanten Verhältnis von $10/3$ in Bekleidungseinheiten transformiert werden können. Anstelle von 10 Nahrungsmitteleinheiten lassen sich immer 3 Bekleidungseinheiten produzieren. Weiter gehen wir davon aus, daß Amerika insgesamt 100 Einheiten an Nahrungsmitteln produzieren kann, wenn es alle Ressourcen in diesem Bereich einsetzt.[3]

---

[3] Beachten Sie, daß der Faktor Arbeit in der folgenden Betrachtung nicht vorkommt. Wenn Sie jedoch in diese Diskussion Ricardos Arbeitswerttheorie einbeziehen möchten, brauchen Sie in Tabelle 38.2 nur die kursiv gesetzten Zahlenwerte (*1, 2; 3, 4*) in (*3, 10; 8, 10*) auszutauschen oder noch allgemeiner in (*3a, 10a; 8b, 10b*), wobei *a* und *b* beliebige positive Zahlen darstellen, die bestimmte Einheiten oder Leistungen wiedergeben.

Amerikas Grenze der Produktionsmöglichkeiten

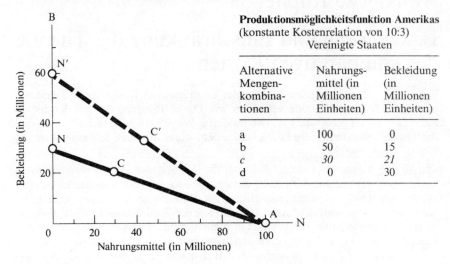

Abbildung 38A.1. **Produktionsdaten der Vereinigten Staaten im Bild und in Zahlen.**
Die Gerade konstanter Kosten *NA* stellt Amerikas Grenze der Produktionsmöglichkeiten dar. Die neue Grenze *N'A* läßt eine größere Fähigkeit zur Produktion von Bekleidung erkennen und bedeutet, daß Amerika sich von *NA* nach rechts oben bewegen und von allen Gütern mehr konsumieren kann.

Diese Angaben lassen sich in eine Graphik umsetzen, und zwar entweder in eine Tabelle, wie in Abbildung 38A.1, oder in eine Kurve, wie ebenfalls in Abbildung 38A.1, und wie sie uns auch in Abbildung 2.3 des Kapitels 2 (Band 1) begegnet ist. Die durchgehende Linie *NA* stellt Amerikas Grenze der Produktionsmöglichkeiten dar. An dieser Stelle wird sie als Gerade dargestellt – während die zuvor gezeichnete PM-Grenze eine gekrümmte, gegen den Koordinatenursprung konvexe Kurve war. (Wir haben uns hier für eine gerade PM-Grenze entschieden, um das Argument zu vereinfachen und um den Leser der Notwendigkeit zu entheben, ständig viele unterschiedliche Kostenrelationen vor Augen zu haben. Wie wir später sehen werden, beeinträchtigt dies die Gültigkeit des Argumentes nicht nennenswert. Die wenigen notwendigen Einschränkungen werden später eingeführt.)

Bisher haben wir uns lediglich um den Aspekt der Produktion gekümmert. Sind die Vereinigten Staaten gegen jeden Handel isoliert, so konsumieren sie selbst, was sie produzieren. Nehmen wir also an, daß die der Position *C* der Tabelle 38A.1 entsprechenden Mengen unter der Bedingung, daß keinerlei Handel betrieben wird, die von Amerika produzierten und konsumierten Mengen sind. In Zahlen ausgedrückt produziert und konsumiert Amerika 30 Nahrungsmitteleinheiten und 21 Bekleidungseinheiten.

Warum entschied Amerika sich für diese Kombination und nicht für irgendeine andere Möglichkeit? Aus den voraufgegangenen Kapiteln wissen wir, daß in einem auf dem Wettbewerb beruhenden System niemand darüber »entscheidet«; vielmehr entscheidet der Preismechanismus auf dem Wege über das freie Spiel von Angebot und Nachfrage nach Gütern und Dienstleistungen darüber, *was*, *wie* und *für wen* produziert wird. Die angeführten Mengen sind das *Was*. Auf das *Wie* brauchen wir an dieser Stelle nicht näher einzugehen, abgesehen von dem offenkundigen Hinweis darauf, daß für die Nahrungsmittelproduktion im Vergleich zur Bekleidungsproduktion mehr Boden als Arbeit eingesetzt werden muß. Was das *Für wen* angeht, müssen wir lediglich den kleinen Zusatz anfügen, daß die Knappheit des Faktors Arbeit in den Vereinigten Staaten relativ höhere Arbeitslöhne impliziert, während das Überangebot an Boden bedeutet, daß die Grundbesitzer nur niedrige Renten (pro Morgen) erzielen.

Technischer Fortschritt

Wir werden sehr bald auch Europa in die Betrachtung einbeziehen. Zuvor lohnt es sich jedoch, eine Frage einzuschieben, die uns auf die anschließende Diskussion vorbereitet. Was würde geschehen, wenn irgendein Amerikaner (wie Eli Whitney, der Erfinder der Baumwollentkörnungsmaschine) eine kluge Erfindung machte, die die Transformation von 10 Nahrungsmitteleinheiten in 6 anstelle von 3 Bekleidungseinheiten gestattet? Wäre Amerika dann potentiell besser dran?

Die Antwort lautet natürlich: selbstverständlich. Die Grenze der Produktionsmöglichkeiten hat sich nach rechts oben verlagert und wird nunmehr durch die gestrichelte Gerade $N'A$ der Abbildung 38A.1 dargestellt. Amerika könnte sich jetzt vom Punkt C zum neuen Punkt C' nach rechts außen bewegen und würde über mehr Nahrungsmittel wie über mehr Bekleidung verfügen.

Europa ohne Handelsbeziehungen

Wir können nunmehr für Europa die gleichen Überlegungen anstellen wie für Amerika, jedoch mit einem entscheidenden Unterschied: Europas reichliche Ausstattung mit Arbeitskräften gemessen am verfügbaren Boden bewirkt, daß es sich einer anderen Kostenrelation beziehungsweise einem anderen Transformationsverhältnis zwischen Nahrungsmitteln und Bekleidung gegenübersieht.

Abbildung 38A.2 und die dazugehörige Tabelle definieren Europas Gerade der Produktionsmöglichkeiten. Europa besitzt komparative Kostenvorteile im Bereich der Bekleidung, nicht der Nahrungsmittel. In Europa lassen sich 10 Nahrungsmitteleinheiten jeweils in, beispielsweise, 8 Bekleidungseinheiten überführen (gegenüber 3 Bekleidungseinheiten pro 10 Nahrungsmitteleinheiten in Amerika).

Somit erhält Amerika, in Nahrungsmitteln ausgedrückt, $10/3$ beziehungsweise 3,33 Einheiten für jede aufgegebene Bekleidungseinheit, während Europa aufgrund seines komparativen Kostennachteiles bei der Erzeugung von Nahrungsmitteln jede aufgegebene Bekleidungseinheit nur gegen $10/8$ beziehungsweise 1,25 Nahrungsmitteleinheiten eintauschen kann.

Wir wollen die beiden Kontinente noch ein wenig länger voneinander fernhalten. Europa kann sich unter Berücksichtigung seiner Ressourcen und Technologie und, wenn es keinen Handel treibt, mit seinem Konsum auf einem beliebigen Punkt seiner in Abbildung 38A.2 dargestellten PM-Grenze ansiedeln. Angesichts der gegebenen Angebots- und Nachfragebedingungen befindet es sich tatsächlich im Punkt C, in dem es 50 Nahrungsmitteleinheiten und 80 Bekleidungseinheiten produziert und konsumiert.

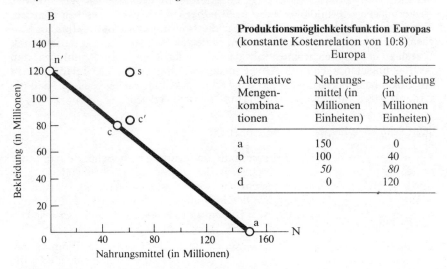

Abbildung 38A.2. Produktionsdaten Europas im Bild und in Zahlen.
Vor der Aufnahme von Handelsbeziehungen befindet Europa sich auf seiner Grenze der Produktionsmöglichkeiten im Punkt c, in dem es das, was es konsumiert, auch selbst produziert. (Lassen Sie die Punkte c' und s, auf die wir später zurückkommen, zunächst außer acht.)

Die Aufnahme von Handelsbeziehungen

Jetzt wollen wir erstmalig auch die Möglichkeit des Handels zwischen zwei Regionen zulassen. Nahrungsmittel können gegen Bekleidung getauscht werden, und zwar zu bestimmten außenwirtschaftlichen Austauschrelationen, d.h. in einem bestimmten Preisverhältnis von Exporten zu Importen. Um diesem Vorgang eine gewisse Dramatik zu verleihen, wollen wir uns vorstellen, daß mitten im Ozean ein Auktionator steht, dessen Aufgabe es ist, für einen Ausgleich von Angebot und Nachfrage zu sorgen – für die Angebote an Bekleidung und die Angebote an Nahrungsmitteln. Er bewerkstelligt das in der Weise, daß er beiden Ländern ein Preisverhältnis zwischen Nahrungsmitteln und Bekleidung zur Kenntnis bringt. Er läßt die Gebote so lange hin und her gehen, bis Angebot und Nachfrage sich ausgleichen. Sobald er dann auf den Gleichgewichtspreis stößt, zu dem sich Angebot und Nachfrage ausgleichen, nimmt er seinen Hammer und ruft: »Zum ersten, zum zweiten, *zum dritten*!«

Die Grenzen der Import-Export-Preisrelation

Kann der Auktionator, bevor er zu seinem Hammer greift, zuverlässige Spekulationen hinsichtlich der Preisrelationen anstellen, die sich als stabil erweisen werden? Er wird sich denken können, daß es sich um ein Preiverhältnis handelt, bei dem Amerika veranlaßt werden wird, Nahrungsmittel zu exportieren, während Europa Bekleidung exportiert. Daraus ergeben sich zwei wichtige Tatsachen. Erstens wird das Bekleidung-gegen-Nahrungsmittel-Gebot Europas mindestens so hoch sein müssen, wie es dem Angebot entspricht, das Amerika mit Hilfe seiner eigenen Technologie selbst erstellen könnte. Jede Nahrungsmitteleinheit kann im eigenen Land gegen $3/10$ an eigenen Bekleidungseinheiten getauscht werden, wie Tabelle 38A.1 zeigt. Um Amerika deshalb dazu zu bewegen, Nahrungsmittel zu exportieren, müssen die Austauschrelationen mindestens der Relation von $3/10$ Bekleidungseinheiten gegen eine Nahrungsmitteleinheit entsprechen.

Wie sieht die Situation für Europa aus? Dort erhält man $5/4$ oder 1,25 Nahrungsmitteleinheiten für jede Bekleidungseinheit. Um Europa deshalb zu veranlassen, Bekleidung zu exportieren, muß das Preisverhältnis zumindest 1,25 Nahrungsmitteleinheiten pro Bekleidungseinheit betragen.

Diese beiden Verhältniswerte bestimmen die Grenzen der Preisrelationen des Außenhandels:

■ **Die endgültige Austauschrelation kann nicht außerhalb der ursprünglichen Kostenrelationen der beiden Länder von 10:3 und 10:8 Einheiten Nahrungsmittel pro Einheit Bekleidung liegen. Jeder beliebige Wert zwischen diesen beiden Größen wäre möglich, bei dem Amerika seinen komparativen Kostenvorteil ausnutzt und sich auf die Nahrungsmittelproduktion spezialisiert, während Europa sich angesichts seiner komparativen Kostenvorteile auf die Bekleidungsproduktion spezialisiert.**

Die genaue Bestimmung der endgültigen Preisrelation

Auf welcher Höhe zwischen den beiden regionalen Kostenrelationen werden sich die Austauschrelationen genau einspielen? Einige Ricardianer behaupteten unüberlegterweise: »Addieren Sie die Kostenrelationen, teilen Sie sie durch zwei, und betrachten Sie den in der Mitte liegenden Punkt von $10/5 \ 1/2$ als die Gleichgewichtsrelation.«

Tatsächlich aber, wie John Stuart Mill, der dritte der großen, klassischen Nationalökonomen, wenig später zeigte, gilt folgendes:

■ *Das genaue Niveau der Austauschverhältnisse zwischen den beiden Kostenrelationen hängt von der Größe des Weltangebots und der Weltnachfrage nach diesen beiden Gütern ab.* **Ist die Nachfrage nach Nahrungsmitteln im Vergleich zu dem verfügbaren Angebot an Nahrungsmitteln und Bekleidung hoch, wird sich die Preisrelation zwischen Bekleidung und Nahrungsmitteln nahe der unteren Grenze von 10:8 einspielen. Besteht in beiden Ländern eine große Nachfrage nach Bekleidung, wird das Preisverhältnis von Bekleidung zu Nahrungsmittel nahe bei 10:3 liegen.**

Mill tat das gleiche, was unser Auktionator tun müßte. Er erstellte eine Tabelle, aus der die Höhe des Angebots und der Nachfrage zu jeder möglichen Preisrelation hervorging: Wieviel Nahrungsmittel würde Amerika exportieren und Europa importieren wollen? Und wieviel Bekleidung würde Europa bei jedem Preisverhältnis exportieren wollen, verglichen mit der Menge an Bekleidung, die Amerika zu importieren bereit wäre. (Siehe ergänzender Hinweis S. 662).

■ **An irgendeinem zwischen den Preisrelationen gelegenen Punkt werden sich die Exporte und die Importe ausgleichen. Zu diesem Gleichgewichtspreis werden**

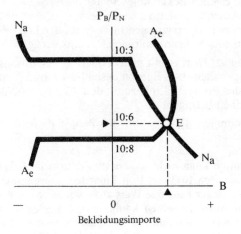

Abbildung 38A.3.

Ergänzender Hinweis:
Wir können die Indifferenzkurven des Kapitels 19 mit der PM-Grenze dieses Anhangs kombinieren, um zu zeigen, wie die Preisrelationen im internationalen Handel bestimmt werden. Die von J.S. Mill gewählte, in Abbildung 38A.3. dargestellte Methode der »reziproken Nachfragekurven« lassen Amerikas Nachfragekurve nach Bekleidung erkennen (die N_aN_a-Kurve) sowie Europas Angebotskurve für Bekleidung (die A_eA_e-Kurve). Im Gegensatz zu normalen *NN*- und *AA*-Kurven wird Bekleidung gegen Nahrungsmittel gehandelt, nicht gegen Geld; deshalb wurden die relativen Preise, P_B/B_N, nicht die Geldpreise abgetragen.
In unserem Diagramm bewegt sich die Preisrelation zwischen 10:8 und 10:3. Wäre die Nachfrage in Amerika gering, hätte das Ergebnis jedoch irgendwo im waagerechten Bereich der Kurve gelegen, wo die Preisrelationen durch Europas PM-Grenze von 10:8 bestimmt wird. Können Sie feststellen, warum eine starke Nachfrage in Amerika das Gleichgewicht in den waagerechten Bereich der *NN*-Kurve verlagern könnte, mit einer Preisrelation von 10:3?

die Exporte und die Importe qualitativ und quantitativ »ineinandergreifen« (bzw. sich decken). Der Auktionator und John Stuart Mill werden einen Seufzer der Erleichterung ausstoßen, und der Handel wird sich unbegrenzt fortsetzen, bis eine Änderung entweder der Präferenzen oder der Technologie eintritt.

Bei unserem Zahlenbeispiel haben wir unterstellt, daß das Gleichgewicht in der Austauschrelation sich bei 10:6 einstellt und damit etwas näher bei Europas als bei Amerikas Austauschrelation vor der Aufnahme von Handelsbeziehungen liegt.

Amerika konzentriert sich in der Produktion ausschließlich auf Nahrungsmittel. In Abbildung 38A.4 wird die Produktion Amerikas durch den Punkt *A* darge-

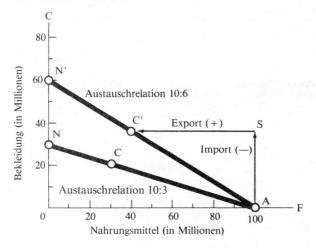

Abbildung 38A.4. Ungehinderter Handel vergrößert Amerikas Konsummöglichkeiten.
Die Gerade NA stellt Amerikas Grenze der Produktionsmöglichkeiten dar; die Gerade $N'A$ ist die neue Grenze der Konsummöglichkeiten, die sich bei freiem Handel bei einer Preisrelation von 10:6 einstellt und die auch eine Folge der Entscheidung ist, sich vollständig auf die Produktion von Nahrungsmitteln (in A) zu konzentrieren. Die Pfeile zwischen S und C' sowie zwischen A und S lassen die von Amerika exportierten ($+$) und importierten ($-$) Mengen erkennen. Infolge des freien Handels erreicht Amerika schließlich den Punkt C', bei dem von beiden Gütern mehr verbraucht werden kann als im Punkt C, der die Situation vor der Aufnahme von Handelsbeziehungen kennzeichnet.

stellt. Aber da Amerika jetzt ungehindert im Verhältnis 10:6 Handel treiben kann, ist es nicht mehr an seine alte Grenze der Produktionsmöglichkeiten gebunden. Der Handel gestattet eine Bewegung entlang der oberen Linie $N'A$, so als sei eine segensreiche Erfindung gemacht worden.

Steht sich Amerika infolge des Handels potentiell besser? Mit Sicherheit. An genau welchem Punkt auf der oberen Linie die Bewegung, die wir als neue *Kurve der Konsummöglichkeiten* bezeichnen können, zum Stillstand kommt, hängt von dem Verhalten des inländischen Preissystems ab. Wir gehen davon aus, daß dieses dazu führt, daß Amerika sich bis zum Punkt C' bewegt, in dem 40 Einheiten Nahrungsmittel und 36 Einheiten Bekleidung verbraucht werden. Der Pfeil weist Amerikas Exporte ($+$) und Importe ($-$) aus.

All diese Erkenntnisse werden in den Zeilen der Tabelle 38A.1, der Produktionsmöglichkeitsfunktion Amerikas, zusammengefaßt. Mit dieser Tabelle sollten Sie sich eingehend beschäftigen. Wer sie versteht, versteht das Gesetz der komparativen Kosten. Als Folge der Spezialisierung und des Handels steht Amerika sich besser; es kann mehr Bekleidung und mehr Nahrungsmittel verbrauchen. Das gleiche gilt für Europa. Welche Alchemie hat dafür gesorgt, daß jemand etwas für nichts erhält? In Tabelle 38A.1 vermitteln die durch den Zusatz »Welt« gekennzeichneten Zeilen – die Summe der amerikanischen und der europäischen Zeilen – folgende Erkenntnis:

Zusammenfassende Übersicht über Arbeitsteilung und Nutzen aus dem Außenhandel gemäß dem Gesetz der komparativen Kosten

Verglichene Situationen	Austauschrelation zwischen Nahrungsmitteln und Bekleidung P_B/P_N	Nahrungsmittelproduktion	Nahrungsmittelverbrauch	Nahrungsmittelexporte (+) oder -importe (−)	Bekleidungsproduktion	Bekleidungsverbrauch	Bekleidungsexporte (+) oder -importe (−)
Situation ohne Außenhandel							
Amerika	10:3	30	30	0	21	21	0
Europa	10:8	50	50	0	80	80	0
Welt	–	80	80	0	101	101	0
Situation mit Außenhandel							
Amerika	10:6	100	40	+ 60	0	36	− 36
Europa	10:6	0	60	− 60	120	84	+ 36
Welt	10:6	100	100	0	120	120	0
Nutzen aus dem Außenhandel							
Amerika	–	–	+ 10	–	–	+ 15	–
Europa	–	–	+ 10	–	–	+ 4	–
Welt	–	+ 20	+ 20	–	+ 19	+ 19	–

Tabelle 38A.1.
Der Außenhandel steigert sowohl die Produktion wie den Konsum sämtlicher Güter in der Welt. Welchen Anteil an diesem Nettogewinn die einzelnen Länder auf sich vereinigen können, hängt von Angebot und Nachfrage unter Wettbewerbsbedingungen ab. (Am meisten profitieren möglicherweise die kleinen Regionen.)

■ **Die Spezialisierung und der Handel haben die Weltproduktion beider Güter ansteigen lassen.**

Tatsächlich enthält die Zeile 6 die Daten, an denen der Auktionator am meisten interessiert wäre. Sie bestätigt ihm, daß das Gleichgewicht aufgrund von zwei dort ausgewiesenen Tatsachen erreicht worden ist: (a) Der Weltkonsum und die Weltproduktion jedes Gutes sind identisch, und (b) die von jedem Land exportierten Mengen entsprechen genau den Mengen, an deren Import das andere Land interessiert ist. Deshalb ist die Preisrelation von 10:6 genau die richtige.

Damit ist unsere Erklärung der komparativen Kostenvorteile komplett. Wenn Sie Ihr Verständnis der Zusammenhänge prüfen wollen, tragen Sie in Abbildung 38A.2 all die Dinge ein, die wir in Abbildung 38A.4 für Amerika berücksichtigt haben.

Europas neue Grenze der Konsummöglichkeiten dreht sich um den Punkt d der Ordinate auf S. 660 und verläuft durch c'. Zeichnen Sie analog zur Abbildung 38A.4 neue Pfeile von d nach s und von s nach c' ein zur Kennzeichnung der exportierten (+) und importierten (−) Mengen. Beachten Sie, daß Europas

Abbildung 38A.5. Bei Berücksichtigung vieler Güter ergibt sich ein ganzes Spektrum komparativer Kostenvorteile.

Pfeile denen Amerikas entsprechen, jedoch in entgegengesetzter Richtung verlaufen und mit umgekehrten Vorzeichen versehen sein müssen. (Warum stellt der Punkt der quantitativen Verzahnung von Exporten und Importen notwendigerweise den Gleichgewichtspunkt dar?)

Vorteile des Handels für kleine Länder

Ein weiterer Aspekt bezieht sich auf die Vorteile des Handels für kleine Länder. Angenommen, Amerika wäre im Vergleich zu Europa sehr klein, so daß sein Angebot wenig Einfluß auf den Markt hätte. In dem Fall könnte die Preisrelation auf dem für Europa kennzeichnenden Niveau von 10:8 verharren. Amerika würde sich dann auf die Nahrungsmittelproduktion spezialisieren und Bekleidung importieren, aber die Nahrungsmittelexporte Amerikas wären so gering, daß Europa nach wie vor einen Teil seiner Nahrungsmittel selbst erzeugen müßte. Diese Situation ist nur denkbar bei einer Preisrelation von 10 : 8. In diesem Fall würde Amerika alle Vorteile des Außenhandels für sich verbuchen. Der Handel lohnt sich für kleine Länder sogar mehr als für große.

Ausweitung auf viele Güter und viele Länder

Wir wollen jetzt noch kurz zeigen, was geschieht, wenn wir einige der gröbsten Vereinfachungen unserer obigen Darstellung korrigieren. Das Ergebnis wird sich nicht wesentlich ändern.

Viele Waren

Erinnern Sie sich zunächst, daß wir den Hergang dadurch vereinfacht hatten, daß wir nur zwei Güter, Nahrungsmittel und Bekleidung, berücksichtigt hatten. In der Praxis werden Tausende von Gütern gehandelt, und die Vorteile des Handels werden nicht dadurch geringer, daß sich die Zahl der Güter vergrößert.

Wie in Lehrbüchern für Fortgeschrittene gezeigt wird, lassen sich die in zwei Ländern zu konstanten Kosten produzierbaren Güter in der Reihenfolge ihrer komparativen Kostenvorteile anordnen. So könnte es sich bei den Gütern beispielsweise um Kohle, Computer, Flugzeuge, Kraftfahrzeuge, Wein und Parfum handeln – für die es, bezogen auf die komparativen Kostenvorteile, eine bestimmte Anordnung gäbe, wie sie in Abbildung 38A.5 zu sehen ist. Sie zeigt, daß in Amerika im Vergleich zu Europa die Kosten für den Abbau von Kohle von allen Kosten die geringsten sind. Europas komparativer Kostenvorteil ist bei Parfum am größten; nicht ganz so groß ist er beim Wein und so fort.

Von vornherein ist eines so gut wie sicher: Die Aufnahme von Handelsbeziehungen wird Amerika veranlassen, Kohle zu produzieren und zu exportieren; und Europa wird mit Sicherheit Parfum herstellen und exportieren. Aber wo wird die Trennungslinie verlaufen? Zwischen Kraftfahrzeugen und Wein? Oder wird Amerika Autos produzieren und Europa sich auf die Produktion von Wein und Parfum beschränken? Oder wird die Trennungslinie mitten durch einen Posten verlaufen und nicht zwischen zweien – so daß beispielsweise Autos in beiden Regionen produziert werden?

Die Feststellung, daß die Antwort von der komparativen Höhe der Nachfrage nach verschiedenen Gütern auf den Weltmärkten abhängt, wird Sie nicht überraschen. *Wenn wir uns die Güter als Perlen vorstellen, die in Abhängigkeit von ihren komparativen Kostenvorteilen auf einer Schnur aufgereiht sind, wird die Nachfrage- und Angebots-Situation darüber entscheiden, an welcher Stelle die Trennungslinie zwischen der Produktion Amerikas und der Europas verläuft.* Eine größere Nachfrage beispielsweise nach Computern und Kohle würde zu günstigeren Austauschrelationen für Amerika führen und uns zu einem so reichen Land machen, daß es sich für uns nicht mehr lohnen würde, unseren eigenen Wein zu produzieren.

Viele Länder

So viel zu den Komplikationen, zu denen die Berücksichtigung vieler Güter führt. Wie sieht es aber im Falle vieler Länder aus? Europa und Amerika machen nicht die gesamte Welt aus.

Auch die Einbeziehung vieler Länder braucht an unserer Analyse nichts zu ändern. Aus der Sicht jedes beliebigen Landes können alle anderen Länder, mit denen es Handel treibt, zu einer großen Gruppe als »übrige Welt« zusammengefaßt werden. Die Vorteile des Handels reichen über nationale Grenzen hinweg. Die bisher entwickelten Prinzipien des Handels gelten auch mit Bezug auf Ländergruppen und selbst mit Bezug auf einzelne Regionen innerhalb ein und desselben Landes. Tatsächlich wären sie, wenn der historische Zufall es nicht anders gewollt hätte, ebensogut anwendbar auf den Handel zwischen unseren Nord- und Südstaaten wie auf den Handel zwischen den Vereinigten Staaten und Kanada.

Vom Standpunkt des reinen wirtschaftlichen Wohlergehens aus betrachtet, ist der Slogan »Kauft amerikanische Waren« genauso töricht, wie es der Slogan »Kauft Waren aus Wisconsin« wäre oder der Slogan »Kauft Waren aus Oshkosh, Wisconsin« oder »Kauft Waren aus Süd-Oshkosh«. Einen Teil unseres großen Wohlstandes verdanken wir dem glücklichen Umstand, daß zwischen unseren 50 Staaten Freihandel herrscht.

Dreieckshandel und multilateraler Handel

Sobald viele Länder das Bild bestimmen, kann es sich für Amerika als lohnend erweisen, »Dreieckshandel« zu betreiben. Wir wollen dies anhand des derzeitigen Handelssystems veranschaulichen. Amerika kauft Konsumgüter aus Japan; Japan kauft von den ölexportierenden Ländern und von den Entwicklungsländern bestimmte Mengen an Öl und Rohstoffen; und die Dritte Welt kauft in Amerika Maschinen.

Wir sehen uns also einem vorteilhaften Dreieckshandel gegenüber, wie er durch

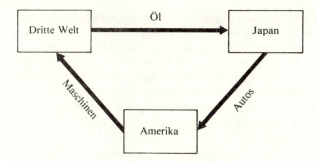

Abbildung 38A.6 Dreieckshandel kommt allen Beteiligten zugute.
Die Vorteile des multilateralen Handels würden erheblich zurückgehen, wenn nur ein bilateraler Ausgleich erforderlich wäre.

Abbildung 38A.6 dargestellt wird. Die Pfeile deuten die Richtung der Exporte an.

Was würde geschehen, wenn alle Länder versuchten, bilaterale Handelsabkommen abzuschließen, d.h. wenn Amerika nichts von Japan kaufen könnte und würde, es sei denn, daß Japan Waren in gleich großer Menge von uns importiert? Und angenommen, dieser Bilateralismus gelte für jedes Länderpaar? Eine erhebliche Einschränkung des Handels wäre ohne Zweifel die Folge. Die Im- und Exporte würden einander ausgleichen, jedoch auf einem niedrigeren Niveau. Jede Region wäre letztlich schlechter dran.

Damit beschließen wir unsere Analyse der Grundlagen der Theorie der komparativen Kostenvorteile. Sie macht deutlich, inwiefern der Handel allen Nationen nützt – selbst angesichts einer Vielfalt von unterschiedlichen Inputs, Outputs und Regionen. Das anschließende Kapitel bedient sich dieser Theorie bei der Untersuchung der Argumente für und gegen den Protektionismus.

Zusammenfassung des Anhangs

1. Wenn die Natur zwei Regionen unterschiedlich mit Produktionsfaktoren ausstattet, werden sich die relativen Produktionskosten der Waren dieser beiden Gebiete in der Regel unterscheiden. (Beispielsweise wird ein an Boden reiches Gebiet einen komparativen Vorteil bei der Produktion von Nahrungsmitteln und anderen bodenintensiven Gütern haben. Ein an Arbeitskräften reiches Gebiet wird demgegenüber einen komparativen Vorteil in bezug auf arbeitsintensive Güter besitzen.)

2. Unter den Bedingungen freien Handels werden Güter zu einem Preisverhältnis ausgetauscht, das irgendwo zwischen den ursprünglichen heimischen Kostenrelationen der beiden Länder liegt (und von der Höhe des wechselseitigen Angebots wie der Nachfrage abhängt).

3. Jedes Land spezialisiert sich auf das Gut, bei dem es einen komparativen

Kostenvorteil genießt, und exportiert seinen Überschuß an diesen Gütern im Austausch für Importe aus dem Ausland.

4. Jedes Land profitiert vom Handel und von der Spezialisierung: Mit Hilfe des Handels gelangt Amerika zu mehr Einheiten an Bekleidung, als es erreichen könnte, wenn es im eigenen Land Nahrungsmittel in Bekleidung transformieren würde; Europa steht sich besser, wenn es Bekleidung gegen Nahrungsmittel tauscht – besser, als wenn es selbst Bekleidung in Nahrungsmittel transformiert.

5. Auch bei mehr als zwei Gütern gelten die Prinzipien des komparativen Kostenvorteiles. Das gleiche gilt für den Fall, in dem mehr als zwei Länder am Handel beteiligt sind oder in dem nicht nur der Faktor Arbeit, sondern eine Vielzahl von Produktionsfaktoren eine Rolle spielen.

6. Im bilateralen Verhältnis kann der Dreieckshandel nach manchen Seiten hin zum Ungleichgewicht führen, was jedoch nur die Tatsache widerspiegelt, daß die Konten eines Landes lediglich multilateral ausgeglichen sein müssen – im Verhältnis einer Nation zu der übrigen Welt. Das Erfordernis eines bilateralen Gleichgewichts würde zu einer Beeinträchtigung der wirtschaftlichen Effizienz führen.

Begriffe zur Wiederholung

lineare PM-Grenze
Spezialisierungspunkt
außenwirtschaftliche Austauschrelationen
Gleichgewicht vor und nach Aufnahme von Handelsbeziehungen
Entsprechung der Pfeile der Handelsströme
ursprüngliche Preisrelationen, letztlich erzielte Preisrelationen
auf eine Vielzahl von Gütern bezogene Skala komparativer Kostenvorteile
Dreieckshandel und multilateraler Handel

Fragen zur Diskussion

1. Die Grenzen der Produktionsmöglichkeiten zweier Länder weisen die gleiche Steigung auf und verlaufen linear. Warum bringt vollständige Autarkie keine Nachteile mit sich, selbst wenn die Arbeitsproduktivität eines Landes die des anderen in sämtlichen Bereichen übersteigt?

2. Zeigen Sie, daß wir beide vom Handel profitieren, wenn Ihre PM-Grenze sich von meiner unterscheidet.

3. Warum kann man davon ausgehen, daß das an Boden reiche Kanada Weizen in das an Arbeitskräften reiche China exportieren wird?

4. In dem Zeitraum von 1980 bis 1982 lagen die Salden der Bilanzen der laufenden Posten sowohl der Vereinigten Staaten wie auch Japans etwa bei Null (die

Importe glichen die Exporte ungefähr aus). Dennoch hatten die Vereinigten Staaten gegenüber Japan während dieses Zeitraums im bilateralen Handel ein Defizit von 15 Milliarden Dollar. Können Sie erklären, inwiefern dies Ausdruck komparativer Kostenvorteile zwischen den beiden Ländern ist?

Von vielen Seiten ist der Ruf nach »Gesetzen zur Gewährleistung der Gegenseitigkeit« zu hören, die einen Ausgleich im *bilateralen* japanisch-amerikanischen Handel garantieren. Welche Auswirkungen hätte das auf die Effizienz eines *multilateralen* Handelssystems?

Schutzzölle, Importkontingente und Freihandel 39

An das Abgeordnetenhaus: Wir sind dem unerträglichen Wettbewerb eines von außen kommenden Rivalen ausgesetzt, dessen Möglichkeiten zur Erzeugung von Licht den unseren in so hohem Maße überlegen sind, daß er mit seinem billigen Licht unseren nationalen Markt überschwemmen kann. Dieser Rivale ist kein anderer als die Sonne. Anliegen unserer Petition ist es deshalb, die Verabschiedung eines Gesetzes zu erwirken, das die Abdichtung aller Fenster, Öffnungen und Schlitze gebietet, durch die das Sonnenlicht in unsere Wohnungen einzudringen pflegt, und zwar zum Nachteil der ertragreichen Manufaktur, die wir zum Segen des Landes aufgerichtet haben. F. Bastiat
Gezeichnet: *Die Kerzenmacher*

Nachdem wir uns mit der Theorie der komparativen Kostenvorteile vertraut gemacht haben, können wir uns der Analyse einer der immer wiederkehrenden Fragen zuwenden, mit denen sich die Wirtschaftspolitik herumschlägt: Sollte ein Land seine Wirtschaft durch Zölle, Importkontingente oder andere Handelsbarrieren schützen?

Die spontane Antwort des Ökonomen lautet: »Nein«. Denn er weiß, daß der Handel eine für alle Beteiligten segensreiche Arbeitsteilung begünstigt und daß der freie und ungehinderte Handel jeder Nation die Möglichkeit gibt, ihre Produktions- und Konsummöglichkeiten auszuweiten und dadurch zu einer Anhebung des Lebensstandards in der Welt beizutragen.

Aber dieses überzeugende Argument wird nicht von allen geteilt und entsprechend gewürdigt. Viele vertreten heute – wie zu der Zeit, als Alexander Hamilton eine Zollmauer um unsere Industrien errichten wollte – den Standpunkt, daß wir unsere Wirtschaft gegen die ausländische Konkurrenz schützen müssen.

In dem vorliegenden Kapitel wollen wir zunächst zeigen, welche Auswirkungen Zölle auf die Preise und Produktionsmengen eines Wirtschaftszweiges haben. Anschließend beschäftigen wir uns mit dem Wert der Argumente für und wider den wirtschaftlichen Protektionismus.

Die Angebots- und Nachfrageanalyse in ihrer Anwendung auf Handel und Zölle

Erinnern Sie sich, daß wir im vorangegangenen Kapitel eine Situation analysiert haben, in der Europa einen komparativen Kostenvorteil im Bereich der Bekleidungsproduktion hatte, während der komparative Kostenvorteil Amerikas bei der Nahrungsmittelerzeugung lag. Im folgenden wollen wir untersuchen, wie die Angebots- und Nachfrageanalyse zur Veranschaulichung der Bestimmung von Preisen und Mengen im Außenhandel beitragen kann; desgleichen analysieren wir die Auswirkungen von Zöllen.

Angebots- und Nachfrageanalyse beim Handel mit einem einzigen Gut

Wenden wir uns einmal ausschließlich dem Bekleidungsmarkt in Amerika zu und gehen wir der Einfachheit halber davon aus, daß Amerika auf den Weltpreis für Güter der Bekleidungsindustrie keinen Einfluß nehmen kann; bei Zugrundelegung dieser Annahme können wir ohne Mühe die Angebots- und Nachfragesituation analysieren. Der realistischere Fall, in dem ein Land Einfluß auf seine Importpreise nehmen kann, wird im späteren Verlauf dieses Kapitels untersucht.

Abbildung 39.1 zeigt die Angebots- und Nachfragekurven für Bekleidung in Amerika. Die Nachfragekurve der Amerikaner wird durch NN wiedergegeben, die Angebotskurve heimischer Hersteller durch AA. Der Weltmarktpreis für Bekleidung liegt bei 4 Dollar pro Bekleidungseinheit.

In der Realität werden die aus dem Ausland importierten Güter in deren Währungen berechnet (in britischen Pfund Sterling, in französischen Francs und so fort). Für den Augenblick wollen wir die Situation jedoch dadurch vereinfachen, daß wir jede dieser ausländischen Währungen in Dollar umrechnen. So werden beispielsweise die französischen Bekleidungshersteller in der Regel die Bezahlung in französischen Francs verlangen. Unter Verwendung des geltenden Wechselkurses können wir die Francs jedoch in Dollar beziehungsweise eine Dollarbezogene Angebotskurve umrechnen. (Wenn beispielsweise eine Bekleidungseinheit 32 Francs kostete und wenn 8 Francs gleich 1 Dollar wären, würden wir für die Bekleidungseinheit einen Preis von 8 Dollars zugrunde legen.)

Gleichgewicht bei Ausschluß jeglichen Handels

Für einen Augenblick wollen wir unterstellen, daß die Transportkosten oder die Zölle für Bekleidung prohibitiv sind (und beispielsweise 100 Dollar pro Bekleidungseinheit betragen). In welchem Punkt würde sich das Gleichgewicht einstellen, wenn keinerlei Handel betrieben würde? In diesem Fall würde sich die Marktsituation in Amerika aus dem Schnittpunkt zwischen der *heimischen* Nachfrage und dem *heimischen* Angebot ergeben, die durch den Punkt G der Abbildung 39.1 dargestellt wird. In diesem Punkt ohne Handel (bzw. in diesem *Autarkie*punkt) wären die Preise mit 8 Dollar pro Einheit verhältnismäßig hoch, und die heimischen Produzenten würden die gesamte Nachfrage befriedigen.

Freier Handel

Nunmehr wollen wir die Bekleidungsindustrie dem Handel öffnen. Der Einfachheit halber soll es keine Transportkosten, Zölle oder Importkontingente geben. Unter diesen Umständen muß der Preis in Amerika gleich dem Weltmarktpreis sein. Warum? Weil in dem Fall, in dem die amerikanischen Preise über den europäischen liegen, gewiefte Unternehmer Bekleidung dort einkaufen, wo sie am billigsten ist, um sie anschließend dort zu verkaufen, wo sie teuer ist. Deshalb muß Bekleidung in Amerika zum Weltmarktpreis verkauft werden, vorausgesetzt, daß weder Transportkosten anfallen noch Handelshemmnisse existieren.

Freier Handel mit Bekleidung

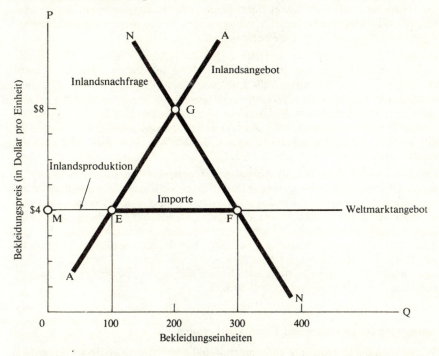

Abbildung 39.1. Produktion, Importe und Konsum unter Bedingungen des freien Handels.
Dargestellt ist hier das Gleichgewicht unter den Bedingungen freien Handels auf dem Bekleidungsmarkt. Amerika hat einen komparativen Kostennachteil im Bereich der Bekleidungsproduktion. Deshalb läge der Gleichgewichtspreis in Amerika, wenn kein Handel stattfände, in Punkt G bei 8 Dollar, während der Weltmarktpreis 4 Dollar betrüge.
In dem vereinfachten Fall, in dem Amerika keine Möglichkeit zur Einflußnahme auf den Bekleidungspreis hat, kann es bei freiem Handel zum herrschenden Weltmarktpreis von 4 Dollar pro Einheit so viel Bekleidung importieren, wie es will. Bei dem sich unter Freihandelsbedingungen einstellenden Gleichgewicht produziert Amerika deshalb die durch die Strecke ME dargestellte Menge (100 Einheiten) und importiert die Differenz zwischen der Inlandsnachfrage und dem Inlandsangebot, d.h. die Menge EF (beziehungsweise 200 Einheiten).

Bei einem Blick auf Abbildung 39.1 können wir feststellen, auf welcher Höhe sich das Gleichgewicht nach der Zulassung von Handel einstellen wird. Die waagerechte, auf der Höhe von 4 Dollar verlaufende Gerade ist die tatsächliche Import-Angebotskurve, die vollkommen elastisch ist, weil wir unterstellt haben, daß die Amerikaner keine Möglichkeit haben, durch ihre Nachfrage einen Einfluß auf den Weltmarktpreis auszuüben.

Was geschieht nun, wenn der Preis in Amerika auf das Weltmarktniveau von 4 Dollar herabsinkt? Bei diesem Stand werden die inländischen Hersteller die Menge ME anbieten, das heißt 100 Einheiten. Zu diesem niedrigen Preis sind die Konsumenten jedoch an dem Kauf von 300 Einheiten interessiert. Die Differenz, dargestellt durch die Strecke EF, stellt die Höhe der Importe dar.

Wer hat darüber entschieden, daß wir genau diese Menge an Bekleidung einführen und daß die inländischen Hersteller lediglich 100 Einheiten anbieten werden? Eine Planungsbehörde? Ein von Herstellern der Bekleidungsbranche gegründetes Kartell? Die Gewerkschaften? Keineswegs – über die Höhe des Handelsvolumens haben Angebot und Nachfrage entschieden.

Darüber hinaus können wir feststellen, daß die Höhe der Gleichgewichtspreise bei fehlendem Handel über die Richtung der Handelsströme entschied. Unsere Autarkiepreise waren höher als die Europas, weshalb Güter nach Amerika hineinströmten. Erinnern Sie sich: *Unter Bedingungen des freien Handels bewegt sich der Güterstrom aufwärts in Richtung der höheren Preise.* Der Strom der Bekleidungsgüter fließt von unten nach oben, von den Niedrigpreismärkten Europas zu den Hochpreismärkten Amerikas, sobald die Märkte für den Handel geöffnet werden.

Diese Angebots- und Nachfrageanalyse ist eine einfache Erweiterung der in Kapitel 4 (oder Teil IV) gegebenen Darstellung. Sie ist nützlich, wenn auch unvollständig. Wir müssen Ricardos tiefergehende Analyse der komparativen Kostenvorteile zu Hilfe nehmen, um zu erklären, *warum* die Angebots- und Nachfragefunktionen dergestalt sind, daß sie in Amerika zu einem höheren Gleichgewichtspreis im Falle fehlenden Handels führen und Amerika deshalb Bekleidung importieren lassen. Die gleiche Analyse der grundlegenden komparativen Kostenvorteile muß zur Erklärung der Gründe herangezogen werden, die Europa den Export von Bekleidung ermöglichen.[1]

Auswirkungen von Zöllen und Importkontingenten

Wir können die Instrumente von Angebot und Nachfrage auch einsetzen, um die Wirkungen von Zöllen und Importkontingenten zu verdeutlichen. Ein *Zoll* ist eine auf Importe erhobene Steuer. So erheben die Vereinigten Staaten beispielsweise gegenwärtig einen Zoll in Höhe von 2,7 Prozent auf Kraftfahrzeuge. Kostet ein ausländisches Auto 10000 Dollar, beläuft sich der Inlandspreis einschließlich Steuer auf 10270 Dollar. Ein Importkontingent stellt eine Mengenbeschränkung von Importen dar. Von Mengenbeschränkungen sind in den Vereinigten Staaten Güter wie Käse, Textilien und Rindfleisch betroffen.

Der prohibitive Zoll

Am leichtesten zu analysieren ist der »Prohibitivzoll« – ein Zoll, der so hoch ist, daß er jegliche Importe vollständig aussperrt. Wie sähe die Situation mit Bezug auf Abbildung 39.1 aus, wenn für Waren aus Europa ein Zoll von mehr als 4 Dollar pro Bekleidungseinheit erhoben würde (das heißt, ein Zoll, der die Differenz zwischen dem amerikanischen Autarkiepreis von 8 Dollar und dem Weltmarktpreis von 4 Dollar übersteigen würde)? Die Höhe dieses Zolles würde sich als *prohibitiv* erweisen und jeglichen Handel mit Bekleidungsgütern unterbinden.

Warum würde ein Zoll in Höhe von 4 Dollar den Handel zum Erliegen bringen?

---

1 Ökonomen weisen darauf hin, daß diese Angebots- und Nachfragekurven lediglich ein »partielles Gleichgewicht« darstellen. Sie müssen in eine Analyse des »generellen Gleichgewichts« eingebettet werden, für das die im vorangegangenen Kapitel behandelte Ricardosche Theorie der komparativen Kostenvorteile einen Sonderfall darstellt.

Auswirkungen eines Zolles

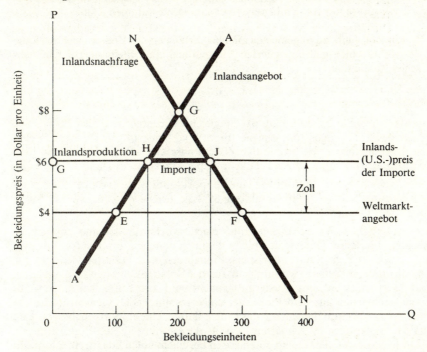

Abbildung 39.2. **Ein Zoll führt zur Verminderung der Importe und des Konsums sowie zur Steigerung der Inlandsproduktion und des Preises.**
Ausgehend von dem Freihandelsgleichgewicht der Abbildung 39.1 erhebt Amerika nunmehr einen Zoll in Höhe von 2 Dollar auf Bekleidungsimporte. Der Preis importierter Bekleidung aus Europa beträgt jetzt 6 Dollar (einschließlich des Zolles).
Der Marktpreis steigt von 4 auf 6 Dollar, weshalb die nachgefragte Gesamtmenge zurückgeht. Die Importe sinken von 200 auf 100 Einheiten, während die Inlandsproduktion von 100 auf 150 Einheiten ansteigt.

Weil jeder Importeur, der Bekleidung zum Weltmarktpreis von 4 Dollar einkauft, bei uns nur höchstens den Autarkiepreis (8 Dollar) erzielen kann. Aber der Zoll, den der Importeur zahlen muß, würde die Differenz übersteigen. Folglich bedeutet ein prohibitiver Zoll das Ende jeglichen Handels.

Der nichtprohibitive Zoll

Bescheidenere Zölle (von weniger als 4 Dollar pro Bekleidungseinheit) würden dem Handel schaden, ohne ihn zum Erliegen zu bringen. Abbildung 39.2 zeigt das Gleichgewicht auf dem Bekleidungsmarkt bei einem Zoll von 2 Dollar. Gehen wir wiederum davon aus, daß keinerlei Transportkosten anfallen, bedeutet ein Zoll von 2 Dollar, daß für ausländische Bekleidung in Amerika ein Preis von 6 Dollar pro Einheit gezahlt werden muß (der gleich dem Weltmarktpreis von 4 Dollar plus dem Zoll von 2 Dollar ist).

Dies führt zu einem Rückgang des Gesamtkonsums von 300 Einheiten im Falle des Freihandelsgleichgewichts auf 250 Einheiten nach Einführung des Zolles; zu einer Steigerung der Inlandsproduktion um 50 Einheiten; und zu einer Verringerung der Importe um 100 Einheiten. In einem Satz zusammengefaßt:

- **Ein Zoll führt im allgemeinen zu einer Erhöhung der Preise, einer Senkung der verbrauchten und importierten Mengen und einer Steigerung der inländischen Produktion.**

Importkontingente

Importkontingente haben qualitativ die gleiche Wirkung wie Zölle. Prohibitive Mengenbeschränkungen (die jegliche Importe verhindern) würden zu dem gleichen Ergebnis führen wie prohibitive Zölle. Preise und Mengen würden zu dem Punkt *G* der Abbildung 39.2 zurückkehren, bei dem keinerlei Handel stattfindet. Andererseits hätte die Einführung eines Importkontingentes von der Länge der fettgedruckten Strecke *HJ* in Abbildung 39.2 die gleiche Wirkung wie ein Zoll in Höhe von 2 Dollar.

Insofern besteht kein wesentlicher Unterschied zwischen Zöllen und Importkontingenten. Ein feiner Unterschied bleibt dennoch bestehen. Ein nichtprohibitiver Zoll verschafft dem Staat wenigstens Einnahmen und gestattet vielleicht die Senkung anderer Steuern, wodurch ein Teil des Schadens, der den Konsumenten des Importlandes entsteht, wiedergutgemacht wird. Ein Importkontingent läßt demgegenüber den aus dem Preisunterschied resultierenden Gewinn in die Taschen der Importeure fließen, die das Glück hatten, eine Importgenehmigung zu erhalten. Sie können es sich leisten, die für die Gewährung von Importlizenzen zuständigen Beamten zu einem guten Essen bei einem guten Glas Wein auszuführen; sie bedienen sich vielleicht sogar der Mittel der Bestechung.

Aus diesem Grunde stellen in den Augen der Ökonomen Zölle das geringere Übel dar. »Läßt sich dennoch ein Eingriff in das System der komparativen Kostenvorteile durch die Einführung von Mengenbeschränkungen nicht vermeiden, dann« – so lautet ihr Rat – »sollte sichergestellt werden, daß der Staat die knappen Importlizenzen an die Meistbietenden versteigert, so daß der Erlös in die Kassen des Finanzministers und nicht in die Taschen der Importeure fließt, und die Verwaltungsbeamten nicht über Gebühr den Versuchungen der Korruption, der Bestechung, Willkür oder Launenhaftigkeit ausgesetzt werden.«

Transportkosten

Wie sieht es mit den Transportkosten aus? Die Kosten für die Beförderung großer Ladungen oder verderblicher Güter haben die gleiche Wirkung wie Zölle; sie schränken den Grad der vorteilhaften regionalen Spezialisierung ein. Betragen die Kosten für den Transport von Bekleidung von Europa in die Vereinigten Staaten beispielsweise 2 Dollar, würde sich das Gleichgewichtsniveau zwischen Angebot und Nachfrage in dem Punkt einstellen, in dem es in Abbildung 39.2 liegt, bei dem der Preis in Amerika 2 Dollar über dem europäischen Preis liegt.

Dennoch besteht ein Unterschied: Transportkosten ergeben sich aus natürlichen Verhältnissen – aus Entfernungen, Bergen und Flüssen. Restriktive Zölle sind eindeutig Menschenwerk. Deshalb bezeichnete ein Ökonom Zölle einmal als »negative Eisenbahnen«. Dies ist ein sehr plastisches Bild für die Vorstellung, daß ein Zoll die gleiche Wirkung auf die Volkswirtschaft hat, als wenn man Sand in das Getriebe von Transportmitteln streut, die Güter aus fernen Ländern an unsere Küsten bringen.

Wirtschaftliche Kosten von Zöllen

Im vorangegangenen Kapitel haben wir gesehen, daß alle Länder profitieren, wenn sie ihre Grenzen dem internationalen Handel öffnen. Wir können unser Angebots- und Nachfrageinstrumentarium auch einsetzen, um zu analysieren, welche wirtschaftlichen Kosten Zölle verursachen.

Was geschieht, wenn Amerika Bekleidungsimporte mit einem Zoll belastet, etwa dem in Abbildung 39.2 angenommenen Zoll in Höhe von 2 Dollar? Wir haben gesehen, daß dies dreierlei Wirkungen hat: *(a)* Die inländischen Hersteller, über die jetzt ein schützender Preisschirm in Form des Zolles gehalten wird, können ihre Produktion ausweiten; *(b)* die Konsumenten sehen sich höheren Preisen gegenüber und schränken deshalb ihren Konsum ein; und *(c)* für den Staat bedeuten Zölle Einnahmen. Wie sehen die Auswirkungen per saldo aus? Wir werden folgendes sehen:

■ **Der Einnahmenzuwachs der Regierung und die erhöhten Gewinne der Produzenten wiegen den ökonomischen Verlust der Konsumenten nicht auf.**

Die Analyse im Diagramm[2]

Die ökonomische Analyse der Auswirkungen eines Zolles läßt sich mit Hilfe der Abbildung 39.3 vornehmen. Sie zeigt die gleichen Kurven wie die Abbildung 39.2, wobei allerdings drei Flächen besonders herausgehoben werden. Wir wollen jede im einzelnen untersuchen:

A. Ein Zoll erhöht den Preis auf dem Binnenmarkt von 4 Dollar auf 6 Dollar. Dies veranlaßt die Unternehmen, mehr zu produzieren – das heißt, solche Betriebe mit in den Produktionsprozeß einzubeziehen, deren Grenzkosten zwischen 4 und 6 Dollar pro Einheit liegen. Die Einbeziehung solcher mit hohen Grenzkosten arbeitenden Betriebe ist ineffizient, denn die von diesen Betrieben hergestellte Bekleidung könnte aus dem Ausland zum Preis von 4 Dollar eingeführt werden.

Dieser wirtschaftliche Effizienzverlust läßt sich ohne Mühe durch die Fläche *A* der Abbildung 39.3 messen. Sie ist gleich der Summe der Grenzkosten inländischer Hersteller (dargestellt durch die inländische Angebotskurve) abzüglich der Grenzkosten ausländischer Hersteller (4 Dollar). Der Gesamtverlust in *A* beträgt 50 Dollar (und ist gleich 0,5 mal dem Zoll multipliziert mit der durch den Zoll ausgelösten Inlandsproduktion).

B. Darüber hinaus ergibt sich aus dem überhöhten Preis eine Minderung der Konsumentenrente. Erinnern Sie sich daran, daß die Nachfragekurve die Grenznutzeneinheiten der Konsumenten mißt, beziehungsweise den Wert der ver-

---

[2] Die nachfolgende Analyse im Diagramm ist etwas technischer und kann in einem Kurzlehrgang, der sich nicht mit Teil IV beschäftigt hat, übergangen werden.

Die wirtschaftlichen Kosten eines Zolles

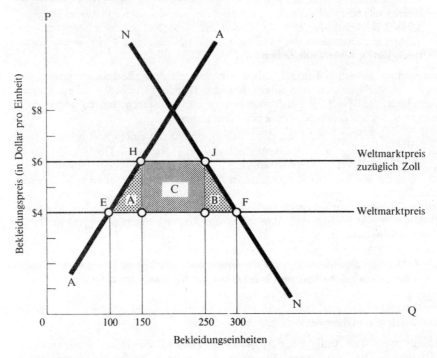

Abbildung 39.3. Die Erhebung eines Zolles erhöht die Einnahmen des Staates und führt zur Ineffizienz.
Dieses Diagramm zeigt die gleiche Situation wie Abbildung 39.2. Wir haben die Auswirkungen des Zolles in ihren drei Ausprägungen dargestellt. Das Dreieck A gibt die Kosten der Ineffizienz wieder, die aus der durch den höheren Inlandspreis ausgelösten Produktion resultieren. Das Dreieck B stellt die verminderte Konsumentenrente dar, die sich aus dem zu hohen Preis ergibt. Die Fläche C entspricht den Zolleinnahmen des Staates – einem Transfer von seiten des Konsumenten zugunsten des Staates, der jedoch kein Effizienzverlust ist.

schiedenen Bekleidungseinheiten. Die Kosten an Ressourcen jeder Bekleidungseinheit ist gleich dem Weltmarktpreis von 4 Dollar. Folglich mißt das Dreieck B die verringerte Befriedigung der Konsumenten, die aus der Notwendigkeit zur Einschränkung ihres Konsums resultiert. Auch sie beläuft sich auf 50 Dollar (und ist gleich 0,5 mal der Preisdifferenz multipliziert mit dem verminderten Konsum).

C. Die Fläche C stellt nichts anderes als die Zolleinnahmen dar und ist gleich der Höhe des Zolls multipliziert mit den importierten Einheiten. Die Zolleinnahmen in Abbildung 39.3 belaufen sich auf 200 Dollar. Beachten Sie, daß das Einnahmenrechteck C im Gegensatz zu den Dreiecken A und B nicht unbedingt Kosten im Sinne einer verminderten Effizienz oder einen totalen Verlust darstellen muß. Die Einnahmen können an die Konsumenten zurückgegeben werden (beispielsweise durch Einkommensteuersenkungen oder auf andere Weise).

Zusammenfassend läßt sich feststellen:

■ Die Einführung eines Zolles hat drei Folgewirkungen. Sie regt zu einer ineffizienten Inlandsproduktion an. Sie zwingt die Konsumenten zu einer unökonomischen Einschränkung ihrer Käufe des mit dem Zoll belegten Gutes, und sie steigert die Einnahmen des Staates. Nur die beiden ersten Wirkungen bedeuten zwangsläufig einen Effizienzverlust für die Volkswirtschaft.

Ein Beispiel: Zoll auf Textilien

Wir wollen diesem kahlen analytischen Gerüst ein wenig mehr Substanz verleihen, indem wir die Auswirkungen eines speziellen Zolles, wie beispielsweise eines Zolles auf Bekleidungsimporte, behandeln. Zölle auf Textilien und Bekleidung gehören heute zu den höchsten in den Vereinigten Staaten. Wie wirken sie sich aus?

Zunächst einmal führen sie zu einem Anstieg der Preise für Bekleidung. Ein Anzug oder ein Kleid sind teurer, als dies unter Bedingungen eines freien Handels der Fall wäre.

Aufgrund dieser höheren Preise können sich viele Fabriken – und zwar solche, die andernfalls angesichts des abnehmenden Kostenvorteiles im Bereich der Textilherstellung Bankrott machen würden – über Wasser halten. Sie bewegen sich zwar an der Gewinnschwelle, aber irgendwie gelingt es ihnen, mit viel Mühe und Not so viel Umsatz zu machen, daß sie im Inlandsgeschäft tätig bleiben können. Die Zahl der in der Textilindustrie Beschäftigten ist ein wenig höher, als das andernfalls der Fall wäre, obgleich diese Branche aufgrund des Drucks der ausländischen Konkurrenz zu denen mit den niedrigsten Löhnen des gesamten warenproduzierenden Gewerbes gehört.

Aus nationaler Sicht vergeuden wir in der Textilindustrie Ressourcen. Die Arbeiter, die Rohstoffe und das Kapital könnten in anderen Sektoren produktiver eingesetzt werden – bei der Herstellung von Computern oder Getreide oder Flugzeugen. Das Produktionspotential des Landes ist geringer, weil wir Produktionsfaktoren in einem Wirtschaftszweig wie der Textilindustrie binden, in dem wir unseren komparativen Kostenvorteil verloren haben.

Für diesen Schutz der Textilindustrie zahlen natürlich die Konsumenten. Sie sehen sich höheren Preisen gegenüber. Sie erlangen eine geringere Bedürfnisbefriedigung aus ihren Einkommen, als dies der Fall wäre, wenn sie Textilien aus Hongkong oder Singapur kaufen könnten, das heißt zu Preisen, in denen der hohe Zoll nicht enthalten wäre. Die Konsumenten müssen ihre Bekleidungskäufe einschränken und ihre Geldausgaben auf Bereiche wie Nahrungsmittel, Transportmittel oder Baseballspiele verlagern, deren Preise durch den Zoll relativ gesenkt wurden.

Darüber hinaus fließen einige Millionen Dollar aus den Textilzöllen als Einnahmen in die Kassen des Staates. Diese Einnahmen können dazu verwandt werden, nützliche öffentliche Güter zu finanzieren oder andere Steuern zu senken, so daß sich hier (im Gegensatz zu der verminderten Konsumentenrente oder der Ineffizienz in der Produktion) keine echte Belastung für die Gesellschaft ergibt.

Damit haben wir unsere Darstellung der Angebots- und Nachfrageaspekte des Außenhandels und der Zölle zum Abschluß gebracht. Wir wenden uns nunmehr der Frage der Vor- und Nachteile des Protektionismus zu.

Wirtschaftliche Hintergründe des Protektionismus

Die Argumente zugunsten von Zöllen und Mengenbeschränkungen zum Schutz vor der Konkurrenz ausländischer Importe treten in vielerlei Gestalt auf. Im wesentlichen fallen sie in folgende Kategorien:

● in die Kategorie bestimmter außerökonomischer Argumente, denen zufolge es wünschenswert ist, im Interesse der Subventionierung anderer nationaler Zielsetzungen wirtschaftliches Wohlergehen zu opfern;

● in die Kategorie der ökonomisch falschen Argumente, von denen einige so offensichtlich und unverkennbar falsch sind, daß es sich kaum lohnt, sie ernsthaft zu diskutieren, während sich die Fehlerhaftigkeit anderer nur mit Hilfe subtiler und komplizierter ökonomischer Analysen aufdecken läßt;

● in die Kategorie einiger weniger Argumente, die unter den Bedingungen des vollkommenen Wettbewerbs und der Vollbeschäftigung ungültig sind, die jedoch einen wahren Kern enthalten mit Bezug auf ein Land, das groß genug ist, um Einfluß auf seine Im- oder Exportpreise nehmen zu können wie auch für ein Land, das von Arbeitslosigkeit betroffen ist.

Außerökonomische Argumente

Wir beginnen mit der ersten Kategorie, deren Argumente sich am leichtesten abhandeln lassen. Wenn man Ihnen jemals in einem Diskussionsteam die Aufgabe zuweist, den Freihandel zu verteidigen, haben Sie von vornherein eine bessere Ausgangsposition, wenn Sie einräumen, daß Ihrer Meinung nach das Ziel des Daseins nicht einzig und allein auf wirtschaftliches Wohlergehen gerichtet sein sollte. Eine Nation sollte gewiß nicht ihre Freiheit und nationale Sicherheit wegen einiger Dollars zusätzlichen Realeinkommens opfern, die ihr der Handel einbringt.

Nehmen Sie das Beispiel des Öls. Wird Öl für die nationale Verteidigung als notwendig angesehen, kann der Wirtschaftswissenschaftler nicht behaupten, daß es ein Fehler wäre, die Ölindustrie zu schützen. Das Argument zugunsten ihres Schutzes gewinnt noch an Überzeugungskraft, wenn die Kontrolle über das ausländische Öl in den Händen einer feindlichen Nation oder eines Ölkartells liegt, die irgendwann aus politischen Gründen den Ölhahn zudrehen.

Bei näherer Betrachtung zeigt sich allerdings, daß solche Argumente in der Regel nicht übermäßig gut fundiert sind. So könnte im Falle des Öls unser militärischer und unser ziviler Grundbedarf bei 5 Millionen Barrels am Tag liegen, während unsere Volkswirtschaft derzeit eine Förderkapazität von 10 Millionen am Tag besitzt. Das Argument kann deshalb höchstens darauf hinauslaufen, daß wir sicherstellen müssen, daß uns jederzeit eine Tagesförderung von 5 Millionen Barrels zur Verfügung stehen muß. Es könnte nicht lauten, daß wir niemals Öl importieren sollten.

Darüber hinaus gelangt man bei einer sorgfältigen Analyse solcher Situationen in der Regel zu dem Schluß, daß es sehr viel bessere Wege zur Sicherstellung der notwendigen Mengen an Öl gibt als die Einführung von Zöllen und Importkontingenten. Die effizienteste Methode zur Sicherstellung ausreichender Öl-, Kobalt- oder Kupfervorräte für den Fall eines Krieges oder eines nationalen Notstandes wären der Kauf und die Bevorratung solcher Güter.

Die nationale Lebensart

Anhänger des Protektionismus haben jedoch noch andere Argumente zu seiner Verteidigung aufzubieten. Gelegentlich wird argumentiert, daß die wissenschaftlichen Ressourcen (in Gestalt von Kernenergie, Flugzeugen, Mikroelektronik oder Computern) dahinsiechen werden, wenn sie nicht voll ausgelastet und vor der ausländischen Konkurrenz geschützt werden. Gelegentlich werden Zölle auch als Teil einer gesellschaftlichen Strategie gesehen, deren Ziel es ist, beispielsweise das Landleben, die Kultur Neuenglands oder New Yorks zu erhalten oder die jahrhundertealte Tradition der schweizerischen Uhrenherstellung (sowie der Uhrmacher).

Ein objektiver Analytiker kann solche Ziele nicht ohne weiteres von der Hand weisen. Bei genauerer Betrachtung zeigt sich jedoch, daß im allgemeinen die Subventionierung solcher bevorzugten Gruppen das angemessenere und wirksamere Instrument ist, wenn man dem Ziel der Erhaltung alter Traditionen dienen will, als etwa der Einsatz vom Zöllen. Subventionen sind als solche besser zu erkennen und können offen diskutiert werden; sie führen nicht zur Erhöhung sämtlicher Preise, sondern lediglich derjenigen der subventionierten Güter und Arbeitnehmer; und sie können einer regelmäßigen Prüfung durch den Gesetzgeber unterworfen werden.

Es gibt viele außerökonomische Ziele in einer menschlichen Gesellschaft. Ihre Realisierung mit Hilfe eines wirtschaftlichen Protektionismus durchsetzen zu wollen, erweist sich im allgemeinen als ineffizient und kostspielig.

Zölle, für die es keine fundierten ökonomischen Gründe gibt

Merkantilismus

Abraham Lincoln wird die Bemerkung zugeschrieben: »Ich verstehe zwar nicht viel von Zöllen, aber eines weiß ich: Wenn ich einen Rock aus England kaufe, habe ich den Rock, und England hat das Geld. Kaufe ich dagegen einen Rock in Amerika, dann habe ich den Rock, und Amerika hat das Geld.«

Diese Argumentationsweise ist ein Beispiel für einen uralten Fehlschluß, der für die sogenannten merkantilistischen Autoren des 17. und 18. Jahrhunderts bezeichnend war. Ihrer Meinung nach war ein Land zu beglückwünschen, wenn es mehr Güter exportierte, als es importierte, weil eine »positive« Handelsbilanz einen Zustrom von Gold bedeutete, der aus dem Exportüberschuß resultierte.

Diesem Argument liegt eine Verwechslung der Mittel mit den Zielen der Wirtschaftstätigkeit zugrunde. Die Anhäufung von Geld als solche (oder bei den Merkantilisten von Gold) führt nicht zu einer Anhebung des Lebensstandards eines Landes. Geld erhöht den Reichtum eines Landes vielleicht, wenn es von krankhaften Geizhälsen wie König Midas bevölkert wird – allerdings auch nicht das Geld als solches, sondern lediglich das Geld als Mittel für den Erwerb von Gütern aus anderen Ländern.

Zölle zugunsten besonderer Interessengruppen

Am stärksten ist der Druck zugunsten von Schutzzöllen, der von einflußreichen Interessengruppen ausgeht. Sowohl die Unternehmerschaft wie die Arbeiterschaft wissen sehr wohl, daß ein Zoll auf ihre Produkte *ihnen* nützt, gleichgültig welche Wirkungen er auf die Produktion und den Konsum insgesamt haben mag.

In der Vergangenheit ist man nicht einmal vor ungeschminkter Bestechung zurückgeschreckt, wenn es darum ging, die notwendige Stimmenzahl zu mobilisieren. Heute trommeln mächtige politische Aktionskomitees, die von der Industrie oder den Gewerkschaften finanziert werden und den Wahlkampf von Kongreßabgeordneten mit Millionenzuschüssen unterstützen, die notwendigen Stimmen für Zölle oder Mengenbeschränkungen für Textilien, Autos, Stahl, Zucker und ähnliche Güter zusammen.

Wie ist es zu erklären, daß die Nutznießer protektionistischer Maßnahmen die Oberhand haben, obgleich so vieles für den Freihandel spricht? Die Antwort darauf wurde in Kapitel 32 im Zusammenhang mit der Theorie der öffentlichen Kollektiventscheidungen untersucht. Wir sahen, daß Interessengruppen »Regierungen zu Fall bringen«. Warum? Weil freier Handel allen ein wenig nützt, während der Protektionismus wenigen sehr viel nützt. Fällt es politisch ins Gewicht, daß die negativen Seiten des Protektionismus gegenüber den positiven Seiten überwiegen? Es fällt so lange nicht ins Gewicht, wie die wenigen, die vom Protektionismus profitieren, die politisch aktivste Gruppe bilden. Es ist sehr viel schwieriger, die Masse der Konsumenten und Produzenten für die Sache des Freihandels zu mobilisieren, als einige wenige Unternehmen oder Gewerkschaften zu organisieren, die dann in einer Kampagne gegen »billige ausländische Arbeitskräfte« die Trommeln rühren.

Die Konkurrenz billiger ausländischer Arbeitskräfte

Der größten Beliebtheit in der amerikanischen Geschichte erfreute sich ein anderes Argument zugunsten des Protektionismus. Es war so angelegt, daß es die Arbeiterschaft ansprach. Die gängigste Version lautete: »Wenn wir Güter ins Land lassen, die von billigen ausländischen Arbeitskräften produziert werden – von chinesischen Textilarbeitern oder von schlechtbezahlten koreanischen Arbeitern der Elektronikbranche –, dann läßt sich der höhere Lebensstandard der amerikanischen Arbeitnehmer nicht aufrechterhalten.«

Dieses Argument ist falsch. Wir haben gesehen, daß sich der Handel für alle Beteiligten lohnt, selbst wenn ein Land, gemessen am Ressourceneinsatz, sämtliche Güter billiger produzieren kann als andere Länder. Entscheidend für den Handel ist der komparative, nicht der absolute Kostenvorteil. Selbst wenn die Löhne eines Landes diejenigen seines Nachbarn um das Hundertfache übersteigen, lohnt sich der Handel dennoch.

Anders ausgedrückt: Die Theorie der komparativen Kostenvorteile beweist, daß es für uns sogar vorteilhafter ist, mit Ländern des Fernen Ostens oder Lateinamerikas Handel zu treiben – mit Volkswirtschaften, die sich stark von der unseren unterscheiden – als mit Ländern wie Kanada oder Deutschland, die uns als industrialisierte Volkswirtschaften gleichen.

Das ausschlaggebende Argument gegen die Behauptung der »Konkurrenz der billigen ausländischen Arbeitskräfte« basiert deshalb auf der Analyse des komparativen Kostenvorteiles, die bewies, daß *das absolute Lohnniveau mit dem langfristigen, durch den Handel herbeigeführten Anstieg des Volkseinkommens nichts zu tun hat.*

Die hohen amerikanischen Reallöhne sind das Ergebnis hoher Effizienz, nicht das Ergebnis von Schutzzöllen. Soweit hohe Löhne auf hohe Produktivität zurückzuführen sind, stellen sie für uns kein Handikap im Konkurrenzkampf mit ausländischen Arbeitskräften dar.

Der Vergeltungszoll

Einige Leute räumen ein, daß eine Welt des Freihandels einer Welt der Zölle vorzuziehen ist. Aber sie argumentieren auch:»Solange andere Länder aus Torheit oder Bosheit restriktive Zollgesetze erlassen, bleibt uns aus Gründen der Selbstverteidigung nichts anderes übrig, als es ihnen gleichzutun.«

Tatsächlich ähnelt ein Zoll, wie wir gesehen haben, sehr stark einer Erhöhung der Transportkosten. Aber wenn andere Länder dumm genug sind, ihre Straßen verkommen zu lassen, ist uns dann damit gedient, wenn wir in unsere Straßen Löcher hacken? Natürlich nicht. Wenn – dementsprechend – andere Länder uns durch die Einführung von Zöllen schaden, sollten wir den Schaden nicht noch vergrößern, indem auch wir zu Zöllen greifen.

Wenn das Argument, daß wir Vergeltungsmaßnahmen ergreifen sollten, überhaupt einen Sinn hat, dann lediglich insoweit, als unsere Androhung eines Vergeltungszolles andere Länder davon abhalten könnte, ihre Zölle zu erhöhen. Eine solche Rechtfertigung für eine Schutzzollpolitik wurde von der Regierung der Vereinigten Staaten 1982 (im *Wirtschaftsbericht des Präsidenten*) ausdrücklich anerkannt:

Obgleich ... jeder Eingriff in den Welthandel für die Vereinigten Staaten kurzfristig mit Kosten verbunden ist, kann ein solcher dennoch gerechtfertigt sein, wenn er dem strategischen Ziel dient, die Kosten solcher interventionistischen Maßnahmen auch für andere Länder zu erhöhen. Somit können mit Bedacht durchgeführte, zielgerichtete Maßnahmen ... die geeignet sind, andere Länder zum Abbau ihrer handelsverzerrenden Praktiken zu bewegen ... möglicherweise eine Berechtigung haben.

Beim Gebrauch dieses Arguments ist jedoch Vorsicht geboten. So wie der Bau von Raketen ebensooft zum Wettrüsten führt wie zur Rüstungskontrolle, kann das Taktieren mit protektionistischen Maßnahmen dem Taktierer schließlich genauso schaden wie seinem Gegner. Historische Untersuchungen zeigen, daß Vergeltungszölle in der Regel dazu führen, daß andere Länder ihre Zölle noch stärker erhöhen; selten erweisen sie sich als wirkame Verhandlungswaffe zur Durchsetzung multilateraler Zollsenkungen.

Die »Escapeklausel«

Heute stehen im Kongreß relativ wenig Zollfragen zur Diskussion an. Der Kongreß erkannte, daß die Zollpolitik ein ziemlich heißes Eisen ist, und übertrug einen großen Teil seiner Befugnisse auf den Präsidenten (der sich bei seinen Entscheidungen auf den Ausschuß für Probleme des Welthandels stützt).

Fast alle Zollschranken der letzten Jahre wurden unter Bezug auf die »Escapeklausel« des 1974 verabschiedeten Außenhandelsgesetzes errichtet. Im Rahmen dieses Gesetzes kann ein Wirtschaftszweig Handelserleichterungen (Zölle, Importkontingente oder auf dem Verhandlungsweg vereinbarte Importkontrollmaßnahmen) erwirken, wenn er infolge der ausländischen Konkurrenz »Schaden genommen« hat. Ein Schaden liegt dann vor, wenn die Produktion, die Beschäftigung und die Gewinne eines heimischen Wirtschaftszweiges zurückgegangen sind, während die Importe zugenommen haben. Hilfsmaßnahmen im Rahmen dieser »Escapeklausel« haben wir erlebt für Fernseher, Schuhe, Stahl, CB-Funkgeräte und (man höre und staune) Schrauben und Muttern.

Wie ist dieses Argument zugunsten des Schutzes eines durch Importe gefährdeten Wirtschaftszweiges zu beurteilen? Obgleich es vernünftig klingen mag, dürfen wir nicht vergessen, daß es in völligem Widerspruch zu der Theorie der komparativen Kostenvorteile steht. Ein Land profitiert vom Handel, wenn es sich spezialisiert, das heißt, wenn es bestimmte Tätigkeitsbereiche aufgibt und deren Ressourcen in anderen Wirtschaftszweigen zum Einsatz bringt, die größere komparative Kostenvorteile genießen. Angenommen, ein Wirtschaftszweig (wie beispielsweise die Stahlindustrie), der früher einmal komparative Kostenvorteile besaß, hat diese inzwischen eingebüßt – weil in anderen Industrien der technische Fortschritt größer war, weil die von ihm eingesetzten heimischen Produktionsfaktoren aufgrund ihres gestiegenen Wertes in anderen Verwendungen teurer geworden sind oder aus irgendeinem anderen Grund. Der Theorie der komparativen Kostenvorteile zufolge sollte dieser Wirtschaftszweig durch ausländische Importe nicht nur in Bedrängnis gebracht werden, sondern sogar durch die Konkurrenz unserer leistungsfähigeren Wirtschaftszweige völlig aus dem Rennen geworfen werden.

Das klingt in der Tat mitleidslos. Kein Wirtschaftszweig gibt sich gern geschlagen. Keine Region stellt sich mit Begeisterung auf neue Industrien um. Oft bringt der Übergang von alten zu neuen Industriezweigen beträchtliche Arbeitslosigkeit und große Härten mit sich. Darüber hinaus ist ein gefährdeter Sektor wahrscheinlich schon seit einiger Zeit krank und blickt auf eine lange Leidensgeschichte zurück. Deshalb gewinnen dieser angeschlagene Wirtschaftszweig und die gesamte Region den Eindruck, daß sie allein dazu ausersehen seien, die Kehrseite des Fortschritts zu erleben.

Die Kompromißlösung, die den überzeugenden Aspekten sowohl der politischen wie der ökonomischen Argumente Rechnung trägt, besteht darin, daß man einen schrittweisen Abbau von Zöllen vornimmt, der es alteingesessenen Produktionsfaktoren gestattet, allmählich in andere Verwendungen überzuwechseln; und auch darin, daß man – wie das seit Verabschiedung des Außenhandelsgesetzes von 1962 geschehen ist – »Anpassungshilfen« gewährt und den verdrängten Produktionsfaktoren Bundesmittel zukommen läßt. Solche Hilfsmaßnahmen können dazu beitragen, daß Produktionsfaktoren von schrumpfenden in wachsende Industriezweige überwechseln, sie können zu einer besseren Verteilung der Lasten zwischen Starken und Schwachen führen und den effektiven Widerstand gegen ein freies und offenes Handelssystem abbauen helfen.

Argumente zugunsten von Schutzzöllen unter dynamischen Bedingungen

Abschließend wollen wir drei Argumente zugunsten protektionistischer Maßnahmen betrachten, denen man eine tatsächliche ökonomische Berechtigung vielleicht nicht absprechen kann:

- Zölle können die außenwirtschaftlichen Austauschrelationen, die *terms of trade*, zugunsten eines Landes verändern;
- unter gewissen Umständen kann ein Zoll zum Abbau der Arbeitslosigkeit beitragen;
- ein vorübergehender Schutzzoll für einen »jungen Wirtschaftszweig« mit Wachstumsaussichten kann sich langfristig als segensreich erweisen.

Das terms of trade-Argument oder der »optimale« Zoll

Ein möglicherweise gültiges Argument lautet, daß Zölle »die Austauschrelationen zuungunsten des Auslandes verschieben können«. Erinnern Sie sich daran, daß man unter den *terms of trade* das Verhältnis der Export- zu den Importpreisen versteht. Dieses Argument ist tatsächlich wohl das einzige, das selbst unter statischen Wettbewerbsbedingungen gültig ist; es ist schon 150 Jahre alt und geht auf J.S. Mill, den Verfechter des Freihandels, zurück.

Würden wir einen solchen *optimalen Zoll* auf Öl erheben, so würde dies, wie Mill argumentieren würde, bei uns zu einem den Auslandspreis übersteigenden Preis führen. Unsere Nachfrage geht deshalb zurück. Da sie aber einen erheblichen Teil der Weltnachfrage ausmacht, wird dies zu einer Senkung des Auslandspreises führen. Ein Teil des Zolles wird deshalb auf das Ausland abgewälzt.[3] (Daraus wird auch ersichtlich, daß ein sehr kleines Land mit diesem Argument nicht operieren kann, denn ein winziges Land kann keinen Einfluß auf die Weltmarktpreise ausüben.)

■ **Zusammenfassend stellen wir fest: Ein Zoll kann sich auf die außenwirtschaftlichen Austauschrelationen (das Verhältnis zwischen Export- und Importpreisen) eines großen Landes günstig auswirken. Dieser Fall tritt dann ein, wenn ein Land auf dem Weltmarkt eine Monopolposition hat.**

Berechnungen solcher »optimalen Zölle« deuten darauf hin, daß für die meisten Länder niedrige Zölle angezeigt sind.

Zölle und Arbeitslosigkeit

Historisch gesehen war der Wunsch nach der Schaffung oder Erhaltung von Arbeitsplätzen eines der stärksten Motive für den Protektionismus.

Ein Zoll, der die Inlandsnachfrage auf Kosten der Nachfrage nach Importen steigen läßt, führt – ebenso wie ein Anstieg der Investitionen oder der staatlichen

---

[3] Dieses Argument entspricht genau dem für den inländischen Monopolisten geltenden Argument, der P über GK anhebt und seine Tätigkeit nur bis zu dem Punkt ausweitet, an dem $GE = GK$. Ins Feld geführt wurde dieses Argument als eines, das für einen hohen Zoll auf importiertes Öl spricht. Die Begründung lautete, daß die Nachfrage nach OPEC-Öl durch die Erhöhung des Inlandpreises gebremst würde (vgl. Frage 7 am Ende des Kapitels).

Ausgaben für Güter und Dienstleistungen – zu einem Anstieg des realen BSP und zur Senkung der Arbeitslosigkeit. (Dieser Aspekt wird im einzelnen im anschließenden Kapitel untersucht und kann als eine einfache Erweiterung des in den Kapiteln 8 und 9 des 1. Bandes behandelten Multiplikatormodells gesehen werden.) Eine Hochzollpolitik (gelegentlich auch als »beggar-thy-neighbor«-Politik bezeichnet, bei der man durch die Abwehr von Importen und die Förderung der eigenen Exporte seinen Nachbarn zum Bettler macht) kann zum Anstieg des Beschäftigungsniveaus führen – zumindest kurzfristig und so lange, bis andere Nationen Vergeltungsmaßnahmen ergreifen.

Kann man jedoch wirtschaftlichen Protektionismus, der zugegebenermaßen die Beschäftigung steigen läßt, als wirksamen Bestandteil eines Programms zur Sicherung eines hohen Beschäftigungsniveaus und hoher Produktion bei stabilen Preisen betrachten? Makroökonomische Analysen verneinen diese Frage. Arbeitslosigkeit läßt sich besser mit Hilfe geld- und steuerpolitischer Maßnahmen bekämpfen. (Erinnern Sie sich an die makroökonomischen Lehren der Teile II und III.) Wird eine makroökonomisch wirksame Wirtschaftspolitik betrieben, werden durch Importe verdrängte Arbeitskräfte eher gutbezahlte Arbeitsplätze in Wirtschaftszweigen finden, die komparative Kostenvorteile besitzen, als schlechtbezahlte Beschäftigungen in Wirtschaftszweigen, die, durch wirtschaftliche Schutzmaßnahmen abgeschirmt, nur mit Mühe und Not überleben.

»Aber«, so könnte man argumentieren, »wie sieht die Situation angesichts der modernen Krankheit der ›Stagflation‹ aus – zu wenige Arbeitsplätze, weil Vollbeschäftigung unvereinbar zu sein scheint mit stabilen Preisen? Stellt das nicht ein Argument zugunsten von Zöllen dar?« Bei einigem Nachdenken erkennen wir, daß die Frage nur mit »Nein« beantwortet werden kann. Die in den Kapiteln 12 und 13 (in Band 1) behandelten Stagflationsprobleme werden durch eine Schutzzollpolitik weder kurzfristig noch langfristig einer Lösung auch nur einen Schritt näher gebracht. Vielmehr *wird durch Zölle oder Importkontingente die Stagflation verschlimmert*, weil protektionistische Maßnahmen die Preise erhöhen und leistungsschwache Wirtschaftszweige stützen. Einen höheren Lebensstandard bei geringerer Inflation kann ein Land durch die Schaffung von Arbeitsplätzen mit Hilfe der inländischen Geld- und Steuerpolitik erreichen, nicht aber durch Protektionismus.

Zölle für »junge Wirtschaftszweige«

In seinem berühmten »Bericht über das Manufakturwesen« wurde dieses Argument erstmals von Alexander Hamilton vorgetragen; mit einer gewissen Zurückhaltung haben auch John Stuart Mill, Alfred Marshall und andere führende Vertreter der Wirtschaftswissenschaft diesem Argument ihren Segen erteilt.

Dieser Theorie zufolge gibt es Wirtschaftszweige, in denen ein Land eigentlich einen komparativen Kostenvorteil hätte, vorausgesetzt, daß diese Bereiche erst einmal eine Startchance hätten.

Sind sie jedoch der ausländischen Konkurrenz ausgesetzt, können solche jungen Industriezweige nicht einmal die anfängliche Orientierungsphase und die anfänglichen finanziellen Belastungen durchstehen. Gibt man ihnen eine Atempause, können sie von den Einsparungen aus der Massenproduktion profitieren und die technologische Leistungskraft entwickeln, die viele moderne Produktionsverfahren auszeichnen. Obwohl deshalb der Schutzzoll zunächst höhere Konsumpreise mit sich bringt, wird der betreffende Industriezweig, sobald er groß genug ist, so leistungsfähig sein, daß die Kosten und Preise tatsächlich niedriger sein werden. Wenn zu diesem späteren Zeitpunkt die Vorteile für die Konsumenten die höheren Preise während der Schutzzollphase mehr als ausgleichen, ist der Zoll gerechtfertigt.

Das Für und Wider eines solchen Arguments muß sehr sorgfältig abgewogen werden. Historische Untersuchungen haben Beispiele für einige echte Fälle von jungen Wirtschaftszweigen aufgezeigt, die auf diese Weise lernten, auf eigenen Füßen zu stehen. Dennoch zeigt die Geschichte des Protektionismus, daß der gegenteilige Fall, in dem die Industrien nie aus den Kinderschuhen herauskamen, häufiger anzutreffen ist.

Bedauerlicherweise können die jungen Wirtschaftszweige nicht genügend Stimmen mobilisieren, um diesem Argument zu großer praktischer Bedeutung zu verhelfen. Nicht sie werden vom Kongreß geschützt, sondern vielmehr die einflußreichen traditionellen Interessengruppen, die seit undenklichen Zeiten nicht aus ihren Windeln herausgekommen sind.

Sonstige Handelshemmnisse

Obgleich in diesem Kapitel im allgemeinen nur von Zöllen die Rede war, gilt das Gesagte gleichermaßen für alle anderen Erschwerungen des Handels. So haben Importkontingente die gleichen negativen Auswirkungen wie Zölle und sind häufig sogar noch restriktiver. Eine neuere Entwicklung geht dahin, daß im Interesse einer Reduzierung der Importe auf ausländische Konkurrenten Druck ausgeübt wird, um sie zu veranlassen, sich selbst »freiwillige Mengenbeschränkungen« aufzuerlegen oder sich zu »geordneten Absatzvereinbarungen« bereitzufinden. Solcher Maßnahmen bediente man sich mit Bezug auf Fernsehgeräte, Schuhe und japanische Autos. In jüngster Zeit hat Präsident Reagan durch die Aushandlung von freiwilligen Kontingenten für den Import von Stahl in die Vereinigten Staaten für eine Entlastung der Stahlindustrie gesorgt; diese Maßnahme führte zu einer erheblichen Senkung des Anteils von Stahl in den USA, der von Japan, Europa, Korea und Brasilien geliefert wird.

Schließlich sollten wir auch noch die nichttarifären Barrieren (die NTBs) erwähnen. Darunter versteht man nichtformelle Beschränkungen oder Vorschriften, die Ländern Hindernisse beim Absatz ihrer Güter auf ausländischen Märkten in den Weg legen. Die Zunahme dieser NTBs gehört zu den großen Problemen, denen sich die Unterhändler auf Handelskonferenzen in den 80er Jahren gegenübersehen.

Die Geschichte der Zölle und das GATT

Damit beschließen wir unsere Darstellung der wirtschaftlichen Bedeutung der Zölle. Wie sah die Praxis der letzten Jahre aus? Die in Abbildung 39.4 dargestellte Geschichte der Zölle zeigt deren ständiges Auf und Ab. Während der längsten Zeit seit Bestehen der amerikanischen Republik sind wir ein Land mit hohen Zöllen gewesen. Den Höhepunkt stellte der berüchtigte Smoot-Hawley-Zoll des Jahres 1930 dar. Die amerikanischen Ökonomen sprachen sich praktisch geschlossen gegen diesen Zoll aus, dennoch passierte er den Kongreß.

Die während der Weltwirtschaftskrise aufgerichteten Handelsschranken trugen

Durchschnittliche Zollsätze der Vereinigten Staaten

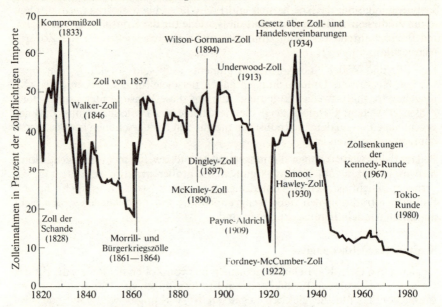

Abbildung 39.4. **Historisch gesehen war Amerika ein Land mit hohen Zöllen.**
Während des größten Teiles unserer Geschichte waren die Zölle hoch. Seit den 30er Jahren sind sie jedoch durch eine Reihe von Handelsvereinbarungen gesenkt worden. Heute stellen die nichtzollbedingten Handelshemmnisse, insbesondere vereinbarte Importkontingente, eine neue Gefahr dar. Arbeitnehmer und Unternehmen in Branchen wie der Textil-, Schuh-, Stahl- und Kraftfahrzeugindustrie möchten Konkurrenzimporte in dem irrigen Glauben abwehren, daß ein Land durch solche Tricks seine Löhne hochdrücken kann. Das tatsächliche Ergebnis hoher Zölle besteht jedoch darin, daß sie die Reallöhne eines Landes drücken, wenn dieses nämlich seine aus der Spezialisierung und der regionalen Arbeitsteilung resultierende Leistungsfähigkeit einbüßt.

zur Steigerung der Preise bei und vergrößerten das Elend jener Jahre. Deshalb wurde 1934 eine Reihe von multilateralen Handelskonferenzen eingeleitet, die seither bis zur letzten Tokio-Runde über den Abbau von Zöllen im Jahre 1980 fortgesetzt wurden.

Handelskonferenzen finden im Rahmen des GATT statt, des General Agreement on Tariffs and Trade (Allgemeines Zoll- und Handelsabkommen). Diese internationale Organisation gehört zu den erfolgreichsten Institutionen bei der Verfolgung und Durchsetzung eines wichtigen internationalen Zieles – nämlich die Zölle abzubauen und dafür zu sorgen, daß sie unten bleiben. In den letzten Jahren konzentrierten sich die multilateralen Handelskonferenzen auf die schwierigere Aufgabe der Beseitigung nichttarifärer Handelshemmnisse, der Förderung des Freihandels im Dienstleistungsbereich und der Überwindung von Hindernissen für die Freizügigkeit des Kapitals.

Abbildung 39.4 ist ein sprechender Beweis für die Tatsache, daß die Vereinigten Staaten nach zahlreichen erfolgreichen Zollverhandlungsrunden endlich nicht mehr als ein von hohen Zollmauern umgebenes Land betrachtet werden können. Das gleiche gilt für andere Industrienationen. Dennoch ist der Einfluß von Kräften, die für eine protektionistische Politik plädieren, ungebrochen. Und einige Beobachter glauben, daß die industrialisierte Welt schon wieder bedenklich nahe an der Schwelle zu einer Phase steht, in der eine neue Woge des Protektionismus und wechselseitiger Vergeltungsmaßnahmen ähnlich jener der 30er Jahre das heutige relativ offene Handelssystem gefährden.

Zusammenfassung

1. Vollkommen freier Handel gleicht die Preise im Inland denen der Weltmärkte an. Die Güter fließen im freien Warenaustausch stromaufwärts – von den Niedrigpreismärkten zu den Märkten mit hohen Preisen.

2. Ein Zoll erhöht die Inlandspreise importierter Güter und führt zu einem Rückgang des Konsums wie der Importe; er erhöht andererseits die Inlandsproduktion. Importkontingente haben sehr ähnliche Auswirkungen und bringen darüber hinaus einen Einnahmenverlust mit sich, der den Unternehmen zufällt, die eine Importlizenz erhalten.

3. Ein Zoll führt zu wirtschaftlicher Ineffizienz. Die Volkswirtschaft erleidet Verluste aufgrund des verminderten Inlandkonsums sowie durch die Vergeudung von Ressourcen auf die Produktion von Gütern, bei denen keine komparativen Kostenvorteile bestehen. Die Verluste sind im allgemeinen höher als die Einnahmen des Staates durch den Zoll.

4. Die meisten Argumente zugunsten von Zöllen sind nichts anderes als Formen der Rationalisierung von Vergünstigungen für besondere Interessengruppen; unterzieht man sie einer Analyse, lassen sie sich nicht aufrechterhalten. Lediglich drei Argumente halten einer sorgfältigen Analyse stand: (a) Der »terms of trade«-Zoll beziehungsweise der »optimale Zoll« kann grundsätzlich zu einer Steigerung des Konsums eines Landes auf Kosten seiner Handelspartner führen. (b) Unter dynamischen Bedingungen können Zölle für ein höheres Beschäftigungsniveau in einer Volkswirtschaft sorgen, obgleich geld- und steuerpolitische Maßnahmen das gleiche beschäftigungspolitische Ziel bei geringerem Leistungsverlust erreichen können. (c) In einer Vollbeschäftigungswirtschaft stellt der Fall der jungen Wirtschaftszweige, die eines vorübergehenden Schutzes bedürfen, um ihre echten langfristigen komparativen Kostenvorteile realisieren zu können, die einzige Ausnahme von praktischer Bedeutung dar.

Begriffe zur Wiederholung

Zoll, Importkontingent

Preisgleichgewicht in einer Situation mit und ohne Handel

Auswirkungen von Zöllen auf Preise, Importe und Inlandsproduktion

merkantilistische Argumente, das Argument bezüglich der billigen ausländischen Arbeitskräfte, das Argument der Vergeltung

Verschiebung der *terms of trade* und der optimale Zoll

Arbeitslosigkeit und Zölle
Schutzzoll für junge Wirtschaftszweige
GATT und internationale Handelskonferenzen

Fragen zur Diskussion

1. Welches sind Ihrer Meinung nach die einzigen vertretbaren Argumente für und wider die Protektion?

2. Welche Argumente sind im Interesse eines Schutzes der Stahl- oder Automobilindustrie angeführt worden? Wägen Sie das Für und Wider dieser Argumente ab. Wie sieht die Rechnung unter dem Strich aus?

3. Nehmen Sie kritisch zu dem Argument zugunsten eines Schutzzolles für junge Wirtschaftszweige Stellung. In welcher Beziehung steht dieses Argument zum Prinzip der komparativen Kostenvorteile?

4. Nach dem Außenhandelsgesetz von 1974 sind Schutzzölle für Wirtschaftszweige zulässig, die durch Importe »geschädigt« worden sind. Führen Sie die bestmöglichen Argumente zur Verteidigung dieser Bestimmung an; führen Sie die wichtigsten Gegenargumente ins Feld.

5. Seit den 30er Jahren haben die Industrienationen eine Reihe von Abkommen ausgehandelt, in deren Rahmen sich alle zu Zollsenkungen bereit erklärt haben. Können Sie sich vorstellen, warum eine erfolgreiche Senkung von Zöllen dazu führen kann, daß nichttarifäre Barrieren immer stärker zunehmen?

6. (Für Leser, die sich mit der Entscheidungstheorie des Kapitels 32 beschäftigt haben.) Zölle führen in der Regel zu einer *Senkung* des Realeinkommens der überwältigenden Mehrheit der Wähler eines Landes. Dennoch werden in den demokratischen Industrienationen fast alle Güter mit Zöllen belastet. Können Sie dieses Paradox mit Hilfe der Theorie der zu Fall zu bringenden Regierungen erklären?

7. Stellen Sie sich eine Situation vor, in der die Industrienationen ihr gesamtes Öl aus den OPEC-Ländern einführen; und in der die OPEC-Länder unter Wettbewerbsbedingungen tätige Anbieter mit einer völlig unelastischen Angebotskurve sind. Welche Auswirkungen hätte ein von den Industrienationen eingeführter Ölimportzoll in Höhe von 10 Dollar pro Barrel auf die Importe, den Ölpreis der OPEC sowie die Ölpreise in den Industrieländern? Welches Argument zugunsten eines solchen Ölimportzolles könnte hier angeführt werden?

Wechselkurse und internationaler Zahlungsverkehr 40

Ehe ich eine Mauer errichtete,
wollte ich stets wissen,
was schließt sie ein, was sperrt sie aus ...

Robert Frost

In diesem abschließenden Kapitel wenden wir uns den Problemen des internationalen Zahlungsverkehrs zu. Zunächst untersuchen wir die Mechanismen des internationalen Zahlungsverkehrs – die verschiedenen Arten des Geldes; den Goldstandard und andere Verrechnungsmechanismen; die festen und flexiblen Wechselkurse. Als nächstes analysieren wir die Auswirkungen von Importen, Exporten und Wechselkursen auf die Gesamtwirtschaft. Abschließend stellen wir dar, wie das System von Bretton Woods, das der Motor der großen Ära des Wirtschaftswachstums zwischen 1945 und 1971 war, zusammenbrach und durch das heutige Wechselkurssystem ersetzt wurde.

Die Geschichte des internationalen Währungssystems führt durch ein faszinierendes Kapitel der modernen Wirtschaftswissenschaft. Es zeigt, welche Schritte der Zusammenarbeit die Regierungen unternommen haben, um die Leistungsfähigkeit des internationalen Wechselkurssystems zu erhöhen. Tatsächlich spielt das internationale Währungssystem eine Schlüsselrolle, weil es das Öl im Getriebe des Welthandels ist und für das reibungslose Funktionieren all unserer interdependenten Volkswirtschaften sorgt. Es stellt die Schwelle dar zwischen einem segensreichen System des internationalen Austausches und einer Welt des Chaos.

A. Wechselkurs- und Handelsmechanismen

Die Wechselkurse

Wie funktioniert der Handel eigentlich? Wenn ich Orangen aus Florida oder ein Auto aus Detroit kaufe, möchte ich für beide natürlich mit Dollars bezahlen. Ebenso erwartet auch der Orangenfarmer und der Autorhersteller die Bezahlung in Dollar – denn schließlich muß er für seine Unkosten und seinen Lebensunterhalt auch in Dollar aufkommen. Innerhalb eines Landes bereiten wirtschaftliche Transaktionen offenbar keine Probleme.

Wenn ich jedoch ein englisches Fahrrad direkt vom Hersteller kaufen will, wird die Sache schwieriger. Letztlich muß ich in britischer Währung zahlen, beziehungsweise in »Pfund Sterling« und nicht in Dollar. Umgekehrt müssen auch Engländer einen amerikanischen Produzenten in Dollar bezahlen, wenn sie unsere Waren kaufen wollen. (All dies gilt auch für Geschäfte in Deutscher Mark, in japanischen Yen und in jeder anderen Währung.)

Dadurch wird ersichtlich, daß der Export und Import von Gütern zwischen Nationen mit unterschiedlichen Währungen einen neuen Faktor ins Spiel bringt: den *Wechselkurs*, der den Preis einer ausländischen Währungseinheit in unserer eigenen Währung ausdrückt.

So bewegte sich der Preis für ein britisches Pfund in letzter Zeit bei 1,25 Dollar. Genauso gibt es einen Wechselkurs zwischen der amerikanischen Währung und den Währungen sämtlicher anderer Länder: die Deutsche Mark kostet ca. 50 Cent; der französische Franc 22 Cent; der japanische Yen $2/5$ Cent (beziehungsweise 250 Yen entsprechen 1 Dollar); der kanadische Dollar kostet 75 Cent.

Da das Verhältnis der Währungen zueinander durch diesen Wechselkurs geregelt ist, kann ich nun auch ohne Mühe mein englisches Fahrrad erstehen. Angenommen, sein Preis wird mit £ 80 angegeben (das heißt 80 britische Pfund Sterling). Unter diesen Umständen brauche ich nichts anderes zu tun, als mir aus der Zeitung den Wechselkurs für das britische Pfund herauszusuchen. Steht das Pfund bei 1,25 Dollar, gehe ich einfach mit 100 Dollar zur Bank und bitte diese, das Geld zur Bezahlung des englischen Fahrradexporteurs zu verwenden. Zur Bezahlung in welcher Währung? In Pfund natürlich, der einzigen Währung, für die der Exporteur Verwendung hat.

Sie sollten nunmehr in der Lage sein darzustellen, was britische Importeure von amerikanischem Getreide tun müssen, wenn sie beispielsweise von einem amerikanischen Exporteur eine Lieferung im Wert von 25000 Dollar beziehen möchten. In diesem Fall müssen Pfund in Dollars gewechselt werden. Warum beträgt der Preis für diese Lieferung bei einem Wechselkurs von 1,25 Dollar für 1 englisches Pfund 20000 Pfund?

Der einzelne Geschäftsmann oder Tourist braucht über keinerlei weitergehende Kenntnisse zu verfügen, um seine Importe oder Exporte abwickeln zu können. Die eigentlichen wirtschaftlichen Zusammenhänge jedoch, die hinter diesem Fragenkomplex stehen, können wir so lange nicht durchschauen, wie wir nicht wissen, warum der jeweilige Wechselkurs seine jeweilige Höhe hat.

Welche ökonomischen Prinzipien bestimmen die Wechselkurse, und welche Kräfte sind hinter den Wechselkursbewegungen am Werk?

Drei bedeutende Wechselkurssysteme

Mit drei wichtigen Systemen müssen wir uns beschäftigen:

- der Funktionsweise des Goldstandards;

- dem Fall des »reinen Floating«, bei dem die Wechselkurse von einem Tag zum anderen in Abhängigkeit von Angebot und Nachfrage schwanken. (Dieser Fall entspricht weitgehend dem des Weizens, der zu einem von Tag zu Tag schwan-

kenden Marktpreis angeboten wird je nach Höhe der unter Wettbewerbsbedingungen herrschenden Nachfrage oder des Angebots.)
- dem modernen Fall des »gelenkten Floating«. Dabei handelt es sich um ein Mischsystem, bei dem einige Währungen frei floaten (bzw. schwanken), während andere an den Dollar gebunden sind oder im Verbund floaten.

Feste Wechselkurse im Rahmen des klassischen Goldstandards

Eines der bedeutendsten Wechselkurssysteme war das des Goldstandards, in dessen Rahmen feste Wechselkurse zwischen den einzelnen Ländern herrschten; es ist zudem ein leichtverständliches System.

Goldbarren

Angenommen, jedermann auf der ganzen Welt bestünde auf einer Bezahlung in kleinen Stückchen reinen Goldes. Solange die Reinheit des Goldes gewährleistet ist, wäre das Gewicht allein ausschlaggebend. In diesem Fall würde der Kauf eines Fahrrades in Großbritannien lediglich eine Bezahlung in Gold erfordern, und zwar zu einem Preis, der in soundsoviel Unzen Gold ausgedrückt wird.

Definitionsgemäß gäbe es dann kein Wechselkursproblem. Gold wäre die gebräuchliche Weltwährung.

Goldmünzen

Da es unbequem ist, Goldsplitter und -klumpen mit sich herumzutragen und sie ständig auf ihre Reinheit und ihr Gewicht hin zu prüfen, gingen die Länder – in früheren Zeiten der Landesherr – dazu über, eine bestimmte Menge an Gold in Form von Münzen zu prägen, die das Staatssiegel als Garantie für die Reinheit und das Gewicht trugen.

Ist der Außenhandel bei Verwendung von Goldmünzen als Tauschmittel nach wie vor dem Binnenhandel vergleichbar? Im wesentlichen durchaus. Ein Unterschied würde sich lediglich dann ergeben, wenn es verschiedene Währungs*einheiten* gäbe. So zeigt ein Blick in die Geschichte beispielsweise, daß es Königin Viktoria beliebte, Goldmünzen (den »Sovereign«) prägen zu lassen, die ½ Unze wogen, während Präsident McKinley einer Goldmünze (dem Dollar) den Vorzug gab, die $1/20$ Unze wog. Da in diesem Fall der Sovereign 5mal so schwer war wie der Dollar, betrug der Wechselkurs natürlich 5 Dollar für 1 englisches Pfund.

So hat man sich im wesentlichen die Funktionsweise des Goldstandards vor 1914 vorzustellen. Natürlich hielten wir an unseren Einheiten fest und die Engländer an ihren. Aber jedermann hatte das Recht, unsere Münzen einzuschmelzen und daraus englische Münzen machen zu lassen.

> ■ Deshalb hatten alle Länder, die sich zum Goldstandard bekannten – wenn man von den unerheblichen Kosten für das Einschmelzen, den Transport über den Ozean und die Neuprägung absieht –, stabile Wechselkurse, deren Nennwert beziehungsweise deren Paritäten von dem Goldgehalt ihrer Währungseinheit bestimmt wurden.

Das oben analysierte Beispiel für den Goldstandard bedarf lediglich geringfügiger Einschränkungen. Da es recht unbequem ist, als Zahlungsmittel Gold mit

> **Ergänzender Hinweis:**
> Könnte also, wenn sich die Kosten für den Transport von 1/4 Unze Gold über den Atlantik (einschließlich der Versicherung und der Zinsen) auf 2 Cent beliefen, der Wechselkurs geringfügig von 5 Dollar abweichen? Durchaus. In New York könnte der für ein Pfund notierte Kurs auf 5,02 Dollar ansteigen, ehe es sich lohnen würde, sich Goldbarren zu beschaffen und sie nach London zum Tausch gegen Pfund zu transportieren. Ein über 5,02 Dollar liegender Preis könnte sich nicht durchsetzen, denn der Goldstrom wäre ausrechend groß, um zu verhindern, daß der Preis über den oberen »Goldpunkt« ansteigt. Es sollte auch klar sein, daß das Pfund nicht unter 4,98 Dollar absinken könnte. Sobald der Wechselkurs diesen unteren Goldpunkt erreicht hätte, wäre es billiger, Gold von Europa nach Amerika zu verfrachten.
>
> Dies war tatsächlich der Gang der Dinge (abgesehen davon, daß wir hier zur Vereinfachung des Rechenbeispiels 5 Dollar anstelle der korrekten Vorkriegsparität von 1914 in Höhe von 4,87 Dollar angesetzt haben und von ungefähren Transportkosten ausgegangen sind). Vor 1914 war der Wechselkurs zwischen dem Pfund Sterling und dem Dollar im wesentlichen stabil. Er wich nur minimal innerhalb der Goldpunkte von den durch das Goldgewicht bestimmten Münzparitäten ab, und die Goldströme bewegten sich in der angedeuteten Richtung.

sich herumzutragen, haben die Regierungen notgedrungen Papiernoten ausgegeben, bei denen sie sich jedoch für den Umtausch in Gold verbürgten. Jedermann hatte das Recht, Gold in Notengeld und Notengeld in Gold einzutauschen, und von diesem Recht wurde tatsächlich häufig Gebrauch gemacht. Darüber hinaus war in jenen Tagen der Transport über den Ozean zeitraubend und kostspielig. Deshalb schwankten die Devisenkurse innerhalb einer engen Bandbreite um die »Goldpunkte« herum. (Siehe ergänzender Hinweis oben.)

Humes Goldstrom-Ausgleichsmechanismus

Nachdem wir uns mit der Wechselkursmechanik vertraut gemacht haben, wollen wir uns eine Frage vorlegen, die dem Problem weiter auf den Grund geht: Was hinderte Amerika zur Zeit des Goldstandards daran, Großbritannien mehr Güter und Dienstleistungen abzunehmen und Großbritannien mehr Kapital zu leihen, als dies umgekehrt der Fall war? Anders ausgedrückt: Was hielt uns davon ab, mehr Pfund Sterling nachzufragen, als die Engländer uns zu geben bereit waren? Das hätte doch bedeutet, daß wir Gold nach England hätten fließen lassen müssen. Hätten wir nicht schließlich unser ganzes Gold eingebüßt?

Die Merkantilisten erfüllte der Gedanke an einen solchen Goldverlust eines Landes mit Schrecken. Sie argumentierten, diesem Abfluß von Gold solle dadurch Einhalt geboten werden, daß der Landesherr die Einführung von Zöllen oder Importkontingenten verfügte, daß er die Exporte subventionierte und auf vielerlei andere Weisen in den Außenhandel eingriff.

Als Kritiker des Merkantilismus trat Adam Smith auf. Aber die überzeugendste Widerlegung der merkantilistischen Argumente erfolgte im Jahre 1752 und stammte aus der Feder von David Hume, dem großen britischen Philosophen. Seine Argumentation ist heute von der gleichen Bedeutung wie damals.

Zunächst stellte Hume fest, daß im Rahmen eines Freihandelssystems nicht alle Länder gleichzeitig einen Goldverlust erleiden könnten. Wohin würde das gesamte Gold fließen – ins Meer? Und er bewies, daß es keineswegs eine Tragödie sei, wenn ein Land, anstatt auf Dauer über 10 Millionen Unzen Gold zu verfügen, nur 5 Millionen oder selbst nur 1 Million besäße. Wenn der Besitz von nur halb so viel Gold lediglich bedeutet, daß alle Preise auf genau die Hälfte zurückgehen, wäre niemand im Land besser oder schlechter gestellt. Der Verlust selbst der Hälfte oder von neun Zehnteln des Goldbestandes eines Landes sei deshalb kein Grund zur Beunruhigung, so meinte Hume, wenn alle Preise und Kosten im Land im gleichen Verhältnis zurückgingen.

Der zweite Teil der Theorie von Hume zeigte, daß unter der Herrschaft des Goldstandards ein automatischer Mechanismus wirksam sei, der für das Gleichgewicht im internationalen Zahlungsverkehr sorgt. Diese Erklärung beruhte zum Teil auf der in Kapitel 16 (in Band 1) dargestellten »naiven Quantitätstheorie des Geldes und der Preise«. Ehe wir uns der Humeschen Erklärung zuwenden, wollen wir uns zunächst diese naive Theorie ins Gedächtnis zurückrufen.

Das Gold und die Quantitätstheorie

Hume war tatsächlich einer der frühesten Vertreter der naiven Quantitätstheorie. Dieser Lehre zufolge stehen das Gesamtpreisniveau in einer Volkswirtschaft und die Geldmenge in proportionalem Verhältnis zueinander. Das Gold stellte jedoch einen wichtigen Teil des Geldangebots dar, entweder direkt in Form von Geld oder indirekt dadurch, daß Regierungen Gold als Deckungsmittel für ihre eigenen Währungen verwandten.

Was geschähe demnach mit dem Geldvolumen eines Landes, wenn Gold das Land verließe? Die Geldmenge würde zurückgehen (wiederum entweder direkt durch den Abfluß von Warengeld oder indirekt dadurch, daß ein Teil der Goldreserven des Landes abfließt).

Um es zu wiederholen: Ein Abfluß von Gold würde die Geldmenge eines Landes verringern; ein Goldzustrom würde die Geldmenge eines Landes erhöhen; und es würde, der Quantitätstheorie zufolge, eine dem veränderten Geldbestand entsprechende proportionale Veränderung des Preis- und Kostenniveaus eintreten.

Die vier Schritte im Ablauf des Mechanismus

Nunmehr können wir Humes brillante Theorie über das Zustandekommen des internationalen Zahlungsgleichgewichts erklären. Sie lautet folgendermaßen:

Angenommen, Amerika importiert zuviel und seine Goldreserven beginnen zu schwinden. Dieser Goldabfluß vermindert die Geldmenge in Amerika, was der Quantitätstheorie zufolge einen Druck auf die Preise und Kosten ausübt. Folglich wird (1) Amerika seine Importe britischer und anderer ausländischer Güter, die sich relativ verteuert haben, reduzieren. Darüber hinaus werden (2) Amerikas Exporte steigen, weil nunmehr die heimischen Güter billiger geworden sind.

Die gegenteilige Wirkung zeigt sich in Großbritannien und anderen Ländern. Da Großbritannien viel exportiert und anderen Ländern Kapital leiht, erlebt es einen Goldzustrom. In Großbritannien steigt die Geldmenge, was, der Quantitästheorie zufolge, die britischen Preise und Kosten in die Höhe treibt.

Dadurch kommen die beiden nächsten Schritte des Humeschen Mechanismus zum Tragen. (3) Britische und andere ausländische Exporte werden teurer, weshalb das Volumen der nach Amerika exportierten Güter schrumpft; und (4) Großbritannien, dessen Bewohner sich einem höheren Inlandspreisniveau gegenübersehen, importiert mehr billige amerikanische Güter.

■ Die Folge des sich in vier Schritten vollziehenden Goldstrom-Mechanismus von Hume besteht in einer Verbesserung der Zahlungsbilanzsituation des Landes, aus dem Gold abfließt, und einer Verschlechterung der Zahlungsbilanzsituation des Landes, das einen Goldzustrom erlebt. Letztlich wird ein Gleichgewicht im internationalen Handel und Zahlungsverkehr auf einem neuen Niveau relativer Preise wiederhergestellt, bei dem ein Gleichgewicht im Handel und im internationalen Kreditverkehr gewährleistet ist und bei dem keine Netto-Goldbewegungen zu verzeichnen sind. Dabei handelt es sich um ein stabiles Gleichgewicht, dessen Aufrechterhaltung weder Zölle noch sonstige staatliche Interventionsmaßnahmen erforderlich macht.

Flexible oder frei schwankende Wechselkurse

Nachdem wir gesehen haben, wie der Goldstandard im Idealfall funktioniert, wenden wir uns nun dem Fall flexibler oder frei schwankender Wechselkurse zu. Bei diesem System werden *die Wechselkurse durch das freie Spiel von Angebot und Nachfrage bestimmt*. Wir haben oben gesehen, daß aufgrund der Goldbindung des Dollars und des Pfundes beide Währungen im Verhältnis von etwa 5 Dollar zu 1 Pfund getauscht wurden. Aber hätte der Wechselkurs ohne diese Goldbindung nicht schwanken können zwischen 4 oder 6 Dollar pro Pfund? Und wird der Sterlingkurs, nachdem inzwischen flexible Wechselkurse zur Regel geworden sind, Ende der 80er Jahre nicht vielleicht irgendwo innerhalb einer Spanne von 1 bis 2 Dollar auf- und abpendeln?

Innerhalb der Gruppe von Wechselkurssystemen mit flexiblen Kursen ist – in Abhängigkeit von dem Umfang staatlicher Interventionen – zwischen zwei wichtigen Untergruppen zu unterscheiden, nämlich dem System des *freien Floating* und dem des *gelenkten Floating*. Regierungen *intervenieren* in die Devisenmärkte, wenn sie ihre eigene Währung gegen ausländische Währungen kaufen oder verkaufen; ein Land kauft (oder verkauft) seine eigene Währung, um Einfluß auf deren Nachfrage (oder Angebot) zu nehmen. Zur Zeit der Reagan-Regierung intervenierten die Vereinigten Staaten nur sehr selten; zu anderen Zeiten haben sie Deutsche Mark, britische Pfund und japanische Yen ge- und verkauft.

■ **Bei frei schwankenden Wechselkursen wird der Kurs durch das freie Spiel von Angebot und Nachfrage bestimmt, und zwar ohne jegliche staatliche Intervention. Interveniert die Regierung auf den Devisenmärkten, um den Kurs der eigenen Währung zu beeinflussen, haben wir es mit einem System des gelenkten Floating zu tun.**

Wir wollen uns zunächst mit den *frei schwankenden Wechselkursen* beschäftigen.

Frei schwankende Wechselkurse

In einem System frei schwankender Wechselkurse werden diese durch das freie Spiel von Angebot und Nachfrage bestimmt. Sind die Amerikaner an umfangreichen Käufen britischer Güter zu einem Wechselkurs von 1,50 Dollar interessiert, während die Briten nur geringe Mengen amerikanischer Güter zu kaufen bereit sind, werden wir mehr Pfund-Devisen nachfragen, als wir von Großbritannien erhalten.

Wozu führt das? Unsere starke Nachfrage wird den Preis des britischen Pfundes in die Höhe treiben (beziehungsweise, was auf das gleiche hinausläuft, den Preis des Dollars herabdrücken).

Wie weit werden die Wechselkursbewegungen gehen? Genau so weit, bis sich – zu dem neuen höheren Preis von beispielsweise 2 Dollar pro britischem Pfund – der Devisenmarkt wieder im Gleichgewicht befindet. Anders ausgedrückt: Der Preis des Pfundes muß so lange steigen, bis die verminderte Nachfrage nach britischen Pfund Sterling gleich dem erhöhten Sterling-Angebot ist.

Die Bewegung vollzieht sich im wesentlichen in zwei Schritten: (1) Angesichts des höheren Pfundpreises wird es teurer, britische Fahrräder zu importieren, weshalb unsere Nachfrage nach Fahrrädern in der üblichen Weise zurückgehen wird. (2) Angesichts des billigeren Dollars verbilligen sich unsere Güter für die Europäer, weshalb ihre Nachfrage nach unseren Exportgütern steigen wird. (Betrachten wir diese beiden Wirkungen sowohl aus ihrer wie aus unserer Sicht, erkennen wir einen Mechanismus wieder, der stark an das aus vier Schritten bestehende Modell von Hume erinnert.)

Abbildung 40.1 zeigt die uns vertrauten, in Kapitel 4 und Teil IV (in Band 1) entwickelten Angebots- und Nachfragekurven; sie stellen die Bestimmung des Gleichgewichts frei schwankender Wechselkurse dar.

Amerikas *NN*-Kurve leitet sich aus unserer Nachfrage nach ausländischen Devisen für den Kauf von Importgütern, Touristenreisen, gechartertem Schiffsraum und Versicherungsleistungen her sowie aus anderen Positionen der Bilanz der laufenden Posten (rufen Sie sich die Darstellung in Kapitel 38 ins Gedächtnis zurück). Devisen benötigen wir ebenfalls für Transaktionen im Rahmen unserer Kapitalverkehrsbilanz, etwa zur Finanzierung von langfristigen Auslandsinvestitionen von seiten amerikanischer Unternehmen. Kurz gesagt: Wir brauchen Devisen zur Begleichung der Sollposten unserer Zahlungsbilanz.

Was steht hinter der Nachfrage von Ausländern nach Dollars – der *AA*-Kurve der Abbildung 40.1 in Gestalt der Sterling-Devisen, die die Ausländer uns anbieten? Hinter der Angebotskurve steht die Nachfrage des Auslands nach unseren Gütern und Dienstleistungen: Ausländer sind am Import unserer Exportgüter interessiert, müssen uns Dividende zahlen, investieren in unserem Land und so fort. Sie übertragen uns Pfund Sterling, die unsere Haben-Posten in der Zahlungsbilanz darstellen.

■ **Der Wechselkurs wird beim freien Floaten im Schnittpunkt von *NN* und *AA* liegen, in dem sich Soll und Haben der Importe und Exporte ausgleichen – auf diesem Gleichgewichtsniveau hat er weder eine fallende noch eine steigende Tendenz.**

Wechselkursgleichgewicht

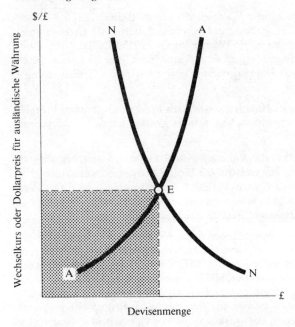

Abbildung 40.1. Das Auf und Ab frei schwankender Wechselkurse wird durch Angebot und Nachfrage nach Gütern und Kapital bestimmt.
Hinter unserer *NN*-Kurve steht unser Wunsch, aus Großbritannien Güter zu beziehen, britische Wertpapiere zu erwerben, das Grab Shakespeares zu besuchen und so fort. Hinter Großbritanniens Devisenangebot *AA*, das es gegen Dollars eintauscht, steht seine Nachfrage nach unseren Exportgütern und Dienstleistungen sowie die Notwendigkeit, uns Gewinne aus unserem Kapitaltransfer der Vergangenheit zu zahlen. Läge der Wechselkurs über *E*, läge das Angebot an Devisen, das Großbritannien uns zur Verfügung zu stellen bereit wäre, über unserer Nachfrage. Dieses Überschußangebot würde den Wechselkurs wieder auf *E* herabdrücken, dem Punkt, in dem der Markt zwischen fremden Devisen und Dollars zum Ausgleich gelangt ist.

Die Auswirkungen von Veränderungen im Handel

Was geschieht, wenn sich die Nachfrage nach Exporten oder Importen ändert? Wie sähe die Situation beispielsweise aus, wenn die Vereinigten Staaten sich entschieden, ihre Truppen aus Europa abzuziehen. Oder wenn wir weniger ins Ausland reisen würden, weil die Inlandsflüge so billig sind? Oder wenn die Vereinigten Staaten ihre Auslandshilfe an Israel reduzierten?

In jedem Fall hätte das einen Rückgang unserer Nachfrage nach ausländischen Devisen zur Folge, weshalb Amerikas Devisen-Nachfragekurve (die *NN*-Kurve der Abbildung 40.1) sich nach links unten verlagern würde. Das würde wiederum eine Senkung des Preises der ausländischen Währungen nach sich ziehen, das heißt, einen niedrigeren Wechselkurs für das britische Pfund und einen höheren Kurs für den Dollar. Wie hoch wird die Kursänderung sein? Hoch genug, um zu einem Rückgang der amerikanischen Exporte und zu einem Anstieg der ausländischen Importe zu führen, und zwar bis zu dem Punkt, an dem sich Angebot und Nachfrage wieder ausgleichen.

Die Wirkung einer Abnahme unserer Importe (oder eines Anstiegs unserer Exporte) besteht also darin, daß sie den Wechselkurs des Dollars erhöht. (Welche Wirkung hätte die Entsendung von Truppen zum Eingriff in einen Krieg im Ausland? Die Erhöhung der Auslandshilfe an Indien? Oder eine plötzlich entdeckte Liebe der Amerikaner zu französischen Weinen?)

Gelenkte Wechselkurse

Bei dem beschriebenen System der frei schwankenden Wechselkurse spielte die Regierung eine passive Rolle. Sie überließ die Bestimmung des Wertes des Dollars dem Devisenmarkt (genauso wie sie es dem Markt überläßt, über den Wert von Hafer, General-Motors-Aktien oder Kupfer zu entscheiden).

In der Realität lassen nur wenige Länder ihre Währungen frei floaten. Sie intervenieren vielmehr – sie kaufen und verkaufen Währungen –, um ein zu starkes Schwanken des Wechselkurses zu verhindern oder um sogar eine bestimmte »*Parität*« (beziehungsweise eine erklärte Zielrate im Austauschverhältnis zu anderen Ländern) aufrechtzuerhalten. Existieren allgemein bekannte oder vereinbarte Paritäten, spricht man von einem *System der gestützten Wechselkurse*. Dieses System herrschte in der Bretton-Woods-Ära von 1945 bis 1971.

Heute halten die meisten führenden Länder nicht mehr an einer festen Parität zum Dollar fest. Sie lassen den Kurs ihrer Währungen schwanken, intervenieren jedoch auf den Devisenmärkten, sobald diese »gestört« sind oder wenn die Wechselkurse sich zu stark von dem für angemessen gehaltenen Niveau entfernen. Ein solches System des mit Interventionen gekoppelten Floating wird als *gelenktes Floating* bezeichnet. Auf dieses System kommen wir im dritten Abschnitt dieses Kapitels zurück, in dem seine Geschichte sowie seine Stärken und Schwächen ausführlich behandelt werden.

Die Terminologie der Wechselkursänderungen

Die Devisenmärkte haben ihren eigenen Jargon. Eine Verdoppelung des Preises des Pfundes bedeutet eine Halbierung des Preises des Dollars. Der Rückgang eines Preises einer Währung im Verhältnis zu einer oder allen anderen Währungen wird als »Kursverfall« definiert. Ein Anstieg im Preis einer Währung im Verhältnis zu einer anderen wird als »Kursanstieg« bezeichnet. Bezogen auf unser obiges Beispiel stieg das Pfund im Wert, wenn es von 1,50 Dollar auf 2 Dollar anstieg, und der Dollar verzeichnete einen Wertverlust.

Häufig wird der Terminus »Kursverfall« mit dem Terminus »Abwertung« verwechselt. Von Abwertung spricht man nur im Zusammenhang mit einer Währung, die einen offiziell festgesetzten Wechselkurs zum Gold oder einer anderen Währung hat und bei der der fixierte Kurs oder die Parität verändert werden durch eine Änderung des Goldpreises oder des Preises der anderen Währung.

Beispielsweise sagen wir, daß der Dollar 1971, als die Vereinigten Staaten den offiziellen Goldpreis von 35 Dollar auf 38 Dollar pro Unze anhoben, abgewertet wurde. Eine Abwertung kann auch einen Kursverfall mit sich bringen. Als beispielsweise der Goldpreis des Dollars anstieg, der französische Franc jedoch seinen alten Goldpreis behielt, kam dies einem Kursverfall des Dollars im Verhältnis zum Franc gleich; beziehungsweise – was das gleiche ist – der Franc erfuhr gegenüber dem Dollar eine Aufwertung.

- Wird der *offizielle Wechselkurs* eines Landes im Verhältnis zum Gold oder einer anderen Währung gesenkt – wie beispielsweise von 35 Dollar pro Unze auf 38 Dollar –, sprechen wir von einer *Abwertung* einer Währung. Das Gegenteil einer Abwertung ist eine *Aufwertung*.

Sinkt der *Kurs* einer gegebenen Währung gegenüber einer ausländischen Währung – wie beispielsweise der Kurs des Dollars in den 70er Jahren um etwa 50 Prozent von etwa 3,80 DM auf 1,90 DM pro Dollar –, sprechen wir von einem *Kursverfall* unserer Währung gegenüber einem »Kursanstieg« der ausländischen Währung.

Die Theorie der Kaufkraftparität

Manchmal scheint sich das Verhalten der Wechselkurse ohne ersichtlichen Grund durch große Sprunghaftigkeit auszuzeichnen. Wie läßt sich ein solches Auf und Ab erklären?

Eine Theorie, die weite Verbreitung gefunden hat, ist die Theorie der Kaufkraftparität. Diese von David Ricardo um 1817 und von dem Schweden Gustav Cassel um 1916 eingeführte Theorie untersucht das relative Preisniveau verschiedener Länder, das in einem System flexibler Paritäten den Schlüssel zu den Wechselkursen liefert. Der Theorie der Kaufkraftparität zufolge wird sich der Wechselkurs des Dollars, wenn ein bestimmter Warenkorb in Deutschland 25 Deutsche Mark kostet, während der gleiche repräsentative Warenkorb in den Vereinigten Staaten 10 Dollar kostet, auf das Verhältnis von 2,50 DM zu 1 Dollar hinbewegen.

Diese Theorie kann sich auch als nützlich bei der Prognose von Wechselkursveränderungen in Reaktion auf Schocks erweisen. Angenommen, Amerika und Deutschland befinden sich bei einem Wechselkursverhältnis von 2,50 DM zu 1 Dollar im Gleichgewicht. Nunmehr verdoppeln sich aber alle Preise in Amerika, weil es seine Geldmenge *(M)* aufbläht; Deutschland hält *M* jedoch in den Grenzen, die für ein stabiles Preisniveau sorgen. In diesem Fall wird unter sonst gleichen Bedingungen (anhaltende Vollbeschäftigung, keine Erfindungen, Mißernten, Zölle oder Änderungen in den Konsumentenpräferenzen) der neue Schnittpunkt zwischen *NN* und *AA* doppelt so hoch liegen wie beim alten Wechselkurs, nämlich bei 1,25 DM pro Dollar, wobei der Dollar einen Wertverlust in Höhe des Anstiegs des amerikanischen Preisniveaus erlitten hat.

Die Begründung ist von klassischer Schlichtheit. Angesichts einer genauen Verdoppelung aller Löhne und Preise bei uns (und einer Verdoppelung von *M* zu deren Finanzierung) können wir zu dem neuen Wechselkurs, der sich auch genauso verdoppelt hat wie sämtliche Preise und Kosten, genau die gleiche Menge an Importgütern einführen und genau die gleiche Menge an Exportgütern ausführen wie zuvor. Wir verhalten uns so, als wären aus einem alten Dollar zwei neue Dollar geworden.

Die Theorie der Kaufkraftparität ist in jüngster Zeit einer gründlichen Prüfung unterzogen worden. Die Untersuchungsergebnisse deuten darauf hin, daß sich die Wechselkurse in Perioden, die durch starke Störungen im Preisgefüge gekennzeichnet sind (besonders in Zeiten galoppierender Inflationen oder Hyperinflationen) tatsächlich in der von der Theorie prognostizierten Weise verhalten. Andererseits erwies sich die Theorie während der vergangenen zwölf Jahre flexibler Wechselkurse – in denen Erschütterungen unterschiedlicher Herkunft auftraten und in denen die meisten Industrienationen nur mäßige Inflationsraten aufwiesen – zumeist als ein recht klägliches Instrument zur Vorhersage von Wechselkursschwankungen. Anders ausgedrückt: Es sind erhebliche Schwankungen in den *realen* Wechselkursen aufgetreten, das heißt in den um die jeweiligen inländischen Preisniveaus bereinigten relativen Wechselkursen. Dies werden wir insbesondere bei der Dollar-Entwicklung seit 1979 sehen.

B. Die makroökonomische Analyse offener Volkswirtschaften[1]

Bei unserer Darstellung des internationalen Handels- und Zahlungsverkehrs hat das Schwergewicht bisher auf der Untersuchung der Frage gelegen, auf welche Weise der freie Handel zu einer Erhöhung des Sozialprodukts und des Konsums beiträgt und auf welche Weise Devisenmärkte Wechselkurse ermitteln, die Angebot und Nachfrage ausgleichen. Welcher Art sind jedoch die makroökonomischen Auswirkungen des Handels und des Zahlungsverkehrs? Ist es nicht denkbar, daß eine Währung über- oder unterbewertet wird? Und kann eine solche Situation in einer Welt inflexibler Preise und Löhne nicht zur Arbeitslosigkeit führen? Diesen wichtigen Fragen wenden wir uns im folgenden zu.

Der Außenhandelsmultiplikator

Der klassische Mechanismus von Hume hing in erster Linie von relativen Preisen ab. Außerdem implizierte er ständige Vollbeschäftigung: Er unterstellte, daß die Gesellschaft sich immer entlang ihrer PM-Grenze bewegte, und schloß aus, daß der Handel die Gesellschaft auf einen Punkt innerhalb dieser Grenze zurückdrängte oder sie in Richtung auf diese PM-Grenze hin bewegte.

Dennoch haben wir bei unserer Darstellung der Makroökonomie in den Teilen II und III in Band 1 gesehen, daß in einem Laissez-faire-System nicht ständig Vollbeschäftigung herrscht. Diese läßt sich ohne flexible Löhne und Preise oder ohne eine ideale Geld- und Fiskalpolitik nicht gewährleisten. Welche Auswirkungen haben also internationale Kräfte auf das makroökonomische Gleichgewicht? Es ist zu vermuten, daß höhere Exporte und Auslandsinvestitionen die Inlandsproduktion ankurbeln und das Beschäftigungsniveau anheben werden, genauso wie das im Falle höherer Inlandsinvestitionen gilt.

Diese Vermutung ist richtig. Exporte steigern die Gesamtnachfrage. In unserem einfachen Multiplikatormodell der Kapitel 8 und 9 haben die Exporte die gleiche Wirkung auf die Produktion und die Preise wie Investitionen oder Ausgaben des Staates für Güter und Dienstleistungen. Sie führen zu einem unmittelbaren An-

---

[1] Am ergiebigsten ist die Lektüre des Abschnittes B nach der Behandlung der Makroökonomie der Teile II und III in Band 1.

stieg der Produktion. Darüber hinaus setzen sie eine ganze Kette von Folgeausgaben in Bewegung.

So werden neue Exportaufträge in Höhe von 1 Milliarde Dollar an die kalifornische Computerindustrie zur Erstellung einer primären Produktion und zur Schaffung primärer Einkommen in Höhe von 1 Milliarde Dollar führen. Die Arbeitnehmer und Kapitaleigner werden vielleicht zwei Drittel ihrer neuen Einkommen für Konsumerzeugnisse aus Ohio und Texas ausgeben; zwei Drittel dieser zusätzlichen Ausgaben werden wiederum ausgegeben. Dieser Prozeß findet erst dann sein Ende, wenn sich der Gesamtbetrag auf

$$1 + \tfrac{2}{3} + (\tfrac{2}{3})^2 + \ldots = 1/(1 - \tfrac{2}{3}) = 3$$

beläuft, das heißt auf die anfängliche 1 Milliarde Dollar zuzüglich weiterer 2 Milliarden an sekundären Konsumausgaben.

Import-Sickerverluste

Der internationale Handel hat jedoch, abgesehen von der Auslösung eines Multiplikatoreffektes, noch eine zweite wichtige Wirkung. Unser höheres amerikanisches BSP führt zu einem Anstieg unserer Importe um beispielsweise $\tfrac{1}{9}$ jedes zusätzlichen Dollars. Das bedeutet, daß die Kette der induzierten Folgeausgaben im Inland nicht ganz so lang ist wie in unserem obigen Beispiel. Die Importe verursachen beim Übergang von einem Glied zum nächsten einen »Sickerverlust« – in der gleichen Weise, in der Ersparnisse einen Sickerverlust im Ausgabenstrom darstellen.

Deshalb werden von der ursprünglichen 1 Milliarde Dollar an Einkommen in der Exportindustrie vielleicht nur $\tfrac{5}{9} = \tfrac{2}{3} - \tfrac{1}{9}$ anstelle von $\tfrac{6}{9}$ für amerikanische Konsumgüter (in Ohio, Texas und so fort) ausgegeben. Und in der Weise wird sich der Prozeß von einem Schritt zum nächsten fortsetzen. Der Gesamtmultiplikator beläuft sich deshalb nur auf

$$1 + \tfrac{5}{9} + (\tfrac{5}{9})^2 + \ldots = 1/(1 - \tfrac{5}{9}) = 2\tfrac{1}{4}$$

und nicht auf 3. Beachten Sie also, daß $\tfrac{1}{9}$ unseres zusätzlich erzeugten Einkommens von $2\tfrac{1}{4}$ Millarden – beziehungsweise im vorliegenden Falle $\tfrac{1}{4}$ Milliarde Dollar – für zusätzliche Importe wieder ins Ausland abfließt. Die allgemeine Regel lautet also:

- **Exporte führen zu einem Anstieg der Inlandsproduktion und der Einkommen, wobei der Multiplikator jedoch durch unsere Importe vermindert wird. Die Binnenwirtschaftspolitik hat deshalb einen Spillover-Effekt auf den Außenhandel, wie auch der Außenhandel einen Spillover-Effekt auf die Höhe der Produktion und der Beschäftigung innerhalb eines Landes hat.**

Wirtschaftspolitik, Wechselkurse und Arbeitslosigkeit

Im vorangegangenen Abschnitt haben wir den Einfluß des Außenhandels auf die Produktion und die Beschäftigung eines Landes aufgezeigt. Jetzt wollen wir einen Schritt weiter gehen und zeigen, auf welche Weise die Wirtschaftspolitik den Wechselkurs beeinflussen kann und wie ein überhöhter Wechselkurs zur Arbeitslosigkeit führen kann.

Bei diesem Beispiel gehen wir von zwei Ländern aus. Wir nennen sie *A* (für

Amerika) und *J* (für Japan). Ihre jeweiligen Währungen sollen der Dollar und der Yen sein. Die nachfolgend dargestellte Situation trägt wesentlich zur Verdeutlichung von Problemen bei, wie sie Mitte der 80er Jahre anstehen.

Ausgehen wollen wir von einem langfristigen Wechselkursgleichgewicht zwischen *A* und *J*, bei dem 200 Yen gleich 1 Dollar sind. Darüber hinaus soll sich *A* im Interesse der Inflationsbekämpfung für eine Senkung des Geldmengenwachstums entschieden haben.

Aus den Kapiteln über makroökonomische Probleme wissen wir, daß eine Geldmengenverknappung zu einem Anstieg der Zinsen führt, zur Senkung der Gesamtnachfrage und damit zu einem Rückgang der Produktion und der Beschäftigung. Aber gibt es noch einen anderen Weg, über den das Geld Einfluß auf die Gesamtwirtschaft nehmen kann? Einen solchen gibt es tatsächlich.

Ein weiterer geldpolitischer Mechanismus

Die Ereignisse der ausgehenden 70er und beginnenden 80er Jahre zeigen, daß die Geldpolitik *unter der Voraussetzung flexibler Wechselkurse* auf eine neue und überraschende Weise die Gesamtwirtschaft beeinflussen kann. Wir wollen (bezogen auf das Beispiel der Vereinigten Staaten) den Weg verfolgen, über den dieser Einfluß zum Tragen kommt:

1. Die amerikanische Zentralbank verknappt das Geld, was zu einem Anstieg der Zinssätze in *A* gegenüber denen in *J* und anderen Ländern führt.

2. Aufgrund dieser hohen Zinssätze werden Investitionen in *A* im Vergleich zu solchen in *J* oder anderen Ländern attraktiv. Ausländisches Kapital strömt nach New York. Die Nachfrage nach Dollars steigt, was den Preis des Dollars an den ausländischen Devisenmärkten in die Höhe schnellen läßt. Der Dollar verzeichnet einen Kursanstieg um 10, 30 oder 50 Prozent.

3. Der hohe Wert des Dollars zieht einen relativen Anstieg der Exportpreise nach sich, weshalb die Güter von *J* preisgünstiger werden. Für die Kameras von *J*, die zuvor 150 Dollar kosteten, braucht man jetzt nur noch 130 Dollar oder sogar nur 110 Dollar zu bezahlen. Von *J* angebotene Autos der unteren Mittelklasse sind 1000 oder 1500 Dollar billiger als die Kleinwagen von *A*.

Wie wirkt sich das unter dem Strich aus? Die Importe von *A* steigen natürlich beträchtlich, und zwar sowohl mengen- wie wertmäßig. Die Exporte von *A* schrumpfen, weil sie immer größere Mühe haben, sich sowohl auf den Märkten von *J* als auf anderen Märkten zu behaupten. Die Wirkung entspricht genau der des Humeschen Goldstrommechanismus, bei dem das Exportvolumen sinkt, während das Importvolumen steigt. Real gehen die Nettoexporte (das heißt das Exportvolumen abzüglich des Importvolumens) zurück.

4. Aufgrund des Multiplikators wirkt sich ein Rückgang der realen Nettoexporte genauso aus wie ein Rückgang der Investitionen oder der öffentlichen Ausgaben: Er führt zu einem verminderten BSP und einer Abnahme der Beschäftigung.

Wir erkennen, wie durch diesen sich in vier Schritten vollziehenden Prozeß ein neuer, außerordentlich potenter Transmissionsmechanismus wirksam wird, durch den die Geldpolitik auf die Gesamtwirtschaft Einfluß nimmt. Dieser Prozeß kann jedoch nur unter zwei Bedingungen zum Tragen kommen: Es muß sich um eine offene Volkswirtschaft handeln, und der Wechselkurs muß zum Ausgleich von Angebot und Nachfrage frei schwanken. (Ist Ihnen klar, warum dieser

Mechanismus im Falle einer geschlossenen Wirtschaft, ohne Importe oder Exporte, nicht funktionieren kann? Warum wird sich überhaupt nichts ändern, wenn der Wechselkurs gegenüber anderen Währungen völlig festliegt?)

■ **Dieser währungspolitische Mechanismus spielte in den Vereinigten Staaten in der Zeit von 1980 bis 1984 eine sehr große Rolle. Wie wir im dritten Abschnitt dieses Kapitels sehen werden, stieg der Kurs des Dollars als Folge der Erhöhung der Zinsen in den Vereinigten Staaten um fast 50 Prozent. Die Nettoexporte gingen real um 165 Millionen Dollar (in Preisen von 1984) zurück. Die außenhandelsabhängigen Wirtschaftszweige schrumpften, weil sie nicht mehr konkurrenzfähig waren. Der drastische reale Rückgang der Nettoexporte führte zu einer Verschärfung der Rezession von 1981 bis 1982 und zu einer Verlangsamung des Wachstums des BSP sowie der Beschäftigung während der Erholungsphase von 1983/84.**

Die Überbewertung einer Währung

Während zuvor die Bilanz der laufenden Posten von *A* ausgeglichen war, weist sie jetzt ein hohes Defizit aus. Bei *J* stellt sich dagegen ein Überschuß ein.

Wir sprechen jetzt von einer *Überbewertung* des Dollars. Zuvor, bei einem Austauschverhältnis von 200 Yen zu 1 Dollar, war der Dollar weder unter- noch überbewertet. Aufgrund der veränderten Währungspolitik und des durch sie ausgelösten enormen Sprungs der Zinsen nach oben stieg der Dollar auf 220, auf 240 oder 260 Yen für 1 Dollar; auf diesem Niveau sieht sich *A* einem chronischen Defizit gegenüber. Andererseits ist der Yen jetzt unterbewertet, was zu chronischen Überschüssen bei *J* führt.

Die Auswirkungen einer Überbewertung

Wie wirkt sich eine Überbewertung aus?

● Wenn in *A* zuvor Vollbeschäftigung herrschte, führt die Einbuße in der Exportgüterproduktion (sowie in der Inlandsproduktion, die durch billige Importe verdrängt wird) zu einem Rückgang der Beschäftigung und des realen BSP um ein Vielfaches. Diese Situation war, wie wir unten sehen werden, weitgehend verantwortlich für die Rezession in den Vereinigten Staaten 1981/82.

● War die Wirtschaft in *J* zuvor nicht voll ausgelastet, wird *J* angesichts der Tatsache, daß es zu einem Land mit einer unterbewerteten Währung geworden ist, erfreut sein, da jetzt sein BSP und sein Beschäftigungsniveau steigen werden. Herrschte bereits Vollbeschäftigung in *J*, drohen dem Land nun Überbeschäftigung und ein möglicher Anstieg der Inflationsrate. *J* wird sich deshalb bitter darüber beklagen, daß es aus *A* das Laster der Inflation »importiert«. Zudem werden sich in ihrer überausgelasteten Exportindustrie Interessengruppen breitmachen, die alles daransetzen werden, um die Politiker davon abzuhalten, der Versuchung einer Korrektur der unterbewerteten Währung von *J* zu erliegen.

● Da *J* seine Güter nun im Vergleich zu *A* zu niedrigen Preisen anbietet, haben sich die Austauschrelationen (das Verhältnis der Export- zu den Importpreisen) zugunsten von *A* verändert. *J* verschenkt jetzt sozusagen seine Güter an *A*; denn *A* erhält nicht nur billige Güter – ein Ziel, das alle rationalen, nichtmerkantilistischen Nationen anstreben –, sondern A erhält im Augenblick Güter, für die es J lediglich Schuldscheine ausstellt. Aus diesem Grund überrascht es nicht, daß die bequeme Lehre von der »wohltuenden Ignorierung eines internationalen Ungleichgewichts« viele Anhänger in A finden wird.

- Wird es letztlich nicht zu einer Anpassung der frei schwankenden Wechselkurse kommen, und zwar durch einen Kursverfall des Dollars gegenüber dem Yen? Letztlich schon. Aber wenn A eine Hochzinspolitik verfolgt, wird es möglicherweise feststellen, daß seine hohen Zinsen auch weiterhin eine Anziehungskraft auf ausländisches Geld ausüben, weshalb es bei der Überbewertung des Dollars bleibt.
- Viele Fachleute glauben, daß die Seifenblase der Überbewertung schließlich platzen wird. Im- und Exporteure, Unternehmer und Spekulanten gelangen zu dem Schluß, daß der Höhenflug des Dollars an seinem Ende angelangt ist. Nervosität wird um sich greifen. Irgendwann – nach einer Woche, einem Monat, einem Jahr oder einem halben Jahrzehnt der Überbewertung – wird der Kurs des Dollars genauso rasch in die Tiefe stürzen, wie er zuvor in die Höhe geklettert ist.

Die Korrektur der Überbewertung

Welche Möglichkeiten gibt es, eine Überbewertung zu korrigieren, ehe sie sich zu einer gefährlich großen Seifenblase entwickelt hat? Die Abhilfen werden sich in Abhängigkeit von dem herrschenden Wechselkurssystem unterscheiden.

System fester Wechselkurse

Im Rahmen eines Systems fester Wechselkurse (entweder des Goldstandards oder einer moderneren Variante) kann der Eingriff recht schmerzhaft sein. Er macht im allgemeinen eine schmerzliche Rezession und eine Phase langsamen Wirtschaftswachstums erforderlich, um für eine Einschränkung der Importe und eine Reduzierung der Preise auf ein Niveau zu sorgen, das mit den Wechselkursen zu vereinbaren ist. Dieser Prozeß dürfte Jahre der Stagnation notwendig machen, weshalb sich alle Länder natürlich dagegen wehren. Aufruhr tobt in den Straßen jener Länder, die versuchen, die Anpassung einer überbewerteten Währung mit Hilfe einer Kostendeflation im eigenen Land herbeizuführen. Gelten feste Paritäten, so ändern die Länder das Wertverhältnis ihrer Währung zum Gold oder zur Leitwährung nur höchst selten; und das Dilemma des Dollars im Rahmen des Bretton-Woods-Systems bestand darin, daß es keinen Wertmaßstab gab, gegenüber dem der Dollar hätte abgewertet werden können. Die Vereinigten Staaten mußten das gesamte Bretton-Woods-System zu Fall bringen, um 1971 den Dollar abwerten zu können.

System flexibler Wechselkurse

Kommt es im Rahmen eines Systems flexibler Wechselkurse zur Überbewertung einer Währung, wird die Lösung im allgemeinen automatisch herbeigeführt.

Um dies an einem konkreten Fall darzustellen, gehen wir davon aus, daß der US-Dollar überbewertet ist. Dies wird in den Vereinigten Staaten zu einem Defizit in der Bilanz der laufenden Posten führen. Ausländer stellen fest, daß ihre Dollarbestände immer weiter steigen.

In dem Maße, in dem die Dollarbestände der Ausländer wachsen – das heißt in dem Maße, in dem das Dollarangebot steigt –, wird der Preis des Dollars, das heißt sein Wechselkurs, fallen. Deshalb wird ein überbewerteter Dollar, wenn die ausländischen Devisenmärkte richtig funktionieren, automatisch an Wert verlieren, weil er zu einem Dollarabfluß führt.

Manchmal funktioniert das System allerdings nicht richtig, wie wir unten sehen werden. Anfang der 80er Jahre waren viele Ökonomen der Auffassung, daß der Dollar um 20 oder sogar 30 Prozent überbewertet sei. Unter solchen Umständen kann ein Land Maßnahmen ergreifen, um auf eine Abwertung seiner Währung hinzuwirken. Es kann zuungunsten der eigenen Währung intervenieren – in diesem Fall durch den Verkauf von Dollars auf den Devisenmärkten. Oder es kann durch expansionistische geldpolitische Maßnahmen für eine Senkung der Zinsen im eigenen Land sorgen, dadurch liquide Mittel in andere Währungen abdrängen und auf diese Weise Druck auf den Wert der eigenen Währung ausüben.

Protektionismus und Devisenkontrolle

Eine Volkswirtschaft mit einer überbewerteten Währung wird sich einem starken politischen Druck zugunsten einer Beschränkung des freien Handels ausgesetzt sehen. Von seiten der Arbeitgeber wie der Arbeitnehmer wird der Ruf nach Schutzzöllen und Importkontingenten ertönen. Die Legislative wird die Beschränkung des ungehinderten Exportes von Kapital ins Ausland erwägen, sie wird Exportsubventionen in die Wege leiten und verlangen, daß Rüstungsgüter und sonstige Ausrüstungen selbst zu hohen Preisen von heimischen Herstellern gekauft werden.

Es ist kein Zufall, daß Perioden einer Überbewertung der Währung und Perioden der Rezession der Keimboden für den Protektionismus waren. Zweimal haben in den Vereinigten Staaten in jüngster Zeit – während der schweren Rezessionen von 1975 und der Rezessions- und Überbewertungsphase Anfang der 80er Jahre – einflußreiche Lobbys die Errichtung neuer Handelsschranken gefordert. Tatsächlich waren die Protektionisten erfolgreich in Industriezweigen wie der Automobil-, der Stahl-, der Textil- und der Zuckerindustrie.

Die Achillesferse der Klassiker

Besonderer Hervorhebung bedürfen an dieser Stelle die der Überbewertung zugrundeliegenden ökonomischen Prinzipien. Wir sehen, daß all die diskreditierten Vorstellungen der Merkantilisten – ihr Beharren auf Importbeschränkungen und Exportsubventionen, das Bestreben, die Arbeitslosigkeit ins Ausland zu exportieren, der Wunsch, Güter lieber billig als teuer abzugeben, usw. – im Falle der Überbewertung einer Währung eine gewisse Überzeugungskraft haben. Der Protektionismus greift um sich. Die gültigen klassischen und neoklassischen Argumente von Hume, Smith und Samuelson werden nicht mehr das Feld beherrschen, wenn ihre wesentlichen Prämissen der Vollbeschäftigung sowie einer Bewertung von Währungen unter Bedingungen des Wechselkursgleichgewichts einfach nicht erfüllt sind.

C. Zusammenbruch und Wiederaufbau des internationalen Zahlungssystems

Nachdem wir uns mit den analytischen Grundlagen des internationalen Zahlungssystems vertraut gemacht haben, wollen wir uns der Untersuchung der jüngsten Geschichte und Probleme dieses Bereiches zuwenden. Wie sah die Organisation des Handels und des Zahlungsverkehrs in der Welt seit dem Zweiten Weltkrieg aus? Warum brach das Bretton-Woods-System Anfang der 70er Jahre zusammen. Was trat an seine Stelle?

Vor welche großen Probleme sieht sich die Weltwirtschaft heute gestellt? Sollte das Gold wieder in seine alten Rechte als primäres internationales Zahlungsmittel eingesetzt werden? Oder hat sich das neue Regime des gelenkten Floating bewährt? Fragen dieser Art wendet sich der abschließende Abschnitt zu.

Die Schaffung internationaler Institutionen nach dem Zweiten Weltkrieg

Im Winter des Jahres 1946 lag Europa in Schutt und Asche. Amerika allein ging aus dem Krieg mit einer intakten Volkswirtschaft hervor, die dem dringenden Erfordernis des Wiederaufbaus der Länder seiner Verbündeten wie auch seiner Feinde entsprechen konnte. Anders als nach dem Ersten Weltkrieg und den darauffolgenden bitteren gegenseitigen Schuldzuweisungen – mit den anschließenden Hyperinflationen, Revolutionen und der Weltwirtschaftskrise – stellte sich nach dem Zweiten Weltkrieg das internationale politische System den anstehenden Aufgaben und errichtete dauerhafte Institutionen, in deren Rahmen sich die Weltwirtschaft rasch wieder erholen konnte. Die vier bedeutendsten wirtschaftlichen Einrichtungen der 40er Jahre – der Marshallplan, das Bretton-Woods-System, der Internationale Währungsfonds und die Weltbank – sind bleibende Monumente weiser und weitsichtiger Staatsführung.

Der Marshallplan

Die Vereinigten Staaten waren maßgeblich am Wiederaufbau Europas beteiligt. Zwischen 1945 und 1950 gewährten sie Westeuropa Hilfsgelder und Anleihen in Höhe von 20 Milliarden Dollar – das waren mehr als 1 Prozent unseres BSP.

Ohne Zweifel stand die Angst vor einer Ausbreitung des Kommunismus als Motiv hinter diesen Programmen. Volle Mägen können eine Demokratie zwar vielleicht nicht retten, aber leere Mägen, so argumentierte man, können ihren Untergang besiegeln. Eingehende Untersuchungen der Ereignisse, die zum Marshallplan und anderen Hilfsprogrammen für das Ausland führten, zeigen jedoch, daß die Hilfe für die um ihre Existenz ringenden Menschen in Europa auch Ausdruck eines echten humanitären Anliegens der Amerikaner war.

Welche Beweggründe auch immer ausschlaggebend gewesen sein mögen, so kann kaum ein Zweifel daran bestehen, daß die Wiederaufbauprogramme der Nachkriegsjahre zu einem raschen Wachstum in Europa beitrugen – zu einem so raschen Wachstum sogar, daß Europa bis zum Jahre 1970 zu einem der großen Herausforderer Amerikas auf wirtschaftlichem Gebiet aufgestiegen war.

Die Konferenz von Bretton Woods

Das Denken der Ökonomen der 40er Jahre war nachhaltig von den wirtschaftlichen und sozialen Unruhen der 30er Jahre geprägt. Sie waren entschlossen, dafür zu sorgen, daß sich das wirtschaftliche Chaos und die Abwertungen zur Verbesserung der Exportfähigkeit aus der Zeit der Weltwirtschaftskrise nicht wiederholten.

Mit dem Ziel, einen Plan für eine neue Weltwirtschaftsordnung zu entwerfen, kamen 1944 die Vertreter der Vereinigten Staaten, Großbritanniens und ihrer engsten Verbündeten in Bretton Woods, New Hampshire, zusammen. Diese Konferenz, die unter der geistigen Führung von J.M. Keynes und dem Amerikaner H.D. White stand, erarbeitete ein Abkommen, das zur Bildung des Internationalen Währungsfonds (IWF), der Weltbank und des Währungssystems von Bretton Woods führte. Sie stellt einen Meilenstein in der Geschichte der Menschheit dar: Zum ersten Mal einigten sich die Nationen auf ein System zur Regelung des internationalen Zahlungsverkehrs. Obgleich einige Regeln seit 1944 geändert worden sind, spielen die damals gegründeten Institutionen auch heute noch eine entscheidendere Rolle, als es sich viele hätten träumen lassen.

Das Wechselkurssystem von Bretton Woods

Die Konferenz schuf einen Rahmen für die Stabilisierung der Wechselkurse, der als das *Bretton-Woods-System* bekannt ist. Das Hauptanliegen bestand darin, alle Vorteile des Goldstandards zu nutzen, ohne jedoch dessen Nachteile in Kauf nehmen zu müssen.

Im Rahmen des Bretton-Woods-Systems galten *fixierte, aber regulierbare* Wechselkurse. Jede Währung besaß eine Goldparität, über die somit auch die Wechselkurse der Währungen untereinander fixiert waren.

Tatsächlich herrschten während des größten Teiles der 50er und 60er Jahre fast vollständig fixierte Wechselkurse. Beispielsweise galt zwischen dem US-Dollar und dem britischen Pfund zwischen 1948 und 1967 stets der gleiche Wechselkurs.

Aber das Bretton-Woods-System sah auch Änderungen des Wechselkurses vor, wenn irgendeine Währung eindeutig überbewertet oder unterbewertet war. Die Änderung des Wechselkurses wurde dann zwischen den Ländern auf der Basis der Kooperation neu ausgehandelt. Am wichtigsten war jedoch, daß dieser neue Mechanismus zur Änderung relativer Preise zwischen den Nationen an die Stelle der schmerzhaften Deflationspolitik und der Arbeitslosigkeit trat, die mit dem Goldstandard einherging.

Der Internationale Währungsfonds (IWF)

Die Konferenz von Bretton Woods führte zur Errichtung des Internationalen Währungsfonds (IWF), in dessen Händen die Erhaltung des Wechselkurssystems lag und der als eine Art Bank fungiert. Die Mitgliedsländer zeichnen eine bestimmte Quote der Finanzmittel des IWF, die dieser dann an Länder ausleiht, die sich in Zahlungsbilanzschwierigkeiten befinden. In den letzten Jahren hat der IWF eine besondere Bedeutung im Zusammenhang mit der Gewährung von Hilfe an Länder mit mittleren Einkommen sowie der Steuerung der internationalen Verschuldungskrise erlangt.

Wie sieht eine typische Operation des IWF Mitte der 80er Jahre aus? Angenommen, Mexiko hat ein Zahlungsbilanzdefizit. Es fällt ihm schwer, die Zins- und Tilgungsbeträge für seine Auslandsschuld in Höhe von 90 Milliarden Dollar aufzubringen (zum Zwecke einer kurzen Wiederholung der Probleme der Schuldnerländer, vgl. Kap. 37, S. 618f.). Die Banken sind nicht mehr bereit, noch mehr Gelder lockerzumachen.

In diesem Augenblick kann der IWF tätig werden. Er wird z.B. ein Team von Fachleuten nach Mexiko entsenden, die sich in die Bilanzen des Landes vertiefen. Diese werden einen Plan für eine Politik der Ausgabenbeschränkung zur Gesundung der Währung vorlegen, der im allgemeinen eine Verlangsamung des Wachstums des BSP und eine Beschränkung der Importe vorsehen wird. Wenn Mexiko und der IWF sich auf den Plan einigen, wird der IWF Mexiko einen »Überbrückungskredit« in Höhe von 1, 2 oder 8 Milliarden Dollar einräumen, bis sich die Zahlungsbilanz des Landes wieder erholt hat. Der Plan wird darüber hinaus wahrscheinlich mit einer »Umschuldung« verknüpft sein, in deren Rahmen die Banken weitere Gelder verfügbar machen und die Fälligkeiten bestehender Kredite verlängern.

Ist das IWF-Programm erfolgreich, wird die Zahlungsbilanz des Landes gesunden, das Land tritt in eine erneute Wachstumsphase ein, und private Banken sind für neue Kreditanträge wieder aufgeschlossen.

Die Internationale Bank für Wiederaufbau und Entwicklung (Weltbank)

Die Konferenz von Bretton Woods führte ebenfalls zur Errichtung der Weltbank. Das Kapital der Bank wird durch Gläubigerländer aufgebracht, die eine im Verhältnis zu ihrer wirtschaftlichen Bedeutung stehende Quote des Kapitals der Bank zeichnen. Die Bank kann ihr Kapital einsetzen, um Ländern, die wirtschaftlich solide Projekte in Angriff nehmen wollen, sich dafür jedoch keine privaten Kredite zu niedrigen Zinssätzen beschaffen können, internationale Darlehen zu gewähren.

Die eigentliche Bedeutung der Weltbank liegt in ihrer Möglichkeit zur Emission von Schuldverschreibungen. Die Erlöse aus dem Verkauf dieser Papiere kann sie zur Gewährung von Darlehen verwenden. Die Schuldverschreibungen stellen sichere Anlagen dar, weil sie durch die Einzahlungen sämtlicher Mitgliedsländer (bis zu 100 Prozent ihrer Quoten) gedeckt sind. Darüber hinaus kann die Bank Darlehen gegen geringe Prämien auch versichern. Private Geldgeber können dann die Mittel bereitstellen im Vertrauen darauf, daß die Darlehen durch die Kreditwürdigkeit der Bank voll abgesichert sind.

Aufgrund solcher langfristiger Darlehen strömen Güter und Dienstleistungen aus den hochentwickelten Ländern in die Entwicklungsländer. In den letzten

Jahren hat die Weltbank Darlehen in Höhe von durchschnittlich 6 Milliarden Dollar im Jahr gewährt.

Für die Dauer der Laufzeit der Darlehen verzichten die hochentwickelten Länder auf flüssige Ressourcen. Wenn die Schulden dann jedoch »bedient« beziehungsweise zurückgezahlt werden, wird der Import der hochentwickelten Länder an nützlichen Gütern geringfügig ansteigen. Die Produktion in den Schuldnerländern wird um mehr zugenommen haben, als für die Zahlung der Darlehenszinsen notwendig ist; die Löhne sowie der Lebensstandard werden allgemein höher, nicht niedriger sein, weil das Auslandskapital zum Anwachsen des BSP im Schuldnerland beigetragen hat.

Der Zusammenbruch des Bretton-Woods-Systems

Der vom Marshallplan ausgelöste Impuls, der Abbau der Handelsschranken und der Übergang zu frei konvertierbaren Währungen setzte in Japan und den Ländern Europas ein spektakuläres Wirtschaftswachstum in Gang. Dieses Wachstum im Ausland im Zusammenwirken mit zahlreichen wirtschaftlichen Schwierigkeiten in Amerika während der 60er Jahre führte zu einem steigenden Zahlungsbilanzdefizit in den Vereinigten Staaten, in dessen Gefolge 1971 eine Dollarschwemme auftrat.

Wodurch wurde der Dollarabfluß hervorgerufen? Die wichtigsten der zahlreichen Verursachungsfaktoren waren folgende: ein rascher Produktivitätsanstieg im Ausland; ein hoher, ins Ausland gehender Ausgabenstrom im Rahmen von Wirtschaftshilfe und insbesondere zur Finanzierung des Vietnamkrieges; die Abwanderung von Kapital aus den Vereinigten Staaten infolge der Anziehungskraft, die sehr ertragreiche ausländische Märkte auf amerikanische Unternehmen ausübten. Aufgrund dieses Kapitalabflusses stiegen die kurzfristigen Dollarforderungen der Ausländer von praktisch Null nach dem Krieg bis Anfang der 70er Jahre auf 50 Milliarden Dollar.

Die Behauptung, daß in diesen Jahren in der Welt der Dollarstandard herrschte, ist keineswegs übertrieben. Der amerikanische Dollar war die »Schlüsselwährung«, in der der internationale Handels- und Zahlungsverkehr abgewickelt wurde. Private wie staatliche Reserven wurden weitgehend in Form von Dollarguthaben gehalten (das heißt in Form von Bankeinlagen und liquiden, kurzfristigen, auf Dollar lautenden Papieren). Während vor 1914 das Pfund Sterling unumschränkt herrschte, hatte sich 1945 der Dollar als Schlüsselwährung etabliert.[2]

1971 zeigte sich jedoch, daß das System den Belastungen nicht länger gewachsen war: Die Höhe der liquiden Dollarguthaben (gelegentlich als »heißes Geld« bezeichnet) überstieg die Ressourcen, über die Regierungen zur Verteidigung ihrer Währungen verfügten. Das allgemeine Vertrauen in den »allmächtigen Dollar« schwand. Zudem bedeutete der Abbau von Schranken im Kapitalverkehr,

---

2 Die zentrale Rolle des Dollars veranschaulicht die Tatsache, daß die Konferenz von Bretton Woods im Jahre 1944 die Paritäten der Währungen nicht einfach im Verhältnis zum Gold fixierte, sondern ebenfalls im Verhältnis zum Dollar (der damals $1/35$ Unze Gold entsprach). Der Dollar war die sogenannte Interventionswährung, die die Regierungen einsetzten, um ihre offiziellen Paritäten sicherzustellen. Selbst heute wird noch ein großer Teil des Handels in Dollar abgerechnet, und bei den meisten Interventionsmaßnahmen bringen die Regierungen US-Dollars zum Einsatz.

daß Dollars in Milliardenhöhe innerhalb von Minuten den Atlantik überqueren konnten. **1971 hatte die Welt eine Schwelle überschritten, ohne daß eine Umkehr möglich gewesen wäre. Angesichts des enormen Reservoirs an mobilem Finanzkapital ließ sich das System der festen Wechselkurse nicht mehr aufrechterhalten.**

Im August 1971 hob Präsident Nixon offiziell die Goldkonvertibilität des Dollars auf und führte damit das Ende der Bretton-Woods-Ära herbei. Vorüber war die Zeit, in der die Amerikaner auf Verlangen Dollars in irgend etwas anderes konvertierten als in Dollars – etwa in Gold zu einem offiziellen Preis oder in Yen, Deutsche Mark oder irgendwelche anderen internationalen Devisen zu einer offiziellen Parität. Vorüber war auch die Zeit, in der die Vereinigten Staaten versuchten, den Wert des Dollars auf einem bestimmten, offiziell festgelegten Stand im Verhältnis zum Gold oder zu anderen Währungen zu halten. Wir wollen sehen, was an die Stelle des alten Systems getreten ist.

Das gegenwärtige System des gelenkten Floating

Wenn ein altes System zusammenbricht, bedeutet das nicht, daß ein ausgereiftes neues System zur Umsetzung in die Praxis bereitsteht. In den 70er Jahren wurde von den Mitgliedsländern des IWF eine Konferenz nach der anderen abgehalten in dem Bemühen, sich auf einen Ersatz für das Bretton-Woods-System zu einigen. Insgesamt gesehen haben die Franzosen bis auf den heutigen Tag alles darangesetzt, um eine Rückkehr zu stabilen Wechselkursen durchzusetzen – wobei möglicherweise in einem neugeordneten System offizielle Goldreserven wieder eine wichtige Rolle spielen sollten. Insgesamt gesehen haben sich die Vereinigten Staaten, mit der Unterstützung der Bundesrepublik und zahlreicher anderer bedeutender Staaten, einer Rückkehr zu einem System starr fixierter Wechselkurse widersetzt.

Gelenktes Floating

Deshalb war ein von Grund auf neukonzipiertes Abkommen nicht erreichbar. De facto ist die Welt deshalb, ohne daß dies von irgendeiner Seite geplant worden war, zu einem System des gelenkten Floating übergegangen. Wie funktioniert dieses System? Die Art und Weise, in der die Bestimmung der Wechselkurse Mitte der 80er Jahre erfolgt, soll im folgenden dargestellt werden.

• Die Vereinigten Staaten und einige wenige weitere Länder lassen den Kurs ihrer Währungen *frei schwanken*. Unter der Reagan-Regierung haben sich die Vereinigten Staaten praktisch jeder Intervention auf dem Devisenmarkt enthalten.

• Die meisten wichtigeren Länder kombinieren das Floating ihrer Kurse mit *Lenkungsmaßnahmen*. Zu diesen Ländern gehören Großbritannien, Kanada, Japan sowie europäische Länder, die im Verbund vorgehen. Die Steuerung der Wechselkurse erfolgt auf dem Wege über Interventionsmaßnahmen – über den Ankauf und Verkauf inländischer oder ausländischer Währungen mit dem Ziel der Abschwächung zu starker Ausschläge in den Kursnotierungen; oder in der Form systematischer Versuche, den Wert einer Währung anzuheben oder zu senken, wenn der Eindruck herrscht, daß dieser über oder unter dem angemessenen Stand liegt.

• Viele Länder (besonders kleinere Länder wie Österreich, die Niederlande oder Dänemark) *binden* ihre Währung an eine der führenden Währungen. Am beliebtesten ist die Bindung an den US-Dollar, und viele lateinamerikanische Länder unterhalten feste oder gleitende Paritäten zum Dollar, weshalb sie Teil des »Dollarblocks« sind.

● Schließlich schlossen sich einige Länder zu einem *Währungsblock* zusammen, um die Wechselkurse innerhalb ihrer Gemeinschaft zu stabilisieren, während sie ihre Währungen im Verhältnis zu denen der übrigen Welt frei schwanken lassen.

Die »Schlange«

Das prominenteste Beispiel eines solchen Währungsblocks ist das Europäische Währungssystem (EWS), zu dem sich Deutschland, Frankreich und andere westeuropäische Länder zusammengeschlossen haben. Sie intervenieren, um die Schwankungen ihrer Wechselkurse untereinander in engen Grenzen zu halten.

Diese Konstruktion wird häufig als »Währungsschlange« bezeichnet, deren Name sich daraus erklärt, daß die Wechselkurse der Ländergruppe gegenüber dem Dollar oder dem Yen zwar auf und ab gleiten können. Im Innenverhältnis darf jede Währung sich gegenüber den Währungen der übrigen EWS-Mitglieder jedoch nur innerhalb enger Bandbreiten – der äußeren Haut der Schlange – bewegen.

Dadurch kann man sich einige der Vorteile beider Systeme zunutze machen: Die Franzosen und die Deutschen können Geschäfte miteinander auf der Basis weitgehend berechenbarer Wechselkurse tätigen. Gleichzeitig kann man jede tiefgreifende Veränderung in der Weltwirtschaft, wie etwa die einschneidende Kursänderung in der amerikanischen Geldpolitik im Jahre 1979, dadurch auffangen, daß man ein freies Auf- und Abpendeln der EWS-Wechselkurse zuläßt.

Das europäische Währungssystem hat bescheidene Erfolge bei der Abschwächung kurzfristiger Wechselkursschwankungen zwischen den europäischen Ländern erzielt. Das hat die Länder jedoch nicht vor periodisch wiederkehrenden Krisen bewahrt – insbesondere nicht vor denen, die durch die wirtschaftlichen Schwierigkeiten Frankreichs als Folge des von Präsident Mitterrand betriebenen Sozialismus Keynesscher Prägung verursacht wurden, die zu einem Kursverfall des französischen Franc führten, weshalb der Franc mehrfach »aus der Haut der Schlange (d.h. über den eine Intervention auslösenden Punkt) herausfuhr«.

Aktuelle Probleme der Weltwirtschaft

So sieht also der Gesamtrahmen des gegenwärtigen internationalen Finanzsystems aus. Im abschließenden Abschnitt dieses Kapitels wenden wir uns der Analyse einiger der Hauptprobleme in den internationalen Wirtschaftsbeziehungen zu. Dabei handelt es sich um die Rolle des Goldes, das Problem des Defizits in der Leistungsbilanz der Vereinigten Staaten und des überbewerteten Dollars sowie um eine kritische Würdigung des Systems des gelenkten Floating.

Welche Rolle für das Gold?

Nach 1971 gaben die Länder die nicht länger haltbare Fiktion der Konvertibilität ihrer Währungen in Gold auf. Gold ist nicht mehr offizieller Bestandteil des internationalen Währungssystems. Nach wie vor befinden sich Teile des vorhandenen Goldes im Besitz des IWF und einzelner Regierungen, über den Rest verfügt der freie Markt.

Der freie Goldmarkt

Hier wird der Preis des Goldes von Tag zu Tag nach den Regeln von Angebot und Nachfrage festgelegt. In wessen Besitz befinden sich die vorhandenen freien Goldbestände?

• In den Händen von Indern, Scheichs, französischen Bauern und Angehörigen des Mittelstandes, die schon immer Gold als eine Form des Vermögens gehalten haben – entweder weil sie den Papierwährungen und der Regierung mißtrauen oder weil sie nichts über ihre Finanztransaktionen an die Öffentlichkeit gelangen lassen wollen.

• In den Händen ehrbarer Bürger, die überzeugt sind, daß eine Inflation auf uns zukommt und daß Gold seinen wahren Wert eher behalten wird als irgendeine andere Anlage.

• In den Händen schlauer oder auch weniger schlauer Spekulanten, die davon überzeugt sind, daß das Gold eines Tages ein Comeback feiern wird; oder in den Händen von Leuten, die glauben, daß Gold eine gute Anlage darstellt; oder in den Händen von Investoren, die sich keinen Illusionen hinsichtlich des mit Goldanlagen verknüpften Risikos hingeben, die aber einen kleinen Teil ihrer Investitionen in einen Vermögenswert vornehmen wollen, der wahrscheinlich im Wert steigt, wenn andere fallen.

Offizielle Goldreserven

Die Schatzämter und Zentralbanken einzelner Länder wie auch der IWF selbst unterhalten nach wie vor offizielle Goldbestände als Teil ihrer internationalen Reserven – neben ihren Reserven an ausländischen und heimischen Währungen, die an den Devisenmärkten gehandelt werden. Gelegentlich verkaufen oder verpfänden in Schwierigkeiten geratene Länder ihre offiziellen Goldreserven, um sich Mittel für die Überwindung einer Zahlungsbilanzkrise zu beschaffen.

»Papiergold« oder Sonderziehungsrechte (SZR)

Während der 60er Jahre machte sich unter den Spezialisten des internationalen Finanzsystems eine allgemeine Desillusionierung bezüglich des Goldes breit. So wie die Länder zuvor vom Gold zu Papierwährungen und Bankgeld unter staatlicher Aufsicht übergegangen waren, so sollte ihrer Meinung nach das internationale Wirtschaftssystem auf das Gold zugunsten einer vernünftigeren Form internationalen Geldes verzichten, das der Kontrolle durch den IWF sowie einiger führender Nationen unterstünde.

Das Ergebnis war die Schaffung von »Sonderziehungsrechten« (bzw. *SZR*) als einer Art »Papiergold«. Was hat man sich unter diesen *SZR* genau vorzustellen? Die *SZR* haben zwei Funktionen. Zunächst einmal handelt es sich dabei um eine neue Rechnungseinheit. Diese stellt einen Korb von fünf führenden Währungen der Welt dar (des US-Dollars, der Deutschen Mark, des französischen Franc, des britischen Pfundes und des japanischen Yen). Jede dieser Währungen wird in Abhängigkeit von ihrer Bedeutung gewichtet. Ein Währungskorb hat den Vorzug größerer Diversifizierung als eine einzelne Währung. Aus diesem Grunde werden einige private Transaktionen inzwischen in *SZR*-Einheiten ausgedrückt.

Zweitens werden die *SZR* auch als internationale Liquiditätsreserven verwandt. In sehr begrenztem Umfang können *SZR* ebenfalls für den Kauf von Schlüsselwährungen beim IWF eingesetzt werden. Daneben erfüllen sie weitere Funktionen von geringerer Bedeutung.

Vor zehn Jahren glaubten einige Enthusiasten, daß die *SZR* als das neue internationale Geld das Gold verdrängen und die Rolle der wichtigsten Liquiditätsreserve der Regierungen übernehmen würden. Diese Hoffnungen sind weitgehend enttäuscht worden. Das *SZR* besaß einfach die eine entscheidende Voraussetzung nicht, die es zum Geld hätte machen können. Es wurde nicht akzeptiert, weil es nicht akzeptiert wurde. Warum nicht? Im wesentlichen deshalb nicht, weil es keinen inhärenten Wert besaß (wie das Gold) und weil hinter ihm nicht die Macht irgendeiner großen Regierung stand (wie hinter dem Dollar). Da Ziehungsrechte als Warengeld keinen Wert besitzen und kein durch einen Staat gedecktes gesetzliches Zahlungsmittel sind, wurden sie einfach nicht zur gebräuchlichen Münze.

Rückkehr zum Gold?

Anfang der 80er Jahre forderten viele Ökonomen unter der prominenten Führung von angebotsorientierten Vertretern der Wirtschaftswissenschaften wie Arthur Laffer und Robert Mundell von der Columbia-Universität eine Rückkehr zum Goldstandard. Andere plädierten für eine auf einer breiteren Basis beruhenden Warenwährung als Brücke zwischen dem Geld und der realen Welt der Wirtschaft.

Ausgelöst wurden diese Appelle, die zur Rückkehr in das goldene Zeitalter aufriefen, durch eine einzige Beobachtung: In unserem heutigen Währungssystem, bei dem von der Regierung unterhaltene Zentralbanken die Geldmenge bestimmen, besitzt das Preisniveau keinerlei Verankerung. Es können stabile Preise herrschen, die jährlich um 10 Prozent steigen, aber die Preise können genausogut mit einer Steigerungsrate von 100 Prozent davongaloppieren. Zwischen einer stabilen Währung und einer ruinösen Hyperinflation steht nichts als der starke Wille, aber das schwache Fleisch von Politikern. Durch eine feste Bindung unseres Preisniveaus an das Gold oder an bestimmte Waren, so lautete das Argument, können wir ein für allemal das Schreckgespenst der Inflation aus unserem Land verbannen.

Kritiker des Goldstandards sind anderer Meinung. Sie räumen zwar ein, daß das Gold als Anker dienen kann – aber ein verankertes Schiff ist oft stärker gefährdet als ein frei schwimmendes. Kritiker des Goldes möchten das Schicksal der Inflation und des Preisniveaus lieber der Geld- und Steuerpolitik einer von Menschen geführten Regierung anvertrauen als der Unberechenbarkeit der Goldproduktion Südafrikas, der Goldverkäufe der Sowjetunion oder den in hohem Maße unelastischen Angebots- und Nachfragekurven des Goldes. Sie fügen hinzu, daß zur Zeit des Goldstandards – zwischen 1870 und 1914 – sowohl die Inflation als auch die Produktion stärkeren Schwankungen unterlagen als während der vergangenen drei Jahrzehnte. Die uns so schwer belastenden makroökonomischen

Konflikte – die hohen gesellschaftlichen Kosten der Desinflation oder der Arbeitslosigkeit – würden sich nicht auf wunderbare Weise durch einfaches Berühren mit dem goldenen Zauberstab in Wohlgefallen auflösen.

Zu welchem Ergebnis wird diese Debatte aller Wahrscheinlichkeit nach führen? Diejenigen, die das Gold als ein barbarisches Relikt der Vergangenheit betrachten, sind in ihrem Bestreben, es jeglicher Funktionen im internationalen Währungssystem zu berauben, nicht erfolgreich gewesen. Diejenigen, die sich immer noch nach der strengen Disziplin des automatischen Goldstandards als einem Ersatz für die willkürlichen und fehlbaren Entscheidungen von Regierungen zurücksehnen, stellen fest, daß die Entwicklung nicht in ihrem Sinne verlaufen ist. In dem Maße, in dem eine Hoffnung nach der anderen begraben wird, verlieren die Menschen die Beziehung zum Gold.

Der Höhenflug des Dollars (1979–1984)

Wir haben gesehen, daß das Bretton-Woods-System fester Wechselkurse Ende der 60er Jahre den Belastungen nicht mehr gewachsen war und zusammenbrach. Dies führte Mitte der 70er Jahre, je mehr Erfahrungen die Welt mit dem Funktionieren des an kein System gebundenen, gelenkten Floating der Wechselkurse sammelte, zu erheblicher Verunsicherung. Während dieser Zeit, das heißt zwischen 1970 und 1973/74, fiel der Dollar, der in den ausgehenden 60er Jahren auf seinem überbewerteten Stand gehalten worden war, um 15 Prozent. Bis 1978 war er auf 79 Prozent seines Wertes von 1970 gefallen (vgl. Abbildung 40.2).

Nach 1978 stabilisierte sich der Wert des Dollars jedoch und stieg danach an. Im Herbst 1978 brachte Präsident Carter ein »Maßnahmenpaket zur Rettung des Dollars« ein, um den, wie man damals in weiten Kreisen annahm, unterbewerteten Dollar zu stützen. In erster Linie wirkte sich dies auf die Devisenmärkte jener Periode jedoch in der Weise aus, daß hier die (in Kapitel 15 in Band 1 dargestellte) Politik des knappen Geldes zum Tragen kam, die ab Oktober 1979 verfolgt wurde. Aufgrund dieser Politik stiegen die realen Zinsen in den Vereinigten Staaten für kurzfristige Gelder von durchschnittlich etwa null Prozent in den Jahren 1954–1978 auf 3 bis 5 Prozent in den Jahren von 1980 bis 1984.

Die hohen Realzinsen bewirkten ein Umsteigen spekulativer Gelder aus anderen Währungen in den Dollar. Ausländer fragten sich: »Warum sollen wir unsere Spargroschen im sozialistischen Frankreich oder in den von Kriegen geschüttelten lateinamerikanischen Ländern aufs Spiel setzen, wenn eine Anlage in den wiedererstarkten Dollar einen Ertrag abwirft, der 4 Prozent über der Inflationsrate liegt?«

Wie Abbildung 40.2 zeigt, führte dieser Kapitalzustrom zu einem frappierenden Ergebnis. *Zwischen 1979 und Ende 1984 stieg der Kurs des Dollars um fast 60 Prozent.* Tatsächlich erreichte er eine Höhe, die den Stand unmittelbar vor dem Zusammenbruch des Bretton-Woods-Systems noch überschritt.

Die Kombination zwischen hohen Zinsen für Dollaranlagen und einem hohen Dollarkurs hat zu tiefgreifenden Störungen im Gefüge der Weltwirtschaft geführt. Das unmittelbare Ergebnis war, daß – da die Finanzmärkte der bedeutenderen Länder vergleichsweise offen sind – die Realzinsen anderer Länder den Aufwärtstrend der Dollarzinsen mitmachten. Diese hohen Zinsen bedeuteten für die ärmeren Länder, daß ihr Schuldendienst wuchs, während sie in den Industrie-

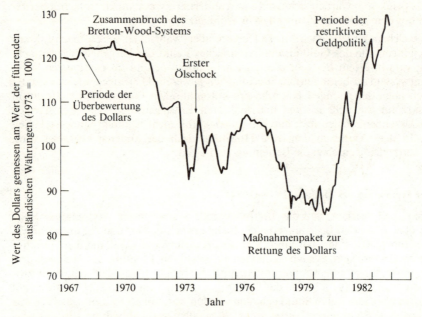

Abbildung 40.2. Das Auf und Ab des Dollars zwischen 1967 und 1984
Vor dem Zusammenbruch des Bretton-Woods-Systems im Jahre 1971 war der Dollarkurs an den Devisenmärkten stabil. Danach schwankte der Dollar mit fallender Tendenz bis 1978. Die 1979 eingeleitete Phase der restriktiven Geldpolitik der Vereinigten Staaten kennzeichnete den Beginn eines starken Anstiegs des Dollarwertes, der nach Meinung vieler Beobachter zu einer kräftigen Überbewertung des Dollars im Jahre 1984 führte. (Quelle: Internationaler Währungsfonds und Federal Reserve System)

ländern einen Rückgang der Investitionen und des realen BSP zur Folge hatten. Tatsächlich scheint die Rezession, die 1980 einsetzte, zu einem erheblichen Teil auf das Konto des hohen Zinsniveaus in den Vereinigten Staaten zu gehen.

In den Vereinigten Staaten selbst wurde die Wirkung der hohen Zinsen auf die Gesamtwirtschaft noch verstärkt durch die Auswirkungen des hohen Dollarkurses auf den Außenhandel des Landes. Wir haben oben (S. 703) gesehen, daß die Nettoexporte real mit steigendem Wechselkurs sinken (das heißt, die Importe steigen im Vergleich zu den Exporten – beide in konstanten Preisen gemessen – rascher). Abbildung 40.3 zeigt den durch den steigenden Dollar ausgelösten drastischen realen Rückgang der Nettoexporte zwischen 1980 und 1984. Tatsächlich sanken während dieser 4 Jahre die Nettoexporte real um 165 Millionen Dollar (in Preisen von 1984). Dieser reale Rückgang der Nettoexporte war ein wesentlicher Faktor, der die schwere Rezession Anfang der 80er Jahre mitverursachte.

Auswirkungen des steigenden Dollarkurses

Abbildung 40.3. Der Anstieg des Dollars bewirkt einen Rückgang der realen Nettoexporte.
Der Höhenflug des Dollars löste einen Anstieg der relativen Exportpreise der Vereinigten Staaten und einen Rückgang der relativen Importpreise aus. Die Folge dieser Entwicklung war ein drastischer Rückgang der realen Nettoexporte (d.h. der Exporte abzüglich der Importe, beide gemessen in konstanten Preisen) in der Periode von 1980 bis 1984. 1984 belief sich das Leistungsbilanzdefizit auf 100 Milliarden Dollar. (Quelle: Federal Reserve Board und U.S.-Handelsministerium)

De-Industrialisierung

Der hohe Dollarwert brachte die vom Außenhandel abhängigen amerikanischen Wirtschaftszweige in erhebliche wirtschaftliche Bedrängnis. Die Automobilindustrie, die Stahl- und Textilindustrie, die chemische Industrie und selbst die Landwirtschaft mußten feststellen, daß die inländische wie die ausländische Nachfrage nach ihren Produkten immer schwächer wurde, je mehr ihre Preise im Vergleich zu denen ausländischer Konkurrenten mit unterbewerteten Währungen stiegen.

Die Reaktion im Inland auf die Stärke des Dollars und die zunehmende Schwäche der amerikanischen Handelsbilanz war unterschiedlich. Einige Experten erkannten, daß die restriktive Geldpolitik die Ursache der Probleme sei, und forderten eine Politik des billigeren Geldes. Andere forderten eine Änderung des (in Kapitel 17 in Band 1 behandelten) makroökonomischen Gesamtkonzepts im Sinne einer Kombination zwischen einer strengeren Fiskalpolitik und einer gelockerten Geldpolitik.

Nach Ansicht vieler außenstehender Beobachter waren die Handelsprobleme der

Amerikaner jedoch Ausdruck einer grundlegenden Schwäche der Wirtschaft. Einige Kreise, insbesondere die betroffenen Wirtschaftszweige, riefen nach protektionistischen Abhilfemaßnahmen. Andere vertraten die Auffassung, daß eine »Industriepolitik« – fiskalpolitische Hilfen zugunsten der unter Druck geratenen Wirtschaftszweige – die einzige Möglichkeit darstelle, die »De-Industrialisierung Amerikas« zu verhindern. Dieses Problem gehörte zu den zentralen Themen der Präsidentschaftskampagne des Jahres 1984.

Wie immer man die Vor- und Nachteile der vorgeschlagenen Lösungen beurteilen mag, einer entscheidenden Lehre kann man sich nicht verschließen: In einer Welt, deren Volkswirtschaften eng miteinander verflochten sind – sowohl durch Handels- wie durch Kapitalströme –, sind wechselseitige Beeinflussungen aufgrund der Tatsache, daß inländische Maßnahmen Wirkungen über die nationalen Grenzen hinaus nach sich ziehen, unvermeidbar. Eine Festung Amerika ist nicht mehr denkbar – im wirtschaftlichen ebensowenig wie im politischen oder militärischen Bereich.

Haben frei schwankende Wechselkurse sich bewährt?

Das Jahr 1985 machte das Dutzend an Jahren voll, in dem wir Erfahrungen mit den frei schwankenden Wechselkursen gesammelt haben. Wie gut haben sie sich bewährt? Abbildung 40.4 zeigt, wie es den verschiedenen Währungen während der vergangenen 15 Jahre ergangen ist. Beachten Sie, wie stark die Instabilität in der Ära schwankender Wechselkurse seit 1973 zugenommen hat.

Ein erster flüchtiger Blick auf Abbildung 40.4 könnte jemanden zu der Bemerkung veranlassen: »Na, da haben wir uns vielleicht etwas eingehandelt! Überläßt man die Währungen dem freien Spiel der Kräfte auf den Märkten, dann torkeln sie umher wie ein Haufen betrunkener Seeleute. Nichts wie zurück zu den friedlichen 60er Jahren!«

Hören Sie nicht auf solche Worte. Erinnern Sie sich an die 60er Jahre mit den unseligen Dollardefiziten. Damals importierten wir insgesamt mehr, als wir exportierten. Unsere Goldvorräte schmolzen dahin. Wir pflasterten die Welt mit Dollar-Schuldscheinen. Das System steuerte unaufhaltsam auf den Zusammenbruch von 1971 zu.

Seit 1971 ist der Grad des Floating, den einzelne Regierungen zugelassen haben, unterschiedlich hoch gewesen. Er bewegte sich vom freien Floaten des US-Dollars seit 1981 bis zum stark manipulierten Floaten der Währungen der europäischen Währungsschlange (vgl. S. 711). Nicht zu übersehen ist auch, daß sich einige Währungen als »hart« erwiesen haben. Dazu gehörten diejenigen der Länder mit niedrigen Inflationsraten wie die Schweiz und die Bundesrepublik sowie die des innovationsfreudigen Japan.

Auffällig sind zudem der Kursverfall der italienischen Lira, des französischen Franc und des britischen Pfundes gegenüber dem Dollar. In allen diesen Ländern stiegen die Inlandspreise rascher als in den Vereinigten Staaten, so daß der Theorie der Kaufkraftparität zufolge diese Währungen im Vergleich zum Dollar abrutschen mußten. Schließlich sehen wir die fettgedruckte Kurve, die das Verhalten des Dollars, bezogen auf einen gewichteten Durchschnitt der verglichenen Währungen zeigt. Diese Kurve fiel in den 70er Jahren, stieg dann jedoch Anfang der 80er Jahre stark an.

Das zunehmende Auseinanderklaffen der Währungen im Rahmen des Systems schwankender Wechselkurse

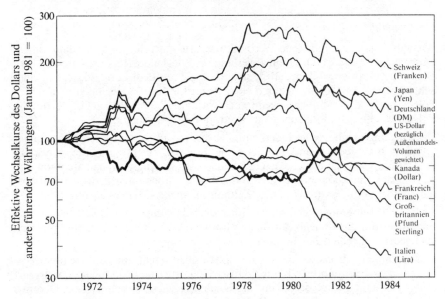

Abbildung 40.4. Das Floaten der Wechselkurse gegenüber dem Dollar: in einigen Fällen ein gelenktes Floaten, in einigen ein freies Floaten.
Vor dem Zusammenbruch des Bretton-Woods-Systems waren alle Paritäten fixiert. Seither unterliegen sie in Abhängigkeit von Angebot und Nachfrage einem ständigen Auf und Ab. So zeigt sich hier der Kursrückgang des Dollars von 1977 bis 1978 als Aufwertung der Deutschen Mark, des Yen und des Schweizer Franken und als Rückgang des in bezug auf das Außenhandelsvolumen gewichteten US-Dollars. Beachten Sie auch den Wertverfall der meisten ausländischen Währungen zwischen 1980 und 1984 – ein Kurseinbruch, der darauf zurückzuführen war, daß die sehr hohen Zinsen in den Vereinigten Staaten ausländisches Geld anzogen. (Quelle: Internationaler Währungsfonds)

Bereits auf den ersten Blick läßt Abbildung 40.4 erkennen, welcher Einwand vor allen anderen gegen das System der frei schwankenden Wechselkurse vorgebracht worden ist: die Wechselkurse sind übermäßig instabil gewesen. Wir haben oben gesehen, wie stark der Dollarkurs stieg – nicht aus Gründen der Kaufkraftparität, sondern wegen der hohen Zinsen. Kritiker fragen deshalb: Wollen wir unsere Länder wirklich jeder Laune der Gnomen von Zürich oder der Gouverneure der Fed in Washington ausliefern?

Die Ökonomen haben die Bewegungen der Wechselkurse sorgfältig analysiert. Einige haben in der Tat Wechselkursschwankungen festgestellt, die größer waren, als dies durch Veränderungen der dahinterstehenden wirtschaftlichen Bedingungen gerechtfertigt gewesen wäre. Andere meinen, daß solche starke Schwankungen das Wesen der freien Marktpreisbildung ausmachen – sie sind auf Aktien- und Warenmärkten ebenso anzutreffen wie auf dem Goldmarkt. Die Entscheidung über die Wechselkurse dem Markt zu überlassen, bringt natürlich starke

Kursausschläge und Preisschwankungen mit sich. Das ist eben der Preis, den ein Land für die Freiheit zahlt, die das Floating bietet.

Floating und Disziplin

Wir haben gesehen, daß feste Wechselkurse, wie etwa der Goldstandard, einem Land eine sehr strenge Disziplin abverlangten. Stiegen die Inlandspreise und kam es zu einem Zahlungsbilanzdefizit, strömte Gold aus dem Land ab, was zu einer Schrumpfung der Geldmenge und einer Rezession führte oder noch schlimmere Folgen hatte. Eine ähnliche (wenn auch geringfügig abgeschwächte) Kette von Folgeentwicklungen implizierte das Bretton-Woods-System.

Diese Zwänge früherer Perioden entfallen bei einem System frei schwankender Wechselkurse. Jedes Land hat jetzt die Freiheit, über die Höhe seines Inlandspreisniveaus zu entscheiden: Es kann – in Abhängigkeit von den von ihm eingesetzten makroökonomischen Maßnahmen – hohe oder niedrige Inflationsraten haben, ohne dadurch in eine Zahlungsbilanzkrise hineinzugeraten.

Aber die Beseitigung alter Zwänge führt zur Schaffung neuer. Die Freiheit, sich für ein bestimmtes Preisniveau zu entscheiden, bedeutet nicht, daß ein Land sich auch jeden beliebigen *Real*lohn leisten kann. Warum nicht?

Angenommen, wir lassen die Nominallöhne über Nacht um 50 Prozent steigen. Damit sitzen wir auf hohen Kosten. Unsere Exporte sind nicht mehr konkurrenzfähig. Der Dollarkurs sinkt, um das Ungleichgewicht auszugleichen. Dadurch verteuern sich unsere Importe (Rohstoffe u.ä.). Dies wiederum führt zu einem Preisanstieg in den Vereinigten Staaten. Letztlich werden unsere Preise wahrscheinlich um genau so viel ansteigen, wie zuvor die Nominallöhne gestiegen sind.

■ **Die Moral der Geschichte ist, daß frei schwankende Wechselkurse uns zwar aus der Disziplin des Goldstandards bezüglich der *nominalen* Löhne und Preise entlassen. Aber nichts kann uns von den unverändert wirksamen Zwängen der realen Höhe der Produktivität des Systems befreien. Floating ist kein Freibrief für die Erhöhung der Realeinkommen. Vielmehr befreit es uns von einer Kategorie von Zwängen (der des Goldes oder des Dollars), um uns einer anderen zu unterwerfen (den eiskalt rechnenden Märkten, die eine Währung nach deren echtem Wert beurteilen).**

Wirtschaftslehre und Nationalismus

Die Beschäftigung mit den der Funktionsweise der Weltwirtschaft zugrundeliegenden Prinzipien läßt uns erkennen, daß die Vereinigten Staaten sich glücklich schätzen können, daß sie sowohl zu einer wirtschaftlichen wie einer politischen Einheit zusammengewachsen sind. Wir haben das Glück, eine gemeinsame Währung zu besitzen, bei uns herrschen freie Faktormobilität und freier Handel zwischen den einzelnen Staaten und Städten. Deshalb braucht sich bei uns niemand Sorge zu machen, daß New York Zölle auf die Autos von Michigan erhebt oder daß New Jersey sich vor den Agrarprodukten Kaliforniens »schützt«.

Die Vorzüge einer einzigen Währung und des freien Handels sind unschwer zu erkennen: Von allen Industrienationen sind die Vereinigten Staaten das Land, in dem Monopole vielleicht die geringste Bedeutung haben und das möglicherweise den höchsten Lebensstandard besitzt.

Manche Menschen träumen davon, auch anderen Ländern diesen glücklichen Zustand der Vereinigten Staaten zu bescheren. Und wer könnte behaupten, daß ein solcher utopischer Traum unerfüllbar ist? Warum sollen nicht auch andere Regionen in den Genuß der Vorteile eines allgemeinen Freihandels, der Freizügigkeit des Kapitals sowie einer koordinierten Währungs- und Fiskalpolitik zwischen mehreren größeren Ländern gelangen? Vielleicht wird eine von wirtschaftlichem Nationalismus befreite, eng zusammenarbeitende Welt sowohl die hochentwickelten wie die in der Entwicklung begriffenen Länder auf den Weg führen, der sie das allen Ländern letztlich vorschwebende Ziel der Freiheit und der wirtschaftlichen Stabilität erreichen läßt.

Zusammenfassung
A. Wechselkurs- und Handelsmechanismen

1. Der Kauf und Verkauf von Gütern im Ausland setzt einen *Wechselkurs* zwischen den heimischen und den ausländischen Währungen voraus. Drei bedeutende Wechselkurssysteme sollten jedem vertraut sein: (a) der »Goldstandard«, bei dem der Wert der Währung eines Landes in eine feste Beziehung zum Goldwert gesetzt wird und bei dem die Länder Gold kaufen oder verkaufen, um ihre Zahlungsbilanz auszugleichen; (b) das »reine Floating«, bei dem der Wechselkurs der Währung eines Landes ausschließlich durch das freie Spiel von Angebot und Nachfrage auf den Märkten bestimmt wird, ohne daß der Staat interveniert; und (c) das »gelenkte Floating«, bei dem die Höhe der Wechselkurse durch eine Mischung aus der Wirkung von Marktkräften und staatlicher Intervention bestimmt wird.

2. Die Vertreter der klassischen Nationalökonomie (wie beispielsweise David Hume) vertrauten auf Goldbewegungen zum Zwecke einer Änderung der relativen Preisniveaus, die *(a)* bei Defizitländern mit Goldabfluß eine Steigerung der Exporte und *(b)* eine Senkung der Importe bewirkten, während sie *(c)* bei Überschußländern mit Goldzustrom zu einem Rückgang der Exporte und *(d)* zur Steigerung der Importe führten.

3. Bei frei schwankenden Wechselkursen wird der durchschnittliche Wert, um den herum der Wechselkurs schwankt, langfristig im wesentlichen durch die »Kaufkraftparität« beziehungsweise die relativen Preise zweier Länder bestimmt. Steigen die Preise des Landes *A* um das Zehnfache, wird der Wechselkurs wahrscheinlich auf ein Zehntel seines früheren Wertes absinken.

B. Die makroökonomische Analyse offener Volkswirtschaften

4. Die aus dem Handel mit anderen Ländern resultierenden Wechselwirkungen beeinflussen das Gesamtniveau der Produktion und der Beschäftigung einer Volkswirtschaft. Eine Steigerung der Exporte (oder ein nicht durch staatliche Maßnahmen induzierter Rückgang der Importe) wird die Gesamtausgabentätigkeit im Bereich der heimischen Produktion ansteigen lassen. Dies wird auf dem Wege über den Mechanismus des Multiplikators zu einem Anstieg des BSP sowie der Beschäftigung führen.

5. Auch der Wechselkurs hat Einfluß auf den makroökonomischen Ablauf. Steigt der Wechselkurs eines Landes, wird dies die Exportnachfrage dämpfen und die Importe erhöhen; sinkende Nettoexporte bewirken einen Rückgang der Inlandsproduktion und der Beschäftigung.

Desgleichen beobachten wir, daß sich die Geldpolitik auf den Außenhandel niederschlägt: Verfolgt ein Land eine restriktive Geldpolitik, wird dies zu einem Anstieg der Zinsen im Inland führen. In dem Maße, in dem der Zustrom an Kapital aus dem Ausland anwächst, steigt der Wechselkurs, was die realen Nettoexporte sowie das BSP zurückgehen läßt. Dieser Mechanismus ist für das Verständnis der wirtschaftlichen Ereignisse in den Vereinigten Staaten während der Mitte der 80er Jahre von Bedeutung.

C. Zusammenbruch und Wiederaufbau des internationalen Zahlungssystems

6. Nach dem Zweiten Weltkrieg schlossen sich die führenden Nationen zum Bretton-Woods-System zusammen und »banden« ihre Wechselkurse an das Gold und den Dollar. Wichen die Wechselkurse von dem vereinbarten Austauschverhältnis ab, paßten die Länder die offiziellen »Paritäten« an. Nach 1970 brach das Bretton-Woods-System endgültig zusammen.

7. Bei dem neuen Wechselkurssystem der 80er Jahre handelt es sich um ein »gelenktes Floating«. Die relativen Wechselkurse steigen und fallen in Abhängigkeit vom Angebot und der Nachfrage nach Exporten und Importen. Gelegentlich intervenieren die Regierungen jedoch, um die Wechselkursbewegungen einzudämmen oder zu vergrößern, so daß aus dem »freien Floating« ein »gelenktes Floating« wird.

8. Das Gold hat die offizielle Schlüsselrolle verloren, die es im Rahmen des automatischen Goldstandards spielte. Der Goldpreis wird heute praktisch auf die gleiche Weise bestimmt wie der Preis für Weizen oder für Aktien von General Motors.

9. Die Währungsreformer hatten gehofft, daß die Sonderziehungsrechte des IWF (die SZR oder das »Papiergold«) im Währungssystem zu erheblicher Bedeutung aufsteigen würden. Die SZR-Einheit – ein gewichteter Durchschnitt von 5 führenden Währungen – wird gelegentlich offiziellen Vereinbarungen und

Transaktionen zugrunde gelegt. In der Praxis haben die SZR den Dollar, der im gegenwärtigen, nicht als System zu bezeichnenden Arrangement des gelenkten Floatens weiterhin die Schlüsselwährung darstellt, nicht verdrängt. Die Hoffnung auf eine Rückkehr zum Gold geistert nach wie vor durch die Köpfe der alten Goldfanatiker sowie der Anhänger der angebotsorientierten Wirtschaftslehre. Aber nur wenige nüchtern denkende Analytiker oder Zentralbankchefs halten eine solche Reform für realistisch oder sind gar davon überzeugt, daß sie der wirtschaftlichen Stabilität der Länder guttäte.

10. Die dramatischste Entwicklung der letzten Jahre stellte der Höhenflug des Dollars dar. Nach zehn Jahren eines fortwährenden Kursverfalls schnellte er 1980 in die Höhe. Der Kursanstieg führte zu einem drastischen Rückgang der realen Nettoexporte, der die Rezession von 1980 bis 1982 noch verschärfte.

11. Schwankende Wechselkurse scheinen die Länder aus der Disziplin des automatischen Gold- oder Dollarstandards früherer Perioden zu entlassen und ihnen die Möglichkeit zu geben, ihre eigene inflationäre oder nichtinflationäre Politik zu verfolgen. Tatsächlich werden sie jedoch einer neuen Disziplin unterworfen – der Disziplin der Märkte, die die Wechselkurse in Reaktion auf divergierende relative Preisniveaus oder Zinssätze oder sogar in Reaktion auf die Erwartungen über Preis- und Zinsentwicklungen in der Öffentlichkeit steigen oder fallen lassen.

Begriffe zur Wiederholung

Weltbank und IWF
Zusammenbruch des Bretton-Woods-Systems
neuer Transmissionsmechanismus für die Geldpolitik:
    M↓ → i↑ → $↑ → Nettoexporte, BSP
Intervention
Kursverfall und Kursanstieg gegenüber Abwertung und Aufwertung
Kaufkraftparität
Außenhandelsmultiplikator
Überbewertung, Unterbewertung und denkbare Argumente zugunsten des Merkantilismus
Wechselkurssysteme: feste Wechselkurse, freies Floating, gelenktes Floating
Goldstandard
regionale Währungsblöcke: die »Schlange« und das EWS

Fragen zur Diskussion

1. Stellen Sie die Weltbank und den Internationalen Währungsfonds einander gegenüber und vergleichen Sie beide. Was bedeutet der Satz: »Der Fonds ist eine Bank und die Bank ist ein Fonds?«

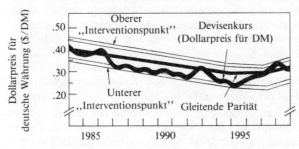

Hypothetisch floatende Parität

2. Definieren Sie die Begriffe SZR oder Papiergold, gelenktes oder freies Floating, Intervention.

3. »Das Bretton-Woods-System stellte insofern eine Verbesserung gegenüber dem automatischen Goldstandard dar, als es letztlich einem Land die Möglichkeit zur Abwertung gab und es nicht zwang, einen schmerzlichen Prozeß der Deflation und der langfristigen Arbeitslosigkeit auf sich zu nehmen, um dadurch eine Überbewertung seiner Währung zu korrigieren. Von dieser Flexibilität wurde jedoch zu selten Gebrauch gemacht und auch zu spät, das heißt, lange nachdem die Spekulanten ihre großen Geschäfte auf Kosten der schwachen Währung schon unter Dach und Fach gebracht hatten.« Erläutern Sie diesen Satz.

4. »Bei flexiblen Wechselkursen entscheiden die Länder A und B über die von ihnen angestrebte Geldmenge M_A und M_B. Diese bestimmen ihrerseits das Preisniveau P_A und P_B. Gemäß der Theorie der Kaufkraftparität entscheiden langfristige Veränderungen von P_A/P_B darüber, wie stark die Währung von A im Verhältnis zu der von B im Wert sinken (oder steigen) wird.« Können Sie den Grund dafür angeben?

5. Obige Abbildung stellt einen Vorschlag für eine »floatende Parität« oder eine gleitende »Bandbreite« der Wechselkurse des Dollars im Verhältnis zur Deutschen Mark (DM) dar. Im Rahmen eines solchen Systems kann ein Wechselkurs um einige Prozent im Jahr schwanken. Worin liegen die Vor- und Nachteile dieses Vorschlags im Vergleich zu einem System fester Wechselkurse oder frei schwankender Wechselkurse?

6. Zeigen Sie anhand eines Angebots- und Nachfragediagramms, auf welche Weise staatliche Interventionsmaßnahmen den Wechselkurs eines Landes verändern würden. Wie würde sich der Verkauf von Dollars gegen ausländische Währungen durch die Währungsbehörden der Vereinigten Staaten auf den Dollar auswirken? Warum wäre eine Intervention wirkungslos, wenn – wie einige glauben – das Angebot an Dollars praktisch vollkommen elastisch ist?

7. Angenommen, ein Land entdeckt Öl, aber es dauert zehn Jahre, ehe es seine neuen Vorkommen tatsächlich ausbeuten kann. Was würde mit der Leistungsbilanz des Landes geschehen, sobald das Öl auf den Markt gelangt? Was könnte mit dem frei schwankenden Wechselkurs der Währung heute geschehen, nachdem bekanntgeworden ist, daß das Land in absehbarer Zeit eine aktive Leistungsbilanz haben wird? Warum wird das Land in der Zeit vor der eigentlichen Ölförderung eine *passive* Leistungsbilanz haben?

8. Oft sind Länder zur Unterstützung ihrer Wirtschaft an einer unterbewerteten Währung interessiert. Zeigen Sie, auf welche Weise eine auf die Aufrechterhaltung eines niedrigen Wechselkurses gerichtete Politik des Landes *J* bei vorhandenen unausgelasteten Ressourcen zur Steigerung der Produktion und der Beschäftigung führt. Zeigen Sie auch, warum dies eine »Politik auf Kosten des Nachbarn« ist, weil sie in den Partnerländern von *J* die Produktion und die Beschäftigung zurückgehen läßt.

9. *Preisfrage*: Gelegentlich werden protektionistische Strategien zum Einsatz gebracht, um ein Leistungsbilanzdefizit abzubauen. Tatsächlich wurden Mitte der 80er Jahre in den Vereinigten Staaten Stimmen laut, die Importbeschränkungen im Interesse einer Verringerung des steigenden Leistungsbilanzdefizits forderten.

Analysieren Sie die Auswirkungen protektionistischer Maßnahmen unter der Annahme völlig frei schwankender Wechselkurse. Verfahren Sie wie folgt: Legen Sie eine Abbildung von Angebots- und Nachfragekurven nach der Art der Abbildung 40.1 zugrunde. Wie würde sich eine Politik der Importbeschränkungen auf die *NN*-Kurve nach ausländischen Devisen auswirken? Welche Folgen hätte das für den Wechselkurs des Dollars?

Wie sehen unter Berücksichtigung der Reaktion des Wechselkurses des Dollars die weiteren Folgewirkungen der Importbeschränkungen im Bereich der Importe, der Exporte, der Produktion und der Beschäftigung aus? Können Sie erklären, warum nach Berücksichtigung sämtlicher Auswirkungen möglicherweise *überhaupt keine* Besserung der Leistungsbilanzsituation eintritt? Wenn sich tatsächlich keine Besserung der Leistungsbilanzsituation nachweisen läßt, welche Wirkung haben protektionistische Maßnahmen dann auf einzelne Sektoren? Können Sie sich erklären, warum von einigen Seiten behauptet wird, daß hohe amerikanische Zölle auf Textilien den Arbeitnehmern in der chemischen Industrie oder im Flugzeugbau der Vereinigten Staaten schaden?

Nachwort

Wir haben in unseren Ausführungen und Untersuchungen eine lange Wegstrecke gemeinsam zurückgelegt. Bei unserem Bemühen um das Verständnis der Makro- sowie der Mikroökonomie sind uns Probleme in reicher Zahl begegnet. Unsere eigene Wirtschaft wie auch ausländische Volkswirtschaften werden von hartnäckiger Arbeitslosigkeit, einem ständigen Auf und Ab der Inflation sowie von anhaltender Armut heimgesucht. Statistische Erhebungen und analytische Erkenntnisse deuten darauf hin, daß sich diese tief verwurzelten Probleme bequemen Lösungen entziehen.

Gelegentlich beschleichen uns insgeheim Zynismus und Hoffnungslosigkeit, wenn wir uns in der Wirtschaftswissenschaft auf die Suche nach dem Stein der Weisen begeben und feststellen müssen, daß wir mit einem bloßen Erkenntnissplitter abgespeist werden – etwa der Feststellung: »Umsonst gibt es nichts auf dieser Welt.« Die verzwickten Probleme unserer Tage könnten uns zu der Überzeugung kommen lassen, daß die reichen Länder auf Dauer mit einem belastend hohen Niveau an Arbeitslosigkeit zu kämpfen haben werden, während auf den armen Ländern ein für allemal die schwere Bürde einer hohen Auslandsverschuldung lasten wird.

Aber vielleicht messen solche pessimistischen Gedanken der Gegenwart ein viel zu großes Gewicht bei. Erinnern Sie sich, daß Malthus im vergangenen Jahrhundert die Menschheit zu dem Schicksal einer unausrottbaren Armut verdammt sah und voraussagte, daß ein hemmungsloses Bevölkerungswachstum mit jeder Produktivitätssteigerung Schritt halten würde. Damals verlieh Thomas Carlyle der Nationalökonomie den Beinamen »die trostlose Wissenschaft«.

Die Statistiken der Wirtschaftsgeschichte lassen jedoch erkennen, daß Malthus und Carlyle sich gründlich geirrt haben: Genau in dem Augenblick, in dem diese beiden wie Jeremias ihre Untergangsprophezeiungen verkündeten, traten die Länder Europas und Nordamerikas in die einhundertfünfzig Jahre währende Phase eines ungeheuren Wachstums ihrer Löhne, der Lebenserwartungen sowie des Lebensstandards ein.

Deshalb wollen wir unsere Darstellung nicht mit einem Kassandraruf beschließen, sondern uns vielmehr an eine berühmte Prophezeiung von John Maynard Keynes aus dem Jahre 1930 halten. Die 30er Jahre unseres Jahrhunderts waren den 80er Jahren nicht unähnlich: in vielen Ländern herrschten schwere Rezessionen, allerorts suchte man sein Heil im Protektionismus und viele Banken taumelten am Abgrund des Bankrotts entlang.

Dennoch blickte Keynes über die sich anbahnende Weltwirtschaftskrise hinaus und zeichnete ein verblüffendes Bild von der wirtschaftlichen Zukunft der Menschheit.

Angenommen, es ginge uns allen in hundert Jahren... achtmal besser... als gegenwärtig... Gehen wir einmal davon aus, daß weder größere Kriege noch ein größeres Bevölkerungswachstum stattfinden, dann könnte dadurch das ökonomische Problem gelöst sein... Das bedeutet, daß – wenn wir einmal die zukünftige Perspektive ins Auge fassen – nicht das ökonomische Problem die immerwährende Herausforderung der Menschheit darstellt.

Warum, so könnten Sie fragen, ist diese Vision so verblüffend? Sie ist deshalb so verblüffend, weil wir – bei einem Blick auf die Vergangenheit anstatt in die Zukunft – feststellen, daß das ökonomische Problem, der Kampf ums Dasein, bisher immer das primäre und vordringlichste Problem der Menschheit gewesen ist – nicht nur der Menschheit, sondern des gesamten Reiches alles Lebendigen, und zwar vom Anbeginn des Lebens in seiner primitivsten Form an.

Deshalb hat uns die Natur bewußt so geschaffen, daß wir – mit all unseren Trieben und Urinstinkten –, das ökonomische Problem zu lösen bestrebt sind. Ist es erst einmal gelöst, wird die Menschheit ihrer traditionellen Aufgabe beraubt sein ... Ich denke mit Schaudern an die dann anstehende Umstellung der Gewohnheiten und Instinkte des Durchschnittsbürgers, die ihm über unzählige Generationen hinweg anerzogen worden sind und die er innerhalb einiger Jahrzehnte wird ablegen müssen.

Um ein heute gern gebrauchtes Wort zu verwenden – müssen wir uns nicht auf einen allgemeinen »Nervenzusammenbruch« gefaßt machen?... Denn zum ersten Mal seit seiner Erschaffung wird der Mensch einem echten, dauerhaften Problem gegenübergestellt sein – der Frage, wie er die Freiheit von seinen dringenden wirtschaftlichen Sorgen nutzt, wie er die freie Zeit ausfüllt, die ihm die Wissenschaft und der Zinseszins beschert haben, die ihm ein sinnvolles, erfülltes und angenehmes Leben ermöglichen.

Auch in anderen Bereichen werden wir mit Veränderungen rechnen müssen. Sobald die Akkumulation von Reichtum auf der gesellschaftlichen Prioritätenliste nicht mehr ganz obenan rangiert, werden sich auch tiefgreifende Veränderungen in unserem Moralkodex vollziehen. Wir werden viele der pseudomoralischen Prinzipien abschütteln können, unter deren Regime wir zwei Jahrhunderte lang gelebt und aufgrund derer wir einige der verabscheuungswürdigsten menschlichen Eigenschaften zu den lobenswertesten Tugenden erhoben haben ... Die Liebe zum Geld als Ausdruck des Besitzes – im Gegensatz zur Liebe zum Geld als einem Mittel, sich die Möglichkeiten und die Freuden des Lebens zu erschließen – wird als das erkannt werden, was sie ist, nämlich als eine im Grunde abstoßende, krankhafte Veranlagung, als eine jener quasi-kriminellen, quasi-pathologischen Neigungen, deren Behandlung man schaudernd in die Hände des Psychotherapeuten legt.

Doch noch gilt es, auf der Hut zu sein! Noch ist die Zeit für all dies nicht angebrochen. Für mindestens weitere hundert Jahre müssen wir und unsere Mitmenschen mit der Lebenslüge leben: »... fair ist foul und foul ist fair«. Denn foul bedeutet Vorteil und fair ist gleich Verlust. Habgier und Wucher und Wachsamkeit müssen auch fürs nächste noch unsere Götter bleiben.[1]

Wir schließen mit dieser Vision von Keynes, um uns daran zu erinnern, daß die Zukunft einen längeren Zeitraum umspannt als die Gegenwart. Jedes Dilemma, das uns heute bedrückt, ist schon morgen Geschichte. Neue und unvorhergesehene Probleme werden auftauchen. Der jahrhundertealte Kampf zwischen den Kräften des abnehmenden Grenzertrages und des wissenschaftlichen Fortschritts wird anhalten. Aber wenn wir die Geschichte als Orientierungshilfe für die Zukunft heranziehen dürfen, können wir davon ausgehen, daß es mit uns in den kommenden Jahrzehnten wirtschaftlich weiter aufwärtsgehen wird.

---

1 J.M.Keynes, »Economic Possibilities for our Grandchildren«, neu aufgelegt in seinen *Essays in Persuasion*, Macmillan, London 1933.

Wenn der wirtschaftliche Fortschritt tatsächlich anhält, wird sich aus der utopischen Vision von Keynes bald die entscheidende wirtschaftliche Frage für alle im Überfluß lebenden Nationen stellen: Überfluß wozu? Wofür sollen wir die Ressourcen und die Zeit verwenden, mit denen uns der wirtschaftliche Fortschritt aus der Fron entließ? Für Rüstungszwecke? Für Getreide und Traktoren für ärmere Länder? Für Bildungseinrichtungen und Forschungslabors? Für Dichtung und Ballett? Für Ski und Tennis? Für Pelze und Stereo-Armbanduhren?

Das schwerwiegendste ökonomische Problem von Nationen, deren Lebensstandard weit über die reinen Lebensnotwendigkeiten hinausgewachsen ist, bezieht sich nicht auf das *Was, Wie* und *Für wen* – sondern auf das *Wozu*?

Leider aber steht das Reich der Glückseligkeit, in dem sich die Probleme der Knappheit in Wohlgefallen aufgelöst haben, noch nicht vor der Tür. Eine Zeitlang müssen wir noch mit der Gegenwart leben und uns auch weiterhin unser Brot im Schweiße unseres Angesichts verdienen. Doch auch schon ehe wir in das Reich des Überflusses eintreten, können wir mit einem Quentchen an Intelligenz und ein wenig Glück für einen angemessenen Lebensstandard für alle Menschen sorgen und die krassesten Ungerechtigkeiten beseitigen.

Wir möchten mit den Worten von Martin Luther King jr. schließen und sagen, daß auch uns ein Traum gefangen hält. Wir träumen davon, daß die bemerkenswerte Effizienz der Märkte in Ost und West dazu eingesetzt werden möge, um den Zielen einer humanen Gesellschaft zu dienen.

Es ist schon so: Das Herz kennt Gründe, die der Verstand nie ergründen wird. Und die Wirtschaftswissenschaft, die zwischen der Kunst und der Wissenschaft angesiedelt ist, kann dann den größten Nutzen stiften, wenn sie Vernunftgründe, die sie aus beobachteten Tatsachen herleitet, mit Zielsetzungen kombiniert, die dem Herzen entspringen.

Glossar der Fachbegriffe[1]

Abgeleitete Nachfrage. Die Nachfrage nach einem Produktionsfaktor, die sich aus der Nachfrage nach dem Endprodukt, zu dessen Erstellung er beiträgt, ergibt (bzw. »ableitet«). So ist die Nachfrage nach Benzin beispielsweise eine aus dem Straßenverkehrsaufkommen abgeleitete Nachfrage.

Abnehmender Ertragszuwachs. Produktionsgesetz, demzufolge der aus aufeinanderfolgenden Steigerungsmengen eines Inputs resultierende Output schließlich zurückgehen wird. Dieses Ergebnis stützt sich auf die Tatsache, daß einige Inputs, wie beispielsweise der Faktor Boden, konstant gehalten werden. Das Gesetz läuft auf die Feststellung hinaus, daß das *Grenzprodukt* des variablen Faktors von einem bestimmten Punkt an schrumpft. (Als Beispiel vgl. die *Malthussche Bevölkerungstheorie*.)

Abnehmender Grenznutzen. Gesetz, demzufolge mit steigendem Konsum eines Gutes dessen *Grenznutzen* abnimmt.

Abnehmende Skalenerträge vgl. *Skalenerträge*.

Abschreibung vgl. *Wertminderung*.

Absoluter Kostenvorteil. Die Fähigkeit des Landes A, ein Produkt effizienter (d.h. mit geringeren Kosten) herzustellen als das Land B. Ein solcher absoluter Vorteil bedeutet nicht notwendigerweise, daß A das betreffende Gut auch nach B exportieren kann. B hat möglicherweise nach wie vor einen *komparativen Kostenvorteil*.

Abwärts geneigte Nachfrage. Regel, derzufolge die Senkung des Preises für irgendein Gut oder eine Leistung die Konsumenten veranlassen wird, unter sonst gleichen Bedingungen *(ceteris paribus)* von diesem Gut mehr zu kaufen.

Abwertung. Rückgang des offiziellen Kurses der Währung eines Landes, ausgedrückt in den Währungen anderer Länder oder gegenüber dem Gold. So sprechen wir beispielsweise davon, daß der Dollar 1971, als sein offizieller Preis gegenüber dem Gold heruntergesetzt wurde, abgewertet wurde. Das Gegenteil einer Abwertung, d.h. die offizielle Anhebung des Wechselkurses einer Währung gegenüber dem Gold oder gegenüber anderen Währungen, bezeichnet man als *Aufwertung*. Bei einem System floatender Wechselkurse spricht man von einem *Wertverfall* einer Währung (wenn ihr Kurs gegenüber anderen Währungen sinkt) beziehungsweise von einer *Kursaufwertung* (wenn ihr Kurs gegenüber anderen Währungen ansteigt).

Abzinsung. Der Vorgang der Ermittlung eines *Gegenwartswertes* eines zu einem

---

[1] Innerhalb einer Definition in Kursivschrift gedruckte Begriffe erscheinen als gesonderter Eintrag im Glossar. Für eine eingehendere Diskussion bietet der Text eine hilfreiche Einstiegsmöglichkeit. Ausführlichere Darstellungen finden sich in Douglas Greenwald, Hrsg., *Encyclopedia of Economics*, McGraw-Hill, New York 1983; David W. Pearce, *The Dictionary of Modern Economics*, überarbeitete Auflage, The MIT Press, Cambridge, Mass. 1983; oder in der *International Encyclopedia of the Social Sciences*, Collier and Macmillan, New York 1968.

zukünftigen Zeitpunkt zu erwartenden Einkommens. Der heutige Wert wird von dem zu einem zukünftigen Termin zu erwartenden Dollarbetrag abgerechnet, weil auf die Möglichkeit der Erzielung eines Zinseinkommens zwischen der Gegenwart und dem zukünftigen Zeitpunkt, zu dem das Einkommen erwartet wird, verzichtet wird. Deshalb dient in der Regel hier der *Diskontsatz* als Zinssatz.

Adaptive Erwartungen vgl. *Erwartungen*.

Administrierte Preise (starre Preise). Ein ursprünglich von Gardner C. Means geprägter Begriff zur Charakterisierung von Preisen, die nicht »flexibel« sind (vgl. *Preisflexibilität*). Typische Beispiele für administrierte Preise sind von unvollkommenen Konkurrenten *(Wettbewerb)* festgesetzte Preise. Dabei kann es sich um Preise handeln, die wochen- oder monatelang auf dem gleichen Stand verharren.

Änderung des Angebots oder Änderung der angebotenen Menge. Die gleiche Unterscheidung wie im Falle der Nachfrage: vgl. deshalb *Änderung der Nachfrage gegenüber Änderung der nachgefragten Menge*.

Änderung der Nachfrage gegenüber Änderung der nachgefragten Menge. Eine Änderung der von den Käufern nachgefragten Menge, die durch einen beliebigen Faktor (z. B. erhöhte Einkommen, veränderte Präferenzen, etc.), nicht aber durch eine Änderung des Preises ausgelöst wird, ist eine »Änderung der Nachfrage«. (In der graphischen Darstellung führt sie zu einer Verlagerung der Nachfragekurve.) Wird demgegenüber die Entscheidung zum Kauf größerer oder kleinerer Mengen eines Gutes durch eine Änderung des Preises des fraglichen Gutes ausgelöst, handelt es sich um eine »Änderung der nachgefragten Menge« und nicht um eine Änderung der Nachfrage. (In der graphischen Darstellung drückt sich eine Änderung der nachgefragten Menge in einer Bewegung entlang einer unveränderten Nachfragekurve aus, nicht in einer Verlagerung der Kurve als solcher.)

Aktiva vgl. *Bilanz*.

Aktivum. Vermögenswert (Aktivposten) im Sinne eines Sachwertes oder eines immateriellen Gutes, das einen wirtschaftlichen Wert hat. Wichtige Beispiele sind Betriebsanlagen, Ausrüstungen, Boden, Patente, Urheberrechte, der Firmenwert sowie monetäre Vermögenswerte wie Geld oder Rentenpapiere.

Akzelerationsprinzip. Investitionstheorie, derzufolge die Höhe der Investitionsausgaben von der Zuwachsrate des BSP (d.h. durch den sog. Akzelerator) bestimmt wird. Sie besagt, daß positive (bzw. hohe) Investitionen bei wachsendem BSP zu beobachten sind, während die Nettoinvestitionen (selbst bei einem sehr hohen BSP) auf Null (bzw. einen niedrigen Stand) absinken, wenn das BSP stagniert.

Allokative Effizienz. Situation in der Wirtschaft, bei der keine Umstrukturierung oder kein Tausch denkbar ist, der zu einer Besserstellung sämtlicher Wirtschaftssubjekte führen würde (gelegentlich auch durch den Satz ausgedrückt: »Niemand kann besser gestellt werden, ohne daß jemand anders schlechter gestellt wird«). Eine solche Situation befindet sich deshalb auf der *Grenze der Nutzenmöglichkeiten*. Unter bestimmten Einschränkungen führt der vollkommene Wettbewerb zur allokativen Effizienz, die auch als *Pareto-Optimum* bezeichnet wird.

Alternativkosten vgl. *Opportunitätskosten.*

Angebotene Menge vgl. *Änderung des Angebots oder Änderung der angebotenen Menge.*

Angebotskurve. Funktion, die die Gütermenge darstellt, die die Anbieter auf einem gegebenen Markt – unter sonst gleichen Bedingungen – zu jedem Preis abzugeben gewillt sind.

Angebotsorientierte Wirtschaftslehre. Eine Lehrmeinung, die besonders auf wirtschaftspolitische Maßnahmen zur Beeinflussung der Gesamtnachfrage bzw. der potentiellen Produktion abhebt. Dieser Position zufolge beeinträchtigen eine hohe Grenzbesteuerung der Arbeits- und Kapitaleinkommen die Leistungsbereitschaft sowie die Spartätigkeit. Eine Senkung der Grenzsteuersätze führt deshalb zu einer Erhöhung des Faktorangebots und der Gesamtproduktion. Einer extremen Auffassung zufolge, wie sie gelegentlich von Arthur Laffer vorgetragen wird, führt eine Steuersenkung sogar zu einer Erhöhung des Gesamtsteueraufkommens des Staates.

Angebot und Nachfrage. Das »Gesetz« von Angebot und Nachfrage besagt, daß sich (unter Bedingungen des vollkommenen Wettbewerbs) der Marktpreis auf dem Niveau einpendeln wird, auf dem die von den Käufern nachgefragte Menge genau der Menge entspricht, die die Anbieter abzugeben gewillt sind.

Anpassungsfähiger, fester Wechselkurs. Wechselkurssystem, bei dem die Wechselkurse von Ländern untereinander fest oder »fixiert« sind. Der Wechselkurs wird jedoch periodisch angepaßt, wenn es zu einem fundamentalen Ungleichgewicht zwischen den Währungen kommt. Dieses System galt während der Dauer des Bretton-Woods Abkommens von 1944–1971 für die meisten führenden Währungen. (Vgl. auch *Wechselkurs*)

Antitrust-Gesetzgebung. Gesetze, die die Monopolbildung, Beschränkungen des Handels sowie Absprachen zwischen Unternehmen mit dem Ziel der Erhöhung der Preise und der Einschränkung des Wettbewerbs verbieten.

Arbeitsangebot. Die Zahl der verfügbaren Arbeitskräfte (oder, allgemeiner gesagt, der Arbeitsstunden) innerhalb einer Volkswirtschaft. Hauptbestimmungsfaktoren des Arbeitsangebots sind die Bevölkerung, die Löhne sowie gesellschaftliche Traditionen.

Arbeitskräftepotential. Alle Angehörigen der Bevölkerung im Alter von 16 und mehr Jahren, die entweder im Arbeitsprozeß stehen oder einen Arbeitsplatz suchen.

Arbeitslosigkeit. (1) Wirtschaftlich gesehen tritt Arbeitslosigkeit dann auf, wenn es Arbeitnehmer gibt, die zu den herrschenden Löhnen zu arbeiten bereit sind, jedoch keinen Arbeitsplatz finden. (2) Nach der offiziellen amerikanischen Definition (Amt für Arbeitsmarktstatistiken der USA) ist ein Arbeitnehmer arbeitslos, wenn er oder sie (a) keiner Erwerbstätigkeit nachgeht und (b) entweder auf seine Wiedereinstellung nach zeitweiliger Entlassung wartet oder während der voraufgegangenen 4 Wochen aktiv auf der Suche nach einem Arbeitsplatz war. (Vgl. auch *friktionelle* und *strukturelle Arbeitslosigkeit.*)

Arbeitsteilung. Eine Methode zur Organisation der Produktion, bei der jeder Arbeitnehmer sich auf eine Produktionsstufe – möglicherweise eine winzige Stufe

– spezialisiert. Die Spezialisierung führt zu einer höheren Ausbringung, weil die Arbeitnehmer größere Fertigkeiten erwerben und Spezialmaschinen eingesetzt werden, die genauer eingegrenzte Teilaufgaben verrichten.

Arbeitswertlehre. Die häufig mit Marx assoziierte, tatsächlich aber bereits früher entwickelte Auffassung, daß der Wert jeder Ware ausschließlich in Abhängigkeit von der für ihre Produktion notwendigen Arbeitsmenge bestimmt werden sollte.

Arbitrage. Der Vorgang des Ankaufs einer Währung oder einer Ware auf einem Markt sowie deren gleichzeitiger Verkauf zu einem höheren Preis auf einem anderen Markt. Die Arbitrage spielt beim Abbau von Preisunterschieden eine große Rolle, weshalb sie zu einem effizienteren Funktionieren der Märkte beiträgt.

Armut. Die »Armutsschwelle« wird heute von der Regierung der Vereinigten Staaten als das für einen hinreichenden Lebensstandard notwendige Unterhaltsminimum definiert (1984 lag es für einen 4-Personen-Haushalt bei etwa 10600 Dollar). Familien, deren Einkommen unterhalb dieser Schwelle liegen, werden als in Armut lebend bezeichnet.

Aufwertung. Anhebung des offiziellen *Wechselkurses* einer Währung (vgl. *Abwertung*).

Außenhandelsmultiplikator (siehe zunächst auch *Multiplikator*). Die Steigerung des BSP eines Landes, die aus einem Anwachsen seiner Exporte um eine Einheit erwächst.

Außenwirtschaftliche Austauschrelationen (»terms of trade«). Ein im allgemeinen im internationalen Handel gebräuchlicher Ausdruck, der sich auf die »realen« Bedingungen bezieht, zu denen ein Land seine Exporterzeugnisse verkauft und die importierten Güter einkauft. Er gibt das Verhältnis des Index der Exportpreise zum Index der Importpreise wieder. In den letzten Jahren haben viele Entwicklungsländer eine Verschlechterung ihrer »terms of trade« verzeichnet, d.h. sie haben festgestellt, daß sie mit Hilfe ihrer Agrarexporte immer weniger Importe von Industrieprodukten finanzieren können.

Ausschlußprinzip des Preises. Kriterium zur Unterscheidung privater von öffentlichen Gütern. Das Ausschlußprinzip ist dann wirksam, wenn ein Produzent eines Gutes dieses an *A* verkauft und ohne weiteres verhindern kann, daß *B, C* und *D* in den Genuß der Vorteile dieses Gutes gelangen, und es sich zugleich bei dem produzierten Gut um ein privates Gut handelt. Kann man, wie im Falle des öffentlichen Gesundheitsdienstes oder der Verteidigung, eine Personengruppe nicht ohne weiteres von dem Genuß dieses Gutes ausschließen, hat das betreffende Gut den Charakter eines »Kollektivgutes«.

Autarkie. Zustand, in dem ein Land sich völlig selbst genügt und keinerlei Wirtschaftsbeziehungen zu anderen Nationen unterhält: keine Exporte, keine Importe, keinen Zahlungsverkehr.

Automatische (»built-in«) Stabilisatoren. Elemente des öffentlichen Besteuerungs- und Ausgabensystems, die auf die Höhe des BSP oder des Volkseinkommens reagieren und Erschütterungen der Volkswirtschaft entgegenwirken. Diese Stabilisatoren greifen automatisch (d.h. ohne eigens eingesetzte steuer- oder geldpolitische Ad-hoc-Maßnahmen). Geht beispielsweise das BSP zurück, sinkt das

Steueraufkommen sofort, während die Arbeitslosenunterstützung ansteigt und den Rückgang des *verfügbaren Einkommens* auffängt, was wiederum die Rezession dämpft.

Bankreserven vgl. *Reserven* (Banken).

Basisjahr. Jahr, das als Bezugsjahr für den Vergleich mit späteren oder vorhergehenden Jahren verwandt wird – beispielsweise um das reale BSP oder das Preisniveau zweier Jahre miteinander zu vergleichen.

Beggar-thy-neighbor policy (Leistungsbilanzüberschußpolitik). Eine Politik, die versucht, die Arbeitslosigkeit eines Landes dadurch zu exportieren, daß sie Zölle oder Handelskontingente einführt, um die Nachfrage nach inländischen Gütern auf Kosten importierter Waren zu erhöhen.

Berufsverbands-Gewerkschaft. Eine Gewerkschaft, die nur Angehörige desselben Berufszweiges organisiert (z. B. Zimmerleute, Maschinenschlosser) im Gegensatz zu Industrie-Gewerkschaften (Prinzip: *ein* Unternehmen, *eine* Gewerkschaft).

Beschränkte Haftung. Das Privileg, das Aktionäre einer Kapitalgesellschaft (bzw. Gesellschafter eines Unternehmens) genießen, wonach – wenn das Unternehmen in finanzielle Schwierigkeiten gerät – ihr Verlust auf ihre Kapitaleinlage beschränkt ist. Die Aktionäre haften also für die Schulden der Gesellschaft lediglich mit ihrer ursprünglichen Investition.

Bestandsgröße gegenüber Stromgröße vgl. *Stromgröße gegenüber Bestandsgröße*.

Betriebsminimum (Produktionsschwelle). In der Unternehmenstheorie jener Punkt, an dem der Marktpreis so gering ist, daß die Verluste eines Unternehmens in jeder Rechnungsperiode genau gleich seinen fixen Kosten sind. Deshalb könnte es genausogut die Produktion stillegen. Die *Stillegungsschwelle* stellt sich in dem Punkt ein, in dem der Marktpreis genau die variablen Durchschnittskosten deckt und sonst nichts.

Bilanz. Buchhaltungsmäßige Darstellung der Vermögenslage eines Unternehmens an einem Stichtag, wobei die Aktiva auf der einen Seite aufgeführt und den Passiva *(Verbindlichkeiten)* und dem *Eigenkapital* auf der anderen Seite gegenübergestellt werden. Jeder Posten wird zu seinem jeweils geltenden bzw. geschätzten Geldwert angegeben. Die Summen der beiden Spalten müssen gleich sein, da das Eigenkapital definitionsgemäß gleich den Aktiva abzüglich der Passiva ist.

Bilanz der laufenden Posten vgl. *Handelsbilanz*.

Boden. In der klassischen und neoklassischen Wirtschaftslehre einer der drei grundlegenden *Produktionsfaktoren* (neben Arbeit und Kapital). Der Begriff umfaßt Boden, der für landwirtschaftliche wie für industrielle Zwecke genutzt wird, ebenso wie die natürlichen Ressourcen, die dem Boden – d. h. seiner Oberfläche wie tiefergelegenen Schichten – abgewonnen werden.

Bourgeoisie. In der Marxschen Wirtschaftslehre die Vermögens- und Kapitaleigner, die nicht zum *Proletariat* (bzw. zur Arbeiterklasse) gehören.

Breakeven point vgl. *Gewinnschwelle*.

Bruttosozialprodukt (BSP). Der zu laufenden Marktpreisen berechnete Wert sämtlicher Endprodukte und Dienstleistungen, die von einer Volkswirtschaft innerhalb einer bestimmten Rechnungsperiode erstellt werden (ohne Abschreibungen für den Kapitalverschleiß), ergibt das nominale Bruttosozialprodukt. Demgegenüber ist das reale Bruttosozialprodukt das nominale, um die Inflation bereinigte BSP. Es entspricht dem nominalen BSP, vermindert um den Betrag, der die seit dem Basisjahr eingetretenen Preissteigerungen genau ausgleicht. Ein Anstieg des realen BSP weist deshalb auf einen mengenmäßigen Zuwachs des Produktionsvolumens innerhalb des betrachteten Zeitraumes unter Ausschluß eines Preisanstiegs.

Buchgeld. Von den Banken geschöpftes Geld, insbesondere die scheckfähigen Einlagen, die zu einer vielfachen Ausweitung der Bankreserven führen.

Budgetlinie. Jene Gerade in einem Diagramm, dessen Achsen die Mengen zweier Güter messen, die sämtliche mögliche Kombinationen dieser beiden Güter darstellen, die der Konsument bei einem gegebenen Einkommen bzw. Familienbudget und angesichts der gegebenen Preise der beiden Güter kaufen könnte. Die Budgetlinie wird gelegentlich auch als *Grenze der Konsummöglichkeiten* bezeichnet.

C + I- bzw. C + I + G-Funktion. Eine Funktion, die die geplante oder angestrebte Höhe der Gesamtnachfrage darstellt – die Gesamtheit der Konsumausgaben *(C)*, der Investitionen *(I)* sowie der öffentlichen Ausgaben *(G)* für Güter und Dienstleistungen –, und zwar für jedes jeweilige Niveau des BSP oder Diagramm, das diese Funktion darstellt.

»Ceteris paribus«. »Unter sonst gleichen Bedingungen« – d.h. beispielsweise in einer Nachfragekurve oder -funktion die Annahme, daß alle anderen Faktoren mit Ausnahme des Preises, die einen Einfluß auf die Nachfrage haben (wie beispielsweise die Einkommen und Präferenzen der Konsumenten), konstant bleiben.

Chikagoer Schule. Eine Gruppe von Ökonomen (zu deren prominentesten Vertretern Henry Simons, F.A. von Hayek, Milton Friedman und George Stigler gehören), die die Auffassung vertreten, daß freie Märkte und freier Wettbewerb zu einem Höchstmaß an Effizienz in der Wirtschaft führen.

Clearingmarkt. Ein Markt, auf dem die Preise so flexibel sind, daß sich Angebot und Nachfrage sehr rasch angleichen. Auf Märkten, die immer geräumt werden, gibt es keine Rationierung, keine Arbeitslosigkeit, keinen Nachfrageüberhang und kein Überangebot. Der Begriff läßt sich auf viele Rohstoff- und Finanzmärkte anwenden, jedoch weder auf den Arbeitsmarkt noch auf viele Gütermärkte.

Coase-Theorem. Eine von Ronald Coase vorgetragene Auffassung (streng genommen kein Theorem), derzufolge externe Effekte oder wirtschaftliche Ineffizienz sich durch Verhandlungen zwischen den betroffenen Parteien beseitigen lassen.

Deficit spending. Verausgabung von öffentlichen Haushaltsmitteln für Güter und Dienstleistungen sowie Transferzahlungen, die das Steueraufkommen sowie die Einnahmen aus anderen Quellen übersteigen. Die Differenz muß durch Anleihen im allgemeinen von seiten der Öffentlichkeit, gelegentlich auch von seiten der Zentralbank finanziert werden.

Deflation. Rückgang des allgemeinen Preisniveaus. Wird gelegentlich fälschlicherweise auch zur Bezeichnung eines Rückgangs des BSP oder eines Anstiegs der Arbeitslosigkeit verwandt.

Deflationierung. Vorgang der Umrechnung »nominaler« bzw. in Geldwerten ausgedrückter Variablen in »reale« Größen. Dies geschieht durch Division der monetären Variablen durch einen allgemeinen Preisindex.

Depression. Eine längere Phase des Wirtschaftszyklus, in dem die Arbeitslosigkeit ungewöhnlich hoch ist und die Kapazitäten der Betriebe deutlich unterausgelastet sind. Das Wort »Depression« soll erstmals von Präsident Herbert Hoover um das Jahr 1930 verwandt worden sein, weil es weniger besorgniserregend klang als Begriffe wie »Panik« oder »Krise«. Aber das Wort »Depression« ist seit der Weltwirtschaftskrise der 30er Jahre mit so schmerzlichen Erfahrungen verknüpft, daß es zwischenzeitlich durch einen anderen Euphemismus, nämlich durch das Wort *Rezession*, ersetzt wurde. Heute wird eine Rezession in der Regel als eine Phase definiert, die sich über mindestens zwei aufeinanderfolgende Quartale erstreckt, während der das reale *BSP* schrumpft.

Desinflation. Ein erst in jüngerer Vergangenheit geprägter Terminus, der den Prozeß der Senkung einer hohen Inflationsrate bezeichnet. So führte beispielsweise die schwere Rezession von 1980–1983 zu einer spürbaren Desinflation während dieses Zeitraumes.

Desinvestition (negative Nettoinvestition). »Abbau« des realen Kapitalstocks. Dieser tritt dann ein, wenn die Bruttoinvestitionen nicht ausreichen, um den *Kapitalverzehr* zu decken, so daß die Nettoinvestitionen negativ sind (vgl. *Wertminderung*).

Devisen. Währungsgeld oder andere Geldinstrumente, mit deren Hilfe ein Land seine Schulden gegenüber dem Ausland begleichen kann.

Diskontsatz. (1) Zinssatz, den die Zentralbank (die Federal Reserve Bank) den Geschäftsbanken für Kredite an die Geschäftsbanken berechnet. (2) Der zur Berechnung des *Gegenwartswertes* zugrunde gelegte Zinssatz.

Doppelbesteuerung. Zweimalige Besteuerung von Einnahmen aus Wirtschaftsgeschäften oder sonstigen Einkommensquellen. Am häufigsten angewandt auf die Besteuerung der Gewinne von Unternehmen im Rahmen der Körperschaftsteuern und die nochmalige Besteuerung derselben – in Form von Dividenden ausgeschütteten – Gewinne (nach Steuerabzug) im Rahmen der Einkommensteuer.

Duopol. Eine Marktstruktur, bei der nur zwei Anbieter am Markt auftreten. Siehe auch *Oligopol*.

Durchschnittskostenkurve, langfristige (LDK). Graphische Darstellung der durchschnittlichen Mindestkosten für die Herstellung eines Gutes bei jedem jeweiligen Produktionsvolumen unter Zugrundelegung des gegebenen Standes der Technologie sowie der Inputpreise und der vorhandenen Betriebsanlagen.

Effizienz. Einsatz ökonomischer Ressourcen auf die wirkungsvollste Weise. Die gesamtwirtschaftliche Effizienz wird erreicht, wenn die Volkswirtschaft sich auf der *Grenze ihrer Nutzenmöglichkeiten* befindet. (Vgl. *allokative Effizienz*)

Effizienzverlust. Einbuße der *Konsumentenrente* oder der Produzentenrente infolge eines Abweichens der Preise von den Grenzkosten. Wenn beispielsweise ein Monopolist seinen Preis anhebt, ist der Wert der geminderten Konsumentenbefriedigung größer als der Gewinn der Monopolisten in Form des Erlöses. Die Differenz stellt den der Gesellschaft aus der Existenz des Monopols entstehenden Effizienzverlust dar.

Ehernes Lohngesetz. In der Marxschen Wirtschaftslehre die Theorie, derzufolge im Kapitalismus eine zwangsläufige Tendenz der Löhne besteht, auf das zum Überleben notwendige Subsistenzminimum herabgedrückt zu werden.

Eigenkapital. (1) Die von den Eigentümern eines Unternehmens aufgebrachten Mittel. Eine solche Investition führt zu einer Beteiligung am Eigentum und impliziert sowohl das Risiko des Verlustes wie die Chance des Gewinns. (2) Im Rechnungswesen die gesamten Aktiva abzüglich der gesamten *Verbindlichkeiten*.

Eigenwert (des Geldes). Der Stoffwert eines Geldstückes (z.B. Marktwert des Kupfergewichtes einer Kupfermünze).

Einbehaltene Gewinne. Teil des Gewinns (des Nettoeinkommens) einer Kapitalgesellschaft, der nicht in Form von Dividenden an die Aktionäre ausgezahlt wird, sondern beim Unternehmen verbleibt, im Regelfall zur Ausweitung des Produktionsrahmens. Gleichbedeutend mit *nichtausgeschüttete Gewinne*.

Einkommen. Der Strom von Löhnen, Zinsen, Dividenden und sonstigen Einnahmen, die einer Einzelperson oder einem Land zufließen.

Einkommen des Einzelunternehmers. In der volkswirtschaftlichen Gesamtrechnung das Nettoeinkommen der Eigentümer von Unternehmen ohne eigene Rechtspersönlichkeit (Einzelunternehmen und Personengesellschaften).

Einkommenseffekt. Änderung der von einem Gut nachgefragten Menge, z.B. als Folge der Tatsache, daß die Änderung des Preises des betreffenden Gutes die Wirkung einer Erhöhung oder Senkung des Realeinkommens eines Konsumenten hat. Es ergänzt somit den *Substitutionseffekt* von Preisänderungen.

Einkommenselastizität der Nachfrage. Bedeutet, daß die Nachfrage nach einem gegebenen Gut nicht nur von dem Preis dieses Gutes abhängt, sondern auch vom Einkommen der Käufer. Die Einkommenselastizität mißt den Reaktionsgrad der Konsumenten. Ihre genaue Definition lautet: Prozentuale Änderung der gekauften Menge dividiert durch die prozentuale Änderung des Einkommens. (Vgl. *Preiselastizität der Nachfrage*.)

Einkommenspolitik. Politik des Staates, die versucht, im Interesse der Inflationsbekämpfung einen unmittelbar dämpfenden Einfluß auf die Lohn- und Preisentwicklung zu nehmen. Sie reicht von freiwilligen Lohn-Preis-Leitlinien bis zu direkten gesetzlichen Kontrollen über die Entwicklung der Löhne, Gehälter und Preise.

Einkommenspolitik durch Steuervariation (TIP = Tax-based Incomes Policy). Ein (bisher noch nicht getesteter) Vorschlag zur Inflationsbekämpfung. Er sieht eine Besteuerung solcher Unternehmen oder Arbeitnehmer vor, die gegen vorgegebene Lohn- und Preis-Leitlinien verstoßen (bzw. will diejenigen subventionieren, die sich daran halten).

Einkommensteuer. Steuer, die auf das Einkommen von Einzelpersonen erhoben wird, sei es auf Einkommen in Form von Löhnen und Gehältern (»Arbeits«einkommen) oder in Form von Renten, Dividenden oder Zinsen (»Besitz«einkommen). In den Vereinigten Staaten sind die persönlichen Einkommensteuern »gestaffelt«, so daß Bezieher höherer Einkommen stärker besteuert werden als die Bezieher niedrigerer Einkommen. (Vgl. auch *negative Einkommensteuer* sowie *progressive, proportionale und regressive Steuern*.)

Einsparungen aus Verbreiterung der Produktpalette *(»economies of scope«)*. Einsparungen, die auf die Herstellung einer Vielfalt von Gütern und Dienstleistungen zurückgehen. Derartige Einsparungen stellen sich ein, wenn es billiger ist, die beiden Güter X und Y gemeinsam und nicht getrennt voneinander herzustellen. Beispielsweise kann eine Fluggesellschaft, die Flüge von New York nach Chikago und zurück anbietet, diese Flüge billiger anbieten als eine Gesellschaft, die lediglich Flüge in einer Richtung anbietet.

Ein-Steuerbewegung. Eine von Henry George im 19. Jahrhundert ins Leben gerufene Bewegung, die die Auffassung vertrat, daß die fortgesetzte Armut inmitten eines stetigen wirtschaftlichen Wachstums primär auf die Knappheit des Bodens sowie die damit zusammenhängende Tatsache zurückzuführen sei, daß dem Bodenbesitzer hohe Renten zuflössen. Durch eine einzige »Alleinsteuer« sollte die aus dem Bodenbesitz herrührende ökonomische Rente besteuert werden.

Elastizität. Ein in der Wirtschaftswissenschaft häufig verwandter Terminus, der ausdrückt, inwieweit eine Variable auf Veränderungen einer anderen Variablen reagiert. So bezieht sich beispielsweise die Elastizität von X im Verhältnis zu Y auf die prozentuale Änderung von X in Reaktion auf eine Änderung von Y. Bezüglich wichtiger Anwendungsbeispiele vgl. *Preiselastizität der Nachfrage* und *Preiselastizität des Angebots*.

Elastizität der Nachfrage. Situation, in der die *Preiselastizität der Nachfrage* größer als 1 ist. Das bedeutet, daß die Reaktion der Käufer auf eine Preissenkung groß genug ist, um zu einem Anstieg des Gesamterlöses (Preis mal gekaufter Menge) zu führen. Umgekehrt würde im Falle einer Erhöhung des Preises der Gesamterlös sinken. Siehe auch *unelastische Nachfrage*.

Endprodukt. Ein Gut, das für den Endverbrauch produziert wird, nicht für den Weiterverkauf oder die Weiterverarbeitung. (Vgl. *Zwischenprodukt*)

Engelsches Gesetz. Von dem deutschen Statistiker Ernst Engel herausgefundene Struktur des Anpassungsverhaltens von (Familien- etc.) Budgets. Engel untersuchte die Veränderung der Ausgabenstruktur der Haushalte bei wachsenden Einkommen. Jüngere Untersuchungen zeigen, daß bei steigendem Einkommen absolut gesehen mehr, aber relativ weniger für Nahrungsmittel ausgegeben wird und daß ein größerer Teil des Einkommens, absolut wie auch relativ, für Bildung, Autos und Ersparnisbildung aufgewandt wird.

Entsparen. Negative Spartätigkeit durch z.B. Konsumausgaben, die das verfügbare Einkommen eines Berichtszeitraumes übersteigen (wobei die Differenz durch Kredite oder durch den Einsatz der Ersparnisse der Vergangenheit finanziert wird).

Entwicklungsländer. Ein Land mit einem Pro-Kopf-Einkommen, das weit unter dem eines »entwickelten« Landes liegt (wobei der überwiegende Teil Nordamerikas oder Europas in letztere Kategorie fällt).

Erfindung. Die Entwicklung eines neuen Produktes oder eines neuen Produktionsverfahrens – im Unterschied zu dem Vorgang der Vermarktung des neuen Produktes oder dem Einsatz des neuen Produktionsverfahrens, die als *Innovation* bezeichnet werden.

Erfolgsrechnung. Buchhalterische Abschlußrechnung eines Unternehmens für eine bestimmte Rechnungsperiode (in der Regel ein Jahr), die die innerhalb dieser Periode erzielten Umsätze bzw. Erträge ausweist sowie alle Kosten, die den abgesetzten Gütern und dem nach Abzug dieser Kosten verbleibenden Gewinn (das Nettoeinkommen) gegenüberzustellen sind. Auch als *Gewinn- und Verlustrechnung* bezeichnet.

Erlös. *Gesamterlös* (= Gesamtumsatz) dividiert durch die Gesamtzahl der abgesetzten Einheiten, d.h. Erlös pro Einheit. Der Durchschnittserlös ist in der Regel gleich dem Preis. (Vgl. auch *Grenzerlös*.)

Ersparnis. Differenz zwischen dem verfügbaren Einkommen und den Konsumausgaben.

Erwartungen. Anschauungen oder Auffassungen hinsichtlich ungewisser Variablen (wie etwa zukünftige Zinssätze, Preise oder Steuern). Erwartungen werden als *rational* bezeichnet, wenn sie im Durchschnitt richtig sind und alle verfügbaren Informationen berücksichtigen. Erwartungen werden als *adaptiv* bezeichnet, wenn die Wirtschaftssubjekte zwar davon ausgehen, daß die zukünftige Entwicklung mehr oder weniger der gegenwärtigen gleichen wird, sie ihre Erwartungen jedoch ändern oder anpassen, wenn sich ihre Prognosen als falsch erweisen. Vgl. auch *Theorie der rationalen Erwartungen*.

Erwerbstätigenquote. Verhältnis der Erwerbstätigen zu der Gesamtbevölkerung über 16 Jahren (in den USA übliche Definition).

Erzeugerpreisindex. Der Preisindex für Güter im Großhandel (wie etwa für Stahl, Weizen, Öl).

Exporte. Güter und Dienstleistungen, die im Inland produziert und im Ausland abgesetzt werden. Dazu gehören die Warenexporte bzw. sichtbaren Exporte (wie Autos) und die Dienstleistungen (wie Verkehrsleistungen sowie Kredite und Investitionen im Ausland). Importe sind nichts anderes als Ströme in entgegengesetzter Richtung – d.h. Ströme ins Inland.

Externe Effekte. Eine Aktivität, die positive oder negative Auswirkungen auf andere hat, ohne daß diese für diese Aktivität zahlen oder bezahlt werden. Externe Effekte stellen sich dann ein, wenn private Kosten oder Vergünstigungen den gesellschaftlichen Kosten oder Vergünstigungen nicht entsprechen. Die beiden wichtigsten Arten externer Effekte sind *externe Einsparungen* sowie *externe Kosten*.

Externe Einsparungen. Einsparungen, die sich daraus ergeben, daß andere von dem Betrieb eines Unternehmens profitieren, ohne dafür ein Entgelt zu zahlen. Ein Unternehmen, das einen Wachdienst einstellt, schreckt Diebe auch von umliegenden Häusern und stellt dadurch eine externe Sicherheitsleistung bereit.

Externe Kosten. Maßnahmen eines Unternehmens, die Dritte mit Kosten belasten, ohne sie zu entschädigen. Stahlfabriken, die Qualm und schwefelhaltige Abgase an die Luft abgeben, fügen dem umliegenden Vermögen sowie der öffentlichen Gesundheit einen Schaden zu, ohne daß die geschädigten Parteien Schadensersatz erhalten. Die Umweltverschmutzung stellt eine Form externalisierter Kosten dar.

Externe (gegenüber induzierten) Veränderungen. Bei externen Veränderungen handelt es sich um Änderungen einer Variablen, die durch Umstände ausgelöst werden, die außerhalb des Systems liegen. Sie stehen im Gegensatz zu induzierten Veränderungen, die sich aus der Funktionsweise des Wirtschaftssystems als solchem ergeben. Änderungen der Witterungsverhältnisse stellen externe Veränderungen dar. Veränderungen im Konsum werden oft durch Einkommensänderungen induziert.

»Featherbedding«. Arbeitsorganisatorische Regelungen, initiiert (z. B. im Rahmen von Rationalisierungsprozessen) durch eine Gewerkschaft oder den Staat, die zur Produktivitätsbeschränkung führen bzw. die Entlohnung einer Arbeitsleistung notwendig machen, die tatsächlich nicht erbracht wird.

Federal Reserve System: die Zentralbank der Vereinigten Staaten.

Fester Wechselkurs vgl. *Wechselkurs*.

Firmenwert (»goodwill«) siehe unter *Aktivum*.

Fiskalpolitik. Das Programm einer Regierung mit Bezug auf (1) den Erwerb von Gütern und Dienstleistungen und den Ausgaben für *Transferzahlungen* und (2) die Höhe und Art der Steuern. Die Fiskalpolitik und die *Geldpolitik* stellen die wesentlichen Instrumente dar, deren sich die Regierung zur Steuerung der Gesamtwirtschaft bedient.

Floating vgl. *Interventionistisch regulierter, flexibler Wechselkurs*.

Freie Güter. Güter, die kein *Wirtschaftsgut* darstellen. Sie sind in so großen Mengen vorhanden, daß bei der Verteilung auf ihre Verwender keine Notwendigkeit zur Rationierung besteht. Ihr Marktpreis ist deshalb gleich Null.

Freie Unternehmerwirtschaft. Ein Terminus, der in der Regel als Synonym für *Kapitalismus* verwandt wird.

Freier Wechselkurs. Eine Situation, in der der Wechselkurs der Währung eines Landes ausschließlich vom Markt bestimmt wird – von dem freien Spiel von Angebot und Nachfrage – ohne Intervention von seiten der Zentralbank oder des Staates. In der Regel führt dies zu erheblich stärkeren Wechselkursschwankungen als bei einem System *fester Wechselkurse*. (Vgl. auch *Interventionistisch regulierter, flexibler Wechselkurs*)

Freihandel. Eine Politik, bei der der Staat nicht in den Handel zwischen den Nationen eingreift – sei es durch Zölle, Mengenkontingente oder auf andere Weise.

Friktionelle Arbeitslosigkeit. Vorübergehende Arbeitslosigkeit, die durch dynamische Veränderungen in der Wirtschaft ausgelöst wird. So brauchen beispielsweise neue Arbeitskräfte eine gewisse Zeit, um zwischen den verschiedenen Beschäftigungsmöglichkeiten zu wählen. Selbst erfahrene Arbeitnehmer sind oft über kurze Zeitspannen hinweg arbeitslos, wenn sie von einer Beschäftigung in eine andere überwechseln. Solche Friktionen sind nicht auf eine unzureichende Gesamtnachfrage zurückzuführen, sondern eher als »freiwillige« Arbeitslosigkeit zu betrachten. Die friktionelle Arbeitslosigkeit unterscheidet sich deshalb von der *konjunkturellen Arbeitslosigkeit*, die auf eine geringe Gesamtnachfrage als Folge starrer Löhne und Preise zurückzuführen ist. (Vgl. auch *strukturelle Arbeitslosigkeit*)

Fusion. Verschmelzung von zwei oder mehr Unternehmen zu einem einzigen Unternehmen.

Galoppierende Inflation vgl. *Inflation.*

Gegenwartswert. Gegenwärtiger Wert eines Aktivums, das im Zeitablauf einen Einkommensstrom produziert. Die Bewertung eines solchen Ertragsstromes im Zeitablauf setzt die Ermittlung des Gegenwartswertes jedes Bestandteiles des Einkommens voraus, die auf dem Wege über eine Abzinsung *(Diskontierung)* des Zukunftseinkommens erfolgt.

Geld. Alles, was als Tauschmittel dient, d.h. was allgemein als Zahlungsmittel akzeptiert wird. Zu den Posten, die in einer hochentwickelten Volkswirtschaft die Geldmenge ausmachen, vgl. *Geldangebot.* (Siehe auch *gesetzliche Zahlungsmittel, Warengeld, ungedecktes Zentralbankgeld, Eigenwert*)

Geldangebot. Die Geldmenge »im engeren Sinne« (M_1) besteht aus den Münzen, dem Papiergeld sowie allen Sicht- oder Giralgeldeinlagen. Insgesamt handelt es sich hier um das Transaktionsgeld. Die Geldmenge »im weiteren Sinne« (M_2) schließt alle in M_1 enthaltenen Posten zuzüglich der »Termineinlagen« ein – Spareinlagen, Investmentfonds und dergleichen, über die nicht mit Schecks verfügt werden kann.

Geldbasis. Der Nettobetrag der Geldverbindlichkeiten des Staates in den Händen seiner Bürger. In den Vereinigten Staaten ist die Geldbasis gleich der umlaufenden Währung und den Bankguthaben. Gelegentlich auch als *Zentralbankgeld* bezeichnet.

Geldmarkt. Ein Terminus, der die verschiedenen Institutionen bezeichnet, die sich mit Kauf und Verkauf kurzfristiger Kreditinstrumente wie Schatzwechsel und Geldpapiere befassen. Im Gegensatz zur Wertpapierbörse ist der Geldmarkt nicht in einem festen Gebäude angesiedelt – er wird vielmehr durch das ganze Netz von Maklerfirmen, Käufern und Verkäufern gebildet.

Geldmittel. Kurzbezeichnung für liquide, kurzfristige Finanzinstrumente in den Händen von Investoren, wobei die Zinssätze nicht fest geregelt sind. Die wichtigsten Beispiele sind »Investmentfonds« sowie die bei Geschäftsbanken längerfristig angelegten Gelder.

Geldnachfrage. Ein summarischer Begriff, der in der Wirtschaftswissenschaft zur Erklärung für die Präferenz von Einzelpersonen wie von Unternehmen für die Geldhaltung verwendet wird. Als eindeutiger Grund kann die *Transaktionsnachfrage* angesehen werden: Die Wirtschaftssubjekte halten eine gewisse Geldmenge, weil sie Geld für Käufe und für die Begleichung von Rechnungen brauchen. Ein anderer Grund ist die Nachfrage nach Finanzaktiva, die dann auftritt, wenn eine gewisse Menge Bargeld für den Fall von Eventualausgaben zu einem späteren

Zeitpunkt vorgehalten wird (Nachfrage aus »Vorsorgegründen«), oder um einen sehr liquiden, risikolosen Vermögenswert zu besitzen (»Portefeuille«-Nachfrage). Beachten Sie, daß es sich bei der Geldnachfrage um eine Nachfrage nach einem Geldbestand, nicht nach einem Geldstrom handelt.

Geldnachfragefunktion. Beziehung zwischen Kassenhaltung und Zinssatz. Mit steigenden Zinssätzen steigt die Attraktivität von Schuldverschreibungen oder anderer Wertpapiere mit kurzer Laufzeit, weshalb die Geldnachfrage zurückgeht. (Vgl. *Geldnachfrage*)

Geldpolitik. Die Politik der Zentralbank, durch die sie ihre Kontrolle über das Geld, die Zinssätze und die Kreditkonditionen ausübt. Instrumente der Geldpolitik sind in erster Linie die Offenmarkt-Operationen, die Mindestreservenpolitik und der Diskontsatz. (Siehe auch *Politik des billigen Geldes, Politik des teuren Geldes*)

Geld- und Kapitalvermittlungsstellen. Eine Institution, die Gelder von Sparern sammelt und diese an Kreditnehmer weitergibt. Zu diesen Vermittlungsstellen gehören Einlagen annehmende Institutionen (wie Banken und Sparkassen), aber auch Einrichtungen, die keine Einlagen annehmen (wie Investmentfonds, Maklerfirmen, Versicherungsgesellschaften oder Rentenfonds).

Gesamtangebot. Gesamtwert der Güter und Dienstleistungen, die die Unternehmen innerhalb eines gegebenen Zeitraumes zu produzieren bereit sind. Das Gesamtangebot ist eine Funktion der verfügbaren Inputs, der Technologie und des Preisniveaus.

Gesamtangebots-(GA-)Kurve. Kurve, die die Beziehung zwischen der realen Produktionsmenge, die Unternehmen anzubieten bereit sind, und dem gesamtwirtschaftlichen Preisniveau angibt. Die GA-Kurve hat bei sehr langfristiger Betrachtung einen vertikalen Verlauf, kann kurzfristig jedoch infolge der Fixkosten (beispielsweise aufgrund bestehender Arbeitsverträge) vergleichsweise flach verlaufen.

Gesamterlös: Produkt aus Preis multipliziert mit der abgesetzten Menge (= Gesamtumsatz).

Gesamtkosten vgl. *Kosten*.

Gesamtnachfrage. Gesamtheit der in einer Volkswirtschaft innerhalb eines gegebenen Zeitraumes geplanten oder ins Auge gefaßten Ausgabentätigkeit. Bestimmt wird die Gesamtnachfrage durch das Preisniveau in seiner Gesamtheit sowie durch Faktoren wie Investitionen, öffentliche Ausgaben und Geldmenge.

Gesamtnachfrage-(GN-)Kurve. Kurve, die die Beziehung zwischen der Menge an Gütern und Dienstleistungen, die die Wirtschaftssubjekte zu kaufen bereit sind, und dem gesamtwirtschaftlichen Preisniveau angibt. Wie bei jeder Nachfragekurve stehen auch hinter der gesamtwirtschaftlichen Nachfragekurve wichtige Variablen, z.B. die öffentlichen Ausgaben, die Exporte und die Geldmenge.

Gesamtwirtschaftlicher Nettonutzen (GNN). Ein Maß für das Sozialprodukt, das den Wert des BSP berichtigt, um den Schwächen Rechnung zu tragen, die der Messung des BSP anhaften. Die von einem Jahr zum nächsten auftretenden Veränderungen des realen BSP können zwar hinlänglich genaue Indikatoren für Veränderungen der Gesamtproduktion sein. Aber die BSP-Berechnungen beruhen auf der über die Märkte laufenden Produktion. Nicht berücksichtigt werden dabei wichtige Posten des »echten« Konsums (wie ewa die Freizeit), während andererseits nicht dem Konsum zuzurechnende Posten (wie etwa die Verteidigung und andere bedauerliche Erfordernisse) erfaßt werden. Darüber hinaus finden bei der BSP-Ermittlung *externe Effekte* keinerlei Berücksichtigung. GNN versucht, solche Faktoren in Rechnung zu stellen.

Geschäftsbank. Geldinstitut, dessen primäres Kennzeichen bis vor kurzem darin bestand, daß es scheckfähige Einlagen einnahm. Zu seinen weiteren Leistungen gehören: die Verwaltung von Spar- und Termineinlagen und die Unterhaltung von Geldmarkteinlagenkonten; der Verkauf von Reiseschecks sowie sonstige geld- und kreditwirtschaftliche Dienstleistungen; die Gewährung von Krediten an Einzelpersonen und Unternehmen. Seit 1980 haben auch Sparkassen und andere Finanzierungsinstitute das Recht, scheckfähige Einlagen anzunehmen, weshalb sie immer stärker den Charakter von Geschäftsbanken annehmen.

Geschlossene Volkswirtschaft vgl. *offene Volkswirtschaft*.

Gesetzliches Zahlungsmittel. Geld, das kraft Gesetz zur Begleichung von Schulden angenommen werden muß. Gesetzliche Zahlungsmittel sind alle Münzen und sonstigen Formen der Währung, nicht jedoch Schecks.

Gewinn. (1) Im Rechnungswesen der Verkaufserlös abzüglich der den abgesetzten Güter zuzurechnenden Kosten (siehe auch *Erfolgsrechnung*). (2) In der Wirtschaftstheorie die Differenz zwischen dem Umsatzerlös und den vollen, bei der Produktion der Güter zu berücksichtigenden *Opportunitätskosten*.

Gewinn- und Verlustrechnung vgl. *Erfolgsrechnung*.

Gewinnschwelle. In der Mikroökonomie jener Preise oder jenes Entwicklungsniveau, bei dem ein Unternehmen seine Nutzenschwelle (»breakeven point«) erreicht, bei der es seine Kosten deckt, ohne jedoch einen Gewinn zu erzielen.

Giralgeld (Buchgeld). Einlage bei einer Geschäftsbank, auf die Schecks ausgestellt werden können und bei der es sich deshalb um Transaktionsgeld (bzw. M_1) handelt. Wichtigste Formen des Giralgeldes sind Sichteinlagen (die ohne vorherige Kündigung abgehoben werden können und nicht verzinst werden) und die Guthaben auf *NOW-Konten* (die sich von den traditionellen Giralkonten lediglich dadurch unterscheiden, daß die Einlagen verzinst werden). Das Giralgeld bildet den Hauptteil von M_1.

Gleichgewicht. Ein allgemeines Gleichgewicht der Wirtschaft ist dann erreicht, wenn die Preise aller Güter und Dienstleistungen so strukturiert sind, daß sich sämtliche Märkte im Gleichgewicht befinden. Da die Produzenten bei diesen Preisen genau die Gütermenge anzubieten bereit sind, die die Konsumenten abzunehmen gewillt sind, hat keine am Wirtschaftsgeschehen beteiligte Partei eine Veranlassung, ihr Verhalten zu ändern. In der Makroökonomie wird als Gleichgewicht jenes BSP-Niveau bezeichnet, bei dem die angestrebte Gesamtnachfrage dem angestrebten Gesamtangebot entspricht. In dem einfachsten Modell lautet die Definition des Gleichgewichts-BSP: $C + I + G = BSP$ – wobei C gleich dem geplanten Konsum, I gleich den gesamten von den Unternehmen geplanten Investitionen und G gleich den öffentlichen Ausgaben für Güter und Dienstleistungen ist.

Gleichgewicht des Konsumenten. Jene Position, in der der Konsument seinen Nutzen maximiert, d. h. in der er sich für eine Güterkombination entschieden hat, die – unter Berücksichtigung seines Einkommens wie der Preise – seine Bedürfnisse am besten befriedigt.

Gleichgewicht des Unternehmens. Position bzw. Produktionsniveau, bei dem ein Unternehmen seine Gewinne unter Berücksichtigung möglicher Zwänge von außen maximiert, ohne sein Produktions- oder Preisniveau zu verändern. In der herkömmlichen Unternehmenstheorie bedeutet dies, daß das Unternehmen eine Ausbringungsmenge gewählt hat, bei der sich der *Grenzerlös* genau mit den *Grenzkosten* bei steigender Tendenz der Grenzkosten deckt.

Gleitende Parität. Methode zur Einflußnahme auf den Wechselkurs einer Nation, in deren Rahmen der Wechselkurs (bzw. die Kursspannen innerhalb bestimmter Bandbreiten) geringfügigen täglichen oder wöchentlichen Schwankungen (beispielsweise 0,25 Prozent pro Woche) unterliegen darf.

Gleitklausel. Vertragsbestimmungen, durch die Zahlungen an einen Preisindex gebunden werden. Wenn der Gleitprozeß abgeschlossen ist (d. h., wenn ein 10prozentiger Anstieg des Preisindex zu einer Anhebung des vertraglich vereinbarten Preises um 10 Prozent geführt hat), ist aus der nominellen eine reale Verpflichtung geworden. Die wichtigsten Gleitklauseln sind die in Lohnverträgen enthaltenen Klauseln über die Anpassung an die Lebenshaltungskosten (COLAS), die zu einer Anhebung der Löhne führen, wenn der Lebenshaltungskostenindex steigt.

Goldstandard. Eine Situation, in der eine Nation (1) als Gegenwert für ihre Währungseinheit einen festen Goldwert angibt, (2) Gold zu dem angegebenen Preis frei kauft und verkauft und (3) den Export oder Import von Gold keinerlei Beschränkungen unterwirft. Bekennen sich zwei oder mehr Länder zum Goldstandard, besteht zwischen ihren Währungen eine »Goldparität« oder ein goldabhängiges Wertverhältnis. Ist der »Goldgehalt« des britischen Pfundes fünfmal so hoch wie der des Dollars, erzielt das Pfund an den Devisenmärkten einen Preis von 5,00 Dollar. Ein klassisches Beispiel für die Funktionsweise des Goldstandards bot Großbritannien in der zweiten Hälfte des 19. Jahrhunderts. Heute hat kein Land (auch nur annähernd) so etwas wie eine Goldwährung. Eng mit dem Goldstandard verwandt ist der Golddevisenstandard. In diesem Fall bekennt sich ein Land zum Goldstandard – jedoch nicht in der Weise, daß es eigene Reserven in Form von Gold hält, sondern daß es als Währungsreserve Devisen eines führenden Landes wählt, das seinerseits eine Goldwährung besitzt.

Grenzbesteuerung. In der Einkommensteuer der Prozentsatz, um den der letzte Einkommensdollar durch die Steuer vermindert wird. Ist das Steuersystem progressiv, liegt der Grenzsteuersatz über dem durchschnittlichen Steuersatz.

Grenze der Konsummöglichkeiten (»consumption-possibility line«) vgl. *Budgetlinie*.

Grenze der Nutzenmöglichkeiten (»utility-possibility frontier«). Analog zur *Grenze der Produktionsmöglichkeiten* eine Kurve, die den Nutzen bzw. die Befriedigung von zwei Konsumenten (oder Gruppen) darstellt, die jeweils auf einer Achse abgetragen werden. Sie hat einen fallenden Verlauf, der die Wahrscheinlichkeit widerspiegelt, daß eine Umverteilung des Einkommens von *A* zugunsten von *B* den Nutzen von *A* verringert und den von *B* steigert. Auf der GN-Kurve gelegene Punkte sind Ausdruck einer *allokativen Effizienz*, da es unmöglich ist, anstelle der durch diese Punkte implizierten Allokation andere erreichbare Situationen zu schaffen, die eine Besserstellung einer Partei gewährleisten, ohne gleichzeitig die andere schlechterzustellen.

Grenze der Produktionsmöglichkeiten (»production-possibility frontier«). Eine Kurve, die die Güterkombinationen erkennen läßt, für die eine Volkswirtschaft sich entscheiden kann. In einem häufig angeführten Beispiel wird die Entscheidung auf zwei Güter reduziert, auf Kanonen und Butter. Punkte außerhalb der PM-Grenze (rechts oberhalb der Kurve gelegene Punkte) sind unerreichbar. Punkte innerhalb der Kurve wären ineffizient, da entweder Ressourcen nicht voll ausgelastet oder schlecht eingesetzt sind oder überholte Produktionsverfahren zum Einsatz gelangten.

Grenzerlös. Der zusätzliche Erlös, den ein Unternehmen durch den Verkauf einer zusätzlichen Einheit seiner Produktion erzielt. Unter Bedingungen des vollkommenen *Wettbewerbs* deckt er sich mit dem Preis. Unter Bedingungen des unvollkommenen Wettbewerbs liegt der Grenzerlös (GE) unter dem Preis, weil der Preis aller zuvor abgesetzten Einheiten gesenkt werden müßte, um die zusätzliche Einheit verkaufen zu können.

Grenzerlösprodukt (GEP). Ergibt sich aus dem *Grenzerlös* multipliziert mit dem *Grenzprodukt*. Es entspricht dem zusätzlichen Erlös, den ein Unternehmen erzielen könnte, wenn es 1 zusätzliche Inputeinheit erwerben und einsetzen würde und das daraus resultierende zusätzliche Produkt verkauft.

Grenzkosten siehe *Kosten*.

Grenzneigung zum Konsum (GNK). Jener Bruchteil eines zusätzlichen Dollars des verfügbaren Einkommens, den ein Haushalt oder eine Gemeinschaft für zusätzlichen Konsum aufwendet (während der Rest gespart wird). Nicht zu verwechseln mit der »durchschnittlichen Konsumneigung«, die das Verhältnis des Gesamtkonsums zum gesamten verfügbaren Einkommen mißt.

Grenzneigung zum Sparen (GNS). Jener Bruchteil eines zusätzlichen Dollars des verfügbaren Einkommens, um den ein Haushalt oder eine Gemeinschaft ihre Ersparnisse vergrößert (anstatt ihn in den Konsum fließen zu lassen). Beachten Sie, daß definitionsgemäß GNK + GNS = 1.

Grenznutzen (GN). Die zusätzliche Befriedigung, die der Konsum einer zusätzlichen Einheit eines Gutes mit sich bringt unter Konstanthaltung der Mengen aller übrigen konsumierten Güter.

Grenzprodukt (GP). Das zusätzliche Produkt, das sich aus dem Einsatz einer bestimmten, zusätzlichen Inputeinheit unter Konstanthaltung aller übrigen Inputs ergibt.

Grenzproduktstheorie der Verteilung. Eine von John B. Clark entwickelte Theorie der Einkommens*verteilung*, derzufolge jeder produktive Input entsprechend seinem *Grenzprodukt* entlohnt wird.

Greshamsches Gesetz. Ein Gesetz, das Sir Thomas Gresham, einem Berater Königin Elisabeth I., zugeschrieben wird. Er erklärte im Jahre 1558, daß »schlechtes Geld gutes Geld verdrängt« – d.h. daß Wirtschaftssubjekte, wenn sie einer Komponente des Geldangebots nicht trauen, das »gute Geld« horten und versuchen, das »schlechte Geld« abzustoßen.

Handelsbilanz. Derjenige Teil der Zahlungsbilanz eines Landes, der den Güterimport und -export (die sichtbaren Leistungen) erfaßt. Werden auch die »unsichtbaren« Leistungen bzw. Dienstleistungen einbezogen, bezeichnet man die buchhalterische Erfassung der Gesamtheit der Importe und Exporte von Gütern und Dienstleistungen als die Bilanz der laufenden Posten bzw. Leistungsbilanz.

Handelshemmnis. Jede beliebige protektionistische Maßnahme, durch die eine Regierung die Importe einschränkt. Am deutlichsten als solche sind Zölle oder Mengenkontingente zu erkennen. In den letzten Jahren sind jedoch an die Stelle der traditionellen Handelshemmnisse nicht-zollbedingte Barrieren getreten, wie beispielsweise schikanöse zollbedingte Importabwicklungsverfahren.

Haushaltsdefizit. Überschuß der Gesamtausgaben im Staatshaushalt gegenüber den Gesamteinnahmen, wobei Einnahmen aus aufgenommenen Krediten unberücksichtigt bleiben. Die Differenz (das Defizit) wird in der Regel durch Anleihen finanziert.

Homo oeconomicus. Idealtypus eines Menschen, der sich ausschließlich rational verhält und dessen Motive ausschließlich ökonomischer Natur sind. Dieser Auffassung zufolge haben die Konsumenten gegebene Präferenzen und streben nach der bestmöglichen Befriedigung ihrer Wünsche, während die Unternehmer allein an der Gewinnmaximierung interessiert sind. Häufig ironisch gebraucht.

Humankapital. Das durch den technologischen Wissensstand und durch qualifizierte Arbeitskräfte verkörperte Leistungspotential eines Landes, das Ergebnis formaler Erziehung sowie der Ausbildung am Arbeitsplatz ist.

Hyperinflation vgl. *Inflation.*

Hypothese von der begrenzten Arbeitsmenge. Annahme, daß es nur eine feststehende Menge an zu leistender Arbeit gibt. Deshalb können nach dieser Auffassung ein höheres Arbeitstempo oder neue und bessere Maschinen lediglich zu steigender *Arbeitslosigkeit* führen.

Importkontingentierung. Eine Form des *Protektionismus*, bei der die Gesamtmenge der Importe eines spezifischen Gutes (z. B. Zucker oder Autos) für einen bestimmten Zeitraum begrenzt wird.

Indexierung (bzw. Indexbindung). Ein Mechanismus, mit dessen Hilfe die Preise oder vertraglich vereinbarten Zahlungen angepaßt werden, um Veränderungen im *Preisindex* Rechnung zu tragen. Wichtigstes Beispiel sind Arbeitsverträge (vgl. *Gleitklausel*).

Indifferenzkurve. Kurve in einem Koordinatensystem, dessen Achsen die Mengen verbrauchter Güter messen. Alle Punkte auf einer Kurve (die Kombinationsmöglichkeiten zwischen den Gütern darstellen) bringen dem Konsumenten das gleiche Maß an Befriedigung. Das heißt, daß der Konsument gegenüber zwei beliebigen, auf der Indifferenzkurve gelegenen Punkten indifferent ist (also keine Präferenz besitzt).

Indifferenzkurvenschar (»indifference map«). Ein Diagramm, das eine ganze Schar von Indifferenzkurven darstellt. Im allgemeinen stellen Kurven, die vom Koordinatenursprung aus gesehen weiter rechts oben liegen, ein höheres Befriedigungsniveau dar.

Industrielle Reservearmee. Terminus der Marxschen Wirtschaftslehre. Marx argumentierte, daß es immer Arbeitslose gäbe, die einen Arbeitsplatz suchten. Auf diese Armee der Arbeitslosen könnten die Arbeitgeber immer verweisen bzw. aus ihr Arbeitnehmer rekrutieren und auf diese Weise das *eherne Lohngesetz* durchsetzen – d.h. die Löhne so weit herabdrücken, daß dem Arbeiter gerade genug zum Überleben und zur Reproduktion seiner selbst verbleibt.

Inferiores Gut. Ein Gut, dessen Konsum mit steigendem Einkommen zurückgeht.

Inflation. Die Inflationsrate drückt den jährlichen prozentualen Anstieg des allgemeinen Preisniveaus, der allgemein anhand des Lebenshaltungskostenindex (IL) oder eines vergleichbaren Preisindex gemessen wird. Bei einer *Hyperinflation* handelt es sich um eine so starke Inflation – von 1000, 1 Million oder sogar 1 Milliarde Prozent im Jahr –, daß jeder versucht, sein Geld loszuwerden, ehe die Preise weitergestiegen sind, weshalb Geld wertlos wird. Bei einer galoppierenden Inflation bewegt sich die Inflationsrate zwischen 50, 100 oder 200 Prozent im Jahr. Von einer leichten Inflation spricht man, wenn der Anstieg des Preisniveaus weder zu einer erheblichen Verzerrung der relativen Preise noch der Einkommen führt.

Innovation. Ein Terminus, der besonders mit dem Namen von Joseph Schumpeter verknüpft ist, der darunter (1) die Entwicklung eines neuen Produktes versteht, das sich erheblich von anderen Produkten unterscheidet, (2) die Einführung neuer Produktionsverfahren oder (3) die Erschließung eines neuen Marktes.

Input vgl. *Produktionsfaktoren.*

Input-Output-Tabelle. Eine Tabelle, die den Güterstrom zwischen einzelnen Wirtschaftszweigen darstellt.

Interventionistisch regulierter, flexibler Wechselkurs. Die häufigste Form des Wechselkurssystems unserer Tage. Bei diesem System interveniert ein Land (z.B. im Rahmen eines gelenkten Floating) durch seine Zentralbank im Interesse der Stabilisierung der Währung oder es versucht gelegentlich, den Kurs auf einem bestimmten Stand zu halten.

Investition. (1) Wirtschaftstätigkeit, die keinen sofortigen Ertrag abwirft, sondern deren Gewinne sich erst in der Zukunft einstellen. Spezifischer ausgedrückt, versteht man in der Makroökonomie unter einer Investition: (a) die Errichtung neuer Betriebsanlagen und deren Ausrüstung, (b) den Bau neuer Wohngebäude, (c) die Ausweitung von Lagerbeständen. Als Nettoinvestitionen bezeichnet man den Wert der Gesamtinvestitionen nach Abzug der Abschreibungen. In diesem engeren Sinne der Nettoinvestitionen als Erweiterungen des Kapitalstocks werden sie gelegentlich auch als Synonym für Kapitalbildung verwandt. Bruttoinvestitionen sind Investitionen, bei denen der Wertverzehr von Anlagen noch nicht berücksichtigt ist. (2) In der Finanzwissenschaft versteht man unter einer Investition etwas völlig anderes, nämlich den Kauf eines Wertpapieres, wie etwa einer Aktie oder einer Obligation.

Investitionsnachfrage. Die Funktion, die die Reaktion der Investitionen auf die Kreditkosten erkennen läßt (oder genauer gesagt, auf den Realzins). Hinter dieser Beziehung steht die Auffassung, daß Unternehmen sich nur für rentable Investitionsvorhaben entscheiden und daß mit steigenden Kreditkosten die Zahl der gewinnträchtigen Projekte zurückgeht.

Inzidenz. Faktische wirtschaftliche Belastung durch eine Steuer (im Gegensatz zur gesetzlichen Verpflichtung zur Zahlung dieser Steuer). So zahlt beispielsweise ein Einzelhändler eine Umsatzsteuer; dennoch ist es wahrscheinlich, daß diese letztlich den Konsumenten trifft. Wer im Einzelfall eine Steuer letztlich trägt, hängt von der Preiselastizität des Angebots und der Nachfrage ab.

IS-LM-Analyse. Eine hochentwickelte Theorie in der Makroökonomie, die eine klare Unterscheidung erlaubt zwischen monetären Einflüssen (die wiedergegeben werden durch die Liquiditätspräferenz/Geldangebots- oder LM-Kurve) und den von den Ausgaben oder Produktmärkten ausgehenden Einflüssen (die wiedergegeben werden durch die Investitions/Spar- oder IS-Kurve). Mit Hilfe dieses Instruments lassen sich die verschiedenen makroökonomischen Theorien (wie etwa die der Monetaristen) durchsichtiger machen.

Kalkulatorische Kosten. Kosten, die nicht explizit als monetäre Größen auftreten, die aber dennoch als Kosten berücksichtigt werden sollten. Beispiel: Wenn Sie Ihr eigenes Unternehmen führen, sollten Sie bei der Ermittlung Ihres Gewinns als Teil ihrer kalkulatorischen Kosten den Lohn oder das Gehalt veranschlagen, das Sie verdienen würden, wenn sie eine andere Position bekleideten. (Gelegentlich auch als *Opportunitätskosten* bezeichnet.)

Kapital (Kapitalgüter, Kapitalausrüstung). (1) In der klassischen und neoklassischen Wirtschaftstheorie ein Faktor des Dreiergespanns der produktiven Inputs (Boden, Arbeit, Kapital). Zum Kapital werden die langlebigen, produzierten Produktionsinputs gerechnet (d.h. Maschinen, Werkzeuge, Ausrüstung, Gebäude, Bestand an Fertig- oder Halbfertigwaren). Wird der Terminus »Kapital« in diesem Sinne verwendet, spricht man gelegentlich auch von Realkapital. (2) im Rechnungs- oder Finanzwesen bezieht sich »Kapital« auf den Gesamtbetrag, den die Aktionäre/Eigentümer einer Kapitalgesellschaft zeichnen und für den sie Anteile am Stammkapital des Unternehmens erwerben.

Kapitalertragsrate. Der Ertrag aus einer Investition oder einem Kapitalgut. So beträgt beispielsweise die Ertragsrate einer Investition in Höhe von 100 Dollar, die eine jährliche Rendite von 12 Dollar abwirft, 12 Prozent.

Kapitalgesellschaft. Ein Unternehmen, dessen Eigentümer Einzelpersonen oder andere Gesellschaften sind und das die gleichen Rechte zum Kauf, Verkauf oder Abschluß von Verträgen besitzt, wie eine Einzelperson. Es stellt eine eigene Rechtsperson dar, die getrennt von den Anteilseignern besteht, so daß für diese lediglich eine »beschränkte Haftung« existiert. Im schlimmsten Fall können sie ihr in das Unternehmen investiertes Kapital verlieren; darüber hinaus können sie jedoch nicht für dessen Verbindlichkeiten haftbar gemacht werden.

Kapitalgewinn. Wertsteigerung eines *Aktivums*. Kapitalgewinne werden erst in dem Augenblick »realisiert«, in dem der Vermögenswert verkauft wird. Der Gewinn ist dann gleich der Differenz zwischen dem Verkaufspreis und dem Kaufpreis des Aktivums.

Kapitalismus. Nach traditioneller Definition ein Wirtschaftssystem, in dem sich der größte Teil des Vermögens (Boden und Kapital) in privaten Händen befindet. In einer solchen Volkswirtschaft stellen private, von staatlichen Eingriffen freie Märkte das Hauptinstrument für die Allokation der Ressourcen und die Schaffung von Einkommen dar; sie lösen die Frage des *Was*, *Wie* und *Für wen*.

Kapitalisierung von Vermögenswerten. Verfahren zur Festsetzung eines Geldwertes für Vermögenswerte durch Errechnung des *Gegenwartswertes* des erwarteten zukünftigen Nettoeinkommens, das diese Vermögenswerte abwerfen werden.

Kapitalkoeffizient. In der Wachstumstheorie das Verhältnis zwischen dem gesamten Kapitalstock und dem jährlichen BSP.

Kapitalmärkte. Märkte, in denen Finanzwerte (Geld, Schuldverschreibungen, Aktien) gehandelt werden. Zusammen mit den *Geld- und Kapitalvermittlungsstellen* stellen sie jene Institutionen dar, durch die die Ersparnisse der Volkswirtschaft in die Hände der Investoren gelangen.

Kapitalstockwachstum (»capital widening«). Wachstumsrate des realen Kapitalbestandes, der genau dem Wachstum des Arbeitskräfteangebots (bzw. der Bevölkerung) entspricht, so daß das Verhältnis zwischen dem Gesamtkapitalbestand und dem gesamten Arbeitskräftepotential sich nicht verändert. Siehe auch *Steigerung der Kapitalintensität (»capital deepening«)*.

Kapitalverzehr vgl. *Wertminderung*.

Kartell. Ein Zusammenschluß von Produzenten eines gegebenen Wirtschaftszweiges mit dem Ziel der Beschränkung oder Ausschaltung des Wettbewerbs in diesem Wirtschaftszweig. Dies geschieht auf dem Weg über Preisabsprachen, eine Aufteilung der Märkte oder Praktiken ähnlicher Art. Kartelle sind nach geltendem amerikanischem Recht gesetzeswidrig.

Kassenhaltung. Von einer Geschäftsbank in ihren eigenen Tresoren gehaltene Barmittel (die Teil ihrer gesetzlich vorgeschriebenen Reserven darstellen). Siehe auch *Liquiditätsreserven*.

Kaufkraftparität. Der Gedanke, daß der echte Wechselkurs zwischen zwei Währungen sich in der Kaufkraft der Währungen in jedem der beiden Länder widerspiegelt. Dazu betrachtet man eine Reihe von Gütern ($X_1, X_2, \ldots$) und legt sich die Frage vor, wieviel man für diese Güter in Frankreich in französischen Francs und wieviel in den Vereinigten Staaten in US-Dollar bezahlen müßte. Das Verhältnis zwischen dem Gesamtbetrag in Dollar ist die »Kaufkraftparität« des Devisenkurses.

Keynessche Wirtschaftslehre. Das von John Maynard Keynes errichtete Ideengebäude, das in seiner »General Theory« gipfelte. Der zentrale Gedanke besteht darin, daß ein kapitalistisches System (primär aufgrund der Starrheit der Löhne) nicht automatisch zum Vollbeschäftigungsgleichgewicht tendiert. Nach Keynes kann das sich daraus ergebende »Unterbeschäftigungsgleichgewicht« durch steuer- und geldpolitische Maßnahmen zur Erhöhung der *Gesamtnachfrage* überwunden werden.

Klassische Wirtschaftslehre. Herrschende Richtung des wirtschaftlichen Denkens vor der Theorie von Keynes. Begründet wurde die klassische Wirtschaftslehre von Adam Smith im Jahre 1776. Weitere führende Repräsentanten waren u.a. David Ricardo, Thomas Malthus und John Stuart Mill. Insgesamt vertrat diese Schule die Auffassung, daß ökonomische Gesetze (insbesondere das Eigeninteresse des einzelnen sowie der Wettbewerb) die Preise und die Faktorentlohnung bestimmen und daß das Preissystem das bestmögliche Instrument für die Ressourcenallokation darstellt. Ihre makroökonomischen Anschauungen beruhten auf dem *Sayschen Theorem*.

Knappheit (Gesetz der). Das Prinzip, daß die meisten von den Menschen begehrten Dinge nur in begrenzten Mengen verfügbar sind (mit Ausnahme der *freien Güter*). Deshalb sind alle Güter in der Regel knapp und müssen auf irgendeine Weise rationiert werden, sei es auf dem Weg über den Preis oder auf irgendeine andere Weise.

Körperschaftsteuer. Eine Steuer, die auf das jährliche Nettoeinkommen einer Kapitalgesellschaft erhoben wird.

Kollektive Güter gegenüber marktabhängigen Gütern. Güter lassen sich in kollektive oder marktabhängige Güter einteilen, je nachdem, ob ihre Allokation auf der Basis politischer Entscheidungen bzw. *Kollektiventscheidungen* oder auf der Basis dezentralisierter Angebots- und Nachfragekräfte erfolgt. In einer modernen Industriegesellschaft finden sich Elemente beider Allokationsmechanismen.

Kollektiventscheidung (»public choice«). In den Wirtschaftswissenschaften wie auch in der Politologie befaßt sich ein Zweig mit der Frage, auf welche Weise Regierungen zu ihren Wirtschaftsentscheidungen gelangen. Untersucht wird insbesondere, wie in demokratischen Systemen, die unter dem Druck stehen, daß ihre Vertreter wiedergewählt werden wollen, zwischen alternativen Programmen eine Entscheidung herbeigeführt wird.

Kollusion. Absprache zwischen verschiedenen Unternehmen, die sich auf ein gemeinsames Vorgehen mit dem Ziel der Anhebung der Preise, der Aufteilung von Märkten oder anderer wettbewerbsbeschränkender Maßnahmen einigen.

Komparativer Kostenvorteil. Das Gesetz des komparativen Kostenvorteils besagt, daß sich eine Nation im internationalen Handel auf die Produktion sowie den Export derjenigen Güter spezialisieren sollte, die sie zu relativ niedrigeren Kosten herstellen kann, und diejenigen Güter importieren sollte, bei denen ihre Kosten relativ hoch sind. Somit sollten komparative Kostenvorteile, nicht *absolute Kostenvorteile* die Struktur der Handelsströme bestimmen.

Komplementärgüter. Zwei Güter, die in den Augen der Konsumenten »zusammengehören« (z.B. linke und rechte Schuhe). Als *Substitutionsgüter* bezeichnet man demgegenüber solche Güter, die miteinander konkurrieren (wie etwa Stiefel und Schuhe).

Kommunismus. Gleichermaßen (1) eine Ideologie, (2) eine Gruppe politischer Parteien und (3) ein Wirtschaftssystem. In einem kommunistischen System ist das private Eigentum an den Produktionsmitteln, insbesondere am industriellen Kapital, untersagt (da nach kommunistischer Auffassung privates Eigentum an den Kapitalgütern zur Ausbeutung der Arbeiterklasse führt). Darüber hinaus fordert der Kommunismus die Gleichheit der Einkommensverteilung beziehungsweise in seiner Idealform eine Verteilung entsprechend den »Bedürfnissen« des einzelnen. In den kommunistischen Ländern unserer Tage (der Sowjetunion, China und Osteuropa) gehören der größte Teil des Kapitals sowie des Bodens dem Staat. Kennzeichnend für diese Länder ist zudem ein hohes Maß an Zentralplanung, wobei der Staat viele Preise, die Produktionshöhe sowie andere wichtige Variablen festsetzt.

Konjunkturelle Arbeitslosigkeit vgl. *friktionelle Arbeitslosigkeit*.

Konjunkturzyklen. Schwankungen in der Wirtschaftstätigkeit, die gekennzeichnet sind durch eine gleichzeitige Ausweitung oder Schrumpfung der Produktion in den meisten Wirtschaftszweigen. Heute wird der Terminus Konjunkturzyklus in der Regel dann verwandt, wenn das tatsächliche BSP im Verhältnis zum potentiellen BSP steigt (in der Expansionsphase) oder gemessen am potentiellen BSP sinkt (in der Kontraktionsphase oder Rezession).

Konstante Skalenerträge vgl. *Skalenerträge*.

Konsum. In der Makroökonomie die Gesamtheit der innerhalb eines gegebenen Zeitraumes getätigten Ausgaben der einzelnen Wirtschaftssubjekte oder eines Landes insgesamt für Konsumgüter. Streng genommen sollte sich der Begriff Konsum auf diejenigen Güter beziehen, die innerhalb dieses Zeitraums voll und ganz verbraucht, genossen oder verzehrt werden. In der Praxis beziehen die Konsumausgaben sich auf alle erworbenen Konsumgüter, von denen viele eine über den betrachteten Zeitraum hinausgehende Lebensdauer haben – z.B. Kleider, Anzüge und Autos.

Konsumentenrente. Die Differenz zwischen dem Betrag, den ein Konsument für ein Gut zu zahlen bereit wäre, und dem tatsächlich gezahlten Betrag. Diese Differenz ergibt sich daraus, daß der (in Dollar ausgedrückte) Grenznutzen der ersten Einheit höher als der Preis und der Grenznutzen erst bei der letzten Einheit gleich dem Preis ist. Deshalb kann der in Geld ausgedrückte Gegenwert des Gesamtnutzens eines konsumierten Gutes deutlich über dem aufgewandten Betrag liegen. Präziser läßt sich der Geldwert der Konsumentenrente (unter Zuhilfenahme eines Nachfragediagramms) als Fläche des Dreiecks messen, dessen Seiten aus der Nachfragekurve, der Ordinate und der Preisgeraden gebildet werden.

Konsumfunktion. Eine Funktion, die den Gesamtkonsum zu der Höhe der Einkommen in Beziehung setzt. Das verwandte Maß für das Einkommen kann entweder das verfügbare Einkommen *(VE)* oder im Falle der Konsumfunktion eines Landes das BSP sein. Auch das Gesamtvermögen oder andere Variablen werden häufig als Faktoren angeführt, die einen Einfluß auf den Konsum haben können.

Konzentration (vertikale oder horizontale). Der Produktionsprozeß vollzieht sich in Stufen – z.B. wird aus Eisenerz Stahl gewonnen, dieser zu Stahlblechen ausgewalzt, aus Stahlblechen werden Autokarosserien hergestellt. Bei einer vertikalen Integration werden in einem einzigen Unternehmen zwei oder mehr verschiedene Produktionsstufen zusammengeschlossen (z.B. die Eisenerzgewinnung mit der Produktion von Stahl). Im Falle der horizontalen Integration werden mehrere Produktionsbetriebe, die auf der gleichen Produktionsstufe tätig sind, zu einem Unternehmen zusammengeschlossen.

Konzentrationsgrad. Prozentsatz der Gesamtausbringung beziehungsweise der Gesamtlieferungen eines Wirtschaftszweiges, der auf die größten Unternehmen entfällt; in der Regel die größten vier oder acht Unternehmen.

Kopfsteuer. Eine auf einen festen Betrag lautende Steuer, die pro Kopf der Bevölkerung ohne Rücksicht auf das Einkommen erhoben wird.

Korrelation. Grad der systematischen Wechselbeziehungen zwischen zwei Variablen.

Kosten. Kosten werden in der Wirtschaftswissenschaft in verschiedene Kostenarten unterteilt. Als variable Kosten gelten Gesamtkosten abzüglich der fixen Kosten, d. h. diejenigen Kosten, die in Abhängigkeit vom Produktionsvolumen schwanken, wie etwa Rohstoffkosten, Löhne und Brennstoffkosten. Fixe Kosten sind die Kosten, die ein Unternehmen selbst dann tragen muß, wenn seine Produktion innerhalb des betrachteten Zeitraumes gleich Null ist (z.B. Zinsen für Bankdarlehen). Als gesamte Kosten wird das angesichts eines gegebenen Standes der Technologie und gegebener Inputpreise erreichbare Gesamtkostenminimum bezeichnet. Bei den kurzfristigen Gesamtkosten werden die bestehenden Produktionsanlagen und andere fixe Kosten als gegeben betrachtet. Bei den langfristigen Gesamtkosten handelt es sich um diejenigen Kosten, die anfallen (wiederum bei gegebenem Stand der Technologie und der Inputpreise), wenn das Unternehmen hinsichtlich sämtlicher Inputs und sämtlicher Entscheidungen völlig flexibel verfahren könnte. Durchschnittliche Kosten sind die Gesamtkosten, dividiert durch die Menge der produzierten Güter. Die kurzfristigen und langfristigen Durchschnittskosten hängen mit den kurzfristigen bzw. langfristigen Gesamtkosten zusammen. Als Grenzkosten oder marginale Kosten wird der Anstieg der Kosten definiert, den die Produktion einer zusätzlichen Einheit verursacht (oder der Rückgang der Kosten infolge der Verminderung der Produktion um eine Einheit). Kurzfristige und langfristige Grenzkosten hängen mit den kurzfristigen bzw. langfristigen Gesamtkosten zusammen. Minimale (Mindest-)Kosten sind demgegenüber die niedrigsten erreichbaren Kosten pro Einheit (wobei es sich um durchschnittliche, variable oder marginale Kosten handeln kann). Jeder Punkt auf der Durchschnittskostenkurve stellt ein Minimum in dem Sinne dar, daß er die beste Position verkörpert, die ein Unternehmen hinsichtlich der Kosten seiner Produktion in dem jeweiligen Punkt erreichen kann. Den untersten Punkt bzw. die untersten Punkte auf jener Kurve bilden die Mindestdurchschnittskosten.

Kostendruckinflation (kosteninduzierte Inflation). Inflation, die ihren Ursprung auf der Angebotsseite des Marktes hat (d. h. nicht auf eine *Nachfragesog-Inflation* zurückzuführen ist). Auf den Gesamtangebots- und Gesamtnachfragerahmen bezogen, drückt sich der Kostendruck in einer Verlagerung der *GA*-Kurve nach oben aus.

Kredit. Der Einsatz fremder Mittel gegen die Zusage, diese zu einem bestimmten Zeitpunkt in der Zukunft zurückzuzahlen. Beispiele sind kurzfristige Darlehen einer Bank, Lieferantenkredite oder Geldpapiere.

Kreuzpreiselastizität. Maß für den Grad, bis zu dem die Nachfrage nach einem Konsumgut oder einem Produktionsinput nicht von dem Preis für das jeweilige Gut oder den Input beeinflußt wird, sondern von anderen Preisen (z.B. kann die Kreuzpreiselastizität messen, inwieweit die Nachfrage nach Autos vom Benzinpreis beeinflußt wird). Vgl. auch *Preiselastizität der Nachfrage*.

Kurzfristiger Zeitraum. Periode, innerhalb deren eine vollständige Anpassung aller Faktoren nicht möglich ist. In der Mikroökonomie können sich der Kapitalstock und andere »fixe« Inputs kurzfristig nicht anpassen, wie auch der Zugang zu einem Wirtschaftszweig kurzfristig nicht frei ist. Im makroökonomischen Bereich können kurzfristig weder die Preise, Arbeitsverträge und Steuern völlig angepaßt werden, noch ist eine vollständige Anpassung der Erwartungen möglich.

Laissez-faire. Auffassung, daß die Regierung sich nicht in die Wirtschaftstätigkeit einmischen sollte. In seiner klassischen Bedeutung, wie sie beispielsweise von Adam Smith zum Ausdruck gebracht wurde, bedeutete der Ausdruck, daß die Rolle des Staates beschränkt sein sollte auf (1) die Aufrechterhaltung von Recht und Ordnung, (2) die Landesverteidigung und (3) die Bereitstellung bestimmter öffentlicher Güter, die von privaten Unternehmen nicht übernommen werden könnten. (z. B. der Betrieb von Leuchttürmen)

Langfristiger Zeitraum. Ein Terminus, der zur Bezeichnung einer Periode verwandt wird, innerhalb deren eine vollkommene Anpassung möglich ist. In der Mikroökonomie bezeichnet er die Zeitspanne, innerhalb deren Unternehmer in einen Wirtschaftszweig eindringen oder diesen verlassen können oder in der eine Kapitalstockveränderung vorgenommen werden kann. In der Makroökonomie bedeutet dieser Begriff den Zeitraum, in dem alle Preise, Lohnabkommen, Steuersätze und Erwartungen die Möglichkeit zur Anpassung an neue Gegebenheiten haben.

Langlebige Wirtschaftsgüter. Ausrüstung oder Maschinen, die im Normalfall eine Lebensdauer von mehr als 3 Jahren haben, z. B. Computer, Lastwagen und Personenkraftwagen.

Lebenshaltungskostenindex (IL). Der gebräuchlichste Index für die Messung der Lebenshaltungskosten. Es handelt sich dabei um einen *Preisindex* für die Kosten eines bestimmten, aus Konsumgütern zusammengesetzten Warenkorbes, wobei die Gewichtung jeder Ware ihrem Anteil an den Ausgaben städtischer Haushalte für diese Waren in den Jahren 1972/73 entspricht (amerikanische Definition).

Leistungsprinzip. Prinzip in der Steuerpolitik, demzufolge Bezieher höherer Einkommen oder Besitzer größerer Vermögen höhere Steuern zahlen als ärmere Bürger. (Das Prinzip sagt nichts darüber aus, um wieviel höher der Beitrag der Reicheren sein sollte.)

Liquiditätspräferenz ist gleichbedeutend mit *Geldnachfrage*.

Liquiditätsreserven (der Banken). Jener Teil der Sichteinlagen, die eine Bank als Barreserve in ihren Tresoren oder als nichtzinstragende Einlage bei der Zentralbank unterhält. Große Banken sind verpflichtet, Mindestreserven in Höhe von 12 Prozent ihrer Sichteinlagen (bzw. ihres Transaktionsgeldes) zu unterhalten.

Lorenz-Kurve. Eine Graphik, mit deren Hilfe der Grad der Gleichheit oder Ungleichheit der Einkommensverteilung einer Gesellschaft dargestellt wird. Je stärker die Lorenz-Kurve von der 45°-Grad-Linie abweicht, desto größer ist der Grad der Ungleichheit in der Einkommensverteilung.

Makroökonomie. Analyse, die sich mit dem Verhalten der Volkswirtschaft in ihrer Gesamtheit beschäftigt, mit Produktion, Einkommen, Preisen und Arbeitslosigkeit. Das Gegenstück zur *Mikroökonomie*, die sich mit einzelnen Unternehmen, Wirtschaftssubjekten und Märkten befaßt.

Malthussches Bevölkerungsgesetz. Die erstmalig von Thomas Malthus vorgetragene Ansicht, daß es eine »natürliche« Tendenz der Bevölkerung zur Vermehrung in geometrischer Progression (1, 2, 4, 8, ...) gebe, der ein Anstieg der Nahrungsmittelproduktion in arithmetischer Progression (1, 2, 3, 4, ...) gegenüberstehe. Die Nahrungsmittelproduktion würde sich deshalb im Zeitablauf vermindern und dadurch dem Bevölkerungswachstum Grenzen setzen. Die Theorie stützt sich auf das Gesetz des abnehmenden Ertragszuwachses: Eine wachsende Bevölkerung, die eine unveränderliche Menge Boden bearbeitet, würde zu einer Senkung der Pro-Kopf-Ausbringung führen und die Einkommen auf das Subsistenzniveau herabdrücken.

Markt (bzw. Satz) für Zentralbankgeld. Der Markt, an dem Reserven der Geschäftsbanken gehandelt werden. Eine Geschäftsbank nimmt Zentralbankgeld auf, um ihre Reserven auf den von der Federal Reserve Bank vorgeschriebenen Mindeststand anzuheben (vgl. *Mindestreserve*); die kreditgebende Bank muß über überschüssige Reserven verfügen. Der geforderte Zinssatz für solche (in der Regel auf einer 24-Stunden-Basis gewährten) Darlehen bezeichnet man als Zentralbankgeldzins.

Marktsozialismus. Eine sozialistische Volkswirtschaft, in der die meisten mikroökonomischen Entscheidungen dem Marktmechanismus überlassen werden. Zwar würde sich der größte Teil des Kapitals und des Bodens weiterhin in staatlichem Besitz befinden und die Investitionstätigkeit würde staatlich gelenkt, aber die Produktionsverfahren sowie die genaue Zusammensetzung der Produktion würden dem freien Spiel von Angebot und Nachfrage überlassen.

Marktversagen. Eine dem Preissystem anhaftende Unvollkommenheit, die einer effizienten Ressourcenallokation im Wege steht. Wichtige Beispiele sind *externe Effekte* sowie der *unvollkommene Wettbewerb*.

Marxismus. Die Gesamtheit der von Karl Marx im 19. Jahrhundert entwickelten sozialen, politischen und ökonomischen Lehren. Der Marxismus als ökonomische Lehre sagte den Zusammenbruch des Kapitalismus als Folge seiner eigenen inhärenten Widersprüche voraus, insbesondere als Folge seiner Tendenz zur Ausbeutung der Arbeiterklasse. Die Überzeugung, daß die Arbeiter im kapitalistischen System zwangsläufig unterdrückt würden, beruhte auf dem *ehernen Lohngesetz*, demzufolge die Löhne auf das Subsistenzminimum absinken würden.

Massenproduktion. Die daraus resultierenden Einsparungen sind gleichbedeutend mit *Skalenerträgen*.

Medianwert. In der Statistik der Zentralwert, der sich aus seiner Lage innerhalb einer statistischen Reihe ergibt, deren Reihenglieder der Größe nach geordnet sind (z.B. Einkommen, Examensnoten). So ist der Medianwert für die Zahlen 1, 3, 6, 16, 20 gleich 6.

Mehrwert. Begriff der Marxschen Wirtschaftslehre, der die positive Differenz zwischen dem Preis eines Gutes und dem Wert der gesamten direkten und indirekten Arbeit bezeichnet, die in die Produktion des betreffenden Gutes eingegangen ist. Vgl. auch *Arbeitswertlehre*.

Mehrwertsteuer. Eine von einem Unternehmen erhobene Steuer, die prozentual zu ihrer *Wertschöpfung* bemessen wird.

Merkantilismus. Eine politische Doktrin, die in besonderem Maße Gegenstand der Kritik von Adam Smith' Werk »The Wealth of Nations« war. Die Merkantilisten waren von der Tatsache fasziniert, daß auf der ganzen Welt eine Nachfrage nach Edelmetallen (insbesondere nach Gold) herrsche und man mit diesen Metallen alles kaufen könne. Sie sprachen sich für eine Wirtschaftspolitik aus, die zu einer aktiven Handelsbilanz führt (einem Überschuß der Exporte über die Importe), da dies ein Mittel zur Anhäufung von Gold darstellte. Auch befürworteten sie strenge staatliche Kontrollen, weil die uneingeschränkte Verfolgung des Eigeninteresses des einzelnen *(laissez-faire)* unter Umständen zu einem Abfluß von Edelmetallen führen könnte.

Mikroökonomie. Wissenschaftliche Disziplin, die sich mit dem Verhalten einzelner Elemente einer Volkswirtschaft beschäftigt – wie etwa der Bestimmung des Preises für ein Produkt oder dem Verhalten eines einzelnen Konsumenten oder eines Unternehmens. Ergänzendes Gegenstück der *Makroökonomie*, die wirtschaftliche Gesamtgrößen untersucht (das BSP ingesamt, die Gesamtbeschäftigung, die Inflation, das Geldangebot, etc.).

Mindestreserve. Bestimmung des modernen Bankwesens, wonach eine Geschäftsbank gesetzlich verpflichtet ist, einen genau festgelegten Teil ihrer Einlagen in Form von Einlagen bei der Zentralbank zu halten (bzw. als Bargeld in den eigenen Tresoren). Dieser Bestimmung zufolge mußten große Banken im Jahre 1984 in den USA 12 Prozent ihrer Sichteinlagen in Form von Reserven halten.

Minimalkostenregel. Regel, derzufolge die Kosten der Produktion einer gegebenen Ausbringungsmenge ihr Minimum erreichen, wenn das *Grenzerlösprodukt* jedes Inputs dem Inputpreis aller Inputs gleich ist.

Mischkonzern. Ein großes Unternehmen, das eine Vielfalt nicht miteinander verwandter Güter produziert und vertreibt. Häufig gehen solche Unternehmen aus dem Zusammenschluß diverzifizierter Unternehmen hervor – aus einer Fusion von Unternehmen nicht verwandter Bereiche.

Mittelwert. In der Statistik gleichbedeutend mit »Durchschnittswert«. So ist der Mittelwert für die Zahlen 1, 3, 6, 10, 20 gleich 8.

Modell. Formaler Rahmen zur Darstellung grundlegender Merkmale eines komplexen Systems mit Hilfe einiger weniger entscheidender Beziehungen. Modelle haben die Form von Diagrammen, mathematischen Gleichungen oder Computer-Programmen.

Monetarismus. Eine Lehrmeinung, derzufolge Änderungen des Geldangebots die Hauptursache makroökonomischer Schwankungen darstellen. Kurzfristig betrachtet sind nach dieser Theorie Veränderungen in der Geldmenge die primären Bestimmungsfaktoren für Veränderungen sowohl der realen Produktion wie des Preisniveaus. Langfristig betrachtet tendiert die reale Produktion zum *potentiellen BSP*, während die Preise tendenziell im Verhältnis zum Geldangebot steigen. Die Monetaristen gelangen häufig zu der Schlußfolgerung, daß eine solche Wirtschaftspolitik als beste zu bezeichnen ist, bei der das Geldangebot jährlich um 3 bis 5 Prozent zunimmt.

Monopol. Marktstruktur, bei der ein Gut von nur einem einzigen Unternehmen angeboten wird. Man spricht von einem »natürlichen« Monopol, wenn die Durchschnittskosten eines Unternehmens oder einer Branche einen stark fallenden Trend pro erstellter Einheit aufweisen. Ein einziges Unternehmen (Monopol) kann demnach die Gesamtproduktion des Wirtschaftszweiges effizienter herstellen als viele Unternehmen.

Monopolistischer Wettbewerb. Eine Marktstruktur, bei der eine große Zahl von Anbietern Güter auf den Markt bringen, die in annähernder, wenn auch nicht vollkommener Weise als Substitute gelten können. Auf einem solchen Markt kann jeder Produzent einen gewissen Einfluß auf den Preis ausüben.

Monopson. Das Spiegelbild eines Monopols: Ein Markt, auf dem es nur einen einzigen Käufer gibt. Ein »Käufermonopol«.

Multinationale Gesellschaft. Ein Unternehmen, das seine Produkte in vielen Ländern herstellt und vertreibt.

Multiplikator. Ein in der Makroökonomie verwandter Begriff, der eine Veränderung einer induzierten Variablen (des BSP, des Geldangebots, der Importe) pro Änderung einer externen Variablen (öffentliche Ausgaben, Steuern oder Mindestreserven) um eine Einheit bezeichnet. Der Investitionsmultiplikator bezeichnet den letztlichen Zuwachs des BSP, der sich aus einem Anstieg der Investitionen um 1 Dollar ergibt. Im einfachen Multiplikatormodell übersteigt der Investitionsmultiplikator (oder der Multiplikator der öffentlichen Ausgaben) den Faktor 1, weil der ursprüngliche Ausgabenanstieg eine ganze Reihe weiterer »induzierter« Ausgabensteigerungen auslöst. Für das Verständnis der Funktionsweise des Multiplikators ist die Unterscheidung zwischen *externen und induzierten Veränderungen* von entscheidender Bedeutung.

Nachfrageelastizität gleich 1: Die spezielle Situation zwischen der *elastischen Nachfrage* und der *unelastischen Nachfrage*, in der die Preiselastizität einen Wert von genau 1 hat. Das bedeutet, daß der Gesamterlös im Falle einer Preisänderung gleich bleibt. Vgl. auch *Preiselastizität der Nachfrage*.

Nachfragekurve. Eine Kurve, die die Menge eines Gutes erkennen läßt, die die Konsumenten zu jedem Preis – *ceteris paribus* – zu kaufen bereit sind. In der Regel wird bei der Zeichnung einer Nachfragekurve der Preis auf der Ordinate bzw. y-Achse und die Menge auf der Abszisse bzw. x-Achse abgetragen. Siehe auch *Änderung der Nachfrage gegenüber Änderung der nachgefragten Menge*.

Nachfragesog-Inflation (nachfrageinduzierte Inflation). Preisinflation, die durch eine allgemeine, überhöhte Nachfrage nach Gütern ausgelöst wird, wenn beispielsweise die **Gesamtnachfrage** steigt. Wird häufig der *Kostendruckinflation* (bzw. kosteninduzierten Inflation) gegenübergestellt.

Natürliche Arbeitslosenquote. Arbeitslosenquote, bei der kein Lohndruck vorhanden ist, der entweder zu einem Anstieg oder einer Abnahme der Inflationsrate führen könnte. Anders ausgedrückt: die Arbeitslosenquote, bei der die langfristige *Phillips-Kurve* einen vertikalen Verlauf hat.

Natürliche Wachstumsrate. Die Zuwachsrate des Arbeitskräftepotentials zuzüglich der Steigerungsrate der *Produktivität* des Arbeitskräftepotentials. Wächst beispielsweise das Arbeitskräftepotential jährlich um 1 Prozent bei gleichzeitigem Anstieg der Produktion pro Arbeitsstunde um jährlich 2 Prozent, beträgt die natürliche Wachstumsrate der Volkswirtschaft 3 Prozent im Jahr.

Negative Einkommensteuer (»negative income tax«). Plan, der darauf abzielt, das derzeitige komplexe System der Einkommenssicherung (Wohlfahrtsleistungen,

Nahrungsmittelgutscheine etc.) in den USA durch ein vereinheitlichtes staatliches Programm zu ersetzen. Im Rahmen eines solchen Planes würden bedürftige Familien zur Sicherung ihres Einkommens Unterhaltsleistungen (bzw. eine »negative« Steuer) erhalten, deren Höhe von ihrem Einkommen abhinge. Im Rahmen eines solchen Planes könnte eine Familie mit niedrigem Einkommen 4500 Dollar erhalten plus 50 Prozent etwaige weitere Einkommen. Die betreffende Familie würde die »Steuerschwelle« (die Einkommensgrenze, bei der keine Unterstützungszahlungen mehr gewährt würden) bei einem Einkommen von 9000 Dollar erreichen.

Nettoinvestitionen. Bruttoinvestitionen abzüglich *Abschreibungen* für Kapitalverkehr.

Nettosozialprodukt (NSP). BSP abzüglich des Betrages, der die *Wertminderung* des Kapitalstocks (der *Kapitalgüter*) berücksichtigt.

Nettoproduktivität des Kapitals vgl. *Kapitalertragsrate*.

Normative oder positive Wirtschaftswissenschaft. Die normative Wirtschaftswissenschaft betrachtet das, »was sein sollte« – Werturteile oder Ziele der Wirtschaftspolitik. Die positive Wirtschaftswissenschaft analysiert demgegenüber Fakten und Daten: »Die Dinge, wie sie wirklich sind«.

NOW-Konto (Negotiable Order of Withdrawal account). Zinstragendes *Girokonto*.

NSP vgl. *Nettosozialprodukt*.

Nutzen (Gesamtnutzen). Die insgesamt mit dem Konsum eines Gutes einhergehende Befriedigung. Nicht zu verwechseln mit dem *Grenznutzen*, der den zusätzlichen Nutzen mißt, der mit dem Konsum einer zusätzlichen Einheit eines Gutes verknüpft ist.

Nutzenprinzip. Prinzip der Steuerpolitik, demzufolge die Wirtschaftssubjekte im Verhältnis zu dem Nutzen besteuert werden, den sie aus staatlichen Programmen ziehen.

Obligation. Zinstragendes, vom Staat oder einem Unternehmen emittiertes Wertpapier, das eine Zusicherung zur Zahlung von Zinsen sowie zur Rückzahlung eines Geldbetrages (des Kapitals) zu einem vereinbarten, zukünftigen Zeitpunkt enthält.

Öffentliches Gut. Ein Gut, in dessen Genuß alle Menschen (eines Landes, einer Stadt) kommen, und zwar zu Kosten, die auch bei der Bereitstellung dieses Gutes für nur eine einzige Person anfallen würden. Die mit dem Gut verknüpften Vorteile sind unteilbar und können einzelnen nicht vorenthalten werden. Eine Maßnahme der öffentlichen Gesundheitspflege beispielsweise, die zur Ausrottung der Pocken führt, schützt alle Menschen, nicht nur diejenigen, die für die Impfung zahlen. Steht im Gegensatz zu privaten Gütern (wie beispielsweise Brot), die, einmal von einem Menschen konsumiert, nicht gleichzeitig von einem anderen verbraucht werden können.

Offene Volkswirtschaft. Eine Volkswirtschaft, die mit anderen Ländern Güter- und Kapitalverkehr betreibt (d.h. im- und exportiert). Eine geschlossene Volkswirtschaft unterhält weder Import- noch Exportbeziehungen zu anderen Ländern, sondern strebt nach *Autarkie*.

Offenmarktpolitik. Tätigkeit einer Zentralbank, in deren Rahmen diese durch den An- oder Verkauf von Staatspapieren auf die Reserven der Banken, das Geldangebot und die Zinsen Einfluß nimmt. Werden von der Zentralbank Papiere gekauft, so erhöhen sich durch das den Geschäftsbanken zufließende Geld deren Reserven, und die Geldmenge wächst. Werden Papiere verkauft, schrumpft die Geldmenge.

Ökonometrie. Zweig der Wirtschaftswissenschaft, der sich statistischer Methoden bedient, um quantifizierbare ökonomische Beziehungen zu messen oder zu schätzen.

Ökonomisches Mischsystem. Ein Wirtschaftssystem, dessen wirtschaftliche Organisation sich primär auf das Preissystem stützt, bei dem jedoch im Interesse der makroökonomischen Stabilität und im Falle eines Marktversagens auch staatliche Interventionsmaßnahmen zur Anwendung gelangen. Es stellt deshalb eine Mischung aus Markt- und Kollektiv- (bzw. öffentlichen) Entscheidungen dar.

Okunsches Gesetz. Von Arthur Okun festgestellte Beziehung zwischen konjunkturellen Veränderungen des BSP und der Arbeitslosigkeit. Das Gesetz besagt, daß bei einem Rückgang des tatsächlichen BSP um 2 Prozent die Arbeitslosigkeit um etwa 1 Prozent zunimmt. (Früheren Schätzungen zufolge lag das Verhältnis bei 3 zu 1.)

Oligopol. Eine Situation des unvollkommenen Wettbewerbs, bei der ein Wirtschaftszweig von einer kleinen Gruppe von Anbietern beherrscht wird.

Opportunitätskosten (Alternativkosten). Der Wert der zweitbesten Verwendung eines Wirtschaftsgutes bzw. der Wert der geopferten Alternative. So könnte man sich beispielsweise vorstellen, daß die zur Gewinnung von einer Tonne Kohle eingesetzten Inputs auch für den Anbau von 10 Scheffeln (»bushel«) Weizen hätten gebraucht werden können. Die Opportunitätskosten einer Tonne Kohle entsprechen deshalb den 10 »bushel« Weizen, die man hätte produzieren können, die aber nicht produziert wurden. Durch den Abbau der Kohle wurde die alternative Möglichkeit des Anbaus von Weizen aufgegeben. Die Opportunitätskosten erweisen sich insbesondere bei der Bewertung von nicht über den Markt laufenden Gütern, wie der Schaffung gesunder Umweltbedingungen oder öffentlicher Sicherheit als ein nützliches Instrument.

Pareto-Optimum vgl. *allokative Effizienz*.

Partielle Gleichgewichtsanalyse. Analyse, die sich auf die Auswirkung von Veränderungen auf einen individuellen Markt konzentriert unter ceteris-paribus-Bedingungen (indem z.B. Einkommensänderungen außer acht gelassen werden). Die partielle Gleichgewichtsanalyse kann etwa zur Abschätzung der Wirkung eines Benzinpreisanstiegs auf die Nachfrage nach Benzin eingesetzt werden. Verursacht der Preisanstieg jedoch einen Rückgang des BSP, hat dies einen »Rückkopplungseffekt« auf den Mineralölmarkt. Dieser Rückkopplungseffekt ist dann nicht mehr Gegenstand der Partialanalyse.

Passiva vgl. *Bilanz*.

Patent. Ein Exklusivrecht, das einem Erfinder eingeräumt wird und aufgrund dessen die Nutzung seiner Erfindung für die Dauer von 17 Jahren seiner Kontrolle unterliegt. Patente führen vorübergehend zur Schaffung von Monopolen als einem Instrument zur Entlohnung der Erfindertätigkeit. Sie sind das bedeutendste Instrument der Förderung des Erfindergeistes des einzelnen wie auch in kleinen Unternehmen.

Personengesellschaft. Zusammenschluß von zwei oder mehr Personen zur Führung eines Unternehmens, das nicht in der Form einer Aktiengesellschaft organisiert ist. Für die Personengesellschaft besteht deshalb keine *Haftungsbeschränkung*. Scheitert eine Personengesellschaft, besteht die Möglichkeit, daß ein Partner für alle Schulden aufkommen muß, wenn der andere Partner seinen oder ihren Anteil nicht aufbringen kann.

Phillips-Kurve. Eine erstmals von A.W. Phillips ermittelte Kurve, die den Zielkonflikt zwischen Arbeitslosigkeit und Inflation darstellt. Die Auffassung, die zunächst aus der Arbeit von Phillips abgeleitet wurde, läuft – auf einen sehr einfachen Nenner gebracht – darauf hinaus, daß die Inflationsrate um so höher sei, je niedriger die Arbeitslosigkeit ist. Nach der modernen herrschenden Lehrmeinung besitzt die abwärts geneigte Phillips-Kurve nur bei kurzfristiger Betrachtung Gültigkeit. Langfristig hat sie einen vom Punkt der *natürlichen Arbeitslosenquote* ausgehenden vertikalen Verlauf.

Politik des billigen Geldes. Politik einer Zentralbank zur Erhöhung des Geldangebots mit dem Ziel der Herbeiführung einer Zinssenkung. Ziel einer solchen Politik ist die Steigerung der Gesamtnachfrage und damit des realen BSP. Vgl. *Politik des teuren Geldes*.

Politik des teuren Geldes. Politik der Zentralbank mit dem Ziel der Beschränkung oder Verminderung des Geldangebots und der Anhebung der Zinssätze. Maßnahmen dieser Art werden ergriffen, um die Höhe des realen BSP unter Kontrolle zu halten oder zu reduzieren, die Inflation zu dämpfen oder um im Interesse der Stärkung der Zahlungsbilanz einen Kapitalzustrom aus dem Ausland zu erwirken. Stellt das Gegenteil zur *Politik des billigen Geldes* dar.

Post hoc, ergo propter hoc-Trugschluß (wörtlich: »Nach diesem, deshalb wegen diesem«). Von diesem Trugschluß wird dann gesprochen, wenn jemand davon ausgeht, daß das Ereignis *A* aufgrund der Tatsache, daß es dem Ereignis *B* vorausgeht, das Ereignis *B* verursacht.

Potentielles BSP. Das maximale – unter Berücksichtigung einer gegebenen Technologie und eines gegebenen Bevölkerungsstandes – aufrechtzuerhaltende Niveau des BSP, gelegentlich auch als »Produktionsniveau bei Vollauslastung der Wirtschaft« bezeichnet. Wird heute allgemein als gleichbedeutend mit dem Produktionsniveau angesehen, das unter Berücksichtigung der *natürlichen Arbeitslosenquote* erzielt wird.

Preisbildung durch Gewinnaufschlag. Die Preisbildungsmethode, deren sich viele Unternehmen unter Bedingungen des unvollkommenen Wettbewerbs bedienen. Bei dieser Methode schätzen sie die Durchschnittskosten, auf die sie einen festen Prozentsatz aufschlagen, um den Preis zu ermitteln, den sie verlangen.

Preiselastizität des Angebots. Ein der *Preiselastizität der Nachfrage* verwandter Begriff, der die Reaktion des Angebots auf Preissteigerungen mißt. Als besonders nützlich erweist sich das Instrument der Angebotselastizität unter Bedingungen des vollkommenen Wettbewerbs, unter denen die Anbieter »Preisnehmer« sind (d.h. unter denen kein einzelnes Unternehmen einen Einfluß auf die Marktpreisbildung hat). Genauer gesagt, mißt die Preiselastizität des Angebots die prozentuale Veränderung der angebotenen Menge dividiert durch die prozentuale Änderung des Preises.

Preiselastizität der Nachfrage. Maß für die Reaktion der von seiten der Käufer nachgefragten Menge auf eine Veränderung des Preises. Der Elastizitätskoeffizient, bzw. das quantitative Maß der Elastizität wird wie folgt berechnet: prozentuale Veränderung der gekauften Menge dividiert durch die prozentuale Veränderung des Preises. Bei der Bezifferung der Prozentsätze werden die durchschnittlichen alten und neuen Mengen in den Zähler und die alten und neuen Preise in den Nenner gesetzt, und zwar unter Vernachlässigung des negativen Vorzeichens. (Siehe auch *elastische Nachfrage, unelastische Nachfrage, Nachfrageelastizität gleich 1.*)

Preisflexibilität. Preisverhalten auf »Auktions«märkten (d.h. auf vielen Rohstoffmärkten oder an der Wertpapierbörse), auf denen die Preise unverzüglich steigen oder fallen, sobald sich die Nachfrage oder das Angebot verändern. (Vgl. demgegenüber *administrierte Preise.*)

Preisindex. Eine Indexzahl, die die Veränderung des Durchschnittspreises einer Gruppe von Gütern innerhalb einer bestimmten Zeitspanne erkennen läßt. Bei der Berechnung des Durchschnitts werden die Preise der verschiedenen Güter in der Regel nach ihrer wirtschaftlichen Bedeutung gewichtet (z.B. nach dem Anteil, den jedes Gut an den Gesamtausgaben der Konsumenten im *Lebenshaltungskostenindex* hat).

Primärgeld gleichbedeutend mit *Geldbasis.*

Private Güter vgl. *öffentliche Güter.*

Produktdifferenzierung. Vorhandensein von Merkmalen, aufgrund deren ähnliche Güter keine vollkommenen Substitute sind. So können beispielsweise Standortunterschiede das an verschiedenen Stellen verkaufte Benzin zu unvollkommenen Substituten machen. Unternehmen, die von Produktdifferenzierungen profitieren, sehen sich einer abwärts geneigten Nachfragekurve gegenüber, nicht einer horizontalen Nachfragekurve wie im Falle des vollkommenen Wettbewerbs.

Produktionsfaktoren. Produktive Inputs: Maschinen, Ausrüstung, Werkzeuge, Arbeitsleistungen, Boden und Rohstoffe, die für die Erstellung eines Gutes oder einer Leistung notwendig sind. Auch als *Inputs* bezeichnet.

Produktionsfunktion. Eine Beziehung (bzw. eine mathematische Funktion), die die angesichts einer gegebenen Inputmenge erreichbare Outputmenge angibt. Gilt für ein Unternehmen bzw. als »gesamtwirtschaftliche Produktionsfunktion« auch für die Volkswirtschaft insgesamt.

Produktionsschwelle vgl. *Betriebsminimum.*

Produktivität. Ein Terminus, der sich auf das Verhältnis des Outputs zum Input bezieht (der Gesamtoutput dividiert durch die Arbeitsinputs ist gleich der »Arbeitsproduktivität«). Die Produktivität steigt, wenn die gleiche Inputmenge zu einem höheren Output führt. Technischer Fortschritt, erhöhte Qualifikationen der Arbeitnehmer sowie eine Steigerung der Kapitalintensität führen zu einem Anstieg der Arbeitsproduktivität.

Progressive, proportionale und regressive Steuern. Grob gesprochen führt eine progressive Steuer zu einer stärkeren Belastung der Reichen; das Gegenteil gilt für eine regressive Steuer. Genauer ausgedrückt, wird eine Steuer dann als progressiv bezeichnet, wenn der durchschnittliche Steuersatz (d.h. Steuern dividiert durch das Einkommen) für die Bezieher höherer Einkommen höher ist; sie ist regressiv, wenn der durchschnittliche Steuersatz mit steigendem Einkommen sinkt. Eine gestaffelte Einkommensteuer wäre ein Beispiel für eine progressive Steuer; eine Umsatzsteuer auf Nahrungsmittel ist ein Beispiel für eine regressive Steuer. Bei einer proportionalen Steuer ist die durchschnittliche Steuerbelastung für alle Einkommensbezieher auf sämtlichen Ebenen gleich.

Proletariat vgl. *Bourgeoisie.*

Protektionismus. Jede von einem Land verfolgte Politik, die dem Schutz eines heimischen Wirtschaftszweiges gegen die Konkurrenz durch ausländische Importe dient (am häufigsten in der Form eines auf derartige Importe erhobenen *Zolles* oder eines gegen sie verhängten *Importkontingentes*).

Quantitätsgleichung (Verkehrsgleichung). Eine Tautologie: $G \times U = P \times H$, wobei G gleich der Geldmenge, U gleich der *Umlaufgeschwindigkeit des Geldes* und PH (»Preis × Handelsvolumen«) gleich dem Geldwert der Gesamtproduktion (dem nominalen BSP) ist. Die Identität ist immer gegeben, da U definiert ist als das nominale BSP/M. (M = Geldmenge)

Quantitätstheorie des Geldes und der Preise. Bezogen auf die *Quantitätsgleichung* sagt die naive Quantitätstheorie aus, daß U und H Konstanten beziehungsweise allmählich steigende Trends darstellen. Deshalb wird das Niveau von P (der Preise) ausschließlich von der Geldmenge bestimmt: Steigt M auf das Doppelte, steigt auch P auf das Doppelte. Die differenzierte Quantitätstheorie erkennt an, daß die Umlaufgeschwindigkeit nicht im strengen Sinne konstant ist. Ökonomen, die die Quantitätstheorie vertreten (die »Monetaristen«) argumentieren, daß sich Veränderungen in der Umlaufgeschwindigkeit allerdings relativ gut vorhersagen lassen. Folglich beharren sie auf dem Standpunkt, daß eine Kontrolle über die Geldmenge von zentraler Bedeutung für die Kontrolle der Entwicklung des BSP sei. (Siehe auch *Monetarismus.*)

»Quasigeld«. Aktiva, die völlig risikolos sind und jederzeit in Geld umgewandelt werden können. Ihre Umwandlung ist so problemlos, daß man sie praktisch als Geld bezeichnen kann.

Random-Walk-Theorie (der Börsenkurse). Zunehmend als »Hypothese vom effizienten Markt« bezeichnet. Eine Auffassung, derzufolge alle laufenden verfügbaren Informationen bereits in den Preis für eine Stammaktie (oder einen anderen Vermögenswert) eingegangen sind. Folglich sind günstige Geschäfte an der Börse nicht zu realisieren, wenn man sich auf alte, »überholte« Informationen stützt oder auf jedermann zugängliche Informationen (wie etwa Preisbewegungen der jüngeren Vergangenheit). Dennoch verändern sich die Aktienkurse aufgrund neuer Informationen. Wenn man davon ausgeht, daß die Chancen für das Eintreffen guter oder schlechter Nachrichten 50 : 50 sind, läßt sich nicht vorhersagen, wie die nächste Bewegung irgendeines Aktienkurses aussehen wird. Sie ähnelt einem »random walk« – d.h. sie ist zufallsbedingt: Es besteht die gleiche Wahrscheinlichkeit für eine Aufwärts- wie für eine Abwärtsbewegung.

Rationale Erwartungen (1) Hinsichtlich der engeren Definition vgl. *Erwartungen*. (2) Allgemeiner gesprochen Teil einer Auffassung von der Wirtschaft, die von den Anhängern der makroökonomischen *Theorie der rationalen Erwartungen* vertreten wird.

Reales BSP. Das um Preisänderungen bereinigte BSP. Das reale BSP ist gleich dem nominalen BSP dividiert durch den BSP-Deflator. Vgl. *Bruttosozialprodukt*.

Reallohn. Kaufkraftbezogener Lohn eines Arbeiters. Wird gemessen durch das Verhältnis zwischen Nominallohn und *Lebenshaltungskostenindex*.

Realzins. Der güterwirtschaftlich, nicht geldwirtschaftlich gemessene Zins. Er entspricht deshalb dem Geld- (bzw. Nominal-)zins abzüglich der Inflationsrate.

Regressive Steuer siehe unter *Progressive, proportionale und regressive Steuern*.

Rendite. Gleichbedeutend mit *Zinssatz* bzw. *Ertragsrate* eines Vermögenswertes.

Rente (ökonomische). Ein Terminus, der von den britischen Ökonomen des 19. Jahrhunderts zur Bezeichnung des Einkommens aus Bodenbesitz verwendet wurde. Das Gesamtangebot an verfügbarem Boden ist für ein Land bzw. für die Welt insgesamt (mit geringen Einschränkungen) unveränderlich; der dem Bodenbesitzer gezahlte Ertrag wird als Rente bezeichnet. Häufig wird die Bedeutung des Terminus auf den Ertrag ausgeweitet, der jedem beliebigen, nur in begrenzter Menge angebotenen Input zufließt – d.h. jedem Input mit einer vollkommen elastischen bzw. vertikalen Angebotskurve.

Ressourcenallokation. Art und Weise, in der eine Volkswirtschaft ihre Ressourcen (Produktionsfaktoren) auf die verschiedenen Verwendungen verteilt, denen sie zugeführt werden können, um eine bestimmte Kombination von verschiedenen Gütern zu produzieren.

Rezession. Abnahme des realen BSP (vgl. *Depression*).

Saysches Theorem. Der Lehrsatz, demzufolge »jedes Angebot in demselben Umfang kaufkräftige Nachfrage schaffe«. J.B. Say vertrat im Jahre 1803 die Auffassung, daß ein Nachfrage- oder ein Angebotsüberhang undenkbar seien, da die Gesamtkaufkraft genau den Gesamteinkommen und der Gesamtproduktion entsprächen. Die Keynessche Kritik richtete sich speziell auf diesen Lehrsatz, wobei er darauf hinwies, daß ein zusätzlicher Einkommensdollar nicht unbedingt auch ausgegeben werden müsse (d.h. die Grenzneigung zum Konsum sei nicht notwendigerweise gleich 1).

Schattenwirtschaft. Nicht gemeldete Wirtschaftstätigkeit. Unter den Begriff Schattenwirtschaft fallen sowohl Tätigkeiten, die als solche legal sind, jedoch den Steuerbehörden nicht gemeldet werden (wie beispielsweise Geschäfte oder Leistungen von Autowerkstätten, die Freunde auf der Basis von »Tauschgeschäften« abwickeln) als auch illegale Tätigkeiten wie etwa Drogenhandel, Glücksspiele und Prostitution.

Schatzwechsel. Kurzfristige Schuldverschreibungen bzw. Wertpapiere, die von der Zentralregierung ausgegeben werden.

Scheidemünzen. Geld mit einem geringen oder gar keinem *Eigenwert*.

Schutzbedürftiger Wirtschaftszweig. In der Außenhandelstheorie ein Wirtschaftszweig, der mangels Zeit, die notwendigen Erfahrungen und das notwendige Können zu erwerben, um z.B. von Einsparungen aus der Massenproduktion so profitieren zu können, daß er im Wettbewerb mit vergleichbaren Wirtschaftszweigen anderer Länder bestehen kann. Bei solchen jungen Wirtschaftszweigen geht man häufig davon aus, daß sie des Schutzes durch Zölle oder Mengenkontingente bedürfen, solange sie sich noch in der Entwicklung befinden. (Vgl. *Importkontingente, Protektionismus, Zoll*)

Schwarzmarkt. Ein Markt, auf dem Güter zu Preisen verkauft werden, die über den gesetzlichen Höchstpreisen liegen.

Skalenerträge (»economies of scale«). Einsparungen aufgrund sinkender durchschnittlicher Produktionskosten, wenn Betriebsgröße und Produktion ausgeweitet werden. Genauer eine Produktionsfunktion, die anzeigt, daß bei einer Verdoppelung aller Inputs der Output um mehr als das Doppelte ansteigt. Führt eine Verdoppelung der Inputs jedoch nur zu einer Verdoppelung des Outputs, spricht man von konstanten Skalenerträgen. Wächst die Produktion beispielsweise nur um 75 Prozent, wenn alle Inputs in doppelter Menge eingesetzt werden, führt der jeweilige Produktionsprozeß zu abnehmenden Skalenerträgen. Wächst die Produktion überproportional, wurde eine Technologie zum Einsatz gebracht, bei der sich wachsende Skalenerträge einstellen.

Soll: Ausdruck des Rechnungswesens, der einen Anstieg der *Aktiva* und eine Abnahme der *Passiva* bedeutet. Bei der *Zahlungsbilanz* (Außenhandel) bezeichnet er einen Import- oder vergleichbaren Posten. (Vgl. auch *Bilanz* sowie *Handelsbilanz*)

Sonderziehungsrechte (SZR). (1) Eine neue internationale Währungseinheit, die einem festen Verhältnis von fünf großen Währungen entspricht. (2) Rechte, die der Internationale Währungsfonds (IWF) seinen Mitgliedern einräumt, in begrenztem Umfang beim IWF Kredite aufzunehmen (durch eine »Sonderziehung«), in der Regel zur Überwindung vorübergehender Zahlungsbilanzschwierigkeiten.

Souveränität des Konsumenten. Die Situation in einem unverfälschten Markt- oder Preissystem, bei dem die Konsumenten letztlich diktieren, welche Arten und Mengen der verschiedenen Waren produziert werden sollen. Dabei wird davon ausgegangen, daß die Konsumenten von ihrer Macht in der Weise Gebrauch machen, daß sie die Preise derjenigen Güter, an denen ihnen am meisten gelegen ist, hochbieten. Auf der anderen Seite steigern die Produzenten aufgrund der höheren Preise und der höheren Gewinnaussichten die von ihnen erstellte Menge dieser Güter. Die Konsumentensouveränität stößt dort an ihre Grenzen, wo die Vollständigkeit der Information nicht gewährleistet ist oder die Kundenpräferenzen durch die Werbung der Produzenten manipuliert werden.

Sozialkapital. Summe der unerläßlichen Kapitalgüter, von denen die wirtschaftliche Entwicklung abhängt, insbesondere die Transportwege, die Energieversorgung und das Kommunikationswesen. Aufgrund der hohen Kapitalkosten und der mit dem Sozialkapital einhergehenden Unteilbarkeiten ist die Schaffung des

Sozialkapitals in der Regel von staatlicher Planung und finanzieller Unterstützung von seiten des Staates abhängig, insbesondere in den Entwicklungsländern.

Sozialismus. Eine politische Theorie, die postuliert, daß alle (oder fast alle) Produktionsmittel – mit Ausnahme der Arbeitskraft – Eigentum des Staates sein sollten. Dadurch würde die Möglichkeit zu einer gerechteren Verteilung des Kapitalertrags unter die Mitglieder der Gemeinschaft geschaffen, als dies in einer kapitalistischen Gesellschaft der Fall ist.

Sparparadox. Das erstmals von J.M. Keynes festgestellte Paradox, daß die Entscheidung einer Gesellschaft, mehr zu sparen (sparsamer zu wirtschaften), dazu führen kann, daß sie tatsächlich weniger spart. Mehr sparen, heißt weniger für Konsumgüter ausgeben; weniger für Konsumgüter ausgeben, kann zu einem Rückgang der Gesamtnachfrage sowie des BSP führen. Dies kann einen Rückgang der induzierten Investitionen, niedrigere Einkommen und letztlich eine verringerte Spartätigkeit bewirken.

Sparschwelle. In der *Makroökonomie* jene Höhe des Einkommens einer Einzelperson, einer Familie oder einer Gemeinschaft, in der 100 Prozent dieses Einkommens für Konsumzwecke ausgegeben werden (d.h. der Punkt, in dem weder gespart noch entspart wird). Die positive Ersparnisbildung setzt erst bei einem höheren Einkommen ein.

Spieltheorie. Theorie, die eine Parallele herzustellen versucht zwischen dem Verhalten der Teilnehmer an einem Glücksspiel (wie etwa Poker) oder einem strategischen Spiel (wie etwa Schach) und dem Verhalten von Unternehmen oder kleineren, von Einzelpersonen gebildeten Gruppen, insbesondere im Rahmen von *Oligopolen*. Der Spieltheorie bedient man sich ebenfalls, um das Verhalten von Einzelpersonen oder Unternehmen zu erklären, die unter Bedingungen der Ungewißheit agieren (z.B. hinsichtlich der Konsequenzen ihrer Entscheidungen oder hinsichtlich der Reaktion der anderen »Spieler«).

Spillovers vgl. *externe Effekte*.

Spinnwebtheorem. Ein dynamisches Modell von Angebot und Nachfrage, bei dem adaptive (bzw. nichtrationale) Erwartungen zu fortwährenden Preisschwankungen führen. Wird gelegentlich als insbesondere für den Agrarmarkt geltend betrachtet.

Staatliche Kontrolle. Gesetze oder Verordnungen der Regierung mit dem Ziel der Einflußnahme auf das Verhalten der Unternehmen. Die wichtigsten Formen der Kontrolle sind einerseits wirtschaftlicher Natur (sie betreffen die Preise, den Zugang zu einem Wirtschaftszweig oder die Leistungen eines Wirtschaftszweiges, wie etwa der Luftfahrtindustrie) und andererseits sozialer Natur. Im letzteren Fall geht es um den Versuch der Kontrolle externer Effekte, die von einer Reihe von Industriezweigen ausgehen (in Form von Luft- und Wasserverschmutzungen).

Staatsschuld. Die Gesamtheit der Verbindlichkeiten des Staates in Form von langfristigen öffentlichen Schuldverschreibungen sowie von kurzfristigen Staatspapieren. Nicht eingerechnet werden Schuldverschreibungen, die sich im Besitz quasi-öffentlicher Institutionen, wie etwa des Federal Reserve System, befinden.

Stagflation. Eine Anfang der 70er Jahre geprägte Bezeichnung für eine Situation, in der ein hohes Maß an Arbeitslosigkeit, bzw. wirtschaftliche Stagnation neben anhaltender Inflation besteht. Die Erklärung dafür liegt in erster Linie in dem Trägheitscharakter des Inflationsprozesses.

Stammaktie. Wertpapier, das ein Eigentum an sowie im allgemeinen auch ein Stimmrecht in einer Kapitalgesellschaft dokumentiert. Durch seinen Anteil am Stammkapital erwirbt der Eigentümer einen Anspruch auf einen entsprechenden Anteil an den Stimmen in der Gesellschaft, an ihren Nettoeinnahmen und ihrem Vermögen.

Starre Preise vgl. *administrierte Preise*.

Steigende relative Kosten. Nach dem Gesetz der Knappheit muß eine voll ausgelastete Volkswirtschaft, die mehr von dem Gut *A* produzieren will, einen Teil der Produktion des Gutes *B* opfern. Gemäß dem Gesetz der steigenden relativen Kosten sieht sich eine Gesellschaft, die immer größere Mengen des Gutes *A* anstrebt, vor die Notwendigkeit gestellt, mit wachsender Produktion von *A* für jede zusätzliche Einheit von *A* vergleichsweise stärker steigende Mengen von *B* zu opfern. Veranschaulicht man das Gesetz mit Hilfe der *Grenze der Produktionsmöglichkeiten*, so wölbt sich die Kurve nach außen (wie eine Kuppel).

Steigerung der Kapitalintensität (»capital deepening«). In der Wachstumstheorie der erhöhte Anstieg des realen Kapitalbestandes gegenüber dem Anstieg des Gesamtarbeitseinsatzes. Er führt somit zu einem Anstieg im Verhältnis Kapital zu Arbeit. Siehe auch *Kapitalstockwachstum* bei gleicher Kapitalintensität *(»capital widening«)*.

Steuer siehe *Körperschaftsteuer, Verbrauchs- bzw. Umsatzsteuer, negative Einkommensteuer, progressive, proportionale und regressive Steuer, Ein-Steuerbewegung, Steuerinzidenz, kumulative Umsatzsteuer, Mehrwertsteuer*.

Steuerinzidenz vgl. *Inzidenz*.

Stillegungsschwelle vgl. *Betriebsminimum*.

Stromgröße gegenüber Bestandsgröße. Eine Stromvariable ist eine Größe, die eine zeitliche Dimension hat bzw. im Zeitablauf betrachtet wird (wie ein Wasserstrom). Eine Bestandsvariable ist eine Größe, die eine Menge zu einem Zeitpunkt mißt (vergleichbar dem Wasserstand in einem See). Das Einkommen verkörpert Dollarmengen pro Jahr und ist somit eine Stromgröße. Das Vermögen per Dezember 1985 stellt einen Bestand dar. Ähnlich sind Investitionen Ströme, während der Kapitalstock einen Bestand repräsentiert.

Strukturelle Arbeitslosigkeit. Arbeitslosigkeit, die aus der Tatsache herrührt, daß die regionale Struktur der Stellenangebote nicht der Struktur des verfügbaren Arbeitskräftepotentials entspricht. Es gibt möglicherweise freie Stellen, aber die Arbeitslosen besitzen nicht die erforderlichen Qualifikationen. Oder die freien Arbeitsplätze werden in anderen Regionen angeboten, als in denen der arbeitsuchenden Arbeitskräfte.

Substitutionseffekt. Sinkt der Preis eines Gutes, neigen die Konsumenten dazu, von diesem Gut mehr zu verbrauchen (andere Güter durch dieses Gut zu »substituieren«) bzw. weniger davon zu konsumieren (dieses Gut durch andere zu »substituieren«), wenn der Preis steigt. Dieser Substitutionseffekt einer Preisänderung bringt eine abwärts geneigte Nachfragekurve hervor.

Substitutionsgüter vgl. *Komplementärgüter.*

Subvention. Staatliche Unterstützungszahlung an ein Unternehmen oder einen Haushalt, die ein Gut bereitstellen oder konsumieren. So subventioniert der Staat (in den USA) beispielsweise häufig Nahrungsmittel, indem er einen Teil der Nahrungsmittelausgaben von Familien mit geringen Einkommen übernimmt.

Technologischer Wandel. Die Einführung neuer Produktionsmethoden, die zu verbesserten Produkten oder zur Kostensenkung führen und dadurch einen Produktivitätsanstieg bewirken. Der technologische Wandel führt zu einer Verlagerung der *Grenze der Produktionsmöglichkeiten* nach rechts außen.

Termineinlage. Guthaben bei einer Bank, die eine Mindestkündigungsfrist haben. Termineinlagen sind Bestandteil der Geldmenge im weiteren Sinne (M_2, nicht jedoch von M_1, die nicht als Zahlungsmittel akzeptiert werden.)

Theorie der rationalen Erwartungen *(»rational-expectations macroeconomics«).* In den USA gelegentlich auch als neoklassische Wirtschaftslehre bezeichnet. Eine Schule unter der Führung von Robert Lucas und Thomas Sargent, die die Auffassung vertritt, daß sich die Märkte rasch anpassen und man von rationalen Erwartungen (»rational expectations«) der Wirtschaftssubjekte ausgehen kann. Unter diesen Bedingungen läßt sich zeigen, daß vorhersehbare makroökonomische Maßnahmen keinerlei Wirkungen auf die reale Produktion oder die *Arbeitslosigkeit* haben.

Transferzahlungen (öffentliche). Eine Zahlung von seiten einer Regierung an eine Einzelperson, ohne daß für diese Zahlung eine Gegenleistung erbracht wird. Beispiele sind Sozialversicherungsleistungen und Arbeitslosenunterstützung.

Trennung von Eigentum und Kontrolle. Ein Merkmal großer Kapitalgesellschaften: Eigner des Unternehmens sind die Aktionäre, aber geführt und kontrolliert werden sie durch professionelle Manager. Unter solchen Umständen ist der Grad der tatsächlichen Kontrolle durch die Aktionäre äußerst gering.

Trugschluß der Verallgemeinerung. Trugschluß, wonach das, was für einen einzelnen gilt, auch für eine Gruppe insgesamt Geltung besitzt.

Umlaufgeschwindigkeit des Geldes. In seiner Funktion als Tauschmittel wandert das Geld ständig vom Käufer zum Verkäufer und wieder zu einem neuen Käufer usw. Seine »Umlaufgeschwindigkeit« bezeichnet das »Tempo«, mit dem es sich bewegt. Die genauere Definition der Umlaufgeschwindigkeit lautet: BSP dividiert durch die (durchschnittliche) Gesamtgeldmenge innerhalb eines betrachteten Zeitraumes bzw. $U = BSP/M$.

Umsatzsteuer (kumulative). Eine auf verschiedenen Stufen der Produktion eines Gutes vom Rohstoff bis zum Endprodukt erhobene Steuer.

Unelastische Nachfrage. Situation, in der die *Preiselastizität der Nachfrage* geringer als 1 ist. Das bedeutet, daß der Gesamterlös (Preis mal gekaufter Menge) im Falle einer Senkung des Preises zurückgeht. Bei einer Erhöhung des Preises steigt mithin der Gesamterlös. Eine vollkommen unelastische Nachfrage bedeutet, daß sich die gekaufte Menge überhaupt nicht verändert, gleichgültig, ob der

Preis steigt oder fällt. Siehe auch *elastische Nachfrage* sowie *Nachfrageelastizität gleich 1*.

Ungedecktes Zentralbankgeld. Geld, das ähnlich wie das heutige Papiergeld keinen *Eigenwert* besitzt, jedoch kraft staatlichem Erlaß zum gesetzlichen Zahlungsmittel erklärt wird. Ungedecktes Papiergeld wird nur so lange angenommen, wie die Wirtschaftssubjekte darauf vertrauen, daß es angenommen wird.

Ungleichgewicht. Eine Volkswirtschaft, die sich nicht im *Gleichgewicht* befindet. Diese Situation kann eintreten, wenn Erschütterungen (der Einkommen oder Preise) zu einer Verlagerung der Angebots- und Nachfragekurven geführt haben, ohne daß der Marktpreis (oder die Marktpreise) sich bereits an den neuen Zustand angepaßt haben. In der Makroökonomie wird Arbeitslosigkeit häufig auf verschiedene Marktungleichgewichte zurückgeführt.

Unsichtbare Hand. Ein von Adam Smith im Jahre 1776 eingeführter Begriff, der das Paradox einer auf dem Prinzip des *Laissez-faire* beruhenden Marktwirtschaft beschreibt. Gemäß der Theorie der Unsichtbaren Hand wirkt sich die Funktionsweise einer Marktwirtschaft, in der jeder nur sein oder ihr Eigeninteresse verfolgt, dennoch segensreich für alle aus – so, als würde der gesamte Wirtschaftsablauf von einer wohlwollenden Unsichtbaren Hand gelenkt.

Unternehmer. Allgemein ausgedrückt der für die Organisation der Wirtschaftstätigkeit zuständige Produktionsfaktor. Die Einzelperson oder das Unternehmen, das diese Funktion wahrnimmt, mietet Inputs, führt die täglichen Geschäfte und übernimmt die Risiken. Eine wichtige Rolle des Unternehmers besteht in der Übernahme von Risiken in der Form der Bereitschaft zur *Innovation*.

Unvollkommener Konkurrent. Ein Unternehmen, das Güter in so großen Mengen kauft und verkauft, daß es in der Lage ist, auf den Preis dieser Güter Einfluß zu nehmen.

Verbindlichkeiten. Die Sollposten im Rechnungswesen, die Forderungen von seiten anderer Unternehmen oder Personen darstellen.

Verbrauchsteuer bzw. Umsatzsteuer. Eine Verbrauchsteuer wird beim Kauf eines spezifischen Gutes oder einer Gruppe von Gütern erhoben (z. B. auf Spirituosen oder Tabak). Mit einer Umsatzsteuer werden alle Waren mit nur einigen wenigen Ausnahmen belastet (z. B. alle Umsätze mit Ausnahme von Nahrungsmitteln).

Verdrängungseffekt (»crowding out«). Lehrsatz, demzufolge die öffentlichen Ausgaben, Haushaltsdefizite oder die öffentliche Verschuldung zu einer Verdrängung der privaten Investitionen führen. Obwohl bei der Verwendung des Terminus oft nicht sehr streng verfahren wird, gibt es zwei allgemeine Bedingungen, unter denen eine echte Verdrängung stattfindet. Erstens können öffentliche Ausgaben Investitionen verdrängen, wenn Ressourcen nur in beschränktem Umfang zur Verfügung stehen (wenn die Wirtschaft voll ausgelastet ist); zweitens kann es zur Verdrängung kommen, wenn die Zinssätze steigen und zinsempfindliche Investitionen abblocken.

Verfügbares Einkommen (VE). Grob gesprochen der effektiv ausbezahlte Lohn oder der Teil des Volkseinkommens insgesamt, der für Konsum- oder Sparzwecke zur Verfügung steht. Genauer gesagt ist VE gleich dem BSP abzüglich sämtlicher Steuern, der Spartätigkeit der Unternehmen sowie der Abschreibungen zuzüglich staatlicher oder sonstiger Transferzahlungen sowie der Zinszahlungen des Staates.

Vermögen. Der Nettowert sämtlichen Sach- und Finanzkapitals im Besitz eines Landes oder einer Einzelperson. Es ist gleich dem Wert aller Aktiva abzüglich der Verbindlichkeiten.

Vermögenswerte (immaterielle). Vermögenswerte, die weder Sachgüter noch monetäre Vermögenswerte darstellen, wie beispielsweise der erhöhte Wert eines Unternehmens, der sich auf der Tatsache gründet, daß das Unternehmen floriert und einen guten Namen hat (Firmenwert).

Verschleierte (latente) Arbeitslosigkeit. Terminus, der häufig hinsichtlich der Entwicklungsländer verwandt wird und eine »Unterbeschäftigung« umschreibt, die aufgrund gesellschaftlicher Gegebenheiten verborgen bleibt. Arbeitskräfte besitzen zwar einen Arbeitsplatz, leisten jedoch tatsächlich nur sehr wenig, weil gemessen an dem verfügbaren Boden und dem verfügbaren Kapital zu viel Arbeit eingesetzt wird.

Verteilung. In der Wirtschaftswissenschaft die Art und Weise, in der das Gesamtprodukt auf die einzelnen Wirtschaftssubjekte oder Produktionsfaktoren verteilt wird (z. B. die Verteilung der Einkommen auf die Faktoren Arbeit und Kapital). Die Volkseinkommenstheorie kennt fünf Einkommenskategorien (und damit fünf Empfängergruppen): (1) Löhne und Gehälter; (2) Zinseinkommen; (3) Einkommen aus Nutzungszahlungen; (4) Gewinne aus Unternehmertätigkeit (Kapitalgesellschaften) und (5) Einkommen aus sonstiger Unternehmertätigkeit.

Volkswirtschaftliche Gesamtrechnung. Eine Reihe von Konten, die die Ausgabentätigkeit, die Einkommen und die Produktion eines Landes ingesamt für ein Quartal oder ein ganzes Jahr erfassen.

Vollbeschäftigung. Terminus mit zahlreichen Bedeutungen. Historisch betrachtet, war es jenes Beschäftigungsniveau, bei dem keine (oder nur eine minimale) freiwillige Arbeitslosigkeit herrschte. Heute sind viele Ökonomen der Auffassung, daß im Falle einer geringen oder gar überhaupt keiner unfreiwilligen Arbeitslosigkeit die Inflation sehr bald rasch anziehen würde. Eine Vollbeschäftigung in dem Sinne, daß es überhaupt keine unfreiwillige Arbeitslosigkeit gibt, läßt sich deshalb wahrscheinlich nicht aufrechterhalten. Heute ist (in der amerikanischen Diskussion) an die Stelle der Vollbeschäftigung die Vorstellung von der *natürlichen Arbeitslosenquote* getreten.

Wachstumsrechnung. Eine Methode zur Abschätzung des Beitrages unterschiedlicher Faktoren zum Wirtschaftswachstum. Unter Verwendung der Grenzproduktivitätstheorie zerlegt die Wachstumsrechnung das Produktionswachstum in die Teile, die auf eine Zunahme der Faktoren Arbeit, Boden, Kapital, Ausbildung und technisches Wissen zurückgehen wie auch auf Einsparungen aus Massenproduktion und sonstige Quellen.

Währung: Münzen und Papiergeld.

Währungsreserven (internationale). Jedes Land unterhält zumindest in gewissem Umfang Reserven in der Form von Gold, von Währungen anderer Länder und von *Sonderziehungsrechten*. Internationale Reserven dienen als »internationales Geld«, auf das zurückgegriffen wird, wenn ein Land außenwirtschaftlich in eine

Liquiditätskrise oder in Zahlungsbilanzschwierigkeiten gerät. Ist ein Land bereit, den Wechselkurs seiner Währung völlig frei schwanken zu lassen, braucht es keine Reserven aufzubauen.

Währungsverfall vgl. *Abwertung*.

Wahrscheinlichkeit. In der Statistik eine Zahl zwischen 0 und 1, die die Wahrscheinlichkeit eines bestimmten Ereignisses anzeigt. Der Wert 0 deutet darauf hin, daß das Ereignis *nicht* eintreten *kann*; der Wert 1, daß es eintreten *muß*. Die Wahrscheinlichkeit, daß bei einer geworfenen Münze »Kopf« oben liegen wird, ist gleich ½ – d.h. es besteht eine Chance von 1 : 2.

Warengeld. Geld, das einen Substanzwert besitzt, wie z.B. auch die Verwendung irgendeines Gutes (Vieh, Perlen, etc.) als Geld. Warengeld erweist sich in dem Maße, in dem die Geldwirtschaft Verbreitung findet, als wenig zweckdienlich. Deshalb erfolgt ein allmählicher Übergang zu *ungedecktem Zentralbankgeld* (Papiergeld).

Was, Wie und Für wen. Die drei grundlegenden Probleme der wirtschaftlichen Organisation. Das *Was* bezieht sich auf die Frage, in welcher Menge jedes mögliche Gut bzw. jede mögliche Dienstleistung unter Berücksichtigung der begrenzten Ressourcen- bzw. Inputmenge einer Gesellschaft erstellt werden soll. Bei dem *Wie* geht es um die Entscheidung zugunsten einer besonderen Produktionsmethode – der Inputkombination –, mit deren Hilfe jedes Gut, das das *Was* ausmacht, produziert werden soll. Die Frage des *Für wen* bezieht sich auf die Verteilung der Konsumgüter unter die Mitglieder der jeweiligen Gesellschaft.

Wechselkurs. Der Kurs bzw. der Preis, zu dem die Währung eines Landes gegen die Währung eines anderen Landes getauscht wird. Kostet beispielsweise ein britisches Pfund 1,25 Dollar, dann beträgt der Wechselkurs für das Pfund 1,25 Dollar. Die Währung eines Landes hat einen festen Wechselkurs, wenn das betreffende Land den Kurs seiner Währung auf einem bestimmten Stand »fixiert« und dafür sorgt, daß dieser Kurs erhalten bleibt. Einen nicht fixierten Wechselkurs bezeichnet man als flexiblen oder »frei schwankenden Kurs«. (Vgl. *freier Wechselkurs; interventionistisch regulierter, fester Wechselkurs*)

Wertminderung. Allgemein eine Minderung des Wertes eines Vermögensteiles. Sowohl im Rechnungswesen eines Unternehmens wie im volkswirtschaftlichen Rechnungswesen entspricht die Wertminderung dem geschätzten, in Dollar ausgedrückten Betrag, um den die Kapitalausrüstung einem »Wertverzehr« unterlag oder im Berichtsraum verschlissen wurde. Für die Wertminderung des Kapitals lassen sich drei Gründe anführen: (1) Die Nutzung des Kapitalgutes führt zu seinem allmählichen Verschleiß (je intensiver die Nutzung, desto höher die Wertminderung); (2) die Zeit als solche zerstört ein Kapitalgut allmählich, gleichgültig, ob es genutzt wird oder nicht; (3) eine verbesserte Technologie (bessere Maschinen) mindern den Wert der vorhandenen Maschinen, die veralten. Auch als Abschreibung bezeichnet.

Wertparadox. Das Paradox, daß viele lebensnotwendige Güter (wie z.B. Wasser) einen geringen »Markt«wert haben, während viele Luxusgüter (wie z.B. Diamanten), die einen geringen »Nutz«wert besitzen, teuer sind. Erklärt wird das Wertparadox durch die Tatsache, daß der Preis nicht den Gesamtnutzen eines Gutes, sondern seinen *Grenznutzen* widerspiegelt.

Wertschöpfung. Die Differenz zwischen dem Wert der erstellten Güter und den Kosten für Rohstoffe und andere Hilfsstoffe, die zu ihrer Produktion eingesetzt werden. Die Wertschöpfung besteht aus Löhnen, Zinsen, Renten und Gewinnkomponenten, um die der Wert des Güterausstoßes durch ein Unternehmen oder einen Wirtschaftszweig erhöht wird.

Wettbewerb. Konkurrenz zwischen Unternehmen, die um Kunden und Märkte kämpfen. In der Wirtschaftstheorie wird der Terminus »Wettbewerb« gelegentlich als Kurzform für den vollkommenen Wettbewerb verwandt. Dieser bezeichnet eine Marktsituation, bei der erstens die Zahl der Verkäufer und Käufer sehr groß ist und zweitens die von den Anbietern auf den Markt gebrachten Güter homogen sind (sich nicht voneinander unterscheiden). Unter solchen Bedingungen kann kein Unternehmen Einfluß auf den Marktpreis nehmen und jedes sieht sich einer horizontalen (bzw. vollkommen elastischen) Angebotskurve gegenüber. Demgegenüber entsteht unvollkommener Wettbewerb dann, wenn zumindest ein Verkäufer groß genug ist, um auf den Marktpreis Einfluß nehmen zu können. Siehe auch *monopolistischer Wettbewerb, Monopol, Oligopol.*

Wettbewerbsgleichgewicht. Das Gleichgewicht von Angebot und Nachfrage in einer durch *vollkommenen Wettbewerb* gekennzeichneten Marktwirtschaft. Da vollkommene Anbieter und Käufer keine Möglichkeit der Einflußnahme auf den Markt haben, wird sich der Preis zu dem Punkt hinbewegen, in dem er gleich den Grenzkosten und dem Grenznutzen ist.

Wettbewerbshemmnisse. Faktoren, die den Grad des Wettbewerbs oder die Zahl der Produzenten in einem Wirtschaftszweig einschränken, was zu einem höheren Konzentrationsgrad in der Wirtschaft beiträgt. Wichtige Beispiele sind gesetzliche Handelshemmnisse, staatliche Kontrollen sowie die Produktdifferenzierung.

Wettbewerbsmarkt. Ein Markt, auf dem eine so große Zahl von Käufern und Anbietern eines homogenen Gutes auftritt, daß keiner groß genug ist, um den Marktpreis beeinflussen zu können. Vgl. auch *Wettbewerb.*

Wirtschaftliche Entwicklung. Terminus, der in der Regel auf *Entwicklungsländer* angewandt wird und sich auf den Prozeß bezieht, innerhalb dessen diese ihre Pro-Kopf-Produktion erhöhen – sei es durch Erweiterung des Kapitalgüterbestandes, Verbesserung der Produktionsverfahren, Anhebung der Qualifikation der Arbeitnehmer oder sonstige Methoden.

Wirtschaftsgut. Ein Gut, das, gemessen an der Gesamtnachfrage, knapp ist. Es unterliegt deshalb der Rationierung, und zwar in der Regel durch Forderung eines positiven Preises.

Wirtschaftszweig. Gruppe von Unternehmen, die ähnliche oder identische Produkte erstellen.

Wucher. Berechnung eines Zinses, der über der gesetzlichen Höchstgrenze für Kreditzinsen liegt.

Zahlungsbilanz. Buchhalterische Darstellung sämtlicher wirtschaftlicher Transaktionen eines Landes mit der übrigen Welt über einen bestimmten Berichtszeitraum. Sie umfaßt die Käufe und Verkäufe von Gütern und Dienstleistungen, Schenkungen, Transaktionen des Staates sowie Kapitalbewegungen.

Zentralbank. Eine vom Staat eingerichtete Institution (in den Vereinigten Staaten das Federal Reserve System), dem die Kontrolle über das Geldangebot und die Kreditbedingungen sowie die Aufsicht über die Geschäftsbanken obliegt.

Zentralbanknoten. Vom *Federal Reserve System* ausgegebenes Papiergeld – im Grunde Schuldscheine der einzelnen Federal Reserve Banks, die heute fast das gesamte in den Vereinigten Staaten in Umlauf befindliche Papiergeld ausmachen.

Zentralplanwirtschaft. Form der wirtschaftlichen Organisation, bei der die zentralen Funktionen der Volkswirtschaft – *Was, Wie* und *Für Wen* – vorwiegend staatlichen Direktiven unterliegen. Auch »Planwirtschaft« genannt.

Zins. Der Ertrag, der Geldgebern zufließt, die Geld an Unternehmen oder andere Kreditnehmer verleihen.

Zinseszins. Zins, der sich aus der Wiederverzinsung aller in der Vergangenheit aufgelaufenen Zinsen sowie dem Zins auf das ursprüngliche Kapital errechnet. Werden beispielsweise 100 Dollar auf ein Konto eingezahlt, das einen jährlichen Zinsertrag von 10 Prozent abwirft, so belaufen sich die Zinsen nach Ablauf des 1. Jahres auf 10 Dollar. Nach Ablauf des 2. Jahres betragen sie 11 Dollar, d.h. 10 Dollar auf das ursprünglich eingezahlte Kapital und 1 Dollar auf den Zinsertrag – eine Reihe, die sich in allen weiteren Jahren fortsetzt.

Zinssatz. Der Preis, der für die Aufnahme von Geld für einen bestimmten Zeitraum gezahlt wird. Beträgt der Zinssatz beispielsweise 10 Prozent im Jahr, müssen für ein Darlehen von 1000 Dollar mit einer Laufzeit von einem Jahr 100 Dollar gezahlt werden.

Zwischenprodukt. Ein Gut, das bereits einen gewissen Be- oder Verarbeitungsprozeß durchlaufen, jedoch noch nicht das Stadium eines Endprodukts erreicht hat. So stellen beispielsweise Stahl und Baumwollgarn Zwischenprodukte (Halbfertigwaren) dar.

Zoll. Eine Abgabe oder Steuer, die auf jede Einheit eines importierten Gutes erhoben wird.

Namens- und Sachregister

Abbau staatlicher Kontrollen 160–161
und Gewerkschaften 340–341
Abschreibung
beschleunigte 45
im Rechnungswesen 42–46, 48–50
Absprachen (Kollusion) 170–174, 192
Abstimmungsparadox 444–446
Abstimmungsverfahren
und logrolling 446, 447
und Mehrheitsregel 332
Abzinsung vgl. Gegenwartswert
Abwertung
zur Korrektur einer Währungsüberbewertung 705
und Kursverfall 700
AFL (American Federation of Labor) 329, 330, 331–332
AFL-CIO (Gewerkschaftsdachverband) 329, 330
Aktien 23–25, 27–30
Allokation von Ressourcen
als Aufgabe des Staates 433–434
Allokative Effizienz
Definition 93, 397
und Grenze der Nutzenmöglichkeiten 100, 398–400, 440
Alternativkosten (Opportunitätskosten) 59–75
Angebot
an Arbeitskräften 298, 312, 316, 317, 344
an Boden 280–283
Wettbewerbs- 79–92
Angebotskurve
kurzfristige 80, 81
langfristige 90, 92–99
spontane 80
rückwärtsgeneigte 289, 303
Markt- 80–81
Angebotsorientierte Wirtschaftslehre
und Laffer-Kurve 490–492
und Steuersenkungen 46
Angebot und Nachfrage
und Bestimmung des Wechselkurses durch 696–698
Saysches Gesetz 373
Anlagevermögen 41, 43, 44, 359–360, 383–386
Abschreibung von 42–46
Bewertung von 42–46, 48–50
immaterielles 49, 50
als Verbindlichkeiten und Eigenkapital 39
Antitrust-Politik 151, 189–201
Antitrust-Verfahren
AT&T 194
Alcoa 193–194
IBM 196
United States Steel Corporation 193
Arbeit
Ausbeutungsproblem 257–258
Boden und – 290–291
in Gesamtproduktionsfunktion 254
in Harrod-Domar-Modell 593–595
in idealer Planwirtschaft 414–415
Trugschluß der begrenzten Arbeitsmenge 313–314
unfaire Arbeitspraktiken 336
Arbeitsangebot 300–304
Strukturen 305
Arbeitskräftepotential vgl. Erwerbsbevölkerung
Arbeitslosigkeit
und Gewerkschaften 350–351
versteckte 615–616
Reservearmee der Arbeitslosen 312
schwarze und weiße Arbeitnehmer 504
und Zölle 685–686

Arbeitsmarkt
Diskriminierung von Frauen 319–320
Gleichgewicht am – 310–311
industrielle Reservearmee 312
nicht-konkurrierende Gruppen 309–310
Unvollkommenheit 341–343
Auswirkung von Währungsüberbewertung 704
Arbeitsschutzgesetze 336
Arbeitsteilung
und Wachstum in Kapital-Akkumulations-Modell 788–791
in Wachstumsrechnung 796–797
Arbeitswerttheorie
von A. Smith 107, 567–568
von K. Marx 412, 413, 538
Armut
in Entwicklungsländern 603–605
Messung 502–507
Teufelskreis der – 621
Ursachen 505–506
Arrow, Kenneth 444
Arrow-Theorem 446
Aufwertung 700
Ausgaben, öffentliche vgl. Staatsausgaben
Außenhandelsmultiplikator 701–702
Außenwirtschaftliche Austauschrelationen vgl. terms of trade
Auszahlungsmatrix 208–209
Automobilindustrie
Produktdifferenzierung 131–132

Bankdarlehen
als Form der Kapitalbeschaffung 28, 42
Banken
und staatliche Aufsicht 429
Beschäftigung
und Diskriminierung 314–323
Auswirkungen von Währungsüberbewertung vgl. Arbeitslosigkeit
Betriebsminimum (Stillegungsschwelle) 85–87
Bevölkerung
Geburten- und Sterberaten 610–611

demographischer Übergang 611–612
Malthussche Theorie 525, 569, 606–608
Neo-Malthusianismus 608
und wirtschaftliches Wachstum 568
Bevölkerungsexplosion 612–613
Bilanz vgl. Rechnungswesen
Bildung und Einkommen 234–235
Boden
und Arbeit 290–291
Begrenztheit des Angebots 281–283
in Entwicklungsländern 616
Gesetz des abnehmenden Ertragszuwachses 98, 249, 250, 266–268
Preis vgl. Rente
Bodenrente
Besteuerung der – 285–287
Börsenkommission 25
Bruttosozialprodukt
und Kapital 272–273
nach Ländergruppen 605
pro-Kopf 221
Anteil des Staates am – 426–427, 472
Verteilung in UdSSR 546
Wachstum im Ländervergleich 552
Wachstumsrechnungs-Methode 584–585
Brasilien
Einkommensungleichheit 229
Bretton-Woods-System 708
Zusammenbruch 710–711
Budget vgl. Staatshaushalt

Cassel, Gustav 700
Celler-Kefauver Antimerger Act (1950) 191
Chikagoer Schule 530–531
CIO (Congress of Industrial Organizations) 329–330
Clark, John Bates
Grenzproduktivitätstheorie 249–253
Clayton Antitrust Act (1914) 191, 197, 335
Club of Rome 608
Coase, Ronald 461
Coase-Theorem 461–462

Cobb-Douglas-Produktionsfunktion
264, 277
Graphik 267

Denison, Edward 254, 581
Demographischer Übergang 611–612
Devisen
Sonderziehungsrechte (SZR)
713–714
in Zahlungsbilanz 651
Diskriminierung 314–323
Dienstleistungsunternehmen 31
Dividende, gesellschaftliche vgl. Sozialdividende
Dollar
Entwicklungen der letzten Jahre
699–700, 710–711, 715–717
Freigabe des Wechselkurses 718
Dreieckshandel 666
Durchschnittskosten 63–67
abnehmende 91
abnehmende des natürlichen Monopols 127
als Basis für die Preisbildung 183–184
Graphiken 127, 157, 158, 172, 178, 180
und Preiskontrollen 156–158
Tabellen 64, 82

Effiziente (Ramsey) Steuern
Effizienz 92–103
und Konsumentenrente 95–96
dynamische 149
bei externen Effekten 459–460
der Faktorpreisbildung unter Wettbewerbsbedingungen 290–291
des generellen Gleichgewichts 397–398
und Grenze der Nutzenmöglichkeiten 99–101, 398–399
und Satz von der Gleichheit von Preis und Grenzkosten 101
und Gerechtigkeit 102, 187, 509–511
und Steuern 480–482
Effizienzverlust
durch Monopol 147–149

bei Steuern 489
bei Zöllen 677–679
Ehernes Lohngesetz 311–312
Eigenkapital 29
Einkommen
Definition 221–222
und Bildung 233–235
historischer Trend 218–222
in idealer Planwirtschaft 411–412
nach Ländergruppen 605
und Monopol 149–150
als Nettogewinn, im Rechnungswesen 42, 43
Subsistenz- 502
Willkür der Verteilung 402–403
Einkommensumverteilung 434–435, 438, 509–511
Transferleistungen 496–497
Einkommenseffekt 302–303
und Substitutionseffekt 302–303
Einkommensgerade vgl. Gerade der Konsummöglichkeiten
Einkommenssicherungsprogramme 514–516
Einkommensteuer
persönliche, progressive 484–486
negative 517–520
Vorschlag der Pauschalsteuer 487–488
Einkommensverteilung 218–220
geographische 227–229
und Industrialisierung 228
Messung der Ungleichheit 224–226
Einsparungen aus Massenproduktion
vgl. Skalenerträge
und internationaler Handel 646
und unvollkommener Wettbewerb 126–130, 153, 170, 188
Ein-Steuerbewegung 284–285
Einzelunternehmen 15, 17–19
Engels, Friedrich 218
Entwicklungsländer
und Auslandskapital 617
Definition 604
und Malthussches Erbe 606–608
Entwicklungsstrategien 608–610, 619–620
Teufelskreis der Unterentwicklung 621

Industrialisierung vs. Landwirtschaft 626
Merkmale 614, 615–616
Verschuldung 618
Wachstumstrends 618–619
Erfindungen und technischer Fortschritt vgl. Technologie
Erfolgsrechnung vgl. Rechnungswesen
Erlös
Durchschnitts- 134–144
Grenz- 134–144
Grenzkosten 141–144
Gesamt- 134–139
und Gesamtgewinn 139–143
Ertragswert, kapitalisierter 20, 49
Ertragszuwachs, abnehmender 61
Kapital und – 365–366, 571
Boden, Arbeit und – 89, 249, 250, 266–268
und Grenzkosten 60–61
und Grenzprodukt 249–251, 266, 268
Erwerbsbevölkerung
Anteil von Frauen 302
Grad der Organisation 329
Trends 305
Erwerbstätigenquote 305
Escapeklausel 683–684
Europäisches Währungssystem (EWS) 712
Export
Förderung und Importsubstitution 627
Multiplikatorwirkung 701–702
Rückgang (1980–1984) 716–718
Externe Effekte (Spillovers) 451–456
und Effizienzverlust 456–460
und fiskalpolitischer Föderalismus 473–475
Maßnahmen zur Korrektur 461–466
Forschung und Entwicklung 460
und Sozialkapital 617

Faktorpreis
Effizienz des Wettbewerbsmechanismus 256–257, 290–291
in idealer Planwirtschaft 412–415
Minimalkostenregel 260, 269–275
Substitutionsregel 260–261

Faktorpreisbildung 408–410
bei Wettbewerb 288–290
Faktorpreisgrenze
und von-Neumann-Modell 596–597
Featherbedding 341
Firmenwert 20, 25, 49–50
Fisher, Irving
und Zins- bzw. Kapitalertrag 364, 368 Anm.
Fishersches Diagramm 384
Fixkosten vgl. Kosten, fixe
Forschung und Entwicklung
und externe Effekte 460
in Großunternehmen 184–186, 200–201
wirtschaftliche Konzentration und – 169
Friedman, Milton 530, 531, 517
Fusionen vgl. Integration
Fusionskämpfe 32–33

Galbraith, John Kenneth 186–187, 355, 532
GATT (Allgemeines Zoll und Handelsabkommen) 687–689
Geburtenkontrolle 612
Geburten- und Sterbeziffern 610–611
und demographischer Übergang 611–612
Gegenwartswert 383–386
Abzinsung 385
Geldpolitik
bei flexiblem Wechselkurs 702–704
Gemeingüter
Tragödie der – 290–292
Gemeinsamer Markt 131
Genossenschaften 37
George, Henry
Ein-Steuerbewegung 284–285
Gerade der Konsummöglichkeiten 643–646, 663
Gerechtigkeit
und Effizienz 102, 287, 509–511
horizontale vs. vertikale 477–478
Position der Radikalen 535
Gesamterlös 134–138
Gesamt-Faktorproduktivität 582–583
Gesamtkosten 58–59, 62
und Gesamtgewinn 142

und Grenzkosten 63
und langfristige Gewinnschwelle
88–90
und kurzfristiges Betriebsminimum
86–87
Minimalkostenregel 260
Gesamtnutzen
und Spekulation 113–155
Gesamtwirtschaftliche Produktionsfunktion 254–256
Gesetz des abnehmenden Ertragszuwachses vgl. Ertragszuwachs
Gesetz des abnehmenden Grenznutzens
und Risikostreuung 115–118
und Zufall 112
Gesetz des abnehmenden Grenzprodukts 266–269
Gesetz der fallenden Nachfrage
bei unvollkommenem Wettbewerb
123–124
Gesetz der großen Zahl
und Versicherung 116
Gewerkschaften 328–341
und Arbeitslosigkeit 332
berufsständische 332–333
und Beschränkung des Arbeitsangebots 344–345
Einfluß auf Löhne und Beschäftigung 348–350
featherbedding 341
Industrie- 333
Produktivitätsförderung durch –
345–346
Staat und – 335–337
Streiks 338
Tarifverhandlungen 333–335
Wirkung des Abbaus staatlicher
Kontrollen auf – 340–341
Gewerkschaftsdachverband 329–330
Gewerkschaftsgesetze 336–337
Gewinn 373–378
und Grenzerlösprodukt 258–261
als kalkulatorischer Ertrag 374–375
und Innovation 376–377
als Kapitalertrag 361–362
als Monopolertrag 377–378
im Monopol 149–150
im monopolistischen Wettbewerb
177–181

von Personengesellschaften 20
als Risikoprämie 375–376
und Schumpetersche Innovation
184–186
bei vollkommenem Wettbewerb
143–144
Gewinnmaximum 139–141
Abweichungen vom – 181–184
Angebotskurve bei – 85–86
im Monopol 149–150
im Oligopol 171–174
im vollkommenen Wettbewerb
143–144
Gewinnschwelle
langfristige 88–90
Gewinn- und Verlustrechnung vgl.
Rechnungswesen, Erfolgsrechnung
Gini-Koeffizient 226
Glass-Steagall Act (1933) 19
Gläubigernation 653
Gleichgewicht
Bestimmung 409 Anm.
im Fisherschen Zinsdiagramm 364
bei freiem Handel 644–645
im Goldstrommechanismus
694–695
gewinnmaximales 85–87, 134–144
langfristiges 480
partielles 395
bei unvollkommenem Wettbewerb
172–177
bei Verzicht auf Handel 672
Gleichgewicht, generelles
Effizienz des – 397–398
Interdependenz bei – 395–396
Walrassche Analyse 527
Gold
aktuelle Rolle 713–715
Goldbarren und -münzen 693
Goldpunkte 694
Goldstandard 693–696
Goodwill vgl. Firmenwert
Grenze der Nutzenmöglichkeiten
99–101, 398–400
und öffentliche Entscheidungen
437–440
Grenze der Produktionsmöglichkeiten
im Fisherschen Diagramm 384
in idealer Planwirtschaft 413

775

und komparativer Kostenvorteil
643–646, 657–659
Grenzerlös 140–144, 172, 215
und Preis 138–139
Grenzerlösprodukt 258–259, 274–275
Grenzkosten 60–63, 81–82
und Grenznutzen 483–486, 519
abnehmende Erträge und – 61–63
Definition 61
und Durchschnittskosten 66–67, 128
und Gesamtkosten 60–64, 82
und Gleichheit mit Preis 417–419
und Grenzerlös 140–144, 172
und Grenznutzen 483–486, 519
langfristige 67–69
und Preisbildung 101–102
sinkende 91–92
Tabellen 64, 82
Grenznutzen, abnehmender
und Glücksspiel 111–112
und Grenzkosten 483–486, 519
und Risikostreuung 115–116
und Spekulation 113–115
Grenzprodukt
und abnehmende Erträge 249, 250, 266–269
Definition 248–249
als effizienter Preisbildungsmechanismus 256
und Minimalkosten 260
Großbritannien
Thatcher-Regierung 533
Ungleichheit der Einkommens- und Vermögensverteilung 227, 229, 230
Güter
immaterielle 20
kollektive vs. Marktgüter 454, 455
private vs. öffentliche 452–453, 455

Haftung
beschränkte 25
unbeschränkte 22
Handel, internationaler
abnehmende Kosten als Verursachungsfaktor 646–647
Angebots- und Nachfrageanalyse 671–674
Entwicklungsländer 626–628
Gründe 637, 646–647

und Höhenflug des Dollars
(1980–1984) 715–717
Humes Goldstrommechanismus
694–695
und komparativer Kostenvorteil
634–648, 657–667
Multiplikatoreffekt 701–702
und Reallöhne 641
Trends 634–636
Wirkung von Zöllen und Mengenbeschränkungen 641–642
und Zahlungsbilanz 648–652
Zusammensetzung des Warenverkehrs der USA 634–636
Handelsbilanz 681, 649
Handelsgesetze (1962 und 1974)
683–684
Harberger, Arnold C. 149
Harrod-Domar-Modell 593–596
Haushalt, öffentlicher vgl. Staatshaushalt
Haushaltsdefizit
und Problem des Abbaus 450–451
Haushalte, private
Einkommen und Vermögen
221–222
Einkommenstrends des unteren Fünftels 507
Einkommensverteilung in USA
221–224
und Einkommensteuer 484–486
Hayek, Friedrich A. 420, 530, 556
Hüllkurve der langfristigen Kosten
67–69
Humankapital 308
Hume, David
Goldstrommechanismus 694–695
Imperialismus
Marxsche Theorie des – 539
Importsubstitution
oder Exportförderung 627
Indifferenzkurve
im Fisherschen Diagramm 384
Industrialisierung
Auswirkungen auf Einkommensgleichheit 228
und Landwirtschaft in Entwicklungsländern 626
in UdSSR 544

Industrielle Revolution 219, 524–527
  als Take-off-Phase 624
Ineffizienz vgl. Effizienzverlust
Inflation
  und realer oder nominaler Zins 370–372
  und Rechnungswesen 51–52
Innovation
  Gewinn als Innovationsertrag 376–377
  Schumpeters Position 184–186, 592–593
Input-Output-Tabelle, Leontiefs 598–600
Inputs vgl. Produktionsfaktoren
Integration
  horizontale 21
  vertikale 21
Internationale Bank für Wiederaufbau und Entwicklung vgl. Weltbank
Internationaler Währungsfond (IWF) 709
Investitionen
  im Harrod-Domar-Modell 593–595
  im Sozialismus 386–387
  und Ungewißheitsfaktor 369–370

Japan
  BSP-Wachstum 584

Kahn, A. 160, 161
Kantorowich, L. V. 553
Kapital 357–389
  und Abschreibung von Anlagekapital 42–46, 48–50
  Angebots- und Nachfrageanalyse 364–368
  Beschaffung durch Unternehmen 23–30
  in Entwicklungsländern 616–617
  Gegenwartswert 359–361
  in Gesamtproduktionsfunktion 254–256
  und Gesetz des abnehmenden Ertragszuwachses 363–364
  und Gewinn als Kapitalertrag 361–362
  in moderner makroökonomischer Theorie 372–373
  Nachfrage 363–364
  Sozialkapital 617
  in Wachstumsrechnung 582–585
  und Wirtschaftswachstum 569–573
  und Wirkung von Steuern 490–491
Kapitalakkumulations-Modell
  geometrische Analyse 571–573
Kapitalertrag
  graphische Bestimmung 365–368
  Zins als – 364
Kapitalertragsrate
  Bestimmung 364–366
  Definition 361–362
Kapitalgesellschaften 23–35
  Besteuerung 481
  Gewinne 362, 373–374
  Innovationshypothese 184–186
  Konzentration 124–125
  Mammutunternehmen 31–33
Kapitalgüter vgl. Kapital
Kapitalismus
  Krisen 535–536
  Kritik 532–535
  Schumpeters Prognose 592 Anm.
  als Stadium der wirtschaftlichen Entwicklung 565
Kapitalkoeffizient
  Graphik 577
  in Harrod-Domar-Modell 593–595
Kapitalverkehrsbilanz 649, 650–651
Kaufkraftparität
  Theorie der – 700–701
Kendrick, John 254, 581
Keynessche Revolution 529–530
Klassische Wirtschaftslehre vgl. Wirtschaftslehre
Knappheitsrente 290–292
Körperschaftsteuer 481
Kollektiventscheidungen 435–440
  und externe Effekte 451–455
  Theorie der – 540
Kollektivgüter vgl. Güter, kollektive
Kollusion vgl. Absprachen
Komparativer Kostenvorteil 634–648, 657–667
  Graphik 643–646, 658
Komplementärgüter 21
Konkurrenz vgl. Wettbewerb
Konsum
  im Fisherschen Diagramm 364
Konsumentenrente 95–96

Verlust bei Monopol 147–150
Verlust bei Zöllen 677–679
Konsumverzicht 363
Kontrollen, staatliche
  Abbau von – 160–161
  Anwachsen von – 426–430
  beim Monopol 150–152
  und natürliche Monopole 153, 157
  und öffentliche Versorgungsbetriebe 156–159
Konzentration, wirtschaftliche 124–125
Kosten
  als Bestimmungsfaktor des Angebots 85–87
  durchschnittliche vgl. Durchschnittskosten
  fixe 58, 59
  Gesamt- vgl. Gesamtkosten
  gesellschaftliche, des Monopols 146–150
  Grenz- vgl. Grenzkosten
  im Rechnungswesen 40, 43
  Minimal- 269–275
  sinkende 91–92
  U-förmige Kurven 61–62, 66–70, 91
  variable 59
Kosten, externe vgl. externe Effekte
Kosten-Nutzenanalyse 99
  und Umweltnormen 464
Kursverfall einer Währung 699

Laffer, Arthur 490
Laffer-Kurve 490–491
Laissez-faire
  und externe Effekte 457–460
  extreme Form 433–434
  und Grenze der Nutzenmöglichkeiten 438–439
  neoklassische Opposition 528
  im 19. Jahrhundert 524, 525
Landwirtschaft
  Beschäftigung (nach Ländergruppen) 605
  und Industrialisierung in Entwicklungsländern 626
  Kollektivierung in UdSSR 544
Lange, Oskar 409, 420

Lebensstandard
  Trend 219–220
Leistungsbilanz 649
Leontiefsche Input-Output-Tabelle 598–600
Liberman, E. 553
Linien gleicher Kosten 271–272
Logrolling (wechselseitige Begünstigung) 446–447
Lohn
  Auswirkungen des Handels auf – 641–642
  ehernes Lohngesetz 311–312
  organisierter und nicht organisierter Arbeitnehmer 348–349
  und Grenzproduktivitätstheorie 249–254
  Erhöhung durch gewerkschaftliche Aktivitäten 348–349
  Erhöhung und Reaktion des Arbeitsangebots 302–305
  in Kapitalakkumulations-Modell 571–573
  Real- 298
  Starrheit 342
  Unterschiede zwischen Beschäftigungsgruppen 304–310
Lohnunterschiede
  kompensatorische 235
Lorenz-Kurve 224–226
  verschiedener Länder 229
  verschiedener Beschäftigungen 234
Lucas, Robert 531

Malthus, Thomas
  Bevölkerungstheorie 525, 269, 606–608
  Neo-Malthusianismus 608
Makroökonomie
  Auswirkungen des internationalen Handels auf – 701–706
  Keynessche Position 529–530
  und Schule der rationalen Erwartungen (REM) 531–532
Markt
  Strukturen unvollkommener Märkte 124–128
Marktangebotskurve 80
Marktnachfragekurve

abgeleitete (nach Produktionsfaktoren) 280–281
und Wettbewerbsgleichgewicht 93–95
Wettbewerbsstrukturen 126–128, 158, 159, 175–177
Marktpreis vgl. Wettbewerbspreis
Marktsozialismus
Definition 410, 420
Marktwirtschaft
Effizienz 92–103, 397–398
Lehre von der Unsichtbaren Hand 210, 397, 524
Versagen des Marktes 400–401, 434
Marshall, Alfred 529, 686
Marshallplan 707–708
Marx, Karl 537–538
Arbeitswerttheorie 538
Imperialismus 539
Das Kapital 540
Das Kommunistische Manifest 549
ökonomische Interpretation der Geschichte 540
Marxismus 538–539
Massenproduktion, Einsparungen aus vgl. Skalenerträge
Mehrwert 538
Mehrwertsteuer 483–484
Mengenbeschränkungen
Auswirkungen auf den Handel 641–642
Merkantilismus 694
Zollargument 681
Mill, John Stuart 79, 527, 633, 662, 685
Mindesteinkommen vgl. Subsistenzminimum
Minoritäten
und Armut 503
und Diskriminierung 314–318
Monopol 132
bilaterales 347
franchise 132
gesellschaftliche Kosten 146–150
Gewinn als Monopoleinnahmen 139–140
gewinnmaximales Gleichgewicht 141
natürliches 133, 153, 157
und staatliche Eingriffe 150–152

Monopolistischer Wettbewerb 133–134, 177–181
Monopson 347
Multiplikator
im Außenhandel 701–702

Nachfrage
nach Kapital 363–364
nach Produktionsfaktoren 275
Nachfrageelastizität
und Gesamterlös 137–138
Nachfragekurve
nach Arbeit 299, 313, 317, 318, 345, 346, 351
nach Boden 282, 286
bei unvollkommenem Wettbewerb 176–181
bei vollkommenem Wettbewerb 123
Nash-Gleichgewicht 208–210
Neoklassische Wirtschaftslehre vgl. Wirtschaftslehre
Neo-Malthusianismus 608
Neue Linke 533
Neumann, John von 596
von-Neumann-Modell 596–597
NICs (newly industrializing countries), Schwellenländer 604
NM-Grenze (Grenze der Nutzenmöglichkeiten) 99–101, 398–400
und öffentliche Entscheidungen 437–440
Norris-La-Guardia Act (1932) 336
NTBs – nichttarifäre Barrieren vgl. Zoll
Nutzen
in neoklassischer Wirtschaftslehre 527
und Kollektiventscheidungen 437–440
Nutzungsentgelt
Lohn als – 293
und Rente 282–283

Obligationen 27
Öffentliche Güter
Verteidigung 452, 455
Öffentliche Versorgungsbetriebe
und staatliche Kontrollen 156–159

Öffentliches Finanzwesen vgl. Staatshaushalt
Ökonometrie 528
Okun, Arthur 509
  und Einkommensumverteilung 509–511
Oligopol
  auf Absprache beruhendes 171–174
  mit marktbeherrschendem Unternehmen 175–176
OPEC – Organisation erdölexportierender Staaten 174–177
Opportunitätskosten vgl. Alternativkosten
Optionen 29
Output vgl. BSP und Produktion

Papiergold vgl. Sonderziehungsrechte
Pareto, Vilfredo 226, 420
Paretosche (= allokative) Effizienz
  Definition 93, 397
  und Grenze der Nutzenmöglichkeiten 440
Paretosches Gesetz 226
Parität 693, 694, 699
Patente
  als immaterielle Vermögenswerte 49
  als wettbewerbshemmende Faktoren 130
Personengesellschaften 20–22
Prebisch, Raul 627
Planwirtschaft
  ideale 408–422
  der UdSSR 545–552
Post-hoc-Trugschluß 626
Preis
  als Austauschrelation im Außenhandel (terms of trade) 660–665
  Bestimmung in der UdSSR 546
  und Betriebsminimum 86–87
  und Gewinnschwelle 87–89
  Gleichheit zum Grenzerlös 139
  Gleichheit zu den Grenzkosten 85, 89, 101–102, 146–147
  in idealer Planwirtschaft 410–418
  und staatliche Kontrollen 150, 155, 156–157, 159
  Signalwirkung 290
  Struktur im Zeitablauf 109–110

Preisanstieg
  und Konsumentengleichgewicht 428–430
Preisbildung
  ideale 408
  auf der Basis der Grenzkosten 417–419
  auf der Basis der Durchschnittskosten 157
  in utopischem Staat 410–419
  durch Absprache 171–174, 192
  durch staatliche Festsetzung 152
Preisbindung der zweiten Hand 192
Preisdiskriminierung 207–208
  im Monopol 192
Produktdifferenzierung 131–132
Produktion
  und Minimalkostenkombination 269–275
  unzureichende, bei unvollkommenem Wettbewerb 146–147, 187
Produktionsfaktoren 357–358
  Alternativkosten von – 74–75
  Nachfrage nach – 275–276
Produktionsfunktion
  Gesamt- 254–256
Produktivität
  der Arbeit 345, 577
  und Gewerkschaften 345–346
  Verlangsamung 585–586
Protektionismus
  Mengenkontingente 130, 641–642, 674–676
  NTBs 687
  und Währungsüberbewertung 706
  und junge Industriezweige 686–687

Quantitätstheorie, naive
  und Gold 694–695
Quantität vs. Qualität
  des BSP in der UdSSR 549–551

Ramsey-Steuern 287–288
Rationale Erwartungen, Schule der 531–532
Reagan, Ronald
  angebotsorientierte Wirtschaftspolitik 485, 492

Antitrustpolitik 196, 201
Nichteinmischung in die Devisenmärkte 696, 711
Steuersenkungen 46, 485, 492
Reallohn
Definition 298–299
Rechnungswesen
Bilanz 38, 46–50
Erfolgsrechnung 42–46
Inflation und – 51
Mißbräuche 50
Wirtschaftswissenschaft 51–53
Rente
und begrenztes Bodenangebot 280–283
Bestimmung 283
Ein-Steuerbewegung 284–285
fehlende (für Gemeingüter) 290–292
und Kosten 283–284
und Nutzungsentgelt 282
preisbestimmte und preisbestimmende 284
in idealer Planwirtschaft 413–415
reine ökonomische 282–283
Reservearmee der Arbeitslosen 312
Ressourcen
Allokation als Aufgabe des Staates 433
in Entwicklungsländern 615
als Gemeingüter 290
produktive vgl. Produktionsfaktoren
Ricardo, David 525–526, 537, 639, 701
und komparativer Kostenvorteil 639
Entwicklungstheorie 525–526
Risiko 369–370
-bereitschaft und Vermögen 237
-scheu 182
-streuung 115–118
Risikokapital vgl. venture capital
Risikoprämie
Gewinn als – 375–376
Roberts, Paul Craig 490
Rostow, W. W. 622
Rückständigkeitshypothese 623, 624

Saysches Gesetz 373
Schuldnernation 652
Schumpeter, J. A.
Innovationshypothese 184–186
Wachstumshypothese 592–593
Schuldverschreibung vgl. Obligation
Schwellenländer 604–605
Sherman Act (1890) 190–191, 335
Skalenerträge, wachsende 61
und internationaler Handel 646
bei unvollkommenem Wettbewerb 126–128, 154, 170, 188
Smith, Adam 174
Arbeitswerttheorie 107, 567–568
Lehre von der **Unsichtbaren Hand** 210, 397, 524
Ricardos Einstellung zu – 526
Smith-Malthussche Auffassung vom Wirtschaftswachstum 567–569
Wealth of Nations 121, 524, 525, 567
Smoot-Hawley-Zoll (1930) 687
Solow, Robert 254, 581
Sonderziehungsrechte (SZR) 713–714
Sowjetunion vgl. UdSSR
Sozialdividende 412
Soziale Sicherheit 482
Sozialismus 541–542
ideale Planwirtschaft 408–422
Zins im – 386–387
Sozialkapital 617
Sozialversicherung
und Privatversicherung 117–118
Sozialvertrag, Rawlsche Theorie 508
Sparen 358
in Entwicklungsländern 617
im Fisherschen Diagramm 364
im Harrod-Domar-Modell 593–595
und Konsumverzicht 363
Spekulation 108–111, 113–115
Spieltheorie 207–213
Spillover vgl. externe Effekte
Staat 425–500
Abbau staatlicher Kontrollen 160–161
Anwachsen staatlicher Kontrollen 427–429
und Gewerkschaften 335–341
Intervention am Devisenmarkt 696, 711

und Monopolkontrolle 150–152
Rolle in der Wirtschaft 430–435
und Umweltschutz 463–466
Versagen des Staates 448
Wettbewerbsbeschränkung durch –
130–131
wirtschaftspolitisches Instrumentarium 426–427
Staatsausgaben 471–475
gemessen am BSP 427, 428, 472
und Einkommenssicherungsprogramme 514–516
Finanzierung vgl. Steuern
Transferleistungen 227, 496–497
Trend der Ausgaben 427, 471–475
Staatshaushalt
Abstimmungsverfahren 443–444
Ausgaben 474
Stabilität
Staat als Förderer 432
Stagflation
und Zölle 686
Stammaktie 29
Starrheit
von Löhnen 342
Sterbe- und Geburtenrate 610–611
Steuern 467–489
Arten 480–486
in angebotsorientierter Wirtschaftslehre 484–486
Besteuerungsprinzipien 476
Verhältnis zum BSP 697, 698
progressive und regressive 479–480
direkte und indirekte 480
und Frage der Effizienzeinbuße
489, 509–511
Mehrwert- 483–484
Pauschal- 487–488
im Sozialismus 770
bei Umweltverschmutzung 720–721
Verbrauchs- 482
Steuerinzidenz 495–496
Subsistenzeinkommen 502
Subsistenzlohn vgl. ehernes Lohngesetz
Substitutionseffekt 302–303
Substitutionsregel 260–261

Taft-Hartley Act (1947) 337
Take-off-Phase des Wirtschaftswachstums 622–623, 624
Takeover (Betriebsübernahme) 32–33
Tarifverhandlungen
Unbestimmtheit des Ausgangs 347
Verfahren 333–335
Technologie
Bedeutung für die Entwicklungsländer 619–620
Schumpetersche Hypothese
184–186
als Ursache wirtschaftlicher Konzentration 129
und Wirtschaftswachstum 573–575
Terms of Trade
als Argument zugunsten von Zöllen
685
Thatcher, Margaret 533
Tinbergen, Jan 542
Transferleistungen 227
und Steuern 496–497
Trugschluß der begrenzten Arbeitsmenge 313–314

Überbewertung einer Währung vgl.
Währung
UdSSR 542–549
Bedeutung von Grenzkosten 102
Geschichte 543–545
Investitionsentscheidungen
386–387
Reformvorschläge 553
Wirtschaft heute 545–549
Umverteilung vgl. Einkommensumverteilung
Umweltverschmutzung
staatliche Kontrollen 463–466
Ungleichheit der Einkommensverteilung
geographische 227, 229
in Großbritannien 227, 229, 330
infolge Industrialisierung 228
Trends 226–227, 506–507
Ursachen 231–233
Unsichtbare Hand vgl. Smith, Adam
Unternehmensführung
und Gefahr des Takeover 32–33
Unternehmergeist

als Erfordernis in Entwicklungsländern 620
und Vermögen 237
Unternehmung 15–35
Einzelunternehmung 18–19
Kapitalgesellschaften 23–35
Personengesellschaften 20–23
Rechnungswesen 39–53
Wandel in der Einstellung zur – 34–35
Unvollkommener Wettbewerb
auf dem Arbeitsmarkt 341–342
Beurteilung 187–188
Definition 124
und Grenzproduktstheorie 258
Kostenstrukturen 126–127
und vollkommener 122–124

Veblen, Thorstein 319
Venture capital 19
Verbrauchsteuern 483–494, 495–496
Vergeltungszoll 683
Vermögen
Definition 221–222
Klassenzugehörigkeit und – 237–239
und Risikobereitschaft 237
Verteilung 221, 222
und Unternehmergeist 237
Vermögensteuer 492–493
Vermögensverteilung
als Ursache von Ungleichheit 230
Versicherung 115–118
Verstaatlichung
von Wirtschaftszweigen 151, 541
Volkseinkommen vgl. Bruttosozialprodukt
Volkskapitalismus 32
Volkswirtschaftslehre vgl. Wirtschaftswissenschaft
Vollkommener Wettbewerb 82–83, 121, 123, 127
abnehmende Kosten und Zusammenbruch 91–92
und Effizienz 97–99, 397–400
und Grenzerlös 139, 140–144
und Grenzproduktstheorie 258–259
Lohnbestimmung im – 297–314

und unvollkommener Wettbewerb 122–124
und Willkürlichkeit der Einkommensverteilung 402–403

Wachstum, wirtschaftliches 564–602
in Harrod-Domar-Modell 593–595
und Leontiefsches Input-Output-Modell 598–600
in von-Neumann-Modell 596–597
Maßnahmen zur Förderung 586
Phasen 565–566
und Schumpetersche Innovationen 184–186
Verlangsamung 585–586
in UdSSR 549–551, 548
Wachstumsrate, natürliche 494–495
Wachstumsrechnung 582–585
Währung
Abwertung 700
Aufwertung 700
Kursverfall 699
Überbewertung 704–705
Währungsblöcke
Europäisches Währungssystem (EWS) 712
Wagner Act (1935) 336
Walsh-Healy Act (1935) 336
Walras, Léon 527
Wechselkurse
im Bretton-Woods-System 708
Korrektur bei Währungsüberbewertung 705–706
Weltbank 709–710
Welthandel vgl. Handel, internationaler
Werbung
wirtschaftliche Konzentration und – 169
Wert, kapitalisierter vgl. Gegenwartswert 383–386
Wertpapiere
Aktien 23–25, 27–30
Börsenzulassungskommission 25
Optionen 29
Schuldverschreibungen 27
Wettbewerb vgl. vollkommener, unvollkommener Wettbewerb

wettbewerbshemmende Faktoren
128–130
Wettbewerbsangebot 79–92
Wettbewerbspreis
auf Faktormärkten 288–290
Gleichheit mit Opportunitätskosten
74
Wettbewerbshemmnisse
Mengenbeschränkungen 676
NTBs 687
Währungsüberbewertung 704–705
Wheeler-Lea-Novelle (1938) 191
Wicksell, Knut 529
Wirtschaftslehre
angebotsorientierte 490, 492
Chikagoer Schule 530–531
Keynessche Revolution 529–530
klassische 524–527
neo-klassische 527
der Neuen Linken 533
Schule der rationalen Erwartungen
531–532
Wirtschaftssysteme, alternative
ideale Planwirtschaft 408–420
Kommunismus 542–543
Marxismus 538–541
Sozialismus 541–542
Wirtschaftszweige
Input-Output-Tabelle 598–600
Konzentrationsgrad in 124–125
Wohlfahrtseinbuße
im Monopol 148–149
Wohlfahrtsökonomie 528
Wohlfahrtspreisbildung 419–420
Wohlfahrtsstaat
Entwicklung 513–514
Programme 514–516

Zahlungsbilanz 648–652
Graphik 651
und Humes Goldstrommechanismus 694–695
und IWF-Operationen 709
Kapitalverkehrsbilanz 649
Leistungsbilanz 649
offizieller Ausgleich 652–653
Zeit
und Preisverhalten 109–111
Zentralplanung
Durchführbarkeit 408–410
in UdSSR 545–552
Zins
im Sozialismus 386–397
als Kapitalertragsrate 364
Zinssatz
Bestimmung 364
Gegenwartswert von Aktiva
383–386
in idealer Planwirtschaft 415–416
im Kapitalakkumulations-Modell
571–573
realer und nominaler 370–371
Zoll
Argumente zugunsten von 671,
680–681
Hochzollpolitik der USA 688
für junge Wirtschaftszweige
686–687
nicht-tarifäre Barrieren (NTBs) 687
optimaler 685
prohibitiver 674
Smoot-Hawley (1930) 687
Vergeltungs- 683
wirtschaftliche Kosten 677–679
Zufall 495–496
und abnehmender Grenznutzen 112
Zusammenschlüsse von Unternehmen
vgl. Integration

Inhaltsübersicht Band 1

Teil I
Grundbegriffe

    1 Einführung
    2 Grundprobleme der Wirtschaftsgesellschaft
    3 Der Preismechanismus im ökonomischen Mischsystem
    4 Grundlegende Aspekte von Angebot und Nachfrage

Teil II
Probleme der Makroökonomie: Schwankungen der Produktion und der Preise

    5 Überblick über die Makroökonomie: Gesamtangebot und Gesamtnachfrage
    6 Die Messung des Sozialprodukts
    7 Konsum und Investitionen
    8 Die Theorie der Bestimmung der Produktion
    9 Die Fiskalpolitik in Theorie und Praxis
    10 Gesamtangebot und Konjunkturzyklen
    11 Arbeitslosigkeit
    12 Inflation: Definition und Kosten
    13 Inflation: Ursachen und Therapien

Teil III
Probleme der Makroökonomie: Geld, Zinsen und Staatsverschuldung

    14 Das Geld und das Bankensystem
    15 Das Federal-Reserve-System und die Geldpolitik der Zentralbank
    16 Der Monetarismus und die Geldnachfrage
    17 Abgestimmte Geld- und Fiskalpolitik und Staatsverschuldung

Teil IV
Probleme der Mikroökonomie: Angebot und Nachfrage

    18 Bestimmung der Produktion und der Preise durch Angebot und Nachfrage
    19 Theorie der Nachfrage und des Nutzens

Wirtschafts- und Sozialwissenschaften

Hermann Adam
Bausteine der
Volkswirtschaftslehre
Neunte, völlig überarbeitete
und erweiterte Auflage

Hermann Adam
Der Kampf um Löhne
und Gewinne
Vierte, überarbeitete und
erweiterte Auflage

Gerhard W. Brück
Allgemeine Sozialpolitik
Grundlagen – Zusammenhänge –
Leistungen
Zweite, erweiterte und
aktualisierte Auflage

Robert N. Bellah, Richard
Madsen, William M. Sullivan,
Ann Swidler, Steven M. Tipton
Gewohnheiten des Herzens
Individualismus und Gemeinsinn
in der amerikanischen Gesellschaft
Mit einem Vorwort
von Hermann Scheer

Siegfried Bleicher (Hrsg.)
Technik für den Menschen
Die soziale Gestaltung des
technischen Wandels
Dokumentation der technologie-
politischen Konferenz des DGB
vom 12.–19. 9. 1985 in Bonn

Dieter Brümmerhoff
Gesamtwirtschaftliches
Rechnungswesen
Zweite, überarbeitete und
erweiterte Auflage

Matthes Buhbe, Klaus
Gretschmann, Sabine Hilmer,
Erich Hödl, Hans-Helmut
Kotz, Gernot Müller,
Joachim Wagner
Krisenverschärfung
durch Angebotspolitik
Zur Kritik der wirtschafts-
politischen Konzeption
des Sachverständigenrates

Michael Burchardt
Mikrotheorie
Kritische Einführung mit einem
Kompendium mikrotheoretischer
Fachbegriffe

Heinz-G. Dachrodt
Arbeit und Gesellschaft
im Umbruch
Zukunft ohne Arbeit –
Arbeit ohne Zukunft?
Mit zahlreichen Abbildungen
und Tabellen

Dieter Duwendag, Karl-Heinz
Ketterer, Wim Kösters,
Rüdiger Pohl, Diethard B. Simmert
Geldtheorie und Geldpolitik
Eine problemorientierte Einfüh-
rung mit einem Kompendium
bankstatistischer Fachbegriffe
Mit einem Vorwort von Bundes-
bankpräsident Karl Otto Pöhl
Dritte, überarbeitete
und erweiterte Auflage

Alfred S. Eichner (Hrsg.)
Über Keynes hinaus
Eine Einführung in die post-
keynesianische Ökonomie
Mit einem Vorwort
von Joan Robinson

Bund-Verlag

Wirtschafts- und Sozialwissenschaften

Ursula Engelen-Kefer
Beschäftigungspolitik
Zweite, überarbeitete
und erweiterte Auflage

Wolfram Elsner,
Siegfried Katterle (Hrsg.)
Wirtschaftsstrukturen,
neue Technologien
und Arbeitsmarkt
Ein Beispiel kooperativer
Forschung in der Region

Werner Glastetter
Konjunkturpolitik
Ziele, Instrumente,
alternative Strategien
Mit 42 Schaubildern
und 19 Tabellen

Werner Glastetter
Außenwirtschaftspolitik
Mit zahlreichen Schaubildern
und Tabellen
Zweite, völlig überarbeitete
und erweiterte Auflage

Mathias Hinterscheid (Hrsg.)
Anders leben –
anders arbeiten in Europa
Bilanz und Perspektiven aus
gewerkschaftlicher Sicht
Mit Beiträgen von Ernst Breit,
Georges Debunne, Mathias
Hinterscheid, Manuel Marin,
Marcellino Oreja, Alois Pfeiffer

Mario Helfert
Gewerkschaften und
technische Entwicklung
Sozialwissenschaftliche Aspekte
gewerkschaftlicher Handlungs-
möglichkeiten

Mario Helfert
Wertewandel, Arbeit,
technischer Fortschritt,
Wachstum

Peter John
Handwerkskammern
im Zwielicht
Siebenhundert Jahre
Unternehmerinteressen
im Gewande der Zunftidylle
Zweite, überarbeitete
und erweiterte Auflage

Klaus Peter Kisker, Rainer
Heinrich, Hans-Erich Müller,
Rudolf Richter, Petra Struve
Multinationale Konzerne
Ihr Einfluß auf die Lage
der Beschäftigten
Dokumentiert am Beispiel der
Bundesrepublik Deutschland und
unter besonderer Berücksichtigung
gewerkschaftlicher Probleme

Jürgen Krack, Egon Kutscher
Lieber besser statt mehr?
Qualitative Tarifpolitik
in der Wirtschaftskrise

Adolf Kruppa
Vergleich sozialökonomischer
Systeme

Norbert W. Kunz (Hrsg.)
Ökologie und Sozialismus
Perspektiven einer umwelt-
freundlichen Politik

Arnold Künzli
Mein und Dein
Zur Ideengeschichte der
Eigentumsfeindschaft

Bund-Verlag

Wirtschafts- und Sozialwissenschaften

Egon Kutscher
Wirtschaftskrise, Wirtschaftspolitik und Gewerkschaften
Plädoyer für eine sozialorientierte Antikrisenpolitik
Vorwort: Jürgen Krack
Mit zahlreichen Abbildungen

Wolfgang Lecher,
Johann Welsch
Japan – Mythos und Wirklichkeit
Eine kritische Analyse
von Ökonomie und Arbeit
Mit einem gemeinsamen Vorwort
von Dr. Heinz Markmann
und Prof. Sung-Yo Park
2., aktualisierte und erweiterte
Auflage

Lexikon des Sozialismus
Herausgegeben von Thomas
Meyer, Karl-Heinz Klär,
Susanne Miller, Klaus Novy
und Heinz Timmermann

Klaus Mehrens (Hrsg.)
Alternative Produktion
Arbeitnehmerinitiativen
für sinnvolle Arbeit
Mit Beiträgen von Heinz
Bierbaum, Johannes Dünnwald,
Klaus Mehrens, Horst Neumann
u. a.

Frieder Naschold
Technologiekontrolle durch Technologiefolgeabschätzung?
Entwicklungen, Kontroversen,
Perspektiven der Technologiefolgeabschätzung und -bewertung

Frank Niess (Hrsg.)
Leben wir, um zu arbeiten?
Die Arbeitswelt im Umbruch

Wolfgang Ochel
Die Entwicklungsländer in der Weltwirtschaft

Toni Pierenkemper
Wirtschaftssoziologie

Bernd Rahmann,
Johann Welsch (Hrsg.)
Wohlfahrtsstaat im Defizit
Sozialstaatliche Politik in der
wirtschaftlichen Stagnation

Claus Schäfer, Erich Standfest,
Rudi Welzmüller
Verteilung und Umverteilung unter veränderten Wachstumsbedingungen

Hartmut Seifert
Öffentliche Arbeitsmarktpolitik in der Bundesrepublik Deutschland
Zur Entwicklung der Arbeitsmarktpolitik im Verhältnis von
Steuerungsaufgabe und
Anpassungsfunktion

Johann Welsch
Gewerkschaften und Strukturwandel
Strukturberichterstattung
der Forschungsinstitute

Rudolf Welzmüller
Preispolitik und Akkumulation
Untersuchung zur Preissetzungspolitik auf oligopolistischen
Märkten, dargestellt am Beispiel
der Chemischen Industrie

Bund-Verlag

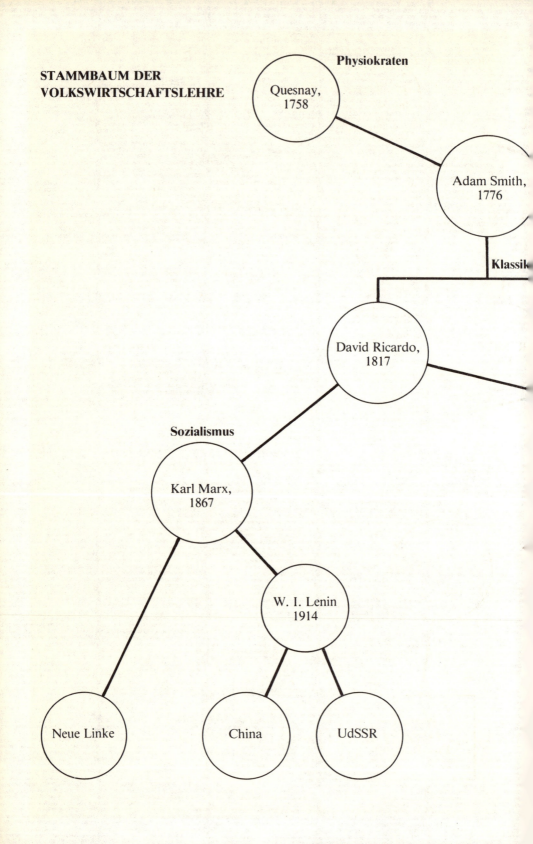